Vaivara
Reval
Klooga
SOWJETUNION
Heeresgruppe Nord
Kaiserwald
Riga
Dünaburg
Schaulen
Smolensk
Heeresgruppe Mitte
Kaunas
Königsberg
Wilna
Minsk
Mogilew
Danzig
Stutthof
REICHS-KOMMISSARIAT OSTLAND
Chelmno
POLEN
Bialystok
Warschau
Treblinka
Heeres-gruppe Süd
Lodz
Lublin
Sobibor
Majdanek
REICHS-KOMMISSARIAT UKRAINE
GENERAL-GOUVERNEMENT
Kiew
Plaszow
Nisko
Winniza
Krakau
Belzec
Auschwitz
Lemberg
Kamenez-Podolsk
SLOWAKEI
Czernowitz
UNGARN
TRANS-NISTRIEN
Kistarcsa
Jassi
Budapest
Cluj
Kischinew
Odessa
Schwarzes Meer
RUMÄNIEN
Belgrad
Sabac
SERBIEN
Bukarest
200 km

David Cesarani

»ENDLÖSUNG«

David Cesarani

»ENDLÖSUNG«

Das Schicksal der Juden 1933 bis 1948

Aus dem Englischen
von Klaus-Dieter Schmidt

Propyläen

Die Originalausgabe erschien 2016
unter dem Titel *Final Solution. The Fate of the Jews 1933–49*
bei Macmillan (Pan Macmillan), London

MIX
Papier aus verantwortungsvollen Quellen
FSC® C014496

Propyläen ist ein Verlag der Ullstein Buchverlage GmbH
www.propylaeen-verlag.de

ISBN: 978-3-549-07417-6

Lektorat: Jan Martin Ogiermann
Karte: Thomas Hammer, nach Vorlage
von Martin Lubikowski, ML Design, London
Gesetzt aus der Minion Pro
Satz: L42 AG, Berlin
Druck und Bindearbeiten: GGP Media GmbH, Pößneck
Printed in Germany

Inhalt

Einleitung

Der Holocaust war noch nie so allgegenwärtig wie heute. Noch nie ist er so intensiv untersucht, so verbreitet gelehrt und so häufig zum Thema von Romanen und Spielfilmen gemacht worden. Am 1. November 2005 erklärte die Vollversammlung der Vereinten Nationen den 27. Januar zum Internationalen Holocaust-Gedenktag, so dass man seiner jetzt nahezu weltweit gedenkt als Inbegriff des Bösen, ultimative Verletzung der Menschenrechte und größtes Verbrechen gegen die Menschlichkeit. Der siebzigste Jahrestag der Befreiung von Auschwitz und der Konzentrationslager wurde mit Feiern begangen, an denen neben den inzwischen gebrechlichen Überlebenden Staatsoberhäupter und Kirchenführer teilnahmen.[1]

Dennoch besteht eine große Kluft zwischen dem aktuellen Forschungsstand und dem allgemeinen Wissen über das Thema, was kaum überrascht, wenn man bedenkt, dass die meisten Menschen ihr Wissen über die NS-Vergangenheit und das Schicksal der Juden aus Romanen, Spielfilmen und gutgemeintem, aber wenig fundiertem Schulunterricht beziehen, der sich oftmals auf fiktive, an junge Erwachsene gerichtete Darstellungen oder deren filmische Umsetzung stützt. Weiter gestärkt werden die falschen Vorstellungen durch die geglätteten, instrumentalisierten Versionen dieses Kapitels der Geschichte, die im Rahmen unterschiedlichster Kampagnen sowie von Bildungs- und Gedenkorganisationen verbreitet werden. Trotz bester Absichten dienen diese Anstrengungen einem äußeren Zweck, sei es dem Wunsch, eine inklusive nationale Identität zu fördern, oder dem lobenswerten Kampf gegen Antisemitismus, Rassismus, Homophobie und andere Formen politischer, religiöser oder ethnischer Intoleranz. Manche stützen sich aus Bequemlichkeit auf überholte Forschungsergebnisse, andere ziehen die neuesten Erkenntnisse heran, spielen ihnen lästige Aspekte aber herunter.[2]

Es ist leichter, Tagesausflüge nach Auschwitz-Birkenau zu organisieren, wo schätzungsweise 960 000 Juden ermordet wurden, als nach Treblinka, wo in einem kürzeren Zeitraum rund 860 000 Juden den Tod fanden, ganz zu schweigen von den verstreuten, aber allerorts zu findenden Mordstätten in Weißrussland und der Ukraine, wo etwa anderthalb Millionen Juden erschossen wurden. Gewissenhafte Erzieher, die solche flüchtigen Besuche in Auschwitz und Birkenau vorbereiten und begleiten, werden sich bemühen, die Konzentrations- und Vernichtungslager in den größeren historischen Zusammenhang des Völkermords an den Juden zu stellen, aber die emotionale Kraft, dank derer sich die historischen Fakten dem Gedächtnis einprägen, wird unweigerlich vom unmittelbaren Eindruck dieser einen Stätte ausgehen. Trotz aller Vorbereitung werden die anderen Orte, an denen die meisten Juden litten, starben und zu Tode gebracht wurden, schemenhaft bleiben. Die Folge ist ein verzerrtes Bild. Weil das Schwergewicht auf den Deportationen in die Vernichtungslager liegt, insbesondere aus Westeuropa und insbesondere nach Auschwitz, erhält das Geschick der Juden in den polnischen Ghettos weit weniger Aufmerksamkeit. Doch die Zahl der 1940/41 in den Ghettos von Warschau und Lodz eingesperrten Juden überstieg diejenige der damals in Frankreich, Belgien und den Niederlanden lebenden. In Warschau starben mehr Juden, als aus Frankreich in die Mordstätten in Osteuropa deportiert wurden. Am 29. und 30. September 1941 wurden in Kiew, nur einen Katzensprung von ihren Häusern entfernt, mehr Juden erschossen, als in belgischen Durchgangslagern in Viehwaggons gepfercht und auf die schreckliche fünftägige Fahrt zu den Vernichtungslagern in Polen geschickt wurden. Dennoch ist ein auf einem Gleisstück stehender Viehwaggon eines der verbreitetsten Denkmäler zur Erinnerung an den Holocaust.[3]

In der öffentlichen Wahrnehmung stechen Aussagen von Überlebenden wissenschaftliche Darstellungen allemal aus. Zeitzeugen mögen nur einen Bruchteil der historischen Tragödie aus eigener Erfahrung beleuchten können, aber sie waren dabei, was ihren Worten großes Gewicht verleiht. Doch lenken ihre Aussagen in Bildungs- und Gedenkzusammenhängen den Blick auf eine kleine Gruppe, deren Erlebnisse nicht repräsentativ sind.

Dass diese Zeitzeugen als Überlebende nicht typisch sind für die große Mehrheit der Juden und ihr Schicksal unter der NS-Herrschaft, liegt auf der Hand. Relevanter ist die Feststellung, dass die meisten, bedenkt man den Zeitabstand, die NS-Jahre als Kinder und Jugendliche erlebt haben. Sie haben die Dilemmas von Erwachsenen beobachtet und können nur aus zweiter Hand berichten, was ihren Müttern, Vätern, Großeltern und älteren Verwandten widerfahren ist. Wie es sich anfühlte, als Mensch mittleren Alters mit Verfolgung und Todesdrohung konfrontiert zu sein, können sie nicht bezeugen. Sie können lediglich ein Echo dessen wiedergeben, was es für die Erwachsenen bedeutete, ihre Häuser und Geschäfte zu verlieren – all das, wofür sie und womöglich Generationen vor ihnen ein Leben lang gearbeitet hatten. Von jenen schweren Auseinandersetzungen, die das Leben in den jüdischen Gemeinden prägten, waren Kinder und Jugendliche abgeschottet oder nahmen nicht direkt an ihnen teil. Die Gemeindevorstände standen unter dem erbarmungslosen Druck, Unterscheidungen zu treffen, die über Leben und Tod entschieden: zwischen Arbeitsfähigen und Arbeitsunfähigen, zwischen Begüterten und Mittellosen, zwischen jenen mit Beziehungen zu den Behörden und denjenigen, die keine Patronage genossen. Sie erlebten dies zwar mit, verspürten aber nicht, was Erwachsene fühlten, die ihre Familien zu retten versuchten, empfanden nicht die Verzweiflung und Wut angesichts von Hilflosigkeit und Verderben.

Überlebende sind im Gegenteil wunderbare Beispiele dafür, dass in der Jugend erlittene Traumata überwunden werden können. Sie zeigen, dass es möglich ist, innerhalb einer Generation wiederaufzubauen, was in der vorangegangenen gnadenlos zerstört wurde. Solche inspirierenden Aussagen vermitteln unweigerlich eine Heilsbotschaft. Wie unangenehm und ungeschminkt ihre Geschichte auch sein mag, so umgibt die Erzähler aufgrund ihres Alters und des Muts, den sie durch die Erinnerung an entsetzliche Zeiten beweisen, eine heroische Aura. Sie sind Abgesandte einer schrecklichen fernen Vergangenheit, die eine hoffnungsvolle Botschaft überbringen: dass Überleben und Neuanfang möglich sind, trotz alledem.[4]

Gedenkveranstaltungen – insbesondere solche, an denen Überlebende teilnehmen – werden selbstverständlich so gestaltet, dass sensible und umstrittene Punkte nicht berührt werden. Erscheinungen wie die Korruption in den Ghettos und der moralische Verfall von Lagerinsassen bleiben ausgeklammert. Unangenehme Themen wie die erzwungene Zusammenarbeit mit deutschen Stellen oder vorsätzliche Racheakte werden gemieden. Fälle von freiwilliger Kindstötung, sexueller Ausbeutung unter Juden, Vergewaltigung und sogar Kannibalismus werden mit gnädigem Schweigen übergangen. Doch all dies gab es in den Ghettos und Lagern, den städtischen Verstecken und Zufluchtsorten in den Wäldern. Bildungsprogramme haben in Bezug auf solch heikle Themen mehr Spielraum und Ehrgeiz, aber da sie darauf abzielen, Rassismus zu bekämpfen, liegt ihr Schwerpunkt auf den Verbrechen der Deutschen, ihrer Verbündeten und Komplizen sowie der Gleichgültigkeit der »Zuschauer«. Auf die schrecklichen Dinge einzugehen, die von Juden begangen wurden, wäre so, als würde man »den Opfern die Schuld geben«, was eine Variante eben jenes vorurteilsvollen Denkens wäre, welches die »Holocausterziehung« ausmerzen soll. Ironischerweise liegt aber gerade hier der Themenbereich, der gegenwärtig von verantwortungsbewussten Forschern untersucht wird.[5]

Die Begrifflichkeit selbst ist in zunehmendem Maß störend. Der Begriff »Holocaust« – ursprünglich eingeführt, um weniger die historischen Ereignisse, auf die er sich vorgeblich bezieht, als vielmehr die kulturelle Konstruktion zu bezeichnen – meint mittlerweile ein einzigartiges Ereignis, das durch ein systematisches Täterhandeln und eine einheitliche Opfererfahrung gekennzeichnet ist. Neuere Darstellungen heben jedoch die Unterschiede hervor, die zwischen verschiedenen Ländern, Regionen und sogar Nachbardörfern bestanden. Sie nehmen die Veränderungen im Lauf der Zeit wahr, indem sie einzelne Schauplätze und Phasen betrachten, deren jeweilige Eigenheiten die Überlebenschancen vergrößern oder verkleinern konnten. Nach Ansicht mancher Historiker fanden innerhalb des Holocaust mehrere, einander überlappende Genozide statt. Rumänien zum Beispiel unternahm eine mörderische ethnische Säuberung gegen Juden, um nationale Ziele zu erreichen, die sich von den deutschen Absichten unterschieden und diesen sogar zuwiderliefen. Die Perspektive auf die Katastrophe verändert sich, doch dies wird angesichts der permanenten Wiederholung eines anerkannten, aber veraltenden Narrativs kaum berücksichtigt.[6]

Das vorliegende Buch entstand aus einem Unbehagen über das Missverhältnis zwischen der Beschwörung des Holocaust in der Populärkultur sowie im Bildungs- und Gedenkwesen einerseits und den Erkenntnissen von Forschern vieler Disziplinen andererseits. Bedenklich wurde diese Kluft seit den 1990er Jahren dank des enormen Aufschwungs der Forschung nach dem Ende des Kalten Krieges und der Öffnung osteuropäischer Archive. Der Zugang zu diesen Archiven ermöglichte es den Wissenschaftlern, Bereiche wie die jüdische Zwangsarbeit und den Verbleib jüdischen Eigentums zu erkunden. Mehr als ein Dutzend Länder bildeten Historikerkommissionen, um

Vorwürfe in Bezug auf ihr Verhalten im Krieg zu untersuchen. Ähnliche Anstrengungen von Banken und Industrieunternehmen folgten. Das Ergebnis war eine Flut gehaltvoller Einzelstudien, wissenschaftlicher Aufsätze und Monographien, von den Beiträgen der Journalisten, Politiker und Aktivisten ganz zu schweigen. Um die Jahrtausendwende verschmolzen Historiker wie Michael Burleigh, Ian Kershaw, Peter Longerich, Christopher Browning, Richard Evans und Saul Friedländer dieses neue Material zu neuen Darstellungen von Hitlers Leben, des Dritten Reichs und der Vernichtung der Juden. Es waren herausragende Synthesen voller neuer Einsichten, aber auch von abschreckendem Umfang. Einige verkauften sich weltweit in erfreulicher Zahl, während andere über den kleinen Kreis der Spezialisten und Interessierten hinaus kaum eine Wirkung hatten.[7]

Die neuen Erkenntnisse wurden in einer Reihe von Fernsehdokumentationen aufbereitet, aber der ganze Reichtum der Forschung und einige ihrer schockierenden Ergebnisse blieben nach wie vor in detailreichen Monographien verborgen. Auch einige knappere Werke erschienen, die notwendigerweise Deutungen, Verallgemeinerungen und reine Faktenaufzählung verlangten, mit dem Resultat, dass ein durch und durch blutiges Geschehen gewissermaßen blutleer dargestellt wird.[8] Darüber hinaus hob Saul Friedländer mit seinem zweibändigen Werk über die Vernichtung der Juden die Messlatte für alle nachfolgenden Historiker auf ein neues Niveau. Er legte eine »Gesamtdarstellung« vor, welche die verschiedensten Perspektiven, Aktionen und Reaktionen umfasst, der Juden ebenso wie ihrer Peiniger und derjenigen, die das Geschehen aus der Nähe oder von ferne beobachteten. Indem er eine Vielzahl zeitgenössischer Quellen heranzog, versuchte er, die Unvorhersehbarkeit der Ereignisse und die chaotische Erfahrung der in ihnen gefangenen Juden herauszustellen, die nicht wussten, warum sie geschahen und wie sie enden würden.[9]

Auch das vorliegende Buch soll eine Gesamtdarstellung sein, wenngleich der Schwerpunkt eindeutig auf den Juden liegt. Außerdem stellt es die traditionellen Konzepte und Periodisierungen, die bisher die Darstellung des Holocaust bestimmt haben, in Frage. Die Neubewertung beginnt mit dem Begriff des Holocaust selbst, von dem sich mit guten Gründen sagen lässt, dass er sein Verfallsdatum überschritten hat, und dies nicht aufgrund der Politisierung, die er erfahren hat, und des Streits über seine Bedeutung, obwohl beides bereits ausreichen würde, um ihn fallenzulassen. Nach Ansicht mancher Historiker bezeichnet er die Verfolgung und den Massenmord an den Juden und anderen Opfern der rassisch-biologischen Politik des NS-Regimes. Miteinbezogen wird zudem üblicherweise der absichtlich herbeigeführte Tod von mehr als zwei Millionen Rotarmisten, die in den ersten Monaten der deutschen Invasion der Sowjetunion im Jahr 1941 in Kriegsgefangenschaft geraten waren. Andere Historiker führen die von bestimmten NS-Funktionären ins Auge gefassten Pläne an, die Bevölkerungen Polens und Russlands zu vernichten beziehungsweise dem Hungertod zu überantworten, und ziehen daraus den Schluss, dass auch sie teilweise und potentiell als Ganze Opfer des Holocaust waren. Viele jüdische Historiker bestehen darauf, den Begriff auf die jüdischen Opfer spezifisch antisemitischer Maßnahmen einzuschränken. In Israel zieht man den Begriff Schoah vor, da er sich als hebräisches Wort automatisch ausschließlich auf Juden bezieht. Somit ist er ein Nachhall der jiddischen Terminologie, die unmittelbar nach 1945 von vielen Überlebenden und Historikern benutzt wurde, die von *churban* (Verwüstung) sprachen; häufig griff man auch auf die jiddischen Äquivalente für Worte wie Katastrophe und Vernichtung zurück. Allerdings dachten die jiddischen Autoren nicht so weit wie diejenigen, die später den Begriff der Schoah verwenden, um bewusst ein jüdisches Ereignis zu bezeichnen. Da er sowohl judeozentrisch als auch im Namen des offiziellen israelischen Gedenktags Jom ha-Schoah verankert ist, wird seine Verwendung regelmäßig als Hinweis auf eine angeblich »zionistische« Auffassung verstanden, der zufolge der Judenhass unausrottbar ist, der Völkermord unvermeidlich war und die einzige Sicherheit in einer jüdischen Staatlichkeit liegt.[10]

Dieser ideologische Disput über Bedeutungen ist jedoch nicht das eigentliche Problem, sondern dass ein standardisiertes, mit dem Etikett »Holocaust« versehenes und in Populärkultur und Bildungswesen allgegenwärtiges Narrativ eine allgemein anerkannte Meinung darüber festgelegt hat, was dieser gewesen ist. Die von dem Wort hervorgerufenen Erwartungen werden dann in der Regel von den Gedenkritualen bestätigt und verstärkt.

Laut diesem Standardnarrativ, zu dem ich selbst beigetragen habe, war der Holocaust eine Folge der rassistischen und antisemitischen Politik des NS-Regimes in Deutschland, die den Ländern, die es eroberte, aufgezwungen oder von den Verbündeten, die es gewann, übernommen wurde. Sie entfaltete sich in mehreren Etappen: Zuerst, zwischen 1933 und 1938, wurden die deutschen Juden mit Diskriminierungs- und Ausgrenzungsmaßnahmen überzogen. 1938/39 verschärfte sich die auf Auswanderung abzielende Verfolgung zur Zwangsmigration aus Deutschland und Österreich. Nach Kriegsausbruch begannen die deutschen Behörden, Juden aus dem »Großdeutschen Reich« und den von ihm eroberten Gebieten zu vertreiben. 1939/40 wurden die im deutsch besetzten Polen lebenden Juden in Ghettos konzentriert, wo sie entsetzlichen Bedingungen ausgesetzt waren. Die physische Vernichtung jüdischer Gemeinden begann mit dem Angriff auf die Sowjetunion im Juni 1941, dem zwischen 1941 und 1944 die Deportation von Juden aus ganz Europa nach Polen folgte. Sie endete mit den Todesmärschen in den letzten Monaten der NS-Herrschaft. Gleichzeitig dämonisierte und entmenschlichte die Propaganda die Juden, die gezwungen wurden, sich dem jahrhundertalten Zerrbild sowie moderneren vorurteilsvollen Darstellungen »des Juden« anzugleichen.

Es ist zum Glaubenssatz geworden, dass der systematische Einsatz staatlicher Macht, moderne bürokratische Verfahren, wissenschaftliches Denken sowie nach dem Vorbild industrieller Produktionssysteme gestaltete Tötungsmethoden den Holocaust kennzeichneten. So ist etwa auf der Webseite des Holocaust Memorial Day Trust (zu dessen Trustees ich einige Jahre lang gehörte), der für die alljährlichen Gedenkveranstaltungen zum Jahrestag der Befreiung von Auschwitz am 27. Januar und die damit zusammenhängenden Bildungsaktivitäten in Großbritannien verantwortlich ist, zu lesen: »Zwischen 1941 und 1945 versuchten die Nationalsozialisten, alle Juden zu vernichten. Dieser geplante, systematische Versuch, das europäische Judentum zu ermorden, ist als Holocaust bekannt.« Die miteinander verknüpften Annahmen, die dem Begriff zugrunde liegen, sind derart wirkmächtig, dass es nahezu unmöglich ist, eine historische Darstellung, einen Roman oder einen Spielfilm, der sich mit dem Holocaust beschäftigt, zu beginnen, ohne das Ende vorwegzunehmen. Michael André Bernstein hat diese Art der Rückspiegelung »backshadowing«, Rückwärtsverschattung, genannt.[11]

Die hier versuchte Neubewertung stellt diese weithin akzeptierten Konzepte in Frage. Sie beginnt mit dem Nachweis, dass die NSDAP nicht wegen ihres Antisemitismus an die Macht gelangte. Selbstverständlich war sie eine antisemitische Partei, aber sie hatte kaum konkrete Vorstellungen davon, was mit den deutschen Juden geschehen sollte, falls sie an die Regierung gelangen würde. In den ersten Jahren der NS-Herrschaft war die sogenannte Judenpolitik durch Improvisationen und ein erhebliches Durcheinander geprägt. Dem lag ein Paradox zugrunde: Hitler und der Kern der NS-Gläubigen waren überzeugt, dass »die Juden« der innere Feind seien und dass die Nationalsozialisten sich im Krieg mit dem »internationalen Judentum« befänden, aber diese ständig beschworene Überzeugung wurde, trotz ihrer Stärke, nicht klar und direkt in die Praxis umgesetzt. Stattdessen verfolgte Hitler entschlossen und konsequent das regelmäßig bekräftigte Ziel, die deutsche Machtposition wiederherzustellen. Die Wirtschafts- und Sozialpolitik war ebenso auf dieses Ziel ausgerichtet wie die Außen- und Rüstungspolitik. Sogar die Rassenpolitik war derart mit Hitlers Fixierung auf den Krieg verwoben, dass kaum zu sagen ist, was zuerst kam: Krieg und Eroberung als Grundlage für ein »gesundes« Volk oder ein »gesundes« Volk als Voraussetzung für Krieg und Eroberung. Der Schlüssel zum Verständnis des Paradoxes ist die Wahnvorstellung vom »jüdischen Feind«. Hitler und seine Handlanger glaubten, dass sie, um erfolgreich zu sein, die »Macht« der Juden in Deutschland brechen und das »Weltjudentum« einschüchtern müssten. Die Sanktionen gegen die deutschen Juden zielten nicht nur darauf ab, sie zu ruinieren und aus Deutschland zu vertreiben, sondern waren auch Drohgebärden gegenüber dem »internationalen Judentum«. Als sich das Dritte Reich tatsächlich im Krieg befand, sah man in den Juden sowohl Geiseln als auch Kombattanten. Daher waren Diplomatie, militärische Vorbereitungen und Kriegführung Funktionen des Kampfs mit dem Judentum. Die Politik beruhte grundsätzlich auf der Phantasie vom »jüdischen Feind«, auch wenn einzelne Maßnahmen nicht ausdrücklich antijüdisch waren.[12]

Im Unterschied zu den meisten bisherigen Darstellungen stellt die vorliegende in Frage, dass die antijüdische Politik systematisch und zusammenhängend, geschweige denn vorsätzlich und wohlüberlegt war. In den 1970er und 1980er Jahren stritten die Historiker darüber, ob Hitler stets die Absicht gehabt habe, die europäischen Juden zu vernichten, oder ob sich der Genozid Schritt für Schritt als Nebenprodukt anderer Prozesse herausbildete. Die einen waren der Auffassung, die NS-Politik sei von einer obsessiven, nur durch durchtriebenen Opportunismus gezügelten Judenfeindschaft motiviert worden; die anderen vertraten die These, die antijüdische Politik sei durch die Rivalität konkurrierender Eliten und Behörden des Dritten Reichs verschärft worden, mit dem Ergebnis einer »kumulativen Radikalisierung«. In den 1990er Jahren bildete sich ein Konsens heraus, der Ideologie und Antisemitismus als Kern des NS-Projekts annahm, aber einräumte, dass sich die antijüdische Politik in der Praxis aufgrund der konkurrierenden Prioritäten anderer Sektoren von Gesellschaft und Wirtschaft, institutioneller Rivalitäten und stets anzutreffender persönlicher Fehden nicht geradlinig entwickelte. Doch selbst dieser Mittelweg, für den beispielhaft die Arbeiten des deutschen Historikers Peter Longerich stehen, unterstellt der NS-Politik eine Zielstrebigkeit, die sie nicht hatte. Ungeachtet aller programmatischen Äußerungen von Schlüsselvertretern des Regimes, insbesondere aus der SS, gab es vor Ende 1938 keine umfassende zentralisierte und kohärente Politik und Praxis. Obwohl in der NS-Bewegung und im Staatsapparat weithin Übereinstimmung hinsichtlich des Antisemitismus herrschte und die Politik zu immer schärferen Maßnahmen neigte, bedeutet dies nicht, dass logisch, notwendig oder gar willentlich eines zum anderen führte.[13]

Die Geschichte ist voller unbeabsichtigter Konsequenzen und Zufälle. Dies ist die »Chaostheorie« der Geschichte oder ihre Version im Sinne von Kleopatras Nase: Wäre es möglich, dass die Geschehnisse der Vergangenheit die Folge zufälliger Erscheinungen waren, etwa der verführerischen Schönheit einer Königin? Es mag anstößig klingen, in dieser Weise über das Schicksal der Juden zu sprechen, aber die Alternative wäre die Annahme, die Ereignisse hätten nicht anders ausgehen können – was sich darauf auswirken würde, wie wir das Verhalten der Deutschen, ihrer Komplizen, der Juden und der unbeteiligten Beobachter von deren Notlage beurteilen. Zudem widerspricht es den Erkenntnissen der Historiker über die zentrale Mission Hitlers und des Dritten Reichs: Krieg zu führen.

Militärhistoriker haben in jüngster Zeit beschrieben, wie sprunghaft die Kriegsvorbereitungen des Dritten Reichs waren, wie sehr es von 1938 bis 1941 vom Glück begünstigt war und wie unangemessen seine Reaktion, als sich das Blatt wendete. Neue operationsgeschichtliche Studien haben gezeigt, dass die deutschen Siege von 1940/41 nicht das unvermeidliche Ergebnis gewaltiger Ressourcen, einer effizienten Industrie, überlegener Waffen und einer besseren militärischen Führung waren. Die operative Doktrin der Wehrmacht und ihre taktische Leistungsfähigkeit waren höher entwickelt als diejenigen der ihr gegenüberstehenden Streitkräfte, und auf manchen Gebieten genoss sie einen technischen Vorsprung. Aber aufs Ganze gesehen erreichte sie entscheidende Siege hauptsächlich aufgrund von Fehlern ihrer Gegner. Niemand war von dem so schnellen und vollständigen deutschen Triumph in Frankreich 1940 überraschter als die Deutschen selbst.[14]

Was dies mit dem Schicksal der Juden zu tun hat? Da nun Hitlers vorrangige Sorge und die Raison d'être des NS-Staats der Krieg war und die Unvermeidlichkeit der deutschen Siege von 1939 bis 1942 in Frage gestellt wurde, ist es sicherlich angebracht, auch den scheinbar unaufhaltsamen Prozess der antijüdischen Politik zu überdenken.

Nicht nur legen das Wesen der deutschen Kriegführung und die Feldzüge des Zweiten Weltkriegs eine kritische Prüfung des Bildes vom Dritten Reich nahe. Auch neigten bis in jüngste Zeit Historiker des Zweiten Weltkriegs dazu, das Schicksal der Juden zu ignorieren oder bestenfalls als nachrangigen Aspekt der deutschen Besatzungspolitik zu erwähnen, während Holocausthistoriker den Krieg lediglich als Ereignis, das weitere Juden unter NS-Herrschaft brachte, ansahen. Die sich hinziehenden Kämpfe schilderten sie als Zeitgewinn, der es dem NS-Regime ermöglichte, mehr Menschen zu ermorden, und als Verzögerung der Befreiung der noch Lebenden. Üblicherweise betrachteten die Holocausthistoriker den deutschen Angriff auf die Sowjetunion im Juni 1941 als einzigen Kreuzungspunkt von Kriegsverlauf und antijüdischer Politik des NS-Regimes. Seit den ersten Darstellungen der »Endlösung« war man der Ansicht, Hitler habe die Sowjetunion überfallen, um »Lebensraum« zu gewinnen und das bolschewistische Regime zu zerstören, das er mit der bedrohlichen »jüdischen Macht« gleichsetzte. Deshalb sei der Massenmord an jüdischen Männern auf sowjetischem Territorium ein integraler Bestandteil des Invasionsplans gewesen, der bald zu Massakern an ganzen Gemeinden eskalierte und schließlich in ein europaweites Vernichtungsprogramm mündete.[15]

Holocausthistoriker sahen kaum Veranlassung, dem Vorrücken der Wehrmacht Beachtung zu schenken. Nach ihrer Ansicht hatten der Antisemitismus und die Rassenpolitik des NS-Regimes absoluten Vorrang vor militärischen Erfordernissen. Sie hoben hervor, dass das Dritte Reich sich selbst durch den Massenmord an Juden in Polen und der Sowjetunion wertvoller Arbeitskräfte beraubte und durch den Einsatz von Eisenbahnzügen für den Transport von Juden aus allen Ecken Europas in die Todeslager der Kriegsanstrengung kostbares rollendes Material entzog. Tatsächlich sind beide Ansichten falsch. Obwohl Juden mancherorts eine Zeitlang als Arbeitskräfte ihre Fähigkeiten einbrachten, waren sie nie unersetzlich und trugen kaum Wesentliches zur deutschen Kriegsproduktion bei. Deutschland und seinen Verbündeten fehlte es 1941 an Lokomotiven und Eisenbahnwaggons, aber die Zahl der für den Transport von Juden eingesetzten Züge war im Vergleich zum gesamten Eisenbahnverkehr verschwindend gering, und die Wehrmacht hatte stets Vorrang. Die Deportation von Juden wurde regelmäßig unterbrochen, um den Nachschub für die Front zu gewährleisten, während nicht eine militärische Aktion jemals aufgeschoben wurde, damit der Transport von Juden in die Gaskammern ohne Unterbrechung weitergehen konnte. Als der Arbeitskräftemangel im Reich akut wurde, betrachtete man die Juden als wertvollen Aktivposten; die Deutschen besetzten im März 1944 Ungarn unter anderem deshalb, um jüdischer Arbeitskräfte habhaft zu werden – militärische Notwendigkeiten bestimmten die antijüdische Politik, nicht umgekehrt.[16]

In der vorliegenden Neubewertung wird gezeigt, dass die Holocausthistoriker, indem sie den Krieg ignorierten, den wichtigsten Faktor für das Schicksal der Juden übersahen, der sogar noch wichtiger war als Hitlers Antisemitismus. Judenhass bildete einen wesentlichen Aspekt seines Selbstbildes, aber er betrachtete sich auch als Krieger. Der Ausbruch des Ersten Weltkriegs im Jahr 1914 stellte für ihn einen Wendepunkt dar, die Erlebnisse in den Schützengräben prägten ihn. Die deutsche Niederlage von 1918 erschütterte ihn so tief, dass er in seinem messianischen Bestreben, Deutschland wieder zu seiner einstigen Machtstellung zu verhelfen, die fanatische Anstrengung unternahm, nicht noch einmal jene Umstände entstehen zu lassen, die vermeintlich zum Zusammenbruch des Landes geführt hatten. Diese fixe Idee bestimmte, wie er die deutsche Kriegführung lenkte, wobei er ab Mitte 1941 immer unbeholfener agierte.[17]

Da er den Juden die Schuld an Deutschlands Untergang gab, stand Hitler bei Kriegsbeginn einem Regime vor, das die jüdischen Aktivitäten scharf überwachte und die Juden aus allen gesellschaftlichen und wirtschaftlichen Funktionen entfernt hatte, in denen sie die Kriegsanstrengung hätten sabotieren oder die Moral vergiften können. Der NS-Staat beschränkte die ihnen zugestandenen Ressourcen, vertrieb sie aus dem deutschen »Lebensraum« und liquidierte sie, als dies sich als unmöglich erwies. Hitler traf strategische und sogar taktische Entscheidungen im Licht seiner Überzeugung, dass die Juden Deutschland angegriffen hatten. Seine Gesamtstrategie ist untrennbar mit seiner Weltanschauung verknüpft. Tatsächlich führte er zwei Kriege gleichzeitig, auch wenn sie in seiner verzerrten Wahrnehmung miteinander verschmolzen.[18]

Diese doppelte Kriegführung ist nicht der einzige Grund, weshalb man die militärischen Aspekte genauer ins Auge fassen muss. Obwohl Hitlers persönliches Eingreifen entscheidend war, hatte nicht er die deutschen Militärtraditionen geprägt. Ungeachtet seiner Einmischung hatte die deutsche Art der Kriegführung katastrophale Folgen für die Juden Europas.

Die zur Zeit Friedrichs des Großen entwickelten strategischen und operativen Doktrinen waren von einer Generation zur nächsten weitergegeben worden und gehörten gleichsam zur DNS von Hitlers Wehrmacht. Deutschland war eine mittlere Wirtschafts- und Militärmacht, die eine geostrategisch ungünstige Position einnahm, in der sie von Feinden umgeben war und keine leicht zu verteidigenden natürlichen Grenzen besaß. Infolgedessen war es im Fall eines zwischenstaatlichen Konflikts notwendig, ein mächtiges Heer aufzubieten, es massiert gegen den Hauptgegner einzusetzen und geschickte Manöver mit überlegener Schlagkraft zu kombinieren, um ihn so schnell wie möglich auszuschalten. Die Feldzüge mussten kurz und entscheidend sein, da das Land nicht in der Lage war, große Armeen für die Dauer eines sich in die Länge ziehenden Konflikts zu unterhalten. Für einen K.o.-Schlag schrieb die preußische Tradition die Einkreisung und völlige Vernichtung der stärksten feindlichen Verbände vor. Darüber hinaus schenkte der deutsche Generalstab strategischen Fragen kaum Beachtung. Wenn die deutschen Armeen erfolgreich operierten, würden sie sich von selbst erledigen; es gab einfach keine Alternative zum Sieg. Sollte Deutschland im Eröffnungsfeldzug keine Entscheidung erzielen, wäre es auf allen Seiten von Feinden umgeben, die besser versorgt und in der Lage waren, einen Abnutzungskrieg zu führen. So war es 1914 geschehen, und den Generälen war denn auch kein Gegenmittel eingefallen.[19]

Hitler und seine militärischen Berater hatten die Lehren verinnerlicht, dass es, weil das Land in einem langen Krieg zum Untergang verurteilt war, keinen Sinn hatte, militärische Ressourcen zurückzuhalten, und dass man mit totaler Rücksichtslosigkeit handeln musste, um in kürzester Zeit den Sieg zu erreichen. Doch schon beim Ausbruch der Feindseligkeiten 1939 lagen die Dinge nicht wie gewünscht. Anstatt Polen isoliert niederringen zu können, war man zu einem Zweifrontenkrieg genötigt. Die polnischen Armeen konnten zwar einigermaßen problemlos bezwungen werden, aber im Westen war man mit zwei imperialen Mächten konfrontiert, die über wesentlich größere Ressourcen verfügten. Hitler hatte Glück mit seinen Feinden und erzielte im Frühjahr und Sommer 1940 einen erstaunlichen Sieg über Frankreich. Doch dieser glänzende Erfolg erwies sich als trügerisch. Großbritannien mit seinem riesigen kolonialen Hinterland weigerte sich zu kapitulieren, und Deutschland fehlten die Mittel, es niederzuwerfen. Hitler schlug vor, das strategische Dilemma durch die Invasion der Sowjetunion zu lösen, die Großbritannien jede Hoffnung auf Unterstützung durch die letzte große Landmacht des Kontinents nehmen würde. Daraufhin bereitete die Wehrmacht einen Angriff nach dem Modell des erfolgreichen Feldzugs im Westen vor, allgemein »Blitzkrieg« genannt. Doch die für diese Art der Kriegführung günstigen Bedingungen Westeuropas waren im Osten nicht gegeben. Darüber hinaus war die Planung des deutschen Generalstabs erstaunlich schlampig. Das Ergebnis war eine militärische Katastrophe im Herbst und Winter 1941/42, nach der Deutschland zu einem Krieg gezwungen war, den es nicht gewinnen konnte.[20]

Den Preis für den militärischen Fehlschlag der Deutschen zahlten die Juden. Zwischen 1939 und 1941 hatte die bevorzugte Lösung der »Judenfrage« in einer Kombination aus erzwungener Auswanderung und Vertreibung bestanden. Während die Deutschen ein Land nach dem anderen eroberten, hofften sie, deren Territorien oder Besitzungen als Abladeplatz für die unerwünschten Juden nutzen zu können: zuerst einen Teil des besetzten Polen, dann die französische Kolonie Madagaskar und schließlich das Gebiet jenseits des Urals. Nach dem Scheitern des Unternehmens Barbarossa war die sibirische Lösung illusorisch. Das Debakel in Russland im Jahr 1941 schloss nicht nur die Option aus, Millionen von Juden aus deutsch kontrollierten Gebieten dorthin zu deportieren, sondern löste auch einen Dominoeffekt aus, der den gesamten Kontinent erfasste. In Deutschland reagierte die NS-Führung auf die sinkende Moral, indem sie das Vorgehen gegen die deutschen Juden verschärfte. Parteibosse forderten lautstark die Vertreibung von Juden, wodurch Wohnungen für ausgebombte deutsche Familien frei würden. Um Platz zu schaffen für »Reichsjuden«, bereiteten nationalsozialistische Regionalherrscher im Osten die Ermordung der in den Ghettos zusammengepferchten polnischen Juden vor. Jüdische Zivilisten in Russland galten seit dem Beginn von »Barbarossa« als Sicherheitsrisiko, doch seit sich die militärische Lage verschlechterte und die deutschen Nachschublinien von sowjetischen Partisanen angegriffen wurden, waren Juden zum Hauptziel der »Befriedungsaktionen« geworden. Schließlich hatte das militärische Scheitern eine Versorgungskrise für die Wehrmacht und die Heimatfront zur Folge. Es gab nicht genug Lebensmittel für beide. Zum Teil wurde die Knappheit dadurch verringert, dass man den Bevölkerungen im besetzten Europa Nahrung und Brennstoffe abnahm. Den Rassenvorurteilen der Nationalsozialisten entsprechend, wurden den Völkern Polens und der Sowjetunion äußerst drastische Einschränkungen in der Lebensmittelversorgung zugemutet, doch die Maßnahmen, denen die Juden ausgesetzt wurden, mussten ihren Hungertod herbeiführen.[21]

Hitler hatte wiederholt gedroht, dass die Juden bestraft werden würden, sollte Deutschland in einen Weltkrieg verstrickt werden. Nach der Kriegserklärung an die Vereinigten Staaten am 11. Dezember 1941 war der Krieg global. Die Juden wurden von Geiseln, die als Garant der Nichteinmischung der Vereinigten Staaten am Leben erhalten wurden, zu Übeltätern, die blutige Vergeltung verdient hatten. Letztlich lösten nicht Entscheidungen im Rahmen einer antijüdischen Politik den Abstieg in den europaweiten Völkermord aus, sondern der Kriegsverlauf.[22]

Auch in anderer Hinsicht war die deutsche Kriegführung für das Schicksal der Juden von Bedeutung. Historiker haben lange darüber gestritten, wie sich der Entscheidungsprozess im Zentrum und die Handlungen der Satrapen an der Peripherie zueinander verhielten. Initiierte Hitler Maßnahmen oder reagierte er auf Anstöße seines Gefolges? Formulierten Zentralbehörden in Berlin von sich aus Lösungen der »Judenfrage« oder taten sie es auf Druck von unten? Eine ähnliche Debatte drehte sich um die Rolle der Beamten und Experten der mittleren Ebene. Das Klischeebild vom hirnlosen Befehlsempfänger wich der Untersuchung ihrer Handlungsspielräume. Nach Ian Kershaws Auffassung hat Hitler durch das Äußern von Wünschen die allgemeinen politischen Ziele vorgegeben, ihre konkrete Verwirklichung aber seinen Untergebenen überlassen, und da Erfolg daran gemessen wurde, inwieweit man die Absichten des »Führers« erfüllte, wurde ihm auf allen Ebenen des Regimes »entgegengearbeitet«. Darüber hinaus habe man darum konkurriert, die Wünsche der Führung möglichst schnell und umfassend zu befriedigen.[23]

Die Vorstellung, dass »dem Führer entgegengearbeitet« wurde, ähnelt der deutschen Militärdoktrin von der »Auftragstaktik«, der zufolge höhere Offiziere ihren Untergebenen allgemeine Weisungen erteilen, die sie mittels ihrer Vertrautheit mit den örtlichen Gegebenheiten aus eigener Initiative erreichen sollen. Dass das Ethos der Auftragstaktik die Reihen der NSDAP und ihrer Ableger durchdrang, ist kaum verwunderlich. Hitler war von seiner Armeezeit geprägt und umgab sich mit Männern, die ihrerseits jahrelang beim Militär gewesen waren. Jüngere Nationalsozialisten, die bedauerten, den Ersten Weltkrieg verpasst zu haben, nahmen eine martialische Haltung zu Leben und Arbeit ein. Demokratische Prozesse und Konsensentscheidungen lehnten sie ab und zogen stattdessen charismatische Führung, persönliche Härte, zielgerichtete Konzeptionen und entschlossene Gesten vor. Die Männer, welche die antijüdische Politik entwarfen und ausführten, passten in der Regel in dieses Muster. Das NS-System funktionierte weder durch simples Delegieren noch durch »Entgegenarbeiten«; vielmehr gab es jungen Funktionären gewisse Interpretationsspielräume bei der Erfüllung allgemein gehaltener Befehle im Licht operativer und taktischer Umstände.[24]

Als SS-Offiziere im Lauf des Jahres 1942 darangingen, den genozidalen Angriff auf die Juden zu planen und durchzuführen, griffen sie auf ein quasimilitärisches Konzept zurück. Ziel war es, die Juden in einem Feldzug durch den Einsatz übermächtiger Kräfte zu vernichten. Dieses Vorhaben wurde jedoch durch die gleichen Beschränkungen behindert wie die gleichzeitigen Operationen der Wehrmacht: Der Mangel an Ressourcen setzte dem Ehrgeiz Grenzen. Nachdem es nicht gelungen war, die europäischen Juden »mit einem Schlag« auszulöschen, war man damit konfrontiert, dass sie auswichen, untertauchten oder Widerstand leisteten. Von wenigen Ausnahmen abgesehen, waren sie nie wieder ein derart leichtes Ziel. In der folgenden Neubewertung wird gezeigt, dass die Deutschen 1943 und 1944 im Krieg gegen die Juden mit denselben Schwierigkeiten zu kämpfen hatten wie im Krieg gegen die Alliierten: der Überbeanspruchung der Truppen, der Unzuverlässigkeit der Verbündeten und der Abhängigkeit von fanatischen, aber unsteten Hilfskräften, denen es mehr um Plünderungen als um ideologische Strenge ging. Andererseits wird größeres Gewicht auf die Formen jüdischer Selbstverteidigung gelegt: auf Flucht, den Bau von Verstecken, die Verstellung (um als »Arier« durchzugehen) und den bewaffneten Widerstand.

In den Forschungen seit den 1990er Jahren ist zudem in den Vordergrund gerückt, wie sehr Plünderung und wirtschaftliche Ausbeutung die antijüdische Politik des NS-Regimes, seiner Verbündeten und Kollaborateure stützten. Den Deutschen verschaffte die Beschlagnahme jüdischer Vermögen wichtige zusätzliche Mittel für die unersättliche Kriegswirtschaft. Die Enteignung jüdischer Häuser und Wohnungen, Möbel, Haushaltsartikel und Kleidung half, die Not armer und ausgebombter Deutscher zu lindern. Staatlicher Diebstahl trug zum Aufbau einer egalitäreren Gesellschaft bei, deren materielle Vorteile allerdings nur denjenigen zugutekamen, die nach den Rassenideen des Regimes zu den Auserwählten gehörten. Später half er, die Unzufriedenheit der Bevölkerung zu beschwichtigen und ihre Fügsamkeit zu erkaufen, besonders als der Krieg ungünstig verlief. Zugleich hat die Forschung durch die Erweiterung des Kreises der Nutznießer von Verfolgung und Genozid die Vorstellung von »Zuschauern« als passiven Umstehenden, die sich allenfalls einer Unterlassungssünde schuldig machten, in Frage gestellt.[25]

Die Verteilung von Beute an Kollaborateure festigte deren Treue zum Dritte Reich. Indem die Nichtjuden vor Ort ermutigt wurden, ihre jüdischen Nachbarn auszuplündern, machten die Deutschen sie zu Komplizen von Verfolgung und Genozid. Überall im besetzten Europa machten die Deutschen Juden zu »Freiwild«. Indem sie ein Kopfgeld auf jüdische Flüchtlinge aussetzten und die Gelegenheit zur Erpressung von Untergetauchten schufen, verwandelten sie die Juden in eine Ware, eine ökonomische Ressource für Bevölkerungen, die kärgliche, unsichere Zeiten durchlebten. Nicht Antisemitismus, sondern Habgier brachte viele dazu, sich auf die Seite der deutschen Besatzer zu schlagen. Judenhass wurde ebenso zu einer Rechtfertigung wie zu einem Motiv für Plünderungen. Diejenigen, die sich auf Kosten von Juden bereicherten, nahmen, ungeachtet ihrer vorherigen Meinung oder Einstellung zum Judentum, eine antijüdische Haltung an. Die ständige Vertiefung antijüdischer Gefühle während des Krieges war zweifellos ein Ergebnis der deutschen Propaganda, aber auch eine Folge der von den Deutschen initiierten Plünderungen. Die Angst vor der Rückgabe bildete einen Aspekt der Ablehnung, die jüdische Überlebende von Personen erfuhren, die bei der Befreiung von der deutschen Herrschaft im Besitz geplünderten jüdischen Eigentums waren. In Umkehrung der traditionellen Darstellungen, die mit den Ursprüngen des modernen Antisemitismus beginnen, bin ich der Auffassung, dass Habgier das Vorurteil hervorbrachte. Wenn man in religiösen Traditionen, Kultur und Ideologie die Ursprünge des Judenhasses sucht, übersieht man das stärkste und am schnellsten wirkende Mittel zur Erzeugung von Antipathie: die Schuldgefühle, die unrechtmäßig erworbene Güter verursachen.[26]

Der vielleicht verstörendste Aspekt der jüngsten Forschung sind die Erkenntnisse über die Vergewaltigung jüdischer Frauen und die sexuelle Ausbeutung von Juden in Ghettos und Lagern, in Verstecken und auf der Flucht. In frühen Berichten von Überlebenden war häufig ziemlich offen von sexuellen Beziehungen und sexuellem Missbrauch die Rede. Im Lauf der Zeit wurde diese Facette des jüdischen Lebens unter der NS-Herrschaft jedoch zunehmend in Schweigen gehüllt. Es bildete sich der Mythos heraus, die nationalsozialistische Lehre von der Rassenreinheit, also das Verbot sexueller Kontakte zwischen Juden und »Ariern«, habe die massenhafte Vergewaltigung jüdischer Frauen ausgeschlossen. Heute hat man diese Zurückhaltung dank einer neuen Generation von Historikerinnen, des gewachsenen Interesses an unmittelbar nach dem Krieg gemachten Aussagen und der größeren Sensibilität gegenüber dem Thema der Vergewaltigungen im Krieg aufgegeben. Bahnbrechende Forschungen haben gezeigt, dass die rassenhygienischen Verbote selten eingehalten wurden und jedenfalls für die Verbündeten der Deutschen vor Ort nicht galten. Auch stellten Juden manchmal Juden nach. Die sexuellen Kontakte waren jedoch nicht immer gewalttätig und erzwungen. Es mag geschmacklos erscheinen, sich mit der Sexualität während eines Genozids zu beschäftigen, aber einvernehmliche sexuelle Beziehungen boten Trost und Zuflucht. Viele Tagebuchschreiber berichten von eigenen Liebesbeziehungen oder den fieberhaften Affären anderer unter den düstersten Umständen. Solange das Leben weiterging, gab es Liebe und Lust. Auch dies zeigt die folgende Darstellung.[27]

Um lange Abschweifungen zu vermeiden, habe ich mich der Diskussion von Werken anderer Historiker ebenso enthalten wie eines Urteils darüber, ob sie Vorreiter oder im Irrtum waren. In den Anmerkungen habe ich jedoch sowohl meine Quellen aufgeführt als auch darauf hingewiesen, wo bedeutende Differenzen zwischen deren Interpretation und meiner eigenen bestehen. Ferner habe ich mich bei der Auslegung des Entscheidungsprozesses innerhalb des NS-Regimes zurückgehalten und mich darauf beschränkt zusammenzufassen, was als Konsens über die Ursachen des den Juden angetanen Leids gelten kann. Das Quellenmaterial und die Forschungsliteratur liegen in zahlreichen Sprachen vor und sind unübersehbar; um der Beherrschbarkeit willen und wegen des leichteren Zugangs habe ich meine Verweise auf im Englischen vorliegende Texte beschränkt.

Das vorliegende Buch handelt vom Schicksal der Juden und klammert die anderen Opfer von nationalsozialistischer Repression und Rassenpolitik aus. Auch andere Gruppen erlitten gesellschaftliche Ausgrenzung, Lagerhaft und Massenmord. Die Begründungen für ihre Verfolgung unterschieden sich jedoch grundlegend von den Absichten, die mit der Judenpolitik verfolgt wurden. Obwohl auch homosexuelle Männer und Frauen, Deutsche afrikanischer Herkunft sowie geistig oder körperlich Behinderte vom nationalsozialistischen Rassedenken als minderwertig und als Gefahr für die Stärke und Reinheit des »Volkskörpers« betrachtet wurden, galten nur die Juden als unerbittlicher, mächtiger globaler Feind, der zu bekämpfen und letzten Endes zu vernichten sei. Wenn Hitler, wie er es wiederholt tat, seine Entschlossenheit unterstrich, einen erneuten Zusammenbruch wie den von 1918 zu verhindern, bezog er sich nicht auf andere gesellschaftliche Gruppen, sondern ausschließlich auf die Juden und die von ihnen angeblich ausgehende Gefahr.[28]

Das Folgende ist eine chronologische Darstellung, in der – abgesehen von Abschnitten, in denen ich auf bestimmte Fragen oder Themen näher eingehe – die Analyse implizit enthalten ist. Ich habe versucht, dem Leser ein Gespür für den zufälligen, chaotischen Verlauf dessen zu vermitteln, was wir Geschichte nennen, was jedoch zum Zeitpunkt des Geschehens als verwirrende Gegenwart und unsichere

Zukunft erlebt wurde. Um dieses Gefühl einzufangen, habe ich mich vorwiegend auf zeitgenössische Briefe, Tagebücher, Berichte und Dokumente gestützt. Nachkriegsaussagen habe ich nur selten herangezogen und, wenn möglich, auf Äußerungen zurückgegriffen, die nicht allzu lange nach den Ereignissen gemacht wurden.

Schließlich ein Wort zur Periodisierung. Die Darstellung beginnt ganz konventionell mit dem Jahr 1933 sowie einem Rückblick auf Hitlers Karriere und die Vorläufer des Dritten Reichs. Aber sie schließt mit einem kurzen Epilog über die Jahre 1945 bis 1948. Ich habe mich gegen die übliche Coda von der Befreiung der Lager und dem Ende des Krieges in Europa am 8. Mai 1945 entschieden, weil die Juden die Abnahme des Verfolgungs- und Leidensdrucks anders erlebten. Tausende von Juden wurden schon beinahe ein Jahr vor Kriegsende befreit, unter ihnen die ersten, die Chroniken der Katastrophe verfassten und Zeugnisse über das Schicksal der Juden zu sammeln begannen, ohne zu wissen, wie und wann der Krieg enden würde. Tausende von Juden, die nach der Niederlage Deutschlands aus der Gefangenschaft entlassen wurden, genossen noch monate- oder jahrelang keine völlige Freiheit. Stattdessen wurden sie in Lager für Displaced Persons gesteckt. Noch Wochen nach dem Abzug der mörderischen NS-Wachleute starben sie weiterhin in großer Zahl an Verwundungen, Krankheiten und Unterernährung. Tausende andere stießen bei dem Versuch, nach Palästina zu gelangen, auf die Blockade der britischen Marine, die verhängt worden war, um Juden die Einreise in jenes Gebiet zu verwehren, das Großbritannien als Mandat des Völkerbunds verwaltete. Sie wurden im Lager Atlit bei Haifa und auf Zypern hinter Stacheldraht interniert. 1947 hielten die Briten mehr Juden gefangen als die Deutschen 1937.

Anders als die alliierten Armeen und die Mehrzahl der von der NS-Herrschaft befreiten Völker Europas erlebten die Juden das Kriegsende nicht als das Ende von Tod und Leid. Für die Mehrheit der Überlebenden in den Flüchtlingslagern markierte der 8. Mai 1945 vielmehr den Beginn einer Übergangsperiode, in der sie ihr Leben und ihre Gemeinden neu aufzubauen begannen, ohne zu wissen, wo sie sich letzten Endes würden niederlassen können. Juden, die das Glück hatten, in ihrem eigenen Land in Freiheit zu kommen, standen am Anfang eines langen, mühsamen Kampfs um die Rückerlangung ihrer Rechte, ihres Eigentums und sogar ihrer Kinder, die man in die Obhut von christlichen Familien oder Klosterschulen gegeben hatte. Zu diesem Kampf um Restitution und Entschädigung kamen die Anstrengungen, eine Bestrafung der NS-Verbrecher und ihrer Kollaborateure zu erreichen. Einer umfassenden oder angemessenen juristischen Abrechnung mit den Tätern standen jedoch regelmäßig politische Umstände im Weg. In dieser Hinsicht endete der Holocaust nicht mit dem Verstummen der Waffen. Das klare Ende, das der Begriff nahelegt, bedarf also ebenso einer Neubewertung wie die Einheitlichkeit der Erfahrung, die sein inflationärer Gebrauch dem Schicksal der Juden aufprägt.[29]

Prolog

Hitler und die Nationalsozialisten als unbekannte Größe

Adolf Hitler wurde am 30. Januar 1933 um 11.30 Uhr als Reichskanzler vereidigt. Die kurze Zeremonie fand im Büro von Reichspräsident Paul von Hindenburg im zweiten Stock der Reichskanzlei statt. Im Unterschied zu der politischen Odyssee, die hinter ihm lag, hatte Hitler es an diesem Tag nicht weit gehabt, denn seit dem vorangegangenen Februar wohnte er in einem nahegelegenen Luxushotel. Den Berlinern war dies wohlbekannt, und trotz des kalten Wetters, das seit einigen Tagen herrschte, hatte die erwartungsvolle Atmosphäre viele Menschen dorthin gezogen. Drei Tage zuvor war Reichskanzler Kurt von Schleicher nach nur wenigen Wochen im Amt zurückgetreten. Man fragte sich, wer sein Nachfolger werden würde: Franz von Papen, sein unmittelbarer Vorgänger, den er gestürzt hatte? Oder doch Hitler, hinter dem die größte Reichstagsfraktion stand? Er war in der Reichspolitik ein relativer Neuling, der noch nie ein hohes Amt bekleidet hatte; genau genommen machte seine gesamte Laufbahn nicht viel her. Gewiss, er war Vorsitzender der stärksten Partei im Reichstag, aber war es denkbar, dass dieser Außenseiter, der vor kurzem noch eine verspottete Randfigur gewesen war, das Steuer der Macht übernahm?[1]

Frankreichs Botschafter André François-Poncet verfolgte das Geschehen mit eigenen Augen. Hitler, notierte er in seinem Tagebuch, sei »im Hotel Kaiserhof abgestiegen, wo er gewöhnlich wohnt, wenn er sich in der Hauptstadt aufhält; es liegt zwei Schritte von der Reichskanzlei und dem Reichskanzlerpalais entfernt. Eine beträchtliche Menschenmenge belebt den Platz, beobachtet das Kommen und Gehen und bricht in Rufe aus, wenn sie den Naziführer erblickt.«[2] Was die Menschen nicht sahen, waren die Szenen, die sich im Präsidentenpalais abspielten.

Noch vor Hitler hatte Hindenburg den neuen Reichswehrminister

Werner von Blomberg vereidigt. Eile war geboten, denn Schleicher hatte diesen Posten formell noch immer inne. Es ging das Gerücht um, dass Schleicher einen Staatsstreich plane. Hindenburg und seine politischen Berater mussten ihm seine letzte Machtbasis nehmen und, was entscheidend war, sicherstellen, dass die neue Regierung das Kommando über die Streitkräfte hatte. Hitler traf zusammen mit konservativen Politikern später ein, unter Führung Papens durch den Hintereingang der Reichskanzlei. Mit ihm kamen auch die nur zwei weiteren Mitglieder seiner Partei, die neben ihm dem Kabinett angehören würden. Andere künftige Minister, die verschiedenen Parteien angehörten, stießen einzeln dazu, ehe man mit Verspätung beim Reichspräsidenten eintrat. Das Ganze war eine ziemlich chaotische Angelegenheit, aber typisch für die Art, wie Hitler auf den Posten des Reichskanzlers gelangte. Es war ein hastig improvisierter, teils stümperhafter und kaum verfassungsgemäß zu nennender Vorgang.[3]

Am Mittag verkündeten Sonderausgaben der Berliner Zeitungen Hitlers Ernennung, einschließlich der Zusammensetzung der neuen Koalitionsregierung. Am Abend veranstalteten die Sieger einen Fackelzug durchs Regierungsviertel, voran Tausende von braun uniformierten SA-Männern, gefolgt von Mitgliedern des Stahlhelms, einer paramilitärischen Organisation von Weltkriegsveteranen, die mit den Nationalsozialisten verbündet war. Sie marschierten an der Reichskanzlei vorbei, unter den Augen von Hindenburg und Hitler, die von verschiedenen Fenstern aus zuschauten. François-Poncet sah ebenfalls zu:

> In dichten Kolonnen, zwischen denen Musikkapellen marschieren, die militärische Weisen spielen und mit dem dumpfen Wirbel ihrer großen Trommeln dem Marsch den Rhythmus geben, tauchen sie aus den Tiefen des Tiergartens auf, ziehen sie unter der Siegesgöttin des Brandenburger Tores hindurch. Die Fackeln, die sie tragen, bilden einen einzigen Feuerstrom, … dessen Wellen ununterbrochen aufeinander folgen, einen schwellenden Strom, der mit herrischer Macht in das Herz der Hauptstadt vorstößt. Und von den Männern im braunen Hemd und hohen Stiefeln, die diszipliniert in festen Reihen marschieren und mit gleichmäßigen Stimmen aus voller Kehle kriegerische Lieder singen, geht eine unerhörte Begeisterung, eine dynamische Kraft aus.

Die Ereignisse des Tages hatten sich derart überstürzt, dass niemand daran gedacht hatte, den Zug filmen zu lassen. Wie Mussolinis legendärer »Marsch auf Rom«, der Hitler zehn Jahre zuvor zu seinem gescheiterten Staatsstreich angeregt hatte, wurde er im folgenden Sommer wiederholt, um das Schauspiel für die Nachwelt auf Film zu bannen.[4]

Aber was bedeutete der Regierungswechsel? Als Bedingung für die Annahme der Kanzlerschaft hatte Hitler von Hindenburg verlangt, den Reichstag aufzulösen und Neuwahlen anzusetzen. Dies würde seine Partei, die bereits die größte Fraktion stellte, möglicherweise weiter stärken, so dass er ein noch solideres Mandat erhielte. Andererseits hatte er der Forderung Hindenburgs und seiner Berater nachgegeben, die bisherige Zusammensetzung des Kabinetts weitgehend beizubehalten und die Zahl der nationalsozialistischen Minister auf zwei zu beschränken. Bei diesen handelte es sich um »alte Kämpfer«, die seit der Frühzeit der NSDAP an Hitlers Seite gestanden hatten: Wilhelm Frick, der Reichsinnenminister wurde, und Hermann Göring, der als Minister ohne Geschäftsbereich ins Kabinett eintrat. Göring wurde außerdem zum kommissarischen Innenminister Preußens berufen und bekam damit die Polizei des größten Landes im Deutschen Reich unter seine Kontrolle. Aber Hitler und seinen beiden Parteigenossen standen acht nichtnationalsozialistische Kabinettsmitglieder gegenüber. Zur Belohnung für Schleichers Sturz, und um Hitler im Zaum zu halten, wurde der katholisch-konservative Papen, der 1932 selbst Kanzler gewesen war, zum Stellvertreter des Reichskanzlers ernannt. Auch der neue und alte Außenminister, Konstantin von Neurath, und Reichswehrminister Blomberg waren bekannte Gesichter und Konservative alten Stils. Wirtschafts- und Ernährungsminister wurde der Pressebaron Alfred Hugenberg, der Vorsitzende der Deutschnationalen Volkspartei (DNVP), mit der die NSDAP ein lockeres Bündnis eingegangen war. Der Stahlhelmführer Franz Seldte übernahm das Arbeitsressort. Justizminister Franz Gürtner und Finanzminister Lutz Schwerin von Krosigk waren ebenfalls traditionelle Konservative, nicht anders Post- und Verkehrsminister Paul von Eltz-Rübenach. Alle drei hatten schon dem Vorgängerkabinett angehört. Von außen betrachtet, hatte sich wenig geändert, außer dass Deutschland, wenigstens dem Anschein nach, nun über eine stabile Regierung verfügte, die mit der stärksten Reichstagsfraktion ein tragfähiges Fundament besaß.[5]

Selbst Diplomaten und erfahrene politische Beobachter vermochten kaum vorauszusagen, was als Nächstes passieren würde. Leopold Schwarzschild zum Beispiel war jemand, der sich etwas auf seinen Scharfblick zugutehalten konnte. Er war seit 1922 Mitherausgeber von Stefan Großmanns *Tage-Buch*, einer der angesehensten deutschen Zeitschriften, die eine Vielzahl berühmter politischer Kommentatoren und Stars der Kulturszene als Autoren vorweisen konnte, und besaß aufgrund seiner Herkunft ein feines Gespür für gesellschaftliche Entwicklungen. Er stammte aus einer jüdischen Familie, die seit Jahrhunderten in deutschen Landen lebte und sich vollständig assimiliert hatte. Er hatte Geschichte und Volkswirtschaft studiert, dann diente er während des Ersten Weltkriegs im deutschen Heer. Den Sturz des Kaisers nach der Niederlage Deutschlands und die Schaffung der Weimarer Republik begrüßte er. In seiner Zeitschrift focht er für die Werte der neuen deutschen Republik: Demokratie, Gleichheit, individuelle Freiheit. Dennoch nahm er die Ernennung eines geschworenen Feindes der parlamentarischen Demokratie zum Reichskanzler zwar mit Vorsicht, aber nicht als düsteres Vorzeichen auf. In einem am 4. Februar 1933 veröffentlichten Artikel merkte er an, dass Hitlers Stärke vor seinem Amtsantritt nachgelassen habe. Tatsächlich hatte die NSDAP in den letzten Reichstagswahlen im November 1932 zwei Millionen Stimmen verloren. Die Nationalsozialisten mochten Paraden veranstalten, aber dass sie einen »Sieg erkämpft« hatten, war nach Schwarzschilds Ansicht eine Legende: »Herr Hitler war bereits ein Besiegter, als ihm sein Sieg geschenkt war. Er hatte sein Spiel um die Regierungsgewalt bereits verspielt, als man ihm die Gelegenheit bot, es nachträglich zu gewinnen. Den deutschen Mussolini hat kein Marsch nach Berlin, sondern nur ein Falschspiel der ostelbisch-westfälischen Kamarilla [aus preußischen Junkern und westdeutschen Industriellen] an die Krippe der Staatsmacht gebracht.«

Die Clique von Hindenburgs Beratern, fuhr Schwarzschild fort, habe die NS-Partei gerettet, »die vom finanziellen Bankrott bedroht wurde, deren Selbstzerstörung durch Fraktionsstreit und Meuterei unaufhaltsam war und die automatisch in den harmlosen Rahmen einer Kleinbürger-Antisemitenpartei zurückfallen musste, sobald ein Umschwung der wirtschaftlichen Konjunktur den Anhang abflauen ließ, den die Verzweiflung zu Hitler getrieben hatte«. Er glaubte immer noch, dass die Partei zum Untergang verurteilt war, und sagte voraus, dass ihr linker Flügel gegen ein Bündnis mit konservativen Kräften revoltieren würde. Unterdessen würde sich das Blatt möglicherweise zugunsten der Demokraten, der Sozialisten und der Arbeiterklasse wenden. Auf jeden Fall hielt er diese Kräfte für »stark genug, um allzu gewagte Experimente des neuen Regimes verhindern zu können«. Wenn es Hitler nicht gelang, den Massen Brot und Arbeit zu bieten, würde er rasch wieder aus dem Amt gejagt werden.[6]

Ganz ähnlich fiel die Prognose aus, die der britische Botschafter in Berlin, Horace Rumbold, dem britischen Außenministerium übermittelte. Rumbold war im Oktober 1928, als Krönung einer außergewöhnlichen Diplomatenlaufbahn, nach Berlin entsandt worden und hatte seit dem Durchbruch der Nationalsozialisten in der Reichstagswahl im September 1930 einen Strom von prägnanten Depeschen nach London gesandt, in denen er deren Programm sowie Hitlers Auftreten sezierte. Zwar hegte er für die Ziele der Nationalsozialisten eine gewisse Sympathie und teilte ganz gewiss ihre Abneigung gegen Juden, aber er erkannte auch die Grenzen ihrer Anziehungskraft. Als die NSDAP in der Reichstagwahl im Juli 1932 37 Prozent der Wählerstimmen und 230 Reichstagsmandate gewann, teilte er nicht die Auffassung vieler anderer Beobachter, dass die Nationalsozialisten unmittelbar vor dem endgültigen Sieg stünden und dieser unvermeidlich wäre. Vielmehr erklärte er dem britischen Außenministerium, Hitler scheine »jetzt seine Reserven aufgebraucht zu haben«. Am 27. Januar 1933 aß Rumbold mit Otto Meissner zu Abend, dem Leiter des Büros des Reichspräsidenten und Mitglied der »Kamarilla« um Hindenburg, die Schleicher zu Fall gebracht hatte. Rumbold teilte London mit, nach Meissners Ansicht habe Hitler »jüngst Anzeichen der Mäßigung gezeigt und erkannt, dass seine Politik der Negation nirgendwohin führt«. Anstatt die volle Macht zu beanspruchen, sei er jetzt bereit, sie zu teilen. Daraus zog Rumbold die beruhigende Schlussfolgerung, dass »eine Regierung unter Hitler, der auch Minister angehören, die keine Nazis sind, nicht in der Lage wäre, sich auf gefährliche Experimente einzulassen«.[7]

Der belgische Journalist und Kriminalschriftsteller Georges Simenon wohnte im selben Hotel wie Hitler, um für die Zeitschrift *Voilà* über das politische Drama, das sich in Deutschland abspielte, zu berichten, und traf mindestens einmal im Fahrstuhl auf ihn. Außerdem hörte er in der Hotellobby regelmäßig Gespräche sowohl von Angehörigen seines Hofstaats als auch von Politikern mit. Hitler, sagten sie, sei »der Mann Papens … der Mann Hugenbergs … ein Strohmann«.[8]

Deutsche Juden hatten ihre eigene Meinung zum »Hitler-Experiment«. Die vom Centralverein deutscher Staatsbürger jüdischen Glaubens (CV) herausgegebene *CV-Zeitung* hatte Hitler und seine Partei schon lange im Blick. In der letzten Ausgabe vor seiner Ernennung ging auch sie auf die Krise innerhalb der NSDAP ein. Nach seinem Einzug in die Reichskanzlei spiegelte sie die allgemeine Unsicherheit darüber wider, was von ihm zu erwarten war. Hatte er triumphiert oder war er gezähmt worden? Würde seine Regierung länger bestehen bleiben als ihre Vorgängerinnen? Da sie die rechtmäßige Obrigkeit darstellte, waren die Juden verpflichtet, ihre Gegnerschaft zu mäßigen, aber der Vorstand des Centralvereins war »überzeugt, dass niemand es wagen wird, unsere verfassungsmäßigen Rechte anzutasten«.[9]

Auch *Der Israelit,* die Zeitung der orthodoxen Juden, äußerte sich vorsichtig optimistisch. Jetzt, da Hitler an der Regierung sei, würden seine Koalitionspartner und Präsident Hindenburg ihn im Zaum halten. Allein schon die Aufgabe, ein erstrangiges Land zu führen, würde ihn zu verantwortungsbewusstem Handeln zwingen. Für die Juden wäre es vielleicht sogar schlimmer, wenn die neue Regierung scheiterte, denn danach würde man nach einem Sündenbock suchen. Sollte sie sich jedoch halten, ohne etwas zu erreichen, könnte sie als Ventil für die Unzufriedenheit der Bevölkerung einen »trockenen Pogrom« auslösen. Dann hinge viel vom Verhalten der Beamten und der Polizei ab. Würden sie sich jetzt, unter dem Befehl von Nationalsozialisten, an die alten Werte und Maßstäbe halten? Außerdem bestehe die Gefahr, dass eine Auflösung des Reichstags die extreme Rechte stärken und die Verfassungsordnung mit ihren Kontrollmöglichkeiten gefährden könnte. Dies seien »Fragen und Zweifel, über deren Berechtigung nur die Zukunft entscheiden kann«.[10]

Deutsche Zionisten gaben sich wenig besorgt über die Wendung der Ereignisse. Zionistische Führer wie Robert Weltsch, Herausgeber der zionistischen Wochenzeitung *Jüdische Rundschau,* hatten wiederholt die Aufmerksamkeit auf die Bedrohung durch den Antisemitismus gelenkt, weil er die eigene ideologische Position bestätigte, dass das jüdische Leben in der Diaspora untragbar sei. Aber trotz seines berufsmäßigen Pessimismus konnte auch Weltsch sein Erstaunen über die Entwicklung in Deutschland nicht verhehlen: »Das Ereignis, an dessen Bevorstehen niemand recht glauben wollte, ist über Nacht zur Tatsache geworden: Hitler ist Reichskanzler des Deutschen Reiches.«[11]

Der Romancier und Journalist Joseph Roth befürchtete, obwohl er kein jüdischer Nationalist war (und die Zionisten regelmäßig mit den Nationalsozialisten verglich), das Schlimmste. Mitte Februar schrieb er seinem Freund und Schriftstellerkollegen Stefan Zweig aus Paris: »Abgesehen von den privaten [Dingen] ... führt das Ganze zum neuen Krieg. Ich gebe keinen Heller mehr für unser Leben. Es ist gelungen, die Barbarei regieren zu lassen. Machen Sie sich keine Illusionen. Die Hölle regiert.«[12]

Juden überall in Deutschland hatten einen anderen Eindruck. Einige Jahre später erinnerte sich der jüdische Rechtsanwalt Ernst Marcus, der damals in Breslau gelebt hatte, dass die »nächste Zeit« nach dem 30. Januar 1933 »relativ ruhig« verlief. »Weite Kreise des Bürgertums, auch wir und unsere jüdischen Freunde glaubten, die Sache werde *nicht so schlimm* werden.« Seine Frau war so gelassen, dass sie nach Bayern in Urlaub fuhr. In Hamburg schien sich in den ersten Tagen des neuen Regimes für die Juden nichts geändert zu haben. Am 6. Februar hielten jüdische Weltkriegsveteranen in Anwesenheit von Vertretern der Stadt und des Reichs ihre jährliche Gedenkfeier ab. Sie fühlten sich zweifellos bestärkt, als Senator Curt Platen die Gelegenheit ergriff, um antijüdische Vorurteile zu verdammen.[13]

Die ersten vier Wochen von Hitlers Herrschaft waren für Juden ebenso wie für die übrige Bevölkerung eine Übergangsphase. Die Regierung hatte gewechselt, aber sonst war fast alles beim Alten geblieben. Gewiss gab es Beschimpfungen und Gewalttätigkeiten gegen Juden, die für gewöhnlich von SA-Männern begangen wurden, wenn sie im Hochgefühl ihrer neuen Macht durch die Straßen zogen. Aber solche Vorfälle hatte es auch vor 1933 gegeben, und sie waren trotz des neuen Kanzlers weiterhin Gesetzesverstöße. Während das Land einer weiteren, von Gewalt und politischer Dramatik geprägten Wahl entgegenging, durchlebten die Juden eine ambivalente Zeit, in der sie die Bedeutung der Geschehnisse um sie herum zu begreifen und angemessene Antworten zu finden versuchten. Dafür mussten sie sich möglichst rasch über die Geschichte ihrer Gemeinschaft, ihre eigene Identität und ihre Optionen klarwerden sowie Hitlers Laufbahn und den künftigen Weg seiner Partei einschätzen. Was einige Monate oder

Jahre später offensichtlich zu sein schien und nach 1945 in den meisten persönlichen oder historischen Darstellungen die Aura der Unvermeidlichkeit erhielt, war zur Zeit der Ereignisse keineswegs so augenfällig.[14]

Die deutschen Juden

Die sich selbst als jüdisch bezeichnende Bevölkerung der Weimarer Republik zählte rund 525 000 Menschen, von denen etwa 100 000 erst in jüngster Zeit hinzugekommene Einwanderer aus Osteuropa waren, allgemein abwertend als »Ostjuden« bezeichnet. Die meisten in Deutschland geborenen Juden konnten ihre Wurzeln über Jahrhunderte zurückverfolgen und waren gut in die deutsche Gesellschaft integriert. Von einigen Inseln der modernen Orthodoxie abgesehen, wurde der jüdische Glaube kaum noch praktiziert. Die typische deutsch-jüdische Familie zündete im Dezember Kerzen zur Feier des jüdischen Chanukkafests an und stellte gleichzeitig einen Weihnachtsbaum auf. Der Anteil der Mischehen lag bei Männern bei 25 Prozent, während 16 Prozent der Frauen einen Andersgläubigen heirateten. Die Kinder aus diesen Verbindungen wurden fast immer christlich erzogen. Auf individueller Ebene waren die deutschen Juden, ob sie sich nun als Mitglieder der jüdischen Gemeinde verstanden oder nichts mit ihr zu tun haben wollten, kaum von anderen Deutschen zu unterscheiden.[15]

Gleichwohl gab es gewisse demographische, geographische, soziale und ökonomische Merkmale, die es Judenhassern ermöglichten, die Juden herauszuheben. So lebte die Hälfte der deutschen Bevölkerung in Kleinstädten oder Dörfern, während zwei Drittel der deutschen Juden in Großstädten konzentriert waren. Allein in Berlin, wo sie vier Prozent der Einwohner stellten, lebte über ein Viertel der gesamten jüdischen Bevölkerung des Reichs (144 000). In Berlin gab es, wie in anderen Städten auch, bestimmte Viertel, in denen besonders viele Juden lebten. Häufig waren dies die wohlhabendsten Stadtteile. Das Einkommen jüdischer Haushalte war im Durchschnitt dreimal so hoch wie dasjenige nichtjüdischer Familien. Obwohl es eine bedeutende Schicht armer Juden gab, die auf Zuwendungen jüdischer Wohlfahrtsorganisationen angewiesen waren und vom Wohlstand der Bessergestellten abhingen, gehörten die meisten Juden der soliden Mittelschicht an.[16]

Ähnlich wie in bestimmten Wohnvierteln konzentrierten sich die Juden in einem relativ begrenzten Berufsfeld. Drei Viertel von ihnen verdienten ihren Lebensunterhalt in Handel und Gewerbe, im Finanzwesen oder in den freien Berufen; bei den Nichtjuden war es nur ein Viertel. Knapp ein Drittel der Nichtjuden arbeitete in der Landwirtschaft, während nur zwei Prozent der Juden Bauern waren. Allerdings waren 25 Prozent der Großhändler im Agrarsektor Juden. In ländlich geprägten Gebieten wie Hessen waren jüdische Getreide- und Viehhändler überall anzutreffen. Noch zahlreicher waren Juden in der Textilbranche. 40 Prozent der Großhandelsfirmen auf diesem Gebiet und sogar zwei Drittel der kleinen und großen Einzelhandelsgeschäfte gehörten Juden. Das Berliner Modeviertel war buchstäblich ein jüdisches Viertel. Obwohl Kaufhäuser einen relativ kleinen Teil des Einzelhandels ausmachten, entfielen rund 80 Prozent des Umsatzes in diesem Sektor auf Häuser in jüdischem Besitz wie Hertie, Wertheim und das KaDeWe, allesamt Einkaufspaläste an den großen Hauptstraßen der Stadt. Juden beherrschten das Verlagswesen. Zwei Verlagshäuser, Ullstein und Mosse, gaben bei der Publikation von Büchern, Zeitschriften und Zeitungen den Takt vor. Auch in den freien Berufen trafen Nichtjuden regelmäßig auf Juden, die elf Prozent der deutschen Ärzte, 13 Prozent der Rechtsanwälte und 16 Prozent der Juristen insgesamt stellten. Die Anteile waren nicht überall gleich. Besonders groß waren sie in den Großstädten, wo die meisten Juden lebten, namentlich in Berlin, Frankfurt am Main, Hamburg und Breslau.[17]

Das am dichtesten konzentrierte und auffälligste Segment der jüdischen Bevölkerung waren die Ostjuden. In Berlin machten sie ein Viertel der jüdischen Einwohner aus, und in Leipzig und Dresden waren sie sogar zahlreicher als die in Deutschland geborenen Juden. Die Ostjuden besaßen keine deutsche Staatsbürgerschaft, sie sprachen Jiddisch und waren religiös orthodox, auch wenn sich ihre Kinder rasch an die deutsche Gesellschaft assimilierten. Im Gegensatz zu den deutschen Juden lebten sie in den heruntergekommenen innerstädtischen Vierteln wie dem Scheunenviertel in Berlin. Viele von ihnen waren selbständige Handwerker oder Tagelöhner. Ironischerweise erschwerte der Erfolg der Kaufhäuser diesen jüdischen Ladenbesitzern, Flickschustern oder Schneidern immer mehr, ihren Lebensunterhalt zu verdienen. Die Wirtschaftskrise hatte sie schwer getroffen, und viele hingen von Zuwendungen jüdischer Wohltätigkeitsorganisationen ab.

Dies machte sie bei den deutschen Juden noch unbeliebter, die ihnen die Schuld an der Zunahme der antijüdischen Gefühle gaben. Nach dem Ersten Weltkrieg hatten deutsche Landes- und Reichsbehörden versucht, Juden vom Übertritt über die Grenze im Osten abzuhalten. Zwischen 1918 und 1921 schoben die preußischen Ordnungskräfte rund 4000 illegale Einwanderer ab und setzten damit eine lange Tradition der Abwehr unerwünschter Einwanderung aus dem Osten fort. Mit der Russischen Revolution hatten die Attacken gegen die Ostjuden an Schärfe zugenommen; Konservative und nationalistische Deutsche hatten den Ostjuden schon seit langem vorgeworfen, sie würden Verbrechen, Laster und Krankheiten ins Land bringen, und nun war auch noch die Ansteckung mit revolutionären Ideen hinzugekommen.[18]

Besonders jene Juden, die sich in Politik und zivilgesellschaftlichen Organisationen dem Antisemitismus der Nationalsozialisten entgegenstellten und gegen Diffamierungen kämpften, waren weder naiv noch ignorant. Die ältesten Mitglieder der jüdischen Gemeinde konnten sich noch an die Zeit erinnern, in der sie keine gleichberechtigten Bürger gewesen waren. Max Liebermann, Deutschlands angesehenster lebender Maler und Präsident der Preußischen Akademie der Künste, war 1847 geboren, ein Jahr vor der Revolution, welche die Juden in mehreren deutschen Staaten zu Staatsbürgern machte. Die volle Gleichberechtigung erhielten sie in allen Landesteilen erst mit der Vollendung der deutschen Einheit im Jahr 1871. Die Emanzipation, die Anerkennung der staatsbürgerlichen Gleichheit, war, kaum gewonnen, bald wieder in Gefahr. Eine schwere Krise des Handels und der Agrarpreise in den 1870er Jahren schürte die Unzufriedenheit kleiner Geschäftsleute, Handwerker und Bauern, und durch die Entstehung der Gewerkschaften und der Sozialdemokratischen Partei mit ihrer Massenanhängerschaft wurde ihr Unbehagen weiter verstärkt. Die SPD vertrat radikale marxistische Ansichten, vertiefte die Kluft zwischen Arbeitern und Unternehmern und kämpfte für die Abschaffung des Privateigentums. Wohin sollte sich der »kleine Mann« also wenden? In den 1880er Jahren stellte eine Reihe von politischen Agitatoren aus der Mittelschicht fest, dass sie unter Bauern, Ladenbesitzern und Kleinunternehmern Gehör fanden, wenn sie jüdischen Bankiers die Schuld an der Krise gaben und jüdische Zwischenhändler in der Agrarwirtschaft brandmarkten. Andere Agitatoren, die versuchten, die Arbeiter dem Marxismus abspenstig zu machen, predigten verschiedene Spielarten des christlichen Sozialismus, die für gewöhnlich darauf hinausliefen, die Juden zu Sündenböcken für alle wirtschaftlichen und sozialen Missstände zu machen.[19]

In den 1890er Jahren erzielten einige erklärtermaßen antisemitische Parteien eine Zeitlang Wahlerfolge und konnten Abgeordnete in den Reichstag entsenden. Die Deutschkonservative Partei, auf die Bismarck sich einst gestützt hatte, war derart aufgeschreckt, dass sie den Unruhestiftern entgegenkam und ihnen im sogenannten Tivoli-Programm von Dezember 1892 versprach, »den vielfach sich vordrängenden und zersetzenden jüdischen Einfluss auf unser Volksleben« zu bekämpfen. Doch damit machte sie nur die Antisemitenparteien hoffähig. In der Reichstagswahl von 1893 erhielten sie über 340 000 Stimmen und zogen mit 16 Abgeordneten in den Reichstag ein. Dabei spielten die Konservativen zwar mit antisemitischen Schlagworten, lehnten »Auswüchse« aber ab. Der Staat wurde nie von einem antijüdischen Rausch erfasst wie die französischen Behörden während der Dreyfus-Affäre. Die Reichstagswahl von 1893 markierte den Höhepunkt der antisemitischen Bewegung, danach zersplitterten die antisemitischen Parteien und verloren an Einfluss. 1912 konnten sie nur noch 130 000 Stimmen auf sich vereinigen und sechs Reichstagssitze gewinnen.[20]

Das Scheitern des politischen Antisemitismus bedeutete indes nicht, dass die antijüdischen Vorurteile verschwanden. Die von den Antisemiten ausgelösten Kontroversen hatten vielmehr bewirkt, dass die Menschen »judenbewusster« geworden waren. Unter konservativ gesinnten Deutschen, denen die rasche Urbanisierung und die Massenkultur missfielen, wurde es zum Gemeinplatz, dass die Juden, die von diesen Entwicklungen unverhältnismäßig zu profitieren schienen, in Kultur, Gesellschaft und Wirtschaft zu viel Einfluss besäßen. Liberale lehnten religiöse Vorurteile und Rassismus ab, äußerten aber gerade deshalb ihr Verwunderung darüber, dass Juden nicht häufiger Mischehen eingingen und an ihrem »Clanverhalten« festhielten. Nationalisten betrachteten die Juden in der Regel als unverbesserliche Fremde, die zu echter Loyalität gegenüber dem Reich unfähig waren. Nach Ansicht von Rasseantisemiten, die sich »völkisch« nannten, weil sie an die Existenz eines rassisch definierten deutschen Volks glaubten, waren Juden nicht assimilierbar und stellten daher eine Gefahr für das deutsche Volk dar. Gleichzeitig herrschten unter praktizierenden Katholiken und Protestanten weiterhin die überkommenen religiösen Vorurteile gegen Juden und das Judentum. In ihren Augen war Deutschland ein christlicher Staat, wie also konnten die Juden dazugehören? Die Sozialdemokraten verurteilten solche Ansichten und waren die beständigsten Gegner des Antisemitismus, aber auch sie neigten dazu, die Juden mit dem Kapitalismus und der Ausbeutung der Arbeiterklasse zu identifizieren. Während sich der Reichstag für Antisemiten, welche die Rücknahme der Emanzipation der Juden und ihre gesetzliche Absonderung anstrebten, als unfruchtbarer Boden erwies, verbreitete sich der Antisemitismus als »kultureller Code«, als Juden von Nichtjuden unterscheidende Einstellung.[21]

Doch so wie sich Juden 1933 an die bedrückende Geschichte des Vorurteils erinnern konnten, hatten sie auch ein inspirierendes Vorbild jüdischer Selbstverteidigung vor Augen. Vierzig Jahre zuvor war mit dem Ziel, die von den Antisemiten propagierten Lügen sowie ihre Kandidaten in den Wahlkampagnen zu bekämpfen, der Centralverein deutscher Staatsbürger jüdischen Glaubens gegründet worden. In den beiden folgenden Jahrzehnten hatte er recht wirkungsvolle Arbeit geleistet, indem er Aufwiegler wegen Verleumdung verklagte, Politiker unterstützte, die versprochen hatten, sich dem Antisemitismus entgegenzustellen, umfangreiches Bildungsmaterial über das Judentum und das jüdische Leben erstellte und die Aktivitäten von mitfühlenden Nichtjuden, die sich der Vorurteile in ihren Gemeinden schämten, koordinierte. Darüber hinaus förderte er gleichermaßen jüdischen Stolz und deutschen Patriotismus, indem er die Synthese von jüdischer und deutscher Identität propagierte.[22]

Für patriotische deutsche Juden war der Ausbruch des Ersten Weltkriegs eine Gelegenheit, ihre Vaterlandsliebe zu beweisen. Der Kaiser verkündete den Burgfrieden und erklärte, Deutschland kenne keine konfessionellen Trennlinien mehr. Die Juden nahmen es mit Begeisterung auf. Der Anteil der jüdischen Soldaten entsprach dem Anteil der Juden an der Gesamtbevölkerung. Andere, wie der Industrielle Walther Rathenau und der Chemiker Fritz Haber, leisteten einen enormen Beitrag zur deutschen Kriegsanstrengung. Unglücklicherweise suchten die Militärs, als die Erfolge auf dem Schlachtfeld ausblieben, jemanden, dem sie die Schuld in die Schuhe schieben konnten. 1916 ließ das preußische Kriegsministerium, wahrscheinlich auf Anregung von völkisch gesinnten Generälen im Oberkommando, eine

Untersuchung über die Zahl und die Verwendung von Juden im deutschen Heer erarbeiten. Die Ergebnisse dieser sogenannten Judenzählung wurden nie veröffentlicht, und weiterhin schwelte der Verdacht, die Juden hätten sich vor ihrer Pflicht gedrückt. Obwohl 12 000 Juden im Kampf fielen und Tausende verstümmelt wurden – auch hier lag ihr Anteil in gleicher Höhe wie derjenige an der Bevölkerung –, riss der Krieg die Kluft zwischen Juden und Nichtjuden weiter auf, anstatt sie zu schließen.[23]

Die Auswirkungen des Krieges

Die Art und Weise, wie der Krieg zu Ende ging und nachwirkte, bedeutete einen katastrophalen Wendepunkt in den Beziehungen zwischen Juden und Nichtjuden. Trotz massiver territorialer Gewinne im Osten konnte das deutsche Oberkommando keinen entscheidenden Sieg an der Westfront erzielen. Stattdessen wurde die von der britischen Seeblockade verursachte Lebensmittelknappheit immer größer und es kam vermehrt zu Unruhen, während der Kriegseintritt der Vereinigten Staaten das militärische Gleichgewicht endgültig zugunsten der Alliierten verschob. Im August 1918 war das deutsche Heer unwiderruflich zurückgeworfen. Der Unmut im Innern nahm zu und machte sich in Hungerunruhen und Friedensdemonstrationen Luft. An deren Spitze standen die Unabhängigen Sozialdemokraten (USPD), die sich wegen der Unterstützung des Krieges durch die SPD von dieser abgespalten hatten. Mehrere ihrer Anführer, wie Rosa Luxemburg, waren Juden. Vom Beispiel der Russischen Revolution angeregt, meuterten Matrosen und Soldaten, und es entging den Konservativen nicht, dass viele führende Bolschewiken jüdischer Herkunft waren und jemand wie Leo Trotzki, einer der bekanntesten von ihnen, zur Revolution in Deutschland aufrief. Im September teilte das Heer dem Kaiser mit, dass der Krieg verloren sei, aber die Bemühungen der zivilen Führung, den Konflikt zu entschärfen und das alte Machtgefüge zu bewahren, wurden vom revolutionären Aufruhr zunichtegemacht. Deutschland war gezwungen, um Frieden zu ersuchen, und am 9. November 1918 verkündete der stellvertretende Vorsitzende der SPD-Reichstagsfraktion, Philipp Scheidemann, die deutsche Republik. Eine Nationalversammlung wurde gewählt, die in Weimar zusammentrat und eine Verfassung ausarbeitete. Als »Vater« dieser Verfassung galt Hugo Preuß, ein Staatsrechtler und Politiker jüdischer Herkunft. Für Monarchisten und alle anderen, die dem Kaiserreich nachtrauerten, hatte es den Anschein, als wäre es von jüdischen Umstürzlern zu Fall gebracht worden. Besonders schmerzlich empfanden dies viele im Militär. Deutschland hatte kapituliert, noch ehe die alliierten Truppen auf deutsches Territorium vorgestoßen waren, und die Front war nicht durchbrochen worden. Für alle, die nicht akzeptieren konnten, dass das kaiserliche Heer im Felde gescheitert war, gab es nur eine Erklärung: dass die Niederlage durch Verrat zustande gekommen war.[24]

In den nächsten Wochen bemühten sich sozialdemokratische Politiker mit dem neuen Reichskanzler Friedrich Ebert an der Spitze, den Aufruhr nicht überborden zu lassen. Ebert versprach dem Heer, die Sozialdemokraten würden eine bolschewistische Revolution wie in Russland verhindern, wenn es sich der neuen republikanischen Regierung unterstellte. Seine gemäßigte Haltung führte zur endgültigen Spaltung der Linken, als ein Teil der USPD die Kommunistische Partei Deutschlands (KPD) gründete. Viele ihrer Mitglieder waren Juden. Während Berlin im Chaos versank, übernahm in Bayern eine linke Regierung unter dem jüdischen Journalisten Kurt Eisner die Macht, die immer weiter nach links rückte und schließlich eine Räterepublik ausrief. Mehrere ihrer führenden Protagonisten wie Ernst Toller, Gustav Landauer und Eugen Leviné waren als Juden geboren. Zum Schutz der Reichsregierung stützten sich Ebert und seine Kollegen nicht nur auf das Heer, sondern auch auf Freiwilligenverbände aus ehemaligen Offizieren und Unteroffizieren, die keine Chance hatten, in der geschrumpften Friedensarmee unterzukommen, sich aber auch nicht ans Zivilleben gewöhnen konnten. Die verbitterten, kampferprobten Männer, die sich diesen sogenannten Freikorps anschlossen, waren fanatische Antibolschewiken und zumeist auch Antisemiten. Sie waren verantwortlich für eine Welle von Morden, Attentaten und grausamen Feldzügen gegen aufständische Arbeiter. Außerdem kämpften sie jenseits der deutschen Ostgrenze im Baltikum und gegen Polen. Nach den Vorstellungen der Freikorpsmänner und anderer empörter Nationalisten waren die Bolschewiken, die Juden, die Polen und die »Novemberverbrecher«, die angeblich Deutschland verraten hatten, allesamt aus demselben Holz geschnitzt.[25]

Der Versailler Vertrag, den im Juni 1919 die Nationalversammlung in Weimar unter dem Druck der Sieger ratifizierte, nahm Deutschland im Westen Elsass-Lothringen und im Osten einen Gebietsstreifen, der sich von der Ostsee bis nach Schlesien erstreckte. Außerdem zwang er den Verlierer, die Schuld am Kriegsausbruch auf sich zu nehmen, und erlegte ihm eine riesige Reparationslast auf. Die demütigenden Friedensbedingungen empörten die Bevölkerung, und in den folgenden Jahren setzte sich jeder deutsche Politiker von links bis rechts für ihre Revision ein. Für die Republikaner war der Vertrag ein Fluch. Die Geburt der parlamentarischen Demokratie war für immer mit Niederlage, Revolution und Entehrung verknüpft. Die Erinnerung an das Chaos der unmittelbaren Nachkriegszeit und das Gefühl der nationalen Schande befleckten unwiderruflich die Weimarer Verfassung und überschatteten ihren fortschrittlichen, demokratischen Geist. Den Juden gab die neue Republik zwar gleiche Rechte und deren Schutz durch die Gerichte, doch für die äußerste Rechte und die Antisemiten war dies nur ein weiterer Grund, den neuen Staat zu verdammen.[26]

Die Jahre zwischen 1919 und 1923 waren für die Deutschen katastrophal, und die deutschen Juden litten unter der politischen Unsicherheit und dem ökonomischen Chaos ebenso wie alle anderen. 1920 musste die Regierung sowohl Putschversuche von rechts und links abwehren als auch Arbeiteraufstände im Ruhrgebiet niederschlagen. Auch das folgende Jahr war von kommunistisch inspirierten Unruhen erfüllt, mit dem Höhepunkt einer massiven Revolte in Sachsen. Unterdessen spielte die Regierung gegenüber den Alliierten mit dem Feuer, indem sie die Zahlung der Reparationen verschleppte. Die deutsche Wirtschaft konnte die Summen, wie sie insbesondere Frankreich verlangte, einfach nicht aufbringen, und im Herbst 1922 geriet das Land mit den Reparationsleistungen in Rückstand. Frankreich reagierte mit der Besetzung des Ruhrgebiets und der Beschlagnahme dessen, was ihm seiner Meinung nach zustand. Daraufhin rief die Regierung in Berlin die Bevölkerung zum passiven Widerstand auf und druckte Geld, um streikende Arbeiter zu bezahlen. Die Folge war eine galoppierende Inflation, die die Ersparnisse von Millionen Menschen in wertloses Papier verwandelte. Während einige gerissene Geschäftsleute von der Hyperinflation profitierten, war sie für die meisten Deutschen eine Katastrophe. Die Politiker hatten es, wie sie wussten, zugelassen, dass sie zu unschuldigen Opfern der Finanzkrise wurden; ihr Vertrauen in die traditionellen Werte, in die Vorzüge der parlamentarischen Demokratie, in Recht und Ordnung sollte sich nie wieder ganz erholen. Es verfestigte sich das Selbstbild eines Volks, das zum Opfer schweren Unrechts geworden war. Dieses Volk stand mit seinem eigenen Staat auf Kriegsfuß, und manche Deutsche hegten mörderische Rachephantasien.[27]

Eine belastende Erfahrung dieser unruhigen Jahre blieb jedoch auf die Juden beschränkt: Der Judenhass metastasierte, antisemitische Gruppen rückten von den Rändern der deutschen Gesellschaft in die Mitte. Eines der ersten Symptome war die Gründung des Deutschvölkischen Schutz- und Trutzbundes im Februar 1919. Als Sammelbecken für antisemitische Gruppen gedacht, verfolgte der Bund das Ziel, die Weimarer Republik zu Fall zu bringen und den angeblichen Einfluss der Juden, denen man die Schuld an der Niederlage Deutschlands gab, auszuschalten. Bis 1922 erreichte der Bund eine Mitgliederzahl von 180 000, woraufhin er in den meisten deutschen Ländern wegen seiner ständigen Aufrufe zur Gewalt verboten wurde. Millionen Menschen schlossen sich Vereinigungen an, die aus den nunmehr polnischen Gebieten stammende Deutsche vertraten und sich für ihre Rückkehr einsetzten; ihre Kampagnen zugunsten der in Polen zurückgebliebenen Deutschen gingen regelmäßig mit Hasstiraden gegen die Ostjuden einher, die sich in Deutschland niedergelassen hatten. In den ersten Jahren der Weimarer Republik spiegelten sich diese Tendenzen in der Zusammensetzung des Reichstags wider. Die 1918 gegründete Deutschnationale Volkspartei, in der sich republikfeindliche Mitglieder der alten konservativen und nationalistischen Parteien zusammengefunden hatten, war auf beiläufige, unsystematische Weise antisemitisch. In der Reichstagswahl von 1924, auf dem Höhepunkt ihrer Popularität, erhielt sie 21 Prozent der Stimmen. Für diese völkischen Gruppen und Parteien bedeutete Antisemitismus genauso Verachtung für die Weimarer Republik, ihre Verfassung und ihre Gesetze wie Abscheu gegen Juden im eigentlichen Sinn. Juden verbal oder physisch anzugreifen wurde zu einer Kraftprobe mit denjenigen, die die »Novemberverfassung« stützten.[28]

Am erschreckendsten für deutsche Juden war, dass Hassgedanken und verbale Angriffe in physische Gewalt und Morde umschlugen. Bevorzugte Ziele rechter Attentäter waren jüdische Politiker. Rosa Luxemburg, führende Politikerin der Unabhängigen Sozialdemokratie und des kommunistischen Spartakusbundes, der bayerische Ministerpräsident Kurt Eisner und, als Prominentester, Außenminister Walther Rathenau: Sie alle fielen den Kugeln von Mördern zum Opfer, die in rechten, völkischen Kreisen durch ihre Taten zu Helden wurden. Als Freikorpssoldaten das Räteregime in Bayern niederschlugen, folterten und erschossen sie jüdische Aktivisten. Im November 1923, auf dem Höhepunkt der Hyperinflation, als ein Laib Brot 140 Milliarden Reichsmark kostete, artete eine Hungerrevolte im Zentrum Berlins zu einem Pogrom aus. Tausende von ausgezehrten, aufgebrachten Berlinern fielen in das Scheunenviertel ein und plünderten und zerstörten stundenlang jüdische Geschäfte. Auch in anderen Städten gab es Übergriffe auf Ostjuden. Angehörige des sichtbarsten und verwundbarsten Teils der jüdischen Bevölkerung waren »die ersten realen Opfer eines brutalisierten deutschen Antisemitismus« (Steven Aschheim).[29]

Dann endete die Hyperinflation fast ebenso plötzlich, wie sie gekommen war. Der neue Reichskanzler Gustav Stresemann beendete sowohl das Gelddrucken zur Deckung der Staatsausgaben als auch die Unterstützung des Widerstands an der Ruhr, führte eine neue, an den Dollar gebundene Währung, die Rentenmark, ein und nahm, anstatt die Untragbarkeit der Reparationen nachweisen zu wollen, Verhandlungen mit den Alliierten auf. Im nächsten Jahr vereinbarte er, nunmehr als Außenminister, einen Reparationsplan mit ihnen. Der Alptraum war zu Ende.[30]

Die deutschen Juden beobachteten diese Entwicklungen nicht teilnahmslos. Der Centralverein betrieb eine intensive Antidiffamierungsarbeit und verteilte einmal an einem einzigen Tag 50 000 Flugblätter und 10 000 Pamphlete. Seine Mitgliederzahl nahm rasch zu, da sich immer mehr Juden der Aufgabe widmeten, den guten Namen ihrer Gemeinde zu verteidigen. Besonders jüdische Veteranen taten sich dabei hervor. Im Reichsbund jüdischer Frontsoldaten (RjF) organisierten sich ehemalige Soldaten aus dem ganzen Land, damit die Opfer, die deutsche Juden in den Schützengräben gebracht hatten, nicht in Vergessenheit gerieten. Sie traten leidenschaftlich gegen jene auf, die den Juden die Treue zum Vaterland absprachen, und nutzten die auf dem Schlachtfeld geschmiedeten kameradschaftlichen Beziehungen, um Nichtjuden für den Kampf gegen den Antisemitismus zu gewinnen. In bedrohlichen Situationen bot der Jüdische Abwehrdienst physischen Schutz. Während der Scheunenviertelunruhen griffen Mitglieder des Bundes, einer jüdischen sozialistischen Partei, zu den Waffen und patrouillierten durch die Straßen. Weniger heroisch waren die Aufrufe örtlicher jüdischer Funktionäre an ihre Glaubensgenossen, »Provokationen« durch auffälliges Verhalten oder die Beteiligung am politischen Extremismus zu vermeiden. Bei national gesinnten Juden wie P. Nathan mündete diese Selbstbeschränkung in unablässige Kritik an den Ostjuden. »[W]er heute aus ›Halbasien‹ nach Deutschland kommt, ist ein gefährlicher Gast«, erklärte er und schlug vor, die deutschen Juden sollten ihr Deutschtum zeigen, indem sie die Ausweisung der Einwanderer verlangten.[31]

Im Januar 1933 waren die Juden also weder naive noch passive Zuschauer der Ereignisse. Ihre Einschätzungen des »Experiments« mit Hitler beruhten nicht nur auf dem Eindruck der jüngsten Geschehnisse oder gar auf Kurzsichtigkeit und Selbsttäuschung. Die Überzeugung, dass Hitlers Ernennung zum Reichskanzler in einem Augenblick der Schwäche erfolgt war und er jeden Augenblick stürzen könnte, war eine Schlussfolgerung aus seinem »Aufstieg« und seiner merkwürdigen Laufbahn. Man sah ihn im Zusammenhang der politischen Instabilität der jüngsten Vergangenheit und der Wellen des Antisemitismus mit ihren Kämmen und Tälern. Auch die nationalsozialistische Politik wurde in ihrer ganzen Bandbreite wahrgenommen, nicht zuletzt ihre Haltung zum Judentum und ihre Pläne bezüglich der Juden. Was also wussten die Deutschen, Juden wie Nichtjuden, und die übrige Welt über Hitler und seine Bewegung?

Wer war Hitler?

Zu einer landesweit bekannten politischen Figur wurde Hitler erst gegen Ende der 1920er Jahre und zum Anführer einer ernstzunehmenden politischen Kraft erst im September 1930. Vorher hatten ihm nur professionelle Politikbeobachter größere Aufmerksamkeit geschenkt. Juden wie Alfred Wiener und Hans Reichmann, die für den Centralverein Abwehrarbeit gegen den Antisemitismus leisteten, beobachteten die Nationalsozialisten und berichteten über deren Aktivitäten. Seit Gründung der NSDAP waren ihre Mitglieder berüchtigt für ihren extremen Judenhass und ihre Bereitschaft, von verbaler zu handgreiflicher Gewalt überzugehen. Aber in Gegenden, wo die Nationalsozialisten schwach oder gar nicht vertreten waren, wussten die Juden wie auch die anderen Deutschen zumeist wenig über sie und ihren Führer.[32] Die große Mehrheit bemühte sich erst um Informationen, als die NSDAP 1930 ihre ersten großen Wahlerfolge erzielte. Hitler befand sich also vor seiner Kanzlerschaft lediglich für gut zwei Jahre im Blickfeld der Öffentlichkeit, und in dieser Zeit trat er betont zurückhaltend auf. Er mäßigte seinen Tonfall, wählte positive Themen für seine Reden und unterließ fast jede öffentliche Attacke auf die Juden.[33]

Überhaupt achteten Hitler und seine Propagandisten sorgfältig auf sein Image. Sein Erinnerungsbuch und politisches Glaubensbekenntnis *Mein Kampf* war ein Schlüsseltext. Im ersten, im Wesentlichen autobiographischen Teil zeichnete er sich selbst als einen aus einfachen Verhältnissen stammenden Mann, der in jungen Jahren Armut und Not erlebt hatte. Er beschrieb sein politisches Erwachen, als ihm der bösartige Einfluss des Sozialismus und der Juden bewusstgeworden sei, und fasste zusammen, was er als Autodidakt in jenen Jahren gelernt hatte. Dabei hob er seinen Glauben an die zentrale Rolle von Blut und Rasse in der menschlichen Geschichte hervor und bekannte sich zu den Grundprinzipien von Sozialdarwinismus und Eugenik. In den lebendig geschriebenen Passagen über seine Militärzeit stellte er sich als gewöhnlichen Frontsoldaten dar, der die gleichen Unannehmlichkeiten erduldet und die gleichen Opfer gebracht habe wie Millionen andere. Er wiederholte die verbreitete Überzeugung, dass Deutschland 1918 durch einen ihm hinterrücks beigebrachten Dolchstoß in die Knie gezwungen worden sei, und gab den Juden die Schuld an der Niederlage. Etwas ungewöhnlicher war schon seine Überlegung, dass der Krieg womöglich anders verlaufen wäre, wenn man einige Tausend Juden durch Giftgas getötet hätte. Der autobiographische Teil von *Mein Kampf* endet mit Hitlers Eintritt in die Politik kurz nach dem Krieg und der Gründung der NS-Partei. Der zweite Teil behandelt deren frühe Geschichte und Hitlers führende Rolle, vermengt mit Ausführungen zu ihrer Philosophie und ihren Absichten sowie zu Organisation, Propaganda und Taktik.[34]

Mein Kampf war jedoch bereits 1925/26 erschienen (die beiden Teile wurden anfangs getrennt veröffentlicht), und in den Jahren bis 1933 hatte sich viel verändert. Hitler gab sich gemäßigter, als sein Buch erwarten ließ, und empfahl sich als verantwortungsbewusster Politiker. Genau aus diesem Grund hatte er 1928 von der Veröffentlichung eines dritten Bandes abgesehen, denn er hatte begriffen, dass ihm seine

Worte wie ein politischer Mühlstein um den Hals hängen würden. Wer 1933 *Mein Kampf* las, erhielt also einen Eindruck davon, wer Hitler war und wie tief seine Judenfeindschaft saß, doch wie verlässlich war das Buch als Leitfaden für sein gegenwärtiges Denken und künftiges Handeln? Im Oktober 1930 fasste Horace Rumbold das Programm der Nationalsozialisten als »Streben nach einem größeren, besseren, saubereren und weniger korrupten Deutschland« zusammen. Sein Nachfolger Eric Phipps glaubte nicht, dass Hitler an Auffassungen festhalten würde, »die mit solch unglaublicher Gewalt in einem Werk ausgedrückt sind, das vor zehn Jahren in einem bayerischen Gefängnis geschrieben wurde«. Beide waren indes überzeugt, dass Hitler seine Haltung zu den Juden beibehalten würde, obgleich sie auch fanden, dass er seine Ansichten im Allgemeinen gemäßigt hatte. Daher gaben Hitlers frühe Jahre und Karriere nicht unbedingt brauchbare Hinweise darauf, was er tun würde, sobald er an die Macht gekommen war. Zudem hatten, wie Historiker gezeigt haben, *Mein Kampf* und die von der Partei und seinen Freunden veröffentlichten Hagiographien keinerlei Ähnlichkeiten mit dem Verlauf seines ersten Lebensabschnitts.[35]

Hitler war 1889 in Braunau, einer Kleinstadt nahe der Grenze zwischen dem österreich-ungarischen und dem deutschen Kaiserreich, geboren, aber in Linz aufgewachsen. Sein Vater, ein Zollbeamter, starb, als Hitler 14 Jahre alt war. Seine Mutter unterstützte seinen Wunsch, Kunstmaler zu werden, und 1907 bewarb er sich erfolglos an der Wiener Akademie der Bildenden Künste. Noch im selben Jahr verstarb seine Mutter. Hitler blieb in Wien und verbrachte ein halbes Jahrzehnt als mittelloser, ehrgeiziger Maler. Er verkaufte Bilder an jüdische Kunsthändler und hatte, den vorhandenen Quellen zufolge, keinerlei Vorbehalte gegen den Umgang mit ihnen. Auch über antijüdische Äußerungen ist nichts bekannt. Dagegen gibt es Anzeichen für seinen Hass auf den Marxismus.[36]

Dann zog Hitler 1913 nach München um. In der kosmopolitischen Stadt mit ihrem blühenden Künstlermilieu lebte er ein Jahr lang vom Verkauf seiner Bilder und genoss die Kaffeehausgesellschaft. Der Kriegsausbruch veränderte sein Leben. In Wien war Hitler zu einem glühenden deutschen Nationalisten geworden. Außerdem las er eine Vielzahl populärer sozialdarwinistischer Schriften, die den Kampf als Grundelement des Lebens beschrieben. Nach diesen Traktaten fand der Kampf zwischen Nationen und »Rassen« seinen höchsten Ausdruck im Krieg. Im Kampf erweise sich auch, ob der Einzelne es wert sei zu leben. Hitler fühlte sich von der Aussicht auf eine solche Bewährung angezogen und trat in das 16. Bayerische Reserve-Infanterie-Regiment ein, eine Einheit von geringer militärischer Qualität. Von den vielen Reservisten jenseits des Wehrdienstalters teilten nur wenige Hitlers Begeisterung. Er diente als Regimentsmeldegänger, als der er sich erheblichen Gefahren aussetzen musste, und wurde für seine Tapferkeit mit dem Eisernen Kreuz zweiter und erster Klasse ausgezeichnet (in Letzterem Fall auf Empfehlung eines jüdischen Offiziers). Im Oktober 1918 verlor er durch einen britischen Gasangriff bei Ypern vorübergehend das Augenlicht. Von der deutschen Kapitulation erfuhr er während des Genesungsaufenthalts in einem Lazarett. Die Neuigkeit war ein Schock für ihn, und da er sich nicht unter den einfachen Infanteristen befunden und den Zerfall ihrer Moral nicht miterlebt hatte, war er nur zu empfänglich für den Mythos, dass dem Heer ein Dolchstoß in den Rücken zum Verhängnis geworden und Deutschland durch innere Feinde zu Fall gebracht worden sei.[37]

Hitler blieb noch zwei Jahre beim Militär. Er war in München stationiert und machte selbst dann keinerlei Anstalten, den Dienst zu quittieren, als seine Einheit unter den Befehl des kurzlebigen revolutionären Regimes in Bayern kam. Vielmehr sammelte er als Agent des militärischen Nachrichtendiensts Informationen über radikale, aufwieglerische Gruppen. Im Rahmen seiner Arbeit erhielt er eine Ausbildung als Propagandaredner und besuchte einen politischen »Aufklärungskurs« an der Münchener Universität, bei dem er einen Eindruck von der Bandbreite subversiver Ideologien erhielt. Seine Mentoren waren rechte Offiziere, extreme Nationalisten, die sowohl antimarxistisch als auch antisemitisch eingestellt waren. Von ihnen angeleitet, begann er über die Juden als einer gefährlichen »Rasse«, die ein Feind des deutschen Volkes sei, zu schreiben und öffentlich zu reden. Von der Reichswehr als V-Mann in Versammlungen der rechten, antisemitischen Deutschen Arbeiterpartei (DAP) geschickt, trat er ihr schließlich bei. Im Februar 1920 war er an der Formulierung eines 25 Punkte umfassenden neuen Parteiprogramms ebenso beteiligt wie an der Umbenennung der DAP in Nationalsozialistische Deutsche Arbeiterpartei (NSDAP), die der Unterscheidung von marxistischen Gruppen diente. Mit Hilfe des Militärs hatte er sein Redner- und Propagandatalent entdeckt. Da er in der Lage war, in den Bierkellern ein großes Publikum in seinen Bann zu schlagen, nahm er bald eine führende Rolle in der Partei ein. Er schied aus der Reichswehr aus und begann in dem rechtsextremen, rassistischen und nationalistischen Milieu, das aufgrund der verbreiteten Verbitterung über Niederlage und Wirtschaftskrise prächtig gedieh, ein Leben als hauptberuflicher politischer Agitator zu führen.[38]

Die Nazis, wie die Nationalsozialisten bald allgemein genannt wurden, waren nur eine unter den zahlreichen völkischen Gruppen in Bayern. Hitler stach allein wegen seines Extremismus, seiner Energie, seiner Rednergabe und seines messianischen Selbstbewusstseins hervor. Im Juli 1921 setzte er das Prinzip durch, dass nur er allein die Partei führen und deren Politik bestimmen könne: das Führerprinzip. Seine Erfahrungen in den Schützengräben und seine Erinnerung an ein durch Patriotismus und Opferbereitschaft geeintes Deutschland bildeten die Richtschnur seines politischen Weges, und unter seiner Führung nahm die Partei einen paramilitärischen Charakter an. Im November 1921 gründete der ehemalige Hauptmann Ernst Röhm zum Schutz der Parteiversammlungen die Sturmabteilung (SA). Mit ihrem Namen bezog sie sich auf das Vorbild jener Heereseinheiten, welche die deutschen Angriffe an der Westfront angeführt hatten. Durch ihre brutalen Äußerungen und die Bereitschaft zu physischer Gewalt hoben sich die Nationalsozialisten vom übrigen völkischen Milieu ab und zogen viele in ihren Bann. Ein Jahr später vereinigte Julius Streicher seine völkische Gruppe mit der NSDAP. Streicher, ein Volksschullehrer aus Nürnberg, der sich im Krieg ausgezeichnet hatte, war ein besessener Antisemit. Er gründete die Zeitung *Der Stürmer,* um den Nationalsozialismus zu fördern und eine besonders bösartige, sexbesessene Spielart des Judenhasses zu verbreiten. Bis Anfang 1923 stieg die Zahl der NSDAP-Mitglieder auf 55 000. Hitler hatte mittlerweile eine Kerntruppe loyaler, wirkungsvoll agierender Gefolgsleute um sich versammelt, darunter das Weltkriegs-Fliegerass Hermann Göring, den Kriegsveteranen und Freikorpsmann Rudolf Heß, den deutschbaltischen Ingenieur Alfred Rosenberg, der eine Begabung fürs Schreiben hatte, und den ehemaligen Unteroffizier Max Amann, der im Krieg Hitlers Vorgesetzter gewesen war. Diese Männer glaubten vorbehaltlos an seine politische Vision und waren ihm bedingungslos gehorsam; viele von ihnen sollten seine engsten, vertrautesten Helfer bleiben.[39]

Alles schien für die Nationalsozialisten zu sprechen. Die französische Besetzung des Ruhrgebiets, die Hyperinflation und die kommunistischen Aktivitäten in mehreren deutschen Ländern stärkten die extreme Rechte. München war eine Schlangengrube antirepublikanischer Verschwörer. Entsetzt über den vermeintlichen Linksruck im Reich, planten bayerische Politiker, Beamte und Generäle, die Regierung in Berlin zu stürzen und die Ordnung wiederherzustellen. Hitler arbeitete inzwischen mit verschiedenen völkischen Gruppen zusammen, und im Oktober 1923 sah es so aus, als würde ein Bündnis aus bayerischer Regierung, NSDAP und anderen Parteien nach dem Vorbild von Mussolinis Marsch auf Rom einen Marsch auf Berlin unternehmen, um die parlamentarische Demokratie zu stürzen. In letzter Minute schreckte die bayerische Führung jedoch davor zurück. Um den Schwung der Ereignisse zu nutzen und die Landesregierung doch noch zum Handeln zu bewegen, unternahm Hitler am Abend des 8. November 1923 auf eigene Faust einen Putschversuch. Doch zu diesem Zeitpunkt hatte sich die Reichswehrführung in Berlin bereits hinter die Reichsregierung gestellt, und es bestand kaum eine Chance, dass die starken Männer in Bayern es auf ein Kräftemessen ankommen lassen würden. Daher standen die Nationalsozialisten trotz der Beteiligung des Weltkriegshelden Erich Ludendorff mehr oder weniger allein da. Unverdrossen machte sich Hitler am nächsten Vormittag an der Spitze seiner Anhänger auf den Marsch in die Innenstadt. Der Zug wurde jedoch am Odeonsplatz durch Schüsse der Polizei gestoppt. Mehrere Nationalsozialisten kamen ums Leben, Göring wurde schwer verwundet und Hitler verletzte sich am Arm, als ein tödlich getroffener Putschist ihn zu Boden riss. Die Aufrührer lösten sich auf, die Rädelsführer wurden binnen weniger Stunden aufgespürt und festgenommen. Im Februar stand Hitler zusammen mit Ludendorff, der dem Ex-Gefreiten nur allzu gern die Verantwortung für den gescheiterten Putsch überließ, vor Gericht. Hitler nutzte den Prozess, um mit Geschick und Leidenschaft seine Überzeugungen darzulegen, was ihm die Sympathie der rechtsstehenden Richter einbrachte. Er wurde zu fünf Jahren Festungshaft verurteilt, aber bevor er das Gericht in Richtung des Gefängnisses Landsberg verließ, deuteten die Richter noch ihre Hoffnung an, dass die tatsächliche Haftdauer noch kürzer sein würde. Hitler ging aus dem Prozess als Märtyrer und Held hervor.[40]

Die Zeitungsberichte über den Prozess stärkten Hitlers Status in rechtsgerichteten Kreisen, und dass sich die NSDAP in seiner Abwesenheit in Flügelkämpfe verstrickte, unterstrich seine zentrale Rolle in der Partei. Allerdings befand sich die äußerste Rechte inzwischen im Niedergang, da es der Regierung endlich gelungen war, stabile Verhältnisse zu schaffen. Hitler vertrieb sich seine Haftzeit damit, dass er *Mein Kampf* verfasste. Als er 1925 aus der Haft entlassen wurde, war er mit einer umfassenden Ideologie und einem noch stärkeren Sendungsbewusstsein ausgestattet. Die Macht schien freilich in weite Ferne gerückt. Bis 1927 war es ihm verboten, öffentliche Reden zu halten, in einigen deutschen Ländern sogar bis 1928. Doch waren dies keineswegs verlorene Jahre in der Versenkung. In jener Phase schärfte die NSDAP ihr Profil und vervollkommnete die Methoden, mit denen sie immer mehr Deutsche in ihre Reihen locken sollte.[41]

Im Februar 1925 gründete Hitler die NSDAP neu. Er verwarf die Putschstrategie und versprach, einen parlamentarischen Kurs zu verfolgen. Dies bedeutete indes nicht, dass er der Gewalt abschwor oder das Ziel, die Republik abzuschaffen, aufgab. Der Antisemitismus stand weiterhin im Mittelpunkt der Parteiideologie; er war sowohl für den inneren Zusammenhalt wie für die Außenwirkung wichtig. Doch die NSDAP war nicht nur eine negative Kraft. Sie schlug vielerorts Wurzeln, indem sie in Bedrängnis geratenen Menschen Hilfe anbot. Anders als die parlamentarischen rechten Parteien, die sich immer weiter vom Alltag der Menschen entfernten, schenkten die Nationalsozialisten Interessengruppen und regionalen Fragen Beachtung. Vor allem vertraten sie eine positive Gesellschaftsvision. Hitler versprach, die Verbundenheit und Ausrichtung auf ein gemeinsames Ziel, die Deutschland zwischen 1914 und 1918 beseelt hatten, wiederherzustellen. Es war eine Vision von gesellschaftlicher Harmonie, Gleichheit und gegenseitiger Achtung. Obwohl Hitler, was die konkrete Politik betraf, stets vage blieb, vermochte er den Idealismus insbesondere junger Menschen und von Gruppen, die sich von der Politik alleingelassen fühlten, zu mobilisieren. Frauen und Neuwähler sprach die Sorge der Nationalsozialisten um die kleinen Leute an, also ihre Bereitschaft, sich mit dem Elend der Obdach- und Arbeitslosen, der bedrängten Bauern, der ums Überleben kämpfenden kleinen Geschäftsleute und der unterbezahlten Beamten zu beschäftigen. Da die linken Parteien, die SPD und die KPD, eine Klassenideologie vertraten und den Besitzenden mit Enteignung drohten, konnte die NSDAP den Unmut der breiten Mittelschicht auf ihre Mühlen lenken, ebenso wie jenen einer beträchtlichen Zahl unzufriedener Arbeiter. Außerdem ahmte sie die marxistischen Parteien insofern nach, als sie unermüdlich um neue Mitglieder warb und diese fest einzubinden strebte, um sich eine solide Massenbasis aufzubauen.[42]

Aktivismus und Gewalt waren für die nationalsozialistische Botschaft essentiell. Paraden und Demonstrationen mitsamt Fahnen und Musikkapellen ermöglichten es den Nationalsozialisten, symbolisch die Straßen in Besitz zu nehmen. In Kleinstädten und Dörfern besetzten SA-Männer und Parteimitglieder, insbesondere an Schlüsseltagen des nationalen und nationalsozialistischen Kalenders, in großer Zahl die öffentlichen Räume. Während Redner die »Novemberverbrecher«, den Versailler Vertrag, Reparationen und »die Juden« verdammten, stellten die paramilitärischen »Braunhemden« der SA eine physische Herausforderung von Recht und Verfassung dar. Wenn sie Juden beleidigten oder jüdisches Eigentum beschädigten, stellten sie die Republik in Frage, und wenn die Polizei eingriff, stellten sich die Kräfte von Gesetz und Ordnung auf die Seite einer verachteten Republik und einer unerwünschten Minderheit. Die Gewalt zeigte auf brutalste Weise, wer zum Volk gehörte und wer ein Außenseiter war. Indem sie die Öffentlichkeit zwangen, die Republik mit den Opfern ihrer Einschüchterungsversuche zu identifizieren, suggerierten die Nationalsozialisten, dass beide dem wahren Deutschtum, der rassisch-national definierten Volksgemeinschaft, feindlich gesinnt waren.[43]

Gleichwohl blieb die NSDAP lediglich ein »Ärgernis am Rand der politischen Bühne«. In der Reichstagswahl von 1928 gewann sie nicht mehr als 2,6 Prozent der Stimmen und zwölf Mandate. Die Mitgliederzahl lag bei rund 130 000. Hitler erlangte einige öffentliche Aufmerksamkeit und ein neues Maß an Seriosität, indem er sich in der Ablehnung eines neuen Reparationsabkommens, des Youngplans, mit Hugenberg und seiner DNVP zusammentat, doch war die NSDAP in diesem Bündnis eindeutig der Juniorpartner. Der paramilitärische Stahlhelm war weit größer als die SA, und obwohl der Verband indirekt das Anliegen der Nationalsozialisten stärkte, musste dieser Effekt unsichtbar bleiben, solange der Stahlhelm die DNVP unterstützte und zu Hindenburg hielt (zu dessen Wahl zum Reichspräsidenten im Jahr 1925 er viel beigetragen hatte).[44]

Zum zehnten Jahrestag der Verabschiedung der Weimarer Verfassung schrieb Leopold Schwarzschild im August 1929 eine verhalten optimistische Laudatio. Zwar würden immer noch 35 Prozent der Wähler Parteien wählen, die die Republik abschaffen wollten. »Aber Ansätze zur Schonung des Individuums sind da, begrüßenswerte, stärkere als sonstwo. Man hat weniger Vorschriften, weniger Verbote, trotz allem größere persönliche Garantien als in fast allen anderen Ländern des zerrütteten Europa.«[45]

Hitlers holpriger Weg an die Macht

Binnen weniger Wochen wurde dieser Optimismus jedoch durch den Börsencrash an der Wallstreet zunichtegemacht. Bereits 1929 lief die deutsche Wirtschaft nicht mehr rund und war unfähig, genügend Arbeitsplätze für die wachsende Bevölkerung zu schaffen. Als amerikanische Banken ihre Kredite an deutsche Finanzinstitute und Unternehmen kündigten, stürzte Deutschland in eine katastrophale Deflationsspirale. Banken gaben keine Kredite mehr und verlangten die sofortige Rückzahlung gewährter Darlehen; Unternehmen reagierten darauf, indem sie Arbeiter entließen und Löhne kürzten. Konnten sie dadurch nicht genügend Kapital freisetzen, gingen sie bankrott. Von der sinkenden Kaufkraft wurden Industrie und Landwirtschaft, die vom privaten Konsum abhingen, in Mitleidenschaft gezogen. Die Steuereinnahmen brachen ein, während die Sozialausgaben in die Höhe schossen. Daraufhin beschlossen auch die Länder und das Reich tiefe Einschnitte, was weitere Entlassungen beziehungsweise Kurzarbeit und Lohnkürzungen im umfangreichen öffentlichen Sektor bedeutete.[46]

Das politische System vermochte die Krise nicht zu bewältigen. Im März 1930 brach die Große Koalition aus SPD, katholischem Zentrum, der nationalliberalen Deutschen Volkspartei (DVP) und der linksliberalen Deutschen Demokratischen Partei (DDP) an der Frage der Erhöhung von Sozialabgaben auseinander. Danach kamen die Schwächen der Weimarer Verfassung ins Spiel, die dem Reichspräsidenten erhebliche Machtbefugnisse einräumte. Der alternde Hindenburg wurde zunehmend von Männern in seinem Umkreis und in der Reichswehr manipuliert. Auf ihren Rat hin ernannte er den Zentrumspolitiker Heinrich Brüning zum Reichskanzler. Brüning besaß jedoch keinen ausreichenden Rückhalt im Reichstag, so dass er, weil er die für einen ausgeglichenen Haushalt nötigen Gesetze nicht durchs Parlament bekommen hätte, auf Artikel 48 der Verfassung und auf Präsident Hindenburg zurückgriff, dem der Artikel erlaubte, Notverordnungen zu erlassen. Als Notstandsrecht vorgesehen, wurde dieser Artikel in den folgenden Jahren zur Grundlage der Regierungstätigkeit. Im Juli 1930 rief Brüning in der Absicht, die Opposition der linken Parteien zu brechen, Neuwahlen aus. Das am 14. September bekanntgegebene Ergebnis war ein politisches Erdbeben. Die republikanischen Parteien der Mitte hatten enorm an Zustimmung verloren, während sowohl die äußerste Linke als auch die äußerste Rechte riesige Zugewinne verbuchen konnten. Die NSDAP hatte 18,3 Prozent der Stimmen beziehungsweise 107 Mandate erhalten und war jetzt nach der SPD die zweitstärkste Fraktion im Reichstag. Brüning hatte sich dieses Ergebnis durch eine katastrophale Fehlkalkulation selbst zuzuschreiben, wurde aber vom Präsidenten und von der SPD, die ihn den alternativen Kandidaten vorzogen, an der Macht gehalten.[47]

Einen Monat nach Bekanntgabe des Wahlergebnisses nahm die jüdische Gesellschaftsdame und Klatschkolumnistin Bella Fromm in »gewissen Kreisen eine Art Panik« wahr: »Sollte man Deutschland lieber verlassen und draußen abwarten, was sich ereignen wird?« Fromm war in einer assimilierten, wohlhabenden Familie in Bayern aufgewachsen, aufgrund der wirtschaftlich schwierigen Zeiten aber gezwungen, sich als Journalistin zu betätigen. Für die Autorin der liberalen Ullsteinpresse waren die Nationalsozialisten »lärmende Rabauken«. Es empörte sie, dass konservative Zeitungen Hitlers Wahldurchbruch nur vorsichtig kommentierten und bekannte Persönlichkeiten wie Reichsbankpräsident Hjalmar Schacht sogar vorschlugen, den Nationalsozialisten eine Chance in der Regierung zu geben. Wahrscheinlich hat Fromm ihr »Tagebuch« erst geschrieben, nachdem sie 1938 in die Vereinigten Staaten emigriert war, aber es fing gleichwohl die Verwirrung angesichts der neuen politischen Lage ein.[48]

Die NSDAP hatte ihren Erfolg einem geschickten, gut organisierten Wahlkampf zu verdanken, der auf ihren bisherigen, freilich noch unspektakulären Erfolgen bei der Mitgliederwerbung und in Kommunalwahlen aufbaute. Ihre Botschaft war ebenso einfach wie attraktiv: Die parlamentarische Demokratie habe nichts als Not und Zwietracht gebracht, nur Hitler könne das Land einen, nur die NSDAP könne den Siegeszug der Kommunisten aufhalten. Juden erwähnte Hitler in seinen großen Reden kaum, obwohl viele Deutsche seine Angriffe auf den Marxismus und seine Kritik an der modernen Gesellschaft als verdeckte Hinweise auf den jüdischen Einfluss verstanden. Wenn etwas die Deutschen dazu brachte, den Antisemitismus zu akzeptieren, dann der Idealismus, den die Nationalsozialisten beschworen, und die Ernsthaftigkeit, mit der sie auftraten, nicht umgekehrt.[49]

Tatsächlich wiederholte Hitler sein Versprechen, mit friedlichen, legalen Mitteln die Macht erobern zu wollen. Der internationalen Presse versicherte er, die Nationalsozialisten hätten »nichts gegen anständige Juden«. Seine Gefolgsleute beachteten diese taktischen Äußerungen jedoch kaum. Am 13. Oktober 1930, dem Tag, an dem der neugewählte Reichstag zusammentrat, randalierte ein nationalsozialistischer Mob in den Berliner Kaufhäusern Wertheim und Tietz und demolierte Geschäfte am Kurfürstendamm. Überall in Deutschland demonstrierten Nationalsozialisten mit Transparenten, Fahnen und Paraden die Macht ihrer Bewegung. Wo immer sie konnten, veranlassten sie die Menschen dazu, nicht mehr in jüdischen Geschäften einzukaufen oder mit Juden zu verkehren. Am Abend des 12. September 1931, dem Tag des jüdischen Neujahrsfests, zogen wieder einmal tausend SA-Männer den Kurfürstendamm entlang und griffen jeden an, der für sie jüdisch aussah. Auch in Nürnberg und Würzburg kam es zu solchen Gewalttätigkeiten. Organisierter Gewalt dieses Ausmaßes war die Polizei kaum gewachsen.[50]

Brüning spielte während des Jahres 1931 ein gefährliches Spiel, indem er die Wirtschaftskrise benutzte, um Großbritannien, Frankreich und Amerika zu zwingen, Deutschland die Reparationslast zu erlassen oder wenigstens zu verringern. Doch die Drohungen, die Rückzahlung von Auslandsschulden einzustellen, verstärkte nur die Kapitalflucht. Obwohl Brüning schließlich eine Stundung der Reparationen erreichte, verbesserte dies die katastrophale Lage in keiner Weise; die Arbeitslosigkeit stieg weiter. Ende des Jahres war ein Fünftel der Arbeitsbevölkerung ohne Beschäftigung. Allein in Berlin gab es 600 000 Arbeitslose.[51]

Die NSDAP wurde zum »Sammelbecken der Unzufriedenen und Enttäuschten«,[52] was ihr zu Stimmenzuwächsen in mehreren Landtagswahlen verhalf. Politiker der etablierten Parteien und Wirtschaftsvertreter wie Schacht und der Stahlmagnat Fritz Thyssen bemühten sich um Treffen mit Hitler. Sie wollten wissen, wie ernst die »sozialistischen« Elemente des NSDAP-Programms gemeint waren. Anfang 1932 beobachtete Bella Fromm: »Die Gesellschaft gewöhnt sich nach und nach an die ursprünglich als plebejisch empfundene nationalsozialistische Bewegung. Die Leute der Oberschicht nähern sich Hitler.«[53] Es war für die Nationalsozialisten jedoch kein problemloser Durchmarsch. Die rasch wachsende SA drängte darauf, die Macht zu ergreifen. Hitler war gezwungen, ihre Führung auszutauschen und Ernst Röhm (der nach Südamerika gegangen war) zurückzurufen, um die Paramilitärs bei der Stange zu halten. Außerdem wurde er in einen Skandal verwickelt, als sich seine Freundin und Nichte Geli Raubal in seiner Münchner Wohnung das Leben nahm.[54]

Um den politischen Schwung beizubehalten, erwogen Hitler und seine Berater, ob er in der anstehenden Präsidentenwahl gegen Hindenburg antreten sollte. Wenn er es täte, bestand die Gefahr, dass er als antipatriotisch erscheinen würde, ganz abgesehen von dem kleinen Problem, dass er nicht einmal Deutscher war. Letzteres wurde durch Braunschweiger Landesbeamte gelöst, die ihn zum Regierungsrat ernannten, wodurch er automatisch zum Bürger des Freistaats Braunschweig wurde (eine einheitliche deutsche Staatsbürgerschaft gab es noch nicht). Danach konnte sich Hitler in der Wahl vom März 1932 als jugendliche Alternative zum allseits geachteten greisen Feldmarschall präsentieren.[55]

Er führte einen brillanten Wahlkampf, organisiert von Joseph Goebbels, den er 1926 zum Berliner Parteichef ernannt hatte. Der Rheinländer Goebbels stammte aus einfachen Verhältnissen und hatte mit Hilfe eines katholischen Wohltätigkeitsverbandes studiert. Wegen der Folgen einer Knochenmarksentzündung im rechten Bein hatte er nicht im Krieg gedient, doch war er ein streitbarer Intellektueller mit bellizistischer Weltsicht. Als Jugendlicher fühlte er sich von konservativ-völkischen Anschauungen angezogen, die er mit dem Hass auf Kapitalismus und Bürgertum würzte. Über die Presseberichte zum Putschprozess entdeckte er Hitler, den er bald als messianische Figur verehrte. Er begann für völkische Zeitungen zu schreiben und veröffentlichte 1925 *Das kleine abc des Nationalsozialisten.* Eine Zeitlang behinderte seine Verbindung mit dem linken Flügel der NSDAP seinen Aufstieg, doch nach Goebbels' Abwendung von diesem sandte Hitler ihn nach Berlin, wo er die Arbeiter für den Nationalsozialismus gewinnen sollte. Für diese Aufgabe war Goebbels bestens geeignet, und in den nächsten Jahren verfeinerte er seine Propagandatechniken. Er setzte auf das Motiv von Opfer und Erlösung, gestaltete Zeremonien, erfand Rituale und setzte geschickt moderne Medien ein. Insbesondere erkannte er die Wirkung und Reichweite von Film und Rundfunk. Im Präsidentschaftswahlkampf von 1932 war der PR-Stratege in seinem Element.[56]

Im ersten Wahlgang erhielt Hitler 30,1 Prozent der Stimmen, während Hindenburg auf 49,6 Prozent kam, so dass eine Stichwahl nötig wurde. Um im Vergleich zu dem gesetzten, greisen Feldmarschall Hitlers Jugend und Energie hervorzuheben, flog Hitler von Stadt zu Stadt und sprach vor großen Versammlungen. Zwischen dem 22. März und dem 9. April trat er an 21 Orten 23-mal auf und erreichte ein Publikum von insgesamt einer Million Menschen. Noch weit mehr sahen im Kino Wochenschauberichte über Hitlers »Deutschlandflug«. Auf diese Weise erhöhte Hitler seinen Stimmenanteil auf 36,8 Prozent. Der tatterige Hindenburg, der 52 Prozent erreicht hatte, war zur letzten Bastion der Verteidiger der Republik geworden, während Hitler dabei war, die gesamte völkisch-nationalistische Wählerschaft auf seine Seite zu ziehen.[57]

Dennoch sahen Juden und Anhänger der Republik darin keinen Anlass zur Beunruhigung. Schwarzschild trat tatsächlich dafür ein, Hitler »heranzulassen«, denn seine Anhängerschaft würde sich ohne Machtbeteiligung immer weiter vergrößern, bis die Nationalsozialisten stark genug wären, um ohne die Mitwirkung anderer Parteien eine Regierung zu bilden. Da die Wirtschaftslage sich vermutlich verschlechtern würde, sei es sinnvoll, die NSDAP in die Regierung aufzunehmen, solange ihr Stimmenanteil noch unter 40 Prozent lag. Denn, so Schwarzschilds entscheidende Annahme, solange »der demokratische Mechanismus weiter funktioniert, wird selbst die maximale Entwicklung der Hitlerei immer in einer Grenze bleiben, die sie beim geringsten Gegenstrom wieder in klare Minorität zurückfallen lassen wird«. Er forderte: »Lasst sie regieren bis auf den Vorbehalt, dass am Rahmen der jetzigen staatsrechtlichen Ordnung nichts geändert werden darf ...«[58] – ein im April 1932 durchaus vertretbar erscheinender Standpunkt.

Kaum war die Präsidentschaftswahl vorüber, begannen die Wahlkämpfe für eine ganze Reihe von Landtagswahlen. Um den Gewalttätigkeiten, von denen die Kampagnen inzwischen regelmäßig begleitet waren, Grenzen zu setzen und die Nationalsozialisten zurückzudrängen, ordnete der preußische Innenminister Carl Severing Durchsuchungen von NSDAP-Büros an, und Reichsinnenminister Wilhelm Groener verbot SA und SS. Doch der Gegenschlag kam zu spät. Die Nationalsozialisten gewannen in Preußen 36, in Bayern 32 und in Anhalt bemerkenswerte 40 Prozent der Stimmen. In Oldenburg und Mecklenburg-Schwerin erhielten sie absolute Mehrheiten und konnten allein Regierungen bilden, in Thüringen waren sie der größere Partner in einer Koalition. Unter diesen Umständen wurde es immer schwieriger, sie als Parias zu behandeln. Aber der Widerstand gegen den Nationalsozialismus wurde auch von innen untergraben.[59]

Zur gleichen Zeit, als Brüning den Nationalsozialisten die kalte Schulter zeigte, begann der Verbindungsmann zwischen Reichswehr und Reichspräsident, der ehemalige Generalstabsoffizier Kurt von Schleicher, auszuloten, wie sie an der Regierung beteiligt werden konnten. Er setzte auf seinen alten Freund, den Ex-Diplomaten und katholischen Politiker Franz von Papen, als Chef einer Regierung, die den Nationalsozialisten offenstehen sollte. Dann überzeugte er Männer aus dem Umkreis des Präsidenten von der Realisierbarkeit seines Plans. Am 30. Mai 1932 schließlich reichte Brüning, ohne Regierungsmehrheit im Reichstag und von Hindenburg im Stich gelassen, seinen Rücktritt ein.[60]

Schleicher hatte den Regierungswechsel bei mehreren Geheimtreffen mit Hitler und seinen Beratern abgesprochen. Als Gegenleistung für ihre Zustimmung verlangten Hitler und Goebbels die Aufhebung des Verbots von SA und SS sowie Neuwahlen für den Reichstag. Sie waren überzeugt, ihren Stimmenanteil so weit zu steigern, dass man ihnen die Regierungsbildung nicht mehr würde verwehren können. Doch Schleichers Plan ging nicht auf. Papen wurde zwar zum Kanzler ernannt und begann ein Kabinett zusammenzustellen, aber die Auflösung des Reichstags und die Ankündigung von Neuwahlen lösten eine neue Gewaltwelle aus. SA und SS durften zurück auf die Straßen und setzten den Kampf gegen die sozialdemokratischen und kommunistischen Milizen fort. In Altona wurden an einem einzigen Tag 99 Menschen getötet. Ungeachtet des Aufruhrs arbeiteten Papen und Schleicher ihre Tagesordnung zur Bildung eines rechtsgerichteten Regimes ab. Am 20. Juli 1932 lösten sie die sozialdemokratische Regierung in Preußen auf und ersetzten sie durch ein Reichskommissariat. Zehn

Tage später gewann die NSDAP in der Reichstagswahl 37,4 Prozent der Stimmen und 230 Mandate.[61]

In Verfolgung seines strategischen Entwurfs kam Schleicher, jetzt als Reichswehrminister, mit Hitler zusammen, um ihn zum Eintritt in die Regierung Papen zu bewegen. Doch mit 230 Reichstagsabgeordneten im Rücken fühlte sich Hitler ermutigt, nicht weniger als die Kanzlerschaft zu verlangen. Schleicher war bereit, darauf einzugehen, aber Hindenburg weigerte sich, einen »böhmischen Gefreiten« zum Kanzler des Deutschen Reichs zu machen. Am 13. August empfing Hindenburg Hitler und forderte ihn auf, als Juniorpartner in die Regierung einzutreten. Hitler lehnte ab und bestand stattdessen auf der »ganzen Macht«. Hindenburg war ebenso unnachgiebig, das Gespräch endete ohne Ergebnis. Das Präsidialamt gab anschließend eine Erklärung heraus, in der angedeutet wurde, dass Hitler machthungrig sei und die Partei über das Land stelle. Diese Zurechtweisung ließ die Nationalsozialisten schlecht aussehen, und tatsächlich befanden sie sich in einer misslichen Lage. Die NSDAP litt nach den vielen kostspieligen Wahlkämpfen unter Geldmangel; ihre Aktivisten waren erschöpft, und die SA verlor, was den demokratischen Weg zur Macht anging, die Geduld. Unmut über die Parteiführung machte sich breit. Zum ersten Mal verlor die NSDAP in Wahlen Stimmen. Unterdessen wollten Papen und Schleicher den Reichstag auflösen und die fällige Neuwahl so lange verschieben, bis sie mit einem günstigen Ergebnis rechnen konnten. Derweil würden sie als »Präsidialkabinett« über Notverordnungen regieren. In einer stürmischen Reichstagssitzung wurde Papen jedoch zur Auflösung ohne Aufschub der Neuwahl gezwungen. Es bestand indes kaum eine Chance, dass die Wahl den Knoten lösen würde. Für die finanziell klamme, kampfmüde NSDAP konnte sie jedoch zur Katastrophe werden. Tatsächlich verlor sie in der Reichstagswahl im November 1932 zwei Millionen Stimmen und 34 Reichstagssitze; ihr Stimmenanteil war auf 33,1 Prozent gesunken. Viele glaubten die Republik schon gerettet.[62]

Stattdessen schlitterte sie dank der Machenschaften von Papen, Schleicher und des Klüngels um den Präsidenten in die nächste Krise. Papen trat nach der Wahl zurück, wurde aber von Hindenburg erneut mit der Regierungsbildung beauftragt. Wiederum forderte der Präsident Hitler auf, unter Papen in die Regierung einzutreten, und wieder lehnte er ab – diesmal freilich zum Entsetzen seiner Berater und zum

Unmut seiner Anhänger. Aber auch keine der anderen Parteien fand sich bereit, Papen mitzutragen. Nun verlor Schleicher die Geduld mit seinem Freund. Er glaubte, es mit Unterstützung der Reichswehr besser machen zu können, und bewog Hindenburg, dem Kanzler das Vertrauen zu entziehen, so dass Papen gezwungen war, zum zweiten Mal zurückzutreten. Am nächsten Tag, dem 3. Dezember 1932, trat Schleicher das Amt des Reichskanzlers an. Ihm fehlte zwar jegliche parlamentarische oder Parteibasis, doch schwebte ihm vor, dass ein autoritäres Regime, das Maßnahmen zugunsten der Arbeiterklasse ergriff, den Rückhalt der Bevölkerung gewinnen könnte. Er nahm Gespräche mit Gewerkschaftsführern auf und umwarb, nachdem Hitler ihn hatte abblitzen lassen, den von Gregor Strasser geführten linken Flügel der NSDAP. Als Strasser aufgeschlossen reagierte, schien es, als würde die NSDAP zerbrechen. Funktionäre und Anhänger der Partei hatten genug von Wahlkämpfen, die nichts einbrachten; sie konnten nicht verstehen, warum ihr Führer vor der Übernahme eines Regierungspostens zurückschreckte. Hitler musste rasch und geschickt handeln, um die Unruhe zu ersticken und die »Strasseristen« auszuschalten. Aber selbst im Erfolgsfall hätten seine Aussichten noch immer trübe ausgesehen.[63]

Zum Jahreswechsel entdeckte Leopold Schwarzschild einen »Riss in den Wolkenwänden«. Er glaubte, die faschistische Machtübernahme sei abgewendet. Es gab Anzeichen für eine wirtschaftliche Erholung, und auch »die *politische* Kräfteströmung [war] in ihrer Richtung verändert, in ihrer Gewalt abgeschwächt«. Das nationalistische Lager schien auseinanderzufallen, die Nationalsozialisten strauchelten, und Schleicher bemühte sich, die Lage der arbeitenden Menschen zu verbessern.[64]

Schwarzschild wusste nicht, dass der verärgerte Papen konspirierte, um Schleicher zu stürzen und Hitler an seine Stelle zu setzen. Bei einem Geheimtreffen am 4. Januar 1933 in Köln einigten sich Papen und Hitler auf einen Regierungswechsel ohne Neuwahlen. Die Nachricht über das Treffen sickerte durch und festigte Hitlers Position. Weiteren Auftrieb erhielt die NSDAP, als sie in der Landtagswahl in Lippe nahezu 40 Prozent der Stimmen gewann. Obwohl es sich nur um einen winzigen Gliedstaat handelte und die NSDAP erhebliche Mittel in den Wahlkampf gesteckt hatte, vermittelte der Sieg den Eindruck, dass sie wieder auf dem Vormarsch sei. Der Erfolg stärkte Hitler jedenfalls so weit, dass er der Kritik einiger hoher Parteifunktionäre entgegentreten konnte, schon zu lange auf Zeit zu spielen. Einer internen Untersuchung zufolge lief die Partei ohne einen durchschlagenden Erfolg Gefahr, auszubluten.[65]

An dieser Wegscheide bot sich Joachim von Ribbentrop, ein rheinländischer Weinhändler mit guten Verbindungen sowie militärischen und diplomatischen Erfahrungen, der sich von Hitlers Anschauungen angezogen fühlte, als Vermittler zu Papen an. Während Schleicher vergeblich versuchte, seine Stellung zu stärken, verhandelte Hitler mit Papen über die Zusammensetzung des neuen Kabinetts. Anfangs liefen die Gespräche schlecht, da Hitler auf der Kanzlerschaft bestand. Zum Glück für ihn mochte der Präsidentensohn Oskar von Hindenburg Schleicher noch weniger als die Aussicht auf eine Regierung Hitler. Hindenburg junior und Otto Meissner, der Bürochef seines Vaters, kamen zu den Gesprächen hinzu und lenkten die Verhandlungen in Richtung eines Kabinetts mit Hitler als Kanzler und Papen als dessen Stellvertreter – in der Annahme, der Präsident und der Vizekanzler würden Hitler im Zaum halten. Einige Tage später schlug Papen Hindenburg diese Lösung vor. Der alte Mann sträubte sich wieder, war aber auch nicht bereit, Schleicher Neuwahlen ansetzen zu lassen, ohne dass vorher der Reichstag zusammentrat und der Regierung, was unweigerlich schien, das Misstrauen aussprach. Verzweifelt gab Schleicher zu verstehen, dass die Reichswehr sich genötigt sehen könnte, die Kontrolle zu übernehmen, womit er die Möglichkeit eines Bürgerkriegs heraufbeschwor. Am Tag zuvor waren 15 000 SA-Männer auf dem Weg zu einem Friedhof, auf dem Hitler ein Denkmal einweihen sollte, unter Gesang – »Wir scheißen auf die Freiheit! Wir scheißen auf die Judenrepublik!« – an der KPD-Zentrale aufmarschiert.[66]

Die Dinge gerieten außer Kontrolle, und die Reichswehr war nicht sicher, dass sie die konkurrierenden Parteien würde auseinanderhalten können. Schleicher gingen die Optionen aus. Am 28. Januar teilte er dem Kabinett mit, dass er den Präsidenten um die Auflösung des Reichstags, die Verschiebung der fälligen Neuwahl auf unbestimmte Zeit und die Billigung eines interimistischen »Präsidialkabinetts« bitten werde. Obwohl Hindenburg zuvor schon die Beugung der Verfassung zugelassen hatte, blieb er diesmal prinzipienfest und weigerte sich, Schleicher mit Hilfe von Notverordnungen an der Legislative vorbei regieren zu lassen. Er hatte genug von ihm, und seine Berater waren über einige seiner arbeiterfreundlichen Maßnahmen beunruhigt. Ironischerweise war eine seiner letzten Maßnahmen ein umfangreiches Arbeitsbeschaffungspaket über 500 Millionen Reichsmark, das schließlich zwei Millionen Deutsche wieder in Arbeit bringen sollte – unter Hitler.[67]

Nach Schleichers Rücktritt blieb es Papen überlassen, Hindenburg Hitlers Ernennung zum Kanzler schmackhaft zu machen und eine neue Regierung zu bilden, deren Zusammensetzung dem Präsidenten die Sicherheit geben würde, dass die Nationalsozialisten nicht außer Kontrolle gerieten. Stahlhelmführer Seldte ließ sich durch die Aussicht auf eine »nationale Front« zur Mitarbeit bewegen; Hugenberg gewann Papen mit dem Angebot zweier wichtiger Ministerposten für die DNVP. Dass außerdem zwei traditionelle Konservative, Werner von Blomberg als Reichswehr- und Konstantin von Neurath als Außenminister, nominiert wurden, beruhigte Hindenburg zusätzlich. Hitler verlangte nur zwei Ministerposten. Der Rechtsanwalt und frühere Beamte Wilhelm Frick erhielt das Innenministerium und Hermann Göring, seit Sommer 1932 infolge des Wahlerfolgs der NSDAP Reichstagspräsident, trat als Minister ohne Geschäftsbereich ins Kabinett ein; gleichzeitig wurde er zum Reichskommissar für das preußische Innenministerium ernannt. Papen selbst übernahm die Posten des Vizekanzlers und des Reichskommissars für Preußen, womit er, zumindest auf dem Papier, eine starke Stellung innehatte. Als ein konservativer preußischer Adliger gegenüber Papen Besorgnis wegen Hitlers Regierungsantritt äußerte, erwiderte dieser: »Sie irren sich, wir haben ihn uns engagiert!«[68]

Eine neue Führung

Die Zeitgenossen beurteilten den Nationalsozialismus höchst unterschiedlich, und die Bandbreite ihrer Meinungen selbst ist vielsagend. Im Januar 1933 konnte niemand den Charakter des neuen Regimes genau einschätzen, von seiner weiteren Entwicklung und dem, was es anrichten sollte, ganz zu schweigen. Natürlich kannten die Juden mittlerweile die rabiate Haltung der Nationalsozialisten ihnen gegenüber und hatten böse Vorahnungen. Drei Wochen vor der Beteiligung der NSDAP an der Reichsregierung hatte die *Jüdische Rundschau* angemerkt, es sei bedauerlich weit gekommen, wenn Juden darüber erleichtert seien, dass eine rechte Regierung mit dem Reichswehrchef an der Spitze Hitler aus der Reichskanzlei fernhalte.[69] Am Ende des Monats verflog auch diese Erleichterung.

Andere Juden sahen dagegen nichts Unheilvolles in Hitlers Aufstieg. Im September 1930 versicherte Siegmund Warburg, ein gut vernetztes und informiertes Mitglied einer Hamburger Bankiersdynastie, seinem schwedischen Schwiegervater: »Sobald sie in der Regierung sind, werden sie sofort erstens vernünftiger und zweitens wieder weniger beliebt werden.« Schließlich hatte es bereits vergleichbare Phänomene gegeben. »Unsere Sozialdemokraten waren einst auch unverantwortliche Demagogen und sind heute fast alle bürgerlich und kompromissbereit geworden.«[70] Damit stand Warburg in der jüdischen Elite der Weimarer Republik nicht allein. Im Lauf des Jahres 1932 sprach sich der führende SPD-Politiker Rudolf Hilferding ebenso wie der Generaldirektor des Verlagshauses Ullstein, Hans Schäffer, der Bankier Oscar Wassermann und Warburgs Kollege Carl Melchior dafür aus, die Nationalsozialisten »heranzulassen«. Wie Schwarzschild waren sie überzeugt, dass die Macht sie nicht aufstacheln, sondern zähmen würde und dass ein Scheitern Hitlers wahrscheinlicher sei als ein Erfolg.[71]

Diese Männer waren weder leichtgläubig, noch neigten sie, um als Deutsche anerkannt zu werden, zu Wunschdenken. Carl von Ossietzky, ein furchtloser Gegner des Faschismus, hatte im September 1930 in der von ihm herausgegebenen linksbürgerlichen Wochenzeitung *Die Weltbühne* folgende Stellungnahme zum Wahldurchbruch der NSDAP abgedruckt: »Wer nun noch etwa glaubt, man werde wenigstens mit dem Antisemitismus ernst machen, der beruhige sich. Zum Pässebesorgen und Kofferpacken liegt gar keine Veranlassung vor. Um den Juden eins auszuwischen, müsste man die Verfassung ändern. Wo ist die nötige Zweidrittelmehrheit?« Für den Autor war der Antisemitismus »nichts mehr als ein Aushängeschild«.[72]

Die Nähe zu den Ereignissen änderte nicht unbedingt die Wahrnehmung. Der junge Joachim Fest, der in einem katholischen, von der Nazifeindschaft seines Vaters geprägten Haushalt in Berlin aufwuchs, bemerkte später, allmählich habe »der Weitergang des Gewohnten die Empfindung des Bruchs« verwischt.[73] Curt Riess, jüdischer Journalist bei einer linksliberalen Zeitung, erinnerte sich später, dass er am Abend des 30. Januar einen Bericht über Hitlers Ernennung zum

Reichskanzler korrigiert habe »ohne das geringste Gefühl, ohne Besorgnis, das könnte mich angehen«.[74] Einige Wochen darauf befand er sich im Exil in Paris, und 1941 gelangte er nach New York, wo er zahlreiche gegen das NS-Regime gerichtete Schriften veröffentlichte.

Erfahrene Diplomaten äußerten auf Grundlage eigener Beobachtungen und der Meinungen informierter Deutscher diametral entgegengesetzte Urteile zu Hitler. So übermittelte Horace Rumbold dem britischen Außenministerium ohne jeden Vorbehalt Papens Überzeugung, eine Regierung Hitler sei aufgrund der Beteiligung von nichtnationalsozialistischen Ministern nicht zu »gefährlichen Experimenten« fähig. Eine Woche später gab er die von Außenminister Neurath vorgegebene Linie wieder, das »Hitler-Experiment« hätte früher oder später unternommen werden müssen. Bei seiner ersten persönlichen Begegnung mit Hitler fand er ihn »einfach und ungekünstelt«, obwohl seine Worte und Taten »mehr darauf berechnet sind, dem Mob zu gefallen als der kritischen Fakultät«.[75]

In einem anderen Licht sah der Amerikaner James G. McDonald die Nationalsozialisten. Der große, blonde McDonald stammte aus dem Mittleren Westen, in Harvard hatte er in Politikwissenschaft promoviert und war in Deutschland bekannt geworden, als er im Ersten Weltkrieg die alliierte Gräuelpropaganda kritisiert hatte. Seit 1919 war er Vorsitzender der amerikanischen Organisation zur Unterstützung des Völkerbunds, aus der die Foreign Policy Association (FPA) hervorgegangen war. Als deren Vertreter reiste er im Spätsommer 1932 nach Deutschland, wo er mit Ernst »Putzi« Hanfstaengl, Hitlers in Amerika ausgebildetem Auslandspressesprecher, zusammentraf. Hanfstaengl nahm seinen Gast am 1. September 1932 zu einer wichtigen Versammlung im Berliner Sportpalast mit, auf der Hitler die Nerven seiner Anhänger beruhigte. Beim Mittagessen mit Hanfstaengl am nächsten Tag fragte McDonald ihn nach Hitlers Einstellung zur Judenfrage. An die FPA berichtete er über dessen Antwort: »Sofort blitzten seine Augen auf, er nahm einen fanatischen Ausdruck an und holte zu einer Tirade gegen die Juden aus. Er würde nicht zugeben, dass ein Jude ein guter deutscher Patriot sein könne.« Für McDonald war klar, dass Hanfstaengl und »viele andere Nazis all diese Vorwürfe gegen die Juden wirklich glauben«.[76]

Gewöhnliche Deutsche nahmen die Bildung der neuen Regierung ebenfalls höchst unterschiedlich auf, je nach politischer Orientierung,

Konfessionszugehörigkeit, Wohnort, ökonomischer Lage und einer Vielzahl anderer Umstände. Viele schlossen sich dem Nationalsozialismus nicht aus Hass an, sondern aus jugendlichem Idealismus, der Sehnsucht nach Veränderung und überschäumender Hoffnung. Die Hamburger Hausfrau Luise Solmitz war mit einem zum Protestantismus konvertierten jüdischen Kriegsveteranen verheiratet. Beide waren konservativ eingestellt und hatten als glühende deutsche Nationalisten der DNVP in den Jahren der Stagnation die Treue bewahrt. Luise Solmitz drückte in ihrem Tagebuch am 30. Januar 1933 die Erleichterung und die Hoffnung von Millionen Deutschen aus, die keine Nationalsozialisten waren: »... Hitler ist Reichskanzler! Und was für ein Kabinett!!! Wie wir es im Juli nicht zu erträumen wagten[:] Hitler, Hugenberg, Seldte, Papen!!! An jedem hängt ein großes Stück meiner dtsch. Hoffnung. Nat.-soz. Schwung, dtsch.nat. Vernunft, der unpolitische Stahlhelm u. der von uns unvergessene Papen.«[77]

Die damals 15-jährige Melita Maschmann schaute am Abend des 30. Januar in Berlin der Siegesparade der Nationalsozialisten zu. Ihre antisemitisch und nationalsozialistisch eingestellten Eltern hatten sie mitgenommen, damit sie miterlebte, wie Geschichte gemacht wurde. Sie war hingerissen von dem Spektakel und von dem, was es ihrer Meinung nach bedeutete: »Stundenlang marschierten die Kolonnen vorüber, unter ihnen immer wieder Gruppen von Jungen und Mädchen, die kaum älter waren als wir.« Als ein Zuschauer angegriffen wurde, war sie entsetzt. Das Bild des blutüberströmt am Boden liegenden Opfers verfolgte sie noch tagelang. Aber in »dem Grauen, das es mir einflößte, war eine winzige Zutat von berauschender Lust ... Ich wollte aus meinem kindlichen, engen Leben heraus und wollte mich an etwas binden, das groß und wesentlich war.«[78]

Hitlers Weg an die Macht war von Idealismus, dem Wunsch nach einer starken Gemeinschaft und der Liebe zu Deutschland geprägt. Manchen Deutschen half der Antisemitismus, die Nation und die Gemeinschaft zu definieren, indem sie Juden als Verkörperung all dessen verdammten, was in ihren Augen verlogen, verdorben, fremd und falsch war. Aber Hitler war nicht wegen des Antisemitismus zum Reichskanzler ernannt worden. Gewiss war er ein zentraler Bestandteil seiner Weltanschauung, wie er auch für den harten Kern der Parteiaktivisten wesentlich war. Doch am 30. Januar ließ sich daraus nicht ableiten, was den Juden in Deutschland bevorstand.

I.
Das erste Jahr – 1933

Protest und Boykott

Hitlers Priorität nach seinem Amtsantritt bestand darin, sein Versprechen einzulösen, er werde die Wirtschaft beleben und die nationale Einigkeit wiederherstellen. Die Abschaffung der parlamentarischen Demokratie war sowohl ein Mittel zu diesem Zweck als auch ein Hauptziel der Nationalsozialisten. Hitler unternahm zunächst kaum etwas, das für die deutschen Juden *als Juden* unmittelbar relevant zu sein schien. Die drastischen Einschränkungen der Rechte des Einzelnen und die Ausweitung der Polizeibefugnisse schienen eher Maßnahmen der politischen Kriegführung zu sein. In jenen hitzigen ersten Wochen der NS-Herrschaft deutete nichts darauf hin, dass der Staat für unschuldige Bürger, die einer religiösen Minderheit angehörten, eine Bedrohung darstellen könnte.[1]

In der ersten Sitzung des neuen Kabinetts erreichte Hitler die Zustimmung für die Abhaltung von Neuwahlen am 5. März 1933. Die Koalition hoffte auf die absolute Mehrheit, um ein Gesetz zur Aufhebung der parlamentarischen Regierung durchzusetzen. Der Wahlkampf brachte die üblichen Aufmärsche, Versammlungen und lautstarke Propaganda, und wie gewohnt schlug er in Straßenschlachten um. SA und SS hatten es auf kommunistische und sozialdemokratische Parteibüros abgesehen, die Linken verteidigten sich. Jetzt waren die Nationalsozialisten jedoch an der Regierung, und die SPD war zu einem umsichtigen Vorgehen gezwungen, um keine brutalen Gegenmaßnahmen zu provozieren. Am 22. Februar machte Göring 50 000 SA-, SS- und Stahlhelm-Milizionäre zu preußischen Hilfspolizisten. François-Poncet notierte bitter, die Regierung habe »denen, die die Ordnung stören, die Sorge für die Aufrechterhaltung der Ordnung … übertragen«.[2]

Als der geistig verwirrte holländische Kommunist Marinus van der Lubbe am Abend des 27. Februar den Reichstag in Brand steckte, verschob sich die ohnehin schon einseitige Verteilung der Wahlchancen weiter zuungunsten der Gegner des neuen Regimes. Die Regierung nahm den Brand zum Anlass, noch mehr Machtbefugnisse für sich zu beanspruchen. Ob die Nationalsozialisten an der Brandstiftung beteiligt waren, ist nicht klar, aber Göring behauptete sofort, diese sei der Auftakt eines kommunistischen Putschs, und ließ KPD-Führer und Tausende einfache Parteimitglieder festnehmen. Am nächsten Tag billigte Hindenburg eine Notverordnung, welche die Grundrechte weitgehend außer Kraft setzte und der Polizei erlaubte, ohne entsprechende Anordnung Verhaftungen, Hausdurchsuchungen und Beschlagnahmungen durchzuführen. Die Sicherheitskräfte wurden ermächtigt, Menschen zur Vorbeugung von durch sie oder an ihnen begangenen Verbrechen in »Schutzhaft« zu nehmen. Darüber hinaus fügte Innenminister Frick eine Klausel in die Verordnung ein, die es der Reichsregierung gestattete, in Länderangelegenheiten einzugreifen, und legte damit den Grundstein für eine beispiellose Zentralisierung der Macht in Deutschland.[3]

Die Linke geriet in den Strudel des Terrors. Jeder, der irgendwann gegen die Nationalsozialisten Stellung genommen hatte, musste sich bedroht fühlen, insbesondere wenn er Jude war. Die SA richtete in aufgegebenen Fabrikgebäuden, Bürohauskellern und ungenutzten Kasernen improvisierte Haftzentren ein, von denen manche großspurig als Konzentrationslager bezeichnet wurden. Diese von der regulären Polizei oder den Justizbehörden nicht überwachten Terrorstätten wurden zu einem Synonym für Brutalität.[4]

Der aufstrebende englische Schriftsteller Christopher Isherwood hat die Stimmung vor den Märzwahlen eingefangen:

> Ich sitze jeden Abend in dem großen, halbleeren Künstlercafé an der Gedächtniskirche, wo Juden und linksgerichtete Intellektuelle über den Marmortischen die Köpfe zusammenstecken und leise und verängstigt miteinander reden. Viele wissen ganz genau, dass sie verhaftet werden – wenn nicht heute, dann morgen … Fast jeden Abend kommt die SA ins Café. Manchmal sammelt sie nur Geld … Manchmal kamen sie auch, um jemand zu verhaften. Eines Abends lief ein jüdischer Schriftsteller in die Telefonzelle, um die Polizei anzurufen. Die Nazis zerrten ihn heraus, und er wurde abgeführt. Niemand rührte einen Finger. Bis sie wieder fort waren, blieb es still, dass man eine Stecknadel hätte fallen hören.[5]

Die Ausschaltung der KPD-Führung und die Übergriffe gegen SPD-Funktionäre sorgten für extrem ungleiche Wahlchancen. Außerdem profitierten die Nationalsozialisten vom Spendenzufluss aus Industrie und Hochfinanz, die auf der Seite der Sieger stehen wollten. Doch trotz aller Anstrengungen konnte die NSDAP ihren Stimmenanteil nur auf 43,9 Prozent erhöhen und war, um über die 50-Prozent-Schwelle zu kommen, gezwungen, die Koalition mit Hugenbergs DNVP fortzuführen. Dies war zwar frustrierend, aber die Zugehörigkeit konservativer Politiker zum Kabinett verlieh den Nationalsozialisten eine gewisse Respektabilität. Die NS-Führung bemühte sich, diesen Eindruck noch zu verstärken, indem sie den neuen Reichstag am 21. März in der geschichtsträchtigen Potsdamer Garnisonkirche eröffnen ließ. Die Wochenschauen zeigten Hitler im Cutaway neben dem Reichspräsidenten und Mitgliedern der ehemaligen Kaiserfamilie. Der strahlende Frühlingstag markierte den Untergang der Demokratie in Deutschland.[6]

In der ersten regulären Reichstagssitzung, die in der Berliner Krolloper stattfand, setzten die Nationalsozialisten ein Ermächtigungsgesetz durch, das es der Regierung erlaubte, Gesetze ohne Zustimmung des Reichstags und des Reichspräsidenten zu erlassen. Die für die Verfassungsänderung nötige Zweidrittelmehrheit wurde durch den Ausschluss der KPD-Abgeordneten sowie Druck und Versprechungen an die Zentrumspartei erreicht. Nur die 94 SPD-Abgeordneten hielten tapfer stand. Leopold Schwarzschild war verblüfft, wie schnell und leicht die Nationalsozialisten die in der Verfassung verankerten Schutzvorrichtungen für die Bürgerrechte beiseitegeschoben hatten. Angesichts des nationalsozialistischen Tsunamis, der Bürgermeister, Landespolitiker, Polizeikommissare und alle sonstigen Amtsträger, die als Gegner der »nationalen Revolution« galten, fortspülte, räsonierte Schwarzschild, Geschichte sei »von brutaler Unsentimentalität«.[7]

Vor der Wahl hatte sich die SA-Gewalt gegen politische Gegner gerichtet, bald danach wandte sie sich gegen die Juden. Seit Anfang März kam es überall im Land zu örtlichen Boykotten, wobei die ungenehmigte Sperrung und Markierung von Geschäften in jüdischem Besitz häufig von Ausschreitungen begleitet war, besonders wenn die Besitzer Einspruch erhoben. Diese Vorfälle waren nicht zentral geplant oder koordiniert, aber sie entsprachen der erprobten Praxis der Nationalsozialisten, mittels Einschüchterung einen Keil zwischen Juden und Nichtjuden zu treiben und so klarzumachen, wer zur Volksgemeinschaft gehörte und wer ein verwundbarer Außenseiter war. Aber während antijüdische Gewalt und Stigmatisierung vor 1933 einen Angriff auf Recht und Ordnung darstellten, brachte die Tatsache, dass das Recht nunmehr in Hitlers Namen durchgesetzt wurde, unvorhergesehene Komplikationen mit sich. Es war eine Sache, sich dem Staat zu widersetzen, solange er ein Instrument der »Novemberverbrecher« war; nun aber war er zum Vehikel der »nationalen Revolution« geworden. Noch komplizierter wurde die Lage dadurch, dass viele Landes- und Kommunalbehörden sowie Privatorganisationen begonnen hatten, antijüdische Maßnahmen zu ergreifen. Sie wurden häufig als Reaktion auf den »spontanen«, gegen die Juden gerichteten »Volkszorn« gerechtfertigt. SA-Männer fühlten sich durch sie ermächtigt, sich neue Ziele für ihre »Selbstreinigungsaktionen« zu suchen. Wenige Tage nach der Legitimierung durch die Wahl und die verfassungsmäßige Sanktionierung sah sich die NS-Führung mit einer Spirale von Entrechtung und Gewalt konfrontiert, die zu Auseinandersetzungen zwischen Parteiaktivisten und Polizei führte und die Autorität des neuen Regimes als Garant von Recht und Ordnung genauso gefährdete wie das Ansehen der Nationalsozialisten als verantwortungsbewusste Politiker, nicht zuletzt wegen der negativen Reaktionen im Ausland.[8]

In Berlin zogen SA-Männer über den Kurfürstendamm und griffen jeden an, der für sie jüdisch aussah. Der Korrespondent des *Manchester Guardian* berichtete, viele Juden seien »von den Braunhemden geschlagen worden, bis ihnen das Blut über Kopf und Gesicht strömte. Viele brachen ohnmächtig zusammen und wurden in den Straßen liegen gelassen, bis sie von Freunden oder Passanten aufgehoben und ins Krankenhaus gebracht wurden.« Am 7. März wurde die alte Synagoge im Zentrum von Königsberg in Brand gesteckt, zwei Tage später brannten Geschäfte von Juden. Ostpreußen wurde rasch bekannt für permanente antijüdische Aktionen. In Gollnow bei Stettin beschwerte sich ein Geschäftsinhaber beim Bürgermeister darüber, dass eine SA-Einheit vor seinem Kaufhaus demonstrierte. Der Bürgermeister schickte die Polizei, um für Ordnung zu sorgen, riet dem Besitzer aber auch, sein Kaufhaus zu schließen, was dieser jedoch ablehnte. In der Nacht wurden dann die Schaufenster des Kaufhauses mit Farbe und Parolen beschmiert.[9]

Am 11. März besetzten SA-Männer in Breslau Kaufhäuser und Geschäfte und zwangen die Inhaber, sie zu schließen. Ein SA-Trupp drang ins Land- und Amtsgericht ein und zwang jüdische Rechtsanwälte und Richter, das Gebäude zu verlassen. Die Ordnung wurde durch die Polizei »mit Energie« wiederhergestellt. Allerdings blieb die Belagerung des Gebäudes noch mehrere Tage bestehen und wurde erst beendet, als der Oberlandesgerichtspräsident einwilligte, die Zahl der an Breslauer Gerichten zugelassenen jüdischen Rechtsanwälte auf 17 zu beschränken.[10] In einem Land, das sich selbst als Rechtsstaat verstand, kamen die Besetzung eines Gerichtsgebäudes und die Belästigung von Richtern einer Schändung gleich, von der Missachtung des Gerichts ganz zu schweigen. Aber es war ein gezielter symbolischer Akt, der deutlich machen sollte, dass das Recht nur für Deutsche galt und nur von Deutschen ausgeübt werden durfte. Die SA wollte die neuen Machthaber drängen, diesen Wandel zu artikulieren und zu bestätigen. Wie die Regelung in Breslau andeutete, fiel es der zutiefst konservativen, der Rechten zuneigenden Richterschaft relativ leicht, sich den nationalsozialistischen Vorstellungen anzupassen.

Am 28. und 29. März kam es im Ruhrgebiet zu Ausschreitungen. In Bochum warfen nationalsozialistische Rowdys die Schaufensterscheiben von 13 Geschäften ein, und in Dortmund wurde auf das Geschäft eines jüdischen Kaufmanns geschossen. Hundert Juden wurden von der SA in »Schutzhaft« genommen. In Oberhausen wurden der örtliche Rabbiner und vier andere Juden mit vorgehaltenen Schildern durch die Straßen geführt. Später wurden ein jüdischer Amtsgerichtsrat und drei andere Juden ebenfalls von Braunhemden in »Schutzhaft« genommen.[11]

Waren die Festgenommenen erst einmal in die Haftzentren der SA eingeliefert worden, befanden sie sich in äußerster Gefahr und hatten ungleich mehr zu erleiden als andere Häftlingsgruppen wie etwa politische Gefangene. Insbesondere Rabbiner und orthodoxe Juden, die wegen ihrer Bärte auffielen, mussten eine brutale Behandlung über sich ergehen lassen. Wenn sie über jüdische Feiertage festgehalten wurden, dachten sich die SA-Männer (die wie die SS-Männer auf verächtliche Weise mit dem jüdischen Feiertagskalender vertraut waren) besondere Demütigungen aus, die ihren Hass auf das Judentum wie die Juden offenbarten. Auch KPD-Mitglieder mit jüdischen Namen wurden als Opfer extremer Rohheiten ausgewählt, ebenso jüdische Rechtsanwälte, die der SA in die Hände fielen und, wie Hans Litten, gegen die Nationalsozialisten aufgetreten waren oder sich an Antidiffamierungsaktivitäten beteiligt hatten. Von den bis Mai 1933 in Dachau rund hundert ums Leben gekommenen politischen Gefangenen waren zwölf Juden.[12]

Dank diplomatischer Depeschen, Korrespondentenberichten und privater Mitteilungen (einschließlich der Erzählungen von zurückgekehrten Besuchern) waren sowohl die ausländischen Regierungen als auch die Weltöffentlichkeit über die grausamen Ereignisse auf dem Laufenden. Die britische Botschaft in Berlin erhielt von den Konsuln in ganz Deutschland so viele Informationen, dass Botschafter Rumbold das Außenministerium in London darauf hinwies, dass ein »Massaker« an den Juden zu erwarten sei. In einem privaten Brief an ihre Familie in England schrieb Lady Rumbold: »Juden und Kommunisten werden auf jede erdenkliche Art terrorisiert … Es ist hasserfüllt und unzivilisiert.« In diesen Wochen erschienen in der *New York Times*, der *Chicago Times*, der *Los Angeles Times*, der *Atlanta Constitution* und der *Washington Post* 455 Berichte und Leitartikel über Hitler und die Juden (die Hälfte davon allein in der *New York Times*). Zweihundert amerikanische Lokalzeitungen brachten zusammen 2600 Artikel über die Ereignisse in Deutschland.[13]

Die Reaktion war rasch und scharf. In den Vereinigten Staaten und Großbritannien löste die umfangreiche Berichterstattung einen Aufschrei der Empörung in den jüdischen Gemeinden aus. Wenige Tage nach Hitlers Machtantritt gingen 4000 jüdische Kriegsveteranen in New York mit Transparenten, auf denen die nationalsozialistischen Gräueltaten angeprangert wurden, auf die Straße. Juden auf beiden Seiten des Atlantiks forderten ihre Regierungen auf, einzugreifen oder wenigstens zu verurteilen, was auch geschah. Im Lauf des März trafen die Leiter jüdischer Organisationen wiederholt zu Beratungen zusammen, und die Stimmen, die einen Boykott deutscher Waren und Dienstleistungen forderten, wurden immer lauter.[14]

Was konkrete Maßnahmen betraf, waren sich die führenden Vertreter des amerikanischen Judentums uneins. Die unterschiedlichen Standpunkte spiegelten die Spaltungen innerhalb der jüdischen Bevölkerung wider. Die assimilierten, wohlhabenden Juden, zum großen Teil Nachkommen der deutsch-jüdischen Einwanderer, die in der Mitte des 19. Jahrhunderts ins Land gekommen waren, wollten lieber über unauffällige Kontakte zu Beamten des Außenministeriums und Politikern etwas erreichen. Diese Taktik pflegte das »vornehme« American Jewish Committee (AJC) anzuwenden. Die zahlreicheren und erst in jüngerer Zeit eingewanderten Juden aus Osteuropa, die vorwiegend der unteren Mittelschicht und der Arbeiterklasse angehörten, reagierten leidenschaftlicher und lautstärker auf jüdisches Leid. Viele von ihnen waren Gewerkschaftsmitglieder oder gehörten sozialistischen Organisationen an; ein beachtlicher Teil waren Zionisten. Repräsentiert wurde diese Gruppe durch den zu mehr Aktivismus und Lautstärke neigenden American Jewish Congress. Doch das Geschrei beunruhigte die Patrizier vom AJC. Am 20. März riefen AJC und B'nai B'rith die US-Regierung in einer gemeinsamen Erklärung auf, der deutschen Regierung »angemessene Vorhaltungen« zu machen. »Boykotte, Aufmärsche, Massenversammlungen und ähnliche Demonstrationen« lehnten die Unterzeichner, mit AJC-Präsident Cyrus Adler an der Spitze, jedoch ab. In dieser Einschränkung drückten sich ihre instinktive Diskretion und das Widerstreben aus, die Vorgehensweise der jüdischen Massen zu legitimieren. Außerdem war es eine wohlüberlegte Antwort auf die Bitten deutscher Juden, von Angriffen auf die nationalsozialistisch geführte Koalitionsregierung in Berlin abzusehen.[15]

Die Diskretion war vergeblich. Der American Jewish Congress unter seinem charismatischen Präsidenten, Rabbi Stephen Wise, hielt am 27. März eine Massenversammlung im Madison Square Garden ab, bei der 20 000 Menschen den Saal füllten und 35 000 vor dem Gebäude ausharrten. Sie hörten gegen das NS-Regime gerichtete Reden von Senator Robert F. Wagner, dem früheren Präsidentschaftskandidaten Al Smith, dem Vorsitzenden des Amerikanischen Gewerkschaftsbundes AFL sowie vom Bürgermeister von New York und zwei Bischöfen. Am selben Tag marschierten 10 000 Juden durch Brooklyn, und in Chicago und Los Angeles demonstrierten ungefähr ebenso viele. In Baltimore gingen 6000 auf die Straße, in Newark und Washington 3000 und in Atlantic City 2500. Insgesamt protestierten schätzungsweise eine Million Menschen gegen das Regime in Deutschland; es war eine der größten Demonstrationen dieser Art in der amerikanischen Geschichte.[16]

Als das AJC Wise bat, nicht weiterzumachen, erwiderte dieser, die großen jüdischen Organisationen der Mitte müssten Protestveranstaltungen organisieren; täten sie es nicht, würden »sozialistische jüdische Versammlungen, kommunistische jüdische Versammlungen« an ihre Stelle treten. Diese Antwort offenbarte das dreifache Dilemma, in dem sich die amerikanischen Juden befanden. Von den deutschen Juden wurden sie aufgefordert stillzuhalten, während die jüdische Straße Taten sehen wollte. Lobbyarbeit hinter den Kulissen konnte diese Forderung nicht erfüllen und ließ Raum für Radikale, deren Aktionen die Vorurteile gegen Juden auf beiden Seiten des Atlantiks bestätigten. Was immer sie unternahmen, es würde auf sie oder die deutschen Juden zurückfallen.

Aus der Forderung nach einem Boykott Deutschlands ergaben sich sogar noch tiefere Dilemmas. Im März 1933 stellte sich der Selfmademillionär und Aktivist Samuel Untermeyer an die Spitze einer spontanen Bewegung, die Juden und Nichtjuden dazu bewegen wollte, keine aus Deutschland kommenden Waren zu kaufen. Als sowohl das AJC als auch Wise ihn zu zügeln versuchten, entgegnete er: »Die Hitler-Partei zielt darauf ab, die Juden in Deutschland zu vernichten oder aus dem Land zu treiben.« Im Oktober 1933 gab der American Jewish Congress dem Druck seiner Mitglieder nach und erklärte seine Unterstützung des Boykotts. Die Hadassah, die größte zionistische Organisation in Amerika, schloss sich diesem Schritt an.[17]

Eine ähnliche Entwicklung war in Großbritannien zu beobachten. Die Londoner Zeitung *Jewish Chronicle* wurde von Briefen, in denen ein Boykott gefordert wurde, überschüttet. Chefredakteur Jack Rich griff die Forderung am 24. März in einem Leitartikel auf: »Wenn, wie es den Anschein hat, … der starke Wunsch besteht, einen Boykott von deutschen Waren und Dienstleistungen zu verhängen, dann soll es auf jeden Fall geschehen. Dann sollen Juden hier und in jedem Land den Deutschen ihre Boykottwaffe entwinden und gegen sie richten.« Der *Jewish Chronicle* war sonst bestenfalls einflussreich, doch diese Ausgabe war bald vollständig vergriffen.[18]

Wie in Amerika war die etablierte jüdische Führung mit einer sozial zerklüfteten und ideologisch gespaltenen Gemeinde konfrontiert. Neville Laski, ein Rechtsanwalt aus Manchester, stand als Präsident des Board of Deputies of British Jews einem Gremium vor, das zwar überwiegend von Mitgliedern der Synagogengemeinden gewählt wurde, aber Gefühle artikulierte, von denen die um die Jahrhundertwende aus Russland und Polen eingewanderten Juden bewegt wurden. Leonard Montefiore, der Vorsitzende der Anglo-Jewish Association (AJA), war eher ein Patrizier, der für das wohlhabendere und stark assimilierte Segment der jüdischen Bevölkerung sprach. Laski stand vom Temperament her dem zurückhaltenden Montefiore nahe und schenkte der Meinung seiner Mitglieder eher wenig Beachtung. In einer Unterredung am 21. März mit Robert Hankey, dem Unterstaatssekretär im Außenministerium, missbilligte er ebenso wie sein Gesprächspartner lautstarke Demonstrationen, und Hankey riet nachdrücklich davon ab, einen Boykott offiziell zu unterstützen.[19]

Wie in den Vereinigten Staaten konnte die Zurückhaltung der jüdischen Repräsentanten nicht verhindern, dass die jüdische Öffentlichkeit ihre Meinung kundtat. Im Londoner East End, wo 100 000 Juden wohnten, breitete sich die Boykottbewegung wie ein Lauffeuer aus. In Schaufenstern tauchten Schilder auf, die versicherten, dass der Inhaber keine deutschen Lieferanten habe. Am 24. März, einem Freitag, zogen Tausende von Juden, nachdem die Geschäfte wegen des Sabbats früher geschlossen hatten, vom East End zur deutschen Botschaft. Am Sonntag darauf kam es auf einer vom englischen Zionistenbund einberufenen Krisensitzung des Board of Deputies of British Jews zu heftigen Auseinandersetzungen, als Laski es ablehnte, sich mit dem Board an die Spitze der Boykottbewegung zu setzen und eine Protestversammlung zu organisieren. Sein Einwand, dass man damit die Deutschen verärgern und »Gemäßigten« wie Papen das Leben noch schwerer machen würde, löste Hohngelächter aus. Weniger leicht ließen sich die Bitten deutscher Juden zurückweisen. Laski und Montefiore konnten schließlich Zeit gewinnen, um eine eindrucksvolle Massenversammlung zu organisieren, auf der überwiegend Nichtjuden sprechen sollten.[20]

Diplomaten in Washington und London spürten, wie aufgewühlt die jüdische Bevölkerung war. Jay P. Moffat, der Leiter der Westabteilung des US-Außenministeriums, notierte in seinem privaten Tagebuch: »Die Lage der Juden in Deutschland versetzt das Volk hier in höchste Aufregung. Es hat eine Reihe von Versammlungen überall im Land stattgefunden, und eine riesige Demonstration ist für nächsten Montag geplant. Die Berichte, welche die Juden hier von Glaubensgenossen, die Deutschland verlassen haben, erhalten, sind einigermaßen beunruhigend.« Bemerkenswert ist jedoch, dass Moffat anschließend seine professionelle Skepsis festhielt: »Bisher wird dies durch nichts von dem, was wir von der Botschaft erhalten, bestätigt. Wir haben jedoch ein Telegramm abgesetzt, in dem wir der Botschaft mitteilen, dass es für uns wichtig ist, die genauen Fakten zu kennen, und sie bitten, uns einen umfassenden Bericht zukommen zu lassen, nötigenfalls nach telefonischer Rückfrage bei den Konsulaten in den wichtigsten Städten.«[21]

Die Zeitungsberichte und die jüdische Lobbyarbeit bewirkten, dass westliche Diplomaten bei deutschen Diplomaten und beim deutschen Außenministerium vorstellig wurden. Im März 1933 machte Horace Rumbold den deutschen Außenminister auf den ungünstigen Eindruck aufmerksam, den die fortgesetzten antijüdischen Übergriffe erweckten. Neurath versicherte ihm, die deutschen Juden hätten nichts zu befürchten; im Gegenteil, die Deutschen fühlten sich bedrängt.[22]

Die Nationalsozialisten sahen in den anglo-amerikanischen Kampagnen einen Beweis dafür, dass »die Juden« eine weltweite Macht darstellten. Die zu ihren Gunsten in Washington und London unternommenen diplomatischen Initiativen, wie vorsichtig sie auch waren, wurden als Beleg dafür gewertet, dass Juden die dortigen Regierungen kontrollierten. Auch die Protestwelle bestärkte das Gefühl der Deutschen, Opfer einer internationalen Aggression zu sein. Dies versetzte Hitler und die NS-Führung in die Lage, einerseits wütend auf »die Juden« einzuschlagen und andererseits als Verteidiger eines schutzlosen, verletzten Deutschland aufzutreten. Sie entsprachen sodann der Empörung über das Weltjudentum, indem sie dessen deutsche Brüder leiden ließen, und nutzten die Drohung mit weiterer Vergeltung, um vor künftigen Einmischungen abzuschrecken. Auf diese Weise wurden die deutschen Juden zu Geiseln, die das Wohlverhalten des »internationalen Judentums« gewährleisten sollten.

Tatsächlich hätte ein genauerer Blick auf die jüdischen Reaktionen im Februar und März 1933 nur Spaltungen und Dissonanzen offenbart. Einen einstimmigen Chor des »internationalen Judentums« gab es nicht. Gleichwohl brachte gerade die Vielzahl der Protest- und Boykottaktionen, deren Echo durch die Rivalität zwischen konkurrierenden jüdischen Organisationen noch verstärkt wurde, eine Kakophonie hervor, die auf Deutsche im Ausland und im Reich selbst großen Eindruck machte. Die Nationalsozialisten, die an die *Protokolle der Weisen von Zion* glaubten, missverstanden die jüdische Vielstimmigkeit und Schwäche als Zeichen von Einheit und Stärke. Wenn die unterschiedlichen öffentlichen und diplomatischen Reaktionen des Auslands in den ersten Wochen der NS-Herrschaft etwas bewirkten, dann eine Verhärtung der nationalsozialistischen Vorurteile.

Eine Woche nach der Märzwahl versuchte Hitler die Gewalt gegen politische Gegner und Juden einzudämmen, indem er ungenehmigte »Einzelaktionen« verbot. Seine Erklärung wurde zwar auch in der *CV-Zeitung* veröffentlicht, vermochte den ausländischen Protest aber nicht zu beschwichtigen, nicht zuletzt deshalb, weil es den Ländern und Kommunen weiterhin offenstand, Vorschriften zum Nachteil der Juden zu erlassen, beispielsweise ein Verbot des Schächtens gemäß den jüdischen religiösen Regeln. Während die kritischen ausländischen Presseberichte und diplomatischen Interventionen weitergingen, notierte François-Poncet in gewohnt sarkastischer Art über deren Wirkung: »Nichts bringt ... die Nazis mehr auf als der Tadel des Auslands.«[23]

Das NS-Regime reagierte auf das vermeintliche Sperrfeuer von Seiten des Weltjudentums, indem es in die Offensive ging. Am 26. März bestellte Göring führende Vertreter der deutschen Juden zu sich und forderte sie auf, die Juden in London und New York dazu zu bewegen, den Boykott abzublasen und die »Gräuelpropaganda« zu beenden. Kurt Blumenfeld, Präsident der Zionistischen Vereinigung für Deutschland (ZVfD), und Julius Brodnitz, Vorsitzender des Centralvereins, telegraphierten daraufhin dem AJC: »Wir protestieren kategorisch gegen Abhaltung Montagmeeting Radio und sonstiger Demonstration Stop Verlangen unbedingt energische Bemühungen zur Einwirkung auf Unterlassung deutschfeindlicher Kundgebungen.« Eine jüdische Delegation flog eigens nach London, um Laski und seinen Kollegen dieselbe Botschaft zu überbringen.[24]

Um der Forderung Nachdruck zu verleihen, genehmigte Hitler einen offiziellen reichsweiten Boykott jüdischer Geschäfte, Betriebe und Selbständiger, sofern das »Weltjudentum« nicht zurücksteckte. Nach einem Treffen mit Hitler an seinem Rückzugsort in Berchtesgaden hielt Goebbels in seinem Tagebuch fest: »Ich schreibe einen Boykott-Aufruf gegen die deutschen Juden. Damit werden wir ihre Hetze schon abstoppen.« In Goebbels' Ausführungsbefehl an die Parteigliederungen hieß es: »Ich diktiere einen scharfen Aufruf gegen die Greuelhetze der Juden. Schon seine Ankündigung läßt die Mischpoke zusammenknicken. So muß man sie anfassen.«[25]

Als Hitler dem Kabinett mitteilte, dass er den Boykott gebilligt habe, war mehreren Ministern nicht ganz wohl. Insbesondere Neurath war »wegen des ›Judenboykotts‹ ... in ziemlicher Unruhe«, und zwar »[n]icht etwa wegen der Juden, sondern wegen der Wirkung, die eine solche Aktion auf den Ruf Deutschlands« haben würde.[26] In letzter Minute bot das Außenministerium mit Hitlers Zustimmung dem Ausland an, den Boykott abzusagen, wenn es seinerseits die »Gräuelpropaganda« beende. In London überbrachte der deutsche Botschafter Lord Reading und Lord Samuel, zwei jüdischen Peers, diesen Vorschlag, die ihn ans britische Außenministerium weiterleiteten, das ihn als zufriedenstellenden Ausgang des Kräftemessens betrachtete. US-Außenminister Cordell Hull, dem das Angebot ebenfalls übermittelt wurde, antwortete entgegenkommend. Auf Moffats Informationen gestützt, räumte er ein, dass »viele der Terror- und Gräuelvorwürfe, die dieses Land erreicht haben, übertrieben waren«. Am Ende dieses diplomatischen Austauschs war es indes für eine Absage des Boykotts zu spät; aber er wurde auf einen Tag beschränkt: Sonnabend, den 1. April.[27]

Aus nationalsozialistischer Perspektive war der Boykott eine rationale Antwort auf eine widrige Situation und die erste außenpolitische Krise, der sich das neue Regime gegenübersah. Damals erkannten dies allerdings nur wenige Diplomaten und Politiker. So wertete George Messersmith, Generalkonsul an der US-Botschaft in Berlin und in der Regel ein scharfsichtiger Analytiker, den Verweis auf die ausländischen Proteste lediglich als einen Vorwand für den Boykott. Nach seiner Ansicht zeigten die Nationalsozialisten damit ihre Verachtung für die Weltmeinung. In typisch pointierter Weise berichtete er nach Washington, in Wirklichkeit mangele es den meisten NS-Führern an Verstand: »Sie verstehen die Außenwelt und ihre Reaktionen nicht. Darüber hinaus legen sie eine völlige Missachtung dessen, was die Außenwelt denkt, an den Tag.«[28]

Messersmith irrte. Gerade weil den Nationalsozialisten die Meinung des Auslands wichtig war, dämpften und verkürzten sie den Boykott. Jüngere Analysen, die den Boykott als Blitzableiter für die Energien in der SA oder als Versuch deuten, einer chaotischen Lage Herr zu werden, treffen ebenso wenig den Punkt. Die Wirklichkeit, wie die Nationalsozialisten sie sahen, war ein Kräftemessen zwischen ihnen und dem internationalen Judentum. In den Boykotten im Ausland sahen sie einen Beweis für die Solidarität unter den Juden, für ihre Manipulation von Regierungen und ihre beherrschende wirtschaftliche Stellung. Da diese Boykotte eine ökonomische Maßnahme waren, belegten sie in den Augen der Nationalsozialisten die weltweite finanzielle Macht der Juden. Daraus zogen sie den Schluss, dass die Juden, so wie sie ihr Geld für einen Angriff auf Deutschland einsetzten, auch gezwungen werden konnten, es für die Rettung des jüdischen Volks zu verwenden. In der prägenden Phase der nationalsozialistischen Politikgestaltung und in Entsprechung zu ihrer Weltanschauung bestätigte der Auslandsboykott den neuen Herren in Deutschland die Verbindung von Judentum und internationaler Finanzwelt sowie die Annahme, dass bei der schmerzhaften Bedrängung eines Teils des Weltjudentums ein anderer gezwungen werden konnte, für die Erleichterung der Last zu zahlen. Als ebenso erwiesen betrachteten sie ihre Vermutung, dass Juden, wenn sie an einem Ort bedroht wurden, andernorts Regierungen zu Reaktionen bewegen konnten. Fortan galten diese Auffassungen als unbestrittene Grundsätze des nationalsozialistischen Denkens.[29]

Der Dresdner Victor Klemperer, Romanist und Weltkriegsveteran, sah all dies nur zu deutlich. Er war in eine jüdische Familie hineingeboren, aber zum Protestantismus konvertiert und ein glühender Patriot. Er verfolgte die Verlautbarungen der Nationalsozialisten aufmerksam, um die wahre Bedeutung ihrer Worte herauszufinden. Am 27. März 1933 schrieb er in sein Tagebuch: »Die Regierung ist in übler Tinte. Von außen ›Gräuelpropaganda‹ wegen ihres Judenkampfes. Sie dementiert ständig, es gebe keine Pogrome, und lässt jüdische Vereine widerrufen. Wiederum droht sie offen, gegen die deutschen Juden vorzugehen, wenn die Hetze der ›Weltjuden‹ nicht aufhöre.« Als sich die Stimmung weiter verschlechterte und die Gewalt zunahm, befürchtete er einen Pogrom. Am Tag des Boykottaufrufs stellte er fest: »Wir sind Geiseln.«[30]

Es nutzte nichts, dass James McDonald, der am 29. März aus den Vereinigten Staaten zurückgekehrt war, Hanfstaengl erklärte, dass die Agitation in Amerika nicht von den Juden entfacht worden sei und unter ihnen keine Einigkeit bestehe. »Tatsächlich«, sagte er dem Auslandspressesprecher beim Abendessen im Berliner Restaurant Horcher, »sind mächtige konservative Juden in New York, wie Warburg und das American Jewish Committee, der jüdischen Agitation entgegengetreten.« Laut Hanfstaengl habe Hitler verkündet, man habe

»keine Angst vor dem internationalen Judentum. Die Juden müssen zerquetscht werden. Ihre Freunde im Ausland haben uns in die Hände gespielt.« Auf McDonalds Einwand, die meisten deutschen Juden seien Patrioten, entgegnete Hanfstaengl: »Wir können ihnen nicht trauen. Sie sind keine Deutschen und können es nie sein.« Eine ähnliche Antwort erhielt McDonald von Hjalmar Schacht: »Ja, nicht alle Juden sind unpatriotisch, aber warum sollten … diejenigen im Londoner East End uns etwas vorschreiben. Wir greifen die Juden nicht so an wie Sozialdemokraten und Kommunisten. Jedenfalls wird man in ein, zwei Wochen nicht mehr davon sprechen.«[31]

An den Tagen bis zum Boykott erreichte die Gewalt gegen Juden ein beispielloses Ausmaß. Bella Fromm notierte: »Die Hatz auf Juden geht unaufhörlich weiter. Es ist übliche Praxis geworden, jüdische Opfer noch vor dem Morgengrauen aus dem Bett zu zerren und fortzuschaffen.«[32] Im niederbayerischen Straubing wurde der jüdische Geschäftsinhaber Otto Selz im Morgengrauen von Männern in »dunkler Uniform« (wahrscheinlich SS-Angehörige) aus seiner Wohnung geholt und weggefahren. Später fand man in einem Wald seine Leiche. In Bad Kissingen wurden ein Rabbiner und ein Stadtrat in »Schutzhaft« genommen. In Düsseldorf gingen die Schaufensterscheiben von in jüdischem Besitz befindlichen Geschäften zu Bruch. In Köln wurden sechzig jüdische Richter und Anwälte des Oberlandesgerichts über mehrere Stunden festgehalten.[33] Am Vorabend des Boykotts telegraphierte Messersmith ans Außenministerium in Washington: »Die antijüdische Bewegung … hat eine Heftigkeit und Verbreitung der Aktionen erreicht, die nicht einmal ihre fanatischsten Vertreter erwartet hatten, und es gibt Anlass anzunehmen, dass die Bewegung außer Kontrolle ist und möglicherweise einen blutigen Höhepunkt haben wird.«[34]

Die Repräsentanten der deutschen Juden befanden sich in einer Zwickmühle. Einerseits protestierten sie dagegen, die deutschen Juden für Aktionen des Auslands verantwortlich zu machen, und wiesen »Gräuelgeschichten« zurück. Andererseits erklärten sie, der Kampf gegen Diffamierungen müsse fortgesetzt werden, wenn auch als Auseinandersetzung im Innern. Bei einem Treffen mit McDonald eröffneten ihm Siegmund Warburg und Carl Melchior, sie würden »eine von hundert prominenten Juden unterzeichnete öffentliche Erklärung erwägen, in der die Welt gebeten werden solle, das Problem Deutschland zu überlassen«. Im selben Geist richteten jüdische Kriegsveteranen einen offenen Brief an Hindenburg, in dem sie um die Absage des Boykotts ersuchten. Victor Klemperer verzeichnete am Abend zuvor jedoch, dass die SA bereits vor jüdischen Geschäften Posten bezog. Die Situation sei »[i]mmer trostloser«.[35]

Am Morgen des 1. April herrschte in den Einkaufsstraßen der deutschen Großstädte und den Hauptstraßen von Kleinstädten und Dörfern eine merkwürdige Stimmung. Ein großer Teil der jüdischen Geschäftsinhaber hatte sich dafür entschieden, seine Geschäfte nicht zu öffnen. Bei orthodoxen Juden war dies am Sabbat sowieso üblich. An manchen Geschäften hingen Zettel, auf denen die Inhaber ihre Solidarität mit dem deutschen Protest gegen die »Gräuelpropaganda« ausdrückten. Klemperer begab sich ins Dresdner Zentrum, wo SA-Männer vor jüdischen Geschäften mit Schildern Posten standen, auf denen zu lesen war: »Wer beim Juden kauft, fördert den Auslandsboykott und zerstört die deutsche Wirtschaft.« Schaulustige spazierten durch die Straßen. In Breslau hatte der Historiker und Pädagoge Willy Cohn »den Eindruck, dass die anständigen christlichen Kreise immer mehr von diesen Dingen abrücken«. Doch ein Appell prominenter Breslauer Juden am Vorabend des Boykotts an Erzbischof Adolf Kardinal Bertram blieb unbeantwortet. Trotz des Schweigens der Kirche hielt sich die Gewalt in Breslau aber in Grenzen. Der nationalsozialistische Polizeichef Edmund Heines hatte zu »Ruhe und Ordnung« aufgerufen.[36]

Der US-Konsul in Leipzig, Ralph Busser, berichtete der amerikanischen Botschaft, die örtliche SA sei schon vor dem Boykott nur schwer im Zaum zu halten gewesen. Am Boykotttag selbst sei es dann nicht bei Transparenten und Schildern geblieben, sondern zu »zahlreichen Gewalttaten« gekommen. SA-Männer »stürmten das Kaufhaus Brühl, eines der größten Warenhäuser in Leipzig, verjagten die Kunden und trieben die jüdischen Verkäufer hinaus oder nahmen sie fest«. Im »Pelzviertel« der Stadt seien Juden gezwungen worden, mit demütigenden Schildern durch die Straßen zu gehen. Polnische Juden seien verhaftet worden und müssten Slogans von den Wänden schrubben. »Um dem deutschen Volk Gerechtigkeit widerfahren zu lassen«, fügte Busser hinzu, »muss gesagt werden, dass der Boykott in der Arbeiterbewegung und der intelligenteren Gesellschaftsschicht unpopulär war.«[37]

Im Exil erinnerte sich Edwin Landau einige Jahre später noch lebendig daran, wie der Tag in seiner Heimatstadt Deutsch Krone in

Westpreußen verlaufen war. Der hochdekorierte Kriegsveteran, Inhaber einer Eisenwarenhandlung und Vorsteher der örtlichen jüdischen Gemeinde berichtete: »Mir erschien das Ganze unbegreiflich. Es konnte mir nicht einleuchten, dass so etwas im 20. Jahrhundert überhaupt möglich sein konnte. Denn solche Dinge hatten sich höchstens im Mittelalter ereignet.« Aber da waren sie: zwei junge Braunhemden vor seinem Geschäft. Ihr Anblick brachte sein Selbstverständnis als Deutscher zum Einsturz. »Und für dieses Volk standen wir jungen Juden einst im Schützengraben in Kälte und Regen und haben unser Blut vergossen, um das Land vor dem Feinde zu schützen.« Vor Wut und Scham bebend, eilte er nach Hause, legte seine Orden an und spaziere so dekoriert durch die Stadt. Während einige alte Kunden feixend an seinem Geschäft vorübergingen, traten andere, insbesondere Katholiken, mit Vorbedacht ein, um ihm ihre Solidarität zu bekunden. Einer dieser Kunden, ein DNVP-Funktionär, verlor später seinen Posten, weil er Landau solidarisch die Hand gedrückt hatte. Nach einer Weile schloss Landau das Geschäft und ging in die Synagoge, wo er die gesamte Gemeinde »voll tiefstem Seelenschmerz« vorfand.[38]

In Wandsbek bei Hamburg stieß die Ärztin Henrietta Necheles-Magnus vor ihrer Praxis auf zwei SA-Männer. Über der Tür klebte ein Plakat, auf dem ein gelber Kreis auf schwarzem Grund zu sehen war. In der Praxis musste sie als Erstes ihre nichtjüdische Sprechstundenhilfe beruhigen. »Wir schämen uns so für unsere Volksgenossen!«, stieß die Frau schluchzend hervor. Necheles-Magnus fiel auf, dass im Lebensmittelgeschäft gegenüber, das einer jüdischen Kriegerwitwe gehörte, mehr Kundenverkehr war als üblich. Dann trafen die ersten Patienten ein, die mit Blumen und Geschenken zum Ausdruck brachten, was sie von dem Boykott hielten. Es begann zu regnen, und die SA-Männer sahen immer niedergeschlagener aus, während sie von kräftigen Hafenarbeitern, die zu den Patienten von Necheles-Magnus gehörten, verspottet wurden. »Im Ganzen war der Boykott unpopulär«, fasste Necheles-Magnus sieben Jahre später in ihrer neuen Heimat Amerika ihre Eindrücke zusammen.[39] Luise Solmitz hatte den gleichen Eindruck: »Man schämte sich vor jedem Geschäft u. vor jedem Juden. … Die Stimmung der Menschen schien gedrückt, unfroh; die meisten konnten nicht innerlich zustimmen.«[40]

James McDonald in Berlin gelangte zu einem erschreckenderen Schluss. Er ging zum Kaufhaus Wertheim, dessen Eingang von einer

Kette aus SA-Männern abgesperrt war. Die Schaufensterscheiben waren mit Plakaten gepflastert, auf denen ein gelber Kreis auf schwarzem Grund zu sehen war. Die Verwendung dieses mittelalterlichen Symbols erschütterte McDonald. »Ohne Zweifel war der Boykott erfolgreich. Er zeigte, dass der jüdische Handel vollständig ausgeschaltet werden kann. Niemand hat etwas gegen die SA unternommen. Aber der Boykott ist nur das äußere Zeichen einer ebenso zerstörerischen Diskriminierung aller Juden.« Zufällig versuchte Lady Rumbold ungefähr zur gleichen Zeit, das Kaufhaus Wertheim zu betreten. Als ihr der Zutritt verwehrt wurde, gab sie auf. Sie berichtete in der typischen Haltung ihrer Schicht, den gesamten Kurfürstendamm entlang stünden »vor jedem Judengeschäft zwei oder drei Nazis und blockieren die Tür«. Sie war betroffen, als Braunhemden ihrem kleinen Sohn Angst machten. »Es war zutiefst grausam und hunnenhaft, und das alles nur, um einige schutzlose Menschen herabzuwürdigen.«[41]

Messersmith fasste die Eindrücke, der er von seinem diplomatischen Beobachterposten aus gewonnen hatte, in dem Urteil zusammen, dass der Boykott ein Fehlschlag gewesen sei. »Die SA-Männer waren nicht mehr mit dem Herzen bei der Sache, nachdem der Boykott durch die am Abend zuvor verfügten Beschränkungen derart abgeschwächt worden war. Vermutlich dachten sie, dass der Boykott, wenn er nur einen Tag dauern und auf so ordentliche und gezügelte Weise durchgeführt werden sollte, den Aufwand nicht wert sei.« Er sei »beim deutschen Volk nicht allgemein beliebt« gewesen. Messersmith fügte jedoch hinzu: »Es gibt kein Anzeichen dafür, dass die antijüdische Einstellung in irgendeiner Weise abgenommen hätte; vielmehr billigt die Öffentlichkeit lediglich ein Mittel nicht, das, wie selbst der Mann auf der Straße erkennt, dem inneren Wirtschaftsleben schaden und schwere Auswirkungen auf den deutschen Außenhandel haben kann.«[42]

Messersmith entging ein Aspekt der Aktion und ihrer Konsequenzen, nämlich dass schon die bloße Aufmerksamkeit, die er, ein amerikanischer Diplomat, ihr schenkte, dem nationalsozialistischen Antisemitismus zupasskam. Im Augenblick spielte es keine Rolle, dass die gewöhnlichen Deutschen ambivalent reagierten; die NSDAP zog ungerührt die Trennlinie zwischen »ihnen« und »uns«, indem sie demonstrierte, dass »sie« jetzt Freiwild waren. Wenn die Bevölkerung bei allem, was die wirtschaftliche Erholung stören konnte, murrte, verschaffte dies den Juden zwar auf kurze Sicht ein gewisses Druckmittel, aber die Kehrseite war, dass sie erst recht entbehrlich erscheinen müssten, sobald sie nicht mehr von Nutzen wären.[43]

Die »nationale Revolution«

Der Boykott war nur ein Element der von den Nationalsozialisten so genannten »nationalen Revolution«. In einem Bericht an das US-Außenministerium bemerkte Messersmith einen Monat später, die NSDAP habe bereits die Hebel der Macht in Deutschland unter ihre Kontrolle bekommen. In seinen Augen war die Machtübernahme ein echter Volksaufstand: »Im Augenblick sind die Massen der Diktator in Deutschland, und die Parteiführer sind bloß ihre Sprecher.« Im Gegensatz dazu fielen seinem Münchner Kollegen, Generalkonsul Charles Hathaway, das Schweigen und der Gehorsam der eingeschüchterten Bevölkerung auf. Die vielen Verhaftungen hätten ihre Wirkung getan. In diesen unterschiedlichen Wahrnehmungen spiegelte sich das verwirrende Tempo wider, mit dem die Nationalsozialisten ihre Machtposition ausbauten, indem sie zuerst Gegner ausschalteten und dann Rivalen, bis der Einparteienstaat geschaffen war. Sie trieben die vollständige Zentralisierung der Macht und die Gleichschaltung von Kultur und Medien derart schnell voran, dass sie, wie es schien, von einem Augenblick zum nächsten über einen totalitären Staat herrschten. Dabei appellierten sie an eine aufgewühlte Volksstimmung, die sie gleichzeitig anfachten. Angesichts der Eilfertigkeit, mit der sich große Teile der Gesellschaft, manchmal administrative Anordnungen vorwegnehmend, freiwillig auf die Seite der Nationalsozialisten schlugen, ist jede einfache Interpretation der Machtübernahme als Staatsstreich von oben oder Revolution von unten von vornherein unhaltbar.[44]

Eine der wichtigsten Maßnahmen zur Durchsetzung der NS-Herrschaft war das am 7. April 1933 erlassene »Gesetz zur Wiederherstellung des Berufsbeamtentums«, das die Entlassung von als politisch unzuverlässig geltenden Beamten ermöglichte, insbesondere von aktiven Sozialdemokraten. Paragraph 3 verlangte die Zwangspensionierung von Beamten, »die nicht arischer Abstammung sind«, mit Ausnahme von Kriegsveteranen und Beamten, welche im Krieg Väter oder Söhne verloren hatten. Neben der Entfernung vieler Juden – obgleich ihre Zahl weit geringer war, als die Nationalsozialisten erwartet hatten – brachte das Gesetz die Nazifizierung der Staatsorgane in Gang. Sie betraf die Justiz, die Landes- und Kommunalverwaltungen, die Reichswehr und den privaten Sektor. Da der »Arierparagraph« in allen Bereichen der Zivilgesellschaft freiwillig übernommen wurde, forderten Sport- und Freizeitvereine, Berufsverbände und Kulturorganisationen ihre jüdischen Mitglieder zum Austritt auf oder schlossen sie aus.[45]

Vorläufig galt das Hauptaugenmerk des NS-Regimes indes nicht den Juden. Zum 1. Mai warf es sich den Mantel der politischen Linken über und veranstaltete eine spektakuläre Feier zum Tag der Arbeit, nur um am nächsten Tag die Gewerkschaftsspitzen zu verhaften. In der folgenden Woche traf es die SPD, die am 21. Juni schließlich verboten wurde. Bis zum Sommer wurden 100 000 politische Gefangene in Konzentrationslager und improvisierte Haftstätten gesteckt. Rund 600 von ihnen starben. Das Regime fiel, wie der Historiker Richard Evans es ausdrückt, mit »massiver, brutaler und mörderischer Gewalt« über seine Gegner her. Die Botschaft an Hitlers Koalitionspartner und die Zentrumspartei war deutlich. Hugenberg wurde dazu gedrängt, die DNVP in der NSDAP aufgehen zu lassen, während der Stahlhelm von der SA geschluckt wurde. Die katholische Zentrumspartei löste sich unter dem allgemeinen Druck sowie wegen der Aussicht auf ein Konkordat zwischen dem Dritten Reich und dem Heiligen Stuhl, das die religiösen Rechte der katholischen Kirche garantieren würde, selbst auf. Im Juli 1933 konnte Hitler verkünden, dass die NSDAP die einzige legale Partei im Land sei.[46]

Gegen diese Transformation regte sich nur wenig Protest, aber es herrschte ein allgemeines Unbehagen über die Rohheit, mit der sie vonstattenging, insbesondere aufgrund der grausigen Geschichten, die über die »wilden« Konzentrationslager in Umlauf waren. Gelegentliche Übergriffe auf Ausländer schadeten Deutschlands Ansehen im Ausland zusätzlich und ließen die Frage aufkommen, wer eigentlich die Kontrolle habe. Am 6. Juli nutzte Hitler eine Ansprache vor den neuernannten Reichsstatthaltern dazu, das Ende der »nationalen Revolution« zu verkünden. Im nächsten Monat beendete Göring die Hilfspolizeirolle der SA. Die von ihr betriebenen halboffiziellen Haftzentren wurden geschlossen, und Himmler, der damals Chef der Bayerischen Politischen Polizei war, schuf in Dachau das Modell für das spätere Lagersystem. Er machte Theodor Eicke zum Kommandanten des Lagers und erteilte ihm den Auftrag, eine Disziplinar- und Strafordnung für die Wachen wie für die Gefangenen auszuarbeiten. Über die Hälfte sämtlicher Lagerinsassen durfte gehen (während 37 000 politische Häftlinge weiterhin in Gefängnissen einsaßen).[47]

Obwohl die politische Opposition gebrochen war, blieb die Überwachung »unzuverlässiger Elemente« bestehen. Im September schuf Göring in Preußen eine unabhängige politische Polizei, die Geheime Staatspolizei (Gestapo). Sie erwarb sich durch unerbittliche Ausforschung und gnadenlose Folterung von Verdächtigen rasch einen unheimlichen Ruf. In Wirklichkeit war sie eine relativ kleine Organisation, weshalb sie sich stark auf Informanten und Denunzianten stützte. Dass sie eine furchterregende Quote bei der Aufspürung und Ausschaltung von NS-Gegnern erreichte, war weniger ihrer effektiven Arbeit als vielmehr der Unterstützung geschuldet, die der Nationalsozialismus in der Bevölkerung genoss. Ebenso problemlos brachte die NSDAP die gesamte Polizei unter ihre Kontrolle. Gleichzeitig wurden im »Gesetz gegen gefährliche Gewohnheitsverbrecher« Kriminalität und Polizeiarbeit neu definiert. Erstere galt nunmehr als ererbte Störung, und da die Neigung zum Gesetzesbruch als angeboren betrachtet wurde, sah man auch keinen Sinn darin, »Gewohnheitsverbrecher« abzuschrecken oder umzuerziehen. Dem neuen Gesetz zufolge sollten Straftäter bei der dritten Verurteilung grundsätzlich zu erheblichen Haftstrafen verurteilt werden.[48]

Das Bildungsministerium erarbeitete unter NS-Führung umgehend neue Schulbücher, die das nationalsozialistische Gedankengut enthielten. Die Lehrerschaft, von der bis Ende 1934 rund ein Drittel in die Partei eintreten sollte, wurde gesäubert, und die Übriggebliebenen wurden einer Mischung aus Umerziehung und Lobhudelei ausgesetzt. Innerhalb von drei Jahren gehörten praktisch alle Lehrer im Reich dem Nationalsozialistischen Lehrerbund an. Die Indoktrination war nicht auf die Schulen beschränkt, sondern richtete sich auf die gesamte Gesellschaft. Haupteinpeitscher war Goebbels, der seit März 1933 an der Spitze des neugeschaffenen Ministeriums für Volksaufklärung und Propaganda stand. Er machte es sich zur Aufgabe, die Deutschen davon zu überzeugen, dass sie Teil einer Volksgemeinschaft seien. Um seine Mission zu erfüllen, brachte er zunächst den Kultur- und Mediensektor durch die Säuberung von politischen Gegnern und Juden unter seine Kontrolle. Entscheidendes Mittel dafür war die im September 1933 gegründete Reichskulturkammer, der alle Kulturorganisationen beitreten mussten; diese waren ihrerseits verpflichtet, ihre Mitglieder auf das NS-Regime einzuschwören. Auf Geheiß von Goebbels wurde Juden durch eine Reihe von Verordnungen die Tätigkeit in Orchestern, Opernhäusern, Kunstgalerien, Theatern, Rundfunksendern und Filmstudios verboten. Im Oktober wurde Juden auch die Beschäftigung in Zeitungsredaktionen untersagt.[49]

Der dramatischste und symbolträchtigste Moment der »Säuberung« der deutschen Kultur war die öffentliche Verbrennung von Büchern, deren Verfasser als deutschfeindlich, marxistisch oder jüdisch galten. Das literarische Autodafé fand am 10. Mai statt. Auf Initiative von nationalsozialistischen Studenten wurden vor den Universitäten Scheiterhaufen errichtet, so dass sich bequem Bücher aus den Universitätsbibliotheken herbeischaffen ließen. Als Stefan Zweig sich beschwerte, seine Bücher seien versehentlich auf der schwarzen Liste gelandet, vermutlich wegen einer Verwechslung mit dem kommunistischen Schriftsteller Arnold Zweig, korrigierte ihn sein Freund Joseph Roth: »Man verwechselt Sie nicht, weil Sie Zweig heißen, sondern weil Sie Jude sind …« In einem späteren Brief klagte Roth: »Wir haben alle die Welt überschätzt: selbst ich, der ich zum absoluten Pessimistischen gehöre. … Ich sehe, dass wir den Wahnsinn in Deutschland nicht übertönen werden.«[50] Während Roth seinen Freund Zweig aufforderte, sein Schicksal als jüdischer Schriftsteller anzunehmen, kritisierte ironischerweise der jüdische Publizist Robert Weltsch in der zionistischen *Jüdischen Rundschau* die Einbeziehung von Büchern assimilierter Schriftsteller wie Stefan Zweig, die keine »jüdischen« Themen behandelten. »Wir wehren uns dagegen, dass aus rein *negativen* Erwägungen, weil etwas ›nicht deutsch‹ ist, von einer jüdischen Literatur gesprochen wird.« Zu diesem Zeitpunkt war die Bewahrung interner Unterschiede für manche Juden wichtiger als die Gefahr, welche der von außen aufgezwungenen Mythos der Homogenität in sich barg.[51]

Millionen von Deutschen, die mit der modernen Kunst nichts anzufangen wussten, fanden diesen Vandalismus höchst befriedigend. Auch Maßnahmen zur Stärkung traditioneller Wirtschaftszweige, zur Unterstützung von Familien und zur Stärkung der Volksgesundheit fanden ihre Zustimmung. Im Juni 1933 erkannte Hugenberg, dass die Konservativen beiseitegedrängt worden waren, und trat aus der

Regierung aus. Auf den Posten des Ernährungsministers wurde der NS-Agrarexperte und Blut-und-Boden-Denker Walther Darré berufen; Wirtschaftsminister wurde der Manager Kurt Schmitt. Darré, seit langem ein Vorkämpfer des Bauerntums, das auch Hitler am Herzen lag, erließ ein Gesetz zum Schutz der Bauernhöfe vor Überschuldung und Zersplitterung. Außerdem unternahm die Regierung Schritte, um das Wachstum von Ladenketten und Kaufhäusern zu beschränken und zu verhindern, dass sie die Preise kleiner Geschäfte durch großzügige Rabatte unterboten. Auch die Stimmung der Industriearbeiter behielt das Regime, dem bewusst war, wie wichtig sie für die wirtschaftliche Erholung waren und wie leicht sie zu einem Unruheherd werden konnten, aufmerksam im Blick. Im November 1933 wurde die Organisation Kraft durch Freude (KdF) gegründet, die verdienten deutschen Arbeitern preiswerte Auslandsurlaube, Kreuzfahrten und Freizeitaktivitäten anbot. Um den Eindruck einer durch einen kollektiven Geist der Selbstaufopferung geeinten Nation, in der jeder Mann und jede Frau zählte, weiter zu stärken, führte das NS-Regime eine vorweihnachtliche Sammelaktion zugunsten Bedürftiger ein, das Winterhilfswerk, für das zu spenden obligatorisch war.[52]

Die weitreichendsten Maßnahmen zur Verwandlung des deutschen Volks in eine rassebewusste, biologisch robuste und homogene Gemeinschaft, eine echte Volksgemeinschaft, waren die eugenischen Gesetze. Am 14. Juli 1933 erließ Reichsinnenminister Frick das »Gesetzes zur Verhütung erbkranken Nachwuchses«. Es sah die Bildung sogenannter Erbgesundheitsgerichte vor, in denen zwei Ärzte und ein Amtsrichter darüber befinden sollten, ob geistig oder körperlich Behinderte, von denen anzunehmen sei, dass sie ihre Behinderung an ihre Kinder weitergeben würden, zwangsweise zu sterilisieren seien. Dies war der radikalste Ausdruck des utopischen Projekts der Nationalsozialisten, ein biologisch reines und gemäß ihrer rassistischen Vision vollkommenes Volk zu schaffen. Nachfolgende Gesetze verwehrten Körperbehinderten den Zugang zu staatlichen Oberschulen, verboten die Eheschließung mit mutmaßlichen Trägern von Erbkrankheiten und erleichterten die Scheidung von zeugungsunfähigen Ehepartnern. Begleitet wurden diese negativen eugenischen Maßnahmen von einer geburtenfördernden Sozialpolitik. So wurden Gesetze erlassen, die Empfängnisverhütung und Abtreibung verboten. Frischverheiratete Paare erhielten Steuernachlässe und günstige Kredite, und die Geburt von Kindern wurde finanziell belohnt. Während Heterosexualität und Ehe Förderung erfuhren, wurde die Polizei ermuntert, die bestehenden Gesetze gegen Homosexualität mit größter Schärfe durchzusetzen. Obwohl nur relativ wenige Männer wegen homosexueller Handlungen ins Gefängnis kamen, wurden schwule Treffpunkte überwacht und Tausende schwuler Männer festgenommen und verwarnt.[53]

Die schlagzeilenträchtigen politischen Initiativen, mit denen die »nationale Erneuerung« in Gang gesetzt werden sollte, erschütterten die gesamte Gesellschaft und stellten den Einzelnen vor die Wahl, ob er dazugehören wollte oder nicht. Die Deutschen mussten dabei ihre bisherigen Überzeugungen und Loyalitäten gegen den mächtigen Drang, an einem großen idealistischen Projekt teilzuhaben, abwägen. In dieses emotionale Tauziehen spielte das Wissen hinein, dass Nonkonformismus eine schreckliche Bestrafung nach sich ziehen konnte. Von entscheidender Bedeutung war, dass die Deutschen nicht aufgefordert wurden, Juden zu hassen, sondern andere Deutsche zu lieben.[54]

Oberflächlich betrachtet, waren die Fragen, die sich stellten, geringfügig: ob man den Hitlergruß verwenden oder auf traditionelle Weise grüßen, ob man ein Parteiabzeichen tragen, ob man eine Uniform anziehen, ob man an den Feiern zu Hitlers Geburtstag oder den Gedenkritualen zum Hitlerputsch teilnehmen sollte. Das freiwillige Mitmachen ergänzten zunehmend Aktivitäten, welche die Deutschen zu stillschweigender Übereinstimmung mit dem Regime hinführten. Die Arbeit konnte unterbrochen werden, um der Radioübertragung einer Hitlerrede zu lauschen oder an einer Versammlung der nationalsozialistischen Betriebszelle teilzunehmen. In den Wohnvierteln gab es »Blockwarte« und Gesprächsforen. Freizeitaktivitäten wurden von der »Nationalsozialistischen Gemeinschaft« KdF organisiert. Das Einkaufen wurde zu einer identitätsstärkenden Angelegenheit, zum einen wegen der Kampagne mit dem Ziel, jüdische Geschäfte zu meiden, zum anderen aber auch, weil immer mehr Waren als »germanische«, der Volksgesundheit dienende Produkte angepriesen wurden. Goebbels wetterte gegen das Tragen französischer Kleider und forderte eine echt deutsche Mode. Wichtige Ereignisse im Lebenszyklus wurden zur Bekräftigung der Rassezugehörigkeit genutzt. Wer heiraten wollte, musste seine arische Abstammung und seine Erbgesundheit nachweisen. Die Geburt eines gesunden Babys war zwar an sich schon ein freudiges Ereignis, gab den Eltern aber auch Anlass, finanziellen Vorteilen entgegenzusehen.[55]

Deutsche Jungen und Mädchen wuchsen in dem aufregenden Gefühl auf, einer Volksgemeinschaft anzugehören. Lehrer, Jugendführer, Arbeitsdienstfunktionäre, Professoren und militärische Ausbilder pflanzten dem Nachwuchs ihre Werte ein. Es begann mit dem Deutschen Jungvolk für Kinder zwischen zehn und 13 Jahren; es folgten die Hitlerjugend (HJ) für Jungen bis 18 und der Bund Deutscher Mädel (BDM). Daran schlossen sich ein halbes Jahr Reichsarbeitsdienst (RAD) und zwei Jahre Wehrdienst an. Die Jugend fühlte sich von den nationalsozialistischen Idealen Gleichheit, Teilhabe und Aufopferung angezogen. Sie teilte instinktiv den Geist der Revolte gegen bürgerliche Normen und das restriktive Leben in der traditionellen Familie. Um sicherzustellen, dass die nationalsozialistische Botschaft bei den jungen Leuten auch ankam, durchliefen sie eine Reihe von Lagern, in denen sie, von ihren Familien getrennt, nach den neuen Werten lebten. Für Jungvolk, HJ und BDM gab es insgesamt 2000 Sommerlager, durch die jedes Jahr 600 000 Kinder und Jugendliche geschleust wurden. Annähernd eine halbe Million Teenager dienten in Arbeitsdienst und Militär. Auf jeder Etappe wurden sie nationalsozialistisch indoktriniert. Ebenso wichtig waren der durch die gemeinschaftlichen Aktivitäten vermittelte Lebensstil und dessen Werte. Juden waren selbstverständlich ausgeschlossen. Gleichwohl wäre es falsch, die nationalsozialistischen Werte mit Hass gleichzusetzen. Was ihnen eine solche Kraft verlieh, war ihre Fähigkeit, Gefühle von Liebe und Zugehörigkeit zu wecken. Melita Maschmann erinnerte sich: »Keine Parole hat mich je so fasziniert wie die von der Volksgemeinschaft.« Von ihr sei ein »magischer Glanz« ausgegangen, habe sie doch die Hoffnung auf eine Welt geweckt, in der »die Menschen aller Schichten miteinander leben würden wie Geschwister«. Und: »Was die jungen Menschen zunächst am Nationalsozialismus anzog, war nicht der Hass …, sondern die Liebe zu Deutschland. Für den Dienst an dieser Liebe wollten sie sich ›zäh, flink und hart‹ machen.«[56]

Bei Älteren hatte die Atmosphäre von permanentem Kampf und Notstand die gleiche Wirkung. »Nicht um die Waffen handelt es sich vorerst«, bemerkte Leopold Schwarzschild, »sondern um die nationale Psychologie, deren Manometer dauernd unter Spannung eines aufbrechenden Heerlagers gehalten wird.«[57] Man schlug die »Arbeitsschlacht« oder die »landwirtschaftliche Erzeugungsschlacht«, wurde in Spar- und Wohltätigkeitskampagnen einbezogen, und wer für das Militär schon zu alt war, wurde in zunehmendem Maß zur Teilnahme an Zivilschutzübungen verpflichtet. Die Maßnahmen zur »Rassenhygiene« erforderten den Aufbau einer riesigen Bürokratie sowie die Vergabe vielfältiger Pflichten an Professoren, Lehrer, Staats- und Kommunalbeamte, Ärzte, Krankenschwestern, Psychiater und Sozialarbeiter, die den rassischen Status des Einzelnen bestimmen, das Verhalten der »Volksgenossen« überwachen und die Grenzen der »Volksgemeinschaft« schützen sollten. All diese Vollstrecker der rassenbiologischen Politik mussten ausgewählt und ausgebildet werden. Für jeden, der vorankommen und Karriere machen wollte, war die Parteimitgliedschaft geradezu obligatorisch. 215 000 von insgesamt 300 000 Lehrern, die es in Deutschland gab, nahmen an verpflichtenden zweiwöchigen »Lehrerlagern« teil, in denen sie mit der nationalsozialistischen Ideologie und Politik und deren Umsetzung vertraut gemacht wurden. Ferner wurde ein ganzes Netz von Forschungseinrichtungen aufgebaut, um die eugenischen, rassenpolitischen und antijüdischen Maßnahmen des NS-Regimes geistig und wissenschaftlich zu untermauern und ihnen eine gewisse Respektabilität zu verschaffen.[58]

Der Historiker Peter Fritzsche hat dies in der knappen Feststellung zusammengefasst: »Die Rasse bestimmte die neuen Realitäten im Dritten Reich.« Diese Realitäten wurden von Jahr zu Jahr weniger in Frage gestellt und verfestigten sich mit jeder Schülergeneration, welche den Bildungsapparat des Dritten Reichs durchlief. Die Diktatur wurde von jungen Leuten getragen; die NS-Führung stand selbst überwiegend in den Vierzigern, viele ihrer Anhänger waren jünger. Es gab immer mehr junge Erwachsene, für die der Nationalsozialismus die moralische Grundlage darstellte, und immer mehr von ihnen besetzten Posten auf allen Ebenen des Staatsapparats und der NS-Organisationen. Schon 1933 gehörte jeder vierte Mann der SA an. Die SS umfasste in ihren besten Zeiten 800 000 Mann, die zusammen mit ihren loyalen Ehefrauen mehr als ein Prozent der deutschen Bevölkerung ausmachten. Über die Jahre dienten sechs Millionen Deutsche im RAD und 20 Millionen in den Streitkräften. Für diese Millionen war das »Nazigewissen« der natürliche, normative Reflex der moralischen Wahl. Obwohl die Mehrheit der Deutschen formal nicht mit dem Regime verbunden war, wurde auch sie in das System eingespannt, das die Internalisierung der nationalsozialistischen Werte förderte. Da es dem NS-Regime gelang, politische Stabilität, gesellschaftliche Ordnung und Wohlstand zu schaffen, wurden seine Werte aufrichtig und dankbar akzeptiert.[59]

Die Judenpolitik war entscheidend für die Schaffung der Volksgemeinschaft. Die Historikerzunft stimmt inzwischen darin überein, dass die antijüdischen Maßnahmen nicht einfach nur Ziele verwirklichten, die von Antisemiten seit langem angestrebt wurden, und nicht nur Ausdruck von Hass auf die Juden waren. Während der Antisemitismus für Nationalsozialisten wie Streicher ein Zweck war, sahen andere in ihm lediglich ein Mittel. Persönliche Gefühle spielten kaum eine Rolle. Der soziale Ausschluss des Juden definierte den Arier. Propaganda und Maßnahmen gegen die Juden halfen die öffentliche Meinung zu kontrollieren. Was erlaubt oder verboten wurde, trug zur Umgestaltung der öffentlichen Sphäre bei. Die Rassenpolitik gab dem Staat einen Vorwand, immer tiefer ins Private und Persönliche einzudringen. Es ermöglichte »die nahezu vollständige Auslöschung der Privatsphäre«. Bald wurde jede politische Maßnahme aus rassenpolitischer Perspektive betrachtet und mit Blick auf die Juden gestaltet.[60]

Dennoch war das NS-Regime dysfunktional; seine zersplitterte Führung versuchte unablässig, mit begrenzten Ressourcen in kurzer Zeit viel zu erreichen. Persönlichkeiten und politische Maßnahmen drängten in entgegengesetzte Richtungen, kamen sich in die Quere oder verloren einfach an Kraft. Im Rückblick werden die Konsequenz und Kohärenz der Judenpolitik leicht überschätzt. Den politischen Entscheidungsträgern des NS-Regimes ein klares, zielgerichtetes Handeln zu unterstellen lässt auf der anderen Seite die Juden wie Narren mit vernebeltem Blick erscheinen. Tatsächlich haben die Opfer den Historikern etwas Wichtiges zu sagen: Zum Zeitpunkt des Geschehens schien die Judenpolitik deshalb nicht zusammenhängend und zielgerichtet zu sein, weil sie es nicht war. Vielmehr war sie improvisiert, ungeplant und daher unvorhersehbar. Die Nationalsozialisten mochten sich auf eine Geschichte des antisemitischen Denkens stützen, und einzelne Beamte hatten vielleicht sogar Gesetzesentwürfe für Diskriminierungsmaßnahmen in der Schublade, aber die Ergebnisse waren widersprüchlich, unausgegoren und für gewöhnlich nicht von Dauer.

Die ersten antijüdischen Gesetze

Die Regierung ließ der inszenierten Empörung des 1. April 1933 eine Reihe von Gesetzen folgen, die den Ausschluss der Juden aus Bereichen zum Ziel hatten, welche die Nationalsozialisten als sensibel betrachteten und wo die Anwesenheit von Juden seit jeher als ärgerlich galt. Am 7. April wurde Juden die Aufnahme einer juristischen Tätigkeit verboten. Wer bereits am 1. August 1914 praktiziert hatte oder Veteran des Ersten Weltkriegs war, blieb verschont, allen Übrigen wurde der Boden unter den Füßen weggezogen. Am 22. April wurde jüdischen Medizinern die kassenärztliche Zulassung aberkannt, sofern sie nicht schon 1914 zugelassen oder Söhne von Frontkämpfern beziehungsweise selbst Frontkämpfer gewesen waren. Drei Tage später legte das »Gesetz gegen die Überfüllung deutscher Schulen und Hochschulen« für Neuaufnahmen von Juden einen Höchstanteil von 1,5 Prozent fest; ihr Gesamtanteil an den Lernenden einer höheren Bildungseinrichtung durfte fünf Prozent nicht übersteigen. Am 14. Juli wurde Einwanderern, die nach dem November 1918 ins Land gekommen waren, die Staatsbürgerschaft aberkannt. Obwohl das Innenministerium bereit gewesen war, alle Juden auszubürgern, hatte Hitler die Maßnahme auf die Ostjuden beschränkt. Die Gründung der Reichskulturkammer und Gesetze zum Ausschluss von politischen Gegnern und Juden aus Presse und Rundfunk vergrößerten das Heer jüdischer Arbeitsloser weiter. Dennoch waren diese Maßnahmen noch vergleichsweise milde, insbesondere wenn man die Ausnahmen in Betracht zieht. Auch bekamen entlassene Beamte eine anständige Abfindung und behielten einen Teil ihrer Pensionsansprüche.[61]

Die relative Mäßigung der antijüdischen Gesetzgebung stand im Gegensatz zu den Schmähungen, der Diskriminierung und der Gewalt von Seiten der SA und aus den Reihen der NSDAP. Im April 1933 schrieb Annemarie Schwarzenbach an ihren Freund, den Schriftsteller Klaus Mann, Sohn von Thomas Mann: »… trotz aller Aufrufe und Mahnungen Hitlers geschehen täglich Einzelaktionen schlimmster Art.«[62] Der anhaltende Aufruhr erreichte ein solches Maß, dass die Regierung nicht länger tatenlos zusehen konnte und ihre Anstrengungen verdoppelte, die antijüdischen Übergriffe, die mittlerweile die Wirtschaft ernsthaft zu schädigen drohten, zu beenden. Am 7. Juli verbot Rudolf Heß, Hitlers Stellvertreter an der Parteispitze, Aktionen gegen Warenhäuser. Drei Tage später untersagte Innenminister Frick in einem Runderlass ungenehmigte Einzelaktionen. Drei Wochen nach seiner ersten Anordnung erließ Heß eine Vorschrift gegen Parteimitglieder, die sich an solchen Übergriffen beteiligten. Anfang September verfügte der Reichswirtschaftsminister, dass keine schwarzen Listen von jüdischen Betrieben und Personen, die mit Juden Geschäfte machten, zu führen, jüdischen Firmen das Recht auf Werbung nicht zu verwehren sowie Schilder und Plakate vor jüdischen Geschäften zu entfernen seien.[63]

Doch diesen Anordnungen wurde oft nur mit Missachtung begegnet. Infolgedessen wuchs die Unsicherheit, bei großen regionalen Unterschieden, weiter. Ein besonderer Unruheherd war Franken, wo Julius Streicher den größten Einfluss hatte. Dort zerrten NSDAP-Ortsgruppen und lokale SA-Einheiten heftig an den von Berlin verordneten Zügeln. In Neustadt an der Aisch wurde auf einer öffentlichen Versammlung gegen die Mäßigung des antijüdischen Vorgehens polemisiert. Das deutsche Volk habe »ein Anrecht darauf, dass in den Amtsstuben die Judenfrage erkannt … und deutlich gehandelt wird«. Von Nationalsozialisten beherrschte Stadträte nutzten ihre lokalen Befugnisse, um Juden von öffentlichen Einrichtungen auszuschließen. Eine frühe Verfügung verbot Juden den Zugang zu öffentlichen Badeanstalten, eine boshafte Geste, in der sich Streichers pathologische Abneigung gegen Juden und der verbreitete Wunsch, nicht mit ihnen in Berührung zu kommen, ausdrückten. Auch zu Gewalttätigkeiten kam es immer wieder. In Aschaffenburg entführten und verprügelten SS-Männer mehrere Juden, in Würzburg wurde der Boykott wiederbelebt und in Miltenberg wurde eine Synagoge beschädigt. Die Gauleitung der Nationalsozialistischen Betriebszellenorganisation (NSBO) wurde aufgefordert, »die Boykottmaßnahmen einzustellen«. Im Oktober 1933 kam es zu Zusammenstößen zwischen der Polizei und SA- und SS-Trupps, die, angeblich auf Weisung Streichers, jüdische Buchhandlungen heimsuchten.[64]

Martha Dodd, die Tochter des neuen US-Botschafters, erlebte den Kontrast zwischen Berlin und Bayern auf einer Autotour durch Süddeutschland, die sie zusammen mit dem Journalisten Quentin Reynolds unternahm. In zahlreichen Ortschaften sahen sie über die Straße gespannte Transparente, die verkündeten, dass Juden nicht willkommen seien. Die Stimmung war erregt. In Nürnberg beobachteten Dodd und Reynolds, wie SA-Männer eine Frau zwangen, mit einem Schild vor der Brust durch die Straßen zu gehen, auf dem stand: »Ich habe mich mit einem Juden eingelassen.« Reynolds beschloss, nicht über den Vorfall zu berichten, weil »es in letzter Zeit so viele Schreckensmeldungen gegeben habe, dass sich niemand mehr dafür interessiert«.[65]

Solche Demütigungen waren nicht auf Streichers Machtbereich beschränkt. Seit dem Machtantritt der Nationalsozialsten waren sexueller Missbrauch und geschlechtsspezifische Gewalt an der Tagesordnung – für gewöhnlich unter dem Vorwand, Kontakte zwischen Juden und Ariern zu unterbinden. Indem das Regime den Libertinismus der Weimarer Republik verurteilte und einen neuen Puritanismus predigte, entfachte es ein lüsternes Interesse an sexuellen Aktivitäten, zumal nun die Politik in persönliche Beziehungen eingriff. Die Lizenz, diese auszuspionieren, bloßzustellen und über sie zu reden, bot ein willkommenes Ventil und zugleich einen legitimen Anlass für schlüpfriges Gerede und frauenfeindliche Gewalt.

In jenem ersten, langen Sommer der nationalsozialistischen Herrschaft wurden insbesondere jüdische Männer und nichtjüdische Frauen, welche die neue Trennlinie zwischen Ariern und Nichtariern missachteten, an den Pranger gestellt. Die Gestapo im Regierungsbezirk Kassel berichtete Ende August, in den vorangegangenen Tagen seien »wiederholt von der Bevölkerung unter Mitwirken der SS Juden in das Polizei-Präsidium eingeliefert [worden], die mit deutschen Mädchen in intimen Beziehungen gestanden hatten«. Vorher habe man sie »in öffentlichem Umzug durch die Straßen geführt, wobei es wiederholt zu spontanen antisemitischen Kundgebungen der erregten Volksmassen kam«.[66] In Cuxhaven beobachtete ein Rechtsanwalt, der aufgrund des Arierparagraphen entlassen worden war, wie eine nichtjüdische Frau und ein jüdischer Mann durch die Straßen geführt wurden, sie mit einem Schild um den Hals, auf dem stand: »Ich bin ein Schwein, denn ich habe mich mit einem Juden eingelassen.«[67]

Auch gemischte Ehepaare waren mit feindseliger Aufmerksamkeit konfrontiert, insbesondere in kleinen Orten, wo der Schutz der Anonymität, wie ihn Großstädte gewährten, fehlte. Lilli Jahn war Anfang dreißig, Ärztin und mit einem Nichtjuden, Ernst Jahn, verheiratet, den sie während des Studiums kennengelernt hatte. Nach ihrer Heirat im Jahr 1926 waren sie ins hessische Immenhausen gezogen, wo er eine Praxis erworben hatte. Wenn sie nicht schwanger war oder von den Kindern beansprucht wurde, half Lilli ihrem Mann in der Praxis. Es ging ihnen gut, und sie lebten glücklich bis 1933. Die Stadt hatte einen sozialdemokratischen Bürgermeister und einen von der SPD dominierten Stadtrat, bis die SA beide im März 1933 aus dem Amt warf. Irgendwoher wussten die örtlichen Nationalsozialisten, dass Lilli Jahn Jüdin war, und organisierten am 1. April einen Boykott der Praxis, woraufhin sie verängstigt an Freunde schrieb: »Wir haben Erschütterndes erlebt! Und könnt ihr euch vorstellen, wie mir zumute ist? Könnt ihr begreifen, wie schwer mir ums Herz ist und wie bitter weh alles tut? … Denkt euch doch, auch über meinen Amadé hat man gestern den Boykott verhängt, weil er mich – eine Jüdin – zur Frau hat!! Wie mich das zutiefst erschüttert hat, dafür fehlen mir die Worte. Und dazu kommt nun die große bange Sorge: Wird es noch weitere Folgen für uns haben?« Ernst Jahn stand zu seiner Frau, die mit ihrem dritten Kind schwanger war, aber sie hörte auf, in der Praxis mitzuarbeiten, um keinen Anstoß zu erregen.[68]

Im Herbst nahm die Spannung zwischen den Parteirabauken und der Staatsmacht weiter zu. Der Wirtschaftsaufschwung, der zum Teil Arbeitsbeschaffungsmaßnahmen zu verdanken war, hatte zur Folge, dass sich das Weihnachtsgeschäft gut anließ, wovon auch in jüdischem Besitz befindliche Geschäfte und Kaufhäuser sowie jüdische Lieferanten und Großhändler profitierten. NSDAP-Mitglieder, die ihre Weihnachtseinkäufe machten, waren empört, in den Schaufenstern jüdischer Geschäfte Weihnachtsbäume und religiöse Symbole zu sehen. Schlimmer noch, die Geschäfte waren voller Kunden. Die Folge war eine weitere Welle von Aktionen gegen jüdische Einzelhändler. Raymond Geist von der US-Botschaft berichtete nach Washington: »Das Wiederaufleben der antijüdischen Propaganda hat die Juden in vielen Städten eingeschüchtert, und es wird berichtet, dass sie sich tagsüber so wenig wie möglich auf der Straße zeigen und sich nachts in ihren Häusern einschließen.« Reichsbankpräsident Schacht und Reichswirtschaftsminister Schmitt konnte dies schwerlich gefallen. Mitte Dezember verschickte Schmitts Ministerium ein Rundschreiben, das Störungen des Einkaufens in jüdischen Geschäften streng untersagte.[69]

Jüdische Reaktionen

Diese Widersprüchlichkeit und Wechselhaftigkeit war ein Grund dafür, warum die Juden im Jahr 1933 so unterschiedlich auf die Verfolgung reagierten. Das Extrem bildeten Dutzende von Juden, die sich aus Verzweiflung das Leben nahmen. Rund 37 000 deutsche Juden emigrierten, die meisten in angrenzende Länder. Die große Mehrheit blieb jedoch in Deutschland. Einige, weil sie wie die meisten Deutschen glaubten, dass Hitler sich nicht lange halten würde. Diejenigen, die in Bezug auf einen Sturz der Regierung weniger hoffnungsvoll waren, dachten, sie würden sich an das Leben unter Hitler anpassen können. Diese Pessimisten konnten sich damit trösten, dass es ihnen in Deutschland schlecht gehen mochte, es ihnen in Polen aber noch schlechter und als Flüchtling anderswo noch viel schlechter gehen würde. Außerdem unterschied sich die jüdische Wahrnehmung je nach Schicht, Beruf, Alter, Geschlecht und Wohnort. In manchen Regionen, etwa in Streichers Franken und in Ostpreußen, wurde unablässig gegen Juden agitiert, während sie andernorts weitgehend in Ruhe gelassen wurden. Die jüdische Bevölkerung in den Großstädten war weniger betroffen als Juden in Kleinstädten und Dörfern. In den urbanen Ballungsräumen konnten einzelne Juden eher unbemerkt bleiben, und die Behörden waren eher in der Lage, Gewalttätigkeiten und Aufruhr zu unterbinden. In ländlichen Gemeinden waren die wenigen dort lebenden Juden allgemein bekannt und der Gnade der örtlichen Beamten und SA-Männer ausgeliefert, die fast nach Belieben schalten und walten konnten.[70]

Die Übergangsphase zwischen Hitlers Ernennung zum Reichskanzler und der Märzwahl war besonders unruhig. Linke Juden waren besorgt, und jüdische Geschäftsinhaber, die den Ereignissen auf der Straße unmittelbar ausgesetzt waren, fühlten sich besonders angreifbar. Wohlhabende, konservative, national gesinnte Juden, die sich in gehobenen Kreisen bewegten, überlegten dagegen, ob sie sich an der »Nationalen Revolution« beteiligen sollten. Siegmund Warburg stammte aus einer deutsch-jüdischen Hamburger Bankiersdynastie, deren Angehörige deutsche Patrioten und vollständig ins gesellschaftliche Leben integriert waren. Am Tag des Reichstagsbrands begann Warburg ein Tagebuch »über die immensen politischen Umwälzungen der letzten

Wochen« zu führen, »die für einen deutschen Juden besonders bewegend sein müssen und vor allem wie einen wie mich, der sich in seinem ganzen Sein unauflösbar im Deutschtum verwurzelt fühlt«.[71]

Hitlers Rede am Wahlabend, die er im Radio hörte, fand Warburg »rein idealistisch, stark initiativ, gehalten mit echter Inspiration und einem grenzenlosen Tatendrang«. Einschüchterung allein könne die siebeneinhalb Millionen Stimmen für die NSDAP nicht erklären. Das Ergebnis sei ein Tribut an den »Sieg, in dem man die idealistischen Kräfte, die ihn vor allem herbeigeführt, anerkennen muss«. Der Nationalsozialismus verkörpere den Kampf zwischen kraftvoller Jugend und lahmer Bürokratie. Er nutze »die entscheidende Analyse« und zeige einen »aufopfernden Willen zum Kampf«. Trotz des Antisemitismus der Bewegung seien »die Aussichten … gut«. Das neue Regime eröffne Gelegenheiten für gleichgesinnte Juden. »Vielleicht ist der Mensch der Zukunft genau dieser Typ sowohl unter den Ariern als auch unter den jüdischen Deutschen – ein jüdischer Deutscher dieses Typs kann daher mit Recht sagen, dass er ein Nazi wäre, wenn es den Antisemitismus der Nazis nicht gäbe.« Warburg betrachtete den Judenhass der Nationalsozialisten als symptomatisch für Emporkömmlinge; er würde sich legen.[72]

Als Siegmund Warburgs älterer Cousin Max eine Woche später von den nationalsozialistischen Amtsträgern im Hamburger Rathaus gezwungen wurde, seine Mitarbeit in der Finanzdeputation der Stadt aufzugeben, begann er an seiner bisherigen Sichtweise zu zweifeln. »Wir haben den Faschismus, aber die große Frage bleibt, ob es ein guter deutscher Faschismus sein wird, anders gesagt ein Faschismus, der ordentlich und gerecht sein will, ähnlich wie der italienische, oder ein Faschismus, der dem Moskaus nähersteht, ein Faschismus, der zu Willkür und Kommunismus führt, zu Brutalität und Intoleranz.«[73]

Auch die Reaktion auf den Boykott war uneinheitlich. Robert Weltsch rief die Juden in einem Leitartikel der *Jüdischen Rundschau* auf, der Diskriminierung mit der Besinnung auf ihr großes Erbe zu begegnen. Unter dem Titel »Tragt ihn mit Stolz, den gelben Fleck!« redete er keineswegs kleinlauter Ergebung in die Verfolgung das Wort, sondern beschwor die jüdischen Siege über frühere Diskriminierungswellen.[74] Der RjF, mit dem hochdekorierten Hauptmann a. D. Leo Löwenstein an der Spitze, glaubte an die Möglichkeit eines konstruktiven Verhältnisses zum neuen Regime. Als der Bund Zugeständnisse für ehemalige

Frontsoldaten erreichte, sah die gesamte jüdische Öffentlichkeit hierin ein Beispiel für eine bestmögliche Reaktion auf die nationalsozialistische Verfolgung. Der Jüdische Frauenbund lehnte eine Zusammenarbeit jedoch ab und schied mit dem Ausdruck des Befremdens über Deutschland aus dem Deutschen Frauenbund aus. Dagegen versuchte der 1921 gegründete Verband nationaldeutscher Juden (VndJ) seine Treue zu Deutschland zu beweisen, indem er weiterhin sowohl gegen den Zionismus als auch gegen die Ostjuden polemisierte. »Wer seinen Platz verlässt und ins Ausland geht, ist ein Verräter«, lautete ein Grundsatz dieser ultrapatriotischen deutschen Juden. Orthodoxe Juden baten Hitler in einem Brief um die Zusicherung, dass Deutschland nicht ihre Vernichtung wünsche. Sie erhielten keine Antwort.[75]

Es gab Anlass zur Hoffnung. Der Boykott hatte ergreifende Solidaritätsgesten ausgelöst und war selbst eine Reaktion auf internationale Proteste gewesen, die zeigten, dass die deutschen Juden nicht allein waren. Darüber hinaus ließ eine Reihe von Verlautbarungen der Reichskanzlei sowie des Innen- und des Wirtschaftsministeriums darauf schließen, dass das Regime stabile, ruhige Rahmenbedingungen für den Handel über die Forderungen nach einem Ausschluss der Juden aus dem Wirtschaftsleben stellte. Deshalb wertete Victor Klemperer die Beendigung des Boykotts als »unsinniges Schwenken« und ein Zeichen dafür, dass das Regime dem Widerstand im Innern und dem Druck aus dem Ausland nachgegeben hatte. »Ich habe den Eindruck, dass man rasch der Katastrophe zutreibt«, notierte er aufgeregt. Wie er glaubten viele Juden, dass die konservative Rechte in der Koalition mit den Nationalsozialisten »nicht mehr lange mitmachen kann, die nationalsozialistische Diktatur nicht mehr lange erträgt«. Edwin Landau und seine Freunde pflichteten ihm bei; Hitler würde sich höchstens ein Jahr halten. »Wir glaubten«, erklärte er im Rückblick, »das Ausland könnte im 20. Jahrhundert eine solche Barbarei nicht dulden.«[76]

Die antijüdischen Maßnahmen zu interpretieren, war für die Juden nicht einfach. Ebenso schwer war die Haltung der Nichtjuden einzuschätzen. Geschichte und Erfahrung boten für die beispiellose Situation keine Richtschnur. Religiöse Ablehnung kannte man, ebenso wie Vorurteile und Diskriminierung. Gewiss hatte der deutsche Staat zuvor noch nie landesweite Quoten festgelegt oder die Wirtschaftstätigkeit von Juden einzuschränken versucht; aber der Boykott hatte nur einen Tag gedauert, und antijüdische Quoten gab es auch in anderen

Ländern, wo das jüdische Leben dennoch ohne Beeinträchtigung weiterging. Die uneinheitliche Art der Anwendung des Arierparagraphen ließ hoffen, dass man nicht alle Juden aus Gesellschaft und Wirtschaft ausgrenzen würde. Schließlich bot auch das Verhalten von Reichspräsident Hindenburg einen gewissen Halt.

Aus Loyalität und Dankbarkeit gegenüber den Juden, die im Ersten Weltkrieg unter seinem Befehl gekämpft hatten, reagierte Hindenburg auf Proteste des RjF gegen den Umgang mit seinen Mitgliedern. Am 4. April schrieb er an Hitler: »In den letzten Tagen sind mir eine ganze Fülle von Fällen gemeldet worden, in denen kriegsbeschädigte Richter, Rechtsanwälte und Justizbeamte von untadeliger Amtsführung lediglich deshalb zwangsbeurlaubt worden und später entlassen werden sollen, weil sie jüdischer Abstammung sind.« Hindenburg informierte Hitler, dass »für mich … eine solche Behandlung kriegsgeschädigter jüdischer Beamten unerträglich [ist]«. Er bat den Kanzler, »sich dieser Frage persönlich anzunehmen und für alle Zweige des öffentlichen Dienstes eine einheitliche Regelung im ganzen Reich zu veranlassen«. Abgesehen von Ausnahmefällen, müssten nach seinem Empfinden »Beamte, Richter, Lehrer und Rechtsanwälte, die kriegsbeschädigt oder Frontsoldaten oder Söhne von Kriegsgefallenen sind oder selbst Söhne im Feld verloren haben, … im Dienste belassen werden«. Er schloss in entschiedenem Ton: »[W]enn sie wert waren, für Deutschland zu kämpfen und zu bluten, sollen sie auch als würdig angesehen werden, dem Vaterlande in ihrem Beruf weiter zu dienen.« Hitler antwortete am nächsten Tag, indem er verschnupft darauf hinwies, dass Juden nun einmal ebenso eingezogen worden seien wie andere Deutsche, versprach aber, die Vorbehalte des Präsidenten im Gesetzgebungsverfahren zu berücksichtigen und ein Gesetz vorzubereiten, »das die Lösung dieser Fragen der Willkür einzelner Aktionen entrückt«. Die von Hindenburg geforderten Ausnahmen, die in die am 7. April verkündeten Gesetze Eingang fanden, federten den Schlag erheblich ab. Darüber hinaus gab es in den Behörden immer noch viele Nichtnationalsozialisten, die bereit waren, die neuen Vorschriften großzügig auszulegen, und Juden mit altmodischer Höflichkeit begegneten.[77]

Als die Regierung die Einbürgerung von Ostjuden, die sich seit November 1918 in Deutschland niedergelassen hatten, widerrief, verstärkte dies den Eindruck, dass die antijüdischen Maßnahmen gegen diese Gruppe gerichtet waren statt gegen alle Juden. Der Unterschied zwischen dem vertrauten Nationalismus und dem Aufbau der Volksgemeinschaft auf Grundlage einer Rassenidentität war nur schwer auszumachen. Es brauchte einige Zeit, um zu begreifen, dass Nation und Rasse jetzt gleichgesetzt wurden und Juden als Fremde galten, ungeachtet dessen, was in ihrem Pass stand und was ihre Verdienste im Krieg unter Beweis stellten.

Trotz des Bumerangeffekts der ausländischen Proteste begann der Druck des Auslands beim Regime Wirkung zu zeigen. Dies war vor allem auf den direkten Zusammenhang zwischen dem Ansehen Deutschlands und dem Export zurückzuführen. Victor Klemperer, dessen Stellung an der Universität durch Hindenburgs Intervention zugunsten der Kriegsveteranen gerettet worden war, spekulierte sogar, dass die Reaktion auf die antijüdischen Maßnahmen die Regierung zu Fall bringen könnte. »Das Schicksal der Hitlerbewegung liegt fraglos in der Judensache«, stellte er am 25. April fest. »Ich begreife nicht, warum sie diesen Programmpunkt so zentral gestellt haben. An ihm gehen sie zugrunde. Wir aber wahrscheinlich mit ihnen.«[78]

Anhaltende ausländische Proteste

Obwohl kein Diplomat, war James McDonald Vorsitzender der Foreign Policy Association, und die Deutschen wussten, dass er gute Beziehungen hatte. Wenn er sich für die Juden einsetzte, wurde er also ernst genommen. Eine Woche nach dem Boykott vermittelte Hanfstaengl ihm ein Gespräch mit Hitler, bei dem er die Judenfrage zur Sprache brachte. Einige Tage später kam Messersmith in einem Treffen mit Göring darauf zu sprechen und erklärte ihm, dass die Vorgänge dem Ansehen Deutschlands in den Vereinigten Staaten schadeten. Auch von Horace Rumbold bekam Hitler Ähnliches zu hören. Der britische Außenminister John Simon hatte ihn angewiesen, dem Reichskanzler mitzuteilen, dass die »repressive Politik« gegenüber den Juden das Deutsche Reich in Großbritannien viele Sympathien koste. Hitler nahm all dies nicht gut auf und entgegnete, wie er es gegenüber McDonald getan hatte, dass in Zeiten einer nationalen Krise Juden ebenso zu leiden hätten wie alle anderen. Rumbolds Schluss lautete: »Er ist in dieser Sache ein Fanatiker.«[79]

Eine zweite Protestwelle verlieh den Demarchen der Diplomaten Nachdruck. Am 10. Mai 1933 zogen 100 000 Juden durch New York, um gegen den Nationalsozialismus zu protestieren und einen Boykott Deutschlands zu fordern. In anderen Städten fanden ähnliche Demonstrationen statt, in Chicago mit 50 000 Teilnehmern, in Philadelphia mit 20 000 und in Cleveland mit 10 000. Das Weiße Haus wurde mit Briefen und Telegrammen überschüttet, welche die Regierung zum Handeln aufforderten. Präsident Roosevelt schwieg, aber die Deutschen mussten einen Rückgang des Handels mit den Vereinigten Staaten feststellen, den sie sich nicht leisten konnten. In London veranstaltete das Board of Deputies of British Jews am 27. Juni 1933 eine Protestversammlung, bei der überwiegend Nichtjuden auftraten, einschließlich des Erzbischofs von Canterbury. Im nächsten Monat organisierten jüdische Organisationen aus dem Londoner East End, die unter dem Schirm des United Jewish Protest Committee auftraten und zu denen der linke Workers' Circle, Gewerkschaften und zionistische Gruppen gehörten, im Hyde Park eine Protestversammlung gegen den Nationalsozialismus mit 50 000 Menschen, von denen viele aus dem East End anmarschiert waren und auf Transparenten »Stellt die Rechte der Juden in Deutschland wieder her!« forderten. Im September wurde der Boykott deutscher Waren unter der Aufsicht des Jewish Representative Council for the Boycott of German Goods institutionalisiert. Dem Council unter Vorsitz des Industriellen Lord Melchett gehörten Dutzende von Gewerkschaften, Hilfsvereinen, Synagogen und Zionistengruppen mit insgesamt schätzungsweise 170 000 Mitgliedern an.[80]

Die Ankunft des neuen amerikanischen Botschafters William E. Dodd in Berlin war ein weiteres starkes Anzeichen dafür, dass die Verfolgung der deutschen Juden im Ausland registriert wurde. Dodd, der 1904 in Leipzig promoviert hatte, war eiserner Demokrat, gläubiger Baptist und in Fragen der religiösen und persönlichen Freiheiten ein in der Wolle gefärbter Liberaler. Roosevelt hatte ihn persönlich für den Posten in Deutschland ausgewählt und vor seiner Abreise im Weißen Haus eingeschworen. Laut Dodds Tagebuch (das nach seinem Tod möglicherweise von seiner Tochter ein wenig ausgeschmückt worden ist) hatte der Präsident ihm die Sache der Juden ans Herz gelegt: »Die deutschen Behörden behandeln die Juden schändlich, und die Juden in unserem Land sind darüber äußerst empört.« Es sei zwar keine Regierungsangelegenheit und der Botschafter könne nicht offiziell intervenieren, solange die antijüdischen Maßnahmen keine US-Bürger beträfen, aber man müsse »alles tun, was immer durch inoffiziellen und persönlichen Einfluss möglich ist, um die Verfolgungswelle abzuschwächen«. Auch mit führenden amerikanischen Juden wie Stephen Wise führte Dodd ausführliche Gespräche. Kaum war er am 13. Juli 1933 in Hamburg von Bord gegangen, wollte ein Journalist des *Israelitischen Familienblatts* von ihm wissen, ob er sich für die Juden verwenden werde. Trotz seiner einigermaßen diplomatischen Antwort verkündete die Zeitschrift, er sei mit dem Auftrag nach Deutschland gekommen, das den Juden angetane Unrecht zu beheben. Einer der ersten Schritte nach seiner Ankunft in der US-Botschaft am nächsten Tag war die Richtigstellung des Berichts. Gleichwohl entsprach die Meldung, wenn schon nicht seiner offiziellen Rolle, so doch seinem Charakter.[81]

Als Dodd bei seiner ersten Begegnung mit Bernhard Wilhelm von Bülow, dem Staatssekretär im Auswärtigen Amt, die Misshandlung von Juden zur Sprache brachte, gab dieser zu bedenken, »dass die Feindseligkeit der Juden in den Vereinigten Staaten viel Schaden anrichtet«. Im folgenden Monat schnitt er das Thema im Gespräch mit Neurath an, dem er vorhielt: »Sie können nicht erwarten, dass die Welt von der deutschen Regierung eine bessere Meinung bekommt, solange maßgebliche Führer wie Hitler und Goebbels in ihren Reden verkünden, dass alle Juden vom Erdboden verschwinden müssen …« Laut Dodd war der Außenminister »so peinlich berührt wie [nur] zu ein oder zwei früheren Anlässen«. Er versprach zwar keine Änderung, schien aber »die Fakten zu bedauern«. Als Dodd im Oktober schließlich mit Hitler zusammentraf, unterließ er es jedoch, das Thema anzusprechen. Dies war auch kaum nötig, denn inzwischen hatte er sich in Berlin den Ruf erworben, ein Freund der Juden zu sein, was ihnen freilich nicht half. Indem Dodd die Juden darauf stieß, dass er sich um sie sorgte, ohne in der Lage zu sein, etwas Greifbares für sie zu tun, verspielte er seine Autorität. Noch gravierender war, dass er dadurch den Eindruck verstärkte, die Juden würden das Weiße Haus beherrschen.[82]

Der neue britische Botschafter Eric Phipps beging diesen Fehler nicht. In seinen Unterredungen mit Vertretern des Außenministeriums in der Wilhelmstraße erwähnte er die Juden kaum. Dies bedeutete jedoch nicht, dass er den Antisemitismus nicht wahrnahm oder nicht beunruhigt über ihn war. Phipps gelangte bei der aufmerksamen

Lektüre von *Mein Kampf* zu dem Schluss, dass Hitlers Haltung gegenüber den Juden beständig und konsequent war. Er bezweifelte jedoch, dass Hitler an Ansichten festhalten würde, »die in einem Werk, das vor zehn Jahren in einem bayerischen Gefängnis geschrieben worden ist, mit solch unglaublicher Heftigkeit ausgedrückt sind«. Wie Dodd war er seit seiner ersten Begegnung mit Hitler überzeugt, dass dieser Deutschland wiederaufrüsten und den Versailler Vertrag rückgängig machen wollte, wenn nötig mit Waffengewalt. Phipps' Hauptbestreben als Botschafter in Berlin bestand in diesen Jahren darin, das Außenministerium in London von der Notwendigkeit einer Eindämmung Hitlers zu überzeugen.[83]

Wie die Juden selbst hofften auch die mit ihnen sympathisierenden ausländischen Diplomaten, dass die Konservativen in der Regierung Hitler dazu bewegen würden, die antijüdische Kampagne herunterzufahren. Sie glaubten, die Wirtschaft würde ihnen den nötigen Hebel in die Hand geben, und bauten daher auf den nichtnationalsozialistischen Wirtschaftsminister Schmitt und Reichsbankpräsident Schacht. Sie wurden nicht gänzlich enttäuscht. Schacht war im Mai 1933, kurz nach seiner Rückkehr an die Reichsbankspitze, bei einem Besuch in New York mit jüdischen Repräsentanten zusammengetroffen. In dieser Zeit vertraute er McDonald an, dass er die Verfolgung der Juden für einen »Fehler« halte. Als McDonald ihn im August in Berlin wiedersah, gab sich Schacht entgegenkommend.[84] Zudem wies das Reichswirtschaftsministerium im September die nachgeordneten Dienststellen und Kommunalbehörden an, von Boykotten jüdischer Unternehmen und jeder sonstigen Störung wie etwa dem Ausschluss aus Lieferantenlisten, dem Verbot von Werbung oder der Einschüchterung von Kunden abzusehen. Zuwiderhandlungen würden als »Verstoß gegen das Führerprinzip und als Sabotage des wirtschaftlichen Wiederaufbaus« behandelt. Die *CV-Zeitung* veröffentlichte in ihrer Ausgabe vom 11. Oktober 1933 Auszüge aus dem Erlass.[85]

Die Anordnung, Juden die ungestörte Fortführung ihrer Geschäfte zu gestatten, wurde als entscheidender Durchbruch verstanden und gab der Hoffnung Auftrieb, dass die jüdische Bevölkerung unter dem NS-Regime zurechtkommen würde. Tatsächlich war sie mehr als nur eine wirtschaftliche Erleichterung: Sie gab den Juden einen juristischen Hebel in die Hand. Bei ungenehmigten Aktionen, insbesondere in Kleinstädten, waren sie jetzt in der Lage, sich zu wehren, was sie auch – nicht selten mit Erfolg – taten. Der Centralverein sammelte Informationen über Verstöße und veranlasste die Reichsregierung, sehr zum Unwillen von Behörden, NS-Organisationen und SA-Männern vor Ort, auf ihrer Prärogative zu bestehen.[86]

Dass dem Wirtschaftswachstum Vorrang eingeräumt wurde, deutete darauf hin, dass das Regime sich in der Judenpolitik nicht einig war und dass Spannungen zwischen Partei- und Staatsapparat bestanden. Offensichtlich war man sogar innerhalb der NSDAP geteilter Meinung, und es war nicht klar, welche Fraktion gerade die Oberhand hatte und welche sich auf lange Sicht durchsetzen würde. Weder gab es im Staatsapparat ein eigenes Ministerium oder eine eigene Abteilung, die für die jüdischen Angelegenheiten zuständig gewesen wären, noch verfügte die Partei über eine spezielle Dienststelle, welche die Judenpolitik ausgearbeitet und umgesetzt hätte.[87] Für die Juden bedeutete dies, dass sie die verschiedenen Behörden gegeneinander ausspielen konnten; sie schlossen ihre Reihen und schöpften neuen Mut.

Im September 1933 gründete eine Gruppe prominenter Juden, die begriffen hatten, dass individuelle Initiativen eine Einheitsfront nicht ersetzen und sogar schädlich sein konnten, die Reichsvertretung der deutschen Juden (RV). Es war die erste zentrale Repräsentanz fast aller jüdischer Organisationen in Deutschland, abgesehen vom nazifreundlichen Verband nationaldeutscher Juden und von jenen Orthodoxen, die ein Zusammengehen mit reformerischen und liberalen Juden ablehnten und ihre Interessen traditionell eigenständig verfolgten. Die RV hatte zuallererst die Aufgabe, zwischen Regierung und jüdischer Bevölkerung zu vermitteln. Aber sie koordinierte auch die Reaktionen auf die von den antijüdischen Gesetzen verursachten Probleme und trat als Adressat von ausländischer Hilfe auf. Ihre Abteilung für Erziehung und Bildung förderte die Errichtung jüdischer Schulen. Am wichtigsten war jedoch die Zusammenarbeit mit dem Zentralausschuss der deutschen Juden für Hilfe und Aufbau (ZAHA), der später in ihr aufging. Juden besaßen nach wie vor ein Anrecht auf staatliche Wohlfahrtsleistungen, doch waren diese knapp bemessen und wurden durch neue Verordnungen ständig weiter beschnitten. Der ZAHA unterstützte von der Wirtschaftskrise schwer getroffene jüdische Familien mit zusätzlichen Mitteln, und die jüdische Wirtschaftshilfe gewährte arbeitslos gewordenen jüdischen Arbeitern sowie in Bedrängnis geratenen Selbständigen Beihilfen und Darlehen. Im Winter

1933/34 empfingen in Berlin rund 30 000 Juden Zuwendungen aus jüdischen Quellen. Wer Deutschland den Rücken kehren wollte, fand Rat beim Hilfsverein der Deutschen Juden. Um Auswanderer in die jüdische »nationale Heimatstätte« kümmerte sich das Palästina-Amt der Reichsvertretung.[88]

Selbstverständlich dauerte es einige Zeit, bis diese Organisationen aufgebaut waren und funktionierten. In den ersten Monaten war die Situation chaotisch und prekär. Alexander Szanto, ein in Ungarn geborener und später eingebürgerter deutscher Jude, der 1933 Leiter der Finanzabteilung der Berliner Wirtschaftshilfe wurde, erinnerte sich später, dass »Tausende und Abertausende von Opfern des Nationalsozialismus sich an die Gemeinde wandten«, deren »Büroräume von einer Flut von ratlosen und verzweifelten Menschen überschwemmt wurden«. In den ersten Monaten hätten »die Rat- und Hilfesuchenden vom frühen Morgen bis zum Abend das Gebäude förmlich bestürmt«. Szanto und seine Kollegen unterstützten nicht nur das anschwellende Heer derjenigen, die ihre Arbeit verloren hatten. Ihr Motto lautete, »dass nach Möglichkeit keine Position im öffentlichen und vor allem im Wirtschaftsleben widerstandslos preisgegeben werden sollte. Diese Taktik erwies sich in zahlreichen Fällen als erfolgreich und rettete vielen Glaubensgenossen wenigstens vorübergehend die Existenz …« War es nicht möglich, jemandem seine Arbeitsstelle zu erhalten, setzte sich die Wirtschaftshilfe dafür ein, dass der Betroffene eine angemessene Abfindung erhielt, die ihm einen Neuanfang ermöglichte. Die Rückzahlung der gewährten Kredite war »über Erwarten gut«, da es in den ersten Jahren »vielen jüdischen Kaufleuten und Gewerbetreibenden wirtschaftlich noch relativ so gut ging, dass sie neben der Deckung ihrer Lebenshaltungskosten auch noch ihre finanziellen Verpflichtungen [gegenüber der Wirtschaftshilfe] abdecken konnten«. Ein erheblicher Teil der jüdischen Arbeitslosen fand, zum Teil mit Hilfe der Jüdischen Arbeitsvermittlung, in jüdischen Betrieben eine neue Beschäftigung. In Breslau half die Berufsberatung 2300 Juden beim Berufswechsel.[89]

Jüdische Kinder bekamen die Verfolgung durch das NS-Regime nicht weniger zu spüren als Erwachsene – und in mancher Hinsicht sogar stärker. Rund 117 000 von ihnen besuchten öffentliche Schulen. Am Beginn des Schuljahrs 1933/34 fanden viele aufgrund des »Gesetzes gegen die Überfüllung deutscher Schulen und Hochschulen«

keinen Schulplatz, während viele andere von Eltern, denen die verrohende Wirkung von NS-Ritualen und ideologisch aufgeladenem Unterricht missfiel, von der Schule genommen wurden. Bestehende jüdische Schulen expandierten, um die neuen Jahrgänge und die Abgänger von öffentlichen Schulen aufnehmen zu können. Da sie nicht einmal annähernd genügend Plätze schaffen konnten, wurde ein Sofortprogramm für die Gründung neuer Schulen aufgelegt. Viele von ihnen waren in nicht eben geeigneten Gebäuden untergebracht, und die Lehrer waren oftmals hastig umgeschulte Akademiker oder arbeitslos gewordene Männer und Frauen aus anderen Berufen. Aber die jüdischen Schulen boten ein sicheres, positives Umfeld, und die Pädagogen, die für die RV arbeiteten, entwarfen den neuen Verhältnissen angepasste Richtlinien und Lehrpläne. Man versuchte durch umfangreichen Unterricht über das Judentum und die jüdische Geschichte das Selbstwertgefühl der Kinder zu stärken. Viel Zeit widmete man Palästina, das immer mehr als der wünschenswerteste Ort für aufwachsende Juden galt.[90]

Der Gedanke an ein neues Leben in Palästina rückte die Forderungen der zionistischen Bewegung ins Scheinwerferlicht. War der Zionismus bisher eher eine Randerscheinung im jüdischen Leben in Deutschland gewesen, wuchs ihm mit einem Mal eine viel größere Bedeutung zu. Die Mitgliederzahl der Zionistischen Vereinigung für Deutschland schnellte in die Höhe. Immer mehr junge Juden meldeten sich zu Landwirtschaftskursen im Rahmen der Hachschara, um sich für die Ansiedlung in der jüdischen nationalen Heimstätte zu qualifizieren. Als die Zionistische Vereinigung und das Reichswirtschaftsministerium im August 1933 einen Mechanismus vereinbarten, der es auswandernden Juden ermöglichte, zusätzlich zum sogenannten Vorzeigegeld in Höhe von 1000 palästinensischen Pfund (15 000 Reichsmark) bis zu 50 000 Reichsmark auszuführen, nahm die Anziehungskraft Palästinas beträchtlich zu. Diese ungewöhnliche Übereinkunft, Ha'avara- oder Palästina-Transferabkommen genannt, sah vor, dass palästinensische Importeure mit diesem Geld in Deutschland Waren einkauften und nach Palästina importierten; von dem dortigen Verkaufserlös sollte den Einzahlern dann ihr Geld, abzüglich einer Gebühr, in palästinensischen Pfund ausbezahlt werden. Die Idee dazu stammte von dem Geschäftsmann Sam Cohen, der Landwirtschaftsmaschinen und andere Waren aus Deutschland nach Palästina importierte. Für das NS-Regime bestand der Vorteil der Vereinbarung darin, dass der Export angekurbelt, der Boykott deutscher Waren gebrochen und die Auswanderung von Juden gefördert wurde, ohne dass Devisen abflossen. Tatsächlich war der Mechanismus derart erfolgreich, dass die Anglo-Palestine Bank, das Finanzinstitut der Zionistischen Weltorganisation, Cohen beiseiteschob und gemeinsam mit der ZVfD und mit Unterstützung der Warburg-Bank das förmliche Abkommen über den Geldtransfer mit der deutschen Regierung schloss. Für die Abwicklung der Transaktionen wurde die Gründung von Treuhandstellen in Deutschland und Palästina vereinbart.[91]

Mit diesem Abkommen in der Hand hatten die deutschen Zionisten kaum noch Interesse an der Verteidigung der Rechte der Juden im Dritten Reich. In ihren Augen bestätigte der Erfolg des Nationalsozialismus den nach ihrer Auffassung illusionären Charakter der jüdischen Emanzipation. Für nationalgesinnte deutsche Juden kam Auswanderung jedoch grundsätzlich nicht in Frage, und der Zionismus blieb für sie eine Häresie. Wie vehement VndJ und RjF diese auch verurteilen mochten, so stieg doch das Interesse an Emigration und Zionismus, was symptomatisch für die verzweifelte wirtschaftliche Lage und die Identitätskrise der deutschen Juden war.[92]

Die Verdrängung der Juden aus der Kultur und den kreativen Berufen unterstrich in besonderer Weise ihre Notlage. Den Juden wurde erklärt, sie könnten weder als Publikum noch als Ausführende einen Anteil an den klassischen deutschen Theater-, Opern- und Musikwerken haben und sollten sich auf die »jüdische Kultur« beschränken, was immer das sein sollte. Im April 1933 kam dem als Regieassistent an der Volksbühne sowie an der Städtischen Oper und der Staatsoper entlassenen Kurt Baumann die Erkenntnis, dass die 175 000 Berliner Juden in der Lage sein müssten, eigene Theater-, Opern- und Musikaufführungen zu veranstalten. Er scharte andere beschäftigungslos gewordene Juden um sich und gründete eine jüdische Kulturvereinigung, deren Aufführungen eigens für ein jüdisches Publikum gedacht waren. Als Leiter gewann Baumann den ehemaligen Intendanten der Städtischen Oper Kurt Singer. Der CV sagte seine Unterstützung zu, zum einen, um jüdischen Künstlern, denen es nicht gelungen war, Arbeit im Ausland zu finden, eine Beschäftigung zu geben, und zum anderen, um die Stimmung unter den Juden zu heben. Im amerikanischen Exil betonte Baumann einige Jahre später, es sei Singer und ihm vor allem darum gegangen, »dem jüdischen Publikum in Deutschland, das an der vordersten Front des deutschen Kulturlebens gestanden hatte, eine Heimat zu bieten, solange es noch möglich war«. Der CV erhielt die staatliche Genehmigung zur Gründung des Vereins, und so wurde im Oktober 1933 in Berlin der Kulturbund deutscher Juden (später Jüdischer Kulturbund, JKB) aus der Taufe gehoben. Baumann war unsicher, wie die jüdische Bevölkerung eine solche rein jüdische Initiative aufnehmen würde, aber die erste Aufführung war ausverkauft. Der Kulturbund hatte bald Ableger in anderen Städten, seine Veranstaltungen zogen ein großes Publikum an, und er verschaffte Hunderten von arbeitslosen jüdischen Künstlern eine Tätigkeit. Das Repertoire hob zwangsläufig die jüdische Besonderheit hervor. Ein Konzert zu erleben, in dem ein jüdisches Orchester unter einem jüdischen Dirigenten vor einem jüdischen Publikum Werke jüdischer Komponisten spielte, gab den einen Zuversicht und stärkte ihr Identitätsgefühl, während andere darin einen bedauerlichen Rückfall ins Ghetto sahen.[93]

Nachdem Verträge zwischen »arischen« Verlagen und jüdischen Autoren per Gesetz für null und nichtig erklärt worden waren, beschwor Joseph Roth seinen Freund Stefan Zweig zu akzeptieren, dass seine Zeit als deutscher Schriftsteller vorüber war: »Deutschland ist tot. Für uns ist es tot … Es ist ein Traum gewesen. Sehen Sie es endlich, bitte!«[94] Aber eine mühsam erworbene und lange ersehnte Identität aufzugeben fiel schwer. Victor Klemperer verachtete Juden, die es hinnahmen, dass man ihnen nicht mehr das Recht zubilligte, sich als Deutsche zu fühlen: »Besonders widerlich ist uns [ihm und seiner Frau] das Verhalten mancher Juden. Sie fangen an, sich innerlich zu fügen und den neuen Ghettozustand atavistisch als einen hinzunehmenden gesetzlichen Zustand anzusehen.«[95]

Im November 1933, nach fast einem Jahr nationalsozialistischer Herrschaft, zwang die Volksabstimmung über den Austritt aus dem Völkerbund die deutschen Juden, sich der Frage ihrer Identität zu stellen. Das NS-Regime behandelte den Urnengang, als handelte es sich um eine wirkliche Abstimmung. Hitlers Reden wurden öffentlich übertragen; SA-Männer klebten Plakate und hängten Transparente auf, um die Menschen zur Stimmabgabe aufzurufen. Juden wurden in üblicher Weise drangsaliert. Aber sollten sie mit abstimmen, und wenn ja, wie? Der Arzt Rudolf Löwenstein aus Soest in Westfalen sprach für viele Juden, als er den CV in einem Brief drängte, eine positive Stellungnahme zu der Abstimmung abzugeben: »Wir fühlen uns auf Gedeih und Verderb mit unserm deutschen Vaterland verbunden. Wir fühlen aufs Schmerzlichste alle Ausnahmegesetze, die die Reichsregierung gegen uns erlassen hat und die von der herrschenden Partei noch in stärkerem Maße durchgeführt werden. Das alles hat aber im Interesse des Kampfes der Nation gegen Diffamierung und Bedrückung von außen her zurückzutreten.« Bei deutschen Juden hatten die Demütigungen, die Deutschland von Seiten der Weltgemeinschaft erfuhr, ebenso viel Unmut hervorgerufen wie bei »Ariern«. Deshalb müsse man sich, so Löwenstein, »in diesem Augenblick stolz, bewusst und rückhaltlos hinter die Führung des neuen deutschen Reiches, hinter den Kanzler Adolf Hitler« stellen. Die *CV-Zeitung* veröffentlichte schließlich einen Aufruf an die deutschen Juden, mit Ja zu stimmen, obwohl es im Grunde eine Zustimmung zum Dritten Reich war. Manche Juden, wie Willy Rosenfeld, waren empört. »Ist es ihre Pflicht als Vertreter der deutschen Judenheit, diese Gehässigkeiten zu unterstützen!«[96] Victor Klemperer stimmte mit Nein; seine Frau ließ ihren Wahlzettel leer.[97]

Ende 1933 meldete die Polizei einen starken Anstieg jüdischer Vereinsaktivitäten und ein gestärktes Empfinden wirtschaftlicher Sekurität. Jüdische Veteranengruppen gediehen ebenso wie die Ortsgruppen der ZVfD. Jüdische Kultur- und Sportvereine erlebten einen Aufschwung. Die Polizeidirektion Nürnberg-Fürth war erstaunt über den »im Vollgefühl der ihnen gewährleisteten Sicherheit« erfolgten Stimmungswechsel der Juden von Nervosität zu Selbstbewusstsein. Zum Entsetzen der Polizei sammelte der CV Beweise für Boykotte, den Marktausschluss von Juden und Schilder, die Juden den Zutritt verboten. Die Juden würden zuversichtlich eine »baldige Rückkehr normaler Verhältnisse« erwarten.[98]

Die Stabilisierung des jüdischen Lebens hatte einen starken Rückgang der Auswandererzahlen und eine verstärkte Rückkehrbewegung zur Folge. Diese Trendwende hatte gravierende Auswirkungen auf die Wahrnehmung der Flüchtlingskrise im Ausland. Ebenso wie der jüdische Protest gegen den Nationalsozialismus schon früh seinen Höhepunkt erreichte und einen Eindruck von jüdischer Macht und Einigkeit hinterließ, der immer mehr der Wirklichkeit widersprach, verebbte die anfängliche leidenschaftliche und freigebige Unterstützung von Flüchtlingen gerade zu dem Zeitpunkt, als sie wirklich gebraucht worden wäre.

Die ersten Flüchtlinge

Die Welle von Terror und antijüdischen Ausschreitungen im Frühjahr 1933 sowie der anschließende Boykott und Arbeitsplatzverlust von Juden lösten die erste große jüdische Fluchtbewegung aus dem Reich aus. In jenem Jahr suchten rund 37000 deutsche Juden vorübergehend oder auf Dauer Zuflucht im Ausland. Viele von ihnen waren politisch aktiv und fürchteten die politische Unterdrückung ebenso wie den Antisemitismus. Ein großer Teil waren junge Männer, die nicht im Ersten Weltkrieg gekämpft hatten und im Zuge der Entlassungen im öffentlichen Dienst arbeitslos geworden waren. Die meisten gingen in der Hoffnung, dass sich die Umstände bald ändern würden und sie zurückkehren könnten, ins benachbarte Ausland – nach Frankreich, in die Niederlande, nach Österreich und in die Tschechoslowakei. Zwischen 8900 und 9500 Juden flohen nach Frankreich, knapp 4000 in die Niederlande und rund 5000 in die Schweiz; 300 bis 400 trafen jeden Monat in Großbritannien ein. Sie bildeten allerdings nur einen Teil des Flüchtlingsstroms aus dem Reich. Unter den 60000 bis 65000 deutschen Emigranten im Jahr 1933 befanden sich neben Juden auch Kommunisten, Sozialdemokraten, Künstler und Intellektuelle. Für die Bürger der Empfängerländer war es nicht einfach, flüchtende marxistische Intellektuelle wie Bert Brecht von entlassenen jüdischen Ärzten zu unterscheiden, weshalb die Zahl der jüdischen Emigranten größer erschien, als sie tatsächlich war. Obwohl die Zahl der deutschen Flüchtlinge 1934 auf 23000 sank und Hunderte von Emigranten nach Deutschland zurückkehrten – 1200 bis 1500 allein aus den Niederlanden –, hatte dieser erste Eindruck schwerwiegende Konsequenzen.[99]

Nur wenige Emigranten konnten von ihrem Vermögen leben, die meisten mussten sich in Ländern, die ohnehin schon unter einer hohen Arbeitslosigkeit litten, nach einer Arbeit umsehen. Anfangs wurden die Flüchtlinge dennoch mit Sympathie aufgenommen. Die Zeitungen waren voller schrecklicher Meldungen, und unter den Emigranten waren viele bekannte Figuren aus Kunst und Wissenschaft, die aus Universitäten oder Kultureinrichtungen entfernt worden waren. Ausländische jüdische Gemeinden gewährten ihnen Hilfe. In Frankreich versprach die jüdische Gemeinde der Regierung, dass die Neuankömmlinge nicht der Staatskasse zur Last fallen würden. Dies beeinflusste zwar nicht die Anwendung der Einwanderungsvorschriften, aber die Regierung gab zu verstehen, dass sie die Tradition der Asylgewährung fortsetzen werde, und machte es deutschen Juden relativ leicht, Einreisevisa zu erhalten oder die Grenze mit dem Status von Zufluchtsuchenden zu überqueren. Frankreich hatte schon seit längerem Arbeiter willkommen geheißen, um seinen Bevölkerungsrückgang aufzufangen, und antideutsche Gefühle machten die Emigranten vorübergehend populär. Doch es dauerte nicht lange, bis die Stimmung umschlug.[100]

Seit die Arbeitslosigkeit stieg, waren ausländische Arbeitskräfte weniger gefragt. Berufsgruppen wie Ärzte und Zahnärzte kämpften engagiert darum, deutsche Konkurrenten vom Markt fernzuhalten. Französische Konsuln warnten das Außenministerium in Paris vor der Gefahr einer Überflutung durch kommunistische und andere anrüchige Elemente, die vor der NS-Justiz flohen. Im Dezember 1933 verkündete Henry Bérenger, der Vorsitzende des Auswärtigen Ausschusses des französischen Senats, Frankreich werde »für Flüchtlinge eine Zwischenstation sein, aber kein Abladeplatz«. Im folgenden Jahr wurden die Einreisekontrollen verschärft; jetzt mussten Einreisende ein Visum besitzen und durften nur dann in Frankreich arbeiten, wenn ihnen eine Arbeitserlaubnis erteilt worden war. Die französische Polizei wurde angewiesen, illegale Einwanderer aufzuspüren und auszuweisen. 1934/35 wurden Polizeirazzien in von Ausländern besuchten Bars und Cafés sowie Kontrollen der Papiere an Arbeitsstätten zu einer alltäglichen Erscheinung. Es wurde zur offiziellen französischen Politik, die Ansiedlung von Ausländern zu verhindern und die bereits im Land befindlichen zur Weiterreise zu ermuntern.[101]

Als neben der Ablehnung des Zustroms auch die Kosten der Unterstützung der Flüchtlinge zunahmen, ließ die Hilfsbereitschaft der französischen Juden nach. Die in Paris ansässige Auswandererhilfsorganisation HICEM, die aus dem Zusammenschluss der New Yorker Hebrew Immigrant Aid Society, der englischen Jewish Colonization Association (JCA) und dem Emigdirect (Emigrationsdirectorium, Vereinigtes Komitee für jüdische Auswanderung) entstanden war, begann tatsächlich, die Repatriierung deutscher Juden zu unterstützen. Die ZAHA in Berlin mahnte die deutschen Juden, nur dann auszuwandern, wenn sie für ihren Lebensunterhalt im Ausland vorgesorgt hatten.[102]

Die Reaktion auf den Zustrom fiel in Frankreich, das die Hauptlast der ersten Flüchtlingswelle zu tragen hatte, am heftigsten aus. Ähnlich wie die antideutsche Boykottbewegung die amerikanischen und britischen Juden spaltete, wurde die Flüchtlingsfrage zu einem Streitpunkt zwischen verschiedenen Fraktionen der französischen Juden. Jacques Helbronner, damals Vizepräsident des Consistoire central israélite de France, der zentralen Vertretung der französischen Juden, sprach sich gegen einen unbeschränkten Zugang aus. Obwohl er auch Vorstandsmitglied des Hilfskomitees für die aus Deutschland geflohenen Opfer des Antisemitismus war, hasste er die Deutschen und glaubte, als französischer Jude seinen Patriotismus am besten durch abfällige Bemerkungen über seine deutschen Glaubensgenossen demonstrieren zu können. Rückhalt erhielt Helbronner von Robert de Rothschild, einer Schlüsselfigur bei Spendenaktionen und zudem Vorsitzender des Hilfskomitees, und Louis Oungre, dem Vorsitzenden der Jewish Colonisation Association, die seit ihrer Gründung in der Förderung der Ansiedlung jüdischer Flüchtlinge in anderen Ländern führend war. Raymond-Raoul Lambert, ein Kriegsveteran und ehemaliger Beamter, machte sich im Hilfskomitee für die jüdischen Flüchtlinge stark, wenn auch wenig erfolgreich. In Frankreich lebende polnische Juden, die für Einwanderungsthemen normalerweise aufgeschlossen waren, fanden sich nicht bereit, die deutschen Juden zu unterstützen; zu gut erinnerten sie sich an deren snobistische Haltung gegenüber den Ostjuden. Lambert konnte das Hilfskomitee, das vorgeblich dazu da war, Flüchtlingen beizustehen, noch nicht einmal davon abhalten, ein improvisiertes Lager in einer aufgegebenen Armeekaserne an der Porte d'Orléans zu schließen.[103]

Die Lage der meisten deutschen und deutsch-jüdischen Flüchtlinge in Frankreich war miserabel. Von legaler Arbeit ausgeschlossen, lebten sie, bis es aufgebraucht war, von dem Geld, das sie mitgebracht hatten. Rund 2000 überwiegend polnische oder staatenlose Juden waren schließlich in der alten, von den französischen Behörden zur Verfügung gestellten Kaserne untergekommen. Die Ausstattung war rudimentär und das Essen kümmerlich. James McDonald, der die Flüchtlingsunterkunft besuchte, bezeichnete sie als »erbärmlich«. Mitte 1933 waren fast 6000 Juden auf Hilfszahlungen der jüdischen Gemeinde angewiesen, die dafür jeden Monat 225 000 Dollar aufbringen musste. Wäre das American Jewish Joint Distribution Committee (Joint), die wichtigste jüdisch-amerikanische Hilfsorganisation in

Übersee, nicht eingesprungen, wäre dem französischen Hilfskomitee das Geld ausgegangen.[104]

Joseph Roth hatte schon immer aus dem Koffer gelebt. Zudem gaben ihm seine österreichische Staatsbürgerschaft und sein bescheidener Ruhm eine gewisse Sicherheit, die den Flüchtlingen fehlte. 1935 schloss er sich dem Pariser Deutschen Hilfskomitee an, das deutschen Emigranten kleine Zuschüsse gewährte. In einem Brief an Stefan Zweig beschrieb er deren elende Lebensumstände: Man müsse sich vorstellen, »dass Hunderte einfache, aber sehr wertvolle Menschen jeden Tag Schlange stehen, um 30 Francs für die Arbeitskarte, einen Zettel, für ein freies Essen, einen elenden Betrag zur Beruhigung des Hotelwirts – keineswegs zur Befriedigung – zu bekommen«.[105]

In Großbritannien waren die Bedingungen weit besser, zum einen aufgrund der gemeinsamen Anstrengungen der jüdischen Gemeinde, zum anderen wegen der strengen Begrenzung der Zahl der Juden, die auf Dauer bleiben durften. Am 5. April 1933 empfing Innenminister John Gilmour eine Delegation der anglo-jüdischen Gemeinde, die um die Aufhebung der Einreisebeschränkungen bat, damit aus Deutschland geflohene Juden rasch eine Zuflucht fanden. Die Delegation versprach, eigene Mittel einzusetzen, um zu gewährleisten, dass die ins Land kommenden deutschen Juden keine staatlichen Zuwendungen benötigten. Als das Kabinett am nächsten Tag zusammentrat, diskutierte es über die Gefahr eines Massenzustroms und bildete einen Sonderausschuss, der die Optionen ausloten sollte. Dieser Flüchtlingsausschuss beschloss auf seiner einzigen Sitzung, die bestehenden Beschränkungen beizubehalten. Als einziges Zugeständnis sollten die Bestimmungen für asylsuchende Prominente gelockert werden. Das Versprechen der jüdischen Gemeinde, für den Unterhalt jüdischer Einwanderer aus Deutschland zu sorgen, nahm man jedoch an. Damit hatte man die Aufgabe, die potentiellen Einwanderer auszuwählen, dem Jewish Refugees Committee (das später in Jewish Aid Committee umbenannt wurde, was weniger beunruhigend klang) aufgebürdet und zugleich die Zahl derjenigen, denen geholfen werden konnte, durch den Umfang der diesem zur Verfügung stehenden Mittel begrenzt.[106]

Ungefähr zur gleichen Zeit schlug US-Präsident Roosevelt vor, die Visabestimmungen für Juden, die in die Vereinigten Staaten emigrieren wollten, zu lockern. Das Außenministerium wies dies unter Hinweis auf die hohe heimische Arbeitslosigkeit und die ablehnende Haltung des Kongresses zu Änderungen der Einwanderungsvorschriften umgehend zurück. 1933 wanderten nur 1919 Deutsche, überwiegend Juden, in die USA aus, obwohl die Einwanderungsquote für Deutschland bei 25 557 lag. Anfang September wies Wilbur J. Carr, der Leiter des Konsulardiensts, die US-Konsuln in Deutschland an, Juden, die ein Einreisevisum beantragten, nicht bevorzugt zu behandeln: »Der Zutritt solcher Ausländer zu den Vereinigten Staaten unterliegt ebenso den bestehenden Vorschriften wie derjenige von Ausländern anderer Art.« Das Wort »Flüchtling«, fügte Carr hinzu, sei nicht zu benutzen, da es als Einmischung in die inneren Angelegenheiten eines anderen Staats gedeutet werden könne.[107]

Juden in den Vereinigten Staaten hofften, der Völkerbund würde die Not der Flüchtlinge lindern. Unter anderem auf Anregung von New Yorker Juden reiste James McDonald im September 1933 nach Europa, um für die Foreign Policy Association Informationen zu sammeln und beim Völkerbund darauf zu dringen, jüdischen Emigranten durch die Bildung eines Hochkommissariats für Flüchtlinge aus Deutschland zur Seite zu stehen. Während seines Aufenthalts in Europa traf McDonald mit jüdischen Führungspersönlichkeiten zusammen, um für diese Idee zu werben. Er fand ihre Haltung enttäuschend. Kaum jemand hielt eine konzertierte internationale Anstrengung für nötig, und noch weniger waren bereit, eine größere Summe für sie bereitzustellen. Die führenden britischen Juden, berichtete er Felix Warburg, seien »noch nicht bereit, sich den Realitäten zu stellen«. In Paris erklärte ihm Robert de Rothschild, sogar französische Juden würden »die geflohenen deutschen Juden nicht als Juden, sondern als Deutsche betrachten, als Boches, verhasste frühere und mögliche künftige Feinde … Die französischen Juden seien zuerst Franzosen und erst in zweiter Linie Juden.« McDonald erfuhr auch, wie tief die Kluft zwischen Zionisten und Nichtzionisten war. Chaim Weizmann, der Präsident der Zionistischen Weltorganisation, spottete über die »wohlhabenden Juden im Westen, [denen] jedes Gespür für die Realitäten fehle«. Die führenden deutschen Juden verurteilte er als »die schlimmste Form von Assimilationisten, Leute, die zusammenschrecken und jammern würden, wenn es darauf ankommt«. Weizmann fand es unsinnig, Geld dafür aufzuwenden, um Juden in Deutschland oder europäischen Zufluchtsländern zu halten. Nach seiner Ansicht gab es nur eine dauerhafte Lösung des jüdischen Flüchtlingsproblems: Palästina. Neville Laski, der Präsident des britischen Board of Deputies und erklärter Nichtzionist, höhnte, Weizmann (der in Russland geboren war) sei »kein richtiger Engländer«.[108]

Die Mitgliedsstaaten des Völkerbunds konnte McDonald indes von der Idee eines Hochkommissariats für Flüchtlinge aus Deutschland überzeugen. Aufgrund des deutschen Beharrens darauf, dass es mit dem Völkerbund nur lose verbunden sein und nur außerhalb Deutschlands tätig werden solle, war es jedoch von Anfang an geschwächt. Es sollte weder administrative noch finanzielle Unterstützung vom Völkerbund erhalten. Dennoch befanden führende amerikanische Juden wie Felix Warburg, Samuel Untermeyer und Stephen Wise das Projekt für wichtig genug, um es weiterzuverfolgen, und schlugen McDonald als ersten Hohen Kommissar vor. Im November 1933 reiste McDonald nach Genf, um sein neues Amt anzutreten. Er musste bald erkennen, dass man ihm ein vergiftetes Geschenk überreicht hatte. Die unerlässliche britische Unterstützung war begrenzt, da Großbritannien die Ruhe zwischen Arabern und Juden in Palästina erhalten wollte und deshalb bestrebt war, Palästinas Beitrag zur Lösung des Flüchtlingsproblems zu minimieren, denn ein Zustrom von Juden hätte einen arabischen Aufstand ausgelöst. Da die neue Organisation nicht dem Völkerbund zugehörte, musste McDonald einen Vorstand und einen Beirat aufbauen, der ihr internationales Renommee verschaffen würde. Damit war der Willkür Tür und Tor geöffnet, mit der unwillige Regierungen durch die Wahl ihrer Vertreter sicherstellten, dass ihre Länder keine zusätzlichen Lasten würden tragen müssen. Die französische Regierung schickte zynischerweise Bérenger in den Vorstand und sorgte dafür, dass Helbronner in den Beirat berufen wurde. Zudem musste McDonald, da das Hochkommissariat keine Gelder vom Völkerbund erhielt, Spenden einwerben und war daher der Gnade von Flüchtlingsorganisationen, die jeweils eigene Ziele verfolgten, sowie von reichen Angehörigen der verschiedenen jüdischen Gemeinden ausgeliefert. So sah er sich in die innerjüdische Politik und persönliche Fehden verwickelt, während seine Versuche, Kontakt mit der deutschen Regierung aufzunehmen, regelmäßig scheiterten. Bescheidene Vorschläge, auswandernde Juden mit einfachen Papieren auszustatten, wurden von untergeordneten Beamten des französischen Außenministeriums abgelehnt. Auch an Schacht kam McDonald nicht heran, um ihn um eine Lockerung der Devisenbeschränkungen zu bitten, die es Juden damals lediglich gestatteten, einen geringen Teil ihres Vermögens aus Deutschland auszuführen. Aber seine größte Enttäuschung war die Unfähigkeit der jüdischen Organisationen und Persönlichkeiten, sich auf einen gemeinsamen Aktionsplan zu einigen oder auch nur genügend Mittel bereitzustellen, um die Tätigkeit seines Hochkommissariats zu gewährleisten. Nach einer stürmischen Vorstandssitzung im Dezember 1933 schrieb McDonald wütend in sein Tagebuch: »Ich verspüre fast den Wunsch, die eine Hälfte der Juden möge die andere vernichten. Sie sind unmöglich.«[109]

Anfang 1934 hielt US-Diplomat J. P. Moffat in seinem Tagebuch fest: »McDonald, der Hohe Kommissar, hat enorme Schwierigkeiten, zwischen den rivalisierenden jüdischen Fraktionen einen Kurs zu finden … Es ist ihm weder in der Frage von Reisedokumenten noch in der Frage des jüdischen Eigentums in Deutschland gelungen, Kontakt mit der deutschen Regierung aufzunehmen.« Tatsächlich verbrachte McDonald mehr Zeit mit dem Präsidenten der Vereinigten Staaten als mit dem Reichsbankpräsidenten – allerdings mit ähnlich geringem Erfolg. Roosevelt interessierte sich sehr für McDonalds Arbeit und empfing ihn im Weißen Haus, wann immer er in die USA zurückkehrte. Aber als McDonald um eine bescheidene Spende für seine Organisation bat, konnte Roosevelt das Außenministerium nicht einmal dazu bringen, 10 000 Dollar beizusteuern. McDonald machte sich keine Illusionen über die immer klarer zutage tretende Sinnlosigkeit seiner Arbeit. Im Vorstand des Hochkommissariats war keine Einigung darüber zu erreichen, wo jüdische Flüchtlinge angesiedelt werden konnten und wie man sie unterstützen sollte. Die im Beirat vertretenen Institutionen waren sich nicht einig, ob man Sprachkurse für potentielle Emigranten in Deutschland finanzieren solle, und sie stritten darüber, ob die vorhandenen Mittel dafür einzusetzen seien, dass Juden bleiben konnten, wo sie waren, oder dafür, dass sie fort- beziehungsweise weiterziehen konnten. Dabei verfolgte McDonald einen großen Plan, nämlich eine Körperschaft ins Leben zu rufen, die mit der deutschen Regierung über eine Gesamtlösung des Flüchtlingsproblems verhandeln würde, für die sowohl Spenden des Weltjudentums als auch Einnahmen aus dem Verkauf jüdischer Vermögenswerte in Deutschland zur Verfügung stehen sollten. Die einen taten das Vorhaben als überambitioniert ab, während andere es als Einladung an die

Nationalsozialisten betrachteten, die deutschen Juden auszuweisen. Nicht anders als die Ausreisegedanken so vieler potentieller Emigranten führte der Plan nirgendwohin.[110]

II.
Judenpolitik – 1933–1938

»Ein Ende ist nicht abzusehen«

Ein Jahr nach Hitlers Ernennung zum Reichskanzler fragte Victor Klemperer: »Ist Deutschland wirklich so ganz und im Kern anders geworden, hat es so ganz sein Wesen geändert, dass dies Bestand haben wird?« Er war nicht der Einzige, der bezweifelte, dass Hitler sich lange würde halten können. Nach Joseph Roths Ansicht war »Hitlers äußere Situation … noch nie so schlecht wie jetzt. Man sieht ihm jetzt zu genau auf die Finger, und seinen einzigen Freund, Italien, hat er beinahe schon verloren.« Leopold Schwarzschild pflichtete dem insofern bei, als er das NS-Regime von allen Seiten von Unzufriedenen umgeben sah, meinte aber auch: »Sein Fundament sind die Bajonette und der systematisierte Terror. Darauf lässt sich … für lange Zeit ausgezeichnet sitzen.«[1]

Die vielen Juden, die an der Dauerhaftigkeit des NS-Regimes zweifelten, gaben sich keineswegs einem Wunschdenken hin. Ihre Einschätzungen beruhten auf Alltagserfahrungen und den Informationen zu Innenpolitik, Wirtschaft und internationalen Beziehungen, die ihnen zugänglich waren. Unter Diplomaten waren ähnliche Prognosen verbreitet. Nach Eric Phipps' Beobachtung hatte Hitler »echte Schwierigkeiten mit seinen eigenen Extremisten, mit der katholischen und der evangelischen Kirche, mit der Wirtschafts- und Finanzlage«.[2] Es gab Spannungen zwischen Radikalen in der NS-Bewegung, namentlich der SA, welche die »nationale Revolution« wiederbeleben wollten, und der Regierung. Die Reichswehr war besonders beunruhigt über den Anspruch der SA, an die Stelle des regulären Militärs zu treten. Innerhalb der Regierung stritt man über die Sicherheits- und Wirtschaftspolitik. Göring und Himmler rangen miteinander um die Kontrolle über die Polizei. Robert Ley, der Chef der Deutschen Arbeitsfront (DAF), konkurrierte mit Hjalmar Schacht und dem kränkelnden Kurt Schmitt um die Herrschaft über die Wirtschaft. Die Förderung einer nationalsozialistischen christlichen Bewegung, von antireligiösen Äußerungen von Walther Darré und Alfred Rosenberg ganz zu schweigen, hatte einen Konflikt mit den Kirchen ausgelöst. Durch die Einmischung in die Angelegenheiten Österreichs hatte man die Regierung in Wien vor den Kopf gestoßen, Mussolini verärgert und die Missbilligung des Auslands auf sich gezogen. Die größte Herausforderung für das Regime war jedoch die weiterhin schwächelnde Wirtschaft. Trotz Investitionen in öffentliche Projekte lag die Arbeitslosenzahl immer noch bei rund drei Millionen. Wer Arbeit hatte, musste erleben, dass die Kaufkraft seines Einkommens weiter sank und Grundnahrungsmittel regelmäßig knapp waren. Der schwache Export führte zu einem chronischen Zahlungsbilanzdefizit und einem Devisenmangel, so dass es im Spätsommer nicht möglich war, die schlechte Ernte durch Importe auszugleichen.[3]

US-Botschafter Dodd berichtete nach Washington, ihn würden weiterhin »von verschiedenen Seiten Zeichen der Unzufriedenheit« erreichen. Ferdinand von Bredow, der Schleichers Kabinett angehört hatte, vertraute Bella Fromm an, »dass man in der Wilhelmstraße auf ein schnelles Ende des nationalsozialistischen Regimes hofft. Die Parteibonzen liegen ständig im Streit und suchen einander zu Fall zu bringen. Wenn das noch eine Zeitlang so weitergeht, wird, wie man glaubt, der ganze Bau zusammenstürzen.« Als Goebbels eine Kampagne gegen »Kritikaster und Miesmacher« startete, erkannte Klemperer das stillschweigende Eingeständnis einer regimekritischen Stimmung und kommentierte die Äußerungen des Propagandaministers trocken: »Hinter der ganzen Rede steht Verzweiflung, letzter Ablenkungsversuch … Das ganze System pfeift auf dem letzten Loch.«[4]

Mitte Juni spitzte sich die Krise zu, als Vizekanzler Papen an der Marburger Universität eine Rede hielt, in der er die nationale Revolution kritisierte. Endlich zu der Erkenntnis gelangt, dass Hitler die totale Macht anstrebte, versuchte Papen die Konservativen und alle, die eine Hegemonie der NSDAP ablehnten oder fürchteten, um sich zu scharen. Dodd berichtete einige Tage nach der Rede aufgeregt über eine Pressekonferenz von Goebbels, Papen und Schacht, nach der sich »ebenso viele Menschen um [Papen] wie um Schacht« versammelt hätten, »vielleicht sogar noch mehr«. Obwohl dieser späte Sinneswandel nichts mit dem Konflikt zu tun hatte, der zwischen Reichswehr und Regierung einerseits und der SA andererseits schwelte, beschlossen Hitler und sein engster Kreis, beide Probleme mit einem Schlag zu lösen.[5]

Am 30. Juni 1934 gingen Polizei und SS unter dem persönlichen Befehl von Hitler, Göring und Himmler gegen die SA vor. Ernst Röhm wurde unter dem Vorwurf, einen Staatsstreich geplant zu haben, festgenommen und wenige Tage später in einer Münchener Gefängniszelle erschossen. Dutzende SA-Führer wurden hingerichtet oder inhaftiert. In Berlin fiel Gregor Strasser, Hitlers einstiger Rivale um die Führung der NS-Bewegung, der blutigen Säuberungsaktion ebenso zum Opfer wie Kurt von Schleicher, der (zusammen mit seiner Frau) in seinem Haus erschossen wurde, und Edgar Jung, der Papens Marburger Rede geschrieben hatte. Auch andere Konservative sowie katholische Funktionäre, gegen die die Nationalsozialisten einen Groll hegten, wurden ermordet. Anschließend übernahm Hitler zur allgemeinen Verblüffung vor dem Reichstag persönlich die Verantwortung für das Massaker, das als »Nacht der langen Messer« in die Geschichte einging.[6]

Im Ausland riefen das Blutvergießen ebenso wie Hitlers Eingeständnis Entsetzen hervor. Phipps sah sich in seiner Ansicht bestärkt, dass Hitler »unausgeglichen« und von gefährlichen Männern umgeben war. Es sei ein »verrücktes Regime«. Dennoch vermutete Phipps scharfsichtig, Hitler müsse gedacht haben, »auf diese ungeordnete Weise nebenbei einige von Präsident von Hindenburgs alten Waffenbrüdern loswerden« zu können. Dodd dachte daran, den Botschafterposten in Berlin aufzugeben. Er glaubte nicht, dass er jemals etwas würde erreichen können, solange Hitler, Göring und Goebbels an der Macht waren. Zu der Reichstagssitzung, auf der Hitler sein Handeln rechtfertigte, ging er jedenfalls nicht. »Er wirkt abstoßend auf mich«, vertraute er Phipps an, »ich kann seine Gegenwart kaum ertragen.« Wie viele andere jüdische Beobachter gab Joseph Roth Hitler noch allenfalls eineinhalb Jahre.[7]

Wie sich herausstellte, stärkte die »Nacht der langen Messer« Hitlers Stellung und festigte den Polizeistaat. Die Reichswehr fühlte sich Hitler verpflichtet, weil er die Bedrohung durch die SA beendet hatte, und die Öffentlichkeit war erleichtert, weil ein Unruheherd beseitigt worden war. Im Vorfeld der Säuberung war Himmler zum Inspekteur der Geheimen Staatspolizei in Preußen befördert worden und hatte damit die Kontrolle über die politische Polizei im gesamten Reich erlangt. Himmler, damals erst 34 Jahre alt, war der Sohn eines Gymnasiallehrers und ehemaligen Erziehers eines bayerischen Prinzen. Seine Familie war sehr angesehen und streng katholisch. Er war gerade früh genug geboren, um im Ersten Weltkrieg in die Armee einzutreten, kam aber nie an die Front. Während des Landwirtschaftsstudiums, das er nach dem Krieg aufnahm, begann er sich in völkischen Kreisen umzutun. Aufzeichnungen aus dieser Zeit ist zu entnehmen, dass er sich (wie Goebbels) aus rein intellektuellen Erwägungen eine antisemitische Weltanschauung zu eigen machte. 1923 war er als Mitglied einer mit den Nationalsozialisten verbündeten rechten Miliz am Hitlerputsch beteiligt; später trat er in die NSDAP ein. Anfangs arbeitete er für Gregor Strasser, ab 1926 war er dessen Stellvertreter als Reichspropagandaleiter. Im Jahr darauf wurde er stellvertretender Leiter von Hitlers Leibgarde, der Schutzstaffel (SS). Neben seiner politischen Tätigkeit betrieb er eine Geflügelzucht. Nach zwei Jahren an zweiter Stelle stieg er im Januar 1929 an die Spitze der SS auf, damals eine noch relativ unbedeutende Truppe mit rund 1400 Mitgliedern. Aber Himmler war ein Workaholic mit Organisationstalent und einer Vision davon, was aus der SS noch werden sollte. Binnen drei Jahren machte er sie zu einer Elitetruppe mit 10 000 handverlesenen Mitgliedern, die nach ihrer Ergebenheit gegenüber dem Nationalsozialismus und entsprechend ihrer Übereinstimmung mit seinem Ideal von »arischer« Männlichkeit ausgewählt worden waren. Als gewieftem politischen Taktiker gelang es ihm, die SS aus der Unterordnung unter die SA zu lösen und zu einem autonomen Machtfaktor zu machen. Zur Zeit der Abrechnung mit der SA hatte er ihre Mitgliederzahl auf 100 000 gesteigert und ihr eine unabhängige Stellung gesichert. Dank seiner neuen Position an der Spitze der Polizei konnte er nun darangehen, die SS zum Kern des nationalsozialistischen Polizeistaats zu machen. Er ernannte Reinhard Heydrich, Chef der Bayerischen Politischen Polizei, zum Leiter des Geheimen Staatspolizeiamts (Gestapa) in Berlin. Da Heydrich zugleich Chef des Sicherheitsdiensts (SD) der SS war, bedeutete diese Ernennung einen entscheidenden Machtzuwachs für die SS beziehungsweise den SD.[8]

Auch der Zufall kam Hitler zu Hilfe. Einen Monat nach der Säuberung verstarb Reichspräsident Hindenburg. Ohne auf ein verfassungskonformes Vorgehen zu achten, vereinigte Hitler nun die Ämter von Kanzler und Präsident. Sämtliche Reichswehrangehörigen legten einen Treueid auf den »Führer« ab. Hitlers Usurpation des Präsidentenamts wurde im Nachhinein durch eine Volksabstimmung gebilligt und durch ein vom Reichstag beschlossenes Gesetz rückwirkend sanktioniert. Klemperer sah darin zu Recht einen »vollkommenen Staatsstreich«. Phipps berichtete nach London, ein Regimewechsel sei »für einige Zeit nicht zu erwarten«. Die Menschen mochten rauen Zeiten entgegengehen, aber das Regime sitze fest im Sattel. Darüber hinaus betrachte »eine große Zahl von Deutschen Hitler mit einer Art mystischer Verehrung«. Dodd vermochte sich nur mit Unmutsäußerungen von Angehörigen der »nachdenklicheren Schichten« zu trösten. Klemperer bemerkte niedergeschlagen: »… ein Ende ist nicht abzusehen.«[9]

Bis zu diesem Zeitpunkt hatten die Juden mitangesehen, wie sehr das Regime mit sich selbst beschäftigt war. Sie hatten, zumindest in der Staats- und Parteiführung, ein deutliches Nachlassen antijüdischer Aktivitäten beobachtet. Zwischen Dezember 1933 und Mitte 1935 wurde kein großes Gesetz zu den jüdischen Angelegenheiten erlassen. Während die Berliner Juden 1933 achtzig neue Verordnungen zu verarbeiten hatten, waren es 1934 nur 15 und im ersten Halbjahr 1935 sogar nur zwei. Hitler erwähnte die »Judenfrage« in dieser Zeit kaum. Goebbels schrieb gelegentlich dem jüdischen Boykott im Ausland die Schuld am schlechten Exporterfolg deutscher Waren zu, startete aber keine großangelegte Kampagne in den vom Regime kontrollierten Medien. Lediglich Streichers *Stürmer* führte seine massive antisemitische Propaganda weiter. Die Ausgabe vom 1. Mai 1934 war besonders bemerkenswert, denn in ihr wurde der mittelalterliche Mythos verbreitet, Juden würden Christenkinder ermorden, um deren Blut für religiöse Rituale zu verwenden. Aber auch wenn Streichers Hetze hier und da lokale Übergriffe auslöste, eine konzertierte, landesweite Aktion gab es nicht. Das »kalte Pogrom« gegen die Juden wurde von Parteimitgliedern aus eigenem Antrieb fortgeführt, was zur Verwirrung der Aktivisten häufig zu Konflikten mit den Behörden führte.[10]

Historiker haben das Jahr 1934 daher als »relativ ruhig« beschrieben, als »kurze Atempause«, in der den Juden eine »Illusion« von Stabilität vorgegaukelt wurde. Die Wirklichkeit war komplexer, was zahlreiche Juden damals durchaus wahrnahmen. Da es keine von Berlin vorgegebene einheitliche Politik gab, bot Deutschland auch kein einheitliches Bild dar. Es kam weiterhin zu einzelnen ungenehmigten Aktionen, obwohl sie regelmäßig eine Ermahnung durch die Reichsregierung nach sich zogen. Die Juden benutzten diese Uneinheitlichkeit zu ihrem Vorteil, was nationalsozialistische Aktivisten erstaunt und mit wachsendem Unmut beobachteten. Die übrige Bevölkerung, soweit sie diese Dinge überhaupt wahrnahm, amüsierte sich über die Widersprüche. Das Durcheinander bildete den Hintergrund für spätere politische Initiativen. Nachdem sie zugelassen hatte, dass durch hastig zusammengeschusterte und unzureichend durchdachte politische Maßnahmen eine Situation geschaffen wurde, die niemanden zufriedenstellte und unter loyalen Parteigenossen für Unruhe sorgte, musste die NS-Führung einen Ausweg finden. Dieser Ablauf sollte zu einem wiederkehrenden Muster werden.[11]

Hjalmar Schacht und die Judenpolitik

Am Jahresanfang erließ der Reichsinnenminister eine Verordnung, die ungenehmigte Eingriffe in die Tätigkeit jüdischer Unternehmen verbot. Sie erleichterte die Anwendung früherer Erlasse, die Boykotte und schwarze Listen verhindern sollten. Doch Kurt Schmitt war nicht sehr durchsetzungsfähig und zudem durch seine Krankheit immer stärker eingeschränkt. Als Schacht im Juli 1934, zunächst als geschäftsführender Minister, an seine Stelle trat, bekam die deutsche Wirtschaft einen machtvolleren Fürsprecher. Bei Hitler stieß Schacht freilich kaum auf Widerstand. Der Devisenmangel war Grund genug für die Forderung an die Partei, jene Elemente zu zügeln, die fortfuhren, Juden bei der Ausübung ihrer Geschäfte zu behindern. Ende des Jahres wandte sich Schacht erneut an Göring und Frick, denen die Polizei unterstand, und verlangte von ihnen, dafür zu sorgen, dass Juden nicht mehr belästigt würden.[12]

Schachts Ernennung gab den Juden Auftrieb, da sie ihm von allen Regierungsmitgliedern am ehesten zutrauten, ihnen Schutz zu gewähren. 1919 hatte er neben den Juden Walther Rathenau, Hugo Preuß, Albert Einstein und Rudolf Mosse zu den Gründungsmitgliedern der Deutschen Demokratischen Partei (DDP) gehört, die in den Reichstagswahlen der 1920er Jahre über die Hälfte der jüdischen Stimmen erhielt. Obwohl Schacht seitdem nach rechts gerückt und 1926 aus der

DDP ausgetreten war, schien es kaum vorstellbar, dass er sich vollständig von seinen Grundsätzen verabschiedet haben sollte. Als Schacht in Hitlers Regierung eintrat, war er also nur noch in der Erinnerung Liberaler und Demokrat. Er setzte sich nie für jüdische Rechte als solche ein und versuchte auch nie, die nationalsozialistische Judenpolitik zu stören. Im April 1933 hatte er nichts gegen die Entlassung von Juden getan und den Arierparagraphen in der Reichsbank ohne Zögern umgesetzt. Genauso wenig lehnte er die Übertragung jüdischer Unternehmen in »arische« Hände ab; er wollte lediglich, dass sie ordnungsgemäß vollzogen wurde. Dennoch bildete er mit seinem Beharren auf dem Vorrang ökonomischer Erwägungen, seinem Verständnis für die angelsächsische Sichtweise und seiner Abneigung gegen Unordnung ein Gegengewicht zu den Ideologen in der NS-Führung.[13]

Äußerer Druck oder die Wahrnehmung von äußerem Druck trug ebenfalls zur Abmilderung der antijüdischen Politik bei. Als James McDonald im Februar 1934 das deutsche Außenministerium aufsuchte, um über Möglichkeiten zur Linderung der jüdischen Flüchtlingskrise zu verhandeln, versicherte ihm Hans-Heinrich Dieckhoff, ein auf britische und amerikanische Angelegenheiten spezialisierter Beamter, nachdrücklich, es werde eine »allgemeine Mäßigung« geben. Dieckhoff verwies auf »die Erklärung von Innenminister Wilhelm Frick an die Staatschefs, dass man bei der antijüdischen Diskriminierung nicht über den Buchstaben des Gesetzes hinausgehen werde«. Neurath, mit dem McDonald später sprach, betonte, er wolle das Flüchtlingsproblem beilegen, unter anderem um antideutschen Agitatoren keine Munition zu liefern. Letztlich blieb McDonald nach diesen Unterredungen jedoch mit leeren Händen und noch größeren Befürchtungen über das Schicksal der deutschen Juden zurück. Seine Gesprächspartner in der Wilhelmstraße hatten dagegen einen völlig anderen Eindruck von den Begegnungen gewonnen, ebenso wie, bemerkenswerterweise, auch einige deutsche Juden. So sagte Otto Hirsch, leitender Vorsitzender der Reichsvertretung, zu McDonald, Hitler sei »von den Bestien in seiner Partei« eingezwängt. Wenn das Ausland den Druck auf das Regime aufrechterhalte, würde die wirtschaftliche und militärische Führung ihm die passende Botschaft übermitteln.[14]

US-Botschafter Dodd gab weiterhin sein Missfallen über die antijüdische Politik des NS-Regimes zu erkennen. Als sein Sohn und seine Tochter im Februar einen Botschaftsball veranstalteten, verpflichteten sie den aus einem jüdischen Elternhaus stammenden Geiger Fritz Kreisler für einen Auftritt. Anderswo in Deutschland hätte er nicht vor einem nichtjüdischen Publikum auftreten dürfen; im Lauf des Jahres konzertierte er noch zweimal in der Botschaft. Darüber hinaus hatte Dodd das Vergnügen, empörten deutschen Diplomaten die Gründe für die anhaltenden antinationalsozialistischen Proteste und den Boykott deutscher Waren in den Vereinigten Staaten zu erklären. Im März organisierten der American Jewish Congress und der amerikanische Gewerkschaftsbund AFL einen Scheinprozess gegen das nationalsozialistische Deutschland. Zu den Zeugen für die Verfolgung gehörten der ehemalige Gouverneur von New York Al Smith und Bürgermeister Fiorello LaGuardia, dessen Mutter Jüdin war. Dodd wurde zu Neurath einbestellt, um sich eine offizielle Beschwerde über das geplante Spektakel anzuhören. Der Außenminister verlangte von ihm, nach Washington zu telegraphieren, dass die Veranstaltung abgesagt werden müsse. Dodd hielt ihm stattdessen einen Vortrag über Meinungsfreiheit und erklärte ihm zum wiederholten Mal, »dass die Politik Hitlers gegenüber den Juden zu weiteren Schwierigkeiten führen werde, falls man sie nicht ändere«. Kurz nach dieser Konfrontation wurde er von Hitler empfangen, den er, seinem Tagebuch zufolge, vor den Auswirkungen der nationalsozialistischen Propaganda auf die USA warnte. Als Hitler behauptete, das seien »alles Lügen der Juden«, erläuterte er den Stand der Dinge in New York, woraufhin Hitler wütend damit drohte, »alle Juden in Deutschland ausrotten zu lassen, wenn die Agitation im Ausland fortgesetzt werde«.[15]

Während eines Urlaubsaufenthalts in den Vereinigten Staaten im Frühjahr traf Dodd erneut mit Vertretern der amerikanischen Juden zusammen, die betonten, den Boykott deutscher Waren aufrechterhalten zu wollen. Er versuchte ihre Haltung zu mäßigen, indem er äußerte, die Lage der Juden in Deutschland habe sich gebessert, doch bestätigte er auch, dass die NS-Führung einen Zusammenhang zwischen der öffentlichen Meinung im Ausland und dem Schicksal der deutschen Juden herstellte. Wie sie weiter vorgehen wollten, überließ er seinen Gesprächspartnern. Nach der Rückkehr nach Berlin informierte er jedoch Dieckhoff über diese jüngste Gesprächsrunde mit Vertretern des amerikanischen Judentums, und bei seinem nächsten Treffen mit Neurath nahm er für sich das Verdienst in Anspruch, die jüdische Erregung abgekühlt zu haben. Neurath vertraute ihm im Gegenzug an, dass er zusammen mit Schacht und Schmitt bei Goebbels durchgesetzt habe, die antijüdische Propaganda zu zügeln. Als die Regierung aufgrund der abschmelzenden Goldreserven gezwungen war, ein Moratorium für die Rückzahlung von Schulden zu verkünden, gab Dodd sofort dem schlechten Ansehen Deutschlands im Ausland die Schuld an der Exportmisere. Er wies Göring persönlich darauf hin, dass es, solange die Repressionen von Juden andauerten, schwierig werden würde, die Handelsbarrieren zu beseitigen.[16]

Dodd ließ sich von den Beteuerungen aus der Wilhelmstraße, die Verfolgungsmaßnahmen seien grundlegend modifiziert worden, nicht täuschen. Zu oft sprachen die Taten des Regimes eine andere Sprache. Dennoch brachten außenpolitische Überlegungen zusammen mit inneren Dilemmas die NS-Führung zum Nachdenken. Im Mai berichtete Phipps nach London: »Die Parteiführer erkennen, dass in dieser Angelegenheit [den Beziehungen zwischen Reichswehr und SA] und anderen Fragen der Außenpolitik … und der Juden die Interessen des Landes und diejenigen der Partei häufig im Widerspruch zueinanderstehen.« Es gebe Meinungsverschiedenheiten über »die angesichts des Einbruchs des Außenhandels gegenüber den Juden einzuschlagende Politik«. Zwei Monate später teilte Konsul Raymond Geist dem US-Außenministerium aus Berlin mit: »[H]ier hat man den Eindruck, dass die deutsche Regierung aufgrund drückender anderer Probleme in Bezug auf die jüdische Frage vorläufig einen Waffenstillstand aufrechterhalten will.«[17]

Der ausländische Druck brachte den deutschen Juden also eine gewisse Erleichterung, auch wenn die NS-Führung aus den falschen Gründen auf ihn reagierte. Die Anfälligkeit für die Meinung des Auslands und Außenhandelserwägungen trugen dazu bei, dass das NS-Regime sporadische Anstrengungen unternahm, antijüdische Boykotte einzuschränken und ungenehmigte Diskriminierungsmaßnahmen zu verhindern. Die entsprechenden Mahnungen und Anordnungen hoben die Stimmung der Juden und gaben ihnen – was noch wichtiger war – Werkzeuge an die Hand, auf die sie sowohl im lokalen Rahmen als auch im Umgang mit den Regierungsbehörden zurückgreifen konnten. Die Folge war eine merkwürdige Situation, in der die einen Juden unter Verfolgung litten, während es anderen gutging. Gleichzeitig gerieten nationalsozialistische Aktivisten, welche die Parteilinie durchsetzen wollten, in Konflikt mit Polizei und Gestapo.

Rechtsschutz und jüdische Selbstverteidigung

Nachdem sie im vorangegangen Jahr von einem Schrecken in den nächsten getaumelt waren und immer neue Schläge einstecken mussten, rückten die Juden nun zusammen. Der Centralverein bemühte sich um Rechtsschutz, damit die Juden ihre Fähigkeit, ihren Lebensunterhalt zu verdienen, verteidigen konnten. Mit Hilfe seines Netzwerks von Ortsgruppen sammelte der CV Beweise für Verstöße gegen geltendes Recht und leitete sie ans Reichswirtschaftsministerium weiter. Ostpreußen unter Gauleiter Erich Koch war in dieser Hinsicht ein notorischer Fall. Hans Reichmann antwortete aus der CV-Zentrale auf eine Beschwerde des ostpreußischen Landesverbands: »Der von Ihnen durchaus zu Recht angedeutete Widerspruch zwischen Anordnungen von Regierungs- und anderen Stellen, die zu bestimmten Anordnungen nicht befugt sind, macht z. Zt. fast 90% unserer Arbeit aus.« Reichmann verdoppelte seine Anstrengungen, jeden Hebel und jedes Schlupfloch zu nutzen, um zu erreichen, dass Juden weiterhin in der Lage waren, ihren Beruf auszuüben.[18]

War es, wie Reichmann andeutete, schon immer eine aufreibende Aufgabe gewesen, den Juden Rechtsschutz zu bieten, so wurde es, seit Himmler reichsweit die Kontrolle über die Gestapo übernommen hatte und seinen Einfluss auf die Judenpolitik ausbaute, noch schwerer. Die Gestapo wies den CV an, die Beobachtung und Meldung von antijüdischen Aktivitäten einzustellen und sich auf die Sammlung rein ökonomischer Daten zu beschränken. Jedenfalls konnte der CV nicht viel gegen genehmigte Diskriminierungen oder verdeckte Boykotte tun. So beendeten Kommunalbehörden, sobald sie unter nationalsozialistische Kontrolle gekommen waren, regelmäßig ihre Geschäftsbeziehungen mit jüdischen Lieferanten und Dienstleistern, und die NS-Frauenorganisation beispielsweise forderte ihre Mitglieder auf, nicht in jüdischen Geschäften einzukaufen.[19]

Furchtlose Einzelne handelten auf eigenen Faust. In Hamburg verklagte Max Eichholz erfolgreich einen SS-Mann, weil er ihn einen »dreckigen Juden« genannt hatte. Als hochdekorierter Kriegsveteran und bewährter Jurist im öffentlichen Dienst zog er außerdem vor Gericht, um die Anwendung des Arierparagraphen auf einen von ihm geleiteten Verein zu verhindern. Andere griffen zu eher unrealistischen Mitteln, so etwa der Klempnermeister Heinrich Herz aus Hamborn, der sich in einem Brief an Hitler darüber beschwerte, dass er trotz aller Anordnungen des Innenministeriums durch einen örtlichen Boykott Kunden verliere. »Genauso, verehrter Herr Reichskanzler, wie Sie den Kampf jahrelang für Ihre Sache geführt haben, genauso möchte ich den Kampf für meine Glaubensgenossen führen und nicht eher ruhen, bis ich als Sieger aus diesem Lager hervorgehe.« Er bekam keine Antwort und musste schließlich seine Niederlage einräumen.[20]

Der CV setzte sich für entlassene Juden ein. Gab es Beweise für einen Gesetzesbruch, brachte man den Fall vors Arbeitsgericht, und häufig erreichte man tatsächlich die Wiedereinstellung des Betroffenen. Doch nach jeder Auseinandersetzung schlossen die Gerichte das erfolgreich genutzte Schlupfloch. Im März 1934 beispielsweise entschied ein Arbeitsgericht, dass ein hinreichender »wirtschaftlicher« Grund für eine Entlassung vorliege, wenn Kunden einer Firma keinen Kontakt mit einem jüdischen Arbeitnehmer wollten. Nationalsozialistische Arbeiter zwangen Arbeitgeber mit der Behauptung, sie könnten nicht neben Juden arbeiten, ihre jüdischen Kollegen zu entlassen. In einem Überblick für das Pariser Joint-Büro bemerkte David Schweizer: »Auf den ersten Blick bot Berlin bei meinem letzten Aufenthalt einen normalen Anblick.« Doch bei genauerem Hinsehen finde man »ein jüdisches Kaufhaus wie üblich von Juden und Nichtjuden besucht, während im nächsten Kaufhaus die völlige Abwesenheit jüdischer Angestellter auffällt«.[21]

Die Arbeitsvermittlung der Reichsvertretung half der wachsenden Zahl entlassener Juden bei der Arbeitssuche, wobei sie immer häufiger jüdische Firmen zur Einstellung jüdischer Mitarbeiter ermunterte. Es begann sich ein jüdischer Wirtschaftssektor herauszubilden, in dem jüdische Betriebe jüdische Arbeitslose einstellten, um Waren und Dienstleistungen für eine ausschließlich jüdische Kundschaft bereitzustellen. Umschulungen, die den gerade arbeitslos Gewordenen helfen sollten, ein Auskommen zu finden, gewannen an Bedeutung. Zugleich musste sie diejenigen auffangen, die von öffentlichen Berufsschulen ausgeschlossen worden waren. Einige wurden auf die Auswanderung, insbesondere nach Palästina, vorbereitet, doch der CV und der RjF betrachteten die Auswanderung weiterhin als eine Art Kapitulation.[22]

Im Jahr 1934 herrschte die Ansicht vor, dass Juden in den deutschen Großstädten ein Auskommen finden und sogar gut leben konnten. Bei einem Besuch in Hamburg bemerkte Eric Phipps »mehrere jüdische Rennpferdbesitzer, wie Herrn von Weinberg und Baron Oppenheim«, in derselben Loge wie Würdenträger des NS-Regimes. Den Gemeinden standen »beträchtliche Ressourcen« zur Verfügung, um Bedürftigen zu helfen.[23]

Die Emigrationspanik flaute so deutlich ab, dass die staatlichen Partner und jüdischen Spender des Hochkommissariats für Flüchtlinge an dessen Existenzberechtigung zu zweifeln begannen. Reiche britische Juden, die den Central British Fund for German Jewry verwalteten, diskutierten darüber, ob sie im folgenden Jahr überhaupt einen Spendenaufruf veröffentlichen sollten. Tausende von entmutigten Juden kehrten nach Deutschland zurück, und James McDonald musste eingestehen, »selbst in Deutschland geht es den Juden besser als den Flüchtlingen«. Er begann darüber nachzudenken, das Hochkommissariat abzuwickeln, wenn der Völkerbund es nicht stärker unterstützte. Doch dessen Generalsekretär, Joseph Avenol, erklärte im Juli bei einem Treffen mit McDonald, die Sympathie mit den Juden habe »in den vergangenen zwölf Monaten erheblich nachgelassen«. Umgekehrt habe der Antisemitismus zugenommen, und es wäre ein Fehler, mehr Machtbefugnisse für das Hochkommissariat zu verlangen, wenn dies die Lage verschlimmere. Als im November der Vorstand in London zusammentrat, stellte der von Großbritannien ernannte Vorsitzende Robert Cecil fest: »Wir erreichen nichts.« Man war sich einig, dass das Hochkommissariat aufzulösen sei.[24]

McDonald teilte die Zuversicht jüdischer Führungsfiguren in London und New York nicht. Schon Anfang des Jahres hatte er beobachtet, dass in Kleinstädten »die Situation wieder kritisch« wurde. Bei James Rosenberg beklagte er sich: »Wie Juden mit Intelligenz unter diesen Umständen Pläne machen können, als wäre das Schlimmste vorüber, geht über meinen Verstand.« Auf dem Land oder in Kleinstädten lebende Juden würden nicht emigrieren, sondern in die Großstädte gehen, wo sie der jüdischen Gemeinde zur Last fielen, ohne ins Blickfeld der internationalen jüdischen Hilfsorganisationen zu geraten.[25]

McDonald erfuhr durch Wilfrid Israel von der Notlage der Juden auf dem Land. Israel war ein in England lebender deutscher Jude, dessen Familie eines der größten Berliner Kaufhäuser gehörte. »Israel sieht Anzeichen für eine Gruppenwanderung von Juden aus den Kleinstädten«, notierte McDonald. »Dies ist eine neue Entwicklung.« Der britische Generalkonsul Robert Smallbones wies in einem Brief an Phipps ebenfalls darauf hin: »In einigen größeren Städten … schrecken sogar SA- und SS-Männer in Uniform nicht davor zurück, jüdische Geschäfte aufzusuchen. Allgemein kann gesagt werden, dass die Nachteile für sie umso größer sind, je kleiner die Stadt ist. Der Dorfjude befindet sich daher in einer besonders schwierigen Lage.« Raymond Geist berichtete dem Außenministerium in Washington Ähnliches: Die Situation der Juden in Deutschland scheine »für den Augenblick in den größeren Städten … einigermaßen befriedigend zu sein. Die Geschäfte jüdischer Kaufleute in Berlin und anderen großen Zentren Deutschlands befinden sich in einem zufriedenstellenden Zustand. In den kleineren Städten geht der antijüdische Boykott indes unvermindert weiter.«[26] In Franken und Hessen war es besonders schlimm. Als Botschafter Dodd im Herbst eine Autofahrt durch Süddeutschland unternahm, fielen ihm überall Anzeichen für einen permanenten »trockenen« Pogrom auf: »Als wir durch die Städte fuhren, sahen wir überall Plakate mit der Aufschrift ›Keine Juden erwünscht‹, ›Die Juden sind unser Unglück‹ und so weiter.«[27]

Regionale Verwaltungs- und Polizeidienststellen konstatierten in ihren Berichten an die Gestapozentrale in Berlin, dass die großen urbanen jüdischen Gemeinden ein neues Selbstbewusstsein an den Tag legten und Juden in großer Zahl ins Reich zurückkehrten. Im Oktober meldete die Berliner Gestapo eine verstärkte Rückwanderung polnischer Juden, die in Deutschland bessere Arbeitsmöglichkeiten fanden als im Ausland. Der Berliner Polizeipräsident, der eingefleischte Nationalsozialist Wolf-Heinrich Graf von Helldorff, betrachtete den Aufschwung des jüdischen Vereinslebens als Affront und konnte nicht nachvollziehen, warum man es duldete. »Das seit einiger Zeit schon beobachtete herausfordernde Verhalten der Juden wird immer deutlicher erkennbar«, stellte er fest. »Es darf als sicher angesehen werden, dass größte Kreise der Bevölkerung gegenüber diesem herausfordernden Verhalten der Juden die Zurückhaltung der maßgebenden Stellen nicht verstehen.«[28]

Auch an Hitler gerichtete Briefe zeugen von der Verwunderung seiner Anhänger. Sie offenbaren außerdem, wie Einzelne die antisemitische Stimmung und Politik zu ihrem persönlichen Vorteil zu nutzen suchten. Richard Fichte aus Chemnitz beschwerte sich darüber, dass Großeinkäufer von der Glasindustrie gegenüber kleinen Geschäftsleuten wie ihm selbst bevorzugt behandelt würden. Davon würden vor allem in jüdischem Besitz befindliche Kaufhäuser profitieren. »Daraus ergibt sich also, dass die Juden im Dritten Reich wieder wesentlich günstiger einkaufen können als die deutschblütigen Geschäftsleute.« Der »Ortsbauernführer« Jakob Falkenstein schrieb dem »Führer«, um unter anderem dagegen zu protestieren, dass in seiner Heimatstadt Hüttenfeld immer noch Juden den Viehmarkt beherrschten – »selbst SA-Reserve handelt mit Juden«. Elisabeth Barth, eine Witwe aus Chemnitz, beschwerte sich darüber, dass sie eine kleinere Rente erhalte als die Jüdin, die ihren Ex-Ehemann geheiratet hatte. »Das dürfte wohl nicht dem Sinne des Nationalsozialismus entsprechen«, empörte sie sich, »dass im heiligen Dritten Reich ein Judenweib einer deutschen Frau gegenüber so bevorzugt wird.«[29]

Im Lauf des Jahres erhielt das Gestapa in Berlin immer mehr Berichte über die Verärgerung in der NSDAP und angeblich auch in der breiten Bevölkerung darüber, dass die Drangsalierung von Juden durch den Schutzschirm der Behörden gehemmt werde. Das in der Gestapo-Zentrale für jüdische Angelegenheiten zuständige »Referat Judentum« (II 1 B 2) berichtete, »weite Kreise« der Bevölkerung stünden »diesen Anordnungen staatlicher und gemeindlicher Körperschaften verständnislos gegenüber und werden bei Bekanntwerden derartiger Anordnungen in ihrem Glauben an die Idee des Nationalsozialismus irregemacht. Das Geheime Staatspolizeiamt hat daher diese Fälle den maßgebenden Stellen des Reiches und der Bewegung zur Kenntnis gebracht und um Abstellung dieser Mängel gebeten.« Wenn nichts geschehe, um das »offen zur Schau getragene Selbstbewusstsein und die zielbewusste Tätigkeit der Juden« einzudämmen, bestehe die Gefahr einer allgemeinen »Missstimmung«, die sich bereits vielerorts in Ausschreitungen Luft mache, »bei denen die Polizei in die unangenehme Lage versetzt ist, Juden und deren Eigentum gegen die empörte Bevölkerung in Schutz zu nehmen«.[30]

Ganz ähnlich erging es der Stapostelle Kassel, die mit den Folgen einer »wieder lebhafter« gewordenen antijüdischen Propaganda örtlicher NSDAP-Gruppen in Gestalt von Vandalismus und antijüdischen Schildern konfrontiert war und nicht wusste, wie sie damit umgehen sollte: »Gegen die an Ortseingängen aufgestellten Schilder ist die

Staatspolizei bisher stets eingeschritten, um der Auslandspropaganda kein Material zu liefern.« Doch jetzt habe sie gegen örtliche Parteigliederungen vorgehen müssen; zudem gebe es große Unterschiede zwischen einzelnen Regionen des Reichs, erklärte die Stapostelle, und die Staatsautorität müsse »Schaden erleiden, wenn hier etwas verboten wird, was in Nachbarbezirken erlaubt und geduldet ist«. Man bat um eine Richtlinie der Reichsregierung: »Eine klare und eindeutige Stellungnahme der zuständigen Zentralbehörden zu dieser Frage erscheint erforderlich.«[31]

Mancherorts nahmen die Spannungen zwischen Partei und Staat absurde Formen an. In der Nacht vom 28. auf den 29. Oktober 1934 wurden bei einem Einbruch in die Synagoge von Schöllkrippen in Unterfranken Silbergegenstände und mehrere Thorarollen gestohlen. Die Polizei kam rasch zwei SA-Männern auf die Spur und verhaftete sie, was, obwohl sie am nächsten Tag wieder freigelassen wurden, in der Ortschaft für viel Unmut sorgte (offenbar unter Parteimitgliedern). In Hanau und anderen Städten im Regierungsbezirk Kassel fielen der Polizei Gruppen von SA- und SS-Männern auf, die vor jüdischen Betrieben antijüdische Lieder sangen. In der Vorweihnachtszeit gingen SA-Stürme überall in Deutschland wieder dazu über, den Betrieb von Geschäften in jüdischem Besitz zu stören. In Braunschweig, Hauptstadt des gleichnamigen Freistaats, zettelte Julius Streicher mit mehreren Hetzreden Konfrontationen zwischen Parteimitgliedern und Polizei an. Der Innenminister des Freistaats Braunschweig versicherte Berlin, dass er die einschlägigen Verordnungen der Reichsregierung anwende. Es könne aber nicht in deren Sinn sein, »dass die Durchführung in einer Form geschieht, bei der ein uniformiertes Polizeiaufgebot mit Gewalt gegen eine erzürnte deutsche Volksmenge vorgeht, die sich hinsichtlich ihrer Stellungnahme auf die Grundsätze der NSDAP berufen kann«. Einen Tag vor Heiligabend kam es in Frankfurt am Main beinah zu bewaffneten Auseinandersetzungen zwischen Feldjägern und Schutzpolizisten auf der einen Seite und Mitgliedern der Nationalsozialistischen Handwerks-, Handels- und Gewerbeorganisation (NS-Hago) sowie SA- und SS-Männer, die den Zugang zu jüdischen Geschäften blockierten, auf der anderen. »Unverständlich« war der Militärpolizei »die Einstellung der Gauleitung«, das heißt die Billigung der Boykottaktion.[32]

Die NS-Behörden waren sich der Diskrepanz zwischen Stadt und

Land bewusst. So teilte die Stapostelle des Regierungsbezirks Köln der Berliner Zentrale mit, in den kleinen Städten sei »der Boykott *gegen* jüdische Geschäfte wirkungsvoller als in der Großstadt, weil es besser überprüfbar ist, wer in einem Judengeschäft seine Einkäufe tätigt«.[33] Doch auch hier gab es Unterschiede. Victor Klemperer beschrieb amüsiert, wie die Menschen die Überwachung in ihren Wohnorten umgingen: »In Falkenstein darf man nicht beim ›Juden‹ kaufen. Also fahren die Falkensteiner zum Juden nach Auerbach. Und die Auerbacher ihrerseits kaufen beim Falkensteiner Juden.«[34] Es war eine beständig wiederholte Klage seitens der Polizei, dass die Landbevölkerung, insbesondere in katholischen Gegenden, für die nationalsozialistische Botschaft unempfänglich zu sein schien. Die Stapostelle im Regierungsbezirk Koblenz bemängelte, die Landbevölkerung zeige »für die Judenfrage weniger Verständnis« und stehe »mit den jüdischen Händlern nach wie vor in regem Geschäftsverkehr«. Dies gelte »teilweise sogar für Parteiangehörige«.[35] Raymond Geist übermittelte ihm zugetragene Informationen darüber, dass »die katholische Bevölkerung in vielen dieser Orte [in Franken und Hessen] wahre Tapferkeit an den Tag legt und offen Einkäufe in jüdischen Geschäften tätigt«.[36]

Nach zwei Jahren wirkte sich die NS-Herrschaft also sehr uneinheitlich auf die Juden aus, und auch die Reaktionen auf die antijüdischen Maßnahmen unterschieden sich nach Region sowie zwischen Stadt und Land. Laut einer Neueinschätzung aus jüngster Zeit hatten die Juden Anfang 1935 sogar Anlass zu glauben, »sie seien dabei, den Kampf zu gewinnen und dazu beizutragen, Störungen auf den Straßen zu beenden«. Vertreter des Regimes klangen zunehmend gereizt, wenn sie mit dieser Standfestigkeit konfrontiert waren. Der Staatsminister von Hessen bemerkte in seiner Zusammenfassung der politischen Lage: »Juden, die irgendwie glauben, wirtschaftlich geschädigt zu sein, berichten unmittelbar nach Berlin an das Reichswirtschaftsministerium. Jedenfalls ist der Jude zurzeit im Bezug auf seine Zukunft in Deutschland leider wieder recht optimistisch.« Für überzeugte Nationalsozialisten war der Anblick von Juden, die ihren alltäglichen Geschäften nachgingen, eine Art Beleidigung. Schlimmer noch, jüdische Proteste zwangen die Behörden, als »Hüter und Beschützer des Judentums« aufzutreten.[37]

Bis ins Jahr 1935 hinein hielt sich das Regime zurück. Es gab wirtschaftlichen Überlegungen den Vorrang und wollte sich vor der äußerst wichtigen Volksabstimmung im Saarland von seiner besten Seite zeigen. Das Saargebiet wurde seit 1919 auf Grundlage eines Völkerbundmandats von Frankreich verwaltet. Das Mandat endete im Januar 1935, und die Bevölkerung sollte Gelegenheit erhalten, zwischen deutscher Souveränität, einer Angliederung an Frankreich und einer fortgesetzten Völkerbundverwaltung zu wählen. Das Saarland war ein überwiegend katholisches Gebiet mit viel Industrie und Bergbau, und Katholiken und Arbeiter waren die beiden Bevölkerungsgruppen, die vor 1933 für den Nationalsozialismus am wenigsten empfänglich gewesen waren und weiterhin Zeichen von Widerspenstigkeit zeigten. Antifaschisten hofften, sie gegen eine Vereinigung mit Deutschland mobilisieren zu können, und verwandelten das Referendum in eine Abstimmung über den Nationalsozialismus. Dies brachte den CV-Vorstand in eine schwierige Lage. Die Völkerbundverwaltung bot den saarländischen Juden einen gewissen Schutz, und es ging das Gerücht, der CV habe für den Fall des Anschlusses an das Reich vor einem jüdischen Exodus gewarnt. Der CV fühlte sich aus Furcht, illoyal gegenüber Deutschland zu erscheinen, zwar bemüßigt, diesem Gerücht entgegenzutreten, konnte sich aber auch schlecht für den Anschluss einsetzen. Am Ende entschieden sich die Saarländer, bei nahezu hundertprozentiger Wahlbeteiligung, zu über 90 Prozent für die Vereinigung mit dem Reich. Victor Klemperer war sowohl über die Beteiligung als auch über das Ergebnis verblüfft. Die Feiern der Nationalsozialisten versetzten ihn in trübsinnige Stimmung: »Heute scheint mir der Mann wieder unvertilgbar …«[38]

Nach dem Saartriumph ordnete Hitler die Wiedereinführung der Wehrpflicht an. Die Vergrößerung und Aufrüstung der Reichswehr waren eine direkte Verletzung des Versailler Vertrags. Großbritannien und Frankreich protestierten und führten Gespräche mit Italien, um ihre Entschlossenheit, die deutschen Ambitionen einzudämmen, zu demonstrieren. In Wirklichkeit war die Reaktion eher schwach. Einige Monate später unterzeichneten Deutschland und Großbritannien ein Flottenabkommen, das eine Aufstockung der deutschen Überwasserflotte erlaubte. Dieser Durchbruch wurde nicht nur von der Reichswehr, sondern von der gesamten Bevölkerung positiv aufgenommen. Klemperer notierte voller Bedauern, Hitlers außenpolitischer Erfolg festige seine Stellung »aufs bedeutendste«.[39]

Andere deutsche Juden bedauerten, dass sie an diesem Erfolg nicht teilhaben konnten. Nach der Wiedereinführung der Wehrpflicht durch das »Gesetz über den Aufbau der Wehrmacht« bekundete der Deutsche Vortrupp, eine rechtsgerichtete Vereinigung deutscher Juden um Hans-Joachim Schoeps, öffentlich die Bereitschaft seiner Mitglieder, in der Wehrmacht, wie die Reichswehr nunmehr hieß, zu dienen.[40] Sie konnten ihrem Patriotismus nur so lange frönen, bis im Mai das »Wehrgesetz«, das die konkreten Regelungen enthielt, Nichtarier ausdrücklich vom Wehrdienst ausschloss. Für Patrioten wie den Hamburger Friedrich Solmitz war dies ein weiterer Schlag gegen seine Identität. Seine nichtjüdische Ehefrau schrieb empört in ihr Tagebuch: »Das Schlimme ist ja für uns drei, dass man uns das Anrecht an Volk u. Vaterland nehmen will, u. wir kein Ideal an die Stelle setzen können.«[41]

Die Widersprüche in der Judenpolitik

Vor dem Hintergrund der außenpolitischen Triumphe erhielten diejenigen in der NS-Führung, die sich für härtere Maßnahmen gegen Juden einsetzten, mehr Spielraum. Seit Himmler im April 1934 mit Heydrich als seiner rechten Hand zum Herrn über die Gestapo geworden war, hatte er die gesamte politische Polizei unter dem Mantel der SS vereinigt. Ein Grundsatz der SS lautete, dass die Juden Feinde des deutschen Volks seien, und Heydrich sowie Intellektuelle wie der von ihm für den SD gewonnene Werner Best übersetzten diese Feindschaft in praktische Politik und richteten die Gestapo auf die Durchsetzung der Rassenlehre und die Abwehr der »jüdischen Gefahr« hin aus.[42]

Die Gestapozentrale in Berlin begann regelmäßig Berichte über die jüdische Gemeinde anzufertigen. Im ersten hieß es, »dass der Jude seiner inneren Einstellung nach stets ein Feind des nationalsozialistischen Staates sein wird. Seine liberalistisch-internationale Weltanschauung lässt sich mit der Gedankenwelt des Nationalsozialismus nicht in Einklang bringen.« Die politische Polizei leitete mehr Ressourcen in die Überwachung jüdischer Organisationen, legte eine Kartei jüdischer Institutionen und Persönlichkeiten an und forderte ihre eigenen Mitarbeiter sowie sämtliche Polizisten auf, jüdische Aktivitäten in ihren Abschnitten zu überwachen.[43]

In den Berichten der Berliner Zentrale lässt sich die Herausbildung einer Gestapo-Linie für den Umgang mit dem jüdischen Feind verfolgen. Auf kurze Sicht sollte der Einfluss von Juden in Gesellschaft und Wirtschaft drastisch zurückgedrängt werden; auf lange Sicht sollten die Juden dazu gebracht werden, Deutschland ganz zu verlassen. In einem Bericht zum »Gegenwärtigen Stand der Judenfrage« stellte das Judenreferat des Gestapa im Zusammenhang mit dem Konflikt zwischen Zionisten und Deutschnationalen in der Reichsvertretung fest: »Das Bestreben der Staatspolizei ist dahin gerichtet, den Zionismus weitgehendst zu fördern und seine Auswanderungsbestrebungen zu unterstützen.« Mit Genugtuung vermeldete das Referat, dass die Zionisten die Oberhand über den CV und die jüdischen Kriegsveteranen gewonnen hätten. »An die Stelle der unvorbereiteten und überstürzten Emigration des Jahres 1933 ist jetzt eine geregelte Auswanderung getreten, als deren Ziel nur Palästina in Frage kommt.«[44]

Die Trennlinie zwischen Geheimer Staatspolizei und dem Sicherheitsdienst, seit Juni 1934 offiziell der Nachrichtendienst der Partei, verschwamm zusehends. In einem frühen Lagebericht erläuterte der SD die Unterschiede zwischen religiösen Juden, assimilierten (beziehungsweise »nationaldeutsch« gesinnten) Juden und Zionisten und warnte für den Fall, dass die Nationaldeutschen die Entschlossenheit der Juden, in Deutschland zu bleiben, zu stärken vermochten: »Wir werden die Juden vielleicht sogar als Minderheit anerkennen müssen und sie ewig auf dem Halse haben.« Um dies zu verhindern und in den Juden den Auswanderungswunsch zu wecken, müsse den Juden das Leben in Deutschland so unbequem wie möglich gemacht werden. Die Behörden müssten die nationaldeutschen Juden schwächen und Kräfte in der Bevölkerung, die ihnen Sympathie entgegenbrachten und sie unterstützten, ausschalten. Umgekehrt bevorzugte der SD die Zionisten und förderte ihre Tätigkeit.[45]

Bis 1935 zeigte der SD jedoch nur wenig Interesse an den jüdischen Angelegenheiten und besaß keine eigene Abteilung, die sich mit ihnen beschäftigte. Seine Haupttätigkeit bestand darin, Informationen über politische Gegner im In- und Ausland zu sammeln. Nach seinem Aufstieg an die Spitze der Gestapo sah Heydrich im Anbieten von Erkenntnissen und Ratschlägen zu jüdischen Fragen eine Gelegenheit, den Einfluss des SD auszuweiten. Er stellte Leopold von Mildenstein ein und übertrug ihm die Aufgabe, eine Judenabteilung aufzubauen sowie einen Maßnahmenkatalog für den Kampf gegen den jüdischen Feind auszuarbeiten. Mildenstein, zum Ingenieur ausgebildet und als

Journalist tätig, hatte Palästina bereist und darüber mehrere Artikel für Goebbels' Berliner Tageszeitung *Der Angriff* geschrieben. Nach seiner Ansicht waren Juden Fremde in Deutschland, aber er sah wenig Sinn darin, sie einfach nur zu unterdrücken. Stattdessen sollte man ihnen helfen, in ihr eigenes Land auszuwandern. Zu diesem Zweck sollten Parteistellen und Behörden mit zionistischen Organisationen zusammenarbeiten, statt ihnen Steine in den Weg zu legen.[46]

Unter den Mitarbeitern, die Mildenstein in seine neue Abteilung holte, war ein 29-jähriger SS-Scharführer namens Adolf Eichmann, der erst kurz zuvor von einem Büroposten in einer Dachauer SS-Dienststelle zur Berliner SD-Zentrale gewechselt war. Eichmann war in Deutschland geboren, aber in Österreich aufgewachsen. Im April 1932 war er in die österreichische NSDAP und SS eingetreten, und als die Partei zwei Jahre später verboten wurde, war er nach Deutschland gegangen. Beim SD hatte er sich in der Hoffnung auf eine aufregende Tätigkeit beworben; was er vorfand, war jedoch eine unterfinanzierte Organisation, die Informationen über Gegner von Partei und Reich sammelte. Mildenstein rettete ihn aus einer langweiligen Beschäftigung und weihte ihn in die jüdische Geschichte und den Zionismus ein. Nach Mildensteins Ausscheiden wurde Eichmann zum SD-Experten für jüdische Emigration und die zionistische Bewegung.[47]

Für Heydrich und seine »Judenreferenten« war klar, dass Juden nicht emigrieren würden, solange sie in Deutschland eine Zukunft zu haben glaubten, das Leben angenehm war und jüdische Organisationen die Überzeugung verbreiteten, Juden seien Deutsche. Die Erkenntnisse des SD aus den Überwachungsmaßnahmen unterstrichen die Notwendigkeit, schärfere Schritte zu unternehmen, um die Juden aus der Wirtschaft auszuschließen, die Grundlagen jüdischen Lebens zu unterminieren und ihnen das Gefühl zu geben, dass es in diesem Land keinen Platz für sie gab. Vom SD dazu ermuntert, behinderte die Gestapo zunehmend den anhaltenden Widerstand des CV gegen Maßnahmen zur Verdrängung der Juden aus der Wirtschaft.[48]

In verdächtiger Gleichförmigkeit wurde in den Stimmungsberichten der Gestapo jetzt der Unmut der Bevölkerung über das blühende jüdische Kulturleben, in Wohlstand lebende Juden und die Rückkehr von Emigranten hervorgehoben. Polizei- und Staatsbeamte begannen Gesetze zur Regelung der Beziehungen zwischen Juden und »Ariern« zu fordern, um die Juden in die Schranken zu weisen. Berliner

Gestapo-Mitarbeiter empörte das Verhalten der Juden: »Sie können und wollen nicht begreifen, dass sie im 3. Reich nur Fremdlinge sind. Ihre Einstellung geht darauf aus, sich langsam wieder in die Volksgemeinschaft einzuschmuggeln.« Es sei »dem mehr und mehr rassisch denkenden Volke schlechthin unverständlich, dass diesem Treiben von Staats wegen nicht mit drakonischen Maßnahmen Einhalt geboten wird«. Der Regierungspräsident von Koblenz betrachtete die guten Umsätze jüdischer Geschäfte als Anzeichen dafür, »dass die Juden im Stillen planmäßig ... bemüht sind, die ihnen verlorengegangenen Wirtschaftsgebiete wieder zurückzuerobern«. Neuerliche Ausschreitungen hätten zu Zusammenstößen zwischen Partei und Polizei geführt, die jedoch »vermieden würden, wenn in der Judenfrage von der Bewegung und den Staatsbehörden einheitlich vorgegangen würde«. Nach Ansicht des Landrats des Kreises Fritzlar-Homberg in Nordhessen war es »zu wünschen, dass vielleicht zwischen Reichsregierung und Partei grundsätzliche Vereinbarungen über die Behandlung der Judenfrage getroffen würden«.[49]

Die durch diese Widersprüche hervorgerufenen Spannungen traten immer deutlicher zutage. Am 11. April 1935 untersagte der »Stellvertreter des Führers« Rudolf Heß in einem Rundschreiben den Parteimitgliedern jede »Einzelaktion«, während er gleichzeitig das 1934 ausgesprochene Verbot von Kontakten mit Juden bekräftigte.[50] Ausländischen Korrespondenten blieben diese Unvereinbarkeiten nicht verborgen. Bei einem Osterurlaub mit seiner Frau in Bad Saarow südöstlich von Berlin fiel William Shirer auf, dass dort »hauptsächlich Juden« anzutreffen waren: »... es überrascht uns ein wenig, wie viele von ihnen immer noch unbeschwert und offenbar ohne Angst hier leben.« Shirer fand sie »unzulässig optimistisch«.[51] Auf dem Land sah es anders aus. Als Virginia Woolf zusammen mit ihrem jüdischen Ehemann Leonard im Sommer eine Reise durch Deutschland unternahm, war sie betroffen, auf quer über die Straße gespannten Spruchbändern zu lesen: »Der Jude ist unser Feind« und »Kein Platz für Juden in –«. In Süddeutschland war die Stimmung entspannter, aber auch dort hatte »jedes Dorf ein Schild ... ›Juden sind hier unwunscht [*sic*]‹«.[52] Diplomaten, die diese disparaten Entwicklungen verfolgten, diskutierten darüber, ob weitere Interventionen klug seien. Als Dodd dies bei einem Spaziergang mit Phipps durch den Berliner Tiergarten ansprach, erwiderte dieser, es würde »nicht viel helfen«, Hitler sei »in diesem Punkt fanatisch«.[53]

Weiter aufgepeitscht wurde die Stimmung durch eine Kampagne des *Stürmers* gegen »Rassenschande«. Streichers schlüpfrige Geschichten über dunkelhäutige Juden, die unschuldige »arische« Mädchen verführten, lösten einen Sturm von Beschimpfungen und Gewalttätigkeiten gegen Juden und ihre nichtjüdischen Partner aus. Im Dezember 1934 hatte eine Sonderausgabe über den angeblichen Missbrauch christlicher Kinder Übergriffe in ganz Deutschland zur Folge. Aus Bad Neustadt an der Saale zum Beispiel berichtete die Gendarmerie, dass das Haus eines jüdischen Viehhändlers mit den Worten »Sau Jud, Mädchenschänder« beschmiert worden war. Im April 1935 übertraf Streicher sich selbst mit einer weiteren Sonderausgabe des *Stürmers* zum Thema »Ritualmord«, einer giftigen Mischung aus Kindesmissbrauch, Folter und Religion. Die Abstände zwischen den Vorfällen nahmen ab, und zum ersten Mal griff die Polizei in sexuelle Beziehungen ein. In Berlin begann die Gestapo Beweise gegen »arische« Frauen zu sammeln, die sich »Juden hingeben und intimen Verkehr mit ihnen pflegen«. Dass für solche Einmischung jegliche rechtliche Handhabe fehlte, deutete derselbe Bericht an: »Soweit die gesetzlichen Grundlagen ausreichten, wurden die betreffenden Juden in Schutzhaft genommen.« In Königsberg konstatierten Gestapo-Beamte die paradoxe Situation, dass die Maßnahmen gegen »Volksschädlinge« nicht nur keine Rechtsgrundlage hatten, sondern auch bei der Bevölkerung auf Unverständnis stießen. Zu den inkriminierten sexuellen Beziehungen bemerkt die Stapostelle etwas ratlos: »Es mehren sich auch in Ostpreußen die Fälle, wo Juden arische Mädchen geschlechtlich missbrauchen, wobei allerdings gesagt werden muss, dass die Mädchen sich bedenkenlos hergeben.«[54]

Die Polizei konstruierte wider besseres Wissen einen Skandal, den es nicht gab, und schuf damit die Notwendigkeit staatlichen Vorgehens gegen ihn. Nachdem die Berliner Gestapo innerhalb eines Monats 72 Personen wegen »Rassenschande« festgenommen hatte, resümierte sie: »Trotz der Aufklärung der NS-Presse hat die rassenschänderische Tätigkeit der Juden einen Umfang angenommen, der Veranlassung gegeben hat, dieser Tätigkeit erhöhte Aufmerksamkeit zu schenken.«[55] Die Behörden vermittelten den Eindruck einer breiten Unterstützung durch die Bevölkerung. Dabei zeigten ihre eigenen Beobachtungen, dass die Publizität rund um die sogenannte »Rassenschande« ebenso sehr ein Mittel zur Erziehung der Volksgemeinschaft im Sinne rassisch definierter Grenzlinien war wie eine Reaktion auf den Abscheu in der Bevölkerung gegen rassische Vermischung. In Breslau wurden im Juli 1935 je zwanzig Juden und Nichtjuden wegen angeblicher »Rassenschande« in Schutzhaft genommen. Ihr Abtransport ins Konzentrationslager geschah unter dem Jubel einer nach Tausenden zählenden Menschenmenge, nachdem, wie der Bericht der Stapostelle vermerkte, »der Öffentlichkeit endlich einmal die *Rassenschändung der Juden* an *arischen* Frauen im scharfen Licht vor Augen geführt wurde«. Die Wirkung war ansteckend. Anfang September meldete die Stapostelle im Regierungsbezirk Minden, dass »größere Teile der Bevölkerung von einer gewissen Rassenschandepsychose erfasst wurden, so dass man überall Rassenschande witterte ...«[56]

Auch Boykotte und Gewalttätigkeiten nahmen zu. In dichter Folge trafen Berichte ein, in denen sich lokale Staatsvertreter als widerstrebende Hüter von Recht und Ordnung präsentierten, die sich bemühten, unpopuläre Verordnungen durchzusetzen, obwohl diese ihrem nationalsozialistischen Selbstverständnis und dem Willen der Bevölkerung widersprächen. Der Regierungspräsident von Wiesbaden hielt sich zugute, dass er die »Abwehrmaßnahmen« zugunsten der Bevölkerung »im Rahmen der gesetzlichen Möglichkeiten« gehalten habe. In Berlin gab die Polizei dem »herausfordernden Verhalten der Juden« die Schuld an der Entstehung einer »starken antisemitischen Welle«. Offenbar betrachteten viele Berliner die Juden inzwischen »in jeder Hinsicht als Freiwild«. Es sei zu einer »großen Anzahl empörender Vorfälle« gekommen, die zu unangenehmen Zusammenstößen zwischen Demonstranten und Polizei geführt hätten. Positiv daran sei jedoch, dass »der Bevölkerung sichtlich immer mehr die Augen geöffnet werden«. Münsteraner Beamte stellten eine Wechselwirkung zwischen Öffentlichkeit und Propaganda fest: »Wie in den meisten Orten des Reiches, so ist auch im hiesigen Bezirk in den letzten Wochen das Judenproblem wiederum in den Brennpunkt des allgemeinen Interesses getreten. Überall machte sich eine verstärkte Propaganda gegen das Judentum, ganz besonders aber gegen die jüdischen Geschäftsleute, bemerkbar.«[57]

Für Außenstehende war die Berechnung hinter den Vorfällen offensichtlich. Samuel Honaker, der US-Konsul in Stuttgart, berichtete, der Aufruhr und die Boykotte in seiner Stadt seien »keine Überraschung«; ihnen sei »durch eine Reihe von Entwicklungen, welche die Aufmerksamkeit der Menschen auf den angeblich schädlichen Einfluss der Juden lenkten, sorgfältig der Weg geebnet worden. Die Zeitungspropaganda gegen die Juden nahm in Umfang und Vielfalt zu und unterminierte in verschiedenen Teilen der Bevölkerung nach und nach den Widerstand.« Nach Honakers Beobachtung schien insbesondere die Jugend »von der antijüdischen Agitation infiziert« worden zu sein. Manche würden die antijüdische Propaganda missbilligen, aber es sei »stark zu bezweifeln, dass diese Kräfte auf lange Sicht die Oberhand gewinnen werden und sich die Situation nicht in eine gefährliche Richtung entwickelt«.[58]

In ländlichen Gebieten vervielfachte sich die Zahl der tätlichen Angriffe und Sachbeschädigungen. Der Landrat des Kreises Hünfeld in Hessen bemerkte, dass »die Täter sich vor strafrechtlicher Verfolgung geschützt glauben«. Die Gewalt griff auch auf Schulen über, wenn Eltern die Entfernung der verbliebenen jüdischen Lehrer forderten und darüber mit der Schulleitung in Streit gerieten. In den heißen Sommerwochen, als die Menschen sich in öffentlichen Schwimmbädern erholten, verjagten Angehörige der Hitlerjugend Juden aus jenen Örtlichkeiten, von denen sie noch nicht verbannt waren. Doch dies war nicht legal. Die Widersprüchlichkeit der Politik regte zunehmend nachdrücklich vorgebrachte Forderungen an, die Kluft zwischen dem vom Gesetz Erlaubten und dem von den Aktivisten Gewünschten zu schließen. So stellte die Kölner Gestapo fest: »Die Vorgänge der letzten beiden Monate haben gezeigt, dass in Zukunft unbedingt klare Anweisungen der zentralen behördlichen Stellen über das, *was im Rahmen der antijüdischen Propagandawelle erlaubt und was nicht erlaubt ist,* notwendig sind …« Wenn nichts getan werde, warnte die Kölner Stapostelle, »leidet … letzten Endes die *Staats-Autorität*«.[59]

Ihren Höhepunkt erreichte die antijüdische Welle in einer Woche des Aufruhrs auf dem Kurfürstendamm in Berlin. Zwischen dem 22. und 28. Juli 1935 wurden jüdische Geschäfte und Eisdielen demoliert, während SA- und SS-Männer in Zivil Passanten anpöbelten und verprügelten. Schritten Polizisten ein, wurden sie als »Judenknechte« beschimpft, so dass schließlich NSDAP-Funktionäre und uniformierte SA-Männer herbeigerufen wurden, um den Krawall zu beenden.[60] Der Arzt und Schriftsteller Martin Gumpert erinnerte sich 1940 in Amerika an die Ereignisse dieser brütend heißen, beängstigenden Tage zurück. Er war 1933 als Direktor eines dermatologischen Krankenhauses abgesetzt worden, aber in Berlin geblieben, weil er sich als durch und durch deutsch betrachtete – bis er die Kurfürstendamm-Krawalle miterlebte: »An der nächsten Ecke sah ich einen Mann mit einem goldenen Parteiabzeichen eine alte Jüdin treten, ein alter Mann wurde niedergeschlagen und weggeschleppt. Ein junger Mann mit einem Kneifer auf der Nase rannte in Panik über die Straße, und ein heulender Mob lief ihm nach.« Die Reaktion der Zuschauer war ernüchternd: »Eine viel größere Menge [als die Krawallmacher] stand auf den Bürgersteigen und schaute zu. Sie war ganz still. Der Ausdruck in ihren Gesichtern schwankte zwischen neugieriger Amüsiertheit und Abscheu.« Aber was noch schlimmer war: »Der empörendste Anblick war die Polizei, die sich offenbar versammelt hatte, um ein Verbrechen zu schützen. Die Polizisten saßen mit ausdruckslosen Gesichtern in ihren Wagen und taten nichts, wenn jemand um Hilfe schrie oder auf dem Pflaster zusammenbrach.« Am nächsten Tag gelangte Gumpert zu dem Schluss, dass er seine Tochter nicht in »dieser Atmosphäre des Wahnsinns« aufwachsen lassen konnte, und beschloss, Deutschland zu verlassen.[61]

Die Juden spürten den Stimmungsumschwung. Proteste gegen die »Ritualmordausgabe« des *Stürmers* liefen ins Leere. Im Gegenteil, das drastische Titelblatt wurde in den »Stürmerkästen« öffentlich ausgestellt. Victor Klemperer verfolgte, wie überall in Dresden antijüdische Parolen auftauchten. Einige Wochen später verlor er seine Anstellung. »Die Judenhetze und Pogromstimmung wächst Tag für Tag«, stellte er fest. Im August hatte die Hetzkampagne ein solches Ausmaß erreicht, dass er fürchtete, »hier nächstens totgeschlagen zu werden«.[62] Immer mehr Jugendliche nahmen an den Ausschreitungen teil, häufig in organisierten Gruppen uniformierter Hitlerjungen. Im nordbayerischen Bad Kissingen erlebte James McDonald erschrocken, wie Kinder von höchstens neun Jahren Juden angriffen. In der Stadt lebende jüdische Familien hatten Angst, abends aus dem Haus zu gehen, und in Geschäften wurden sie nicht bedient. Die Polizei verhielt sich immer passiver oder griff überhaupt nicht ein. Wurden Straftäter festgenommen und vor Gericht gestellt, erhielten sie lächerlich geringe Strafen.[63]

Offensichtlich änderte sich auch die Haltung des Staates. Seit dem Machtantritt des NS-Regimes hatten NSDAP-Gliederungen und Standesämter verschiedentlich Bedenken gegen die rechtliche Verpflichtung, Juden mit Nichtjuden zu vermählen, geäußert, ohne dass dies irgendwelche konkreten Folgen gehabt hätte. Dann waren durch das Wehrgesetz vom Mai 1935 Heiraten zwischen aktiven Wehrmachtsangehörigen und »Nichtariern« verboten worden (nachdem die Reichswehr bereits seit Februar 1934 von den Bräuten ihrer Soldaten einen Nachweis ihrer »arischen« Herkunft verlangt hatte). Wenig später forderte das Reichsinnenministerium die Standesämter in Erwartung einer gesetzlichen Regelung auf, vorläufig keine gemischten Paare mehr zu trauen.[64]

Zionisten betrachteten den Druck zur Ausgrenzung als Erfüllung ihrer Überzeugung, dass die Juden ein eigenes Volk seien, das keinen Platz in Deutschland habe, und dass es für die Juden an der Zeit sei auszuwandern. Doch der Centralverein forderte weiterhin zur Ruhe auf: »Keinem Menschen, der sich unter dem Zwang der Verhältnisse entschließt auszuwandern, werden Vorhaltungen gemacht werden können. Aber die Auswanderung und die Liquidation des deutschen Judentums als generelle Forderung aufzustellen, würde den realen Gegebenheiten sowohl innerhalb als auch außerhalb Deutschlands und ebenso dem Interesse der deutschen Wirtschaft widersprechen.« Als durchsickerte, dass das NS-Regime eine dramatische Beschneidung der staatsbürgerlichen Rechte von Juden vorbereitete, gab sich der CV unerschütterlich und erklärte, ein solches Gesetz würde lediglich den Status quo widerspiegeln. Im August bat die Reichsvertretung geradezu um ein Gesetz, »weil sonst in dem Wettlauf der antisemitischen Handlungen … keine Grenze abzusehen« sei.[65]

Als die Regierung Mitte 1935 schließlich handelte, war ihre Entscheidung nicht der unmittelbare Ausdruck eines lange gehegten Ehrgeizes der NS-Elite (oder des nationalsozialistischen Fußvolks), der einer traditionellen Besessenheit von Juden als vermeintlichen Triebtätern entsprungen war oder dem jüngeren pseudowissenschaftlichen Dogma, Juden würden das deutsche Blut verunreinigen. Ausschlaggebend waren vielmehr eher kurzfristige und pragmatische Erwägungen. Die NS-Führung war immer noch mit einer schwierigen Wirtschaftslage konfrontiert: Die Arbeitslosigkeit blieb hoch, während die Umleitung von Mitteln in die Rüstung eine inflationäre Entwicklung zur Folge hatte. Die SA hatte im Sommer 1934 ihren Anführer verloren und noch keine neue Rolle gefunden; ihre Mitglieder dürsteten nach einer Aufgabe. Vor allem aber war die Diskrepanz zwischen Regierungspolitik und Parteilehre untragbar. Die Wehrmacht drängte auf eine Klärung der Frage, wer als Mischling anzusehen sei, um feststellen zu können, mit wie vielen Wehrpflichtigen sie rechnen konnte und wer vom Wehrdienst auszunehmen war. Heydrich und der SD forderten eine radikale Trennung von Juden und »Ariern«. Im Juli erklärte er in einer Denkschrift für die Reichskanzlei, unkoordinierte Boykotte und »wilde« Gewaltaktionen führten zu nichts. Es sei unabdingbar, Gesetze zu beschließen, die klarstellten, dass Juden außerhalb der Volksgemeinschaft stünden, und diese Trennung praktisch umzusetzen. Um seinen Standpunkt zu verdeutlichen, gab Heydrich dem »bisherigen uneinheitlichen Vorgehen gegen das Judentum« die Schuld an den jüngsten Unruhen. Die Menschen würden ein »allgemein schärferes Vorgehen« fordern.[66] Hinzu kam, dass der in einer Eigenschaft als Dienstherr betroffene Reichsbankpräsident Schacht dem Durcheinander ein Ende setzen wollte. Anfang August stellte die NSDAP in Arnswalde einen Reichsbankmitarbeiter an den Pranger, weil er angeblich in einem jüdischen Geschäft eingekauft hatte. Schacht verlangte eine öffentliche Gegendarstellung, und als diese nicht erfolgte, schloss er kurzerhand die Reichsbankfiliale in Arnswalde. Die Verwirrung in der Judenpolitik wurde unhaltbar.[67]

Rassengesetze

Am 20. August 1935 fand auf Einladung Schachts in der Reichsbank eine interministerielle Sitzung statt, um das Durcheinander zu entwirren und die Spannung zwischen Partei und Staat aufzulösen. Die Teilnehmer waren unter anderen Innenminister Frick, Justizminister Gürtner, der Staatssekretär im Auswärtigen Amt von Bülow und der bayerische Innenminister Adolf Wagner, der als Gauleiter von München auch für die NSDAP sprach. Schacht eröffnete die Sitzung mit einem »eingehenden Überblick über die schwere Schädigung der deutschen Wirtschaft infolge der Übertreibungen und Ausschreitungen der antisemitischen Propaganda«. Er wies darauf hin, »dass das gesetzlose Treibenlassen u. a. auch die wirtschaftliche Grundlage der Aufrüstung in Frage stelle«. Dafür seien insbesondere die DAF, die von ihr kontrollierte Mittelstandsorganisation NS-Hago sowie Streichers Aktivitäten verantwortlich. Das Parteiprogramm müsse umgesetzt werden, aber auf gesetzlichem Wege. Frick pflichtete Schacht bei und verlas den Entwurf eines Erlasses an die Regierungspräsidenten, der sie anwies, Ausschreitungen zu verhindern. Gürtner warnte davor, dass niemand sich an Gesetze halten würde, solange die Leute glaubten, sich dem Staat ungestraft widersetzen zu können. Bülow verwies auf die Folgen für das Ansehen des Reichs im Ausland und blickte voraus auf die im folgenden Jahr anstehenden Olympischen Spiele. Auch Wagner erkannte die Notwendigkeit von Recht und Ordnung an, sah den Grund für das Durcheinander aber in der Diskrepanz zwischen der Parteilinie in der Judenfrage und dem Umgang des Staates mit ihr. Er verlangte von der Regierung, die »antisemitische Stimmung« der Bevölkerung aufzugreifen und dringend Schritte zu unternehmen, um die Juden in der Wirtschaft auszuschalten. Am Ende der Besprechung war man sich zwar einig, dass die Situation nicht bleiben durfte, wie sie war, hatte aber keinen Konsens darüber erzielt, wie sie verändert werden sollte – abgesehen davon, dass man eine gesetzliche Regelung für erforderlich hielt.[68]

Im Lauf des August erließen Hitler, Heß, Frick und sogar Streicher Anordnungen mit dem Ziel, den Aufruhr zu beenden. In der Tat wurden die Ausschreitungen schließlich unter Kontrolle gebracht, doch warfen die Rassengesetze ihren Schatten voraus, etwa in Gestalt der Anweisung des Innenministeriums, gemischte Paare nicht mehr zu trauen.[69] Raymond Geist erklärte gegenüber McDonald düster: »Die Juden werden den Löwen vorgeworfen, um von der Wirtschaftslage abzulenken.« Der Erlass neuer Gesetze, die dazu dienen würden, »die Juden weiter von der Masse der Deutschen abzusondern und in neuer Weise zu benachteiligen«, stünde »unmittelbar« bevor. Botschafter Dodd befürchtete eine Politik der Rassentrennung. Der britische Konsul in Frankfurt am Main schrieb an Außenminister Samuel Hoare: »Der Jude ist zurzeit sowohl als Privat- als auch als Geschäftsmann ein Gesetzloser, Ziel jeder willkürlichen Behandlung, die örtliche Nazibosse anordnen mögen, und oft genug auch der Launen einzelner SA-Männer. Es gibt jedoch Anzeichen dafür, dass dieser gesetzlose Zustand nicht mehr lange bestehen bleiben wird.« Allerdings, schloss der Konsul, werde man »die Kampagne gegen die Juden, selbst wenn sie gesetzlich reglementiert werden sollte, nicht mäßigen, sondern lediglich systematisieren«.[70]

An diesem Punkt griff Hitler persönlich ein. Wie so oft war eine Meldung der Auslöser, die das Vorhandensein einer Verschwörung des »Weltjudentums« gegen Deutschland zu beweisen schien, obwohl es sich, objektiv betrachtet, um einen unbedeutenden diplomatischen Vorfall handelte. Am 26. Juli hatten antifaschistische New Yorker Hafenarbeiter auf dem abfahrbereiten deutschen Dampfschiff *Bremen* die neben der wiederbelebten kaiserlichen Flagge aufgezogene Hakenkreuzfahne heruntergerissen. Hitler sah darin einen von Juden angestachelten Angriff auf die nationalsozialistische Bewegung, zumal die Hafenarbeiter vor Gericht glimpflich davonkamen und der Richter in der Urteilsbegründung das NS-Regime scharf attackierte. Er beschloss, auf dem bevorstehenden Parteitag der NSDAP, der vom 9. bis 15. September in Nürnberg stattfinden sollte, zurückzuschlagen und gleichzeitig die Ausrichtung der Judenpolitik festzulegen. Deshalb berief er für den letzten Tag des Parteitags eine Sondersitzung des Reichstags ein, auf der die Hakenkreuzfahne zur einzigen Flagge des Deutschen Reichs erklärt und Juden ihre Verwendung verboten werden sollte. Während des Parteitags beschlossen Hitler und die NS-Führung, wahrscheinlich auf Druck von Hardlinern, auf der Sitzung außerdem Gesetze zu verabschieden, die Ehen zwischen Juden und »Ariern« verboten und eine rechtliche Barriere gegen »Rassenschande« errichteten.[71]

Die neuen Rassengesetze wurden von Bernhard Lösener, einem Beamten des Innenministeriums, der kurzfristig nach Nürnberg beordert worden war, in aller Eile entworfen. Über Bestimmungen zur Trennung von Juden und »Ariern« hatte man indes schon seit längerem nachgedacht, und an Vorschlägen für die Kennzeichnung oder Segregation von Juden herrschte kein Mangel. Die Schwierigkeit bestand darin, dass Hitler den Parteigetreuen zwar etwas Spektakuläres präsentieren, gleichzeitig aber keinen internationalen Boykott der bevorstehenden Olympischen Spiele im Februar 1936 in Garmisch-Partenkirchen und im August in Berlin riskieren wollte. Deshalb ließ er mehrere Gesetzestexte von abgestufter Härte ausarbeiten, die das Netz rassistischer Vorschriften unterschiedlich breit aufspannten.[72]

Hitler eröffnete den Parteitag mit einem Angriff auf den »jüdischen Bolschewismus«, der unverkennbar einen konkreten Schlag ankündigte, den er am letzten Tag des Parteitags, dem 15. September 1935, ausführte. Eines der drei neuen Gesetze, die er verkündete, diente dem »Schutz des deutschen Blutes und der deutschen Ehre«; es verbot Eheschließungen und sexuelle Beziehungen zwischen Juden und »Ariern« sowie die Beschäftigung »arischer« Frauen als Haushaltshilfe durch Juden. Das zweite, das »Reichsflaggengesetz«, untersagte Juden, die deutsche Fahne zu hissen; sie konnten die »jüdischen Farben« zeigen. Das dritte schließlich, das »Reichsbürgergesetz« – dessen Formulierung Hitler erst um Mitternacht von den müden Vertretern des Innenministeriums erbeten hatte und das erst am frühen Morgen in die Schreibmaschine getippt worden war –, beschränkte die deutsche Staatsbürgerschaft auf Personen »deutschen oder artverwandten Blutes«, die nachgewiesen hatten, dass sie diesen Status verdienten. Juden wurden zu Untertanen reduziert, die Bürgerpflichten zu erfüllen hatten und einen gewissen Rechtsschutz genossen, aber keine politischen Rechte besaßen. In seiner Eröffnungsrede brachte Hitler die Verabschiedung der Gesetze ausdrücklich mit »internationaler Unruhe« und jüdischer Missachtung deutscher Interessen in Verbindung. Er versicherte, dass die Regierung der Herausforderung mit rechtlichen Mitteln entgegentreten werde, und unterstrich, dass Willkürakte von Parteifanatikern nicht länger hinnehmbar seien. Stattdessen drückte er die Hoffnung aus, dass es dem deutschen Volk auf der Grundlage der neuen Gesetze »möglich wird, ein erträgliches Verhältnis zum jüdischen Volk finden zu können«. Allerdings ließ er eine Drohung folgen: »Sollte sich diese Hoffnung nicht erfüllen, die innerdeutsche und internationale jüdische Hetze ihren Fortgang nehmen, wird eine neue Überprüfung der Lage stattfinden.« In einer später am selben Tag gehaltenen Rede vor Parteiführern erklärte er, den Juden seien »nach diesen Gesetzen Möglichkeiten ihres völkischen Eigenlebens auf allen Gebieten eröffnet worden«, und wiederholte seinen Befehl an die Partei, jede Einzelaktion gegen Juden zu vermeiden.[73]

Tatsächlich stellten die Nürnberger Gesetze das Regime vor neue Dilemmas. So sagten sie nichts über die wirtschaftlichen Beziehungen zwischen Juden und »Ariern« – eine schwärende Wunde für zahllose Parteiaktivisten, denen der Anblick jüdischer Läden voller Kunden oder von Bauern, die mit jüdischen Viehhändlern Geschäfte machten, ein Dorn im Auge war. Auch konkrete Dinge wie den Zugang zu Schwimmbädern oder die Aufstellung antijüdischer Schilder an Dorfeingängen regelten sie nicht. Die vertrackte Frage, ob Juden zum Empfang von Fürsorgeleistungen berechtigt waren, blieb ebenfalls offen. Noch schlimmer war, dass sie nicht definierten, wer Jude war, so dass die Situation derjenigen, die nach dem Arierparagraphen als Mischlinge galten, nicht klarer geworden war, obwohl jetzt weit mehr auf dem Spiel stand. Die Nürnberger Gesetze waren ein für Hitler typischer Versuch, durch einen radikalen Schritt aus einer verfahrenen Lage herauszukommen, was auf ein Glücksspiel hinauslief, denn die Folgen waren nicht gründlich durchdacht.

Es folgten Monate voller Beamtenbesprechungen, bis eine Definition des Jüdischseins gefunden war. Geleitet wurde die Arbeit von zwei Vertretern des Innenministeriums, Wilhelm Stuckart und Hans Globke. Am Ende mussten sie sich mit einer Mischung aus pseudowissenschaftlichem Rassendenken und altmodischer Religion zufriedengeben. Am 14. November 1935 definierte die erste von mehreren Durchführungsverordnungen zum Reichsbürgergesetz eine Person als »Volljuden«, wenn sie drei oder vier jüdische Großeltern hatte. »Als volljüdisch gilt ein Großelternteil ohne weiteres, wenn er der jüdischen Religionsgemeinschaft angehört hat.« Man ging der Einfachheit halber davon aus, dass zwei Generationen zuvor ein Angehöriger einer jüdischen Gemeinde auch jüdischer Abstammung war. Es spielte folglich keine Rolle, ob ein Großelternteil irgendwann zum Christentum konvertiert war; jüdisches Blut war dicker als Taufwasser. Als Volljude galt man auch, wenn man nur zwei jüdische Großeltern hatte, aber mit einem Juden verheiratet war und der jüdischen Gemeinde angehörte. Bei solchen »Geltungsjuden« zählten Religionszugehörigkeit und Partnerwahl ebenso viel wie die vergiftende Wirkung des Bluts. War jemand, der zwei jüdische Großeltern hatte, aber kein Mitglied der jüdischen Gemeinde und mit einem »Arier« verheiratet, galt er als Mischling ersten Grades, während jemand mit nur einem jüdischen Großelternteil als Mischling zweiten Grades definiert wurde.[74]

Die genauen Rechte und Pflichten von Mischlingen waren in den Wochen nach dem Erlass der Rassengesetze zwischen Vertretern von Partei und Staat umstritten. Reichsinnenministerium und Wehrmacht wollten Mischlinge ersten und zweiten Grades als Staatsbürger behandeln. Frick wollte nicht, dass die mit Mischlingen verheirateten »Arier« dem Staat entfremdet wurden, und die Wehrmacht fürchtete den Verlust Hunderttausender Wehrpflichtiger. Im Gegensatz dazu wollten Rassenkrieger der Partei alle Mischlinge aus der »arischen« Gesellschaft ausschließen und verhindern, dass sie sich außerhalb ihrer Gruppe verheirateten. Die Vorschläge der Hardliner für eine umfangreiche Diskriminierung von Mischlingen aller Grade wurden abgelehnt, aber sie konnten eine Einschränkung der Heiratsmöglichkeiten von Mischlingen durchsetzen. Mit der Begründung, dass »schlechtes Blut« eingedämmt werden müsse, durften Mischlinge ersten Grades laut der ersten Durchführungsverordnung zum »Blutschutzgesetz« vom 14. November nur Volljuden oder andere Mischlinge heiraten, während Mischlinge zweiten Grades nur »Arier« heiraten durften, um dem Volk ihr »gutes Blut« zu erhalten. Über die zweite Verordnung zum Reichsbürgergesetz, die im Dezember folgte, gab es hingegen kaum Streit. Sie ermöglichte die Entlassung aller im öffentlichen Dienst verbliebenen Juden. Als Zugeständnis an sentimentale Gefühle für Kriegsveteranen und -versehrte beließ man ihnen ihre Pensionen.[75]

Botschafter Phipps fand, dass die Unannehmlichkeiten, die sich das NS-Regime durch die Nürnberger Gesetze selbst bereitet hatte, nicht ohne Ironie waren. »Die Schwierigkeit bei der Umsetzung der Nürnberger Beschlüsse über die Stellung der Juden«, bemerkte er trocken, »bereiten Hitler weiterhin schlaflose Nächte.« Ernsthafter war Phipps' zutreffende Wahrnehmung, dass die NS-Führung Wert darauf legte, den Außenhandel oder die Olympischen Spiele nicht zu gefährden, und es deshalb lieber vermied, offene Fragen konsequent zu beantworten.[76]

Für den afroamerikanischen Intellektuellen und Bürgerrechtler W. E. B. Du Bois hatten die Nürnberger Gesetze nichts Witziges. Er hielt sich von Juli bis Dezember 1935 in Deutschland auf und verfolgte die ersten Schritte der Segregation der Juden. Nach seiner Rückkehr in die Vereinigten Staaten schrieb der Gründer der National Association for the Advancement of Colored People in der afroamerikanischen Zeitschrift *Pittsburgh Courier*, die »Kampagne des Rassenvorurteils« gegen die Juden in Deutschland übertreffe »in Bezug auf rachsüchtige Grausamkeit und öffentliche Kränkung alles, was ich jemals gesehen habe, und ich habe viel gesehen«. Es sei die größte Tragödie der modernen Zeit, »ein Angriff auf die Zivilisation«. Dies würden Fälle von Juden belegen,

> die wegen sexueller Beziehungen mit deutschen Frauen ins Gefängnis gekommen sind; eine Heirat, die nicht genehmigt wurde, weil ein Jude als Trauzeuge auftrat; Freimaurer, die entlassen wurden, weil Juden Freimaurer seien; Reklame, die Juden ausschließt; die totale Ausgrenzung aller Juden; die Vorenthaltung der Bürgerrechte und die Unmöglichkeit,

deutscher Staatsbürger zu bleiben oder zu werden; beschränkte Rechte auf Bildung und ein eng begrenztes Recht auf Arbeit in Handwerk, freien Berufen und öffentlichem Dienst; die Drohung mit Boykott, Arbeitsplatzverlust und sogar Gewalt des Mobs gegen jeden Deutschen, der mit Juden Geschäfte macht; und vor allem die fortgesetzte Verbreitung von Julius Streichers *Stürmer,* dem schamlosesten, verlogensten Verfechter des Rassenhasses auf der Welt, einschließlich Floridas.[77]

Leben mit den Rassengesetzen

Dank seiner eigenen Erfahrungen mit dem Rassismus verstand Du Bois die leidvolle neue Welt der Juden in Deutschland. Paradoxerweise reagierten sie zuerst erleichtert. Die Nürnberger Gesetze schienen Stabilität und das Ende der willkürlichen Übergriffe zu versprechen. Während Juden ihre politischen Rechte verloren, wurden die wirtschaftlichen Rechte derjenigen, die noch ein Gewerbe betreiben konnten, nicht angetastet, und solange die Mehrheit der Juden weiterhin ihren Lebensunterhalt verdienen konnte, waren sie in der Lage, Bedürftige zu unterstützen. Mit Hilfe ausländischer Juden konnten sie jüdische Wohlfahrtseinrichtungen und Schulen betreiben und vor allem den Jungen bei der Auswanderung helfen. Die Verbandsspitzen aller Richtungen erkannten, dass Juden in Deutschland zwar überleben konnten, aber die Jungen dort keine normale oder erstrebenswerte Zukunft mehr hatten.[78]

Die Reichsvertretung erklärte in ihrer von der jüdischen Presse veröffentlichten offiziellen Stellungnahme zu den Nürnberger Gesetzen, diese hätten »die Juden in Deutschland aufs schwerste betroffen«. Aber sie griff Hitlers Versicherung auf, die Gesetze würden »eine Ebene schaffen, auf der ein erträgliches Verhältnis zwischen dem deutschen und dem jüdischen Volke möglich« sei, und beteuerte, dass auch sie ihren Beitrag dazu leisten wolle. Daraus folgte in ihren Augen freilich nicht, dass die Juden zu Bürgern zweiter Klasse gemacht wurden: »Voraussetzung für ein erträgliches Verhältnis ist die Hoffnung, dass den Juden und jüdischen Gemeinden in Deutschland durch Beendigung der Diffamierung und Boykottierung die moralische und wirtschaftliche Existenzmöglichkeit belassen wird.« Jedenfalls betrachtete die Reichsvertretung die neue Stellung der Juden ebenso wenig als endgültig wie Hitler; beide Seiten sahen sie unter dem Vorbehalt künftiger Entwicklungen. Für den Augenblick blieb den Juden indes kaum eine andere Wahl, als das Beste aus der neuen Situation zu machen. Dementsprechend nahm die Reichsvertretung die Aufgabe in Angriff, aus der jüdischen Gemeinde eine selbstgenügsame Minderheit zu machen. Sie würde die Bildung der Jugend gewährleisten und sie insbesondere auf die Emigration vorbereiten. Ferner würde sie weiterhin ein breitgefächertes kulturelles Leben für die Juden in Deutschland organisieren und auf diese Weise auch jenen eine Arbeit geben, die im allgemeinen Kultursektor keine Anstellung mehr fanden. Und sie würde sich wie bisher um die Kranken, Bedürftigen und Alten kümmern. Um all diese Aktivitäten zu finanzieren, würde sie, wie sie ausdrücklich feststellte, um jeden Arbeitsplatz und jedes Unternehmen im jüdischen Bereich kämpfen. Außerdem würde sie ihre Ressourcen und die Vermögenswerte der jüdischen Gemeinde nutzen, um eine breite Auswanderungsbewegung zu fördern. Zum ersten Mal stimmten die Führungen aller jüdischen Organisationen darin überein, dass sie die Auswanderung zu einer Hauptaufgabe der Gemeinde machen mussten. Man war sich zwar nicht einig darüber, wohin die Juden gehen sollten, aber die RV hob die Rolle von Palästina hervor und betonte, dass man bei der Ausbildung der Jugend besonderes Gewicht auf die Voraussetzungen für ein Leben in der jüdischen Heimstätte legen werde.[79]

Dass die jüdischen Repräsentanten nunmehr den Schwerpunkt auf Auswanderung und Palästina legten, zeigt, welch verheerende Wirkung die Nürnberger Gesetze auf das Selbstbild jener Juden ausübten, die sich zuallererst als Deutsche verstanden hatten. Im Gegensatz dazu begrüßten Zionisten und Orthodoxe wie Willy Cohn die Anerkennung der Juden als Minderheit und die Schaffung eigener, nach Rasse und Religion getrennter Lebenswelten. Cohn hatte sich am 15. September Hitlers Rede im Radio angehört. Als Zionist hieß er die Anerkennung des »Judentums als Volkstum« gut, und »vom jüdischen Standpunkt« aus stimmte er ohne Zögern dem Verbot der Mischehe zu. Erstaunt war er über den gemäßigten Ton, den Hitler angeschlagen hatte, und er klammerte sich an die Formulierung vom »erträglichen Verhältnis«, auch wenn er erkannte, dass »[i]m Ganzen alles unklar« war. Als er einige Tage später die *Jüdische Rundschau* kaufte, hatte er den Eindruck, dass die Nürnberger Gesetze »eine gewisse Beruhigung im Verhältnis zwischen Deutschen und Juden« bewirkt hatten.[80]

Für Juden am anderen Ende des Identitätsspektrums war die Institutionalisierung einer rassischen Definition empörend. Luise Solmitz, die mit einem getauften Juden verheiratet war, klagte in ihrem Tagebuch: »Uns vernichtete [der Tag der Verkündung der Nürnberger Gesetze] bürgerlich.« Die Gesetze bedeuteten ihr »bürgerliches Todesurteil«. Ihr Ehemann Friedrich galt als Volljude, was bedeutete, dass ihre gemeinsame Tochter Gisela als Mischling ersten Grades eingestuft wurde. Sie durfte also keinen Deutschen heiraten, und wer wusste, welche Lebenswege ihr jetzt sonst noch versperrt waren. Sie sei jetzt »ausgestoßen, ausgeschlossen, verachtet, wertlos … Kein Beruf, keine Zukunft, keine Ehe.« Die Familie musste ihr Hausmädchen entlassen, was mehr Hausarbeit für Luise bedeutete. Ihr Mann empfand besonders das Verbot, die deutsche Fahne zu hissen, als schmerzlich; immerhin hatte er für Deutschland gefochten und geblutet. Fortan fühlte er sich von seinem geliebten Vaterland verstoßen: »Geduldet nur, darf ich als Fremder in dir wohnen.« Das Ehepaar hielt sich aneinander fest und tröstete sich damit, dass der Freitod stets eine Option war. »Wie tröstlich diese letzte Möglichkeit ist«, schrieb Luise, »empfindet man erst an solchen Tagen.« Aber für den Augenblick bemühte sich die Familie mit aller Kraft durchzuhalten. Tatsächlich entdeckten Luise und Friedrich in den neuen Vorschriften Lücken, die sie zu Giselas Vorteil nutzen konnten. So konnte mit einer Erlaubnis Hitlers auch ein Mischling ersten Grades einen Deutschen heiraten. Zudem behielt Friedrich als Kriegsversehrter seine Pension, und die Familie konnte ihr Hausmädchen wiedereinstellen.[81]

Die Notlage der Familie Solmitz war typisch für Tausende von Juden, die selbst oder deren Eltern in einer Mischehe lebten und es jetzt mit der NS-Rassenbürokratie aufnahmen, um die ihnen zugeschriebene Identität anzufechten und die sie abwertenden Nürnberger Kategorien zu manipulieren. Friedrich Solmitz' Antrag, seine Tochter anders einzustufen, wurde abgelehnt. Aber 4000 von 52 000 Berufungen beim Reichssippenamt führten zu einer günstigeren Einstufung der Antragsteller, für gewöhnlich aufgrund des Nachweises, dass sie einen anderen Vater hatten.[82]

Lilli Jahn in Immenhausen stießen die Nürnberger Gesetze endgültig in die Isolation. Sie machten sie zu einem Hindernis für die Karriere ihres Ehemannes Ernst, der von der Mitgliedschaft in der Reichsärztekammer ausgeschlossen war und mit dem die meisten seiner Kollegen nur noch am Telephon sprechen wollten. Im August 1935 schrieb ihre Schwester Elsa an Lillis Schwägerin: »Die Politik der deutschen Regierung scheint die zu sein, allen Juden, Nichtariern und solchen, die mit Juden versippt sind, nach und nach den Boden wegzunehmen und sie auf diese Weise zu veranlassen, das Land zu verlassen.«[83]

Victor Klemperer dachte nach seiner Entlassung daran auszuwandern und setzte sich mit einer Reihe von Organisationen in Verbindung, die Akademiker ins Ausland vermittelten, was aber ergebnislos blieb, während Palästina als Alternative für ihn wenig Anziehungskraft besaß. »Wohin gehöre ich?«, fragte er sich in den Wochen nach der Verkündung der Nürnberger Gesetze. »Zum ›jüdischen Volk‹, dekretiert Hitler. Und *ich* empfinde das … jüdische Volk als Komödie und bin nichts als Deutscher oder deutscher Europäer.«[84] Die Mehrheit der Juden stand irgendwo zwischen diesen Polen. Leo Baeck, ein Mitglied der Führungsgruppe der RV und so etwas wie der Oberrabbiner von Deutschland, versuchte die Juden mit einem für Jom Kippur, den jüdischen Versöhnungstag, im Oktober 1935 verfassten Gebet zu beruhigen. Darin erinnerte er sie daran, dass sie der Welt den Monotheismus, die Zehn Gebote und die Propheten der sozialen Gerechtigkeit geschenkt hatten. »Unsere Geschichte ist eine Geschichte seelischer Größe, seelischer Würde. Sie fragen wir, wenn Not und Leid uns umdrängen, wenn sich Angriff und Kränkung gegen uns kehren.«[85]

Man tröstete sich auch damit, dass, wie Klemperer beobachtete, für ein »paar Wochen … die Judenhetze abgeflaut« war.[86] Aber die Entspannung war kurzlebig und lokal begrenzt. Beim Centralverein – der sich infolge des Reichsbürgergesetzes in Centralverein der Juden in Deutschland umbenannt hatte – trafen weiterhin Berichte über Einzelaktionen ein. Schlimmer war jedoch, dass Deutsche die Rassengesetze zum Anlass nahmen, jeden Kontakt mit Juden abzulehnen. In Ostpreußen tauchten in Geschäften Schilder mit dem Hinweis auf, dass man Juden nicht bediene; Hotels und Pensionen weigerten sich, jüdische Reisende aufzunehmen. Dies war, wie ein CV-Vertreter bemerkte, einem »erträglichen Verhältnis« wenig förderlich. In Bielefeld forderte die jüdische Gemeinde die Gläubigen vor dem Jom-Kippur-Gottesdienst auf, nicht vor der Synagoge zu warten oder in auffälligen Gruppen zu kommen.[87]

Sobald sie die Konsequenzen der Nürnberger Gesetze in vollem Umfang begriffen hatten, akzeptierten die Leitungen der jüdischen Organisationen im In- und Ausland die Notwendigkeit, junge Juden zu evakuieren und in Ländern anzusiedeln, die ihnen normale Aussichten auf Bildung, Berufstätigkeit und Heirat boten. Der Centralverein erweiterte sein Bildungsprogramm über die Festigung der jüdischen Identität hinaus und begann Kurse anzubieten, die auf die Auswanderung vorbereiteten. Er hielt sogar Versammlungen ab, auf denen die Möglichkeiten der Ansiedlung in Palästina erläutert wurden. Dennoch verschwand die Abneigung zwischen Assimilationisten und Zionisten nicht. Die Reichsvertretung richtete in Groß Breesen bei Breslau einen Ausbildungshof ein, wo junge Männer und Frauen Lehrgänge in Landwirtschaft und Hauswirtschaftslehre belegen konnten. Das Projekt ähnelte den Ausbildungslagern zionistischer Organisationen, verzichtete aber bewusst auf jegliche Ideologie und sollte die Absolventen für eine Ansiedlung überall auf der Welt, wo die Landwirtschaft Arbeitskräfte brauchte, rüsten.[88]

Weltweite jüdische Reaktionen auf die Rassengesetze

In New York suchte James McDonald, der sich dort zu Gesprächen mit jüdischen Repräsentanten aufhielt, jede Hoffnung darauf, dass die Nürnberger Gesetze Stabilität bringen könnten, zu zerstreuen. Stattdessen, warnte er, würden sie »die Grundlage für ein breites Spektrum antijüdischer Maßnahmen« bilden. Gegenüber Felix Warburg prophezeite er unumwunden, dass es »für die Juden keine Zukunft in Deutschland« gebe. Ganz ähnlich urteilte Bernard Kahn im Namen des European Executive Council des Joint. Nach seiner Auffassung bildeten die Gesetze kein Fundament für eine dauerhafte jüdische Präsenz: »Furcht, Unsicherheit, nervöse Unruhe sind Merkmale, die die Lebensbedingungen von Juden im heutigen Deutschland kennzeichnen.« Es bestehe die Gefahr einer Massenflucht von Juden in Nachbarländer. Raymond Geist berichtete dem US-Außenministerium: »Die neuen jüdischen Gesetze und die Anzeichen für die Enteignung von Juden haben eine panikartige Bewegung unter diesen Menschen ausgelöst, die jede Möglichkeit zu ergreifen suchen, das Land zu verlassen.«[89]

Unglücklicherweise war das Hochkommissariat für Flüchtlinge aus Deutschland gerade zu dem Zeitpunkt, als es am dringendsten gebraucht wurde, handlungsunfähig. Im Februar 1935 hatte McDonald eingesehen, dass es lediglich die Illusion schuf, die Weltgemeinschaft tue etwas, sonst aber wenig erreichte. Er teilte dem Völkerbund mit, dass er am Jahresende zurücktreten werde, und überließ dessen Sekretariat die Entscheidung, ob es das Hochkommissariat auflösen oder einen Nachfolger ernennen wollte. In der Zwischenzeit unternahm er eine dreimonatige Reise durch Südamerika, wo er in Brasilien, Uruguay und Argentinien mit Politikern und Beamten zusammenkam und sie dazu bewegen wollte, in großem Stil jüdische Flüchtlinge aufzunehmen. Sein knappes Resümee eines Treffens mit dem brasilianischen Präsidenten Getúlio Vargas war typisch für diese Begegnungen: »Das Gespräch ging endlos weiter, aber es kam nicht viel Neues heraus.«[90]

Im Schlussbericht des Hohen Kommissars wird die Zahl der Deutschen, überwiegend Juden, die zwischen Januar 1933 und Juni 1935 emigriert waren, auf 80 000 geschätzt. Davon waren 27 000 nach Palästina, 6000 in die USA und 3000 nach Südamerika gegangen, 18 000 waren in ost- und mitteleuropäischen Ländern »repatriiert« worden. Die Mehrheit hatte eine dauerhafte Zuflucht gefunden. Wie McDonalds Team schätzte, irrten jedoch rund 27 000 Flüchtlinge noch ziellos in der Welt umher und waren von Zuwendungen der Hilfsorganisationen abhängig. Zur Unterstützung dieser Migration waren bisher etwa zehn Millionen Dollar gesammelt und ausgegeben worden, von denen rund drei Millionen von amerikanischen Juden stammten, während die viel kleinere jüdische Gemeinde in Großbritannien 2,5 Millionen aufgebracht hatte. Dies war eine enorme Belastung für die beiden Gemeinden, deren Länder unter den Nachwirkungen der Weltwirtschaftskrise litten. Dennoch hatte man nur relativ wenigen Juden geholfen.[91]

McDonalds Rücktrittsvorbereitungen änderten nichts daran, dass er für die Zukunft nichts Gutes voraussah. Im Juli 1935 hatte er an Eleanor Roosevelt geschrieben: »Ich bin überzeugt, dass die Parteiführer im Reich es sich zum Ziel gesetzt haben, die Juden schrittweise aus Deutschland zu drängen, indem sie ihnen das Leben dort unerträglich machen.« Die Nürnberger Gesetze erfüllten seine Vorhersage, doch seine Entscheidung stand fest. Immerhin nutzte er seine Rücktrittserklärung für eine scharfe Kritik am Völkerbund und an den Staaten, die es versäumt hatten, bei der deutschen Regierung zugunsten der Juden zu intervenieren: »Ohne eine solche Reaktion, allein durch philanthropisches Handeln, werden sich die von der Verfolgung der Juden und ›Nichtarier‹ verursachten Probleme nicht lösen lassen, sondern weiterhin eine Gefahr für den Weltfrieden und eine Quelle der Verletzung der legitimen Interessen anderer Staaten darstellen.«[92]

Privat beklagte McDonald auch die Gleichgültigkeit der jüdischen Diaspora, doch geriet diese nun endlich in Bewegung. Im Januar und Februar 1936 bauten britische und amerikanische jüdische Organisationen in Abstimmung mit der Reichsvertretung ein umfangreiches Programm für die systematische Auswanderung und Umsiedlung von Juden aus Deutschland auf. Die wichtigsten Hilfsorganisationen bündelten ihre Ressourcen und ihre Erfahrung im Council for German Jewry (CGJ), in dem sich Zionisten und Nichtzionisten zu einer einzigen, die gesamte jüdische Gemeinde vereinenden Anstrengung zusammenfanden. Aufgabe des CGJ war allgemein die Ansiedlung deutscher Juden in anderen Ländern – unter Anerkennung der besonderen Rolle Palästinas. Zu diesem Zweck finanzierte er Sprachkurse und übernahm die Auswanderungskosten sowohl von Juden in Deutschland als auch von jüdischen Flüchtlingen in anderen Ländern. Spendenwerbung und Mittelverteilung sollten diese Prioritäten widerspiegeln. Zionistische Organisationen stellten parallellaufende Projekte gegen die Zusage eines festen Anteils an den vom CGJ eingeworbenen Spenden ein; das Verteilungskomitee war paritätisch mit Zionisten und Nichtzionisten besetzt. Eine so groß angelegte Zusammenarbeit war beispiellos und spiegelte die neue Einsicht in die Dringlichkeit des Problems wider. Der Erfolg würde jedoch nicht nur von der Spendenbereitschaft von Juden im britischen Commonwealth und in Nordamerika abhängen, sondern auch von der Kooperation mit den deutschen Behörden.[93]

Deutsche und Juden unter den Rassengesetzen

Die Überwachungsbehörden des NS-Regimes stellten erfreut einen Niedergang der assimilationistischen Organisationen sowie einen Aufschwung des Interesses am Zionismus und der Auswanderungsanstrengungen fest. Die Kölner Stapostelle berichtete triumphierend über die von den Nürnberger Gesetzen ausgelöste »gewaltige Ernüchterung« unter jüdischen Kriegsveteranen, die nicht erwartet hätten, dass »man für sie das Ghetto schaffen würde«. Selbst diese ehernen Getreuen des Vaterslandes wollten jetzt mehr über Auswanderungsmöglichkeiten erfahren. Doch die anfängliche Verwirrung legte sich mit der Zeit, und gegen Ende des Jahres konzentrierten sich jüdische Kaufleute wieder auf das Weihnachtsgeschäft. Der CV beobachtete in Pommern aufkommenden Optimismus: »Die Stimmung bei den Einzelhandelsgeschäften ist zuversichtlicher geworden. Die Umsätze haben sich gehoben … Durch diese Besserung des Geschäfts ist die Panikstimmung, das Verkaufenwollen um jeden Preis, geschwunden.« In der Gestapo-Zentrale in Berlin trafen im Spätherbst Meldungen ein, die unverändert eine gewisse Gereiztheit verrieten. Der Landrat des Kreises Melsungen bei Kassel äußerte sich dankbar über die Klärung der Beziehungen zwischen Juden und »Ariern«, fragte sich allerdings, was man mit übereifrigen Einzelnen anfangen sollte, die den Juden auf eigene Faust buchstäblich zu Leibe rücken wollten. Sollte man sie wegen »Gesetzeswidrigkeiten« bestrafen? Die Breslauer Gestapo verlangte erneut eine einheitliche Regelung, was die Aufstellung von Schildern vor in jüdischem Besitz befindlichen Geschäften und Firmen sowie deren Boykott betraf.[94]

Die Bevölkerung als Ganze nahm die Nürnberger Gesetze mit Erleichterung auf, wenn auch aus völlig anderen Gründen als die Juden. Auch sie begrüßte das Ende der Gewaltausbrüche, der unziemlichen Zusammenstöße zwischen Parteimitgliedern und der Polizei und der Unsicherheit über geschäftliche Beziehungen zu Juden. Laut Gestapo waren die Berliner begeistert darüber, dass die neuen Gesetze »endlich klare Verhältnisse geschaffen« hatten und nun »[j]ede Einmischung in die völkischen Belange der deutschen Nation … für alle Zukunft unmöglich und verboten« sei. Die Gesetze hätten überall »große Befriedigung« ausgelöst. Im Regierungsbezirk Minden sei, laut Staatspolizei, »insbesondere das Gesetz zum Schutze des deutschen Blutes und der deutschen Ehre« begrüßt worden. Hitlers Rede habe »allen Partei- und Volksgenossen endlich klar[gemacht], dass die Zeit der Einzelaktionen gegen die Juden vorbei ist«. Besonders erleichtert waren bei Juden beschäftigte Deutsche, deren Arbeitsstelle und Gewissen jetzt gleichermaßen ungefährdet zu sein schienen. Zu Beginn des Winters meldete der Regierungsbezirk Minden, dass das »Interesse an der Judenfrage nachgelassen« habe. Im Januar stellte man fest: »Um die Judenfrage ist es still geworden.« Die Magdeburger Gestapo gab sogar zu, dass Arbeiter Boykotte ablehnten, weil sie sie daran hinderten, zum billigsten Preis einzukaufen. Arbeiter, die mit Niedriglöhnen auskommen mussten und mit Lebensmittelknappheit konfrontiert waren, hatten kein Interesse an Rassengesetzen.[95]

Die Reaktionen von Katholiken prägte das angespannte Verhältnis zwischen ihrer Kirche und dem Dritten Reich. In der »Nacht der langen Messer« waren mehrere prominente Katholiken ermordet worden, und nach Papens Ausscheiden aus der Regierung schienen Katholiken in der Regierung unterrepräsentiert zu sein. Zudem hatten führende Vertreter des NS-Regimes parallel zur antisemitischen Welle, welche den Rassengesetzen vorausgegangen war, die katholische Kirche aufs Korn genommen. In jedem Fall war von katholischen Geistlichen und Laien zu erwarten, dass sie ein staatliches Vorgehen, das religiösen Imperativen wie der Wirksamkeit von Konversionen und der Heiligkeit der Ehe widersprach, missbilligten. Dieser Gegensatz der katholischen Hierarchie zum NS-Regime hatte, insbesondere auf dem Land, ein gewisses Mitgefühl und sogar Solidarität mit den Juden zur Folge.[96]

Im Mai 1935 klagte die NSDAP-Kreisleitung im bayerischen Eichstätt, leider könne man »hier noch nicht sagen, dass *alle* Volksgenossen die Judenfrage erkannt haben«, was wohl daran liege, »dass die Kirche hemmend wirkt und auf leisen Sohlen Opposition treibt«. Am Vorabend des Parteitages von 1935 bemerkte die Aachener Staatspolizei, die katholische Bevölkerung werte »zunächst den Juden als Menschen … und erst in zweiter Linie … vom rassepolitischen Standpunkt aus«. Sie sei »Juden allgemein gegenüber weitestgehend duldsam und lehnt, soweit es sich um den einzelnen Juden handelt, jegliche Maßnahme entschieden ab«. Die überwiegend katholischen Einwohner von Allenstein in Ostpreußen waren noch Wochen nach Verkündung der Nürnberger Gesetze nicht davon abzubringen, bei Juden einzukaufen. Die örtliche Stapostelle monierte zudem, dass »ein Teil der katholischen Bevölkerung judenfreundlich eingestellt« sei und »wenig Verständnis für die Rassegesetzgebung« habe. Deshalb seien in Allenstein »sichtbare Erfolge der antisemitischen Bestrebungen … nicht wahrzunehmen«.[97]

Eine ähnliche Haltung nahmen die Anhänger der Bekennenden Kirche ein. Seit April 1933 hatte der Berliner Pfarrer Martin Niemöller protestantische Geistliche, die das Prinzip und die Praxis der Konversion verteidigten, um sich geschart und den Bestrebungen der selbsternannten Deutschen Christen und des Reichsbischofs Ludwig Müller, den »Arierparagraphen« in der Kirche durchzusetzen, Widerstand geleistet, ebenso den Versuchen einer »Entjudung« von Bibel und christlicher Lehre. Obwohl sie grundlegende Annahmen über Juden mit den Deutschen Christen und dem NS-Regime teilte – vor allem, dass Juden fremd und subversiv seien –, wollte die Bekennende Kirche weder der erlösenden Kraft der Konversion abschwören noch »nichtarische« Christen aufgeben. Diese Einstellung führte gelegentlich zur Verhaftung von Pastoren. So berichtete der Landrat des Kreises Gelnhausen im Juli 1935 nach Berlin, dass der Pfarrer von Aufenau in Schutzhaft genommen worden sei, »weil derselbst in der Kirche für die bedrängten Juden beten ließ«. Robert Smallbones, der britische Generalkonsul in Frankfurt am Main, glaubte, dass »eine große Zahl von Deutschen aller Schichten … diese Verfolgung abscheulich findet«. Nach seiner Ansicht riefen die nationalsozialistische Kampagne gegen das Alte Testament und der Versuch, das Christentum zu entjudaisieren, Sympathie mit den Juden hervor.[98]

Gegen Jahresende verstärkte sich der nörglerische Ton in den Überwachungsberichten. In Magdeburg verstanden Parteiaktivisten die Nürnberger Gesetze als »befreiende Tat«, die sie nach mehr verlangen ließ, etwa nach der Registrierung und Kennzeichnung jüdischer Geschäfte. Erneut wurde eine »unverkennbare Unsicherheit« konstatiert. Ähnliche Forderungen kamen Anfang 1936 aus Breslau. In Wirklichkeit hatten die Gewalt und die Boykotte nie aufgehört. Trierer Polizeibeamte gaben zu, dass die Gewalt gegen Juden, trotz aller Verbote der Parteispitze, weiterging. Die Berliner Polizei berichtete entrüstet, Juden würden sich wieder in den Lokalen »breitmachen«. Das NSDAP-Hauptamt für Kommunalpolitik forderte eine amtliche Kennzeichnung jüdischer Geschäfte; wenigstens auf diese Dienststelle übten die Nürnberger Gesetze eine »anregende« Wirkung aus. Auf dem Höhepunkt der Weihnachtszeit berichteten Polizeibeamte aus dem Land Baden und aus Arnsberg missbilligend, jüdische Geschäfte würden »sehr stark von Käufern besucht«.[99]

Die erhoffte erzieherische Wirkung der Rassengesetze auf die deutsche Bevölkerung war ausgeblieben. Das Bezirksamt Bad Kissingen merkte verärgert an, es fehle »auch weiterhin nicht an Personen, die glauben, die Juden in Schutz nehmen zu müssen«. Hamburger Exporteure stellten ihre geschäftlichen Interessen wie bisher über diejenigen der Volksgemeinschaft. Im September 1936 räumte das Judenreferat des SD ein, dass die Nürnberger Gesetze die beabsichtigte Wirkung nicht voll erreicht hätten; es gebe immer noch Beziehungen zwischen Juden und Nichtjuden, insbesondere in katholischen Gegenden. Das Bindeglied zwischen beiden Bevölkerungsgruppen bildeten häufig die »nichtarischen« Christen, das heißt die Christen jüdischer Herkunft.[100]

Im Schatten der Olympischen Spiele

Das Jahr der Olympischen Spiele in Garmisch-Partenkirchen und Berlin wird für gewöhnlich als eine weitere Atempause für die deutschen Juden betrachtet, als »eine Periode äußerer Ruhe und einer gewissen Rechtssicherheit«. Hitler habe dem Ausland 1936 keinen Vorwand bieten wollen, die Spiele zu boykottieren, weshalb die NS-Führung gezwungen gewesen sei, »in Fragen der Judenpolitik äußerste Zurückhaltung zu üben«. Anstößige Schilder und Transparente wurden entfernt, um ausländische Besucher nicht zu verschrecken, und der *Stürmer* wurde nicht mehr auf den Straßen ausgestellt. Richard Evans hat dies als eine Art Charmeoffensive beschrieben. Man nahm sogar »halbjüdische« Sportler wie die Fechterin Helene Mayer in das deutsche Team auf, um Demonstrationen von Sportlern aus anderen Ländern zuvorzukommen.[101]

Doch 1936 war ein entscheidendes Jahr in der Entwicklung der Judenpolitik. Außerhalb des Blickfelds der Öffentlichkeit verschoben sich die tektonischen Platten des Dritten Reichs. Zwischen den noch in der Regierung befindlichen Konservativen und der NS-Elite, die in einflussreichere Positionen drängte, entbrannte ein Machtkampf. Die Juden in Deutschland spürten, dass etwas im Gang war; jedenfalls deuteten die alltäglichen Erfahrungen derjenigen, die in Kleinstädten lebten, darauf hin, dass die den Parteimitgliedern auferlegte Zurückhaltung rein kosmetischer Art war. Weitab auf dem Land und im fernen Ostpreußen flaute der »trockene« Pogrom nicht ab, auch wenn in Berlin Juden unter den Augen der ausländischen Besucher wieder auf dem Kurfürstendamm spazieren, die *Jüdische Rundschau* kaufen und in einem Restaurant einen Kaffee trinken konnten.[102]

Auch die ausländischen Korrespondenten ließen sich vom Anschein der Normalität nicht täuschen. William Shirer wurde vom für die Auslandspresse zuständigen Beamten des Propagandaministeriums scharf zurechtgewiesen, nachdem er in einer Artikelserie geschrieben hatte, »dass die Nazis in Garmisch alle Schilder ›Juden unerwünscht‹ (die man in ganz Deutschland findet) entfernt haben, damit die Besucher der Olympiade keine Anzeichen für die Behandlung vorfinden, die die Juden in diesem Land erfahren«. Bella Fromm, die jetzt für eine österreichische Zeitung schrieb, bemerkte sarkastisch: »Unsere Straßen haben sich seit kurzem zu ihrem Vorteil verändert. Man hat die ›Stürmer‹-Schaukästen weggenommen, damit sich die Besucher der Olympischen Spiele durch dieses Hetzblatt nicht verletzt fühlen.«[103]

Victor Klemperer war erstaunt über die ungewöhnlich verhaltene Reaktion des Regimes auf die Ermordung von Wilhelm Gustloff, dem Schweizer Landesgruppenleiter der NSDAP-Auslandsorganisation, der am 4. Februar 1936, nur zwei Tage vor der Eröffnung der Olympischen Winterspiele, von dem jungen Juden David Frankfurter erschossen worden war. Aber anstatt einen Rachefeldzug zu entfesseln, wies die NSDAP-Reichsleitung die Parteifunktionäre und SA-Führer umgehend an, antijüdische Demonstrationen und Einzelaktionen zu unterbinden. Die NS-Elite beschränkte sich darauf, in Gustloffs Geburtsort Schwerin ein Staatsbegräbnis für ihn auszurichten, bei dem Hitler eine Grabrede hielt, in der er »unserem jüdischen Feind« die Schuld an seinem Tod gab und Gustloff in eine Reihe von Ermordeten und Opfern stellte, die in den Kämpfen von 1918/19 ihren Höhepunkt hatte. Hinter all diesen Ereignissen, versicherte er, stehe »dieselbe Macht«. Für den Augenblick mussten Worte jedoch genügen. In

Aachen kam es zu einigen Übergriffen, und in Berlin wurden Veranstaltungen des jüdischen Kulturbunds verboten. Doch darin erschöpfte sich auch schon die offizielle Reaktion. Klemperer sah indes voraus, dass man sich nach den Olympischen Spielen »an die Geiseln, an die deutschen Juden halten« würde.[104]

Auf dem Land verschlechterten sich die Lebensumstände der Juden weiter. Mark Wischnitzer, der für den Hilfsverein arbeitete, erzählte James McDonald, die Juden in kleineren Orten würden »ihre Geschäfte und Grundstücke für jeden Preis verkaufen, und manche fliehen in die Großstädte, wo sie verzweifelt nach Emigrationsmöglichkeiten suchten«. Im November 1935 berichtete Robert Smallbones der britischen Botschaft in Berlin: »Bisher haben die Extremisten stets ihren Willen durchgesetzt, und die Lage der Juden wird ziemlich unerträglich.« Ein Kaufmann nach dem anderen sei zur Geschäftsaufgabe genötigt. In manchen hessischen Dörfern könnten Juden kein Brot kaufen, weil die Bäcker sich weigerten, sie zu bedienen. »Während ›Einzelaktionen‹ offiziell untersagt sind, scheint man die Absicht zu haben, den Juden auf systematische Weise die Möglichkeit zu nehmen, ihren Lebensunterhalt zu verdienen.« Laut einem Bericht für das Pariser Büro des Jüdischen Weltkongresses vom Januar 1936 war die Ruhe nur oberflächlich; darunter brodle die Böswilligkeit. Gewiss seien in den letzten Wochen dank des Zustroms ausländischer Besucher Ausschreitungen »fast gar nicht mehr vorgekommen«, doch »Erpressungen und Drohbriefe aller Art« seien an der Tagesordnung. Die Nürnberger Gesetze mit ihrem Stabilitätsversprechen seien nur eine Fassade, hinter der unvermindert Druck auf Juden, ihre Geschäfte und Betriebe aufzugeben, ausgeübt werde. Nationalsozialisten würden jedes rechtliche Mittel und jede Schikane einsetzen, um Juden aus der Wirtschaft zu verdrängen.[105]

Die auf dem Land lebenden Juden erlebten einen unaufhaltsamen Niedergang. Die Gemeinden waren um bis zu 40 Prozent geschrumpft, da junge Juden wegen der größeren Sicherheit und der besseren Arbeitsmöglichkeiten in die Städte gingen. Die meisten besaßen nicht mehr die fürs Überleben notwendige kritische Masse. In Preußen zählte die Hälfte der jüdischen Gemeinden weniger als fünfzig Mitglieder, und diese waren häufig bettelarm. In den nach Berlin gesandten Berichten der NS-Dienststellen war immer öfter von der Auflösung ganzer Gemeinden die Rede. So freute sich der Regierungspräsident in

Koblenz, »dass die Judenfrage für die ländlichen Bezirke in absehbarer Zeit dadurch ihre Lösung findet, dass die Juden in ihrer Gesamtheit vom flachen Lande in die größeren Städte abwandern werden«. Nach der Bekanntgabe der Nürnberger Gesetze würden die Juden »nicht mehr an die Möglichkeit eines weiteren Verbleibens in Deutschland« glauben und damit rechnen, »dass in etwa 10 Jahren der letzte Jude Deutschland verlassen habe«. Aus Hannover meldete die Staatspolizei, dass die jüdischen Gemeinden in Dörfern und Kleinstädten aufgrund der Abwanderung wohlhabender Juden keine Fürsorge mehr zahlen und keinen eigenen Lehrer mehr unterhalten könnten. In der Umgebung von Wiesbaden waren zwar weiterhin jüdische Viehhändler tätig, aber auch dort war eine ständige Fluchtbewegung von Juden in die großen Städte, vor allem nach Stuttgart, zu verzeichnen. Im hessischen Butzbach waren die Juden »fast vollständig im Handel ausgeschaltet, und die meisten ziehen es vor, allmählich in das Ausland zu verschwinden«.[106]

NS-Aktivisten belehrten ihre Volksgenossen weiterhin darüber, wie sie die Juden zu sehen hatten. Die Sprache der Gestapo- und SD-Berichte zeigte nicht nur, wie ihre Verfasser dachten, sondern auch, wie die Bevölkerung nach ihrer Meinung denken sollte. Der Regierungspräsident in Kassel bedauerte die fortgesetzten »Einzelaktionen«, entschuldigte sie aber im selben Atemzug als Folge einer »jahrhundertelangen wirtschaftlichen Bedrückung durch das Judentum«. Die Berichte belegen auch das Wechselspiel zwischen Parteiaktivisten, Parteidienststellen und staatlichen Behörden. In Kassel sorgten Beamte pflichtschuldig für Ordnung und entfernten antisemitische Schilder, fanden aber, dass solche Maßnahmen der Autorität der Regierung und dem Ansehen des Führers schadeten. Der Landrat des Kreises Mayen bei Koblenz beklagte sich darüber, dass Juden weiterhin zu viel Einfluss besäßen. Die Menschen seien »von früher her noch so an den einzelnen Juden gewöhnt und sehen nicht, dass im Verfolg der großen Weltpolitik es nur der Jude ist, der mit seiner internationalen Idee und seinem Gelde die Welt in Unordnung bringt«. Örtliche NS-Funktionäre bauten die Volksgemeinschaft auf, indem sie die jüdische Bevölkerung Tag für Tag unermüdlich aufs Korn nahmen. Sogar die Toten konnten zur Erziehung der Lebenden beitragen. Der Regierungspräsident von Niederbayern und Oberfranken berichtete, die christliche Beisetzung eines getauften Juden in Weiden habe zu der Entscheidung geführt, verstorbene Konvertiten künftig als Juden zu behandeln. Die Gendarmerie von Gunzenhausen, wo es im April 1934 zu blutigen Ausschreitungen gekommen war, konstatierte stolz, es sei in ihrem Zuständigkeitsbereich inzwischen »undenkbar, dass einem Juden von Deutschen das letzte Geleite gegeben wird«. Der Regierungspräsident der Pfalz berichtete, es habe »erhebliches Aufsehen« erregt, dass einige »Arier« an der Beerdigung eines jüdischen Nachbarn teilgenommen hatten. In Haigerloch photographierten zwei Angestellte der Kreisbauernschaft den Trauerzug für einen jüdischen Kaufmann, »um arische Ortseinwohner zu erfassen«, die sich außerhalb der Volksgemeinschaft gestellt hätten, und die Photos zur Veröffentlichung an den *Stürmer* zu schicken.[107]

Die Führer der jüdischen Gemeinde in Deutschland nahmen diese Entwicklung nicht passiv hin, aber ihre Fähigkeit zur Gegenwehr nahm ab. Da der Verdacht im Raum stand, dass mit Wissen und Zustimmung der Regierung unter der Hand eine Arisierungspolitik umgesetzt wurde, wandte sich der Centralverein im Oktober 1935 an Schacht: »Von einschneidender Bedeutung sind aber die gerade seit Erlass der Nürnberger Gesetze auftretenden sehr eindringlichen Anregungen, jüdische Unternehmer mögen ihre Wirtschaftsbetriebe veräußern. Diese durch mehrere bedeutungsvolle Artikel unterstützten Anregungen werden durch zahlreiche Gerüchte gefördert, nach denen selbst das Reichswirtschaftsministerium mit einer Ausschaltung der Juden aus der deutschen Wirtschaft innerhalb eines Jahres rechnet.« Der CV erinnerte Schacht an seine früheren, gegen Boykotte und die Entlassung von jüdischen Mitarbeitern gerichteten Anordnungen und bat um deren Erneuerung. Andernfalls würde die Öffentlichkeit sie als aufgehoben betrachten.[108] Die Bitte wurde ignoriert, persönliche Demarchen blieben ebenso erfolglos. Im Oktober 1935 verlor die Familie Israel die Kontrolle über ihr Kaufhaus in Berlin, und ein NS-Beamter warnte sie, dass sie es, wenn sie nicht schnell verkauften, vielleicht nie würden verkaufen können. Wilfrid Israel hatte kaum Hoffnung auf eine Intervention des Wirtschaftsministers.[109]

Schachts Schweigen war höchst beunruhigend. Mitte 1935 hatte er den rassistischen Hardlinern und Antisemiten in der NSDAP noch die Stirn geboten. Nach einer Rede, in der er ungenehmigte Aktionen kritisiert hatte, berichtete die Kölner Staatspolizei: »Man hört vielfach Stimmen, die besagen, dass der Reichsbankpräsident mit seiner Ansicht über das Problem der Wirtschaft und die Judenfrage einen glänzenden Sieg über die Bewegung davongetragen habe.« Die relativ moderaten Formulierungen der Nürnberger Gesetze waren zum Teil auf seinen mäßigenden, von Frick und Beamten des Innenministeriums unterstützen Einfluss zurückzuführen. Für einen Augenblick schien Schacht, wie Papen 1934, das Banner der Opposition hochzuhalten.[110]

Ausländische Diplomaten sahen in ihm, wie die deutschen Juden, einen Hort der Vernunft innerhalb des NS-Regimes. Da er fließend Englisch sprach und Themenbereiche wie die Reparationen und den Außenhandel beherrschte, war er für Briten und Amerikaner ein Hauptgesprächspartner. Dodd, Phipps und McDonald glaubten, über ihn die Judenpolitik des Dritten Reichs beeinflussen zu können. Dass er den Kontakt zu jüdischen Bankiers und Unternehmern pflegte, insbesondere zu Max Warburg, schien diese Annahme zu bestätigen. Nach Nürnberg entdeckten sie jedoch eine Abkühlung in seinem Verhalten. Wie sich herausstellte, akzeptierte er die Politik des Ausschlusses der Juden aus der Gesellschaft und ihrer Verdrängung aus Deutschland. In François-Poncets Augen war er ein Zyniker und Opportunist: »Er erkennt durchaus die Fehler, die Hitler mit der Judenverfolgung begangen hat, und dadurch, dass er so die öffentliche Meinung der angelsächsischen Welt gegen sich aufbrachte«, aber er »besaß nicht genug Mut oder Einfluss, um die Ausschreitungen, die er verurteilt, zu verhindern«.[111]

Dennoch glaubte Botschafter Dodd Ende 1935, dass Schacht fast im Alleingang die Nationalsozialisten davon abhielt, das gesamte jüdische Vermögen zu enteignen. Der Wirtschaftsminister, sagte er zu McDonald, habe in Nürnberg »eine Art Sieg« über die Extremisten errungen. Aber »da der Druck der Radikalen niemals nachlässt, ist das Endergebnis stets, dass die Juden schlechter dran sind als zuvor«. Der hochangesehene Korrespondent der Londoner *Times,* Norman Ebbutt, teilte diese Ansicht. Nach seiner Meinung wäre »jede Beruhigung, die jetzt folgen mag, nur vorübergehend. Darüber hinaus wird jeder neue Angriff dort beginnen, wo der letzte aufgehört hat. Auf diese Weise sind die Radikalen, trotz Schachts Anstrengungen, in der Lage, ständig Fortschritte zu machen.« Max Warburg sah dies ebenso. Zu Dodd sagte er, »dass er und Dr. Schacht nicht in der Lage gewesen seien, irgendetwas zu tun, um die Lage der Juden zu erleichtern«.[112]

Nach einem ausführlichen Gespräch mit Schacht teilte Phipps London mit, dass dessen Stellung zunehmend anomaler werde. Er habe dem Minister versichert, dass er »seine Anstrengungen zugunsten der Juden mit Sympathie und Interesse verfolge«, worauf Schacht »mit erstaunlicher Offenheit« erwidert habe, »dass er vor wenigen Tagen erst den Führer in dieser Angelegenheit attackiert und ihm vorgehalten habe, wie wichtig es sei, dass außerhalb der jüngsten Gesetzgebung keine besonderen Aktionen und keine Verfolgung der Juden stattfinden. Herr Hitler habe ihn in dieser Hinsicht beruhigt, und er hoffe deshalb, wenn auch offensichtlich selbst wenig überzeugt, dass solche Aktionen aufhören.« Schacht habe hinzugefügt, der Antisemitismus sei »ein Grundprinzip von Hitlers Politik« und es sei »ihm praktisch unmöglich, alle seine Untergebenen zur Mäßigung zu zwingen«. Faszinierenderweise nahm Schacht die Idee, dass die Nationalsozialisten »dem Führer entgegen arbeiteten« vorweg, als er von einem Gauleiter erzählte, der seinen Funktionären gesagt habe, »sie würden seine [Hitlers] wahren Wünsche interpretieren, wenn sie mit der Verfolgung der Juden fortführen«. Phipps schloss seinen Bericht mit der bissigen Anmerkung: »Ich muss kaum hinzufügen, dass Dr. Schachts Sorge um die Juden einzig und allein von finanziellen und ökonomischen Überlegungen, in denen humanitäre Gedanken keine Rolle spielen, bestimmt ist.«[113]

Welche Gründe Schacht auch gehabt haben mochte, härtere Maßnahmen gegen die Juden zu verhindern – die ausländischen Diplomaten vermuteten zu Recht, dass seine Macht schwand, und interpretierten seinen Abstieg als symptomatisch für andere, weniger sichtbare Entwicklungen. Paradoxerweise fiel Schacht dem Erfolg des Regimes und seinem eigenen Beitrag zu diesem zum Opfer. Kaum waren die Olympischen Winterspiele mit einer grandiosen Abschlussfeier zu Ende gegangen, startete Hitler seinen gewagtesten außenpolitischen Coup. Am 7. März 1936 ließ er 22 000 deutsche Soldaten ins Rheinland einmarschieren, das durch den Versailler Vertrag und den Vertrag von Locarno von 1925 entmilitarisiert worden war. Hitler hatte einen hervorragenden Zeitpunkt für die Operation gewählt. Die französische Regierung befand sich in einer Krise; sowohl die britische als auch die französische Wirtschaft waren wegen der Weltwirtschaftskrise angeschlagen, und beide Länder hatten zudem die Unterstützung Mussolinis verloren, nachdem sie im vorangegangenen Oktober die italienische Besetzung Abessiniens verurteilt hatten. Während Briten und Franzosen sich gegenseitig vorwarfen, Hitlers Schachzug nicht verhindert zu haben, hielt dieser eine Volksabstimmung ab, die zeigte, dass er die nahezu einstimmige Unterstützung der Deutschen für die endgültige Aufkündigung des Versailler Vertrages besaß. Während die Nation jubelte, stellte Klemperer missmutig fest: »Er ist auf unabsehbare Zeit gesichert.«[114]

Hitler nutzte die enorm gestiegene Popularität des Regimes und die verbesserte geostrategische Lage Deutschlands sofort aus. Nach den Olympischen Sommerspielen verfasste er eine Denkschrift, in der er darlegte, dass Deutschland binnen vier Jahren für einen Krieg bereit sein müsse. Doch der Vierjahresplan ging weit über die Festlegung ökonomischer Prioritäten hinaus. Es war eine Deklaration von Hitlers ideologischen Zielen und der bis dahin klarste Hinweis auf seine Entschlossenheit, sie mit Gewalt zu erreichen. Für die Juden hatte sie gravierende Folgen, denn es war die erste politische Direktive, welche die Juden im Rahmen eines Kriegsplans ausdrücklich mit dem Bolschewismus in Zusammenhang brachte. Damit verknüpfte sie das Schicksal der Juden mit den geostrategischen Bedürfnissen Deutschlands. Und als Alternativentwurf zu Schachts Wirtschaftsstrategie demontierte der Plan dessen Position und schwächte dessen mildernden Einfluss, den er nach Ermessen auf antijüdische Maßnahmen geltend gemacht hatte. Dennoch wird der Vierjahresplan für gewöhnlich unabhängig von der Judenpolitik betrachtet.[115]

Der Vierjahresplan war ein Eingeständnis der wirtschaftlichen Schwäche Deutschlands, mit der auch die Juden in Zusammenhang gebracht wurden. Die deutsche Wirtschaft war zu klein, unausgewogen und schwach, um der Bevölkerung einen höheren Lebensstandard bieten und gleichzeitig eine rasante Aufrüstung tragen zu können. Ironischerweise hatte die wirtschaftliche Erholung das Problem verschärft. Die Arbeitslosenzahl war auf rund eine Million gesunken, und obwohl die Löhne weiterhin niedriger waren als vor der Krise, erlaubte die festen Arbeitsverhältnisse den Beschäftigten, mehr auszugeben. Die Folge war eine Zunahme der Importe, was zu einer Zahlungsbilanzkrise führte, denn Deutschland exportierte nicht genug. Die Nachfrage der Weltwirtschaft war schwach, während zugleich Ressourcen in die Produktion von Waffen und Munition umgelenkt wurden. Hinzu kam, dass der Rüstungssektor teure Rohstoffe verschlang. Deutschland fehlten die Devisenreserven, um einerseits Erdöl und hochwertiges Eisenerz und andererseits Agrarprodukte wie tierische Fette, Eier und Tierfutter importieren zu können. Trotz aller Anstrengungen, den landwirtschaftlichen Ertrag zu steigern, fehlten dem Land immer noch 15 Prozent des Lebensmittelbedarfs. Deshalb stand das Regime vor schwierigen Entscheidungen. Wenn es weiter in halsbrecherischem Tempo aufrüstete, würde es den Lebensstandard niedrig halten und den Konsum beschränken müssen. Doch die Nationalsozialisten waren mit dem Versprechen besserer Zeiten an die Macht gelangt. Wie ließen sich diese Ziele in Einklang bringen? Schacht hatte mit einer Reihe von erfindungsreichen kurzfristigen Maßnahmen die Stunde der Wahrheit hinausgeschoben. Außerdem hatte die Regierung Pläne unterstützt, Importe durch synthetische Lebensmittel und Rohstoffe zu ersetzen. Dennoch hatte Schacht Anfang 1936 alle Tricks aufgebraucht – Deutschland gingen die Devisen aus. Die Bevölkerung murrte über Versorgungsmängel, und Rüstungsfabriken mussten ihre Produktion herunterfahren oder sogar ganz einstellen. Doch Schachts Rat, das Rüstungstempo zu verlangsamen und die Exporte zu steigern, verärgerte Hitler nur.[116]

Am 4. September 1936 verlas Göring in einer Kabinettssitzung Hitlers Denkschrift. Sie begann mit allgemeinen Ausführungen über Politik und Krieg. Erstere sei der Überlebenskampf von Nationen. Die Bedrohung, der Deutschland gegenüberstehe, komme aus dem Osten, vom Bolschewismus. Seit der russischen Revolution habe das internationale Judentum sich in Russland etabliert, und nun strebe es danach, seine Macht auf andere Länder und schließlich die ganze Welt auszudehnen. »Seit dem Ausbruch der Französischen Revolution treibt die Welt in immer schärferem Tempo in eine neue Auseinandersetzung, deren extremste Lösung Bolschewismus heißt, deren Inhalt und Ziel aber nur die Beseitigung und Ersetzung der bislang führenden Gesellschaftsschichten der Menschheit durch das international verbreitete Judentum ist.« Ein Sieg des Bolschewismus würde den Sieg des Judentums und die Vernichtung der Zivilisation bedeuten. Dank seiner geopolitischen Lage und der nationalsozialistischen Weltanschauung bilde Deutschland eine Barriere gegen diese Katastrophe. »Deutschland wird wie immer als Brennpunkt der abendländischen Welt gegenüber den bolschewistischen Angriffen anzusehen sein.« Man könne nicht voraussagen, wann es zur entscheidenden Kraftprobe kommen werde, aber sie sei Deutschlands »Schicksal«. Ein Scheitern würde zur *»end-*

gültigen Vernichtung, ja Ausrottung des deutschen Volkes« führen. Um dies zu verhindern, müsse die deutsche Militärmacht ausgebaut werden. »*Das Ausmaß und das Tempo der militärischen Auswertung unserer Kräfte können nicht groß und nicht schnell genug gewählt werden!*« Leider sei Deutschland nicht in der Lage, seine Bevölkerung selbst zu ernähren, und ihm fehlten ausreichende Rohstoffvorkommen für die Rüstung. Dieses Dilemma sei langfristig nur durch eine »Erweiterung des Lebensraumes« zu lösen. Da Deutschland nicht genug exportieren könne, um die Aufrüstung zu finanzieren, und diese nicht verlangsamt werden könne, sei es nötig, die ganze Gesellschaft und Wirtschaft zu mobilisieren. Man müsse so bald wie möglich die Selbstversorgung mit Lebensmitteln erreichen. Dafür sei es notwendig, importierte Güter durch synthetische Produkte zu ersetzen und Importe auf das absolut Notwendige zu beschränken. Wenn die Privatwirtschaft nicht bereit sei, sich auf die neuen Aufgaben zu konzentrieren, würde der Staat die Führung übernehmen. Dann kündigte die Denkschrift zwei Gesetzesvorhaben an, eines, das Wirtschaftssabotage mit der Todesstrafe bedrohen würde, und eines, »das das gesamte Judentum haftbar macht für alle Schäden, die durch einzelne Exemplare dieses Verbrechertums der deutschen Wirtschaft und damit dem deutschen Volk zugefügt werden«. Am Ende der Denkschrift stellte Hitler zwei Aufgaben: »I. Die deutsche Armee muss in 4 Jahren einsatzfähig sein. II. Die deutsche Wirtschaft muss in 4 Jahren kriegsfähig sein.«[117]

Die Denkschrift gibt einen bestürzenden Einblick in Hitlers Denken. Er war in erster Linie Krieger. Die Jahre im Schützengraben waren die prägende Erfahrung seines Lebens und sein ständiger Bezugspunkt. Sein Hauptfeind war das »internationale Judentum«. Nach seiner Ansicht hatten die Juden die Niederlage Deutschlands im Jahr 1918 verursacht und Russland an sich gerissen, um von dort aus die ganze Welt zu erobern. Dem stellten sich nur Deutschland, der Nationalsozialismus und er selbst entgegen. Doch während Deutschland sich für den Krieg rüstete, musste man auch den inneren Feind im Auge behalten. Der Krieg gegen das internationale Judentum konnte, so Hitlers Gedankengang, nicht ohne die Unterdrückung der Juden in Deutschland gefochten werden. Während die Entrechtung die altmodischen Antisemiten zufriedenstellte und die Verringerung oder Ausschaltung des Einflusses der Juden die Forderungen der Konservativen erfüllte, stellte sich Hitler etwas völlig anderes vor. Er ging sogar über die Segregationsforderung des Rassenantisemitismus hinaus, der die von den Juden ausgehende Gefahr in Begriffen wie »Bluts-« und »Rassenvermischung« ausdrückte. Hitler war überzeugt, dass Deutschland sich im Krieg mit den Juden befand und sein Überleben von seiner militärischen Stärke sowie, als Voraussetzung dafür, von territorialer Expansion abhing. Um mehr »Lebensraum« zu gewinnen, war ein Krieg notwendig, und um Krieg führen zu können, war die rücksichtslose Unterjochung der Juden notwendig. Hitlers Denken war apokalyptisch und voller Zirkelschlüsse, aber kohärent.[118] Ausländische Diplomaten bemerkten die neue Gangart. Botschafter Dodd fiel auf, dass die Reden, die Hitler, Goebbels und Rosenberg auf dem NSDAP-Parteitag von 1936 hielten, noch kriegerischer waren als sonst. Für sie waren der Ausbruch des Spanischen Bürgerkriegs und die Wahl einer linken Volksfrontregierung unter dem Juden Léon Blum in Frankreich Beweise für eine kommunistische Aggression, hinter der die Juden standen. Am 18. Oktober 1936 wurde Göring offiziell zum Beauftragten für den Vierjahresplan ernannt und damit zum Herrscher über die Wirtschaft, wodurch Schacht zu einer Nebenfigur herabsank. Einige Tage später verglich Phipps Schacht mit einem »erfahrenen Steuermann, der in einem Augenblick des Grolls auf einem Piratenschiff angeheuert hat, in der Zuversicht, den Piratenkapitän und seine Mannschaft bessern zu können«, nur um festzustellen, dass er »gezwungen war, sich an der Seeräuberei zu beteiligen«. Die »schlimmsten Angriffe der Naziextremisten« habe er abwehren können. Eine »allgemeine Beschlagnahme jüdischer und anderer Vermögen« habe nicht stattgefunden. Aber die Schwächung von Schachts Stellung, so musste man schließen, verhieß für die Juden nichts Gutes.[119]

Damit einher ging eine weitere Neuausrichtung in der Machtstruktur des Dritten Reichs im Jahr 1936, nämlich die des Sicherheitsapparats. Im Juni wurde Himmler zum Chef der Deutschen Polizei ernannt. Damit war die Kontrolle über SS, SD und Gestapo sowie über die Kriminalpolizei (Kripo) und die Ordnungspolizei (Orpo) in einer Hand vereinigt. Letztere wurde weiterhin von Kurt Daluege geleitet, während die Kripo mit der Gestapo zur Sicherheitspolizei (Sipo) verschmolzen wurden, mit Heydrich als Chef. Die Folge war eine neue Auffassung von Kriminalität und Polizeiarbeit. Die Zusammenführung der Sicherheitsorgane und deren Neuorientierung hingen eng mit dem Vierjahresplan und den Kriegsvorbereitungen zusammen.

Aus nationalsozialistischer Sicht musste die deutsche Gesellschaft von rassisch schwachen und entarteten Elementen gesäubert werden. Dies schloss die sogenannten Anlage- und Gewohnheitsverbrecher ebenso ein wie alle, die in sonstiger Weise von der nationalsozialistischen Norm abwichen. Wer eine Strafakte hatte, lebte in der Gefahr, festgenommen und in ein Konzentrationslager gebracht zu werden. Bettler, Landstreicher und »Arbeitsscheue« galten als asozial und gerieten ebenfalls in die Fänge des expandierenden KZ-Systems. Auch die Sinti und Roma fielen dieser Melange aus polizeilicher Kontrolle, traditionellen Vorurteilen und biologischem Rassismus zum Opfer. Nachkommen von Deutschen, die sich in Afrika angesiedelt hatten, und einem schwarzafrikanischen Elternteil wurden ebenso einer Zwangssterilisation unterzogen wie jene Kinder, die in den 1920er Jahren den Beziehungen deutscher Frauen mit französischen Kolonialsoldaten im besetzten Rheinland entsprungen waren.[120]

Doch keine dieser Gruppen wurde als so gefährlich angesehen wie die Juden. Sie allein stellten angeblich eine internationale Bedrohung für das deutsche Volk dar. Sie galten als die verborgene Kraft hinter der neuen sozialistischen Regierung in Frankreich und der von der Sowjetunion unterstützten republikanischen Regierung in Spanien. In einer Rede aus Anlass seiner Amtseinführung als Chef der Deutschen Polizei offenbarte Himmler den Zusammenhang zwischen der Existenz des jüdischen Feindes und der Schaffung eines vereinigten Sicherheitsapparats zur Verteidigung des Volks:

> Wir haben damit zu rechnen, dass dieser Kampf ein Kampf von Menschenaltern sein wird, der uralte Kampf zwischen Menschen und Untermenschen in seiner heutigen neuen Form des Kampfes arischer Völker gegen das Judentum und seine Organisationsform, den Bolschewismus. Darauf ein ganzes Volk einzustellen und dafür dem ganzen deutschen Volk so, wie es die Wehrmacht zum Schutz nach außen ist, die Polizei zusammengeschweißt mit dem Orden der Schutzstaffeln als Organisation zum Schutz des Reiches nach innen aufzubauen, darin sehe ich meine Aufgabe.[121]

Die Vorbereitungen auf den Kampf mit dem internationalen Judentum erforderten eine Intensivierung der Maßnahmen gegen die Juden im Innern. Anfang 1936 wurden das SD-Hauptamt umorganisiert und die Zusammenarbeit mit der Gestapo verbessert. Ein tatkräftiger junger Intellektueller, Kurt Schröder, wurde zum Leiter der Judenabteilung II 112 ernannt. Deren Experten hielten im Lauf des Jahres eine Reihe von Schulungen für jene SD-Mitarbeiter ab, die jüdische Aktivitäten beobachteten und über sie berichteten. Heydrich schlug dem Reichsinnenministerium vor, Centralverein und RjF nicht nur im Auge zu behalten, sondern ihre Tätigkeit einzudämmen oder ganz zu verbieten. Sein weitreichendes Programm wurde zwar abgelehnt, aber die Gestapo verstärkte die Behinderung nichtzionistischer jüdischer Organisationen. Außerdem begann sie sich aktiv daran zu beteiligen, Juden unter Druck zu setzen, um sie zur Aufgabe ihrer Geschäfte und Betriebe zu bewegen. Dafür nutzte sie unter anderem die ihr von Göring zugewiesene Aufgabe, Devisenvergehen zu verhindern.[122]

Die Ministerien, die bisher antijüdische Maßnahmen entwickelt und durchgeführt hatten, verloren nach und nach die Kompetenz für jüdische Angelegenheiten. Wahrscheinlich weil sie spürten, dass sie um ihren Einfluss kämpfen mussten, kamen am 29. September 1936 Vertreter des Innen- und des Finanzministeriums mit Rudolf Heß zusammen, um über die Judenpolitik zu diskutieren. Über das Ziel der »restlosen Auswanderung« der Juden »unter allen Umständen« war man sich einig. Um es zu erreichen, hielt man es zwar für notwendig, die Wirtschaftstätigkeit von Juden auf ihren »Selbstunterhalt« einzuschränken. Angesichts der heiklen Wirtschaftslage sahen die Sitzungsteilnehmer den Zeitpunkt für derart drastische Maßnahmen aber noch nicht gekommen. Anders als für den Sipo-SD-Apparat hatte die Wirtschaft für sie immer noch den Vorrang vor der Ideologie. Indem sie sich zurückhielten, machten sie freilich unabsichtlich Himmler und Heydrich den Weg frei.[123]

Die Verschärfung der Aggression gegen die deutschen Juden

Für die meisten Deutschen war 1936, mit der Remilitarisierung des Rheinlands und den Olympischen Sommerspielen in Berlin als herausragenden Ereignissen, ein großartiges Jahr. Trotz vorübergehender Nahrungsmittelengpässe hatte sich ihr Lebensstandard dank der verbesserten Beschäftigungslange in bescheidenem Maß erhöht. Das Wachstum des öffentlichen Diensts in vielen Bereichen, einschließlich des Sicherheitsapparats, eröffnete Chancen auf Beförderungen und sozialen Aufstieg. Für Juden war es indes eine Zeit wachsender Ängste. Kurt Rosenberg notierte in seinem Tagebuch: »Seit Wochen stecken die Juden die Köpfe zusammen und erzählen sich, dass es nach der im August stattfindenden Olympiade noch schlimmer werde … Längst hat uns die Freude am kleinen Besitz und Geschehen verlassen – denn über allem steht die immer wiederkehrende Frage: *Lohnt es sich noch?*« Als die Olympischen Spiele sich dem Ende zuneigten, fürchtete Victor Klemperer, dass »eine Explosion vor der Tür« stünde, und »natürlich« würde »man sich zuerst gegen die Juden abreagieren«.[124]

In den Ohren von Mally Dienemann, der Frau des Rabbiners von Offenbach, klangen die fanatisch antikommunistischen und antijüdischen Reden auf dem NSDAP-Parteitag im September in Nürnberg beunruhigender als sonst. Nachdem sie eine von ihnen im Radio gehört hatte, schrieb sie in ihr Tagebuch: »… kommt es zu einem Krieg, macht man den Beginn mit der Ausrottung der J[uden].«[125] Klemperer hörte dieselbe Rundfunkübertragung mit all den »irrsinnigen Lügen der Judenhetze«. Es »übersteigt jede Vorstellung«, bemerkte er. Drei Wochen später, an seinem Geburtstag, teilte man ihm in der Bibliothek mit, dass er den Lesesaal nicht mehr benutzen dürfe, und Anfang Dezember wurde ihm, gemäß der neuesten antijüdischen Bestimmungen, das Telephon genommen. »Beinahe symbolische Handlung«, kommentierte er im Tagebuch. Jetzt seien er und seine Frau »[g]änzlich verarmt und gänzlich vereinsamt«.[126] Für Zionisten und gläubige Juden wie die Dienemanns war es möglich, sich ins jüdische Leben zurückzuziehen und aus dem Judentum oder der Vision einer nationalen jüdischen Zukunft in Palästina Kraft zu schöpfen. Aber komplett assimilierte deutsche Juden und Konvertiten wie Klemperer besaßen keine solchen Rückzugsräume.

Bis weit ins Jahr 1936 hinein hatten genügend Juden eine Arbeitsstelle oder einen Betrieb – und einigen ging es sogar recht gut –, um den Eindruck aufrechtzuerhalten, dass die deutschen Juden in der Lage wären, sich zu behaupten. Entlassene Beamte wie Klemperer bekamen immer noch ihre Pension. Jüdische Selbständige, etwa Ärzte und Rechtsanwälte, konnten ihre Dienste anderen Juden anbieten.

Anwälte durften für sie sogar vor Gericht auftreten. Tausende jüdische Kinder gingen weiterhin auf öffentliche Schulen. Dennoch waren gegen Ende des Jahres die Ressourcen der Reichsvertretung, mit denen sie die Not der stetig steigenden Zahl von arbeitslosen Juden hatte lindern können, nahezu erschöpft. Hätte im Winter 1936/37 der CGJ nicht helfend eingegriffen, wären die örtlichen jüdischen Hilfsorganisationen heillos überfordert gewesen.[127]

Der zunehmende Druck erzeugte Risse in der Einheit der jüdischen Gemeinde. Der rechtsgerichtete Zionist Georg Kareski glaubte, mit der deutschen Regierung besser verhandeln zu können als die für die Mehrheit der Juden stehende Führung. Anfang 1937 musste die Reichsvertretung einen Versuch Kareskis und seiner Staatszionistischen Partei, den Vorstand zu übernehmen, abwehren. Die Gestapo war enttäuscht über die Standhaftigkeit der etablierten Leitung, während Juden in Großbritannien und Amerika sie bewundernswert fanden. David Glick, ein Abgesandter des Joint, berichtete dem Vorstand in New York, die Juden in Deutschland würden »einen Mut und eine Geisteshaltung« beweisen, die »absolut großartig« seien; »sie wollen nicht als Feiglinge oder Tiere erscheinen und bewahren bis zuletzt den Geist von tapferen, kultivierten Männern und Frauen«.[128]

Im Januar 1937 präsentierte die Judenabteilung des SD Vorschläge für eine systematische Kampagne mit dem Ziel, die deutschen Juden in kürzester Zeit aus Deutschland zu vertreiben. In der möglicherweise von Adolf Eichmann verfassten Denkschrift »Zum Judenproblem« hieß es, »der Jude« sei »einer der gefährlichsten Feinde … – weil er nie ganz greifbar sein wird«. Der strategische »Leitgedanke« des SD bestand darin, die »Entjudung« Deutschlands zu erreichen, indem man den Juden die Lebensgrundlagen, »d. h. die wirtschaftliche Betätigungsmöglichkeit« nahm. Dann wären die Juden genötigt auszuwandern, und zwar in arme, unterentwickelte Regionen, wo sie sich nicht neu formieren und wieder zu einer Bedrohung für das Dritte Reich werden konnten. In Abkehr von der früheren Judenpolitik vertrat der Verfasser des Papiers die Auffassung, dass die Unterstützung des Zionismus allein nicht ausreiche. Die Juden in Deutschland hätten noch nicht genügend Druck zu spüren bekommen, um sich dem Zionismus zuzuwenden, zumal Ausschreitungen palästinensischer Araber gegen jüdische Einwanderer abschreckend wirkten. Daher sei es notwendig, die Juden in der Wirtschaft auszuschalten, größeren Druck auf sie auszuüben und jede Auswanderungsmöglichkeit zu nutzen. Begleitet werden müssten diese Anstrengungen von der »Aufklärung« der Bevölkerung, um jede Sympathie und Hilfsbereitschaft für Juden auszumerzen: »Eine weitgehende judenfeindliche Volksstimmung muss erzeugt werden, um die Basis für den anhaltenden Angriff und das wirksame Zurückdrängen zu bilden.« Die Verwendung militärischer Metaphern enthüllte die Geisteshaltung der SD-Mitarbeiter und ihre groteske Vorstellung von den Juden als einem mächtigen, gefährlichen Feind. Zudem offenbarte die Denkschrift auch ihre Neigung zu Brutalität und Zynismus: »Das wirksamste Mittel, um den Juden das Sicherheitsgefühl zu nehmen, ist der Volkszorn, der sich in Ausschreitungen ergeht.« Juden würden Pogrome fürchten, weshalb Gewalt höchst wirksam sei, auch wenn sie illegal sei. Indem der SD Pogrome anzuzetteln empfahl, widersprach er freilich der eigenen Behauptung eines verbreiteten »Volkszorns«. Nach der Darstellung der Druckmittel, mit denen Juden zur Auswanderung gedrängt werden konnten, wandte sich die Denkschrift den praktischen Instrumenten zur Beschleunigung ihres Verschwindens zu. Unumgänglich sei die Schaffung einer »Auswanderungs-Aufsichtsbehörde« als »Zentralstelle« für die Forcierung und Abwicklung der Auswanderung.[129]

Im Lauf des Jahres 1937 wurden auf Drängen Heydrichs und der SD-Verbindungsleute zur Gestapo Teile dieses Programms umgesetzt. So kam der SD, der vorgeblich nur für die Sammlung von Informationen zuständig war, unter anderem durch sein Eingreifen in jüdische Angelegenheiten dem Zugewinn exekutiver Vollmachten ein Stück näher. Die furchterregenden Implikationen dieser Entwicklung kann man den Richtlinien für SD-Offiziere zur »Bekämpfung des Judentums« entnehmen, die der neue Chef der Judenabteilung, der ehemalige Theologiestudent Dieter Wisliceny, verfasst hatte. Darin heißt es: »Die Bekämpfung des Judentums bildet von Anfang an das Grundprinzip des Nationalsozialismus. Die Judenfrage ist für den Nationalsozialismus kein politisches oder religiöses Problem, sondern eine Rassenfrage. Damit ist die Möglichkeit eines Kompromisses von vornherein ausgeschlossen. Die Kampfstellung der NSDAP gegen das Judentum zieht sich durch das ganze Parteiprogramm. Das Judentum ist für den Nationalsozialismus der Gegner schlechthin.« Seit Mai 1935 habe der SD an einer systematischen, auf Forschungserkenntnissen beruhenden Strategie für den Umgang mit der Judenfrage gearbeitet.

»Die Lösung … kann nur in einer völligen Entfernung der Juden aus Deutschland liegen«, die »nur durch die zionistische Auswanderung denkbar« sei.[130]

Die 1937 angefertigten Vermerke der Judenabteilung des SD spiegeln die Unzufriedenheit über das Tempo der jüdischen Auswanderung und die Verärgerung über die Standhaftigkeit der jüdischen Gemeinde wider. Im April 1937 berichtete sie für das erste Quartal, die »soziale Lage der Juden in Deutschland« sei »noch derart günstig, dass die meisten das Verbleiben in Deutschland einer Auswanderung vorziehen«. Der arabische Aufstand gegen die britische Herrschaft in Palästina habe die Anziehungskraft der zionistischen Botschaft verringert. Stattdessen würden CV und RjF einen neuen Aufschwung erleben. Der Kulturbund führe »die Juden langsam in ein geistiges Ghetto«, doch dies sei eine zwiespältige Entwicklung, da sie den Juden auch Trost und Ablenkung von ihren Nöten biete. Weiter beklagte sich der SD über die Unterstützung, die Juden von Katholiken erhielten, insbesondere »von der gegen den Nationalsozialismus eingestellten Landbevölkerung«.[131]

Immer die vermeintlichen Machenschaften des »internationalen Judentums« im Blick, stürzte sich der SD im März 1937 geradezu auf eine gegen den Nationalsozialismus gerichtete Rede des New Yorker Bürgermeisters Fiorello LaGuardia. Zur Vergeltung verbot die Gestapo die jüdische Loge B'nai B'rith und verhängte eine zweimonatige Sperre über alle Treffen von CV und RjF sowie über sämtliche jüdischen Kulturveranstaltungen. Nur zionistische Versammlungen waren erlaubt.[132] Botschafter Dodd legte beim Auswärtigen Amt förmlichen Protest gegen die Attacken auf LaGuardia in der deutschen Presse ein, aber die Beamten in der Wilhelmstraße schienen inzwischen für solche Demarchen unempfänglich geworden zu sein. Im November notierte Dodd überdrüssig über eine Rede Streichers, dieser habe erklärte, »die Vereinigten Staaten würden von Juden regiert und LaGuardia sei ihr Chef«. Mittlerweile überhörte Dodd jedoch eine solche Rhetorik und hatte es weitestgehend aufgegeben, sich mit Vertretern des NS-Regimes zu treffen.[133]

Im Mai endete der geschützte Status der Juden in Oberschlesien. Dieses ungewöhnliche Phänomen ging auf den Streit zwischen Polen und Deutschland um die Provinz nach dem Ersten Weltkrieg zurück. Das Genfer Abkommen über Oberschlesien von 1922 hatte die Rechte der Minderheiten in beiden Teilen für 15 Jahre garantiert; diese hatten sogar das Recht, sich bei Verstößen an den Völkerbund zu wenden. Nach ihrem Machtantritt war dies den Nationalsozialisten ein Dorn im Auge, zum einen weil das Gebiet der diskriminierenden Gesetzgebung entzogen war und zum anderen wegen des Petitionsrechts der jüdischen Bevölkerung beim Völkerbund. 1933 hatte der AJC diesen Hebel eingesetzt, um ein halbes Dutzend Eingaben nach Genf zu schicken, die gegen die Behandlung der Juden in Deutschland protestierten. In Vorbereitung auf die Rückgewinnung der vollen Souveränität über den deutschen Teil von Oberschlesien wurde Adolf Eichmann beauftragt, einen Plan auszuarbeiten, wie die Stellung der dortigen Juden schnellstmöglich derjenigen im übrigen Reich angeglichen werden konnte. Neben der sofortigen Ausdehnung der Rassengesetze und sonstigen Rechtsvorschriften auf die Provinz empfahl Eichmann die umgehende Verhaftung jüdischer Gemeindevorstände, ein Verbot der auf Assimilation ausgerichteten jüdischen Organisationen sowie insbesondere eine rasche Bestandsaufnahme jüdischer Unternehmen, um zu verhindern, dass die jüdischen Eigentümer eine »getarnte und unwahre ›Arisierung‹« durchführten, indem sie ihre Firmen pro forma »Ariern« überschrieben. Nachdem Heydrich und Franz Six, der Chef der Abteilung II im SD-Hauptamt und Eichmanns Vorgesetzter, den Plan gebilligt hatten, wurde Eichmann nach Breslau geschickt, um die dortige Gestapo, sobald die deutschen Sicherheitskräfte von den vertraglichen Einschränkungen befreit waren, bei ihrem Vorgehen gegen die jüdische Bevölkerung zu unterstützen. Es war das erste Mal, dass ein SD-Mitarbeiter Ideen in konkrete Maßnahmen umsetzte beziehungsweise diese vor Ort beobachtete. Eichmanns Mission sollte zum Modell für spätere Aktionen werden.[134]

Das ganze Jahr 1937 über verfolgten die Judenexperten des SD mit kritischem Blick den Ausschluss der Juden aus der Wirtschaft und beobachteten die jüdische Auswanderung. Im Juli wurde ihr Einfluss auf die Umsetzung der Judenpolitik durch eine förmliche Einigung mit der Gestapo, den sogenannten Funktionsbefehl, gestärkt. Und sie waren unermüdlich. Während sie zufrieden vermerkten, dass Landräte es ablehnten, jüdischen Viehhändlern den Gewerbeschein zu erneuern, bemängelten sie in einem ihrer Berichte, zwar würden »die ›Arisierungsbestrebungen‹ im gesamten Reichsgebiet zur lebhaften Genugtuung der breiten Öffentlichkeit nach wie vor anhalten«, aber trotzdem sei »der jüdische Einfluss auf das Wirtschaftsleben gleichbleibend groß«. Es reiche nicht aus, dass orthodoxe Juden und jüdische Kriegsveteranen, die den Gedanken, Deutschland zu verlassen, einst von sich gewiesen hatten, jetzt über eine Gruppenauswanderung nachdächten. »Wenn zahlreiche Juden aus dem assimilatorischen Lager in ihrem Willen, in Deutschland zu bleiben, dennoch nicht wankend geworden sind, liegt das nicht zuletzt an der schon wiederholt erwähnten teilweisen Begünstigung durch Behörden, als auch in der allgemein gezeigten laschen Haltung der Bevölkerung gegenüber der Judenfrage.«[135]

Das zweite Hauptanliegen des SD war die Auswanderung. Seit dem Abschluss des Ha'avara-Abkommens im Jahr 1933 hatten die Nationalsozialisten den Zionismus bevorzugt und die Auswanderung nach Palästina gefördert. Im ersten Jahr der NS-Herrschaft waren 7600 Juden in die jüdische nationale Heimstätte ausgewandert, ein Viertel aller emigrierten Juden. 1934 stieg diese Zahl auf 9800, annähernd ein Drittel der Gesamtheit. In den nächsten beiden Jahren lag sie zwischen 8600 und 8700, aber mehr als 30 Prozent der jüdischen Auswanderer waren es nie. Es hätten mehr sein können, aber die britischen Mandatsbehörden beschränkten die Zahl der jüdischen Einwanderer. Sie kalkulierten die optimale Größenordnung der jüdischen Besiedlung anhand der ökonomischen Aufnahmefähigkeit des Landes und vor allem unter Berücksichtigung politischer Erwägungen. Seit den antijüdischen Unruhen von 1921 reduzierten sie jedes Mal, wenn gewalttätige arabische Proteste ausbrachen, den Umfang der Einwanderung. So hatten sie anlässlich der jüngsten Unruhen im Jahr 1936 die Zahl der Einreisegenehmigungen glatt halbiert.[136]

Sowohl das deutsche Auswärtige Amt als auch der SD hatten aufmerksam verfolgt, wie die Briten auf den palästinensisch-arabischen Aufstand reagierten. Obwohl sie ihn bis 1939 niederzuschlagen vermochten, gelangten sie zu dem Schluss, dass das Mandatsgebiet unregierbar war. Im Juli empfahl eine von Lord Peel geleitete Kommission die Teilung Palästinas in einen jüdischen und einen arabischen Staat. In der Wilhelmstraße und im SD-Hauptamt läuteten die Alarmglocken. Wenn die Juden einen eigenen Staat bekämen, hätte dieser ein Recht auf Mitgliedschaft im Völkerbund, den er als Plattform für Angriffe auf Deutschland und die Verteidigung von Juden in anderen Ländern würde nutzen können.[137]

1936 hatten die Judenexperten des SD Kontakt zu einem Angehörigen der Hagana, der jüdischen Untergrundarmee in Palästina, aufgenommen, der eine Möglichkeit für die Steigerung der jüdischen Auswanderung anzubieten schien. Im Oktober 1937 reisten Herbert Hagen, Wislicenys Nachfolger als Leiter der Judenabteilung, und Eichmann, deren Zionismusexperte, nach Palästina, um diesem Ansatz nachzugehen. Außerdem sollten sie die vermeintliche Rolle der Hagana bei der Ermordung von Wilhelm Gustloff untersuchen. Die Reise war in beiderlei Hinsicht ein Reinfall. Hagen und Eichmann wurden nur einen Tag nach ihrer Ankunft in Haifa von den britischen Behörden aus Palästina hinausgeworfen, und ihre Bemühungen, mit jüdischen Informanten zu sprechen, die Licht in den Fall Gustloff hätten bringen können, blieben ergebnislos. Dennoch festigte die Reise Eichmanns Ruf als führender Judenexperte des SD. Der Bericht, den er zusammen mit Hagen anfertigte, markierte einen grundlegenden Politikwechsel. Palästina sollte zwar ein wichtiges Emigrationsziel für Juden bleiben, aber nicht das einzige und noch nicht einmal das bevorzugte. Noch würde das Dritte Reich irgendetwas unternehmen, um die jüdische Gemeinde in Palästina zu unterstützen oder ihr zu einem eigenen Staat zu verhelfen.[138]

Das Schicksal der Zionisten in Deutschland war also sowohl mit der britischen Palästinapolitik als auch mit der deutschen Judenpolitik eng verbunden. Vor den 1930er Jahren war der Zionismus nur für eine kleine Minderheit der deutschen Juden interessant gewesen, und in den ersten Jahren der NS-Herrschaft hegten diejenigen, die zuvor schon nicht von ihm überzeugt waren, die Hoffnung, ihren Lebensabend in ihrer deutschen Heimat verbringen zu können. So weigerte sich Willy Cohn, obwohl er seine Anstellung als Lehrer verloren hatte, die Bitte seiner Frau zu erfüllen und mit ihr ins Ausland zu gehen. »Trudi drängt ja immer sehr mit dem Auswandern«, hielt er im Juni 1933 in seinem Tagebuch fest, »ich sehe für uns und für das, was ich kann, keine großen Möglichkeiten.« Damit sprach er für viele deutsche Juden, die meinten, »man sollte zunächst abwarten«. Mit 46 Jahren wollte Cohn »nicht noch einmal ganz von vorne anfangen«. In Breslau stellte er etwas dar, und ob er es im Ausland »noch einmal zu etwas bringen« würde, war fraglich. Trotz mehrerer schmerzlicher Streits mit seiner Frau beharrte er darauf, zu bleiben, wo er war; zu »stark … verwurzelt« fühlte er sich in Deutschland.[139]

Nach der Verkündung der Nürnberger Gesetze wuchs das Interesse an der Emigration ganz allgemein und speziell an der Auswanderung nach Palästina. Die Gestapo meldete verstärkte zionistische Aktivitäten überall im Land. In Bayern nahmen immer mehr junge Leute an Ausbildungskursen teil, und in Düsseldorf wurden neuerdings Abendkurse in Hebräisch angeboten. Erich Sonnemann, der Vorsitzende einer nichtzionistischen Jugendgruppe, schrieb niedergeschlagen an den Vorsitzenden seines Jugendverbandes: »Doch nur 2 Dinge bleiben übrig: Geht zum Zionismus … oder kauft euch einen Strick.« Doch die Anziehungskraft des Zionismus hing von den Chancen der Auswanderung nach Palästina und der Wahrnehmung ab, dass die Zionisten unter dem Schutz des Regimes standen. Sobald in Palästina Probleme auftraten, wandten sich die Juden an Organisationen, die ihnen einen anderen Zufluchtsort anbieten konnten, und den assimilationistischen Juden, insbesondere dem RjF, war es ein Vergnügen, die Rückschläge bei der Anwendung des zionistischen Heilmittels bloßzustellen.[140]

Anfang 1937 hatte Cohn seine Meinung geändert und reiste mit seiner Frau nach Palästina, um seinen Sohn Ernst, der sich 1934 dort angesiedelt hatte, zu besuchen und sich das Land anzuschauen. Das Ehepaar Cohn traf am Abend des Passahfests in Haifa ein und erkundete vom Kibbuz Givat Brenner aus, in dem Ernst lebte, in den nächsten sechs Wochen das Land. Cohn blieb jedoch unschlüssig, ob er den Schritt wagen sollte. In jedem Fall wurde es für Juden in Deutschland immer schwieriger, eine Einreisegenehmigung für Palästina zu erhalten, besonders wenn sie wie Willy Cohn in den mittleren Jahren standen. Die zionistische Bewegung, welche die Verteilung der Genehmigungen kontrollierte, bevorzugte Personen, die zu körperlicher Arbeit, insbesondere zur Landarbeit, fähig waren oder Kapital mitbrachten. Außerdem gab sie Antragstellern, die sich durch den Eintritt in zionistische Organisationen oder Parteien zur zionistischen Idee bekannt hatten, den Vorrang. Im Januar 1934 schockierte Weizmann James McDonald, indem er seine Geringschätzung für die Masse der europäischen Juden ausdrückte, die nicht in diese Kategorien fiel. Weizmann habe, notierte McDonald, »seine Verachtung für die deutschen Juden insgesamt, seine Gleichgültigkeit gegenüber ihrem Schicksal und, was das betrifft, dem Schicksal von Millionen von Juden anderswo« ausgedrückt, »solange nur ein Grundstock in Palästina am Leben erhalten werden kann«. Die schwindenden Chancen für die Auswanderung nach Palästina und die Bevorteilung der Jungen hatten dramatische Konsequenzen. Juden wie das Ehepaar Cohn, die sich Zeit gelassen hatten, stellten fest, dass ihre Gelegenheit verstrichen war. Eine Selbstmordwelle erfasste die Gruppe der älteren Zionisten, die erkannten, dass ihr Traum geplatzt war.[141]

Nicht nur die Auswanderung nach Palästina wurde immer schwieriger, auch andere Länder errichteten eins nach dem anderen Einreisebarrieren gegen jüdische Flüchtlinge. Deshalb waren viele Juden jetzt bereit, sich an Orten niederzulassen, über die sie bisher nur gespottet hatten. Die wichtigste Auswanderungsorganisation, der Hilfsverein, der mit der HICEM zusammenarbeitete, suchte unablässig nach Zufluchtsorten und verhandelte mit Regierungen, um Einwanderungskontingente zu vergrößern oder Beschränkungen aufzuheben. 1936 schloss Südafrika, nachdem es 2500 deutsche Juden aufgenommen hatte, die Tür. Brasilien ließ 1000 deutsche Juden ins Land und kündigte dann seine Vereinbarung mit der HICEM auf. Selbst wenn ein Zielort gefunden war, wurde es nachgerade unerschwinglich, ihn zu erreichen. Wegen der abschmelzenden Devisenreserven senkte die Reichsbank die Schwelle, von der ab auf persönliches Vermögen die »Reichsfluchtsteuer« erhoben wurde, von 200 000 auf 50 000 Reichsmark. Die Folge war, dass Auswanderungswilligen nur wenig vom Verkaufserlös ihres Besitzes blieb, womit sie sich ein neues Leben in einem anderen Land aufbauen konnten. Zudem wurden die Wechselkurse für Reichsmarkbesitzer immer ungünstiger, so dass sie 1936 nur die Hälfte dessen bekamen, was ihr Geld 1933 wert gewesen wären. 1939 bekamen sie sogar nur vier Prozent der Devisensumme, die sie 1933 erhalten hätten. Daher überrascht es kaum, dass Wohlhabende dazu neigten, auszuharren und zu hoffen, in Deutschland mit dem, was sie hatten, überleben zu können, anstatt einen massiven Verlust hinzunehmen und irgendwo anders mit fast nichts von vorn anzufangen.[142]

Frankreich blieb trotz der Wahl der Volksfrontregierung im Mai 1936 bei seiner restriktiven Einwanderungspolitik. Allerdings bemühte sich die neue Regierung ernsthaft, die Bedingungen für die rund zehntausend noch im Land befindlichen und von Fürsorgeleistungen abhängigen Flüchtlinge zu verbessern. Vor allem erlaubte sie mehr von ihnen zu arbeiten. Als weiteren Schritt zur Lösung des Flüchtlingsproblems schlug Kolonialminister Marius Moutet vor, zumindest einige von ihnen in der französischen Kolonie Madagaskar anzusiedeln. Diese Idee erregte die Aufmerksamkeit der polnischen Regierung, die nach Orten suchte, an die sie Juden schicken konnte, die als überflüssig für die polnische Wirtschaft betrachtet wurden. Eine gemeinsame französisch-polnische Kommission, die überwiegend aus jüdischen Experten bestand, erkundete die Möglichkeiten, welche die Insel bot, sogar vor Ort. Im Mai 1938 lehnte der neue Kolonialminister Georges Mandel (selbst Jude) den Plan jedoch entschieden ab. Er befand ihn für ebenso undurchführbar wie nicht wünschenswert.[143]

Allein die Schlupflöcher in die Vereinigten Staaten verbreiterten sich ein wenig. Im Fiskaljahr 1935/36 erreichte die Zahl der bewilligten Einreisevisa 25 Prozent der Quote. Im nächsten Jahr lag sie mit 10815 Bewilligungen bei knapp der Hälfte der verfügbaren Plätze. Dieser Anstieg war dem Druck zu verdanken, den das Weiße Haus und jüdische Organisationen auf das Außenministerium ausübten. Gleichwohl waren die Voraussetzungen für die Visaerteilung derart streng, dass nur ein Teil der Antragsteller Erfolg hatte. Sie mussten eine medizinische Untersuchung über sich ergehen lassen und nachweisen, dass sie über die Mittel verfügten, um für sich selbst zu sorgen, oder Familienangehörige in den USA hatten, die verhindern würden, dass sie dem Staat zur Last fielen. Außerdem bestanden die Konsulate in Deutschland darauf, dass die Auswanderer ihre Überfahrt selbst bezahlten. Auf diese Weise sollte die Einwanderung von Arbeitern unterbunden werden, aber es wurde dabei ignoriert, dass mittlerweile auch respektable Bürger derart verarmt waren, dass sie auf die Unterstützung von Verwandten oder anderen Helfern in Amerika angewiesen waren. Obwohl die Konsulate viel Spielraum bei der Anwendung der Vorschriften hatten, hielten sich die meisten von ihnen an deren Buchstaben, bis sie das Chaos vor ihren Türen nicht mehr übersehen konnten.[144]

Im Dezember 1937 eröffnete die Reichsvertretung eine zentrale Auswanderungsstelle, die alle wichtigen Organisationen unter einem Dach zusammenführte. Die verstärkten Bemühungen, junge Leute aus Deutschland hinauszubringen, zeigten, dass man für die jüdische Gemeinde in Deutschland keine Zukunft mehr sah. Die zionistische Jugend-Aliah schickte in Zusammenarbeit mit der RV zwischen 1934 und 1939 12000 unbegleitete Kinder nach Palästina. Ressourcen flossen auch in nichtzionistische Initiativen wie den Ausbildungshof in

Groß Breesen, obwohl dessen Bilanz höchst bescheiden ausfiel. Insgesamt verließen 18 400 Jugendliche über solche Programme das Land. Jüdische Organisationen halfen auch »nichtarischen« christlichen Kindern bei der Auswanderung. So ermöglichte der Berliner Paulusbund, der die Interessen von Konvertiten vertrat, in Kooperation mit dem britischen Inter-Aid Committee 450 christlichen Kindern, denen die Nürnberger Gesetze zum Verhängnis geworden waren, eine Schulbildung.[145]

Der Druck ließ nicht nach. Verordnungen zum Ausschluss von Juden aus der Wirtschaft ermächtigten örtliche NS-Funktionäre, Kommunalbeamte und die Gestapo, Juden die Weiterführung eines Gewerbes zu untersagen oder sie durch Einschüchterung zur Aufgabe ihrer Firmen zu bewegen. Im Zuge der Arisierung gingen jüdische Unternehmen, häufig für einen Bruchteil ihres Werts, in den Besitz von Deutschen über. Als die Arisierung beschleunigt wurde, sahen sich auch Deutsche, die den Bruch des Eigentumsrechts bisher skeptisch verfolgt hatten, genötigt, in den Goldrausch einzusteigen, um gegenüber der Konkurrenz nicht ins Hintertreffen zu geraten. Juden, die sich bei den Behörden über die Einmischung in ihre Geschäfte beschwerten, wurden jetzt eher ins Konzentrationslager gesteckt, als dass sie beim Reichswirtschaftsministerium Gehör fanden. Dennoch zogen Juden, denen von der Polizei die Gewerbeerlaubnis verweigert wurde, weiterhin vor Gericht und bekamen, zum Unmut des SD, manchmal sogar Recht.[146]

Die Folge war buchstäblich der Zusammenbruch des jüdischen Wirtschaftslebens außerhalb einer Handvoll städtischer Gemeinden. Der Bürgermeister einer hessischen Kleinstadt berichtete stolz: »Die Anzahl der Jüdischen Geschäfte ist im Laufe dieses Jahres zurückgegangen. Es sind noch einige wenige jüdische Geschäfte in Bad Nauheim vorhanden, die aber im Laufe der Zeit verschwinden werden.« Der Landrat des Kreises Gelnhausen, ebenfalls in Hessen, jubelte, der wirtschaftliche Einfluss von Juden sei »heute vollständig lahmgelegt«. Von einigen wenigen Ausnahmen abgesehen, habe »der Handel mit Juden … aufgehört«. Die meisten in der Stadt lebenden Juden seien arm und auf Unterstützung angewiesen. »Sie werden von der arischen Bevölkerung nicht mehr beachtet und leben zurückgezogen.« Andernorts, insbesondere in katholischen Gegenden, hielten sich noch jüdische Händler. Die Gendarmerie von Cham in Ostbayern berichtete, die Juden in der Stadt würden »sich noch immer ihrer Absätze an das Landvolk« erfreuen. Die Bauern könnten »hier nicht aufgeklärt werden, sie wollen den hier maßgebenden Zweck nicht verstehen«. Doch der Gesamttrend war eindeutig. Wie die für Nordwestdeutschland zuständige SD-Dienststelle Anfang 1938 feststellte, verließen die Juden das Land und zogen nach Berlin. Die für den Südosten zuständige Dienststelle mit Sitz in Breslau vermerkte die Auflösung mehrerer kleiner jüdischer Gemeinden. Aus dem Nordwesten berichtete der SD, im vergangenen Jahr seien sogar reiche Juden weggegangen, »da ihnen auf dem Lande fast jede Erwerbsmöglichkeit genommen worden ist«. Nur in Bayern war eine umgekehrte Wanderung zu beobachten. Die Münchener Gestapo prahlte damit, dass der antijüdische Boykott erfolgreich durchgesetzt und gleichzeitig ein »Zwang zur Übergabe der Geschäfte in arische Hände« ausgeübt wurde. Daraufhin flohen Juden aufs Land, wo die eigensinnige katholische Bevölkerung einen gewissen Schutz bot.[147]

Genau einem solchen Angriff hatte sich Hjalmar Schacht widersetzt, doch seine Macht, die Arisierung in geordnete Bahnen zu lenken und willkürliche oder illegale Handlungen zu verhindern, war geschwunden. Für ihn persönlich beunruhigender war jedoch, dass er dabei war, den Kampf mit Göring um die Kontrolle über die Wirtschaft zu verlieren. Am 26. November 1937 wurde Schachts Rücktritt als Reichswirtschaftsminister angenommen. Anfang 1939 sollte Hitler Schacht auch noch seines Postens als Reichsbankpräsident entheben. Für den französischen Botschafter François-Poncet war dies »ein schlechtes Zeichen«. In der jüdischen Gemeinde löste Schachts Abgang eine Schockwelle aus. Die Reichsvertretung warnte, dass eine »geordnete Auswanderung« unmöglich sei, wenn man den Juden nicht gestatte, in Deutschland ihren Lebensunterhalt zu verdienen.[148]

Ungefähr zur gleichen Zeit, als Schacht das Ministerium verließ, machte Heydrich eine Bestandsaufnahme. Die Judenabteilung schätzte die Zahl der in Deutschland verbliebenen Volljuden auf 392 000, unter Einbeziehung der Konvertiten auf 412 000; hinzu kamen 280 000 Halb- und Vierteljuden. Monatlich wanderten etwa 2230 Juden aus; 107 000 hatten das Land bereits verlassen. Ziel der Judenpolitik des SD war die »[v]ollkommene Ausschaltung der Assimilation und Förderung der Auswanderung«. Um dies zu erreichen, müssten der Widerstand der Juden überwunden und die Unterstützung von Katholiken und Bekennender Kirche für sie beendet werden. Der Bericht erwähnte die Diskussion über das Für und Wider der Schaffung eines jüdischen Staats und unterstrich die ablehnende Haltung des SD, »da die Juden auf diplomatischem Wege den Boykott gegen den Nationalsozialismus in verstärkter Weise aufnehmen könnten«.[149]

Trotz der Ungewissheit über die Zukunft Palästinas ließ der SD nicht einen Moment darin nach, die jüdische Bevölkerung unter Druck zu setzen. Die Nationalsozialisten waren keine Zionisten, jedenfalls nicht im herkömmlichen Sinn des Wortes: Ihnen war es egal, wohin die Juden gingen, solange sie nur aus Deutschland verschwanden. Palästina war für die Nationalsozialisten nicht mehr als ein Abladeplatz. Wenn es aus irgendeinem Grund nicht mehr zur Verfügung stehen sollte, würden sie die Juden zwingen, anderswohin zu gehen. So fuhr der SD fort, die antijüdischen Maßnahmen zu verschärfen. Juden, die in einigen freien Berufen immer noch praktizieren konnten, wenn auch nur für jüdische Klienten, wurde jetzt die Arbeitserlaubnis ganz entzogen, und Restaurants und Lokale wurden angewiesen, Juden nicht mehr zu bedienen.[150]

Für Ausländer war die Tendenz unverkennbar. Im März 1937 veröffentlichte Papst Pius XI. die Enzyklika *Mit brennender Sorge*, in der er Rassismus und Rassenpolitik verurteilte. Mit der Enzyklika wollte der Vatikan vor allem die Rechte der katholischen Kirche in Deutschland verteidigen und seine Beunruhigung über Zwangssterilisierungen ausdrücken. Die Juden wurden nicht erwähnt, aber die Bekräftigung katholischer Grundsätze gegenüber dem Rassendeterminismus stellte die Konvertiten unter den Schutz der Kirche. Juden schöpften neuen Mut, während Katholiken sich durch die Erklärung gestärkt fühlten.[151]

Botschafter Dodd notierte in seinem Tagebuch: »Offensichtlich werden die Juden jetzt strenger überwacht und bestraft.« Aber er hatte aufgehört, Einfluss auf die politischen Entscheidungsträger in Berlin ausüben zu wollen. Seine Isolation und Ohnmacht vertieften sich, als der britische Botschafter Eric Phipps durch Arthur Henderson abgelöst wurde. Henderson war ein überzeugter Verfechter der Appeasementpolitik, und Dodd beklagte sich, der neue Kollege scheine »nicht zu wissen, dass in England und Amerika eine Opposition gegen die grausame Behandlung der Katholiken, Protestanten und Juden durch die Nazis besteht«. Das war ungerecht gegenüber Henderson, der sehr wohl wusste, was die Juden zu erdulden hatten; er glaubte freilich, dass es gegenüber der Aufgabe, Hitler von einem Krieg abzuhalten, nicht ins Gewicht fiel. Am 29. Dezember 1938 kehrte Dodd in die Vereinigten Staaten zurück, froh, Berlin hinter sich zu lassen, und voller düsterer Vorahnungen. An Bord des Schiffes, mit dem er die Heimreise antrat, befand sich auch eine große Zahl von deutschen Flüchtlingen, die auf ein neues Leben in Amerika hofften.[152]

Die Juden in Deutschland gingen mit einem von Furcht und zunehmender Hilflosigkeit geprägten Gefühl in das Jahr 1938. Während die Kritik des Vatikans am Nationalsozialismus ihre Stimmung gehoben hatte, war Schachts Ausscheiden aus der Regierung ein verheerender Schlag – nicht wegen irgendwelcher Illusionen, dass er ihr Fürsprecher oder Beschützer wäre, sondern weil es bestätigte, dass die Radikalen das Ruder übernommen hatten und dass der Trend, die Juden auch noch aus den letzten ihnen verbliebenen wirtschaftlichen Nischen zu verdrängen, eine von der Machtzentrale abgesegnete und vorangetriebene Politik war. Dennoch gaben die Juden nicht auf. Der Jüdische Weltkongress nutzte die Tatsache, dass die Freie Stadt Danzig nunmehr der letzte einstmalige Teil Deutschlands war, der unter Kontrolle des Völkerbunds stand, um bei diesem eine Petition mit der Forderung einzureichen, die Einführung der Nürnberger Gesetze im Freistaat zu verhindern. Die Nationalsozialisten stellten schon seit Juni 1933 in Danzig die Regierung, aber das letzte Wort hatte immer noch ein vom Völkerbund ernannter Hoher Kommissar. Hunderte Juden waren aus dem Reich in die relative Sicherheit der Freien Stadt gezogen, doch ihre prekäre Zuflucht sollte nur noch für kurze Zeit Bestand haben.[153]

Im Reich gaben die Juden jede Hoffnung auf, dass der Nationalsozialismus eine vorübergehende Erscheinung war oder durch inneren Widerstand erschüttert werden konnte. Victor Klemperer nahm die wachsende Zustimmung zum Nationalsozialismus mit einer Mischung aus Faszination, Unglauben und Schrecken wahr und verfolgte, wie die traditionellen Vorurteile gewöhnlicher Deutscher eine Brücke zum Regime bildeten und ihnen das Einverständnis erleichterten. Im Oktober 1936, einige Tage nachdem man ihm die Benutzung des Lesesaals untersagt hatte, besuchte ihn die Bibliothekarin Roth, eine »[e]rbitterte Gegnerin der Nazis«, wie er notierte. Aber sie räumte ein: »Wenn sie die Ostjuden ausgebürgert oder wenn sie den Juden das Richteramt genommen hätten, *das* wäre allenfalls begreiflich gewesen.« Es störte sie also nicht, dass unschuldige Bürger ihre Bürger- und Menschenrechte verloren, sondern nur, dass man nach ihrer Ansicht dabei zu weit ging. Ein Jahr später fiel Klemperer auf, dass die Idee der Volksgemeinschaft zum Allgemeingut geworden war, und damit auch der Ausschluss bestimmter Gruppen, ohne dass dafür bewusster Hass vonnöten war. Er hielt seinen Eindruck eines Gesprächs mit einem Mann fest, »nicht unintelligent, nicht Judenfresser«, der dennoch unüberlegt rein nationalsozialistische Gedanken äußerte: »Von der Notwendigkeit der Volksgemeinschaft, von den für sich bestehenden Stämmen, von der Identität zwischen Recht und Macht, von der fraglosen Überlegenheit des neuen deutschen Heeres …, von der Notwendigkeit, den Kommunismus abzuwehren … Ich sagte zu meiner Frau, der Mann sei nationalsozialistischer, als er selber ahne … Und ich sagte mir wieder einmal, dass die Hitlerei vielleicht doch tiefer und fester im Volke wurzelt und der deutschen Natur entspricht, als ich wahrhaben möchte.«[154]

Das bedeutete nicht, dass das Regime vor äußeren Schocks sicher war. Klemperer hoffte weiter, dass Hitler ein unbedachtes außenpolitisches Abenteuer beginnen und darüber zu Fall kommen würde. Aber selbst, wenn die »Hitlerei« vorüberginge, wäre er dem deutschen Volk unversöhnbar entfremdet: »[M]ein innerliches Zugehörigkeitsgefühl ist hin.«[155]

Die Juden lebten in immer größerer Isolation von der übrigen Bevölkerung. Heinemann Stern, Direktor einer jüdischen Schule in Berlin und Mitglied des CV-Vorstands, blickte im Exil zurück auf diese Zeit, in der seine Welt immer weiter schrumpfte. Im Urlaub reiste er für gewöhnlich in den schlesischen Gebirgskurort Bad Reinerz, zu dessen Kurgästen einst Felix Mendelssohn-Bartholdy gehört hatte. Stern ging gern in ein Café, in dessen Garten ein Gedenkstein daran erinnerte, dass Mendelssohn dort ein beliebtes Lied komponiert hatte. 1937 war die Erinnerungstafel auf dem Stein verschwunden, und als er auf die Toilette gehen wollte, bemerkte er ein Schild mit dem Hinweis »Juden unerwünscht!«. Der Betreiber des Cafés erklärte, er habe das ihm von der Stadt zugeschickte Schild lieber dort aufgehängt, anstatt seine jüdischen Gäste zu verlieren. Sterns Stimmung besserte sich dadurch nicht: »Die privaten gesellschaftlichen, genauer gesagt, die menschlichen Beziehungen zwischen uns und unserer Umwelt zerrissen, lockerten sich, verschwanden. Das Ende war die Isolierung. Es gibt keine Isolierung, die nicht zu guter Letzt das Absterben des Isolierten zur Folge hätte.«[156]

Am deutlichsten zu spüren waren Entwürdigung und Isolierung auf dem Land. Hans Winterfeld war in der brandenburgischen Kleinstadt Lippehne geboren und 1933 sieben Jahre alt. Der erste Boykott des Geschäfts seines Vaters war wirkungslos geblieben, doch 1935 war es unmöglich, sich »an irgendwelchen öffentlichen Plätzen aufzuhalten«. Als Abwechslung schickten seine Eltern ihn auf eine vom RjF für jüdische Kinder organisierte Reise in die Hauptstadt. Dort sagte ihm sein Gastgeber, »dass man die Nazis in Berlin nicht ernst nähme«; das Regime werde »sich nicht mehr lange halten«. Doch 1937 sah sich Hans' Vater gezwungen, sein Geschäft zu verkaufen und mit seiner Familie nach Berlin zu ziehen, wo er einen Wandergewerbeschein beantragte, um den Lebensunterhalt seiner Familie zu verdienen. Eine tragikomische Fußnote zu dieser Geschichte war ein Vorfall, bei dem Hans' stark kurzsichtige Großmutter angepöbelt wurde, weil sie sich auf eine Parkbank gesetzt hatte, die »Ariern« vorbehalten war. Sie kehrte schließlich in ihre Heimatstadt zurück, wo sie sich auskannte.[157]

Eine große Zahl von Juden reagierte auf den sozialen Tod damit, dass sie sich das Leben nahmen. In den Augen der Nationalsozialisten war jeder dieser Selbstmorde ein Sieg. Im Mai 1937 berichtete der Bürgermeister des Amts Altenrüthen mit spürbarer Befriedigung: »Der jüdische Metzger Sally Pollack von hier beging vor einigen Tagen Selbstmord durch Erhängen.«[158]

Jüdische Frauen erlebten den zunehmenden Druck anders als Männer. Während die Außenwelt immer kleiner wurde, gewann die heimische Umgebung als Ort von Zuspruch und Trost immer mehr an Bedeutung. Häusliche jüdische Rituale wie die Sabbatfeier boten Eltern eine Gelegenheit, ihren Kindern das Gefühl zu vermitteln, dass Jude zu sein nicht nur ein Nachteil und eine Last war. Mütter mussten Kindern, die immer noch auf staatliche Schulen gingen, als Ausgleich für die kalte, wenn nicht feindselige Stimmung, die ihnen dort entgegenschlug, Beistand und Bestätigung bieten. Sie übernahmen unweigerlich den größten Teil dieser Aufgabe, da ihre Männer entweder arbeiteten oder, was immer häufiger der Fall war, im Ausland lebten.[159]

Alleinstehende Frauen waren besonderen Gefahren ausgesetzt. Eine freundschaftliche oder intime Beziehung zu einem Nichtjuden konnte ihnen den Vorwurf der Rassenschande einbringen. Gerta Pfeiffer, eine Textildesignerin, die in einer Weberei in Süddeutschland arbeitete, konnte sich über ihre Behandlung in der Firma »in keiner Weise beklagen«. Aber durch die Nürnberger Gesetze fühlte sie sich nicht sicherer, sondern war im Gegenteil verängstigter: »Ich hatte Angst, des Nachts allein nach Hause zu gehen, weil ich stets einem Kreis unerwünschter Verehrer zu begegnen fürchtete. Bei Tageslicht beschimpften sie mich als Jüdin, und des Nachts wollten sie mich küssen. Mich ekelte vor der ganzen Gesellschaft.«[160] Die Gefahr, wegen sexueller Annäherungsversuche gegenüber »Ariern« bestraft zu werden, ließ sich dafür ausnutzen, jüdische Frauen zu intimen Beziehungen zu zwingen. Die Frau mochte bestreiten, dass sie freiwillig gehandelt hatte, und beteuern, dass der Kontakt vom Mann ausgegangen sei, aber dieser konnte immer behaupten, er habe nicht gewusst, dass sie eine Jüdin war, und ihr vorwerfen, der Anstoß für die Liaison sei von ihr gekommen. »Während der Hitlerzeit«, erinnerte sich die Komponistin Rosy Geiger-Kullmann später, »hatte ich größte Last, Aufdringlichkeiten von SS- und SA-Männern von mir zu weisen. Ich wurde mehrfach von ihnen belästigt und um Rendezvous gebeten. Jedes Mal antwortete ich: ›Ich bedaure, mich nicht darauf einlassen zu können, ich bin verheiratet und habe zwei erwachsene Kinder.‹ Hätte ich gesagt, ich sei Jüdin, so hätten sie den Spieß umgedreht und behauptet, ich hätte sie angesprochen.«[161] Da sicher keiner der Partner in einer solchen erzwungenen Beziehung wollte, dass sie bekannt wurde, lässt sich nicht sagen, wie viele jüdische Frauen auf diese Weise bedrängt worden sind. Erschwert wurde die Situation für jüdische Frauen dadurch, dass die Zufluchtsorte an öffentlichen Plätzen, insbesondere in Bahnhöfen, die einst vom Jüdischen Frauenbund unterhalten wurden, geschlossen worden waren, als der Bund seine Aktivitäten einschränken musste.[162]

Nach der Verkündung der Rassengesetze nahm die Zahl der Denunziationen von »Rassenschändern« deutlich zu. In Würzburg stieg sie von drei im Jahr 1934 auf 31 zwei Jahre später; 1937 sank sie auf 21, und 1938 wurden 28 Anzeigen aufgenommen. Der Rückgang war der größeren Vorsicht von Männern und Frauen sowie der abschreckenden Wirkung des Verbots geschuldet. Hans Kosterlitz, Geschäftsführer eines Textilhauses in Uelzen in Niedersachsen, musste die Beziehung zu seiner Freundin Trude geheim halten. »Es war tatsächlich ein Spiel mit dem Feuer …«, bekannte er später, »aber unsere Leidenschaft mochte uns blind gemacht haben. Wir wagten, was in unserer

Lage eine glatte Herausforderung des Schicksals war.« Kosterlitz ließ wegen Trude sogar eine Auswanderungsgelegenheit nach Chile verstreichen. Dann, im Herbst 1934, begann sich ein neuer Verkäufer in seinem Geschäft für Trude zu interessieren. Er war Mitglied der SS, und Kosterlitz konnte nur ohnmächtig mit ansehen, wie seine Freundin umworben wurde. Schließlich beendete Trude seine Qualen, indem sie dem Werben des SS-Manns nachgab. Durch die Umstände sei »ihr an und für sich schwacher Charakter gebrochen« worden, erklärte Kosterlitz später und fügte hinzu: »Ich hatte meine Freiheit gerettet, aber um welchen Preis! Ich … verfluchte Hitler und seine Banditen, die vor Erpressungen nicht zurückschreckten, auch wenn es um das Eigenste in den Beziehungen der Menschen ging: die Liebe.« Bald darauf emigrierte er nach Italien und von dort weiter nach Schanghai.[163]

Die Nürnberger Gesetze ermächtigten die Behörden zu untersuchen, was einst die privateste Angelegenheit von Männern und Frauen war, und durch die Überwachung ihrer Beziehungen Macht auszuüben. Im Oktober 1936 machte sich das Bezirksamt im nordbayerischen Kurort Bad Brückenau Sorgen über den großen Zustrom von Juden, die in den beiden in jüdischem Besitz befindlichen Hotels abstiegen. Wegen der Möglichkeit, dass die jüdischen Gäste den in den Hotels angestellten nichtjüdischen Frauen zu nahe traten, ließen die Behörden beide Häuser überwachen. Zum Glück für die Gäste wie für die jüdischen Besitzer war ein Einschreiten »bedauerlicherweise nicht möglich«, da »Feststellungen, dass in den Hotels Rassenschande getrieben worden sei, … trotz scharfer Überwachung nicht getroffen werden« konnten. Die Rassengesetze unterschieden nicht zwischen Geschäft und Vergnügen. In Breslau wurden vier Jüdinnen, sogenannte »Sittendirnen«, festgenommen und in ein Konzentrationslager überstellt. Es sei »keinesfalls erträglich«, empörte sich die Gestapo, »dass diese mit arischen männlichen Personen Geschlechtsverkehr gegen Entgelt ausüben«. Aus Mannheim meldete der Oberstaatsanwalt den »nicht wünschenswerten Zustand, dass … ein Dirnenhaus mit durchweg arischen Mädchen von einer jüdischen Dirnenvermieterin betrieben wird«. In der Öffentlichkeit könnte der Eindruck entstehen, »als ob hier eigens ein Bordell für jüdische Besucher geduldet werde«. Im Dritten Reich vermochte Liebe nicht alles zu überwinden. In Karlsruhe wurde 1936 ein Schuhmacher wegen sexueller Beziehungen zu seiner jüdischen Freundin zu mehrjähriger Gefängnishaft verurteilt. Kaum war er wieder frei, nahm er die Beziehung wieder auf. Irgendwie erfuhren die Behörden, dass er mit seiner Freundin »von neuem wiederholt geschlechtlich verkehrt« hatte, und er wurde wieder verhaftet und wegen »Rassenschande« zu einer langen Haftstrafe verurteilt.[164]

III.
Pogrom – 1938–1939

Österreich

Victor Klemperer begann das Jahr 1938 in gedrückter Stimmung. Er hoffte kurzzeitig, dass Schachts Ausscheiden aus der Regierung der Auftakt eines Machtkampfs innerhalb der NS-Führung war. Doch stattdessen feierte das Regime sein fünfjähriges Bestehen mit grandiosem Selbstbewusstsein. »Ich glaube nicht mehr recht, noch eine Änderung zu erleben«, klagte er. Trotz Erfolgs und Stabilität im Innern fiel ihm auf, dass der Antisemitismus wieder in den Vordergrund gerückt wurde; neue Vorschriften verdrängten Juden aus diversen freien Berufen. Einen Monat später hörte er sich im Radio eine Reichstagsrede Hitlers an, die »wie eine Kriegsdrohung« klang.[1]

Hitlers Kriegstreiberei und der erhöhte Druck auf die Juden hingen zusammen. Für nationalsozialistische Hardliner waren die Juden der Feind. In ihren Augen wäre es sinnlos gewesen, das internationale Judentum zu bekämpfen, die in Deutschland lebenden Juden aber ungestört die Wirtschaft sabotieren und die Moral vergiften zu lassen. Diesen Fehler habe man 1914 bis 1918 begangen. Die Mittel zur Zerstörung der Lebensgrundlage der Juden fielen jetzt mit den Absichten des Vierjahresplans zusammen. Juden die Möglichkeit zu nehmen, ihren Lebensunterhalt zu verdienen, würde ihre Fähigkeit, die Wirtschaft zu destabilisieren, verringern und sie letztendlich zwingen, das Land zu verlassen. Und jüdischen Unternehmen sowohl die Rohstoffe als auch die Märkte zu nehmen, bedeutete, dass man mehr Rohstoffe an andere Stellen umleiten konnte. Die Juden durch drakonische Besteuerung auszupressen würde hochwillkommene Einnahmen in die durch die Aufrüstung stark beanspruchte Staatskasse spülen.

So betrachtet, war die Judenverfolgung ein Nebenaspekt der Kriegführung. Das Schicksal der Juden hing daher stärker von der Macht – als von der Judenpolitik ab, also von der Festlegung und Verwirklichung geostrategischer Ziele durch Diplomatie oder Waffengewalt.

Gewiss floss Hitlers Judenhass, der von seinem engsten Umfeld geteilt und von der Partei mitgetragen wurde, in den Ehrgeiz, Deutschland zu einer Weltmacht zu machen, ein. Aber er bildete, für sich allein genommen, keine Triebkraft der Entwicklung. Ausschlaggebend für die Behandlung der Juden sollten ökonomische Erfordernisse, strategische Prioritäten sowie militärische Erfolge und Rückschläge sein.

Hitler näherte sich seinem fünfzigsten Geburtstag und machte sich Sorgen über seine Gesundheit. Würde ihm genügend Zeit bleiben, um den Versailler Vertrag zu kippen und ein Reich zu schaffen, das dem deutschen Volk im kommenden Kampf um die Vorherrschaft zwischen der »arischen« Zivilisation und dem internationalen Judentum den nötigen Rückhalt geben würde? In der Denkschrift über den Vierjahresplan hatte er Deutschlands zivile Führung darauf aufmerksam gemacht, dass er das Land auf einen Krieg vorbereitete. Am 5. November 1937 traf er mit der Wehrmachtführung zusammen, vorgeblich um widerstreitende Ansprüche der verschiedenen Waffengattungen auf Mittelzuweisungen zu klären. Teilnehmer der Sitzung waren Reichswehrminister Werner von Blomberg, der Oberbefehlshaber der Kriegsmarine Erich Raeder, der Oberbefehlshaber des Heeres Werner von Fritsch, Göring als Oberbefehlshaber der Luftwaffe und Außenminister Neurath. In für Hitler typischer Weise führte eine Initiative zur Lösung eines praktischen Problems von relativ begrenzter Bedeutung zu einem radikalen Kurswechsel, der neue Dilemmas schuf.[2]

Hitler wiederholte seine Auffassung, dass Deutschland seine Lebensmittel- und Rohstoffknappheit weder durch die Erlangung der Autarkie noch durch Handel würde beheben können. Rettung liege allein im Erwerb eines Kontinentalreichs. Hitlers Antwort auf die Frage, wie dies geschehen solle, war von brutaler Einfachheit: »Zur Lösung der deutschen Frage könne es nur den Weg der Gewalt geben …« Das war kein vager Verweis in eine ferne Zukunft. Vielmehr mussten die notwendigen Schritte, nach Hitlers Überzeugung, zwischen 1943 und 1945 unternommen werden, denn danach würden Deutschlands Feinde zu mächtig geworden sein und die deutschen Streitkräfte würden ihre personelle und technische Überlegenheit eingebüßt haben. Sollte Frankreich zusammenbrechen oder sich in einen Krieg mit Italien stürzen, hielt er es auch für möglich, früher loszuschlagen. Auf jeden Fall waren Österreich und die Tschechoslowakei die nächsten Ziele. Deren »Einverleibung« würde »den Gewinn von Nahrungsmitteln für

5–sechs Millionen Menschen bedeuten, unter Zugrundelegung, dass eine zwangsweise Emigration aus der Tschechei von zwei, aus Österreich von einer Million Menschen zur Durchführung gelange«. Außerdem würde sie die geostrategische Position Deutschlands stärken und Kräfte »für andere Zwecke« freisetzen.[3]

Blomberg, Fritsch und Neurath waren über Hitlers Vorhaben beunruhigt. Immerhin wollte er es, um Deutschlands Ressourcenmangel zu überwinden, mit der stärksten militärischen Landmacht Europas aufnehmen, die sich zudem hinter den aufwendigsten Befestigungsanlagen der Geschichte verschanzt hatte, der Maginotlinie. Nicht nur würde der Krieg, den er führen wollte, genau jene Ressourcen verschlingen, die er sichern sollte – selbst im Erfolgsfall müssten erst noch Millionen Menschen zwangsweise umgesiedelt werden, bis genügend Nahrungsmittel für das deutsche Volk frei geworden wären. Hitler ließ sich von der Zaghaftigkeit der Generäle und Diplomaten jedoch nicht aufhalten. Im neuen Jahr führte er eine Kabinettsumbildung durch, der Blomberg und Neurath zum Opfer fielen. Nachfolger des Letzteren wurde Ribbentrop, der mit seiner »Dienststelle Ribbentrop« innerhalb der NSDAP an der Außenpolitik des Regimes mitgewirkt und unrühmliche eineinhalb Jahre als Botschafter in London hinter sich hatte. Fritsch wurde wegen angeblicher homosexueller Aktivitäten seines Postens enthoben. Dem neuen Kabinett, das am 5. Februar 1938 zum ersten und letzten Mal zusammentrat, gehörte auch der neuernannte Reichswirtschaftsminister Walther Funk an, der Görings Amt für den Vierjahresplan untergeordnet war. Gleichzeitig wurde die Wehrmacht reorganisiert, und Dutzende höherer Offiziere mussten das Feld räumen. An ihrer Stelle wurden junge Offiziere, die dem Nationalsozialismus näherstanden, auf entscheidende Stabs- und Kommandoposten berufen.[4]

Hitlers nächster Zug ließ nicht lange auf sich warten. Seit er Reichskanzler geworden war, hatte er die Vereinigung Österreichs mit Deutschland ersehnt und den österreichischen Zweig der NSDAP benutzt, um sie vorzubereiten. 1934, als sein Verhältnis zu Mussolini noch nicht geklärt war, hatten seine Machenschaften zu einem peinlichen Rückschlag geführt. Aber jetzt waren Deutschland und Italien Verbündete: Deutschland hatte sich hinter Italien gestellt, als die Invasion Abessiniens weltweit verurteilt wurde; Rom und Berlin hatten einen Pakt gegen den Kommunismus geschlossen, und ihre Truppen kämpften in Spanien Seite an Seite mit Francos Truppen gegen die republikanischen Kräfte. Bei einem Treffen mit Göring im September 1937 gab Mussolini zu verstehen, dass er einen erneuten Griff nach der Macht in Wien durch die österreichische NSDAP billigen würde. Auf Befehl Berlins gingen die verbotenen österreichischen Nationalsozialisten daran, das Land unregierbar zu machen. Als sich der Aufruhr ausbreitete, verlangte Hitler ein Treffen mit dem österreichischen Bundeskanzler Kurt Schuschnigg, das am 12. Februar 1938 in Hitlers grandioser Alpenresidenz bei Berchtesgaden stattfand. An diesem einschüchternden Ort wurde Schuschnigg mitgeteilt, er müsse die österreichische NSDAP wieder zulassen, deren Führer Arthur Seyß-Inquart zum Innenminister ernennen und Österreich in einen Vasallenstaat des Dritten Reichs verwandeln. Zurück in Wien, suchte Schuschnigg, anstatt sich zu unterwerfen, nach einem Mittel zur Abwehr des aggressiven Nachbarn. Er fand es in Form einer Volksabstimmung, in der die (über 25-jährigen) Österreicher entscheiden sollten, ob Österreich unabhängig bleiben würde. Als er am 9. März bekanntgab, dass die Abstimmung nur vier Tage später stattfinden würde, schäumte Hitler vor Wut und wies den neuernannten Oberbefehlshaber des Heeres Walther von Brauchitsch an, die Invasion Österreichs so zügig in Gang zu setzen, dass sie noch vor dem Urnengang erfolgen konnte. Während die Wehrmacht in Bereitschaft versetzt wurde, stellte Hitler Schuschnigg ein Ultimatum mit der Forderung, die Abstimmung abzusagen und zugunsten Seyß-Inquarts zurückzutreten. Am 11. März, während uniformierte österreichische SA- und SS-Männer durch die Straßen marschierten, knickte Schuschnigg ein. Seyß-Inquart nahm seinen Platz ein und rief umgehend die deutsche Wehrmacht ins Land, um die Ordnung »wiederherzustellen«.[5]

Noch bevor die ersten motorisierten Wehrmachteinheiten, von vielen Pannen dezimiert, in Wien eintrafen, hatten die österreichischen SA- und SS-Männer bereits die Herrschaft über die Straßen übernommen. Für die jüdischen Einwohner der Stadt begann eine Schreckenszeit, die alles übertraf, was Juden in Deutschland bis dahin erlebt hatten. »An diesem Abend brach die Hölle los«, erinnerte sich der Dramatiker Carl Zuckmayer später.

> Die Unterwelt hatte ihre Pforten aufgetan und ihre niedrigsten, scheußlichsten, unreinsten Geister losgelassen. Die Stadt verwandelte sich in

> ein Alptraumgemälde des Hieronymus Bosch. … Was hier entfesselt wurde, hatte mit der ›Machtergreifung‹ in Deutschland, die nach außen hin scheinbar legal vor sich ging und von einem Teil der Bevölkerung mit Befremden, mit Skepsis oder mit einem ahnungslosen, nationalen Idealismus aufgenommen wurde, nichts mehr zu tun. Was hier entfesselt wurde, war der Aufstand des Neids, der Missgunst, der Verbitterung, der blinden böswilligen Rachsucht – und alle anderen Stimmen waren zum Schweigen verurteilt.[6]

In der österreichischen Hauptstadt lebten 1938 rund 170 000 Juden, 90 Prozent der jüdischen Bevölkerung des Landes. Obwohl in Wien seit Jahrhunderten Juden lebten, hatten sich die meisten von ihnen erst in jüngerer Zeit in der Stadt niedergelassen. Die erste Zuzugswelle kam aus den Provinzen des Habsburgerreichs, vor allem aus Böhmen und Mähren, nachdem die Juden 1867 das volle Bürgerrecht erhalten hatten. Die zweite Welle brachte während des Ersten Weltkriegs und unmittelbar danach überwiegend Flüchtlinge aus dem Grenzland im Osten, insbesondere aus Galizien, nach Wien. Vielen dieser Juden gelang ein spektakulärer sozialer Aufstieg. Es war nicht ungewöhnlich, dass jüdische Männer, deren Väter oder Großväter auf dem Lande traditionelle jüdische Berufe ausgeübt hatten, Rechtsanwalt, Arzt oder Schriftsteller wurden. Juden dominierten die freien Berufe: Sie stellten über zwei Drittel der Rechtsanwälte und fast die Hälfte der Ärzte der Stadt. Doch während Wien eine breite jüdische Mittelschicht besaß, deren typische Vertreter etwa Stefan Zweig und Sigmund Freud waren, lebte in den innerstädtischen Vierteln eine große Zahl von weniger begüterten jüdischen Handwerkern, Geschäftsinhabern und Hausierern. Ein beträchtlicher Teil der jüdischen Gemeinde umfasste Jiddisch sprechende orthodoxe Juden. Rund 30 Prozent der Wiener Juden waren Wohlfahrtsempfänger. Hinzu kam, dass in den vorangegangenen fünf Jahren Tausende von deutschen Juden nach Österreich geflohen waren, von denen viele auf die Unterstützung der Israelitischen Kultusgemeinde (IKG) angewiesen waren. Obwohl die IKG-Führer für Schuschnigg, seine rechte katholische Politik und seine faschistische Vaterländische Front nicht viel übrighatten, schätzten sie ihn doch als Patrioten und, was wichtiger war, als ihren einzigen Schutz vor Hitler. Die IKG hatte einen großzügigen finanziellen Beitrag zur propagandistischen Vorbereitung von Schuschniggs Volksabstimmung geleistet. Die österreichischen Nationalsozialisten wussten dies, und jetzt kam die Abrechnung.[7]

George Gedye, der Wiener Korrespondent des *Daily Express*, erlebte das Drama aus nächster Nähe mit. Aus dem Fenster seines Büros hatte er einen guten Blick auf die Haupteinkaufsstraße der Stadt und die ins historische Judenviertel führenden Gassen. Kaum war Seyß-Inquarts Ernennung zum Bundeskanzler bekanntgegeben worden, sah er, wie SA- und SS-Männer zusammen mit Horden von NSDAP-Mitgliedern, die ihr Parteiabzeichen jetzt offen zur Schau trugen, in die jüdisch geprägten Viertel eindrangen. Sie demolierten Geschäfte, plünderten Wohnungen und stahlen Autos, die Juden gehörten. Die rechtlose Atmosphäre war derart ausgeprägt, dass der nationalsozialistische Mob nicht nur Autos stahl, sondern von den Besitzern auch Benzingeld verlangte. Die Polizei schaute untätig zu. William Shirer, mittlerweile Reporter für den amerikanischen Radiosender CBS, war mitten in der Menschenmenge. Ihm fiel auf, dass viele Polizisten bereits eine improvisierte Hakenkreuzarmbinde trugen. Niemand rührte einen Finger, um der mutwilligen Zerstörung Einhalt zu gebieten: »Junge Randalierer warfen die Schaufensterscheiben jüdischer Geschäfte ein. Die Menge jubelte vor Entzücken.« Gedye wurde Zeuge einer Plünderung in professionellem Maßstab: »Vor einem großen jüdischen Geschäft stand eine lange Reihe von Lastautos, auf die SA-Leute alle Arten von Konfektionswaren verluden, die sie stoßweise aus dem Geschäft holten. Polizisten waren zugegen und sorgten dafür, dass sie bei ihrem Raubzug nicht gestört würden.«[8]

Hitlers triumphaler Einzug in Wien am Nachmittag des 14. März lockte eine riesige Menschenmenge auf die Straßen. Ruth Maier, eine gerade 18 Jahre alt gewordene jüdische Schülerin, notierte später in ihrem Tagebuch: »Sämtliche Österreicher jubelten und taumelten vor Begeisterung. Fahnen wurden gehisst, man fiel sich gegenseitig vor Freude in die Arme und küsste sich.«[9] Die Kehrseite dieser Hochstimmung war ein Hassausbruch gegen die Wiener Juden. Die Anwesenheit deutscher Truppen war kein Hindernis. Sie waren bemerkenswert diszipliniert, hielten sich aber von dem Chaos fern. Gedye hielt fest:

> Von meinem Büro am Petersplatz konnte ich auch Wochen hindurch den Lieblingssport des Nazimobs beobachten: Jüdische Männer und Frauen wurden gezwungen, … den Gehsteig mit einer scharfen Lauge

> zu reiben, die ihnen die Haut verbrennt … Tagtäglich [wurden] Juden, Frauen und Männer von der SA aus Geschäften, Büros und Wohnungen geholt und gezwungen, inmitten einer sich drängenden, stichelnden und lachenden Menge von »goldenen Wiener Herzen« mit Ausreibbürsten, auf allen vieren kriechend, stundenlang die Gehsteige zu reiben, in dem hoffnungslosen Versuch, die Spuren der Schuschnigg-Propaganda zu beseitigen.[10]

Die Brutalität, die über die Wiener Juden hereinbrach, war weder Zufall noch einfach nur Rache dafür, dass sie den gestürzten Bundeskanzler unterstützt hatten und Anhänger der österreichischen Republik waren. Gedye fiel ein Muster ritueller Erniedrigung auf. Die österreichischen Nationalsozialisten hatten es speziell auf gutgekleidete Juden abgesehen, besonders auf Frauen, die sowohl sozial als auch politisch symbolkräftige Tätigkeiten ausführen mussten. So zwangen SS-Männer Gruppen von bis zu fünfzig Juden, die Latrinen in ihren Kasernen zu säubern. Die Menschenmengen, die sich bildeten, um den Juden bei diesen Tätigkeiten zuzusehen, höhnte: »Arbeit für die Juden, endlich Arbeit für die Juden!«, »Wir danken unserem Führer, er hat Arbeit für die Juden beschafft!« Wo jüdische Geschäfte und Kaufhäuser nicht zerstört wurden, schnürte man ihnen durch einen Boykott die Luft ab. »Arier«, die in den falschen Geschäften einkauften, mussten damit rechnen, an den Pranger gestellt zu werden. Durch die Organisation solcher Spektakel machten österreichische Nationalsozialisten, von denen viele der unteren Mittelschicht angehörten oder arbeitslos waren, ihrem jahrelang aufgestauten Neid auf die Juden Luft, die sie als müßiggängerische Reiche oder wirtschaftliche Konkurrenten wahrnahmen. Sie genossen den Rollentausch: Jetzt führten die Juden die minderwertigen Arbeiten aus. Indem er die Angreifbarkeit dieser Minderheit vor Augen führte, setzte der nationalsozialistische Wiener Mob symbolisch einem Regime ein Ende, das die Juden geschützt hatte. Gleichzeitig war es eine Drohgebärde gegenüber den verbliebenen österreichischen Loyalisten und den Zehntausenden Wiener Arbeitern, die die Gewerkschaftsbewegung oder antinationalsozialistische Parteien unterstützt hatten.[11]

Nach einer Woche ungezügelter Gewalt und Plünderung wies Heydrich die deutschen Sicherheitskräfte an, für Ordnung zu sorgen. Entgegen dem damaligen Anschein und der verbreiteten Interpretation späterer Historiker erfüllten die antisemitischen Ausschreitungen in Wien weder Ziele des Nationalsozialismus noch brachten sie Hitlers persönlichen Judenhass zum Ausdruck, den er, wie er behauptete, drei Jahrzehnte zuvor in Wien in sich aufgesogen hatte. Tatsächlich waren sie ein Zeichen dafür, dass die Deutschen die Dinge gerade *nicht* unter Kontrolle hatten. Die Entwicklung der folgenden Wochen verdeutlichte, dass die neue Verwaltung das Verhalten der österreichischen NSDAP nicht vorausgesehen hatte – und dass sie es nicht billigte. Die entwürdigenden Szenen, über die weltweit berichtet wurde, waren Wasser auf die Mühlen der »Gräuelpropaganda«, was Heydrich und seine Herren in Berlin allerdings wenig scherte. Die in Österreich neu ankommenden Deutschen waren vielmehr besorgt, dass weder für das Reich noch für sie persönlich etwas übrig bleiben würde, wenn die Plünderungen weitergingen.[12]

Hitler hatte zwar seit langem von der Vereinigung Österreichs und Deutschlands geträumt, aber bezeichnenderweise kaum darüber nachgedacht, wie sie konkret zu bewerkstelligen war. Sollte Österreich Teil einer Konföderation oder ins Reich eingegliedert werden, und wie viel eigene Identität sollte es in Letzterem Fall behalten? Am Tag nach seiner Ankunft in Wien verkündete er einer jubelnden Menschenmenge auf dem Heldenplatz »den Eintritt meiner Heimat in das Deutsche Reich«. In der Anfangszeit regierte Berlin mit Hilfe eines Reichskommissars die Neuerwerbung. Auf den Posten des »Reichskommissars für die Wiedervereinigung Österreichs mit dem Deutschen Reich« wurde Josef Bürckel berufen, der schon die Wiedereingliederung des Saargebiets geleitet hatte. In der Folgezeit wurde die sogenannte Ostmark in sieben »Reichsgaue« aufgeteilt, mit Seyß-Inquart als interimistischem Regierungschef, und verschwand zum 1. Mai 1939 endgültig von der Landkarte. Zuvor erhielten die Österreicher jedoch Gelegenheit, ihre Begeisterung über den Anschluss in einer Volksabstimmung kundzutun.[13]

Der Sicherheitsapparat handelte rasch. Für Himmler und Heydrich war der Anschluss Österreichs eine Gelegenheit, zu zeigen, was sie konnten, und ihre Macht zu erweitern. Sie gehörten am 12. März zu den ersten Deutschen, die in Wien eintrafen. Später wurde Gestapochef Heinrich Müller hinzugeholt, um eine Berlin unterstehende Dienststelle aufzubauen, die er später an Franz Stahlecker übergab. Die erste Aufgabe von SD und Sipo war die Festnahme von politischen Gegnern.

Doch Heydrich erkannte bald, dass die Habgier und Disziplinlosigkeit der örtlichen Nationalsozialisten für das Reich eine fast so große Belastung darstellten wie eine entschlossene Opposition. Am 17. März drohte er Bürckel, die Gestapo würde beginnen, österreichische NSDAP-Aktivisten zu verhaften, sollten Plünderungen und willkürliche Gewalt nicht aufhören. Vier Tage später ließ das Reichsinnenministerium Bürckel eine ähnliche Mahnung zukommen. Gegen die »Überfremdung des Wirtschaftslebens« werde man nach der Volksabstimmung und der Reichstagswahl am 10. April mit gesetzlichen Mittel vorgehen.[14]

Die Ordnungsrufe aus Berlin beendeten den Terror und die Raubzüge nicht. Sie wurden schlicht organisierter und zielgerichteter. William Shirer wohnte mit seiner hochschwangeren Frau in einer Mietwohnung neben dem Rothschild-Palais, dem Wohnsitz des Wiener Zweigs der Familie Rothschild. Die SS hatte das Palais als ihr Wiener Hauptquartier beschlagnahmt (Eichmann erhielt ein Büro darin). Aber kaum hatten sich die vermeintlichen Ordnungshüter dort einquartiert, beobachtete Shirer, wie einige SS-Offiziere »Silber und anderes Raubgut aus dem Souterrain heraufschleppten. Einer trug ein goldgerahmtes Gemälde unter seinem Arm.« Die Straße, in der Gedye wohnte, wurde von der SS als Parkplatz für gestohlene Autos aus jüdischem Besitz benutzt, auf die sie ihre Runen gemalt hatte. Auch die ritualisierte Demütigung von Juden ging weiter. Zwei Wochen nach der deutschen Besetzung hielt Shirer in seinem Tagebuch fest: »In den Straßen heute Gruppen von Juden, die, auf Händen und Knien rutschend, Schuschnigg-Parolen von den Bürgersteigen entfernen mussten, unter dem Zwang johlender SA-Leute und verhöhnt von der Menge ringsum. Zahlreiche Juden begehen Selbstmord. Viele Berichte über den Sadismus der Nazis …« Sowohl Shirer als auch Gedye berichten, dass in der Synagoge in der Seitenstettengasse inmitten des Judenviertels, die auch als Domizil der IKG diente, orthodoxe Juden gezwungen wurden, die Toiletten zu säubern und dabei die Tefillin, die Gebetsriemen, zu tragen.[15]

Während seine Kollegen von der Sipo politische Gegner jagten, hatte Eichmann den Auftrag, sich mit den Juden zu befassen. Vorbild für seine Operation war die Ausweitung der Judenpolitik auf Oberschlesien im Mai 1937. Zunächst galt es, die jüdische Führung zu verhaften und assimilatorisch ausgerichtete Organisationen zu unterdrücken sowie deren Akten zu beschlagnahmen und zur Analyse nach Berlin zu schicken. Langfristig ging es darum, dass der SD die Auswanderung organisierte und beschleunigte. Eichmann traf auf eine chaotische Situation: Ohne offizielle Anleitung und zuständige Institutionen waren auswanderungswillige Juden gezwungen, von einer staatlichen und städtischen Behörde zur nächsten zu hasten, ohne eine Ahnung davon zu haben, was sie benötigten, um das Land zu verlassen, beziehungsweise davon, wohin sie gehen sollten. Wenn sie stundenlang vor Botschaften und Konsulaten anstanden, boten sie ein Ziel für Beschimpfungen und Gewalttätigkeiten, und in österreichischen Behörden machten sich die Beamten, wenn die Juden es bis zu ihnen geschafft hatten, einen Spaß daraus, sie mit leeren Händen wieder fortzuschicken. Als Leo Lauterbach, ein Funktionär der Zionistischen Weltorganisation, Mitte April Wien besuchte, fand er eine »durch Verwirrung, Ungewissheit und Unbeständigkeit« gekennzeichnete Situation vor. Es schien keine »etablierte Autorität« zu geben, »von der die offizielle Politik zuverlässig bestätigt und deren Eingreifen erbeten werden könnte«. Dies war das genaue Gegenteil dessen, was dem SD vorschwebte.[16]

Um die Ordnung wiederherzustellen und die Auswanderung anzuregen, bestellte Eichmann Funktionäre der jüdischen Gemeinde, die noch auf freiem Fuß waren, zu sich und teilte ihnen die Wünsche des SD mit. Als die verschreckten Juden begriffen, dass der SD in erster Linie an der Auswanderung interessiert war und sie um ihre Hilfe bei der Wiedereröffnung und dem Betrieb jüdischer Einrichtungen und Organisationen bat, erläuterten sie, was aus ihrer Sicht nötig war. Eichmann seinerseits erkannte, dass er die jüdischen Amtsträger für seine Zwecke einspannen konnte. Er sorgte für die Freilassung wichtiger Funktionäre und sprach mit mehreren von ihnen, bis er den richtigen Partner gefunden hatte. Der stellvertretende IKG-Vorsitzende Josef Löwenherz entsprach seinen Vorstellungen von einer tatkräftigen, durchsetzungsfähigen Persönlichkeit. Er gab Löwenherz Bleistift und Papier und sagte ihm, er habe 24 Stunden Zeit, um aufzuschreiben, was genau gebraucht würde, damit die Verwaltung der jüdischen Gemeinde ihre Arbeit wiederaufnehmen konnte. Dann schickte er ihn in seine Zelle zurück. Am nächsten Tag übergab ihm Löwenherz eine Liste der erforderlichen Einrichtungen und Personen. Eichmann erwirkte daraufhin bei Heydrich die Wiederzulassung der IKG, des Palästinaamts und des Zionistischen Landesverbandes für Österreich, die allesamt nur eine einzige Aufgabe hatten: Juden bei der Auswanderung zu helfen. Entscheidend war, dass die jüdischen Organisationen jetzt unter der Oberaufsicht des SD standen.[17]

Eichmann verschaffte dem SD auf diese Weise einen enormen Machtzuwachs. Mit bescheidenen exekutiven Kompetenzen, die kaum über die Organisation der Festnahme einiger Juden hinausgingen, nach Wien entsandt, hatte er unter dem Vorwand, die jüdische Auswanderung voranzubringen, die Kontrolle über das Schicksal der gesamten jüdischen Bevölkerung erlangt. Wahrscheinlich ohne es selbst zu bemerken, hatte er demonstriert, wie Heydrich und der Sicherheitsapparat einen Bereich schaffen konnten, über den sie unangefochten herrschten, einfach indem sie sich das Recht sicherten, die SD-Strategie umzusetzen. Die Juden haben womöglich zu diesem Sprung nach vorne beigetragen, indem sie sich für die Kooperation mit dem SD entschieden, und sei es nur, weil Eichmann ein echtes Interesse an der Wiederherstellung der Ordnung zu haben schien und sie mit seiner Hilfe dem von den österreichischen Nationalsozialisten angerichteten Chaos zu entkommen hofften.

Der Anschluss Österreichs löste noch eine weitere unvorhergesehene Entwicklung aus, die schicksalhafte Folgen haben sollte. In Hitlers innerstem Kreis war Göring der eifrigste Fürsprecher der Aneignung der »Ostmark« gewesen, die er als wertvolles Reservoir von Rohstoffen, Arbeitskräften und Finanzmitteln betrachtete. Daher empörte es ihn, mitansehen zu müssen, wie die österreichischen Nationalsozialisten jüdische Vermögenswerte in die eigene Tasche steckten, den Grundstock jüdischer Unternehmen zerstörten und sich in einem hemmungslosen Goldrausch jüdische Betriebe unter den Nagel rissen. Bis Mitte April »arisierten« halbamtliche »Kommissionen« aus ortsansässigen Nationalsozialisten unter der Androhung von Prügel oder Haft rund 7000 in jüdischem Besitz befindliche Unternehmen. Für gewöhnlich handelten sie aus eigenem Antrieb und füllten sich die Taschen, indem sie einfach jüdische Betriebe zu einem Schleuderpreis erwarben und dann zu einem realistischeren Preis weiterverkauften. All dies war für die NS-Führung in Berlin nicht hinnehmbar.[18]

Am 11. April kam Göring mit Hans Fischböck, dem Handelsminister der Übergangsregierung in Wien, Reichswirtschaftsminister Funk und anderen zusammen, um über die Eingliederung der österreichischen in die deutsche Wirtschaft zu sprechen. Als die Frage der jüdischen Vermögen angeschnitten wurde, schlug die Delegation aus

Wien vor, sämtlichen jüdischen Besitz in der Ostmark zu registrieren. Dies lief darauf hinaus, sich eine Option auf alles, was noch vorhanden war, zu sichern und eine Warnung darauf zu kleben: »Hände weg! Reichseigentum!« Die Idee gefiel Göring so gut, dass er beschloss, sie auch auf das Altreich anzuwenden. Zwei Tage später erließ Seyß-Inquart, um den »wilden Kommissionen« endlich das Handwerk zu legen, das »Gesetz über die Bestellung von kommissarischen Verwaltern und kommissarischen Überwachungspersonen«. Zwei Wochen darauf, am 26. April, verkündete Göring eine »Verordnung über die Anmeldung des Vermögens von Juden«, durch die der Beauftragte für den Vierjahresplan, also er selbst, ausdrücklich ermächtigt wurde, gegebenenfalls Maßnahmen zu treffen, »die notwendig sind, um den Einsatz des anmeldepflichtigen Vermögens im Einklang mit den Belangen der deutschen Wirtschaft sicherzustellen«.[19]

Fischböck und seine Kollegen hatten unwillentlich einen Durchbruch in der Judenpolitik erzielt und ein Modell geschaffen, das ein ums andere Mal nachgeahmt werden sollte. Die Kontrolle über die deutsche Wirtschaft befand sich bereits in den Händen Görings und der Bürokraten seines Amts für den Vierjahresplan, aber bisher fehlte ihnen noch ein umfassendes Konzept für antijüdische Instrumente und Maßnahmen. Es gab kein Gesetz, das die Übernahme oder Schließung jüdischer Firmen geregelt hätte, ja es gab noch nicht einmal eine Definition dessen, was ein jüdisches Unternehmen war. In jüdischem Besitz befindliche Firmen mochten zur Aufgabe oder ihre Eigentümer zum Verkauf gezwungen werden, doch dies war meistens das Ergebnis von Aktionen lokaler NSDAP-Funktionäre. Gelegentlich geschah die Arisierung auch in Form einer feindlichen Übernahme durch ein Finanzinstitut oder ein Unternehmen. Die Ereignisse in Wien hatten Göring die Augen für das Potential einer systematischen Gesetzgebung zur geordneten Ausschaltung der Juden in der Wirtschaft geöffnet, die dem Reich und den Kriegsvorbereitungen größtmöglichen Nutzen bringen würde.[20]

Die Besetzung Österreichs und die Ausplünderung der österreichischen Juden waren also keine lineare Entwicklung der nationalsozialistischen Judenpolitik. Das eine führte nicht zum anderen. Im Gegenteil, Wien entwickelte sich eher zufällig zu einem Laboratorium für die Umsetzung radikaler neuer Ideen, die, einmal verwirklicht und erprobt, nach Deutschland reimportiert wurden.

Im folgenden Monat wurde in Wien eine »Vermögensverkehrsstelle« gegründet, die in jüdischem Besitz befindliche Unternehmen bewerten und gewährleisten sollte, dass Besitzerwechsel gesetzeskonform vonstattengingen, auch wenn sie alles andere als gerecht waren. Bis August wurden 23 000 Unternehmen unterschiedlicher Größe entweder liquidiert oder einer neuen Geschäftsleitung unterstellt. Große Unsicherheit herrschte zunächst noch über den Status der Vermögenswerte, die vor dem Inkrafttreten der neuen Gesetze geraubt worden waren. Diese Frage wurde erst im Oktober rückwirkend gelöst, indem die Behörden sich damit abfanden, dass sie nur einen Bruchteil des Werts des in den ersten chaotischen Wochen geplünderten Eigentums einstreichen würden. Die legale Fassade und die Behauptung, die neuen Herren seien bewusst darangegangen, den jüdischen Wirtschaftssektor umzustrukturieren, waren bestenfalls nachträgliche Rechtfertigungen von Raub und Erpressung.[21]

Auch die schlagartige Übernahme der deutschen Gesetzgebung aus den vorangegangenen fünf Jahren hatte ungeahnte Folgen. Am 15. März mussten sämtliche Staatsbeamte einen Eid auf Adolf Hitler ablegen. Da es Juden verboten war, dem »Führer« die Treue zu schwören, wurden sie entlassen. Das Justizministerium enthob alle jüdischen und halbjüdischen Richter und Staatsanwälte ihrer Posten. Auch bei ehemaligen Militärangehörigen wurden keine Ausnahmen gemacht. Juden durften keinen juristischen Beruf mehr ausüben. Zuerst gaben die Universitäten bekannt, dass sie keine jüdischen Studenten mehr zulassen würden, dann exmatrikulierten sie diejenigen, die bereits eingeschrieben waren. Jüdisches Lehrpersonal wurde im selben Monat entlassen. Juden wurden aus Zeitungsredaktionen, Theatern, Orchestern und Opernhäusern entfernt. Da sie im Wiener Kulturleben eine unverhältnismäßig große Rolle gespielt hatten, waren die Folgen verheerend. Dies galt auch für den Bereich der Medizin. Plötzlich hatten Tausende jüdische Familien keinen Ernährer mehr und jüdische Männer keine Chance, ihren Lebensunterhalt zu verdienen. Als Eichmann die Neubelebung der IKG gestattete, hatte Löwenherz es als grundlegende Notwendigkeit hervorgehoben, der Gemeinde den Aufbau eines Wohlfahrtsdiensts zu erlauben. Bizarrerweise mussten die deutschen Behörden, während Eichmann von den Wiener Juden gleichzeitig eine riesige Strafzahlung wegen der Unterstützung von Schuschniggs Volksabstimmung einforderte, der IKG zwischen

600 000 und 700 000 Reichsmark leihen, um deren Fürsorgeamt in Gang zu bringen. Bald gab die IKG täglich rund 15 000 kostenlose Essen an Juden aus. Weniger als fünf Prozent der Juden im arbeitsfähigen Alter hatten noch Arbeit.[22]

Die Verarmung der jüdischen Gemeinde drohte die Auswanderungsbestrebungen zu behindern. Im Mai gab Eichmann der IKG und dem Palästinaamt das Ziel von 20 000 Auswanderern in den nächsten zwölf Monaten vor. Aber nur wenige Länder waren bereit, mittellose Flüchtlinge aufzunehmen. Bürckel und Fischböck erkannten bald, dass sie Gefahr liefen, eine Stadt mit einer unverrückbaren Masse bettelarmer Juden verwalten zu müssen. Während die Nationalsozialisten noch über diesem Dilemma brüteten, schlug die IKG eine Lösung vor: Britische und amerikanische Juden würden die Auswanderung finanzieren. Mit Eichmanns Zustimmung vereinbarte Löwenherz mit Joint und CGJ eine monatliche Überweisung auf ein Sonderkonto in Höhe von 50 000 Dollar. Zugang zu dem Konto hatte nur die IKG; allerdings durfte sie das Geld ausschließlich für Auswanderungszwecke ausgeben. Der Plan sah noch eine weitere Einnahmequelle vor, nämlich aus dem Umtausch des Geldes reicher Juden in Dollar, der zu einem derart ungünstigen Kurs vorgenommen wurde, dass ein Gewinn für die IKG abfiel. Dieser Gewinn deckte die Verwaltungskosten der IKG und stockte zudem die Mittel auf, mit denen die Auswanderung armer Juden finanziert wurde.[23]

Die für die Auswanderung nötigen Papiere zu erhalten nahm allerdings immer noch viel Zeit in Anspruch und war manchmal auch gefährlich. Die Auswanderungswilligen mussten ihr Eigentum verkaufen, sämtliche Schulden und ausstehenden Rechnungen begleichen, kommunale und staatliche Steuern zahlen und zahlreiche Dokumente beschaffen, um ein Ausreisevisum zu erhalten. Die Beamten waren häufig wenig hilfsbereit oder, wenn sie Juden abwiesen oder immer neue Hindernisse erfanden, sogar böswillig. Es kam des Öfteren vor, dass jemand ein zeitlich begrenztes Einreisevisum erhielt, es aber nicht nutzen konnte, weil dessen Frist ablief, bevor die betreffende Person alle Papiere beisammenhatte. Ob Eichmann erkannt hatte, dass die Ausreise beschleunigt werden konnte, indem man die beteiligten Stellen unter einem Dach vereinigte, oder ob die Initiative von jüdischen Funktionären ausging, ist nicht klar. Jedenfalls wies Eichmann Löwenherz wieder einmal an, einen Plan auszuarbeiten. Das

Ergebnis war die Zentralstelle für jüdische Auswanderung. Eichmann legte den Vorschlag Bürckel vor, der sich, ehe er diesem zustimmte, in Berlin rückversicherte.[24]

Die Zentralstelle nahm am 20. August 1938, mit Stahlecker als nominellem Leiter und Eichmann als gewissermaßen geschäftsführendem Direktor, ihre Tätigkeit auf. Oberflächlich betrachtet, war sie gegründet worden, um die jüdische Auswanderung zu beschleunigen. Doch ihre Gründung hatte weiterreichende Implikationen. Indem er die gesamte Tätigkeit der jüdischen Organisationen auf die Auswanderung ausrichtete und den Sipo-SD-Apparat zur maßgeblichen Aufsichtsinstanz über sie machte, verschaffte Eichmann dem Sicherheitsapparat faktisch einen beherrschenden Einfluss auf alle jüdischen Angelegenheiten. Die Begründung der Zentralstelle war ein entscheidender Schritt auf dem Weg, an dessen Ende das Schicksal der Juden in den Händen des radikalsten Elements des nationalsozialistischen Machtapparats lag. Außerdem war damit ein System eingeführt, das es dem Sipo-SD-Apparat ermöglichte, sein Tätigkeitsfeld ohne zusätzliche Kosten und mit einem Minimum an Personal erheblich auszuweiten. Die Juden erledigten die Arbeit, und die Kosten wurden mit einem Teil des Geldes gedeckt, das man ihnen abpresste. Unter anderem war die Zentralstelle auch ein überaus wirkungsvolles Mittel zur Enteignung der Juden. Auswanderungswillige Juden mussten unter anderem eine »Fluchtsteuer« und später zudem eine »Sühneleistung« zahlen, ihr Eigentum liquidieren und ihr Geld zu einem relativ geringen Teil seines Werts in Devisen umtauschen. Zur Freude Görings und des Reichsfinanzministeriums kamen diese Devisen nicht einmal aus Deutschlands eigenen Reserven; vielmehr wurden sie von Juden im Ausland bereitgestellt. Eichmanns Unternehmen war derart erfolgreich, dass es bald als Modell für die Entfernung der Juden aus dem Altreich übernommen wurde.[25]

Die Errichtung der deutschen Herrschaft über Österreich geschah so schnell und brutal, dass die österreichischen Juden kaum Zeit hatten, sich auf die neue Situation einzustellen. Im Gegensatz zu den Juden in Deutschland waren sie nicht in der Lage, ihre Institutionen schrittweise umzugestalten, um dem Ansturm standzuhalten. Über Nacht verschwanden sämtliche vertrauten Bezugspunkte. Jüdische Schulkinder wurden plötzlich verfemt. Philipp Flesch, Lehrer an einer öffentlichen Schule, erlebte, dass ein junger Mann zum Direktor seiner

Schule wurde, der frisch aus dem Gefängnis kam, wo er wegen fanatischer NS-Propaganda eingesessen hatte. Ruth Maier war für die Fortsetzung ihrer Schulausbildung gezwungen, an eine überfüllte jüdische Schule zu wechseln, die von orthodoxen und zionistischen Juden betrieben wurde, mit denen sie nichts gemein hatte. Jüdische Veteranen legten, wenn sie aus dem Haus gingen, ihre Orden an, weil sie sich durch die Tapferkeitsauszeichnungen vor dem antisemitischen Mob geschützt glaubten, mussten aber erleben, dass sie trotzdem verhöhnt und beschimpft wurden. Einem ehemaligen Offizier, der im Krieg erblindet war, half eine ganze Brust voller Ordensbänder nicht, als er gegen die Konfiszierung seines Geschäfts protestierte. »Jüdischer Lump, den Habsburgertand kannst du dir in den Arsch schieben«, beschied ihn ein NS-Beamter, »lass dich nicht mehr hier blicken …« Privathäuser boten keinen Schutz, das Heim war kein Zufluchtsort mehr. Baruch Zuckerman, ein Vertreter des Jüdischen Weltkongresses in Triest, schrieb an Nahum Goldmann, Juden würden »ständig aus den Häusern gezerrt und gezwungen, Parolen von den Hauswänden und Bürgersteigen zu putzen und zu kratzen«. Die Zahl jüdischer Begräbnisse sei von drei oder vier auf 140 am Tag gestiegen, »in der Mehrzahl Selbstmorde und Herzinfarkte«, wie Zuckerman trocken hinzufügte.[26]

Als für die österreichischen Juden die Welt zusammenbrach, versanken Hunderte in Verzweiflung und nahmen sich das Leben. George Gedye fand diese stille Kapitulation in der bedrohten Privatheit ihrer Wohnungen sogar noch schlimmer als die Übergriffe und Demütigungen auf den Straßen: »Viel entsetzlicher jedoch war die Selbstverständlichkeit, mit der jede jüdische Familie nunmehr den Selbstmord von Familienmitgliedern als ein normales und natürliches Ereignis hinnahm … Jüdische Freunde teilten einem den Entschluss, Selbstmord zu verüben, in dem gleichen Ton mit, in dem sie einem früher erzählt hatten, dass sie eine kurze Eisenbahnreise unternehmen würden.« Viele derjenigen, die festgenommen und in Konzentrationslager gebracht worden waren, starben in der Haft, selbst wenn es sich um gesunde junge Männer handelte, und wurden ohne jede Feier eingeäschert. Tag für Tag hörte man von Familien, die eine kurze Nachricht erhalten hatten: »150 Mark zu bezahlen für die Einäscherung Ihres Mannes. Das Paket enthält die Asche aus Dachau.«[27]

Reaktionen auf das Chaos in Österreich

Zeitungsleser überall auf der Welt waren gut informiert über die grotesken Szenen, die sich auf den Straßen Wiens abspielten. Reporter wie William Shirer taten alles, um dem Ausland ihre Eindrücke zu übermitteln. Da ihm verwehrt wurde, aus einem Studio vor Ort zu senden, und er bezweifelte, dass es ihm in Berlin möglich sein würde, flog Shirer nach Amsterdam und weiter nach London, wo er kurz vor Mitternacht schließlich seinen Bericht über die Auslöschung Österreichs in die Welt sendete.[28] Die Schilderungen der Grausamkeiten empörten die Öffentlichkeit, aber die Regierungen der Demokratien schienen um eine Reaktion verlegen zu sein.

Die vom Anschluss Österreichs ausgelöste Flüchtlingswelle hätte jedoch niemand verhindern können. Der Präsident des britischen Jewish Refugees Committee (JRC) warnte das Innenministerium, dass es zusätzlich zu den Juden, die es bereits versorge (obwohl nur 11 000 deutsche Juden nach England gelangt und dortgeblieben waren, von denen viele zudem über eigene Mittel verfügten), einen Zustrom österreichischer Juden nicht unterstützen könne. Angesichts der sich anbahnenden Krise trat zum ersten Mal seit 1933 der Flüchtlingsausschuss des Kabinetts zusammen. Aus Furcht, österreichische Juden könnten als Touristen getarnt einreisen und dann zu bleiben versuchen, empfahl das Innenministerium die Einführung der Visumspflicht. Der Ausschuss stimmte dem Vorschlag aus Sorge über den verbreiteten Antisemitismus in Großbritannien zu. Infolgedessen wurden britische Konsuln in Österreich mit Anträgen überschwemmt. Männliche Antragsteller wurden am schärfsten überprüft. Frauen, die angaben, als Hausangestellte nach Großbritannien einreisen zu wollen, galten als leichter zu durchleuchten. Über die Hälfte der genehmigten Anträge – bis September 1939 wurden es rund 20 000 – hatten Frauen eingereicht. Um seiner Fremdenabteilung die Arbeit zu erleichtern, delegierte das Innenministerium die Überprüfung von Akademikern und Selbständigen an Sonderausschüsse. Dank deren Anstrengungen konnten Hunderte von Ärzten und Psychiatern ins Vereinigte Königreich gelangen. Der berühmteste unter ihnen war Sigmund Freud, der am 6. Juni 1938 in London eintraf. Ihn und seine Familie außer Landes zu bringen hatte Anhänger aus mehreren Ländern enorme Mühen gekostet. Nur wenige Wiener Juden hatten das Glück, solche Unterstützung zu finden. Die meisten konnten nicht mehr tun, als Briefe an Verwandte zu schreiben und sie um eine finanzielle Garantie oder ein akzeptables Arbeitsangebot, normalerweise für körperliche Arbeit oder Dienstbotenstellen, zu bitten.[29]

Nach Frankreich gelangten nur etwa 600 bis 700 österreichische Juden. Seit ihrem Machtantritt bemühte sich die Volksfrontregierung, humanitäre Anliegen mit einer Politik zu vereinbaren, die Arbeiter und Selbständige, die eine Einwanderung unerbittlich ablehnten, beruhigte. Während die Polizei weiterhin illegale Einwanderer abschob, versuchte die Regierung zu erreichen, dass bereits im Land befindliche deutsche Juden rascher als Flüchtlinge anerkannt und eingebürgert wurden. Dennoch fristeten die meisten der 8000 bis 10 000 deutsch-jüdischen Flüchtlinge ein armseliges Dasein und lebten ständig in der Furcht vor einem Besuch der Polizei. Zur Zeit des Anschlusses Österreichs löste eine Mitte-Rechts-Koalition die Volksfrontregierung ab und verschärfte die Grenzkontrollen noch weiter.[30]

US-Präsident Roosevelt erkannte als einziger Staatsmann von Weltgeltung die Dringlichkeit einer koordinierten internationalen Reaktion. Aber sein Handlungsspielraum war vom Kongress eingeengt, dessen Ablehnung jeder Lockerung der Einwanderungsbestimmungen die öffentliche Meinung widerspiegelte. In einer Kabinettssitzung am 18. März ging er, was die Hilfe für »politische Flüchtlinge« betraf, so weit, wie es nach seiner Ansicht möglich war. Ein rascher, konkreter Schritt war die Zusammenlegung der Einwanderungsquoten für Deutschland (25 557) und Österreich (1413), so dass Österreicher ungenutzte Plätze der deutschen Quote einnehmen konnten. Außerdem wurden Konsularbeamte angewiesen, bei der Ausstellung von Papieren flexibler zu sein und zu bedenken, wie schwierig es für Juden war, auch nur zu einem Konsulat zu gelangen. Obwohl viele US-Diplomaten den Andrang von Wiener Juden weiterhin als störend empfanden, wurde die Einwanderungsquote im Fiskaljahr 1939 (1. Oktober 1938 bis 30. September 1939) zum ersten Mal voll ausgeschöpft.[31]

Wenn er Amerikas Tore schon nicht weiter aufstoßen konnte, so hoffte Roosevelt doch, er könne andere Länder dazu bewegen, großzügiger zu sein und in einer konzertierten Aktion zur Lösung des Flüchtlingsproblems beizutragen. Das Kabinett stimmte seiner Idee zu, die Krise zum Thema einer internationalen Konferenz zu machen. Zwei

Wochen nach dem Einmarsch der Wehrmacht in Österreich verschickte US-Außenminister Hull die Einladungen. George Messersmith, der jetzt im Außenministerium in Washington arbeitete, teilte Hull mit, dass er die Führungsfiguren der amerikanischen jüdischen Gemeinde inzwischen zum Stillhalten aufgefordert habe. Angesichts immer lauter werdender prodeutscher und isolationistischer Stimmen musste man sie freilich nicht erst zu einem diskreten Vorgehen anhalten.[32]

Nach mehrjähriger Tätigkeit für die *New York Times* zog es James McDonald wieder in die Flüchtlingsarbeit und zu seiner selbstgestellten Aufgabe, die amerikanischen Juden aus ihrer Gleichgültigkeit wachzurütteln. Doch nun klangen seine Jeremiaden glaubwürdig. Im März 1938 mahnte er seine Zuhörer auf einer Versammlung in New York: »Viele ansonsten wahrscheinlich intelligente Leute sind der Ansicht, dass einen Juden zu zerquetschen nicht würdeloser und abstoßender sei, als auf ein Insekt zu treten und das Leben aus ihm zu pressen. Der Krieg, den die Nazis führen, ist kein Krieg gegen die Juden von Deutschland, sondern einer gegen alle Juden, deren Einfluss ausgemerzt werden muss und die selbst entweder vernichtet oder aus allen zivilisierten Ländern vertrieben werden sollen. Wenn Sie denken, Sie seien immun, weil Sie in den Vereinigten Staaten leben, dann sind Sie sehr töricht.« Mitte Mai wurde McDonald ins Weiße Haus eingeladen, wo er erfuhr, dass ein Komitee im Entstehen war, das die Ergebnisse der für Juli im französischen Évian-les-Bains geplanten internationalen Konferenz umsetzen sollte. Bald darauf wurde er zum Vorsitzenden von Roosevelts Beraterkomitee zu den politischen Flüchtlingen ernannt und spielte eine Schlüsselrolle bei der Koordinierung von Flüchtlingshilfegruppen und amerikanisch-jüdischen Hilfsorganisationen.[33]

»Nur durch die vollständige Zerstörung jüdischen Lebens«

In Deutschland hatte die internationale Beunruhigung über die Behandlung der österreichischen Juden kaum eine Wirkung. Nach dem »Anschluss« Österreichs war Hitler beliebt wie nie zuvor. Sogar erklärte Regimegegner wie Joachim Fests Vater verspürten eine gewisse

Bewunderung. Da die Fests Katholiken waren, verschärfte die Annexion des katholischen Österreichs ihren Zwiespalt gegenüber dem Regime. »Warum gelingt dem Hitler fast alles«, grübelte Fest senior.[34]

Das patriotische Hochgefühl ließ die Juden nicht unberührt. So gestand Willy Cohn ein: »Vielleicht, dass wir Juden in Deutschland jetzt diese nationale Erhebung nicht mitfühlen sollten, aber man tut es doch …« Victor Klemperer hingegen war bedrückt: »Die letzten Wochen sind die bisher trostlosesten unseres Lebens.« Er empörte sich über den »ungeheuren Gewaltakt der Österreichannexion« und war erstaunt über die »wehrlose Angst Englands, Frankreichs usw.«. Er konnte nicht glauben, dass die europäischen Nationen Deutschland ein solches Verhalten durchgehen lassen würden. Je mehr er überzeugt war, dass Hitler und der Antisemitismus im deutschen Volk verwurzelt waren, desto mehr hoffte er auf einen Schlag von außen, vielleicht einen Krieg. In der Zwischenzeit fühlte er sich zutiefst vereinsamt: »[W]ie unsäglich habe ich mich mein Leben lang betrogen, wenn ich mich zu Deutschland gehörig glaubte, und wie vollkommen heimatlos bin ich.«[35]

Dem Fahnenschwenken folgte ein weiterer Ausbruch des Antisemitismus, der wiederum von Streicher und dessen *Stürmer* angezettelt wurde. Seit Schachts Machtverlust und dem Kurswechsel im Umgang mit den jüdischen Unternehmen kannte er kein Halten mehr. In seiner Hochburg Nürnberg wurde am Beginn der vorweihnachtlichen Einkaufssaison der Boykott mit Macht wiederbelebt. Jüdische Geschäfte wurden gekennzeichnet und demoliert, ihre Angestellten und Kunden gleichermaßen belästigt.[36]

Die kleinmütige internationale Reaktion auf die Annexion Österreichs und die Erfordernisse der Kriegsvorbereitung veranlassten Göring, die Entfernung der Juden aus dem deutschen Wirtschaftsleben zu beschleunigen. Die Verordnung vom 26. April 1938 über die Anmeldung und potentielle Beschlagnahme von jüdischem Eigentum zugunsten des Vierjahresplans bildete die Ermächtigung, die das Regime brauchte, um die Entwicklung voranzutreiben. Als das Ehepaar Solmitz erfuhr, dass Juden, die Immobilien, Firmen und sonstiges Vermögen besaßen, einen vierseitigen amtlichen Fragebogen ausfüllen mussten, vermuteten sie sogleich: »Das heißt: Enteignung.« Friedrich Solmitz legte mit dem Hinweis auf seine Kriegsverwundung Einspruch ein und wurde daraufhin von der Anmeldepflicht befreit.

Victor Klemperer hatte nicht so viel Glück. Als er das Verzeichnis seiner dürftigen Vermögenswerte durchsah, fragte er sich: »Was will man mit dieser Aufstellung?« Dem britischen Generalkonsul in Breslau war der Zweck klar. Nach London berichtete er: »Selbst die uneinsichtigsten, optimistischsten und störrischsten Juden, von denen es in dieser Provinz nicht wenige gibt, haben erkannt, dass das nationalsozialistische Programm nur durch die vollständige, totale Zerstörung jüdischen Lebens und Wirtschaftens erfüllt wird.«[37]

Die Anmeldung jüdischen Vermögens war als solche bereits ein Anreiz zur Arisierung. Die SD-Judenabteilung vermerkte hocherfreut, dass viele Juden seit Bekanntgabe der Verordnung aus Furcht vor einer scheinbar unmittelbar bevorstehenden Enteignung ihr Vermögen veräußerten. Großunternehmen, Handelshäuser und Banken, die sich bisher zurückgehalten hatten, begannen jetzt, in jüdischem Besitz befindliche Unternehmen zu übernehmen, die einen, um zu verhindern, dass Konkurrenten sich die Filetstücke unter den Nagel rissen, andere, weil sie den Eigentümern, mit denen sie in der Regel schon seit Jahren in Geschäftskontakt standen, einen halbwegs fairen Preis sichern wollten. Zu den Opfern dieser Entwicklung zählten über zwanzig Privatbanken, unter ihnen M. M. Warburg & Co. Max Warburg hatte schließlich jede Hoffnung auf eine Mäßigung des Regimes aufgegeben und war nicht länger in der Lage, in Bedrängnis geratenen Klienten zu helfen. Er emigrierte in die Vereinigten Staaten.[38]

Zwischen Januar und November 1938 wechselten fast 800 größere Unternehmen den Besitzer, darunter 340 Fabriken, von denen die meisten Textilien oder Lederwaren herstellten. Das Berliner Textilviertel verschwand ebenso wie nahezu sämtliche jüdischen Textilhersteller sowie Textilgroß- und -einzelhändler, deren Betriebe entweder schlossen oder in andere Hände übergingen. Insgesamt mussten in Deutschland fast 300 Großhändler ihre Betriebe verkaufen. Die staatlichen Wirtschaftsbehörden nutzten die Kontrolle über die Rohstoffe, um Unternehmen in jüdischem Besitz das Wasser abzugraben und die Besitzer zu zwingen, ihren Betrieb entweder zu schließen oder zu verkaufen. Jüdischen Importeuren wurde der Zugang zu Devisen verwehrt, und Unternehmen, die von Auslandsmärkten abhingen, erhielten keine Exportkredite. Laut Reichsvertretung wurden in jenen Monaten zwischen 4500 und 5000 Firmen aller Art arisiert.[39]

Eine Reihe von Durchführungsverordnungen zum Reichsbürgergesetz verbot Juden die Ausübung medizinischer, juristischer und anderer freier Berufe. Ein kleiner Teil durfte zwar weiterarbeiten, aber nur für Juden und unter einer bewusst demütigenden Berufsbezeichnung. Von den 3152 jüdischen Ärzten, die im Altreich noch praktizierten, wurde 709 gestattet, weiterhin jüdische Patienten zu behandeln, allerdings als sogenannte »Krankenbehandler«. Nur zehn Prozent der 1753 noch praktizierenden jüdischen Rechtsanwälte durften – als »Rechtskonsulenten« für jüdische Klienten – weiterhin tätig sein. Jüdischen Viehhändlern wurde die Gewerbeerlaubnis versagt. Juden durften nicht mehr als Vertreter oder Hausierer arbeiten. Dies war ein vernichtender Schlag, denn Tausende von Juden, die entlassen worden waren oder ihre Betriebe hatten aufgeben müssen, verdienten seither ihren Lebensunterhalt, indem sie von Ort zu Ort zogen und aus Koffern oder ihrem Auto Waren verkauften.[40]

Zusätzlich zur Unterdrückung der jüdischen Wirtschaftstätigkeit zerstörte das Regime die Fundamente des jüdischen Gemeindelebens. Im März wurde den jüdischen Gemeinden der Status von Körperschaften des öffentlichen Rechts aberkannt, was bedeutete, dass sie nicht mehr steuerbefreit waren. Angesichts hoher, vielfach rückwirkender Grundsteuerforderungen sahen sich Dutzende von jüdischen Gemeinden gezwungen, sich für zahlungsunfähig zu erklären. Die Folge war, dass von ihnen betriebene Suppenküchen, Schulen und Altersheime geschlossen werden mussten und in immer mehr Städten ein jüdisches Gemeindeleben unmöglich wurde. Jüdische Familien verloren alle noch vorhandenen Steuervorteile, was viele in die Armut trieb. Doch Juden, die staatliche Hilfen beantragten, mussten jetzt dafür arbeiten und Straßen fegen oder andere ihnen von den städtischen Behörden zugewiesene körperliche Tätigkeiten ausführen.[41]

Örtliche Parteibosse, Bürgermeister, Polizeichefs und einfache Kommunalbeamte reagierten auf die Signale aus Berlin, wonach die Juden nunmehr Freiwild waren. In Dörfern und Städten überall in Deutschland wurde jüdischen Familien nicht nur der Lebensunterhalt genommen, sondern auch ihr Heim. »In Feuchtwangen«, meldete der Regierungspräsident von Ober- und Mittelfranken, »hat am 1.3.1938 die letzte Judenfamilie die Stadt verlassen ...« Aus Unterfranken berichtete die NSDAP-Kreisleitung von Königshofen-Hofheim stolz, die »letzten Judengeschäfte« seien in »arischen Besitz« übergegangen. »Noch im Jahr 1935«, fügte sie vier Wochen später hinzu, »benahmen sich hier die Juden wie die Herren. Am jetzigen Adolf-Hitler-Platz war fast kein Haus, das nicht einem Juden gehörte … Heute sind die Juden nicht nur aus dem öffentlichen Leben vollkommen verschwunden, sondern der Adolf-Hitler-Platz ist auch judenrein, die ehemals jüdischen Häuser und Geschäfte in ganz Königshofen sind restlos in arischen Händen.«[42]

Die CV-Regionalbüros konnten die Vertreibungen nur registrieren und mitleiderregende Briefe wie den eines gewissen »Alfred« aus Schopfloch zu den Akten legen, der dem württembergischen Landesverband mitteilte, man habe jetzt »den sogenannten Ausweisungsbefehl erhalten. Der Ortsgruppenleiter [der NSDAP] hat wörtlich erklärt: ›Wenn ihr Juden nicht bald verschwindet, dann machen wir einen Saustall …‹« Welche Art von »Saustall« gemeint war, kann man an den Ereignissen im Regierungsbezirk Unterfranken beziehungsweise in Aschaffenburg ermessen, wo das Ausmaß der Gewalt gegen Menschen und Sachen selbst den Regierungspräsidenten entsetzte. Im pfälzischen Böchingen wurden vor dem Haus eines jüdischen Einwohners Sprengkörper gezündet, wodurch in mehreren Häusern Fensterscheiben zu Bruch gingen. In Goldbach in Unterfranken wurden die Häuser von zwei Viehhändlern und zwei Kaufleuten demoliert. Ohne Aussicht auf Schutz durch die Polizei oder Hilfe von Seiten der eingeschüchterten jüdischen Organisationen sahen Dutzende Juden im Selbstmord den einzigen Ausweg. Für NS-Funktionäre, die entschlossen waren, ihren Zuständigkeitsbereich »judenrein« zu machen, stellte jeder dieser Todesfälle einen Sieg dar, der es wert war, registriert und gemeldet zu werden. Warum sonst sollte der Regierungspräsident von Niederbayern und Oberpfalz sich die Mühe machen, seinen Vorgesetzten zu berichten, dass ein »jüdischer Viehhändler in Schwandorf … sich erhängt« habe?[43]

In der für ihre Berichte typischen verquasten Sprache stellten die Judenreferenten des SD erfreut fest: »Durch diese einschneidenden Maßnahmen ist bei der in Deutschland ansässigen Judenschaft auch die letzte Hoffnung auf ein Verbleiben im Reichsgebiet geschwunden, so dass die Auswanderungslust einen starken Auftrieb erhalten hat.« Ihnen war auch bewusst, dass ein wachsender Teil der jüdischen Bevölkerung völlig verarmt war und das Netzwerk jüdischer Selbsthilfe zusammenbrach. Man musste also mit einer Masse arbeitsloser, bettelarmer Juden rechnen, die, da ihnen die Mittel fehlten, nicht in der Lage waren auszuwandern. Der SD stand vor einem neuen, aus der Judenpolitik erwachsenen Dilemma. In dem zitierten Bericht für April und Mai 1938 kam die SD-Judenabteilung zu dem Schluss, »dass bei Vorhandensein eines ausreichenden Devisenbestandes trotz der zunehmenden Einwanderungsschwierigkeiten in den hauptsächlichen Einwanderungsländern eine erhebliche Abwanderung erzielt werden kann«. Leider seien die deutschen Juden mittellos, und sich auf Spenden von ausländischen Juden zu verlassen sei riskant. Wieder einmal hatten sich die Nationalsozialisten durch eine unkoordinierte, schlecht geplante Politik selbst ein Bein gestellt. Nach Ansicht des SD gab es nur einen Ausweg aus dem Dilemma: noch mehr Druck auf die Juden auszuüben.[44]

Im Hochsommer wurde Arbeitslosigkeit plötzlich zu einem Zustand, vor dem man Angst haben musste. Angesichts der auf Hochtouren laufenden Wirtschaft und des zunehmenden Arbeitskräftemangels entdeckte Himmler die von der SS betriebenen Konzentrationslager als potentielle Goldminen. Die Gefangenen konnten für Hungerlöhne zur Arbeit in SS-eigenen Betrieben gezwungen werden, etwa bei der Gewinnung von Baumaterial wie Granit für Prestigebauten. Im April und Juni 1938 führte die Gestapo auf Befehl Heydrichs eine Großaktion durch, bei der über 10 000 als asozial oder arbeitsscheu geltende Männer festgenommen wurden. Gemeint waren damit geringfügig vorbestrafte Wiederholungstäter, Langzeitarbeitslose und Obdachlose. Das Schleppnetz der Kripo brachte aber auch Bettler, Landstreicher und Zigeuner in die Konzentrationslager Buchenwald, Sachsenhausen und Dachau. Unter den Festgenommenen waren 2600 Juden.[45]

Die Behandlung der jüdischen Häftlinge unterschied sich stark von derjenigen ihrer Leidensgenossen. Das begann schon damit, dass die Polizei angewiesen war, jeden straffällig gewordenen Juden zu verhaften, ganz gleich, wie gering sein Vergehen war. Die Zahl der Betroffenen war größer als bei allen vorherigen Aktionen. Allein am 15. Juni wurden im Rahmen eines Transports von tausend »Asozialen« 600 Juden von Berlin nach Dachau gebracht. Dass auch alte, nicht arbeitsfähige Männer verhaftet wurden, deutet darauf hin, dass es andere Gründe dafür gab als die Auffüllung des Arbeitskräftereservoirs. Tatsächlich wurden diejenigen, die in der Lage waren auszuwandern, wieder freigelassen, manche sogar recht bald. Die »Aktion Arbeitsscheu Reich« sollte die jüdische Bevölkerung in Angst und Schrecken versetzen und diejenigen, die immer noch zögerten, zur Auswanderung bewegen. Was durch die Freigelassenen über die Zustände in den Lagern nach außen drang, erzielte die gewünschte Wirkung. Sie erzählten von ständigen Beschimpfungen und Misshandlungen jüdischer Gefangener, von überfüllten Unterkünften und sinnloser Arbeit in gestreiften Häftlingsanzügen, auf denen ein schwarzes Dreieck über ein gelbes genäht war. Bis zu 200 jüdische Häftlinge wurden ermordet, verstarben oder begingen Selbstmord. Der Vorwand, es handle sich bei den Verhafteten um Kriminelle und »Volksschädlinge«, war allzu fadenscheinig, als dass er verbergen konnte, dass das NS-Regime eine Massenverhaftung von Juden angeordnet und durchgeführt hatte, nur, weil sie Juden waren. Eine Grenze war überschritten. Es genügte nicht mehr, dass Juden den Kopf einzogen, um kein Aufsehen zu erregen: Jetzt war es in Deutschland ein Verbrechen, Jude zu sein.[46]

Auch in Österreich ging der Sicherheitsapparat in dieser Zeit gegen die Juden vor. Nach dem Anschluss wurden Dutzende von politisch aktiven Juden, Journalisten und führenden Mitgliedern der jüdischen Gemeinde verhaftet und nach Dachau geschickt. Auf diese gezielten Verhaftungen folgten mehrere Razzien, die, abgesehen davon, dass sie sich gegen Juden richteten, absolut willkürlich waren: Die Opfer wurden auf der Straße festgenommen oder aus Cafés gezerrt. Das Ausmaß dieser »Judenaktion« war beispiellos. Die Opfer wurden zusammengeführt und in mehreren großen Transporten fortgebracht: 601 am 31. Mai, 595 am 3. Juni und so weiter. Insgesamt wurden 2000 Juden verhaftet, womit das von der Wiener SD-Dienststelle festgelegte Ziel von 5000 Festnahmen allerdings deutlich verfehlt wurde. Anders als in Deutschland, wo die dem Gefangenentransport dienenden Eisenbahnzüge von der Polizei bewacht wurden, lag in Österreich die Aufsicht bei der SS, die mit enormer Brutalität agierte. Während einem der Transporte ins Konzentrationslager starben mindestens zwölf Juden. Heydrich scheint die Massenverhaftungen wegen des negativen Echos im Ausland beendet zu haben, und die meisten der Verhafteten wurden innerhalb von zwölf Monaten freigelassen und konnten emigrieren. Wie im Altreich war die Aktion auch in Österreich eindeutig ein Mittel zur Erzwingung der Auswanderung.[47]

Im Lauf des Sommers eskalierten Gewalt und Einschüchterung auf ein seit Jahren nicht mehr erreichtes Maß. Am 16. Juni begannen SA- und SS-Einheiten zusammen mit anderen NS-Organisationen eine »Judenaktion« in Berlin. In den folgenden zwei Wochen wurden Juden gehörende Geschäfte und Büros gekennzeichnet und von Boykottposten bewacht. Der amerikanische Diplomat Hugh R. Wilson merkte an, die Übergriffe seien »insofern bedeutsam, als sie der erste Versuch seit 1933 sind, die organisierte Kennzeichnung und Bewachung jüdischer Geschäfte wiederzubeleben«. Er war erschrocken über den Anblick von Zuschauern, die sich an dem Spektakel erfreuten, sowie über die Beteiligung der Hitlerjugend. Die Anwesenheit von aufgekratzten, undisziplinierten Jugendlichen trug zu den Beschädigungen und Plünderungen bei, obgleich der nüchterne SD-Bericht lediglich allgemein feststellte, es sei »verschiedentlich zu Zerstörungen und Plünderungen jüdischer Geschäfte sowie zu Tätlichkeiten gekommen«.[48]

Bella Fromm ging das Wagnis ein, zusammen mit einer Freundin durch die Stadt zu fahren, um mit eigenen Augen zu sehen, was geschah. »Der ganze Kurfürstendamm war voller Schmierereien und Plakate«, notierte sie anschließend in ihrem Tagebuch. »›Jude‹ war in wasserfesten Farben überall an Türen, Fenster und Wände geschmiert … In dem Viertel [hinter dem Alexanderplatz], wo sich die kleinen jüdischen Ladengeschäfte befinden, hatte die SA besonders schrecklich gehaust … Schaufenster waren zerschlagen worden, und die ›Beute‹ aus den dürftigen, kleinen Läden lag auf den Fußsteigen und im Rinnstein verstreut.« Die Freundinnen befanden sich gerade in einem Juweliergeschäft, als es von mit Messern bewaffneten Hitlerjungen heimgesucht wurde. Während einige der Jungen das Geschäft demolierten, »kroch einer von ihnen in eine Ecke des Schaufensters und steckte sich Dutzende Ringe auf die Finger und stopfte seine Taschen mit Armbanduhren und Armbändern voll«.[49]

Die Ausschreitungen in Berlin waren bewusst angezettelt worden, um den in der Reichshauptstadt verbliebenen Juden jede Hoffnung zu nehmen, sie könnten weiterhin in Deutschland leben. Außerdem waren sie als Botschaft an die Weltgemeinschaft gedacht, die nach Überzeugung der Nationalsozialisten von den Juden beherrscht wurde. Ihr sollte klargemacht werden, dass sie größere Anstrengungen unternehmen musste, um die Juden aus Deutschland herauszuholen.[50]

Vom 6. bis 14. Juli beriet die von US-Präsident Roosevelt angeregte internationale Konferenz im Hotel Royal in Évian über die Flüchtlingskrise. Roosevelt hatte den pensionierten Manager und Quäker Myron C. Taylor zum Leiter der amerikanischen Delegation ernannt. James McDonald, der ihn als Berater begleitete, warnte im Vorhinein vor »übertriebenen Erwartungen«. Er wusste, dass die amerikanische Einwandererquote feststand, und um zu verhindern, dass sie in Frage gestellt wurde, hatte schon in der Einladung gestanden, dass man von den Konferenzteilnehmern nicht erwarte, mehr Flüchtlinge aufzunehmen, als ihre bisherigen Gesetze gestatteten. Frankreich richtete die Konferenz nicht nur aus, sondern stellte auch den Vorsitzenden, den restriktiv eingestellten Henry Bérenger, der die Beratungen mit der Behauptung eröffnete, Frankreich habe schon viel getan, um das Flüchtlingsproblem zu lösen, und könne nicht noch mehr tun.[51]

Großbritannien war ebenso wenig bereit voranzugehen. Im britischen Außenministerium erregte die Konferenz beinahe schon Angst. Man fürchtete, Zugeständnisse bei der Einwanderung könnten Polen und Rumänien zu weiteren Initiativen ermuntern, Juden aus dem Land zu drängen. Hinter den bedrängten Juden in Deutschland und Österreich standen noch einmal vier Millionen arme Juden in Osteuropa, die von Boykotten, Diskriminierung und regelmäßigen Gewaltakten heimgesucht wurden. Stephen Wise forderte die Weltgemeinschaft im Namen des Jüdischen Weltkongresses auf, sich der Herausforderung zu stellen und deutsche Juden zu retten sowie gleichzeitig andere Länder vor der Verfolgung ihrer jüdischen Bürger zu warnen. Aber er hoffte vergeblich, die Konferenz würde Eingriffe in die inneren Angelegenheiten souveräner Staaten billigen. Ebenso wenig konnte er die weltweite Wirtschaftskrise, die sich nach einer Erholungsphase wieder verschärft hatte, oder die Zunahme der antijüdischen Stimmung einfach wegzaubern. William Shirer, der über die Konferenz berichtete, notierte in seinem Tagebuch: »Briten, Franzosen und Amerikaner scheinen ängstlich bemüht, nichts zu tun, was Hitler verletzen könnte. Es ist eine absurde Situation. Sie wollen den Mann beschwichtigen, der für das Problem verantwortlich ist.«[52]

Das einzige konkrete Ergebnis war die Schaffung eines Intergovernmental Committee on Refugees (IGCR), das zwar auch für die Juden in Österreich und Osteuropa zuständig war, ansonsten aber dem Hochkommissariat für Flüchtlinge des Völkerbunds glich, da es nämlich weder über Geldmittel noch über Machtbefugnisse verfügte. Allerdings war sein Vorsitzender, der Amerikaner George Rublee, im Unterschied zu McDonald zu Verhandlungen ermächtigt: einerseits mit Deutschland, um Juden zur Auswanderung zu verhelfen, andererseits mit anderen Ländern, um sie zu deren Aufnahme zu überreden.[53]

Die NS-Führung verstand das Ergebnis der Konferenz von Évian als Beleg dafür, dass die Juden überall unbeliebt waren. Sie spottete über Regierungen, die Mitgefühl für die notleidenden Juden in Deutschland äußerten, ihnen aber keine Zuflucht gewährten. Gleichzeitig erhielt sie den Auswanderungsdruck aufrecht, als wollte sie die demokratischen Länder überzeugen, dass ihnen keine andere Wahl blieb, als den Juden eine neue Heimat zu bieten. Die SD-Judenabteilung berichtete: »Neben den bekannten gesetzmäßigen und verordnungsmäßigen Maßnahmen sind die insbesondere in Berlin im vergangenen Monat unternommenen polizeilichen Schritte gegen die Juden erwähnenswert. Die Anweisung des Polizeipräsidenten von Berlin verfolgt das Ziel, der Judenschaft den Aufenthalt in Deutschland so zu erschweren, dass trotz der schwierigen finanziellen Bedingungen ihr Wunsch zur Auswanderung eine Förderung erfährt.«[54] Goebbels hielt am 24. Juli in seinem Tagebuch Hitlers Forderung fest, in zehn Jahren müssten die Juden »aus Deutschland entfernt sein«.[55]

Antijüdische Maßnahmen in anderen Ländern

Das Widerstreben gegen die Aufnahme jüdischer Flüchtlinge in Frankreich, Großbritannien und den USA folgte sowohl innenpolitischem Druck als auch der Sorge über bedenkliche Entwicklungen in anderen Ländern mit einer großen jüdischen Bevölkerung. Überall in Ost- und Südosteuropa galten Juden als Archetyp des Fremden und potentielle Werkzeuge ausländischen Einflusses. Westliche Beobachter sahen in diesen antijüdischen Gesten indes kaum mehr als zynische Versuche, sich bei Berlin anzubiedern. Die Ausbreitung des Faschismus erweckte ebenfalls den Anschein einer einheitlichen antisemitischen Welle. Gewiss stimmten faschistische Parteien darin überein, dass es notwendig sei, den angeblichen Einfluss der Juden zu verringern und sie zugunsten des »Volks« zu enteignen. Aber die antijüdischen Maßnahmen, die 1938 in einem Land nach dem anderen ergriffen wurden, hatten jeweils eigene Ursprünge und waren im Wesentlichen lokale Initiativen.[56]

In Rumänien lebten bei einer Gesamtbevölkerung von 20 Millionen Menschen rund 757 000 Juden, ein Drittel von ihnen im Regat, dem rumänischen Kerngebiet, das in der zweiten Hälfte des 19. Jahrhunderts seine Unabhängigkeit erlangt hatte. Von Anfang an betrachtete die rumänische Führung das Land als christlichen Staat und stand der Anerkennung von Juden als gleichberechtigte Staatsbürger zwiespältig gegenüber. Nur auf internationalen Druck hin waren sie bereit, sie als solche zu behandeln. Im Ersten Weltkrieg hatte sich Rumänien auf die Seite der Sieger gestellt und war mit riesigen Gebieten belohnt worden, in denen große jüdische Gemeinden lebten, insbesondere in Bessarabien, der Bukowina und Siebenbürgen. Den Juden in diesen Gebieten begegnete man mit noch mehr Misstrauen. Wirtschaftliche und soziale Spannungen verstärkten den religiösen und ethnischen Gegensatz. Rund die Hälfte der rumänischen Juden trieb Handel, und etwa 15 Prozent führten Industrie- und Handwerksbetriebe; sie dominierten das Bürgertum von Bukarest, und in Bessarabien und Moldau stellten sie 40 bis 50 Prozent der Stadtbewohner. Nur ein winziger Teil lebte auf dem Land. Obwohl die Mehrheit der Juden arm war, fiel den nichtjüdischen Rumänen vor allem das Übergewicht von Juden in den freien Berufen und im Geschäftsleben auf, insbesondere einige wenige märchenhaft reiche Familien, denen Finanz- oder Industrieunternehmen gehörten. Der Antisemitismus fand Eingang ins Geistesleben und verhalf niederen Ressentiments zu Anerkennung.[57]

In den 1920er Jahren hatten antisemitische Parteien die Verringerung des angeblichen jüdischen Einflusses und die Enteignung jüdischen Vermögens gefordert. Die National-Demokratische Partei unter Octavian Goga und Alexandru C. Cuza trat für die »Rumänisierung« der Wirtschaft ein und wollte den Einwohnern der Gebiete, die 1919 Rumänien zugeschlagen worden waren, die Staatsbürgerschaft aberkennen. Die 1927 gegründete faschistische Eiserne Garde, die in den Juden den Staatsfeind schlechthin sah, strebte ähnliche Ziele an, die nötigenfalls durch eine gewalttätige Revolution erreicht werden sollten. Mitte der 1930er Jahre führte die Regierung der rechtsradikalen Rumänischen Front eine Politik der »Proportionalität« ein, wonach die jüdische Beteiligung an der Wirtschaft auf ihren Anteil an der Bevölkerung begrenzt werden sollte. Eine Wahl Ende 1937 führte zur Bildung einer Minderheitsregierung unter Goga und Cuza, die lange genug im Amt blieb, um eine »Prüfung« der Staatsbürgerschaft in Gang zu setzen, durch die festgestellt werden sollte, ob Juden, die 1919 zu Rumänen geworden oder im alten Königreich (Regat) eingebürgert worden waren, die rechtliche Gleichstellung verdienten. Die Folge war, dass mehr als 70 000 Juden Bürgerrecht, Niederlassungsrecht und Arbeits- oder Gewerbeerlaubnis verloren. Andere Maßnahmen betrafen die »Rumänisierung« der Wirtschaft und die Säuberung des Kultursektors.[58]

Zu den ersten Opfern der antijüdischen Gesetze gehörte Emil Dorian. Der 1893 geborene Mediziner, der im Ersten Weltkrieg als Sanitätsoffizier gedient hatte, praktizierte als Arzt und betätigte sich nebenher als Schriftsteller und Übersetzer. Am 14. Januar 1938 notierte er in seinem Tagebuch knapp: »Ich bin aus dem staatlichen Gesundheitswesen entlassen worden, weil ich Jude bin.« Empört über die zaghafte Reaktion des Vorstands der jüdischen Gemeinde, gründete er eine Organisation zum Kampf gegen die Überprüfung der Staatsbürgerschaft.[59]

Die antijüdischen Maßnahmen in Rumänien wurzelten zwar in lokalen Traditionen und befriedigten lokale Bestrebungen, aber das Goga-Cuza-Regime nutzte sie auch, um das Land auf Linie mit dem nationalsozialistischen Deutschland zu bringen, obwohl es formal mit den westlichen Demokratien verbündet war.

Auf den ersten Blick sah es so aus, als hätte in Ungarn das geographische Heranrücken des Reichs die Einführung antijüdischer Maßnahmen verursacht. Aber auch hier waren lokale Umstände ausschlaggebend. In Ungarn lebten 1930 444 567 Juden, die fünf Prozent der Gesamtbevölkerung ausmachten. Sie waren ungefähr im Verhältnis zwei zu eins in eine moderne, »neologe« und eine orthodoxe Gemeinde gespalten. Die beiden Gemeinden waren deutlich voneinander geschieden, mit eigenen Wohlfahrtseinrichtungen und Vertretungen. Die orthodoxen Juden lebten sowohl in den Provinzen als auch in den dichtbesiedelten Innenstadtvierteln der Hauptstadt, wo sich in den letzten Jahrzehnten des 19. Jahrhunderts und bis zum Ersten Weltkrieg viele galizische Juden niedergelassen hatten. Zur Jahrhundertwende hatten Juden über zehn Prozent der Einwohner Budapests gestellt. Sie dominierten bestimmte Sektoren von Wirtschaft und Kultur. 55 Prozent der ungarischen Rechtsanwälte, 40 Prozent der Ärzte und 36 Prozent der Journalisten waren Juden. Rund 40 Prozent des Handels im Land befanden sich in den Händen jüdischer Kaufleute. Juden gehörten 70 Prozent der größten Industrieunternehmen. Andererseits war jeder zweite jüdische Budapester zu arm, um Steuern zu zahlen, und kleinstädtische orthodoxe Juden führten in der Regel ein recht bescheidenes Leben.[60]

Zwischen 1867, als sie die volle rechtliche Gleichstellung erlangten, und dem Untergang Österreich-Ungarns im Jahr 1918 spielten Juden eine führende Rolle bei der Entwicklung des Landes. Viele empfingen für ihre Leistungen öffentliche Ehrungen, doch der Erfolg gebar auch Missgunst. Antisemitische Agitatoren verbreiteten den Mythos vom jüdischen Reichtum und behaupteten, die Juden würden das Vorankommen der »wahren« Magyaren unterbinden; das Land wäre reich und glücklich, wenn man die Juden enteignen würde. Dies waren Stimmen vom Rand des politischen Spektrums, bis der wirtschaftliche Abschwung und die Niederlage im Ersten Weltkrieg sie ins Zentrum der Politik beförderten. 1918/19 fegte die Revolution die Doppelmonarchie hinweg, und für kurze Zeit wurde Ungarn zu einer Räterepublik. Der Führer des kommunistischen Regimes, Béla Kun, und einige andere Mitglieder der Führungsriege waren Juden. Obwohl sie für die ungarischen Juden nicht repräsentativ waren, hatte die von Moskau unterstützte Diktatur zur Folge, dass die Juden fortan mit dem Bolschewismus assoziiert wurden. Nach der Niederlage der kommunistischen Truppen im Krieg gegen Rumänien (um die durch den Vertrag von Trianon verlorenen ungarischen Gebiete) übernahmen konterrevolutionäre Kräfte unter Admiral Miklós Horthy die Macht und setzten einen »weißen Terror« in Gang, dem in Massakern und Pogromen Hunderte von Juden zum Opfer fielen.[61]

1920 wurde Horthy Reichsverweser und damit Staatsoberhaupt. Konservativ-nationalistische Parteien dominierten die politische Landschaft. Im ersten Jahr von Horthys Regentschaft beschloss die Regierung eine Quote für Juden an Hochschulen, die ihren Anteil an der Studentenschaft erheblich reduzierte. Rechte Agitatoren forderten extremere Restriktionen. Hauptziele der Partei der ungarischen nationalen Unabhängigkeit von Guyla Gömbös waren die Rückgewinnung der im Ersten Weltkrieg verlorenen Gebiete und die Zurückdrängung des angeblichen jüdischen Einflusses. Die von Ferenc Szálasi gegründete Partei der Pfeilkreuzler forderte einen völligen Ausschluss der Juden aus der Gesellschaft und die Umverteilung ihres vermeintlich märchenhaften Reichtums. Sogar seriöse Figuren wie Nationalbankpräsident Béla Imrédy erwogen staatliche Maßnahmen zur Verringerung der jüdischen Dominanz in Handel, Finanzwesen und Kultur.[62]

Im Februar 1938 gab Ministerpräsident Kálmán Darányi bekannt, dass seine Regierung eine »systematische, gesetzliche Lösung« von Ungarns »Judenproblem« anstrebe. Ein Gesetz, das eine Beschränkung des jüdischen Anteils in den freien Berufen und in der Wirtschaft auf 20 Prozent festlegte, wurde vom Unterhaus des Parlaments mit großer Mehrheit gebilligt. Imrédy, der inzwischen Darányi abgelöst hatte, brachte es durchs Oberhaus. Das »erste Judengesetz«, wie es bald genannt wurde, definierte Juden anhand einer Kombination von Religion und Abstammung. Bezeichnenderweise wurden Juden, die nach 1919, dem Jahr der Räterepublik, konvertiert waren, nicht als Christen anerkannt. Die jüdische Bevölkerung reagierte mit Lobbyarbeit, öffentlichen Appellen und Loyalitätsbekundungen. Zu diesem Zeitpunkt genoss sie die Unterstützung der bedrängten liberalen Kulturelite Ungarns. Doch ein von Künstlern und Intellektuellen wie den Komponisten Béla Bartók und Zoltán Kodály unterzeichneter öffentlicher Protest blieb wirkungslos. Schließlich fanden sich die ungarischen Juden mit dem Gesetz ab, denn zum einen war es weit weniger schlimm als die Behandlung, welche die Juden im benachbarten Österreich erlitten, und zum anderen war Imrédy in ihren Augen die einzige Barriere zwischen ihnen und den fanatischen Pfeilkreuzlern.[63]

Angesichts von Deutschlands Machtzuwachs erkannte die ungarische Führung, dass die 1918 verlorenen Gebiete nur durch ein Bündnis mit dem Dritten Reich zurückzugewinnen waren. Im November 1938 wurde ein zweites Judengesetz verkündet, welches signalisieren sollte, dass man sich in der Judenpolitik auf einem ähnlichen Kurs wie das NS-Regime befand. Das von Pál Teleki durchs Parlament gebrachte Gesetz – Imrédy war abgelöst worden, weil sich herausgestellt hatte, dass er teils jüdischer Herkunft war – fasste die Definition von Juden enger und nahm noch tiefere Einschnitte in ihre wirtschaftliche Lebensgrundlage vor. Juden, die jetzt in Rassenbegriffen definiert wurden, verloren alle politischen Rechte. Sie wurden aus dem Staatsdienst entfernt und durften weder journalistisch noch künstlerisch noch in diversen akademischen Berufen tätig sein. Gewerbeerlaubnisse, wie sie Geschäftsinhaber und Marktstandbesitzer benötigten, wurden aufgehoben, und die Zahl jüdischer Mitarbeiter in Privatunternehmen wurde begrenzt. Infolge des Gesetzes verloren schätzungsweise 70 000 Juden ihre Arbeitsstelle und 40 000 die Möglichkeit, als Händler ihren Lebensunterhalt zu verdienen. Insgesamt waren 200 000 Juden betroffen, von denen die meisten nun auf die Fürsorge der jüdischen Gemeinde angewiesen waren. Das zweite Judengesetz erschütterte die Lebensgrundlage der ungarischen Juden und ermunterte sie zugleich zur Auswanderung.[64]

Als nächstes Land führte Italien antijüdische Gesetze ein. Eine Volkszählung im August 1938 hatte ergeben, dass Italien 37 241 jüdische Staatsbürger hatte; hinzu kamen 9400 ausländische jüdische Einwohner, einschließlich deutscher Flüchtlinge. Obwohl seit der Antike Juden auf der italienischen Halbinsel lebten, hatten sie nie mehr als eine winzige Minderheit gebildet. Im Piemont und der Toskana waren sie seit der Mitte des 19. Jahrhunderts rechtlich gleichgestellt, und in den Jahrzehnten nach der Vereinigung Italiens hatten sie sich gut in den neuen Staat integriert und einen tiefen Patriotismus entwickelt, der sich unter anderem darin zeigte, dass viele von ihnen im Staatsapparat und in den Streitkräften dienten. In ihrer großen Mehrheit gutbürgerliche, wohlhabende Städter, hatten viele Juden den Faschismus von Anfang an unterstützt. 1938 gehörten 6900 Juden der Nationalen Faschistischen Partei an, annähernd 30 Prozent der jüdischen Männer über 21 Jahre.[65]

Dennoch gab es in der italienischen Gesellschaft und Kultur weiterhin antijüdische Strömungen. Die Hierarchie der katholischen Kirche nährte nicht nur eine traditionelle religiöse Abneigung gegen Juden, sondern warf sie auch mit den säkularen liberalen und linken Gegnern der Geistlichkeit in einen Topf. Veröffentlichungen des Vatikans waren mit Rassenbegriffen zur Absonderung der Juden und Anspielungen auf eine bösartige »jüdische Macht« gespickt. Der italienische Faschismus umfasste ein breites Meinungsspektrum, und der Faschistischen Partei gehörten auch Kräfte an, die Juden schon immer als Fremde, die zum Radikalismus neigten und nicht in eine christliche Gesellschaft passten, betrachtet hatten. Mussolini selbst war nicht klar einzuordnen. Am Anfang seiner politischen Karriere hatte er auf »die jüdischen Großbankiers von London und New York« geschimpft, »die durch die Rasse mit Juden in Moskau wie in Budapest verbunden sind, die es nach Rache an der arischen Rasse verlangt«. Aber die Faschistische Partei hatte unter seiner Führung nie offiziell eine antijüdische Haltung eingenommen, sondern ganz im Gegenteil Juden in höchste Parteiämter gewählt. Anfang der 1930er Jahre wies Mussolini den Rassenantisemitismus als »Unsinn« von sich, und als James McDonald im

Mai 1934 mit ihm zusammentraf, äußerte er sich voller Verachtung über Streichers *Stürmer*.[66]

Zwischen 1934 und 1937 wich die Ambivalenz der Feindseligkeit. Die herausragende Rolle, die italienische Juden in antifaschistischen Gruppen im In- und Ausland spielten, verärgerte Mussolini. Er entdeckte das »internationale Judentum« als die Kraft, die angeblich hinter den Sanktionen stand, die nach der Eroberung Äthiopiens in den Jahren 1935/36 gegen Italien verhängt wurden. Um der diplomatischen Isolation zu entkommen und ihr gemeinsames Interesse an der Stärkung von General Franco im Spanischen Bürgerkrieg zu untermauern, bildete er im November 1936 mit Hitler die Achse Rom–Berlin. In dieser Zeit begannen in der faschistischen Presse regelmäßig antijüdische Artikel zu erscheinen. Dies waren allerdings nicht die ersten Äußerungen rassistischen und antisemitischen Denkens von offizieller Seite. Rassismus und Rassengesetze hatten sich in den italienischen Kolonien in Nordafrika organisch herausgebildet und wurden nach der Proklamation des Italienischen Imperiums kodifiziert. 1937 wurden die Rassenkategorien nach Italien reimportiert und zu Leitprinzipien neuer Behörden für die demographische Erfassung der italienischen Bevölkerung erhoben.[67]

Die Tagebucheintragungen von Graf Galeazzo Ciano, dem italienischen Außenminister und Mussolinis Schwiegersohn, spiegeln dessen schwankende Haltung zu den Juden wider. Anfang September 1937 notierte er, Mussolini habe sich über Amerika ausgelassen: »Er nannte es ein Land von Negern und Juden, ein Element der kulturellen Zersetzung.« Abgesehen von den Italienern, Deutschen, Russen und Japanern, würden die Völker »durch die Säure der jüdischen Korruption zerfressen und zerstört«. Drei Monate später reagierte Ciano empört auf Vorwürfe, er habe Hitler versprochen, die Juden verfolgen zu lassen. Er glaube nicht, »dass es für uns richtig wäre, in Italien eine antisemitische Kampagne loszulassen. Das Problem existiert bei uns nicht.« Zynisch fügte er jedoch hinzu, es gebe »so viele andere Vorwände«, unter denen man die Juden bekämpfen könne.[68]

Im Februar 1938 begann sich der italienische Staat in eben diese Richtung zu bewegen, indem er zunächst ganz unverfänglich Informationen über die Zahl der in Ministerien und Universitäten beschäftigten Juden sammelte. Im April und Mai wurden im Ausland geborene Juden aus dem öffentlichen Dienst entlassen. Gleichzeitig wurde die antijüdische Propaganda hochgefahren. Im Juli schließlich beriet Mussolini mit Experten über eine Stellungnahme zur »Rassenfrage«. Laut Ciano, der freilich aufgrund der verherrlichenden Darstellung seines Schwiegervaters kein sehr zuverlässiger Zeuge ist, war der »Duce« dabei, »ein Gesetz zu studieren, durch das Heiraten von Italienern mit Leuten anderen Stammes, einschließlich des jüdischen, verboten werden« sollten.[69] Aus Mussolinis Sicht sollten drakonische antijüdische Maßnahmen die Italiener, insbesondere die Jugend, abhärten und die Entstehung eines neuen, faschistischen Menschen fördern. Zu Ciano sagte er, »man müsse unserem Volk ein höheres Rassenbewusstsein einschärfen, das auch für das Werk der Kolonisierung im Impero unerlässlich sei«. Die Italiener, glaubte er, müssten die »Rassenfrage« ernst nehmen und härter werden.[70]

Am 6. Oktober 1938 gab der Große Faschistische Rat eine Erklärung zur Rassenpolitik heraus, in der die Grundzüge der geplanten Gesetzgebung dargelegt wurden. Die in ihr enthaltene Definition des »Juden« war sogar noch strenger als die deutsche, da sie für »Halb-« und »Vierteljuden« weniger flexibel war. Die Gesetze, die Ende des Jahres beschlossen wurden, beschnitten die Bürgerrechte der Juden, schlossen sie aus weiten Bereichen des Wirtschaftslebens aus und verbannten sie aus dem Kultursektor. Ausländische Juden erhielten einige Monate Zeit, das Land zu verlassen, ehe man sie internieren würde. Mussolini schlug einiger Widerspruch entgegen, aber er war nicht in der Stimmung für Kompromisse. »Nunmehr ist der Antisemitismus dem Blut der Italiener eingeimpft«, sagte er zu seinem Schwiegersohn. »Er wird von allein kreisen und sich entwickeln.« Als König Vittorio Emanuele gegen die Verfolgung von Juden, die als Soldaten für Italien gekämpft hatten, Einspruch erhob, höhnte Mussolini, »in Italien gäbe es 20000 Personen mit schwachem Rückgrat«. Er bestand auf dem Ausschluss von Juden aus der Faschistischen Partei und erteilte dem Vatikan, der für Konvertiten eine Ausnahme gefordert hatte, eine Abfuhr. »Der Duce«, notierte Ciano in seinem Tagebuch, »hat diese Forderung zurückgewiesen, die das Rassengesetz in ein Konfessionsgesetz umwandeln würde.«[71]

Die Italiener verstanden die Botschaft. Beamte wandten die neuen Gesetze eifrig an, und Juden, die sie zu umgehen versuchten, mussten damit rechnen, denunziert zu werden. Es fehlte nicht an Käufern für jüdische Betriebe und Grundstücke. Wie im nationalsozialistischen

Deutschland liefen Juden Gefahr, zu staatenlosen Habenichtsen zu werden. Um dies zu verhindern überbrachte US-Botschafter William Phillips dem »Duce« Anfang 1939 einen Brief Roosevelts, in dem der amerikanische Präsident darum bat, Juden genügend Mittel zu belassen, um emigrieren und sich woanders niederlassen zu können. Phillips zweifelte nicht daran, dass Mussolini meinte, was er sagte. Der Botschafter war »beeindruckt von seiner offenbar echten Feindschaft gegenüber den Juden«. Laut Mussolini gab es »für die Juden keinen Platz in Europa, und letztlich, denkt er, würden sie alle gehen müssen«.[72]

Die Tschechoslowakei und die Sudetenkrise

William Shirer hatte seine Berichterstattung über die Konferenz von Évian zwischen zwei Reisen nach Prag gezwängt, von wo er über die durch Hitlers Pläne für die Tschechoslowakei ausgelöste internationale Krise berichtete. Die Besetzung Österreichs hatte die Tschechoslowakei, wie Hitler es in seiner Denkschrift über den Vierjahresplan gehofft hatte, in eine wenig beneidenswerte strategische Lage gebracht. Jetzt benutzte er die im Sudetenland lebenden »Volksdeutschen« wie zuvor die österreichischen Nationalsozialisten. Einige Jahre zuvor hatte die nationalsozialistisch orientierte Sudetendeutsche Partei unter Konrad Henlein die Vertretung der deutschsprachigen Minderheit monopolisiert. Henlein zog mit seiner Forderung nach einer Autonomie des Sudetenlandes den Zorn der Regierung in Prag auf sich, die mit Repressionen antwortete. Hitler, der die Leiden der Sudetendeutschen häufig erwähnte, trieb ihr Anliegen jetzt aggressiv voran. Ende März 1938 wies er Henlein an, Autonomie für die Region zu fordern. Wie nicht anders zu erwarten, provozierte er damit ein scharfes Vorgehen der tschechoslowakischen Behörden gegen die Sudetendeutschen, was Hitler wiederum einen Vorwand bot, mit einem Eingreifen zum Schutz seiner Landsleute jenseits der Grenze zu drohen. Am 20. Mai befahl er dem Oberkommando des Heeres (OKH), einen Plan für eine blitzartige Eroberung der Tschechoslowakei auszuarbeiten. Als sich das Gerücht verbreitete, die Armeen beider Länder würden mobilmachen, warnten Großbritannien und Frankreich öffentlich davor, dass sie im Fall von Feindseligkeiten nicht tatenlos zuschauen würden.

Dies hatte die gewünschte Wirkung, denn es veranlasste Göring und den Generalstabschef des Heeres Ludwig Beck, Hitlers Militanz zu zügeln. Doch Hitler ließ sich nicht abschrecken, und Beck trat im August zurück. Inzwischen hatten die Briten die Nerven verloren und in hektischen diplomatischen Aktivitäten zu verstehen gegeben, dass sie nicht in den Krieg ziehen würden, um eine Autonomie der Volksdeutschen in der Tschechoslowakei zu verhindern. Von ihren Verbündeten im Stich gelassen, war die tschechoslowakische Regierung gezwungen, Henleins Forderungen zu erfüllen. Dies genügte Hitler jedoch nicht mehr. Er wollte die Gunst der Stunde nutzen und die Tschechoslowakei erobern, bevor Großbritannien und Frankreich weit genug aufgerüstet hatten, um die deutsche Westgrenze ernsthaft bedrohen zu können. Er wies Henlein an, den Einsatz zu erhöhen und die Abtrennung von der Tschechoslowakei zu verlangen; er selbst hielt am 12. September in Nürnberg eine Rede, in der er mit Krieg drohte, sollte den Sudetendeutschen die Selbstbestimmung verwehrt werden.[73]

Begleitet waren die militärischen Vorbereitungen von einer massiven Propagandakampagne. Die Deutschen wurden geradezu überschwemmt mit Meldungen über an ihren Brüdern und Schwestern begangene Gräueltaten. Angeblich litten sie unter dem Joch halbwilder Slawen. Tatsächlich kam es zu einigen Zusammenstößen zwischen Sudetendeutschen und tschechoslowakischen Sicherheitskräften, und Angst und Unterdrückung veranlassten nicht wenige Volksdeutsche, über die Grenze nach Deutschland zu fliehen. Die Juden bekamen die zunehmende Kampfeslust und öffentliche Empörung zu spüren. Die Hitlerjungen, die Bella Fromm dabei beobachtete, wie sie ein Juweliergeschäft demolierten, schrien: »Zur Hölle mit dem Judenpack! Platz den Sudetendeutschen«. In Wien wurden am Abend von Jom Kippur Dutzende jüdische Familien von SA-Männern aus ihren Wohnungen geworfen, um für Volksdeutsche Platz zu schaffen. Ruth Maier hörte, wie sie von denselben Juden, die sie verdrängt hatten, Bettwäsche und Kleidung verlangten.[74]

Angesichts des drohenden Krieges wurden die deutschen Juden von Panik ergriffen. Am 23. Juli wurden Juden verpflichtet, sich Kennkarten ausstellen zu lassen, und als sie sie in Händen hielten, stellten sie fest, dass sie mit einem J gekennzeichnet waren. Damit sollte es ihnen erschwert werden, sich der Entdeckung im Inland zu entziehen, und den Grenzbehörden jener Länder, die Juden nur widerstrebend einreisen ließen, sollte die Arbeit erleichtert werden, falls Juden um Asyl ersuchen oder als illegale Einwanderer in den Untergrund gehen wollten. Als zusätzliche Demütigung mussten Juden laut Verordnung des Reichsinnenministeriums vom 17. August einen zusätzlichen »jüdischen« Vornamen annehmen – die Männer Israel und die Frauen Sara – und in alle amtlichen Dokumente eintragen lassen.[75] Danach gab sogar die tapfere Bella Fromm den Kampf auf und reihte sich in die Schlange vor dem amerikanischen Generalkonsulat ein.[76]

Wer nicht auswandern konnte oder wollte, lebte in ständiger Angst. Als Victor Klemperer von Freunden wochenlang nichts hörte, gestand er im Tagebuch: »… es ist eine beängstigende Stille um mich.« Friedrich Solmitz war derart erschüttert, dass er einen Brief an Innenminister Frick schrieb, um ihn um eine Ausnahme zu ersuchen. Seine Frau vertraute ihrem Tagebuch an: »Es ist nichts Furchtbareres, als heimatlos in der eigenen Heimat, rechtlos in einem Staatswesen zu sein … Es ist ein Krieg, in dem man wehrlos ist, ohne Waffen, ohne die geringste Möglichkeit der Verteidigung durch Rechtsmittel oder Einsprüche.«[77] François-Poncet berichtete dem französischen Außenministerium in einer seiner letzten Depeschen aus Berlin, der Antisemitismus habe nach dem Anschluss einen »neuen Schub« erhalten. In den letzten Tagen seiner Botschaftertätigkeit in Berlin bemerkte er bei Spaziergängen empört, dass in öffentlichen Grünanlagen Juden nur bestimmte, gekennzeichnete Bänke benutzen durften.[78]

Die trübe Stimmung im Spätsommer und Frühherbst 1938 war von zahllosen gewalttätigen Übergriffen gegen Juden geprägt. Laut Judenabteilung des SD hatte sich die »Stimmung der Bevölkerung gegen die Judenschaft … unter dem Eindruck der außenpolitischen Entwicklung verschärft«. Ein Beispiel dafür, was dies konkret bedeutete, war ein Vorfall in Rauenthal im Rheingau, wo zwei Juden, ein Mann und eine Frau, von »der Bevölkerung« nachts aus dem Haus gezerrt und »im Hemd mit der Peitsche durch die Straßen getrieben« wurden.[79]

Synagogen, schon immer das Ziel von gelegentlichem Vandalismus, waren jetzt ständig der Zerstörungswut der »Bevölkerung« ausgesetzt. In Hanau mauerten NS-Fanatiker die Eingänge der Synagoge zu, und als der Gemeindeälteste die Türen wieder öffnen lassen wollte, wurde er verhaftet. Zum Bedauern des SD endete das Schnellverfahren gegen ihn mit einem Freispruch, was jedoch nicht verhinderte, dass er »zum Schutze seiner eigenen Person in Schutzhaft genommen« wurde. In

Nürnberg gab Streicher in Gegenwart Tausender von Zuschauern das Zeichen zum Abbruch der Hauptsynagoge. In Kaiserslautern und Albersweiler »erwarben« die Stadtverwaltungen die Synagogen, um sie abzureißen. Ende September drang eine Menschenmenge in die Synagoge von Mellrichstadt in Mainfranken ein und zertrümmerte die Inneneinrichtung. Nach einer Welle ähnlicher Ereignisse erklärte der Regierungspräsident der Pfalz: »Die Bevölkerung will die Juden aus den Dörfern forthaben und rächt sich auf diese Art für das freche Auftreten der Juden während der Spannungszeit im September.«[80]

In jenem Monat erreichte die Sudetenkrise ihren Höhepunkt. Nach Hitlers Säbelrasseln in Nürnberg flog der britische Premierminister Neville Chamberlain zu Vieraugengesprächen mit Hitler nach Berchtesgaden. Er hoffte, Hitler bei einem privaten Treffen dazu bewegen zu können, seine Forderungen herunterzuschrauben. Doch Hitler spürte, dass Chamberlain unbedingt einen Krieg verhindern wollte, und steigerte seine Forderung hin zu einer Abtretung des Sudetenlandes an Deutschland. Sein Gefühl hatte ihn nicht getrogen. Anstatt Prag zur Seite zu stehen, überredeten Großbritannien und Frankreich ihren einstigen Schützling, den Deutschen zu geben, was sie wollten. Am 22. September reiste Chamberlain wieder nach Deutschland, um Hitler die tschechoslowakische Zustimmung zum Verzicht auf das Sudetenland zu überbringen. Hitler verlangte jedoch zu seiner Überraschung noch mehr: Auch die Ansprüche anderer Länder sollten berücksichtigt werden. Chamberlain flog nach London zurück und beriet sich mit seinem Kabinett. Diesmal hielt die britische Regierung Hitlers Drängen stand, und für einige Tage sah es so aus, als wäre ein Krieg unvermeidlich. Die britische Flotte lief aus, und die französische Armee machte mobil. In letzter Stunde antwortete Mussolini auf britische Fühler und bot seine Vermittlung an. Am 29. und 30. September trafen Hitler, Mussolini, Chamberlain und der französische Ministerpräsident Édouard Daladier in München zusammen. Die beiden demokratischen Mächte unterzeichneten über den Kopf der Prager Regierung hinweg einen Vertrag, der Deutschland das Sudetenland und ihnen Hitlers Versprechen einbrachte, keine weiteren territorialen Forderungen zu erheben. Zum Schluss erhielt Chamberlain noch Hitlers Unterschrift unter ein gegenseitiges Friedensgelöbnis.[81]

Europa seufzte erleichtert auf. Doch Leopold Schwarzschild ließ sich nicht täuschen und brandmarkte das Verhandlungsergebnis als furchtbare Niederlage der Demokratien. Das Machtgleichgewicht habe sich zugunsten Deutschlands verschoben. Schwarzschild sparte nicht mit Kritik an Chamberlain, dem er ein »vollendetes Unverständnis für das Wesen und die Rolle seines Gegenübers« attestierte.[82] Hitler hatte bisher noch jedes Versprechen gebrochen. Tatsächlich war er mit dem Ergebnis von München alles andere als zufrieden. Zwar hatte er das Sudetenland bekommen, ohne einen Schuss abgefeuert zu haben, aber ihm war auch die Gelegenheit genommen worden, die Tschechoslowakei zu erobern und zu einem Zeitpunkt gegen Großbritannien und Frankreich zu kämpfen, den er für vorteilhaft hielt. Für die Juden in Deutschland und Österreich sollte sein Unmut bald katastrophale Folgen haben.[83]

Juden wie Victor Klemperer hatten ihre Hoffnungen an einen Putsch der Militärführung zur Verhinderung eines Krieges oder an einen britisch-französischen Sieg geknüpft. Es erschien unvorstellbar, dass Hitler Erfolg haben könnte, und als er ihn doch hatte, stürzten sie in Verzweiflung. »Und wirklich ist es ja auch ein unausdenkbar ungeheurer Erfolg«, konstatierte Klemperer. »Hitler wird noch übermäßiger gefeiert als in der Österreichsache … Und es ist auch wirklich ein Ungeheures erreicht. Aber *wir* sind nun zu Negersklaven, zum buchstäblichen Pariatum verurteilt bis an unser Ende.« Zum ersten Mal dachte er an Selbstmord.[84]

Raymond Geist übermittelte George Messersmith, der jetzt im Außenministerium in Washington arbeitete, eine lebendige Schilderung der Auswanderungspsychose, welche die deutschen Juden erfasst hatte: »Im September mussten wir mit Tausenden von verzweifelten Menschen fertig werden, die Tag für Tag das Generalkonsulat stürmten. Manchmal sah es danach aus, als könnten wir die Situation nicht mehr unter Kontrolle halten; aber wir haben die Fassung bewahrt und die Antragsteller schließlich unter Kontrolle bekommen, und jetzt läuft alles wieder glatt.« Es lagen 125 000 Anträge für 27 300 Quotenplätze vor; neue Antragsteller würden also drei bis vier Jahre warten müssen, bis sie an der Reihe waren. »Dies ist für viele, die sicher sind, nicht überleben zu können, wenn ihnen die Auswanderung in die USA nicht gelingt, eine verzweifelte Situation«, räumte Geist ein. »Wir können nur mitfühlend und freundlich sein; in den meisten Fällen ist nur wenig praktische Hilfe möglich.«[85]

Klemperer bedauerte, sich nicht früher um die Auswanderung bemüht zu haben. Er dachte an Freunde, die jetzt in Sicherheit waren. »All diese Leute«, schrieb er im Tagebuch, »haben sich ein neues Leben gezimmert – und mir ist es nicht geglückt, wir sind in Schmach und Enge sitzengeblieben, einigermaßen begraben bei lebendigem Leibe …«[86] Ruth Maier in Wien hielt all die Demütigungen fest, die Juden jetzt von jedem, der das Glück hatte, »Arier« zu sein, erdulden mussten. Anfang Oktober stand sie in einer Schlange vor dem Finanzamt in der Porzellangasse, als Folgendes geschah: »Es hatte geregnet. Wir Juden standen durchnässt und fröstelnd seit sieben Uhr früh im Regen. Ein Straßenkehrer kam mit dem Besenstiel und brüllte mit uns, fuchtelte mit den Händen in der Luft herum, fuhr uns an. Schaum stand ihm vor dem Mund: ›Werd's es net weggehen, es Bankerter. I lass euch abführen!‹ Wie froh er war, der Straßenkehrer, dass er an uns, an der minderwertigen Rasse, seine Wut auslassen konnte.«[87]

Die Wiener Nationalsozialisten hatten einen Anstoß wie die damals dort gezeigte antisemitische Ausstellung »Der ewige Jude« kaum nötig. Im Oktober wurden jüdische Wohnviertel wiederholt von NS-Fanatikern heimgesucht, die Juden aus ihren Wohnungen vertrieben. Am Sonntag, dem 16. Oktober 1938, begann Ruth Maier ihren Tagebucheintrag mit dem Ausruf »Es sind Pogrome!!« und fuhr fort: »Sie zerstören die Tempel [Synagogen]. Sie reißen den alten Juden an den Bärten, sie hauen die Frauen. Sie schlagen Fenster ein.« Am Abend begann es in den engen Gassen des Judenviertels von neuem: »Es ist gräulich … Mittelalter … Weil ich Jüdin bin, wollen sie mich morden.«[88]

Solche aufgepeitschte, fanatische Gewalt war genau das, was Hitler wollte. Die mangelnde Kriegsbegeisterung während der Sudetenkrise hatte ihn enttäuscht. Am 10. November lobte er 400 in München versammelte deutsche Journalisten für ihren Anteil an der psychologischen Kriegführung gegen die Tschechoslowakei, beklagte aber den fehlenden Kampfeswillen der Deutschen. Er befürchtete, die Kette unblutiger Siege könnte sie in eine selbstzufriedene, defätistische Stimmung versetzen. »Der Zwang«, erklärte er den Spitzen der deutschen Presse, »war die Ursache, warum ich jahrelang nur vom Frieden redete. Es war nunmehr notwendig, das deutsche Volk psychologisch allmählich umzustellen und ihm langsam klarzumachen, dass es Dinge gibt, die, wenn sie nicht mit friedlichen Mitteln durchgesetzt werden können, mit Mitteln der Gewalt durchgesetzt werden müssen.« Die Menschen müssten blind daran glauben, dass sie aus jedem Konflikt siegreich hervorgehen würden und dass die Führung, ungeachtet aller Rückschläge und Fehler, richtig handle.[89]

Implizit bezog sich Hitler damit auf die Ursachen des deutschen Zusammenbruchs von 1918 und signalisierte seine Entschlossenheit, dafür zu sorgen, dass im kommenden Krieg das Volk seiner Führung bedingungslos folgen würde, ob nun zum Sieg oder in die Vernichtung. In seiner Vision war kein Platz für Zimperlichkeit und humanitäre Bedenken. Und was war besser geeignet, die Bevölkerung daran zu gewöhnen, als sie in ihrer unmittelbaren Umgebung mit Gewalt und Zerstörung zu konfrontieren? Wiederholte Angriffe auf die Juden stärkten ihr Gefühl, überlegen und unverwundbar zu sein, und lehrten sie, jedes Mitgefühl für zu rassischen Außenseitern oder zu Feinden Erklärte zu unterdrücken. Ebenso wichtig war die Botschaft, dass sie auf der richtigen Seite der Scheidewand stand.[90]

In den nächsten Wochen löste das Regime eine Welle von Verhaftungen, Internierungen, Deportationen und Vertreibungen aus. Dies war freilich nichts Neues. Seit dem Anschluss Österreichs waren 3870 Juden aus dem Burgenland nach Ungarn und in die Slowakei abgeschoben worden, und aus dem Altreich waren rund 5000 Juden mit ausländischer Nationalität aus dem Land geschafft worden, um, wie es hieß, »die Bildung eines deutsch-feindlichen Nachrichtendienstes zu verhindern«. Doch das NS-Regime stand vor einem Quantensprung, denn jetzt wollte es gegen 70 000 im Reich lebende Juden polnischer Staatsangehörigkeit vorgehen. Auslöser war ein vom polnischen Parlament beschlossenes Gesetz, das es erlaubte, ausgewanderten Polen die Staatsbürgerschaft zu entziehen, was sie zu Staatenlosen machen würde, und als solche wäre eine Auswanderung für sie noch schwieriger als ohnehin schon. Um sich nicht mit Zehntausenden der verachteten Ostjuden zu belasten, begann die Gestapo, möglicherweise ermuntert durch das Außenministerium, am 27. Oktober 1938, fast 18 000 polnische Juden zu verhaften und abzuschieben.[91]

Bei Josef Broniatowski, einem in Plauen lebenden polnischen Juden, klingelte es am 28. Oktober um ein Uhr nachts an der Wohnungstür, und ein Polizist händigte ihm ein Schreiben aus, das ihn über seine Deportation aus Deutschland informierte. Er wurde zum örtlichen Polizeirevier gebracht, wo er 75 weitere polnische Juden vorfand, vom Kleinkind bis zum Greis. Später am Tag wurden sie per Bus nach Chemnitz gebracht, von wo es mit einem Zug weiter nach

Dresden ging. Dort stießen sie auf rund 8000 weitere Juden, mit denen zusammen sie per Bahn nach Beuthen gebracht wurden. Die ganze Zeit über bekam Broniatowski weder etwas zu essen noch zu trinken und befand sich ständig unter SS- und Polizeibewachung. Um 23 Uhr hielt der Zug auf freiem Feld, und die Deportierten mussten drei Kilometer zu Fuß gehen, bis sie einen Wassergraben erreichten, der die deutsch-polnische Grenze markierte. Während des Marschs waren mehrere Juden zusammengebrochen, und es hatte Tote gegeben. Die SS-Wachen stahlen alles, was die Deportierten in der Eile gepackt und mitgenommen hatten. Dann wurden sie unter lautem Geschrei der Wachen gezwungen, durch den Graben zu waten. Kaum hatten sie polnischen Boden betreten, wurden sie jedoch von Grenzposten zurückgejagt. Schüsse fielen. Um acht Uhr befanden sich die durchnässten Vertriebenen wieder auf der deutschen Seite des Grabens. Die SS-Männer trieben sie zu einem regulären Grenzübergang, wo polnische Beamte sie widerstrebend passieren ließen. Schließlich wurden sie nach Kattowitz gebracht, wo die örtliche jüdische Gemeinde sie mit Essen und medizinischer Hilfe empfing. Broniatowski erinnerte sich, dass polnische Bergarbeiter beim Anblick des traurigen Zuges der vertriebenen Juden in Tränen ausgebrochen waren.[92]

Mally Dienemann telephonierte nach der Vertreibungsaktion mit den ostjüdischen Familien, die sie in Offenbach kannte, und stellte fest, dass fast alle Männer fort waren. Sie begann umgehend, den zurückgelassenen Frauen und Kindern zu helfen; in Leipzig und Dresden taten örtliche Netzwerke polnischer Juden, was sie konnten, um das Leid der Deportierten wie der Zurückgebliebenen zu lindern. Die wenigen polnisch-jüdischen Männer, die nicht aufgegriffen worden waren, baten den polnischen Konsul um Hilfe – vergeblich. Kurz darauf wurden zwischen fünfzig und sechzig Familien, überwiegend Frauen, Kinder und Alte, nach Beuthen und an die Grenze verschleppt, nachdem man ihnen ganze 15 Minuten Zeit zum Packen gegeben hatte.[93]

Von den etwa 16 000 bis 17 000 abgeschobenen polnischen Juden fanden sich einige auf deutschem Boden wieder, andere konnten nach Polen einreisen, und wieder andere saßen tagelang im Niemandsland in der Falle und warteten bei furchtbarem Wetter auf das Ergebnis von deutsch-polnischen Verhandlungen. Nachdem die polnischen Behörden die Deportierten anfangs abgewiesen hatten, gaben sie schließlich nach und gestatteten den meisten von ihnen den Grenzübertritt. In

Polen wurden sie in improvisierten Lagern untergebracht. Das größte befand sich in Zbąszyń, westlich von Posen, wo 6000 bis 7000 nasse, frierende und hungrige Juden unterkamen, mehr als der Ort Einwohner hatte. Hunderte saßen oder schliefen auf dem feuchten Boden von Ställen und Kasernen, welche die Behörden ihnen zur Verfügung gestellt hatten. Zwischen 2000 und 2500 wurden von hilfsbereiten Polen aufgenommen. Der Joint richtete einen Kindergarten für 300 bis 500 Kinder ein. Nach einigen Tagen begannen auch Hilfsgüter und Gelder der jüdischen Gemeinden von Lodz und Krakau einzutreffen.[94]

Der Novemberpogrom

Die Massenvertreibung polnischer Juden aus Deutschland stellte eine dramatische Eskalation antijüdischer Maßnahmen dar. Doch im Ausland blieb den Regierungen und der Öffentlichkeit kaum Zeit, die Schockwellen wahrzunehmen. Am 7. November betrat der illegale jüdische Emigrant Herschel Grynszpan die deutsche Botschaft in Paris und schoss auf einen jungen Diplomaten namens Ernst vom Rath. Grynszpan war 1921 in Deutschland geboren, besaß aber wie die meisten polnisch-jüdischen Einwanderer und ihre Nachkommen die polnische Staatsbürgerschaft. Mit 15 Jahren war er auf der Suche nach Bildung und Arbeit illegal nach Frankreich gegangen, aber ohne die nötigen Papiere war er der Gnade der Behörden ausgeliefert. Als die französische Flüchtlingspolitik sich verhärtete, wurde seine Situation immer prekärer. Am 3. November erfuhr er, dass seine Eltern zusammen mit zwei jüngeren Geschwistern zu den aus dem Reich abgeschobenen polnischen Juden gehörten. Seine Schwester schrieb ihm, dass sie, obdachlos und in elendem Zustand, wie Tausende andere in Zbąszyń gestrandet seien. Er beschaffte sich eine Pistole und machte sich auf den Weg zur deutschen Botschaft, angeblich mit der Absicht, den Botschafter zu ermorden. Stattdessen feuerte er auf den ersten Deutschen, dem er in der Botschaft begegnete, der lediglich den Rang eines Legationssekretärs bekleidete. Grynszpan wurde von der französischen Polizei rasch entwaffnet und festgenommen, während der verwundete Diplomat ins Krankenhaus gefahren wurde.[95]

Goebbels blies den Vorfall ähnlich wie den Reichstagsbrand propagandistisch über die Maßen auf. Aus der Tat eines Einzelnen wurde die

Machenschaft einer weltweiten jüdischen Verschwörung mit dem Ziel, einen Krieg zwischen Deutschland und Frankreich anzuzetteln. Laut Goebbels war das Ziel der Juden die »Vernichtung« des Nationalsozialismus; doch stattdessen würden sie »zur Verantwortung gezogen« werden. Für Goebbels war das Attentat ein persönlicher Glücksfall. Hitler war wegen seiner Affäre mit der tschechischen Schauspielerin Lída Baarová verärgert. Für gewöhnlich kümmerte sich Hitler wenig um die Seitensprünge seiner Handlanger, aber er mochte Goebbels' Frau und hatte für Tschechen generell nichts übrig. Goebbels betrachtete die Schüsse von Paris nun als Gelegenheit, seine Treue zum »Führer« zu beweisen und ihm seinen Wert zu demonstrieren, indem er die Juden ins Elend stürzte, was Hitler stets erfreute. Am nächsten Tag setzte er die Kampagne in Gang. Die deutschen Zeitungen schleuderten Verwünschungen gegen die angeblich kriegslüsternen Juden, während Rath zum makellosen Märtyrer verklärt wurde. Hitler leistete seinen Beitrag, indem er, um Grynszpans Verbrechen mehr Gewicht zu verleihen, Rath beförderte und seinen Leibarzt an dessen Krankenbett schickte. Der Berliner Polizeipräsident Helldorff wies die Juden an, sämtliche Waffen abzugeben, und die Gestapo schloss als Strafmaßnahme die jüdischen Zeitungen, die noch in Berlin erschienen. Am Abend kam es sporadisch zu antijüdischen Ausschreitungen, am heftigsten in Hessen.[96]

Am 8. November, während Rath mit dem Tod rang, versammelte sich die NS-Führung in München, um wie jedes Jahr der beim gescheiterten Putsch von 1923 gefallenen Helden der Bewegung zu gedenken. Es war eine so nicht vorgesehene explosive Konstellation. Am Abend hielt Hitler im Bürgerbräukeller seine traditionelle Rede. Er ließ den neuen Märtyrer der NSDAP unerwähnt und konzentrierte sich stattdessen auf die internationale Lage, wobei er andeutete, dass ein Krieg gegen Frankreich und Großbritannien unvermeidbar sei. Diese akute Kriegserwartung ist zu berücksichtigen, wenn man Hitlers Handeln in den nächsten Stunden verstehen will. Im Gegensatz zur Situation nach der Ermordung Wilhelm Gustloffs, als er sich zur Zurückhaltung genötigt sah, fühlte er sich jetzt nicht mehr durch diplomatische oder handelspolitische Rücksichten gehemmt. Es würde bald keinen Handel mehr geben, und was andere Länder von Deutschland hielten, würde keine Rolle spielen. Diesmal konnte er seiner Rachsucht gegen die Juden freien Lauf lassen.[97]

Der nächste Tag war den Gedenkfeiern gewidmet. Dennoch fand Hitler Zeit für mehrere Unterredungen mit Göring und Goebbels. Am Nachmittag erhielten sie die Nachricht, dass Rath gestorben war. Außerdem erfuhren sie, dass die Neuigkeit in Dessau Unruhen ausgelöst hatte; jüdische Geschäfte waren geplündert und die Synagoge in Brand gesteckt worden. Am Abend fand wie üblich ein Abendessen der Parteielite im Alten Rathaus statt. Hitler hielt wie üblich eine Rede, verließ das Zusammensein aber ungewöhnlich früh, nachdem er flüsternd mit Goebbels gesprochen hatte. Um 21.30 Uhr, als Hitler wieder in seiner Wohnung war, ergriff Goebbels das Wort. Zu diesem Zeitpunkt hatten die Hunderte von Gauleitern, Parteifunktionären, SA-Offizieren und einfachen Parteimitgliedern, die in der Halle versammelt waren, bereits gut gegessen und einiges getrunken. Alle wussten von Raths Ableben, und die Atmosphäre war von Alkoholdunst, Zigarettenqualm und Rachsucht geschwängert. In seinem Tagebuch beschrieb Goebbels seine Rolle: »Ich gehe zum Parteiempfang im alten Rathaus. Riesenbetrieb. Ich trage dem Führer die Angelegenheit vor. Er bestimmt: Demonstrationen weiterlaufen lassen. Polizei zurückziehen. Die Juden sollen einmal den Volkszorn zu verspüren bekommen. Das ist richtig. Ich gebe gleich entsprechende Anweisungen an Polizei und Partei. Dann rede ich kurz dementsprechend vor der Parteiführerschaft. Stürmischer Beifall … Nun wird das Volk handeln.«[98]

Die angetrunkenen, wutentbrannten Parteigenossen drängten sich um die öffentlichen Telephone oder eilten in ihre Hotelzimmer, um die örtlichen Parteiorganisationen und SA-Einheiten zu instruieren. Was folgte, war kein Ausbruch spontanen Volkszorns, aber auch keine sorgfältig geplante, zentral gesteuerte Aktion. Hitler und Goebbels entfachten einen landesweiten Pogrom ohne klare Ziele oder Vorgaben zu den anzuwendenden Mitteln. Laut der fundierten Analyse von Alan Steinweis war der Pogrom durch eine »übereilte und improvisierte Organisation« gekennzeichnet, die zu »Chaos und Missverständnissen« führte. In der Praxis bedeutete dies Mord, Vergewaltigung, Plünderung, Zerstörung und Terror von beispiellosem Umfang. Das Ausmaß der Ausschreitungen erschreckte die Bevölkerung und erschütterte das Regime. Binnen weniger Tage reagierte die NS-Führung mit weitreichenden Beschlüssen zur Judenpolitik auf den Pogrom, die allerdings nicht dieselben Wurzeln wie dieser hatten. Der

Angriff auf die Juden vom 9. und 10. November 1938 war eine exponentiell verstärkte Fortsetzung der Gewalt, die seit Jahresanfang sporadisch ausgebrochen war, führte aber zu einem grundsätzlichen Bruch im Denken des NS-Regimes. Nach dem Pogrom begann es bei der Lösung der »Judenfrage« neue Wege zu gehen, und es sollte nie wieder antijüdische Gewalt auf deutschen Straßen entfachen. Stattdessen wurde sie exportiert oder verschleiert.[99]

Anders als Goebbels in seinem Tagebucheintrag behauptete, gab er der Polizei keinerlei Anweisungen. Obwohl Himmler und Heydrich in München waren, scheint Hitler ihnen seine Absichten erst bei einem Treffen vor einer mitternächtlichen Kranzniederlegung eröffnet zu haben. Gestapochef Müller übermittelte seiner Organisation fünf Minuten nach Mitternacht die ersten Befehle. Zur Erläuterung teilte er ihr mit, dass die Partei eine Aktion gegen Synagogen vorhabe. Aufgabe der Gestapo sei es, die in diesen Gebäuden lagernden Gemeindearchive zu beschlagnahmen – wahrscheinlich, damit sie nicht verbrannten – und die »Festnahme von etwa 20–30 000 Juden im Reich«, vor allem wohlhabender, vorzubereiten. Heydrich ergänzte in einem um 1.20 Uhr abgeschickten Fernschreiben an Sipo und SD einige Einzelheiten: Die Sipo solle Plünderungen verhindern und »arisches« Eigentum schützen. Alte oder gebrechliche Juden seien von den durch Müller angeordneten Razzien auszunehmen, und die in Schutzhaft genommenen Juden sollten nicht misshandelt werden. Ebenfalls noch in der Nacht wies Himmler die in München versammelten SS-Führer an, ihre Männer von einer Beteiligung an den Ausschreitungen abzuhalten. Die mangelnde Koordination hatte jedoch zur Folge, dass viele SS-Männer sich trotzdem beteiligten und einige auch Diebstähle und Morde begingen. Noch bevor er vom ganzen Ausmaß der Zerstörungen und der Gesetzlosigkeit erfuhr, war Himmler außer sich. Es war eine Wiederholung der Ereignisse in Wien. Um drei Uhr nachts hielt Himmler in einer Aktennotiz seinen Verdacht fest, dass Goebbels in seinem ihm »schon lange aufgefallenen Machtstreben und in seiner Hohlköpfigkeit gerade jetzt in der außenpolitisch schweren Zeit diese Aktion gestartet« habe. Daluieges Orpo wartete bis zum Morgengrauen auf Instruktionen, ehe sie schließlich angewiesen wurde, Brandstiftungen zu verhindern.[100]

Zu diesem Zeitpunkt waren bereits über tausend Synagogen und Gebetsräume ausgebrannt oder zertrümmert, mancherorts mit Hilfe von

Sprengstoff. Ungefähr 7500 der in jüdischem Besitz verbliebenen 9000 Geschäfte waren demoliert worden. Schaufenster waren eingeschlagen, Ladeneinrichtungen herausgerissen und Lager geplündert oder die Waren auf die Straße geworfen worden. Die Behörden schätzten, dass Vermögenswerte in Höhe von 39 Millionen Reichsmark zerstört worden waren. Mehr als Dutzende Juden waren getötet und Hunderte Frauen vergewaltigt worden. Trotz des Anscheins einer koordinierten Aktion – als die sie von Juden und Beobachtern wahrgenommen und in zeitgenössischen Berichten dargestellt wurde – war es in Wirklichkeit ein ungeordnetes, improvisiertes, chaotisches Ereignis, das für die Opfer und auch für viele Deutsche gerade deshalb so furchterregend war, weil jegliche Steuerung fehlte. Parteigliederungen, SA, SS, Sipo und Orpo erhielten zu verschiedenen Zeitpunkten Anweisungen, die sich oftmals widersprachen. Als diese spätnachts übermittelt wurden, waren die Adressaten entweder betrunken, halb im Schlaf oder beides. Die örtlichen Parteiorganisationen sowie SA- und SS-Einheiten waren leicht zu mobilisieren, da auch sie sich zu Gedenkfeiern anlässlich des Jahrestages des Putschs von 1923 zusammengefunden hatten, aber wie in München gehörten ein herzhaftes Essen und viel Bier zu diesen Feiern. Ganze SS-Einheiten beteiligten sich, zumeist in Zivil oder mit einem Mantel über der Uniform, trotz Himmlers Verbot an den Ausschreitungen. Schließlich wurde der SD aus dem Schlaf gerissen, um Dokumente aus Gebäuden zu retten, die oftmals schon lichterloh brannten. Wenn die Sipo Juden in ihren Wohnungen verhaften wollte, stellte sie häufig fest, dass sie vom Mob verjagt worden oder untergetaucht waren, um dem Schrecken zu entkommen. In dieser Hinsicht war es eine typische Naziaktion, die erst im Rückblick kohärent und zielgerichtet wirkt.[101]

Vielerorts nahmen die Übergriffe die Form von »Erniedrigungsritualen« an, die sich ebenso gegen die jüdische Religion wie gegen die Juden richteten. Obwohl die Propaganda jahrelang einen Rassenantisemitismus im Gegensatz zum christlichen Judenhass gepredigt hatte, wären die von den Menschenmengen aufgeführten Szenen einem Besucher aus dem Mittelalter nur allzu bekannt gewesen. In Bensheim mussten die zusammengetriebenen Juden um die brennende Synagoge herumtanzen, und in Laupheim mussten sie vor dem in Brand gesteckten Gebäude niederknien. Auch in Gailingen und Beuthen wurden Juden gezwungen zuzuschauen, wie ihre Synagoge den Flammen zum Opfer fiel. Thorarollen und Gebetsbücher wurden, häufig von Jugendlichen, entweiht, zerrissen und mit Füßen getreten. In vielen Städten wurden Rabbiner aus ihren Wohnungen gezerrt und zu ihren Synagogen gebracht, um mitanzusehen, wie die Brandstifter sie anzündeten. In Wien wurde zahlreichen Rabbinern der Bart abgeschnitten.[102]

Juden wurden systematisch gedemütigt. In Gütersloh wurden sie in Nachthemden durch die Straßen getrieben. In Neustadt an der Weinstraße und Emden mussten die Insassen von jüdischen Altersheimen im Pyjama durch den Ort marschieren. In Düsseldorf wurden jüdische Männer und Frauen gezwungen, im Nachthemd barfuß über Scherben zu gehen. Alter und Gebrechlichkeit boten keinen Schutz. Ebenso wie jüdische Altersheime wurden auch jüdische Waisenhäuser demoliert, etwa in Dinslaken und Königsberg. In Nürnberg zwangen SA-Männer die Patienten des jüdischen Krankenhauses strammzustehen, woraufhin mehrere von ihnen an Embolien und Blutungen starben. In Regensburg mussten über 200 verhaftete Juden zum Abtransport ins Konzentrationslager Dachau durch die Straßen marschieren, wobei einer von ihnen ein Plakat mit der Aufschrift »Auszug der Juden« tragen musste.[103]

Der Pogrom hatte auch einen ausgeprägten ökonomischen Aspekt. Plünderungen waren weit verbreitet, insbesondere bevor Heydrich die Sipo anwies, sie zu verhindern. Aus Bielefeld meldete der SD 21 Diebstähle. In Wölfersheim und anderen Orten nutzten die Randalierer die Gelegenheit, um Belege über Schulden bei Juden zu vernichten. Unter dem Deckmantel der »Arisierung« und der Absicht, Ortschaften »judenrein« zu machen, grassierte Erpressung. In München wurde der Kunsthändler Paul Bernheimer von SA-Männern so lange bedroht, bis er einen Scheck mit einer Spende für die Hitlerjugend ausstellte. Das Bezirksamt von Garmisch-Partenkirchen berichtete, dass die noch dort lebenden Juden die Erklärung abgegeben hätten, »sofort das Kreisgebiet zu verlassen, nie mehr in dieses zurückzukehren und ihren hiesigen Grund- und Hausbesitz durch Verkauf aufzugeben«. Im Lauf des Nachmittags seien »sämtliche Juden aus dem Kreisgebiet abgereist«.[104]

Ebenso wenig bot das Geschlecht Schutz. Der Bielefelder SD berichtete vom Tod einer 82-jährigen Frau; sie sei »die Treppe heruntergefallen«. Die Frau des Rabbiners von Mosbach wurde zu vier Wochen Gefängnis verurteilt, weil sie sich schützend vor ihren Ehemann und ihren 86-jährigen Vater gestellt hatte, als Gendarmen sie verhaften wollten. Viele Frauen, die später eine Aussage machten oder Erinnerungen niederschrieben, erzählten von der Verletzung der Privatsphäre durch betrunkene Schläger. Die Eindringlinge zertrümmerten Möbel, zerbrachen Zierrat, zerschlugen Geschirr und schlitzten Polster, Kissen und Matratzen auf. Für diese Frauen war der Pogrom weniger durch zerbrochenes Glas als vielmehr durch herumfliegende Daunen gekennzeichnet. Ihre Erfahrungen lenken den Blick von öffentlichen Gebäuden und Orten wie Synagogen und Einkaufsstraßen, die unbelebt und unpersönlich sind, hin auf den privaten Raum, wo die Opfer am verletzlichsten waren und gezwungen wurden, im Nachthemd oder Schlafanzug mitanzusehen, wie alles, was Sicherheit und Vertrautheit bedeutet hatte, zerstört und besudelt wurde.[105]

In nicht wenigen Fällen (das wahre Ausmaß wird nie ans Licht kommen) übten die Randalierer auch sexuelle Gewalt aus. Vier SA-Männer wurden wegen Vergewaltigung und sexueller Nötigung vor Gericht gestellt und aus der NSDAP ausgeschlossen. Einer von ihnen hatte in Duisburg ein 13-jähriges jüdisches Mädchen missbraucht. In Lichtenfels wurde außerhalb der Stadt eine Jüdin tot aufgefunden; wahrscheinlich war ihre Leiche dort abgelegt worden, nachdem sie vergewaltigt und ermordet worden war. In Linz zwangen zwei österreichische Braunhemden eine Jüdin in ihrer eigenen Wohnung, sich auszuziehen und ihnen zu Willen zu sein. In Brigittenau, einem Wiener Innenstadtbezirk mit vielen armen jüdischen Einwohnern aus Galizien, mussten 200 Frauen in einem Keller zum Vergnügen einer Nazibande nackt tanzen. Eine Frau, die sich weigerte, sich den Blicken der Zuschauer darzubieten, wurde an einen Tisch gefesselt, und die anderen Frauen wurden gezwungen, sie anzuspucken.[106]

Mindestens 91 Juden kamen zu Tode. Dahinter steckte keine allgemeine Mordabsicht. Wäre dies der Fall gewesen, wäre die Opferzahl wesentlich höher gewesen. Vielmehr waren die Todesfälle ein Symptom für die chaotische Auslösung des Pogroms, die unklare Befehlslage und die Disziplinlosigkeit der Beteiligten. Tatsächlich wissen wir heute so viel über den Novemberpogrom, weil er zum Gegenstand von Parteigerichtsverfahren wurde. Obwohl Juden als Freiwild betrachtet wurden und die Atmosphäre eindeutig permissiv war, hatte es keinen Mordbefehl gegeben. Auch zur Zerstörung jüdischer Geschäftsräume hatte niemand aufgerufen. Seit den Plünderungen in Wien und seit man mit Blick auf die Kriegsvorbereitungen mit Ressourcen haushielt, achtete das NS-Regime sorgfältig darauf, dass in jüdischem Besitz befindliche Vermögenswerte, auf die es ein Auge geworfen hatte, geschützt wurden. Heydrich hatte die Sipo explizit angewiesen, Plünderungen zu verhindern.

Stattdessen war das Gesetz so umfassend und offen gebrochen worden, dass die Autorität des Staates auf dem Spiel stand, wenn man nicht wenigstens gegen einige der Missetäter vorging. Um die Idee vom deutschen Rechtsstaat zu bewahren, forderten konservative Amtsträger wie der preußische Finanzminister Johannes Popitz von Göring, die Verantwortlichen zu bestrafen. Göring wies ihn mit der sarkastischen Frage ab: »Mein lieber Popitz, wollen Sie den Führer bestrafen?« Das Unbehagen der Bevölkerung war weniger leicht zu beschwichtigen. Im Unterschied zur Mordaktion vom 30. Juni und 1. Juli 1934, die als Beseitigung eines öffentlichen Ärgernisses auf ein gewisses Verständnis gestoßen war – ganz zu schweigen von dem einigermaßen glaubwürdigen Vorwurf, die SA plane einen Staatsstreich –, gab es für den Novemberpogrom keine plausible Rechtfertigung. Es war eine Sache, eine Racheaktion gegen Juden zuzulassen, aber etwas ganz anderes war es, die Ermordung alter Frauen und die Plünderung von Privatwohnungen zu dulden. Deshalb leiteten Gestapo, Polizei und Staatsanwaltschaften Ermittlungen ein und begannen, Verhaftungen vorzunehmen. In vielen Fällen wurden die Täter freigelassen, wenn sie ihre Beute aushändigten. Bei schwereren Vergehen wurde die Zuständigkeit von der Justiz auf die Gerichte der NSDAP übertragen. Schließlich wurden zwischen Dezember 1938 und Februar 1939 dreißig Männer vor dem in München ansässigen Obersten Parteigericht angeklagt.[107]

In einem dieser Verfahren ging es um die Ermordung eines Arztehepaars in Lesum bei Bremen. Dort war der Führer des örtlichen SA-Sturms um drei Uhr nachts vom Hausmeister des Rathauses geweckt worden, weil der Bremer SA-Führer für ihn am Telephon war. Der Offizier teilte ihm mit, dass die SA den Befehl erhalten habe, die jüdische Bevölkerung loszuwerden. Der Sturmführer scharte seine Männer um sich und sagte ihnen, es sei der Befehl ergangen, dass »alle Juden raus müssen«. Sie sollten jedoch noch abwarten, bis das Bremer SA-Hauptquartier erläutert habe, was dies genau bedeute. Ein weiteres Telephonat mit Bremen brachte zwar keine Klärung, aber der Lesumer SA-Führer nahm an, dass die jüdischen Einwohner des Orts getötet werden sollten. Als seine Männer ihn fragten, ob man sie erschlagen oder erschießen solle, wusste er keine Antwort. Am Ende holten sie ihre Pistolen und machten sich auf den Weg zum Haus eines im Ruhestand lebenden jüdischen Arztes, des 78-jährigen Dr. G., den sie zusammen mit seiner 65-jährigen Frau erschossen. Das genügte den Braunhemden; sie beendeten die Mordaktion und gingen etwas trinken.[108]

In Aschaffenburg beschloss eine SS-Einheit, als Vergeltung für Raths Tod zwei Juden zu töten. Ihre Opfer wählten sie nicht zufällig aus: Beide waren wohlhabende Geschäftsleute, und den Nationalsozialisten gefiel es nicht, dass sie noch in der Stadt lebten. Den einen überfielen sie in seinem Haus, mit dem anderen fuhren sie für die Mordtat an den Stadtrand. Doch die hinrichtungsartigen Tötungsversuche schlugen insofern fehl, als beide Opfer trotz mehrerer Schusswunden überlebten, eines von ihnen allerdings nur wenige Tage. Die SS-Männer hatten nicht nur die geltenden Befehle nicht erhalten, sie waren augenscheinlich auch schlecht auf die Aufgabe vorbereitet, die sie in dieser Nacht vermeintlich zu erfüllen hatten. 1938 war der durchschnittliche SA- und SS-Mann nicht einmal mit Exekutionen im kleinen Rahmen vertraut, von Großaktionen ganz zu schweigen.[109]

Die Unfähigkeit der Pogromtäter tat jedoch dem von ihnen verbreiteten Schrecken keinen Abbruch. Vielleicht verstärkte sie ihn sogar, denn die Juden sahen sich einer »Horde vertierter Bestien in Uniform« gegenüber, deren Handeln unvorhersehbar und deshalb kaum zu beschwichtigen war, wenn sich die Gelegenheit dazu ergab. Der von diesem Mob ausgeübte Terror und die Angst der folgenden Wochen spiegeln sich in Hunderten von Berichten wider, die Flüchtlinge 1939 und 1940 aufschrieben. Den Juden in Deutschland selbst wie im Ausland war bewusst, dass sie Zeugen eines epochalen Ereignisses geworden waren, dass Verbrechen von enormem Ausmaß begangen worden waren und dass die Geschichte die Schuldigen einst verurteilen würde, auch wenn der Arm der Justiz sie vorerst nicht erreichte. Das von Alfred Wiener in Amsterdam gegründete (und später nach London verlegte) Central Information Office erhielt Dutzende Schilderungen von Augenzeugen, die Flüchtlinge unter dem noch frischen Eindruck des Geschehens zu Papier brachten. Ein anderes Erinnerungsprojekt wurde von dem jungen Soziologen Edward Hartshorne zusammen mit dem Psychologen Gordon Allport und dem Historiker Sydney

Fay initiiert, die 1939 einen Preis für den besten Aufsatz zum Thema »Mein Leben in Deutschland vor und nach dem 30. Januar 1933« auslobten. Auf den in der *New York Times* veröffentlichten Aufruf gingen über 250 Einsendungen aus aller Welt ein, 155 aus den USA, 31 aus Großbritannien, zwanzig aus Palästina und sechs aus Schanghai. Die meisten Autoren waren nach dem November 1938 aus Berlin und Wien geflohene Juden.[110]

Der sechzigjährige Rechtsanwalt und Weltkriegsveteran Rudolf Bing wurde um drei Uhr nachts von einer Menschenmenge geweckt, die sich vor seinem Wohnhaus in Nürnberg versammelt hatte. Als er die Polizei anrief, um seine Besorgnis auszudrücken, wurde er gefragt: »Sind Sie arisch?« Auf seine verneinende Antwort wurde das Telephonat wortlos abgebrochen. Bald darauf hörte er Schreie seiner jüdischen Nachbarn, und als danach an seine Tür gehämmert wurde, entschloss er sich mit seiner Frau zur Flucht. Rasch warf er durch ein rückseitiges Fenster eine Matratze hinaus und beide sprangen aus dem Fenster. Den Rest der Nacht verbrachten sie in einem Schuppen in der Nähe. Am Morgen half ihnen eine mitfühlende Familie weiter. Später erinnerte sich Bing: »Unverkennbar bemächtigte sich ein tiefes Gefühl der Depression und der Beschämung des Publikums. Zum ersten Male wagten sich Kreise der übrigen Bevölkerung heraus, um uns ihr Mitgefühl zu zeigen.« Als er in seine Wohnung zurückkam, bot sie ein Bild der Verwüstung – ebenso wie seine Kanzlei, wie er später feststellte; sogar die Kleider seiner Frau waren zerschnitten worden. Einige Monate später emigrierte das Ehepaar Bing nach Palästina.[111]

Der 42-jährige Hugo Moses war Angestellter des Bankhauses Oppenheim. Um drei Uhr nachts drangen SA- und SS-Männer, »blutgierige, verwilderte, brutale Kreaturen«, in seine Wohnung ein und zogen erst wieder ab, als sie völlig verwüstet war. Bei Tagesanbruch besah sich ein Polizist den Schaden und stellte fest: »Es ist eine Schande …« Doch am Abend erschien ein anderer Polizist, um ihn festzunehmen. Er verhehlte jedoch nicht seine Sympathie für Moses, und auch im Gefängnis, wo rund 800 Juden festgehalten wurden, behandelte man ihn relativ gut. Die Bedingungen waren schlecht, aber niemand wurde misshandelt. Am 19. November wurde er entlassen. Als er nach Hause zurückkehrte, erfuhr er, dass nichtjüdische Nachbarn seiner Frau geholfen hatten. »Das ist schlimmer als Russland«, sagte eine Frau, die befürchtete, dass als Nächstes die katholische Kirche zum Angriffsziel der Nationalsozialisten werden würde. Aber der Pogrom hatte die gewünschte Wirkung auf Moses. Zuvor, gestand er ein, wäre ihm »ein Weggehen aus der alten Heimat, aus dem Elternhaus … sehr schwer geworden«. Jetzt nicht mehr. Er erhielt eine finanzielle Garantie eines in Amerika lebenden Onkels seiner Frau und wanderte mit seiner Familie aus.[112]

Luise Solmitz beobachtete den Pogrom in Hamburg mit den Augen einer mit einem Juden verheirateten Christin. Der 10. November war ein »böser, böser Tag«. Beim Einkaufen sah sie überall Menschentrauben herumstehen, gesperrte Straßen und zerbrochene Schaufensterscheiben jüdischer Geschäfte. Sie vernahm »ein fortwährendes Scheppern und Klirren von prasselnden Scheiben, an denen die Glaser arbeiteten; nie hörte ich so etwas an Klirren«. Am frühen Abend hörte sie im Radio, dass der »Führer« die Einstellung der »Demonstrationen« verlangt, aber auch neue Verordnungen in Bezug auf die Juden angekündigt habe. »D. h.«, folgerte sie, »unser Schicksal läuft unaufhaltsam dem Untergang zu … Immer dachte ich, nun ist wohl der Gipfel erreicht, siehe da, es war immer nur Vorspiel des nächsten. Nun kommt das Ende.« Zwei Tage später erhielt ihr Mann Besuch von der Gestapo, aber zu diesem Zeitpunkt hatte Heydrich bereits angeordnet, alte und kriegsversehrte Juden aus der Haft zu entlassen. Deshalb ließ man den Kriegsveteranen Friedrich Solmitz in Ruhe.[113]

Auch Kindern wurde der Schrecken nicht erspart. Toni Lessler, Direktorin einer jüdischen Schule im vornehmen Berliner Ortsteil Grunewald, erinnerte sich später, wie bedrückt die Schüler am Morgen in die Schule kamen und von der brennenden Synagoge in der Fasanenstraße erzählten. Einige andere Schüler berichteten kurz darauf, dass auch die Synagoge in der Prinzregentenstraße in Flammen stehe. Schließlich trafen die Kinder aus der Umgebung der Schule ein, die weinend erzählten, »dass unser lieber kleiner Tempel im Grunewald in Flammen stehe und dass die Feuerwehr untätig daneben stehe«. Vor Angst zitternde Kinder zu unterrichten war unmöglich, und so schickte die Direktorin sie in jeweils von einem Lehrer begleiteten Gruppen nach Hause. Die Schule blieb zehn Tage geschlossen, und als der Schulbetrieb wiederaufgenommen wurde, war die Schülerzahl deutlich kleiner geworden. Viele Schüler hatten mit ihren Eltern das Land verlassen; die Väter von über neunzig Schülern waren in Konzentrationslager gesperrt worden.[114]

In Wien tobte die Gewalt, sofern das überhaupt möglich war, noch brutaler. Über vierzig Synagogen wurden zerstört, und 27 Juden verloren ihr Leben. Der 51-jährige Rechtsanwalt Siegfried Merecki, dessen Familie aus Galizien stammte, sah mit Tränen in den Augen die Verwüstung seiner Synagoge mit an: »Jede Kleinigkeit, die sich drinnen noch befunden hatte, wurde herausgeholt und in Stücke zerschlagen ... Die Leute schienen eine übermenschliche Kraft zu besitzen; ihre Gesichter waren verzerrt.« Auch seine Wohnung wurde von SA-Männern heimgesucht. Man zerschnitt seine Kleidung und zwang ihn, sie auf dem Marsch zum Polizeirevier zu tragen, wo er gedemütigt und geschlagen wurde. Während die Polizei im Altreich im Allgemeinen in den Anstand wahrende ältere und fanatisierte jüngere Beamte gespalten war, schien es den Polizisten in Wien durchweg Vergnügen zu bereiten, Juden zu quälen. Merecki wurde verhört und wiederholt gefragt, ob er sexuelle Beziehungen mit »Arierinnen« habe. Als die Polizei fertig war, brachte man die Verhafteten in die Reitschule der Polizei, die jetzt als Internierungslager diente. Einige Tage später wurde Merecki entlassen, da er bereits die nötigen Auswanderungspapiere besaß. Er hatte Glück im Unglück.[115]

Ruth Maier freute sich auf ihren achtzehnten Geburtstag am 10. November. Doch in ihre Träume über ihr künftiges Leben als Frau platzte die Neuigkeit, dass Rath von einem jungen Emigranten angeschossen worden war: »Er ist ein polnischer Jude. Mein Gott!« Wie andere Wiener Juden ahnte sie, was das bedeuten konnte. »Niemand, kein Jude geht außer Haus. Wir haben alle Angst, sie werden uns schlagen, weil ein polnischer Jude einen Deutschen töten wollte.« Die Angst war begründet, wie sie bald feststellen musste. »Sie haben uns geschlagen!«, notierte sie am 11. November. »Gestern war der schrecklichste Tag, den ich je erlebt habe. Ich weiß jetzt, was Pogrome sind, weiß, was *Menschen* tun können, Menschen, die Ebenbilder Gottes.« Sie befand sich in ihrer jüdischen Schule, als die Schüler vor dem, was sich zusammenbraute, gewarnt und nach Hause geschickt wurden. Ruth fuhr den kurzen Weg mit dem Taxi, die Straße sah aus »wie im Krieg«. Sie bemerkte »ein Lastauto mit Juden, ganz aufrecht, wie Schlachtvieh«. »Diesen Anblick werd' und darf ich nie vergessen«, vertraute sie ihrem Tagebuch an. Zuschauer blieben stehen und sahen starr zu, während der Mob »mit Lust und Freude« sein Zerstörungswerk verrichtete. Anders als im Altreich wurde eine große Zahl von Wohnungen, fast

2000, beschlagnahmt, deren Bewohner summarisch hinausgeworfen wurden. Ruth sah, wie aus ihren Wohnungen in der Provinz vertriebene Juden in Wien eintrafen, ihre Besitztümer auf Wagen gestapelt, »Bettzeug, Kästen, Schaukelstuhl, Kaffeemühlen, alles auf einen Haufen, das Heim, nur das Heim eines Juden«.[116]

Wie der Boykott vom April 1933, die einzige weitere von der Partei angezettelte reichsweite antijüdische Aktion, war auch der Novemberpogrom schlecht durchdacht und kontraproduktiv. Er weckte den Zorn von Göring und Himmler, die beide nicht in die Auslösung einbezogen worden waren, und hatte sowohl im Innern als auch im Ausland nachteilige Folgen. Die Verärgerung mancher Mitglieder von Hitlers engstem Kreis war teilweise künstlich und eher Ausdruck ihrer Abneigung gegen Goebbels, dessen Macht sie zügeln wollten. Aber der Pogrom hatte auch echten Unmut hervorgerufen, etwa bei Heydrich und jenen SD-Denkern, die nicht auf die Emigrationspolitik abgestimmte Angriffe auf Juden ablehnten. Eichmann in Wien versetzte es in Wut, als er am frühen Morgen am Sitz der IKG eintraf und den Hof voller zertrümmerter Schreibmaschinen vorfand. Die Mitgliederkartei der jüdischen Gemeinde befand sich noch nebenan in der brennenden Synagoge. Um weitere Störungen ihrer Arbeit zu verhindern, stellte Eichmann die jüdischen Mitarbeiter der Zentralstelle unter seinen Schutz und ließ vor dem Rothschild-Palais eine Wache aufziehen. »Diese ganze ›Reichskristallnacht‹«, versicherte er später in einem Interview, »war unserem Wollen und unserem Ziel voll und ganz entgegengesetzt … Weder der SD noch die Gestapo hatten damit irgendetwas zu tun; sie waren im Gegenteil empört, weil sie gemäß den Weisungen des Reichsführers [Himmler] in mühsamster Kleinarbeit Organisationen und Dienststellen aufgebaut hatten, die rücksichtslos angegriffen und zerschlagen wurden.«[117] In einem Bericht über die Wirkung des Pogroms klagte das SD-Hauptamt im Januar 1938: »Wertvolle Archivstücke und Kunstschätze wurden infolge Unbedachtsamkeit oder Unwissenheit der Beteiligten vernichtet.«[118]

Am 10. November trafen sich Hitler und Goebbels zum Mittagessen in der Osteria Bavaria in München, um Bilanz zu ziehen. Inzwischen waren sie über das Ausmaß der Zerstörungen informiert, hatten aber auch erste Hinweise darauf erhalten, dass die Ereignisse von anderen führenden Nationalsozialisten keineswegs gutgeheißen wurden. Sie kamen überein, die physischen Angriffe umgehend zu beenden, den »trockenen« Pogrom mit administrativen Mitteln indes weiter zu verschärfen. Als konkrete Maßnahmen verlangte Hitler die Enteignung sämtlicher jüdischer Unternehmen sowie eine Abgabe, die von der jüdischen Bevölkerung als zusätzliche Sühne für die Ermordung Raths einzutreiben sei. Goebbels wollte, dass die Juden für die Aufräumarbeiten, einschließlich der Versicherungskosten, aufkamen. Am Nachmittag verkündete das amtliche Deutsche Nachrichtenbüro (DNB): »Es ergeht nunmehr an die gesamte Bevölkerung die strenge Aufforderung, von allen weiteren Demonstrationen und Aktionen gegen das Judentum, gleich welcher Art, sofort abzusehen. Die endgültige Antwort auf das jüdische Attentat in Paris wird auf dem Wege der Gesetzgebung bzw. der Verordnung dem Judentum erteilt werden.« Um ganz sicherzugehen, unterstrich Hitlerstellvertreter Heß in einer an alle Parteigliederungen verschickten Nachricht, auf »ausdrücklichen Befehl allerhöchster Stelle« dürften »Brandlegungen an jüdischen Geschäften oder dergleichen auf gar keinen Fall und unter gar keinen Umständen erfolgen«.[119]

Die lustlose Reaktion der Bevölkerung auf die Kriegsdrohung während der Sudetenkrise und jetzt das Entsetzen über den Pogrom mögen Hitler zu der Rede veranlasst haben, in der er am selben Abend vor der versammelten deutschen Presse den mangelnden Kampfgeist der Deutschen beklagte. Goebbels musste nicht nur die in den internationalen Medien verbreiteten Gräuelgeschichten zurückweisen, sondern auch die eigene Presse einspannen, um den Pogrom vor den Deutschen zu rechtfertigen. Am 17. November erhielten die Zeitungsredaktionen vom Propagandaministerium ausführliche Richtlinien für Artikel, die in den nächsten Tagen erscheinen sollten, um der deutschen Bevölkerung den angeblich verschwörerischen, parasitären Charakter der Juden vor Augen zu führen.[120]

Vom SD zusammengetragene Stimmungsberichte vermitteln einen detaillierten Eindruck von der Reaktion der Öffentlichkeit. Vier Tage, nachdem Hitler den Pogrom beendet hatte, verschickte der SD einen Fragebogen, um genaue Informationen über Arisierungen, in der Nacht begangene Straftaten, Waffenfunde, die Menge der »sichergestellten« Wertgegenstände und Geldsummen und den Umfang der Versicherungsforderungen zu erhalten. Frage 14 lautete: »Aufnahme der Aktion in der Bevölkerung? Auswirkung auf die Stimmung der Bevölkerung?« Die Fragen sollten sorgfältig, wahrheitsgemäß und

»ohne jegliche Schönfärberei« beantwortet werden. Um Goebbels in Verlegenheit zu bringen, wäre es dem SD zwar zupassgekommen, die Unruhe in der Bevölkerung übertrieben darzustellen (insbesondere in Bezug auf die Zerstörung von Eigentum), doch werden die Mitteilungen seiner Informanten durch andere zeitgenössische Quellen bestätigt.[121]

Die Stadtverwaltung von Minden berichtete, die Aktion sei »in der Bevölkerung vielfach mit ausdrücklichem Beifall aufgenommen« worden, obwohl am Vormittag des 10. November auf dem Markt »hier und da besondere Zurückhaltung im Gespräch geübt« wurde. Einige Wochen später fügte der Regierungspräsident von Minden hinzu, über die »von der Partei befohlene Aktion vom 9. und 10. November herrscht – wie auf Verabredung – betretenes Schweigen«. Er bedauerte, dass die kommunalen Behörden nicht rechtzeitig über sie informiert worden waren, so dass die sinnlosen Zerstörungen, Brandstiftungen und »anarchistischen« Übergriffe nicht verhindert werden konnten. Deshalb sei die »Stimmung der Bevölkerung und weiter Parteikreise … gedrückt«. Der Bürgermeister von Lemgo in Westfalen listete die Verluste der jüdischen Gemeinde auf; ein »Teil der Bevölkerung« habe jedoch nicht verstanden, warum die Synagoge zerstört wurde, obwohl »das Gebäude nützlich hätte verwertet« werden können. Sein Kollege im Amt Borgentreich, ebenfalls in Westfalen, berichtete: »Die Bevölkerung hat die Aktion vielfach nicht verstanden, oder besser, sie wollte sie nicht verstehen. Die Juden wurden auch bemitleidet.« Die Einwohner des Amts Atteln hatten gegen die Verhaftung und Vertreibung der Juden nichts einzuwenden. »Einzig und allein«, schränkte der Bürgermeister ein, »hat die Bevölkerung im Allgemeinen an den Zerstörungen Anstoß genommen.«[122]

Der Landrat des Kreises Halle in Westfalen fasste in seiner ausführlichen, vollständig teilnahmslosen Darstellung der Ereignisse die Berichte aus mehreren Orten zusammen. So hatte der Amtsbürgermeister von Versmold gemeldet, die Bevölkerung habe sich »im Allgemeinen auffallend still« verhalten. Den Gedanken der Vergeltung für das Attentat auf Rath habe sie gebilligt, die »Zerstörung von Volksvermögen« aber sei auf Unverständnis gestoßen. In Brockhagen sah eine »verhältnismäßig geringe Zuschauermenge« mit »stummer Miene« zu, wie das Haus der Familie Hurwitz niederbrannte. Aus Werther berichtete der dortige Amtsbürgermeister: »Von einem großen Teil der

Bevölkerung wird die Aktion nicht gebilligt, vor allem nicht die Art der Ausführung.« Die Polizei sei in eine »unangenehme Lage« gekommen, weil sie erst spät über die Aktion informiert worden sei, weshalb sie gegen Brandstifter eingeschritten sei, »die nur anweisungsgemäß gehandelt hatten«. Dies habe »das Ansehen und die Autorität der Polizei stark erschüttert«.[123]

Dem Oberbürgermeister von Bielefeld zufolge war in der Bevölkerung seiner Stadt »das Verständnis für die Bekämpfung des Judentums unbedingt vorhanden«. Auch werde es »allgemein als selbstverständlich hingenommen, wenn, um die Juden unschädlich zu machen, außerordentlich scharfe Maßnahmen zur Anwendung kommen«. Im großen Ganzen seien gegen die Zerstörung der Synagoge kaum Einwände erhoben worden. »Die Art des Vorgehens gegen jüdische Geschäfte aber – Einschlagen der Schaufensterscheiben usw. – und damit eine Vernichtung von Sachwerten, die über kurz oder lang doch in arischen Besitz übergegangen wären, ist allgemein nicht verstanden worden.« Dass die Ereignisse Ausdruck einer »spontanen Entrüstung des Volkes« gewesen seien, glaube jedoch niemand. Die Gestapostelle bestätigte den Eindruck des Oberbürgermeisters: »Die Aktion vom 10.11.1938 hat sich auf die Stimmung der Bevölkerung im Allgemeinen recht ungünstig ausgewirkt.«[124]

Die Landbevölkerung in der Umgebung von Koblenz legte eine Mischung aus Geschäftemacherei und Mitleid an den Tag. Die SD-Außenstelle in Cochem stellte fest, dass sie »bei den Juden große Käufe an Möbeln und Einrichtungsgegenständen tätigt«, vermutlich bei jenen, die wegzugehen gedachten. Andere, kirchlich orientierte Landbewohner empfanden Mitleid mit ihnen. Die Gendarmerie von Muggendorf in Oberfranken berichtete ebenfalls, dass die Bevölkerung gespalten sei in diejenigen, nach deren Ansicht die »Aktion« gerechtfertigt war, und eine Mehrheit, die fand, »dass diese Zerstörung nicht am Platze gewesen sei«.[125]

Ausländische Beobachter bestätigten die unterschiedlichen Reaktionen der deutschen Bevölkerung. Edwin Kemp, amerikanischer Generalkonsul in Bremen, berichtete umgehend, dass am frühen Morgen des 10. November fünfzig Juden verhaftet und unter SA-Bewachung durch die Straßen geführt worden seien, fügte aber hinzu: »Es war interessant zu beobachten, wie wenig Begeisterung die Bevölkerung für das Spektakel an den Tag legte. Der Marsch wurde mit völligem

Schweigen aufgenommen. Auch der Menschenmenge vor eingeschlagenen Schaufensterscheiben fehlten die Worte.« Im Gegensatz dazu wurden in Stuttgart, wie Kemps Kollege Honaker meldete, rund 25 führende Mitglieder der jüdischen Gemeinde bei ihrer Festnahme »von Zuschauern beschimpft und angeschrien«. Honaker fiel außerdem auf, dass die Überfälle auf Geschäfte zumeist von jungen Männern verübt wurden, häufig gewissermaßen im Verborgenen, in den Seitenstraßen der großen Einkaufsmeilen. »Ein großer Teil der Bevölkerung ist über diese Aktionen stark beunruhigt und bringt seine mangelnde Zustimmung zu solchen Praktiken durch beredtes Schweigen zum Ausdruck.« Honaker schätzte, dass nur rund 20 Prozent der Bevölkerung den Pogrom guthießen. Der an der Botschaft in Berlin stationierte Hugh Wilson bemerkte, ein »überraschendes Merkmal der Situation hier« seien »die Intensität und das Ausmaß der Verurteilung der jüngsten Ausschreitungen gegen Juden durch deutsche Bürger«.[126]

Der britische Konsul in Frankfurt am Main, Robert Smallbones, unterschied mehrere Phasen des Pogroms. Begonnen habe er mit Versuchen, die drei Hauptsynagogen der Stadt in Brand zu stecken. Sie waren nicht allzu erfolgreich, so dass die Brände neu entfacht werden mussten. Es folgten Angriffe auf Geschäfte und Büros, die verbreitet zu Plünderungen führten. Später schloss sich die Hitlerjugend dem Mob an, und die Ausschreitungen weiteten sich auf Privatwohnungen aus, zunächst in den ärmlichen Vierteln im Osten der Stadt und schließlich auch in den wohlhabenden Gegenden im Westen. Als Lastwagen die am Morgen verhafteten Juden zu den als Internierungslager genutzten Gebäuden brachten, hatte sich eine große Menschenmenge vor ihnen versammelt, »die jeden ankommenden Konvoi mit Beschimpfungen und Schmährufen begrüßte«. Smallbones berichtete auch, dass jüdische Flüchtlinge aus kleinen Landgemeinden, die in der Stadt eintrafen, von Gewalt und Zerstörung in ihren Heimatorten erzählten. In einer späteren Darstellung, die er George Ogilvie-Forbes, dem Geschäftsträger der britischen Botschaft in Berlin, schickte, suchte er nach Gründen, warum friedliebende Deutsche, die er im Allgemeinen bewunderte, sich so schrecklich verhalten konnten: »Die Erklärung für diesen Ausbruch sadistischer Grausamkeit mag sein, dass sexuelle Perversionen, insbesondere Homosexualität, in Deutschland weit verbreitet sind. Mir scheint, dass massenhafte sexuelle Perversität eine Erklärung für diesen ansonsten unerklärlichen Ausbruch bieten könnte.«[127]

In vielen Berichten wurde das Unbehagen der katholischen Bevölkerung oder ihr offen gezeigtes Mitleid mit den Juden hervorgehoben. In Bielefeld übten Katholiken und Anhänger der Bekennenden Kirche »vorsichtig Kritik an der Brandschatzung von Synagogen«; manche glaubten, »als Nächste sei die Kirche an der Reihe«. Der Landrat des Kreises Höxter in Westfalen berichtete, dass die Verhaftung von Juden anfangs begrüßt wurde, die Zustimmung jedoch verflog, als sich »Gerüchte über erfolgte Misshandlungen« verbreiteten und die Menschen die »mehr oder weniger kläglich aussehenden Gestalten« sahen, die verhaftet worden waren. Er räumte ein, »dass die Sympathie der Bevölkerung nicht bei dieser Aktion war. Die Bevölkerung war ernst und gedrückt. Hier und da waren deutliche Anzeichen von Mitleid festzustellen.« Die Menschen fragten sich, ob »eine gleiche Aktion eines Tages auch die Kirchen treffen könne«. Diese Bedenken waren nicht allein auf religiös begründete Skrupel zurückzuführen. Der »größte Teil der ländlichen Bevölkerung«, erklärte der Landrat, halte »eine solche Aktion als mit dem deutschen Ansehen und der deutschen Würde nicht für vereinbar«. Der Bürgermeister von Bad Lippspringe bei Paderborn gab offen zu, dass der »überwiegende Teil der Bevölkerung … die Aktion gegen die Juden nicht verstanden und mit dem Hinweis verurteilt [habe], dass Derartiges in einem Kulturstaate nicht vorkommen dürfe«. Der Landrat des Kreises Paderborn stellte rundheraus fest, dass die katholische Bevölkerung die »Aktion gegen die Juden« ablehne, und fuhr fort: »Die Kreise, die dem nationalsozialistischen Staat aus ihrer politisch-kirchlichen Bindung heraus grundsätzlich besonders ablehnend gegenüberstehen, zeigen sich besonders ungehalten darüber, dass die ›Gotteshäuser‹ der Juden in Brand gesetzt worden sind.« Sie würden die Juden hartnäckig als Religionsgemeinschaft statt als Rasse betrachten und fürchteten, dass anderen Religionen ein ähnliches Schicksal drohe. An manchen Orten wurden Geistliche verhaftet, weil sie in Predigten Sympathie mit den Juden geäußert oder für ihr Wohlergehen gebetet hatten. Andere kamen in Schwierigkeiten, weil sie auf dem Wert und der Gültigkeit der Taufe bestanden.[128]

Von bestimmten gesellschaftlichen Gruppen wurde der Pogrom aus moralischen Gründen kritisiert. Die SD-Außenstelle in Gotha meldete nach Berlin, die Bevölkerung empfinde über die Verhaftung von mehr als fünfzig Juden – von denen 28 ins Konzentrationslager Buchenwald gebracht wurden – »stärkste Befriedigung«. In den »sogenannten ›besseren‹ Kreisen« sei aber auch Mitleid mit den Juden geäußert worden. Die Einwohner von Ebermannstadt in Oberfranken billigten dem dortigen Bezirksamt zufolge zwar die den Juden auferlegte »Geldbuße«, nicht aber die Zerstörungen, »weil dadurch das Rechtsbewusstsein ins Schwanken geraten« sei. Anschließend erwähnte der Bericht die allgemeine Ablehnung der Plünderungen und sonstigen »eigennützigen Bereicherungen«, wie den Erlass von Schulden bei jüdischen Gläubigern und die Übereignung von Grundstücken und Gebäuden unter Zwang: »Solche Überschreitungen der gesteckten Grenzen haben den Zweck und den Wert der Vergeltungsmaßnahmen [für das Attentat auf Rath] geradezu in das Gegenteil verkehrt.« Mit anderen Worten, die Bevölkerung war empört darüber, dass manche der Randalierer die Gelegenheit nutzten, um sich selbst zu bereichern, und den eigenen Vorteil höher stellten als das Prinzip. Anständige Menschen, auch wenn sie den Juden nicht notwendigerweise wohlwollend gegenüberstanden, fragten sich, wo die Verletzung der Eigentumsrechte aufhören und ob man die Gesetze noch respektieren würde, wenn sie in Bezug auf eine willkürlich ausgewählte Gruppe einfach beiseitegeschoben werden konnten. Der Präsident des Landgerichts in Trier beschrieb auf prägnante Weise das Dilemma: »Die Folge des Nichteinschreitens der Polizei ist nunmehr das allgemeine Gefühl der Rechtsunsicherheit. Man sagt, was heute den Juden geschehen ist, kann jederzeit auch anderen Gruppen der Bevölkerung geschehen, die durch irgendein Ereignis sich missliebig gemacht haben.«[129]

Zusätzlich verstärkt wurde das Unbehagen über den Pogrom in den »besseren« Kreisen wie auch bei weniger gut gestellten Deutschen, denen am Herzen lag, in welchem Umfeld ihre Kinder aufwuchsen, durch die Teilnahme von Kindern und Jugendlichen. Zum Entsetzen vieler Erwachsener gaben die Schulen in einigen Orten am Morgen des 10. November ihren Schülern frei, um sich das Spektakel brennender Synagogen anzuschauen oder sogar an deren Zerstörung mitzuwirken. In dem für gewöhnlich stillen Kurort Baden-Baden wurden sie aufgefordert, sich anzuschauen, wie achtzig jüdische Männer, die früh am Morgen von der SS verhaftet worden waren, nach einem stundenlangen Marsch in die Synagoge geführt und dort gezwungen wurden, das Horst-Wessel-Lied zu singen. Nachdem die Juden weitermarschieren mussten – sie wurden schließlich nach Dachau verschleppt –, steckten ihre Peiniger die Synagoge in Brand. In Großen-Linden wurde der Hauptangriff von 200 Schülern getragen, die sich von strebsamen Zöglingen in einen johlenden Mob verwandelten. Zu den Folgen der Beteiligung von Jugendlichen an den Ausschreitungen bemerkte der Landrat des Kreises Halle in Westfalen, dass »örtlich eine Verrohung der Jugend und gewisser Elemente nicht von der Hand zu weisen« sei.[130]

In ihrer abschließenden, am 7. Dezember in Umlauf gebrachten Darstellung der Ereignisse räumte die Judenabteilung des SD-Hauptamts ein, dass sich die Zivilbevölkerung »nur in ganz geringem Maße an den Aktionen beteiligt« habe. Durch die Verwüstung von 31 Kaufhäusern, Tausenden von Geschäften und zahlreichen Produktionsstätten waren nicht weniger als 14000 »deutschblütige Angestellte« arbeitslos geworden. Den Gesamtschaden schätzte die Judenabteilung auf 990 Millionen Reichsmark. »Die Stellungnahme der Bevölkerung zu den Aktionen, die anfänglich zustimmend war, änderte sich grundsätzlich, als der angestellte Sachschaden allgemein zu übersehen war.« Sie bedauere den Rückschlag für den Vierjahresplan und befürchte negative Auswirkungen auf die Beziehungen zum Ausland. »Die angewandten Methoden beim Vorgehen gegen die Juden wurden insbesondere aus den Reihen der Wehrmachtsangehörigen verurteilt.« Die »eindeutige Ablehnung der Aktion in rein katholischen Gegenden« beweise, dass sich »die innenpolitischen Gegner diese Stimmung zunutze machen«.[131]

Der Novemberpogrom offenbarte tiefe Risse in der angeblichen Volksgemeinschaft – zwischen den Generationen, zwischen den Konfessionen und zwischen jenen mit älteren politischen Bindungen und denjenigen, die im Dritten Reich sozialisiert worden waren. Konservative mittleren Alters wie der frühere Botschafter in Rom Ulrich von Hassell fanden insbesondere die Beteiligung von Jugendlichen empörend. »Ich schreibe unter dem schwer lastenden Eindruck der niederträchtigen Judenverfolgung nach der Ermordung vom Raths«, vertraute er am 25. November seinem Tagebuch an. »Seit dem Weltkriege haben wir noch niemals so an Kredit in der Welt verloren wie dieses Mal …« Abgesehen von der dreisten Lüge, es habe sich um einen spontanen Ausbruch des Volkszorns gehandelt, habe sich Goebbels

»auch nicht geschämt, Schulklassen zu mobilisieren«. Die »niedrigsten Instinkte« seien angestachelt worden; »die Auswirkung, grade bei der Jugend, muss zum Teil widerlich gewesen sein«. Einige Wochen später konstatierte Hassell bei einem Berlinbesuch, »alle anständigen und nachdenkenden Menschen« stünden unter der »schwer empfundenen Last der beschämenden Vorgänge im November. Man spricht überhaupt von kaum etwas anderem.«[132]

Junge Leute dagegen stürzten sich, wenn sie die Gelegenheit dazu hatten, ins Getümmel, und zwar ohne sich hinterher große Vorwürfe zu machen. Der 21-jährige Karl Fuchs, der an der Universität von Würzburg Pädagogik studierte, war von der NS-Ideologie durchdrungen. Sein Vater hatte sich schon 1923 den Nationalsozialisten angeschlossen, und er selbst war in die Hitlerjugend eingetreten, hatte seine Zeit beim Reichsarbeitsdienst absolviert und jüngst seine nationale Pflicht als Erntehelfer erfüllt. Er war das Muster eines Angehörigen der Volksgemeinschaft. In einem Brief an seine Eltern berichtete er über den Pogrom:

> Herrgott, bei der Judengeschichte hättet ihr in Würzburg sein sollen. Ich weiß nicht, ob es in Nürnberg auch so drunter und drüber ging, aber bei uns wurde reiner Tisch gemacht. Ich kann Euch sagen, die haben keinen von diesen Saujuden übersehen. Trotzdem haben sie sich noch frech aufgeführt. Es ist z. B. mehrere Male vorgekommen, dass so etliche alte Judenschiksen vor jungen deutschen Mädchen ausgespuckt haben, und zwar des öfteren und stark. Auf alle Fälle ist wesentlich, dass sich heute die ganze Welt gegen dieses Gesindel wendet mit Ausnahme von Old England und die Herren »Itzig« und »Kohn« werden sich nun hüten, wieder einmal auf einen deutschen Mann im Ausland zu schießen, um damit das ganze deutsche Volk zu treffen. Die Volksseele kochte.[133]

Melita Maschmann, die im Presse- und Propagandabüro des Bundes Deutscher Mädel in Frankfurt/Oder arbeitete, nahm am 9. November an einer Kundgebung vor dem Rathaus teil. Am nächsten Tag fuhr sie nach Berlin, wo ihr die vielen zerschlagenen Schaufensterscheiben jüdischer Kaufhäuser und Geschäfte auffielen. »Ich sagte mir: Die Juden sind die Feinde des neuen Deutschland«, schrieb sie später. »Sie haben diese Feindschaft heute Nacht zu spüren bekommen. Das Weltjudentum, das es darauf abgesehen hat, Deutschland an seinem ›Aufbruch in die Größe‹ zu hindern, wird die Ereignisse dieser Nacht hoffentlich als ein Warnsignal verstehen. Wenn von den Juden in aller Welt Hass gegen uns gesät wird, so sollen sie wissen, dass sich Geiseln ihres Volkes in unserer Hand befinden.«[134] Dies war die Volksgemeinschaft in Aktion.

Juden in den Konzentrationslagern

Gewalt und Raub hörten mit der offiziellen Beendigung des Pogroms nicht auf. Vielmehr verlagerte sich der Terror von der Straße an abgeschiedene Orte, wo er präziser und planmäßiger ausgeübt werden konnte.

Im Lauf des 10. November versuchten Gestapo und Sipo die von Heydrich und Müller übermittelten Befehle auszuführen. Die Vorgabe lautete, 30 000 überwiegend wohlhabende Juden festzusetzen, bis sie einwilligten, ihre Unternehmen zu liquidieren und auszuwandern. Heydrich hatte angeordnet, Juden, die üblicherweise von den Auswirkungen antijüdischer Maßnahmen verschont blieben, nicht zu behelligen: Männer, die sich im Krieg ausgezeichnet hatten oder verwundet worden waren, sowie Alte und Kranke. Aber die Sipo war unvorbereitet und besaß nicht genügend Kräfte, um die Aufgabe auf einen Schlag erfüllen zu können. Außerdem fehlten ihr die nötigen Haftstätten. Deshalb musste die SA aushelfen, mit der Folge, dass häufig auch Juden verhaftet wurden, die eigentlich in Ruhe gelassen werden sollten. Die Unglücklichen wurden in Gewahrsamszellen der Polizei, Gefängnissen und improvisierten Internierungslagern in Kellern und leerstehenden Gebäuden gefangen gehalten. Polizisten und Gefängniswärter behandelten die in ihre Obhut gegebenen Juden für gewöhnlich wie andere Gefangene auch, aber die Insassen von temporären Haftzentren wurden von undisziplinierten Braunhemden bewacht, die die Gelegenheit nutzten, um sie zu foltern, zu demütigen und auszurauben. Philipp Flesch wurde in Wien verhaftet und mit 2000 anderen Männern in einen Keller gesperrt, bis er Gelegenheit hatte, einem SS-Offizier seine Ordensurkunde zu zeigen, die bewies, dass er in den Schützengräben gekämpft hatte. Daraufhin wurde er freigelassen. Doch diejenigen, die freikamen, wurden umgehend durch neue Gefangene ersetzt. In Hamburg waren bei Ausbruch des Pogroms viele der zur

Verhaftung Vorgesehenen untergetaucht, so dass die Jagd nach Juden noch tagelang weiterging.[135]

Diejenigen, die nicht sofort wieder freigelassen wurden, brachte man mit der Eisenbahn in die Konzentrationslager Buchenwald, Dachau und Sachsenhausen. Aber auch dort gab es keinen Platz für sie, so dass sie in Zelte und provisorische Baracken gepfercht wurden. Überfüllung, fehlende sanitäre Einrichtungen, dürftige Ernährung und schlechtes Wetter verschärften das Elend der Häftlinge, die bereits unter der systematischen Brutalität der SS-Wachen zu leiden hatten. Fast alle Überlebenden berichteten später, dass sie auf dem Weg vom Ankunftsbahnhof ins Lager geschlagen wurden. Auf diesen brutalen Empfang folgte ein Appell, der trotz Kälte, Regen und Tageszeit Stunden dauerte. Es war die übliche Behandlung neu eingetroffener Gefangener, doch die inhaftierten Juden waren auf das, was ihnen widerfuhr, in keiner Weise vorbereitet. Es waren überwiegend gutbürgerliche Männer mittleren Alters, die binnen Stunden aus ihrer häuslichen Umgebung in eine Hölle versetzt worden waren.[136]

Rund 11 000 Juden kamen nach Dachau und veränderten die Zusammensetzung der Lagerinsassen grundlegend. Die Juden wurden getrennt im sogenannten »kleinen Lager« untergebracht, wo die Bedingungen weit schlimmer waren als in den älteren Baracken. Bis Februar 1939 verstarben 187 der Neuankömmlinge. Buchenwald sollte knapp 10 000 jüdische Männer aufnehmen, die zunächst in hastig errichteten, als »Sonderlager« bezeichneten Zelten unterkamen. Während weitere Transporte eintrafen, mussten die zuerst Angekommenen provisorische Hütten bauen, die keinen Fußboden besaßen und kaum mehr Schutz gegen das Wetter boten als die Zelte, an deren Stelle sie traten. Da sich die Zahl der Erkrankungen vervielfachte, war die Lagerleitung gezwungen, die Wäscherei in ein Lazarett umzuwandeln. Schätzungsweise 222 Insassen des Sonderlagers starben. Nach Sachsenhausen wurden etwa 6000 Juden gebracht, von denen rund 100 ums Leben kamen. Überfüllung, Unterernährung und Kälte führten zu den ersten Epidemien unter KZ-Häftlingen. Doch der massive Zustrom von Gefangenen brachte nicht nur Krankheiten mit sich; vielen Neuankömmlingen war es gelungen, mitgeführtes Geld zu behalten, oder sie bekamen Geld, Tabak und Lebensmittel geschickt. Der sprunghafte Anstieg der Häftlingszahl bildete zusammen mit der Verfügbarkeit von Geld und Tauschwaren den Nährboden für einen schwungvollen Schwarzmarkt und förderte die Korruption unter Gefangenen wie Wärtern.[137]

Die meisten inhaftierten Juden mussten jedoch nicht lange in den Lagern ausharren. Schon am 16. November ordnete Heydrich die Entlassung mehrerer Kategorien von Häftlingen an. In seinen Anweisungen spiegelten sich sowohl Zynismus als auch die Unruhe in der Bevölkerung wider. Als Erste entlassen wurden Juden mit Auswanderungspapieren und solche, die bereit waren, ihre Firmen oder Geschäfte zu verkaufen, sowie Rechtsanwälte, die ihnen dabei helfen sollten. Alte und Kriegsveteranen waren die Nächsten. Schließlich wurden Männer über fünfzig und Jugendliche entlassen. Anfang 1939 befanden sich nur noch 2000 der Festgenommenen hinter Stacheldraht. Doch wie kurz der Lageraufenthalt auch gewesen sein mochte, es war eine traumatische Erfahrung, und viele erholten sich physisch und psychisch nie wieder von der Haft.[138]

Der 47-jährige Geschäftsinhaber Karl Schwabe aus Hanau wurde am 10. November verhaftet und zusammen mit anderen Juden in einem Gymnasium der Stadt festgehalten. Alte und Kranke wurden nach einer Untersuchung durch Polizeiärzte freigelassen, doch Schwabe gehörte zu denen, die zum Bahnhof geführt wurden, vorbei an einer großen Zahl von Zuschauern, von denen aber nur »wenige lachten, vielen konnte man Mitleid und Entrüstung vom Gesicht ablesen«. Auch die Polizisten, welche die Juden zum Bahnhof eskortierten, verhielten sich freundlich. Nach der Ankunft in Weimar änderten sich die Stimmung und das Tempo der Ereignisse drastisch. Auf dem ganzen Weg vom Bahnhof nach Buchenwald hagelte es Schläge, und die nächsten Tage waren von Hunger, Durst, Zählappellen und ständiger willkürlicher Gewalt geprägt. Nach zehn Tagen wurden die Ersten entlassen: Alte, Junge und Frontkämpfer des Ersten Weltkriegs. Außerdem trafen Lebensmittelpakete und Mineralwasser im Lager ein. Karl Schwabe bekam von seiner Frau ein Paket mit Kleidung und einer Decke. »Die Tage gingen, es war immer das Gleiche. Schmutz, Durchfall, Langeweile und das ewige Warten zerrten an den Nerven.« Einen Monat nach seiner Verhaftung wurde Schwabe freigelassen und zum Weimarer Bahnhof gefahren, wo man ihn in einen Raum führte, in dem Jüdinnen Kaffee und Brötchen verteilten. »Der Kaffee und die Brötchen schmeckten unerhört gut. Wohltuend war die Freundlichkeit, mit der sie uns geboten wurden, und verwunderlich, wie gut die Damen mit der Polizei zusammenarbeiteten.« Nachdem Schwabe seinen gesamten Besitz veräußert und die geforderten Steuern bezahlt hatte, emigrierte er zusammen mit seiner Frau und seinen beiden Kindern nach England und von dort weiter nach Amerika.[139]

Hans Reichmann, der mutige Kämpfer für jüdische Interessen, hatte jeden Tag mit einem Besuch der Gestapo gerechnet. Bei der Ankunft in Sachsenhausen empfand er aber, trotz aller Brutalität, mit der er und seine Mitgefangenen empfangen wurden, eine gewisse Erleichterung. Der Weg habe »sein vorgezeichnetes Ende gefunden«. Das Lagerleben wurde zu einer alltäglichen Routine aus Entbehrung, Misshandlung, sinnloser Arbeit und Demütigung. In den Augenblicken der Ruhe in den überfüllten Baracken trösteten die Gefangenen sich gegenseitig und sprachen über ihre Lage. Sie wussten: »Draußen werden unsere Frauen um unsere Befreiung kämpfen; aber werden sie es allein schaffen? Die Anwälte sind doch hier …« Tatsächlich gelang es Reichmanns tapferer Ehefrau Eva, ihn freizubekommen, und im April 1939 trafen sie in England ein.[140]

Für die Frauen – Ehefrauen, Mütter, Schwestern und Töchter – war es eine Zeit außerordentlicher Anspannung und Angst. Sie kämpften gegen die Zeit, um die nötigen Papiere zu beschaffen, die ihre Väter, Ehemänner, Söhne und Brüder brauchten, um nach ihrer Entlassung auswandern zu können – wenn sie so lange lebten. Hertha Nathorffs Ehemann, ein Arzt, wurde am 10. November in dem Berliner Krankenhaus, in dem er in der Nacht zuvor verletzte Juden behandelt hatte, verhaftet. Zwei Tage später stand sie mit vielen anderen Jüdinnen im amerikanischen Konsulat an, um ein Einreisevisum für die Vereinigten Staaten zu beantragen, das ihren Mann zum Entlassungskandidaten machen würde. »Frauen, blass, vergrämt«, notierte sie, »Frauen aus Berlin, Leipzig, Breslau, alle tragen das gleiche Leid, und sie schweigen, handeln schweigend für ihre Männer und weinen im Herzen – *Frauenkreuzzug*!« Es dauerte einen Monat, bis Hertha Nathorff die benötigten Dokumente beisammenhatte, und am 16. Dezember war ihr Mann wieder bei ihr. Anfang 1939 wanderten sie in die Vereinigten Staaten aus.[141]

Mally Dienemann in Offenbach ging mit einem ärztlichen Attest zur Polizei, das ihrem 63-jährigen Mann, der am 10. November festgenommen worden war, Haftunfähigkeit bescheinigte. Man sagte ihr, nur die Gestapo könne seine Freilassung veranlassen. Früh am nächsten Morgen beobachtete sie, wie ihr Mann zusammen mit anderen Juden in einem Bus weggefahren wurde. Dann hörte sie, dass Gefangene freigelassen würden, wenn sie ein Einwanderungszertifikat für Palästina besäßen. Also forderte sie ihre Kinder, die bereits dort waren, telegraphisch auf, eines für ihren Vater zu besorgen. Damit begann ein wahrer Behördenmarathon. Sie wurde »von einem Amt zum anderen geschickt«, dann »[kam] die amtliche Auswanderungsstelle in Frankfurt, die Gestapo, die Polizei, das Finanzamt, eine Eingabe nach Buchenwald, eine Eingabe an die geheime Staatspolizei nach Darmstadt«. Es dauerte über eine Woche, bis die bürokratischen Hürden genommen waren. Am 29. November schließlich war Rabbi Dienemann wieder bei seiner Frau. Im folgenden Jahr emigrierten sie nach Palästina, doch er erholte sich nicht mehr von den Folgen der Haft und verstarb wenige Monate nach der Ankunft im Heiligen Land.[142]

Eine Sitzung im Luftfahrtministerium

Die Internierung jüdischer Männer in Konzentrationslagern war die Erfüllung der Judenpolitik des SD und markierte einen qualitativen Sprung in der Behandlung der »Judenfrage«. Jetzt rückten landesweite, (mehr oder weniger) sorgfältig vorbereitete Aktionen gegen die gesamte jüdische Bevölkerung, die Einschüchterung mit gesetzlichen Maßnahmen verbanden, in den Vordergrund.[143] Eine unbeabsichtigte Folge des Novemberpogroms war die Herausbildung eines kohärenteren, viele staatliche Stellen einbeziehenden strategischen Vorgehens, das durch eine stärker zentralisierte Planung und interministerielle Besprechungen gekennzeichnet war. Geprägt wurde diese neue Phase durch die erste große »Konferenz« über die Judenpolitik, die Göring am 12. November 1938 im imposanten neuen Gebäude des Luftfahrtministeriums abhielt.

Die Konferenz begann um elf Uhr und dauerte fast vier Stunden. Teilnehmer waren, neben Göring als Sitzungsleiter, die Hauptakteure in der Wirtschafts- und Innenpolitik: Goebbels, Innenminister Frick, dessen Staatssekretär Wilhelm Stuckart, Wirtschaftsminister Funk, Finanzminister Schwerin von Krosigk, Ernst Woermann als Vertreter des Außenministeriums, Orpo-Chef Daluege und Sipo-Chef Heydrich. Ferner waren als Vertreter der »Ostmark« Bürckel und Fischböck zugegen – es waren ihre Erfahrungen bei der Umsetzung der Judenpolitik unter Bedingungen gefragt, die weniger durch überkommene Rechtsnormen und gesetzliche Feinheiten eingeschränkt wurden. Auch Vertreter der Versicherungswirtschaft waren anwesend, an ihrer Spitze Eduard Hilgard, Vorstandsmitglied der Allianz und Vorsitzender der Reichsgruppe Versicherungen der Reichswirtschaftskammer. Dazu kamen weitere Ministerialbeamte, Sekretäre und Experten; insgesamt hatten sich rund hundert Personen zu der Konferenz eingefunden. Sie alle spürten, dass sie einem richtungsweisenden Ereignis beiwohnten, und wenn sie noch Zweifel gehabt hatten, dann wurden diese durch Görings einleitende Worte ausgeräumt.[144]

Als Erstes gab er bekannt, dass Hitler ihm persönlich die Aufgabe übertragen habe, alle Stränge der Judenpolitik zu einer einzigen, konzertierten Anstrengung zu vereinen, um »die Judenfrage … so oder so zur Erledigung zu bringen«.[145] Dann schaute er auf frühere gescheiterte Versuche zurück, den Ausschluss der Juden aus der deutschen Wirtschaft zu bewerkstelligen. Es handele sich, betonte er, im Wesentlichen um eine wirtschaftliche Frage, die allerdings gesetzliche Maßnahmen zu ihrer praktischen Lösung und Propagandamittel zu deren Erläuterung erfordere. Die Bevölkerung müsse verstehen, dass Aufruhr kein Allheilmittel sei.

> Denn, meine Herren, diese Demonstrationen habe ich satt. Sie schädigen nicht den Juden, sondern schließlich mich, der ich die Wirtschaft als letzte Instanz zusammenzufassen habe. … es ist irrsinnig, ein jüdisches Warenhaus auszuräumen und anzuzünden, und dann trägt eine deutsche Versicherungsgesellschaft den Schaden, und die Waren, die ich dringend brauche …, werden verbrannt und fehlen mir hinten und vorn. Da kann ich gleich die Rohstoffe anzünden, wenn sie hereinkommen.

Doch dies sei zweitrangig: »Bei der Arisierung der Wirtschaft ist der Grundgedanke folgender: Der Jude wird aus der Wirtschaft ausgeschieden und tritt seine Wirtschaftsgüter an den Staat ab.«

Anschließend führte Göring aus, wie er sich die Übernahme oder Schließung jüdischer Geschäfte, Kaufhäuser, Handwerksbetriebe und Fabriken vorstellte. Noch unter dem Eindruck der Goldgräberstimmung in Wien stehend, umriss er die Richtlinien für eine Treuhandstelle, die jüdische Vermögenswerte schätzen und ihre Übergabe an geeignete neue Besitzer zu einem vernünftigen Preis arrangieren sollte, unter besonderer Berücksichtigung verdienstvoller und kompetenter Parteimitglieder. Von der Wirtschaft nicht benötigte Fabriken sollten geschlossen, deutsche Arbeitnehmer aber unter allen Umständen geschützt werden. Als Zugeständnis an das Außenministerium regte er zudem an, die Interessen ausländischer Juden zu respektieren. Man werde den Juden, fügte Göring hinzu, also ihre Wirtschaftsgüter nehmen; doch sie dürften nicht direkt vom Verkauf ihres Eigentums profitieren. Stattdessen sollten sie entschädigt und diese Entschädigung im Reichsschuldbuch vermerkt und »zu einem bestimmten Prozentsatz« verzinst werden, von dem sie zu leben hätten.

Funk wollte wissen, ob man die jüdischen Geschäfte wiedereröffnen würde. Was solle mit ihrem Warenbestand geschehen, der zum großen Teil noch nicht bezahlt sei? Was solle aus den Angestellten werden? Anstatt diese schwierigen Fragen zu klären, ließ sich Göring durch eine Diskussion über das Ausmaß der Schäden an Synagogen ablenken, die Goebbels eine Gelegenheit bot, das Wort zu ergreifen. Er plädierte dafür, die Überreste der niedergebrannten Synagogen abzutragen. Mit gewohnter Schärfe schlug er anschließend Maßnahmen zur vollständigen Verbannung der Juden aus der Öffentlichkeit vor. So solle ihnen der Besuch von Kinos, Theatern und Varietés verboten werden; in Eisenbahnzügen sollten ihnen besondere Abteile zugewiesen werden; Juden solle, von wenigen Ausnahmen abgesehen, die Benutzung von Erholungsstätten wie Strandbädern, Parks und Wäldern untersagt werden. Sogar Parkbänke sollten als für Juden bestimmt gekennzeichnet und von den anderen Bänken streng getrennt werden. Schließlich forderte Goebbels, die verbliebenen jüdischen Schüler von den staatlichen Schulen zu verweisen.

Als Goebbels geendet hatte, wurde Hilgard hereingerufen, um zur Versicherungsfrage Stellung zu nehmen. Während der Allianzmanager sich seinen Weg durch den Saal bahnte, wies Göring darauf hin, dass das Regime schon nach dem Attentat auf Gustloff erwogen habe, von den Juden eine Entschädigung zu verlangen – diesmal würde man es wirklich tun. Auf die Einzelheiten mussten die gespannten Zuhörer aber noch etwas warten. Als Hilgard seinen Platz eingenommen hatte, kehrte Göring zum anstehenden Thema zurück und erläuterte das Dilemma hinsichtlich der Versicherungszahlungen. Welche Forderungen konnten die Juden erheben? Welche Maßnahmen konnte man ergreifen, um zu verhindern, dass sie von den Ereignissen profitierten? In seinen faszinierenden Ausführungen, die von den meisten Historikern übersehen worden sind, zählte Hilgard zunächst die verschiedenen Schadensursachen auf: Brände, eingeworfene Fenster und Diebstähle. Gegen Brandschäden und Diebstähle seien viele Juden versichert, die Glasschäden seien indes für gewöhnlich durch Versicherungen der Hauseigentümer abgedeckt, bei denen es sich zumeist um »Arier« handele. Göring stöhnte auf: »Es hat ja keinen Sinn. Wir haben keine Rohstoffe. Es ist alles ausländisches Glas; das kostet Devisen! Man könnte die Wände hochgehen!«[146]

Als Nächstes wandte sich Hilgard den Diebstählen zu. Anstatt den Pogrom als staatlich sanktionierte Rache an den Juden zu behandeln, charakterisierte er ihn als Ausbruch von Massenkriminalität. Göring versuchte die Ausschreitungen als »Aufruhr« einzustufen, da er hoffte, auf diese Weise die Versicherungsforderungen von Juden abweisen zu können. Doch Hilgard sah es anders. Als Beispiel führte er die Plünderung des Juweliergeschäfts Markgraf Unter den Linden in Berlin an, das einen Schaden von 1,7 Millionen Reichsmark angemeldet hatte. Göring war empört. An Daluege und Heydrich gewandt, verlangte er die Wiederbeschaffung des Diebesguts: »[I]hr müsst mir diese Juwelen wieder herschaffen durch Riesenrazzien!« Daluege erwiderte, die Ermittlungen hätten bereits begonnen und 150 Personen seien bisher verhaftet worden. Heydrich fügte hinzu, im gesamten Reich habe es rund 800 Plünderungen gegeben. Die gestohlenen Dinge wiederzubeschaffen sei nicht einfach; vieles sei auf die Straße geworfen und dort aufgehoben worden. »Z. T. haben auch Kinder lediglich aus Spielerei sich die Taschen vollgesteckt.« Es war ein vielsagendes Eingeständnis, als er forderte, die Hitlerjugend angesichts ihres schlechten Verhaltens in Zukunft nicht mehr ohne Wissen der Partei für solche Aktionen einzusetzen.

Noch peinlicher wurde es, als Hilgard auf die Versicherungsansprüche ausländischer Unternehmen und Bürger zu sprechen kam. Sie zu verweigern würde dem Ansehen der deutschen Wirtschaft in der Welt schaden. Auch Auszahlungen an Juden seien nicht zu vermeiden, wenn deren Ansprüche berechtigt seien. Andernfalls würde das Vertrauen in die deutschen Versicherungsgesellschaften schwinden. Da man dies nicht wollte, diskutierte man im Detail, wie die Versicherungsleistungen gezahlt werden konnten, ohne dass sie den Juden zugutekamen. Schließlich einigte man sich darauf, die Ansprüche zu erfüllen, aber ohne dass die Zahlungen die jüdischen Versicherten erreichten. »Dann ist formell das Gesicht gewahrt«, stellte Heydrich fest. Hilgard nahm an, dass das Geld an die Versicherungen zurückfließen würde, doch Göring beschloss eigenmächtig, dass der Staat es beschlagnahmen würde. Der Allianzmanager war empört über diesen offensichtlichen Diebstahl, war aber nicht in der Lage, auf der Stelle zu widersprechen. Stattdessen verhandelte er mit dem Regime monatelang über eine Verringerung der Zahlungsverpflichtungen der Versicherungen.[147]

Als Heydrich darauf hinwies, dass dem Staat auch die Umsatz-, Vermögens- und Einkommensteuern der 7500 zerstörten Geschäfte entgingen, vermochte Göring seinen Verdruss nicht zu verbergen: »Mir wäre lieber gewesen, ihr hättet 200 Juden erschlagen und hättet nicht solche Werte vernichtet.« Heydrich widersprach nicht, sondern nannte nur die Zahl der Toten: 35. Tatsächlich hatten im gesamten Reich, einschließlich Österreichs, weit mehr Juden den Tod gefunden, aber ihre Zahl war nicht das Thema der Konferenz, und Heydrich wusste, dass er vor Görings Zorn sicher war: Er hatte den Pogrom nicht ausgelöst.

Görings Laune verschlechterte sich weiter, als man sich wieder den ausländischen Versicherten zuwandte. Es ärgerte ihn, dass »jeder dreckige polnische Jude«, der Schäden zu beklagen hatte, über einen Rechtsanspruch verfügte. Als Woermann als Vertreter des Außenministeriums warnte, die Vereinigten Staaten würden möglicherweise antideutsche Maßnahmen ergreifen, wenn im Ausland geborene Juden nicht angemessen entschädigt würden, gab Göring den deutschen Unternehmern den Rat, ihre Investitionen zu verkaufen und sich aus diesem »Lumpen-« und »Räuberstaat« zurückzuziehen.

Funk lenkte die Aufmerksamkeit dann wieder auf die unbeantwortete Frage der Wiedereröffnung der jüdischen Geschäfte und Kaufhäuser. An dieser Stelle gab Fischböck einen Überblick über die Situation in Österreich. Laut einem sorgfältig eruierten Plan müssten, gemessen an den Bedürfnissen der Wirtschaft vor Ort, 12 000 bis 14 000 der 17 000 in jüdischem Besitz befindlichen Wiener Geschäfte und Handwerksbetriebe geschlossen und nur gut 3000 an neue Besitzer übertragen werden. Anschließend führte Fischböck aus, dass man Betrug und Korruption zu verhindern trachte, indem man die Unternehmen in geeignete Hände gebe. Endlich hörte Göring etwas, das ihm gefiel: »Ich muss sagen: der Vorschlag ist wunderbar. Dann würde in Wien, einer der Hauptjudenstädte sozusagen, bis Weihnachten oder Ende des Jahres diese ganze Geschichte wirklich ausgeräumt sein.« Funk ergriff die Gelegenheit, um den Versammelten mitzuteilen, dass das Wirtschaftsministerium eine Verordnung ausgearbeitet habe, durch die etwas Ähnliches im gesamten Reich erreicht werden solle. Ab 1. Januar 1939 werde es Juden verboten sein, Geschäfte jeder Art zu betreiben. Aber Fischböck war noch nicht fertig. Er bat die Konferenz um ihre Zustimmung zur Konfiszierung von Wiener Mietshäusern sowie von Wertpapieren, die sich im Besitz von Juden befanden. Die Opfer sollten mit niedrig verzinsten Reichsschuldbuchforderungen entschädigt werden. Auf diese Weise hätte der Staat nur einen Bruchteil des Werts aufzubringen. Auch diese Idee gefiel Göring.

Inzwischen waren mehrere Stunden vergangen, und Heydrich unternahm – vielleicht, weil er spürte, dass sich die Sitzung dem Ende zuneigte – einen entscheidenden Vorstoß. »Bei allem Herausnehmen des Juden aus dem Wirtschaftsleben bleibt das Grundproblem letzten Endes doch immer, dass der Jude aus Deutschland herauskommt. Darf ich dazu einige Vorschläge machen?« Dann beschrieb er die Tätigkeit der von Eichmann geleiteten Auswanderungszentrale in Wien und hob hervor, dass sie 50 000 Juden aus Österreich »herausgebracht« habe, während im selben Zeitraum nur 19 000 Juden aus dem Altreich ausgewandert seien. Göring war ganz Ohr: »Wie war das möglich?« Heydrich erläuterte, dass man reichen Juden eine Abgabe abverlange, mit der die Auswanderung des »jüdischen Mobs« finanziert werde. Göring wandte ein: »Habt ihr euch überlegt, ob dieser Weg nicht letzten Endes so viele Devisen kostet, dass er auf die Dauer nicht gangbar ist?« Heydrich versicherte, dass die Juden nur eine begrenzte Summe an Devisen mitnehmen dürften, und bat dann um die Erlaubnis, im Altreich ebenfalls eine Auswanderungsstelle einzurichten. Er rechnete für die nächsten acht bis zehn Jahre mit einer Auswanderungsquote von 8000 bis 10 000 Juden pro Jahr. Danach befände sich allerdings noch eine große Zahl von Juden im Reich, die aufgrund der wirtschaftlichen Restriktionen arbeits- und mittellos wären. Man müsse »also in Deutschland solche Maßnahmen treffen, dass sie … den Juden isolieren, damit er nicht in den normalen Lebenskreis des Deutschen eintritt«. Zu diesem Zweck schlug er vor, die Juden, einschließlich der im Ausland geborenen, zu kennzeichnen.

Dieser Vorschlag löste einen Wortwechsel aus, der ein Schlaglicht auf den damaligen Stand der Judenpolitik wirft und die Grundlagen späterer Initiativen offenbart. Göring befürchtete, dass eine Kennzeichnung letztlich zur Schaffung von Ghettos führen würde, was Heydrich umgehend zurückwies. Er halte geschlossene Ghettos ebenfalls für keine gute Idee, da die Polizei nicht in der Lage wäre, die Juden dort unter Kontrolle zu halten. Es sei besser, wenn sie sich unter dem »wachsamen Auge der gesamten Bevölkerung« befänden. Die Juden würden aus bestimmten Gebieten ferngehalten und auf Orte beschränkt, an denen sie von ihresgleichen Lebensmittel kaufen und Dienstleistungen in Anspruch nehmen könnten. »Einen Moment!«, unterbrach Göring den Redefluss des Sipo-Chefs. »Verhungern lassen können Sie ihn [den Juden] nicht.« Wenn man den Juden erlaube, in bestimmten Straßen ein Gewerbe zu betreiben, stehe man wieder am Anfang – vor der Schaffung von Ghettos. Letztlich waren sich Göring und Heydrich darin einig, dass eine räumliche Segregation stattfinden sollte. Funk warf, als wäre die Frage bereits entschieden, ein, dies bedeute Überfüllung und Hunger. Heydrich fuhr ungerührt fort, zahlreiche weitere Restriktionen aufzuzählen, die gegen Juden verhängt werden sollten: die Einziehung von Führerscheinen und Kfz-Zulassungen, den Ausschluss aus Kurorten und Krankenhäusern, die Schaffung eines rein jüdischen Gesundheitswesens und anderes mehr.

In den letzten Minuten der Konferenz kam Göring auf die Idee einer Strafzahlung zurück. Nachdem alle zugestimmt hatten, begann er laut die entsprechende Verordnung zu formulieren: »… dass die deutschen Juden in ihrer Gesamtheit als Strafe für die ruchlosen Verbrechen usw. usw. eine Kontribution von eine Milliarde auferlegt bekommen. Das wird hinhauen. Die Schweine werden einen zweiten Mord so schnell nicht machen. Im Übrigen muss ich noch einmal feststellen: ich möchte kein Jude in Deutschland sein.«

Zum Abschluss der Sitzung drohte Göring: »Wenn das Deutsche Reich in irgendeiner absehbaren Zukunft in außenpolitischen Konflikt kommt, so ist es selbstverständlich, dass auch wir in Deutschland in allererster Linie daran denken werden, eine große Abrechnung an den Juden zu vollziehen.« Mit anderen Worten, die Juden waren Geiseln, und im Konfliktfall würden sie den Preis zu zahlen haben. Das

Ausland konnte diese Drohung jedoch entkräften, indem es mithalf, die Juden aus Deutschland »hinauszubringen«, wie Heydrich es ausgedrückt hatte. In diesem Sinn versuche Hitler, so Göring weiter, andere Länder zu bewegen, sich an der Lösung der »Judenfrage« zu beteiligen. Ausdrücklich erwähnte er die »Madagaskar-Frage«, den 1937 von Frankreich ins Gespräch gebrachten und 1938 erneuerten Vorschlag, jüdische Flüchtlinge auf der ostafrikanischen Insel anzusiedeln. Damit legte Göring in den letzten Konferenzminuten zwei Grundsteine der künftigen deutschen Politik gegenüber den Juden, indem er den Zusammenhang von Außenpolitik, Krieg und Judenpolitik unterstrich.[148]

Um 14.30 Uhr endete die Konferenz. Ihr Ergebnis war beachtlich: ein Plan für den Ausschluss der Juden aus der deutschen Wirtschaft, dessen Verwirklichung unter Görings Leitung gesteuert werden würde; die Übereinkunft, im Altreich eine von SD und Sipo betriebene Auswanderungsstelle zu schaffen, die innerhalb von zehn Jahren die Auswanderung von 100 000 Juden erreichen sollte; eine geschickte Lösung des Problems der Versicherungsansprüche nach dem Aufruhr vom November; eine den deutschen Juden auferlegte massive Strafzahlung, die den Kriegsvorbereitungen zugutekommen würde. Fast ebenso wichtig waren Ton und Stil der Besprechung. Man hatte über Juden als ein Problem und eine Bedrohung gesprochen, die rücksichtslos überwunden werden mussten. Niemand hatte sich durch Mitgefühl oder Rücksichtnahme auf Bürgerrechte und Gesetze hemmen lassen. Falls notwendig, würden Verordnungen das Recht mit dem in Übereinstimmung bringen, was man der jüdischen Bevölkerung antun wollte. Nicht einmal die noch in der Regierung verbliebenen Konservativen, Schwerin von Krosigk etwa, hatten dagegen Einspruch erhoben. Letztlich sollten die Juden aus Deutschland vertrieben werden, und diejenigen, die zurückbleiben würden, abgesondert und streng überwacht werden. Sie waren Schachfiguren in einem geostrategischen Spiel. Von anderen Mächten wurde erwartet, zur Lösung der »Judenfrage« beizutragen, und wenn sie es nicht taten, würden die Juden darunter zu leiden haben. Auch wenn ein Krieg ausbrechen sollte, würden die Juden leiden. Ferner stellten die Konferenz und ihre Zusammensetzung ein Modell für künftige Diskussionen über die Lösung der »Judenfrage« dar. Schließlich hatte Göring in aller Form die Kontrolle über jüdische Angelegenheiten an sich gerissen, mit Heydrich als exekutivem Arm. Andere Ministerien und Behörden spielten eine untergeordnete Rolle, auch wenn sie auf ihre Vorrechte pochen konnten; wenn sie mehr wollten, würden sie ihre Ellbogen benutzen und ihren Führungsanspruch rechtfertigen müssen. Die Judenpolitik war an einem Wendepunkt angelangt, was die Juden bald zu spüren bekommen sollten.

Der totale Ausschluss der Juden aus Gesellschaft und Wirtschaft

Noch am Tag der Konferenz erließ Göring die erste »Verordnung zur Ausschaltung der Juden aus dem deutschen Wirtschaftsleben«. Fortan war es Juden verboten, ihren Lebensunterhalt durch den Verkauf von Waren in Einzelhandelsgeschäften, im Versandhandel oder auf Märkten, Messen und Ausstellungen oder als selbständiger Handwerker zu verdienen. Wer noch in leitender Stellung arbeitete, konnte entlassen werden, und Juden durften keine Betriebe mehr führen. Andere Ministerien beeilten sich, für ihre Bereiche ähnliche Vorschriften zu erlassen. Niemand wollte in seiner Haltung zu den Juden als weich erscheinen; im Gegenteil wetteiferte man darum, wer am schärfsten gegen sie vorging. Goebbels setzte seine Ankündigungen um und untersagte Juden den Zutritt zu öffentlichen Kultureinrichtungen. Heydrich hob die Führerscheine von Juden auf und erklärte darüber hinaus die Zulassung ihrer Autos für ungültig. Die letzten jüdischen Kinder auf staatlichen Schulen wurden ausgeschlossen. Juden durften keinerlei Erholungs- und Sportaktivitäten mehr ausüben. Die überlebenden jüdischen Zeitungen wurden verboten und durch eine einzige, das *Jüdische Nachrichtenblatt,* ersetzt, die in erster Linie die Aufgabe hatte, die Juden über die gegen sie verhängten Maßnahmen zu informieren. Eine Woche nach der Konferenz im Luftfahrtministerium zwang eine »Verordnung über die öffentliche Fürsorge für Juden« die kommunalen Fürsorgeämter zu einer einheitlichen Behandlung jüdischer Antragsteller. Sie strich alle verbliebenen Leistungen, auf die Juden noch ein Anrecht hatten. Einige Tausend, einschließlich der Kriegsversehrten, erhielten weiterhin staatliche Zuwendungen, aber die meisten der neuen Arbeitslosen und all derjenigen, denen man die Möglichkeiten genommen hatte, ihren Lebensunterhalt zu verdienen, wurden den jüdischen Hilfsorganisationen überlassen.[149]

Anfang Dezember 1938 wurden durch die »Verordnung über den Einsatz jüdischen Vermögens« die in Österreich erprobten Methoden der Arisierung im Gesamtreich eingeführt. Die Verordnung regelte den Zwangsverkauf jüdischer Unternehmen und die Einbehaltung der Erlöse durch den Staat, indem dem Verkäufer lediglich Reichsschuldverschreibungen oder Einträge ins Reichsschuldbuch zugestanden wurden. Außerdem verpflichtete die Verordnung Juden, ihren Wertpapierbesitz einem geschlossenen Depot zu übergeben. Danach benötigten sie eine Genehmigung, wenn sie auch nur einen kleinen Teil ihrer Papiere veräußern wollten. Am 6. Dezember stellte Göring in einer Rede vor den Gauleitern unmissverständlich klar, dass er individuelles Banditentum und die sinnlose Zerstörung jüdischen Besitzes nicht dulden würde. Einzig der unersättliche deutsche Staat sollte von den in jahrzehntelanger harter Arbeit erworbenen Besitztümern der Juden profitieren.[150]

Der Zwangsverkauf jüdischer Unternehmen war im Altreich strenger geregelt als in Österreich, löste aber gleichwohl eine Goldgräberstimmung aus. Der Berliner Oberbürgermeister Julius Lippert berichtete vom großen Andrang der Bewerber in den Bezirksämtern. Für die Auswahl unter ihnen hatte der »Gauwirtschaftsberater« Richtlinien erlassen, nach denen »alte und verdiente Parteigenossen, die in der Kampfzeit geschädigt [worden] sind«, bevorzugt werden sollten. Danach waren wirtschaftlich erfahrene Parteimitglieder, die sich selbständig machen wollten, »Abrissgeschädigte (im Zusammenhang mit der Neugestaltung Berlins)« sowie »langjährige Angestellte jüdischer Betriebe, sofern es nicht ›Judenknechte‹ sind«, an der Reihe. In Berlin wurden die Betriebe von 976 Schneidern, 364 Kürschnern, 268 Putzmachern, 181 Schuhmachern, 114 Uhrmachern sowie 49 Gold- und Silberschmieden liquidiert beziehungsweise verkauft. In ganz Deutschland schlossen staatlich eingesetzte Treuhänder bis April 1939 15 000 Unternehmen und verkauften 17 000 an »arische« Interessenten; über das Schicksal von rund 7000 Betrieben war noch nicht entschieden worden.[151]

Durch eine weitere Verordnung vom 21. Februar 1939 wurden Juden angewiesen, sämtliche in ihrem Besitz befindlichen Edelsteine sowie Wertgegenstände aus Edelmetallen gegen eine Entschädigung dem Staat zu übergeben, Broschen und Halsketten ebenso wie Kandelaber, Tafelsilber und rituelle Gegenstände, die für die jüdische Glaubenspraxis und die Feier des Lebenszyklus von Bedeutung waren. Die Juden sollten diese Dinge bei speziellen Ankaufstellen abgeben, deren Inhaber natürlich den geringstmöglichen Preis bezahlten, der weder ihr Alter noch ihre Seltenheit berücksichtigte, von ihrem sentimentalen Wert ganz zu schweigen. In Breslau ersuchte der achtzigjährige Leo Bernstein die Behörden, zwei Sabbatkerzenständer, einen silbernen Kidduschbecher und einige andere Gegenstände, die er und seine Frau in den fünfzig Jahren ihrer Ehe alljährlich an jüdischen Festtagen benutzten, behalten zu dürfen. Abraham Ascher, der Historiker der Breslauer Juden, bemerkte dazu: »Die Ankaufstelle erfüllte generell keine derartigen Bitten.« Eine Ausnahme bildeten Eheringe.[152]

Auch die jüdische Arbeitskraft wurde als potentielle Ressource für die alles verschlingende Kriegswirtschaft betrachtet. Ende 1938 ließ Göring Pläne für die Mobilisierung von Juden ausarbeiten, mit dem Ziel, deutsche Arbeiter für die Rüstungsindustrie freizusetzen. Man hielt es für selbstverständlich, dass diesen neuen Arbeitskräften nicht gestattet werden konnte, neben Deutschen tätig zu sein. Jüdische Arbeiter waren abzusondern und streng zu überwachen.[153]

In dieser Zeit begannen Stadtverwaltungen überall in Deutschland, wiederum nach dem Vorbild des »Wiener Modells«, Karteien der Wohnsitze von Juden anzulegen. Die Implikationen dieser Maßnahme traten zutage, als Ende April das »Gesetz über Mietverhältnisse mit Juden« verkündet wurde, durch das Juden jeglichen Kündigungsschutz verloren. Umgekehrt konnten Kommunalbehörden jüdische Hausbesitzer anweisen, Räume an Juden zu vermieten. Damit waren die Mittel geschaffen, Juden in einzelnen Wohnhäusern zu konzentrieren, von denen häufig mehrere nebeneinander oder in derselben Straße lagen. Von diesen sogenannten »Judenhäusern« zum Ghetto war es nur noch ein kleiner Schritt.[154]

Schließlich wurden nach der Besetzung von Böhmen und Mähren im März 1939 die Bankkonten von Juden im nunmehr Protektorat genannten Gebiet eingefroren und der Zugang zu Bankschließfächern unter Aufsicht gestellt. Einige Monate später wurden diese Maßnahmen auf das Reich übertragen. Damit war die Enteignung der deutschen und österreichischen Juden vollendet. Der Zugriff auf die ihnen noch verbliebenen Vermögenswerte war von der Gnade der Beamten abhängig und konnte jederzeit unterbunden werden, wenn das Regime sich entschloss, sie zu beschlagnahmen.[155]

Durch die Verschärfung der antijüdischen Maßnahmen geriet zwangsläufig der Status der Mischlinge ins Blickfeld. Dies bot Frick eine Gelegenheit, seine stark beschädigte Autorität in jüdischen Angelegenheiten zu unterstreichen. Am 16. Dezember 1938 hielt er seinerseits eine Konferenz ab, um über das Schicksal von »Teiljuden« zu befinden. Teilnehmer waren Vertreter von Ministerien, Partei, Verwaltung und Kommunen sowie Heydrich und der Berliner Polizeipräsident. Göring nachahmend, eröffnete Frick die Besprechung damit, dass er sein Mandat betonte: Hitler habe ihm die Erlaubnis für eine Reihe neuer Vorschriften erteilt. Anschließend erklärte er, nach reiflicher Überlegung sei er zu dem Schluss gelangt, dass Mischlinge von den antijüdischen Maßnahmen auszunehmen seien. Es seien einfach zu viele, schätzungsweise 700 000. Hauptziel der Judenpolitik müsse die Auswanderung der Juden sein. Die dann noch verbliebenen Juden würden in »Judenhäusern« konzentriert und zu Zwangsarbeit herangezogen werden. Ihre Kennzeichnung und die Errichtung von Ghettos habe der Führer ausgeschlossen. Ende des Monats führte Göring eine neue Kategorie »privilegierter Juden« ein: die mit »Ariern« verheirateten. Mit diesem Paket neuer, verwirrender Vorschriften sollten die Nachkommen aus Mischehen für das deutsche Volk bewahrt und zumindest vorläufig von der Enteignung ausgenommen werden. So durften gemischte Ehepaare, die ihre Kinder als Christen großzogen, ihre Häuser behalten und ihr Vermögen an ihre Nachkommen vererben. Kinderlose wurden indes als Juden behandelt, konnten also ihr Heim verlieren und zum Umzug in ein »Judenhaus« gezwungen werden. Dies galt auch für Ehepaare, die ihre Kinder im jüdischen Glauben erzogen. Entschloss sich ein arischer Ehepartner zur Scheidung, verlor der jüdische Partner seine privilegierte Stellung.[156]

Sowohl Göring als auch Frick hoben auf ihren jeweiligen Konferenzen hervor, dass das Regime vor allem die systematische Auswanderung anstrebe. Am 24. Januar 1939 wurde Heydrich von Göring beauftragt, nach dem Wiener Vorbild eine Auswanderungsstelle für das gesamte Reich aufzubauen. Damit erlangten SD und Sipo die unangefochtene Macht über das Schicksal der Juden in Deutschland. So wie Eichmann die IKG umgestaltet hatte, um sie als Auswanderungsinstrument zu benutzen und gleichzeitig die jüdische Bevölkerung unter Kontrolle zu halten, begann das Innenministerium im Februar damit, die Reichsvertretung der deutschen Juden in die Reichsvereinigung der Juden in Deutschland umzuformen. Diese Organisation, deren Vorstand vom NS-Regime eingesetzt wurde, war ganz auf die Förderung der Auswanderung ausgerichtet, sollte aber auch ein Minimum an Fürsorge für die verbliebenen Juden leisten, also Bildung, medizinische Versorgung, Unterstützung von Mittellosen und Altenpflege.[157]

Ausländische Reaktionen

Regierungen und Bürger überall auf der Welt verfolgten entsetzt, wie Göring und die deutsche Führung immer ausgeklügeltere Mittel zur Absonderung und Ausbeutung der Juden ersannen. Doch dieses Entsetzen führte nicht zu praktischer Hilfe für die Opfer. Eigener Antisemitismus, innenpolitische Erwägungen und diplomatische Prioritäten verhinderten mitfühlendes Handeln. Darüber hinaus fürchteten die Regierungen in Westeuropa, dass das deutsche Vorgehen, das Italien, Rumänien und Ungarn bereits zur Verabschiedung antijüdischer Gesetze angeregt hatte, eine Vertreibungswelle auslösen und die Bereitschaft, deutsch-jüdische Flüchtlinge aufzunehmen, von anderen Ländern als Anreiz verstanden werden würde, ihrerseits die Juden auszurauben und aus dem Land zu werfen.

Die britischen Zeitungen berichteten mit allen schrecklichen Einzelheiten über den Novemberpogrom, und Leitartikel und Leserbriefe verurteilten durchweg die Ereignisse. Der *Daily Telegraph* kommentierte am 11. November: »Rassenhass und Hysterie scheinen von ansonsten anständigen Leuten vollständig Besitz ergriffen zu haben.« Sogar Verfechter der Appeasementpolitik stimmten in den Chor ein. So schrieb Cosmo Lang, der Erzbischof von Canterbury, tags darauf in der *Times*: »Es gibt Zeiten, in denen die menschlichen Grundinstinkte es unmöglich machen zu schweigen. Ich wünschte, die Herrscher des Reichs würden begreifen, dass die Freundschaft, die wir ihnen anzubieten bereit sind, durch solche Exzesse von Hass und Bösartigkeit auf fast unerträgliche Weise belastet wird.« Und der oberste Beschwichtiger, Premierminister Neville Chamberlain, schrieb an seine Schwester Ida: »Ich bin entsetzt über das deutsche Verhalten gegenüber den Juden.« Obwohl er die Ereignisse in erster Linie als Hindernis für eine Verbesserung der Beziehungen zu Deutschland betrachtete, konnte er sein Missfallen nicht verhehlen: »Es ist klar, dass dem Nazihass alles recht ist, um einen Vorwand für seine Gräueltaten zu finden.«[158]

Die britische Regierung geriet unter erheblichen Druck, die Notlage von Juden, die aus dem Reich fliehen wollten, zu erleichtern. Eleanor Rathbone, eine unabhängige Unterhausabgeordnete, welche die englischen Universitäten vertrat, rief einen Parlamentsausschuss für Flüchtlinge ins Leben, um die Anstrengungen von Mitgliedern aller Parteien, die auf Sorgen in der Bevölkerung reagierten, zu koordinieren. Am 14. November warnte Innenminister Samuel Hoare das Kabinett, es gebe Anzeichen dafür, »dass das Unterhaus und das Land außer Kontrolle geraten könnten«. Chamberlain empfing eine Abordnung des Council for German Jewry, welcher Viscount Samuel, Lord Bearstead, Lionel de Rothschild, Neville Laski, Oberrabbiner Joseph Hertz und Chaim Weizmann angehörten. Die jüdischen Führer räumten ein, dass Großbritannien seine Tore nicht einer unbegrenzten Einwanderung öffnen könne, baten aber darum, deutsch-jüdischen Kindern vorübergehend Zuflucht zu gewähren. Außerdem ersuchten sie den Premierminister, die Regierungen der Dominions und der Kolonien dazu zu bewegen, Niederlassungsmöglichkeiten anzubieten. Rothschild erläuterte die finanziellen Konsequenzen der Evakuierung eines Großteils der deutschen Juden und forderte die Regierung auf, die 30 Millionen Pfund, die man seiner Schätzung nach dafür brauchte, bereitzustellen. Chamberlain bezweifelte, dass sich in Großbritannien oder dem Empire Ansiedlungsmöglichkeiten für Juden finden ließen, versprach aber auszuloten, was möglich wäre.[159]

Der Druck kam nicht nur aus dem Inland. Auf der nächsten Kabinettssitzung drängte Außenminister Halifax seine Kollegen, etwas zu unternehmen, um die Öffentlichkeit in den Vereinigten Staaten zu besänftigen, die sich in zunehmendem Maß über die von Großbritannien verhängten Beschränkungen der Einwanderung von Juden nach Palästina empörte. Hoare versicherte seinen Kollegen, dass die britischen Juden »dagegen seien, einer großen Zahl von Juden die Einreise in dieses Land zu gestatten«. Das Kabinett stimmte dem Innenminister zu, der im Unterhaus in einer Debatte über die Flüchtlingskrise erklärte, es gebe »eine grundlegende Strömung von Argwohn und Furcht in Bezug auf jegliche Einwanderung in größerem Ausmaß. Tatsache ist, dass unter der Oberfläche eine entschieden antijüdische Bewegung im Entstehen begriffen ist.«[160]

Dennoch war Großbritannien das einzige Land, das als direkte Reaktion auf die sich abzeichnende Tragödie seine Einwanderungsvorschriften änderte. Hatten sich jüdische Frauen, die sich um eine Arbeit als Hausbedienstete bewarben, bisher ans Arbeitsministerium wenden müssen, erhielt jetzt das Innenministerium die Zuständigkeit für diese Anträge, das deren Bearbeitung wiederum den jüdischen Flüchtlingsagenturen überließ. Bald durchliefen pro Woche 400 Antragstellerinnen diesen Prozess, über den insgesamt rund 14 000 Frauen nach Großbritannien gelangten. Darüber hinaus verkündete Hoare am 21. November im Unterhaus, dass man auch Flüchtlinge, die auf die Weiterreise in Drittländer warteten oder für die weitere Emigration eine Ausbildung absolvierten, sowie unbegleitete Minderjährige aufnehmen werde. Dies führte dazu, dass in den nächsten 19 Monaten, nachdem bis zum März 1938 nur 11 000 deutsche Juden nach England gekommen waren, rund 50 000 deutsche, österreichische und tschechoslowakische Juden ins Land strömten, unter ihnen etwa 9000 Kinder und Jugendliche im Alter von bis zu 17 Jahren, die mit Sonderzügen, den sogenannten Kindertransporten, aus Deutschland herausgeholt wurden. Hinzu kamen Flüchtlinge, denen britische Konsuln und Passkontrolleure eigenmächtig die Emigration nach Großbritannien ermöglichten. So nutzte Frank Foley, der eigentlich als Spion an der britischen Botschaft in Berlin stationiert war, seine Stellung aus, um verzweifelten Juden Visa auszustellen, sobald sie nur irgendeine Bürgschaft von in England lebenden Personen vorweisen konnten. Er arbeitete eng mit Wilfrid Israel zusammen, der sich nach dem Zwangsverkauf seines Kaufhauses bemühte, die Auswanderung der verbliebenen jüdischen Angestellten sicherzustellen.[161]

Die Meldungen über den Novemberpogrom beherrschten, ähnlich wie überall in den USA, drei Tage lang die Titelseite der *New York Times.* Auf einer Pressekonferenz am 14. November erklärte Präsident Roosevelt: »Die Nachrichten der letzten zwei Tage aus Deutschland haben die Öffentlichkeit der Vereinigten Staaten tief erschüttert … Ich selbst konnte kaum glauben, dass solche Dinge in einer Zivilisation des 20. Jahrhunderts geschehen können.« Er habe das Außenministerium angewiesen, den US-Botschafter in Berlin zu Konsultationen zurückzubeordern. Die Einwanderungsquote werde man jedoch nicht ändern. Dies schloss hilfreiche Gesten nicht aus. In einer Kabinettssitzung schloss sich der Präsident dem Vorschlag von Arbeitsminister

Francis Perkins an, die Aufenthaltsgenehmigung von Deutschen, die sich bereits mit befristeten Visa in den Vereinigten Staaten befanden, zu verlängern. Außerdem forderte er das Außenministerium auf, sich bei den südamerikanischen Regierungen nachdrücklich dafür einzusetzen, Land für jüdische Siedlungsprojekte zur Verfügung zu stellen. Tatsächlich wurde der Gedanke, Juden in unentwickelten Gebieten der Welt anzusiedeln, beinahe zu einer fixen Idee Roosevelts, der Experten ins Weiße Haus einlud, um die Möglichkeiten ihrer Verwirklichung zu sondieren. Wahrscheinlich hätte der Präsident gerne mehr getan, aber er wurde vom Außenministerium zurückgehalten und stand unter dem Eindruck des schlechten Ergebnisses seiner Partei in den Zwischenwahlen. Andere Länder zur Aufnahme jüdischer Flüchtlinge aufzufordern verlangte keinerlei politisches Risiko. Außerdem versuchte er, Großbritannien zu einer großzügigeren Aufnahmepraxis in Palästina zu drängen, was Chamberlain dazu bewogen haben mag, grünes Licht für den Plan zur Rettung von Kindern zu geben. Im Kabinett hatte sich Außenminister Halifax besonders deswegen für das Programm stark gemacht, weil es die Amerikaner zufriedenstellen würde.[162]

Wie der Präsident waren auch US-Diplomaten und das Außenministerium hin- und hergerissen. Am 5. Dezember schrieb Raymond Geist in einem privaten Brief an George Messersmith: »Die deutschen Juden sind zum Tod verurteilt, und ihr Urteil wird zwar langsam ausgeführt werden, aber wahrscheinlich noch zu schnell für die Welt, um sie zu retten.« Messersmith warnte daraufhin vor »hysterischem Handeln«. J. P. Moffat, dem es durchaus nicht an Sensibilität fehlte, war gleichwohl verärgert über die jüdische Lobbyarbeit. »Der rasch zunehmende Druck von Seiten jüdischer Gruppen«, vertraute er seinem Tagebuch an, »wird bald einen Punkt erreicht haben, an dem er gegen ihre eigenen Interessen zu wirken beginnt.« Er räumte ein, dass Juden Schreckliches durchmachten und jeder vernünftige Mensch den Wunsch haben musste zu helfen, fügte aber drohend hinzu: »Niemand möchte einem Druck von der Art ausgesetzt sein, wie sie ihn ausüben, und die amerikanische Öffentlichkeit mag keinen Druck zugunsten einer bestimmten Bevölkerung oder Gruppe.«[163]

Diese Gegenströmungen waren ein Grund für das Scheitern eines amerikanischen Versuchs, dem Beispiel der britischen Kindertransporte zu folgen. Im Februar 1939 brachten der demokratische New

Yorker Senator Robert Wagner und die republikanische Kongressabgeordnete Edith Nourse Rogers einen Gesetzentwurf ein, der unter Umgehung der Einreisequoten 20 000 jüdischen Kindern einen begrenzten Aufenthalt in den Vereinigten Staaten ermöglichen sollte. Der Entwurf erhielt viel Zustimmung, stieß bei Verfechtern einer streng restriktiven Einwanderungspolitik aber auf harsche Ablehnung. Ein besonders zynisches Argument lautete, die vorgeschlagene Maßnahme würde Familien auseinanderreißen, was christlichen Werten widerspreche. Das Außenministerium schreckte ganz prosaisch davor zurück, Tausende zusätzlicher Visa bearbeiten zu müssen. Zudem zeigten Meinungsumfragen, dass 80 Prozent der Amerikaner gegen eine Lockerung der Einwanderungsbestimmungen waren, weshalb Roosevelt dem Gesetzesvorhaben seine Unterstützung versagte. Im Frühjahr wurde es in den Ausschüssen zu Grabe getragen.[164]

Die französische Regierung, die sich in Verhandlungen über eine Erklärung zur französisch-deutschen Freundschaft befand, reagierte zurückhaltend auf die Nachrichten über den Pogrom. Außenminister George Bonnet warf den Juden sogar vor, die guten Beziehungen zu Deutschland zu sabotieren, indem sie ständig über die Leiden ihrer Glaubensgenossen sprächen. Der Innenminister wies die Grenzpolizei an, Juden die Einreise zu verweigern, selbst wenn sie gültige Visa besäßen. Als Alternative wärmte Senator Bérenger den Vorschlag auf, Juden in Madagaskar anzusiedeln. Diesmal fand er die Aufmerksamkeit der Deutschen. Anfang Dezember 1938 informierte Ribbentrop Hitler darüber, dass Frankreich 10 000 Juden auf die Insel schicken wolle. In der NS-Führung fand die Idee offenbar Anklang, denn Hitler erwähnte sie einen Monat später in einer Rede.[165]

Im *Neuen Tage-Buch* zog Leopold Schwarzschild sowohl politische als auch moralische Schlussfolgerungen aus der internationalen Reaktion auf den Pogrom. Nach seiner Ansicht spiegelten der Zynismus und die Brutalität, mit denen Deutschland seine Juden behandelte, dessen außenpolitische Haltung wider. Auf der anderen Seite spiegle sich im Versäumnis der Weltgemeinschaft, den Juden zu Hilfe zu kommen (nötigenfalls durch ihre Evakuierung), deren lahme Reaktion auf die deutsche Aggressivität wider. Beides offenbare moralische Schwäche. Man habe nie erkannt, »in welchem Grade die Methode, die das Dritte Reich in der Judensache verwandte, symptomatisch war für die Methode, die es überhaupt und überall, in allen Fragen, verwendet. Eine Fülle von außenpolitischen Irrungen hätte gespart werden können, wenn man imstande gewesen wäre, von der Prozedur in Sachen Juden auf die Prozeduren im Übrigen zu schließen.« Schwarzschild wunderte sich, dass die Vereinigten Staaten, Russland und Europa mit zusammen 600 Millionen Einwohnern nicht in der Lage waren, 600 000 Juden aufzunehmen. Bald, warnte er, würde es zu spät sein. »Ja, ist es heute denn noch sicher, dass das Nazi-Reich, in seiner Knappheit an Arbeitskräften, überhaupt bereit ist, diese Menschen herauszulassen? Gehen seine Pläne nicht schon auf anderes: auf Verwendung von Arbeitssklaven, wenn nicht, gelegentlich, als Totschlagsziel?«[166]

Flucht aus dem Reich

Nach dem Pogrom blieb die jüdische Bevölkerung Deutschlands und Österreichs durch die Auflösung des Centralvereins und die Internierung führender Juden führungslos zurück, nahezu ohne institutionelle Unterstützung und funktionierende Netzwerke. Auf eigene Faust suchten jüdische Männer und Frauen nach Fluchtwegen, legalen wie illegalen, und da ihnen immer weniger Möglichkeiten blieben, verfielen sie auf immer unwahrscheinlichere Optionen.

Victor Klemperer war dem schlimmsten Terror des Pogroms entkommen, weil er wegen einer Blasenentzündung im Krankenhaus gelegen hatte. Dennoch wurde er von der Polizei kurzzeitig festgenommen, nachdem sie bei einer Durchsuchung seines Hauses eine Waffe gefunden hatte – seinen alten Armeesäbel aus dem Krieg. Wieder zu Hause, wurde er vom »Ringen um Auswanderung« beansprucht. Er erkundigte sich nach den Bedingungen für ein Visum für Kuba, das, wie er gehört hatte, zu einem gewissen Preis bereit war, deutsche Juden aufzunehmen. Er zog sogar die Emigration nach Rhodesien oder Alaska in Erwägung.[167]

Am 30. März 1939 überquerten die Brüder Heinz und Ernst Hesdörffer die deutsch-niederländische Grenze. Heinz war ein intelligenter, gutaussehender junger Mann mit viel Charme. Geboren war er in Bad Kreuznach, wo seinem Vater eine Süßwarenfabrik gehörte. Der Familie, die nach deutschen Maßstäben religiös war, ging es gut. Nach einem antisemitischen Übergriff wurde Heinz auf eine jüdische Schule in Frankfurt am Main geschickt, wo er bei einer Tante wohnte. Während des Novemberpogroms demolierten SA-Männer die Süßwarenfabrik, und sie musste geschlossen werden. Heinz' Mutter (sein Vater war verstorben) versuchte vergeblich Visa für die Vereinigten Staaten zu bekommen. Stattdessen nutzten Heinz und sein Bruder die Gelegenheit, als die Niederlande 2000 unbegleitete Minderjährige ins Land ließen, um die sich die dortige jüdische Gemeinde kümmern wollte. Sie durften nicht arbeiten und wurden in einem Flüchtlingslager untergebracht, aber wenigstens waren sie in Sicherheit.[168]

Tausende andere gelangten illegal in Nachbarländer, hauptsächlich nach Frankreich. Sie waren der Verfolgung durch das NS-Regime entkommen, aber sofort mit anderen Gefahren konfrontiert. Ihre Pässe waren mit einer Art Kainsmal, einem roten J, gekennzeichnet, so dass sie der Gnade der örtlichen Polizei ausgeliefert waren, die ermächtigt war, illegale Einwanderer festzunehmen und zu internieren. Mangels Arbeitserlaubnis waren diese Juden darauf angewiesen, mit dem Geld auszukommen, das sie mitgebracht hatten, oder schlechtbezahlte Tätigkeiten in Werkstätten anzunehmen, wo sie jederzeit mit einer Razzia der Einwanderungspolizei rechnen mussten.[169]

Ernest Heppner stammte wie Heinz Hesdörffer aus einer religiösen jüdischen Familie. Er war 1921 in Breslau geboren, wo sein Vater, ein ordensgeschmückter Kriegsveteran, eine Fabrik betrieb, die Matze für das Passahfest herstellte. Nach dem Erlass der Nürnberger Gesetze war Ernest von seiner Schule verwiesen worden. Doch seine Eltern glaubten wie viele deutsche Juden, »der Antisemitismus gelte nur den eingewanderten polnischen Juden ... ›Deutsche Frontkämpfer und ihre Familien haben nichts zu befürchten, ihnen wird nichts geschehen‹, machte man sich Mut.« Der Novemberpogrom zerstörte diese Illusion und beendete jede Hoffnung, dass sich die Situation in Deutschland wieder bessern würde. Während Ernests Vater der Verhaftung entging, wurde sein Bruder nach Buchenwald geschickt. Ernest erwog, illegal nach Polen zu gehen, erfuhr dann aber vom Hilfsverein der Juden in Deutschland, dass man für Schanghai kein Visum brauchte. Die Aussicht auf ein Exil in China war jedoch, so einfach der Weg dorthin zu sein schien, alles andere als verlockend: »Schanghai. Aber was wir davon hörten, war nicht besonders ermutigend. Die Japaner, die mit den Deutschen verbündet waren, hatten Teile Chinas angegriffen und besetzt ... Außerdem tobte ein Krieg in den Küstengebieten, und wir wussten nicht, wovon wir in Schanghai leben sollten.« Aber die Zukunft von Juden in Deutschland sah derart düster aus, dass selbst diese Möglichkeit jetzt attraktiv war. Im letzten Augenblick konnte die Familie Kojen auf einem von Genua abgehenden Liniendampfer ergattern. Ernests Vater verkaufte hastig Fabrik und Wohnung, während seine Mutter die nötigen Papiere beschaffte. Dazu gehörten auch neue, mit einem J gekennzeichnete Pässe. Was dies bedeutete, erfuhren die Heppners, als sie in Port Said die Sehenswürdigkeiten der Stadt besichtigen wollten, man sie aber nicht von Bord gehen ließ. Grenzpolizisten überall auf der Welt wussten, dass Inhaber solcher Pässe wahrscheinlich Flüchtlinge waren, die, wenn man ihnen Gelegenheit dazu gab, zu illegalen Einwanderern würden. So setzten die Heppners die lange Reise zu ihrem ebenso fernen wie dubiosen sicheren Hafen fort.[170]

In Wien half die IKG unter Leitung von Benjamin Murmelstein Woche für Woche Tausenden von Auswanderungswilligen. Die Zahl der Mitarbeiter, bezahlten wie ehrenamtlichen, wuchs auf über tausend, und sie alle bemühten sich im Wettlauf mit den sich verschärfenden deutschen Forderungen bürokratischer und finanzieller Art, den Antragstellern die Emigration zu ermöglichen. In den 18 Monaten zwischen Anschluss und Kriegsbeginn emigrierten annähernd 100 000 österreichische Juden – rund die Hälfte der jüdischen Bevölkerung. Vorrang erhielten Waisen und Kinder, deren Väter in Konzentrationslagern interniert waren. Zionistische Abgesandte aus Palästina unter Leitung von Moshe Agami und Ehud Avriel stellten Gruppen wagemutiger junger Leute zusammen, die unter Verletzung der britischen Blockade illegal nach Palästina einzureisen versuchten. Am Rand der Auswanderungsaktivitäten standen die Menschenschmuggler, von denen Berthold Storfer der bekannteste und erfolgreichste war, ein jüdischer Wiener Geschäftsmann, der auf der Grundlage des gemeinsamen Interesses, Juden um jeden Preis aus dem Land zu bringen, eine enge Verbindung mit dem SD einging.[171]

Ruth Maier schrieb in ihrem Tagebuch über die Menschen, die ihr »so unter der Hand zerflattern«, indem sie sich illegal auf den Weg nach Palästina, Bombay oder Schanghai machten. Sie selbst würde mit Hilfe einer früheren Englischlehrerin als Hausangestellte nach England gehen können. Während sie auf eine Bestätigung ihrer Anstellung und das Visum wartete, verfolgte sie, wie sich die Situation verschlechterte: »Ja, als ich das erste Mal dieses ›Nur für Arier‹ auf den Bänken sah oder dieses ›Judenverbot‹ an den Kaffeehäusern, die eingeschlagenen Fenster, da konnt' ich's fast nicht glauben. Jetzt geh' ich vorüber und seh's kaum.« Ihr kam zu Ohren, dass zwei Juden, die sich das Leben genommen hatten, einen Zettel hinterlassen hatten, auf dem stand: »So kommt man in 24 Stunden über die Grenze.« Auch die Abfahrt des ersten Kindertransports vom Bahnhof Hütteldorf am Rand von Wien erlebte sie mit:

> Mit Taschenlampen haben die jüdischen Ordner geleuchtet [um den Bahnsteig zu erhellen]. Und Kinder bis 17 Jahre, Burschen und Mädels mit Rucksäcken und Kofferln. Immer noch einen Kuss. Noch einen und einen letzten. Neben mir hat eine Frau geweint, nicht leise für sich: Gewimmert hat sie, gestöhnt. Tief aufgeseufzt. Im ganzen Gesicht gebebt … Kleine vierjährige Kinder haben geschrien. Wahnsinn! Auf den Armen hat man sie wegtragen müssen. Und die Mütter! Die Väter von den Kleinen sind in Dachau …

Im Januar 1939 erhielt Ruth Maier eine dreimonatige Aufenthaltserlaubnis für Norwegen, wo sich ein Angestellter einer Telegraphengesellschaft, ein aktiver Sozialist, als Gastgeber und Bürge angeboten hatte, bis sie nach England weiterreisen konnte.[172]

Der Kindertransport, dessen Abfahrt Ruth Maier beobachtet hat, war einer von Dutzenden, in denen rund 9000 unbegleitete, überwiegend jüdische (und »nichtarische« christliche) Kinder aus Berlin, Wien und Prag in die Niederlande gebracht wurden, wo sie auf die Fähren nach England umstiegen. Diese Aktion war buchstäblich die einzige erfolgreiche Massenevakuierung von Juden aus Deutschland und den annektierten Gebieten. Ironischerweise war sie durch die britische Weigerung möglich geworden, eine Ausweitung der jüdischen Einwanderung nach Palästina zuzulassen.[173]

Bei einem Treffen am 15. November in der Downing Street 10 bat Weizmann den britischen Premierminister, 10 000 jüdischen Kindern im Rahmen des erprobten Verfahrens der Jugend-Aliah die Einreise nach Palästina zu erlauben. Chamberlain wollte dies nicht zugestehen, aber der Gedanke der Evakuierung Tausender bedrohter Kinder und Jugendlicher ließ ihn nicht mehr los. Am nächsten Tag erhielt er die Zustimmung des Kabinetts, unbegleiteten Minderjährigen unter

18 Jahren einen vorübergehenden Aufenthalt in Großbritannien zu ermöglichen. Anstatt individuelle Visa und Garantien zu verlangen, erhielten die Flüchtlingsorganisationen Blockvisa unter der Auflage, dass sie für Auswahl, Unterbringung, Unterhalt und Beaufsichtigung der Kinder und Jugendlichen sorgten. Der Plan war ein echter Durchbruch, auch wenn er in Geist und Umsetzung zutiefst fragwürdig war. Die Regierung war bereit, Minderjährigen Zuflucht zu gewähren, aber nicht Erwachsenen, die auf den Arbeitsmarkt hätten drängen können. Außerdem erwartete man von den jungen Leuten, dass sie eines Tages weiterzögen. Die Historikerin Louise London bemerkt dazu: »Die Aufnahme rettete den Kindern das Leben. Der Ausschluss besiegelte das Schicksal vieler ihrer Eltern.«[174]

Die Kindertransporte brachten echte Helden hervor, aber das Bild wird durch eine schludrige Vorgehensweise gestört. Wilfrid Israel riskierte es, die Aufmerksamkeit der Gestapo auf sich zu ziehen, indem er nach Deutschland zurückkehrte, um die organisatorischen Grundlagen für die Aktion zu schaffen. Der deutsch-jüdische Jugendfunktionär Norbert Wollheim schob seine eigene Emigration auf, um in Berlin die Kindertransporte zusammenzustellen. Obwohl Viscount Samuel in England am 25. November in der BBC einen Spendenaufruf an die Bevölkerung richtete, kam nie genug Geld zusammen, um die Garantien und den Unterhalt sicherzustellen. Trotz Samuels Bitte gab es, als der Zustrom begann, auch nicht genügend jüdische Unterkünfte. Der erste Zug verließ Berlin am 1. Dezember 1938; eine Woche später folgte ein Zug aus Wien. Das dritte Zentrum war Prag, von wo aus anfangs aus dem Sudetenland vertriebene Juden, später aber auch bedrohte tschechische Juden außer Landes gebracht wurden. In England angekommen, wurden die Kinder in ungenutzten Ferienlagern bei Harwich und Lowestoft untergebracht. Diejenigen, die das Glück hatten, eine Gastfamilie gefunden zu haben, fuhren bis zum Bahnhof Liverpool Street weiter, wo ihre Pflegeeltern sie erwarteten. Ein weit größerer Teil von ihnen wurde von freundlichen Menschen aufgenommen, die die Lager besuchten. Bei diesen Besuchen mussten die Kinder zur Inspektion antreten, was von ihnen rasch »Viehmarkt« genannt wurde. Wie zu erwarten, wurden die kleinen, süßen Kinder als Erste ausgesucht. Geschwister wurden häufig getrennt und sahen sich jahrelang, manchmal auch ihr Leben lang nicht wieder. Der Refugee Children's Movement (RCM), welche die Aufnahme in Großbritannien organisierte, wurde von Zeitgenossen vorgeworfen, die kulturelle und religiöse Herkunft der Kinder nicht genügend zu beachten. So gab es im Lager Dovercourt in Harwich kein koscheres Essen, und jüdische Kinder aus orthodoxen Familien kamen häufig in nichtjüdische Pflegefamilien, die keinen Sinn für ihre Bedürfnisse hatten.[175]

In Prag leitete Nicholas Winton die Aktion, ein Börsenmakler, der auf Bitten eines Freundes, der tschechische Flüchtlinge unterstützte, seinen Skiurlaub abgebrochen hatte. Wintons Familie war deutsch-jüdischer Abstammung, praktizierte aber den christlichen Glauben. Er sah kein Problem darin, mit der Barbican Mission zusammenzuarbeiten, einer in Prag aktiven und von London aus geleiteten Organisation für die Judenmission. Als sie anbot, für hundert jüdische Kinder unter der Bedingung, dass sie getauft werden durften, ein Heim zu finden, griff Winton beherzt zu. Dieser Pragmatismus erzürnte den Oberrabbiner, der eine eigene Organisation unter Leitung seines Schwiegersohns Rabbi Solomon Schonfeld ins Leben rief. Mit Hilfe dieser Organisation gelangten 200 junge orthodoxe polnische Juden nach England, denen die RCM womöglich nicht geholfen hätte.[176]

Hitlers Prophezeiung

Am 30. Januar 1939 sprach Hitler vor dem erstmals zusammengetretenen Parlament des im vorangegangenen Jahr proklamierten Großdeutschen Reichs, dem auch Vertreter der jüngst eingegliederten Gebiete angehörten.[177] In seiner langen Ansprache hob Hitler die Leistung der NS-Bewegung bei der Einigung des deutschen Volks hervor. Ihren raschen Erfolg führte er auf die Abkehr von der parlamentarischen Demokratie und die Hinwendung zu einem System zurück, in dem die Führer den gemeinsamen Willen der Volksgemeinschaft zum Ausdruck brächten. Es gebe aber noch viel zu tun, bis sich alle Deutschen ihrer rassischen Einheit bewusst seien und eine Führungsschicht hervorbrächten, welche die Interessen des Volkes über geistige, kulturelle und rechtliche Skrupel stellen würde. Rassenbewusstsein und Geschlossenheit seien unabdingbare Voraussetzungen für den Sieg in dem Kampf, der Deutschland bevorstehe. Es gehe um wirtschaftliche Selbstgenügsamkeit, welche den Erwerb von Lebensraum erfordere. Ähnlich wie in seiner Denkschrift über den Vierjahresplan erklärte Hitler, dass das deutsche Volk seinen Lebensmittel- und Rohstoffmangel nicht auf Dauer durch exportfinanzierte Einfuhren ausgleichen könne. Letztlich erfordere die ökonomische Sicherheit äußere Sicherheit. Der Ausbau der Streitkräfte verringere die Produktionskapazitäten für den Export, aber man habe keine andere Wahl als aufzurüsten. Anschließend beschuldigte Hitler die Demokratien, vor allem Großbritannien und die Vereinigten Staaten, Deutschland zu bedrohen, und gab jüdischen Agitatoren und der angeblich jüdisch beherrschten Presse die Schuld an dieser vermeintlichen Kriegslüsternheit. Das deutsche Volk müsse diese Zusammenhänge erkennen und begreifen, dass es notwendig sei, zurückzuschlagen, so wie man »im inneren Deutschland … den jüdischen Weltfeind zu Boden geworfen« habe. In seinem Denken war die Lösung der »Judenfrage« bereits mit dem Konflikt insbesondere mit den Vereinigten Staaten verknüpft.

Hitler spottete über die Heuchelei der Demokratien, die Deutschland wegen seiner Behandlung der Juden verurteilten, sich aber weigerten, jüdische Emigranten aufzunehmen. Er lasse sich nicht von denselben Mächten, die den Deutschen nach 1918 solches Leid zugefügt hätten, über Menschlichkeit belehren, erklärte er, wieder einmal auf den Ersten Weltkrieg und dessen Folgen zurückblickend. Deutschland sei entschlossen, die Juden zu entfernen, und die anderen Nationen sollten ihren Teil zur Lösung dieses Problems beitragen. Die Lösung der »jüdischen Frage« sei eine Voraussetzung für den Frieden in Europa. Auch die Juden müssten an ihr mitwirken und sich darauf einstellen, anderswo auf der Welt eine »solide aufbauende Tätigkeit« zu leisten. Andernfalls würden sie »früher oder später einer Krise von unvorstellbarem Ausmaß erliegen«.

Inmitten seines endlosen Redeschwalls verkündete Hitler etwas seiner Meinung nach Denkwürdiges:

> Ich bin in meinem Leben sehr oft Prophet gewesen und wurde meistens ausgelacht. In der Zeit meines Kampfes um die Macht war es in erster Linie das jüdische Volk, das nur mit Gelächter meine Prophezeiungen hinnahm, ich würde einmal in Deutschland die Führung des Staates und damit des ganzen Volkes übernehmen und dann unter vielen anderen auch das jüdische Problem zur Lösung bringen. Ich glaube, dass dieses damalige schallende Gelächter dem Judentum in Deutschland unterdes wohl schon in der Kehle erstickt ist.

> Ich will heute wieder ein Prophet sein: Wenn es dem internationalen Finanzjudentum in und außerhalb Europas gelingen sollte, die Völker noch einmal in einen Weltkrieg zu stürzen, dann wird das Ergebnis nicht die Bolschewisierung der Erde und damit der Sieg des Judentums sein, sondern die Vernichtung der jüdischen Rasse in Europa.

Es war eine klar ersichtliche Drohung, dass die Juden es büßen würden, falls die Demokratien, die in Hitlers Vorstellung nach deren Pfeife tanzten, gegen Deutschland Krieg führen sollten.

Doch dies war weder das Ende noch der Höhepunkt von Hitlers Rede. Vielmehr pries er anschließend die Haltung des NS-Regimes zur Religion. Er behauptete, dass das Christentum im Reich gedieh, und beschrieb Deutschland als Verteidiger der Zivilisation gegen den Bolschewismus. Außerdem lobte er Mussolini, Italien und das »japanische Volk«, die zusammen mit Deutschland der Bolschewisierung Widerstand leisteten. Der Frieden würde nur durch die jüdisch beherrschte Presse gefährdet. Erneut drohte er den Juden mit Vergeltung für die angebliche jüdische »Lügenkampagne« und versicherte, Deutschland wolle mit seinen Nachbarn ebenso wie mit England und den Vereinigten Staaten in Frieden leben.

Diese Unheil verkündende Rede war prophetisch, aber nicht programmatisch. Wenn sie konkrete Folgen hatte, dann ganz unmittelbare. Wie der Historiker Hans Mommsen ausführt, konnte Hitler nicht wirklich voraussagen, was in drei oder vier Jahren geschehen würde. Vielmehr machte er eine »rhetorische Geste, die dazu diente, Druck auf die Weltgemeinschaft auszuüben«, die Massenauswanderung der verbliebenen deutschen und österreichischen Juden voranzutreiben. Klemperer, der sich die Rede im Radio angehört hatte, verstand ihre Botschaft: Hitler »machte … wieder aus allen Gegnern Juden und drohte mit der ›Vernichtung‹ der Juden in Europa, wenn sie den ›Krieg‹ gegen Deutschland heraufbeschwören würden«. Einige Tage später bemerkte er wehmütig, dass Schanghai in den Annoncen in der einzigen noch übriggebliebenen jüdischen Publikation, dem *Jüdischen Nachrichtenblatt*, eine große Rolle spielte.[178]

Anfang 1939 lebten in Deutschland noch rund 200 000 Juden und in Österreich weniger als 100 000. Aufgrund der Altersstruktur der Auswanderer war über die Hälfte der verbliebenen deutschen Juden über 45 Jahre alt, und die Frauen waren in der Überzahl. Kaum einer konnte seinen Lebensunterhalt noch selbst bestreiten. Bessergestellte bezogen kleine, festgelegte Beträge aus beschlagnahmtem Vermögen, aber die meisten lebten von der Fürsorge der jüdischen Gemeinde, die ihrerseits weitgehend von Zuwendungen des Council for German Jewry und des Joint abhing. Immer mehr Juden wurden gezwungen, ihre Wohnungen aufzugeben und in »Judenhäuser« umzuziehen. Nur wenige vermochten gesellschaftliche und geschäftliche Kontakte aufrechtzuerhalten; die große Mehrheit war vollständig isoliert. In den Gemeinden breitete sich »ein gewisser Fatalismus« aus, und außer den Wohlhabendsten und Uneinsichtigsten dachten alle nur noch ans Auswandern.[179]

Die NSDAP-Zelle in Herne erläuterte, was aus nationalsozialistischer Sicht hinter der Vertreibung von Juden aus ihren Wohnungen stand. Zunächst benötigten große arische Familie geräumigere Wohnungen, wie Juden sie häufig besäßen. Außerdem gehe es darum, »dass die Mieter untereinander den Geist nationalsozialistischer Gemeinschaft pflegen sollen. Eine Hausgemeinschaft kann aber nur von deutschdenkenden Menschen arischer Abstammung gebildet werden, sie ist mit Personen jüdischer Herkunft unmöglich.« Neben Vertreibung und Auswanderung ließ die Verarmung den verfügbaren Wohnraum anwachsen. »Dem Willen des Gesetzgebers, die Juden auf den kleinstmöglichen Wohnraum zu beschränken«, bemerkte die Judenabteilung des SD-Hauptamts mit Genugtuung, »kommen die Juden infolge ihrer rasch fortschreitenden Verarmung insofern entgegen, als sich oft mehrere jüdische Familien eine größere Wohnung mieten, wobei jede Familie nur 1 Zimmer bewohnt.«[180]

Im Mai 1939 verzeichnete die Judenabteilung auch die ersten Zwangsarbeitseinsätze arbeitsloser, mittelloser Juden. Einen Monat später stellte sie fest: »Der wegen der zunehmenden Verknappung deutscher Arbeitskräfte angeordnete Arbeitseinsatz von Juden ist in vollem Gange.« Allerdings waren nur wenige Juden jung oder gesund genug für die Arbeit. Außerdem erforderte ihre Trennung von den anderen Arbeitern besondere Vorkehrungen in Speise- und Umkleideräumen. Angesichts der Proteste der nichtjüdischen Arbeiter sprach sich der SD dafür aus, die Juden bei größeren Projekten in Lagern unterzubringen.[181]

Auch der Druck auf die »arischen« Partner in Mischehen wurde verstärkt. Diese Gruppe fiel innerhalb der geringer gewordenen jüdischen Bevölkerung immer stärker ins Gewicht, da sie weniger emigrationswillig war. Am 28. Dezember 1938 erließ Göring auf Anweisung Hitlers neue Richtlinien für die Behandlung von Mischehen. Allerdings hatte bereits das Ehegesetz vom 6. Juli 1938 die Scheidung von einem als geisteskrank geltenden, in einem Konzentrationslager internierten oder einkommenslosen Partner erleichtert, und mittlerweile fiel die Mehrzahl der jüdischen Männer unter eine der beiden letztgenannten Kategorien. Göring ermunterte »arische« Frauen nun ausdrücklich, sich von ihren jüdischen Ehemännern zu trennen, indem er ihnen versprach, sie würden dadurch in den »deutschen Blutsverband« zurückkehren und müssten keine Nachteile mehr erdulden. »Es brauchte«, wie Richard Evans anmerkt, »viel Mut, Treue und Liebe, um eine Mischehe unter diesen Umständen aufrechtzuerhalten.«[182]

Bis auf eine kleine Minderheit lebten die Juden in großer Not. Klemperer begann seine Besitztümer zu verpfänden, um seine magere Pension aufzustocken, die er als ehemaliger Staatsbediensteter und Kriegsveteran erhielt. Michael Mitzman, ein Brite, der als Vertreter einer Flüchtlingsagentur im Juni 1939 Breslau besuchte, schrieb, dass die Juden dort »völlig verarmt« seien. Die Gemeindeführer hätten ihn und seine Kollegen »angefleht, ihre Kinder herauszuholen«. Er könne »die Angst in den Gesichtern der Menschen und ihre absolute Verzweiflung, weil sie nicht wissen, wohin sie gehen und an wen sie sich wenden sollen, nicht beschreiben«. Die Situation in Breslau war typisch: 150 bis 200 reiche Juden konnten von den Zinserträgen ihrer gesperrten Konten leben; eine Handvoll Rechtsanwälte durfte für jüdische Klienten tätig sein; 40 bis 50 Ärzte sowie 15 Zahnärzte behandelten jüdische Patienten; 50 bis 100 Juden gingen einer Wirtschaftstätigkeit, zum Beispiel als Schuster, nach und bedienten eine rein jüdische Kundschaft; immerhin 1360 arbeiteten für die jüdische Gemeinde. Während in manchen ländlichen Gegenden einige Deutsche hartnäckig weiter mit Juden Handel trieben, war das jüdische Wirtschaftsleben sonst fast überall zum Erliegen gekommen. Der SD-Oberabschnitt Ost prahlte damit, »dass die Judenfrage seit der Machtübernahme erstmalig in der Berichtszeit in ein entscheidendes, soweit es die Ausschaltung aus den Lebensgebieten betrifft, in ein abschließendes Stadium getreten ist«.[183]

Da jüdisches Leben stark eingeschränkt war und die Existenzbedingungen sich verschlechterten, ohne dass Hoffnung auf ein Entkommen oder auf Linderung bestand, entschlossen sich viele ältere Juden, ihrem Leben ein Ende zu setzen. Der Freitod war keine Geste des Widerstands, sondern wurde aus reiner Verzweiflung gewählt. Häufig war er eher eine Reaktion auf die Zurückweisung durch die Nationalsozialisten als Ausdruck der Ablehnung des Nationalsozialismus. »Es geht jemand aus dem Leben«, schrieb die 76-jährige Hedwig Jastrow am 29. November 1938 in ihrem Abschiedsbrief, »dessen Familie seit über 100 Jahren deutsche Bürgerbriefe besitzt, mit Bürgereid übergeben, der Eid stets gehalten … Ich will nicht leben ohne Vaterland, ohne Heimat, ohne Wohnung, ohne Bürgerrecht, geächtet und beschimpft.«[184]

Die Behörden behielten die Selbstmordrate aufmerksam im Auge; für sie bemaß sich darin ihr Erfolg. Mitte Dezember 1938 verzeichnete die Gendarmerie von Bad Reichenhall das Schicksal einer 67-jährigen Jüdin, deren Haustür mit einem antijüdischen Plakat beklebt worden war. Daraufhin nahm sie am Abend eine Überdosis Schlaftabletten. Als sie am nächsten Morgen bewusstlos aufgefunden wurde, weigerten sich die »arischen« Ärzte des Orts, sie zu behandeln, und der schließlich herbeigerufene jüdische Arzt vermochte ihr nicht mehr zu helfen. »Die Ursache der Tat«, konstatierte die Gendarmerie lakonisch, »war Nervenzerrüttung durch die erfolgten Maßnahmen gegen sie als Jüdin.« Einige Monate später erklärte der SD-Unterabschnitt Württemberg-Hohenzollern, die Vielzahl antijüdischer Maßnahmen lasse »die Juden nicht mehr zu sich kommen«; es sei »zu beobachten, dass eine ausgesprochene Hysterie bei jüdischen Frauen und Männern einsetzt«. Das beste Anzeichen der »Weiterschreitung der Verproletarisierung der Juden« sei »die zunehmende Zahl der Selbstmorde«.[185]

Das Ende der Tschechoslowakei und die Besetzung von Böhmen und Mähren

Als deutsche Truppe Böhmen und Mähren besetzten, gerieten weitere 87 000 Juden in Not. Hitler hatte die Absicht, die reichen industrialisierten Gebiete jenseits des Sudetenlandes zu annektieren, nie aufgegeben, und als sich der Mangel an Arbeitskräften und Rohstoffen in Deutschland verschärfte, wurde der Gedanke an die Übernahme der tschechischen Rüstungsindustrie und Munitionslager übermächtig. Vom NS-Regime ermuntert, erklärte die Slowakei am 14. März 1939 ihre Unabhängigkeit und bat Deutschland um Hilfe gegen tschechische Gegenmaßnahmen. Am nächsten Tag fuhr der tschechische Präsident nach Berlin, wo er auf Druck von Hitler und Göring ein Dokument unterzeichnete, das Deutschland aufforderte, im noch verbliebenen Gebiet der ehemaligen Tschechoslowakei die Ordnung aufrechtzuerhalten. 24 Stunden später marschierten deutsche Truppen ein, und die »Resttschechei« wurde zum Protektorat des Großdeutschen Reichs proklamiert.[186]

In Prag wurden die Deutschen von Schnee- und Regenschauern empfangen. Helga Weiss, ein frühreife Neunjährige, die ein Tagebuch führte, fiel der traurige Ausdruck auf den Gesichtern der Menschen in den eiskalten Straßen auf. Als sie an diesem Nachmittag aus der Schule kam, sah sie überall deutsche Militärfahrzeuge. »So gerieten wir, ohne zu begreifen, wie und wozu es geschah, unter die ›Obhut‹ des Dritten Reichs. Wir bekamen auch einen neuen Namen. Anstelle von Tschechoslowakei heißt unser Land jetzt ›Protektorat Böhmen und Mähren‹.«[187]

Das Protektorat Böhmen und Mähren – teils annektiertes Gebiet, teils Kolonie – war eine weitere merkwürdige Improvisation des NS-Regimes. Staatspräsident Emil Hácha durfte an der Spitze einer Marionettenregierung die Tschechen weiter nach tschechischen Gesetzen regieren, allerdings unter der Oberaufsicht eines deutschen Protektors. Der erste Inhaber dieses Amts war der frühere Außenminister Neurath. Mit seiner Ernennung fiel die Ausdehnung deutschen Rechts auf sein Territorium zusammen, dessen Durchsetzung der deutsche Sicherheitsapparat aus Sipo und SD übernahm. Volksdeutsche wurden als deutsche Staatsbürger und damit als Herren über die Tschechen betrachtet. Kurzfristig plünderte Deutschland die Goldreserven des Landes, und auf lange Sicht passte es die tschechische Wirtschaft den eigenen Bedürfnissen an.[188]

An der deutschen Aggressivität konnte jetzt kein Zweifel mehr bestehen. Es gab weder bedrängte Volksdeutsche in Prag noch auf dem Versailler Vertrag beruhende territoriale Ansprüche, die eine Besetzung rechtfertigt hätten. Leopold Schwarzschild legte die deutschen Absichten offen. »Das ist erreicht«, konstatierte er. Die Zerschlagung der Tschechoslowakei lasse jede Illusion über die Ziele der Nationalsozialisten platzen und fege Hitlers Bekenntnis zum Frieden in Europa beiseite: »Unterwerfung von allem, Macht über alles: das ist ihr einziges, einfaches Ziel. Durch nichts geteilt, und durch nichts zu sättigen, ist es ihre einzige, ewige Brunst.« Die Demokratien wüssten jetzt, womit sie es zu tun hätten, und müssten eine Verteidigungsstrategie entwickeln.[189] Roosevelt war derselben Meinung. Er reagierte damit, dass er auf die Revision des Neutralitätsgesetzes hinzuarbeiten begann, das die US-Regierung daran hinderte, andere kriegführende Mächte militärisch zu unterstützen. Klemperer spürte, dass die Großmächte eine härtere Haltung einnahmen, und hoffte auf eine internationale Reaktion, die das Regime zu einem Kurswechsel zwingen würde.[190]

Im Augenblick jedoch war die deutsche Besetzung für die Juden im Protektorat eine Katastrophe. Die tschechische Verwaltung unter Hácha entwarf nur wenige Tage nach der Besetzung antijüdische Gesetze, doch die Deutschen nahmen die Sache selbst in die Hand und führten umgehend die gesamte Palette der im Reich ergriffenen Maßnahmen ein. Die Arisierung kam rasch in Gang. »Im Zusammenhang mit der Auflösung der jüdischen Gewerbebetriebe wurden viele Juden arbeitslos«, stellte der SD fest. »Vielerorts wurde die Errichtung von Sammelarbeitslagern für Juden notwendig, um sie nicht der öffentlichen Fürsorge zur Last fallen zu lassen.« Helga Weiss erlebte, wie sich die Lebensbedingungen von Tag zu Tag verschlechterten. Seit dem Morgen, an dem die Deutschen einmarschiert seien, notierte sie, habe es »keinen einzigen ruhigen Tag« mehr gegeben. Man könne mit der Flut antijüdischer Anordnungen gar nicht Schritt halten. »Uns Juden trifft es am meisten … So wie wir nichts dafür können, dass wir Juden sind, können wir auch nichts für alles andere. Doch danach fragt niemand, sie haben einfach das Gefühl, ihre Wut an jemandem auslassen zu müssen.« Sie wurde von ihrer Schule verwiesen und musste mit anderen jüdischen Mädchen zusammen bei Studenten Unterricht nehmen, die ihrerseits von der Universität geflogen waren.[191]

Zu den Maßnahmen, die den Juden auferlegt wurden, gehörte eine Steuer zur Finanzierung der Auswanderung. Die Deutschen wollten den tschechischen Juden ihre Vermögen rauben, sich aber gleichzeitig nicht mit einer Masse von jüdischen Armen belasten, die nicht in der Lage waren, das Land zu verlassen. Diese Lehre hatten sie aus den Ereignissen in Wien und den Folgen des Novemberpogroms gezogen. Franz Stahlecker wurde von Wien nach Prag versetzt, um im Protektorat einen Sipo-SD-Apparat aufzubauen, und im April folgte ihm

Eichmann mit dem Auftrag, eine Auswanderungszentrale einzurichten. Begleitet wurde Eichmann von Hans Günther und Alois Brunner, zwei Österreichern, die er in Wien für seine Dienststelle angeworben hatte. Sie waren typische Vertreter jener österreichischen SS-Männer, die Posten im expandierenden Herrschaftsgebiet des NS-Regimes erhielten: hartgesottene Aktivisten, die fanden, dass sie jetzt an der Reihe waren, Karriere zu machen, nachdem sie jahrelang halb im Untergrund gelebt hatten. Eichmanns Mitarbeiter versammelten Vertreter der tschechischen jüdischen Gemeinde, informierten sie über ihre neuen Aufgaben und schickten sie nach Wien, wo sie sich bei Murmelstein und der IKG einarbeiten sollten. Doch die Einrichtung einer Auswanderungsstelle und die Besteuerung tschechischer Juden, um deren eigene Emigration zu finanzieren, waren wesentlich einfacher, als Zufluchtsorte zu finden.[192]

Im Herbst 1938 versuchte die britische Regierung ihr schlechtes Gewissen darüber, dass sie einen Verbündeten im Stich gelassen hatte, zu beruhigen, indem sie von Prag abgelehnten Flüchtlingen aus dem Sudetenland – großenteils deutsche Nazigegner – Hilfe anbot. Davon waren auch 20 000 Juden betroffen, die jedoch nicht eigens erwähnt wurden. Während die deutschen Besatzer die jüdische Bevölkerung loswerden, aber politische Gegner nicht entwischen lassen wollten, ergriff die britische Regierung Maßnahmen, die das genaue Gegenteil bezweckten. Sie stellte vier Millionen Pfund für die Auswanderung von Flüchtlingen und ihren Familien zur Verfügung, wobei politische Flüchtlinge Vorrang hatten; wenn dies auch Juden zugutekam, dann häufig deswegen, weil sie Sozialdemokraten, nicht, weil sie Juden waren. Inzwischen waren die Flüchtlingsorganisationen durch die Emigrantenflut aus Deutschland und Österreich finanziell derart belastet, dass sie sich nicht in der Lage sahen, die Verantwortung für noch mehr verarmte Flüchtlinge zu übernehmen. Infolgedessen führten die britischen Behörden für Tschechen, die nach Großbritannien einreisen wollten, Visabeschränkungen ein, die es mittellosen Juden fast unmöglich machten, ins Land zu gelangen. Einige Hundert erreichten jedoch mit britischer Genehmigung Palästina, und gut 660 Kinder kamen dank der Kindertransporte nach England.[193]

Während die Flüchtlingskrise sich weiter verschärfte, setzten Amerikaner und Briten ihre Hoffnungen auf George Rublee, den Direktor des IGCR. In den Außenministerien in Washington und London glaubte man, dass jüdische Flüchtlinge eine wesentlich größere Chance hätten, sich außerhalb Deutschlands ansiedeln zu können, wenn man ihnen gestattete, in bestimmtem Umfang finanzielle Mittel auszuführen. Rublee war ermächtigt, mit Deutschland darüber zu verhandeln, und beide Regierungen hofften inständig auf eine Einigung mit Berlin. Mitte Dezember 1938 sah es so aus, als wäre das NS-Regime bereit, über die Bedingungen zu sprechen, wenn auch nur zum eigenen Nutzen. Hjalmar Schacht willigte ein, sich während eines Londonaufenthalts in Reichsbankangelegenheiten mit Rublee zu treffen. Er stellte sich vor, innerhalb von drei Jahren 150 000 Juden die Emigration mit einem gewissen Kapital zu ermöglichen, wenn das »Weltjudentum« ihre Ausreise durch Einzahlungen in einen Fonds finanzierte; als Sicherheit für dieses riesige Darlehen sollte das Eigentum der deutschen Juden dienen. Im Januar reiste Rublee zur Fortsetzung der Verhandlungen nach Berlin, wo er feststellen musste, dass Schacht inzwischen abgesetzt worden war. An seiner Stelle empfingen ihn Göring und Helmuth Wohlthat, ein Beamter der Behörde für den Vierjahresplan. Doch die Deutschen schienen ernsthaft verhandeln zu wollen. Abgesehen von einer zusätzlichen Klausel, die Sanktionen ausschloss, bekräftigten sie Schachts Vorschlag. Rublee berichtete nach London und Washington, dass sich eine Einigung abzeichne.[194]

Ende April 1939 legte Sumner Welles Präsident Roosevelt eine Denkschrift zu einem Abkommen über die geordnete Ausreise der deutschen Juden vor – es sollte nie geschlossen werden. Jüdische Führungspersönlichkeiten in Washington und London standen einem Plan, der von ihnen verlangte, die Abwicklung der deutschen jüdischen Gemeinde zu finanzieren, skeptisch gegenüber. Nicht weniger fragwürdig war die Idee, Juden zu zwingen, als Korporation zu agieren und so die von den Nationalsozialisten behauptete Existenz eines Weltjudentums zu bestätigen. Als Myron Taylor, der Chefberater des Präsidenten in Flüchtlingsfragen, mit jüdischen Persönlichkeiten zusammentraf, um über die Schaffung eines Trusts als Instrument des Plans zu beraten, zeigten sie ihm die kalte Schulter. Auch Herbert Emerson, der neue Hochkommissar für Flüchtlinge aus Deutschland, vermochte ihre Ablehnung nicht zu überwinden. Robert Pell, der als Vertreter des Außenministeriums an den Verhandlungen beteiligt war, fasste die festgefahrene Situation am 15. Mai 1939 in einem Brief an Taylor zusammen: »Mein ehrlicher Eindruck ist der, dass unsere Angelegenheit zu einem Tauziehen zwischen der Regierung und unseren jüdischen Freunden aus der Finanzwelt wird. Die Regierungen bemühen sich nach Kräften, die Hauptlast der Verantwortung den jüdischen Finanziers zuzuschieben, und die jüdischen Finanziers bemühen sich ebenso sehr, sie bei der Regierung zu belassen.« Verkompliziert wurde die Situation auch dadurch, dass die jüdische Öffentlichkeit gespalten war. Zionistenführer wie Stephen Wise lehnten den Plan ab, weil er Palästina als Niederlassungsort außer Acht ließ. Bis Juni 1939 wurden nur 800 000 Dollar aufgebracht, überwiegend vom Joint. Emerson und Wohlthat sollten im Juli erneut zusammentreffen, aber die internationale Entwicklung machte ihre Verhandlungen gegenstandslos.[195]

Symptomatisch für den Stillstand in der Frage der jüdischen Flüchtlinge war die Irrfahrt eines Schiffs, das jüdische Auswanderer aus Deutschland nach Kuba bringen sollte. Am 13. Mai 1939 lief die *St. Louis,* ein Passagierschiff der Hamburg-Amerika-Linie, von Bremen in Richtung Havanna aus. Die 937 jüdischen Passagiere an Bord besaßen kubanische Einreisevisa, die allerdings, was sie nicht wussten, eine Woche zuvor von der kubanischen Regierung für ungültig erklärt worden waren, weil sich darunter zahlreiche Fälschungen befanden. Als das Schiff zwei Wochen später in Havanna eintraf, wurde nur 28 Passagieren gestattet, an Land zu gehen. Schiffskapitän Gustav Schröder war ungewöhnlich besorgt um seine menschliche Fracht. Er fuhr nach Florida weiter und an der US-Küste entlang, während jüdische Organisationen sich bei der Regierung dafür einsetzten, die Flüchtlinge ins Land zu lassen. Das amerikanische Außenministerium weigerte sich jedoch, die Quote für Einwanderer aus Deutschland zu überschreiten, und Roosevelt blieb untätig. Schließlich kehrte die *St. Louis* nach Europa zurück, wo ihre Passagiere durch Vermittlung des IGCR in mehreren Ländern Aufnahme fanden: 288 in Großbritannien, 224 in Frankreich, 214 in Belgien und 181 in den Niederlanden.[196]

Nach diesem Debakel verlangten die Schifffahrtsgesellschaften von jüdischen Passagieren den Kauf eines Rückfahrttickets für den Fall, dass ihnen am Zielort die Einreise verwehrt würde. Die SD-Experten räumten zwar ein, dass die Auswanderung immer schwieriger wurde, zogen daraus aber nicht den Schluss, den Juden eine gewisse Kapitalausstattung zu gewähren, damit sie als Einwanderer attraktiver würden. Stattdessen sprachen sie sich lediglich dafür aus, den Druck auf die Juden und die Flüchtlingsorganisationen aufrechtzuerhalten.[197]

Die Stimmung derjenigen, die ein neues Zuhause gefunden hatten, blieb angespannt. Ruth Maier zum Beispiel war von der Familie Strøm in Lillestrøm aufgenommen worden und lernte eifrig Norwegisch, wenn sie auch hoffte, letztlich nach England emigrieren und dort eine Ausbildung zur Krankenschwester aufnehmen zu können. Sie klagte über ihr Dilemma: »Ich weiß nicht, was besser ist: in Norwegen zu bleiben oder nach England zu fahren?« Während sie selbst schwankte, forderte sie ihre Schwester Judith, die sich bereits in England befand, ein ums andere Mal auf, ein Visum für ihre Mutter zu beschaffen, die in Wien festsaß. Nach dem deutschen Einmarsch in Prag fühlte sie den kommenden Krieg und sorgte sich immer mehr um ihre Mutter wie auch um sich selbst. Norwegen, schrieb sie ihrer Schwester, sei nur durch einen schmalen Streifen Wasser von Deutschland getrennt. Sie hatte sich in Arne Strøm, ihren Bürgen, verguckt und hoffte, in Oslo Abitur machen zu können. Im April konnte ihre Mutter schließlich nach London ausreisen, doch ihr eigenes Visum war inzwischen abgelaufen. Am 1. Juni 1939 schrieb sie ihrer Schwester, »dass es auch was Anderes gibt als hochsinnige Gedanken über Sozialismus und Judenverfolgung … und das ist Dein Körper«. Sie lernte einen jungen Mann kennen, begann zu rauchen, machte sexuelle Erfahrungen und unternahm eine Ferienreise. Doch die Zweifel blieben. »Ich mag nicht in Norwegen sein, wenn Krieg ist«, gestand sie ihrer Schwester. »Glaubst Du, ich soll nach London … schreiben, wegen Visum?« Wenn ein Krieg ausbräche, könne sie in England als Krankenschwester von Nutzen sein, aber nicht dort, wo sie gegenwärtig sei. »Ich muss ja helfen. Norwegen wird neutral sein.«[198]

Als es Sommer wurde, verfolgten die über den Kontinent verstreuten jüdischen Flüchtlinge voller Sorge in den Zeitungen, dass Hitler einen Krieg gegen Polen vorbereitete. Im Januar 1939 hatte Deutschland begonnen, von Polen die Zustimmung dafür zu verlangen, den Freistaat Danzig unter deutsche Souveränität zu stellen. Polen weigerte sich und nahm stattdessen mit Großbritannien Verhandlungen über einen Schutzvertrag auf, um die deutschen Absichten zu durchkreuzen. Im März schockierte die deutsche Besetzung der »Resttschechei« Neville Chamberlain und seine Kollegen derart, dass sie Polen eine Garantie seiner Grenzen gegen einen deutschen Angriff anboten. Die Geste zählte freilich wenig, denn inzwischen hatte Hitler für britische und französische Politiker nur noch Verachtung übrig. Am

28. April teilte er dem Reichstag mit, dass Deutschland sowohl den Nichtangriffsvertrag mit Polen als auch das britisch-deutsche Flottenabkommen aufkündige. Nachdem er das OKH bereits früher aufgefordert hatte, einen Plan für die Invasion Polens auszuarbeiten, legte er jetzt in einer Reihe von Sitzungen Parteiführern und Militärs seine Ziele dar. Deutschland, erklärte er, brauche Lebensraum, um überleben zu können. Nur mit Gewalt seien Ressourcen zu gewinnen, und er beabsichtige, Land und Ressourcen in Osteuropa zu erobern, ohne, wie er hoffe, einen Krieg mit Großbritannien und Frankreich auszulösen. In den folgenden Monaten machte man im deutschen Außenministerium Überstunden, um eine Reihe von diplomatischen und Handelsabkommen zu schließen, die Polen isolieren und potentielle Bedrohungen für Deutschland ausschalten sollten. Den Höhepunkt dieser diplomatischen Offensive bildete der am 23. August 1939 unterzeichnete Nichtangriffspakt mit der Sowjetunion.[199]

Die Freundschaftsbekundungen zwischen dem nationalsozialistischen Deutschland und der Sowjetunion waren für beide Regime eine erstaunliche Kehrtwende. In der NS-Propaganda war plötzlich nicht mehr vom jüdisch-bolschewistischen Feind die Rede, und Stalin ordnete an, nach Moskau entkommene deutsche Kommunisten, unter ihnen viele Juden, an die Nationalsozialisten auszuliefern, denen Widerstand zu leisten er sie einst ermuntert hatte. Die Öffentlichkeit wusste nicht, dass Ribbentrop und Wjatscheslaw Molotow, der neue sowjetische Volkskommissar für Auswärtige Angelegenheiten, sich zugleich auf ein geheimes Zusatzprotokoll geeinigt hatten, das die Teilung Polens vorsah und der Sowjetunion die Besetzung der baltischen Staaten sowie eines Gebietsstreifens im Osten Rumäniens zugestand. Dennoch war dem Mann auf der Straße ebenso wie erfahrenen Diplomaten klar, dass der Vertrag Deutschland den Weg zum Angriff auf Polen ebnete. Darüber hinaus ermöglichte er der deutschen Wehrmacht, sich gegebenenfalls gegen die Briten und Franzosen zu wenden, ohne sich über eine Bedrohung im Rücken sorgen zu müssen. Victor Klemperer in Dresden versuchte die Implikationen der »ungeheuren Umkehr« zu verdauen. »Unabsehbarkeit der Gefahr für alle Juden hier«, notierte er. Ruth Maier setzte ihrer Schwester auseinander, welche Vorteile es angesichts des unvermeidlichen Krieges hatte, sich in einem nichtkriegführenden Land zu befinden. Sie hoffte auf einen Sieg Englands, aber auch wenn »Deutschland zum Schluss doch

›gewinnt‹ (komisches Wort für Massenmorden), dann wissen wir wenigstens, woran wir sind«.[200]

Mehrere Tage lang versuchten Diplomaten in Paris, London und Rom eine friedliche Lösung für die deutschen Forderungen an Polen zu finden. Doch diesmal ließ sich Hitler nicht vom Krieg abbringen. Auf seinen Befehl schuf der SD einen Casus Belli, indem er einen Angriff polnischer Freischärler auf eine deutsche Radiostation bei Gleiwitz an der deutsch-polnischen Grenze vortäuschte. Nach dieser »Provokation« überschritten deutsche Truppen am frühen Morgen des 1. September 1939 die Grenze. Hitler war verblüfft, dass Frankreich und Großbritannien zu ihrer Schutzgarantie standen; er hatte nicht erwartet, so schnell im Westen Krieg führen zu müssen. Er hatte ein britisches Ultimatum, das ihn zum Abbruch der Invasion aufforderte, für einen Bluff gehalten, und so befand sich sein Großdeutsches Reich am 3. September in einem Zweifrontenkrieg.[201]

In Hitlers Augen gab es noch eine dritte Front. Nach seiner Vorstellung ließ sich der Konflikt auf einen Existenzkampf zwischen den Juden und den Deutschen reduzieren, wobei er Letztere als Repräsentanten der Zivilisation betrachtete. »Unser jüdisch-demokratischer Weltfeind«, erklärte er der Partei, »hat es fertiggebracht, das englische Volk in den Kriegszustand gegen Deutschland zu stellen ... Das Jahr 1918 wird nicht wiederkehren.« Fortan war das Schicksal der Juden unauflöslich mit dem Kriegsverlauf verknüpft.[202]

Helga Weiss begrüßte den Angriff auf Polen: »Der Krieg ist ausgebrochen. Das hat niemanden überrascht. So wie sich die Dinge entwickelt hatten, musste man damit rechnen. So schrecklich die Vorstellung auch ist, dass dies zu einem Weltkrieg führen könnte, ist es nicht nur für uns, sondern für alle unterjochten Völker die einzige Hoffnung auf eine glücklichere Zukunft.« So merkwürdig es erscheinen mag, aber Juden nahmen die Nachricht über den Kriegsausbruch mit Erleichterung auf, denn jetzt würde sich die Weltmeinung über Deutschland grundlegend ändern. Endlich hatten die Gegner des NS-Regimes und die von ihm Verfolgten mächtige Verbündete. Victor Klemperer sah es etwas anders. Er gelangte beim Nachdenken über seine Notlage, gefangen zwischen kriegführenden Titanen, zu dem Schluss, dass es für ihn und seine Frau Zeit war, sich das Leben zu nehmen. Doch er fing sich wieder und beschloss abzuwarten, was der Krieg bringen würde. Immerhin hatte sich Deutschland mit zwei mächtigen Reichen angelegt, und wie der Kampf ausgehen würde, war nicht abzusehen. Klemperer war kein Phantast. Nach Ansicht mehrerer hoher deutscher Generäle hatte Hitler den Verstand verloren, und in der konservativen Opposition glaubten manche, dass das Regime Kopf und Kragen riskierte und ihnen die Gelegenheit bot, es zu stürzen.[203]

Wie auch immer das Schicksal der Juden ausfallen mochte – der Krieg würde über es entscheiden. Wie Hitler in seinem Aufruf an die Partei klargestellt hatte, waren sie in seinen Augen letzten Endes feindliche Kombattanten. Implizit bedeutete dies, dass sie ebenso rücksichtslos wie jeder andere Feind zu behandeln waren, ganz gleich, in welcher Gestalt sie auftraten. Hitler hatte bereits damit gedroht, anhand der als Geiseln betrachteten deutschen Juden das Wohlverhalten ihrer Glaubensgenossen in den Vereinigten Staaten zu erzwingen, die lautstark die Kriegserklärung gegen Deutschland verlangten. Für den Fall, dass es so weit kommen sollte, hatte er den Juden unmissverständlich furchtbare Vergeltung geschworen. Auch wenn er damit nur versucht hatte, die westlichen Demokratien dazu zu bringen, die deutschen Juden zu evakuieren, hatte er doch ein potentiell verhängnisvolles Szenario entworfen, das von den geostrategischen Entwicklungen abhing. Mit dem Versprechen, dass das Jahr 1918 »nicht wiederkehren« werde, spielte er auf die angebliche jüdische Treulosigkeit und Unterwanderung an, die Deutschland im letzten Krieg vermeintlich den Sieg gekostet hatte. Daher waren die Juden nicht nur Feinde und Geiseln, sondern befanden sich auch in der Schusslinie, falls sich das Blatt gegen Deutschland wendete. Schließlich unterstrich Hitler immer wieder, dass es in diesem Krieg um Nahrungsmittel und Rohstoffe ging, die für das Wohlergehen des deutschen Volkes benötigt wurden, während die Juden gnadenlos ausgepresst und ausgebeutet werden sollten. Im Reich war bereits eine Rationierung eingeführt worden, und es war unwahrscheinlich, dass Juden in einer Mangelsituation gut ernährt und versorgt werden würden. Selbst wenn Hitler keinen Krieg gegen die Juden geplant haben sollte, so waren sie doch auf Gedeih und Verderb den militärischen Entwicklungen ausgeliefert. Bei der Entscheidung darüber, wie sie zu behandeln waren, würden Strategie und Taktik ebenso wichtig sein wie Ideologie und Antisemitismus. Judenpolitik und Kriegspolitik gingen ineinander über. Da jedoch der Krieg an erster Stelle stand, hing das Schicksal der Juden letztlich vom Verlauf des Waffengangs ab.

IV.
Krieg – 1939–1941

Der Polenfeldzug und das Unternehmen Tannenberg

Der Krieg, in den Deutschland im September 1939 eintrat, war nicht der, den Hitler gewollte hatte. Er hatte gehofft, Polen diplomatisch isolieren zu können, so dass es ihm ähnlich wie die Tschechoslowakei gewissermaßen von selbst in die Hände fiele. Dass Großbritannien und Frankreich zu ihrer Garantie der territorialen Integrität des Landes stehen würden, hielt er für ausgeschlossen. In diesem Irrtum hatte ihn Ribbentrop bestärkt, der nach seiner Zeit als Botschafter in London die Engländer gut zu kennen glaubte. Als die Nachricht von der britischen Kriegserklärung eintraf, geriet Hitler in Panik. Deutschland stand jetzt auf zwei Seiten Feinden gegenüber, eine von allen Deutschen gefürchtete Situation, welche böse Erinnerungen an den Ersten Weltkrieg heraufbeschwor. Laut Hitlers Dolmetscher Paul-Otto Schmidt saß Hitler »wie versteinert« da und »blickte vor sich hin«. Dann wandte er sich an Ribbentrop: »Was nun?« Die NS-Führung konnte nur darauf hoffen, dass die Generäle einen schnellen Sieg erzielten, während Frankreich und Großbritannien noch damit beschäftigt waren, ihre Streitkräfte für einen Angriff auf den Westen Deutschlands zu mobilisieren. Mit etwas Glück würde man genügend Zeit haben, um den Großteil der Wehrmacht vom Osten in den Westen zu verlegen, bevor Franzosen und Briten angriffsbereit waren.[1]

In anderer Hinsicht entsprach der Krieg Hitlers Voraussage. Er war die Fortführung des Kampfs gegen das »Weltjudentum«, nur dass er fortan mit anderen Waffen ausgetragen wurde. Hitler und die NS-Führung waren überzeugt, dass die Juden für die diplomatische Zwangslage verantwortlich gewesen waren, an deren Ende die Feindseligkeiten gestanden hatten. Das Debakel galt als weiterer Beweis dafür, dass Deutschland eingekreist und vom Untergang bedroht war; daher wurde der Krieg geführt, um das deutsche Volk zu verteidigen und die Juden zu besiegen und für ihre Kriegstreiberei zu bestrafen. Dies war im Herbst 1939 eines der Hauptthemen von Goebbels' Propaganda. Sie erklärte nicht nur die kämpferische Haltung Englands und Frankreichs, sondern auch die Bevorzugung der Alliierten durch Amerika. Wenn die nationalsozialistisch kontrollierte Presse Roosevelt nicht gleich direkt als Juden bezeichnete, sprach sie zumindest von einer »jüdischen Kamarilla«, die angeblich den politischen Entscheidungsprozess in Washington beherrschte. Anfang November 1939 zitierte William Shirer in seinem Tagebuch eine typische Äußerung dieser Art aus einer nationalsozialistischen Publikation: »Hinter allen Gegnern einer deutschen Überlegenheit stehen jene, die unsere Einkreisung fordern; die ältesten Feinde des deutschen Volkes und aller gesunden, aufstrebenden Nationen – die Juden.« Freilich stand diese Erklärung in groteskem Gegensatz zum Nichtangriffspakt mit der Sowjetunion, einem Land, das sich nach Ansicht der Nationalsozialisten ebenfalls unter jüdischem Einfluss befand. Deshalb machte der Propagandabegriff des »jüdischen Bolschewismus« einer passenderen Bezeichnung Platz. Shirer fiel auf, dass Hitler jetzt »reaktionäre jüdische Kriegshetzer in den kapitalistischen Demokratien« für den Krieg verantwortlich machte. Anfang 1940 erklärte Robert Ley den Lesern des *Angriffs:* »Wir wissen, dass dieser Krieg ein ideologischer Kampf gegen das Weltjudentum ist. England hat sich mit den Juden gegen Deutschland verbündet … England ist geistig, politisch und wirtschaftlich eins mit den Juden … Für uns bleiben England und die Juden der gemeinsame Feind.«[2]

Dass die Juden in dem realen Krieg, der an die Stelle des verdeckten Kampfs getreten war, als der Feind galten, hatte sofort tiefgreifende Folgen. In Deutschland wurden sie zu potentiellen Spionen und Saboteuren. Wo immer man auf dem Schlachtfeld oder in besetzten Gebieten auf Juden traf, wurden sie als tatsächliche oder mögliche Kombattanten betrachtet. Jüdische Frauen und Kinder wurden als Beteiligte an einer Verschwörung gegen das deutsche Volk behandelt; sie bildeten den biologischen Grundstock der Juden, die offen oder im Geheimen gegen die Deutschen kämpften, und boten ihnen eine Basis für ihre subversiven Aktivitäten. Niemandem war zu trauen, niemand durfte von der härtesten Behandlung ausgenommen werden. Wie immer der Konflikt ausgehen mochte – für Juden, die das Pech hatten, in Reichweite der Nationalsozialisten zu leben, würde das Ergebnis wahrscheinlich katastrophal sein. Wenn der Krieg für Deutschland gut lief, mussten die Juden als vermeintliche Anstifter mit Vergeltung rechnen; lief er schlecht, würde man sie für das Leid der Deutschen bezahlen lassen.[3]

Obwohl die jüdische Bedrohung im Mittelpunkt der nationalsozialistischen Analyse der weltweiten Entwicklungen stand, hatte Hitler den Krieg nicht in erster Linie als auf ihre Vernichtung abzielenden Kampf gegen die Juden begonnen. Es wurde rasch deutlich, dass die antijüdische Politik in Deutschland mit ebenso vielen Widersprüchen behaftet blieb wie bisher und ihre paradoxen Züge lediglich in die neu eroberten Gebiete exportiert wurden. Eine Zeitlang konnten Juden diese Unstimmigkeiten sogar für ihre eigene Rettung ausnutzen.[4]

Auch beruhten antijüdische Maßnahmen nicht unbedingt auf antijüdischen Einstellungen. Das kriegführende Dritte Reich war mit unausweichlichen geostrategischen und ökonomischen Zwängen konfrontiert, die drastische Mittel und schwere Opfer verlangten. 1939 lief die deutsche Wirtschaft an der Grenze ihres Leistungsvermögens. Hitler drängte auf den schnellstmöglichen Ausbau aller Teilstreitkräfte, doch dem Land fehlten die finanziellen Reserven, die Rohstoffe und die Arbeitskräfte, um diese Forderung erfüllen zu können. Durch Hitlers kriegerische Haltung wurde dieses chronische Missverhältnis noch verschärft, denn niemand würde Deutschland Geld leihen, während der »Führer« das Land auf eine militärische Konfrontation mit den mächtigsten, zahlungskräftigsten und ressourcenreichsten Ländern in Europa zusteuerte. Die deutschen Exporte brachen ein, während die Importe für die rohstoffhungrige Kriegsindustrie stark anstiegen. Daraus folgte eine derart ernste Kreditkrise, dass die Regierung am Vorabend des Krieges gezwungen war, die Rüstungsproduktion herunterzufahren und eine Rationierung für bestimmte Lebensmittel einzuführen. Paradoxerweise fühlte sich Hitler dadurch nur erst recht angespornt. Er wusste, dass die deutsche Rüstungsproduktion ihre Kapazitätsgrenze erreicht hatte, und da Großbritannien und England erst vor kurzem begonnen hatten, ihre Kriegsmaschinerie aufzubauen, glaubte er, dass Deutschland den Kampf mit ihnen am besten unverzüglich aufnehmen sollte. Damit machte er den Krieg allerdings zu einem Glücksspiel. Er musste gewonnen werden, und zwar schnell. Deutschland fehlten die ökonomischen Reserven, um einen langen Abnutzungskrieg und eine dauerhafte Blockade durchzuhalten. Bei einer Unterbrechung der Importe würden binnen weniger Monate wichtige Rohstoffe, Brennstoffe (insbesondere Erdöl) sowie Nahrungs- und Futtermittel ausgehen.[5]

Selbst dem optimistischsten Szenario zufolge würden die Juden die Rechnung für Hitlers Rigorosität und Deutschlands Unterlegenheit zahlen müssen. Ihnen sollten bald weniger Lebensmittel zugeteilt werden als der »arischen« Bevölkerung; außerdem würde man ihnen alle noch verbliebenen Vermögenswerte und jeglichen brauchbaren Besitz einschließlich ihrer Wohnungen und Häuser nehmen, und man würde sie bei minimaler Bezahlung und höchster Besteuerung zur Arbeit zwingen. Wo immer die Wehrmacht einmarschierte, würden die Juden noch schärfer ausgebeutet werden als im Altreich. Die Juden würden buchstäblich gezwungen werden, den Krieg zu finanzieren. Und da sie weniger zu essen bekommen sollten, würde mehr für die Deutschen abfallen. Natürlich war es nicht notwendig, die Juden auf diese Weise zu benachteiligen. Man hätte die Last des Krieges gleichmäßig auf die Bevölkerung in Deutschland und gerechter auf die unterworfenen Völker verteilen können. Doch die deutsche Wirtschafts- und Ernährungspolitik beruhte auf der rassenbiologischen Ideologie der Nationalsozialisten. Im Reich herrschte eine rassische Hackordnung: Nur diejenigen Volksgenossen, die für Krieg, Arbeit und Zeugung geeignet waren, wurden angemessen ernährt. »Rassenfremde« sollten nur so viel erhalten, wie zur Erfüllung ihrer Aufgaben für Volk und Krieg notwendig war. Gleiches galt für die besetzten Gebiete, und zwar besonders dort, wo die einheimische Bevölkerung als rassisch minderwertig angesehen wurde, und die Juden galten überall als Ausbeutungsobjekte und entbehrlich. Doch diese Politik kann nicht allein auf Rassismus reduziert werden. Die gesamte deutsche Führung, ob zivil oder militärisch, war von den Erfahrungen des Ersten Weltkriegs geprägt. Sie wollte unbedingt verhindern, dass die Moral der Zivilbevölkerung durch Hunger zersetzt wurde und Entbehrungen den Zündstoff für eine Revolution lieferten. Wenn sie sich darüber einig war, dass die Juden Einschränkungen hinnehmen mussten, dann nicht deswegen, weil alle ihre Mitglieder die Juden auf dieselbe Weise und aus denselben Gründen hassten. Pragmatiker konnten durchaus zusammen mit fanatischen Anhängern der Rassenlehre die Quadratur des Kreises versuchen und sich an den geostrategischen und ökonomischen Dilemmas des Dritten Reichs abarbeiten.[6]

Wie und von wem der Krieg geführt wurde, hatte zudem unverhältnismäßig große, katastrophale Auswirkungen auf die Juden. Zwischen 1935 und 1939 war die Wehrmacht von 100 000 auf 2,6 Millionen Mann angewachsen. Der größte Teil der zusätzlichen Soldaten waren Wehrpflichtige von 18 bis 21 Jahren, die im Dritten Reich zur Schule gegangen und in ihm sozialisiert und politisiert worden waren. Sie hatten ihre prägenden Jahre, noch bevor sie in den Streitkräften militärisch ausgebildet und ideologisch geformt wurden, in der Hitlerjugend und dem Reichsarbeitsdienst verbracht. Auch wenn sie keine Parteimitglieder waren, nahmen sie die Welt weitestgehend durch die Brille der NS-Propaganda wahr. Zudem hatte die Wehrmacht 106 000 frühere SA-Männer übernommen, hartgesottene Straßenkämpfer aus der »Kampfzeit« mit einem tiefsitzenden, groben Judenhass, der sich längst in regelmäßigen Gewaltausbrüchen Luft machte. Schließlich hatte die Wehrmacht rund 85 000 Offiziere rekrutiert oder befördert, bei denen es sich gleichfalls überwiegend um junge Männer handelte, zu deren Ausbildung die Schulung in der nationalsozialistischen Ideologie gehörte und deren Beförderung ebenso von ihrer fanatischen Einstellung wie von ihren operativen Fähigkeiten abhing.[7]

Die Wehrmacht, die sich auf den Angriff auf Polen vorbereitete, war darauf geeicht, in erster Linie den Juden die Schuld am Krieg zu geben. Sie war von einer Abneigung gegen Juden erfüllt, insbesondere gegen Ostjuden, die in der vor dem Krieg erschienenen Hassliteratur eine so große Rolle gespielt hatten. In der Figur des Ostjuden verschmolzen antijüdische und antipolnische Vorurteile. Jungen Deutschen war ein Rachegefühl gegen die Polen eingeimpft worden, die in den 1918/19 von Deutschland abgetrennten Gebieten angeblich ihre Landsleute unterdrückten. Ihnen war beigebracht worden, die polnische Gesellschaft wegen ihres niedrigen Lebensstandards und ihrer vermeintlichen kulturellen Rückständigkeit zu verachten. Dies war eine giftige Mischung, die der Brutalität Vorschub leistete, noch bevor die Männer den Schock des Kampfs und den Verlust von Kameraden erlebt hatten.[8]

Zudem würde der Angriff auf Polen kein gewöhnlicher Feldzug sein. Am 22. August hatte Hitler in einer geheimen Besprechung mit der Militärführung auf dem Obersalzberg als Ziel die »Vernichtung Polens« vorgegeben. Der Generalstabschef des Heeres Franz Halder notierte sich: »Auslösung [des Angriffs]: Mittel gleichgültig. Der Sieger wird nie interpelliert, ob seine Gründe berechtigt waren.« Hitler forderte von der Wehrmacht, »hart und rücksichtslos« vorzugehen; sie müsse sich »[g]egen alle Erwägungen hart machen«. Nach dem Sieg würde ein Teil Polens ins Reich eingegliedert werden; der Rest würde ein Protektorat werden. Das Land würde aufhören zu existieren. Seine Bevölkerung würde durch die Verhaftung oder Hinrichtung politischer und kultureller Führungspersönlichkeiten führerlos werden. Die für eine lebendige Nation notwendigen Strukturen würden zerstört werden. Die polnische Identität würde ausgelöscht werden.[9]

Mit der Liquidierung der polnischen Elite, dem sogenannten Unternehmen Tannenberg, wurde die SS beauftragt. Zu diesem Zweck ordnete Heydrich die Aufstellung von fünf Einsatzgruppen mit insgesamt rund 2000 Sipo- und SD-Männern an. Sie erhielten Fahndungslisten mit insgesamt 60 000 Namen und wurden angewiesen, der Berliner Zentrale regelmäßig über ihre »Fortschritte« Bericht zu erstatten. Die aus mehreren Orpo-Bataillonen bestehende Einsatzgruppe z. b. V. (zur besonderen Verwendung) unter Udo von Woyrsch war der 14. Armee zugeordnet und sollte in Oberschlesien Exekutionen ausführen. Werner Best wählte die Führungskräfte dieser Einheiten aus, wobei er als Maßstab anlegte, dass »derartige SS-Führer die nationalsozialistischen Ziele hart und rücksichtslos durchsetzen würden«. In einer Reihe von Besprechungen am 25., 26. und 29. August 1939 einigten sich Heydrich und Best mit Eduard Wagner, dem Generalquartiermeister des Heeres, auf die Abgrenzung der Verantwortlichkeiten für Sicherheit und Befriedung zwischen SS und Wehrmacht.[10]

Diese Koordinierungsgespräche fanden erst im letzten Augenblick statt. Noch weniger Gedanken machte man sich überraschenderweise bezüglich der Behandlung der jüdischen Bevölkerung. Juden waren nicht Gegenstand des Unternehmens Tannenberg. Obwohl sie im nationalsozialistischen Denken eine solch große Rolle spielten und in Polen immerhin über drei Millionen von ihnen lebten, gibt es keine Belege dafür, dass eine Besprechung über das Vorgehen in der »Judenfrage« stattgefunden hätte. Vielmehr wurde die Politik, wie so oft, spontan festgelegt. Was später als erste Phase einer sorgfältig durchdachten Strategie antijüdischer Maßnahmen erschien, war in Wirklichkeit eine Kette hastiger Improvisationen. Abgesehen davon, dass die Juden als besonderes Sicherheitsrisiko zu betrachten waren, hatten die NS-Führung und ihre Lakaien am Vorabend des Angriffs keine

Vorstellung davon, wie die riesige jüdische Bevölkerung als Ganze behandelt werden sollte.[11]

Dennoch hatten SS und Wehrmacht gemeinsam eine entscheidende Linie überschritten. Das Unternehmen Tannenberg wurde ohne jede Rücksicht auf Menschen- oder Bürgerrechte, die Genfer Konvention oder die Gesetze und Gebräuche des Krieges geplant. Um kurzfristig den rückwärtigen Raum zu sichern und auf lange Sicht eine Gefahr für das deutsche Volk auszuschließen, schlug die SS vor, Zehntausende Polen aus den fadenscheinigsten Gründen und nach allenfalls rudimentären Untersuchungen und Verhandlungen hinzurichten – das Ergebnis war eine Mordexpedition auf besetztes Territorium. Als solche war es das erste nationalsozialistische Massenmordprogramm, das als Muster für spätere Operationen dienen sollte. Die Erfahrungen der SS in Polen führten zu technischen und operativen Verbesserungen, doch vor allem standen nun ihre Hauptaufgaben im Krieg fest und wurden, was ebenso wichtig war, von den militärischen und zivilen Behörden in Deutschland anerkannt.[12]

Einsatzgruppen und Wehrmacht in Polen

Der Polenfeldzug dauerte kaum länger als drei Wochen. Die deutschen Streitkräfte waren den polnischen Verteidigern zahlenmäßig überlegen, dazu besser ausgerüstet und befehligt. Auch wenn es nur relativ wenige waren, verursachten die gepanzerten und motorisierten Einheiten der Wehrmacht erhebliche Verwirrung, indem sie die polnische Hauptverteidigungslinie rasch durchbrachen und in den Rücken der polnischen Armee vorstießen. Die deutsche Luftwaffe war der polnischen in jeder Hinsicht (abgesehen von der Tapferkeit) überlegen und erlangte schon am ersten Tag die Lufthoheit. Die deutschen Kommandeure waren in der Lage, Luft- und Bodenangriffe mit verheerender Wirkung zu koordinieren und die polnischen Kommunikations- und Transportverbindungen unwiederbringlich zu unterbrechen. Binnen drei Tagen hatte die deutsche 4. Armee den polnischen Korridor besetzt und wandte sich nach Südosten, um Warschau im Rücken zu umfassen. Am 7. September erreichte die Vorhut der 4. Armee die Vorstädte der polnischen Hauptstadt. Während die 8. Armee sich nach Zentralpolen durchkämpfte, fegten die schnellen Einheiten der 10. und 14. Armee, aus Oberschlesien und der Slowakei kommend, durch Galizien und schwenkten dann nach Norden. Eine Woche darauf vereinigten sie sich mit der 3. und 4. Armee, die von Ostpreußen aus nach Süden vorgestoßen waren, und kreisten die Hauptmacht der polnischen Streitkräfte ein. Damit war Warschau isoliert. Am 17. September durchbrach die Rote Armee die schwache polnische Grenzverteidigung und rückte zum Bug vor, der von Molotow und Ribbentrop vereinbarten Demarkationslinie zwischen deutschem und sowjetischem Herrschaftsgebiet. Die polnische Hauptstadt hielt sich unter gnadenlosem Artilleriebeschuss und Bombardement aus der Luft bis zum 27. September. Zu diesem Zeitpunkt war die Regierung bereits evakuiert, und das Oberkommando der Streitkräfte war nach Rumänien geflohen. Mancherorts wurde weiter Widerstand geleistet, bis am 5. Oktober die letzten polnischen Einheiten die Waffen streckten.[13]

Die Einsatzgruppen von Sipo und SD bestanden aus kleineren operativen Einheiten, den Einsatzkommandos, die den deutschen Kampftruppen auf dem Fuße folgten. Aus eigener Initiative und gelegentlich auf Anforderung lokaler Wehrmachtkommandeure griffen sie polnische Freischärler auf – häufig hastig mobilisierte Milizen, die keine Uniformen erhalten hatten – und erschossen sie. Außerdem richteten sie vermeintliche Banditen und Partisanen hin, die reguläre Wehrmachteinheiten ihnen übergeben hatten. SS-Trupps führten Vergeltungsaktionen für die Tötung Hunderter Volksdeutscher in den ersten Kriegstagen durch, insbesondere in Bydgoszcz (Bromberg). In nur zwei Massakern am 5. und 17. September erschoss die Einsatzgruppe IV, zusammen mit Militärpolizeieinheiten und unterstützt von diversen Wehrmachteinheiten, 900 Polen. Bis zum Ende der Befriedungsphase wurden in Bydgoszcz rund 1200 Menschen hingerichtet. In Ostoberschlesien ermordeten die Einsatzgruppe IV und die von Woyrsch befehligte Einheit fast 1500 Polen. Zusätzlich zu den gezielten Tötungen fielen bis zum Ende der Kämpfe nicht weniger als 16 000 Polen Exekutionen und Vergeltungsaktionen von Sipo-SD-Einheiten zum Opfer.[14]

Tatsächlich nahm die Wehrmacht, wie der Historiker Alexander Rossino gezeigt hat, in der Anfangsphase des Angriffs Tausende von Geiseln und tötete weit mehr Polen als die Einsatzgruppen. Nach der deutschen Militärdoktrin mussten Feldzüge mit überwältigender Schlagkraft und maximaler Gewalt durchgeführt werden. Jedes Anzeichen von Unruhe in der Bevölkerung oder von Guerillakriegführung war mit rücksichtslosen Gegenmaßnahmen zu unterdrücken. Um sich gegen Partisanenangriffe zu schützen, war es zulässig, Geiseln zu nehmen, die exekutiert werden konnten, wenn nachrückende oder rückwärtige Einheiten von nicht uniformierten Kämpfern beschossen wurden. Daher nahmen reguläre Truppen schon unmittelbar nach Beginn des Einmarschs Geiseln. Aufgrund der allgegenwärtigen Feindseligkeit gegenüber Juden und der Gleichsetzung von Juden mit dem Feind waren unverhältnismäßig viele Juden unter ihnen. Junge Soldaten und Offiziere mussten nicht erst brutalisiert werden, um Zivilisten zu töten und Juden zu demütigen, zu foltern und zu ermorden; es fiel ihnen relativ leicht, ebenso wie ältere Reservisten bereit waren, Vergewaltigungen, Plünderungen und Morde zu begehen.[15]

Während die Gräueltaten, die Wehrmachteinheiten an Juden begingen, keinerlei Methode folgten, konzentrierten sich Einsatzgruppen sowie Polizei- und Waffen-SS-Einheiten in der Regel auf die jüdischen Gemeinden. Die unter Woyrschs Befehl stehenden Orpo-Bataillone wüteten unter den Juden von Kattowitz, Będzin und Sosnowiec in Südwestpolen. In jüdischem Besitz befindliche Häuser wurden zerstört und Synagogen niedergebrannt. Jüdische Männer wurden ohne besonderen Grund zusammengeschlagen und zu Dutzenden ermordet, manchmal, weil sie angeblich bewaffnet gewesen waren, aber häufiger, weil sie irgendeine nebulöse Gefahr darstellten. Während eines mehrere Tage andauernden Gemetzels in Będzin wurden 500 Juden ermordet, einschließlich Frauen und Kindern. In der Umgebung von Przemyśl verübten die Einsatzgruppe I und Woyrschs Einheit eine Reihe von Massakern. In Dynów sperrten sie ein Dutzend Juden in die Synagoge, die sie anschließend in Brand steckten. Sechzig weitere Juden wurden aufgegriffen und in einem Wald außerhalb der Stadt erschossen. In Przemyśl selbst plünderten Sipo- und SD-Männer jüdische Wohnungen und Geschäfte, während sie auf Rabbiner und führende Persönlichkeiten Jagd machten. Die meisten von ihnen wurden erschossen. In der Stadt und ihrer Umgebung wurden insgesamt 500 bis 600 jüdische Männer getötet. In Białystok, im Norden, verwüstete die Einsatzgruppe IV auf der Suche nach Waffen die Wohnungen von Juden. Auch sie nahm Hunderte von jüdischen Männern fest. Die Einsatzgruppe V, die von Ostpreußen aus operierte, versammelte in den Städten die jüdischen Einwohner und befahl ihnen, diese zu verlassen.

Bei mindestens einer dieser Aktionen wurden Juden erschossen. In Goworowo führten SS-Artilleristen zusammen mit Angehörigen der Geheimen Feldpolizei eine Vergeltungsaktion durch, bei der sie fünfzig Juden in die Synagoge der Stadt trieben, die sie dann in Brand setzten. Ein anderes SS-Regiment, die Leibstandarte »Adolf Hitler«, schlachtete fünfzig Juden ab, die von der Wehrmacht in Błonie in Gewahrsam genommen worden waren.[16]

Mehrere dieser Vorfälle lösten Klagen höherer Wehrmachtoffiziere aus. Nach den Gräueln in Kattowitz und Będzin forderte Generalleutnant Georg Brandt, der für die rückwärtige Sicherheit der Heeresgruppe Süd verantwortlich war, den Oberbefehlshaber der Heeresgruppe, Gerd von Rundstedt, auf, Woyrsch vor ein Kriegsgericht zu stellen. Der Stabschef der 14. Armee Eberhard von Mackensen war derart verärgert über das von Woyrsch in Przemyśl angerichtete Chaos, dass er sämtliche SS- und Polizeieinheiten unter Heeresbefehl stellte. Wilhelm List, Oberbefehlshaber der 14. Armee, wies seine Offiziere an, die anscheinend illegalen Aktionen der Sipo-SD-Kommandos zu beenden. Generalquartiermeiste Wagner bat Heydrich später, Woyrsch und seine Gruppe vollständig aus dem Gebiet abzuziehen. Georg von Küchler, Oberbefehlshaber der im Norden operierenden 3. Armee, war empört darüber, dass die Sipo Juden aus ihren Wohnungen vertrieb. Als er erfuhr, dass bei einer dieser Aktionen in Mława Juden getötet worden waren, wies er in der Nähe stehende Heereseinheiten an, die Sipo-SD-Trupps zu entwaffnen. Außerdem verlangte er von General Werner Kempf, die Männer, die das Blutbad in Goworowo angerichtet hatten, zur Verantwortung zu ziehen. Joachim Lemelson, Befehlshaber der 29. Infanteriedivision, ließ sie SS-Männer festnehmen, die das Massaker in Błonie begangen hatten. Sein Befehl wurde vom Oberbefehlshaber der 10. Armee, Walter von Reichenau, bestätigt.[17]

Diese Einsprüche wurden von den höchsten Wehrmachtoffizieren in Berlin aufgegriffen. Meldungen über die Gräuel gelangten binnen weniger Tage nach Beginn der Invasion in die Hauptstadt. Am 10. September notierte Halder in seinem Tagebuch: »SS-Artillerie des Panzerkorps hat Juden in eine Kirche zusammengetrieben und ermordet. Kriegsgericht hat ein Jahr Zuchthaus ausgesprochen. Küchler hat Urteil nicht bestätigt, weil *strengere Strafen fällig.*« Er befürchtete, dass solche Gewalttaten Wasser auf die Mühlen der »feindlichen Propagandawelle über deutsche Greueltaten in Polen« waren.[18]

Bei einem Treffen mit Heydrich eine Woche nach Beginn des Feldzugs erfuhr der Chef des Amtes Abwehr Wilhelm Canaris vom Unternehmen Tannenberg und den Tötungen ohne Gerichtsurteil. Er protestierte umgehend bei Wilhelm Keitel, dem Chef des Oberkommandos der Wehrmacht (OKW). Am 19. September sprach Wagner auf einer Sitzung mit Heydrich die angespannten Beziehungen zwischen der kämpfenden Truppe und den Einsatzgruppen an. Doch der Chef von Sipo und SD beharrte darauf, dass die Einsatzgruppen Spezialaufgaben höchsten Ranges zu erfüllen hätten. Derart in seinem Bemühen ausgebremst, deren Tätigkeit einzuschränken, verlangte Wagner nun, dass die betroffenen Heeresstellen wenigstens über konkrete Aktionen informiert werden sollten. Halder fasste den Streit in seinem Tagebuch in Worten zusammen, die andeuten, dass die Unstimmigkeiten vor allem ein Ärgernis waren: »Flurbereinigung: Judentum, Intelligenz, Geistlichkeit, Adel.« Das Heer habe gefordert, die »Bereinigung nach dem Herausziehen des Heeres und nach Übergabe an stabile Zivilverwaltung« durchzuführen, also »Anfang Dezember«.[19]

Am nächsten Tag intervenierte der Oberbefehlshaber des Heeres Brauchitsch bei Hitler persönlich mit dem Ziel, Heydrichs Sipo der Militärgerichtsbarkeit zu unterstellen. Er erhielt jedoch nur das Versprechen engerer Konsultation und Koordination der Einsatzgruppen mit den Heereseinheiten im Operationsgebiet. Symbolisch verbot er der Militärpolizei, einschließlich der Geheimen Feldpolizei, die Zusammenarbeit mit Sipo und SD. Am folgenden Tag, dem 21. September, traf Brauchitsch mit Heydrich zusammen, der von Himmler den Auftrag erhalten hatte, das Oberkommando des Heeres zu besänftigen. Doch Heydrich verwahrte sich gegen eine Unterstellung seiner Männer unter die Militärjustiz. Um seinen Wunsch zu unterstreichen, dass die SS bei der Erfüllung von für ihn wesentlichen Aufgaben unbehelligt bleiben sollte, begnadigte Hitler am Ende des Polenfeldzugs ostentativ alle Soldaten und SS-Männer, die von Kriegsgerichten wegen Kriegsverbrechen verurteilt worden waren.[20]

In jedem Fall waren viele der von Heeresangehörigen erhobenen Einwände gegen die Aktivitäten von SS und Sipo-SD nicht rechtlicher oder moralischer, sondern praktischer Art. Brandt wollte die Verantwortlichkeit des Heeres für Sicherheitsfragen stärken und den Einsatzgruppen zwar Zügel anlegen, nicht aber ihre Operationen insgesamt beenden. Mackensen störten die Unruhe, die sie hervorriefen, und die

Auswirkungen der Plünderungen auf die Moral seiner Truppen. Offiziere auf allen Ebenen war bewusst, dass eine allzu nachsichtige Haltung gegenüber Plünderungen die Disziplin vollständig zersetzen und zur Auflösung ganzer Einheiten führen konnte. List war grundsätzlich besorgt darüber, dass in seinem Verantwortungsbereich Gesetzesverstöße begangen wurden, nicht über deren Natur. Nur Küchler scheint moralische Bedenken gehabt zu haben. Mehrere der Klageführer arbeiteten bei der Verfolgung von Partisanen und Befriedungsaktionen weiter mit den Polizeieinheiten zusammen. List rief sogar die Einsatzgruppe I in sein Operationsgebiet zurück, nachdem man ihm versichert hatte, dass ihre mörderische Tätigkeit von ganz oben abgesegnet worden war. Von den Oberbefehlshabern bis hinunter zu den einfachen Soldaten war man sich einig darüber, dass Wehrmacht, SS und Sipo-SD gemeinsame Interessen und Auffassungen teilten. Das Heer schätzte die rücksichtslose Polizeiarbeit und die effektiven Abwehrmaßnahmen der Sipo-SD, während ein durchschnittlicher Infanterist Polen und Juden nicht viel anders betrachtete als ein einfacher SS-Mann. Da das Schicksal der Juden noch auf Wochen hinaus und in den nachfolgenden Feldzügen vom Militär abhing, war dies ein düsteres Omen.[21]

Die polnischen Juden

Die gut drei Millionen polnischen Juden machten rund zehn Prozent der Bevölkerung aus, waren aber in den Städten konzentriert, der größere Teil im Süden und Osten (der unter sowjetische Herrschaft geriet). Ein Zehntel der polnischen Juden lebte in Warschau, über 200 000 waren es in Lodz, 60 000 in Lemberg (Lwów), fast 60 000 in Krakau und 40 000 in Lublin. In diesen Zentren stellten sie dreißig Prozent der Einwohner. In vielen Landstädten war ihr Anteil ähnlich hoch; häufig stellten sie sogar die Mehrheit. Sie dominierten überall im Land Handel und Gewerbe und machten einen großen Anteil der Rechtsanwälte und der Ärzte sowohl in den Städten als auch auf dem Land aus. Es gab eine reiche Elite von Industriellen, Kaufleuten, Bankiers und Selbständigen, aber die große Masse der Juden war bitter arm. Dreißig Prozent lebten vom Handel, für gewöhnlich als Markthändler oder Hausierer. Ein weiteres Drittel versuchte sich als Handwerker in umkämpften Branchen wie der Schuhmacherei über Wasser zu halten. Fast zehn Prozent hatten überhaupt keine Arbeit. Trotz dieser Armut unterhielt das polnische Judentum ein erstaunlich reiches und vielfältiges politisches, kulturelles und geistiges Leben. Der sozialistische Allgemeine jüdische Arbeiterbund von Litauen, Polen und Russland, kurz »Bund« genannt, florierte ebenso wie die zionistischen Parteien. Warschau war als Sitz Dutzender jiddischer Zeitungen, Zeitschriften, Verlage, Theatergruppen und Filmgesellschaften das Zentrum eines die Kontinente überspannenden Sprachimperiums. Auch die berühmtesten Talmudhochschulen befanden sich in Polen.[22]

Die lebendige jüdische Kultur und die zahlenmäßige Dominanz des orthodoxen Judentums einschließlich der Anhänger einer Vielzahl chassidischer Sekten mit ihren auffälligen Schläfenlocken und langen Mänteln bedeuteten nicht, dass die Juden durch Sprache, Religion und Bräuche von ihrer Umwelt isoliert waren. 1935 besuchten nur 19 Prozent der 425 566 jüdischen Kinder im Schulalter eine jüdische Schule (inklusive der vom Bund oder von Zionisten betriebenen säkularen Schulen). Die jüdische Bevölkerung war stark polonisiert, und zwar in allen sozialen Schichten, besonders aber in der Mittel- und Oberschicht. Eine Generation begabter jüdischer Schriftsteller, Dichter und Publizisten begeisterte die polnischen Leser. Dies tat allerdings dem Antisemitismus keinen Abbruch. Im Gegenteil hatte die Herausbildung einer christlichen polnischen Mittelschicht seit Ende des 19. Jahrhunderts zu verschärften Spannungen mit den jüdischen Gemeinden geführt. Die Wiedergeburt Polens in den Jahren 1918/19 war von bösartigen Pogromen begleitet. In der gesamten Zwischenkriegszeit setzten sich nationalistische Parteien für die Polonisierung der Wirtschaft ein und riefen zum Boykott jüdischer Geschäfte und Unternehmen auf. Am Vorabend des deutschen Angriffs war das polnische Judentum in Schichten geteilt und politisch gespalten; es befand sich ökonomisch unter Druck und mit der christlichen Mehrheit in Zwietracht.[23]

Als 25 Jahre zuvor deutsche Truppen ins Russische Reich eingedrungen waren, hatten die polnischen Juden sie als positive Kraft und Befreier von einem despotischen Regime begrüßt, das für antijüdische Gesetze und Pogrome verantwortlich war. Deutsch-jüdische Soldaten und der kaiserlichen Armee zugeteilte Rabbiner dienten als Bindeglied zu den Besatzungsbehörden. Die Situation im September 1939 hätte nicht unterschiedlicher sein können. Deutsche Soldaten misshandelten leicht erkennbare orthodoxe Juden auf den Straßen und plünderten in jüdischem Besitz befindliche Geschäfte. Wenn sie Geiseln brauchten, begaben sie sich direkt ins jeweilige jüdische Viertel. Die Einstellung von Helmut Grömmer, Soldat im Gebirgs-Artillerie-Regiment 111, war typisch für die Vorurteile, die einem solchem Verhalten zugrunde lagen. In einer Darstellung seiner Feldzugserlebnisse bezeichnete er Juden als »Bestien in Menschengestalt ... In ihren Bärten und Kaftanen, mit ihren teuflischen Fratzen machten sie auf uns einen scheußlichen Eindruck. Jeder, der noch nicht ein radikaler Judengegner war, musste es hier werden. Gegen die polnischen Kaftanjuden waren unsere jüdischen Blutsauger noch wahre Lämmchen.«[24]

Auch hochgebildete, menschenfreundliche Deutsche waren nicht davor gefeit, Juden im Licht antijüdischer Klischees zu sehen. Der Lehrer Konrad Jarausch, Mitherausgeber einer protestantischen theologischen Zeitschrift, wurde 1939 eingezogen und diente als Unteroffizier. Ende September 1939, als er sich auf dem Weg zu einem Kriegsgefangenenlager befand, das er leiten sollte, schrieb er seiner Frau, »gefüllt haben ihn [den Rahmen] die Ostjuden in ihrer dürftigen Kümmerlichkeit. Wie elend und erbärmlich ist das alles. Wie erbärmlich sie selbst in ihrer dürftigen Körperlichkeit«. Auch wenn er Juden als Menschen betrachtete, konnte er sie sich nicht anders als schmutzig und hinterhältig vorstellen.[25]

Von der Angst vor den Deutschen und einer Welle des Patriotismus vereint, arbeiteten und kämpften polnische Juden und ihre christlichen Landsleute anfangs Seite an Seite gegen die Invasoren. In Warschau machte sich Chaim Kaplan, Direktor einer hebräischen Schule und regelmäßiger Autor in der hebräischen Presse, am 1. September gemeinsam mit anderen Journalisten daran, Schützengräben auszuheben. Er wusste genau, was auf dem Spiel stand. »Wohin Hitler auch kommt, dort gibt es keine Hoffnung für die Juden«, schrieb er in sein Tagebuch. Der Pianist Władysław Szpilman, der für den polnischen Rundfunk arbeitete, verließ die Studios, um einem Aufruf zu Schanzarbeiten zu folgen. »Neben mir«, erzählte er später, »schippte am ersten Tag ein alter Jude in Kaftan und Jarmulke. Er grub in biblischem Furor ... ›Ich habe einen Laden!‹, flüsterte er.« In Lodz meldete sich der Oberschüler Dawid Sierakowiak bei einer Luftabwehreinheit. Auch er hob in den Tagen vor dem Angriff Gräben aus. Aufgeregt notierte er in seinem Tagebuch: »Alle Juden (auch die Chassiden), Alte und Junge, Frauen, melden sich wie alle anderen Bürger (außer den Deutschen) in Scharen freiwillig. Die verdammten Schwaben werden nicht durchkommen!« Wie seine Landsleute von der Erwartung getragen, dass England und Frankreich ihrem Land bald zu Hilfe eilen würden, genoss er das allgemeine Solidaritätsgefühl.[26]

Die Euphorie schwand indes zusehends, als die Deutschen eine Stadt nach der anderen einnahmen. Rabbi Shimon Huberband in Piotrków Trybunalski (Petrikau) gehörte zu den ersten Zeugen der Folgen des schnellen deutschen Vormarschs. Nach der Bombardierung der Stadt am 2. September floh er mit seiner Familie nach Sulejów. Es war eine tragische Entscheidung, denn in der Kleinstadt gab es nur wenige solide, unterkellerte Häuser. Als deutsche Flugzeuge sie angriffen, wurde Huberbands ganze Familie ausgelöscht. Er selbst humpelte nach Piotrków zurück, wo Angst und Schrecken herrschten: Deutsche Soldaten hatten unmittelbar nach ihrem Eintreffen zwanzig Juden erschossen. In den folgenden Tagen führten Polen Deutsche zu jüdischen Geschäften und beteiligten sich an deren Plünderung. Auf den Straßen wurden so viele Juden zusammengeschlagen, dass sie sich nicht mehr aus dem Haus trauten. »Wenn ein bärtiger Jude gefangen wurde, war sein Leben in Gefahr«, notiere Huberband wenig später. »Sie rissen ihm den Bart mitsamt Fleischstücken aus oder schnitten ihn mit einem Messer oder Bajonett ab.« Besonders wüteten die Besatzer gegen Symbole des jüdischen Glaubens wie die Mesusa, kleine Kapseln, die eine Pergamentrolle mit Worten der Schrift enthalten und am rechten Türpfosten des Eingangs von jüdischen Wohnungen und Geschäften befestigt werden. »Wehe dem Juden, der mit Tefillin und religiösen Büchern angetroffen wird!« »Furchtbar und grausam geschlagen« wurden Juden, die mit einem Tallit Katan, einem Gebetsschal, der unter dem Hemd getragen wird, aufgegriffen wurden. Huberband hörte auch von ungewöhnlichen Fällen, in denen lokale deutsche Militärbehörden Diebesgut einzogen und den bestohlenen Juden mit einer Entschuldigung zurückgaben.[27]

Am 9. September beobachtete Dawid Sierakowiak den Einmarsch der Deutschen in Lodz, der größten Industriestadt Polens. Während die Volksdeutschen, die rund zehn Prozent der Bevölkerung stellten, auf die Straße gingen, um den Truppen zuzujubeln, wurden Juden zur Zwangsarbeit zusammengetrieben. »Erste Zeichen der deutschen Besetzung: Sie nehmen Juden fest fürs Graben.« Tag für Tag wurden jüdische Geschäfte geplündert, und mit berechnender Bösartigkeit schlossen die Deutschen am jüdischen Neujahrstag, dem 13. September, die Synagoge und zwangen Juden, ihre Geschäfte zu öffnen. In Sierakowiaks Augen war es »der größte Schlag für die Juden hier seit Jahrhunderten … Einem Menschen seinen einzigen Trost, seinen Glauben, zu nehmen, seine geliebte, lebensbejahende Religion zu verbieten, ist das schrecklichste Verbrechen. Die Juden werden Hitler nicht damit davonkommen lassen. Unsere Rache wird furchtbar sein.«[28]

In Piotrków nahmen die Deutschen eine Woche später den jüdischen Versöhnungstag zum Anlass für eine Welle rassischen, religiösen und sexuellen Missbrauchs. Um Worte ringend, die nicht gegen den religiösen Anstand verstießen, schrieb Huberband: »Juden wurden gezwungen, die Hosen herunterzulassen und einander auf einen bestimmten Körperteil zu schlagen und zu peitschen. Man zwang sie, auf dem Bauch zu kriechen, während sie auf einen bestimmten Punkt sahen.« Dieses Gemisch traditioneller und jüngerer Motive des Hasses, die mit kühlem wissenschaftlichen Rassismus kaum etwas zu tun hatten, waren auch anderswo anzutreffen. Huberband hörte, dass in einer deutschen Stadt gutgekleidete jüdische Frauen gezwungen worden waren, bärtigen Juden die Haare abzuschneiden und sie zu essen. Außerdem zwang man kahlgeschorene Juden, jüdische Mädchen zu küssen. Obwohl es gefährlich war, an religiösen Zusammenkünften teilzunehmen, gelang es Huberband, die »ehrfurchtsvollen Tage« zwischen Neujahr und dem Versöhnungstag zu begehen. Mit seinem Glaubenseifer stand er nicht allein, sondern war ein typisches Beispiel für den Widerstand religiöser Juden in Polen gegen den Angriff auf das Judentum.[29]

Als die deutsche Vorhut sich Warschau näherte, bemerkte Kaplan, dass wohlhabende Juden, einschließlich vieler Mitglieder der Gemeindeleitung, nach Osten flohen. »Die hohen Herren haben uns im Stich gelassen«, notierte er wütend. Nachdem sich die belagerte und arg mitgenommene Stadt ergeben hatte, beobachtete er den Einmarsch der Deutschen. Im Gegensatz zu den hungrigen, schmutzigen, niedergeschlagenen Einwohnern sahen die deutschen Soldaten gesund und frisch aus. Es dauerte nicht lange, bis sie begannen, sich jüdisches Eigentum anzueignen, indem sie Juden auf der Straße anhielten und nach Belieben ausraubten. Bevorzugte Ziele von Raub und Misshandlung waren bärtige Juden; außerdem wurden sie als Erste von der Straße weg zur Zwangsarbeit herangezogen und mussten Bombenschäden beseitigen. Polnische Zuschauer lachten über den Anblick. Kaplan fiel auf, dass manche Polen den Deutschen halfen, Juden und ihre Besitztümer zu identifizieren. »Die Sieger und Besiegten stehen in ihrem Hass gegen Israel auf gemeinsamem Boden«, bemerkte er bitter.[30]

Helena Szereszewska wohnte in einem modernen Haus in einer guten Straße in Warschau. Ihr Ehemann Stanisław war Direktor einer Schnapsfabrik, und sie waren durch und durch polonisiert. Dies bewahrte sie jedoch nicht vor Plünderungen. Bald nach der Einnahme Warschaus kamen die Deutschen fast jeden Tag, um ihre Möbel mitzunehmen. »Sie hatten Gruppen von Juden bei sich, die sie die Treppe hinuntertrugen und auf einen Lastwagen luden.« Es waren keine Freiwilligen. »Die Juden waren auf der Straße aufgegriffen worden, und es kam vor, dass Leute ihre eigenen Möbel forttrugen.«[31]

Am 4. Oktober wurde Dawid Sierakowiak in Lodz zur Arbeit gezwungen. »Ich bin noch nie in meinem ganzen Leben so gedemütigt worden«, beklagte er sich in seinem Tagebuch über die höhnenden Zuschauer. »Da bleibt nur eine Antwort: Rache.« Nach einigen Tagen konnte er wieder in die Schule gehen, aber Lebensmittel und Heizmaterial wurden knapp, und Juden wurden jetzt daran gehindert, normal einzukaufen. Vor den wenigen Geschäften, die sie betreten durften, bildeten sich lange Schlangen, die den Übergriffen von Volksdeutschen und vorbeikommenden Soldaten ausgesetzt waren. Die Plünderung jüdischer Wohnungen und Betriebe ging unablässig weiter. In der Wohnung der Familie Sierakowiak tauchte eines Tages ein deutscher Offizier auf, der sich ihre Einrichtung anschaute und dann enttäuscht wieder abzog. Andere stießen auf reiche Beute und leerten ungestraft Wohnungen und Häuser. »Manche deutsche Offiziere kamen mit Lastwagen, auf die sie die Möbel luden. Den Besitzern sagten sie, sie sollten warten, bis der Himmel sie bezahle.« Einige Tage nach dem Vorfall mit dem Offizier führte ein Volksdeutscher Soldaten zum Geschäft seines Vaters und half ihnen, es leerzuräumen.[32]

Ein großer Teil der polnischen Intelligenz war über solche Formen der Kollaboration entsetzt. Zygmunt Klukowski war Arzt in Zamość und verzeichnete in seinem täglichen Bericht über die Besatzung kühl die Vorgehensweise sowohl der Invasoren als auch der einheimischen Opportunisten: »Die übliche Routine läuft so ab: Einige deutsche Soldaten betreten ein Geschäft und nehmen ein paar Dinge für sich selbst. Dann beginnen sie, alles Übrige auf die Straße zu werfen. Dort warten Leute und greifen sich, was sie kriegen können. Diese Personen sind aus der Stadt und den Dörfern der Umgebung. Sie tragen ihre Beute nach Hause, und die Soldaten ziehen weiter zum nächsten Geschäft.« Er bemerkte, dass die Orpo-, Sipo- und SD-Männer weit schlimmer waren als die Soldaten. Aber sie alle wurden von der Miliz der einheimischen Volksdeutschen, dem sogenannten Volksdeutschen Selbstschutz, in den Schatten gestellt: »Die Deutschen behandeln die Juden sehr brutal. Sie schneiden ihnen die Bärte ab; manchmal reißen sie ihnen die Haare aus.« Sobald sie die Duldsamkeit der neuen Herrscher erkannt hatten, schlossen sich auch Polen den Gewalttätigkeiten an: »Leider muss ich sagen, dass einige Bürger gegenüber den Juden genauso gewalttätig sind wie die Deutschen.«[33]

Dass unter diesen Umständen viele Juden anfänglich die sowjetische Besetzung des östlichen Teils von Polen begrüßten, war kaum überraschend, wie Kaplan festhielt: »… unsere Freude, als wir vernahmen, dass sich die Bolschewisten Warschau näherten, [war] grenzenlos.« Tausende überwiegend junger Juden machten sich auf den Weg in die sowjetische Zone. »Sie betrachteten die Russen als messianische Erlöser.« Die meisten Polen sahen es anders, und dies umso mehr, als die sowjetischen Besatzer ihrerseits Terror verbreiteten. Kaplan entdeckte jedoch einen grundlegenden Unterschied: »Die Russen plündern einen als Bürger und Menschen, während die Nazis einen als Juden ausrauben.« Sogar der polnische Patriot Klukowski war erleichtert, als die Russen vorübergehend Zamość besetzten: »Ich muss zugeben, dass ich sie lieber mag als die Deutschen.«[34]

Deutsche Pläne für Polen

Als sich der Feldzug dem Ende zuneigte, standen Hitler und die NS-Führung vor der Frage, was sie aus ihrem Sieg machen sollten. Abgesehen von der vagen Absicht, die polnische Nation auszumerzen und die Bevölkerung buchstäblich zu versklaven, hatten sie keine konkreten, detaillierten Pläne dafür, was aus dem vormaligen Polen werden sollte. Kurzzeitig erwog Hitler sogar, das Land unter deutscher Oberhoheit fortbestehen zu lassen. Dann, um den 26. September herum, gab Stalin im Zuge der Festlegung der Demarkationslinie zwischen den beiden Mächten zu verstehen, dass er über Ostpolen hinaus auch die baltischen Staaten beanspruche. Die Vorstellung, dass sowohl in Ostpolen, vor allem in Wolhynien im Südosten, als auch im Baltikum eine erhebliche Zahl von Volksdeutschen unter sowjetische Herrschaft gelangen sollte, veranlasste Hitler, eine Augenblicksentscheidung zu treffen und für seine Zustimmung einen Bevölkerungsaustausch zu verlangen. Stalin bekam also an der Ostsee das Territorium, das er wollte, während Hitler das Recht erhielt, Volksdeutsche zu evakuieren und »heim ins Reich« zu holen. Ribbentrop wurde nach Moskau entsandt, um den Handel perfekt zu machen, während in Berlin hastig ein Programm und die Maschinerie zu seiner Umsetzung zusammengeschustert wurden.[35]

In Gesprächen mit Vertrauten erklärte Hitler jetzt, das besetzte Polen werde in drei Streifen geteilt. Der erste Streifen, der die 1918 verlorenen Gebiete umfasse, werde ins Reich eingegliedert; Polen und Juden würden entfernt und durch Volksdeutsche ersetzt. Der zweite Streifen würde unter eine Art Kolonialverwaltung gestellt, unter der die Masse der polnischen Bevölkerung leben und als Arbeitskräftereservoir dienen würde. Am Rand des neuen Kolonialgebiets schließlich würde ein »Reichsghetto« entstehen, in das man die Juden aus Deutschland und Österreich schicken würde. Das klang alles recht geordnet und logisch, war aber in Wirklichkeit nur eine weitere als strategisches Vorgehen getarnte Improvisation. Ohne genau zu wissen, worauf sie sich einließen, boten Himmler und Heydrich sofort die Dienste der SS an, um Hitlers Vision zu verwirklichen. Die SS hatte bereits Erfahrungen damit gesammelt, wie man Juden loswurde, und galt als Vorreiter in der Rassenpolitik. Daher erschienen die Überprüfung von Volksdeutschen und ihre Neuansiedlung als logische Ergänzung ihres Aufgabengebiets. Wichtiger war freilich Himmlers Absicht, die Rolle der SS in Kriegszeiten zu stärken und seine Macht auf die besetzten Gebiete auszudehnen.[36]

Am 6. Oktober verkündete Hitler in seiner Siegesrede vor dem Reichstag seine Absicht, »eine neue Ordnung der ethnographischen Verhältnisse, das heißt eine Umsiedlung der Nationalitäten« in Ost- und, wie er hinzufügte, Südosteuropa herbeizuführen. Diese Ankündigung machte er im Rahmen einer langen Rechtfertigung des Krieges, in der er behauptete, er tue der Welt einen Gefallen, indem er die

Revision des Versailler Vertrags vollende. Die irregeleiteten, rachsüchtigen Staatsmänner von 1919 hätten in Europa zahlreiche ethnisch-nationale Reibungspunkte geschaffen. Polen sei ein Quell der Instabilität. Doch jetzt würde Polen aufhören zu existieren, und die Grenzen des Reichs würden entsprechend der Verteilung der Volksgruppen neu gezogen. Im Zusammenhang mit der »Vernichtung Polens« und der Neuordnung im Osten erwähnte Hitler als ein Ziel auch kurz den »Versuch einer Ordnung und Regelung des jüdischen Problems«.[37]

Am nächsten Tag wurde Himmler nach dem üblichen Gerangel zwischen rivalisierenden Ministern und Parteigrößen auf den neugeschaffenen Posten des »Reichskommissars für die Festigung deutschen Volkstums« berufen und damit beauftragt, die Volksdeutschen »heim ins Reich« zu holen. Jetzt mussten Himmlers Männer, zusätzlich zur Vertreibung von Polen und Juden aus den eingegliederten Gebieten, auch Bauernhöfe und Häuser für volksdeutsche Siedler im Osten finden. Binnen weniger Stunden und Tage war ein Projekt von kolossalen Ausmaßen zusammengefügt worden, ohne einen Gedanken an die Schrauben und Muttern zu verschwenden, die das Ganze zusammenhalten sollten, von der menschlichen Dimension ganz zu schweigen.[38]

Es war typisch für Hitlers Impulsivität, dass er dieses weitreichende, destabilisierende Projekt auf den Weg brachte, als die Aufteilung der besetzten Gebiete und die Einrichtung einer Zivilverwaltung gerade erst begonnen hatten. Josef Wagner, Gauleiter von Schlesien, übernahm die Herrschaft über das ins Reich eingegliederte und seinem Gau zugeschlagene Ostoberschlesien. Dem Danziger Gauleiter Albert Forster wurden der ehemalige polnische Korridor beziehungsweise Westpreußen übergeben. Zum Chef der Zivilverwaltung in den übrigen zur Eingliederung ins Reich vorgesehenen Gebieten Westpolens ernannte Hitler am 8. September Forsters Rivalen Arthur Greiser, den Präsidenten des Danziger Senats. Vorläufig war Greiser jedoch noch Hans Frank unterstellt, der als Minister ohne Geschäftsbereich der Regierung angehörte und von Hitler die Verantwortung für das gesamte besetzte Polen erhalten hatte. Am 12. Oktober wurde Franks Zuständigkeitsbereich auf Zentralpolen, das ungefähr dem mittleren Streifen aus Hitlers Planung entsprach und als Generalgouvernement bezeichnet wurde, beschränkt. Zehn Tage später wurde Greiser zum Reichsstatthalter im neugeschaffenen Reichsgau Posen – der später in Reichsgau Wartheland umbenannt und allgemein als Warthegau bezeichnet wurde – befördert, der einen bedeutenden Teil von Franks bisheriger Domäne umfasste, einschließlich der Industriestadt Lodz und der sie umgebenden Landkreise. Der neugeschaffene Regierungsbezirk Zichenau sowie der Landkreis Sudauen wurden wiederum Ostpreußen und dem Gauleiter Erich Koch zugeschlagen.[39]

Jeder dieser neuen Herrscher brachte seine eigenen Verwaltungsbeamten, die für gewöhnlich von ihren alten Dienststellen versetzt wurden, in seine Domäne mit. Die Ministerien im Reich wählten Männer aus, die vergleichbare Positionen im Osten besetzen sollten – häufig mittelmäßige oder inkompetente Mitarbeiter, deren Verlust zu verschmerzen war. Ein guter Teil der Posten ging an Opportunisten oder Abenteurer. Eine wesentliche Qualifikation bildete eine hervorstechende Vergangenheit als nationalsozialistischer Aktivist. Somit waren die Verwaltungen im Osten, so korrupt und ineffizient sie auch sein mochten, voller Männer, die Juden hassten und Polen verachteten. Gleichzeitig expandierte der Sicherheitsapparat ostwärts. Ende September 1939 schuf Himmler das Reichssicherheitshauptamt (RSHA), vorgeblich um die Tätigkeit von SD und Sipo aufeinander abzustimmen. In Wirklichkeit bildete das RSHA, dessen erster Chef Heydrich wurde, nur eine weitere Verwaltung im ohnehin schon undurchsichtigen Gewirr von Dienststellen mit einander überlappenden Zuständigkeiten. Aber das neue Amt verlieh Heydrichs Anspruch, dass Sipo und SD in den neuen Territorien unabhängig operieren sollten, Nachdruck. Bald waren 500 bis 600 Sipo- und SD-Männer im besetzten Polen stationiert. Obwohl sie formal dem Reichsinnenministerium oder der Zivilverwaltung unterstanden, wurden die Polizeikräfte tatsächlich von Himmler und Heydrich kontrolliert. Außerdem ernannte Himmler Höhere SS- und Polizeiführer (HSSPF) sowie diesen unterstellte SS- und Polizeiführer (SSPF), welche die Tätigkeit von SS und Polizei in den neuen Gebieten überwachen sollten und ihre Befehle von Himmler persönlich erhielten. Als wäre dies noch nicht genug gewesen, verlangte Himmler für sich selbst und seine Untergebenen in seiner Eigenschaft als Reichskommissar für die Festigung deutschen Volkstums zusätzliche Machtbefugnisse. Schließlich übte Göring durch die geographische Erweiterung seiner Zuständigkeiten als Beauftragter für den Vierjahresplan nach Osten eine umfassende Herrschaft über die Wirtschaft aus. In ihren jeweiligen Domänen und Verantwortungsbereichen verfolgten Göring, Himmler, Forster, Greiser und Frank unterschiedliche Strategien gegenüber den Polen – von Übereinstimmung oder Koordination konnte nicht die Rede sein.[40]

Bemerkenswerterweise hatte man in Berlin der Behandlung der polnischen Juden nicht viel mehr Beachtung geschenkt als der polnischen Frage insgesamt. Heydrich hielt am 7. und 21. September, also eine beziehungsweise drei Wochen nach Feldzugsbeginn, Besprechungen mit Einsatzgruppenführern ab, in denen er seine Vorstellungen darlegte. Außerdem konferierte er am 14. und 21. September mit Himmler unter anderem über antijüdische Maßnahmen. Zunächst einmal schienen die SS-Führer anzunehmen, die antijüdische Politik würde der im Reich formulierten und in Österreich und im Protektorat Böhmen und Mähren angewandten Linie folgen: Juden, die als Sicherheitsrisiko galten, würde man inhaftieren oder hinrichten, die jüdische Bevölkerung als Ganze diskriminierenden Gesetzen unterwerfen und segregieren, ihren Besitz zugunsten des Reichs beschlagnahmen und, wo immer möglich, Juden über die nächstgelegene Grenze abschieben oder zur Auswanderung zwingen. Aber die Umsetzung dieser Maßnahmen hing zum Teil davon ab, wo die Demarkationslinie zwischen den deutsch und den sowjetisch besetzten Gebieten verlaufen würde. Erst wenn feststand, wo »der Osten« war, würde man Juden dorthin deportieren können.[41]

Heydrich gewann den Eindruck, dass Hitler die vollständige Entfernung der jüdischen Bevölkerung aus dem Reich, einschließlich der zur Eingliederung vorgesehenen Gebiete, in eine Art Reservat anstrebte, womöglich in Galizien. Später plante man ein »Reichsghetto« in der Gegend um Lublin. Hitler schnitt das Thema gegenüber der Wehrmacht an. »*Ghetto*-Gedanke besteht im Großen«, notierte Halder am 20. September in seinem Tagebuch, »im Einzelnen noch nicht klarliegend. Berücksichtigung der Wirtschaftsbelange vorweg.« Halder äußerte sich in keiner Weise zur moralischen Bewertung eines derart haarsträubenden Vorhabens, sondern wiederholte lediglich die Forderung der Wehrmacht, vor dem Ende der militärischen Operationen keine großen Bevölkerungsverschiebungen vorzunehmen. Vorerst könnten nur »Erhebungen und Feststellungen, welcher Personenkreis umgesiedelt werden soll und wohin«, durchgeführt werden.[42]

Am nächsten Tag weihte Heydrich im Gestapo-Hauptquartier in Berlin seine Amtschefs in die sich schnell herauskristallisierende Politik ein. Da nicht alle, die es betraf, anwesend waren, versandte er anschließend einen »Schnellbrief« mit einer Zusammenfassung an die Einsatzgruppenleiter.[43] Als Erstes traf er eine Unterscheidung zwischen dem »Endziel (welches längere Fristen beansprucht) ... und den Abschnitten der Erfüllung dieses Endzieles (welche kurzfristig durchgeführt werden)«. Die »*geplanten Gesamtmaßnahmen* (also das Endziel)« seien »streng geheim zu halten«. Worin sie bestanden, führte Heydrich auch im Folgenden nicht genau aus. Aber sie erforderten »gründlichste Vorbereitung sowohl in technischer als auch in wirtschaftlicher Hinsicht«. Erste »Voraussetzung für das Endziel« sei die »Konzentrierung der Juden vom Lande in die größeren Städte«. Dies müsse, auf der Grundlage einer territorialen Prioritätenliste, »mit Beschleunigung« geschehen. Danzig, Westpreußen, Posen und Ostoberschlesien müssten »von Juden freigemacht« werden. Sei dies nicht möglich, sei die Zahl der Konzentrationsorte auf ein Minimum zu reduzieren. Auch in den übrigen eroberten Gebieten sei die Zahl der Orte, an denen Juden zusammengezogen werden sollten, niedrig zu halten. Die Städte, die Juden aufzunehmen hätten, müssten an Eisenbahnknoten oder wenigstens Eisenbahnstrecken liegen, »so dass die späteren Maßnahmen erleichtert werden«. Generell gelte, »dass jüdische Gemeinden mit *unter* 500 Köpfen aufzulösen und der nächstliegenden Konzentrationsstadt zuzuführen« seien.

Heydrich ordnete an, in jeder jüdischen Gemeinde einen Ältestenrat zu berufen, »der, soweit möglich, aus den zurückgebliebenen maßgebenden Persönlichkeiten und Rabbinern zu bilden« sei. Die Räte sollten, je nach Größe der Gemeinde, bis zu 24 Mitglieder haben und seien »*vollverantworlich* zu machen für die exakte und termingemäße Durchführung aller ergangenen oder noch zu ergehenden Weisungen«. Bei »Sabotage solcher Weisungen« seien »den Räten die schärfsten Maßnahmen anzukündigen«. Sie hätten ferner eine Zählung der Juden in ihrem Gebiet durchzuführen und dann die Evakuierung der kleinen Gemeinden in die Städte zu organisieren. Nach dem Grund der Umsiedlung gefragt, könnten sie darauf hinweisen, »dass sich Juden maßgeblich an den Franktireurüberfällen und Plünderungsaktionen beteiligt« hätten. Außerdem seien die Ältestenräte für die Unterbringung der aus ländlichen Gebieten zuziehenden Juden verantwortlich. Die in die Städte umgesiedelten Juden dürften mit sich nehmen, was immer sie tragen konnten. Im Fall der Nichtbeachtung des Umsiedlungsbefehls sei mit den »strengsten Bestrafungen« zu drohen.

Im einzigen Absatz des Schreibens, in dem sich Heydrich mit der Frage beschäftigte, wie die deutschen Behörden der Aufnahmestädte die »Konzentrierung der Juden« gestalten sollten, erklärte er, aus »allgemeinen sicherheitspolizeilichen Gründen« würden wahrscheinlich Anordnungen nötig sein, »dass Juden bestimmte Stadtviertel überhaupt verboten werden, dass sie – stets jedoch unter Berücksichtigung der wirtschaftlichen Notwendigkeiten – z. B. das Ghetto nicht verlassen, zu einer bestimmten Abendstunde nicht mehr ausgehen dürfen usw.«.

All diese Maßnahmen, fuhr Heydrich fort, seien in enger Abstimmung mit der Wehrmacht und der Zivilverwaltung zu treffen. Auch wirtschaftliche Erwägungen müssten bedacht werden. Zum Beispiel werde es sich »kaum vermeiden lassen, zunächst da und dort Handelsjuden zurückzulassen, welche zur Verpflegung der Truppen mangels anderweitiger Möglichkeiten unbedingt zurückbleiben müssen«. In solchen Fällen sei »die alsbaldige Arisierung dieser Betriebe anzustreben«. In jüdischem Besitz befindliche Rüstungsfabriken und andere Betriebe, die etwa für den Vierjahresplan wichtig seien, müssten »zunächst aufrechterhalten« bleiben, bis auch sie arisiert würden und die »Auswanderung« der jüdischen Eigentümer nachgeholt werde. Heydrichs Richtlinien berücksichtigen auch die Ernährungslage in den besetzten Gebieten. Von Juden kultiviertes Land sei deutschen »oder auch polnischen Bauern« zu überlassen, um Ernte und Aussaat zu gewährleisten. Im Falle von Konflikten zwischen Sipo und Zivilverwaltung sei Heydrich umgehend zu unterrichten, damit er über die anstehenden Maßnahmen entschied.

Im letzten Abschnitt des Schreibens wurden die Einsatzgruppenleiter angewiesen, regelmäßig zu berichten, wie viele Juden in ihren Operationsräumen lebten und wie die Umsiedlung vom Land in die Städte voranging. Heydrich wollte darüber informiert werden, wo die Juden konzentriert und wann sie umgesiedelt werden sollten sowie welcher Art die jüdischen Betriebe seien und wie man sie zu arisieren gedenke. Wie viele Juden, fragte er, seien in diesen Betrieben beschäftigt, und könnten sie ohne die jüdischen Arbeitskräfte weiterarbeiten? Falls nicht, wie sollten sie ersetzt werden? Sämtliche in Betracht kommenden Gebiete seien restlos zu erfassen. Um die betroffenen Behörden in Kenntnis zu setzen und seine eigene Zuständigkeit für diese Fragen zu unterstreichen, verschickte Heydrich seinen Schnellbrief an die provisorischen Zivilverwaltungen in den besetzten Gebieten, ans Oberkommando des Heeres, an die Vierjahresplanbehörde, das Reichsinnenministerium und das Reichsministerium für Ernährung und Landwirtschaft.[44]

Während er im Schnellbrief das »Endziel« offenließ, ging er sowohl in der Besprechung am 21. September als auch in einer späteren Einweisung im RSHA am 29. September näher auf das endgültige Schicksal der Juden ein: Sie seien aus dem Reich zu entfernen und in einen »fremdsprachigen Gau«, das heißt in ein für Ausländer vorgesehenes Gebiet unter deutscher Herrschaft, zu deportieren oder über die Demarkationslinie in die Sowjetunion abzuschieben. Daher waren alle im Schnellbrief aufgeführten Maßnahmen vorläufiger Art und zielten darauf ab, die Juden innerhalb von zwölf Monaten aus dem Reich zu entfernen. Unter anderem aus diesem Grund achtete Heydrich kaum auf Details und Definitionen. Er benutzte zwar den Begriff »Ghetto«, erläuterte in seinem Schnellbrief aber nicht, was genau er damit meinte. Tatsächlich legt der Text nahe, dass nicht die Errichtung abgeschlossener jüdischer Viertel gemeint war, sondern dass die Juden sich in den Aufnahmestädten, abgesehen von bestimmten Vierteln, hätten frei bewegen sollen. Die Ältestenräte sollten für die Zählung, Umsiedlung und Unterbringung der Juden aus den ländlichen Gebieten verantwortlich sein. Weitere Aufgaben hatten sie nicht. Der Schnellbrief zeigt, dass Heydrich noch zur Rücksichtnahme auf Zivilverwaltung und Wehrmacht sowie die Wirtschaftsbehörden des Reichs verpflichtet war. Abgesehen von der Bekräftigung eines koordinierten, behördenübergreifenden Ansatzes enthielt er keinen Hinweis darauf, wie und von wem die jüdischen Gemeinden bis zur Erreichung des »Endziels« überwacht und versorgt werden sollten.[45]

Eichmann und das Nisko-Projekt

Einige von Heydrichs Untergebenen verstanden diese frühen Absichtserklärungen unter Missachtung der von hochrangigen Wehrmachtvertretern vorgebrachten Bedenken und der von Heydrich selbst in seinem Schnellbrief angeführten Vorbehalte als strategische Richtlinien. Mitte September besprachen Eichmann (der in Wien stationiert war) und Stahlecker (jetzt Befehlshaber der Sicherheitspolizei und des

SD [BdS] in Böhmen und Mähren) die Deportation von 300 000 Juden aus dem Reich in das in Berlin angedachte »Judenreservat«. Gestapo-Chef Müller, der sich näher am Entscheidungszentrum befand, wies Eichmann am 6. Oktober an, die Deportation von 70 000 bis 80 000 Juden aus dem Protektorat und den an Schlesien angegliederten Gebieten vorzubereiten. Eichmann leitete umgehend praktische Maßnahmen in den anfangs dafür ausersehenen Städten ein, Kattowitz in Ostoberschlesien und Ostrava im Protektorat. Wenig später wurde auch Wien auf die Liste gesetzt. Die deutschen Behörden dort und in Kattowitz waren begeistert über die Aussicht auf eine erhebliche Verkleinerung der jüdischen Bevölkerung in ihrem Zuständigkeitsbereich. Die logistische Abwicklung übertrug Eichmann seinen Mitarbeitern in der Wiener Auswanderungszentrale. Theodor Dannecker und Alois Brunner machten sich daran, die benötigten Züge zu bestellen, während Rolf Günther die unglückseligen Leitungen der betroffenen jüdischen Gemeinden darüber informierte, was ihnen bevorstand. Am 10. Oktober wurde der IKG-Vorsitzende Josef Löwenherz angewiesen, mehr als tausend kräftige Männer auszuwählen und mit Verpflegung, Kleidung und Werkzeugen auszustatten. Sie sollten die Aufnahme der nachfolgenden Juden vorbereiten. In den beiden anderen Städten wurden ähnliche Anweisungen ausgegeben.[46]

Dennoch wussten Eichmann und Stahlecker noch eine Woche vor dem geplanten Beginn der Transporte nicht, wohin die Juden gebracht werden sollten. Am 12. Oktober flogen sie von Ostrava nach Krakau, um sich nach einem geeigneten Aufnahmegebiet umzuschauen. Eichmann flog nicht gern, weswegen die Wahl des Verkehrsmittels den Druck verdeutlicht, unter dem die beiden Judenexperten standen. Nachdem sie drei Tage lang die Umgebung von Lublin, wo mancherorts noch Einheiten der Roten Armee patrouillierten, erkundet hatten, entschieden sie sich für die Kleinstadt Nisko am San und dass sich am gegenüberliegenden Flussufer befindende Dorf Zarzecze. Beide Orte lagen an einer Eisenbahnstrecke, und zum Fluss hinunter zog sich eine offene Marschlandschaft hin. Zufrieden mit dem Ergebnis, telegraphierte Eichmann seinen Mitarbeitern die wichtigsten Angaben. Als er 24 Stunden später wieder in Wien war, setzte er sie hastig genauer ins Bild, bevor er nach Ostrava fuhr, um dort das Gleiche zu tun. Am nächsten Tag bestiegen 916 tschechische Juden einen Zug mit 22 Passagier- und 29 Güterwaggons, Letztere für die von den jüdischen Gemeinden bezahlte Verpflegung und Ausrüstung. Als wollte er die chaotische Art des Unternehmens unterstreichen, entsprach Eichmann der in letzter Minute vorgebrachten Bitte Arthur Nebes, des Chefs der Kriminalpolizei, zwecks der Deportation unerwünschter Zigeuner einige Wagen an den Zug anzuhängen. Ein zweiter Transport mit mehr als tausend Juden verließ am 20. Oktober Wien. Ein dritter wurde in Kattowitz zusammengestellt. Dann lief die Sache aus dem Ruder. Der erste Zug wurde über Nacht auf einem Nebengleis aufgehalten, und mehrere Männer mussten wegen Krankheit zurückgelassen werden. Kaum war der Transport in Nisko angekommen, erhielt Rolf Günther aus dem RSHA die Mitteilung, dass die Initiative der Zustimmung der Zentrale und der Kooperation anderer Behörden bedürfe. Dieser Mahnung folgte kurz darauf der eindeutige Befehl aus Berlin, keine weiteren Züge nach Osten zu schicken. Inmitten des Durcheinanders fertigte Eichmann zwei weitere Züge ab, einen aus Wien und einen aus Ostrava. Auch aus Prag fuhr ein Zug ab, der aber wegen Hochwassers umkehren musste. Kaum eine Woche nach seinem Beginn war das Vorhaben am Ende. Statt 80 000 waren bloß 4700 Juden deportiert worden. Müller erklärte Eichmann später, die Wehrmacht genieße auf der Schiene Priorität; es sei wichtiger, polnische Kriegsgefangene aus der Kampfzone herauszubringen, als dort Juden abzuladen. Außerdem habe das Oberkommando des Heeres Einwände dagegen, dass in einem Gebiet, in dessen Nähe die nächste Frontlinie verlaufen könnte, eine massive jüdische Bevölkerungskonzentration geschaffen werde.[47]

So kurzlebig der Nisko-Plan war, so furchtbar war er für die Juden, die von ihm erfasst wurden. In aller Eile und unter beachtlichem Geldaufwand hatten die jüdischen Gemeinden das Material für vorgefertigte Baracken, Werkzeug und Verpflegung für mehrere Wochen beschafft. Als der erste Zug in Nisko eintraf, wurde er von Eichmann persönlich begrüßt, der den Deportierten erklärte, sie seien dort, um eine »neue Heimat« für die Juden aufzubauen. Doch es gab keine Infrastruktur, der Boden war morastig, und Unterkünfte für die Arbeiter waren nicht vorhanden. Die SS- und Polizeiwachen hatten kein Interesse an dem Projekt, und nach Eichmanns Abreise versuchten sie, mehrere Gruppen von Deportierten über die Demarkationslinie in das sowjetisch besetzte Gebiet zu treiben. Als weitere Juden eintrafen, wurden einige Baracken errichtet, und das Lager nahm langsam Gestalt an, aber ohne die Hilfe der jüdischen Gemeinde von Lublin konnten die Männer nicht überleben. Das raue Winterwetter dezimierte ihre Reihen. Von jeglicher Versorgung abgeschnitten und ohne Arbeit, suchten einige Zuflucht in der Stadt, andere ließen sich in ein Arbeitslager in Ostoberschlesien verlegen. Im April 1940 wurde das Lager aufgelöst, und die 300 überlebenden Insassen durften nach Hause zurückkehren.[48]

Manche Historiker betrachteten das gescheiterte Nisko-Projekt als Aufbruch zu einer neuen Strategie oder zumindest als Experiment, das zur methodischen Vervollkommnung der massenhaften Deportation von Juden überleitete. In Wirklichkeit war es ein Versuch, in größerem Umfang jene Politik fortzusetzen, die fast genau ein Jahr zuvor zur Vertreibung der polnischen Juden aus Deutschland geführt hatte. Das einzig neue Element war die Art des Bestimmungsorts: ein Territorium am Rand des deutschen Machtbereichs. Die Männer, die den Plan ausheckten, gingen einfach davon aus, auf diese Weise die im Oktober 1938 aufgetretenen Probleme vermeiden zu können. Stattdessen wurde diese halbgare »territoriale Lösung« durch Proteste des Heeres zunichtegemacht. Aber auch Himmler entzog dem Unternehmen frühzeitig die Unterstützung, denn er war mit einer weit dringlicheren Bevölkerungsbewegung beschäftigt: dem Zustrom von Volksdeutschen und der Vertreibung von Polen, deren Bauernhöfe und Häuser für deren Ansiedlung benötigt wurden. Das Scheitern des Nisko-Projekts war ein böses Omen, aber weniger für die Juden als vielmehr für Himmler und Heydrich. Es war der erste in einer Reihe von Fehlschlägen in jenem Herbst, die ihren Karrieren und dem Ansehen der SS zu schaden drohten.[49]

Mitte Oktober trafen die ersten Volksdeutschen in Posen ein. Greiser war hocherfreut, sie in seinem Gau begrüßen zu können, denn dort standen 325 000 Deutsche 4,9 Millionen Polen gegenüber. Allein die Zahl der Juden entsprach ungefähr derjenigen der Deutschen. Nach seiner Ernennung zum Reichsstatthalter hatte Greiser versprochen, einen »Mustergau« zu schaffen, der produktiv, modern und rein deutsch sein würde. Aber bis dahin war es ein steiniger Weg. Die einzige Möglichkeit, seinen Traum zu verwirklichen, bestand darin, mit Himmler zusammenzuarbeiten und sich das Personal und die Ressourcen der SS zunutze zu machen, selbst wenn dies bedeutete, einen Teil seiner Macht abgeben zu müssen. Tatsächlich war Greiser anfangs kaum mehr als ein Zuschauer der Umwälzungen in seinem eigenen Hinterhof.[50]

Am Ende des Monats erließ Himmler Richtlinien für die Säuberung der eingegliederten Gebiete. Er gab Wilhelm Koppe, dem HSSPF in Posen, den Auftrag, binnen vier Monaten eine Million Polen und 300 000 Juden aus Westpreußen (mit Danzig) und dem Warthegau ins Generalgouvernement abzuschieben. Koppe delegierte die Aufgabe an den dortigen SD-Chef Albert Rapp, der die Zahlen rasch auf eine handhabbare Höhe reduzierte. Zehn Tage später verkündete er als Zielgrößen 200 000 Polen und 100 000 Juden. Etwas mehr als zwei Wochen darauf griff Heydrich ein und schränkte die Operation auf den Warthegau und insgesamt 80 000 Polen und Juden ein. Um das Vorhaben, die neuen Gebiete vollständig von ihrer fremden oder als feindlich geltenden Bevölkerung zu säubern, wenigstens auf dem Papier aufrechtzuerhalten, teilte er die Operation in Etappen auf. Den Anfang bildete der sogenannte »erste Nahplan«.[51]

Das gesamte Projekt war von Willkür geprägt, und bei der Auswahl und Registrierung von Polen unterliefen der Sipo zahlreiche Fehler. An den vorgesehenen Tagen erhielten in bestimmten Bezirken Tausende den kurzfristigen Befehl zur »Evakuierung«. Doch die SS verfügte nicht über genügend Personal für eine Operation dieser Dimension, so dass Angehörige von Ordnungspolizei, Selbstschutz, Zivilverwaltung und sogar Lehrgangsteilnehmer einer nahegelegenen NS-Führerschule herangezogen wurden. Zwischen dem 1. und 17. Dezember brachten achtzig Züge insgesamt 87 833 Polen vom Warthegau ins Generalgouvernement, wo die frierenden, hungrigen Deportierten der Zuwendung der Bevölkerung vor Ort überlassen wurden. In den Landkreisen, in denen sich die Deportierten sammelten, brach Chaos aus. Hunderte machten sich auf den Weg zurück in ihre Heimatorte, häufig in der Absicht, ihr Eigentum lieber zu zerstören, als es in fremde Hände fallen zu lassen.[52]

Von dieser ersten Welle wurden rund 10 000 Juden erfasst, die überwiegend aus Posen, Kalisch und Lodz stammten. Dass Lodz mit einer jüdischen Bevölkerung von annähernd 200 000 Menschen in den Warthegau einbezogen worden war, bereitete Greiser und seiner Verwaltung erhebliche Kopfschmerzen. Konnten sie deportiert werden, ohne die örtliche Wirtschaft zugrunde zu richten, und wohin sollten sie gehen? Bis zum Ende des ersten Nahplans wurden nur 5000 bis 6000 Juden aus der Stadt ins Generalgouvernement abgeschoben. Greiser und seine Berater hatten erkannt, dass Juden für die Ansiedlung von Volksdeutschen kaum eine Rolle spielten: Die Neuankömmlinge brauchten Bauernhöfe, während die Juden überwiegend Stadtbewohner waren und kaum einer von ihnen das Land bestellte.[53]

Außerdem sah Heydrich, dass die Aktion nicht gut lief. Kurz vor Weihnachten beauftragte er Eichmann, die Deportationen zu überprüfen und ein effizienteres System zu entwickeln. Eichmann hatte bereits eine Besprechung der SD-Judenreferenten über die Frage einberufen, wie angesichts der neuen Möglichkeiten im Osten und der zusätzlichen Aufgabe, die eingegliederten Gebiete von unerwünschten Bewohnern zu säubern, mit den »Reichsjuden« zu verfahren sei. Als die Judenabteilung II 112 des SD-Hauptamts der Gestapo unterstellt wurde und, in Referat IV D 4 umbenannt, die Zuständigkeit für Auswanderung und Evakuierungen erhielt, wurden Polen- und Judenpolitik auf verhängnisvolle Weise miteinander verknüpft.[54]

Im zweiten Nahplan sah Heydrich die Deportation von 600 000 Juden aus den neuen Reichsgebieten in ein Reservat im Generalgouvernement vor, wo sie als Geiseln das Wohlverhalten der Vereinigten Staaten sicherstellen sollten. Die Operation sollte am 15. Januar 1940 beginnen und beruhte auf der Annahme, dass das Verkehrsministerium täglich Eisenbahnzüge für 5000 Deportierte zur Verfügung stellen würde. Diesmal sollten die Einzelheiten im Vorhinein ausgearbeitet und zwischen den betroffenen Behörden abgesprochen werden. Gleichwohl verringerte Eichmann Anfang des Jahres auf der ersten Besprechung die angestrebte Zahl der Deportierten, zu denen jetzt neben Juden auch Polen gehören sollten, auf 350 000. Ein plötzlicher Zustrom von Volksdeutschen aus Wolhynien hatte der Aufgabe, durch die Vertreibung polnischer Bauern ihre Ansiedlung zu ermöglichen, neue Dringlichkeit verliehen. Erneut musste ein bereits revidiertes Vorhaben verschoben werden. Aufgrund der angespannten Lage bei der Reichsbahn und des Vorrangs der Wehrmacht gab es nicht genügend Transportraum. Darüber hinaus hatte Hans Frank den Ehrgeiz, das Generalgouvernement wirtschaftlich produktiv zu machen, und lehnte es ab, sein Herrschaftsgebiet zum Abladeplatz für unerwünschte Bevölkerungsteile machen zu lassen. Am Ende wurde der zweite Nahplan auf die lange Bank geschoben und ein »Zwischenplan« beschlossen, der die Vertreibung von 40 000 Polen vorsah, um für deutsche Siedler Platz zu schaffen. Doch auch diese begrenzte »Evakuierung«, die zwischen dem 10. Februar und 15. März durchgeführt wurde, war ein einziges Durcheinander. Trotz der von Heydrich umrissenen weitreichenden Ziele waren unter den Vertriebenen nur wenige Juden.[55]

Die NS-Führung sah sich zu der Einsicht genötigt, dass unmöglich alles auf einmal umzusetzen war. Bei einer Besprechung der betroffenen Gauleiter und von Vertretern der wichtigsten Ministerien, die Mitte Februar unter Vorsitz Görings stattfand, wurde die Sorge geäußert, dass eine unkontrollierte Umsiedlung die Wirtschaft sowohl im Räumungs- als auch im Aufnahmegebiet beeinträchtigen würde. Göring betonte erneut den Vorrang der ungestörten Produktion von Waffen und Lebensmitteln vor irgendwelchen Bevölkerungsverschiebungen. Es herrschte allerdings Einigkeit darüber, dass Juden aus den eingegliederten Gebieten in eine Art Reservat, welches in einem Winkel des Generalgouvernements einzurichten wäre, deportiert werden sollten. Himmlers Plan war blockiert. Frank akzeptierte die Funktion seines Herrschaftsgebiets unter der Bedingung, dass es sich nur um eine Übergangslösung handelte. Doch schon zwei vergleichsweise kleine Vertreibungsaktionen von Juden – am 12. Februar (dem Tag der Sitzung) in Stettin und einen Monat später in Schneidemühl – überstiegen seine Kooperationsbereitschaft. Frank erklärte, er könne keine unkoordinierten Umsiedlungen mehr dulden, und hatte diesmal die volle Rückendeckung Görings, der Himmler am 23. März aufforderte, weitere Abschiebungen von Juden ins Generalgouvernement zu unterlassen.[56]

Im März 1940 wurde der zweite Nahplan wiederbelebt und in sporadischen Aktionen bis zum Januar 1941 umgesetzt. In dieser Zeit wurden in 143 Transporten 133 508 Polen ins Generalgouvernement deportiert. Nur drei Züge brachten polnische Juden, hauptsächlich aus Posen, dorthin. Die Mehrheit der Juden in den eingegliederten Gebieten war geblieben, wo sie sich zu Kriegsbeginn befunden hatte, und auch die Juden im Reich waren, abgesehen von den aufsehenerregenden Deportationen aus Stettin und Schneidemühl, nicht behelligt worden. Himmler und Heydrich mussten ebenso wie Frank und Greiser erkennen, dass sie sich Ziele gesetzt hatten, die einander zuwiderliefen. In den Augen von Nationalsozialisten mochte der Plan, den Warthegau von Polen zu säubern, attraktiv sein, aber sie waren Arbeitskräfte, und polnische Bauern von ihrem Land zu vertreiben störte die Nahrungsmittelproduktion. Die Ansiedlung von 360 000 Volksdeutschen brachte eine Vielzahl von Herausforderungen mit sich, welche die Behörden auch dann vor große Schwierigkeiten gestellt hätten, wenn sie sonst keine Aufgaben zu bewältigen gehabt hätten. Juden zu deportieren war ideologisch befriedigend, trug aber nichts zur Erfüllung anderer Ziele bei. Darüber hinaus entdeckten Greiser und Frank, dass die Judenfrage, wie sie sich in Polen stellte, komplizierter war als gedacht.[57]

Antijüdische Politik und jüdische Reaktionen im besetzten Polen

Während die Nationalsozialisten die von ihrer langfristigen Bevölkerungspolitik verursachten Probleme erst zu einem Knoten verknäulten und anschließend wieder zu entwirren versuchten, mussten die Juden im eroberten Polen mit dem Alltag unter einer kaum berechenbaren deutschen Herrschaft zu Rande kommen. Zunächst lebten sie in einer Kriegszone, dann unter Militärherrschaft und schließlich unter einer Zivilverwaltung. Die Behandlung, die sie erfuhren, unterschied sich in jeder dieser Phasen und verwirrenderweise auch von Region zu Region. Die Gründe für dieses Durcheinander waren für die Juden nicht ersichtlich, aber sie konnten nicht umhin zu bemerken, wie widersprüchlich all die Anordnungen waren, die über die Befehlskette bis hinunter zu ihnen übermittelt wurden; wie unrealistisch viele politische Erklärungen klangen; wie weit das Handeln der lokalen Herrscher von den Berliner Erlassen abwich. Anfang Dezember 1939 notierte Chaim Kaplan hellsichtig:

> Die Liquidierung der polnischen Judenheit ist in vollem Gang, vollzieht sich jedoch nicht überall gleich schnell. Es ist falsch zu glauben, dass der Sieger ein Meister der Logik und Ordnung ist. Wir sehen, dass gerade das Gegenteil der Fall ist. Alles, was die Vollstrecker eines erhabenen Willens tun, trägt den Stempel der Verwirrung und Unlogik. Nur die den Nazimaßnahmen zugrunde liegenden Haupttheorien zeugen von Konsequenz und Systematik – das heißt: ihre Vorstellung von autoritärer Obrigkeit und Strenge; und bezüglich der Juden – die Theorie von deren völliger Ausrottung und Vernichtung.[58]

Anfangs geschahen die Gewalttätigkeiten, Zerstörungen und Plünderungen unter der Ägide des Heeres. Neben Tausenden von Juden, die bei Sicherungs- und Vergeltungsmaßnahmen getötet wurden, kamen 25 000 der 60 000 jüdischen Soldaten der polnischen Armee, die in Kriegsgefangenschaft geraten waren, bis zum folgenden Frühjahr ums Leben. Mehrere Tausend wurden zur Zwangsarbeit nach Deutschland geschickt, wo sie besser behandelt wurden als in den Kriegsgefangenenlagern. Nach einem Jahr durften einige sogar nach Polen zurückkehren. Unterdessen gehörten Armeebefehlshaber zu den Ersten, die jüdische Gemeinden mit Diskriminierungs- und Segregationserlassen überzogen. Am 8. Oktober 1939 ordnete die Militärverwaltung in Piotrków Trybunalski die Konzentration der 15 000 Juden der Stadt in einem Ghetto an. Es war das erste seiner Art, stand aber nicht für einen Trend und war kaum ein Modell für das, was folgte. Auch außerhalb des Ghettos von Piotrków lebten weiterhin Juden. Obwohl die Ghettos zum Inbegriff der deutschen antijüdischen Politik in Polen werden sollten, wurden sie sporadisch, über einen langen Zeitraum hinweg und selten aus den gleichen Gründen geschaffen. Ungeachtet der von Heydrich herausgegebenen Weisungen besaßen Ende 1939 nur sieben weitere Städte ein Ghetto.[59]

Im Wartheland war Greiser bestrebt, die Juden so schnell wie möglich abzuschieben. Deshalb hatte er kein großes Interesse daran, Ghettos einzurichten. Erst als Ende 1939 klarwurde, dass man die jüdische Bevölkerung in den nächsten Monaten nicht würde deportieren können, beschäftigte sich Friedrich Uebelhoer, der Regierungspräsident von Kalisch-Lodz, ernsthaft mit Methoden zur Absonderung der Juden von der deutschen und polnischen Bevölkerung.[60]

Solange die Aussicht auf die Schaffung eines »Judenreservats« im Distrikt Lublin bestand, war auch Hans Frank nicht an der Errichtung von Ghettos interessiert. Am 4. November rief die SS in Warschau die jüdische Führung zusammen, um ihr mitzuteilen, dass die deutschen Behörden in einer Reihe von Straßen ein Ghetto zu schaffen beabsichtigten. Die Juden waren entsetzt und weigerten sich, den Schlag kleinlaut hinzunehmen. Der Chemieingenieur Adam Czerniaków, vom Warschauer Bürgermeister zum Vorsitzenden eines Komitees ernannt, das während der Belagerung der Stadt ihre jüdische Bevölkerung vertreten hatte, begab sich an der Spitze einer Delegation zu Karl-Ulrich Neumann-Neurode, dem Militärkommandeur der Stadt.

Wie sich herausstellte, war der General über diesen folgenreichen und potentiell explosiven Schritt nicht informiert worden. Das Heer stoppte den Plan, der dann monatelang auf Eis lag, bis die Zivilverwaltung in Absprache mit Experten und Sipo einen besser durchdachten Vorschlag präsentierte. Die Deutschen stellten allerdings Schilder auf, die ihre Soldaten davor warnten, das jüdische Viertel zu betreten, weil dort eine Ansteckung mit gefährlichen Krankheiten drohe. Dies war ein gefährlicher Präzedenzfall, aber vorläufig blieben die 360 000 Juden, die laut der auf deutsches Drängen durchgeführten Zählung in Warschau lebten, in ihren Wohnungen in allen Teilen der Stadt. In Krakau, das Frank zu seiner Hauptstadt gemacht hatte, gab sich der Generalgouverneur für den Augenblick damit zufrieden, den Stadtteil, in dem die meisten Juden lebten, als »jüdischen Wohnbezirk« auszuweisen.[61]

Kleinere und größere Plünderungen waren an der Tagesordnung; die Beutezüge deutscher Soldaten setzten sich noch monatelang fort. Im Oktober notierte Michael Zylberberg, Direktor einer jüdischen Schule in Warschau, die Deutschen würden immer noch »in Wohnungen einbrechen und plündern«. In Lodz hinderte der Aufruhr Mary Berg fast daran, ihren fünfzehnten Geburtstag am 10. Oktober zu feiern. Die Kunsthandlung ihres Vaters wurde geplündert, und aus ihrer Wohnung wurden Gemälde von Poussin und Delacroix entwendet. Anfang November wurden sie erneut »von deutschen Soldaten besucht«. Gewissermaßen als Wiederholung des Novemberpogroms von 1938 steckten die Deutschen, während die Plünderungen weitergingen, die Synagogen der Stadt in Brand. »An den Deutschen ist etwas Krankes«, bemerkte Dawid Sierakowiak. »Gestern haben sie mit schrecklichen, chaotischen Plünderungen begonnen.«[62]

Im Warthegau und dem Generalgouvernement froren die Zivilverwaltungen die Bankkonten von Juden ein, leerten ihre Schließfächer und beschlagnahmten ihre Wertpapiere. Görings Haupttreuhandstelle Ost (HTO) ging akribisch daran, Wohnungen, Geschäfte und Betriebe von Juden in den eingegliederten Gebieten in Besitz zu nehmen. Greiser, dem so die lukrativsten Beutestücke entgingen, war zur Finanzierung seiner Verwaltung auf die Plünderung des beweglichen Eigentums angewiesen. Frank widersetzte sich hartnäckig Görings Bemühungen, im Generalgouvernement eine ähnliche Monopolstellung zu erlangen, und baute für die Enteignung und Verwertung von jüdischem Vermögen eine eigene Treuhandstelle auf. Ende des Jahres war Göring gezwungen, in einen Kompromiss einzuwilligen, wonach er Frank als seinen Bevollmächtigten in Wirtschaftsfragen einsetzte. Die HTO verschacherte insgesamt 3600 Unternehmen und 50 000 Immobilien. Außerdem war es üblich, jüdischen Gemeinden Abgaben aufzuerlegen, wobei die Juden häufig durch Geiselnahmen unter Druck gesetzt wurden. In Lodz erpressten die Deutschen eine Summe von 25 Millionen Złoty, in Warschau dagegen nur eine Million. Die Judenrate sammelten verzweifelt Geld, oftmals indem sie die Gemeindemitglieder zur Abgabe von Devisen, Goldschmuck und Edelsteinen aufriefen.[63]

Verordnungen der Militärbehörden, die von den Zivilverwaltungen aufgegriffen und verschärft wurden, nahmen den Juden nach und nach jegliche Verdienstmöglichkeit. Jüdische Beamte wurden sofort entlassen. Durch die Schließung jüdischer Schulen saßen Tausende von Lehrern auf der Straße. Auch Juden, die bei Zeitschriften oder in Verlagen, Theatern und Orchestern arbeiteten, verloren ihren Lebensunterhalt. Chaim Kaplan schätzte, dass von dem Verbot der Herstellung von Textilien und Lederwaren sowie des Handels mit ihnen die Hälfte aller berufstätigen Juden in Warschau betroffen war. Bald waren 70 000 bis 80 000 Juden arbeitslos.[64]

Die Deutschen fuhren fort, Juden zur Zwangsarbeit heranzuziehen. Wehrmachteinheiten, SS und Zivilbehörden stritten darum, wer jüdische Arbeiter bekommen oder behalten sollte. Im Distrikt Lublin sicherte sich der SSPF Odilo Globocnik rasch das Monopol auf jüdische Arbeitskräfte, womit er nebenbei die Grundlage für ein eigenes Wirtschaftsimperium schuf. Im übrigen Generalgouvernement kämpften Franks Beamte mit Sipo und SD um die Kontrolle über diese lukrative Ressource. Da die Plackerei von Schlägen und willkürlichen Morden begleitet war, suchten viele jüdische Männer ihr Heil in der Flucht zu den Sowjets.[65]

Zur Arbeit gezwungene Frauen wurden regelmäßig misshandelt und vergewaltigt. Kaplan notierte, dass in Lodz Mädchen gezwungen wurden, »eine Latrine zu reinigen – das heißt, die hatten die Exkremente fortzuschaffen. Aber sie erhielten keine Geräte. Auf ihre Frage ›Womit?‹ erwiderten die Nazis: ›Mit euren Blusen.‹ Die Mädchen zogen ihre Blusen aus und beseitigten darin den Abfall. Als sie fertig waren, erhielten sie ihre Belohnung: die Nazis rieben ihnen die Gesichter mit den besudelten Blusen ab und lachten sich tot.« Mary Berg hörte, dass Deutsche – sie sagte nicht, ob es sich um Soldaten, SS-Männer oder lokale Milizionäre handelte – Frauen zwangen, paarweise und nackt vor ihnen zu tanzen. Zwei junge Mitschülerinnen, die zu solch einem Auftritt gezwungen worden waren, kamen mit blauen Flecken nach Hause zurück. Berg erläuterte nicht näher, was ihnen passiert war.[66]

Willkürliche Verschleppungen wie diese verängstigten die jüdische Bevölkerung, und die neugebildeten Judenräte versuchten sogleich, sie abzustellen. Diese Räte sollten zwar laut Heydrichs Anweisung allerorts gleichartig sein, aber schon ihre Bildung erfolgte auf chaotische Weise, und sie unterschieden sich stark voneinander. Wie seine Weisung, Juden zu konzentrieren, war auch Heydrichs Anordnung zu den Judenräten schwammig formuliert. Sie bestimmte weder, wer in Frage kam, noch, wie das Auswahlverfahren ablaufen sollte. In einigen Fällen ergriffen die Militärbehörden die Initiative, in anderen Sipo und SD. In Radom griff der Einsatzgruppenleiter Juden auf der Straße auf und machte sie zu Ratsmitgliedern. Häufig boten Juden den Besatzern ihre Dienste an, weil sie hofften, die Plünderungen und die willkürlichen Rekrutierungen zur Zwangsarbeit abmildern zu können. Die meisten dieser Juden hatten sich schon vor dem Krieg in ihren Gemeinden engagiert oder gehörten Komitees an, die zur Bewältigung der Kriegsschäden und der Versorgung von Flüchtlingen gegründet worden waren, aber einige waren Opportunisten ohne jede Qualifikation außer ihrer Chuzpe. Ende November 1939 gab Hans Frank einen eigenen Erlass über die Bildung von Judenräten im Generalgouvernement heraus, in dem festgelegt war, dass sie gewählt werden sollten. Dies geschah allerdings so gut wie nirgends. Die Räte hatten nicht einmal eine einheitliche Bezeichnung. In Ostoberschlesien wurden sie »Ältestenrat der jüdischen Kultusgemeinde« genannt.[67]

Die Zusammensetzung der Räte war nicht nur die Folge eines ungeordneten Auswahlverfahrens. Viele jüdische Gemeinden hatten ihre Führung verloren, durch Flucht und Emigration ebenso wie durch willkürliche oder zielgerichtete Tötungen. Politische Aktivisten, insbesondere der Linken, und Angehörige der Intelligenz waren nach Litauen, in die sowjetische Zone oder nach Rumänien geflohen. Wohlhabende Juden, die üblicherweise an der Spitze von Fürsorge- und Kulturorganisationen standen, verfügten über die Mittel für Flucht oder Emigration. Daher war die Führungsschicht bereits ausgedünnt, als die Deutschen begannen, die Judenräte zusammenzustellen. Dennoch wurden die Führer vor Ort fast überall unter Personen ausgewählt, die vor dem Krieg Posten in Gemeindeinstitutionen innegehabt oder dem Rabbinat angehört hatten.[68]

In Warschau billigte die Militärverwaltung die Ernennung Adam Czerniaków zum Vorsitzenden der jüdischen Gemeinde. Czerniaków besaß als ehemaliges Mitglied des Warschauer Stadtrats und des polnischen Senats sowie als Repräsentant der jüdischen Gemeinde unter der Besatzung viel Erfahrung in öffentlichen Angelegenheiten. Nachdem Hans Frank seine eigene Verordnung über die Bildung von Judenräten erlassen hatte, wählte Czerniaków zwei Dutzend Vertreter der wichtigsten Wohlfahrtsorganisationen, Parteien und religiösen Gruppen als Räte aus. Es waren ehrenwerte Männer, die allesamt schon viele Jahre öffentliche Aufgaben erfüllt hatten. Unglücklicherweise entschlossen sich in den nächsten Monaten mehrere von ihnen, ins Ausland zu fliehen, unter ihnen Henry Shoskes, Apolinary Hartglas und Szmuel Zygielbojm, die sich strikt gegen die Errichtung eines Ghettos ausgesprochen hatten. Der Verlust solch standfester Männer und die immer schärferen deutschen Verordnungen hatten zur Folge, dass der Rat in der jüdischen Gemeinde an Respekt einbüßte.[69]

Eine der ersten Aufgaben des Warschauer Judenrats bestand darin, für die Deutschen eine Zählung der in der Stadt lebenden Juden durchzuführen. Nach dem Ende Oktober vorliegenden Ergebnis waren es annähernd 360 000. Aufgrund des Zustroms von Flüchtlingen und Vertriebenen aus dem Warthegau wuchs die jüdische Bevölkerung allerdings von Tag zu Tag. Um die chaotischen, brutalen Razzien zu vermeiden, bei denen Juden zur Arbeit ausgehoben wurden, organisierte der Rat Arbeitsbataillone, die den Deutschen bei Bedarf zur Verfügung gestellt werden konnten. Bald versorgte die Arbeitsabteilung des Warschauer Judenrats die Reichsbahn, die deutsche Garnison, städtische Behörden und die SS jeden Tag mit tausend Arbeitern. Im Januar 1940 wiesen die Deutschen den Judenrat an, alle arbeitsfähigen Juden von 14 bis 60 Jahren zu registrieren. 112 000 Juden (einschließlich Konvertiten) wurden erfasst, auch wenn viele von ihnen noch nie eine Hacke oder Schaufel in der Hand gehabt hatten. Die Arbeiter wurden nicht von den Unternehmen entlohnt, sondern vom Judenrat, der ihnen einen kleinen Betrag – drei oder vier Złoty pro Tag – auszahlte, der für ihren eigenen Lebensunterhalt und den ihrer Angehörigen reichen musste. Es war ein armseliger Lohn, der allenfalls für Flüchtlinge, die keinerlei Hoffnung hatten, eine andere Arbeit zu finden, verlockend war. Begüterte Juden zogen es vor, sich freizukaufen. Anstatt diese Praxis um der Gleichheit willen zu unterbinden, nutzte der Judenrat sie als dringend benötigte Einnahmequelle. Während die Deutschen den Zugriff auf Bankkonten sowohl von Gemeindeorganisationen als auch von Einzelpersonen blockierten, erwarteten sie von Czerniaków, einen riesigen Etat aufzubringen, aus dem die Kosten von kommunalen Dienstleistungen, die Löhne von Zwangsarbeitern (von denen der Lebensunterhalt Zehntausender von Juden bestritten wurde), Fürsorgeleistungen, die Krankenversorgung und Notunterkünfte für Flüchtlinge finanziert werden mussten. Es war eine unerfüllbare Aufgabe, und trotz der Zuwendungen ausländischer Hilfsorganisationen stolperte der Judenrat von einer Finanzkrise in die nächste.[70]

Zu den drängendsten Aufgaben gehörten die Unterbringung und Ernährung von Ausgebombten, Flüchtlingen aus Kampfgebieten und Vertriebenen aus den ins Reich eingegliederten Gebieten. Als die Deutschen begannen, Juden aus den kleinen, ländlichen Ortschaften in die größeren Städte zu vertreiben, mussten die Judenräte sich auch um sie kümmern. Die Übervölkerung nötigte die Räte, sich um Hygienefragen zu kümmern. Als immer mehr Juden ihren Lebensunterhalt verloren, übernahmen die Judenräte die Aufgabe, in Suppenküchen Mahlzeiten auszugeben. Dazu mussten sie Lebensmittel auftreiben und verwalten. Schrittweise schulterten die Räte zudem die Verantwortung für die medizinische Versorgung, Altenpflege und Bildung.[71]

Hilfe aus den Vereinigten Staaten war entscheidend für die Aufrechterhaltung des jüdischen Lebens in Polen. Der Joint schickte weiterhin Mittel nach Warschau, wo sie sowohl vor Ort verwendet als auch an Gemeinden im ganzen Land verteilt wurden. In Warschau arbeiteten dessen Vertreter mit einem zentralen Koordinationskomitee zusammen, das eine gewisse Ordnung in das Gewirr von einander überlappenden und miteinander konkurrierenden Hilfsprogrammen brachte. Dieses Komitee, die Jüdische Soziale Selbsthilfe, war bereits in den ersten Kriegstagen gegründet worden, sein Vorsitzender war der Jurist und Theaterproduzent Michael Weichert, eine bekannte Figur der polnischen Vorkriegsgesellschaft. Czerniaków traf sich mehrmals mit Weichert, um ihn um höhere Zuwendungen zu bitten. Anfang

1940 lösten die Deutschen die jüdische Fürsorgearbeit aus den landesweiten und lokalen polnischen Hilfsorganisationen heraus. Weichert koordinierte jedoch weiterhin die jüdischen Aktivitäten im Generalgouvernement, während eine separate Abteilung für Wohlfahrtsarbeit in Warschau die Verbindung zwischen den verschiedenen Organisationen herstellte. Ihr Sekretär war der Lehrer Emanuel Ringelblum, besser bekannt als Historiker und Aktivist der zionistischen Bewegung. Mitte 1940 bestanden die Deutschen darauf, dass die amerikanische Hilfe über Krakau, die Hauptstadt des Generalgouvernements, geleitet wurde. Aufgrund des manipulierten Umtauschkurses erhielten die Juden nur rund 20 Prozent des Werts der nach Polen überwiesenen Summen. Der Löwenanteil floss in die Kasse von Franks Verwaltung.[72]

Auch der gelbe Stern, der wie das Ghetto zum Sinnbild der NS-Politik werden sollte, wurde in uneinheitlicher Weise eingeführt und rief auf jüdischer Seite höchst unterschiedliche Reaktionen hervor. Greisers Verwaltung verlangte seit dem 11. November 1939 von Juden, auf ihrer Überbekleidung einen Stern aus gelbem Stoff zu tragen. Als Dawid Sierakowiak von der Verordnung erfuhr, schrieb er empört in sein Tagebuch: »Wir kehren ins Mittelalter zurück. Der gelbe Flicken wird wieder ein Teil der jüdischen Kleidung.« Aber trotz dieser neuesten Demütigung und einer drakonischen Ausgangssperre von 16 bis 8 Uhr war er überzeugt: »Wir werden diese Aktion durchstehen und eine schöne, strahlende Zukunft erleben.«[73]

Im Generalgouvernement verhängte Frank ähnliche Maßnahmen erst einen Monat später. Hier mussten die Juden eine Armbinde mit einem blauen Davidstern tragen; darüber hinaus sollten jüdische Geschäfte gekennzeichnet werden. »Wir sollten also gebrandmarkt werden, öffentlich für vogelfrei gelten«, beschrieb Władysław Szpilman später seine entrüstete Reaktion. »Ein paar Jahrhunderte Fortschritt im humanitären Denken der Menschheit sollten durchgestrichen werden und das Mittelalter neuen Einzug halten.« In krassem Gegensatz dazu begrüßte der Orthodoxe und Zionist Chaim Kaplan den Erlass: »Jedenfalls verwandelt uns der Eroberer in Juden, ob es uns recht ist oder nicht. Niemand erfährt eine Ausnahmebehandlung. Die Nazis haben uns mit den jüdischen Nationalfarben ausgezeichnet, die wir mit Stolz tragen.« Er verzeichnete den Unterschied zwischen Warschau und Lodz: »Sie müssen [in Lodz] den ›gelben Fleck‹ des Mittelalters tragen, was mich jedoch betrifft, so werde ich mein Abzeichen mit persönlicher Befriedigung tragen.« In einem ähnlichen Anklang an das Mittelalter verboten die Deutschen jüdische Schulen sowie Gottesdienste in Synagogen und die Nutzung von Ritualbädern.[74]

Die ständigen Schikanen und die Angst vor Zwangsarbeit führten dazu, dass jeder, der konnte, der deutschen Herrschaft entfloh; noch waren die Grenzen des deutsch besetzten Polen durchlässig. Rund 350 000 Juden, die während der Kämpfe nach Osten geflohen waren, fanden sich ungewollt in der sowjetischen Zone wieder. Ihre Zahl vergrößerte sich durch einen steten Strom von Flüchtlingen, darunter überwiegend junge Männer, die der sowjetischen Herrschaft den Vorzug gaben. »Zu Zehntausenden flieht unsere Jugend aus der sie unter der Herrschaft des Nazismus erwartenden Hölle in dieses ›Russland‹«, notierte Kaplan am 27. November 1939. Anfangs wurden sie als »hervorragendes Material für den Bolschewismus« gut aufgenommen; doch dann verloren die Sowjets die Geduld und schlossen die Grenze. Dennoch gingen viele lieber das Risiko ein, von einer Patrouille der Roten Armee erschossen zu werden, als sich der Gefahr in der Heimat auszusetzen. Allerdings fand nicht jeder Gefallen am Sowjetsystem. So kehrte Mary Bergs Vater, der in den Osten geflohen war, wieder zurück. Viele junge linke Juden wie Dawid Sierakowiak hätten den Sozialismus der NS-Tyrannei vorgezogen, blieben aber bei ihren Familien. Unterdessen waren diejenigen, die über die Mittel verfügten und die nötigen Papiere besaßen, immer noch in der Lage zu emigrieren. Nachdem sie sich an der Verteidigung von Warschau beteiligt hatte, bemerkte Helena Szereszewska, manche Leute gingen »nach Russland, andere über Italien nach Brasilien und manche über Japan in die Vereinigten Staaten. Und es gab sogar welche, denen es gelang, über Wilna, Odessa und Konstantinopel nach Palästina zu kommen.« Yitzhak Zuckerman, ein Jugendfunktionär der linken zionistischen Bewegung Dror Hechalutz, floh in die sowjetische Zone, wo er insgeheim Gruppen junger Juden auf die Auswanderung nach Palästina vorbereitete, die über Rumänien an ihr Ziel gelangen wollten.[75]

Die Einrichtung des Ghettos Lodz und weitere Beispiele

Angesichts der weiterhin großen jüdischen Bevölkerung griffen die Deutschen Anfang 1940 zu drastischeren, aber häufig widersprüchlichen Maßnahmen. Am 10. Dezember 1939 teilte Regierungspräsident Uebelhoer den Parteistellen, der Stadtverwaltung und der Sipo in Lodz mit, dass ihre »sofortige Evakuierung … nicht möglich« sei. Als Notbehelf könnten die Juden in einem »geschlossenen Ghetto« konzentriert werden. Selbstverständlich sei die »Erstellung des Ghettos … nur eine Übergangsmaßnahme. Zu welchen Zeitpunkten und mit welchen Mitteln das Ghetto und damit die Stadt Lodsch von Juden gesäubert« werde, behalte er sich vor. »Endziel« fügte er hinzu, »muss jedenfalls sein, dass wir diese Pestbeule restlos ausbrennen.«[76] Anfangs dachte Uebelhoer an ein eng begrenztes Ghetto für arbeitsunfähige Juden, während die arbeitsfähigen in über die Stadt verteilten bewachten Baracken untergebracht werden sollten. Doch dies war ebenso undurchführbar wie die Abschiebung der gesamten jüdischen Bevölkerung ins Generalgouvernement. Stattdessen stimmte Greiser dem Vorschlag der Stadtverwaltung zu, die jüdischen Einwohner in das Elendsviertel Baluty und in die Altstadt umzusiedeln, wo bereits 60 000 Juden lebten. Ein Fleckfieberausbruch lieferte den Vorwand, einen »jüdischen Wohnbezirk« mit kontrollierten Ein- und Ausgängen abzustecken. Am 8. Februar 1940 veröffentlichte der Polizeipräsident von Lodz eine Anordnung, die rund 100 000 Juden dazu verurteilte, innerhalb von dreißig Tagen ihre Wohnungen zu verlassen und ins beengte, armselige Baluty umzuziehen. Zunächst überließen die Deutschen den Juden die Wahl des Zeitpunkts, doch der Umzug ging ihnen zu langsam vonstatten, und so beschleunigten sie ihn mit Razzien und Erschießungen, denen Hunderte von Juden zum Opfer fielen. Anfang März befanden sich die meisten Juden in dem für sie ausgewiesenen Gebiet, und die Deutschen begannen es mit Zäunen und Stacheldraht abzuriegeln. Den Juden wurde unter Todesdrohung verboten, das Ghetto zu verlassen. Als am 1. April das letzte Schlupfloch geschlossen wurde, war es von der Außenwelt abgeschottet, und als Symbol für ihre Germanisierung wurde die Stadt in Litzmannstadt umbenannt.[77]

Nach den Vorstellungen der deutschen Stadtplaner konnte Lodz nur in eine ideale deutsche Stadt verwandelt werden, wenn die Juden aus dem Blickfeld verschwanden und streng abgesondert wurden. Die Folge ihres rassistischen Verständnisses von Raum und Fortschritt war, dass 164 000 Menschen auf 4,13 Quadratkilometern zusammengepfercht wurden. Im Ghetto gab es 48 000 Wohnräume, was eine durchschnittliche Belegung von 3,5 Personen pro Zimmer bedeutete. Die meisten Häuser waren alt und schlecht gebaut, in 95 Prozent der Wohnungen gab es weder fließendes Wasser noch eine Toilette, und nur 49 Wohnungen besaßen ein Bad. Die Kehrseite von Modernisierung und Germanisierung war die Rückversetzung der Juden in ein vergangenes Zeitalter von Elend und Entbehrung.[78]

Die innere Organisation des Ghettos wurde ebenso nachlässig geregelt. Am 13. Oktober 1939 hatten die Deutschen den 63-jährigen Chaim Rumkowski zum »Ältesten der Juden« ernannt. Rumkowski war keine schlechte Wahl. Als Geschäftsmann gescheitert, war er Direktor eines bewunderten Waisenhauses geworden und hatte auf dem Gebiet von Bildung und Kinderfürsorge viel erreicht. Obwohl von zweifelhaftem Ruf, war er einer der wenigen Vertreter der Vorkriegselite, die auf ihren Posten geblieben waren. Seine Aufgabe war pauschal, »alle die 400 Angehörigen der jüdischen Rasse betreffenden Maßnahmen der deutschen Zivilverwaltung der Stadt Lodsch durchzuführen«. Er wurde angewiesen, die Gemeindeorganisationen aufzulösen, einen Rat zu bilden und Steuern zu erheben. Rumkowski wählte über zwei Dutzend erfahrene Männer aus, von denen die meisten jedoch binnen weniger Wochen verhaftet und erschossen wurden. Außer ihm selbst überlebten nur zwei Mitglieder des ersten Ältestenrats. Der neue Rat hatte nicht annähernd dieselben Qualitäten. Nach der Abriegelung des Ghettos stattete der Oberbürgermeister von Lodz Rumkowski mit weitreichenden Befugnissen aus, um ein »geordnetes Gemeinschaftsleben im Wohngebiet der Juden« aufrechtzuerhalten. Unglücklicherweise brachte dies Rumkowskis schlechteste Seiten zum Vorschein. War er bis dahin eitel und autokratisch gewesen, so verhielt er sich jetzt wie ein Diktator in der Überzeugung, er allein könne die jüdische Gemeinde retten.[79] Andererseits erforderte das Amt des Judenältesten einen Mann mit enormer Energie und unerschöpflichem Selbstvertrauen. Er stand an der Spitze einer riesigen Bevölkerung, die nicht einmal die eigene Existenzgrundlage bestreiten konnte. Im

Ghetto gab es unter anderem drei Krankenhäuser, vier Waisenhäuser und 32 Grundschulen, die allesamt unterhalten werden mussten. Tausende von Menschen, die im letzten Moment unter Gewehrfeuer ins Ghetto gehastet waren, mussten untergebracht und unterstützt werden. Wovon sollte das Ghetto Lehrer und Ärzte bezahlen oder Verpflegung und Arzneimittel kaufen? Hinzu kam, dass der Judenrat seit Oktober 1939 die Löhne für 2000 bis 3000 jüdische Arbeiter aufbringen musste, deren Dienste täglich von den Deutschen angefordert wurden. Die Deutschen erklärten zynisch, das Ghetto könne »autark« betrieben werden, womit gemeint war, dass es sich auf den sagenhaften Reichtum der Juden stützen könne, um alles Notwendige zu erwerben. In Wirklichkeit war »Autarkie« ein Euphemismus für Erpressung und Verrohung. Rumkowski musste ebenso rücksichtslos wie erfinderisch sein, um genügend Einnahmen für den Kauf von Medikamenten, Lebensmitteln, Brennstoff und Rohstoffen zu erzielen.[80]

Kurz nach der Abriegelung des Ghettos schrieb er an den Oberbürgermeister von Lodz, 8000 bis 10 000 jüdische Facharbeiter könnten zum Nutzen der Behörden eingesetzt werden, wenn ihnen Rohstoffe zur Verfügung gestellt und Löhne gezahlt würden. Er bot an, ein Büro einzurichten, das Arbeiten im Ghetto zuweisen und gegen Geld oder Lebensmittel Waren liefern könnte. Außerdem bat er um ein Darlehen: »Ich hoffe, dass es mir und meinen Mitarbeitern bei all diesem mit einer entsprechenden Subvention seitens der Behörde gelingen wird, das Budget im Ghetto durchzuführen.« Speziell erwähnte er den Unterhalt für einen Ordnungsdienst, den aufzubauen er angewiesen worden war, sowie die Mittel, um »die Armen und Hilfsbedürftigen lebensfähig zu erhalten«. Zunächst wiesen die Deutschen den Gedanken weit von sich, den Juden im Ghetto Geld zukommen zu lassen, aber sie erkannten den Nutzen, den es hätte, wenn man sie in Arbeit brächte und das Ghetto sich selbst trüge. Im Mai nahm die erste Näherei ihren Betrieb auf. Innerhalb von vier Monaten stieg die Zahl der Textilwerkstätten auf 17. Rund 40 000 der 164 000 Juden fanden eine Arbeit. Da die Deutschen es ablehnten, Maschinen ins Ghetto zu liefern, war die Produktion fast vollständig manuell, von einfachster Art und wenig produktiv. Dies besserte sich etwas, nachdem Hans Biebow, ein Geschäftsmann aus Bremen, die Leitung der »Ernährungs- und Wirtschaftsstelle Ghetto« der Stadtverwaltung von Lodz übernommen hatte. Formal war Biebow Angestellter der Stadtverwaltung, die bisher dafür zuständig war, dem Ghetto im Austausch gegen Waren und Arbeit Lebensmittel zu liefern. Unter seiner Leitung akquirierte die Dienststelle Aufträge für im Ghetto ansässige Betriebe und beaufsichtigte sämtliche Aspekte von Produktion und Arbeit. Als das Ghetto zu einer anerkannten Größe geworden war, entwickelte sich seine Dienststelle zu einer umfassenden Ghettoverwaltung mit 400 Mitarbeitern. Biebow fand nichts dabei, persönlich von den Aufträgen zu profitieren, und setzte seine eigenen Interessen bald mit dem Schicksal des Ghettos gleich.[81]

Obwohl das Ghetto von Lodz zum Vorbild wurde, das andere deutsche Verwalter in Polen nachzuahmen versuchten, war es nie die Verwirklichung einer von der NS-Führung formulierten und gesteuerten langfristigen Politik. Vielmehr war es ein Notbehelf, mit dem lokale Administratoren auf das Scheitern von Deportationsplänen und die Verarmung der jüdischen Bevölkerung, die ihrerseits eine Begleiterscheinung der deutschen Maßnahmen war, reagierten. Mit einer Masse arbeits- und mittelloser, unterernährter Juden in ihrem Herrschaftsbereich konfrontiert, bestand die erstbeste Lösung, die Greiser und Uebelhoer einfiel, darin, sie hinter eine Mauer zu verbannen und so aus ihrem Blickfeld verschwinden zu lassen. Es war eine spektakuläre Lösung, aber sie wurde weder flächendeckend im Wartheland, noch irgendwo in Ostoberschlesien, noch als Regelfall im Generalgouvernement übernommen.[82]

Anfang April 1940 wanderte der 13-jährige Dawid Rubinowicz noch ungehindert zwischen dem Dorf Krajno, wo er mit seinen Eltern lebte, und der Stadt Kielce, wo sein Onkel ein Haus besaß, hin und her. Dawids Vater, ein orthodoxer Jude, betrieb eine kleine Molkerei, die er auch unter dem neuen Regime fast unbehelligt weiterführte. Während die Juden von Kielce in ein Ghetto gesperrt wurden, notierte Dawid in seinem Tagebuch: »Heute bin ich zum ersten Mal im Leben mit meinem Bruder in den Wald nach Pilzen gegangen …«[83]

Gerda Weißmann war 15 Jahre alt, als die Deutschen Bielsko-Biała (Bielitz) in Ostoberschlesien besetzten. Ihr Vater war an einer Pelzfabrik beteiligt, und obwohl er seinen Betrieb verlor, konnten er und seine Familie ihr großes Haus am Stadtrand halten. Als Gerdas 19-jähriger Bruder sich für die Zwangsarbeit registrieren lassen musste, floh er in die sowjetische Zone, doch die übrige Familie blieb, wo sie war. Wie die anderen 90 000 bis 100 000 Juden in dieser Region, die überwiegend in Kattowitz, Będzin und Sosnowiec konzentriert waren, wurde sie nicht in ein Ghetto umgesiedelt. Fritz Bracht, seit April 1940 Gauleiter von Schlesien, dann ab Anfang 1941 des abgespaltenen Gaus Oberschlesien, zog es vor, die Juden in seinem Gebiet als wertvolle Arbeitskräfte auszubeuten. Anstatt sie nutzlos zusammenzupferchen, wurden sie von Albrecht Schmelt in Arbeitskolonnen organisiert und Rüstungs-, Maschinenbau- und Textilfabriken zugeteilt.[84]

Während der ungewöhnlich kalte Winter in den Frühling überging, nahm das jüdische Leben in Warschau eine neue Normalität an. Der Judenrat wuchs auf über zwanzig Abteilungen, welche bisher von der Stadtverwaltung erfüllte Aufgaben übernahmen. Im Februar ergab eine auf Geheiß der Deutschen durchgeführte Zählung, dass er jetzt für das Schicksal von 395 000 Juden verantwortlich war. Zu den drängendsten Problemen gehörte die Bereitstellung von Wohnraum und Verpflegung für 40 000 bis 50 000 Juden, die aus dem Westen des Generalgouvernements und den eingegliederten Gebieten vertrieben worden waren. Bei ihrer Ankunft wurden sie, nach einem Bad, unter Quarantäne gestellt und in Herbergen untergebracht. Da der Rat nur Unterkünfte für höchstens 17 000 Ankömmlinge zur Verfügung hatte, mussten sie sich bald selbst einen Platz suchen oder auf der Straße leben. Um etwas zu verdienen, und sei es noch so wenig, meldeten sich Hunderte freiwillig bei den vom Arbeitsamt des Judenrats aufgestellten und vom eigenen, unbewaffneten Ordnungsdienst beaufsichtigten Arbeitsbataillonen. Czerniaków, dessen Etat begrenzt war, musste ständig improvisieren, um die steigenden Kosten zu decken.[85]

Der Judenrat führte ein Rationierungssystem ein. Die Ghettobevölkerung wurde für die Ausgabe von Lebensmittelkarten registriert. Nur die Ärmsten bekamen sie umsonst, während alle anderen eine Gebühr entrichten mussten. Die Karte berechtigte zum Kauf von Mehl, Brot, Zucker (oder einem Ersatzstoff), Buchweizen, Marmelade, Seife und Streichhölzern. Die offiziellen Rationen summierten sich zu durchschnittlich 503 Kalorien am Tag; im April und Juni sank dieser Wert auf 450. Mitarbeiter des Judenrats und Arbeiter erhielten wesentlich mehr, nämlich 1665 beziehungsweise 1229 Kalorien. Flüchtlinge bekamen 807 Kalorien, und wer weder Arbeit noch Geld hatte, musste sich mit noch weniger begnügen. Daher waren die Juden darauf angewiesen, die offiziellen Rationen durch Einkäufe auf dem schwarzen Markt aufzustocken. Dessen Angebot war reichlich, aber teuer.[86]

Tausende von Arbeitslosen versuchten sich in merkwürdigen neuen Tätigkeiten wie der Herstellung und dem Verkauf von Armbinden, der Übersetzung deutscher Dokumente oder dem Anstellen nach Lebensmittelkarten und -einkäufen für andere. Oder sie traten auf bereits überfüllten Berufsfeldern an, auf denen Juden sich untereinander Dienste anbieten konnten, vor allem als Schneider, Schuhmacher, Friseur oder Photograph. Die Mehrheit betätigte sich als Straßenhändler.[87]

Hilfsorganisationen begannen die Auswirkungen der Arbeitslosigkeit und den Flüchtlingszustrom in den Griff zu bekommen. Doch milderte die Fürsorgearbeit die sozialen Unterschiede nicht nur, sie ließ sie auch hervortreten. Vom Joint gegründete Komitees genossen eine gewisse Autonomie und konkurrierten sowohl untereinander als auch mit dem Judenrat um Einfluss. Führungsposten besetzten häufig Angehörige der Intelligenz wie Lehrer, Schriftsteller oder Schauspieler sowie linke Aktivisten. Der von Männern wie dem altgedienten Aktivisten Bernard Goldstein geleitete Bund zog eine eigene Hilfsorganisation auf und organisierte Arbeiter in Werkstätten und Fabriken. Mit Blick auf die Vielzahl von Organisationen und ihre jeweils eigene Anhängerschaft und den Charakter der Männer, die an ihrer Spitze standen, klagte Chaim Kaplan: »Den Juden mangelt es an Gemeinschaftsgefühl und einem Sinn für kollektive Verantwortlichkeit.« Anstatt den wirklich Bedürftigen zu helfen, unterstützten sie die Mitglieder ihrer eigenen Parteien, Gewerkschaften, Kulturzirkel und Familien. Korruption war weit verbreitet. Flüchtlinge, die ohne Geld und Beziehungen aus dem Wartheland eintrafen, waren buchstäblich verloren. Wenn sie nicht das Glück hatten, in einer Herberge untergebracht und verpflegt zu werden, landeten sie auf der Straße und mussten sich das Geld für Lebensmittel durch den Verkauf ihrer Habseligkeiten und, wenn sie nichts mehr hatten, durch Bettelei beschaffen.[88]

Nur wenige hatten so viel Glück wie Mary Berg, die Ende 1939 mit ihrer Familie, einigem an Geld und dem amerikanischen Pass ihrer Mutter in Warschau eintraf. Die Familie konnte eine Zweizimmerwohnung beziehen und musste keine Armbinde tragen. Marys Mutter klebte ihre Visitenkarte an die Wohnungstür, um anzuzeigen, dass sie auch von der Rekrutierung zur Zwangsarbeit ausgenommen war. Für den Augenblick setzten die Bergs ihre Hoffnungen darauf, emigrieren zu können.[89]

Das Kulturleben regte sich wieder, ebenso das Bildungswesen, wenn auch im Geheimen. Im Ghetto gab es rund 48 000 Kinder im schulpflichtigen Alter. Lehrer aus jeder Strömung der Vorkriegspädagogik richteten heimlich Gymnasien oder Religionsschulen ein. Auch die Küchen für die Verpflegung von Waisen und Kindern von Armen führten Kurse durch. Schließlich erhielten etwa 20 Prozent der Kinder Unterricht. Diese Wiederbelebung war ein Zeichen für die Widerstandskraft und den Optimismus der Ghettobevölkerung. Yitzhak Zuckerman kehrte im April 1940 aus dem sowjetischen Sektor nach Warschau zurück, um seine zionistische Jugendorganisation wiederzubeleben. Er verwandelte eine Wohnung in ein Sozial- und Bildungszentrum, das darüber hinaus kostenloses Essen an junge Genossen ausgab, die aus anderen Städten vertrieben worden waren. »Die Idee war *iberlebn* – wir stehen das durch«, erklärte er Jahre später. »Wir versuchten das Problem der Stärkung der Moral und der Bildung der Jugend zu lösen; deshalb kümmerten wir uns um Schulen.« Shimon Huberband, der jetzt ebenfalls in Warschau war, fiel die trotzige Haltung der religiösen Juden auf. Obwohl das Purimfest mitten in eine Zeit fiel, in der die jüdischen Viertel unter Überfällen von Polen zu leiden hatten, ließen sich die Juden nicht von den üblichen lärmenden Feiern abhalten. In jedem Hof rezitierten sie aus dem Buch Esther, in dem vom Untergang ihrer Peiniger in einem vergangenen Zeitalter erzählt wird. Im folgenden Monat bemerkte Huberband, dass auch das Passahfest fast überall gefeiert wurde. Czerniaków erlangte die Erlaubnis zur Herstellung von Matze, und es herrschte kein Mangel an ihr und anderen Lebensmitteln. Kaplan notierte trotzig: »Die Synagogen sind geschlossen, aber in jedem Hof findet ein Festgottesdienst statt, und Vorbeter singen die Gebete und Hymnen mit ihren schönen Stimmen. Was die Vorkehrungen für das Fest betrifft, so fehlt es zweifelsohne auch nicht dem ärmsten Juden an Matzen.«[90]

Nachdem klargeworden war, dass die Juden des Generalgouvernements in absehbarer Zeit nirgendwohin gehen würden, begannen Sipo und SD Anfang 1940, das ökonomische Potential ihrer Arbeitskraft auszunutzen. Die Sipo errichtete an mehreren Orten, wo Arbeiter gebraucht wurden, Lager und ging daran, sie mit arbeitsfähigen Männern aus den Städten zu füllen. Kaplan betrachtete die Einführung dieses Zwangsarbeitssystems als »Katastrophe«, die nicht weniger als die »völlige Vernichtung« bedeutete.[91]

Am meisten hatten Frauen unter der Zwangsarbeit zu leiden. Im Umgang mit ihnen flossen Klassen-, Rassen- und Frauenhass zusammen. Ringelblum beobachtete, dass die Deutschen es auf Frauen in Pelzmänteln abgesehen hatten, denen sie befahlen, »mit ihren Schlüpfern den Bürgersteig aufzuwischen und sie dann, nass, wieder anzuziehen«. Nach Mary Bergs Beobachtung wagten sich Frauen aus Angst, aufgegriffen zu werden, nicht mehr auf die Straße. »Bessergekleidete jüdische Frauen sind gezwungen worden, das Nazihauptquartier zu schrubben. Ihnen wurde befohlen, die Unterwäsche auszuziehen und sie als Lappen für die Fußböden und Fenster zu benutzen. Es versteht sich von selbst, dass die Peiniger diese Gelegenheiten häufig für ihr eigenes Vergnügen nutzten.« Tatsächlich diente die Lehre von der Rassenreinheit regelmäßig zur Verschleierung von Vergewaltigungen. Ringelblum hielt im Tagebuch fest, dass Frauen aus Cafés verschleppt wurden, »niemand weiß, wohin; man sagt, ungefähr hundert seien Tage später zurückgekommen, einige von ihnen infiziert«. Einen Monat darauf notierte er: »Am Tlomackiplatz haben drei Herren und Meister einige Frauen geschändet; Schreie hallten durch das Haus. Die Gestapo ist besorgt über die Rassenschande …, fürchtet sich aber, sie zu melden.« Aber auch wenn die Deutschen jüdische Frauen nicht direkt angriffen, fanden sie Wege, sie zu missbrauchen. Mary Berg berichtete von einem Vorfall, bei dem Deutsche in ein Gebäude einbrachen, die anwesenden Männer nach Wertsachen durchsuchten und die Frauen zwangen, sich auszuziehen, »da sie hofften, an ihnen versteckte Juwelen zu finden … Zwei Stunden lang mussten die Frauen nackend bleiben, während die Nazis ihnen die Revolver auf die Brust setzten und drohten, alle zu erschießen, wenn sie nicht Dollars oder Diamanten herausrückten.« Ringelblum hörte von einem deutschen Soldaten, der von Haus zu Haus ging und Männer zwang, »mit anwesenden Frauen Geschlechtsverkehr zu haben«. Er wurde schließlich verhaftet.[92]

Die permissive Atmosphäre verleitete auch skrupellose und kriminelle Elemente der polnischen Bevölkerung, sich zu nehmen, was sie konnten. Mary Berg beobachtete, wie »polnische Rowdys« Deutsche zu den Wohnungen von wohlhabenden Juden führten und sich »am helllichten Tag an den Plünderungen« beteiligten. Appelle von Juden im Namen des Patriotismus verhallten ungehört. Die deutsche Propaganda spaltete die Bevölkerung zusätzlich, so dass die Juden in zunehmendem Maß als nicht zur polnischen Nation gehörig wahrgenommen wurden. Ende März plünderten Banden polnischer Schläger mehrere Tage lang jüdische Geschäfte und griffen Juden auf der Straße an. Kaplan sah im Hintergrund deutsche Kräfte am Werk: »Das jüdische Viertel ist Gangstern und Totschlägern ausgeliefert, die zu diesem Zweck von einer unsichtbaren Hand organisiert wurden.« Militärpatrouillen schauten untätig zu, und deutsche Wochenschauteams filmten den Aufruhr. In einigen Vierteln mobilisierte der Bund »Schlachthausarbeiter, Transportarbeiter, Parteimitglieder« zur Selbstverteidigung. »Als die Pogromisten am nächsten Morgen in diesen Vierteln erschienen«, freute sich Bernard Goldstein, »erlebten sie die Überraschung, dass unsere Leute dort auf sie warteten. Sofort ging ein blutiger Straßenkampf los.« Bei den Zusammenstößen zwischen Polen und mit Eisenrohren und Schlagringen bewaffneten Juden gab es Verletzte auf beiden Seiten. Ringelblum verurteilte die polnische Intelligenz, die Kirche und den Untergrund, weil sie sich nicht von solchem Verhalten distanzierten, obwohl es eindeutig von den Besatzern gesteuert wurde. Solche Vorfälle schürten die Angst der Juden und brachten viele von ihnen zu der Überzeugung, dass ein Ghetto mehr Sicherheit bieten würde.[93]

Die Deutschen hatten die Idee der Ghettoisierung nicht aufgegeben. Im Januar 1940 gründete der Verwaltungschef des Distrikts Warschau, Ludwig Fischer, in seinem Apparat ein Umsiedlungsamt und besetzte es mit Experten, welche die Entfernung der Juden aus Warschau planen sollten. Sie trafen auf nicht enden wollende Schwierigkeiten. Inzwischen leisteten jüdische Arbeiter den Besatzern wertvolle Dienste. Annähernd 400 000 Juden an den Stadtrand umzusiedeln hätte sich überaus störend ausgewirkt, und innerstädtische Viertel abzuriegeln hätte Verkehr und Handel unterbrochen. Doch die Furcht vor einer von den jüdischen Einwohnern ausgehenden Typhusepidemie trieb Fischers Experten um. Im Verlauf der ersten Monate des Jahres vervielfachte sich die Zahl der Fleckfiebererkrankungen, und während immer neue Wellen von unterernährten Flüchtlingen in Häuser ohne Sanitäreinrichtungen gepfercht wurden, breitete sich die Epidemie weiter aus. Am 27. März, auf dem Höhepunkt der Epidemie, wurde Czerniaków angewiesen, ein großes Gebiet, das die am dichtesten besiedelten jüdischen Viertel umfasste, als sogenanntes »Seuchensperrgebiet« abzuriegeln. Czerniakóws Einwände gegen diese Maßnahme und gegen die Dimension der Absperrung blieben wirkungslos. Genauso wenig vermochte er die Forderung abzuwehren, dass der Judenrat für Material- und Arbeitskosten aufzukommen habe. Die Bauarbeiten begannen Anfang April und zogen sich wochenlang hin, während Czerniaków gegen die Absperrung jeder einzelnen Straße und jedes Hauses Einspruch einlegte. »Ein Ghetto wider Willen«, schrieb er am 10. Mai bedrückt in sein Tagebuch. Dann nahm der Krieg jedoch eine dramatische Wende, und es schien, als eröffneten sich neue Möglichkeiten für die Entfernung der polnischen wie der deutschen und potentiell aller Juden in der deutschen Einflusssphäre.[94]

Der Krieg und die Verfolgung im Reich

Während der Krieg das Leben der Juden in Polen auf den Kopf stellte, brachte er für die deutschen Juden anfangs kaum Veränderungen mit sich. Im Großdeutschen Reich lebten immer noch rund 240 000 Juden, davon etwa 185 000 im Altreich und davon wiederum 30 000 in Berlin. Ein Drittel der jüdischen Bevölkerung war über sechzig Jahre alt, drei Viertel waren arbeitslos, und ein Viertel hing von Zuwendungen jüdischer Hilfsorganisationen ab. Annähernd 11 000 jüdische Kinder waren im Reich geblieben. Diejenigen im Schulalter drängten sich in wenigen Bildungseinrichtungen. In Berlin gab es für 3000 Schüler nur zwei jüdische Schulen, in Köln, Frankfurt am Main und Hamburg nur noch jeweils eine für sämtliche Kinder. Nur wenige Schüler besuchten über das 15. Lebensjahr hinaus eine Schule. Unter Kriegsbedingungen schuf die Politik gegenüber Konvertiten und Nichtjuden in Mischehen endlose Anomalien. Gemäß der zehnten Verordnung zum Reichsbürgergesetz, durch die die Reichsvereinigung der Juden in Deutschland dem NS-Regime unterstellt und die Zwangsmitgliedschaft aller Juden eingeführt wurden, gehörten jetzt sogar Konvertiten wie Friedrich Solmitz samt ihren Ehepartnern einer jüdischen Gemeinde an. Es gab Tausende von Soldaten, deren Ehefrauen, Eltern oder Kinder unter diskriminierenden Gesetzen zu leiden hatten. Andererseits hatten deutsche Juden, während in Polen Juden von Einsatzgruppen und Wehrmachteinheiten ermordet wurden, lediglich eine strenge Ausgangssperre zu erdulden. Ehemalige Beamte erhielten immer noch ihre Pension. Die meisten Juden lebten noch in ihren eigenen Wohnungen. Wer emigrieren wollte und das Glück hatte, ein Aufnahmeland zu finden, konnte weiterhin ausreisen. Nur polnische Juden im Reich mussten gemäß einer Verordnung, die der Chef der Sipo und des SD eine Woche nach Kriegsausbruch erlassen hatte, damit rechnen, verhaftet und eingesperrt zu werden.[95]

Doch die Atempause dauerte nicht lange. Die Bevölkerung nahm die Kriegsnachrichten kühl auf und hatte bald mit Rationierungen, Preissteigerungen und Steuererhöhungen zu kämpfen. Auf Reisen störte die Verdunkelung, und die öffentlichen Verkehrsmittel wurden spürbar knapper und schlechter. Für Privatautos gab es kaum noch Benzin, Taxis verschwanden nach und nach von den Straßen. Alle fürchteten sich vor Bombenangriffen. Nach dem Kriegseintritt von Frankreich und England war die Hoffnung sowohl auf einen kurzen Waffengang als auch auf seinen siegreichen Abschluss erschüttert. In dieser trüben Stimmung waren die Juden Gegenstand von Ängsten und Phantasien der Bevölkerung. Die SD-Außenstelle in Worms berichtete, von »Teilen der Bevölkerung« werde es als »außerordentlich unangenehm empfunden, dass die Juden durch die Lebensmittelkarten jetzt wieder in allen Geschäften einkaufen und mit einer auffälligen Sicherheit auftreten«. Es spielte keine Rolle, dass deutsche Juden wie Victor Klemperer starr vor Angst waren bei dem Gedanken, was ihnen bevorstand, ganz gleich, ob Deutschland siegte oder verlor. Während die Dinge in der Schwebe waren, dienten Juden als Blitzableiter für die Deutschen ergreifende Emotionen. Daher hing ihr Schicksal nicht nur vom Glauben des Regimes an die Schuld einer weltweiten jüdischen Verschwörung gegen das Reich ab, sondern auch davon, inwieweit gewöhnliche Deutsche, während sie die Wechselfälle des Krieges erlebten, ihre Hoffnungen und Ängste auf die Juden projizierten.[96]

Die Behörden begannen nun, eine Reihe weiterer Einschränkungen für Juden zu erlassen. Für sie wurde eine Ausgangssperre von 20 Uhr bis 6 Uhr eingeführt, und sie durften nur noch zu bestimmten Zeiten und in bestimmten Geschäften einkaufen. Ferner mussten sie ihre Radios abgeben; als Datum der Ablieferung wurde der jüdische Versöhnungstag festgelegt. Alte und gebrechliche Juden wurden aus Pflegeheimen hinausgeworfen, zum Beispiel aus dem jüdischen Altersheim in Breslau, das die Behörden für andere Zwecke beschlagnahmt hatten. Um einzelne Wohnungen und Wohnhäuser frei zu bekommen, drängten die Kommunalbehörden die jüdischen Bewohner, in ein Judenhaus zu ziehen. Anfang Dezember konnte Victor Klemperer nur noch in einem einzigen Geschäft Lebensmittel einkaufen, und er musste darum kämpfen, in seinem Haus bleiben zu können. »[D]ie sadistische Maschine geht eben über uns hinweg«, stellte er in seinem Tagebuch fest.[97]

Während ein erfolgloses Attentat auf Hitler am 8. November 1939 eine Lawine von Angriffen auf die jüdische Gemeinde in Bayern auslöste, gab es im Zusammenhang mit dem Krieg paradoxerweise nur wenige gewalttätige Übergriffe. Vertreibung, Misshandlung und Mord begannen jenseits der Ostgrenze des Reichs. Nachrichten über die dortigen Aktionen sickerten rasch nach Deutschland durch. So berichtete der SD aus Bad Kissingen, in der Bevölkerung werde eifrig darüber gesprochen, »dass die Juden samt und sonders im Raume zwischen San und Bug um Lublin angesiedelt würden … Diese Maßnahmen werden unter den Parteigenossen und einem großen Teil der Vg. [Volksgenossen] begrüßt …« Klemperer erwähnte die Deportation von Juden aus Wien nach Nisko nicht, aber die Abschiebung der Stettiner Juden nach Lublin im März 1940 erschreckte ihn. Sie bewegte ihn zu einem weiteren verzweifelten Versuch, die Auswanderung in die Vereinigten Staaten zu erreichen. Der SD berichtete, Juden aus den östlichen Gebieten des Reichs würden aufgrund der »umlaufenden Gerüchte« vermehrt in die Großstädte Berlin, Breslau und Leipzig abwandern.[98]

Im April 1940 verlor Klemperer schließlich sein Haus und musste mit seiner Frau in eine von mehreren jüdischen Familien bewohnte Villa umziehen. Obwohl er erleichtert feststellte, dass es ein hübsches, gepflegtes Haus war, fühlte er sich doch wie in einem »gehobenen KZ«. »Enge, Promiskuität, kaum gelichtetes Chaos« und das »ewige Abwaschen« in der neuen Behausung bedrückten ihn. Einige der anderen Bewohner behandelten ihn mit unverhohlener Verachtung, weil er Konvertit war. Wie andere Konvertiten und Mischlinge hing er zwischen zwei Welten, die ihn beide nicht haben wollten, in der Luft. »Niemand wird uns helfen. Den Juden bin ich Apostat.«[99]

Überall in Deutschland verschwanden Juden. Der Bürgermeister von Bad Nauheim brüstete sich:

> Ein Großteil der Juden hat seinen Grundbesitz auf Drängen der Gestapo verkauft. Ein Teil ist von Bad Nauheim inzwischen verzogen oder hat sich im jüdischen Männer- und Frauenheim einquartiert. Die Zahl der vorhandenen Juden hat durch den Wegzug in letzter Zeit erheblich

abgenommen. Die Versorgung der Juden mit Lebensmitteln ist ebenfalls durch die Gestapo geregelt, so dass das jüdische Element im öffentlichen Verkehr und Wirtschaftsleben nicht mehr auffällt. Durch das neue Ausgehverbot sind sie gezwungen, sich mehr oder weniger innerhalb der Stadt nicht sehen zu lassen.

Der Bürgermeister von Schwandorf in Ostbayern berichtete, es seien »nur mehr drei Judenweiber hier. Auch sie werden bald verschwinden.« Durch die Entfernung der »Volljuden« aus der Öffentlichkeit rückten die Mischlinge stärker ins Blickfeld. Aber eine Neuausrichtung der Politik in dieser Hinsicht stand sowieso bevor, unter anderem weil Männer, die in der Wehrmacht gekämpft hatten, das Recht forderten, heiraten zu dürfen, wen sie wollten. Deshalb begann die NSDAP im April 1940 auf eine strengere Kontrolle von Mischlingen ersten Grades zu drängen. Bis zum Ende des Jahres wurden die meisten Soldaten mit einem jüdischen Elternteil, ungeachtet ihrer Leistungen, entlassen.[100]

Noch konnten Juden emigrieren, was für manche in SD und Gestapo durchaus nicht selbstverständlich war. Der SD-Abschnitt Leipzig fragte bei der Zentrale in Berlin an, ob die legale, geordnete Auswanderung von Juden weiterhin gefördert werden solle. Tatsächlich war dies nach wie vor offizielle Politik, und die Kölner Beratungsstelle für Auswanderer meldete eine rege Tätigkeit, solange »Reichsjuden« über Italien oder Holland auswandern konnten. Das Problem bestand nicht in der Ausreise, sondern darin, einen Zielort zu finden. William Shirer hörte, dass 248 000 Juden auf der Warteliste für die Einreise in die Vereinigten Staaten standen. Statt in die USA gingen viele nach Schanghai oder nutzten die korrupten Dienste diplomatischer Vertreter von Honduras oder Haiti. In Hamburg ermöglichte Max Plaut, der Vorsitzende des dortigen Büros der Reichsvereinigung, in Zusammenarbeit mit dem für jüdische Angelegenheiten zuständigen Gestapo-Offizier Hunderten von Juden die legale oder illegale Auswanderung. Adolf Eichmann ging eine Arbeitsbeziehung mit Berthold Storfer ein, der nach dem Anschluss Österreichs seine Geschäftstüchtigkeit in den Dienst der Wiener jüdischen Gemeinde gestellt hatte und an zahlreichen Emigrationsprojekten mitwirkte. Zwei Jahre später übertrug Eichmann ihm die Organisation und Finanzierung illegaler Transporte von Juden nach Palästina. Während die großen zionistischen Vereinigungen geheime Emigrationsrouten über neutrale Länder, namentlich Rumänien, nutzten und dabei weiterhin gut ausgebildete und ideologisch motivierte junge Neusiedler bevorzugten, nahm Storfer jeden, der zahlen konnte – die Helfer hatten deshalb nicht viel füreinander übrig. Trotz dieser Zwietracht und der britischen Blockade erreichten 1939 und 1940 rund 10 000 Juden mit Hilfe diverser Seelenverkäufer Palästina. Rund 37 000 Juden gelangten legal in die Vereinigten Staaten, und 10 000 Flüchtlinge fanden in anderen Ländern Zuflucht. Etwa 20 000 kamen jedoch nur bis Portugal oder Französisch-Nordafrika, wo sie festsaßen, während sie auf die nötigen Papiere oder finanziellen Mittel für die Weiterreise warteten.[101]

»Gnadentod«

Die im Reich verbliebenen deutschen Juden mochten unter elenden Umständen leben, befanden sich aber – bis auf die relativ kleine Zahl derjenigen, die in Konzentrationslagern inhaftiert waren – nicht in akuter Lebensgefahr. Im Gegensatz dazu hatten die vom Krieg hervorgerufene Anspannung und Rücksichtslosigkeit für bestimmte »Arier« tödliche Folgen. Schon einige Jahre lang hatte das Regime die Beseitigung der »unnützen Esser« erwogen; Hitler hatte mehrmals mit medizinischen Beratern darüber gesprochen. Die Liquidierung von Menschen mit körperlichen und geistigen Behinderungen galt als mögliche kostensparende Maßnahme, würde Platz schaffen für die Behandlung verwundeter Soldaten und langfristig zur Schaffung eines biologisch reinen und gesunden Volkskörpers beitragen. Abgesehen vom vermeintlichen, nunmehr als besonders dringlich angestrebten materiellen Vorteil aus der Eliminierung derjenigen, die dem Staat eine »Last« waren, schuf der Krieg die äußeren Bedingungen für die Umsetzung einer ideologisch motivierten Maßnahme, die zum Kernbestand des nationalsozialistischen Denkens gehörte.[102]

Anfang 1939 erhielt Hitlers persönliches Büro, die Kanzlei des Führers, die Bittschrift einer Familie, die um die Erlaubnis ersuchte, das Leben eines schwer missgebildeten Kindes zu beenden. Diese Bitte lieferte den Anlass, den in der Kanzlei des Führers angesiedelten »Reichsausschuss für Erbgesundheitsfragen« unter der neuen Bezeichnung »Reichsausschuss zur wissenschaftlichen Erfassung erb- und anlagebedingter schwerer Leiden« die Durchführbarkeit der »Euthanasie« im großen Rahmen untersuchen zu lassen. Wie im Dritten Reich üblich, folgte eine längere Planungsphase, in der rivalisierende Fraktionen um die Kontrolle über ein Programm kämpften, das den Führer persönlich interessierte. Geleitet wurde das Projekt als Geheimoperation ohne jede rechtliche Grundlage von Kanzleichef Philipp Bouhler. Viktor Brack, der Verbindungsmann der Kanzlei zum Gesundheitsministerium, entwarf die administrativen Strukturen und stellte das nötige Personal zusammen. Hitlers Begleitarzt Karl Brandt drängte sich in das Programm und schob »Reichsgesundheitsführer« Leonardo Conti sowie, noch wichtiger, das Reichsgesundheitsministerium zur Seite. Das Team stützte sich auf das Fachwissen, das der Reichsausschuss bei der Aufsicht über die Zwangssterilisierung von Menschen, die vermeintlich unter schweren geistigen oder körperlichen Erbkrankheiten litten, gewonnen hatte. Am 18. August 1939 führte der Ausschuss die Zwangsregistrierung von »missgestalteten« Neugeborenen ein, doch ging das Programm bald über den »Gnadentod« von Kindern hinaus. Wenige Wochen nach dem Angriff auf Polen massakrierte ein Sonderkommando unter dem Befehl von SS-Untersturmführer Herbert Lange über 13 000 Insassen von psychiatrischen Anstalten in den ehemals polnischen Gebieten. Neben dem Massenmord durch Erschießen verwendete Lange mobile Gaskammern – umgebaute Möbelwagen, in deren Frachtraum aus Flaschen Kohlenmonoxid geleitet wurde, so dass die in den engen Raum gepferchten vierzig bis fünfzig Menschen erstickten. Die Morde in Polen hatten eine Rückwirkung auf das Reich: Das im Oktober auf Erwachsene ausgedehnte Euthanasieprogramm wurde zu groß für die Kanzlei des Führers und zog in eine vormals in jüdischem Besitz befindliche Villa in der Tiergartenstraße 4 um, deren Adresse zum Decknamen der Operation wurde: Aktion T4. Ungefähr zu diesem Zeitpunkt erhielt Bouhler eine von Hitler unterzeichnete Vollmacht, die für die Akteure eine gewisse rechtliche Absicherung darstellte. Es war einer der seltenen Fälle, in denen Hitler explizit seine Genehmigung für eine ansonsten illegale Maßnahme in schriftlicher Form gab. Diese Episode gewährt einerseits einen Einblick in die Funktionsweise seiner persönlichen Herrschaft und zeigt andererseits, wie die Delegierung von Autorität seine Untergebenen in die Lage versetzte, umfangreiche Unternehmungen in Gang zu setzen, ohne sich bei ihm rückzuversichern und ihn mit den Einzelheiten zu behelligen.

Ebenso bedeutsam war, dass die Vollmacht auf den 1. September 1939 rückdatiert wurde – somit verknüpfte sie die Mordaktion mit dem Kriegsausbruch und veranschaulichte die Symbiose von Krieg und rücksichtsloser Innenpolitik im Denken der Nationalsozialisten.[103]

Unter dem Vorwand ökonomischer Erfordernisse in Kriegszeiten und dem Deckmantel einer gemeinnützigen Stiftung forderte die T4-Zentrale Nervenheilanstalten und Sanatorien auf, alle arbeitsunfähigen erwachsenen Patienten zu melden und über ihren Zustand zu berichten. Anschließend entschieden wegen ihrer politischen Zuverlässigkeit ausgewählte Ärzte anhand der eingereichten Formulare, welche der Patienten als »lebensunwert« einzustufen waren. Unterdessen bestimmten Bouhlers Untergebene geeignete Kliniken als Tötungszentren und schufen die Fassade einer Krankentransportfirma, welche die selektierten Anstaltsinsassen zur »Sonderbehandlung« dorthin bringen würde. Zusätzlich zu den eigens angeworbenen Ärzten und Krankenschwestern sowie den Beschäftigten der Krematorien wurden für Sicherheitsaufgaben Polizeibeamte herangezogen. Zunächst wurden die Opfer mit Giftspritzen getötet, bis die Kliniken Anfang 1940 mit Gaskammern ausgestattet wurden. Zwischen Oktober 1939 und August 1941 wurden über 70 000 Männer und Frauen von Ärzten und Psychiatern, die sich eigentlich um ihr Wohl zu kümmern hatten, für »lebensunwert« befunden und in den grauen Bussen (mit geschwärzten Fenstern) der Gemeinnützigen Krankentransport GmbH zu den Mordzentren gefahren. Dort wurden sie entkleidet und in die luftdichten Gaskammern geführt, die wie harmlose Duschräume aussahen, doch wurde durch mit Löchern versehene Rohre dann Kohlenmonoxid eingeleitet, bis die Opfer erstickten. Die Leichen wurden an Ort und Stelle eingeäschert, aber erst, nachdem man ihre Goldzähne gezogen hatte. Dieses Zahngold war für die beteiligten Mitarbeiter, die für ihre geheime Arbeit ohnehin schon überdurchschnittlich bezahlt wurden, ein beträchtlicher Zusatzlohn.[104]

Die Geheimhaltung der Aktion ließ sich allerdings nicht aufrechterhalten. In der Nähe der Mordzentren lebende Menschen konnten nicht umhin zu bemerken, dass viele Personen dorthin, aber nicht wieder fortgebracht wurden. Auffallend war zudem, dass bald nach der Ankunft der grauen Busse die Schornsteine der Kliniken zu rauchen begannen, und auch der Geruch von verbranntem Fleisch war verräterisch. Verwandte und Vormünder erhielten Totenscheine mit unwahrscheinlichen Todesursachen ihrer Lieben oder Mündel. Schon die bloße Zahl dieser Todesfälle war Anlass zur Beunruhigung. Da viele Anstalten, aus denen Insassen weggebracht wurden, sich in Trägerschaft der Kirchen befanden, waren auch deren Vertreter besorgt. Doch auch nachdem klargeworden war, dass die Behinderten getötet wurden, gab es kaum öffentliche Proteste. Im August 1940 äußerte Theophil Wurm, der evangelische Landesbischof von Württemberg, in einem Brief an Reichsinnenminister Frick sein Unbehagen über die Geschehnisse. Adolf Kardinal Bertram, der Vorsitzende der Fuldaer Bischofskonferenz, wandte sich an Reichskanzleichef Hans Lammers, und einige Wochen später äußerte der Münchener Kardinal Michael von Faulhaber gegenüber Reichsjustizminister Franz Gürtner seine Bedenken. Außer das Regime zu verärgern, erreichten diese privaten Äußerungen nichts. Man erwog die Möglichkeit, das Programm durch ein Gesetz zu legitimieren, unternahm aber keine konkreten Schritte, und das Morden ging, ungeachtet seines schwachen rechtlichen Fundaments, noch ein Jahr weiter. Es wurde schließlich von Hitler beendet, nachdem der Bischof von Münster, Clemens August Graf von Galen, am 3. August 1941 eine weithin beachtete Predigt gehalten hatte, in der er Tötungen aus reinen Zweckerwägungen verurteilte. Die T4-Aktion wurde freilich nicht in erster Linie aufgrund kirchlicher Proteste gestoppt. Die Invasion der Sowjetunion war vorübergehend ins Stocken geraten, die Verluste waren hoch, und die Stimmung im Innern litt sowohl unter den Versorgungsengpässen als auch unter den verstärkten Bombenangriffen der britischen Luftwaffe. Mehr als die moralische Empörung von Kirchenführern war es die Rücksicht auf diese Entwicklungen, die Hitler veranlasste, die Ermordung von Schwerbehinderten abzubrechen.[105]

Zu diesem Zeitpunkt war die »Euthanasie« in Deutschland ein offenes Geheimnis, und die Nachricht darüber war auch ins Ausland gelangt. Am 21. September 1940 notierte William Shirer, sein Informant »X« habe ihm eine »schlimme Geschichte« erzählt: »Er sagt, die Gestapo sei gegenwärtig dabei, alle geistig Behinderten und Kranken im Reich systematisch zu beseitigen. Die Nazis nennen das ›Gnadentod‹.« Im folgenden Monat berichtete Paul Dutko, der amerikanische Vizekonsul in Leipzig, dem US-Außenministerium über »mysteriöse Todesfälle von Geisteskranken aus dem Leipziger Konsularbezirk und Verbindungen zur SS«. Laut Dutko waren die Einwohner der Stadt

»über alle Maßen entsetzt« über das Gerücht, dass Menschen in eine von der SS betriebene Anstalt in Grafeneck gebracht und dort ermordet würden. Man sei allgemein der Ansicht, dass die SS außer Kontrolle sei. Bis Ende November hatte Shirer das ganze grässliche Geschehen mehr oder weniger überschaut, verzeichnete aber auch, dass das Regime unter Druck stand, das Morden einzudämmen.[106]

Obwohl die Vernichtungskampagne nicht auf Juden zielte, waren sie doch von ihr betroffen. Hunderte von jüdischen Anstaltsinsassen wurden getötet. In gewissem Maß arbeitsfähig und von wirtschaftlichem Wert zu sein half ihnen nicht. Behindert und Jude zu sein bedeutete mit noch größerer Sicherheit das Todesurteil, als behindert und »arisch« zu sein. Max Plaut in Hamburg konnte sich als Vormund eines zum Abtransport vorgesehenen Anstaltsinsassen denken, was vor sich ging, und die Reichsvereinigung tat alles in ihrer Macht Stehende, um für die Aktion in Frage kommende Juden aus den Anstalten herauszuholen. Auch der in einem Judenhaus festsitzende Victor Klemperer bekam Wind von der T4-Aktion. Am 2. November 1941 hielt er in seinem Tagebuch fest, ein Besucher habe ihm erzählt, dass »der Bischof von Münster, Graf Galen, öffentlich gegen die Gestapo und die Tötung der Geistesschwachen als gegen ›Teufelseinrichtungen‹ gepredigt habe«.[107]

Später sollten die Methoden zur Tötung von aus biologischen Gründen Ausgestoßenen gegen den rassischen Hauptgegner, die Juden, angewandt werden. Allerdings gab es keine inhärente oder logische Verbindung zwischen der Aktion T4 und den späteren Geschehnissen. Gleichwohl verbesserte die Aktion die Techniken des Massenmords und schuf eine Truppe erfahrener Mörder, und der Abbruch des Programms im August 1941 bedeutete zudem keineswegs, dass die Gaswagen und sämtliche Tötungsanstalten den Betrieb einstellten. Vielmehr verlagerte sich das Morden unter der Bezeichnung »Sonderbehandlung 14f13« auf Häftlinge der Konzentrationslager. So wie man als arbeitsunfähig und daher »lebensunwert« betrachtete Insassen von Heil- und Pflegeanstalten ausgesondert und den Mördern übergeben hatte, durchkämmte man jetzt die Lagerbevölkerung nach Häftlingen, die nach Ansicht von SS-Ärzten für schwere Arbeiten ungeeignet waren. Auch ließ Brandt keineswegs von seinem mörderischen Treiben ab. Vielmehr setzte er eine »Aktion« in Gang, durch die in Heil- und Pflegeanstalten Platz geschaffen werden sollte, um bombenzerstörte

Krankenhäuser zu ersetzen und die zunehmende Zahl durch Luftangriffe verletzter Zivilisten aufzunehmen. Dieser »wilden Euthanasie« fielen mindestens 35 000 Menschen zum Opfer. Auch Brack setzte seine Mordaktivitäten fort: Er sollte Personal und Ausrüstung der Aktion T4 für die Ermordung von Juden zur Verfügung stellen.[108]

Manche Historiker, namentlich Robert Jay Lifton und Henry Friedlander, haben die »Euthanasie« als entscheidenden Schritt auf dem Weg zum Massenmord an den europäischen Juden betrachtet. Laut Lifton bildete sie die »medizinische Brücke zum Völkermord«, während Friedlander die T4-Aktion als »ersten organisierten Massenmord NS-Deutschlands« und »ersten Akt des NS-Genozids« bezeichnet. Aber die Deutschen überschritten diese Grenze bereits am 1. September 1939, als sie unter anderem mit der Absicht in Polen einfielen, Teile der polnischen Bevölkerung zu liquidieren. Bis Ende 1939 wurden in Polen mehr Menschen, unter ihnen viele Juden, erschossen, als im Rahmen der Aktion T4 in einem vergleichbaren Zeitraum in den Gaskammern umkamen. Nicht T4, sondern die Einsatzgruppen schufen das Vorbild für die künftigen Massenmorde. Nicht das Euthanasieprogramm, sondern das Unternehmen Tannenberg bildete die Brücke zum Völkermord.[109]

Reaktionen auf die Verfolgung der polnischen Juden

Das Unbehagen, das sich in der deutschen Bevölkerung ausbreitete, als die Massentötungen innerhalb des Reichs bekannt wurden, stand in krassem Gegensatz zu der Gleichgültigkeit, mit der die meisten Deutschen die Nachrichten über die Behandlung von Polen und Juden in den besetzten Gebieten aufnahmen. Nur wenige deutsche Soldaten äußerten Bedenken gegen die Demütigung, Folter und Ermordung von Juden. Obwohl tiefreligiös, war Konrad Jarausch offenbar kaum empört, als in Zgierz, wo sein Bataillon stationiert war, eine Synagoge in Brand gesteckt wurde. Jedenfalls berichtete er einem Bekannten in Deutschland nüchtern: »Das jüdische Badehaus steht in Flammen, nachdem in der Nacht die Synagoge vorausgegangen ist. … Plakate waren angeschlagen, in Lodz gab es öffentliche Hinrichtungen.« Ebenso unbeteiligt beschrieb er einige Tage später Zwangsarbeit und sexuellen Missbrauch: »Es ist eine fabelhafte Reinlichkeit um uns. Jüdische Mädchen und Frauen mußten die Kaserne scheuern und die Fenster putzen. Es waren viele darunter, die sicher aus wohlhabenden Familien stammten. Die Kameraden haben sich leidlich verhalten. Die Rassengesetzgebung kann sich vielleicht praktisch auch als Schutz der jüdischen Frau auswirken.«[110]

Jarausch nahm die Folgen grausamer politischer Entscheidungen hin, als wären es Naturereignisse. Im Vergleich zu anderen Offizieren war er jedoch noch ein mitfühlender Beobachter. So war er vom Anblick eines geschändeten jüdischen Friedhofs betroffen und räsonierte über den Unterschied zwischen dem Geist der SS und den traditionellen christlichen preußischen Werten, die er vertrat. Außerdem stellte er Generationsunterschiede fest, etwa in der Einstellung zu Feldgottesdiensten: »Die älteren Kameraden sind im Grunde tolerant. … Bei den jüngeren ist dann die ganz andere Haltung herrschend, die Intoleranz in jeder Beziehung – zur Kirche, den Juden gegenüber.«[111]

Melita Maschmann gehörte zu den Jüngeren. Ende 1939 wurde sie in den Warthegau versetzt, wo sie Volksdeutschen bei der Ernte half, bevor sie die Leitung der Pressestelle der Hitlerjugend in Posen übernahm. Da sie alles, was in Polen geschah, durch die Brille der NS-Ideologie sah, bestätigten ihre Beobachtungen nur das, was man sie gelehrt hatte. Beim Anblick der Juden im Ghetto von Kutno biss sie »die Zähne zusammen«, wie sie später schrieb, um ein Schluchzen zu unterdrücken. Aber allmählich habe sie gelernt, ihre »›Privatgefühle‹ in solchen Situationen schnell und radikal auszuschalten«. Eine Gruppe jüdischer Männer erinnerte sie an einen »Krähenschwarm«. Dass sie ihren Lebensunterhalt verloren hatten und untätig herumstanden, war in ihren Augen ein Beweis für ihre Weigerung, nützliche Arbeit zu leisten. Der Mode des Ghettotourismus folgend, besuchte sie auch Lodz, wo ihr Frauen in »kostbaren Pelzen« auffielen. Umgekehrt fühlte sie sich den Volksdeutschen verbunden und genoss ihren Beitrag zur Germanisierung des Ostens. Er verschaffte ihr ein Gefühl der Zugehörigkeit: »Diese Abgelöstheit vom Ich und die gleichzeitige Identifikation mit dem Übergeordneten (dem Volk oder der Volksgemeinschaft) bewirkten eine innere Gestimmtheit, die mich während des ganzen Krieges beschützt hat wie ein Palladium.« Ihr Judenhass war die Kehrseite ihrer Deutschenliebe.[112]

Der pensionierte Diplomat Ulrich von Hassell stand am anderen Ende des Generationenspektrums. Aus seiner Sicht waren Invasion und Besetzung Polens eine Katastrophe. Er bezweifelte, dass Deutschland den Krieg gewinnen konnte, und war beunruhigt über das, was ihm über das Verhalten deutscher Soldaten berichtet wurde. Seinem Tagebuch vertraute er an, wie tief er die Schmach empfand, »mit der die Kriegführung in Polen teils durch die brutale Verwendung der Flieger, teils durch die grauenhaften Bestialitäten besonders der SS vor allem gegen Juden den deutschen Namen bedeckt« habe. Hassell war zugegebenermaßen gut vernetzt, und doch zeigt sein Fall, dass die Deutschen, wenn sie wollten, durchaus einiges über die Gräueltaten in Polen erfahren konnten. »Wenn aber Leute die in einer Synagoge zusammengetriebenen Juden mit Revolvern zusammenknallen, so kann man sich nur schämen.« Ende 1939 klagte er über die »schamlosen Taten, vor allem der SS in Polen« und die entsetzlichen Verhältnisse im »Judenreservat und den Umsiedlungsgebieten«. Von der Deportation der Juden aus Stettin in das »jüdische Reservat in Polen« erfuhr er, kaum dass sie stattgefunden hatte.[113]

Die in Berlin arbeitenden Journalisten aus den USA und anderen Ländern sorgten dafür, dass die Vorgänge in Polen auch in Westeuropa und Amerika bekannt wurden. William Shirers Tagebuch belegt, wie viel der Neugierige wissen konnte. »Der Generalgouverneur des besetzten Polen, Frank«, notierte er Mitte November 1939, »hat heute angeordnet, dass das jüdische Ghetto von Warschau ab sofort mittels Barrikaden vom Rest der Hauptstadt abgetrennt und unter scharfe Polizeikontrolle gestellt wird. Nach seinen Worten sind die Juden ›Träger und Verbreiter von Krankheiten und Bazillen‹.« Ein aus Warschau zurückgekehrter Freund erzählte ihm, »dass die Nazipolizei es darauf anlegt, die polnischen Juden einfach auszurotten. Man treibt sie massenweise im östlichen Polen zusammen, zwingt sie, in ungeheizten Lehmhütten zu vegetieren, und beraubt sie jeglicher Möglichkeit, einen Lebensunterhalt zu verdienen. Er sagt, man habe auch bereits mehrere Tausend Juden aus dem Reich nach Ostpolen in den Tod geschickt.« Das war übertrieben, gab aber den allgemeinen Trend korrekt wieder. Doch die Entrüstung über die frühen deutschen Maßnahmen erreichte, wenn überhaupt, lediglich eine Abstumpfung gegenüber dem, was noch kommen sollte. Wie 1933 riefen die Masse der Nachrichten und der Schrecken, den sie auslösten, eine Reaktion hervor, die nicht aufrechtzuerhalten war – auch dann nicht, als bald darauf alles noch viel schlimmer kam. »In Polen«, notierte Shirer im neuen Jahr, »geht die größte organisierte Völkerwanderung der Neuzeit seit dem Bevölkerungsaustausch zwischen Griechenland und der Türkei nach dem Ersten Weltkrieg ihrem Ende entgegen.«[114]

Die *Times* und der Londoner *Jewish Chronicle* berichteten ausführlich über die antijüdischen Maßnahmen im deutschbesetzten Polen. Am 24. Oktober 1939 war in der *Times* zu lesen, drei Millionen Juden seien auf den Weg nach Lublin geschickt und damit »zum Hungern verurteilt« worden. Von den Deportationen nach Nisko erfuhren die englischen Zeitungsleser schon wenige Tage, nachdem sie stattgefunden hatten, und am Ende des Jahres zog die *Times* den Schluss, dass der Reservatsplan »einen Ort für die schrittweise Vernichtung« vorsehe. Auch über die Errichtung der Ghettos in Warschau und Lodz und die dortigen Zustände konnten die britischen Leser beim Frühstück lesen. Im März 1941 veröffentlichte der *Jewish Chronicle* sogar Photos aus dem Warschauer Ghetto.[115]

Der wichtigste Informationskanal der westlichen Regierungen war jedoch die polnische Exilregierung, die sich in Frankreich gebildet hatte. Durch ihre Vertreter im polnischen Untergrund erhielt sie regelmäßig Informationen aus dem ganzen Land. Der polnischen Nationalversammlung im Exil gehörten Vertreter aller Parteien und Bevölkerungsgruppen an, einschließlich der Juden. Die beiden jüdischen Delegierten, Henryk Rosmarin und Ignacy Schwarzbart, hatten jedoch manchmal das Gefühl, sie würden nur geduldet, weil man der britischen und französischen Regierung zeigen wollte, dass die Exilregierung alle Polen vertrat. Tatsächlich waren viele Mitglieder der polnischen Exilführung, und zwar nicht nur die Anhänger der ethnisch-nationalistischen Nationaldemokraten, antijüdisch eingestellt. Verfestigt wurde diese Haltung durch den Vorwurf, dass Juden die sowjetische Invasion begrüßt hätten und mit dem roten Regime kollaborieren würden. Ein wichtiger Bericht über die Verhältnisse in Polen, den der Kurier Jan Karski im Februar 1940 in den Westen brachte, bekräftigte diesen Eindruck. Nach einer zermürbenden Reise berichtete er in Angers dem Innenminister der Exilregierung Stanisław Kot, dass die meisten Polen glaubten, die Juden hätten die sowjetischen Besatzer willkommen geheißen und würden sich jetzt an der Unterdrückung polnischer Patrioten beteiligen. Es sei dahingestellt, inwieweit dies der Wahrheit entsprach und worin die jüdischen Reaktionen begründet sein mochten; jedenfalls glaubten so viele Polen an einen Verrat der Juden, dass die Exilregierung projüdische Gesten für unangebracht hielt. Demgemäß wurde in offiziellen, für ein westliches Publikum oder alliierte Regierungen bestimmten Publikationen die abscheuliche Behandlung der Polen hervorgehoben, aber das, was Juden angetan wurde, unterschlagen. Erst nachdem die Exilregierung kurz vor dem Fall Frankreichs nach London umgezogen war, begann sie in offiziellen Erklärungen die Notlage der Juden ausdrücklich zu erwähnen.[116]

Die polnische Regierung war nicht die einzige, die das Ausmaß des jüdischen Leids herunterspielte. Aus Gründen, die mit der Nahostpolitik der britischen Regierung zusammenhingen, zögerte auch diese, sich zum Schicksal der Juden in Osteuropa zu äußern. Im Mai 1939 hatte sie ein Weißbuch herausgegeben, in welchem sie behauptete, ihre Verpflichtung, eine jüdische Heimstätte in Palästina zu schaffen, erfüllt zu haben. In zehn Jahren wolle man der Bevölkerung des Gebiets – 450 000 Juden und eine Million Araber – die Unabhängigkeit gewähren. Für die erste Hälfte dieses Zeitraums wurde die Zahl jüdischer Einwanderer auf maximal 75 000 festgelegt, und auch die Landkäufe für künftige jüdische Ansiedlungen wurden streng begrenzt. Diese Bestimmungen liefen auf die Gründung eines arabischen Staats mit einer jüdischen Minderheit hinaus. Mit dem am 22. Mai 1939 vom Unterhaus gebilligten Weißbuch sollten die Araber in Palästina und die unabhängigen arabischen Regierungen in der Region beruhigt werden, um für die Friedenssicherung und den Schutz der Erdölversorgung weniger britische Truppen abstellen zu müssen. Allerdings brachte man damit die jüdische Öffentlichkeit in Palästina gegen sich auf und verärgerte die Zionisten auf der ganzen Welt, die selbstverständlich die jüdischen Flüchtlinge in Europa als gewichtiges Argument für erweiterte Einwanderungsmöglichkeit ins Feld führten.[117]

Die britische Regierung betrieb aber nicht nur Propaganda, sondern nutzte auch diplomatische und militärische Mittel, um den Zustrom jüdischer Flüchtlinge in die von ihnen beanspruchte Heimstätte zu unterbinden. Das Außenministerium verfolgte besorgt den Weg von Flüchtlingen, denen es gelang, aus dem Reich zu entkommen und über Jugoslawien, Bulgarien und Rumänien Hafenstädte zu erreichen, wo zionistische Organisationen Boote für die Weiterfahrt nach Palästina beschafften; die britischen Vertreter drängten die Regierungen der am Weg liegenden Länder, die Flüchtlinge aufzuhalten. Zwischen Oktober 1939 und März 1940 ließ man mit der Begründung, illegale Einwanderer hätten die Quote bereits gefüllt, überhaupt keine Juden legal nach Palästina einreisen. Von April bis September 1940 stellte die palästinensische Verwaltung 9060 Einreisezertifikate aus, von denen nur die Hälfte tatsächlich einen Abnehmer fanden, da es denjenigen, die sie am meisten gebraucht hätten, fast unmöglich war, an sie heranzukommen. Es lag weniger an der deutschen als vielmehr an der britischen Politik, dass die legale Auswanderung nach Palästina nur für einen winzigen Teil der jüdischen Bevölkerung, die der nationalsozialistischen Verfolgung ausgesetzt war, eine Fluchtmöglichkeit darstellte.[118]

Auch für den Druck, jüdische Flüchtlinge ins Vereinigte Königreich einreisen zu lassen, war die britische Regierung unempfindlich. Am 25. September 1939 beschloss der Flüchtlingsausschuss des Kabinetts, dass der Sieg über Deutschland Vorrang gegenüber dem Beistand für Flüchtlinge habe. Nur in Sonderfällen sollte die Einwanderung gestattet werden; die Masse der vor den Nationalsozialisten fliehenden Juden wurde ausgeschlossen. Um darüber hinaus die Zahl der Flüchtlinge, die in den vorangegangenen Monaten bereits nach Großbritannien gelangt waren, zu verringern, vereinbarte man, sie durch einen Zuschuss zur Weiterreise zu ermuntern. Dies mochte hilfreich sein, aber gastfreundlich war es nicht. Ferner sollten Gerichte entscheiden, ob die im Land befindlichen über 74 000 Flüchtlinge und sonstige nichtbritische Staatsbürger, die jetzt als »feindliche Ausländer« galten, interniert werden sollten, weil sie im Fall eines nationalen Notstands ein Sicherheitsrisiko darstellten. 64 244 von ihnen, überwiegend deutsche und österreichische Juden, hatten keinerlei Einschränkungen zu erdulden. Die kriegsbedingte Strenge hielt Hilfsorganisationen indes nicht davon ab, von der Regierung Unterstützung und eine Lockerung der Einreisebeschränkungen zu verlangen.[119]

Die britische Regierung achtete aufmerksam auf jede Äußerung, die geeignet war, die Sympathie der Öffentlichkeit für die Juden zu vergrößern. Am Vorabend des Krieges ließ das Informationsministerium die BBC wissen, dass »außerhalb Palästinas keine speziell an Juden gerichtete Propaganda nötig« sei. In Sendungen für das britische Publikum und europäische Hörer seien Juden als Bürger des Staates, in dem sie lebten, zu behandeln. Im Rahmen des Propagandakrieges gegen das Dritte Reich veröffentlichte die Regierung im Oktober 1939 ein Weißbuch über die Konzentrationslager, in dem auch kurz die grausame Behandlung jüdischer Insassen erwähnt wurde. Die in dem Weißbuch zusammengestellten Berichte von Konsularbeamten und entlassenen Gefangenen spiegelten die Brutalität in den Lagern in den späten 1930er Jahren wider, ließen aber jede Diskussion der antijüdischen Gesetze vermissen, die zur Folge hatten, dass gerade auch Juden in ihnen festgehalten wurden. Verstärkt wurde das Widerstreben, der sich verschärfenden Verfolgung der jüdischen Bevölkerungen besondere Aufmerksamkeit zu widmen, durch das tiefsitzende Misstrauen der britischen Regierung gegenüber der Herkunft und dem Wahrheitsgehalt solcher Berichte. Obwohl das Außenministerium reichlich mit Informationen versorgt wurde, pflegten hohe Beamte vieles von dem, was auf ihren Schreibtischen landete, auszusortieren. »Jüdische Quellen sind immer zweifelhaft«, gab ein Beamter im April 1940 zu Protokoll, und Rex Leeper, Chef des Political Intelligence Department, stellte einige Monate später fest, Juden neigten »in der Regel dazu, ihre Verfolgung aufzubauschen«.[120]

Die Wahrnehmung von Beamten des US-Außenministeriums wurde von ganz ähnlichen Vorurteilen verzerrt. Vor dem Kriegsausbruch hatte es mit dem Weißen Haus wegen dessen geringfügig großzügigerer Politik gegenüber asylsuchenden jüdischen Flüchtlingen im Streit gelegen. Mit Kriegsbeginn stimmten Roosevelt und das Außenministerium darin überein, dass die nationale Sicherheit jetzt an erster Stelle stand. Der Präsident wies das FBI an, die Überwachung von Flüchtlingen und Einwanderern zu verstärken, um eine Infiltration durch Spione zu verhindern. Im April 1940 billigte Roosevelt die Übertragung der Zuständigkeit für Einwanderung und Einbürgerung an das Justizministerium. Die Visakontrolle wurde verschärft, und Konsularbeamte wurden angewiesen zu prüfen, ob die Zulassung eines Einwanderers »der öffentlichen Sicherheit schaden würde oder nicht«. Die Gefahr rassischer Verfolgung galt allein noch nicht als Grund, um nach Amerika eingelassen zu werden. Wie kaum anders zu erwarten, nahm die Zahl von Juden, die in die Vereinigten Staaten gelangten, drastisch ab. Angesichts der im November 1940 bevorstehenden Präsidentschaftswahl war Roosevelt weniger denn je geneigt, die Isolationisten und Befürworter von Einwanderungsbeschränkungen herauszufordern.[121]

Amerikanischen Juden mangelte es wie den Juden in Großbritannien nicht an Informationen über die Notlage ihrer Glaubensgenossen in Deutschland und Polen. Doch die Art der Nachrichten und der Umgang mit ihnen änderten sich merklich. Die *New York Times* verlegte ihr europäisches Büro nach London und zog die meisten ihrer Korrespondenten von dem kriegszerrissenen Kontinent ab. Stattdessen verließ sie sich auf die Nachrichtenagenturen, insbesondere auf Louis Lochner von AP und Frederick Oechsner von UP, die in Berlin blieben. 1939/40 gelangten Meldungen über das Schicksal der Juden im besetzten Polen selten auf die Titelseiten. In Zeitungen, zu deren redaktioneller Linie und politischer Ausrichtung die Befürwortung des Isolationismus gehörte, war alles verpönt, was nach Kriegstreiberei roch. Berichte über nationalsozialistische Grausamkeiten erinnerten an die Gräuelpropaganda, mit der Briten und Franzosen während des Ersten Weltkriegs die Vereinigten Staaten überzogen hatten, und konnten leicht als Säbelrasseln abgetan werden. Außerdem fehlte den Meldungen jetzt, da man sich auf die Nachrichtenagenturen verließ, das Gütesiegel »von unserem Korrespondenten«. Schließlich kamen sie von weit her und waren häufig eher schwer zu glauben.[122]

Die durch den Krieg erschütterte Sicherheitslage machte einerseits die Juden im nationalsozialistischen Herrschaftsgebiet noch verwundbarer und schwächte andererseits den Einfluss von Juden in den Demokratien. Im selben Augenblick, als die Nationalsozialisten glaubten, sich für den Kampf gegen die Hydra des »Weltjudentums« zu rüsten, waren die Juden überall auf der Welt so zersplittert, ohnmächtig und verwirrt wie nie. Die Gremien der britischen Juden waren gespalten zwischen Orthodoxen und Nichtorthodoxen, Linken und Rechten, Zionisten und Antizionisten. Es fiel ihnen schwer, eine gemeinsame Haltung zur Notlage der Juden in Deutschland und Polen zu finden, zumal es näherliegende Probleme gab. Der Unterhalt Tausender von Flüchtlingen verschlang Woche für Woche enorme Mittel. Eine der ersten Aufgaben, die sich die Führung der britischen Juden stellte, bestand darin, die Regierung zur Übernahme eines Teils dieser Last zu überreden. 1940 trug der Steuerzahler die Hälfte der Kosten. Doch diese Großzügigkeit (die bald auf 100 Prozent der Aufwendungen steigen sollte) erschwerte es den britischen Juden, andere Aspekte der Regierungspolitik in Frage zu stellen.[123]

Die amerikanischen Juden waren noch weniger auf eine so große Herausforderung eingestellt. Sie waren es nicht gewohnt, sich mit derart komplexen internationalen Fragen zu beschäftigen, und hatten Schwierigkeiten, einen gemeinsamen Standpunkt zu finden. Sie reagierten vor allem auf philanthropische Art: Der Joint sandte 1939 8,5 Millionen Dollar nach Europa, von denen allerdings nur ein Sechstel den hart bedrängten Juden in Polen zugutekam. Fast die Hälfte floss in die Unterstützung von jüdischen Flüchtlingen in diversen Ländern. Als die internationalen jüdischen Hilfsorganisationen wenige Tage vor Kriegsausbruch in Paris zusammenkamen, stritten sie die meiste Zeit darüber, ob sie gegenüber Deutschland eine neutrale Haltung einnehmen sollten oder nicht.[124]

Auch die jüdische Bevölkerung von Palästina war auf ihre eigenen Probleme fixiert. Die zionistische Führung sah es als ihre oberste Pflicht an, gegen das britische Weißbuch zu kämpfen und die Einwanderung auf dem bisherigen Niveau zu halten, notfalls auch mit illegalen Mitteln. Die Ereignisse in Europa schienen weit entfernt zu sein, zumal die Kommunikation mit den Juden in Polen immer schwieriger wurde. Viele hatten den Eindruck, das Hauptproblem dort sei der Hunger, dem man mit Lebensmittelpaketen begegnen könne. Man hielt ihn für eine vorübergehende Notlage und für weniger wichtig als das längerfristige Schicksal des Jischuw, der jüdischen Gemeinde in Palästina. Unter der Führung von David Ben-Gurion, dem Vorsitzenden des Exekutivkomitees der Jewish Agency und damit der Quasi-Regierung des jüdischen Palästina, konzentrierte sich die hebräische Presse auf Einwanderung, diplomatische Themen und die Zukunft. Demgegenüber trat die alltägliche Not der Juden in Polen und im Deutschen Reich in den Hintergrund.[125]

Krieg im Westen

Dank der Untätigkeit der Alliierten hatte Hitler einen Zweifrontenkrieg vermieden, aber auch nach der Niederlage Polens stand Deutschland immer noch einem Bündnis zweier Weltreiche gegenüber. Hitlers erster Impuls war, so bald wie möglich, im November 1939, im Westen anzugreifen, doch seine Generäle und schlechtes Wetter hielten ihn zurück. In Großbritannien war der anschließende »Sitzkrieg« Gegenstand zahlreicher Witze, doch die Deutschen gingen durch eine sorgenvolle Zeit. Die Wirtschaftslage war zum Zerreißen angespannt;

die Reichsbahn schaffte es kaum, die Anforderungen von Militär und zivilem Sektor zu erfüllen. Das Niveau der Rüstungsproduktion konnte nur auf Kosten des Privatkonsums sowie durch die Mobilisierung von Frauen und ausländischen Zwangsarbeitern gehalten werden. Das Alltagsleben an der Heimatfront wurde mit jedem Monat ein wenig schwieriger, und mit jeder Absenkung des Lebensstandards sank die Stimmung in der Bevölkerung. Im Oktober 1939 bemerkte William Shirer, dass Gummistiefel und Überschuhe rationiert worden waren; im nächsten Monat folgte Kleidung, und im Dezember wurde Kohle knapp. Zugfahrten waren langsam und die Züge unangenehm voll, was die Knappheit von Seife noch bedauerlicher machte. Im März 1940 bekam Shirer nur schwer Benzin für sein Auto, und im nächsten Monat wurde die Zahl der in Berlin zugelassenen Taxis halbiert. Als Friedrich Reck-Malleczewen, ein Schriftsteller und Tagebuchschreiber mittleren Alters, München besuchte, beklagte er sich darüber, dass sein Hotelzimmer nicht nur schäbig, sondern auch ungeheizt war, während die Restaurants nur wenige Stunden geöffnet hatten und zudem »zweifelhaftes« Fleisch servierten.[126]

Hitler wusste, dass ihm die Zeit davonlief, und da es keinen Sinn hatte, Ressourcen lange aufzusparen, konnte er ebenso gut alles, was er hatte, in einen gewaltigen Ansturm auf die britisch-französischen Kräfte werfen. Als der Angriff begann, bemerkte Shirer skeptisch: »Das ist Hitlers Strategie: Sieg jetzt oder nie. Es stimmt offenbar, dass Deutschland einen langen ökonomischen Krieg nicht aushalten kann. So schlug er los, während seine Armee noch über genügend Ausrüstung verfügte und seine Luftwaffe den Alliierten noch überlegen war. Es scheint ihm klar zu sein, dass er damit alles riskiert.«[127]

Der erste deutsche Feldzug gegen die Westmächte zielte auf Skandinavien beziehungsweise auf die Sicherung des Erznachschubs über die norwegischen Häfen, auch weil die deutsche Führung London und Paris eigene Pläne zur Besetzung Norwegens unterstellte. Tatsächlich kamen die Deutschen den Alliierten nur um Stunden zuvor, als sie am 9. April 1940 ihre Truppen nach Norwegen und Dänemark in Marsch setzten. Letzteres kapitulierte binnen eines Tages, während sich um Norwegen schwere Kämpfe auf See, an Land und in der Luft entwickelten, ehe die Alliierten sich zurückzogen und die Norweger schließlich am 10. Juni die Waffen streckten. Diese begrenzten Operationen waren nur Vorgeplänkel der Hauptoffensive, die am 10. Mai begann. Ursprünglich hatten Hitler und die Generäle einen konventionellen Planungen folgenden Angriff durch die Niederlande, Belgien und Luxemburg nach Nordfrankreich im Sinn gehabt, durch den sie die britisch-französische Hauptmacht zu vernichten hofften. Doch ein Exemplar des Plans für den »Fall Gelb« war den Alliierten in die Hände gefallen, weshalb man ihn noch einmal überdachte, womit Erich von Manstein, Stabschef einer für den Angriff vorgesehenen Heeresgruppe, bereits begonnen hatte. Manstein schlug vor, den Vorstoß durch die Niederlande und Belgien als Köder einzusetzen, um den Hauptteil der alliierten Truppen im Norden zu binden, während weiter im Süden mächtige Panzerverbände durch die Ardennen vorrücken sollten. Die Panzerdivisionen würden die Maas überqueren, am nördlichen Ende der schwer befestigten Maginotlinie die französischen Stellungen umgehen und dann in den Rücken der alliierten Armeen vorstoßen und sie einkreisen. Hitler, schon immer ein begeisterter Amateurstratege, sprang sofort auf Mansteins sogenannten Sichelschnittplan an.[128]

Zum großen Teil aufgrund des Konservatismus der britisch-französischen Militärführung ging Mansteins Plan perfekt auf. Während die besten britischen und französischen Divisionen nach Belgien eilten, bahnte sich die Hauptmacht der deutschen mobilen Verbände ihren Weg durch die Ardennen und kämpfte sich am 13. Mai den Weg über die Maas frei. Bis zum 15. Mai hatten die deutschen Panzer eine 65 Kilometer breite Bresche in die französische Verteidigungslinie geschlagen und rückten, die Verbindungswege zwischen Paris und den alliierten Hauptkräften durchschneidend, auf den Ärmelkanal zu. Fünf Tage später erblickten deutsche Panzersoldaten bei Abbeville das Meer. Die britischen Expeditionstruppen, die sich bereits südwärts zurückzuziehen begonnen hatten, wurden angewiesen, auf die Hafenstädte auszuweichen, von wo sie evakuiert werden konnten. Zwischen dem 26. Mai und 3. Juni wurden 338 226 britische und französische Soldaten von den Stränden und aus dem Hafen von Dünkirchen nach England übergesetzt. Währenddessen sammelten sich die Deutschen entlang von Somme und Aisne und griffen ab dem 5. Juni in Richtung Süden an. In nur zehn Tagen wurden die Reste der französischen Armee überrannt. Frankreich, jetzt unter Führung von Marschall Philippe Pétain, ersuchte um einen Waffenstillstand. Die Formalitäten wurden am 21. Juni 1940 in Compiègne in demselben Eisenbahnwagen erledigt, in dem die Deutschen am 9. November 1918 die Kapitulationsurkunde unterzeichnet hatten. Hitler jubilierte.[129]

Dieser Exkurs in die Militärgeschichte ist wichtig für das Verständnis nicht nur des Schicksals, das den Juden in den neueroberten Gebieten bevorstand, sondern auch für die weitere Entwicklung der Judenpolitik im Reich und im besetzten Polen. Darüber hinaus sind die Gründe für den deutschen Sieg im Westen und das falsche Selbstvertrauen, das er der Wehrmachtführung einflößte, entscheidend für die Erklärung des militärischen Scheiterns im Osten ein Jahr später, das katastrophale Folgen für die Juden in der Sowjetunion und letztlich in ganz Europa haben sollte.

Anders als in Polen hatten die Verbände von Wehrmacht und SS in Frankreich außerhalb ihres Kampfauftrags keine mörderischen Aufgaben zu erfüllen. Zwar zeichneten sich einige Einheiten der Waffen-SS in den Kämpfen aus, doch spielten Himmler und der Sicherheitsapparat während des Feldzugs und des Aufbaus des Besatzungsregimes kaum eine Rolle. Es gab keine Einsatzgruppen, und Heydrich vertrieb sich die Zeit, indem er Einsätze für die Luftwaffe flog. Dennoch lief der Feldzug nicht ohne Gräuel ab. So massakrierten Waffen-SS-Einheiten am 27. und 28. Mai 1940 in den flandrischen Gemeinden Le Paradis und Wormhout Dutzende britische und französische Kriegsgefangene.[130]

Mindesten 1500, vielleicht sogar 3000 französische Kolonialsoldaten, überwiegend Tirailleurs Sénégalais, wurden nach ihrer Gefangennahme oder in Kriegsgefangenenlagern erschossen. Die deutschen Soldaten, die mit diesen Afrikanern in Berührung kamen, betrachteten sie in ihrer Voreingenommenheit als unzivilisiert. Dass manche von ihnen mit Messern kämpften und von hinten angriffen, schien ihr Image als barbarische Söldner zu bestätigen: In den Augen der deutschen Soldaten waren sie Wilde, die nicht wie Europäer zu kämpfen wussten. Dutzende von ihnen wurden von Soldaten der Panzer- und Infanteriedivisionen sowie von Männern der Waffen-SS niedergemäht, nachdem sie sich ergeben hatten. Aber im Unterschied zum Schicksal von Juden und Polen hörte das Morden hinter der Kampfzone für gewöhnlich auf. General Halder hielt in seinem Tagebuch unter der Überschrift *Gefangenenfrage* fest, dass »schwarze Gefangene in Sonderbataillonen zusammengefasst, gut behandelt« werden sollten. Im Sinne des Prinzips der Rassentrennung sollten schwarze Gefangene nicht als Zwangsarbeiter ins Reich gebracht, sondern repatriiert werden. Die Deutschen dachten nie daran, sie alle zu töten, sondern gaben sich im Gegenteil damit zufrieden, sie nach Hause zu schicken. Für Hunderte von Kolonialsoldaten, die in den Schützengräben und auf den Schlachtfeldern in Nordfrankreich durch Schüsse oder Bajonettstiche kaltblütig getötet wurden, kam diese milde Politik freilich zu spät. Doch das Schicksal ihrer gefangengenommenen Kameraden belegt einen grundsätzlichen Unterschied in der Wahrnehmung von Juden und anderen, die von den Nationalsozialisten in rassische Kategorien eingeordnet wurden. Die Juden galten im Gegensatz zu anderen rassisch definierten Gruppen als mächtiger, gefährlicher Todfeind.[131]

Der 1940 im Westen geführte Krieg mag kein Rassenkrieg gewesen sein, aber sein Ergebnis hatte tiefgreifende Auswirkungen auf die nationalsozialistische Rassenpolitik. Anfangs war die Behandlung der »Judenfrage« davon geprägt, dass der deutsche Sieg so unerwartet schnell erzielt wurde. Der Feldzug gegen Frankreich war nicht als Blitzkrieg geplant gewesen. Niemand war überraschter vom schnellen französischen Zusammenbruch als Hitler und seine Generäle, doch waren sie deshalb, was die Zeit danach anging, vollkommen unvorbereitet. Darum bestimmte das Schicksal der Juden zunächst, wie rasch und total der Sieg gewesen war; im weiteren Verlauf beeinflussten die (irrtümlichen) Lehren, welche die NS-Elite aus dem Westfeldzug zog, ihre Judenpolitik. 1940 hatten die Deutschen für einen langen Konflikt geplant und wurden davon überrascht, dass er so schnell endete; 1941 sollten sie einen kurzen Waffengang planen und davon überrascht werden, dass er sich in die Länge zog.[132]

Die NS-Hierarchie hatte keine Pläne für die eroberten Länder. Den Sommer über entwarfen Hitler und sein engster Kreis einige von kurzfristigen Erwägungen geprägte Strukturen für deren Verwaltung. Dänemark, das sich kaum gewehrt hatte, durfte seine Regierung und Administration behalten. Da es ein wichtiger Lebensmittellieferant für das Reich war, standen für die Deutschen Kontinuität und Stabilität im Vordergrund. Das Land musste sich lediglich mit einer kleinen deutschen Garnison abfinden, und auch die Präsenz des deutschen Sicherheitsapparats war minimal. In Norwegen, wo den Deutschen heftiger Widerstand entgegengeschlagen war, wurde die Regierung in die Hände eines Reichskommissars gelegt, Josef Terboven. Eine Zeitlang bemühte sich Terboven, norwegische Politiker in eine zur Kollaboration bereite Regierung einzubeziehen, doch am Ende berief er zuverlässige Nationalsozialisten aus Deutschland und Vertreter der lokalen Nazipartei an die Spitze der Ministerien. Vidkun Quisling, der Vorsitzende der relativ kleinen norwegischen Nazipartei, erwies sich allerdings als Last und wurde auf Abstand gehalten. Wie der norwegische König samt seiner Regierung war auch die niederländische Königsfamilie zusammen mit dem Kabinett nach England ins Exil gegangen. Da Hitler die Niederlande ins Reich einzugliedern beabsichtigte, bekamen sie eine Zivilverwaltung, an deren Spitze er Arthur Seyß-Inquart, den früheren Reichsstatthalter in Österreich, berief, der seinerseits deutschen Nationalsozialisten die Aufsicht über die Schlüsselministerien anvertraute und holländische Nationalsozialisten nach und nach in Machtpositionen hievte. Die tägliche Verwaltungsarbeit überließ er dem niederländischen öffentlichen Dienst, der von einem Komitee der Staatssekretäre geleitet wurde. Im Gegensatz dazu erhielt Belgien mit der Begründung, es bilde das Sprungbrett für eine Invasion Englands und sei von grundsätzlicher strategischer Bedeutung, wie 1914 bis 1918 eine Militärverwaltung. Da die belgische Regierung geflohen war, wurden die alltäglichen Angelegenheiten Beamten überlassen, die deutschen Militärs unterstellt waren.[133]

In Frankreich verfolgte man aus politischen wie aus geostrategischen Gründen wiederum eine andere, erheblich kompliziertere Besatzungspolitik. Außerdem war das Frankreich aufgezwungene Waffenstillstandsabkommen von einem gewissen Revanchismus geprägt. Es verlangte von Frankreich, seine Armee auf 100 000 Mann zu verkleinern, während Hunderttausende von Kriegsgefangenen als Verhandlungsmasse für künftige Vereinbarungen in deutscher Hand blieben. Ferner musste das Land für die Besatzungskosten aufkommen, wobei der Wechselkurs zwischen Franc und Reichsmark ruinös niedrig festgesetzt wurde. Die Folge war, dass deutsche Soldaten die Geschäfte leerkauften und Parfüm, Seife, Strümpfe, modische Kleider und alle möglichen Lebensmittel bis hin zu Wein und Spirituosen in die Heimat schickten. Die Okkupation war eine Art staatlich organisierter Diebstahl. Der strategisch wichtige, hochindustrialisierte Nordosten wurde von Frankreich abgetrennt und der Militärverwaltung in Belgien übergeben. Das übrige Nordfrankreich und die gesamte Westküste wurden besetzt und einer in Paris ansässigen Militärverwaltung unterstellt. Die Demarkationslinie zwischen dem besetzten

Frankreich und der »Freien Zone« wurde bewacht und diente zur Kontrolle sowohl des Personen- als auch des Warenverkehrs. Gleichwohl wurde Frankreich gestattet, seine Regierung zu behalten, und es blieb theoretisch ein unabhängiger Staat. Marschall Pétain wählte den Kurort Vichy als neuen Amtssitz, von wo aus er die Regierungsgewalt über ganz Frankreich auszuüben beanspruchte. In Wirklichkeit war diese nur in der Freien Zone unangefochten. Im Norden bedurften die Erlasse und Verordnungen der Vichy-Regierung der Zustimmung der deutschen Militärverwaltung unter General Otto von Stülpnagel. Trotzdem waren die Besatzungsbehörden angewiesen, eine gemäßigte Herrschaft auszuüben. Hitler hoffte, die Franzosen für seine Neuordnung Europas gewinnen und zur militärischen und ökonomischen Kooperation bewegen zu können. Durch die angestrebte weitestmögliche Kooperation sollte zudem der Personalaufwand für Verwaltung und Sicherheit minimiert werden.[134]

Die unterschiedlichen Formen deutscher Herrschaft innerhalb des Territoriums, das manchmal irreführend »Hitlers Imperium« genannt wird, wirkte sich auch auf die Einführung und Umsetzung antijüdischer Maßnahmen aus. Im Allgemeinen zersetzte die Niederlage der demokratischen Länder den Glauben an die Demokratie als solche, was nationalsozialistischen Parteien und deutschfreundlichen Führern eine gewisse Aura der Macht verlieh. Aber nicht nur der Liberalismus war als Ideologie entwertet; die durch Niederlage und Besatzung verursachte Notlage zersetzte auch die Herrschaft des Rechts und die Gleichheit vor dem Gesetz. Die Niederlage hatte einen Aufschwung nationalistischer Gefühle zur Folge, die sich gegen die Dritte Republik und die Prinzipien der Revolution von 1789, die sie vertrat, richteten. Am 10. Juli 1940 hoben die verbliebenen Mitglieder der Nationalversammlung die Verfassung der Dritten Republik auf und gaben Pétain als neuem Staatschef (und seinem designierten Nachfolger, Regierungschef Pierre Laval) buchstäblich diktatorische Vollmachten. Pétain spielte auf die Enttäuschung über die republikanischen Werte an, als er eine »nationale Revolution« auf der Grundlage von »Arbeit, Familie, Vaterland« proklamierte. Sein Regime begann sämtliche Verwaltungsebenen vom Ministerium bis zum Rathaus von allen zu säubern, die mit der Volksfront in Verbindung standen. Der jüdische Ministerpräsident von 1936/37, Léon Blum, wurde als Gegenbild des neuen Regimes an den Pranger gestellt. Antisemitismus bildete einen

Grundbestandteil der patriotischen Erweckung, dem Geistliche, die eine Neugründung des Staates auf katholischem Fundament anstreben, Konservative, die der Dekadenz der modernen Kultur die Schuld an der Niederlage gaben, Antisozialisten und Antikommunisten gleichermaßen anhingen. Doch es brauchte eine gewisse Zeit, bis diese Leidenschaften die Form einer antijüdischen Politik annahmen. Die deutschen Besatzer gingen vorsichtig vor. Sie hatten keine Maßnahmen gegen die Juden vorbereitet und waren derart davon in Anspruch genommen, ihre Verwaltung aufzubauen und den Alltag wieder einkehren zu lassen, dass die Juden nicht ihre oberste Priorität darstellten. Auf die Spezialisten der Judenpolitik in Berlin traf dies freilich nicht zu.[135]

Die »Behandlung der Fremdvölkischen im Osten« und der Madagaskar-Plan

Am 25. Mai 1940 legte Himmler Hitler eine Denkschrift mit dem Titel »Einige Gedanken über die Behandlung der Fremdvölkischen im Osten« vor, in der er seine Vorstellungen über die Germanisierung des annektierten Polen erläuterte. Er schlug vor, die einheimische Bevölkerung in möglichst viele ethnische Kategorien einzuteilen und damit ein übergreifendes Nationalbewusstsein zu schwächen. Angehörige all dieser Minderheiten, insbesondere der kleinen, sollten vor Ort als Bürgermeister und Polizeibeamte eingesetzt werden. Die »nichtdeutsche Bevölkerung« sollte nur die elementarste Schulbildung erhalten: »einfaches Rechnen …, Schreiben des Namens« und »eine Lehre, dass es ein göttliches Gebot ist, den Deutschen gehorsam zu sein«. Kinder »unseren Bluts« wollte Himmler, auch ohne Zustimmung der Eltern, ins Reich bringen lassen, wo sie als Angehörige der Volksgemeinschaft zu erziehen seien. Der »verbleibende minderwertige« Rest der Bevölkerung des Generalgouvernements würde ein Reservoir billiger, ungelernter Arbeitskräfte bilden. Manche Volksgruppen würden einfach verschwinden, wobei Himmler nebenbei erwähnte, dass dies auch das Schicksal der Juden sei: »Den Begriff Jude hoffe ich durch die Möglichkeit einer totalen Auswanderung sämtlicher Juden nach Afrika oder sonst in eine Kolonie völlig auslöschen zu sehen.«[136]

Himmler mag lediglich die seit Ende 1938 im Umlauf befindliche Idee, Juden nach Madagaskar zu schicken, aufgegriffen haben, reagierte aber sicherlich auch auf die Möglichkeiten, welche die sich abzeichnende Niederlage Frankreichs eröffnete. Immerhin durften die Deutschen vom Zugriff auf das gesamte französische Kolonialreich einschließlich Madagaskars träumen. Schon einige Zeit vor dem Waffenstillstand mit Frankreich meldete Franz Rademacher, der Leiter des »Judenreferats« im Auswärtigen Amt (Referat D III), Ansprüche auf diese Gebiete als Abschiebungsziele für unerwünschte Juden an. Am 3. Juni legte er eine Denkschrift vor, in der er vorschlug, die Abschiebung der Juden nach Madagaskar als eines der Kriegsziele durchzusetzen. In einem späteren Papier vom 3. Juli unterstrich er noch einmal: »Der bevorstehende Sieg gibt Deutschland die Möglichkeit und meines Erachtens auch die Pflicht, die Judenfrage in Europa zu lösen. Die wünschenswerte Lösung ist: Alle Juden aus Europa.« Konkret verlangte er: »Frankreich muss im Friedensvertrag die Insel Madagaskar für die Lösung der Judenfrage zur Verfügung stellen und seine rund 25 000 dort ansässigen Franzosen aussiedeln …« Die Insel solle lediglich zum deutschen Mandatsgebiet werden, so dass die dorthin deportierten Juden nicht die deutsche Staatsbürgerschaft erhalten würden. Anders als Palästina besäße die Insel auch keine politische oder religiöse Bedeutung. Letztlich wäre sie ein »Reservat« wie das Lubliner, dessen Bewohner »als Faustpfand in deutscher Hand für ein zukünftiges Wohlverhalten ihrer Rassengenossen in Amerika« blieben.[137]

Für Heydrich und das RSHA kam Rademachers Initiative völlig überraschend, und Heydrich befürchtete sofort, das Auswärtige Amt könnte mit seiner Lösung des jüdischen Problems den ganzen Ruhm einheimsen und zum Hauptinstrument ihrer Umsetzung werden. Deshalb erinnerte er die Diplomaten am 24. Juni scharf daran, dass der Sicherheitsapparat für jüdische Angelegenheiten zuständig war. In seiner zweiten Denkschrift vom 3. Juli führte Rademacher näher aus, dass die Insel von einem dem Reichsführer-SS direkt unterstehenden deutschen Polizeigouverneur verwaltet werden sollte; »im übrigen« sollten die Juden eine Selbstverwaltung erhalten: »eigene Bürgermeister, eigene Polizei, eigene Post- und Bahnverwaltung usw.«. Heydrich genügte dies jedoch nicht. Ihm schwebte ein detaillierterer, das Siegel des RSHA tragender Plan vor. Deshalb beauftragte er Eichmann, den führenden Judenexperten der Gestapo, einen Alternativvorschlag auszuarbeiten. Eichmann ging mit gewohntem Eifer ans Werk und sammelte umfangreiche Informationen über Madagaskar und die Lebensbedingungen in den Tropen. Am 15. August konnte das RSHA Außenminister Ribbentrop seinen Entwurf präsentieren. Er sah vor, rund vier Millionen Juden mit täglich zwei Schiffen mit je 1500 Passagieren auf die Insel zu bringen. Ausführlich erörterten Eichmann und sein Helfer Theodor Dannecker die Registrierung der Juden und ihres Eigentums, die Enteignung ihrer Vermögen und die Verwendung der Einnahmen zur Finanzierung des Vorhabens. »Vortrupps« sollten die nötige Infrastruktur für die Aufnahme der großen Masse der Deportierten aufbauen. Das Ganze wirkt wie eine Parodie auf das zionistische Projekt in Palästina. Doch Eichmann gestand den Juden im Gegensatz zu Rademacher keinerlei Selbstverwaltung zu: Die Insel würde kaum mehr sein als ein von der SS verwaltetes mauerloses Gefängnis.[138]

In gewohnter Weise übertrug Eichmann einen großen Teil der Vorbereitungen den jüdischen Gemeinden. Am 3. Juli wies er Vertreter der jüdischen Organisationen in Berlin, Wien und Prag an, eine Denkschrift auszuarbeiten, wie jüdische Bevölkerungsgruppen für die Verschiffung mobilisiert werden könnten. Die Reichsvereinigung war entsetzt, dass die deutschen Behörden eine derart haarsträubende Idee ernsthaft in Erwägung zogen. Gerüchte über sie verbreiteten sich rasch unter den Juden Deutschlands und Österreichs. Zu Victor Klemperer gelangten sie über eine deutsche Bekannte, die im Radio davon gehört hatte. Als William Shirer erfuhr, dass SS-Männer Suaheli lernten, schloss er daraus, dass das Regime Afrika mit vollem Ernst ins Auge fasste.[139]

Hans Frank wurde am 8. Juli 1940 von Hitler persönlich über das Vorhaben informiert. Er war begeistert, nicht zuletzt deshalb, weil die Aussicht auf eine baldige Lösung der »Judenfrage« vorerst ausschloss, dass weitere Juden in sein Herrschaftsgebiet abgeschoben würden. Einige Tage später setzte Frank seine Untergebenen in Krakau ins Bild: Es sei geplant, »die ganze Judensippschaft im Deutschen Reich, im Generalgouvernement und im Protektorat in denkbar kürzester Zeit nach dem Friedensschluss in eine afrikanische oder amerikanische Kolonie zu transportieren. Man denkt an Madagaskar.« Er habe sich »bemüht, auch die Juden des Generalgouvernements dieses Vorteils teilhaftig werden zu lassen, sich auf neuem Boden ein neues Leben aufzubauen«. Daher hatte das Madagaskar-Projekt unmittelbare Folgen für das besetzte Polen. Der Plan, in Warschau ein Ghetto einzurichten, wurde aufgeschoben, und Tausende von Juden konnten in ihren Wohnungen bleiben. Adam Czerniaków notierte in seinem Tagebuch eine Bemerkung von Gerhard Mende, dem für die Aufsicht über den Judenrat zuständigen Gestapo-Offizier, der gesagt hatte, »der Krieg sei in einem Monat zu Ende und wir [die Juden] würden nach Madagaskar ausreisen«. In ganz Polen hörte man plötzlich auf, Ghettos einzurichten.[140]

Während die nationalsozialistische Gerüchteküche kochte, verloren manche Gauleiter im Reich die Geduld. Nach der verdeckten Annexion von Elsass und Lothringen im Juli schoben die mit der Verwaltung der beiden Regionen betrauten Gauleiter Josef Bürckel und Robert Wagner Zehntausende unliebsame Personen in die unbesetzte Zone ab, unter ihnen Tausende Juden. Im Oktober säuberten sie mit ausdrücklicher Genehmigung Hitlers ihre »Heimatgaue« Baden und Saarpfalz. Zum Entsetzen der Reichsvereinigung mussten sich 6500 deutsche Juden in kürzester Zeit auf die Deportation nach Frankreich vorbereiten, wo sie auf Schiffe nach Madagaskar steigen sollten. Es war die erste Massendeportation von Juden aus Westdeutschland, und die Reichsvereinigung sah sich genötigt, darauf zu reagieren. Die Führung verkündete ein Fasten, während Otto Hirsch bei den Behörden in aller Form Protest einlegte. Hirsch war ebenso mutig wie erfolglos; er wurde verhaftet und ins KZ Mauthausen gesperrt, wo er vier Monate später verstarb. Das Vichy-Regime, das über die Abschiebungen nicht informiert worden war, beschwerte sich beim Auswärtigen Amt wegen der Zumutung. Aber auch diese Demarche blieb wirkungslos. Ohne jedes Interesse daran, für die überwiegend alten und kranken Deportierten zu sorgen, verfrachtete man sie in das triste Internierungslager Gurs in Südwestfrankreich. Die Zahl der Insassen stieg sprunghaft, ohne dass das Lager zusätzliche Verpflegung oder Baulichkeiten erhalten hätte.[141]

Es sollte keine »Madagaskar-Lösung« geben. Zum einen hatte Hitler den Franzosen in der Hoffnung, sie für das Lager der Achsenmächte gewinnen zu können, ihre Flotte und ihre Überseebesitzungen gelassen; zum anderen hätten die Deutschen Madagaskar, selbst wenn sie es sich angeeignet hätten, nicht erreichen können, solange Großbritannien die Seewege beherrschte, und Hitler erhielt auf das plumpe Friedensangebot, das er in einer Rede am 19. Juli gemacht hatte, keine Antwort aus London. Winston Churchill, seit dem 10. Mai Premierminister, hatte seine Kabinettskollegen davon überzeugt, dass die einzige realistische Politik, die das Überleben des Landes und seines Empires sichern konnte, in der Fortführung des Kampfes bestand.[142]

Die britische Standhaftigkeit brachte das NS-Regime in Bedrängnis: Es mochte die mächtigste Landstreitmacht in Europa führen, war aber nicht in der Lage, sie zur Niederwerfung der vom Ärmelkanal, der Royal Navy und der Royal Air Force geschützten Briten einzusetzen. Mitte Juli wies Hitler das Oberkommando des Heeres an, den Plan für eine Invasion im August, das »Unternehmen Seelöwe«, auszuarbeiten, doch die Wehrmacht war für solch ein Unterfangen schlecht ausgestattet. Die kleine deutsche Kriegsmarine konnte kaum hoffen, ein Invasionsheer und dessen Nachschublinien vor Angriffen der britischen Marine wirksam zu schützen. Die deutsche Luftwaffe würde solche Angriffe abschrecken oder abwehren können, falls sie die Luftüberlegenheit gewann. Deshalb befahl Hitler Göring Ende Juli, die britische Luftwaffe binnen zwei Wochen auszuschalten. Die Luftoffensive scheiterte, wenn auch nur knapp, und am 17. September schob Hitler das »Unternehmen Seelöwe« auf.[143]

Für den Augenblick wurde das Schicksal der europäischen Juden auf dem Schlachtfeld, auf See und in der Luft entschieden. Es wurde weniger vom Antisemitismus und der bisherigen Judenpolitik bestimmt als vielmehr vom geostrategischen Rahmen, in dem Hitler und seine Verbündeten operierten. Hätte Großbritannien kapituliert und Deutschland Frankreich die Kolonien genommen, wären die Juden möglicherweise ab Herbst 1940 nach Madagaskar deportiert worden. In diesem Fall wäre die deutsche Kriegsmarine von entscheidender Bedeutung für die Verwirklichung einer im Jahr 1938 von Polen und Frankreich aufgebrachten Idee gewesen. Stattdessen tasteten sich die Deutschen weiter an eine ihren rassenideologischen Vorurteilen entsprechende Lösung heran, allerdings unter Umständen, die nicht allein von ihnen abhingen. Da die Pläne für eine Entfernung der Juden aus Europa auf Eis lagen, waren die deutschen Besatzungsbehörden sowie ihre Verbündeten und Kollaborateure bis auf weiteres darauf angewiesen, ihrerseits eine politische Linie für den Umgang mit der »Judenfrage« zu finden und umzusetzen.

Juden als »feindliche Ausländer« – Masseninternierungen in Großbritannien und Frankreich

Die Ausweitung des Krieges wirkte sich auch auf jene Juden aus, die nicht unmittelbar von den Kämpfen betroffen, zu Flüchtlingen geworden oder unter fremde Besatzung geraten waren. Über Nacht waren Flüchtlinge zu »feindlichen Ausländern« geworden. In Großbritannien und Frankreich begann man damit, Staatsbürger feindlicher Länder und solche, die wegen ihrer Zugehörigkeit zur extremen politischen Rechten oder Linken als Sicherheitsrisiko betrachtet wurden, zu registrieren und gegebenenfalls zu internieren. In erster Linie trafen diese Maßnahmen jedoch jüdische Flüchtlinge. Nahezu 64 000 von ihnen wurden in Großbritannien in die Kategorie C eingestuft; sie galten trotz ihrer Staatsangehörigkeit als harmlos. Bei ihnen handelte es sich überwiegend um Juden aus Deutschland und Österreich. Deutsche Staatsbürger der Kategorie A wurden auf der Stelle verhaftet; die meisten hatten Verbindungen zum Nationalsozialismus oder waren im wehrfähigen Alter. In die Kategorie B fielen Personen mit verdächtiger politischer Vergangenheit, einschließlich linker Antifaschisten und Kommunisten; ihnen wurden Beschränkungen auferlegt.

Bis zum deutschen Angriff auf Frankreich wurden die meisten deutschen und österreichischen Flüchtlinge in Ruhe gelassen. Das Innenministerium unter John Anderson wollte keine Wiederholung der Masseninternierung während des Ersten Weltkriegs und sah keinen Grund, Menschen zu belästigen, die vor dem Nationalsozialismus geflohen waren. Unglücklicherweise nahm der Geheimdienst MI5 eine andere Haltung ein; nach seiner Ansicht stellte die Flüchtlingsbevölkerung ein Reservoir potentieller Spione dar. Dass deutsche Fallschirmjäger hinter den niederländischen und belgischen Linien landeten, verstärkte die Abneigung dagegen, Flüchtlingen ihre Bewegungsfreiheit zu lassen. Wie sollte man entscheiden, ob jemand ein Flüchtling oder ein getarnter Fallschirmjäger war? Der rasche Zusammenbruch des niederländischen und belgischen Widerstands und die Zersprengung der französischen Armee ließen den Mythos einer »Fünften Kolonne« entstehen, deutschen oder deutschfreundlichen Elementen, welche die Verteidiger angeblich unterwandert hatten. Dementsprechend groß war der Druck auf die Regierung, für »feindliche Ausländer« Restriktionen zu erlassen.[144]

Churchill war empfänglich für die Warnungen der Nachrichtendienste und wollte der Bevölkerung die Tatkraft der Regierung demonstrieren. Am 11. Mai, einen Tag nach seiner Ernennung zum Premierminister, einigte sich das Kabinett darauf, Staatsbürger der Feindstaaten aus den küstennahen Gebieten zu entfernen. Am nächsten Tag folgte der Beschluss, ausgewählte Personen der Kategorie B festzusetzen. Die Katastrophe von Dünkirchen löste eine Panik aus, und das Kriegsministerium verlangte nun die Verhaftung aller erwachsenen deutschen Männer, unabhängig davon, ob sie Juden oder sonstige anerkannte Flüchtlinge waren. Mit Churchills Rückendeckung überwanden die Stabschefs der Streitkräfte und die Sicherheitsdienste den Widerstand des Innenministers gegen eine Masseninternierung. In der herrschenden Krisenstimmung wurde in einer Kabinettssitzung am 27. Mai nahezu einstimmig beschlossen, auch alle Personen der Kategorie C zu verhaften. Am folgenden Tag begann die Polizei, Männer von 16 bis 60 Jahren festzunehmen, einschließlich anerkannter Flüchtlinge, die »bereit sind, sich für dieses Land und nicht für den Feind einzusetzen«. Der Kriegseintritt Italiens am 10. Juni vergrößerte die Gruppe der »feindlichen Ausländer« um weitere 10 000 Personen und nährte zudem das Gefühl, dass Verrat in der Luft lag. Churchill gab die Devise aus: »Sperrt den ganzen Haufen ein!« Binnen eines Monats wurden 27 000 Flüchtlinge in improvisierten Haftzentren auf der Isle of Man untergebracht. Ab 20. Juni wurden Gruppen von Internierten in Lager in Kanada und Australien deportiert. Über 7300 kamen in mit Stacheldraht eingezäunte Lager in gottverlassenen Gegenden, weit entfernt von Familien und Freunden und ohne zu wissen, was sie erwartete. Diejenigen, die in Großbritannien festgehalten wurden, befanden sich in der misslichen Lage, hinter Stacheldrahtzäunen in der Falle zu sitzen, während man jeden Augenblick die deutsche Invasion erwartete.[145]

Als am 1. Juli 1940 der ehemalige Luxusdampfer *Arrandora Star* mit über 1200 italienischen und deutschen Internierten an Bord auf der Fahrt nach Kanada in der Irischen See torpediert wurde und bei seinem Untergang 700 Menschen in den Tod riss, war dies Wasser auf die Mühlen derjenigen, die schon seit einiger Zeit im Parlament und in der Presse Kritik an der Masseninternierung geübt hatten. Zusätzlichen Aufwind erhielten sie, als bekannt wurde, dass 2300 Flüchtlinge, die mit dem Truppentransporter *Dunera* nach Australien gebracht worden waren, auf der Überfahrt von den sie bewachenden britischen Soldaten ausgeraubt und misshandelt worden waren. Nach einigem Zögern begann die Führung der jüdischen Gemeinde die Regierung zu drängen, ihre Haltung zu überdenken. Der Courage dieser Kritiker und der Belastbarkeit des demokratischen Systems war es zu verdanken, dass die Internierung im Herbst 1940 aufgegeben wurde. Immer mehr Juden wurden entlassen, sofern sie besondere Fachkenntnisse besaßen oder in die Pioniertruppen eintreten wollten.[146]

Diejenigen, die in den Lagern festsaßen – allein auf der Isle of Man waren es 10 000 Männer –, machten das Beste aus der erzwungenen Muße und organisierten eine erstaunliche Vielfalt an Bildungs- und Kulturaktivitäten. Doch all die improvisierten Wiener Kaffeehäuser, die Lagerkunst, die witzigen hektographierten Zeitungen, gelehrten Vorträge und Streichquartette konnten die hässliche Erfahrung von grundloser Verhaftung und Internierung nur teilweise kompensieren. Für einige der deutschen und österreichischen Juden war es sogar schon die zweite derartige Erfahrung, obwohl insbesondere sie den Unterschied zwischen der Bösartigkeit, die den nationalsozialistischen Lagern zu eigen war, und der improvisierten und für gewöhnlich relativ freundlichen Haft unter dem Union Jack wahrnahmen und anerkannten. Gleichwohl war es eine unschöne und dunkle Episode in Großbritanniens »größter Stunde«, die das Potential von Fremdenfeindlichkeit und Antisemitismus offenbarte, insbesondere wenn Sicherheitsbedenken und militärische Erfordernisse hinzukamen.[147]

Das Schicksal der in Frankreich internierten Juden war unvergleichlich schwerer. Am 3. September 1939 forderten die französischen Behörden alle deutschen und österreichischen Staatsbürger auf, sich in Sammelstellen einzufinden. Die Anordnung betraf 13 000 deutsche und 8000 österreichische jüdische Flüchtlinge. Hinzu kamen Personen, die von Polizei und Geheimdienst für subversiv gehalten wurden, zumeist Kommunisten und antifaschistische Aktivisten wie Arthur Koestler. Nach tagelanger Haft und ohne jegliches rechtliches Verfahren wurden sie in Internierungslager im Süden des Landes gebracht. Diese Lager, namentlich Saint-Cyprien, Argelès-sur-Mer, Barcarès, Gurs und Le Vernet, bestanden aus einfachen Holzbaracken mit minimaler Ausstattung, umgeben von mit Gendarmen besetzten Wachtürmen und Stacheldrahtzäunen. In *Abschaum der Erde,* seiner scharfen, 1941 verfassten Abrechnung mit dieser Episode, beschrieb Koestler Le Vernet als »ein Gewirr von Stacheldraht«. Der Boden, auf dem die Hütten standen, »war karg; bei Trockenheit steinig und staubig …; bei Regen versank man in knöcheltiefem Schlamm«. Betrieben wurde das Lager »mit einer für die französische Verwaltung typischen Mischung aus Dummheit, Korruption und Laisser-faire«.[148]

Die französischen Juden sträubten sich, den Internierten Hilfe zu leisten. »Das französische Judentum«, berichtete Morris Troper, der Vertreter des Joint in Paris, »war gelähmt. Aus Angst, jegliche Aktivität ihrerseits zugunsten deutscher Flüchtlinge könnte als Verbrüderung mit feindlichen Ausländern missverstanden werden und darüber hinaus in einer Zeit, in der alles möglich war, eine antisemitische Stimmung hervorrufen, nahm das französische Judentum von jeder Tätigkeit zugunsten der Flüchtlinge Abstand.« Nach einer Weile erhielt das von Raymond-Raoul Lambert geleitete Flüchtlingshilfskomitee jedoch Hilfsgüter für die Internierten und drängte auf ihre Entlassung. Bis zum Jahresende erlangten 8000 von ihnen die Freiheit, weil sie alt oder krank, zum Eintritt in die Armee (oder die Fremdenlegion) bereit oder von Nutzen für die Wirtschaft waren; andere besaßen Papiere für die Ausreise in die Vereinigten Staaten.[149]

Koestler wurde nach einer von seiner Frau koordinierten Kampagne aus Le Vernet entlassen und kehrte im Januar 1940 nach Paris zurück. Aber er blieb nur wenige Monate frei. Die deutsche Offensive löste eine noch grausamere Welle von Fremdenfeindlichkeit und Misstrauen gegenüber Ausländern aus. Im Mai 1940 griff die Pariser Polizei 8000 deutsche Flüchtlinge, darunter 5000 Juden, sowie 10 000 Flüchtlinge aus Belgien und den Niederlanden auf und hielt sie in Turnhallen, dem Buffalo-Stadion in Montrouge und dem Vélodrome d'Hiver in Paris fest. Koestler, den die zweite Verhaftung am 22. Mai traf, wurde ins Buffalo-Stadion gebracht. Doch diesmal fügte er sich nicht tatenlos, sondern nutzte das allgemeine Durcheinander zur Flucht und machte sich mit Tausenden Franzosen zu Fuß auf den Weg nach Süden, fort von den Deutschen. Er kam schließlich in Kontakt mit amerikanischen Flüchtlingshelfern, die Juden und politischen Flüchtlingen halfen, außer Landes zu kommen.[150]

Die Juden unter dem Vichy-Regime und unter deutscher Besatzung in Frankreich, Belgien und den Niederlanden

In den ersten Wochen nach der französischen Kapitulation schien sich für die Juden Frankreichs nichts zu ändern. Nach den Kampfhandlungen und der chaotischen Flucht nach Süden befanden sie sich ungefähr je zur Hälfte in den beiden Zonen, wobei rund 150 000 in Paris konzentriert waren, darunter 60 000 im Ausland geborene. Léon Poliakov, der mit seinen Eltern nach dem Ersten Weltkrieg aus Russland nach Paris gekommen war und später als Historiker Bahnbrechendes leisten sollte, schrieb in seinen Erinnerungen: »Das Leben in Paris schien normal zu sein. Man war nicht einmal für die Juden beunruhigt. Die Deutschen verhielten sich ›korrekt‹; es gab weder Massaker noch Pogrome.« Tatsächlich bemühte sich die Militärverwaltung, antijüdische Übergriffe sowohl der eigenen Leute als auch von Franzosen, die den Juden die Schuld an der Niederlage gaben, zu verhindern.[151]

Für einen Juden wie Poliakov, der bereits durch Krieg und Revolution entwurzelt worden war, hatte der Begriff »Normalität« nur relativen Charakter. Raymond-Raoul Lambert, dessen Vorfahren seit Generationen in Frankreich lebten, suchte in dem auf die Kapitulation folgenden Chaos nach Orientierung. Er hatte als Reserveoffizier in einer Einheit der Kolonialtruppen gedient und sich dann nach Nîmes durchgeschlagen. Anfang Juli begann er, wie schon während des Ersten Weltkriegs, ein Tagebuch zu führen, um die Geschehnisse zu begreifen. »Nach den letzten vier Wochen, in denen die tragischsten Ereignisse unserer Geschichte und für mich die schrecklichsten Ängste, die ich jemals hatte, eingetreten sind, versuche ich mein geistiges Gleichgewicht wiederzuerlangen.« Um sich von der Katastrophe zu erholen, benötige Frankreich eine »spirituelle Reformation«.[152]

In diesem Punkt hätten ihm die Vertreter des Vichy-Regimes zugestimmt, doch Lambert musste entsetzt feststellen, dass sie die Juden als Hauptursache für die innere Fäulnis ansahen. Binnen weniger Tage nach seinem Machtantritt begann das neue Regime antijüdische Verordnungen zu erlassen. Am 13. Juli verfügte es, dass nur Personen französischer Abstammung im Staatsapparat arbeiten durften. Einige Tage später wurden Anstellungen im öffentlichen Dienst und das Recht, als Arzt zu praktizieren, auf gebürtige Franzosen beschränkt. Am 22. Juli verloren Ausländer, die nach 1926 eingebürgert worden waren, ihre Staatsbürgerschaft. Diese Bestimmung, die rund 6000 Juden betraf, galt auch für Kriegsveteranen und Familien, die Angehörige im Dienst für das Vaterland verloren hatten. Am Tag darauf wurde allen, die im Ausland geboren und aus Frankreich geflohen waren, die Staatsbürgerschaft aberkannt, ihr Besitz konfisziert. Im August wurde das Gesetz über die Pressefreiheit aufgehoben, das für die Dritte Republik eine enorme symbolische und praktische Bedeutung gehabt hatte. Es schützte Angehörige von religiösen und ethnischen Minderheiten vor Verleumdungen in den Medien. Durch seine Aufhebung war der Weg frei für ungezügelte verbale Angriffe auf Juden. Am 3. Oktober schließlich führte das Vichy-Regime ein Regelwerk ein, das die Stellung der Juden im neuen Frankreich festlegte, das *Statut des Juifs*. Die in ihm enthaltene Definition der Zugehörigkeit zum Judentum war strenger als diejenige der Nürnberger Gesetze. Juden wurden von öffentlichen Ämtern und verschiedenen freien Berufen und Tätigkeiten im Kulturleben ausgeschlossen. Sie konnten zwar in der Armee dienen, aber nicht aufsteigen. Darüber hinaus zog das Vichy-Regime am 7. Oktober ein weiteres symbolträchtiges Gesetz zurück, das im Oktober 1870 verabschiedete Crémieux-Gesetz, das den Juden in Algerien die volle Staatsbürgerschaft gewährt hatte. Damit verloren 117 000 Juden ihre Bürgerrechte.[153]

Diese Flut von Verordnungen kam überwiegend aus dem Justizministerium unter Raphaël Alibert. Sie war nicht auf deutschen Druck oder auch nur Anstoß zurückzuführen. Im Gegenteil, bis zum Oktober 1940 beschränkte sich die Einmischung der deutschen Militärverwaltung in jüdische Angelegenheiten, wie Michael Marrus und Robert Paxton schreiben, auf »unsystematische Propagandakampagnen und Grenzkontrollen«. Dagegen nutzten die Vichy-Anhänger die »nationale Revolution«, um die Fortschritte, welche die Juden seit der Dreyfusaffäre, wenn nicht schon seit der Revolution von 1789 in Frankreich erreicht hatten, rückgängig zu machen. Sie rächten sich auf symbolische Weise sowohl an der Volksfrontregierung als auch an den Dreyfus-Unterstützern und demonstrierten an den Juden, welche Art von Erneuerung ihnen vorschwebte. Vichy-Frankreich lehnte die parlamentarische Demokratie ebenso ab wie den Liberalismus, die moderne Kunst, den Kosmopolitismus und natürlich den Marxismus. Verkörpert wurden die von den Juden herbeigeführten Übel in den Augen der französischen Rechten durch Léon Blum, der als Häftling auf seinen Prozess wegen angeblicher Beteiligung an der Zersetzung und Schwächung Frankreichs wartete. In einer in der Pariser Tageszeitung *Le Temps* abgedruckten amtlichen Verlautbarung hieß es:

> Die Regierung hat im Zuge des nationalen Wiederaufbaus ... das Problem der Juden und gewisser Ausländer untersucht, die unsere Gastfreundschaft missbraucht und in erheblichem Ausmaß zur Niederlage beigetragen haben. Von einigen bemerkenswerten Ausnahmen abgesehen, ... war der Einfluss der Juden unleugbar schädlich und letztlich zersetzend. Die Regierung ... respektiert sowohl den einzelnen Juden als auch sein Eigentum. Dennoch wird sie ihm gewisse verantwortliche Aufgaben in Staat, nationaler Wirtschaft und Bildung nicht übertragen. Die Erfahrungen der Vergangenheit haben jedem unparteiischen Geist gezeigt, dass die Juden eine individualistische Tendenz repräsentieren, die in die Anarchie führt.

Andererseits betrachtete Laval den Antisemitismus als nützliche Geste gegenüber den Deutschen. Seine Einstellung scheint von kühler Berechnung bestimmt gewesen zu sein, denn er betrachtete sich allenfalls als Barriere gegen den Aufstieg noch radikalerer antisemitischer Elemente in der französischen Gesellschaft.[154]

Das *Statut des Juifs* erschütterte das Selbstverständnis der französischen Juden. Lambert notierte:

> Es ist also möglich, dass ich in wenigen Tage meiner Staatsbürgerschaft verlustig gehe und meine Söhne, die durch Geburt, Kultur und Glauben Franzosen sind, brutal und grausam aus der französischen Gemeinschaft ausgeschlossen werden ... Ich kann es nicht glauben. Frankreich ist nicht mehr Frankreich. Ich sage mir ständig, dass Deutschland hier die Kontrolle hat, und versuche immer noch dieses Vergehen an einer ganzen Geschichte zu entschuldigen ...

Dennoch weigerte er sich, die Emigration in Erwägung zu ziehen. In seinem Tagebuch überlegte er ein ums andere Mal, ob die Demütigungen, denen man die Juden aussetzte, eine Folge äußerer Zwänge oder Ausdruck genuin französischer Vorurteile waren.

> Die Juden von Frankreich, selbst diejenigen, die für unser Land gestorben sind, sind nie assimiliert worden. Der Rassismus ist zum Gesetz des neuen Staates geworden. Welch grenzenlose Schande! … Alle meine Illusionen zerfallen um mich herum … Ich werde dieses Land, für das ich mein Leben riskiert habe, niemals verlassen. Aber können meine Söhne hier leben, wenn ihnen verwehrt wird, frei zu wählen, welche Laufbahn sie einschlagen wollen?

Als ehemaliger Offizier hatte Lambert ein Gespür für die militärische Lage, und er sah zwei mögliche Ergebnisse: einen anglo-amerikanischen Sieg über Deutschland oder eine lange, hundertjährige Nacht, in der die Juden leben würden wie einst im Mittelalter.[155]

Trotz allem bemerkte Jacques Adler, ein Einwandererkind und künftiger Historiker, dass das Alltagsleben für Juden in Paris »wieder eine Normalität annahm, die der Zeit vor dem Exodus ähnelte«. Manche der in den Süden geflohenen Juden kehrten in die Hauptstadt zurück. An den hohen Feiertagen waren die Synagogen gut besucht. In die Cafés und das Gemeindeleben kehrte wieder der Alltag ein. Man sammelte Geld für wohltätige Zwecke und half denjenigen, die ohne Arbeit und Obdach waren. Für einige Monate hatte es den Anschein, als wäre das Schlimmste überstanden.[156]

Paradoxerweise war die Lage der Flüchtlinge in der unbesetzten Zone schlechter, besonders natürlich diejenige der Internierten. Im Mai und Juni 1940 flüchteten Tausende von französischen und ausländischen Juden, unter ihnen Léon Poliakov und Irène Némirovsky, vor den Deutschen. Ausländische Juden hatten häufig keine Papiere, entschlossen sich aber eher zur Flucht als französische Juden, die zwar die nötigen Dokumente besaßen, aber an ihrem Zuhause und ihrem Heimatland hingen. Schätzungsweise 20 000 gelangten legal oder illegal über die französischen Grenzen, ehe die Deutschen sie abriegelten. Viele saßen obdachlos und ohne Verdienstmöglichkeiten im Süden fest. Vor dem Hintergrund der unter dem Chaos leidenden Wirtschaft, der Arbeitslosigkeit und Versorgungsengpässe stießen die Fremden bei der lokalen Bevölkerung im Allgemeinen auf Ablehnung. Außerdem traf sie die Rationierung von Lebensmitteln besonders hart, da sie weder einen ständigen Wohnsitz nachweisen noch die nötigen Ausweispapiere besaßen, um Lebensmittelkarten zu erhalten.[157]

Die Zahl der Internierten schwoll weiter an, nachdem die Vichy-Regierung am 4. Oktober 1940 verfügt hatte, alle »im Ausland geborenen Bürger jüdischer Rasse« zu verhaften. Hinzu kamen gegen Ende jenes Monats die Opfer der Vertreibungen aus Südwestdeutschland. Obwohl viele der Verhaftung entgingen, wurden 34 000 ausländische Juden in Lager gesperrt. Besonders schlimm waren die Bedingungen in Rivesaltes und Gurs, wo 1940/41 etwa 3000 Juden starben. Zum Teil wegen dieser hohen Sterblichkeit ernannte das Vichy-Regime einen zivilen Inspektor, der die Zustände in den Lagern untersuchen sollte. Sein Urteil fiel derart vernichtend aus, dass die Behörden Hilfsorganisationen den Zutritt gestatteten und mit selektiven Entlassungen begannen, so dass ein Jahr später nur noch 17 500 Personen in den Lagern saßen, 60 Prozent von ihnen Juden. Tausende wurden in Arbeitsbataillone entlassen, und 12 000 Internierte konnten mit Unterstützung jüdischer und internationaler Hilfsorganisationen emigrieren. Im Lager Les Milles in Aix-en-Provence, in dem die Vichy-Behörden diejenigen Internierten konzentrierten, die gute Aussichten auf eine legale Auswanderung hatten, war HICEM sogar mit eigenen Mitarbeitern vor Ort. Von den gut 6500 Juden, die am 22. und 23. Oktober 1940 aus Baden und der Saarpfalz in die Freie Zone abgeschoben worden waren, wanderten annähernd 2000 aus, während fast 3000 in den Arbeitsdienst entlassen wurden. Zwölf Prozent verstarben jedoch in Gurs. Bis zum Jahresende setzten die Juden im Norden und Süden mit starker Unterstützung des Joint Hilfsprogramme in Gang, und im Januar 1941 wurde ein Komitee gebildet, um die von zahlreichen jüdischen Organisationen geleistete Hilfe effektiver zu koordinieren.[158]

Im Norden nahm die deutsche Besatzungsverwaltung Gestalt an. Sie bestand aus einer verwirrenden Vielzahl von Dienststellen, die alle die Zuständigkeit für bestimmte Aspekte des jüdischen Lebens beanspruchten. An der Spitze der Militäradministration stand der Militärbefehlshaber Frankreich (MBF) Otto von Stülpnagel, dessen Verwaltungsabteilung der vormalige Personal- und Verwaltungschef des RSHA Werner Best leitete. Im August 1940 ernannte Ribbentrop Otto Abetz zum Botschafter in Frankreich; zu dessen Mitarbeitern gehörte auch ein Judenreferent, ab April 1941 in Person von Carltheo Zeitschel. Obwohl die Wehrmacht darauf bestand, die Kontrolle über

Sicherheitsfragen zu behalten, gelang es Heydrich, den hohen SS-Offizier Helmut Knochen mit einem kleinen Sipo-Kontingent in Paris zu installieren, gewissermaßen als trojanisches Pferd, mit dem für Judenangelegenheiten zuständige Gestapo-Männer wie Kurt Lischka und Herbert Hagen nach Frankreich gelangten. Schließlich schickte Eichmann einen seiner engsten Mitarbeiter, den ehrgeizigen, hyperaktiven Theodor Dannecker, in die französische Hauptstadt, um dort eine Filiale des mittlerweile in IV B 4 umbenannten RSHA-Judenreferats aufzubauen. Daneben trieb Görings Wirtschaftsbehörde die Übernahme jüdischer Unternehmen voran, während ein Alfred Rosenberg unterstehender Einsatzstab die Sammlungen jüdischer Kunsthändler und -liebhaber plünderte. Schließlich befasste sich eine Waffenstillstandskommission unter anderem auch mit dem Schicksal von deutschen politischen Emigranten in Frankreich.[159]

Während des Sommers durchkämmte eine Kommission unter Leitung von Ernst Kundt von der deutschen Botschaft die Internierungslager auf der Suche nach von der Gestapo gesuchten Personen. An der Masse der deutschen und österreichischen Flüchtlinge, also den Juden, war die Kundt-Kommission nicht interessiert. Tatsächlich unternahm das Auswärtige Amt alles in seiner Macht Stehende, um deren Emigration zu fördern. Dem standen jedoch enorme Hindernisse entgegen. Die Juden waren in der Regel alt und mittellos. Darüber hinaus fehlten Zielorte. Mit viel Mühe konnte HICEM zwischen Juli 1940 und Mai 1941 1400 deutschen Juden zur Emigration verhelfen. Admiral François Darlan, seit Dezember 1940 als Nachfolger Lavals Regierungschef, schob aus eigener Initiative 2000 bis 3000 Flüchtlinge nach Nordafrika ab.[160]

Auch der MBF überging die »Judenfrage« keineswegs. Seine erste Maßnahme bestand darin, in den Süden geflohenen Juden die Rückkehr in die besetzte Zone zu verwehren. Ende September 1940 befahl er eine Zählung der Juden in der besetzten Zone und die Registrierung ihrer Adresse und Beschäftigung. Die Ausweise sowohl von französischen als auch von ausländischen Juden wurden mit dem Wort »Juif« markiert. Während die Militärverwaltung die wilden Plünderungen von Geschäften in jüdischem Besitz beendete, verlangte sie andererseits deren Kennzeichnung. Für das Militär lag die Priorität darin, dem Reich die ökonomischen Werte der Juden zu sichern. Deshalb ordnete der MBF am 16. Oktober 1940 an, in Vorbereitung der

Enteignung die jüdischen Unternehmen in der besetzten Zone zu registrieren. Das Vichy-Regime geriet in Panik und bildete in aller Eile den Service de contrôle des administrateurs provisoires, der in *beiden* Zonen des Landes ein eigenes Arisierungsprogramm in Gang setzen sollte. Innerhalb eines Jahres wurden 15 000 Betriebe übernommen und 2800 französische Verwalter ernannt. Für die jüdischen Besitzer bedeutete die Enteignung den Ruin und die Gefahr, als Arbeitslose zur Zwangsarbeit herangezogen zu werden.[161]

Das Verhältnis zwischen den für die Judenpolitik zuständigen Zentralbehörden im Reich und dem MBF war schwierig. Zwischen August und November 1940 bereitete Berlin die Deportation von Juden aus der besetzten Zone nach Madagaskar vor. Botschafter Abetz verstand Hitlers Absichten für die besetzten Länder so, dass er »nach dem Kriege sämtliche Juden aus Europa zu evakuieren« beabsichtige. Nach seiner Ankunft in Paris forderte er den MBF auf, sich auf Abschiebungen vorzubereiten und Juden nicht aus der besetzten Zone ausreisen zu lassen. Gleichzeitig drängte Best, dem Vorbild des Reichs folgend, auf die Registrierung der Juden und ihre Absonderung von der übrigen Gesellschaft. Im Herbst, als sich die Aussicht auf eine Abschiebung zerschlagen hatte, begann man sich mit der längerfristigen Regelung der jüdischen Angelegenheiten zu beschäftigen. In diesem Umfeld ordnete Stülpnagel im September und Oktober die Zählung und Registrierung der Juden sowie der jüdischen Firmen an. Gleichzeitig drängte Knochens Sipo-Truppe darauf, eine zentrale Vertretung der Juden zu gründen, die es ermöglichen würde, die Juden nach dem Vorbild der Reichsvereinigung und der Judenräte in Polen zu kontrollieren und auszubeuten. Anfang 1941 forderte Dannecker das Vichy-Regime auf, eine einzige für jüdische Angelegenheiten zuständige Behörde zu schaffen. Im März gab Darlan dem unablässigen Druck nach und veranlasste den Aufbau eines Generalkommissariats für Judenfragen (Commissariat général aux questions juives, CGQJ),[162] doch stellte Darlan mit Xavier Vallat einen kriegsversehrten Deutschenhasser und Antisemiten an dessen Spitze. Die Vichy-Regierung wollte den Besatzer besänftigen und Übereinstimmung in der Judenfrage demonstrieren, hatte aber nicht die Absicht, die Deutschen das Schicksal von Franzosen beeinflussen zu lassen, selbst wenn diese jüdisch und Bürger zweiter Klasse waren.

Für Vichy-Frankreich war das Schicksal der Juden ein Streitpunkt im Kampf um Souveränität und Vermögenswerte. Anfang April 1941 trafen Best und Stülpnagel mit CGQJ-Chef Vallat zusammen, um ihm ihre Erwartungen darzulegen. Sie forderten die Ausweisung von Juden aus der besetzten Zone und die Internierung »unerwünschter« Juden. Außerdem verlangten sie die Ausweitung der in der Freien Zone eingeführten diskriminierenden Gesetze auf den Norden. Ersteres wies Vallat zurück, da er nicht wollte, dass noch mehr Juden in den Süden kamen. Erfreut nahm er dagegen zur Kenntnis, dass die Deutschen die Gesetzgebung des Vichy-Regimes anerkennen wollten, und schlug vor, ein neues Maßnahmenbündel auszuarbeiten, das in beiden Zonen umgesetzt werden sollte – als französische Lösung der Judenfrage. Ehrgeiz, Habgier und Deutschenfeindlichkeit führten also dazu, dass am 2. Juni 1941 ein zweites Judenstatut erlassen wurde. Die Neufassung enthielt eine streng rassische Definition des Begriffs »Jude« sowie eine Reihe drakonischer Ausgrenzungsbestimmungen, die Juden aus nahezu jeder beruflichen Nische vertrieben. Ferner verfügte es eine Registrierung der Juden und ihres Vermögens in der Freien Zone. Für die Juden war dies eine erschreckende Wendung, da sie diesmal nicht den Besatzern die Schuld geben konnten. Vallat nahm eine Reihe von Ausnahmen in das Statut auf: für alte französisch-jüdische Familien; Juden, die dem Land besondere Dienste geleistet hatten; Kriegsveteranen; die nächsten Verwandten von Männern, die für Frankreich ihr Leben gelassen hatten. Und doch drängte das zweite Judenstatut alle Juden an den Rand der Gesellschaft.[163]

Angesichts der Aversion des Vichy-Regimes gegen ausländische Juden war es eine Ironie, dass die neuen Bestimmungen jene am schwersten trafen, die seit langem französische Staatsbürger waren, unter ihnen viele Beamte, Freiberufler, Hausbesitzer und Geschäftsinhaber. Die Einwanderer, denen man ihre kümmerlichen Geschäfte beließ, berührte diese erste Ausschlusswelle kaum. Bei manchen wurde der Schlag der Entlassung durch Renten und Pensionen abgemildert. Nicht wenige begannen in langwierigen Streitigkeiten um eine Ausnahme zu kämpfen; 215 Beamte konnten bis Mitte 1942 auf ihren Posten bleiben. Die Ausweitung der Arisierung auf die unbesetzte Zone hatte ebenso verheerende Folgen, doch die Juden passten sich an. Die einen nutzten Schlupflöcher, um ihre Geschäfte zu behalten oder ein Einkommen aus ihnen zu erzielen. Andere fanden, manchmal mit Hilfe jüdischer Hilfsorganisationen, eine neue Arbeit. Im Norden verteilte das halbgeheime Amelot-Komitee Hilfsgüter an arbeitslose und verarmte Juden. Im Süden erfüllte das Nîmes-Komitee diese Aufgabe. Auch Lambert war jetzt als Helfer im Süden tätig, fand aber weiterhin die Zeit, in seinem Tagebuch darüber nachzugrübeln, wer für die zunehmend prekäre Lage der Juden in Frankreich verantwortlich war. Er gab dem deutschen Einfluss und der Verdorbenheit der Presse die Schuld, glaubte aber auch, dass die Juden selbst ihren Teil beigetragen hätten. So beklagte er in seinem Tagebuch »[g]ewisse Tatsachen, die leider den modernen Rassismus zu rechtfertigen scheinen«, unter anderem »zu viele Juden in Presse, Film, Banken, Politik und, es muss gesagt werden, ihre angeborene Maßlosigkeit«.[164]

In Belgien war die Stellung der Militärverwaltung sogar noch stärker als im besetzten Teil Frankreichs, und die Einflussnahme der SS konnte noch erfolgreicher abgewehrt werden. Militärbefehlshaber Alexander von Falkenhausen hatte es sich zum Ziel gesetzt, für größtmögliche Ruhe zu sorgen. In den ersten Wochen seiner Verwaltung rechnete er damit, dass die Juden evakuiert werden würden. Es gab also keinen Grund zu hektischer Aktivität in diesem Bereich. Am Vorabend des Krieges hatten in Belgien 70 000 bis 75 000 Juden gelebt, von denen anschließend jedoch Tausende nach Frankreich geflohen und einige nach Großbritannien entkommen waren. Von den verbliebenen 65 000 Juden besaßen nur zehn Prozent die belgische Staatsbürgerschaft. Die große Mehrheit war in jüngster Zeit eingewandert, hauptsächlich aus Polen. Etwas mehr als die Hälfte der Juden, von der wiederum die Hälfte Polen waren, lebte in Antwerpen. Ihren Lebensunterhalt verdienten sie mit kleinen Geschäften und Werkstätten, insbesondere in der Textil- und Lederwarenbranche, sowie mit dem Diamantenhandel. Die übrigen Juden lebten überwiegend in Brüssel, wo ebenfalls rund 50 Prozent der jüdischen Bevölkerung polnischer Herkunft waren. Diese osteuropäischen Juden besaßen ein engmaschiges Netzwerk aus Kultur- und Fürsorgeorganisationen, die es ihnen ermöglichten, mit den schließlich verhängten antijüdischen Maßnahmen zurechtzukommen.[165]

Am 28. Oktober 1940 veröffentlichte die Militärverwaltung ein Judenstatut, das die Juden verpflichtete, sich registrieren zu lassen, und sie denselben Restriktionen unterwarf wie die Juden im besetzten Frankreich. Bis zum Jahresende wurden Juden aus dem öffentlichen Dienst, den freien Berufen und Kultureinrichtungen ausgeschlossen.

In den folgenden anderthalb Jahren kam praktisch jeden Monat ein neuer oder ergänzender Erlass hinzu. Juden wurden auf die Wohnorte Brüssel, Antwerpen, Charleroi und Lüttich beschränkt, einer Ausgangssperre unterworfen und vom Besuch von Sport- und Freizeiteinrichtungen ausgeschlossen, ihre Kinder wurden aus den Schulen entfernt. Unter Falkenhausen wurde auch eine gemäßigte, vor allem auf kleinere Betriebe gerichtete Arisierung durchgeführt. Trotz alledem ging das Leben für die meisten Juden in Belgien, die es gewohnt waren, staatliche Anordnungen zu umgehen, in vieler Hinsicht weiter wie bisher.[166]

In den Niederlanden lebten rund 140 000 Juden, darunter etwa 14 000 Flüchtlinge aus Deutschland und 7000 aus anderen Ländern. Die Juden blickten auf eine lange, bedeutsame Geschichte in den Niederlanden zurück, die ihnen als eines der ersten europäischen Länder die freie Religionsausübung gewährt und ihnen gestattet hatten, nach eigenem Gutdünken zu leben und zu arbeiten. Doch sosehr sich die Juden auch in die Gesellschaft eingefügt hatten, bildeten sie doch nach wie vor eine an Religion und Berufsstruktur unterscheidbare Bevölkerungsgruppe. Fast 60 Prozent von ihnen lebten in Amsterdam und jeweils 10 000 in Den Haag und Rotterdam. Die übrigen rund 25 Prozent lebten verstreut in Kleinstädten und Landgemeinden. In ihren Wohnorten konzentrierten sie sich in der Regel in bestimmten Vierteln und Straßen. Außerdem waren sie nur auf wenigen Berufsfeldern vertreten, eine Elite in Bank- und Finanzwesen und die große Masse in der Textilproduktion, in Groß- und Einzelhandel sowie in der Diamantenbranche. Da das politische System der Niederlande an Konfession und Klassenzugehörigkeit ausgerichtet war, fanden sich kaum Juden in Regierung und Staatsapparat.[167]

Das deutsche Besatzungsregime in den Niederlanden unterschied sich erheblich von demjenigen in Frankreich und Belgien, mit gravierenden Auswirkungen auf Tempo und Art der antijüdischen Politik. Hitler ordnete unmittelbar nach der Eroberung des Landes an, es unter eine Zivilverwaltung zu stellen, und ernannte am 29. Mai 1940 den nationalsozialistischen Hardliner Seyß-Inquart zum Reichskommissar, der seinerseits zuverlässigen Nationalsozialisten administrative Schlüsselbereiche anvertraute: Friedrich Wimmer Verwaltung und Justiz, Hans Fischböck Wirtschaft und Finanzen, Hanns Albin Rauter das »Sicherheitswesen« sowie Fritz Schmidt Propaganda und politische Angelegenheiten. Rauter nahm zudem den Posten des HSSPF ein, als der er die Interessen Himmlers und des RSHA vertrat. Dieses Team traf sich wöchentlich zu Besprechungen mit Seyß-Inquart, an denen auch Vertreter des Auswärtigen Amts sowie von Sipo und Nachrichtendiensten teilnahmen. Im März 1941 wurde Wilhelm Harster BdS in den Niederlanden, der ebenfalls Himmler und Heydrich direkt unterstand. Infolge dieser Konstruktion gab es zwischen Berlin und den Herren des Besatzungsregimes in Den Haag und Amsterdam keinen Puffer, was es paradoxerweise Eichmanns Vertreter in den Niederlanden, Wilhelm Zoepf, erschwerte, sich in Szene zu setzen. Schaltstelle der antijüdischen Politik und der Kontrolle der jüdischen Angelegenheiten war die unter Harsters Oberaufsicht geschaffene Zentralstelle für jüdische Auswanderung. An ihrer Spitze stand nominell Willy Lages, doch den Alltagsbetrieb leitete SS-Hauptsturmführer Ferdinand aus der Fünten.[168]

Die routinemäßige Verwaltungsarbeit überließen die Deutschen den Apparaten der niederländischen Ministerien unter deren Leitern, den Generalsekretären. Koordiniert wurde ihre Arbeit von Karel Frederiks, dem ranghöchsten Beamten unter ihnen, der das Innenministerium leitete. Frederiks sah seine Aufgabe darin, das vorhandene Personal in Zentralregierung, Provinz- und Kommunalbehörden zu halten, um den Aufstieg holländischer Nationalsozialisten zu blockieren und deutsche Ernennungen zu verhindern. Daneben ging es ihm darum, die öffentliche Ordnung aufrechtzuerhalten, die Wirtschaft wieder anzukurbeln und die Lebensmittelversorgung sicherzustellen. Um diese Ziele zu erreichen, war er zu Kompromissen mit den Deutschen bereit. Ganz gewiss war er nicht willens, für die kleine jüdische Minderheit seine Autorität oder diejenige von Provinzgouverneuren und Bürgermeistern aufs Spiel zu setzen.[169]

Zusätzlich untergraben wurde die Bereitschaft niederländischer Beamter, die Rechte ihrer jüdischen Mitbürger zu verteidigen, durch das schrittweise Vorgehen der Besatzer. Am 2. Juli wurden Juden auf deutsche Anordnung vom Luftschutzdienst ausgeschlossen; am Monatsende wurde das Schächten verboten. Beide Maßnahmen schienen nicht übermäßig bedrückend zu sein. Ende August wiesen die Deutschen Frederiks und seine Kollegen jedoch an, von allen Beamten einen Nachweis ihrer »arischen« Herkunft zu verlangen. Die Generalsekretäre schluckten auch dies. Nur einige Universitätsrepräsentanten und Kirchenführer legten Widerspruch ein. Sie sahen voraus, wohin diese Politik führen würde. Am 4. November 1940 erhielten die Generalsekretäre von Wimmer die Anweisung, alle nichtarischen Beamten zu entlassen. Nach einer erregten Debatte gaben sie klein bei. Als Geste des Widerstands willigten sie allerdings lediglich ein, die Juden zu suspendieren. Doch dies schob deren endgültige Demütigung nur bis zum März 1941 hinaus.[170]

Ob es sich nun um eine wohlüberlegte Strategie handelte oder nur um das Ergebnis mangelnder Vorbereitung – durch ihr schrittweises Vorgehen erweckten die Deutschen unter den holländischen Juden den Eindruck, als ob sich kaum etwas ändern würde und es wenig Grund zur Beunruhigung gäbe. Doch dann, Anfang 1941, veränderte sich die Situation schlagartig. Am 6. Januar ordneten die Deutschen die Registrierung aller Juden in den Niederlanden an. Ausgeführt wurde diese arbeitsintensive Aufgabe durch den gefügigen niederländischen Staatsapparat. Die Zählung – danach lebten in den Niederlanden 140 552 »Volljuden«, 14 549 »Halbjuden« und 5719 »Vierteljuden« – diente als Grundlage für die Ausgabe neuer, mit einem J markierter Ausweise. Dass die Juden jetzt auf der Straße identifiziert werden konnten, versetzte die Deutschen in die Lage, in einem nächsten Schritt ihren Ausschluss aus diversen Berufen sowie Sport- und Freizeiteinrichtungen zu verfügen. In jüdischem Besitz befindliche Geschäfte mussten gekennzeichnet werden.[171]

Innerhalb des NS-Regimes wurde heftig darüber diskutiert, ob die Amsterdamer Juden förmlich ghettoisiert werden sollten, wobei auch die damit zusammenhängende Frage zur Sprache kam, wie jüdische Händler von dem weitläufigen Markt im Zentrum der Stadt ausgeschlossen werden konnten. Eine gewisse Dringlichkeit erhielten beide Fragen durch regelmäßige Zusammenstöße zwischen Juden und holländischen Nationalsozialisten sowie gelegentlich auch deutschen Soldaten, die auf dem Markt ihr Mütchen kühlten. Am 12. Februar ließ Hans Böhmcker, Seyß-Inquarts Beauftragter für Amsterdam und ein Befürworter der Ghettoisierung, die niederländische Polizei unter dem Vorwand, es stelle eine Gefahr für die öffentliche Ordnung dar, das jüdische Viertel abriegeln. Gleichzeitig bestellte er den aschkenasischen und den sephardischen Oberrabbiner sowie Abraham Asscher, den Ratsvorsitzenden der jüdischen Gemeinde und Leiter der wichtigsten jüdischen Flüchtlingshilfsorganisation in Amsterdam, zu sich, um ihnen die Gründe für die Abriegelung zu erläutern. Außerdem wies er sie mit Blick auf künftige Maßnahmen an, als Vermittler und ausführendes Organ einen Judenrat zu bilden, den Joodse Raad. Asscher sagte die Bildung des Rats zu, aber die beiden Oberrabbiner legten ihre Ämter nieder, und mehrere andere Kandidaten lehnten eine Mitarbeit ab. Auch der einzige Vertreter der jüdischen Arbeiterschaft zog sich rasch wieder zurück, so dass eine überwiegend großbürgerliche Gruppe übrigblieb. Dennoch hatte Asscher bis zum Abend eine seriöse Vertretung zusammen, mit dem Althistoriker David Cohen, der schon in der Flüchtlingshilfe seit einigen Jahren mit ihm zusammenarbeitete, als Kovorsitzendem. Am nächsten Vormittag trat der Joodse Raad zum ersten Mal zusammen und erklärte, dass er eine »vornehmlich ausführende und vermittelnde Aufgabe« habe, »für die weiterzugebenden Anordnungen aber keine Verantwortung« trage; genauso wenig könne er »Befehle akzeptieren, die für die Juden entehrend« seien. Asscher und Cohen stellten den Rat am selben Abend auf einer Massenversammlung den Amsterdamer Juden vor. Die Deutschen gaben den unüberlegten Versuch, ein Ghetto einzurichten, nach wenigen Tagen auf, doch der Judenrat blieb bestehen.[172]

Als wollten sie hervorheben, wie unausgegoren die deutschen Entscheidungen und Handlungen waren, drangsalierten niederländische Nationalsozialisten weiterhin jüdische Händler, worauf junge Juden nach wie vor mit gleicher Münze antworteten. Am 19. Februar entbrannte in einem Eiscafé ein Handgemenge, aus dem die Nationalsozialisten als Verlierer hervorgingen. Diesmal reagierten die Deutschen mit einer großangelegten Razzia der Orpo im jüdischen Viertel, bei der 400 überwiegend junge Juden als Geiseln genommen wurden. Dies geschah am helllichten Tag und mit einer Brutalität, welche die jüdische Gemeinde und sämtliche Amsterdamer erschreckte. Kommunistisch geführte niederländische Gewerkschaften, die sich eine Zeitlang zurückgehalten hatten, rührten sich wieder, erhoben wirtschaftliche Forderungen, in die auch ihre Empörung über die Deutschen einfloss, und riefen zum Streik auf. Am 25. Februar weitete sich der Streik auf die ganze Stadt aus und legte den öffentlichen Dienst, die Docks und die Straßenbahn lahm. In den nächsten beiden Tagen gingen Orpo- und SS-Einheiten gegen die Streikenden vor und brachen ihren Widerstand; es gab sieben Tote und viele Verletzte. Trotz der Opfer hatte der Streik nichts für die Juden erreicht. Am 27. Februar wurden 389 Geiseln nach Buchenwald deportiert. Einige Zeit darauf wurden 340 von ihnen nach Mauthausen verlegt, binnen weniger Monate waren sie alle tot.[173]

Der Generalstreik war eine mutige Tat, hatte aber tragische Folgen. Auch wenn die Sympathie für ihre jüdischen Mitbürger nicht nachließ, wurden die gewöhnlichen Niederländer von der Repression, die das Aufbegehren ausgelöst hatte, gelähmt. Zudem vermittelte die Tatsache, dass Geiseln nach Deutschland in Konzentrationslager geschickt wurden, den Eindruck, dass künftige Deportationen ähnliche Bestimmungsorte haben würden. Wie schlimm es dort auch sein mochte – man war doch überzeugt, dass man ein Konzentrationslager überleben konnte. Insofern verfälschte der Streik vom Februar 1941 das Bild, das die Holländer sich vom Schicksal der Juden machten, und, wichtiger noch, er schwächte ihr Vermögen, diesem etwas entgegenzusetzen.[174]

Strategische Dilemmas der Deutschen und die Judenpolitik in Polen

Noch die schlimmsten Erfahrungen der in Westeuropa unter deutsche Herrschaft geratenen Juden waren nichts im Vergleich mit den Schrecken, welche die Juden zwischen Juni 1940 und Juni 1941 im deutsch besetzten Polen erlebten. Während der Schlacht um Frankreich verfolgten die polnischen Juden aufmerksam die Nachrichten. Ihnen war klar, dass ihre Zukunft von ihrem Ausgang abhing. Die Stimmung in Warschau stieg und sank mit jeder neuen Verlautbarung. »Trübsal nach der Niederlage Norwegens«, hielt Emanuel Ringelblum fest. »Unsere Stimmung ist im Keller.« Als die Deutschen die französische Front an der Maas durchbrachen, schrieb er: »Die Bevölkerung ist von tiefer Niedergeschlagenheit erfasst.« Chaim Kaplan hatte, ungeachtet seiner Wut über die britische Haltung zur Einwanderung nach Palästina, darüber gejubelt, dass die Briten den Kampf annahmen. Doch seine Freude verwandelte sich bald in Trübsinn: »Jeder militärische Sieg der Nazis … stürzt uns in Trauer.« Nach dem Fall von Paris notierte er: »Überall … weint und klagt man.« Mit gewohntem Scharfsinn überlegte Kaplan, dass es für die Juden vielleicht besser wäre, wenn die Deutschen den

Krieg schnell gewannen. Der Kriegseintritt Italiens war ein schwerer Schlag für alle, die noch eine Chance zur Emigration hatten, denn er bedeutete, dass die italienischen Häfen ihnen jetzt verschlossen waren. Mary Bergs Mutter unternahm eine verzweifelte Reise nach Berlin, um einen Weg aus Europa heraus zu finden, aber es war zu spät.[175]

Die immer erbärmlicheren Verhältnisse, in denen die Juden ausharren mussten, waren jedoch nicht einfach eine Folge des Rassenantisemitismus oder das Ergebnis eines gezielten politischen Plans. Vielmehr ergaben sie sich aus der Tatsache, dass sich Hitler im Herbst 1940 in einer strategischen Sackgasse befand. Die Politik gegenüber den Juden folgte aus einer Reihe von Fehlschlägen bei dem Versuch, sie irgendwie aus den deutschen Kerngebieten sowie der Einflusssphäre des Reichs zu entfernen, und diese Fehlschläge hingen direkt mit dem Kriegsverlauf und der »unbewusste[n] Unfähigkeit« der deutschen Militärführung zusammen.[176]

Ende Juli 1940 versammelte Hitler seine leitenden Militärs auf dem Obersalzberg. Er erwog immer noch eine Invasion Großbritanniens, dachte inzwischen aber auch über Alternativen nach. Die Mittelmeeroption umfasste die Eroberung von Gibraltar und im Zusammenwirken mit Mussolinis Truppen in Libyen einen Vorstoß zum Suezkanal. Durch eine Blockade eingeschnürt und von seinem Empire abgeschnitten, wäre Großbritannien zur Kapitulation gezwungen. Dieser Plan bedurfte allerdings der Duldung durch Spanien und der Unterstützung Vichy-Frankreichs, das immer noch über beträchtliche Marineverbände verfügte. Die kontinentale Option beruhte auf Hitlers Überzeugung, dass Großbritannien den Kampf fortsetzte, weil es hoffte, dass Washington in den Krieg einsteigen oder Moskau das Bündnis mit Deutschland brechen und es angreifen würde. Er glaubte, dass ein siegreicher Angriff auf die Sowjetunion diese Hoffnung zunichtemachte. Außerdem wäre Japan dann frei für einen Angriff auf Amerika, durch den Großbritannien seinen transatlantischen Helfer verlöre. Man stimmte darin überein, dass alles auf ein entscheidendes Kräftemessen Deutschlands mit der Sowjetunion und den Vereinigten Staaten hinauslief. In den folgenden Monaten erkundete Hitler all diese Perspektiven.[177]

Er wurde ein ums andere Mal enttäuscht. Franco widerstrebte es, Spanien in den Krieg zu führen, es sei denn zu einem exorbitanten Preis: Brennstoff, Waffen und französische Kolonien in Westafrika.

Pétain war ebenso wenig zur Kooperation bereit. Schließlich reiste Hitler nach Florenz, um mit Mussolini zu konferieren, der inzwischen einen unbedachten Angriff auf Griechenland begonnen hatte, so dass sich Hitler zur Annahme einer abgewandelten Version der Mittelmeeroption gezwungen sah, ohne sich jedoch ganz auf sie festzulegen. Kurz darauf kam der sowjetische Außenminister Molotow zu Gesprächen nach Berlin. Es war ein verkrampfter Besuch, begleitet von britischen Luftangriffen, welche die deutschen Gastgeber an ihr Dilemma erinnerten: Großbritannien führte weiterhin Krieg gegen Deutschland, und Deutschland befand sich immer noch in einer heiklen strategischen Lage. Im Juli 1940 besetzte Stalin Bessarabien und die Nordbukowina. Hitler war gezwungen gewesen, diesen Landraub hinzunehmen, als er den Kampf gegen Großbritannien und Frankreich ins Auge gefasst hatte. Nun aber standen sowjetische Truppen in Schlagentfernung zu den rumänischen Erdölfeldern von Ploieşti, der einzigen nennenswerten Ölquelle für das bedrängte Dritte Reich. Im Herbst glaubte Hitler, keine andere Wahl zu haben, als gegen die Sowjetunion vorzugehen. Zum einen musste die Rote Armee zurückgedrängt werden, um die rumänischen Erdölfelder zu sichern, und zum anderen würde Großbritannien durch einen Sieg über die Sowjetunion seinen letzten potentiellen Verbündeten auf dem Kontinent verlieren. Außerdem käme Deutschland in den Besitz unerschöpflicher Bodenschätze, so dass eine Blockade ihm nichts würde anhaben können und es für den Kampf gegen Amerika gerüstet wäre.[178]

Am 17. September 1940 verschob Hitler das Unternehmen Seelöwe; einen Monat später wurde es für unbestimmte Zeit ausgesetzt. Stattdessen wies er Heeresoberbefehlshaber Brauchitsch an, die Pläne für eine Invasion der Sowjetunion zum Mai 1941 auszuarbeiten. In der Weisung Nr. 21 vom 18. Dezember 1940 gab er der Wehrmacht das Ziel vor, »*Sowjetrussland in einem schnellen Feldzug niederzuwerfen* (Fall Barbarossa)«. Ohnehin hatte er stets einen manichäischen Kampf mit dem »jüdischen Bolschewismus« im Sinn gehabt. Durch einen Sieg würde die größte Bedrohung nicht nur für das deutsche Volk, sondern für die gesamte Menschheit beseitigt werden. Darüber hinaus würde das Reich riesige Gebiete gewinnen, in denen Deutsche angesiedelt werden könnten. Und die drängende Frage, was mit den Juden geschehen solle, würde ebenfalls gelöst werden können.[179]

Obwohl das »Unternehmen Barbarossa« streng geheim gehalten

wurde, sickerten Hitlers grundsätzliche Absichten in die NS-Hierarchie durch. Eichmann arbeitete für Himmler an einer Denkschrift über die Fortschritte bei der Lösung der »Judenfrage«. In der endgültigen Fassung vom 4. Dezember 1940 erklärte er, die »Endlösung der Judenfrage« werde durch »Umsiedlung der Juden aus dem europäischen Wirtschaftsraum des deutschen Volkes in ein noch zu bestimmendes Territorium« erreicht. Dannecker verwendete einige Wochen später in einem Schreiben an Eichmann eine ähnliche Formulierung, und Eichmann wiederholte sie im März 1941 auf einer Sitzung im Reichspropagandaministerium. Die etwaige Lage dieses »noch zu bestimmenden Territoriums« geht aus dem Protokoll eines Gesprächs hervor, das Heydrich und Göring über die Zuständigkeiten in den demnächst zu erobernden Ostgebieten führten. Heydrich wollte sicherstellen, dass Rosenberg als frisch ernannter Minister für die besetzten Ostgebiete sich keine Illusionen darüber machte, wer dort in jüdischen Angelegenheiten das Sagen haben würde.[180]

Während in Berlin diese Entscheidungen fielen, änderten Greiser und Frank in der Erwartung, die Juden in ihren Herrschaftsgebieten bald loszuwerden, ihre Politik. Im Juni 1940 hatte Frank den Eindruck gewonnen, dass die im Generalgouvernement lebenden oder dorthin abgeschobenen Juden bald nach Madagaskar verschifft werden würden. Deshalb hatte er die Errichtung eines Ghettos in Warschau abgebrochen: Warum sich die Mühe machen, wenn die Juden gewissermaßen auf gepackten Koffern saßen? Zu seinem Leidwesen platzte der Traum von Madagaskar, und Anfang 1941 schlug Heydrich darüber hinaus vor, eine Million Juden ins Generalgouvernement zu deportieren. Frank dürfte erleichtert gewesen sein, als sich Gestapo-Chef Müller am 15. März 1941 gegen weitere Abschiebungen aussprach. Diesmal lautete die Begründung, dass die Juden nach dem Sieg über die Rote Armee nach Sibirien verbracht werden könnten. In der Zwischenzeit waren Greiser und Frank jedoch gezwungen, sich für die Behandlung einer riesigen verarmten jüdischen Bevölkerung etwas einfallen zu lassen. Die von ihnen ergriffenen improvisierten Maßnahmen sollten verheerende Folgen haben.[181]

Ende Juli 1940 trafen Greiser und sein HSSPF Koppe mit Frank und den Spitzen der SS im Generalgouvernement zusammen. Greiser hätte gern Franks Einwilligung dazu erhalten, die Juden von Lodz ins Generalgouvernement zu deportieren, weil es »ein unmöglicher Zustand wäre, diese im Ghetto zusammengepferchten Juden noch über den Winter hinaus zu behalten«. Koppe fügte hinzu, »dass die Lage hinsichtlich der Juden im Warthegau von Tag zu Tag schlimmer« werde. Man habe der Einrichtung des Ghettos in Lodz nur unter der Voraussetzung zugestimmt, dass die Juden in das aufgegebene Lubliner Reservat abgeschoben werden würden. Doch Frank verweigerte seine Unterstützung. Eine Zeitlang schien Madagaskar einen Ausweg zu bieten, aber im September war auch dies kaum mehr als ein Trugbild. In Ermangelung anderer Möglichkeiten, sich der Juden von Litzmannstadt (Lodz) zu entledigen, griff Greiser auf den von Biebow erprobten Ansatz zurück – eine außergewöhnliche Kehrtwendung. Am 19. September bewilligte die deutsche Stadtverwaltung einen Kredit in Höhe von zwei Millionen Reichsmark, um das Ghetto über Wasser zu halten. Ohne dieses Geld wäre Rumkowski nicht in der Lage gewesen, seine Arbeiter zu ernähren und die Materialien einzukaufen, die seine Werkstätten benötigten. Durch den Kredit wurde eine völlig neue Beziehung zwischen Ghetto und Stadt, Juden und Deutschen geschaffen. Einen Monat später gaben Greiser und Uebelhoer dem Judenältesten zu verstehen, dass er seine Werkstätten vergrößern könne. Rumkowski gründete daraufhin ein »Zentralbüro der Arbeits-Ressorts«, dessen Aufgabe unter anderem darin bestand, die Gerätschaften von jüdischen Gemeinden zu ergattern, die anderswo im Wartheland aufgelöst wurden. Im Lauf des Jahres weitete sich die Produktion im Ghetto auf Unterwäsche, Pelz- und Lederwaren, Holz- und Metallprodukte, Bürsten und Elektrobauteile aus. Obwohl auch Privatunternehmen wie die Wäsche- und Kleiderfabrik Josef Neckermann Betriebe im Ghetto errichteten, kamen die meisten Aufträge von der Wehrmacht. Für sie wurden bis September 1941 im Ghetto zweieinhalb Millionen Kleidungsstücke genäht.[182]

Mehr als 5000 Juden arbeiteten beim allgemein als »Beirat« bekannten Judenrat, einer verzweigten Institution mit Dienststellen für Finanzen (einschließlich Mieteinnahmen), Lebensmittel- und Brennstoffversorgung, Rationierung, Arbeitsvermittlung, Fürsorge, Bildung, Verwaltung und Justiz. Ferner gab es eine Statistikabteilung (die ab Januar 1941 auch eine Chronik der Ereignisse führte), eine Feuerwehr und eine Post. Die Wohnungsabteilung verwaltete den verfügbaren Wohnraum und war für die Unterbringung der aus anderen polnischen Städten und später aus Westeuropa nach Lodz deportierten Juden verantwortlich. Mitarbeiter dieser Dienststellen genossen einige Vergünstigungen: Vor allem waren sie von der Zwangsarbeit außerhalb des Ghettos freigestellt; außerdem arbeiteten sie in geheizten Räumen und erhielten größere Rationen als andere Ghettobewohner. Aber in erster Linie besaßen sie Beziehungen, die einen gewissen Schutz darstellten und vielerlei Gelegenheiten zur persönlichen Bereicherung auf Kosten anderer Juden mit sich brachten.[183]

Eine der wichtigsten Abteilungen der jüdischen »Selbstverwaltung« war der Anfang Mai 1940 geschaffene Ordnungsdienst (OD). Die Aufgabe dieser Ghettopolizei bestand, wie ihr Name besagte, hauptsächlich darin, die Ordnung aufrechtzuerhalten, und weniger in der Verhinderung und Aufklärung von Verbrechen. Rumkowski hatte dies bei der Bekanntgabe der OD-Gründung ausdrücklich betont: »Aufgrund der mir übertragenen Vollmachten habe ich eine Ordnungsdienstwache zum Schutz der jüdischen Bevölkerung und zur Aufrechterhaltung der Ruhe und Ordnung gegründet.« Die Ghettobevölkerung rief er auf, »strengsten Gehorsam zu leisten und deren Anordnungen unbedingt zu befolgen. Entgegenstellungen und Zuwiderhandlungen werden bestraft.« Von den Angehörigen des OD, dessen Stärke bis auf 530 Mann anwachsen sollte, erwartete er, dass sie sich gegenüber den Ghettobewohnern »ruhig und höflich« verhielten.[184]

Rumkowski ging daran, im Ghetto eine Gesellschaft von Gleichen aufzubauen, indem er Arbeit, Einkommen, Rationen, Unterbringung und Fürsorge für alle Ghettobewohner regelte. Er stellte sein Regime demjenigen in Warschau gegenüber, wo Czerniaków einem Laissez-faire-System vorstand, das, wie Rumkowski behauptete, Extreme von Reichtum und Armut hervorbrachte und zu einer hohen Sterblichkeit führte. Tatsächlich förderte auch der Beirat durch Inkompetenz und Korruption Ungleichheit. Nachdem die grauenhaften Bedingungen in den über den Warthegau verstreuten Zwangsarbeitslagern bekannt geworden waren, meldeten sich nur noch vollkommen verzweifelte Männer freiwillig, um die von den Deutschen wöchentlich und manchmal täglich angeforderten Arbeitskräfte zu stellen. Rund 40 Prozent der zur Zwangsarbeit Eingeteilten traten einfach nicht an, und zehn Prozent schickten einen bezahlten Ersatzmann. Dass sich wohlhabende oder gut vernetzte Juden von der Zwangsarbeit freikaufen konnten, rief Unmut hervor und beschädigte den Ruf des Beirats, doch Rumkowski brauchte Einnahmen. Die Zwangsarbeiter wurden so schlecht bezahlt, dass der Beirat ihre Angehörigen mit einer Million Reichsmark unterstützen musste. Deshalb marschierten nur die Ärmsten und Schutzlosesten aus dem Ghetto, um bei Entwässerungsprojekten, beim Eisenbahn- und Straßenbau oder in der Forstwirtschaft zu schuften. Nur wenige der Arbeitslager verfügten über medizinische Einrichtungen, und die Verpflegung war sogar noch schlechter als im Ghetto. Wer sich verletzte oder krank wurde, musste damit rechnen, erschossen zu werden. Kaum einer der 12 000 Männer, die zur Arbeit eingeteilt wurden, kehrte zurück. Schließlich setzte Rumkowski den OD ein, um Männer für die Einsätze auszuheben. Außerdem nutzte er die Zwangsarbeitskolonnen rücksichtslos, um Männer loszuwerden, die er als Unruhestifter betrachtete.[185]

Auch die Lebensmittelversorgung war anfällig für Manipulationen und Ungerechtigkeiten. Im Juni 1940 führte Rumkowski eine Ghettowährung ein, die sogenannten »Mark-Quittungen«, und verbot die Verwendung von Reichsmark und Złoty. Dies sollte es dem Beirat ermöglichen, Löhne, Mieten und Lebensmittelpreise an die Einkünfte des Ghettos anzupassen und Ungleichheiten aufgrund persönlicher Rücklagen zu nivellieren. Zugleich versuchte der Beirat die Einfuhr und den Verbrauch von Lebensmitteln zu steuern. Eine Zeitlang existierte eine Mischwirtschaft aus amtlichen Rationen und lizenzierten Lebensmittelgeschäften in privater Hand, in denen die Ghettobewohner nach ihren Möglichkeiten gegen Geld und Lebensmittelmarken einkaufen konnten, sowie offiziellen Suppenküchen und privaten Restaurants. Leider fehlten vielen die Mittel, um kaufen zu können, was ihnen gemäß dem Rationierungssystem zustand, weshalb fast die Hälfte der Einwohner weniger aß, als ihnen zugestanden hätte. Unterdessen stiegen die Kosten für kostenlose Mahlzeiten für Arme, Schulen und Krankenhäuser steil an. Ende 1940 übernahm der Beirat das gesamte Netzwerk der Lebensmittelbeschaffung und -verteilung. Jetzt mussten die Bewohner für Lebensmittel und Essen bezahlen *und* Lebensmittelkarten käuflich erwerben. Die Versorgungsabteilung betrieb schließlich siebzig Suppenküchen in Mietshäusern und Werkstätten und mehr als ein weiteres Dutzend in Privaträumen. Im Jahr 1940 gab der Beirat über 16 Millionen Reichsmark für Lebensmittel aus.[186]

Doch das war nur die eine Seite der Geschichte. Die Deutschen setzten fest, dass Juden ungefähr die gleiche Menge an Kalorien zustand wie Kriegsgefangenen. In Wirklichkeit trafen die Lebensmittellieferungen nur unregelmäßig ein, und die gelieferten Lebensmittel waren häufig von minderer Qualität. Zudem schuf der Beirat im Ghetto eine Ernährungshierarchie, an deren unterem Ende die nichtarbeitende Bevölkerung stand. Hohe Verwaltungsangestellte, Schwerarbeiter im Dienste des Beirats, zum Beispiel in der Müllentsorgung, sowie Facharbeiter erhielten das meiste. Andere Beiratsmitarbeiter, OD- und Feuerwehrmänner sowie Fabrikarbeiter erhielten eine geringere Grundration, bekamen aber, wenn es sie gab, verschiedene Zuschlage wie Fleisch und Wurst. Außerdem konnten sich Fabrikarbeiter an ihrer Arbeitsstelle warmes Essen kaufen. Kinder bekamen eigens zubereitete billige Mahlzeiten, und Kranken wurde stärkendes Essen verschrieben. Arbeitslose mussten mit der Grundration auskommen, die rund tausend Kilokalorien am Tag entsprach. Wer Arbeit hatte, konnte bestenfalls auf etwa die doppelte Menge hoffen. Da jedoch ein normal arbeitender Mensch, um gesund zu bleiben, pro Tag rund 3000 und fürs Überleben mindestens 2400 Kilokalorien benötigt, hungerten selbst die Privilegiertesten unter den Ghettobewohnern.[187]

Die Folge von Überfüllung, schlechter sanitärer Situation und Unterernährung war eine rasch steigende Sterblichkeit. Laut Statistikabteilung des Beirats starben 1940 6197 Menschen, 1941 11 378 und 1942 18 134. Hauptursachen waren Ruhr, Typhus und Tuberkulose, die man unter normalen Umständen leicht hätte bekämpfen können. Sie schlugen in saisonalen Schüben zu. Die Ruhr war im Sommer am schlimmsten, und die Deutschen verstärkten sie noch, indem sie die Abholung und sichere Entsorgung von Fäkalien behinderten. Sie erkannten diese Gefahr durchaus. Im November 1941 schrieb Oberbürgermeister Werner Ventzki an Uebelhoer: »Die Einrichtungen des Ghettos in hygienischer Sicht sind denkbar dürftig … Bricht also durch die Übervölkerung eine Epidemie aus, so ist nicht nur die Ghettobevölkerung gefährdet, nein, auch die Stadt.« Am meisten fürchteten die Deutschen Typhus und Fleckfieber, das ursprünglich den Vorwand für die Abriegelung des jüdischen Wohnbezirks geliefert hatte. Typischerweise brach Typhus im Frühjahr aus, grassierte bis in den Sommer hinein und raffte diejenigen dahin, denen es am elendsten ging, die Jungen und die Alten. Die dritte große Todesursache, die Tuberkulose, hing mit der Unterernährung zusammen. Aus kleinen Gemeinden und Ghettos eintreffende Juden brachten häufig Krankheitserreger mit und starben mit größerer Wahrscheinlichkeit als die eingesessene Ghettobevölkerung, die besser medizinisch versorgt und ernährt war. Ins Ghetto deportierte deutsche Juden, zumeist Alte, hatten eine besonders geringe Lebenserwartung. Juden aus Wien und Prag erging es besser, weil viele von ihnen Jiddisch sprachen und sich schneller zurechtfanden. Laut Isaiah Trunk, dem Historiker des Ghettos von Lodz, starben zwischen Mai 1940 und August 1944 rund 43 800 Menschen, während die normale Sterblichkeit in diesem Zeitraum bei nicht mehr als 5100 Todesfällen gelegen hätte. Insgesamt verstarb etwa ein Drittel der Ghettobevölkerung aufgrund der ihnen von den Deutschen aufgezwungenen Lebensbedingungen.[188]

Die Gesundheitsabteilung des Beirats bemühte sich, die Hygiene zu verbessern und die Epidemien unter Kontrolle zu bringen. Sie betrieb mehrere Krankenhäuser mit zusammen 2000 Betten und annähernd 200 Ärzten, deren Arbeit jedoch durch einen eklatanten Mangel an Medizin und Gerät behindert wurde. Rumkowski versuchte darüber hinaus, den Schutzlosesten zu helfen, indem er spezielle Einrichtungen gründete: ein Waisenhaus, ein Altersheim und ein Sommerlager im weniger dicht bewohnten Vorort Marysin, wo tuberkulosekranke Kinder einige Wochen relativ frische Luft und Sonnenschein genießen konnten.[189]

Armut und unablässige Plackerei forderten ebenso wie von den Einzelnen auch von den Familien ihren Tribut. Razzien und Deportationen zur Zwangsarbeit brachten die Geschlechterverteilung derart aus dem Gleichgewicht, dass es Ende 1940 im Ghetto 50 Prozent mehr Frauen als Männer gab. Tausende Frauen und Mütter mussten sich nicht nur allein um ihre Familien kümmern, sondern auch arbeiten, um sie zu ernähren. Die Abwesenheit der Väter und die Arbeit der Mütter bedeuteten häufig, dass die Kinder den Tag über unbeaufsichtigt waren. Jugendbanden durchstreiften das Ghetto auf der Suche nach Essbarem und sorgten für Unruhe. Selbst wenn die Ehemänner und Väter im Ghetto geblieben waren, hatten sie sehr wahrscheinlich keine Arbeit und konnten nicht für ihre Familien sorgen. Die Kinder verloren die Achtung vor ihren Eltern, die sie nicht richtig unterbringen, kleiden und ernähren konnten. Die Mahlzeiten wurden zu einer Tortur aus Demütigung und Hilflosigkeit, welche die Familienbande zu sprengen vermochte. Manche jungen Leute entschieden sich dafür, ihre Familien zu verlassen und sich, am Rand der Legalität lebend, selbst zu versorgen. Wenig überraschend war der starke Rückgang der Geburtenrate. Abgesehen davon, dass es wenig wünschenswert erschien, an solch einem grauenhaften Ort neues Leben in die Welt zu setzen, waren die Männer in der Regel aufgrund von Erschöpfung, Unterernährung und Krankheiten impotent, während bei den Frauen aus denselben Gründen der Monatszyklus aussetzte. Auch die jüdische Familie starb.[190]

Die gesellschaftliche Solidarität verflüchtigte sich im Ghetto ebenso wie die sozialen Schichten der Vorkriegszeit und die Bande, die sie zusammengehalten hatten. Das Bürgertum verlor seinen Wohlstand und seine gemeinsame Kultur; jüdische Arbeiter wurden aus sicheren Arbeitsverhältnissen, die kollektives Handeln ermöglicht hatten, herausgerissen. Eine Gruppe von Neureichen entstand und stellte die früheren Klassenverhältnisse auf den Kopf. In einer absurden Schicksalswende wurden die Besitzer und Bewohner von Elendsquartieren im Baluty-Viertel plötzlich zu Immobilienmagnaten, die zu phantastischen Preisen Zimmer vermieten konnten. Die kriminellen Elemente, die das Viertel genau kannten, waren gegenüber den Neuankömmlingen und dem OD im Vorteil. Intellektuelle und Politiker der Vorkriegsjahre sahen sich an den Rand gedrängt. Rumkowski verlangte es nicht danach, mit empfindsamen Geistern oder Männern, die auf die Gefühle der Menschen eingehen wollten, über Politik zu diskutieren. Im Juli 1940 schürten Aktivisten des Bundes und Mitglieder der linken zionistischen Bewegung Poale Zion den Unmut über die schlechte Lebensmittelversorgung und die unzureichenden Rationen der Mittellosen; am 10. und 11. August versammelten sich Hunderte vor dem Sitz des Beirats und riefen: »Wir wollen Brot und sterben keinen Hungertod!« Als die Menge zu groß wurde, als dass der OD sie mit Schlagstöcken hätte auflösen können, wandte sich Rumkowski an die Deutschen. Eine mit Gewehren bewaffnete Orpo-Einheit machte mit den Demonstranten kurzen Prozess. Obwohl Rumkowski öffentlich »unverantwortliche Elemente, die einen Wirrwarr in unser Leben bringen wollen«, für den Aufruhr verantwortlich machte, gewährte er einige Tage später in Gesprächen mit Arbeitervertretern bedeutende Zugeständnisse. Im Dezember 1940 bekam er es mit einer weiteren Streikwelle zu tun, diesmal von Beiratsangestellten. Inzwischen sah er sich in einer weit stärkeren Position und verurteilte die Streikenden als »Verbrecher«. Er ließ die Anführer festnehmen und in Arbeitslager verbannen.[191]

Rumkowski mag diktatorische Züge entwickelt haben, aber er legte enormen Wert auf die jüdische Bildung und verteidigte so lange wie irgend möglich den Schulbetrieb im Ghetto. 1940 und 1941 stellte der Beirat erhebliche Mittel für die Schul- und Berufsausbildung zur Verfügung. Im Ghetto gab es nicht weniger als 35 Volksschulen, auf die 6263 Kinder gingen, ferner zwei Religionsschulen, eine Sonderschule und eine Berufsschule. Von den 7336 Kindern, die ganztägig betreut wurden, erhielten drei Viertel kostenlose Mahlzeiten. Außerdem boten die Schulen Lehrern und Ausbildern Arbeit. Rumkowski forderte sie auf, einen »nationalen Geist« heranzubilden, indem sie Jiddisch und Hebräisch sprachen sowie jüdische Religion, Kultur und Geschichte lehrten. Dawid Sierakowiak gehörte zu denen, die von Rumkowskis Engagement für die Bildung profitierten. Während Erwachsene für die Zwangsarbeit registriert und aus dem Ghetto geschickt wurden, besuchte er eine von Zionisten betriebene Schule in Marysin.[192]

Rumkowski sah auch den Wert von kulturellen Aktivitäten, solange sie in geregelten Bahnen blieben. Musik- und Theateraufführungen oder Poesielesungen wurden oft spontan in Suppenküchen dargeboten, wo sie für Unterhaltung sorgten und es für wenige Augenblicke ermöglichten, dem bedrückenden Alltag zu entfliehen. Der Bund unterstützte eine jiddische Kulturgesellschaft, die Lesungen und Konzerte organisierte, bis Rumkowski sie im März 1941 im Rahmen seiner Kampagne gegen Parteien, Abweichler und »Unruhestifter« auflöste. Stattdessen veranstaltete der Beirat im sogenannten Kulturhaus Konzerte und Revuen. Der Zustrom von Juden aus Deutschland, Österreich und der Tschechoslowakei brachte auch viele begabte Künstler nach Lodz. 1941 fanden hundert Konzerte statt. Der Beirat verpflichtete Künstler für die Verzierung amtlicher Berichte und Statistiken. Außerdem betrieb er eine Bibliothek, deren beliebteste Bücher Klassiker auf Deutsch und Polnisch waren. Eines der meistausgeliehenen Bücher war die polnische Übersetzung von André Maurois' Disraeli-Biographie.[193]

Obwohl selbst nicht religiös, verteidigte Rumkowski die Einhaltung des Sabbats und der Feiertage und unternahm große Anstrengungen, damit die vorgeschriebenen Lebensmittel für die hohen Feste vorhanden waren. Der Beirat beschäftigte, insbesondere in der Friedhofsabteilung, mehrere Rabbiner und unterhielt ein Rabbinatsgericht, dem zehn angesehene ortsansässige Rabbiner und fünf Rabbiner, die mit den Juden aus Westeuropa nach Lodz gekommen waren, angehörten. Die Deutschen nahmen jedoch gläubige Juden und jüdische Feiertage unablässig aufs Korn. Sie zwangen die Juden regelmäßig an Jom Kippur, dem höchsten Feiertag des jüdischen Kalenders, zu arbeiten, und ab 1942 schrieben sie ihnen den Sonntag als Ruhetag vor. Nicht nur die Kaschrut, das jüdische Regelwerk zur Ernährung, war verboten, sondern auch Bärte, Schläfenlocken und traditionelle Kleidung. Viele gläubige Juden hielten sich an diese Verbote, aber andere leisteten Widerstand. Eine Gruppe orthodoxer Juden, die sich B'nei Horeb nannte, organisierte Studienkreise und bot Kindern Privatunterricht an. Eine religiöse Vereinigung agitierte vergeblich gegen den Verzehr unkoscherer Lebensmittel; eine andere hatte es sich zur Aufgabe gemacht, Schriftkapseln an den Türpfosten von Wohnungen und öffentlichen Einrichtungen aufzuhängen, und wieder eine andere bot Juden, die das rituelle Händewaschen vor dem Essen beachteten und den Segen sprachen, kostenlos Brot und Kaffee an.[194]

Nur die Standhaftesten konnten dem Druck auf ihre Traditionen widerstehen. Das Rabbinatsgericht gewährte Ausnahmen für den Verzehr von unkoscheren Speisen und lockerte die Heiratsvorschriften, damit Frauen, deren Männer in den Arbeitslagern verschwunden waren, erneut heiraten konnten. Josef Zelkowicz, ein Jiddisch schreibender Schriftsteller, der aus einer chassidischen Familie stammte, beschrieb den Verfall der Religion mit unverstelltem Blick. In einer Erzählung schilderte er das Schicksal eines chassidischen Rebbe, dessen Gemeindemitglieder ihn eines nach dem anderen verließen: »[A]ls das Leben grausam und gnadenlos wurde und die Seele im Körper gefror und verkümmerte, vergaßen die Chassidim ihren Rebbe … Statt von der Tora träumten sie von Mehl.«[195]

Beobachtern fiel der dramatische Niedergang der Moral im Ghetto auf; die Kriminalität war allgegenwärtig, und fast immer ging es um Lebensmittel. Wer an der Versorgungskette saß, betrog, indem er die durch seine Hände gehenden Waren verschnitt oder falsch abwog. Jugendbanden und hungernde Erwachsene überfielen Geschäfte, Lagerhäuser und Güterwagen. Für Essen wurde gemordet. In einem Fall tötete ein Chasside ein 13-jähriges Mädchen, um an ihre Lebensmittelmarken zu kommen. Im Winter 1940/41 schwärmten die Menschen nachts aus, um Fensterrahmen und ganze Holzhäuser zu zerlegen, mit denen sie Öfen und Herde befeuern konnten. Obwohl extremer Hunger die Hauptursache der Kriminalität war, sah Zelkowicz die Ursache des allgemeinen moralischen Verfalls in den grausamen Lebensumständen:

> Im Ghetto wurden schwere Verbrechen begangen. Das schwerste war, dass Menschen, die jahrzehntelang für die Bewahrung ihrer Kultur und Lebensweise, die Früchte von Jahrtausenden der Anstrengung, gearbeitet hatten, durch das Leben unter unmenschlichen Bedingungen innerhalb eines halben Jahres in Raubtiere verwandelt wurden. Über Nacht ging ihnen jedes Moral- und Schamgefühl verloren. Ghettobewohner stahlen bei jeder sich bietenden Gelegenheit, ob sie die Beute nun brauchten oder nicht. Manche wühlten wie Schweine im Müll nach Resten, die sie auf der Stelle verschlangen. Manche hungerten und starben, aber andere nutzten die Gelegenheiten, die sich ihnen boten, und stahlen, fraßen sich voll und tranken sich um den Verstand.[196]

Die Verbrechenswelle schwoll so stark an, dass Rumkowski im Januar 1941 ein Standgericht einsetzte, dessen Vorsitzender drei Monate später allerdings wegen Korruption verhaftet wurde. Die schweren Verbrechen wie Mord und Vergewaltigung übergab der OD an die deutsche Kriminalpolizei, die ein Revier im Ghetto unterhielt. Geringere Vergehen wurden intern bestraft, auch durch Haftstrafen, die im Gefängnis des OD abgesessen wurden. Im März 1941 hatte es 200 Insassen, unter ihnen allerdings viele »Unruhestifter«, die nicht die Gesetze gebrochen, sondern Rumkowski unangenehm aufgefallen waren. Laut Zelkowicz entgingen die wahren Verbrecher dem Arm des Gesetzes:

> Leiter von Lebensmittelgeschäften ließen die besten Lebensmittel, die für die gesamte Bevölkerung bestimmt waren, mit Hilfe ihrer Lakaien in der Kehilla [Beirat] zu sich nach Hause schicken. Um die durch ihren Diebstahl fehlende Menge auszugleichen, betrogen sie ihre »Kunden« beim Abwiegen der Waren. Die Aufseher von den Standgerichten ließen diese Piraten und Diebe, die Herren der Ghettostraßen, unbehelligt und zogen sie für ihre Verbrechen nicht zur Rechenschaft.

Auch allerlei Laster waren verbreitet. Beim OD gab es eine Sondereinheit zur Bekämpfung der Prostitution, die freilich blind für die Gespielinnen der Ratsmitglieder war.[197]

Der Winter 1940/41 war für die Ghettobewohner besonders grausam. Im Januar begann eine Gruppe von Schriftstellern, Dichtern und Akademikern eine offizielle Chronik der täglichen Ereignisse zu führen, Dokumente zu sammeln und Nachforschungen anzustellen. Der erste Eintrag der Chronik lautete ohne Umschweife: »Am heutigen Tag sind im Getto 52 Personen gestorben. Die Ursachen waren an 1. Stelle Herzkrankheiten, an 2. Stelle Erschöpfung vor Hunger und Kälte, an 3. Stelle Tuberkulose.« Die Diebstähle gingen weiter, aber im OD selbst herrschte Unruhe wegen der schlechten Entlohnung sowie der Brennstoff- und Lebensmittelversorgung. Die Chronik stand unter der Verantwortung der Ghettoältesten und konnte jederzeit von den Deutschen geprüft werden, weshalb ihre Autoren Verschleierungstechniken anwandten, die an die Fabeln Äsops erinnern. Aber die Tatsachen sprachen für sich. Zum Beispiel verschlechterte sich in den folgenden drei Tagen die Brennstoffversorgung, Lebensmittel wurden nur sporadisch geliefert, bei den Beisetzungen gab es eine dreitägige »Verzögerung«, und eine hungernde Menschenmenge versuchte einen mit Kohlrüben beladenen Güterwagen zu plündern.[198]

In dem verzweifelten Versuch, die Rationen für die übrige Bevölkerung zu erhöhen, reduzierte Rumkowski die Zuteilungen für die Facharbeiter. Dies rief Proteste militanter Tischler hervor, die in der Besetzung der Schreinereien gipfelten. Als Verhandlungen mit ihnen scheiterten, schickte Rumkowski den OD. Die Tischler wurden aus ihren Werkstätten ausgeschlossen, was sie zum Verhungern verurteilte, und die Rädelsführer wurden verhaftet. Bis zum Monatsende war der Streik gebrochen. Als im März 1941 erneut Hungerunruhen ausbrachen, vermerkten die Chronisten: »In seiner Rede vom 1. Februar hat Präses Rumkowski angekündigt, dass gegen Personen, die ihm seine Arbeit erschweren, und besonders gegen Kriminelle, strengste Strafmaßnahmen angewendet werden sollen: Es werden nämlich alle Schädlinge und notorischen Verbrecher, die das Gemeinwohl schädigen, aus dem Getto ausgewiesen, indem sie zu öffentlichen Arbeiten in Deutschland geschickt werden.«[199]

Den ganzen April über verließen Transporte in Arbeitslager das Ghetto. Dawid Sierakowiak notierte jedoch erleichtert: »Alle Briefe, die von den zur Arbeit Verschickten eintreffen, sprechen von einem Sattsein, das man im Ghetto nicht mehr kennt …« Die Ghettobewohner konnten nicht ahnen, dass der Einsatz jüdischer Zwangsarbeiter mit dem Aufmarsch deutscher Truppen gegen die Sowjetunion zusammenhing. Ironischerweise wirkte der gesteigerte Bedarf der Wehrmacht infolge der Invasionsvorbereitungen belebend auf die Ghettowirtschaft; immer mehr Aufträge gingen ein. Im Mai 1941 inspizierte Greiser mit einem Gefolge aus Beamten und Journalisten die Fabriken, und am 7. Juni erhielt das Ghetto sogar noch höheren Besuch: Heinrich Himmler. Während der Reichsführer-SS zur deutschen Ghettoverwaltung am Baluty-Platz ging und anschließend eine Textilfabrik besichtigte, galt für die gesamte Ghettobevölkerung eine Ausgangssperre. Nach Ansicht Karl Marders, des neuen Oberbürgermeisters von Litzmannstadt, war das Ghetto seit der Entscheidung vom vorangegangenen Oktober, es nicht aufzulösen, »ein wesentlicher Bestandteil der Gesamtwirtschaft geworden«. Ausschlaggebend für die Änderung der deutschen Haltung war nicht nur der Nutzen, den das Reich aus dem Ghetto zog, sondern auch die Tatsache, dass Regierungspräsident Uebelhoer, wie ein in Posen stationierter Untergebener Eichmanns anmerkte, »nicht wünscht, daß das Ghetto in Litzmannstadt verschwindet, da er mit ihm ganz gut zu verdienen scheint«.[200]

Obwohl im Frühjahr 1941 mehr Juden Arbeit fanden, blieb die Lebensmittelversorgung prekär. Das Ghetto war entsetzt über den Fall eines Vaters, der die verwesende Leiche seines Kindes verborgen hatte, um dessen Lebensmittelration zu erhalten, doch war dies kein Einzelfall. Vom Hunger zum Äußersten getrieben, nahmen sich viele, die weder etwas zu verkaufen hatten noch Geld verdienen konnten, das Leben, indem sie sich von einer Brücke über die Straßen stürzten, die das Ghetto durchschnitten und den »Ariern« vorbehalten waren. In einer enormen Anstrengung gelang es Rumkowski, das Mehl für die Matze zu beschaffen, die man für das Passahfest brauchte, obwohl andere Grundnahrungsmittel bedrohlich knapp waren. Sierakowiak bemerkte bitter: »Jedenfalls werden wir die Feiertage über genauso hungern wie an gewöhnlichen Tagen.« Er hatte eine Arbeit in einem Lager ergattert, wo er Kohlrüben wog, und konnte aus erster Hand das »System von Bevorzugungen, die die Abwieger den Beamten und anderen Schmarotzern aus den Werkstätten gewähren«, beobachten. Im Frühsommer verbesserte sich die Lage etwas, so dass Rumkowski zum Wochenfest eine Sonderration Brot bereitstellen konnte. Da jedoch die Wehrmacht, die inzwischen ihre volle Stärke erreicht hatte, sämtliche Ressourcen aufsaugte, blieben für Polen und Juden nur Reste, und das buchstäblich: Eine Mehllieferung ins Ghetto bestand aus den vom Boden einer Mühle aufgefegten Rückständen. Laut Ghettochronik traf im August 1941 »ein Waggon Fleisch im Getto an, der drei Tage lang unterwegs gewesen war. Die Ware war voller Maden.« Fachleute aus dem Ghetto versuchten zu retten, was zu retten war, lösten aber nur eine Welle von Lebensmittelvergiftungen aus. In Zelkowicz' Augen war das passende Symbol des Ghettos weder der Stacheldraht noch der gelbe Stern: »Das Symbol des Ghettos ist der Kochtopf.« Die Menschen konnten nur noch an ihren schmerzenden Magen denken und daran, woher sie vielleicht etwas zu essen bekamen. Die Sterblichkeit schnellte in die Höhe und überforderte die Friedhofsabteilung. »Anständige Menschen«, beklagte Zelkowicz, »begraben ihre Hunde mit mehr Würde, als den Ghettobewohnern im Tod zugestanden wird.«[201]

Inmitten des Schreckens besuchten die Kinder weiterhin die Schule, 700 Gymnasiasten legten die Abiturprüfung ab. Die Suppenküche für die Intelligenz konnte »den heute deklassierten und pauperisierten Personen einen sauber gedeckten Tisch […] und letztendlich eine nette Umgebung und eine gut zusammenpassende Gesellschaft« mit bis zu tausend Mahlzeiten am Tag anbieten. Obwohl der politische Widerstand gegen Rumkowski durch die Verhaftungen und Deportationen vom März und April 1941 niedergehalten wurde, trafen sich einige Gruppen weiterhin. Dawid Sierakowiak hatte begonnen, Marx und Lenin zu lesen, und betrachtete sich als Kommunist; er nahm an einem Treffen des »Politbüros« seines Verbandes teil, zu welchem er bemerkte: »[W]ir sind doch ein bewusster Teil der großen Bewegung innerhalb des Ghettos geworden …« Am 10. Mai ging er zu einer »leicht verspäteten 1.-Mai-Veranstaltung«, auf der eine Kommunistin die »Notwendigkeit« unterstrich, »im Ghetto auszuhalten und zu überstehen. Sie sprach von der Bereitschaft zur Tat und zum Handeln.« Einen Monat später entließ Rumkowski, »[d]ieser Sadist und Idiot«, zwei kommunistische Lehrerinnen.[202]

Sierakowiak zog Kraft aus Briefen, die ihm ein Freund aus Warschau schickte, und aus Neuigkeiten über den Krieg. Das Ghetto war nicht vollständig von der Außenwelt abgeschnitten; tatsächlich gehörten seine Postämter zu den betriebsamsten in Polen. Im März 1941 bearbeitete der Postdienst eine Million Briefe und Postkarten sowie 135 000 Pakete aus dem Reich und über 140 000 aus anderen Ländern. Die Pakete enthielten häufig Lebensmittel, die auf dem Schwarzmarkt des Ghettos landeten. Eine der informellen Hauptwährungen war Tabak. In jenem Monat konnten sich die Raucher über die Lieferung von 1,5 Millionen Zigaretten freuen. Bis Mitte 1941, als Hitler das »Unternehmen Barbarossa« in Gang setzte, war es zwischen Juden und Deutschen zu einer ungleichen, von Eigeninteresse bestimmten Annäherung gekommen. Und nicht nur in Lodz führte die Invasion vorübergehend zu einer Verbesserung der Lage.[203]

Im Warschauer Ghetto

Bis November 1940 blieb den Warschauer Juden die totale Ghettoisierung erspart. Tatsächlich war die Phase von Mitte Mai bis Mitte August von der Unschlüssigkeit und Verwirrung der deutschen Herren geprägt. Am 10. Juni wurden die Arbeiten an der teilweisen Absperrung des jüdischen Wohnbezirks abgeschlossen, aber Anfang Juli sagte der Leiter des Judenreferats der Gestapo in Warschau zu Czerniaków, der Krieg werde bald vorüber sein, dann würden die Juden »nach Madagaskar ausreisen«. Zwei Wochen später hörte Czerniaków, die Deutschen hätten die Ghettoidee fallengelassen. In Wirklichkeit hatten die deutschen Planer den Gedanken eines geschlossenen jüdischen Wohnbezirks wieder aufgegriffen, aber die Idee verworfen, ihn am Stadtrand einzurichten. Im August veröffentlichten sie genauere Angaben zu dem Viertel, in dem Juden würden wohnen dürfen, und schickten eine Abordnung nach Lodz, die sich über die dortige Vorgehensweise informieren sollte. »Ein Ghetto außerhalb von Warschau ist nicht aktuell«, notierte Czerniaków Mitte September. »Dafür das *Sperrgebiet.*« (Er meinte das zuvor für Deutsche und Polen aus Gesundheitsgründen nicht zugängliche und zum Teil ummauerte »Seuchensperrgebiet«.) Waldemar Schön, der Leiter des Umsiedlungsamts der Warschauer Distriktsverwaltung, nannte als Gründe einerseits die Notwendigkeit, Arier und Juden voneinander zu trennen, und andererseits die Absicht, Juden daran zu hindern, Lebensmittel abzuzweigen. Theoretisch würde die Absonderung der Juden sie vom schwarzen Markt abschneiden, die Preise drücken und Nahrung für die polnische Bevölkerung freisetzen.[204]

Der ins Auge gefasste jüdische Wohnbezirk war deutlich kleiner als das »Seuchensperrgebiet«, und Czerniaków kämpfte bei der Grenzziehung um jede Straße und jedes Haus. Am Vorabend des jüdischen Neujahrstags, dem 2. Oktober 1940, erteilte Distriktsgouverneur Ludwig Fischer seinen Untergebenen den Auftrag, die Juden der Stadt bis zum Monatsende in den jüdischen Wohnbezirk umzusiedeln; die dort wohnenden Polen sollten ihn im selben Zeitraum verlassen. Außerdem wies er Czerniaków an, einen Ordnungsdienst aufzustellen. Das Chaos, das entstand, als die 138 000 Juden, die aus ihren Wohnungen ausziehen mussten, in das Viertel drängten, während 113 000 Polen es verließen, war jedoch unvermeidlich. Der Aufruhr war so gewaltig, dass die Deutschen die Umzugsfrist um zwei Wochen verlängerten. Am 16. November wurde das Ghetto dann abgeriegelt. Fortan brauchten Juden eine Genehmigung, um es durch eines der 22 Tore (deren Zahl später auf 13 verringert wurde), die von außen durch deutsche Orpo-Beamte und polnische Polizisten bewacht wurden, zu verlassen oder zu betreten. Das deutsche Kontingent bestand aus 87 Mann unter Führung eines Oberleutnants – aus deutscher Sicht ein außerordentlich effizienter Personaleinsatz. Als das Ghetto schließlich von der Außenwelt abgeriegelt war, erstreckte es sich über 3,1 Quadratkilometer und war von einer 18 Kilometer langen Mauer umgeben. Rund 395 000 Juden waren in ihm eingesperrt, 128 000 pro Quadratkilometer, so dass die Wohnungen mit durchschnittlich 9,2 Menschen pro Zimmer belegt waren. 30 Prozent der Warschauer Bevölkerung waren auf 2,5 Prozent der Fläche der Stadt zusammengedrängt, und die Deutschen siedelten immer mehr Juden aus den Nachbardistrikten und schließlich auch aus dem Reich in das Ghetto um. Außerdem lösten sie regelmäßig Straßen und Häuserblocks aus ihm heraus, wodurch sich der verfügbare Wohnraum weiter verringerte.[205]

In ihrer Größenordnung entsprach die Umsiedlung ins Warschauer Ghetto ungefähr der Zusammenlegung der jüdischen Bevölkerungen der Niederlande und Frankreichs. Das Chaos des Bevölkerungsaustauschs wurde noch dadurch vergrößert, dass die Grenzen des Ghettos ständig verschoben wurden. Es kam vor, dass Juden zwei- oder dreimal umziehen mussten, weil das Haus, in dem sie untergekommen waren, einer anderen Zone zugeschlagen wurde. Auch Czerniaków wurde von dem Durcheinander erfasst und musste für sich und seine Frau mehrere Tage lang nach einer Unterkunft suchen. Helena Szereszewska und ihr Ehemann Stanisław waren schon Wochen vorher umgezogen, wahrscheinlich, weil er dank seiner guten Beziehungen vom Bevorstehenden Wind bekommen hatte. Sie hatten eine durch Bomben beschädigte Dreizimmerwohnung gefunden, in die sie zusammen mit Tochter, Enkelin, Schwiegersohn sowie dessen Mutter und Schwester einzogen. Dank des Vermögens, das sie hatten retten können, konnten sie einige Monate lang ein polnisches und danach ein jüdisches Hausmädchen beschäftigen. Die Gas- und Stromzähler wurden bis Juni 1942 weiterhin von einem polnischen Kommunalbeamten abgelesen. Aber die Familie Szereszewski gehörte zur Ghettoaristokratie. Stanisław Szereszewski leitete die Fürsorgeabteilung des Judenrats und ging jeden Tag im gestärkten Hemd und mit sauberem Kragen zur Arbeit. Auch seine jüngste Tochter und sein Schwiegersohn arbeiteten für den Judenrat, und seine Nichte war mit einem OD-Mann verheiratet. Weniger Privilegierte baten Helena Szereszewska häufig um Hilfe bei der Arbeitssuche. Mary Bergs Familie hatte das Glück, eine Wohnung in der Siennastraße zu finden, einer der besseren Hauptstraßen des Ghettos (die später allerdings der »arischen« Seite zugeschlagen werden sollte). Aber auch bei ihnen fanden Verwandte Unterschlupf, und darüber hinaus vermieteten sie noch ein Zimmer.[206]

Für die meisten Juden war die Errichtung des Ghettos ein Alptraum. In der Hoffnung, dass die Verordnung doch noch aufgehoben würde, klammerten sich viele bis zur letzten Minute an ihr Zuhause. Aber das Wunder blieb aus, und überall machte sich »wilde Panik« breit, wie sich Bernard Goldstein erinnerte:

> Leute rannten besessen durch die Straßen, tödliche Angst in ihren verweinten Gesichtern. Verzweifelt suchten sie nach irgendeiner Art von Transportmittel, um ihre Habe zu befördern. Die Menschenmenge füllte die Straßen; es war eine Nation auf dem Marsch. Endlos lange Reihen von kleinen Karren und selbstgefertigten Fahrgestellen aller Art, angehäuft mit Hausgeräten, wimmernden Kindern, alten Leuten, Kranken und Halbtoten, bewegten sich von allen Seiten auf das Ghetto zu, gezogen oder geführt von den stärkeren und gesünderen Personen, die verzweifelt und verbittert dahintrabten. [Innerhalb der Ghettogrenzen] waren die Unglücklichen auf der Jagd nach Lebensraum, nach einer Wohnung, einem Zimmer, einer Ecke in einem Zimmer, irgendetwas. Sie suchten in Kellern, Torwegen, den Ruinen von ausgebombten Häusern nach einem Platz, um ihr Haupt hinzulegen, nach einem Unterschlupf für ihre Kinder. Sie lagen auf den Straßen, zogen durch die

> Gassen, durchnässt vom Regen, zitternd vor Kälte, hungrig, müde und hilflos.[207]

Die Juden beobachteten, wie die Mauer fertiggestellt wurde, und fragten sich, was sie zu bedeuten hatte. Mary Berg hörte sogar beifällige Stimmen, die glaubten, die Mauer würde die Juden vor den Übergriffen von Polen und Deutschen schützen. Der Rechtsanwalt Stanislaw Adler, der aus dem sowjetisch besetzten Ostpolen nach Warschau zurückgekehrt war, bemerkte, dass viele Juden genug davon hatten, von Volksdeutschen drangsaliert zu werden; sie hofften »auf bessere Zustände, sobald sie in einem geschlossenen Viertel zusammenlebten«. Auch der Zionist Chaim Kaplan begrüßte zunächst die Errichtung des Ghettos: »Sie haben uns als eigene Volksgruppe ausgesondert, und diese Aussonderung hat uns zu einem Volk gemacht, das mit allem, was es auf dem kulturellen, literarischen und künstlerischen Sektor tut, für sich lebt und darin geistige Befriedigung findet.« Als er mit den Gefahren der extremen Überfüllung konfrontiert war, änderte er seine Meinung: »Es gibt keinen schmutzigeren Ort, keinen Ort, der geeigneter ist, ansteckende Krankheiten zu verbreiten, als eine jüdische Straßenbahn auf einer einzigen Fahrt, wo alles infiziert ist, wo kranke Menschen in Schweiß ausbrechen und einen besabbern.« Angesichts der Folgen beschlichen ihn böse Vorahnungen: »Ein geschlossenes Ghetto bedeutet den Tod durch Verhungern in einem Konzentrationslager mit unmenschlichen Lebensbedingungen.« Der Zustrom von Menschen war überwältigend: »Es gibt keinen Platz im Ghetto – keine leere Ritze, nicht ein unbesetztes Loch.« Der Judenrat versuchte die Krise in den Griff zu bekommen, indem er die Hausverwaltungen aufforderte, freie Unterkünfte zu melden. Doch die Mieten schossen ebenso wie die Lebensmittelpreise in die Höhe. Sobald die Juden vom freien Markt abgeschnitten waren, wurden die Waren knapp und die Preise stiegen. Kaplans Hoffnung auf eine jüdische Selbstregierung hatte sich in eine desaströse Parodie verwandelt. »In diesem Jahr [September 1939 bis September 1940]«, klagte er, »ist das polnische Judentum vernichtet worden.«[208]

Die Größe der Ghettobevölkerung schwankte während des nächsten Jahres. Zehntausende verließen das Ghetto – für gewöhnlich unfreiwillig –, um Zwangsarbeit zu leisten, und Zehntausende starben. Gleichzeitig wurden 130 000 Flüchtlinge hineingepresst. Im April 1941 erreichte die Bevölkerung mit 445 000 Menschen ihren Höchststand. Für so viele Menschen Verpflegung, Unterkunft und Arbeit zu finden war unmöglich. Anfangs hatten die Deutschen kein Interesse an der Entwicklung einer Ghettowirtschaft, die Arbeitsplätze geschaffen und Einnahmen generiert hätte. Im Gegenteil, die Zwangsumsiedlung ganzer Bevölkerungsgruppen hatte zu Massenarbeitslosigkeit geführt; Handwerker waren aus ihren Werkstätten gerissen, ihrer Rohmaterialien beraubt und von den Märkten abgeschnitten worden. Der Judenrat versuchte verzweifelt, die jüdische Wirtschaft im Ghetto wiederaufzubauen, indem er Maschinen zusammenklaubte oder ausschlachtete, um Werkstätten einzurichten, und alles wiederverwertete, was als Rohstoff dienen konnte. Im Lauf des Jahres 1940 änderte sich die deutsche Haltung, zum Teil aufgrund der Truppenverlegungen nach Osten und der Aussicht, die Ghettowirtschaft für die Wehrmacht zu nutzen. Gegen Jahresende hatten die Schaffung der sogenannten Transferstelle unter Alexander Palfinger, die als Mittler zwischen Ghettowirtschaft und Außenwelt diente, und die Nachfrage der Wehrmacht nach Holzwaren, Bürsten und Kleidung erste positive Auswirkungen.[209]

Im Zuge der Vorbereitungen auf das Unternehmen Barbarossa wurde das Generalgouvernement zu militärischem Hinterland und einem Logistikzentrum. Plötzlich bekamen Ghettos für Hans Frank, der Ende 1939 von Göring zum Generalbevollmächtigten für den Vierjahresplan im Generalgouvernement ernannt worden war, einen Wert. Im Januar 1941 berief er eine Besprechung zu der Frage ein, wie ihre Produktion für die Kriegsanstrengung eingespannt und der Ausstoß gesteigert werden könne. Die neue Politik hatte eine gewisse Liberalisierung des Ghettoregimes zur Folge; so konnten Synagogen und Schulen eröffnet werden. Nach dem Aufstieg des Rechtsanwalts Heinz Auerswald zum »Kommissar für den jüdischen Wohnbezirk« im Mai 1941 veränderte sich die Ghettowirtschaft weiter. Die Transferstelle wurde aus dem Umsiedlungsamt herausgelöst und dem neuen Kommissar unterstellt. Um ihre Tätigkeit an kommerziellen Gesichtspunkten auszurichten, heuerte Auerswald Max Bischoff an, der in Lodz entsprechende Erfahrungen gesammelt hatte. Unter Bischoff verwandelte sich die Transferstelle von einem Versorgungsamt in eine Import-Export-Firma, die Aufträge akquirierte, Rohstoffe einkaufte und Finanztransaktionen durchführte. Sogar eine »Abrechnungsstelle der Warschauer Banken mit dem Judenrat« wurde gegründet, deren Inkassobüro später zur »Genossenschaftsbank für den jüdischen Wohnbezirk in Warschau« umgestaltet wurde. Das Ghetto zog deutsche Unternehmer an, von denen viele unabhängig von der Transferstelle handelten. Im Ghetto siedelten sich dreißig Großunternehmen, 85 kleinere Firmen und nicht weniger als 1900 Gewerbebetriebe an. Dennoch erreichte das Ghetto 1941 keine ausgeglichene Bilanz. Der Judenrat benötigte monatlich 12,6 Millionen Złoty, um die Bewohner zu ernähren, nahm aber nur höchstens 1,2 Millionen ein. Um die Ausgaben des Judenrats decken zu können, hätten nicht 45 000 Ghettobewohner in der Produktion beschäftigt sein müssen, sondern ein Drittel mehr. Darüber hinaus beschränkten die Deutschen weiterhin die Lebensmittelversorgung, mit der Folge, dass der Judenrat ohnmächtig und die Ghettobewohner katastrophal unterernährt waren.[210]

Unmittelbar nach der Bekanntgabe der Ghettoisierung berief Czerniaków eine Sitzung des Judenrats ein, auf der Kommissionen für die Wohnungsverwaltung, die Wirtschaft und den Ordnungsdienst gebildet wurden. Der Rat, der in der Grzybowskastraße 26 residierte, wurde zu einer Quasi-Regierung, die allerdings kaum über Geld und nur begrenzt über Autorität verfügte. Der Rat hatte 26 Abteilungen – für Finanzen, Arbeit, Handel und Produktion, Versorgung, Wohnungen, Fürsorge, Gesundheit, Bildung, innere Ordnung, sanitäre Einrichtungen und die Post. Wie das Ghetto von Lodz war auch das Warschauer durch den Postverkehr mit der Außenwelt verbunden. Im Mai 1941 verteilte die Ghettopost 114 000 Briefe (einschließlich Telegrammen und Geldanweisungen) und 29 000 Postkarten. Im selben Monat trafen 113 000 Pakete ein, zumeist mit Lebensmitteln zum direkten Verbrauch oder mit Spezialitäten, die sich an Feinkostgeschäfte verkaufen ließen. Von entscheidender Bedeutung für das Ghetto war die Stadtverwaltung, die fortfuhr, die Juden mit Wasser, Strom und Gas zu versorgen. Der Judenrat musste mit den zuständigen polnischen Beamten einzeln verhandeln, und Hunderte von städtischen Beamten gingen mit amtlichen Genehmigungen im Ghetto ein und aus. Diese Zählerableser und Wartungsarbeiter fungierten regelmäßig als Kuriere für Informationen und waren ein Hauptpfeiler des Schmuggels. Czerniaków stand also mit einer Vielzahl von deutschen und polnischen Bürokraten in Kontakt, war aber letztlich dem Kommandeur der Sicherheitspolizei und dem Judenreferat der Gestapo verantwortlich, und während er zwischen diesen Stellen mit ihren widerstreitenden

Prioritäten lavierte, musste er die Nachfrage nach Zwangsarbeitern befriedigen, die Ghettoinstitutionen beaufsichtigen und Finanzmittel auftreiben.[211]

Czerniaków, der kein Jiddisch sprach und auch nicht sonderlich religiös war, bevorzugte für leitende Posten in seiner Verwaltung polonisierte Juden und Konvertiten. Im besten Fall hatten diese Männer gute Beziehungen zur Außenwelt, aber unter ihrer kultivierten Patina fehlte es ihnen häufig sowohl an Sachverstand als auch an Mitgefühl für die jüdischen Massen. Kaplan beklagte sich:

> Fremde in unserer Mitte, unserem geistigen Wesen fern, Söhne Hams, die uns mit Füßen treten, sind der Präsident des Judenrats und seine Ratgeber Gewaltmenschen, die von Fremden über uns gesetzt wurden. Die meisten von ihnen sind geistige Nullen, die in normalen Zeiten niemand kannte. Sie sind niemals gewählt worden und hätten nicht davon zu träumen gewagt, dass man sie als jüdische Repräsentanten wählen würde …

Für Czerniaków hatte Kaplan nur Verachtung übrig: »Wer beachtete schon einen unbekannten Ingenieur, eine Null unter Nullen, der ein Assimilant nicht aus ideologischen, sondern aus utilitaristischen Gründen war.« Stanislaw Adler brachte dem Vorsitzenden des Judenrats mehr Hochachtung entgegen; er beschrieb ihn als »Mann mit kristallklarem Charakter, aber schwachen Überzeugungen«. Er sei gelegentlich unentschlossen und langatmig und lasse sich »von Menschen, die zu handeln bereit sind, auch wenn sie fragwürdige ethische Maßstäbe haben, leicht beeindrucken«. Wie Rumkowski wurde auch Czerniaków für Diskussionen und Einwände immer unzugänglicher. Im April 1941 murrte Ringelblum: »Der Judenrat hat das alte zaristische Motto übernommen: ›Still! Kein Widerspruch!‹ Auf seinen Sitzungen ist keine Diskussion erlaubt, und schon gar keine Frage.« Czerniaków werde »als Idol betrachtet. Seine Erlasse werden nicht in Frage gestellt: Sein Wort ist Befehl.« Das rieche nach »Führerprinzip«. Doch niemand zweifelte am Mut des Vorsitzenden. Als ihm im Februar 1940 ein Emigrationszertifikat für Palästina angeboten wurde, entschloss er sich, bei seinem Volk zu bleiben. Angehörige der Elite, die sich davonstahlen, wenn sie eine Gelegenheit dazu bekamen, verachtete er. Er wurde wiederholt festgenommen und geschlagen. Und er war kein junger Mann; eine dieser Prüfungen ereilte ihn kurz vor seinem sechzigsten Geburtstag.[212]

Die Zustände im Ghetto waren nicht nur der Böswilligkeit der Deutschen und der schlechten Wirtschaftslage anzulasten. Manche Übel waren selbstverschuldet und auf von Juden getroffene Entscheidungen zurückzuführen. Im August 1940 wurde der Arbeitsabteilung auferlegt, den Deutschen wöchentlich tausend Arbeitskräfte zur Verfügung zu stellen; bis November leisteten 30 000 Männer Zwangsarbeit. Die Nachrichten aus den Lagern in der Umgebung von Lublin waren derart bedrückend, dass der Judenrat Ärzte und Lastwagen voller Lebensmittel und Kleidung schickte. Gleichzeitig musste die Fürsorgeabteilung aber 70 000 bis 80 000 Bedürftige im Ghetto versorgen. Um die Wohlhabenden nicht zu verprellen und die riesigen Ausgaben zu decken, erlaubte Czerniaków denjenigen, die es sich leisten konnten, einen Stellvertreter für die Zwangsarbeit zu bezahlen, so dass das Elend der Arbeitslager die Ärmsten am schwersten traf. Anstatt eine Vermögenssteuer zu erheben, entschied sich Czerniaków für indirekte Steuern auf Verbrauchsgüter, die jeder, unabhängig vom Einkommen, kaufen musste. Auch dies belastete diejenigen am meisten, die am wenigsten hatten. Versorgungsleistungen wie die Müllabfuhr wurden Unternehmern überlassen, die sich dann mit Schmuggelgeschäften eine goldene Nase verdienten. Schließlich verließ sich der Judenrat bei der Finanzierung der Fürsorge und des Gesundheitsdiensts auf freiwillige Beiträge der Wohlhabenden und die Selbstbesteuerung der Hauskomitees.[213] Sein Laissez-faire-Ansatz mündete in Verwirrung, Korruption und Ungleichheit.

Als der Ordnungsdienst gegründet wurde, reklamierte er für sich eine noble Aufgabe und konnte seine Mitglieder dementsprechend aus der feinen Gesellschaft des Ghettos wählen, so dass ihm überwiegend Rechtsanwälte und andere Vertreter des Bürgertums beitraten. In den oberen Rängen waren viele polonisierte Juden vertreten sowie einige Flüchtlinge aus Lodz, die den dortigen Ordnungsdienst kannten, aber keine besondere Beziehung zu den Warschauern hatten. Zum Leiter des OD ernannte Czerniaków den ehemaligen Polizeioberst Józef Szeryński, der seine Berufserfahrung mitbrachte und auf eine enge Zusammenarbeit mit den Polen hoffen ließ. Aber Szeryński war Katholik und zog rasch den Hass der Ghettobewohner auf sich. Seine Truppe umfasste anfangs tausend Streifenpolizisten und einen

Verwaltungsapparat von mehreren Hundert Mann. Seine größte Stärke erreichte der OD im Juli 1942 mit 2500 Mann. Zu seinen Hauptaufgaben gehörten die Begleitung der Arbeitskolonnen auf dem Weg aus dem und ins Ghetto, Streifengänge, die Regelung des Verkehrs und der Kampf gegen die Kleinkriminalität. Eine Einheit sorgte im Ratsgebäude für Ordnung, eine andere betrieb das Gefängnis. OD-Männer bewachten die Ghettotore, wodurch ihnen buchstäblich eine Schlüsselrolle im Schmuggel zukam. OD-Angehörige erhielten zwar gute Rationen und konnten den Gesundheitsdienst in Anspruch nehmen, bekamen aber keine Entlohnung. Daher war es nahezu unvermeidlich, dass sie ihre Stellung ausnutzten, um an Geld zu kommen. So verlangten sie, neben einem Anteil am Schmuggel, Schmiergeld von Männern, welche der Zwangsarbeit zu entkommen suchten.[214]

Als die OD-Männer erstmals auf den Straßen auftauchten, ließen sie die Herzen der Ghettobewohner höher schlagen. Mary Berg empfand ein »seltsames und höchst unlogisches Gefühl der Befriedigung«, wenn sie an einer Straßenkreuzung einen jüdischen Polizisten sah. Sogar der für gewöhnlich so skeptische Chaim Kaplan war von dem Anblick hingerissen:

> Die Ghettobewohner fangen an zu glauben, sie befänden sich in Tel Aviv. Starke, vertrauenswürdige Polizisten aus unserer Mitte, mit denen man jiddisch sprechen kann! Zuerst einmal ist das ein Segen für die Straßenhändler. Die Furcht vor der nichtjüdischen Polizei ist aus ihren Gesichtern gewichen. Ein jüdischer Polizist, ein Mann mit menschlichen Gefühlen – einer unserer Brüder, würde nicht ihre Körbe umwerfen oder auf ihren Waren herumtrampeln.

Stanislaw Adler, der sich dem OD angeschlossen hatte, um dem Arbeitsdienst zu entgehen, gewann jedoch bald einen anderen Eindruck. Er sollte Dienstvorschriften für den OD ausarbeiten, wie alle anderen ohne Entgelt, so dass er, um zu überleben, sein Hab und Gut verkaufen musste. Adler beobachtete, wie OD-Männer, die in der gleichen Lage waren wie er, mit Schmugglerbanden zusammenarbeiteten, Polen und Juden, und für eine großzügig bemessene Gebühr ganze Lastwagen mit Konterbande die Ghettotore passieren ließen. Diese illegalen Aktivitäten, bemerkte Adler, »untergruben die Moral des Ordnungsdiensts. Große, unkontrollierte Einkommen erlaubten es vielen, ein ausschweifendes, liederliches Leben zu führen. Vor dem Hintergrund von allgemeiner Verarmung und Elend hatte dieses verachtenswerte Verhalten eine makabre Wirkung, und es trug dazu bei, dass zwischen ihnen und der übrigen Bevölkerung eine Mauer nicht nur des Abscheus, sondern eines abgrundtiefen Hasses entstand.« Die Fäulnis begann an der Spitze; Czerniaków überließ Szeryński Aufbau und Leitung des OD, und Szeryński nutzte seine Autonomie, sich mit Günstlingen zu umgeben. Da keiner der Abteilungs- und Bezirksleiter über ein angemessenes Budget verfügte, war Privatinitiative gefragt, so dass institutionelle Prioritäten mit persönlichen Interessen vermischt wurden. Wenn anständige Männer den OD verließen, wurden sie durch Opportunisten und Kriminelle ersetzt.[215]

Zusätzlich verkompliziert wurde die Aufrechterhaltung von Recht und Ordnung, als die Sipo Ende 1940 eine jüdische Einheit speziell zur Bekämpfung des Schmuggels schuf, die »Überwachungsstelle zur Bekämpfung des Schleichhandels und der Preistreiberei im jüdischen Bezirk«. Die »Dreizehn«, wie sie nach ihrem Sitz in der Lesznostraße 13 allgemein genannt wurde, bestand aus 300 bis 400 Mann unter Leitung von Abraham Gancwajch. Sie stammten überwiegend nicht aus Warschau, und ein erheblicher Teil war im kriminellen Milieu rekrutiert worden. Gancwajch begann Czerniaków's Stellung zu unterminieren, indem er ein konkurrierendes Netz von Fürsorgeeinrichtungen aufbaute und finanzierte. Zwischen ihm und dem Judenrat entbrannte ein Machtkampf, der erst sein Ende fand, als die Gestapo von ihrem Geschöpf genug hatte und die »Dreizehn« Mitte 1941 auflöste. Angeblich sollen ihr auch Gestapo-Spitzel angehört haben; allerdings war das Ghetto, laut Rabbi Huberband, von Anfang an geradezu »überschwemmt von einer riesigen Zahl von Informanten, Kollaborateuren, Erpressern und Dieben«. Die Möbelpacker, die beim Umzug ins Ghetto halfen, führten regelmäßig Deutsche zu Verstecken von Besitztümern der jüdischen Bewohner. Tischler, die Geheimfächer für Juwelen bauten, »wurden für diese Arbeit gut bezahlt, zeigten in vielen Fällen aber dennoch reiche Juden an«.[216]

Arbeitslosigkeit, ungenügende Rationen, Hunger und der Zustrom von Flüchtlingen führten zu Bettelei, Kriminalität und sogar Kannibalismus. Von 173 000 Einwohnern im arbeitsfähigen Alter hatte nur die Hälfte so etwas wie eine Arbeit: 50 000 arbeiteten in Fabriken, 18 000 im Handel, überwiegend als Straßenhändler, und 9600 waren beim Judenrat beschäftigt, einschließlich 2500 OD-Mitarbeitern. Der Judenrat gab für Grundnahrungsmittel und Bedarfsartikel Bezugskarten aus: Mehl, Zucker, Kartoffeln, Buchweizen, Marmelade, Brot, Seife und Streichhölzer. Die Karten gab es allerdings nur gegen eine Gebühr, von der nur die Ärmsten befreit waren. Im Januar 1941 waren dies 20 Prozent der Ghettobevölkerung; bis Oktober wuchs ihre Zahl auf 140 000 oder 34 Prozent. Um zu überleben, musste man zusätzliche Mahlzeiten ergattern oder Lebensmittel auf dem schwarzen Markt kaufen. Letztlich war dieser lebensverkürzende Mangel auf die Weigerung der Deutschen zurückzuführen, dem Ghetto eine auch nur annähernd angemessene Verpflegung zuzugestehen, und auf die Unfähigkeit des Judenrats, mehr Lebensmittel über die Transferstelle einzukaufen. Verschärft wurde die Situation durch die Unregelmäßigkeit der Lebensmittellieferungen, die von den Launen der Deutschen abhingen, aber auch durch Betrügereien seitens der Händler im Ghetto.[217]

Die mageren Rationen zwangen die Juden auf den Schwarzmarkt, den Motor des Schmuggels. Hauptspediteure von Konterbande waren städtische Angestellte und Arbeiter, die täglich im Ghetto ein und aus gingen, sowie Banden und Kinder. Außerhalb des Ghettos beschäftigte Arbeiter kauften dort ein und versteckten die Waren bei der Rückkehr in ihrer Kleidung. Manchmal konnten Banden, die mit polnischen Polizisten und den OD-Wachen an den Toren zusammenarbeiteten, ganze Lastwagenladungen ins Ghetto schaffen. Kinder kamen besonders leicht durch Zaunlücken und Löcher in den Kellerwänden auf die arische Seite. Eine der Hauptrouten verlief durch die Keller unter dem Stadtgericht. Wichtig für den Schmuggel war auch die teilweise an der Ghettomauer entlangführende Lesznostraße. Säcke und Pakete wurden über die Mauer oder aus der durchs Ghetto fahrenden Straßenbahn geworfen; über den jüdischen Friedhof wurde sogar lebendes Vieh hineingebracht. Es wurden schätzungsweise viermal mehr Waren illegal eingeführt als legal; der Geldwert der Schmuggelware lag dabei um das Vierzigfache über dem der offiziellen Versorgungsgüter. Die Auswirkungen auf die Wirtschaft von Warschau waren derart deutlich zu spüren, dass die Deutschen wiederholt versuchten, den Schmuggel zu unterbinden, indem sie Todesurteile gegen Schmuggler verhängten. Außerdem erschossen deutsche Ordnungspolizisten regelmäßig Juden, die auf frischer Tat ertappt wurden oder auch nur der Ghettogrenze zu nah gekommen waren.[218]

Erwachsene, die auf der arischen Seite zu sehr aufgefallen wären, ließen Kinder hinüberschlüpfen, um Lebensmittel zu beschaffen. »Diese Kinder sind klug«, bemerkte Kaplan, »und sie werden von ihren Eltern geschickt, um billig Lebensmittel einzukaufen. Gewöhnlich erledigen sie ihren Auftrag mit Erfolg und bringen wahre Funde nach Hause.« Auch Adler bewunderte die kindlichen Schmuggler, die von den engen Öffnungen, durch die sie sich bei ihren gefährlichen Ausflügen zwängten, Risse in ihrer Kleidung hatten und so leicht zu erkennen waren. »Als einzige Ernährer ihrer Familien liegen sie stundenlang da und warten ab, bis der Gendarm sich die Nase putzt oder der Polizist ihnen den Rücken zuwendet und sie wie ein Aal hinübergleiten können.« Wurden sie erwischt, mussten sie mit Schlägen rechnen; außerdem verletzten sie sich regelmäßig am Stacheldraht.[219]

Unterernährung, entsetzliche Übervölkerung und grauenhafte sanitäre Bedingungen bewirkten regelmäßige Epidemien und eine enorm hohe Sterblichkeit. Die Hauptursachen waren Fleckfieber, Tuberkulose und Ödeme. Professor Ludwik Hirszfeld, ein weltbekannter Immunologe und Vorsitzender des Gesundheitsrats des Ghettos, fasste die Ursachen prägnant zusammen: »Wenn man 400 000 zerlumpte Arme in einem Viertel zusammenpfercht, ihnen alles nimmt und nichts gibt, dann schafft man Fleckfieber. In diesem Krieg ist das Fleckfieber das Werk der Deutschen. Und die Geschichte mag der Medizin dies sogar vergeben. Denn die deutsche Medizin ist für politische Verbrechen nicht verantwortlich. Aber sie wird nie die Lüge vergessen, dass die Verantwortung für die Epidemie, die die Deutschen selbst hervorgerufen haben, auf den Schultern des Judenrats laste.« Das Fleckfieber wurde für gewöhnlich von Flüchtlingen eingeschleppt; die schlimmsten Ausbrüche fielen mit dem großen Zustrom von Januar bis Mai 1940 und jenem von Januar bis März 1941 zusammen. Die schmutzigen, in dreckstarrenden Kleidern steckenden Leiber waren ein Paradies für Läuse. Es gab nicht genug Seife, und die Seife, die es gab, war von minderer Qualität. Zudem gab es nicht genügend private und öffentliche Bäder. Die Sanitärteams, die ausgeschickt wurden, um Häuser unter Quarantäne zu stellen und zu desinfizieren, wurden von den Mietern, welche die Unannehmlichkeiten scheuten und den Einkommensverlust fürchteten, wenn sie nicht zur Arbeit gehen konnten, regelmäßig dafür bezahlt, unverrichteter Dinge wieder abzuziehen. Paradoxerweise gab es im Ghetto mehr Ärzte pro Einwohner als außerhalb, aber ihnen fehlten Medikamente, Platz und Ausrüstung. Es gab ein großes allgemeines Krankenhaus, das einen Impfdienst und Apotheken betrieb und stolzer Besitzer eines einzigen Röntgengeräts war. Auf dem Höhepunkt der Epidemien war es derart mit Kranken (und Sterbenden) überfüllt, dass es mehr zur Verbreitung der Krankheiten als zu ihrer Eindämmung beitrug. Außerdem gab es ein gut ausgestattetes Kinderkrankenhaus. Selbständige Ärzte führten teure Privatkliniken und Apotheken, die häufig durch Schmuggler versorgt wurden. Aber die enorme Todesrate war nicht zu verringern. 1941 stieg sie auf 43 000 Todesfälle – zehn Prozent der Ghettobevölkerung. Im Herbst pendelte sich die Sterblichkeit auf einem niedrigeren Niveau ein, zum einen, weil die Lebensmittelversorgung und die Beschäftigungssituation sich verbessert hatten und die sanitären Maßnahmen sich auszahlten, zum anderen aus einem so einfachen wie tragischen Grund: Die Schwächsten, also die Alten, die Gebrechlichen und die ganz Jungen, waren bereits gestorben.[220]

Der Judenrat bemühte sich im Rahmen seiner begrenzten Möglichkeiten, genau diesen Gruppen unter die Arme zu greifen. Die Fürsorgeabteilung betrieb Unterkünfte und Suppenküchen für Flüchtlinge und unterstützte die Angehörigen von Zwangsarbeitern. Daneben gab es ein umfangreiches Netz von unabhängigen Hilfsorganisationen unter dem Dach der Jüdischen Gesellschaft für öffentliche Wohlfahrt (ŻTOS), die bis November 1941 vom Joint finanziell unterstützt wurde. Diese Organisationen setzten sich bewusst vom Judenrat ab, indem sie eigenständiges Handeln gegenüber dem Paternalismus förderten und zur demokratischen Teilhabe ermunterten. Sie arbeiteten eng mit den spontan gebildeten Hauskomitees zusammen, die sich um die Sanitäreinrichtungen kümmerten, die Kinderbetreuung organisierten und Spenden sammelten. Mary Berg trat in das öffentliche Leben ein, indem sie mit einigen anderen jungen Leuten eine Show auf die Beine stellte, um Geld für Flüchtlinge aus Lodz aufzubringen. Bernard Goldstein und andere Bund-Mitglieder versuchten mittels der Hauskomitees einen gewissen gesellschaftlichen Zusammenhalt und kollektives Handeln aufrechtzuerhalten, indem sie Höfe in Gemeindezentren verwandelten und als Foren für die politische Arbeit nutzten. Doch das Geld, das vom Joint eintraf, war »nur ein Tropfen auf den heißen Stein«.[221]

Eine Reihe von Wohltätigkeitseinrichtungen konzentrierte sich auf das Los von Flüchtlingskindern und Waisen. Die Gesellschaft zum Schutz der Gesundheit (TOZ) hatte sich die Verbesserung der Hygiene und den Kampf gegen die Tuberkulose zur Aufgabe gemacht. Sie betrieb eine Klinik mit einem Röntgengerät, Kindertagesstätten und 23 Suppenküchen für Kinder, jede mit einem Arzt und ausgebildeten Krankenschwestern. Der Zentralverband der jüdischen Waisen- und Kinderfürsorgevereine (CENTOS) unterhielt das Hauptasyl für Straßenkinder, dreißig weitere Kinderheime und ein Waisenhaus, das von Polens führendem Experten für Kinderfürsorge, Janusz Korczak, geleitet wurde. Wie Michael Zylberberg anmerkte, war es für Korczak ein Akt des Widerstands, in seinem hellen und makellos geführten Heim in der Chlodnastraße dafür zu sorgen, dass jüdische Kinder gesund und glücklich waren: »Er betrachtete den Kampf ums Dasein als eine persönliche Schlacht mit dem Feind.« Die Gesellschaft zur Unterstützung der Landwirtschaft (Toporol) lehrte Kinder und Jugendliche, auf den wenigen kultivierbaren Flächen innerhalb der Ghettomauer Gemüse anzubauen, und versorgte CENTOS mit dem, was sie ernteten. Eine andere Wohltätigkeitsorganisation aus der Vorkriegszeit, die (ursprünglich russische) Gesellschaft zur Förderung des Handwerks (ORT), bot Berufsbildungskurse an, die Jugendliche in die Lage versetzten, als Facharbeiter etwa in der Lederverarbeitung, dem Tischlerhandwerk und der Metallverarbeitung Beschäftigung und einen Lebensunterhalt zu finden. Mary Berg nahm an einem ORT-Kurs in technischem Zeichnen teil, und ihre Schwester lernte Kinderkleider zu schneidern. Es gab im Ghetto rund 48 000 Kinder im schulpflichtigen Alter, darunter 10 000 Flüchtlingskinder. Bis er Ende 1941 offiziell erlaubt wurde, fand ein begrenzter heimlicher Unterricht statt, überwiegend für diejenigen, deren Eltern sich privaten Einzel- oder Gemeinschaftsunterricht leisten konnten. Kaplan, der selbst Lehrer war, notierte stolz in seinem Tagebuch: »Jüdische Kinder lernen im Geheimen. In Hinterzimmern, auf langen Bänken bei einem Tisch, sitzen kleine Schulkinder und lernen, was es heißt, Marranen [verdeckte Juden zur Zeit der spanischen Inquisition] zu sein.« Auch in den Kinderheimen und Suppenküchen wurde Unterricht erteilt. Jugendorganisationen und Parteien aus der Vorkriegszeit betrieben geheime Gymnasien, etwa der Jugendbund Dror Hechalutz, für den Yitzhak Zuckerman als Lehrer tätig war, und die hebräisch orientierte Kulturorganisation Tarbut (»Kultur«). Gläubige Juden gaben zahlreich Kurse und betrieben eine Untergrundschule für Mädchen (Bais Yaakov). Leider erhielten die meisten Kinder ihre Bildung auf der Straße, wo sie die harten Lektionen des Überlebens unter furchtbaren Bedingungen lernten.[222]

Der Unterricht und die künstlerischen Aktivitäten dienten dem Kampf gegen die entmenschlichenden Auswirkungen der deutschen Politik und der Lebensumstände im Ghetto. »Als Reaktion auf den aus Rassenhass geführten Feldzug gegen die Juden«, erinnerte sich Bernard Goldstein später, »kam Erziehung und Kultur eine neue Bedeutung zu. Das Ghettodasein zwang dazu, geistige und moralische Abwehrkräfte aufzubauen, zum Ausgleich für die abgrundtiefe physische Hilflosigkeit.« Sogar der sonst eher steife Kaplan begrüßte die »leichte Unterhaltung« im Ghetto, »um die Sorgen ein bisschen vergessen zu machen … Es ist fast eine *Mitzwa* [Gebot] zu tanzen … Jeder Tanz ist ein Protest gegen unsere Unterdrücker.« Der Judenrat bildete ein zentrales Künstlerkomitee, bei dem fast 300 Schauspieler, Musiker und Sänger registriert waren. Berufskünstler und Amateure wie Mary Berg veranstalteten Shows, um Geld für wohltätige Zwecke zu sammeln. Das Ghetto leistete sich ein vollwertiges Symphonieorchester, zu dessen Konzerten im Melody Palace sich die Menschen drängten. Es gab mehrere Theater, etwa das Eldorado und das Femina, jeweils für einen anderen Geschmack. Wer das Geld dafür übrig hatte, konnte sich eine Operette, ein jiddisches Melodram oder ein klassisches europäisches Stück anschauen, aufgeführt von Berufsschauspielern. Stanislaw Adler fiel eine »Gier nach Büchern« auf, die ähnlich stark war wie der Drang, sich beim Kartenspiel zu zerstreuen. Mehrere private Leihbüchereien machten gute Geschäfte, wobei die Entleiher darauf achten mussten, dass die Bücher, die sie entliehen, nicht verlaust waren.[223]

Gläubige Juden, die Mehrheit der Ghettobevölkerung, hielten mit einer Kraft und Tapferkeit an der Tradition fest, die viele Beobachter als ermutigend empfanden. Das Schächten war lange verboten, und die Synagogen mussten bis Ende 1941 geschlossen bleiben. Alles musste im Geheimen geschehen: das gemeinsame Gebet, das monatliche rituelle Bad, die Feiern des Sabbat und der Festtage. Während der »ehrfurchtsvollen Tage« zwischen Neujahr und Jom Kippur im Oktober 1940 vertraute Kaplan seinem Tagebuch bedrückt an: »Wir haben keinen öffentlichen Gottesdienst, selbst nicht an den hohen Feiertagen. In unseren Synagogen ist Finsternis. denn Beter gibt es keine – Schweigen und Verlassenheit innen, und Betrübnis draußen ... Aber wir hatten auch niemals in unserer von Blut und Tränen triefenden Geschichte einen so grausamen und barbarischen Feind gehabt.« Dennoch waren die Gläubigen nicht eingeschüchtert. »Hunderte von geheimen Minjanim [Gruppen von mindestens zehn Betern] in ganz Warschau veranstalteten Gottesdienste und lassen selbst nicht die schwierigsten Hymnen der Liturgie aus. Es fehlt nicht einmal an Predigten. Alles ist im Einklang mit den alten Bräuchen Israels.« Kaplan war stolz darauf, dass viele Chassiden das Laubhüttenfest mit Gesang und Tanz feierten. Chanukka, das Lichterfest, wurde sogar mit noch größerer Andacht begangen, da es an einen Freiheitskampf erinnerte. Das Purimfest im März 1941 erfüllte die Gläubigen, unter ihnen Kaplan, der es mit Gleichgesinnten in einer zionistischen Suppenküche beging, mit großer Freude. Sie sangen Festtagslieder, lasen im Buch Esther und genossen das traditionelle gefüllte Gebäck mit einem Glas süßem Kaffee. Einzelne chassidische Sekten versammelten sich weiterhin um ihren Rebbe, studierten wann immer möglich die religiösen Schriften und feierten den Gottesdienst gemäß der Tradition. »In einem Bethaus der Chassiden aus Bracław in der Nowolipiestraße«, hielt Ringelblum im Februar 1941 fest, »hängt ein großes Schild: ›Juden verzweifeln nie!‹ Die Chassiden tanzen dort mit derselben religiösen Inbrunst, wie sie es vor dem Krieg getan haben.« Die jüdische Verwaltung bemühte sich, genügend Lebensmittel für die Festtage, insbesondere für das Passahfest, zu beschaffen. »In vielen Flüchtlingszentren«, notierte Ringelblum im April 1941, »wurden Sederabende, komplett mit Fleisch, Kneidlich und Wein abgehalten. Für einen kurzen Augenblick konnten die Flüchtlinge die Trauer über ihre Situation und ihr Elend vergessen. Die Seder waren für die erschöpften, obdachlosen Flüchtlinge eine Quelle spiritueller Kraft.«[224]

Die Konzentration einer solchen Masse von Juden an einem Ort hatte merkwürdige Auswirkungen auf die Ausübung der Religion. Shimon Huberband beobachtete für das Oneg-Schabbat-Projekt, das Untergrundarchiv des Warschauer Ghettos, den Wandel und die Anpassungen der Religiosität. So war, da es im Ghetto keine Nichtjuden gab, niemand da, der am Sabbat ein Feuer entzünden konnte, weshalb mehr Juden auf das traditionelle Sabbatmahl zurückgreifen mussten, den Tscholent, ein Eintopfgericht, das am Freitag vor Sonnenuntergang zubereitet und für den Verzehr am nächsten Tag in einem Backofen warmgehalten wurde. Huberband bemerkte, vielleicht ironisch, dass die Deutschen, als sie 1941 die Einhaltung des Sabbats anordneten, dem Ordnungsdienst die Aufgabe übertrugen, die Ruhe durchzusetzen und gegen diejenigen, die sie brachen, Geldbußen zu verhängen. Bei den wahrhaft Gläubigen löste dies wütenden Protest aus; sie wiesen darauf hin, dass es zwecklos sei, unwillige Juden zu zwingen, den Sabbat einzuhalten, zumal wenn die Aufpasser selbst gegen das Ruhegebot verstießen, indem sie Bußgelder kassierten oder Bestechungen annahmen.[225]

Die merkwürdigste und traurigste Erscheinungsform der Religion war die Gemeinde der rund 5000 nichtarischen Christen. Viele von ihnen wohnten in der Siennastraße, wo Mary Berg im Dezember 1940 beobachtete, wie sie ins Ghetto geschmuggelte Weihnachtsbäume in Empfang nahmen. Sie war berührt von der schmerzlichen Situation ihrer Kinder: »Solche christlich geborenen Kinder jüdischer Eltern erleben jetzt eine doppelte Tragödie. Sie fühlen sich völlig verloren …« Chaim Kaplan äußerte sich weniger mitfühlend; in seinen Augen befanden sie sich in einer »wirklich einzigartigen tragikomischen Situation«. Czerniaków sah kein Problem darin, Konvertiten beim Judenrat anzustellen, doch die Rabbiner im Ghetto erhoben nachdrücklich Einspruch. Die paradoxe nationalsozialistische Politik, Konvertiten in eine Gemeinschaft zurückzuzwingen, die sie verlassen hatten, interessierte sie nicht. »Sie litten als Juden«, beschrieb Michael Zylberberg die Absurdität ihrer Lage, »und starben schließlich als Juden, unfähig, die schreckliche Dichotomie ihres religiösen und philosophischen Konflikts aufzulösen … Für uns war es ein unvermeidliches Element unseres Erbes, für sie eine zusätzliche Bürde, ein Trauma ohne Ausweg.«[226]

Der Alltag im Ghetto war geprägt durch einen Mangel an Raum und Privatheit, den ständigen Tumult, widerliche Gerüche und abstoßende Szenen. Während die großen Boulevards wie die Sienna- und die Chlodnastraße von schönen Häusern gesäumt waren, in denen die Wohlhabenden und Privilegierten wohnten, waren die meisten Straßen von tristen Wohnblöcken geprägt, die Ameisenhaufen ähnelten. »Auf der Siennastraße«, bemerkte Ringelblum im September 1941, »wo die jüdische Aristokratie wohnt – insbesondere die getauften Juden –, ist die Mode wieder en vogue. Schick gekleidete Frauen promenieren auf und ab …« Im Gegensatz dazu war Edward Reicher, der im

Dezember 1940 ins Warschauer Ghetto kam, »völlig überwältigt« von dem Anblick, der sich ihm bot:

> Verdreckte, enge, dunkle Straßen. Schwärme von Kindern, eine riesige zerlumpte Menschenmenge. Die Lesznostraße führte direkt in die Hölle. Auf beiden Seiten standen Marktstände, einer nach dem anderen, an denen billige, schäbige Waren verkauft wurden … Neben ihnen standen ärmere Händler, auf deren Tischen Garnspulen, Bänder, Litzen, Nadeln oder Nägel ausgebreitet waren … Auch Hausierer gab es, die all ihre Waren auf dem Rücken trugen – Nippes, Kleidung, häufig schmutzige Wäsche. Auf den Bürgersteigen sah man Hunderte, wenn nicht Tausende von Bettlern, die ein Stück Brot erflehten … Die meisten waren so schwach, dass sie nicht mehr aufrecht sitzen konnten.

Neben ihnen sah man, wie Kaplan beobachtete, viele Mütter, »die sich dort mit ihren in der Wiege liegenden Kindern niederlassen und längs der ganzen Straße die Häuser verstellen«, um in den steilen Straßenschluchten etwas Sonnenschein zu erhaschen. Bernard Goldstein betrachtete es als »moralische Pflicht eines jeden, seine Wohnung mit anderen zu teilen, irgendeinen Obdachlosen mit in sein Zimmer oder die meist schon überbelegte Wohnung zu nehmen«, wobei es sich auch nicht vermeiden ließ, selbst Familien zu trennen.[227]

Die Menschen gewöhnten sich an die neue berufliche und soziale Hierarchie, symbolisiert durch die Armbinden der OD-Männer, der Mitarbeiter des Judenrats, der Fürsorgehelfer und Sanitäter. Das Ghetto war durch Ungleichheit geprägt. Wem es gelungen war, Geld und Wertsachen mitzubringen, der konnte praktisch alles haben, was es außerhalb des Ghettos gab. Ratsmitarbeiter, die fast ausnahmslos Bestechungsgeld annahmen, all jene, die mit der Lebensmittelversorgung zu tun hatten, Besitzer und Geschäftsführer von Betrieben, korrupte OD-Männer, Schmuggler und Kriminelle bildeten die Kundschaft der schicken Kleidergeschäfte, Feinkostläden, Restaurants und Nachtklubs. Czerniaków ärgerte sich über die »Arroganz der Reichen«, die auf seinen guten Willen spekulierten. Er war entsetzt, als er erfuhr, dass sein Stellvertreter und andere Ratsmitglieder zu einem Fest mit »Kaviar, Lachs und Cognac« gingen. Doch solcher Luxus war nicht selten. Dem Sozialisten Ringelblum fiel auf, dass »eine Reihe von Kaviarläden aufgemacht« hatte. Doch wenn »die Warschauer Reichen aufgerufen werden, eine Abgabe für die Flüchtlinge zu leisten, erwidern sie: ›Das würde nicht helfen. Die Armen werden sowieso aussterben.‹«[228]

Im Frühjahr 1941 notierte Mary Berg, die der Jeunesse dorée des Ghettos angehörte, unbekümmert, plötzlich seien »neue Cafés und teure Delikatessenläden … aufgetaucht, wo man alles haben kann«. Für diejenigen, die es sich leisten konnten, gab es einen »Strand«, einen kleinen freien Platz mit Liegestühlen: »Für zwei Zloty kann man dort den ganzen Tag in der Sonne liegen. Badeanzüge sind vorgeschrieben …« Berg besuchte Nachtklubs wie das Café Sztuka (»Kunst«), in dem Władysław Szpilman am Klavier saß. »Neben dem Konzertsaal«, erinnerte er sich, »war eine Bar, wo Leute, die weniger kunstbeflissen als vielmehr auf Speis und alkoholischen Trank aus waren, erlesene Getränke sowie leckerst zubereitete ›côtelettes de volaille‹ oder ›boeuf à la Stroganoff‹ bekommen konnten. Sowohl im Konzertsaal als auch in der Bar war es beinah ständig voll …« Er spielte auch in dem weniger respektablen Café Nowoczesna, wo »grell geschminkte Schlampen an mit Leckerbissen wohlbestückten Tischchen Kriegsgewinnlern ihre Dienste« anboten, »im Takt knallender Champagnerkorken«. Sarkastisch fügte er hinzu: »Vor dem ›Nowoczesna‹ durfte sich kein Bettler aufstellen. Fette Portiers verjagten sie mit Stöcken.«[229]

Prostitution war eine verbreitete Nebentätigkeit der Kellnerinnen. Im Café Hirschfeld sah Mary Berg »die teuersten Liköre, Cognacs, eingemachte Fische, Konserven, Ente, Hühnchen und Gänsebraten. Der Preis einer Mahlzeit mit Getränken beträgt von 100 bis 200 Zloty. Das Café ist der Treffpunkt der Groß-Schmuggler und ihrer Mätressen: Hier verkaufen sich Frauen für eine gute Mahlzeit.« Es war nicht der einzige Ort, wo käuflicher Sex angeboten wurde. Berüchtigt dafür war das Hotel Britannia. Laut Adler, der für den Ordnungsdienst arbeitete, war »heimliche Prostitution in den Kreisen von Tänzerinnen, Barmädchen und Kellnerinnen verbreitet; ihre Kunden fanden sie unter jüdischen Gestapo-Männern, Marodeuren …« Ringelblum war klar, dass die Frauen sich prostituierten, um zu überleben. »In jüngster Zeit fällt der Straßenstrich auf«, schrieb er im Januar 1941. »Gestern hat mich eine sehr respektabel aussehende Frau angesprochen. Die Not treibt die Menschen dazu, alles zu tun.« Edward Reicher, der eine Stelle als Inspektor bei der Wohnungsverwaltung gefunden hatte, erfuhr aus nächster Nähe, wozu arme Frauen gezwungen waren. Er schilderte den Fall einer 18-Jährigen, deren Familie hungerte: »Prostitution war der einzige Ausweg, aber Yola besaß zu viel Würde.« Deshalb wurde sie Schmugglerin und setzte ihr Aussehen ein, um an den Wachposten vorbeizukommen. Verwundbar für sexuelle Ausbeutung war sie aber auch auf der arischen Seite. Eines Tages hielt ein Pole sie an, und als sie ihn anflehte, sie gehen zu lassen, erwiderte er: »Oh nein, dafür bist du zu hübsch. Du kannst danach gehen.«[230]

Der Hunger zersetzte die moralischen Maßstäbe. »Wie kann man in einem Konzentrationslager von moralischem Verhalten sprechen?«, bemerkte Adler. »Oder von Kultur an einem Ort, wo jeden Tag Hunderte von Menschen auf der Straße an Hunger oder Krankheiten sterben?« Kleinkinder, die man nicht mehr ernähren konnte, wurden auf der Treppe der OD-Zentrale ausgesetzt. Im Schutz der Dunkelheit gruben Banden in den Massengräbern nach Zahngold. Familien boten Sterbenden Unterschlupf an, um nach ihrem Tod ihre Kleidung zu verkaufen. Es gab Fälle von Kannibalismus. Aber das verbreitetste Zeichen des moralischen Verfalls war der grassierende Diebstahl, das gnadenlose gegenseitige Belauern der Ghettobewohner. »Der Hunger ist so groß«, notierte Ringelblum, »dass die Armen den ebenso armen Brothändlern Brot entreißen.« Das in seinen Augen größte Verbrechen war jedoch die Ungleichheit des Leids: »Die Reichen arbeiten in der Polizeitruppe, in den Gemeindeeinrichtungen oder sind beim Krankenfonds als angebliche Angestellte verschiedener Firmen registriert – aber das Wichtigste ist, dass sie sich von der Arbeitslagerpflicht freikaufen können.« Als im Frühjahr 1941 das Reservoir an Freiwilligen für die Zwangsarbeit erschöpft war, begann der OD Arbeitslose zu bedrängen. Viele weigerten sich, dem Druck nachzugeben; andere tauchten ab. Damit war eine Spirale aus Verfolgung und Gewalt in Gang gesetzt. Zwischen dem 19. und 21. April drangen OD-Trupps mit Gewalt in die Wohnungen von Männern ein, die für die Zwangsarbeit vorgesehen waren, und schleppten sie zu den Deutschen. Es waren »scheußliche Tage«, klagte Ringelblum, »und man wird sich immer an sie erinnern als ein Schandmal in der Geschichte des Judenrats«.[231]

Die ins Ghetto strömenden Flüchtlinge bildeten den Bodensatz der sozialen und ökonomischen Hierarchie. Sie kamen aus Gemeinden, die über Monate hinweg ausgeplündert und zertrümmert worden waren. Viele waren in temporären Ghettos eingesperrt worden, wo sie gehungert hatten und dem Fleckfieber zum Opfer gefallen waren. Seit die arbeitsfähigen Männer zur Zwangsarbeit weggebracht worden waren, gab es unter den Flüchtlingen fast nur noch Alte, Kinder und Frauen. »Sie alle erzählen schreckliche Geschichten von Vergewaltigung und Massenhinrichtungen«, notierte Mary Berg. Sie träfen zerlumpt und barfuß ein, »mit dem tragischen Blick von Hungernden«. Die Gemeinde bringe sie in »sogenannten Heimen« unter. »Dort sterben sie früher oder später.« Die jüdische Verwaltung ließ die Flüchtlinge baden, stellte sie unter Quarantäne und quartierte sie in Pensionen ein, die rasch im Elend versanken. Im April 1941 gab es 17 000 solcher Unterkünfte. Michel Mazor erinnerte sich, dass sie »keine Ahnung [hatten], dass Hunger, Schmutz, Entbehrung, Krankheit und ständiger Mangel an Privatsphäre sie in kurzer Zeit in lebende Leichname, ausgemergelt oder aufgedunsen, verwandeln würden und nur noch Qualen und Tod auf sie warteten. Ein furchtbares Verhängnis hing über diesen Menschen, und nichts im Ghettoleben konnte seinen unerbittlichen Lauf aufhalten.« Ohne Arbeit oder Besitztümer waren sie gezwungen, auf der Straße zu betteln, wo sie zu Tausenden starben, im Sommer durch Dehydration und Unterernährung, im Winter durch Frost.[232]

Im Frühjahr und Sommer 1941 verwandelte sich Warschau durch das Zusammenspiel von Hunger, Krankheit und Flüchtlingszustrom in eine Stadt des Todes, in der das plötzliche Dahinscheiden zu einer alltäglichen Erscheinung wurde. Ringelblum bemerkte die Benommenheit der Menschen. »Fast täglich fallen Menschen mitten auf der Straße tot um oder werden ohnmächtig. Es erregt keine Aufmerksamkeit mehr … In jeder Straße liegen Tote. Die Kinder fürchten sich nicht mehr vor dem Tod. In einem Hof spielten Kinder, wie man eine Leiche kitzelt.« Die sozialen Strukturen hielten nicht stand. »Die Sterberate ist derart hoch, dass die Hauskomitees sich ebenso sehr um die Toten wie um die Lebenden kümmern müssen.« Da ein Begräbnis 15 Złoty kostete, wurden die Leichen aus den Häusern geschafft und auf den Bürgersteigen abgelegt. Sie zu den Massengräbern auf dem jüdischen Friedhof zu bringen, war dann Sache des OD. Diese Gräber waren flache Gruben, die mit einer dünnen Schicht trockener Erde bedeckt wurden. »An heißen Sommertagen war der Gestank so stark, dass man sich beim Vorübergehen die Nase zuhalten musste.« Bernard Goldstein berichtet:

> Längs der katholischen Kirche an der Lesznostraße lagen kranke, halbtote, halbnackte Kinder mit vor Hunger aufgetriebenen Bäuchen; ihre offenen Wunden in der pergamentartigen Haut eiterten, ihr Atem war ein Röcheln aus trockener Kehle. Um sie herum standen ältere Kinder, gelblich und verhärmt, sie wimmerten mit schwacher Stimme: »Ein Stückchen Brot ... ein Stückchen Brot!« Tote, Tote und noch mehr Tote säumten die Straßen, und doch war das Ghetto noch überfüllt mit lebenden Menschen. Die Leute bahnten sich den Weg durch das laute Gedränge, bedacht darauf, einander nicht zu berühren, denn jede Berührung konnte die Ansteckung mit Fleckfieber bedeuten.

In manchen Häusern, in denen das letzte Mitglied einer Familie gestorben war, blieb die Leiche häufig so lange liegen, bis der Geruch die Nachbarn aufmerksam machte. Ratten fraßen von den verwesenden Leichen in jenen Häusern, deren sämtliche Bewohner von Hunger und Typhus dahingerafft worden waren. »Wenn es so weitergeht«, bemerkte Ringelblum bitter, »wird die ›Judenfrage‹ in Warschau bald gelöst sein.«[233]

Ringelblum konnte nicht wissen, dass die Deutschen zur selben Zeit tatsächlich die Lösung der »Judenfrage« planten, allerdings nicht in Warschau oder Lodz oder Lublin. Vielmehr gedachten sie durch die Invasion der Sowjetunion endgültig einen Ort zu erobern, wohin sie die Juden abschieben konnten. Der Krieg nahm eine schicksalhafte Wendung, die für die Juden in ganz Europa verheerende Folgen haben sollte.

V.
Barbarossa – 1941

Planungen für »Sonderaufgaben« in der Sowjetunion

Die Invasion der Sowjetunion am 22. Juni 1941 war ein Wendepunkt im Zweiten Weltkrieg und sollte später als »tragischer Wendepunkt« in der deutschen antijüdischen Politik angesehen werden. Nach Ansicht des Historikers Martin Gilbert wurde jetzt »eine neue Politik verfolgt, die systematische Vernichtung ganzer jüdischer Gemeinden«. Hitler hatte die Invasion allerdings nicht wegen des Antisemitismus und noch nicht einmal wegen des Antibolschewismus (was in seiner Gedankenwelt ungefähr dasselbe war) angeordnet. Vielmehr reagierte er mit seiner Entscheidung auf das strategische Dilemma, vor dem er Mitte 1940 stand, und die Politik gegenüber der jüdischen Bevölkerung war, zumindest in der Anfangsphase des Feldzugs, eine Fortsetzung früherer Ansätze. Gewiss war die Zahl der getöteten Juden weit größer als 1939 in Polen, aber die Welle der gezielten Tötungen sowie die ihr folgenden antijüdischen Vorschriften und die Errichtung von Ghettos zeugten von einer erstaunlichen Kontinuität. Als die antijüdischen Maßnahmen in eine zweite, unvergleichlich zerstörerischere Phase eintraten, war dies eine Folge des militärischen Scheiterns. Mehr als eine vorgefertigte Agenda für die Behandlung der Juden schuf der Kriegsverlauf die Bedingungen für eine mörderische Dynamik von beispiellosem Ausmaß und unfassbarer Brutalität. Beides resultierte aus dem deutschen Grundproblem, wie mit begrenzten Mitteln ein Krieg gegen mächtigere Feinde geführt und gewonnen werden konnte.[1]

Ein Jahr zuvor schien Deutschland auf dem Höhepunkt seiner Macht zu sein. Doch Großbritannien weigerte sich zu kapitulieren, und das Reich sah sich mit der doppelten Verpflichtung belastet, die eroberten Länder zu versorgen und seine Verbündeten zu unterstützen. Aufgrund der anhaltenden britischen Blockade und der Unfähigkeit Frankreichs, Belgiens und der Niederlande (sowie später auch Jugoslawiens und Griechenlands), sich selbst zu ernähren, war es einfach nicht ratsam stillzuhalten. Über kurz oder lang würden der deutschen Industrie die Rohstoffe ausgehen, und das Militär würde die letzten Treibstoffreserven antasten müssen, während Europa von Hunger bedroht wäre. Die bevorstehende Krise war kein Geheimnis: William Shirer wurde von Regierungsvertretern darauf aufmerksam gemacht. In seinem Tagebuch hielt er am 8. August 1940 fest: »Heute teilte uns die Wilhelmstraße [das Auswärtige Amt] mit, dass Deutschland jegliche Verantwortung für eventuell auftretende Nahrungsmittelknappheit in den von der deutschen Armee besetzten Gebieten ablehnt.« Die Gefahr von Versorgungsmängeln im Reich beschwor die Aussicht auf eine sinkende Moral im Innern und eine Wiederholung von 1918 herauf. Dies war durchaus kein Hirngespinst des Regimes: Im Januar 1941 berichtete der amerikanische Konsul in Frankfurt am Main, Sydney B. Redecker, die Bevölkerung sei bedrückt über die zunehmenden Engpässe; »insbesondere die Lebensmittelversorgung ist ein Hauptgrund der Unzufriedenheit«.[2]

Die Sowjetunion bot sich als Ausweg aus dieser misslichen Lage an. Nach einer Besprechung Hitlers mit den Oberbefehlshabern auf dem Berghof am 31. Juli 1940 fasste General Halder dessen Schlussfolgerungen zusammen: »*Ist aber Russland zerschlagen, dann ist Englands letzte Hoffnung getilgt.* Der Herr Europas und des Balkans ist dann Deutschland.« Durch einen Sieg käme Deutschland in den Besitz riesiger Agrarregionen, aus denen die deutsche Bevölkerung ernährt und Getreide an Deutschlands Vasallen geliefert werden könnte; die deutsche Industrie erhielte Zugang zu unbegrenzten Rohstoffquellen, und die Inbesitznahme der größten Erdölfelder Europas würde Deutschland in die Lage versetzen, den Vereinigten Staaten ihre globale Vormachtstellung streitig zu machen. Aber dieselben Faktoren, die Hitler zu dieser Notlösung greifen ließen, machten diesen Schachzug auch äußerst problematisch. Der Angriff würde enorme Ressourcen verschlingen und wäre nicht lange durchzuhalten, denn dem Reich fehlten die Mittel, um einen Feldzug von derartigen Ausmaßen länger als über einige Monate zu führen. Die Feindseligkeiten würden die Versorgungslage erheblich verschlechtern, zumal sie den im deutsch-sowjetischen Abkommen von August 1939 vereinbarten Zufluss von

Getreide, Rohstoffen und Erdöl aus der Sowjetunion unterbrechen würden. Ein schneller Sieg war unabdingbar.[3]

Der Krieg gegen die Sowjetunion war von Anfang an als »koloni-aler Ausbeutungskrieg« geplant. Genauer wäre vielleicht die Bezeichnung »Blitzeinbruch«, denn dem Aufbau einer langfristig angelegten Kolonialverwaltung wurde weniger Aufmerksamkeit geschenkt als der raschen Aneignung von allem Brauchbaren, sei es für den Krieg selbst oder für die Heimatfront. Herbert Backe war ein nationalsozialistischer Ernährungsexperte aus Görings Amt für den Vierjahresplan, zugleich Staatssekretär im Reichsernährungsministerium (und später, pro forma als Minister ohne Geschäftsbereich, dessen Chef); im Winter 1940/41 prophezeite er in einer Denkschrift zur Ernährungslage im Jahr 1941 eine spürbare Knappheit aufgrund der schlechten Ernte. Ungefähr zur selben Zeit legte er in einem Vermerk die Implikationen eines Feldzugs gegen die Sowjetunion dar. Darin hob er den enormen Anstieg der Nachfrage nach Getreide und Fleisch in der UdSSR hervor, der aufgrund der Industrialisierung und des Wachstums der Städte eingetreten sei. Deshalb habe sich der Getreideüberschuss des Landes stetig verringert. Wenn Deutschland die Sowjetunion erobere, würde es nicht genügen, bloß den Überschuss abzuschöpfen; man müsse außerdem den lokalen Verbrauch »herabdrücken«. Darüber hinaus müsse die Wehrmacht, wenn man Versorgungsengpässe für die deutsche Bevölkerung vermeiden wolle, während des Feldzugs und der anschließenden Besetzung aus dem Land leben. Backe stellte unumwunden fest, der Krieg sei »nur weiter zu führen, wenn die gesamte Wehrmacht im 3. Kriegsjahr [1941] aus Russland ernährt wird«. Er rechnete damit, dass Abschöpfung und »Drosselung« in Russland zu einer Hungersnot mit bis zu 30 Millionen Toten führen würden.[4]

Backes Ernährungsprognose hatte, zusammen mit gleichzeitigen Berichten über die Nachschubsituation bei Treib- und Schmierstoffen, tiefgreifende Auswirkungen auf das Denken der Militärs. Im Februar 1941 machte der Chef des Wehrwirtschafts- und Rüstungsamts des OKW, General Georg Thomas, OKW-Chef Keitel darauf aufmerksam, dass man das Heer mit den vorhandenen Mitteln nur bis höchstens September 1941 bei voller Mobilität und maximaler Schlagkraft im Feld halten könne. Im folgenden Monat bildete das OKW einen Wirtschaftsstab Ost, der die Aufgabe hatte, im Zuge eines raschen, erfolgreichen Feldzugs lokale Ressourcen sicherzustellen; die Ernährung der russischen Bevölkerung oder die Wiederankurbelung der russischen Industrie war nicht vorgesehen. Am 2. Mai traf Thomas mit Spitzenbeamten der Reichsministerien für Ernährung und für Wirtschaft sowie anderen Beamten zusammen, um über die Ausbeutung der zu erobernden Gebiete zu sprechen. Bei dieser Gelegenheit wiederholte Backe seine Auffassung, dass es, um sowohl das Heer als auch die Heimat zu ernähren, notwendig sei, die Sowjetunion sämtlicher Ressourcen zu berauben, auch wenn dies den Tod von »zig Millionen Menschen« bedeute. Die Militärs hatten keine Einwände, wichen nur insoweit von Backes Vorschlag ab, als sie es für wünschenswert hielten, zur Erfüllung der unmittelbaren Bedürfnisse der Wehrmacht einen Teil der russischen Industrie weiter produktiv zu halten. Ungeachtet solcher Differenzen im Einzelnen, legte der Wirtschaftsstab Ost am 23. Mai »Wirtschaftspolitische Richtlinien« für den Russlandfeldzug vor, die eine »Drosselung« des lokalen Lebensmittelverbrauchs empfahlen, so dass der größte Teil der Agrarproduktion der Wehrmacht zugutekommen konnte. Darüber hinaus wurde angeregt, Russland in eine Getreidemangelzone im Norden und eine Getreideüberschusszone im Süden zu teilen. In der Nordzone lagen die meisten Großstädte und Industriezentren, während der Süden die fruchtbaren Landwirtschaftsgebiete der Ukraine umfasste. Die Demarkationslinie sollte bewacht werden, um sicherzustellen, dass der Getreideüberschuss des Südens ausschließlich ins Reich exportiert wurde. Damit überantwortete man den Norden dem Hunger: »Viele 10 Millionen von Menschen werden in diesem Gebiet überflüssig und werden sterben oder nach Sibirien auswandern müssen.«[5]

Der geplante Angriff richtete sich nicht nur gegen die Lebensgrundlage der Bevölkerung. Während die Planungen im Frühjahr 1941 auf Hochtouren liefen, verfeinerten Hitler, Himmler und das OKW die Instrumente und Verfahren für die Zerstörung sowohl der militärischen Einrichtungen als auch der politischen Strukturen der UdSSR. Die Wehrmacht plante ihrerseits, die Masse der sowjetischen Armeen in Grenznähe, wo sie stationiert waren, zu stellen und in einer Reihe von Kesselschlachten zu zerschlagen. Man wollte alle verfügbaren Mittel in einen schnellen Ansturm von überwältigender Stärke werfen, mit dem man den sowjetischen Widerstand binnen weniger Wochen zu brechen hoffte. Halder notierte nach einer Besprechung mit Hitler: »Im großrussischen Bereich ist Anwendung brutalster Gewalt notwendig.« Am 30. März 1941 erläuterte Hitler in einer zweieinhalbstündigen Ansprache vor 250 Generälen die politische Dimension des Vorhabens. Halder vermerkte Ausführungen über »[k]oloniale Aufgaben« und den *»Kampf zweier Weltanschauungen gegeneinander«*. Es würde kein gewöhnlicher Krieg werden, wie Halder mit eisiger Klarheit feststellte: »Es handelt sich um einen Vernichtungskampf.«[6]

Die Aufgabe, den Bolschewismus auszumerzen, fiel den politischen Kriegern des Regimes zu: der Sipo und dem SD, unter Mithilfe von Orpo und Waffen-SS. Um Kompetenzstreitigkeiten wie beim Unternehmen Tannenberg zu vermeiden, nahm Heydrich am 13. März 1941 Verhandlungen mit Generalquartiermeister Wagner auf. Zwei Wochen später schloss er mit ihm eine Vereinbarung. Ausgangspunkt waren die vom OKW am selben Tag herausgegebenen »Richtlinien auf Sondergebieten zur Weisung Nr. 21 (Fall Barbarossa)«, die einräumten, dass Himmler als Reichsführer-SS im Operationsgebiet des Heeres »zur Vorbereitung der politischen Verwaltung Sonderaufgaben im Auftrag des Führers, die sich aus dem endgültig auszutragenden Kampf zweier entgegengesetzter politischer Systeme ergeben«, zu erfüllen habe. »Im Rahmen dieser Aufgaben« werde er »selbständig und in eigener Verantwortung« handeln. Die Sipo-SD-Einheiten sollten von der Armee logistisch unterstützt werden und deren Abwehroffiziere und Feldpolizeieinheiten die Verbindung zu ihnen halten. Ansonsten sollten die Sipo-SD-Einheiten nach Gutdünken gegen die Zivilbevölkerung vorgehen können.[7]

Ganz im Sinne seiner Einschätzung des bevorstehenden Kampfs gewährte Hitler – und das OKW verteilte den entsprechenden »Erlass über die Kriegsgerichtsbarkeit im Gebiet ›Barbarossa‹« anstandslos an die Truppe – den Wehrmachtangehörigen rechtliche Immunität für ein rücksichtsloses Vorgehen gegen Zivilisten. Durch den Erlass wurde die Einberufung von Kriegs- und Standgerichten überflüssig; jeder Soldat durfte im Falle eines Angriffs individuelle »feindliche Zivilpersonen« oder »Freischärler« »mit den äußersten Mitteln bis zur Vernichtung des Angreifers niedermachen«. Bei kollektiven Gewaltmaßnahmen war der Befehl mindestens eines Bataillonskommandeurs erforderlich. In »Richtlinien für das Verhalten der Truppe in Russland« erklärte das OKW im Mai 1941, dass der Krieg nicht innerhalb der üblichen Parameter geführt werden würde. Gnade solle weder gewährt noch erwartet werden, denn der Bolschewismus sei »der Todfeind des nationalsozialistischen deutschen Volkes«. Dieser Kampf verlange »rücksichtsloses und energisches Durchgreifen gegen bolschewistische Hetzer, Freischärler, Saboteure, Juden und restlose Beseitigung jedes aktiven oder passiven Widerstandes«. Schließlich wurden die Wehrmachtangehörigen durch den am 6. Juni 1941 erteilten Kommissarbefehl (»Richtlinien für die Behandlung politischer Kommissare«) angewiesen, Einheiten der Roten Armee zugeteilte Parteifunktionäre von den übrigen Gefangenen abzusondern und umgehend zu erschießen.[8]

Trotz der gewohnheitsmäßigen Verknüpfung von Judentum und Bolschewismus und obwohl man wusste, dass das »Judentum … in der UdSSR stark vertreten« war (so die »Richtlinien für das Verhalten der Truppe in Russland«), schob man die Planungen für die jüdische Bevölkerung lange hinaus und blieb auch dann, als man sich ihr zuwandte, eher vage. Nach Hitlers Überzeugung standen die Juden selbstverständlich hinter jeder Veränderung der geostrategischen Konstellation. In seinen Augen war der Angriff auf die Sowjetunion ein Schlag gegen die »jüdische« Blockade Deutschlands, die angeblich von Juden aufrechterhalten wurde, die in Washington, London und Moskau die Fäden zogen. Als das deutschfreundliche Regime in Jugoslawien im März 1941 gestürzt wurde und Belgrad anschließend einen Freundschaftsvertrag mit der Sowjetunion schloss, gab Hitler einem »Komplott der jüdisch-angelsächsischen Kriegsanstifter und der ebenso jüdischen Machthaber der bolschewistischen Moskauer Zentrale« die Schuld. Dennoch befand sich die nationalsozialistische Judenpolitik überall auf dem Kontinent weiterhin in einer »Warteschleife« (Saul Friedländer), die durch verschiedene Varianten von Emigrationsförderung, Aussonderung, Isolierung und Ausbeutung gekennzeichnet war. Die Planungen für das Unternehmen Barbarossa stießen keinerlei die Juden betreffende Initiativen an.[9]

Himmler und Heydrich ging es bei ihrem Bestreben, die Judenpolitik im bevorstehenden Kampf unter ihre Kontrolle zu bekommen, ebenso um die Ausweitung ihrer Macht und den Ausgleich von Rückschlägen, die sie nach dem Westfeldzug erlitten hatten, wie um die Verwirklichung einer Vision. Insbesondere Himmler war erpicht darauf, Hitler zu beweisen, dass er – anders als bei der enttäuschenden, weil stockenden Ansiedlung von Volksdeutschen in Polen – fähig war, in der Ukraine weitreichende Kolonisierungspläne umzusetzen. Je näher der Angriffstermin rückte, desto grandioser wurden die Phantasien vom »Lebensraum«. Heydrich für seinen Teil war entschlossen, sich als Ordnungsgarant zu etablieren und zu verhindern, dass die Wehrmacht, wie in Frankreich, die Zuständigkeit für Sicherheitsbelange in die Hände bekam. Deshalb hatte er eine Kampagne von zügellosem Terror im Sinn, mit der kein anderes Sicherheitsorgan würde mithalten können. Da Sicherheit eine Voraussetzung für eine Siedlungskampagne war, stand Himmler hinter ihm und stellte nur zu gerne seine Truppen zur Verfügung. Abgesehen von unmittelbar die Juden betreffenden Sicherheitsfragen, scheint die Gesamtstrategie ihnen gegenüber in einer Fortsetzung des aus Polen Bekannten bestanden zu haben: Vertreibung in ein Gebiet am Rand oder knapp hinter der Grenze des nationalsozialistischen Machtbereichs. Daher kam man bis in die letzten Tage vor der Invasion auf die Juden vor allem im Zusammenhang mit Sicherheits- und Zuständigkeitsfragen sowie der Möglichkeit zu sprechen, das Territorium jenseits des Urals als Abladeplatz für das europäische Judentum zu nutzen. Die einzige Neuerung bestand darin, dass die »territoriale Lösung« (Vertreibung) jetzt auf das Ziel ausgerichtet war, das sich während der Madagaskar-Episode herauskristallisiert hatte: die Entfernung *aller* Juden aus *allen* Regionen unter deutscher Vorherrschaft.[10]

Die der SS übertragenen »Sonderaufgaben« sollten wie in Polen von sogenannten Einsatzgruppen (EG) ausgeführt werden. Im März und April wählten Bruno Streckenbach, der Personalchef des RSHA, und Heydrich die Kommandeure der Einsatzgruppen und ihrer Untereinheiten, der Einsatzkommandos (EK) und Sonderkommandos (SK), aus. Die Führungsriege setzte sich fast ausschließlich aus hohen Mitarbeitern des RSHA zusammen, insbesondere aus den Reihen der Abteilungsleiter von Gestapo, Kripo und SD; mehr als die Hälfte waren Offiziere von Sipo und SD, der ideologischen Kernmannschaft der SS. Viele Angehörige der unteren Ränge, vom Glauben an den Nationalsozialismus durchdrungene junge Männer, kamen direkt von der Führerschule der Sipo. Im Mai und Juni wurden diese Kader in der Grenzpolizeischule Pretzsch/Elbe in ihre Aufgaben eingewiesen. Gleichzeitig zog das RSHA Hilfskräfte zusammen und stellte das Reserve-Polizeibataillon 9 sowie Teile der 1. SS-Infanterie-Brigade als Mannschaften ab.[11]

Mit 600 bis 1000 Männern (und einigen Frauen für Büro- und Kommunikationsaufgaben) hatten die Einsatzgruppen ungefähr Bataillonsstärke. Sie waren motorisiert und in flexible Einheiten von Zug- bis Kompaniestärke gegliedert, so dass sie schnell auf Gelegenheiten oder Notfälle reagieren und einen großen Raum abdecken konnten. Ihre Gesamtstärke überschritt jedoch nie 3000 Mann. In Bezug auf Treibstoff, Verpflegung und Unterkünfte stützten sie sich auf das Heer. In problematischen Situationen mussten sie es zudem um Truppenhilfe bitten, während die Wehrmacht umgekehrt die Einsatzgruppen häufig zur Verstärkung gefährdeter Frontabschnitte heranzog.[12]

Die Einsatzgruppe A unter Walter Stahlecker war dem Baltikum zugeteilt und sollte im rückwärtigen Gebiet der Heeresgruppe Nord operieren. Die Einsatzgruppe B unter Arthur Nebe, dem Chef der Kriminalpolizei, war für Weißrussland zuständig; sie würde der Heeresgruppe Mitte folgen. Die Einsatzgruppe C unter Otto Rasch sollte im Operationsraum der Heeresgruppe Süd in der Nord- und Mittelukraine agieren; Rasch war von seinem Posten als Chef der Sipo und des SD in Königsberg abkommandiert worden. Die Einsatzgruppe D unter Otto Ohlendorf, dem Leiter des RSHA-Amts III (SD-Inland), folgte in der Südukraine der 11. Armee.[13]

In Pretzsch waren die Offiziere über ihre umfangreichen Aufgaben ins Bild gesetzt worden. Von ihnen wurde erwartet, das rückwärtige Gebiet der Front zu sichern, indem sie Widerstand aufspürten und ausschalteten. Außerdem sollten sie das RSHA mit Informationen über die politische Lage, die Stimmung in der Bevölkerung und die wirtschaftliche Situation versorgen. Diese Stimmungsberichte sollten, ähnlich wie die Geheimberichte aus dem Reich, die der SD seit Mitte der 1930er Jahre sammelte, regelmäßig an die Gestapo-Zentrale geschickt werden, die sie analysieren, aufbereiten und verteilen würde. Außerdem sollten die Berichte genaue Angaben über Verhaftungen und Exekutionen enthalten. In für ihn typischer Weise zog Himmler eine zusätzliche Führungsebene, bestehend aus ihm direkt verantwortlichen Offizieren, ein, den Höheren SS- und Polizeiführern. Jeder Heeresgruppe wurde ein solcher HSSPF zugeordnet: Hans Prützmann dem Norden, Erich von dem Bach-Zelewski der Mitte und Friedrich Jeckeln dem Süden. Diese Männer sollten sowohl eine grundlegende Befehls- und Überwachungsfunktion ausüben als auch umfangreiche eigene Truppen zur Unterstützung der Einsatzgruppen einsetzen können.[14]

Da kaum zeitgenössische Dokumente darüber erhalten sind, lässt sich die Einweisung der Einsatzgruppenoffiziere nur bruchstückhaft rekonstruieren. Man kann jedoch mit großer Sicherheit annehmen, dass sie den Auftrag erhielten, Juden, die sich glaubhaft mit der Sowjetmacht in Verbindung bringen ließen, zu verhaften und hinzurichten. Dies ist einem übelgelaunten Rundschreiben an die HSSPF zu entnehmen, das Heydrich zehn Tage nach dem Beginn des Unternehmens Barbarossa versandte, um sie über die Richtlinien für die Tätigkeit von Polizei und Einsatzgruppen zu informieren. »Nachdem der Chef der Ordnungspolizei [Daluege] die zum Einsatz Barbarossa befohlenen Höheren SS- und Polizeiführer zu Besprechungen nach Berlin eingeladen hatte, ohne mich hiervon rechtzeitig zu unterrichten, war ich leider nicht in der Lage, Sie ebenfalls mit grundsätzlichen Weisungen für den Geschäftsbereich der Sicherheitspolizei und des SD zu versehen.« Deshalb wolle er ihnen auf diesem Wege die von ihm »den Einsatzgruppen und -kommandos der Sicherheitspolizei und des SD gegebenen wichtigsten Weisungen mit der Bitte, sich dieselben zu eigen zu machen«, mitteilen. Unter der Überschrift »Exekutionen« führte er dann aus: »Zu exekutieren sind alle Funktionäre der Komintern (wie überhaupt die kommunistischen Berufspolitiker schlechthin), die höheren, mittleren und radikalen unteren Funktionäre der Partei, des Zentralkomitees, der Gau- und Gebietskomitees, Volkskommissare, Juden in Partei- und Staatsstellungen, sonstige radikale Elemente (Saboteure, Propagandeure, Heckenschützen, Attentäter, Hetzer usw.) …« Einschränkend fügte er hinzu, dies gelte nicht, wenn sie als Informationsquelle nützlich »oder für den wirtschaftlichen Wiederaufbau der besetzten Gebiete besonders wichtig« seien. Spontanen Aktionen gegen Juden sollten die Einsatzgruppen nicht entgegentreten: »Den Selbstreinigungsversuchen antikommunistischer oder antijüdischer Kreise in den neu zu besetzenden Gebieten sind keine Hindernisse zu bereiten. Sie sind im Gegenteil, allerdings *spurenlos*, zu fördern.« Dies war eine Aufforderung, ein Chaos zu entfachen, wie es 1938 nach dem Anschluss Österreichs und 1939 durch die Übergriffe der Volksdeutschen in Polen entstanden war, allerdings mit dem bemerkenswerten Unterschied, dass Heydrich *nicht* wollte, dass die SS dafür verantwortlich gemacht wurde.[15]

Durch den Verweis auf die Aufgaben der Einsatzgruppen wollte Heydrich jeden Zweifel daran ausräumen, wer den Befehl über sie innehatte und was ihr Auftrag war. Das Schreiben ist ein schlagender Beweis für die planlose Vorbereitung des Einsatzes und die wie üblich verwirrende Befehlskette. Außerdem ist es insofern von Bedeutung, als es die überragende Rolle der Einsatzgruppen für die »Sicherungsaufgaben« unterstellt: Die Ermordung von Juden war ein Unteraspekt der größeren Zielsetzung, die besetzten Gebiete von Kommunisten zu säubern, die Macht der Kommunistischen Partei zu brechen und die Führungsschicht der sowjetischen Gesellschaft auszurotten.

Die Juden unter sowjetischer Herrschaft

In der Sowjetunion lebten am Vorabend des Unternehmens Barbarossa etwas mehr als drei Millionen Juden, die rund 1,8 Prozent der Bevölkerung ausmachten. So groß ihre Rolle in der Phantasie der Nationalsozialisten auch war, so gering war ihr Einfluss in Stalins Sowjetunion; sie besaßen buchstäblich keine Macht, und immer mehr von ihnen hatten aufgehört, Juden zu sein. Ihre Vorfahren hatten seit dem 18. Jahrhundert in vom Russischen Reich beherrschten Territorien gelebt, waren aber ganz überwiegend auf das westliche, vormals zu Polen gehörende Grenzgebiet, den sogenannten Ansiedlungsrayon, beschränkt gewesen. Durch Niederlassungsvorschriften gezwungen, in Hunderten von kleineren und größeren Städten im übervölkerten und verarmten Rayon zu leben, litten sie unter staatlicher Diskriminierung und regelmäßigen antijüdischen Gewaltausbrüchen. Doch das russische Judentum war außerordentlich widerstandsfähig und erfindungsreich; es war die Quelle zahlreicher moderner jüdischer Ideologien.[16]

Unter Lenin und Stalin erlebten die russischen Juden einen atemberaubenden Wandel. Vor 1917 hatten sie zumeist Jiddisch gesprochen; sie waren gläubig gewesen und hatten ihren Lebensunterhalt als Händler oder Handwerker verdient. Nach der Abschaffung der Restriktionen in Bezug auf Wohnort, Bildung und Beruf konnten die Juden in die Großstädte ziehen und sowohl vom enormen Wachstum des staatlichen Sektors als auch von der raschen Industrialisierung profitieren. In den 1930er Jahren lebten sie mehrheitlich in Städten und arbeiteten im kaufmännischen und administrativen Bereich oder den akademischen Berufen. In Moskau lebten 125 000 Juden, in Kiew 224 000 und in Leningrad 200 000. Fast 90 Prozent der jüdischen Bevölkerung waren Städter, und gut die Hälfte war auf nur elf Städte konzentriert. Rund 290 000 Juden arbeiteten in der kollektivierten Landwirtschaft, vor allem in der Südukraine und auf der Krim. In manchen Bezirken gab es eine lokale Selbstverwaltung. Obwohl die Glaubensausübung seit der Revolution unterdrückt wurde, waren die Juden als eigene Volksgruppe anerkannt und besaßen in den 1920er Jahren eine weitgehende kulturelle Autonomie. Damit war nach Stalins Aufstieg zum Alleinherrscher Schluss: Die Verwendung des Jiddischen wurde eingeschränkt, und im folgenden Jahrzehnt verschwand nach und nach die jüdische Identität, während die Juden in die sowjetische Gesellschaft integriert wurden. Dennoch blieben antijüdische Vorurteile bestehen. Obwohl der Antisemitismus offiziell verpönt war, trug er zur schrittweisen Entfernung von Juden aus Machtpositionen in Partei und Staat bei. Ende der 1930er Jahre fielen die Juden, die einst eine unverhältnismäßig große Rolle in der Führung der revolutionären Bewegungen in Russland und in der Regierung der UdSSR gespielt hatten, in den Führungsetagen hauptsächlich durch Abwesenheit auf.[17]

Durch die sowjetische Expansion in Gebiete, wo schon seit langem viele Juden lebten, war die jüdische Bevölkerung in der Sowjetunion erheblich gewachsen. Gemäß dem Abkommen mit NS-Deutschland vom August 1939 hatte die Sowjetunion Ostpolen besetzt und sieben Monate später Litauen, Lettland und Estland sowie den Osten Rumäniens (Bessarabien und die Nordbukowina) annektiert, allesamt Gebiete, die einst zum Russischen Reich gehört hatten. Diese Annexionen erhöhten nicht nur die Zahl der jüdischen Sowjetbürger, sondern hatten auch eine verheerende Wirkung auf die jüdischen Gemeinden und vergifteten das Verhältnis zwischen Juden und Nichtjuden in diesen Regionen.

Die jüdische Bevölkerung Ostpolens umfasste laut der polnischen Volkszählung von 1931 1,3 Millionen Menschen; im Juni 1941 dürfte ihre Zahl aufgrund von Fluchtbewegungen eher bei 1,5 Millionen gelegen haben. Die größte Konzentration befand sich im Norden in Białystok, einer Stadt mit gut entwickelter Textilindustrie und einer langen Tradition jüdischer politischer Aktivität. 1897 zählte sie 42 000 jüdische Einwohner, die 64 Prozent der Gesamtbevölkerung ausmachten. In Grodno lebten rund 25 000 Juden. Polesien in der Mitte Ostpolens, einst das Kernland des alten jüdischen Siedlungsgebiets, war die Heimat von bis zu einer halben Million Juden, die auf zahlreiche Dörfer, Gemeinden und Städte wie Pinsk und Slonim (mit 20 000 beziehungsweise 16 000 jüdischen Einwohnern) verstreut waren. In Wolhynien lebte eine Viertelmillion Juden, die meisten von ihnen in größeren Städten. In Rowno, Luzk und Kowel stellten sie, bei einer Kopfzahl von bis zu 25 000 Menschen, bis zu 40 Prozent der Bevölkerung. In vielen kleineren Ortschaften stellten Juden 50 bis 60 Prozent der Bevölkerung, auch wenn ihre Zahl nur einige Hundert oder Tausend Einwohner betrug. Juden waren in diesen Regionen ein bedeutender Faktor im Handel. Viele von ihnen arbeiteten auch im Handwerk oder in kleinen Fabriken. Im Süden, in Galizien, lebten über eine halbe Million Juden, ungefähr ein Fünftel von ihnen in der Provinzhauptstadt Lemberg. Aufgrund des Flüchtlingsstroms aus dem deutsch besetzten Ostpolen stieg die Zahl der Juden in Lemberg jedoch auf über 200 000. Die Stadt besaß eine große, weltoffene jüdische Mittelschicht, die ihren Lebensunterhalt als Freiberufler oder Unternehmer in Handel und Gewerbe verdiente. Einen beträchtlichen Teil der jüdischen Gemeinde bildeten zumeist Jiddisch sprechende, strenggläubige kleine Handwerker und Händler. Die ländlichen Gebiete waren voller Dörfer und Kleinstädte mit einem hohen Anteil jüdischer Einwohner. Diese Schtetl-Juden, von denen viele Bauern waren oder in der Landwirtschaft arbeiteten, waren vom orthodoxen Glauben, insbesondere vom Chassidismus, durchdrungen. Galizien hatte zum Habsburgerreich gehört, in dem Juden seit 1867 gleichberechtigt gewesen waren. Doch Lemberg und seine Umgebung waren ein Treibhaus nationaler und ethnischer Rivalitäten zwischen Polen, Ukrainern und Juden.[18]

In Litauen lebten vor dem Krieg annähernd 147 000 Juden; durch den Zustrom von Flüchtlingen aus Polen war ihre Zahl auf über 240 000 gestiegen. Die einheimische jüdische Bevölkerung blickte auf eine lange, herausragende Geschichte zurück, befanden sich in Litauen doch einige der weltweit führenden Talmudhochschulen. Die Juden konzentrierten sich vor allem in den wichtigsten Städten Kaunas und Wilna, aber daneben gab es Hunderte kleiner Schtetl, deren Einwohner ein einfaches, von traditioneller strenger Gläubigkeit geprägtes Leben führten. In den 1920er Jahren hatten die litauischen Juden ein großes Maß an kultureller Autonomie genossen, so dass neben einer breiten Vielfalt kultureller und politischer Aktivitäten jiddisch- und hebräischsprachige Schulen gedeihen konnten. Allerdings wurde diese Entwicklung in den 1930er Jahren durch den Zusammenbruch der Demokratie und die Etablierung eines autoritären Regimes gestoppt.

In den Jahren vor der sowjetischen Annexion wurden rechtsgerichtete nationalistische Bewegungen, die Deutschland und dem Nationalsozialismus positiv gegenüberstanden, immer stärker, und nach der Einführung des Sowjetsystems flohen viele führende Nationalisten nach Deutschland, wo sie in Vorbereitung auf die russisch-deutsche Auseinandersetzung Förderung erfuhren.[19]

Eine ähnliche Entwicklung vollzog sich in Lettland. Die rund 95 000 jüdischen Einwohner der Republik waren in drei Städten konzentriert, in Riga, Libau (Liepāja) und Dünaburg (Daugavpils); sie verdienten ihren Lebensunterhalt überwiegend in Handel und Gewerbe oder in akademischen Berufen. Daneben gab es auch hier viele kleine Landgemeinden. In den 1920er Jahren hatten die Juden von der rechtlichen Gleichstellung profitiert. Der toleranten Atmosphäre jener Jahre hatte jedoch 1934 ein faschistischer Staatsstreich ein Ende bereitet, der den zahlreichen nationalistischen und antisemitischen Gruppen Auftrieb gab. Die Führer dieser Bewegungen waren deutschfreundlich eingestellt, und viele von ihnen flohen ins Reich, als dem Land 1940 die Sowjetherrschaft aufgezwungen wurde. Sie arbeiteten in Erwartung des Bruchs zwischen Hitler und Stalin für deutsche Nachrichtendienste und die Wehrmacht. In Estland gab es nur eine kleine jüdische Gemeinde von 4500 Menschen, die fast alle in der Hauptstadt Tallinn lebten.[20]

Im Baltikum wie in Ostpolen und Bessarabien begrüßten viele Juden, insbesondere altgediente Kommunisten und junge Leute, den sowjetischen Einmarsch. Nachum Alpert aus Slonim schrieb später, die Juden hätten die Rote Armee »freudig und erleichtert« willkommen geheißen, weil sie »ein Ende des polnischen Antisemitismus gespürt« hätten. »Keine Diskriminierung und Erniedrigung von Juden mehr … Und, wichtiger noch, keine Gefahr mehr, den mörderischen Hitlerschergen in die Hände zu fallen.« Moty Stromer, ein kleiner Geschäftsmann aus Lemberg, war erleichtert: »Die Sowjetherrschaft machte viele Juden zu Menschen.« Dies mag nur die Perspektive einiger junger Idealisten gewesen sein, aber solche Einstellungen färbten ab auf die Wahrnehmung von Polen, die plötzlich von der Macht verdrängt und verfolgt wurden. Tatsächlich nahm der sowjetische Sicherheitsapparat auch den jüdischen Gemeinden die Führung, indem er Amtsträger verhaftete und neben politischen auch religiöse Einrichtungen auflöste. Während einige kleine Händler und Handwerker von der Sowjetisierung der Wirtschaft profitierten, galten jüdische Fabrikbesitzer und Kaufleute als Kapitalisten; ihre Unternehmen wurden verstaatlicht. Auch Freiberufler erlitten einen herben Schlag. Ein Opfer der neuen kommunistischen Ordnung war Simon Wiesenthal, ein junger Architekt aus Lemberg. Er wurde von der sowjetischen Geheimpolizei verhört und verlor sowohl seine Arbeitsstelle als auch seine Wohnung. Unter den Juden im annektierten Ostpolen kursierte der Witz, sie wären der Todesstrafe unter den Deutschen entgangen, nur um unter den Sowjets lebenslang in Haft zu kommen.[21]

Einige wenige Juden erhielten Posten im lokalen Staats- und Sicherheitsapparat, aber auf Beförderungen konnten sie ebenso wenig hoffen wie ihre jüdischen Kollegen in den alten Sowjetrepubliken. Tausende als Kapitalisten oder Gegner des Kommunismus verdächtigte Juden wurden 1939/40 verhaftet, und bis zu 260 000 (einschließlich des größten Teils der aus Westpolen geflohenen Juden), die sich Mitte 1940 weigerten, die sowjetische Staatsbürgerschaft anzunehmen, wurden in Lager in Sibirien und Zentralasien deportiert. Dennoch verbreitete sich die Überzeugung, die Juden hätten die sowjetische Herrschaft gutgeheißen und mit den Besatzern kollaboriert. Dass sowohl in absoluten Zahlen als auch im Verhältnis zu ihrem Bevölkerungsanteil mehr Polen, Ukrainer, Litauer und Letten sich auf die Seite des Sowjetregimes schlugen, machte kaum Eindruck und hielt rechte Agitatoren nicht davon ab, mit verdeckter Unterstützung der Nationalsozialisten den Mythos zu verbreiten, alle Juden seien Kommunisten und Verräter. Folgerichtig entfachten von Deutschland ausgebildete Emigranten, als die Sowjetmacht nach Beginn des Unternehmens Barbarossa ins Wanken geriet, mit Hilfe deutscher Spezialtruppen Aufstände, die sich fast ebenso vehement gegen die Juden wie gegen die Rote Armee richteten.[22]

Die Einsatzgruppen

Am 22. Juni 1941 um 3.15 Uhr entfesselte die deutsche Artillerie ein massives Bombardement der sowjetischen Grenzbefestigungen, während drei Luftflotten der am Boden befindlichen sowjetischen Luftwaffe einen vernichtenden Schlag zufügten. Dann überschritten drei Millionen Soldaten mit 3600 Panzerfahrzeugen, 600 000 Halbkettenfahrzeugen, Lastwagen und Zugmaschinen sowie 625 000 Pferden, die Kanonen und Versorgungswagen zogen, die sowjetische Grenze. Ihnen folgte auf den Fersen die Vorhut der Einsatzgruppen, und zwar so dicht, dass Sipo- und SD-Männer regelmäßig in die Kämpfe zur Säuberung der auf dem Weg der Invasoren liegenden Städte verwickelt wurden. Der Fortgang der Kämpfe bestimmte, wo die Einsatzgruppen operieren konnten und wie lange sie an einem Ort blieben. Außerdem beeinflusste das Kampfgeschehen die Ansichten im Führerhauptquartier über die künftige Politik sowohl in ziviler als auch in militärischer Hinsicht. Deshalb war der räumliche und zeitliche Verlauf des Feldzugs für das Schicksal der Juden von entscheidender Bedeutung.[23]

Die Heeresgruppe Nord unter Generalfeldmarschall Wilhelm Ritter von Leeb rückte in Litauen, von nationalistischen Partisanen unterstützt, rasch vor. Anfang Juli hatte sie Litauen überrannt und Südlettland bis nach Riga und an die Düna gesichert. Die gepanzerten und motorisierten Divisionen der Heeresgruppe Mitte durchbrachen die sowjetischen Grenzbefestigungen und stießen in zehn Tagen rund 600 Kilometer vor. Durch eine Reihe von Zangenbewegungen wurden die in Westweißrussland konzentrierten sowjetischen Armeen von ihren Befehlszentren und Nachschublinien abgeschnitten. Am 28. Juni fiel Minsk; es dauerte allerdings noch eine Woche, bis der riesige, sich westwärts bis nach Białystok erstreckende Kessel, in dem 300 000 Rotarmisten festsaßen, aufgelöst war. Unterdessen sperrten die Vorauseinheiten der Heeresgruppe die Landbrücke zwischen Dnjepr und Düna, die historische Route nach Moskau. Am 15. Juli wurde durch eine weitere Zangenbewegung Smolensk genommen; diesmal konnten sich allerdings große sowjetische Truppenverbände der Einkreisung entziehen. Die erschöpften deutschen Divisionen stießen jetzt auf immer stärkeren Widerstand und mussten zahlreiche heftige Gegenangriffe abwehren. Vier Tage später wies Hitler die Heeresgruppe Mitte an, in die Defensive zu gehen.[24]

Die Massenexekutionen von jüdischen Männern begannen, sobald deutsche Truppen ins sowjetisch besetzte Litauen eingerückt waren. Tatsächlich wurden sie mit den ersten verlustreichen Scharmützeln mit russischen Grenztruppen gerechtfertigt. Wie im September 1939 in Polen gab die Wehrmacht zum Teil der skrupellosen Taktik des Feindes und dem Einsatz von Freischärlern die Schuld an den eigenen Verlusten. Kommunisten und jüdische Zivilisten standen generell unter Verdacht, auf deutsche Soldaten zu schießen, und wurden deshalb sofort zusammengetrieben und den Erschießungskommandos übergeben. Die Erschießung von Juden in Grenzstädten war auch typisch für den Ad-hoc-Charakter der Operationen, für die Männer aus den Einsatzgruppen, den regulären Truppen, der Polizei und den Zivilbehörden, in diesem Fall der Zolldienststelle in Tilsit, herangezogen wurden. Auch ortsansässige Litauer beteiligten sich, indem sie Verdächtige identifizierten und bald auch direkt an den Massakern teilnahmen. Aber so planlos diese Trupps zusammengewürfelt sein mochten, so waren sie doch von tödlicher Effizienz: Bis zum 18. Juli wurden »bei der Säuberungsaktion jenseits der ehemal. sowjetrussisch-litauischen Grenze insgesamt 3302 Personen [Juden] liquidiert«. Derart zahlreiche Tötungen waren nur aufgrund eines mörderischen Konsenses zwischen den verschiedenen Ämtern und Dienststellen möglich. Die weithin geteilte Überzeugung, dass die Juden der Feind seien, in Kombination mit fehlendem Widerspruch gegen diese Auffassung ermöglichte es, eine erhebliche Zahl von Männern zu mobilisieren, um in atemberaubendem Umfang Juden aufzuspüren und zu vernichten.[25]

Die Einheiten der Einsatzgruppe A eilten von Tilsit aus über die Grenze nach Kaunas, das sie am 25. Juni erreichten, und zwei Tage später zogen Unterabteilungen in Libau, Mitau (Jelgava) und Schaulen (Šiauliai) ein. In der ersten Juliwoche kam Stahleckers Stab nach Riga, während das EK 1b der Wehrmacht nach Dünaburg folgte. Noch bevor deutsche Soldaten und Sipo-Einheiten in diese Städte einmarschierten, fielen litauisch-nationalistische Partisanengruppen über die jüdischen Einwohner her. Rund 5000 Juden wurden von Mitgliedern der Litauischen Aktivistenfront und Volksdeutschen auf der Straße aufgegriffen oder aus ihren Wohnungen gezerrt und ermordet. Epizentrum der Gräuel war Kaunas, das vor dem Krieg die provisorische Hauptstadt von Litauen und Brennpunkt der nationalistischen Agitation gewesen war. Der Jurist Abraham Golub (ab 1950 Abraham Tory) führte während der Besatzung ein Tagebuch, in dem er festhielt, wie bestürzt die Juden waren, plötzlich der Wut des Mobs ausgesetzt zu sein. Die Litauer »verhehlten ihre Freude über den Kriegsausbruch nicht: Sie sahen ihren Platz auf der Seite des Hakenkreuzes und drückten dies offen aus.« Nach dem Rückzug der Roten Armee und dem Zusammenbruch der Sowjetmacht waren die Juden »als Freiwild zurückgeblieben; sie zu jagen war nicht unprofitabel … Schlachte die Juden ab und nimm dir ihr Eigentum – das war der oberste Leitspruch der wiederhergestellten litauischen Herrschaft.« Die Erniedrigung strenggläubiger Juden, die an ihren Bärten und ihrer Kleidung zu erkennen waren, wurde zur Routine, und in der Slabodka-Jeschiwa wurden Hunderte von Studenten und ihre Rabbiner massakriert. Lange Kolonnen von Männern wurden aus der Stadt geführt, so dass ihre Wohnungen Eindringlingen offenstanden. »Viele Juden wurden in ihren Wohnungen ermordet. Raub und Plünderung folgten. Es gab Fälle, dass Frauen vergewaltigt wurden, während Plünderung und Mord im Gang waren.« Bei einem besonders grausamen Vorfall wurden vierzig jüdische Männer auf einer Tankstelle zusammengetrieben und von litauischen Patrioten mit Eisenstangen zu Tode geprügelt – mitten am Nachmittag und unter den Augen einer Zuschauermenge, darunter deutsche Soldaten, die das Verbrechen filmten und photographierten.[26]

Karl Jäger, der Kommandeur des EK 3, traf mit seiner Einheit am 7. Juli in Kaunas ein, um für Sicherheit und Ordnung zu sorgen. Da sein Kommando aus nur knapp 140 Mann bestand, brauchte er die örtliche Polizei und die Miliz, die litauische Politiker in dem – bald enttäuschten – Glauben, die Deutschen würden ihnen die Unabhängigkeit gewähren, aufgestellt hatten. Diese Hilfskräfte, Schutzmannschaften genannt, wurden für die Umsetzung der antijüdischen Politik unverzichtbar. Nunmehr unter deutscher Leitung, führten sie systematisch Razzien durch und brachten jüdische Männer in die aus der Zarenzeit stammenden ungenutzten Befestigungen am Stadtrand. Die Forts VII und IX, düstere, furchteinflößende Bauwerke mit vielen unterirdischen Kammern, wurden in Gefängnisse umgewandelt. Sie waren lediglich Zwischenstationen: Die Forts waren von tiefen Gräben umgeben, die sich sowohl als Erschießungsplätze wie auch als Grabstätten eigneten. Zwischen dem 7. und 14. Juli wurden hier 5000 jüdische Männer ermordet.[27]

Die Juden waren entsetzt über die Haltung der örtlichen Bevölkerung. Während einige mutige Litauer Juden Zuflucht gewährten, unterstützte die große Mehrheit der Menschen in der Stadt und auf dem Land die Mörder oder hielt sich raus. Als es einer jüdischen Abordnung gelang, zum Außenminister der kurzlebigen provisorischen Regierung Litauens vorzudringen und ihn um sein Eingreifen zu bitten, entgegnete er, die jüdische Reaktion auf die sowjetische Besetzung habe offenbart, dass es »keinen gemeinsamen Weg mit den Juden« gebe und nie geben werde. Außerdem unterstützte er die deutsche Absicht, ein Ghetto zu errichten: »Litauer und Juden müssen getrennt werden.«[28]

Am 10. Juli wies die Militärverwaltung, nachdem sie bereits die Kennzeichnung von Juden durch eine Armbinde mit dem Davidstern angeordnet und sie mit einer Ausgangssperre belegt hatte, alle jüdischen Einwohner von Kaunas an, in den heruntergekommenen Vorort Vilijampolė umzuziehen. Ohne die Proteste von Juden zu beachten, dass es dort an elementarer Infrastruktur und Raum mangele, setzte man ihnen eine Frist bis zum 15. Oktober. Unterdessen nahmen Jägers EK 3 und die Schutzmannschaften (die trotz der Auflösung der litauischen provisorischen Regierung im August weiter kooperierten) unablässig Verhaftungen und Exekutionen vor. Die Aktionen richteten sich vornehmlich gegen jüdische Männer im mehr oder weniger wehrfähigen Alter. Zwar waren auch 740 jüdische Frauen unter den Opfern, aber Hunderte, die ins Fort IX verschleppt worden waren, wurden wieder freigelassen. Bis Mitte August wurden in den Forts 8200 Juden erschossen.[29]

Die litauische Hauptstadt Wilna fiel am 30. Juni. Wenige Tage später traf der Stab der Einsatzgruppe B ein, zog dann aber weiter und überließ die Stadt dem Einsatzkommando 9. Da ein großer Teil der Bevölkerung Polen waren, fiel es den Sipo-Leuten hier schwerer, »Selbstreinigungsaktionen« anzuzetteln. Doch binnen kurzem konnte Alfred Filbert, der Kommandeur des EK 9, Teams aus litauischen Ordnungspolizisten aufstellen und war mit dieser Verstärkung in der Lage, mit der Erschießung von täglich 500 Juden zu beginnen. Die Atmosphäre in der von Angst erfassten Stadt hat Herman Kruk, ein jüdischer Sozialist und Kulturfunktionär, der im Oktober 1939 aus Warschau nach Wilna geflohen war, in seinem Tagebuch eingefangen. Am Tag nach dem Beginn der Invasion entschloss er sich zu bleiben und aufzuschreiben, was geschah: »Ich gebe mich in die Gnade Gottes; ich bleibe. Und gleichzeitig treffe ich eine andere Entscheidung: Wenn ich bleibe und zum Opfer des Faschismus werde, werde ich einen Stift in die Hand nehmen und eine Chronik der Stadt schreiben.« Trotz seines bemerkenswerten Muts befand er sich wenig später auf der Flucht und verbrachte jede Nacht in einer anderen Unterkunft, um den »litauischen Häschern« der Ipatinga-Buris-Miliz zu entkommen, die nach jüdischen Männern suchten. Kruk beobachtete, dass deutsche Soldaten zuschauten, lachten und filmten, wenn Litauer fromme Juden drangsalierten und zusammenschlugen. Es kam allerdings auch vor, dass ein empörter Deutscher einen Juden vor dem Mob rettete. Anfang Juli ordnete die Militärverwaltung die Bildung eines Judenrats an und zwang die Juden, eine Armbinde mit dem Davidstern zu tragen. Der Judenrat musste eine enorme »Entschädigung« an die SS zahlen und sowohl der Wehrmacht als auch der Stadtverwaltung Zwangsarbeiter zur Verfügung stellen. Die verängstigte jüdische Bevölkerung erreichte das Gerücht, dass die Verhafteten in den nahegelegenen Wald von Ponary gebracht und dort erschossen wurden.[30]

Was mit den Männern geschah, die in Wilna festgenommen und aus der Stadt gebracht wurden, hielt Kazimierz Sakowicz, ein 47-jähriger Pole, in seinem Tagebuch fest. Er war 1939, als er seine Arbeit als Journalist aufgeben musste, in eine Hütte im Wald gezogen, von der aus er einen Blick auf ein großes abgezäuntes Areal an der Landstraße zwischen Kaunas und Wilna hatte, auf dem die Rote Armee ein Treibstofflager anlegen wollte. Die sowjetischen Arbeiter hatten gerade erst mehrere kreisrunde Gruben ausgehoben, als sie von den Deutschen vertrieben wurden. An diesen Ort wurden die Juden aus Wilna in Kolonnen von mehreren Hundert Männern geführt. Über den 11. Juli schrieb Sakowicz: »Es war der erste Tag der Erschießungen. Ein belastender Eindruck. Die Schüsse verstummten nach acht Uhr abends, danach gab es keine Salven mehr, sondern nur einzelne Schüsse … Am nächsten Tag, dem 12. Juli, am Samstag, wissen wir bereits, was das bedeutet …« Um drei Uhr nachmittags sah er, wie eine Kolonne von 300 Männern, »[ü]berwiegend Intelligenz, gut gekleidet«, auf das Areal geführt wurde. Eine Stunde darauf begannen die Salven. Die »Szaulisi«, wie Sakowicz die Mörder nach einer örtlichen paramilitärischen Vereinigung nannte, waren überwiegend junge Männer, die unter deutschem Befehl standen. Durch ein Dachfenster konnte er sehen, wie die Juden in Zehnergruppen erschossen wurden. »Man zog ihnen die Mäntel, Mützen und Schuhe aus (aber nicht die Hosen!).« Dies änderte sich nach etwa zehn Tagen, da die Juden sich jetzt anders verhielten. Als am 23. Juli eine Kolonne von 500 Juden eintraf, leisteten sie auf unterschiedliche Weise Widerstand, zumeist indem sie in Richtung Zaun davonzulaufen versuchten, so dass die Mörder sie jagen mussten und die Aktion zerfaserte. Sakowicz notierte knapp: »[Die Opfer] ergriffen die Flucht. Die ganze Nacht lang und noch am Morgen wurde im Wald geschossen. Man fing die Leute ein, schoss [auf die Flüchtlinge] und gab Fangschüsse ab.« Fortan mussten sich die Juden bis auf die Unterwäsche ausziehen, was sich als großes psychologisches Hindernis für eine Flucht erwies und den zusätzlichen Vorteil für die Mörder hatte, dass sie mehr Kleidung zu verkaufen hatten. »Handel auf Hochtouren«, bemerkte Sakowicz verächtlich. »*Szaulisi* mit vollgestopften Rucksäcken voller Uhren, Geld usw.«[31]

Als sich die deutsche Herrschaft festigte, weiteten sich die Mordaktionen auf die ländlichen Gebiete aus und erfassten eine jüdische Gemeinde nach der anderen. Manchmal ergriffen Litauer die Initiative, ein andermal wurden sie durch die Ankunft eines deutschen Einsatzkommandos angestachelt. Nesja Mislewitsch wohnte in Tauroggen, unweit der Grenze, als der Krieg ausbrach, und floh nach Rossijeni, wo Deutsche und »örtliche Faschisten« Männer und Frauen verhafteten und zur Zwangsarbeit nötigten. »Bei der Arbeit waren die Frauen allen möglichen Demütigungen ausgesetzt. Die verhafteten Männer wurden zuerst zur Zwangsarbeit in den Wäldern geschickt; dort wurden sie misshandelt und gefoltert.« Mitte Juli floh sie aufs Land, wo sie von Dorf zu Dorf zog, um festzustellen, dass die jüdischen Einwohner bereits ermordet worden waren. Schließlich kam sie in ein von Litauern eingerichtetes Lager in Viešvėnai bei Telšiai (Telsche), das für seine Jeschiwa berühmt war. Die Juden von Telšiai waren ausgeplündert und dann in das Lager verschleppt worden, das aus ein paar Scheunen und Ställen ohne jegliche sanitäre Einrichtungen bestand. Sie bekamen kaum etwas zu essen und waren willkürlichen Übergriffen ausgesetzt. »Die Banditen fielen nachts ins Lager ein, zerrten junge Frauen hinaus und vergingen sich an ihnen.« Da die meisten Männer bereits erschossen worden waren, versuchten die Frauen, sich selbst gegen diese brutalen Überfälle zu verteidigen. Nach einigen Wochen wurden die weiblichen Überlebenden entlassen.[32]

Nachdem die deutsche 18. Armee nach Lettland vorgerückt war und Riga besetzt hatte, erließ sie ein ganzes Bündel von antijüdischen Verordnungen. In den ersten Wochen wurden Juden angewiesen, sich registrieren zu lassen und ein Kennzeichen zu tragen; ihr Besitz wurde beschlagnahmt; über sie wurde eine Ausgangssperre verhängt; sie mussten schließlich in Ghettos umziehen. Wie in Litauen griffen bewaffnete Einheimische dem Eintreffen der deutschen Truppen vor und verhafteten willkürlich Juden, denen sie vorwarfen, mit dem Kommunismus zu sympathisieren. Binnen weniger Tage sammelten sich diese Patrioten in Hilfspolizeieinheiten unter dem Kommando der Sipo-SD-Einheiten. Die von der Einsatzgruppe A nach Berlin übermittelten Meldungen spiegeln die sich verändernde Lage wider. Am 4. Juli teilte sie der Gestapo-Zentrale mit: »Gesamte nationale Führungsschicht aus Riga verschleppt oder ermordet. Pogrome laufen an.« Es gab zweifellos einen Zusammenhang zwischen den jüngsten Deportationen und der antijüdischen Gewalt nach dem Abzug der Sowjets, aber es ist nicht klar, inwieweit die Übergriffe spontan oder von den Deutschen gelenkt waren. Jedenfalls würden ideologische Motive nicht erklären, warum Synagogen in Brand gesteckt wurden, wie diejenige in der Eliasstraße, die angezündet wurde, nachdem Dutzende Juden aus der Nachbarschaft in sie hineingetrieben worden waren. Dies deutet darauf hin, dass die Gewaltexzesse sowohl eine Reaktion auf die sowjetische Unterdrückung darstellten als auch einen durch die jüngsten Ereignisse verstärkten Ausbruch von traditionellem Judenhass. Zwei Wochen nach der zitierten Meldung bemerkte die Einsatzgruppe A: »Die Letten, einschließlich der führend Tätigen, haben sich bisher gegenüber den Juden vollkommen passiv verhalten und es nicht gewagt, gegen diese aufzutreten.« Im Gegensatz »zur aktiven Einstellung der Litauer« würden die Letten »nur zögernd darangehen, sich zu organisieren, und Front gegen die Juden nehmen«. Diese Zurückhaltung hinderte die Deutschen nicht daran, Angehörige der ehemaligen lettischen Armee und Mitglieder der Selbstschutzmiliz Aizsargi (Heimwehr) als Hilfspolizisten zu rekrutieren. Die bekannteste Hilfspolizeieinheit war eine 300 Mann starke Truppe unter dem Kommando von Viktors Arajs, ehemaliger Polizeileutnant und Anführer einer der antisowjetischen Partisanengruppen, die am 22. Juni aufgetaucht waren.[33]

Das zusätzliche Personal versetzte Stahlecker in die Lage, »Säuberungsaktionen« in Riga und ganz Lettland in Gang zu setzen. Ab Anfang Juli verhafteten Sipo-SD-Einheiten und lettische Hilfskräfte systematisch jüdische Männer und sperrten sie ins Gefängnis. Nach einigen Tagen wurden sie in Gruppen von 200 bis 400 Männern mit Lastwagen in den Wald von Biķernieki einige Kilometer außerhalb der Stadt gebracht und dort vor großen Gräben erschossen. Bei einer dieser

Razzien geriet auch Max Kaufmann in Haft. Am 3. Juli drang »bewaffnete lettische Jugend … in meine Wohnung, plünderte, was sie finden konnte, und nahm meinen halbkranken Sohn und mich mit, ebenso die übrigen Bewohner des Hauses«. Auf dem Weg zum Polizeipräsidium wurden die Juden von lettischen Milizionären, die »Juden, Bolschewiken« riefen, misshandelt. Das Präsidium war »voll von Juden. Man hörte von allen Seiten Schreie, so peinigten die lettischen Mörder ihre Opfer. Ihr Sadismus kannte keine Grenzen. Alte und kranke Leute wurden in den Hof gebracht, ohne Wäsche, vollkommen nackt. … Eingelieferte junge Frauen zog man auf dem Hof nackt aus, und warf sie in die Kellerräume der Präfektur, um Orgien mit ihnen zu veranstalten.« Ein Raum war jüdischen Mädchen vorbehalten, die nachts vergewaltigt und am nächsten Morgen erschossen wurden. Kaufmann und sein Sohn wurden von einem Nachbarn, einem Volksdeutschen, der ihnen eine Arbeit in einer Wehrmachteinrichtung besorgte, aus diesem Alptraum erlöst. Sie hatten Glück. Die Einsatzgruppe meldete nach Berlin: »Die festgesetzten männlichen Juden werden kurzerhand erschossen und in bereits vorbereiteten Gräbern begraben.« Zusätzlich zu den 400 Juden, die in den Pogromen ums Leben kamen, erschossen lettische Hilfspolizisten und Männer des EK 2 in Riga 2300 Juden sowie weitere 1600 außerhalb der Stadt. Auch in Dünaburg und Libau führte die lettische Hilfspolizei Massenerschießungen mit zusammen tausend jüdischen Opfern durch, deren Leichen in Gräben in den Dünen an der Ostsee verscharrt wurden.[34]

Während Teile der Einsatzgruppe B im Norden Wilna heimsuchten, operierte sie überwiegend weiter südlich, wo Nebes Männer in ein Gebiet mit dichter jüdischer Besiedlung vordrangen. Teilkommandos zogen durch Brest-Litowsk, Slonim und Baranowitschi und näherten sich am 3. beziehungsweise 4. Juli Minsk. Das EK 8 rückte durch Białystok vor und blieb dann in Weißrussland, wo es seinen Standort zunächst in Minsk und später in Mogilew hatte. Kleinere Abteilungen waren in Bobruisk, Gomel und Roslawl aktiv. Das EK 9 operierte in Grodno, bevor es, als die Heeresgruppe Mitte ihren Vormarsch fortsetzte, ostwärts weiterzog. Die Pause von mehreren Wochen zwischen Ende Juli und Anfang September und die Entwicklung der Sicherheitslage sollten schwerwiegende Auswirkungen auf die Tätigkeit der Einsatzgruppen haben.[35]

Wie im Baltikum kam der deutsche Vorstoß zunächst rasch voran, und nur fünf Prozent der jüdischen Bevölkerung konnten fliehen, unter ihnen Juden im wehrdienstfähigen Alter, die zur Roten Armee eingezogen worden waren, es jedoch häufig nur bis zu den Kasernen oder Bereitstellungsräumen schafften, ehe sie durch die deutsche Vorhut abgeschnitten wurden. Einheiten der Einsatzgruppe B verhafteten Hunderte von jüdischen Männern und exekutierten sie, hauptsächlich jene, die sie für Vertreter der jüdischen Führung hielten. Ihre Aufgabe war so groß, dass sie sich von anderen Einheiten unterstützen ließen, in erster Linie von Polizeibataillonen, Sicherungsdivisionen der Wehrmacht und oft auch Fronttruppen. Das Polizeibataillon 307 erschoss in Brest-Litowsk 5000 Juden, einschließlich vieler Frauen, und das Polizeibataillon 309 ermordete zwischen Ende Juni und Anfang Juli in Białystok annähernd 7000 jüdische Männer. Nebes EK 8 benötigte keine Hilfe, um in Slonim 1200 Juden zu töten. In anderen Zentren, wie Baranowitschi und Nowogrudok, lag die Zahl der Opfer bei einigen Hundert. Viel hing davon ab, wie viele Männer verfügbar waren und wie lange die Sipo- und SD-Männer, die das Morden vorantrieben, sich am jeweiligen Ort aufhielten.[36]

Deutsche Truppen misshandelten und demütigten Juden, während sie von einer Stadt zur nächsten zogen, als sei der Juni 1941 nahtlos auf den September 1939 gefolgt. In Radziwill in Ostpolen befahlen Soldaten den Juden, »alle heiligen Bücher der Thora aus der Synagoge und dem Bethaus herauszubringen und zu verbrennen. Als die Juden sich weigerten, wiesen die Deutschen sie an, die Thorarollen zu entrollen und mit Kerosin zu übergießen, und steckten sie an. Sie befahlen Juden, um den riesigen brennenden Haufen herumzutanzen und zu singen. Um die tanzenden Juden versammelte sich eine johlende Menschenmenge, die auf sie einschlug.« Durch diese Spektakel, die Ausdruck von Antisemitismus wie von Antibolschewismus waren, fühlte sich die örtliche Bevölkerung zu selbständigem Handeln ermächtigt, sobald sich die Front weiter nach Osten verschoben hatte. Als klar schien, dass die Sowjets für immer fort waren, kam es in der gesamten Region zu Pogromen.[37]

Die schlimmsten antijüdischen Ausschreitungen in Ostpolen fanden in der Umgebung von Suwalki statt. In Radziłów zwang ein polnischer Mob Juden, ihre heiligen Bücher zu entweihen und »Leibesübungen« zu machen, und schlug auf sie ein. Laut einer nach dem Krieg getätigten Aussage stand »eine Menschenmenge aus polnischen

Männern, Frauen und Kindern um die Gepeinigten herum und lachte über die armen Opfer, die unter den Schlägen der Banditen zu Boden gingen … Der einzige polnische Arzt in der Stadt … weigerte sich, den Zusammengeschlagenen ärztliche Hilfe zu leisten.« Nach mehreren Tagen voller Demütigungen fielen am 6. Juli Polen aus der Stadt und den umliegenden Dörfern mit Messern und Äxten über die Juden her und massakrierten fast tausend Männer, Frauen und Kinder. Im nahegelegenen Jedwabne kulminierte eine Gewaltwelle am 10. Juli in einem mehrstündigen Mordexzess, in dessen Verlauf mit Äxten und Schlagstöcken bewaffnete »örtliche Randalierer« siebzig Juden »abschlachteten«. Die Toten wurden in einer Grube begraben, in die einige Juden zuvor eine Leninstatue hatten werfen müssen. Ein Überlebender berichtete später, was an dem Tag weiter geschah: »Bärte von alten Juden wurden angezündet, Neugeborene an der Brust ihrer Mütter getötet, Menschen mörderisch zusammengeschlagen und zu singen und tanzen gezwungen.« Schließlich wurden die überlebenden Juden, etwa 800, in eine Scheune getrieben, die in Brand gesteckt wurde. Die Mörder kamen aus allen Schichten der polnischen Gesellschaft, einschließlich der akademischen Berufe und der Kommunalverwaltung, welche die Deutschen wiedereingesetzt hatten. Sie waren zwar von Vertretern der neuen Ordnung angespornt worden, aber der Pogrom folgte einem altbekannten Muster, das religiöse Abneigung mit Habgier und Opportunismus verband.[38]

Nachdem sie die bis 1939 bestehende Grenze zwischen Polen und der UdSSR überschritten hatten, besetzten die Deutschen am 28. und 29. Juni Minsk. Es war die erste sowjetische Großstadt, die ihnen in die Hände fiel, und aufgrund der erfolgreichen Einkreisung, durch die 300 000 Rotarmisten eingeschlossen wurden, konnten nur wenige der 75 000 jüdischen Einwohner fliehen. Die erste Darstellung des Minsker Ghettos nach dem Krieg vermittelte einen Eindruck davon, wie es in den ersten Tagen der Besetzung war: »Die Deutschen hatten die Stadt kaum eingenommen, da begannen auch schon die Ausschreitungen: Raub, Gewaltanwendung, Erschießungen ohne jeden Grund. Besonders die Juden waren Hohn und Spott ausgesetzt.« Soldaten gingen von Haus zu Haus und schleppten ganze Wagenladungen von Beutegut aus bescheidenen jüdischen Wohnungen. Aber im Vergleich zum besetzten Polen fiel ihnen bald ein Unterschied im Verhältnis zwischen Juden und Nichtjuden auf: Es gab keine Pogrome.

Tatsächlich stärkte es die Solidarität unter den Einwohnern der Stadt, als die Militärverwaltung einen großen Teil der männlichen Bevölkerung verhaftete und zusammen mit Zehntausenden von niedergeschlagenen, hungrigen Kriegsgefangenen in einem Lager in Drosdy einsperrte. Ungefähr 2000 jüdische Männer, die als Angehörige der »Intelligentsia« galten, wurden Anfang Juli aus dem Lager geführt und hingerichtet. Sie waren nur ein kleiner Teil der Opfer, die in diesem grauenvollen Lager erschossen wurden oder auf andere Weise den Tod fanden. Allerdings wurden auch einige Tausend Juden wieder freigelassen, und trotz der Meldepflicht für Juden, dem vorgeschriebenen gelben Fleck auf der Kleidung und der Einrichtung eines Ghettos blieben wichtige Beziehungen zwischen ihnen und den übrigen Einwohnern der geschundenen Stadt bestehen.[39]

Angesichts des Umfangs der Aufgabe, vor der die Deutschen in Weißrussland standen, beschlichen sie Zweifel an ihren Zielen. Einen Monat nach Beginn des Feldzugs gab die Einsatzgruppe B zu bedenken: »Eine Lösung der Judenfrage während des Krieges erscheint in diesem Raum undurchführbar, da sie bei der übergroßen Zahl der Juden nur durch Aussiedlung erreicht werden kann.« Diese Äußerung offenbart erneut den erstaunlichen Mangel an Voraussicht und Planung in Bezug auf die »Judenfrage«, ungeachtet der Bedeutung, die sie für nationalsozialistische Denker und Führer besaß. Sie mag lediglich die Meinung von Nebe und seinem Stab wiedergegeben haben, doch wenn der Befehlshaber einer Einsatzgruppe von der Größe und Siedlungsdichte der jüdischen Bevölkerung überwältigt war, dürften auch andere Kommandeure ähnlich schlecht auf das vorbereitet gewesen sein, was sie in der Sowjetunion erwartete. Erwähnenswert ist außerdem, dass zu diesem Zeitpunkt die Vertreibung der jüdischen Bevölkerung als mögliche Lösung angesehen wurde, auch wenn nicht klar war, wie sie umgesetzt werden und wohin sie führen sollte. Nebes Stab berichtete, dass man inzwischen Judenräte gebildet, die Juden registriert und gekennzeichnet sowie zur Zwangsarbeit herangezogen habe. Die Einrichtung von Ghettos schien den Deutschen aufgrund der Größe der jüdischen Bevölkerung zu widerstreben.[40]

Weiter im Süden, von der Einsatzgruppe B durch die Pripjetsümpfe getrennt, rückte die Einsatzgruppe C nach Ostgalizien und weiter nach Wolhynien vor. Am 30. Juni drangen deutsche Truppen nach schweren Kämpfen bei Brody in Lemberg ein. Sowjetische Deportationen hatten die Juden in der Stadt dezimiert, und ein erheblicher Teil der verbliebenen Juden hatte dank der sich hinziehenden Kämpfe fliehen können. Dennoch befanden sich noch rund 160 000 in der Stadt. In Begleitung der Vorhut der Wehrmacht rückten zwei Bataillone mit den Tarnnamen »Nachtigall« und »Roland« ein, die sich aus ukrainischen Exilanten unter dem Befehl deutscher Offiziere zusammensetzten. Diese Ukrainer waren aus den Reihen der nationalistischen Untergrundbewegung OUN (Organisation Ukrainischer Nationalisten) rekrutiert worden, die im unabhängigen Polen aktiv gewesen war. Nach der sowjetischen Annexion waren OUN-Kämpfer nach Berlin geflohen, wo sie das Amt Abwehr unter seine Fittiche nahm. Nach ihrer Rückkehr in die Ukraine versuchten sie gemeinsam mit ortsansässigen Nationalisten eine provisorische Regierung einzusetzen. Weit oben auf ihrer Agenda stand die Abrechnung mit den Juden, die angeblich die Sowjetherrschaft unterstützt hatten. Die sowjetischen Sicherheitskräfte hatten vor ihrem Abzug im Militärgefängnis Dutzende von politischen Häftlingen ermordet. Die Deutschen mussten dies nicht erst in antijüdische Propaganda ummünzen; die Menschen zogen ihre eigenen Schlüsse. Die Einsatzgruppe berichtete: »Erregung in der Bevölkerung; hat bereits 1000 Juden zusammengetrieben.« Erleichtert wurde die Tätigkeit der Einsatzgruppe auch durch den Metropoliten Andrei Scheptizki, der die Deutschen in einem Hirtenbrief willkommen hieß und ihnen für die Befreiung der Ukrainer von der sowjetischen Tyrannei dankte. In einem zusammenfassenden Rückblick berichtete die Einsatzgruppe am 16. Juli, die Lemberger Gefängnisse seien »mit Leichen ermordeter Ukrainer vollgestopft« gewesen, und die Bevölkerung habe »etwa 1000 Juden unter Misshandlungen zusammen[getrieben] und … in das von der Wehrmacht besetzte GPU-Gefängnis ein[geliefert]«.[41]

Wie ein polnischer Augenzeuge berichtete, wurden Hunderte von Juden aus Häusern in der Umgebung geholt, »Männer, Frauen, Alte, Junge, Knaben und Mädchen, Kinder, allesamt nackt, da man ihnen ihre Kleider und Unterwäsche vom Körper gerissen hatte«, und »blutend, unter Schlägen und Tritten in den Gefängnishof« getrieben. »Die ortsansässigen Faschisten«, erzählte ein jüdischer Augenzeuge, »holten, in Begleitung von Gestapo-Leuten, die Juden aus ihren Wohnungen heraus und brachten sie in die Lwower Gefängnisse und Kasernen. Vor den jeweiligen Einlieferungsorten rissen sie ihnen die

Kleidungsstücke herunter, raubten ihre Wertsachen und Geld. Die Faschisten prügelten die Leute bis aufs Blut und verhöhnten sie auf jede nur erdenkliche Weise … Dann wurden alle erschossen.« Der aus einer assimilierten jüdischen Familie stammende Rechtsanwalt Edmund Kessler führte damals ein Tagebuch. Nach seinem Bericht waren die ersten Stunden der Besatzung vor allem dadurch gekennzeichnet, dass die einheimische Bevölkerung plötzlich Abzeichen in den Landesfarben trug; ansonsten herrschte relative Ruhe, die nur gelegentlich durch Übergriffe deutscher Militärpolizisten gegen strenggläubige Juden unterbrochen wurde. Dann verbreitete sich die Neuigkeit über das Massaker im Gefängnis. »Ein fanatischer Mob entfesselte eine Blut- und Plünderorgie, die jedoch System hatte. Sie wurde von den Deutschen gesteuert. Sie entschieden, wann der Pogrom beginnen, wann er aufhören und wie lange die Quälerei der Opfer dauern sollte, ob bis zur Bewusstlosigkeit oder bis sie abgeschlachtet waren.« Drei Tage lang griffen in einer Miliz organisierte Ukrainer Juden auf und lieferten sie den Deutschen aus. »Eine wilde Suche nach jüdischen Wohnungen beginnt. Der Krawall, das Ausrauben und Plündern nehmen an Umfang und Stärke zu. Zusammengeschlagen, ausgepeitscht und gefoltert werden die Bewohner auf die Straße gezerrt. Sich im Keller oder auf dem Dachboden zu verstecken hilft meistens nichts. Banden ukrainischer Kinder durchstöbern die Winkel und Ecken der Häuser und zeigen versteckte Juden an.« Zusätzlich zu den Hunderten von Juden, die in Gefängniszellen erschlagen oder erschossen wurden, exekutierte die Sipo 7000 Juden »zur Vergeltung für die unmenschlichen Gräueltaten«.[42]

Etwas weniger umfangreich war das Blutbad in Tarnopol, wo Tausende Ukrainer von den Sowjets deportiert und ermordet worden waren. »Als Gegenmaßnahmen«, meldete das EK 4b, »Festnahmeaktionen gegen jüdische Intelligenz, die für die Ermordungen mitverantwortlich …, in die Wege geleitet. Zahl auf etwa 1000 geschätzt.« Am 5. Juli wurden »etwa 70 Juden von den Ukrainern zusammengetrieben und mit geballter Ladung erledigt. Weitere 20 Juden auf der Straße durch Militär und Ukrainer erschlagen, als Reaktion auf die Ermordung dreier Soldaten, die gefesselt mit abgeschnittenen Zungen und ausgestochenen Augen im Gefängnis aufgefunden.« Der Berichterstatter fügte hinzu: »Wehrmacht erfreulich gute Einstellung gegen die Juden.« Ähnliche Gewaltausbrüche fanden überall in der Region statt.

So exekutierten ukrainische Milizionäre in Złoczów »mehrere 100« Juden; in Dobromil erschossen deutsche Sicherheits- und ukrainische Hilfspolizisten 130 Juden, und anschließend brannten Einheimische die alte Synagoge nieder; in Sambor ermordeten ukrainische Polizisten fünfzig Juden.[43]

Auch in Wolhynien breiteten sich Pogrome aus, denen vielleicht 500 jüdische Männer und Frauen zum Opfer fielen. Bauern plünderten die Häuser und raubten das Vieh jüdischer Dorfbewohner. In zahlreichen Städten halfen ukrainische Einwohner den Deutschen, Juden aufzuspüren und sie vor ihrer Erschießung zu bewachen. Vergewaltigungen waren an der Tagesordnung. Mit Errichtung der Militärverwaltung wurden Juden vom Wirtschaftsleben ausgeschlossen, einer Ausgangssperre unterworfen und am Reisen gehindert. Sie wurden gezwungen, an der Überbekleidung einen gelben Fleck zu tragen. In größeren Städten wurden Judenräte gebildet, die Juden für die Zwangsarbeit bereitstellen mussten. Viele jüdische Gemeinden mussten Gebühren oder Sondersteuern an die Deutschen entrichten. Im Schutz der Wehrmacht exekutierten Sipo-SD-Kontingente permanent Juden, die verdächtigt wurden, Kommunisten zu sein oder sich antideutscher Aktivitäten schuldig gemacht zu haben: 2000 in Luzk, 3000 in Ostrog, 1075 in Dubno. Schätzungsweise 15 000 jüdische Männer wurden in diesen ersten Wochen ermordet. Um den Erschießungskommandos und der Zwangsarbeit zu entgehen, flohen viele in nahegelegene Wälder oder versteckten sich in ihren Häusern, doch damit belasteten sie nur ihre Frauen, die entweder Zwangsarbeit leisten oder sich um etwas zu essen bemühen mussten.[44]

Der Südflügel der Einsatzgruppe C, die Sonderkommandos 4a und 4b, rückte auf Schitomir und Berditschew in der sowjetischen Ukraine vor. In diesem riesigen Gebiet lebten 1,5 Millionen Juden, deren Schicksal vom Fortgang des Feldzugs abhing. Anfangs stieß die Heeresgruppe Süd auf starken Widerstand sowjetischer Kräfte und kam kaum voran. Deshalb hatten die Juden mehr Zeit als anderswo, zu fliehen oder die von den Sowjetbehörden angebotenen Evakuierungsmaßnahmen zu nutzen. Als die Einsatzgruppe am 19. Juli in Schitomir eintraf, waren die meisten jüdischen Einwohner geflohen. Doch der mehrwöchige Stillstand der Front Mitte Juli gab den Tötungskommandos Zeit, die Städte und Gemeinden heimzusuchen, in denen sie zuvor nur kurz oder gar nicht gewesen waren. In Schitomir erschossen sie mehrere Hundert jüdische Männer und in Berditschew über tausend, unter ihnen viele, die aus anderen Orten in die Stadt geflohen waren.[45]

Die Südukraine, einschließlich des von der Sowjetunion annektierten Bessarabien, die Schwarzmeerküste und die Krim waren das Operationsgebiet der Einsatzgruppe D, die von Bratislava aus in ihren Bereitstellungsraum gereist war. Die militärischen Operationen an der rumänisch-sowjetischen Grenze begannen einige Tage später als weiter im Norden, und nachdem die deutsche 11. Armee und die rumänischen Verbände Bessarabien durchquert und den Dnjestr erreicht hatten, kamen sie nur noch schleppend voran. Ein Teil der rumänischen Führung wollte dort sogar haltmachen und einfach das zurückgewonnene Gebiet dem Land einverleiben. Schließlich rückte die rumänische Streitmacht in Erfüllung ihrer Aufgabe als rechter Flankenschutz der Heeresgruppe Süd jedoch bis nach Odessa vor, wo sie Anfang August eintraf. Unterdessen hatten die Rumänen mit einer Brutalität, die selbst deutsche Beobachter schockierte, begonnen, die Juden aus Bessarabien und der Nordbukowina zu vertreiben.[46]

Rumänien

Rumänien nahm unter anderem deshalb an der Seite Deutschlands am Angriff auf die Sowjetunion teil, weil es Gebiete und Prestige, die es im Jahr zuvor verloren hatte, wiederzugewinnen hoffte. Nach dem Zusammenbruch Frankreichs war Rumänien diplomatisch isoliert und der Gnade seiner mächtigeren Nachbarn ausgeliefert. König Karl II. entschied sich für den Schutz durch Deutschland und lud eine Wehrmachtmission nach Bukarest ein. Darüber hinaus erklärte die rumänische Regierung, um ihre Loyalität zu demonstrieren, sie würde sich weiterhin um eine Lösung des »Judenproblems« im Land bemühen. Doch die deutsche Freundschaft hatte einen hohen Preis. Im Juni 1940, als Hitler im Osten Frieden und Ruhe haben wollte, nahm er es widerspruchslos hin, dass Stalin Rumänien zwang, Bessarabien und die Nordbukowina an die UdSSR abzutreten. Zwei Monate später nötigte Deutschland Rumänien, seinem älteren Verbündeten Ungarn Nordsiebenbürgen zu übergeben, und als letzte Demütigung musste es im September die Süddobrudscha Bulgarien überlassen.[47]

Die Rumänen hielten daraufhin nach einem Sündenbock Ausschau, und diese Rolle wurde traditionell von den Juden ausgefüllt. Nach Bessarabien und in die Bukowina vorrückende rumänische Truppen und Polizeieinheiten fielen auf dem Marsch über jüdische Gemeinden her und töteten schätzungsweise 200 Männer und Frauen. Außerdem entfachten sie in dem neuen Grenzstreifen in Moldawien Pogrome mit Hunderten von Opfern. Am 9. August erließ die rumänische Regierung eine neue Staatsbürgerschaftsverordnung, wonach die volle Staatsbürgerschaft nur jene Juden besaßen, die vor 1916 in Rumänien gelebt oder in den rumänischen Streitkräften gedient hatten. Wer nicht in diese Kategorien fiel, wurde aus dem Staatsdienst entlassen und musste Sondersteuern zahlen. Außerdem wurden Juden summarisch aus den Grenzstädten ausgewiesen und zur Zwangsarbeit verpflichtet. Nach Emil Dorians Ansicht waren die neuen Bestimmungen »besonders schädlich zunächst für die Armen und dann für die Mittelschicht, die Freiberufler. Den reichen Juden, den Geschäftsleuten und Industriellen wird es noch eine Weile gut gehen.« Auf jeden Fall schmerzte ihn der Vorwurf der Illoyalität: »Viele Nichtjuden verstehen die menschliche Erniedrigung nicht, die Juden jetzt empfinden, weil sie zu Parias der rumänischen Gesellschaft gemacht wurden.« Ihm fiel ein Witz ein, nach dem die drei Kategorien, in die Juden eingeteilt worden waren, drei unterschiedliche Begrüßungen nach sich zogen: »Herr Itzig«, »He du, Itzig« und »Du kannst mich, Itzig«.[48]

König Karl versuchte seine Autorität zu festigen und zugleich den Nationalsozialisten gefällig zu sein, indem er Vertreter der Eisernen Garde in die Regierung aufnahm. Doch sein öffentliches Ansehen war nicht mehr zu retten, und er dankte im Oktober 1940 ab. Die Macht lag jetzt in den Händen des Ministerpräsidenten, Marschall Ion Antonescu. Einige Monate bemühte sich Antonescu, die Notwendigkeit, die Deutschen zufriedenzustellen, mit den störenden Eskapaden der fanatisch antisemitischen Eisernen Garde in Einklang zu bringen. Er war Ausländer- und Bolschewikenfeind, kannte aber einige reiche jüdische Geschäftsleute, deren Patriotismus er ebenso schätzte wie ihren Beitrag zur Wirtschaft des Landes. Deshalb verkündete er, Rumänien werde eine »geordnete« und echt rumänische Lösung der »Judenfrage« anstreben. Das Regime begann in jüdischem Besitz befindliches Land zu enteignen und belegte jüdische Unternehmen mit hohen Steuern. Eine neugebildete Kommission sollte jüdische Betriebe verstaatlichen, jüdische Angestellte entlassen und arbeitslose Juden zur Zwangsarbeit heranziehen. Diese Schritte stellten die Geduld der Eisernen Garde, die Boykotte und nackte Erpressung vorgezogen hätte, auf eine harte Probe. Als Emil Dorian von ihrem Regierungseintritt erfuhr, fürchtete er sofort »eine strikte Umsetzung des Programms zur Ausrottung der Juden«. Wo immer sie in kommunalen oder regionalen Verwaltungen Macht ausübten, kennzeichneten die Gardisten jüdische Unternehmen, zwangen Juden zum Ausverkauf und erpressten Spenden für ihre Bewegung. Sie übten einen derart massiven Druck aus, dass jüdische Unternehmer es vorzogen, ihre Betriebe an Volksdeutsche oder Spekulanten aus dem Reich zu veräußern. Ende 1940 geriet die Gewalt der Eisernen Garde in den Provinzen außer Kontrolle: Ganze jüdische Gemeinden wurden ausgeplündert und aus ihren Städten und Dörfern vertrieben. Dorian, der jetzt in einer jüdischen Schule arbeitete, beobachtete den Aufruhr aus nächster Nähe: »Die jüdischen Kaufleute werden systematisch ausgeschaltet. Jüdische Geschäfte werden enteignet. Sehr viele Juden werden zu Polizeistationen der Eisernen Garde geführt, wo man sie zusammenschlägt. Ihnen werden Hunderttausende Lei abgenommen …«[49]

Die revolutionären, um nicht zu sagen chaotischen und korrupten Machenschaften der Eisernen Garde drohten das Land zu destabilisieren und provozierten ein Kräftemessen mit Antonescu. Es kam zu dreitägigen Kämpfen, an deren Ende die militanten Aufrührer tot oder in Haft waren. Zuvor jedoch war die Ordnung in der Hauptstadt zusammengebrochen, und die Eiserne Garde hatte gegen die Juden der Stadt gewütet. Über hundert wurden in Wälder in der Umgebung entführt und ermordet; viele mehr wurden in ihren Wohnungen angegriffen. Männer wurden misshandelt und ermordet, Frauen vergewaltigt. Emil Dorian fiel es schwer, diese Szenen zu beschreiben:

> Geschäft für Geschäft sind die Jalousien heruntergerissen, die Schaufensterscheiben eingeschlagen, die Wände verkohlt, die Räume geleert – es ist unmöglich zu sagen, was vorher dort gewesen war. Der Verstand begreift nicht, wie plündernde Banden in so kurzer Zeit ein solches Zerstörungswerk anrichten konnten … Juden wurden von Banden der Eisernen Garde aus ihren Wohnungen geholt und an verschiedene Ort in der Stadt gebracht, wo sie hingeschlachtet wurden. Auf der Straße nach Jilava hat man Dutzende von Leichen gefunden … Bevor die Opfer ge-

tötet wurden, hat man ihnen die Nase zerschmettert, Knochen gebrochen, die Zunge herausgeschnitten, die Augen ausgestochen.

Im Gegensatz zur offiziellen jüdischen Führung empfand Dorian keine große Erleichterung, als die Eiserne Garde zerschlagen war. Er sah, dass deutsche Truppen ins Land strömten, und fragte sich, was die Juden im Kriegsfall zu erwarten hätten. Hellsichtig erkannte er, dass die Deutschen den Juden die Schuld geben würden.[50]

Im nächsten halben Jahr hatten die Juden indes nichts Schwerwiegenderes zu erdulden als Gesetze über die Enteignung ihres Besitzes, einschließlich ihrer Häuser, sowie weitere Entlassungen, um nichtjüdischen Rumänen Platz zu machen. Sie wussten nicht, dass Hitler und Antonescu, als sie am 12. Juni 1941 zusammentrafen, Informationen über den bevorstehenden Angriff auf die Sowjetunion und die damit zusammenhängende antijüdische Politik ausgetauscht hatten. Rumänien stand kurz davor, seine verlorenen Gebiete zurückzugewinnen, und Antonescu war entschlossen, die jüdischen Bewohner, die er als Fremde betrachtete, aus ihnen zu vertreiben. Er gab der Gendarmerie und Sondereinheiten der Armee durch Geheimbefehle persönlich den Auftrag dazu. Später erklärte er seinem Kabinett: »Ich bin für die Zwangsauswanderung des gesamten jüdischen Elements von Bessarabien und der Bukowina, das über die Grenze abgeschoben werden muss.« Damit autorisierte er eine Bevölkerungsverschiebung, die zu einem blutigen Treiben mit Mord, Raub und sexueller Gewalt ausartete, der in furchtbare Wechselwirkung mit den gleichzeitigen Massenexekutionen jüdischer Männer durch die Deutschen trat.[51]

Es begann am 28. und 29. Juni mit einem Pogrom in Jassy (Iaşi), das allerdings in der 1940 rumänisch gebliebenen Provinz Moldawien lag. Die 50 000 jüdischen Einwohner der Stadt bildeten die Hälfte der Bevölkerung, und mit der Eröffnung der Feindseligkeiten wurde jeder von ihnen zu einem potentiellen feindlichen Untergrundkämpfer. Die Ausschreitungen wurden offenbar von Vorwürfen ausgelöst, Juden hätten sowjetischen Bombern bei einem Luftangriff Signale gegeben und würden für die Rote Armee spionieren. Tatsächlich hatte Antonescu schon vorher zu verstehen gegeben, dass er Jassy von Juden und Kommunisten säubern wolle. Binnen weniger Stunden ermordeten Polizisten und Männer der »zweiten Sektion« des Heeresnachrichtendiensts 8000 Juden in ihren Wohnungen, auf den Straßen oder im Polizeipräsidium. Weitere 4530 Juden wurden in geschlossene Güterwaggons getrieben und mit zwei Zügen auf eine dreitägige Fahrt nach Calarisi, auf halbem Weg zum Schwarzen Meer, geschickt. In den Waggons gab es weder Essen, noch Wasser, noch Sanitäranlagen, und als die Waggons geöffnet wurden, waren im ersten Zug noch etwas mehr als tausend und im zweiten noch 818 Menschen am Leben.[52]

Während sich rumänische Truppe durch die Bukowina und Bessarabien kämpften, verübten Polizei- und Sondereinheiten in allen größeren Städten Massaker an jüdischen Männern. Diese Blutbäder waren geplant. Auf einer Besprechung in Galaţi am Vorabend der Invasion hatte der Generalinspekteur der Gendarmerie, General Constantin Z. Vasiliu, seine Offiziere unumwunden angewiesen, das Land von Juden zu säubern. In den folgenden Wochen wurden in Czernowitz (Cernăuţi), das am 5./6. Juli eingenommen wurde, 2000 und in Kischinew (Chişinău), das am 17. Juli erobert wurde, 10 000 Juden erschossen. Dagegen nahmen sich die Ergebnisse des Einsatzkommandos 10b, das in denselben Städten 682 beziehungsweise 551 sowie anderswo einige Hundert Juden exekutierte, geradezu dürftig aus. Rumänische Polizeieinheiten und Kontingente der Sicherheitsdienste, verstärkt von Formationen der rehabilitierten Eisernen Garde, massakrierten in den ersten Wochen des Unternehmens Barbarossa mehr als 10 000 Juden. Dennoch ernteten die Rumänen von ihren deutschen Partnern weder Dank noch Anerkennung. Im Gegenteil wurde in den Einsatzgruppenberichten ständig Kritik an ihrem Verhalten geübt. In Fălești, beklagten sich die Sipo-SD-Männer, würden sich die Rumänen »mit restloser Ausplünderung« begnügen. In Bălţi seien sie für »erhebliche Ausschreitungen« verantwortlich, womit wahrscheinlich die Ermordung von Frauen und Kindern gemeint war, die damals nicht der deutschen Praxis entsprach. Das größte Hindernis bei der Zusammenarbeit mit den Rumänen sei ihre Nachlässigkeit:

> Die Rumänen gehen ohne irgendeinen durchdachten Plan gegen die Juden vor. An den zahlreichen Exekutionen von Juden wäre nichts auszusetzen, wenn deren technische Vorbereitungen und die Exekutionsmethoden nicht unangemessen wären. Die Rumänen lassen die Leichen der Exekutierten einfach dort liegen, wo sie hinfallen, ohne sie zu beerdigen. Das Einsatzkommando hat die rumänische Polizei aufgefordert, in der Hinsicht sorgfältiger zu sein.[53]

Nach der ersten Mordwelle begannen die Rumänen, die Vertreibung der jüdischen Bevölkerung zu organisieren. Dies war eine enorme Aufgabe: In der Bukowina lebten 93 000 Juden, über die Hälfte allein in Czernowitz, und mehr als 200 000 in Bessarabien, 20 Prozent von ihnen in Kischinew. Dessen ungeachtet forderte Antonescu die zur Verwaltung der zurückeroberten Gebiete abgeordneten Beamten auf, sich die »vollständige völkische Befreiung« und die »Entfernung oder Isolierung aller Juden in Arbeitslagern« vorzunehmen. Beamte im Kreis Dorohoi in Nordmoldawien ergriffen von sich aus die Initiative und begannen Juden abzuschieben, obwohl dieses Gebiet nicht zur »Säuberung« vorgesehen war. Von Anfang bis Mitte Juli machten sich Kolonnen von Juden, von Polizisten, Gendarmen und Soldaten bewacht, auf den Weg nach Osten. Nach ihrem Aufbruch wurden ihre Wohnungen und Häuser von Beamten beschlagnahmt oder von Nachbarn geplündert. Unterwegs wurde ihnen von Wachmännern und am Wegrand stehenden Bauern alles von Wert geraubt. Rund 25 000 Juden wurden bis zum Dnjestr getrieben, den aber nur ein Teil von ihnen überquerte. Die Deutschen wollten nicht, dass Tausende von mittellosen, hungernden und kranken Juden im Rücken ihrer Armeen umherirrten. Mindestens 8000 schickten sie zurück.[54]

1944 erzählte Rakhil Fradis-Milner in einem Brief an eine Freundin von ihren Erlebnissen auf einem dieser Märsche. Nachdem ihre Heimatstadt Edineţ am 5. Juli besetzt worden war, herrschte für drei Wochen »wilder Terror im Schtetl«, 800 Menschen wurden erschossen und »zahlreiche junge Mädchen, praktisch noch Kinder, vergewaltigt …, von den grausamen Schlägereien und den Plünderungen ganz zu schweigen«. Am 28. Juli wurde »die gesamte jüdische Bevölkerung aus dem Schtetl gejagt« und zusammen mit Hunderten von Juden aus anderen Orten »wie Vieh mit Peitschenhieben und Gewehrkolbenstößen fortgetrieben«. Der Marsch führte »von Bessarabien in die Ukraine, zurück nach Bessarabien, dann wieder zurück in die Ukraine«, und der »ganze Weg war mit Leichen übersät«. Sogar die Einsatzgruppe nahm Anstoß am »Plünderungsunwesen« der Rumänen und bemerkte missbilligend: »Schießereien und Vergewaltigungen sind an der Tagesordnung …«[55]

Das rumänische Vorhaben, Juden aus der Bukowina und Bessarabien auf sowjetisches Territorium abzuschieben, scheiterte ebenso wie die deutsche Judenvertreibung von 1939/40 an mangelnder Planung und Koordination. Stattdessen wurden die Juden von Czernowitz und Kischinew zusammen mit Flüchtlingen aus der Umgebung in hastig ausgewiesene Ghettos getrieben, je 50 000 und 11 000 Menschen. Darüber hinaus wurden Tausende in Lager in der Nähe des Dnjestr verschleppt: 26 000 nach Vertujeni, 11 000 nach Mărculeşti, 12 000 nach Edineţ und 17 000 nach Secăreni. Die Zustände in diesen improvisierten Lagern waren katastrophal. In Czernowitz mussten Juden sich kennzeichnen und als Zwangsarbeiter Kriegsschäden beseitigen. Frauen wurden in Wäschereien und mit der Sortierung von geraubter Kleidung beschäftigt; zudem waren sie ständig von Vergewaltigung bedroht. Der deutsche Stadtkommandant setzte jüdische Zwangsarbeiter zum Bau einer Brücke über den Pruth ein, wobei viele in den Fluss stürzten und ertranken. Unterdessen konfiszierte die rumänische Nationalbank unter dem Vorwand, Rubel in Lei umzutauschen, den Geldbesitz von Juden, so dass sie kein Geld mehr hatten, um Lebensmittel zu kaufen. Hunger und Krankheit nahmen rasch epidemische Ausmaße an. Für den Augenblick steckte die rumänische Lösung der »Judenfrage« fest. Doch bald sollte die Entwicklung an der Front neue Möglichkeiten eröffnen.[56]

Militärische Fortschritte und antijüdische Maßnahmen

Trotz der Heftigkeit der Kämpfe, ständiger Nachschubsorgen und der unerfreulichen Erkenntnis, dass manche sowjetischen Panzer besser waren als die eigenen, herrschte in der Wehrmachtspitze und in Hitlers Hauptquartier nach dem Erfolg in den Grenzschlachten Hochstimmung. Am 28. Juni hörte Hitlers Sekretärin Christa Schroeder ihren Chef sagen, in vier Wochen werde Moskau »dem Erdboden gleichgemacht«. Nachdem er die sowjetische Hauptstadt im Geist bereits eingenommen hatte, sprach er mit Heeresstabschef Halder über künftige Operationen auf so fernen Schauplätzen wie Afghanistan. Einige Tage später schrieb selbst der für gewöhnlich vorsichtige Halder voller Zuversicht in sein Tagebuch, die feindlichen Kräfte östlich der Linie Dnjepr-Düna seien vernichtet; es sei nur »nur noch mit Teilkräften zu rechnen …, die allein stärkemäßig nicht in der Lage sind, die deutschen Operationen noch entscheidend zu hindern«. Es sei nicht übertrieben, wenn man sage, »dass der Feldzug gegen Russland innerhalb [von] 14 Tagen gewonnen wurde«. Im Führerhauptquartier spreche man über die Ausdehnung der deutschen Macht bis an Nil und Euphrat.[57]

Von der Aussicht auf den bevorstehenden Triumph berauscht, traf Hitler am 16. Juli 1941 mit Göring, Rosenberg, Lammers, Bormann und Keitel zusammen, um über die Zivilverwaltung in den besetzten Gebieten zu beraten und die künftige Politik festzulegen. Rosenberg wurde zum Minister für die besetzten Ostgebiete ernannt. Als seine direkten Untergebenen wurden zwei Reichskommissare eingesetzt: Hinrich Lohse für das Ostland, ein künstliches Gebilde, das die baltischen Staaten und einen Teil von Nordweißrussland umfasste, und Erich Koch für das weitläufige Reichskommissariat Ukraine sowie für den Bezirk Białystok. Außerdem wurde ein Gouverneur für den Distrikt Galizien bestimmt, der an das Generalgouvernement angegliedert wurde. Einhellig verlangten die Teilnehmer eine rasche Neubesiedlung der eroberten Gebiete. Wie Hitler es prägnant ausdrückte, sollte man den »riesenhaften Kuchen … erstens beherrschen, zweitens verwalten und drittens ausbeuten«. Der Osten solle zu einem »Garten Eden« werden. Leningrad wollte Hitler »dem Erdboden gleichmachen«. Für Rosenbergs Vorschlag, die Einheimischen gut zu behandeln, hatte er wenig übrig. Göring interessierte sich ausschließlich für die Einbringung der Ernte und ihren Abtransport ins Reich. Natürlich müssten die Gebiete zuerst befriedet werden, was, wie Hitler erklärte, »am besten dadurch [geschehe], dass man jeden, der nur schief schaue, totschieße«. Keitel wies als Sprecher der Wehrmacht darauf hin, dass man unmöglich jeden Schuppen und jeden Bahnhof bewachen könne. Deshalb müsse die Sicherheitspolizei Angst verbreiten. Dies war die Aufgabe Himmlers, dem in Abwesenheit die Verantwortung für die Sicherheit in den eroberten Gebieten übertragen wurde.[58]

Für Sicherheit und Umsiedlung war Himmler auch 1939/40 in Polen zuständig gewesen, und er hatte schmerzhaft erfahren müssen, dass es, um erfolgreich zu sein, umfassender Kompetenzen und ausreichender Mittel bedurfte. Einen Tag vor der Besprechung bei Hitler erhielt er von Konrad Meyer, Landwirtschaftsprofessor und Chefplaner seines Reichskommissariats für die Festigung deutschen Volkstums, einen Entwurf für die langfristige Bevölkerungspolitik im Osten. Der Plan, eine von mehreren Versionen des sogenannten Generalplans Ost, ging nicht über utopische Phantasien von der Ansiedlung Deutscher in den besetzten Gebieten hinaus, war aber in einem Punkt unmissverständlich: Um ihnen Platz zu machen, sollten die Juden nach Sibirien abgeschoben werden. Da er nun in allen polizeilichen Angelegenheiten, einschließlich der Entscheidung über das Schicksal der Juden, freie Hand hatte, ging Himmler daran, seine Truppen zu verstärken. In den nächsten Tagen unterstellte er Bach-Zelewski, dem HSSPF für das Gebiet der Heeresgruppe Mitte, die SS-Kavallerie-Brigade, und Jeckeln, dem HSSPF im Süden, die gesamte 1. SS-Infanterie-Brigade. Trotz Hitlers Bedenken gegen die Bewaffnung von Einheimischen billigte Himmler die Aufstellung neuer Hilfspolizeieinheiten oder Schutzmannschaften. Am Ende des Jahres gab es im Ostland 32000 und in der Ukraine 14000 solcher Hilfskräfte. 1942 stieg ihre Zahl auf insgesamt 300000.[59]

Laut dem Protokoll der Besprechung am 16. Juli wurde die Zukunft der Juden nicht behandelt. Gleichwohl waren die Beschlüsse schicksalhaft. Für sie würde es keinen Platz in einem »Garten Eden« der deutschen Volksgemeinschaft geben. Verschlechterte sich die Lage, würde die Anwesenheit von Juden in den Augen der Deutschen von einem Ärgernis zu einer tödlichen Gefahr werden.

Das Auftauchen von Partisanen in den besetzten Gebieten und der vorübergehende Stillstand der Front verunsicherten die NS-Führung. Halder hatte schon am 28. Juni das Problem versprengter feindlicher Truppen im Rücken der Heeresgruppe Nord erwähnt: Von ihren Einheiten abgeschnittene Rotarmisten, die sich nicht ergeben wollten, brandschatzten und plünderten Dörfer, manche sogar mit Panzern. Ärgerlicherweise sei bei »der Weite des Geländes und der bemessenen Zahl unserer Verbände … dagegen schwer anzukommen«. Obwohl diese Trupps die deutschen Nachschubkonvois oftmals einfach deshalb überfielen, um zu überleben, störten sie die Versorgung und verbreiteten Furcht. Andere schlossen sich tatsächlich zu Partisanengruppen zusammen und nahmen Verbindung zu sowjetischen Stäben auf. Am 3. Juli erklärte Stalin in seiner ersten öffentlichen Rede seit Beginn des Konflikts: »In den okkupierten Gebieten müssen für den Feind und alle seine Helfershelfer unerträgliche Bedingungen geschaffen werden, sie müssen auf Schritt und Tritt verfolgt und vernichtet und all ihre Maßnahmen müssen vereitelt werden.« Auch wenn sein

Aufruf zur Partisanenkriegführung nicht sofort zur Bildung oder Stärkung solcher Gruppen führte, sorgte er bei den Deutschen, die Juden mit Bolschewiken und daher auch mit Partisanen gleichsetzten, für erhebliche Aufregung.[60]

Schlagartig änderte sich die Stimmung im Führerhauptquartier und in der Wehrmachtführung. Hitler war beunruhigt über die Konzentration sowjetischer Truppen in der Ukraine, insbesondere in der Umgebung von Kiew, denn sie bedrohte die Südflanke des geplanten Vormarschs auf Moskau. Außerdem überlegte er, Truppen der Heeresgruppe Mitte zur Verstärkung des Angriffs auf Leningrad abzuziehen. Trotz erstaunlicher operativer Erfolge, der Vernichtung mehrerer sowjetischer Armeen und der Gefangennahme Hunderttausender von Rotarmisten begann das strategische Konzept des Unternehmens Barbarossa sich schon einen Monat nach dem ersten Schuss aufzulösen.[61]

Die Ursachen der Krise im Juli reichten in die Planungsphase zurück. Trotz des enormen Aufwands waren die Deutschen erstaunlich nachlässig an den Feldzug herangegangen. Man wusste nur wenig über die militärische Stärke der Sowjetunion, und die Wehrmachtführung ersetzte die fehlenden harten Fakten durch Annahmen, die auf kaum mehr als rassistischen Vorurteilen beruhten. Man rechnete damit, dass die Rote Armee unter den ersten Schlägen zusammenbrechen würde, so dass der Weg für den Vormarsch nach Moskau bald offen stünde. Man glaubte, mit dem siegreichen Westfeldzug ein operatives Muster zu besitzen, das einen raschen, vernichtenden Sieg garantierte. Doch im Osten fehlten die Voraussetzungen für einen schnellen Bewegungskrieg, wie der Westen sie geboten hatte. Aufgrund seiner vergleichsweise geringen Ausdehnung hatte man auf dem westlichen Kriegsschauplatz die Truppen konzentrieren können, um in den Schlüsselsektoren eine erdrückende Überlegenheit zu besitzen. Die durch die Ardennen vorrückenden gepanzerten Speerspitzen mussten anschließend bis zum Ärmelkanal nur rund 350 Kilometer zurücklegen, und dies auf einem ausgezeichneten Straßennetz, und auch das Eisenbahnnetz entsprach dem deutschen. Zudem befanden sich die Schlachtfelder in geringer Entfernung von den großen Nachschubzentren in Deutschland. In der Sowjetunion gab es all dies nicht. Der Vormarsch führte die deutschen Truppen immer weiter auseinander. Die Eisenbahn hatte eine andere Spurbreite, die geändert werden musste, um deutsche Lokomotiven und Waggons einzusetzen. Unterdessen mussten die mobilen Einheiten und Versorgungskonvois auf miserablen Straßen vorrücken, die, zumal bei Regen, immer schlechter wurden. Hinzu kam die enorme Entfernung: Vom Ausgangspunkt bis nach Moskau waren es rund tausend Kilometer, und schon in Frankreich, wo nur ein Drittel dieser Strecke zurückgelegt werden musste, hatte die Hälfte der Fahrzeuge technische Probleme gehabt. Entscheidend aber war, dass die Wehrmacht nur begrenzte Personalreserven hatte und ihr lediglich Treibstoff, Ersatzteile und Munition für wenige Wochen intensiven Kampfes zur Verfügung standen. Doch die Rote Armee brach nicht zusammen, sondern stellte sich nach einigen verheerenden Niederlagen neu auf. Das Sowjetsystem bewies eine beeindruckende Fähigkeit, schneller neue Einheiten in den Kampf zu werfen, als die Deutschen die vorhandenen zermalmen konnten. Schließlich hatten die Deutschen das Problem der hinter der Front in Wäldern und Sümpfen operierenden Versprengten und Partisanen nicht vorausgesehen. Als die Heeresgruppe Mitte an der Landbrücke zum Stehen kam, hatte sich ihre Kampfstärke durch Kampfverluste wie durch Verschleiß um ein Drittel bis zur Hälfte verringert, und die Nachschublage war problematisch.[62]

Als es der Wehrmacht nicht gelang, die Rote Armee entscheidend zu besiegen, trat ein tiefer Riss zwischen Hitler und seinen Generälen zutage. Letztere wollten einen massiven Angriff auf Moskau führen, da die sowjetischen Kommando- und Kontrollmechanismen, wie sie glaubten, durch die Einnahme der Hauptstadt so stark gestört würden, dass jeder wirkungsvolle Widerstand erlöschen musste. Hitler dagegen wollte in Richtung Süden losschlagen, um die bedrohliche Konzentration sowjetischer Truppen um Kiew auszuschalten und die Ukraine, die legendäre Kornkammer der UdSSR, einzunehmen. Gleichzeitig wollte er den Angriff auf Leningrad stärken. Diese Meinungsverschiedenheiten über die Prioritäten waren schon in der Planungsphase von Barbarossa spürbar geworden, aber Halder war einer Konfrontation mit Hitler ausgewichen, indem er die Ziele unscharf formulierte. Jetzt brach der Konflikt offen aus, und nach mehreren erbitterten Zusammenstößen bekam Hitler seinen Willen.[63]

Im August wurde ein Teil der Panzerkräfte der Heeresgruppe Mitte nach Norden abgezogen und ein anderer nach Süden geschickt, um die sowjetische Hauptmacht bei Kiew einzukreisen und sich mit der Heeresgruppe Süd zu vereinen. Durch dieses Manöver und schlechte militärische Führung auf sowjetischer Seite erlitt die Rote Armee eine katastrophale Niederlage. Kiew wurde erobert, und 400 000 Soldaten gerieten in Kriegsgefangenschaft. Die Ukraine war den Deutschen ausgeliefert. Doch es war, bei allen spektakulären Erfolgen, ein Pyrrhussieg. Die zurückgelegten Entfernungen und die Heftigkeit der Kämpfe hatten die deutschen Truppen weiter zermürbt. Als Hitler am 30. September die Fortsetzung des Vormarschs auf Moskau befahl, verfügten die deutschen Infanteriedivisionen über kaum mehr als die Hälfte ihrer Sollstärke, und die Panzerverbände konnten nur noch 30 bis 40 Prozent ihrer Kampffahrzeuge einsetzen.[64]

Das militärische Scheitern wirkte sich schon lange vor dem Rückzug vor Moskau auf sämtliche Aspekte der deutschen Politik aus. Bereits Mitte August erkannte das OKH, dass es sich verrechnet hatte. »In der gesamten Lage«, gestand Halder ein, »hebt sich immer deutlicher ab, dass der Koloss Russland … von uns unterschätzt worden ist.« Bis zum Oktober hatte Hitler akzeptiert, dass der Krieg sich bis ins Jahr 1942 hinziehen und sowohl die Ressourcen des Reichs belasten als auch die Moral der Bevölkerung drücken würde. Nur zwei Monate nachdem die Führung euphorisch über die Zerstörung von Moskau und Leningrad gesprochen hatte, berieten Backe und Göring über die Lebensmittelrationierung im kommenden Jahr. Manche in Hitlers Gefolge erwogen sogar einen Verhandlungsfrieden mit Stalin. Unterdessen starben jeden Tag Tausende von Rotarmisten, weil die Wehrmacht nicht darauf vorbereitet war, so viele Kriegsgefangene über längere Zeit versorgen zu müssen, und nicht geneigt war, Lebensmittel für gefangene Bolschewiken abzuzweigen. Zwischen Sommer 1941 und Frühjahr 1942 starben zwei Millionen gefangene Rotarmisten an Hunger, Witterungseinflüssen und damit verbundenen Krankheiten.[65]

Sowjetische Partisanen entwickelten sich im Herbst zu einer ernstzunehmenden Kraft. Sie wurden jetzt aus der Luft versorgt und waren durch Offiziere und Kommissare verstärkt worden, die hinter der Front mit Fallschirmen abgesprungen waren. Ein Beispiel dafür, welchen Schaden sie anrichten konnten, war die Verzögerung der Verlegung der spanischen »Blauen Division« an die Leningrader Front durch »Bahnstörungen (Partisanen)«. Über solche Vorfälle verärgert, ließ Hitler am 16. September 1941 durch Keitel eine Weisung über das Vorgehen im »Bandenkrieg« verbreiten. Den Partisanen wurde jede

Legitimität als kämpfende Truppe abgesprochen; sie seien Verbrecher, die ausgemerzt werden müssten. Zwei Monate später erließ Himmler eigene Richtlinien für die »Bandenbekämpfung«.[66]

Unterdessen hatten manche Kommandeure haarsträubende antijüdische Äußerungen verlauten lassen, mit denen sie Mordaktionen gegen Juden initiierten und legitimierten. Keitel hatte den Ton vorgegeben, indem er die Juden mit dem Bolschewismus identifizierte: »Der Kampf gegen den Bolschewismus verlangt ein rücksichtsloses und energisches Durchgreifen vor allem gegen die Juden, die Hauptträger des Bolschewismus.« Walter von Reichenau, Befehlshaber der 6. Armee, unterstrich am 10. Oktober in einem Armeebefehl über das »Verhalten der Truppe im Ostraum«, der Soldat müsse »für die Notwendigkeit der harten, aber gerechten Sühne am jüdischen Untermenschentum volles Verständnis haben. Sie hat den weiteren Zweck, Erhebungen im Rücken der Wehrmacht, die erfahrungsgemäß stets von Juden angezettelt wurden, im Keime zu ersticken.«[67]

Zusammengenommen bewirkten diese Entwicklungen eine neue, noch mörderischere Ausrichtung der antijüdischen Politik. Ursache dafür war nicht der Antisemitismus allein; auch ergab sich dieser Radikalisierungsprozess nicht folgerichtig aus einer bereits geübten Praxis. Es herrschte sicherlich eine gewisse Kontinuität, aber in erster Linie war die Neuausrichtung eine Reaktion auf die vielgestaltige Krise, mit der die zivile und militärische Führung des Dritten Reichs ab Juli 1941 konfrontiert war. Paradoxerweise stießen der utopische Optimismus von Anfang Juli und der nüchterne Pragmatismus von Ende Juli die Politik in dieselbe Richtung: hin zur vollständigen Vernichtung der jüdischen Bevölkerung in der besetzten Sowjetunion. Göring und Backe betrachteten Juden als Belastung für die Lebensmittelversorgung und begrüßten daher Maßnahmen, die ihren Verbrauch einschränkten oder ganz wegfallen ließen. Um seinen Anspruch auf die Vormachtstellung in Sicherheitsangelegenheiten durchzusetzen und das Unterholz zu lichten, so dass der »Garten Eden« würde erblühen können, hatte Himmler beschlossen, die Juden mit den denkbar radikalsten Mitteln zu entfernen. Nach Heydrichs Ansicht würde die Vernichtung der jüdischen Bevölkerung der Zivilverwaltung signalisieren, dass ihre antijüdische Politik überholt war, und den Sicherheitsapparat an die Spitze derjenigen katapultieren, die Hitlers Wünsche erfüllten. Die Wehrmacht, die unter Nachschubmangel litt, an der Front unter Druck stand und Probleme im rückwärtigen Gebiet hatte, stimmte der Vernichtung der »Judeobolschewisten« weitgehend zu. Manche Offiziere missbilligten die angewandten Mittel, aber nur wenige stellten diese Politik grundsätzlich in Frage.[68]

Himmler setzte die neue Strategie, die eine neue Qualität bedeutete, zwischen Ende Juli und Mitte August mit einer Reihe von Besuchen bei den Einsatzgruppen und Polizeistellen in Gang. Er forderte sie auf, die Zahl der Exekutionen zu erhöhen und sich nicht mehr auf jüdische Männer und diejenigen, die nachweislich mit dem kommunistischen Apparat oder antideutschen Aktivitäten in Verbindung zu bringen waren, zu beschränken. Es sei an der Zeit, die Juden insgesamt auszumerzen. Im Allgemeinen gab er seine Weisungen mündlich, aber sie spiegelten sich in einem Funkspruch des 2. SS-Kavallerie-Regiments vom 1. Augst wider, der sich auf die Bekämpfung von Partisanen und Widerstandsnestern in den Pripjetsümpfen bezog: »Sämtliche Juden müssen erschossen werden. Judenweiber in die Sümpfe treiben.« Daher erhöhte sich die Zahl der ermordeten Juden nach jedem Besuch bei den Kommandeuren vor Ort drastisch, und Frauen und Kinder wurden jetzt für gewöhnlich einbezogen. Ganze Gemeinden wurden zusammengetrieben und abgeschlachtet. Gleichzeitig wurden Ghettos errichtet, um die Juden einzusperren und vor den Massakern eine Auswahl vornehmen zu können. Facharbeiter und ihre Familien sparte man vorläufig aus, wenn klar war, dass sie der Wehrmacht oder der Zivilverwaltung von Nutzen waren. Die meisten dieser Ghettos bestanden nicht lange, und die Umstände in ihnen waren grauenhaft: Sie wurden kaum mit Lebensmitteln versorgt, und auch um die sanitären Einrichtungen kümmerten sich die Deutschen nicht. Gleichwohl wurde die neue Politik, trotz Himmlers direktem Eingreifen, keineswegs einheitlich umgesetzt. Zu einem steilen Anstieg der Morde kam es hauptsächlich in Litauen, Weißrussland und der Ukraine. Einige der im Juni und Juli geschaffenen Ghettos wurden von nicht arbeitenden Juden gesäubert, während andere Ghettos relativ unbehelligt blieben, bis es sie später im Jahr aus anderen Gründen traf. Auch mit den deutschen Zivilbehörden war das neue Vorgehen nicht abgestimmt. Spannungen zwischen den SS-Henkern, die auf Himmlers Befehl handelten, und den Reichskommissaren, die Rosenberg unterstanden, waren an der Tagesordnung. Noch war die antijüdische Politik nicht vereinheitlicht worden.[69]

Um die Aufgabe, Hunderttausende von Juden zu töten oder in Ghettos zu internieren, erfüllen zu können, zog Himmler frische Truppen heran und autorisierte die Aufstellung vieler neuer Einheiten. Mit der SS-Kavallerie-Brigade und der 1. SS-Infanterie-Brigade wurden die Tötungseinheiten um zusätzliche 19000 Mann aufgestockt. Außerdem konnte sich Ohlendorfs Einsatzgruppe D auf neugebildete ukrainische Hilfspolizeiverbände sowie die Rumänen stützen, und im Norden konnten HSSPF Prützmann und die Einsatzgruppe A auf litauische und lettische Polizeibataillone zurückgreifen.[70]

Bis zum Ende des Jahres stießen zudem 12000 Offiziere und Mannschaftsdienstgrade der Orpo in drei Regimentern (Nord, Mitte und Süd, mit je drei Bataillonen) zu den Mordkommandos. Neun weitere waren Infanterieregimentern von Sicherungsdivisionen der Wehrmacht zugeordnet, und die Heeresgruppenhauptquartiere verfügten jeweils über ein Regiment für rückwärtige Aufgaben. Bei diesen Männern handelte es sich überwiegend um junge Wehrpflichtige, die von der SS für Polizeiaufgaben in den besetzten Gebieten ausgebildet worden waren. Die älteren Angehörigen der Reserve-Polizeibataillone waren im regulären Polizeidienst im Reich indoktriniert und nach der Aufnahme in die militärähnlichen Einheiten zusätzlich ideologisch geschult worden. Ein Drittel der Offiziere dieser Bataillone waren NSDAP-Mitglieder und ungefähr ein Viertel »alte Kämpfer« der SA.[71]

Unschuldige Männer, Alte, Frauen, Kinder und Babys zu töten scheint den meisten Angehörigen dieser Einheiten kaum Probleme bereitet zu haben. In ihrer Voreingenommenheit betrachteten sie die Bewohner des Ostens, insbesondere die Juden, buchstäblich als Wilde. Die ideologisch Verblendeten sahen sich in einem Rassenkrieg um die Vorherrschaft in Europa oder auch um das Überleben des deutschen Volks. Fast alle Polizisten, Soldaten und Zivilbeamte teilten mehr oder weniger diese Auffassung. Je härter die Kämpfe und je länger der Feldzug, desto weniger Mitleid empfanden sie; im Gegenteil, in den Vordergrund rückten ein Solidaritätsgefühl mit ihren Kameraden und Ängste um die Zukunft ihrer Lieben in der Heimat. Die realen Probleme der Lebensmittelversorgung und der Partisanenüberfälle schienen zu beweisen, dass rücksichtsloses, gnadenloses Handeln unerlässlich war, um zu verhindern, dass sich die Situation weiter verschlechterte.[72]

Während manche Historiker die Ansicht vertreten, die NS-Führung habe die Partisanenbedrohung benutzt, um normale Deutsche dazu zu bewegen, Unschuldige zu töten, deuten die Belege in die entgegengesetzte Richtung. Am 10. August bat die Einsatzgruppe A Berlin, da »die Heeresgruppe bei der erschwerten Lage der Partisanenbewegung und den Schwierigkeiten der doppelten Front auf eine rasche Lösung drängt, … baldmöglichst um grundsätzliche Weisung über die Behandlung dieser Frage«. Sie erwähnte Partisanenangriffe erneut am 15. und 22. August, einschließlich eines Angriffs auf die strategisch wichtige Straße zwischen Pskow und Luga. Ab Mitte August berichtete die Einsatzgruppe B von Zusammenstößen mit Partisanen an der Straße zwischen Minsk und Moskau. Dieser Hauptverkehrsweg der Heeresgruppe Mitte, Rollbahn genannt, führte durch eine Reihe von Städten mit großer jüdischer Bevölkerung. In Weißrussland und darüber hinaus ergab sich die fatale Konstellation, dass die deutschen Verbindungswege durch Gebiete mit jüdischer Bevölkerung verliefen und daher die Aufmerksamkeit ständig auf die Anwesenheit eines »Feindes« in der Nähe wichtiger Nachschubwege, Umschlagplätze und Depots gelenkt wurde.[73]

Am 24. September 1941 versammelte der Kommandeur des rückwärtigen Gebiets der Heeresgruppe Mitte in der Partisanenbekämpfung erfahrene Offiziere zu einer dreitägigen Konferenz in Mogilew. Die meisten der sechzig Teilnehmer waren junge Offiziere aus Sicherungsdivisionen, aber auch Infanterieregimenter waren vertreten. Zu den Rednern gehörten Nebe, Bach-Zelewski und der Kommandeur der SS-Kavallerie-Brigade Hermann Fegelein. Anschließend wurde eine Zusammenfassung der Vorträge und Empfehlungen für die Partisanenbekämpfung verteilt, und Heeresoberbefehlshaber Brauchitsch fügte Teile davon in die einen Monat später vom OKH herausgegebenen »Richtlinien für die Partisanenbekämpfung« ein, in denen die Soldaten im Kampf gegen die Partisanenbedrohung zu absoluter Gnadenlosigkeit angehalten wurden.[74]

Auch wenn der Kampf gegen Partisanen 1941 nur wenige Opfer unter den deutschen Sicherheitskräften forderte, bildete er nicht nur einen Vorwand für die Ermordung wehrloser Männer, Frauen und Kinder. Kennzeichen der Guerillakriegführung ist die Vermeidung von Konfrontationen mit überlegenen feindlichen Kräften; die sowjetischen Partisanen sorgten für Chaos, waren aber geübt darin, den deutschen Gegenmaßnahmen auszuweichen. Umgekehrt ist die Aufstandsbekämpfung bestrebt, dem Feind den Rückhalt in der Zivilbevölkerung zu nehmen, indem man sie für sich gewinnt oder davon abschreckt, die Aufständischen zu unterstützen. In der brutalsten Form, wie sie von den Deutschen praktiziert wurde, umfasst die Partisanenbekämpfung auch die Verschleppung oder Tötung von Zivilisten, die man der Unterstützung des Feindes verdächtigt.

Der Kampf gegen die Partisanen war also nicht nur ein Vorwand für Massenmord oder ein Mittel, um Leichtgläubige zur Beteiligung an der unangenehmen Aufgabe, Juden abzuschlachten, zu bewegen. Briefe, Tagebücher und Zeugenaussagen deutscher Soldaten, Offiziere, Polizisten und Zivilbeamter zeigen, dass sie alle die Überzeugung teilten, Juden seien Bolschewiken und daher Unterstützer der Partisanen. Die Juden mögen ein imaginärer Feind gewesen sein, doch war es im Denken der Täter nicht irrational, sie als Gegner zu sehen. Am Tag nach dem Angriff auf die Sowjetunion schrieb ein Unteroffizier, dass »die gesamte Judenheit uns [jetzt] auf ganzer Linie … den Krieg erklärt [hat] … Die Marxisten kämpfen Schulter an Schulter mit der Hochfinanz wie vor 1933 in Deutschland.« Der Sanitätsgefreite Paul Lenz erklärte unumwunden: »Bolschewik sein kann nur ein Jude …«, und fügte hinzu: »Wo man [in Russland] hinspuckt, steht ein Jude …« Deutsche Soldaten waren überzeugt, dass Juden hinter den Gräueln standen, die nach dem Rückzug der Roten Armee ans Licht kamen. In Bezugnahme auf die Massaker in Lemberg und Tarnopol urteilte einer von ihnen, man werde Zeuge »jüdischer, bolschewistischer Grausamkeit, wie ich sie auch kaum für möglich gehalten hatte«. Der Obergefreite Paul Rubelt glaubte ebenfalls, die Juden seien meist »die Übeltäter« gewesen. Einen Monat nach Beginn des Feldzugs schrieb ein Unteroffizier nach Hause: »Die große Aufgabe, die uns im Kampf gegen den Bolschewismus gestellt ist, liegt in der Vernichtung des ewigen Judentums. Wenn man sieht, was der Jude hier in Russland angerichtet hat, kann man erst recht verstehen, warum der Führer den Kampf gegen das Judentum begonnen hat.« Im Oktober berichtete ein Reichsbahninspekteur seiner Familie beiläufig: »Bei Anschlägen [von Partisanen] werden kurzerhand aus der Bevölkerung eine Anzahl Leute, besonders Juden, herausgezogen und an Ort und Stelle erschossen, ihre Häuser in Brand gesteckt.«[75]

Karl Fuchs, der in einem Panzer des Panzer-Regiments 25 in die Sowjetunion rollte, schrieb seiner Frau Madi, es gehe in diesem Kampf »um das Wohl unserer werdenden Kinder und damit um den Bestand unseres Volkes«. Russland sei der Inbegriff »staatlicher Verkommenheit, des Elends und der Armut. Das ist der Bolschewismus!« Hinter all dem stünden die Juden. An seinen Vater schrieb er: »Heute weiß jeder, auch der letzte Zweifler, dass der Kampf mit diesem vom Juden aufgepeitschten Untermenschentum nicht nur nötig, sondern allerhöchste Zeit [für ihn] war.«[76]

Entscheidend war, dass von den Soldaten geachtete hohe Offiziere solche Vorurteile bekräftigten und die Truppe darin bestärkten, Juden als Bedrohung zu betrachten. Am 20. November erklärte Erich von Manstein, jetzt Oberbefehlshaber der 11. Armee, in einem Befehl an seine auf der Krim stehenden Truppen: »Das Judentum bildet den Mittelsmann zwischen dem Feind im Rücken und den noch kämpfenden Resten der Roten Wehrmacht und der Roten Führung … Das jüdisch-bolschewistische System muss ein für alle Mal ausgerottet werden.« Ungefähr zur gleichen Zeit wies Hermann Hoth, der Befehlshaber der in der Ukraine stehenden 17. Armee, seine Soldaten darauf hin, dass sie im Kampf mit einer entgegengesetzten Weltanschauung und »ihren durch eine kleine Anzahl meist jüdischer Intellektueller aufgepeitschten primitiven Instinkten« stünden.[77]

Der neue Auftrag verlangte nach neuen Methoden. Jeckeln stellte sich vor, dass der Platz in den Gruben besser genutzt werden würde, wenn die Juden sich in sie legten, bevor sie erschossen wurden. Diese Vorgehensweise wurde als »Sardinenpackung« bekannt. Es erleichterte den Offizieren auch, über die Leichen zu gehen und den Opfern, die nur verwundet worden waren, den Gnadenschuss zu geben. Ungeachtet der größeren Effektivität der Tötungen begannen die Massaker an Frauen und Kindern die Mörder psychisch zu belasten. Als Himmler Mitte August in Minsk einer Exekution beiwohnte, machte er sich Sorgen über die Auswirkungen auf die Täter. Ihm war bereits gemeldet worden, dass einige SS-Männer infolge der ständigen Teilnahme an Tötungsoperationen unter nervösen Störungen litten, und es scheint in dieser Zeit gewesen zu sein, dass er die Suche nach anderen Massenmordmethoden anstieß. Nachdem Eichmann, wahrscheinlich im November 1941 und ebenfalls in Minsk, Zeuge einer Massenerschießung geworden war, warnte er seine Kollegen in Lemberg: »… da werden ja die jungen Leute zu Sadisten erzogen.« In Berlin habe er dies gegenüber Gestapo-Chef Müller »genau so« wiederholt, wie er lange nach dem Krieg im Verhör in Israel betonte.[78]

Massenmord und Ghettoisierung in der besetzten Sowjetunion

In Litauen fand die erste Massenexekution, bei der auch Frauen und Kinder getötet wurden, am 14. und 15. August in Rokischken (Rokiškis) statt. Ihr fielen 3200 Menschen zum Opfer. In den nächsten zwei Wochen ermordeten die Einsatzkommandos und ihre litauischen Helfer überall im Land insgesamt 33 000 Juden. Der Stillstand an der Front bedeutete, dass die Tötungseinheiten mehr Zeit hatten, Kleinstädte und Dörfer zu durchkämmen, und als der Vormarsch auf Leningrad fortgesetzt wurde, bildeten die zunehmende Furcht vor Lebensmittelknappheit, Nachschubschwierigkeiten und Partisanenaktionen im rückwärtigen Gebiet der Heeresgruppe Nord einen zusätzlichen Anstoß für die Massaker. Das intensivierte Morden konnte dank der vielen litauischen Helfer, die für genügend Feuerkraft sorgten, bis Ende des Jahres durchgehalten werden. Der litauische Untergrundkämpfer Viktorias Kutorga veröffentlichte später in der Hoffnung, das Weltgewissen wachzurütteln, eine kurze Schilderung dieser Tage. Stellvertretend sei hier ein Eintrag über eine einzige jüdische Gemeinde zitiert:

> 16. Oktober. Sie haben in Semelischkis 900 Juden umgebracht. Im dortigen Ghetto zeichneten sich die »Partisanen« und die Deutschen durch besondere Brutalität aus; sie beraubten, töteten und vergewaltigten Frauen. Die Juden arbeiteten jeden Tag in drei Schichten Tag und Nacht auf dem Flugplatz – 1200 Männer und 800 Frauen von 17 bis 55 Jahren. Wenn ihre Zahl an einem Tag nicht dem vorgegebenen Stand entsprach, gingen die Deutschen durch die Wohnungen im Ghetto und zerrten Männer und Frauen aus den Betten zur Arbeit.

Wie dieser Auszug zeigt, wurden Juden, wenn sie zur Arbeit eingesetzt werden konnten, nicht ermordet. Dies bedeutete jedoch lediglich, dass bloß ein Teil der Gemeinden und auch nur vorläufig überlebte. Bis zum Dezember erschossen die Deutschen und ihre litauischen Kollaborateure 133 000 jüdische Männer, Frauen und Kinder.[79]

Die Einrichtung von Ghettos, Arbeitseinsatz und Massenmord fanden parallel statt. In Litauen errichteten die Deutschen drei Ghettos: in Kaunas, Wilna und Schaulen. Die Juden von Kaunas zogen zwischen dem 10. Juli und 15. August in das ausgewiesene Viertel. »Litauer werfen jüdische Bewohner einfach auf die Straße und ziehen selbst in die ›befreiten‹ Wohnungen ein«, hatte Abraham Golub in den vorangegangenen hektischen Tagen beobachtet. Der angesehene Arzt Elchanan Elkes, der zum »Oberjuden« der Gemeinde gewählt worden war, verhandelte hartnäckig mit den Behörden über die Grenzen des Ghettos, die Lebensmittelversorgung und die Zwangsarbeit. Trotz seiner tapferen Anstrengungen wurde das Ghetto verkleinert und in zwei Teile geteilt, einen großen und einen kleinen. Bald wurde klar, dass diese Aufteilung der Vernichtung der meisten Juden diente, mit Ausnahme jener, die für die Kriegswirtschaft als unentbehrlich betrachtet wurden. Etwa zur gleichen Zeit wurde ein Ordnungsdienst aufgestellt, von dem Golub von Anfang an nichts Gutes erwartete.[80]

Unterdessen ging das Gemetzel in den Forts weiter. Dass nun auch Frauen ermordet und Litauer nicht nur in Exekutionskommandos, sondern auch für Wachdienste verwendet wurden, veränderte das Vorgehen: Massenvergewaltigung sowie Massenmord wurden zur Routine. »Nacht für Nacht«, hielt Golub fest, »suchen sich die litauischen Schergen ihre Opfer aus: die Jungen, Hübschen. Zuerst vergewaltigen, dann foltern und schließlich ermorden sie sie.« Außerdem konnten die Mörder gute Geschäfte machen, indem sie die Kleider der Opfer verkauften. Beamte und andere nutzten die Gelegenheit, sich die Möbel und den Hausrat aus den verlassenen Wohnungen der Juden anzueignen. Die Immobilien reservierten die Deutschen für sich selbst, und das war keine Kleinigkeit. Nahezu 40 Prozent der Wohnhäuser in Litauen gehörten Juden, insgesamt 35 600. Abgesehen von Religion, Rassismus und Ideologie war die Habgier sowohl für Einheimische als auch für Geschäftemacher von außerhalb ein starkes Motiv für die Vernichtung der jüdischen Bevölkerung.[81]

Anfang Oktober übergab der in der deutschen Zivilverwaltung für das Ghetto zuständige SA-Obersturmführer Fritz Jordan dem Judenrat 5000 Arbeitsbescheinigungen. Damit brachte er den Rat in eine furchtbare Situation, denn seine Mitglieder mussten annehmen, dass Juden, die keinen solchen Schein bekamen, dem Tode geweiht waren. Drei Wochen später wies SS-Hauptscharführer Helmut Rauca, als Gestapo-Beauftragter für Judenangelegenheiten Jordans Pendant im

Sicherheitsapparat, den Judenrat an, arbeitsfähige und nicht arbeitsfähige Juden zu trennen. Golub schilderte die qualvolle Diskussion, nachdem die jüdische Ghettoführung Oberrabbiner Avraham Dov-Ber Kahana-Schapiro um Rat gefragt hatte. Der Rabbiner erklärte, »die Gemeindeführer sollten ihren Mut zusammenkratzen, die Verantwortung auf sich nehmen und so viele Leben retten wie möglich«. Gemäß diesem Rat, schrieb Golub beißend, würden die Gemeindeführer »ungewollt zu Kollaborateuren der Unterdrücker«. Die wertvollen Scheine gingen an Juden, die für die Wehrmacht arbeiteten, an Facharbeiter und natürlich an alle, die mit dem Judenrat zu tun hatten. Anschließend ließ Rauca die gesamte Ghettobevölkerung zum Appell antreten, bei dem er diejenigen mit einer Arbeitsbescheinigung und ihre Familien von denjenigen ohne einen solchen Schein absonderte. 10 000 Juden wurden ins kleine Ghetto geschickt, während 17 000 in ihre Wohnungen im Hauptghetto zurückkehren konnten. Am nächsten Tag, dem 29. Oktober, wurden rund 9000 Juden ins Fort IX gebracht und ermordet. Der Ordnungsdienst wurde angewiesen, das kleine Ghetto nach Versteckten zu durchsuchen. Danach ließ man die schreckensstarren, trauernden Überlebenden in Ruhe.[82]

In Wilna wurde das Ghetto erst Anfang September eingerichtet, nach der Einsetzung der Zivilverwaltung im Reichskommissariat Ostland. Herman Kruk wurde Zeuge, wie 29 000 Juden ihre Habseligkeiten in ein Viertel schleppten, in dem bisher 4000 Menschen gewohnt hatten. »Christen kamen ihnen zu Hilfe«, notierte er, »Freunde, Genossen, Kollegen. Andere kamen, um für fast nichts etwas zu kaufen; wieder andere kamen wie Schakale und warteten auf die Besitztümer der Juden.« Das Ghetto bestand von Anfang an aus zwei Teilen: In Ghetto 1 kamen 30 000 Juden unter, im kleineren Ghetto 2 waren es 10 000. Die Deutschen ernannten einen Judenrat und ordneten die Aufstellung eines Ordnungsdiensts an, dessen Leitung der ehemalige litauische Armeeoffizier Jacob Gens übernahm. Die Bewohner von Ghetto 1 erhielten nach und nach Arbeitsbescheinigungen und hofften, durch sie vor den regelmäßigen Selektionen geschützt zu sein. Als der Judenrat 400 dieser Scheine an seine Mitarbeiter verteilte, war die Empörung groß. Insgesamt wurden 12 000 der kostbaren Dokumente ausgegeben. Die Deutschen begannen fast augenblicklich damit, nicht arbeitende Juden auszusortieren. Der Ordnungsdienst half ihnen dabei, in der Überzeugung, sie würden die Arbeitsbescheinigungen anerkennen, obwohl auch Juden aus dem großen Ghetto abtransportiert wurden. Die Säuberungen gingen weiter, bis das kleine Ghetto leer war; mehr als 15 000 Juden waren nach Ponary geschickt worden. Im November stieß ein weiterer Versuch, die Einwohnerzahl des großen Ghettos zu verringern, auf Widerstand: Tausende von Juden versteckten sich, woraufhin deutsche Polizisten und litauische Helfer in das Ghetto eindrangen und Hunderte von Juden an Ort und Stelle erschossen sowie über tausend zusammentrieben. Am Jahresende befanden sich im Ghetto von Wilna nur noch 15 000 »legale« Juden; hinzu kamen wahrscheinlich einige Tausend Juden, die sich in *malinas* (Verstecken) oder Bunkern verborgen hatten.[83]

Kazimierz Sakowicz beobachtete weiterhin, was denjenigen widerfuhr, die auf die kurze Reise ohne Wiederkehr nach Ponary geschickt wurden. Im August zählte er 17 Tage lang an jedem Tag außer Sonntag 250 bis 300 Schüsse. Dabei sah er nur eine einzige Frau. Ende August wurden es immer mehr Frauen, und er hörte einen der Todesschützen, einen entfernten Bekannten, sagen, sie hätten, »als sie sich nackt ausgezogen hatten, sehr schön ausgesehen«. Die Deutschen, fügte der Mann neidisch hinzu, hätten sie vor der Erschießung eine Stunde für sich gehabt und »ihre Rasse mit den Jüdinnen besudelt«. Die Litauer trösteten sich damit, die Seidenstrümpfe der Frauen zu verkaufen. Anfang September befanden sich in den Kolonnen wesentlich mehr Frauen sowie Kinder und Babys. Fast alle unter den hundert Wachmännern und achtzig Schützen waren jetzt Litauer. »Die Leute wurden geschlagen, bevor sie erschossen wurden«, notierte Sakowicz. »[Die *Szaulisi*] straften auf grausame Art und Weise sowohl Männer als auch Frauen. Die Männer wurden später erschossen, die Frauen mussten sich bis auf die Unterwäsche ausziehen.« Sakowicz beobachtete, dass die Opfer sich auf die Leichen, die sich bereits in den Gruben befanden, legen mussten und die Schützen über die Körper stapften und die Opfer mit Kopfschüssen töteten. Kinder und Babys wurden ihren Müttern entrissen und auf die Berge aus Leichen und Sterbenden geworfen. Manche litauische Wachmänner »nahmen den Müttern ihre Babys weg und erschlugen sie mit dem Gewehrkolben«.[84]

Die Massaker wurden sowohl als Spektakel wie auch als Bereicherungschance betrachtet. Sakowicz empörte sich über »[z]wei vergnügte litauische ›Damen‹ in Begleitung eines ›Herren‹«, die »einen Ausflug mit dem Auto [machten], um sich die Erschießungen anzusehen«.

Da das Wetter jetzt kühler wurde und den Juden nicht gesagt wurde, wohin sie gebracht wurden, trugen sie, so viel sie konnten, bei sich, einschließlich ihrer Wertsachen. Anfang September sah Sakowicz einen litauischen Kommandeur in einem Damenpelz herumlaufen. Das Blutbad in Ponary bildete die Grundlage für eine groteske Wirtschaftstätigkeit. »Bemerkenswert war, dass die litauischen Soldaten, die in den Lastwagen zurückfuhren, schon die Sachen [der Ermordeten] untereinander aufteilten.« Aber auch vor Ort wurde gehandelt: »Die Litauerinnen waren angekommen, um die Kleidung zu holen.« Einmal hörte Sakowicz, wie ein Soldat die Bestellung einer Einheimischen entgegennahm und hinterher erklärte, er habe sich bemüht, »eigens eine der Größe der Bäuerin entsprechende Jüdin aus der vierten Reihe auszuwählen«. Die Beobachtung, dass Juden als Quelle von Beutegut wahrgenommen wurden, ließ Sakowicz einen grundlegenden Unterschied zwischen Deutschen und Litauern ziehen: »Für die Deutschen bedeuten 300 Juden 300 Feinde der Menschheit, für die Litauer sind es 300 Paar Schuhe, 300 Hosen usw.«[85]

Aufgrund der wachsenden Zahl von Opfern, der konsumierten Alkoholmengen und der Disziplinlosigkeit sowohl der Wachmänner als auch der Schützen wurden manche Opfer nur verwundet und konnten im Schutz der Dunkelheit aus den Massengräbern herauskriechen. Einige von ihnen schafften es ins Ghetto zurück, wie die 16-jährige Peyse Schloss, die Herman Kruk ihre Erlebnisse berichtete: »Nur wenige wussten, dass wir in Ponary waren, und nur wenige konnten sich vorstellen, was sie mit uns machen würden. Aber wir sahen es mit eigenen Augen, denn die Erschießungen fanden keine 200 Meter von uns entfernt statt. Die Männer wurden mit Schlägen auf den Kopf betäubt und erst später erschossen. Dort lagen Berge von Menschen. Alle gaben auf und gehorchten den Befehlen. Die ganze Arbeit wurde von Litauern getan. Sie wurden von nur einem Deutschen beaufsichtigt.« Peyse war bei Sonnenuntergang in der letzten Gruppe gewesen, die erschossen wurde, und nur am Arm getroffen worden. Sie hatte sich freigekämpft und mit Hilfe freundlicher Litauer in Sicherheit gebracht. »Muss die Welt nicht aufschreien?«, fügte Kruk dem Bericht hinzu. »Muss die Geschichte nicht Rache nehmen?«[86]

Am Jahresende hatte sich die Lage im Ghetto von Wilna stabilisiert. Tausende von Juden wurden jetzt von der Wehrmacht beschäftigt und stellten Pelz- oder Lederwaren her oder arbeiteten für ihren riesigen Fuhrpark. Im Ghetto entstand die schon bekannte Vielfalt von Einrichtungen, darunter fünf Gemeindeküchen und andere Fürsorge- und Gesundheitsdienste. Zur dominierenden Kraft wurde der Ordnungsdienst unter Jacob Gens. Kruk bemerkte, dass die OD-Männer an den Ghettotoren sich bestechen ließen, und klagte: »Die Wohnungen der jüdischen Polizisten sind vollgestopft mit allem: Brot, Butter, Fett im Überfluss. Polizeiarbeit ist wirklich der beste Lebensunterhalt.« Die OD-Männer bauten enge Beziehungen zu ihren deutschen Ansprechpartnern auf. Zu Silvester gab Gens eine Party, an der auch jüdische Frauen teilnahmen, die »den Deutschen nahestanden«. Der Ordnungsdienst veranstaltete Feiern mit »Mädchen, Weinbrand und jüngst auch einer Kapelle«, zu denen auch Gestapo-Männer kamen. Gens setzte auf die Arbeit der Ghettobewohner und die Bestechung der Deutschen, um das Ghetto zu erhalten, doch war seine Taktik nicht auf den ersten Blick zu durchschauen. Kruk bemerkte anklagend, die Litauer würden die Toten bestehlen, während der Judenrat die Lebenden bestehle.[87]

In Lettland errichteten die Deutschen in Riga und Dünaburg Ghettos. Um das Rigaer Ghetto zu schaffen, das in der heruntergekommenen Moskauer Vorstadt entstand, mussten im Lauf des Augusts 27 000 Juden und 10 000 Nichtjuden umziehen. Abgeriegelt wurde es allerdings erst im Oktober. Ein Judenrat und ein Ordnungsdienst wurden gebildet und ein Zwangsarbeits- und ein Versorgungssystem eingeführt. Von den 30 000 Ghettobewohnern waren über die Hälfte Frauen, und 5000 waren Jugendliche. Aufgrund der Einberufungen zur Roten Armee, der Evakuierungen und Erschießungen gab es nur 8000 jüdische Männer. Die meisten Erwachsenen waren beim deutschen Heer und der Kriegsmarine beschäftigt; Tausende entluden im Hafen Schiffe mit Nachschub für die Heeresgruppe Nord. Gertrude Schneider, die als Teenagerin ins Ghetto einzog, erinnerte sich später, dass diese außerhalb arbeitenden Juden lebenswichtig waren, denn sie brachten Lebensmittel ins Ghetto. Dort entstand so etwas wie Normalität, mit Krankenhaus, Schulen und Suppenküchen. »Die Menschen begannen sich an ihr hartes Leben zu gewöhnen, und es nahm eine Art von düsterer Stabilität an. Man glaubte, dass die zentrale Lage Rigas an der Nachschubroute für die russische Front den Bedarf an jüdischen Arbeitern garantieren und zum Überleben der Ghettobewohner beitragen würde.« Das war eine Illusion. Lohse und Sipo-SD stritten sich ständig darüber, wem die Juden und ihr Eigentum gehörten. Die Zivilverwaltung stellte die Mittel für den Unterhalt des Ghettos bereit und wollte sie durch den Arbeitseinsatz von Juden wieder hereinholen, während die Sipo-SD-Dienststelle darauf beharrte, dass die SS für jüdische Arbeiter bezahlt werden müsse. Nicht viel besser erging es Lohses Beamten in Bezug auf enteigneten jüdischen Besitz. Die Kosten, die das Eintreiben der Miete für bisher von Juden bewohnte Wohnungen verursachte, überstiegen die Einnahmen, und ihre Ausstattung verschwand zum großen Teil in den Händen von Einheimischen.[88]

Die 15 000 jüdischen Einwohner von Dünaburg wurden angewiesen, in das Ghetto im Bezirk Griva zu ziehen. Es bestand aus wenig mehr als einigen mit Stacheldraht eingezäunten Kasernen und Ställen, in denen einst ein lettisches Kavallerieregiment untergebracht gewesen war. Zu den Juden von Dünaburg gesellten sich Hunderte von Juden aus den Gemeinden der Umgebung. Die Deutschen riefen einen Judenrat und einen Ordnungsdienst ins Leben, und die neue Führung begann eine Ghettowirtschaft aufzubauen. Anfang August verlangten die Deutschen Listen mit arbeitslosen Juden für eine angebliche Umsiedlung. Anfangs gehorchte der Judenrat, doch bald dämmerte den Verantwortlichen, dass etwas nicht stimmte. Tatsächlich wurden die rund 8000 Juden, die am 8. und 9. sowie 18. und 19. August aus dem Ghetto abtransportiert wurden, in Wäldern und auf Eisenbahnanlagen in der Nähe ermordet. Durch die Verkleinerung der Ghettobevölkerung verbesserten sich die Bedingungen für die übriggebliebenen Juden; freilich beließen es die Deutschen nicht dabei. Bei einer weiteren Aktion, die sich gegen Arbeitslose, Kranke und Kinder richtete, wurden Anfang November zwischen 3000 und 5000 Juden erschossen. Der damals 12-jährige Sjoma Schpungin erinnerte sich nach dem Krieg: »Es [das Ghetto] war sehr bevölkert und schmutzig. Und es war sehr kalt … Die Habseligkeiten der Opfer behielten die Henker für sich … Die Schlächter waren sehr oft betrunken.«[89]

Wie es an einer der Exekutionsstätten zuging, schilderte der Kommandeur eines Infanterieregiments, Generalleutnant Heinrich Kittel, der nach seiner Gefangennahme im November 1944 in britischer Kriegsgefangenschaft heimlich abgehört wurde. »Da liege ich in der Früh am Sonntag im Bett, und da höre ich immer zwei Salven und dann noch hinterher Kleingewehrfeuer«, erzählte er einem Mitgefangenen. Er sei hinausgegangen, um herauszufinden, was los war, und in eine Zuschauermenge geraten: »Da standen die Letten da und die deutschen Landser und guckten zu.« Er habe etwa 15 SD-Männer und sechzig Letten an einem Graben stehen sehen, während »Männer, Frauen und Kinder abgezählt« und gezwungen worden seien, sich auszuziehen, »dann haben die Henker erst mal die ganzen Kleider auf einen Haufen gelegt. Dann mussten sich zwanzig Frauen an den Grubenrand hinstellen, nackend, wurden abgeschossen und fielen hinunter.« An dieser Stelle erkundigte sich ein Mitgefangener: »Wie wurde das gemacht?« Darauf schilderte Kittel es ausführlicher: »Mit dem Gesicht zur Grube, und da traten zwanzig Letten dahinter und schossen einmal mit dem Gewehr denen einfach in den Hinterkopf rein. Da hatten sie an den Gruben so eine Stufe, dass die jetzt niedriger standen. Die traten oben an den Rand und schossen denen einfach so durch den Kopf, und dann fielen die vorne runter, in die Grube hinein. Danach zwanzig Männer, die wurden dann genauso mit der Salve umgeknallt.« Kittel war empört über das Gesehene und begab sich zum leitenden SS-Offizier, um sich zu beschweren. »Ich verbiete ein für alle Male, dass da draußen diese Erschießungen sind, wo man zuschauen kann«, herrschte er ihn an. »Wenn ihr die Leute im Wald erschießt oder irgendwo, wo es niemand sieht, das ist eure Sache. Aber das verbiete ich einfach, dass da noch einen Tag geschossen wird. Wir beziehen das Trinkwasser aus Tiefbrunnen, wir kriegen lauter Leichenwasser dort.« Ohne seine moralische Kurzsichtigkeit zu bemerken, berichtete Kittel auf die Frage, was mit den Kindern geschehen sei, weiter: »Kinder, dreijährige Kinder, so oben am Schopf genommen, so hochgehalten und mit der Pistole abgeschossen, und dann haben sie sie hineingeworfen.«[90]

Nach der ersten Welle von Massenerschießungen beruhigte sich im Bezirk Białystok die Situation. Anfang August wurden 43 000 Juden in der Stadt in zwei weit voneinander entfernte Ghettos gesperrt. Der Judenratsvorsitzende Efraim Barasz bewegte die Deutschen dazu, ins größere Ghetto Fabriken und Werkstätten einzubeziehen, und bald stellten Juden Schuhe, Kleidung und Pelzwaren für die Wehrmacht her. Aufgrund des Erfolgs seiner Strategie, Juden in Arbeit zu bringen, genoss Barasz großes Ansehen. Er stand an der Spitze einer umfangreichen Ghettoorganisation, und für eine Weile lebten die Juden in ruhigen und halbwegs vertretbaren Verhältnissen. Das Ghetto wurde erst im November 1941 abgeriegelt und entging weiteren Säuberungen, da es derart profitabel geworden war, dass Gauleiter Erich Koch Versuche der SS, seine Bewohner abzutransportieren, vereiteln konnte. Ähnlich verlief die Entwicklung in Grodno, wo rund 25000 Juden ebenfalls in ein zweigeteiltes Ghetto gesperrt wurden.[91]

Weiter östlich, im Generalkommissariat Weißruthenien, wurden in unterschiedlichem Tempo Ghettos eingerichtet. Während das Ghetto in Minsk im Juli geschaffen wurde, blieben die jüdischen Gemeinden von Baranowitschi und Nowogrudok bis zum Jahresende unbehelligt. Auch was die Bildung von Judenräten und Ordnungsdiensten und sogar die Kennzeichnung mit dem Davidstern betraf, ging man alles andere als einheitlich vor. Massenerschießungen fanden zwar statt, aber sporadisch und wenig planvoll. Gelegentlich lösten sie sogar Proteste von Zivilbeamten aus. Am 27. Oktober traf das Reserve-Polizeibataillon 11 in Sluzk ein. Es hatte den Befehl, die 7000 jüdischen Einwohner der Stadt zu liquidieren. Heinrich Carl, der Gebietskommissar von Sluzk, bat den Kommandeur, Major der Schutzpolizei Franz Lechthaler, die Operation aufzuschieben, bis er die für die Wirtschaft wichtigen Arbeiter ausgesondert hatte. Lechthaler stimmte scheinbar zu, begann dann jedoch mit einem unterschiedslosen Massaker, das die Produktion in Fabriken und Werkstätten zum Stillstand brachte. Carl beschwerte sich in einem Brief an Wilhelm Kube, den Generalkommissar für Weißruthenien, über dieses Verhalten: »Mit einer unbeschreiblichen Brutalität, sowohl von Seiten der deutschen Polizeibeamten, wie insbesondere von den litauischen Partisanen, wurde das jüdische Volk, darunter aber auch Weißruthenen, aus den Wohnungen herausgeholt und zusammengetrieben. Überall in der Stadt knallte es und in den einzelnen Straßen häuften sich Leichen erschossener Juden.« Zudem sei man so nachlässig vorgegangen, »daß Erschossene längere Zeit nach Zuwerfen der Gräber sich wieder herausgearbeitet haben«. Das bei den Weißruthenen gewonnene Vertrauen sei tief erschüttert. Man höre »schon die Ansicht vertreten, daß dieser Tag kein Ruhmesblatt für Deutschland darstellt und daß dieser Tag unvergessen bleibt«. Am Ende seines Berichts flehte Carl den Generalkommissar an: »Verschonen Sie mich in Zukunft unbedingt vor diesem Polizeibataillon!« Kube leitete den Brief mit der Bitte an Lohse weiter, den verantwortlichen Offizier zu bestrafen und jüdische Fachkräfte in Zukunft von Erschießungen auszunehmen. Ihn störten freilich nicht die Massenerschießungen an sich. Er forderte die Sicherheitskräfte lediglich auf, sich besser mit den Zivilbehörden abzustimmen und die Einheimischen nicht zu beunruhigen. Lohse seinerseits schickte den Brief kommentarlos an Ostminister Rosenberg weiter, womit die Angelegenheit erledigt war. Gleichwohl zeigte sich an dem Vorfall ein allgemeiner Konflikt zwischen Zivilbehörden und SS über das weitere Vorgehen, der bis zum Jahresende immer wieder aufflammen sollte.[92]

In Slonim arbeitete die Zivilverwaltung eng mit der litauischen Polizeieinheit zusammen, die im November in die Stadt geschickt worden war, um die 22 000 Köpfe zählende jüdische Gemeinde zu dezimieren. Die Juden waren in den von Wasser umschlossenen Bezirk Zabinka gesperrt worden. Tausende arbeiteten in örtlichen Steinbrüchen, in Tischlereien und bei der Eisenbahn. Ungewöhnlich war, dass Jugendliche im Ghetto fast sofort nach dessen Einrichtung eine Untergrundorganisation gegründet und ein kleines Arsenal von Gewehren und Pistolen angelegt hatten. Als sie im Herbst von der bevorstehenden Aktion Wind bekamen, setzten sie sich mit in der Umgebung operierenden Partisanen in Verbindung. Andere Juden bereiteten Verstecke vor und gruben Bunker. Unglücklicherweise waren sie nicht in der Lage, den Schlag tatsächlich abzuwehren. Im November wurden zwischen 9000 und 10 000 Juden ohne Arbeitsausweis aus dem Ghetto geholt und erschossen. Gerhard Erren, der Gebietskommissar von Slonim, wusste womöglich nichts von den Kontakten zwischen Ghettojuden und sowjetischen Partisanen, doch war er mit Sicherheit über die prekäre Ernährungslage und Wohnungsfrage informiert. Nach dem Massaker berichtete er nach Berlin: »Die vom SD am 13.11. durchgeführte Aktion befreite mich von unnützen Fressern.«[93]

Die strategisch wichtigen Pripjetsümpfe waren schon früh ein Ziel des nochmals verschärften deutschen Vorgehens gegen die jüdische Bevölkerung. Zwischen dem 27. Juli und 11. August erschoss das 2. SS-Kavallerieregiment in dem Gebiet 6526 »Plünderer«. Sein Kommandeur, Obersturmbannführer Franz Magill, versuchte die von Himmler empfohlene Methode anzuwenden, musste seinen Vorgesetzten aber mitteilen: »Weiber und Kinder in die Sümpfe zu treiben, hatte nicht den Erfolg, den es haben sollte, denn die Sümpfe waren nicht so tief, dass ein Einsinken erfolgen konnte.« Dennoch wurden im Gebiet der Pripjetsümpfe innerhalb von zwei Wochen 25 000 Juden ermordet.[94]

Besonders grauenvoll war die Mordwelle in den Städten des rückwärtigen Gebiets der Heeresgruppe Mitte, das unter Militärverwaltung blieb. Hier wirkten Lebensmittelknappheit und Sicherheitsparanoia mit katastrophalen Folgen zusammen. Ghettos wurden eingerichtet, zum Teil um die Lebensmittelkäufe der Juden einzuschränken, damit die übrige Bevölkerung, die unter den Requirierungen der Wehrmacht litt, mehr zur Verfügung hatte. Aber nur wenige von ihnen überdauerten den Jahreswechsel. Sie wurden zu Zwischenstationen, aus denen Juden herausgeholt werden konnten, wann immer sich genügend Männer zusammenziehen ließen, um sie zu ermorden. Die Gemetzel begannen in Borissow, wo im August ein Ghetto errichtet worden war. Im Oktober wurden 7000 Ghettobewohner zu außerhalb der Stadt ausgehobenen Gruben gefahren und von Männern des EK 8 ermordet. Über die Hälfte der Juden von Witebsk, das auf eine glanzvolle jüdische Geschichte zurückblickte, war entweder geflohen oder evakuiert worden, bevor die Deutschen die Stadt am 11. Juli einnahmen. Kurz darauf war ein Ghetto geschaffen und Anfang September abgeriegelt worden. Es blieb kaum Zeit, Ghettoinstitutionen aufzubauen, denn schon vom 8. bis 10. Oktober massakrierten Einheiten des EK 9 die 4000 Einwohner. Die 7000 jüdischen Einwohner von Bobruisk wurden im Oktober ghettoisiert; drei Monate später wurden sie von der SS-Kavallerie-Brigade, die gerade erst ihre Triumphe in den Pripjetsümpfen gefeiert hatte, ausgelöscht. Die Todeswelle rollte über Mogilew hinweg, wo das EK 8 zusammen mit Polizeikräften 6500 Juden abschlachtete; über Orscha, wo 2000 Juden erschossen wurden; über Gomel, wo 7000 Juden getötet wurden; über Polozk, wo ebenfalls 7000 Juden ihr Leben verloren.[95]

Zwei Berichte mögen einen Eindruck vermitteln, wie diese Tötungsoperationen abliefen, und die Haltung der Mörder beleuchten. Der erste stammt von Walter Mattner, einem Wiener Polizeibeamten, der am 5. Oktober 1941 in einem Brief an seine Frau seine Erlebnisse in Mogilew schilderte:

> Beim zehnten Wagen [mit denen die Opfer gebracht wurden] zielte ich schon ruhig und schoss sicher auf die vielen Frauen, Kinder und Säuglinge. Eingedenk dessen, dass ich auch zwei Säuglinge daheim habe, mit denen es diese Horden genau so, wenn nicht zehnmal ärger machen würden. Der Tod, den wir ihnen gaben, war ein schöner, kurzer Tod,

> gemessen [an] den höllischen Qualen von Tausenden und Abertausenden in den Kerkern der GPU. Säuglinge flogen in großem Bogen durch die Luft und wir knallten sie schon im Fliegen ab, bevor sie in die Grube und ins Wasser flogen. Nur weg mit dieser Brut, die ganz Europa in den Krieg gestürzt hat und jetzt auch noch in Amerika stürzt.

Der zweite Bericht ist die Aussage eines Überlebenden eines Massakers in Mstislawl, die im Zuge von Ermittlungen wegen Kriegsverbrechen im Januar 1944 aufgenommen wurde. In Mstislawl, einer Kleinstadt im Distrikt Mogilew, lebten rund 1300 Juden, die als Handwerker oder in einer nahegelegenen Kolchose arbeiteten. Am 15. Oktober 1941 kam eine deutsche Polizeieinheit in die Stadt und befahl ihnen, sich auf dem Marktplatz zu versammeln. Männer und Frauen wurden getrennt, und dreißig ältere Juden wurden mit einem Lastwagen weggefahren. »Unter den versammelten Frauen suchten die Deutschen die jungen heraus, trieben sie in ein Geschäft, zogen sie nackt aus und vergewaltigten und quälten sie. Wer Widerstand leistete, wurde auf dem Platz erschossen.« Später am Tag wurden die Juden abgeführt. »Die faschistischen Kannibalen führten die Juden in Zehnergruppen zu vorher ausgehobenen Gruben, nahmen ihnen Kleidung und Schmuck und erschossen sie dann. Zuerst töteten sie so die Männer, dann die Frauen mit den älteren Kindern. Die Kleinkinder wurden lebendig in die Grube geworfen.« Bis zum Jahresende ermordeten die Deutschen in Weißrussland 200 000 Juden; gerade einmal 25 000 blieben am Leben, zumeist in abgelegenen ländlichen Gemeinden.[96]

In Wolhynien wurden im Spätsommer 1941 Ghettos eingerichtet, in der Regel in den ärmsten Vierteln der jeweiligen Städte. Aber es fiel den Deutschen schwer, eine derart zahlreiche und weit verstreute Bevölkerung einzusperren. Viele Ghettos blieben noch monatelang offen, so dass die Bewohner ein und aus gehen konnten, um anderswo etwas zu essen und eine Zuflucht zu suchen. Die meisten Gemeinden erhielten einen Judenrat, einen Ältesten und einen Ordnungsdienst, auch wenn keines der Ghettos lange bestehen blieb oder feste Strukturen entwickeln konnte. Im Lauf des Herbsts zogen Einsatzkommandos und Polizeieinheiten von Stadt zu Stadt und erschossen Juden, beispielsweise 17 000 bis 18 000 in Rowno und 2500 in Ostrog. Die hohe Opferzahl in Rowno hing mit Erich Kochs Entscheidung zusammen, die Stadt zu seinem Amtssitz zu machen. Es war jedoch nicht genug

Personal vorhanden, um in mehr als einigen Zentren solche Großaktionen durchzuführen. Am Jahresende lebten drei Viertel der Juden von Wolhynien immer noch in ihren Heimatstädten und -dörfern.[97]

In Galizien war die Situation besonders verworren. Hans Frank war wenig erfreut darüber, dass das Gebiet um Lemberg mit seiner großen jüdischen Bevölkerung dem Generalgouvernement zugeschlagen wurde. Sein erster Gedanke war, die Juden einfach in die Gegend um Pripjet abzuschieben und Ostgalizien als wenig mehr denn einen vorübergehenden Abladeplatz zu behandeln. Er verschwendete kaum Zeit und Mühe darauf, dort eine kompetente und gewissenhafte Verwaltung aufzubauen. Stattdessen füllte der umtriebige, tatkräftige SSPF des Distrikts Lublin Odilo Globocnik das Vakuum und setzte die Juden für ein ehrgeiziges Straßenprojekt ein, die sogenannte Durchgangsstraße IV, die Lemberg mit der Krim verbinden sollte. Ende 1941 reihte sich an der vorgesehenen Route eine Kette primitiver Arbeitslager aneinander. In den ostgalizischen Städten wurden rund 20 000 jüdische Männer ausgehoben, von denen ein großer Teil den haarsträubenden Zuständen in den Lagern und der brutalen Behandlung, die ihnen zuteilwurde, zum Opfer fiel. Um den Aushebungen zu entgehen, flohen Hunderte von Juden nach Rumänien, Ungarn und sogar ins Generalgouvernement. Als Frank Ende Oktober erkannte, dass es keine Massendeportationen geben würde, war er der Verzweiflung nahe. In seinem Machtbereich gab es bereits riesige elende, von Seuchen heimgesuchte Ghettos, deren Auflösung endgültig in weite Ferne rückte. Mangels Alternativen fand er sich mit der Errichtung von Ghettos in Lemberg und anderen jüdischen Zentren ab, ergänzt um Massenerschießungen zur Beseitigung nicht arbeitender Juden oder schlicht zur Verkleinerung der jüdischen Bevölkerung.[98]

Ab September bildeten Karl Lasch, der Gouverneur des Distrikts Galizien, und der dortige SSPF Fritz Katzmann Judenräte, registrierten Juden für den Arbeitseinsatz und schufen Ghettos. Gewissermaßen als Kehrseite dieser Entwicklung verübten Katzmanns Männer zusammen mit ukrainischen Kollaborateuren eine Reihe gigantischer Massaker. In Stanislaw schlachteten sie an einem einzigen Tag, dem »blutigen Sonntag«, auf dem alten jüdischen Friedhof der Stadt 10 000 bis 12 000 Juden ab, einschließlich des Judenrats. Es verblieben 20 000 Juden, die ins immer noch heillos überfüllte Ghetto einziehen mussten. Abgeriegelt wurde es erst Ende Dezember. In Borysław, wo 14 000

Juden lebten, wurde trotz des Ausbruchs von Typhus erst im Mai des nächsten Jahres ein Ghetto eingerichtet.[99]

Das Schicksal der 135 000 jüdischen Einwohner von Lemberg war ein düsterer Reigen von Chaos und Gemetzel. Vom 25. bis 28. Juli entfachten einheimische Ukrainer zum Gedächtnis des Nationalistenführers Symon Petljura, der 1926 in Paris ermordet worden war, einen zweiten Pogrom. Überwiegend junge jüdische Männer und Frauen wurden ins Gefängnis gebracht, wo sich laut Rabbi David Kahane »haarsträubende Szenen abspielten«. Mehrere Tausend kehrten nicht mehr zurück. Dann wurde ein Judenrat berufen, der begann, Unterbringung, Verpflegung und Zwangsarbeit zu regeln. Edmund Kessler war erleichtert über die Einsetzung jüdischer Repräsentanten, die, wie er hoffte, »der jüdischen Gemeinde eine gewisse Rechtsstellung« verschaffen würden. Als die Deutschen Anfang November die Einrichtung eines Ghettos anordneten, sah Moty Stromer auch dies positiv: »Wir waren froh, einen Ort zu haben, wo wir leben konnten, und dass wir einige unserer Habseligkeiten behalten würden.« Juden von außerhalb und Christen von innerhalb des Ghettos begannen ihre Wohnungen zu tauschen, häufig mit Bekannten. »Was die Anmietung oder den Tausch von Wohnungen anging, wollten die Christen nur wissen, ob die jüdischen Wohnungen Gas, Strom, fließend Wasser und Badezimmer hatten. Sie wollten Komfort. Keines der ›neuen‹ jüdischen Viertel besaß solchen Luxus.« Rabbi Kahane gewann einen anderen Eindruck von diesen Transaktionen. Nach seiner Erinnerung hatten es die Christen nicht eilig mit dem Umzug, und für »jeden Quadratmeter, den sie aufgaben, verlangten sie astronomische Summen. Kleider, englisches Tuch, Astrachanpelze, Schlafzimmereinrichtungen, Golddollars wechselten den Besitzer. Noch der kleinste Raum wurde vermessen und verkauft. Jedes elende Loch war buchstäblich Gold wert.« Tatsächlich waren nur wenige Juden derart wohlhabend; die große Mehrheit war bitterarm, hatte wenig einzutauschen und wusste deshalb nicht, wohin. Kessler notierte, dass reiche Juden die Wohnungsknappheit noch vergrößerten, indem sie sich weigerten, ihre Unterkunft mit anderen zu teilen. Jedenfalls gaben die Deutschen den Plan einen Monat später auf, weil seine Umsetzung zu viel Unruhe verursachte.[100]

Das jüdische Viertel bot nur scheinbar Sicherheit. Am 12. November umstellten Sipo und ukrainische Hilfspolizisten das Viertel und richteten unter einer Brücke einen so gut wie unumgänglichen Kontrollpunkt ein. Innerhalb von mehreren Tagen wurden rund 10 000 Juden, die nicht nachweisen konnten, dass sie für die Wehrmacht oder in Rüstungsfabriken arbeiteten, aus der Schlange der Wartenden herausgeholt und zu Erschießungsstätten außerhalb der Stadt gebracht. Kessler erinnerte sich, dass die Wachmänner einen zusätzlichen Kontrollpunkt errichteten, »zu dem vor allem junge Frauen gebracht wurden. Unter dem Vorwand, sie nach Schmuck und Gold zu durchsuchen, wurden sie gepeitscht, gezwungen, sich vollständig auszuziehen, und sadistisch verletzt, geschlagen und getreten.« Anschließend wurden sie zu einer sandigen Ödnis am Rand eines Industrievororts gefahren, mit Maschinengewehren niedergemäht und verscharrt. Deutsche Polizisten und ukrainische Hilfskräfte suchten regelmäßig Straßen, in denen Juden wohnten, heim. Besonders auf die Wohnungen reicher Juden hatten sie es abgesehen. »Eines Abends«, erinnerte sich Kessler, »kehrten Banditen, die schon einmal dagewesen waren, dorthin zurück. Sie fesselten die Eltern und vergewaltigten die beiden Töchter.« Unterdessen war der Ordnungsdienst angewiesen, Männer für die Zwangsarbeit auszuheben. Die potentiellen Opfer versuchten verzweifelt, seinem Zugriff zu entgehen. Stromer baute sich ein Versteck in einem Ofen, in das er sich mit den Füßen zuerst hineinschob; »dann zog ich mit großer Anstrengung die Arme in den Ofen und legte sie auf die Brust. Danach bedeckte ich den Kopf mit Lappen, und so lag ich da.«[101]

In der Ukraine beging die Einsatzgruppe C in den Wochen, in denen die Front stillstand, im Zusammenhang mit der Einrichtung von Ghettos eine Reihe großer Massaker, obwohl beides, Mordaktionen wie Ghettoisierung, uneinheitlich betrieben wurde. In Schitomir erschoss die EG bis Ende September rund 5000 Juden, die Hälfte der verbliebenen jüdischen Bevölkerung der Stadt, 3145 allein am 19. September. Für die Überlebenden, überwiegend Arbeitskräfte, wurde ein Ghetto eingerichtet, das jedoch schon acht Wochen später aufgelöst wurde. Stolz berichtete die EG, 25 bis 30 Tonnen Wäsche, Kleidung, Schuhe und Haushaltswaren seien an Volksdeutsche verteilt worden.[102]

In Berditschew waren von 25 000 jüdischen Einwohnern, die die Hälfte der gesamten Einwohnerschaft ausmachten, 16 000 bis 17 000 in der Stadt geblieben. Am 25. August wurden sie zum Umzug in ein Ghetto im Bezirk Jatki gezwungen. Ein Überlebender beschrieb dem berühmten Korrespondenten der Roten Armee Wassili Grossman diesen ältesten Stadtteil als Viertel »mit schlechten Straßen und ewigen

Pfützen. Dort gab es nur baufällige Hütten, einstöckige Häuschen, alte bröckelnde Gemäuer, in verunkrauteten Höfen sammelten sich Abfälle, alter Plunder und Mist.« Bei zwei Aktionen am 4. und 14./15. September ermordeten die Deutschen auf einem Feld in der Nähe des Flugplatzes der Stadt rund 1500 beziehungsweise 12000 Juden. »Polizisten und Angehörige ihrer Familien, Liebchen der deutschen Soldaten und andere zwielichtige Gestalten«, berichtete Grossmans Augenzeuge, »stürzten in die verlassenen Wohnungen und raubten sie aus. Vor den Augen der Todeskandidaten schleppten sie Kleider, Lebensmittel und Federbetten fort; manche durchbrachen sogar die Absperrung und rissen den Frauen und Mädchen, die zur Hinrichtung geführt wurden, die Kleider und wollenen Strickjacken vom Leib.« Betrunkene SS-Männer erschossen sie in Gruppen von vierzig Personen, während die Menschenmenge zuschaute. Die von sowjetischen Kriegsgefangenen ausgehobenen Gruben lagen in einem Gebiet mit undurchlässigem Lehmboden. »Die Gruben waren übervoll von Blut, das der tonhaltige Boden nicht aufsaugen konnte. Das Blut trat über die Ränder, stand in großen Lachen, bildete Rinnsale und sickerte in tiefer liegendes Gelände.« Wer von den alkoholbenebelten Henkern nur verwundet worden war, »erstickte, ertrank im Blut, das die Gruben füllte«. Einige überlebten jedoch und konnten im Schutz der Dunkelheit davonkriechen. Das Ghetto wurde am 3. November liquidiert, als nahezu alle verbliebenen Juden ermordet wurden. In Winniza erschossen zwei Polizeibataillone 10000 der 17000 Juden und sperrten die übrigen in ein Ghetto. Als entschieden wurde, Hitlers vorgeschobenes militärisches Hauptquartier in der Umgebung der Stadt einzurichten, war ihr Schicksal besiegelt. In Chmilnyk wurden 7000 Juden massakriert; die übrigen mussten in ein Ghetto am Stadtrand umziehen, das im Januar 1942 aufgelöst wurde, nachdem man den Einwohnern sämtliche warme Kleidung abgenommen hatte. Sie wurden, nackt und zitternd, auf einer vereisten Lichtung in einem Kiefernwald niedergemäht. Einige entkamen den Erschießungskommandos, aber »viele irrten obdachlos über die Felder; man fand sie erst, als der Schnee getaut war«.[103]

Ihren Höhepunkt erreichte die Tötungswelle am 29. und 30. September mit dem Massenmord an 33771 Juden in Babi Jar, einer Schlucht am Rand von Kiew. Nachdem deutsche Truppen am 19. September in die Stadt einmarschiert waren, starben Dutzende von Wehrmachtsoldaten bei Explosionen von Zeitbomben in militärisch genutzten Gebäuden, und als das Sonderkommando 4a der Einsatzgruppe C eintraf, beschloss die Militärführung zusammen mit Vertretern der EG und der Polizei eine gegen die jüdische Bevölkerung gerichtete Vergeltungsaktion. Auf Plakaten wurde die jüdische Bevölkerung unter Todesdrohung bei Nichtbeachtung angewiesen, sich am Morgen des 29. September am jüdischen Friedhof einzufinden. Aus Angst vor Strafe und in der Hoffnung, umgesiedelt zu werden, folgten Tausende dem Aufruf. Lew Oserow berichtete nach der Befreiung: »Die Familien hatten Brot für die Reise gebacken, Rucksäcke genäht und Karren gemietet. Sich gegenseitig stützend, bewegten sich alte Männer und Frauen vorwärts. Mütter trugen ihre Säuglinge im Arm oder fuhren sie im Kinderwagen.« Die Kolonnen wurden nach Babi Jar geführt; am Zugang zur Schlucht waren ein Schlagbaum und Schreibtische aufgestellt worden. Es wurden jeweils dreißig bis vierzig Personen abgefertigt, aber ihre Papiere blieben unbeachtet; stattdessen wurden sie geschlagen und auf einen von deutschen und ukrainischen Wachen abgeriegelten Platz getrieben, wo man sie zwang,

> ohne Ausnahme – auch Mädchen, Frauen, Kinder und Alte – sich völlig zu entkleiden. Die Kleidungsstücke wurden eingesammelt und akkurat zusammengelegt. Den unbekleideten Menschen – Männern und Frauen – rissen sie die Ringe von den Fingern. Dann stellten die Henker die Todgeweihten in Gruppen am Rand eines tiefen Abgrunds auf und erschossen sie von hinten. Die Körper stürzten den Steilhang hinunter. Die kleinen Kinder wurden bei lebendigem Leibe in die Schlucht gestoßen. Am Ort der Vernichtung angekommen, verloren nicht wenige den Verstand.

Gegen Abend traf Jelena Jefimowna Borodjanskaja-Knysch mit ihrer kleinen Tochter an der Schlucht ein. Sie sah, wie eine andere Frau ihre wunderschöne Tochter, ein Mädchen im Teenageralter, schützen wollte und von den Deutschen erschlagen wurde. »[M]it dem Mädchen hatten sie es nicht eilig«, erzählte Borodjanskaja-Knysch später. »Fünf oder sechs Deutsche zogen sie splitternackt aus, was weiter geschah – ich weiß es nicht, ich habe es nicht gesehen.« Bald war sie selbst an der Reihe, aber anstatt auf die Salven zu warten, stieß sie ihre Tochter in die Grube und warf sich über sie. Mittlerweile war es fast dunkel, als ein Deutscher mit einem Bajonett prüfte, ob sie tot waren. Wie durch ein Wunder verfehlte er Borodjanskaja-Knysch, und sie konnte sich aus dem Leichenberg befreien und sich mit ihrer Tochter in ein nahegelegenes Dorf retten. Eine andere Überlebende, Emilia Borissowna Kotlowa, antwortete auf Ilja Ehrenburgs Aufruf, Augenzeugenberichte einzusenden, im Januar 1944 mit mehreren Briefen, in denen sie an Äußerungen des Aufbegehrens und Widerstandsaktionen von Juden erinnerte, die erkannt hatten, welches Schicksal sie erwartete. Alte Juden sprachen das traditionelle Gebet Schma Jisrael (»Höre, Israel«), bevor sie in den Tod gingen. »Junge Leute«, berichtete sie weiter, »kämpften mit den Henkern und riefen: ›Das Volk wird euch rächen.‹ Bevor sie sie töteten, hatten sie noch die Zeit, die Frauen zu vergewaltigen.«[104]

Nach dem Fall von Kiew rückten die Panzergruppe 1 und die 6. Armee auf den Donez vor, und die Einsatzkommandos folgten ihnen. Sie mussten jedoch feststellen, dass in den Orten an ihrem Weg kaum Juden anzutreffen waren. Abgesehen von außergewöhnlichen Umständen, etwa der plötzlichen Eroberung einer Stadt, nahm die Zahl der Juden, die ihnen in die Hände fielen, stetig ab. Dies bedeutete jedoch nicht, dass sie weniger Juden ermordeten, denn jetzt töteten sie jeden Juden, den sie aufgriffen. Viele deutsche Mordaktionen fanden unter bereitwilliger Beteiligung von Verbündeten statt. Die Militäroperationen im Süden waren eine gemeinsame Anstrengung mit rumänischen, ungarischen und slowakischen Verbänden sowie mit Einheiten von Volksdeutschen und Hilfspolizisten. Gleiches galt für den Genozid. Während die Achse sich sonst über wenig einig war, so teilte sie doch den Wunsch, die Juden loszuwerden.[105]

In den ländlichen Gebieten der Ukraine stießen die Einsatzkommandos zu ihrer Überraschung auf jüdische Dorfgemeinschaften, offenbar, wie die SS-Männer fanden, »dumme« Juden, die es nicht in die Stadt geschafft hatten. Die meisten dieser Gemeinden wurden umgehend ausgelöscht. Im November und Dezember nahm die Vorhut der Heeresgruppe Süd Städte ein, in denen vor dem Krieg bedeutende jüdische Gemeinden gelebt hatten, wie Nikolajew und Cherson am Schwarzen Meer, Kursk und Charkow, die Industriestädte Krementschug, Dnepropetrowsk, Kriwoi Rog, Saporosche im Donbass und Mariupol am Asowschen Meer. In jeder dieser Städte wurden die Juden entweder sofort oder in Etappen ermordet, manche erst 1942.[106]

Die Erlebnisse von Juden an drei Orten mögen stellvertretend für alle stehen. In Dnepropetrowsk lebten vor dem Krieg 90 000 Juden; als die Deutschen Mitte August die Stadt einnahmen, fanden sie allerdings nur 30 000 vor, von denen sie in der Folgezeit rund 25 000 ermordeten. Michail Petrowitsch Indikt, der in einer Handwerksgenossenschaft arbeitete, blieb zufällig zurück, als die Juden evakuiert wurden, und wurde so zum Zeugen der Morde und Vergewaltigungen nach der Eroberung. Er entkam einer Massenerschießung von 2000 Juden am 13. Oktober und überlebte dank seiner Frau, einer Russin. Einmal musste sie einen aufdringlichen betrunkenen Polizisten, einen ihrer Nachbarn, abwehren. Ihr Mann konnte in seinem Versteck hören, wie der Mann brummte: »Du Hure, was gibst du vor, eine anständige Frau zu sein? Wie lange willst du mich noch an der Nase herumführen?« Wie viele mit Juden verheiratete russische, ukrainische und weißrussische Frauen war sie doppelt gefährdet. Entweder sie gaben ihre Ehemänner auf, oder sie gingen mit ihnen zu den Erschießungsstätten, und wenn sie ihre Ehemänner versteckten, schwebten sie in denselben Gefahren wie alle alleinstehenden Frauen in unruhigen Zeiten, wobei in ihrem Fall noch das Risiko hinzukam, von Männern, die sich auf der Jagd nach Juden befanden, sexuell ausgebeutet zu werden.[107]

Charkow fiel Ende Oktober. Sofort nach Einnahme der Stadt begannen deutsche Soldaten, die Wohnungen von Juden zu plündern. Besonders auf Kleidung hatten sie es abgesehen, wahrscheinlich, weil ihnen bereits die Kälte zu schaffen machte und sie keine Winterkleidung mit sich führten. Nur die Hälfte der 20 000 jüdischen Einwohner von Charkow war in der Stadt geblieben und wurde in der Folgezeit registriert. Als sowjetische Agenten in mehreren Gebäuden Bomben zündeten, wurden zur Vergeltung rund tausend Juden erschossen. Ende Dezember wurde in einer ehemaligen Fabrik ein Ghetto eingerichtet, doch es bestand nur für kurze Zeit. Der Ingenieur S. S. Kriworutschko befolgte die deutsche Anordnung, sich ins Ghetto zu begeben, und schloss sich dem Zug der Juden an, die durch den Schnee stapften, während sie geschlagen und ausgeraubt wurden. Im Ghetto gab es weder Essen noch Wasser, so dass die Insassen geschmolzenes Eis trinken mussten. »Raub und Mord waren an der Tagesordnung«, sagte Kriworutschko später aus. »Für gewöhnlich stürmten die Deutschen unter dem Vorwand, nach Waffen zu suchen, ins Zimmer und stahlen alles, was ihnen in die Finger kam. Wer Widerstand leistete, wurde auf den Hof gezerrt und erschossen.« Die hungernden Juden waren nur zu empfänglich für die Lüge, sie würden umgesiedelt. Jeden Tag wurden Hunderte auf Lastwagen davongefahren, die sie zu Gruben außerhalb der Stadt brachten. Schließlich war auch Kriworutschko an der Reihe. Am Ende der kurzen Fahrt sah er eine von einer Doppelreihe von Wachen abgeriegelte Schlucht und an ihrem Rand einen Lastwagen mit Maschinengewehren. Die Menschen um ihn herum gerieten in Panik, doch die Deutschen trieben sie mit Schlägen in die Schlucht und zwangen sie, sich auszuziehen. Dann wurden sie mit den Maschinengewehren niedergemäht. Kriworutschko rettete sich, indem er, als die Deutschen abgelenkt waren, auf einen Lastwagen sprang und sich unter einer Plane versteckte. Zurück in Charkow, wurde er von seiner nichtjüdischen Frau versteckt.[108]

Mariupol am Asowschen Meer ergab sich, bevor seine 10 500 jüdischen Einwohner fliehen konnten. Anfang Oktober begann die Schülerin Sara Gleich ein Tagebuch über die Ereignisse zu führen. Kaum hatten die Deutschen die Stadt betreten, fingen sie an zu plündern, insbesondere Lebensmittel, da ihre Vorräte erschöpft waren. Wie üblich wurden die Juden registriert und dabei ihrer Wertsachen beraubt. Am 20. Oktober verkündeten die Deutschen, dass sie alle die Stadt zu verlassen hätten. Doch sie kamen nur bis zu einigen Gruben auf dem Gelände eines wenige Kilometer entfernten Landwirtschaftsbetriebs. Als Sara an der Reihe war, sich auszuziehen und in eine der Gruben zu gehen, war diese schon so voll, dass sie nur auf Leichen treten konnte, und sie glaubte in jeder älteren Frau ihre Mutter zu erkennen. Sie schrie »wie verrückt« und wurde ohnmächtig. Als sie wieder zu sich kam, war es dunkel, und sie war von Körpern bedeckt – in manchen war noch Leben. Als die Mörder gegangen waren, kämpfte sie sich frei. Tiefer in der Leichenmasse hörte sie Juden, die noch am Leben waren und sich nicht zu befreien vermochten, aber sie konnte nichts für sie tun. »[I]ch stellte mich auf«, berichtete sie, »und sah mich um – die Verwundeten bewegten sich, stöhnten, versuchten aufzustehen und fielen erneut hin.« Ein schwer verwundeter Mann sagte ihr und einem anderen Mädchen, sie sollten fliehen. »So zogen wir denn zu zweit los – nur im Hemd, von Kopf bis Fuß blutverschmiert – und begannen einen Unterschlupf für die Nacht zu suchen.« Sie baten an mehreren Häusern um Hilfe, wurden aber weggejagt. Schließlich gaben ihnen mitleidige Bauern etwas zum Anziehen, und sie machten sich auf den

Weg durch die Steppe. Nach tagelanger Wanderung erreichten sie einen Vorposten der Roten Armee.[109]

Ein Blutbad reihte sich ans andere. Einsatzgruppe D trug die Tötungswelle auf die Krim, wo ihre Kommandos unter dem Schutz und mit Hilfe von Mansteins 11. Armee 12 000 Juden in Simferopol (Sonderkommando 11b), 2000 in Jalta (Sonderkommando 11a) und 7000 in Kertsch (Sonderkommando 10b) ermordeten. Man war sich vorübergehend unsicher, ob die Krimtschaken – eine turksprachige Minderheit jüdischen Glaubens – und die Karäer – turksprachige Anhänger einer Abspaltung vom rabbinischen Judentum – wirklich Juden waren, aber aus Berlin traf rasch eine Klärung dieser Frage ein. In merkwürdiger Umkehr der Rassenlogik wurden die Krimtschaken ermordet, die Karäer aber verschont. Auch die 17 000 Juden, die auf den von der Jewish Joint Agriculture Corporation gegründeten und finanzierten Kolchosen arbeiteten, wurden ermordet.[110]

Transnistrien und die rumänischen Tötungsaktionen

In der an die Bukowina und Bessarabien grenzenden Südwestukraine wurden die Deutschen mit den Ambitionen ihrer Verbündeten konfrontiert. In diesem Gebiet fand eines der ersten großen Massaker statt, und es war auch in der Folgezeit von grauenhafter Gewalt geprägt. Im August beschlossen ungarische Beamte in der 1938/39 an Ungarn gefallenen Karpato-Ukraine, dem rumänischen Vorbild zu folgen und die Juden, die sie als Feinde betrachteten, auszuweisen. Dies war eine lokale Initiative, ausgeführt von ungarischen Gendarmen unter dem Befehl örtlicher Kommandeure. Rund 18 000 Juden wurden an die Grenze transportiert und von dort zu Fuß auf früheres sowjetisches Gebiet geführt, bis nach Kamenez-Podolsk. Einige Wochen zuvor hatten dies, zum Unwillen der Deutschen, schon die Rumänen versucht. Doch statt die Juden zurückzuschicken, hielt sich Jeckeln diesmal an die neue Anweisung, sich der Juden mit den radikalsten Mitteln zu entledigen. Er ließ innerhalb von drei Tagen 23 600 Juden erschießen, unter ihnen auch die 8000 jüdischen Männer, Frauen und Kinder aus Kamenez-Podolsk.[111]

Am 30. August legten die Deutschen die Meinungsverschiedenheiten mit den Rumänen bei, indem sie ihnen im Gegenzug für das Recht, dort Stützpunkte zu unterhalten, und die Kontrolle über die Nachschubwege zu ihren Armeen im Süden der Sowjetunion das Gebiet zwischen Dnjestr und Bug, das nunmehrige rumänische Gouvernement Transnistrien, übergaben. Die Vereinbarung von Tighina (Bender) ermöglichte es den Rumänen, das Gouvernement als Abladeplatz für aus Moldawien, der Bukowina und Bessarabien ausgewiesene Juden zu nutzen. Infolgedessen wurde es zu einer der unheimlichsten Tötungsstätten in Osteuropa. In dem 100 000 Quadratkilometer großen ländlich geprägten Gebiet lebten 2,5 Millionen Menschen, einschließlich rund 300 000 Juden, von denen etwa zwei Drittel in Odessa wohnten. Als die Rumänen in der zweiten Julihälfte das Gebiet überrannten, wurde die Stadt eingeschlossen. Da sie sich noch bis zum 17. Oktober hielt, konnte ungefähr die Hälfte ihrer jüdischen Einwohner evakuiert oder für die Rote Armee rekrutiert und in einer an Dünkirchen erinnernden Operation über das Meer in Sicherheit gebracht werden. Unterdessen ermordeten Sipo-SD-Einheiten und rumänische Tötungskommandos in den Städten Transnistriens, wie Mogilew-Podolsk, Tultschin und Balta, Tausende von Juden.[112]

Sobald sie Zugriff auf das Gebiet hatten, begannen die rumänischen Behörden, Ghettos und Lager zu leeren, in denen in den Wochen zuvor Juden festgehalten worden waren. Schätzungsweise 66 000 Juden wurden zum Marsch nach Osten über den Dnjestr gezwungen. Auf dem Weg wurden sie von Polizei-, Gendarmerie- und Armee-Einheiten, die zu ihrer Begleitung abgestellt waren, systematisch ausgeraubt. Bis zu 25 000 Menschen starben oder wurden getötet. Frauen wurden wie selbstverständlich vergewaltigt und ermordet. Ein Augenzeuge schilderte das Verhalten eines rumänischen Kommandos: »In der Nacht holten Angehörige der neuen Abteilung und ihre Helfer Mädchen aus der Menge heraus und missbrauchten sie bis zum Morgengrauen. Tagsüber machten sie etwas Geld, indem sie Mädchen an Bauern ›verkauften‹.« Dorfbewohner, die sich am Wegesrand einfanden, prüften die Kleidung der Juden und markierten die Stücke, die ihnen zusagten; dann erschossen die Wachen den Träger, entkleideten ihn und verkauften die Textilien an die Interessenten. Wenn die Juden den Dnjestr erreichten, nahmen Beamte der Rumänischen Nationalbank ihnen ihr Geld und sämtliche Wertsachen ab, die sie bei sich trugen. Die Vertreibungen lösten in der Region einen regelrechten Wirtschaftsaufschwung aus.[113]

Das Ghetto von Kischinew wurde zwischen dem 8. und 13. Oktober 1941 aufgelöst, begleitet von Plünderungen, Beschlagnahmungen und Leibesvisitationen von Frauen, bei denen man versteckte Wertgegenstände vermutete. Die Juden wurden in Eisenbahnzüge gesetzt, die sie bis nach Ataki am Dnjestr brachten. Von dort ging es zu Fuß weiter nach Tighina, Tiraspol, Orhei oder Rezina, wo sie nach einem tagelangen Fußmarsch in improvisierten Lagern – häufig umgewidmete Schweinezuchtbetriebe – untergebracht wurden, ohne jegliche Verpflegung oder eine Möglichkeit, ihren Lebensunterhalt zu verdienen. Im November gab es in Kischinew nur noch 130 Juden, denen es mit horrenden Schmiergeldern und durch Beziehungen zu korrupten Beamten gelungen war, ihre Vertreibung zu verhindern. In Czernowitz verlief die Entwicklung dank der Anstrengungen des Bürgermeisters, Traian Popovici, völlig anders. Er wehrte sich vehement gegen die Abschiebung von Akademikern und Facharbeitern und kämpfte dafür, dass ganze Gruppen von der Deportation ausgenommen wurden. Dennoch wurden zwischen dem 17. Oktober und dem 15. November Tag für Tag Tausende von Juden nach Transnistrien abtransportiert, bis nur noch rund 19 000 übriggeblieben waren. Nach dem Ausfall der jüdischen Beschäftigten kam die Produktion in den Sägewerken, Chemieunternehmen, Metallwerkstätten und Textilfabriken der Stadt zum Stillstand. Die rumänischen Behörden verfügten plötzlich über eine Fülle freier Wohnungen und ganze Lagerhäuser voll geplünderten Wohnungsinventars. Antonescus Vision einer geordneten Umverteilung jüdischer Reichtümer an diejenigen, die er als echte Rumänen betrachtete, zerstob, und der größte Teil der Beute ging an Opportunisten, von Einheimischen »Kalifornier« genannt. Auch aus dem Kreis Dorohoi wurde 7500 Juden deportiert, obwohl er im rumänischen Kernland lag. Dort machten örtliche Beamte ein Vermögen damit, dass sie sich von wohlhabenden Juden Ausnahmeregelungen bezahlen ließen. Trotz der verbreiteten Korruption flossen derart große Mengen von Edelmetallen, Devisen und anderen Vermögenswerten in die Kasse der Rumänischen Nationalbank, dass die Golddeckung des Lei zwischen 1941 und 1942 von 2,1 auf 11,3 Milliarden zunahm.[114]

Transnistrien wurde jetzt erzwungenermaßen zur Heimat von rund 145 000 Juden. Weniger als die Hälfte von ihnen sollte die nächsten zwölf Monate überleben. Aller Wertsachen, Geldmittel, Bettwäsche, Kleidung, Kochutensilien und Lebensmittel beraubt, wurden sie in Städte und Dörfer geschickt, in denen sie unterkrochen, wo immer es ging, und um Essen bettelten. Viele kamen in Ställen oder Scheunen unter. Rakhil Fradis-Milner und ihre Familie gehörten zu denen, die schon zum zweiten Mal entwurzelt wurden, als sie die elenden Lager verlassen mussten, in die sie im Juli und August gesperrt worden waren. Nun aber war Winter, und für Fradis-Milners Mutter und Nichten bedeuteten Kälte und Erschöpfung den Tod. »Die letzten Stationen waren die Dörfer und Kolchosen um Berschad im Kreis Balta. Dort wurden die Reste des Konvois zusammengetrieben und in schmutzigen Schweine- und Kuhställen ohne Türen und Fenster untergebracht. Hier breitete sich aufgrund von Dreck, Kälte und Hunger der Typhus aus. Jeden Tag starben Hunderte von Menschen ohne jede Hilfe. Tagelang lagen die Toten zwischen den Lebenden.« Noch am besten traf es die aus Czernowitz in die Umgebung von Mogilew-Podolsk deportierten Juden. Ihre Gemeindeführer trafen mit ihnen ein, und sie begannen augenblicklich mit dem Aufbau von Selbsthilfestrukturen. Der Ingenieur Siegfried Jagendorf überredete die örtliche rumänische Polizei, ihm zu erlauben, eine stillgelegte Metallfabrik instandzusetzen und zu betreiben, so dass die Deportierten Arbeit hatten und gegen die von ihnen hergestellten Erzeugnisse Lebensmittel eintauschen konnten. Später weitete Jagendorf seine Wirtschaftstätigkeit auf Lebensmittelverarbeitung und Textilprodukte aus. Für die arbeitslosen und völlig verarmten Juden stellten seine Fabriken einen Rettungsanker dar. Ihre Vertreter wandten sich auch mit einem Hilfegesuch an die jüdische Führung in Bukarest. Wilhelm Filderman, ein reicher Geschäftsmann und Repräsentant der rumänischen Juden, reagierte darauf mit einem kühnen Schritt: Er richtete einen Appell an Antonescu. Tatsächlich erhielt er von dem wie üblich inkonsequent agierenden Regime die Erlaubnis, den Deportierten Geld zu schicken. Am schlechtesten trafen es die Juden, die in Lager in Mittel- und Südtransnistrien kamen. In diesen Gebieten gab es große volksdeutsche Gemeinden, deren Selbstschutzeinheiten nur allzu bereit waren, die unglücklichen Gemeinden hungernder, von Krankheiten geplagter Juden zu massakrieren. Das schrecklichste Schicksal ereilte jedoch die Juden von Odessa.[115]

Als die Stadt kapitulierte, dürsteten die rumänischen Belagerer, die schwere Verluste erlitten hatten, nach Rache. In den zwei Tagen nach dem Einzug der Rumänen in die Stadt wurden schätzungsweise 8000 Juden ermordet. Am 22. Oktober explodierte im ehemaligen Sitz der sowjetischen Geheimpolizei, in dem der Stadtkommandant und der Stab einer rumänischen Infanteriedivision ihr Domizil genommen hatten, eine Zeitbombe. Antonescu war außer sich vor Wut und wollte schreckliche Vergeltung üben. »Als Gegenmaßnahme«, berichtete die Einsatzgruppe D, »scheinen die Rumänen die Erschießung der Juden in Odessa vorzubereiten. Bisher etwa 10000 erschossen.« Die Vergeltung war barbarisch: Dutzende jüdische Männer wurden an den Balkonen von Wohnhäusern aufgehängt. »Es waren Tausende«, erzählte ein Augenzeuge nach der Befreiung. »Zu Füßen der Gehängten lagen die Leichen der Misshandelten, Verstümmelten und Erschossenen. Unsere Stadt bot einen schrecklichen Anblick, eine Stadt der Gehängten.« Rund 25000 Juden wurden in neun Lagerhäuser im Vorort Dulnik getrieben. Anschließend eröffneten rumänische Soldaten mit Maschinengewehren und Kanonen das Feuer auf die Gebäude. Als sich diese Methode als zu zeitaufwendig erwies, wurden die Gebäude mit Benzin übergossen und in Brand gesteckt. Weitere 30000 Juden, Männer und Frauen jeden Alters, mussten zu Fuß zu dem nahegelegenen Dorf Bogdanowka marschieren, wo sie an den folgenden Tagen abgeschlachtet wurden. Die restliche jüdische Bevölkerung, rund 40000 Menschen, wurden in ein provisorisches Ghetto im Bezirk Slobodka gesperrt. Jüdische Frauen wurden regelmäßig herausgeholt und vergewaltigt. Eine Woche später wurde Anna Margulis, eine Frau mittleren Alters, die als Stenographin in einer Werft arbeitete, unter Sabotageverdacht verhaftet und ins Gefängnis gebracht, wo man sie bewusstlos schlug. »Nachts«, berichtete sie später, »ringsum herrschte undurchdringliche Finsternis, drangen dreißig rumänische Soldaten bei uns ein. Sie warfen ihre Uniformmäntel auf den feuchten Fußboden und stürzten sich auf uns. Wir alle wurden vergewaltigt, selbst die älteren Frauen. Viele der Mädchen verloren den Verstand. Wir, die älteren Frauen – und manche waren noch älter als ich –, saßen da und weinten.«[116]

In den nächsten Wochen und bis weit in den Winter hinein wurden Juden mit der Eisenbahn oder zu Fuß aus dem elenden Ghetto Slobodka in Ghetto-Lager in Bogdanowka, Domanewka und Achmetschetka im Kreis Golta gebracht, wo Juden aus Südtransnistrien zu ihnen stießen. Zahlreiche Deportierte starben in den Zügen oder auf den Straßen. Die Odyssee des Schülers Lew Roschezki führte ihn zuerst zum Bahnhof Beresowka, wo er mitansah, wie Juden bei lebendigem Leib verbrannt wurden. Dann musste er durch den Schnee nach Sirozkoje laufen. Dort wurden die Juden in Ställe gepfercht. »In der Nacht«, erzählte Lew später, »kamen betrunkene rumänische Polizisten und örtliche Banditen, mit Gewehren, Messern und Schlagstöcken bewaffnet, in die Ställe und erstachen, ermordeten, beraubten und vergewaltigten die Gefangenen.« Seine Kolonne erreichte schließlich ein Lager bei Domanewka, wo unbeschreibliche Zustände herrschten. Bauern verkauften den Insassen Lebensmittel zu exorbitanten Preisen. Der Typhus streckte jeden Tag so viele dahin, dass die geschwächten Überlebenden die Leichen einfach der Verwesung überließen, nachdem sie ihnen die Kleidung ausgezogen hatten, um sie gegen Lebensmittel einzutauschen. Die meisten Juden mussten diese Schrecken nicht lange aushalten, denn die Mehrheit wurde wenige Tage oder Wochen nach der Ankunft ermordet. In Bogdanowka, wo zeitweise 48 000 Juden eingesperrt waren, wurden bei Massenexekutionen am 21. und 30. Dezember 1941 sowie am 3. und 9. Januar 1942 30 000 Juden erschossen. Karp Konejewitsch Scheremet, ein in Bogdanowka geborener Ukrainer, sagte später aus: »Die Massenerschießungen … gingen tagelang weiter. Sie erschossen sie am Rand der Schlucht an der Forstkolchose und verbrannten sie sofort. Zwischen dem 24. und 26. [Dezember] gab es eine Pause, weil die Erschießungskommandos nach Golta fuhren, um Weihnachten zu feiern.« Die in Domanewka gefangengehaltenen Juden wurden zwischen dem 10. Januar und 18. März 1942 fast ausnahmslos ermordet. Die rumänischen Wachen und die deutschen Selbstschutzmänner schienen alle Hemmungen verloren zu haben. Die Rumänen, erinnerte sich ein Überlebender, »rissen Babys auseinander oder ergriffen sie an den Füßen und schlugen ihre Köpfe an Steine. Frauen wurden die Brüste abgeschnitten, und viele Familien wurden entweder lebendig begraben oder auf Scheiterhaufen lebendig verbrannt.« Dorfvorsteher »schickten abends ihre Gehilfen ins Lager, um junge Mädchen zu holen. Ein besonderes Vergnügen war es für sie, am nächsten Morgen den Todeskampf der Mädchen zu beobachten.« In Achmetschetka waren 4000 Juden in Schweineställen eingesperrt; die meisten starben an Hunger oder Krankheiten. Im Kreis Golta gab es Ende 1943 nur noch 3000 Juden.[117]

Die Vernichtung der Juden der Bukowina, Bessarabiens und Transnistriens erfolgte ungeplant und verursachte vielerlei unvorhergesehene Probleme. Die Deutschen waren beunruhigt über die epidemische Verbreitung von Typhus in Siedlungen, die an ihren Nachschubwegen lagen. Dies führte schließlich zu der Entscheidung, die Juden in Transnistrien dem volksdeutschen Selbstschutz zu übergeben. Anfang 1942 erschossen dessen Einheiten allein im Kreis Beresowka rund 33 000 Juden. Die Rumänen hatten andere Sorgen. Sie stritten sich mit den Deutschen darüber, wer die Wohnungen der ermordeten Juden von Odessa und deren Inventar erhalten sollte. Ihre Position wurde allerdings dadurch geschwächt, dass nicht genügend Rumänen vor Ort waren, die die freien Wohnungen hätten beziehen können, und dass es nicht genügend Transportmittel gab, um die Beute fortzuschaffen. Die Lagerhäuser von Odessa quollen über von erbeuteten Klavieren; es gab niemanden mehr, der auf ihnen hätte spielen können.[118]

Die Krise an der Front und die Krise der antijüdischen Politik

Ende 1941 legte Karl Jäger, der Kommandeur des in Litauen operierenden Einsatzkommandos 3 der Einsatzgruppe A, seinen Vorgesetzten einen detaillierten Bericht über die mörderischen Aktivitäten der vorangegangenen sechs Monate vor. Seine Männer hatten 136 423 Juden getötet: 46 403 Männer, 55 556 Frauen und 34 464 Kinder. Die einzigen Juden, die sie am Leben gelassen hatten, waren Arbeitskräfte in drei Ghettos: 15 000 in Wilna, 15 000 in Kaunas und 5000 in Schaulen. Tatsächlich waren es wohl 10 000 mehr, da viele nicht registriert oder untergetaucht waren. Doch trotz der statistischen Unsicherheiten war die Bilanz der im Gefolge des Unternehmens Barbarossa begangenen Massaker atemberaubend. In Lettland waren von der Vorkriegsbevölkerung von 95 000 Juden nur noch 6500 am Leben, und in Weißrussland war die Zahl der Juden von 300 000 auf 80 000 bis 90 000 zurückgegangen. In der sowjetischen Ukraine waren etwa 200 000 und in Transnistrien rund 90 000 Juden ermordet worden.[119]

Doch wie monströs das Erreichte auch war, es war nur ein Teilerfolg. Kurz nachdem Jäger stolz Bilanz gezogen hatte, teilte die Einsatzgruppe A Berlin mit, dass es im Reichskommissariat Ostland noch 139 000 Juden gebe. In Wolhynien, Polesien und Podolien lebten noch 270 000 bis 290 000 Juden, in Ostgalizien sogar 522 000 und in Transnistrien 90 000. Während die Mordaktionen weit im Osten des von deutschen Truppen eroberten Gebiets zur nahezu völligen Vernichtung der dortigen Juden geführt hatten, lebten in den westlichen Regionen noch fast eine Million Juden, was einerseits logistische Ursachen hatte und andererseits an der hohen Konzentration jüdischer Einwohner lag.[120]

Wie unvorstellbar das Leid und die Vernichtung auch waren, welche die Deutschen und ihre Komplizen über die Juden im eroberten Teil der Sowjetunion brachten, so hatte sich die Aggression doch willkürlich entwickelt und die gewohnte Form eines Durcheinanders gegensätzlicher Vorgehensweisen angenommen. Mit den Achsenpartnern gab es kaum oder gar keine Absprachen, mit der Folge, dass Ungarn und Rumänien Aktionen unternahmen, die deutschen Interessen zuwiderliefen. Diese Konflikte wurden erst nach Monaten beigelegt. Ebenso wenig Koordination gab es zwischen der SS und den Zivilverwaltungen. Als Lohse am 2. August 1941 »Vorläufige Richtlinien für die Behandlung der Juden im Reichskommissariat Ostland« herausgab, war die Sipo verärgert. Zum einen, so ihre Kritik, überschreite Lohse seine Kompetenzen, und zum anderen habe er alles falsch verstanden. HSSPF Prützmann und EG-Befehlshaber Stahlecker protestierten in Berlin, und das Ostministerium beeilte sich, Lohse zu korrigieren: Die Sipo-SD-Dienststellen handelten in Bezug auf die Juden autonom. Lohse bestimmte in seinen Richtlinien, die er in geänderter Fassung am 18. August in Umlauf brachte, wer Jude war, und ordnete ihre Registrierung und Kennzeichnung an. Ihr Vermögen war zu beschlagnahmen und ihnen lediglich so viel zu belassen, dass sie »notdürftig« ihren Lebensunterhalt bestreiten konnten. Die auf dem Land lebenden Juden sollten wie alle anderen in städtischen Ghettos konzentriert werden, denen Lebensmittel nur in dem Maß zugewiesen werden sollten, wie die übrige Bevölkerung sie entbehren konnte. Außerdem sollten die Ghettobewohner Zwangsarbeit leisten. Dies seien Mindestmaßnahmen, unterstrich Lohse, die nur anzuwenden seien, »wo und solange weitere Maßnahmen im Sinne der endgültigen Lösung der Judenfrage nicht möglich« seien. Mit anderen Worten, wenn Sipo und SD den Juden ein anderes Schicksal zugedacht hatten, war er machtlos.[121]

Spannungen entstanden regelmäßig in Bezug auf die Behandlung von Fachkräften. Heinrich Karl hatte Widerspruch dagegen eingelegt, dass ein litauisches Polizeibataillon die jüdischen Arbeiter von Fabriken und Werkstätten in Sluzk auslöschte. Wenig später, am 15. November 1941, brachte Lohse das Thema gegenüber Stahlecker und HSSPF Jeckeln (der mit Prützmann den Einsatzort getauscht hatte) zur Sprache. Zudem verlangte er vom Ostministerium eine Klärung der Frage, ob die Vernichtung der Juden auch diejenigen einbeziehen sollte, die für die Wehrmacht und die Rüstungsindustrie arbeiteten. Auch von der Wehrmacht wurden Bedenken gegen die willkürliche Liquidierung von Facharbeitern erhoben. Die Rüstungsinspektion Ukraine akzeptierte zwar die »Ausmerzung überflüssiger Esser« und feindlich gesinnter Bevölkerungsteile, äußerte sich aber besorgt über nachteilige wirtschaftliche und rufschädigende Folgen, ganz zu schweigen von der Untergrabung der Moral der Truppen, die an den Massenmorden beteiligt waren oder sie mitansahen. Gelegentlich wurden prinzipielle Einwände erhoben. So gab ein Gebietskommissar aus dem Ostland die Frage weiter, »ob diese grausame Art der Hinrichtung selbst bei Kindern erforderlich wäre. In jedem Kulturstaat und selbst im Mittelalter durften schwangere Frauen nicht hingerichtet werden.«[122]

Ghettos, vermeintlich ein allgegenwärtiges Element der antijüdischen Politik, wurden in der besetzten Sowjetunion erst spät eingerichtet und waren durchaus nicht allgemein verbreitet. Darüber hinaus unterschieden sich die Begründungen für ihre Schaffung von Ort zu Ort. Die Heeresgruppe Mitte sah in den Ghettos eine Sicherheitsmaßnahme, während sie im rückwärtigen Gebiet der Heeresgruppe Nord der Kontrolle des Lebensmittelkonsums dienen sollten. In manchen Ghettos wurden ein Judenrat und ein Ordnungsdienst gebildet, in anderen nicht. Während die Ghettos in Polen Ende 1941 über eine wirtschaftliche Grundlage verfügten, waren die temporären Einrichtungen in der Sowjetunion nie mehr als Sammellager.[123]

Die fehlende Einheitlichkeit bezüglich der Ghettos geht auf die grundsätzliche Unsicherheit über die Mittel und Wege zur »Lösung der Judenfrage« zurück. Sollten die Juden abgeschoben, in Ghettos untergebracht oder getötet werden? Bis Oktober 1941 hoffte man, sie nach Sibirien deportieren zu können. Mitte September berichtete das EK 6 der EG C:

> Während in den ersten Wochen noch beträchtliche Zahlen von Juden anfielen, konnte in den mittel- und ostukrainischen Gebieten festgestellt werden, dass in vielen Fällen 70–90 Prozent der jüdischen Bevöl-

> kerung, in manchen Fällen 100 Prozent geflüchtet waren. Hierin kann ein indirekter Erfolg der Arbeit der Sicherheitspolizei erblickt werden, denn die kostenlose Abschiebung von Hunderttausenden von Juden – dem Vernehmen nach in den meisten Fällen über den Ural hinüber – stellt einen beachtlichen Beitrag zur Lösung der Judenfrage in Europa dar.

Am 16. Oktober verkündete Antonescu im rumänischen Ministerrat: »Ich habe beschlossen, alle [Juden] aus diesen Gebieten zu evakuieren. Ich habe immer noch 10 000 Juden in Bessarabien, die in wenigen Tagen über den Dnjestr und, wenn es die Umstände erlauben, über den Ural verbracht werden.« Doch zu diesem Zeitpunkt hatte Himmler seine Henker bereits angewiesen, die sowjetischen Juden bis auf den letzten Mann, die letzte Frau und das letzte Kind zu töten.[124]

Als Himmler die Aufgabe seiner Tötungskommandos neu definierte, war zum Glück für die potentiellen Opfer die Evakuierung der sowjetischen Juden bereits in vollem Gang. In den ersten beiden Wochen der deutschen Invasion waren die Fluchtmöglichkeiten der Juden durch das Tempo des deutschen Vormarschs und die Weigerung der sowjetischen Sicherheitskräfte, Flüchtlinge die alte russisch-polnische Grenze passieren zu lassen, begrenzt. Infolgedessen saßen die meisten Juden in Ostpolen in der Falle. Danach war die Flucht für die Juden einfacher, und die sowjetischen Behörden begannen die Bevölkerung aus den Gebieten am Vormarschweg der deutschen Armeen zu evakuieren. Juden wurden nicht aus dem Gefahrenbereich gebracht, weil sie Juden waren; da es sich bei vielen von ihnen um erfahrene Verwaltungskräfte handelte, profitierten sie in unverhältnismäßig großer Zahl davon, dass bevorzugt Mitarbeiter von Behörden und Industriebetrieben samt ihren Familien evakuiert wurden. Der Historiker Yitzhak Arad schätzt, dass in Wolhynien nur rund fünf Prozent der Juden den Deutschen entkamen, während dieser Anteil weiter östlich in Weißrussland, der russischen Sowjetrepublik und der Ostukraine erheblich höher war. Zwar geriet rund eine Million sowjetische Juden unter deutsche Herrschaft, von denen die meisten den Tod fanden, aber ungefähr genauso viele entkamen den Deutschen oder wurden vom sowjetischen Staat in Sicherheit gebracht.[125]

Das größte Versagen der deutschen Politik war militärischer Art. Am 2. Oktober 1941 begann die Heeresgruppe Mitte mit dem Unternehmen Taifun den letzten Versuch, Moskau zu erobern und den Krieg vor dem Wintereinbruch zu gewinnen. Zuerst ging auch alles gut; die deutschen Truppen erzielten, wiederum vor allem aufgrund der Unfähigkeit der sowjetischen Kommandeure, atemberaubende Geländegewinne. Doch dann setzte der Regen ein, und der Vormarsch blieb stecken. Als die Offensive Mitte November bei beginnendem Frost fortgesetzt wurde, war es kaum mehr als ein verzweifeltes Glücksspiel. Die Truppen waren am Ende ihrer Kräfte, das Heer hatte sämtliche Personalreserven aufgebraucht, und das Nachschubwesen war nicht in der Lage, die vorgeschobenen Einheiten voll zu versorgen; dabei hatten Treibstoff, Futter und Munition Vorrang vor Winterkleidung, so dass die Infanteristen dem Frost schutzlos ausgesetzt waren. Am 6. Dezember begann der sowjetische Gegenangriff. Damit war nicht nur klar, dass der Krieg länger dauern würde, als die deutsche Führung erwartet hatte, sondern die Ostarmeen kämpften jetzt auch ums Überleben gegen frische sibirische Divisionen, von deren Existenz die deutschen Nachrichtendienste noch nicht einmal etwas geahnt hatten.[126]

Die Niederlage wirkte sich in vieler Hinsicht auf die antijüdische Politik aus. Das Ziel, die »Judenfrage« durch die Abschiebung der Juden in ein Gebiet jenseits des deutschen Lebensraums zu lösen, war an einen militärischen Sieg gebunden. Dieser Plan war jetzt hinfällig, doch die Unfähigkeit, den Krieg zu Ende zu bringen, erhöhte nur noch den Druck, eine Lösung zu finden. Das Dritte Reich war mit einer Ernährungs- und einer Sicherheitskrise konfrontiert, die es beide den Juden anlasten konnte. Die endgültige Klärung der »Judenfrage« konnte nicht mehr bis Kriegsende aufgeschoben werden; gerade weil der Krieg nicht so bald enden würde, musste sie jetzt gelöst werden, und zwar schnell. Schließlich gab es einen internationalen Kontext: Deutschland hatte die Sowjetunion nicht ausgeschaltet, was bedeutete, dass auch Großbritannien weiterkämpfen würde, und offensichtlich standen die Vereinigten Staaten kurz davor, sich ins Getümmel zu werfen. Da aus Sicht der Nationalsozialisten die Juden an diesen Entwicklungen schuld waren, wollten sie die in ihrer Reichweite befindlichen Juden dafür zur Rechenschaft ziehen. Das Zusammenspiel von militärischem Scheitern und gescheiterter Judenpolitik sollte für die Juden im Dritten Reich verheerende Folgen haben.

Die Deportation der Juden aus dem Reich

Das Leben der im nationalsozialistischen Deutschland verbliebenen Juden war trist, beengt und angsterfüllt. In Judenhäusern abgesondert, auf bestimmte Einkaufszeiten beschränkt und von allen kulturellen Aktivitäten und jeder Erholungsmöglichkeit ausgeschlossen, waren sie weitestgehend von der übrigen Gesellschaft isoliert. Im August 1940 beschlagnahmten die Behörden das Telephon in dem Judenhaus, das zu Klemperers Wohnsitz geworden war. Zwei Monate darauf wurde den Juden die Benutzung von Leihbüchereien verboten. Die Kleider der Juden wurden fadenscheinig, ihre Schuhe löchrig. Ihre ständig schrumpfenden Rationen und die schlechte Qualität der Lebensmittel schadeten ihrer Gesundheit. Wer krank wurde, hatte es nicht leicht, von den wenigen verbliebenen jüdischen Ärzten und Krankenschwestern Hilfe zu bekommen. Obwohl ein großer Teil von ihnen alt und gebrechlich war, wurden 40 000 Juden gegen ein kümmerliches Entgelt zur Arbeit verpflichtet. Tatsächlich betrachtete man sie Ende 1940 als wertvolle Fachkräftereserve.[127]

Im Lauf des Jahres 1941 erhöhte sich zusehends der Druck auf die verbliebenen Juden, einschließlich der »privilegierten« und der in Mischehen lebenden. Kommunalbehörden verlangten nun sogar, dass Juden die gemeinsame Unterkunft in Judenhäusern aufgaben. Ein Grund dafür war die Notwendigkeit, Familien unterzubringen, deren Wohnungen durch britische Bombenangriffe zerstört oder beschädigt worden waren, aber die Vertreibungen gingen weit über die von Luftangriffen betroffenen Städte hinaus. In Hannover wurden hundert Juden in einer alten Synagoge einquartiert; 150 mussten in ein Bestattungsinstitut umziehen, und 200 in die Büros der jüdischen Gemeinde. In Essen errichteten die Behörden ein Lager auf dem Gelände einer stillgelegten Kohlegrube. In Köln fanden im Ersten Weltkrieg für russische Kriegsgefangene errichtete Baracken Verwendung. In Dresden wurden Juden in Hütten in der Nähe einer Fabrik untergebracht, in der die meisten von ihnen arbeiteten. In Breslau wurden 8000 bis 9000 Juden im Viertel um die Synagoge zum Weißen Storch konzentriert. Sie konnten nur untereinander Geschäfte machen, trotzdem erhielten sie ein Gemeindeleben aufrecht: Sie betrieben eine Schule für 500 Kinder und ein Krankenhaus, beschafften koschere Lebensmittel und organisierten Kulturveranstaltungen. Schließlich vertrieben die Behörden sie aus ihren Wohnungen und siedelten sie in Baracken um, die kaum mehr als ein überfülltes Durchgangslager mit unzureichenden sanitären Einrichtungen darstellten.[128] Während die Welt für die Juden immer kleiner wurde, profitierten die Deutschen von der Beschlagnahme ihres Eigentums. Als Erste bedienten sich Gestapo-Männer und NSDAP-Funktionäre. Was dann noch übrig war, wurde von Amts wegen versteigert. In Hamburg gehörten 600 medizinische Bücher und ein Zylinder zur angebotenen Beute. Einwohner der jeweiligen Stadt wandten sich mit Wünschen nach bestimmten Haushaltsgegenständen an die Verkäufer. Etwas exklusiver war das Verlangen des Breslauer Museums der Bildenden Künste nach den besten Stücken aus der Gemäldesammlung des Unternehmers und Mäzens Max Silberberg. Über das Schicksal der Juden, deren Alltags- oder Wertgegenstände man erwarb, scheint sich niemand, ganz gleich welcher Schicht er angehörte, Gedanken gemacht zu haben.[129]

Die Reichsvereinigung der Juden in Deutschland arbeitete unermüdlich daran, die Lebensumstände der bedrängten Gemeinde erträglicher zu gestalten. Ein großer Teil ihrer Arbeit galt der Auswanderung. Selbst noch als Juden in polnischen Ghettos starben und in der Sowjetunion abgeschlachtet wurden, bemühte sich die Zentralstelle für jüdische Auswanderung um die geordnete Ausreise von Reichsjuden. Hunderte, die Einreisevisa für die Vereinigten Staaten besaßen, erhielten Ausreisepapiere und konnten die Flucht antreten, zumeist über Spanien und Portugal. Mittlerweile waren die Juden bereit, auch Zielorte zu akzeptieren, die sie früher als bizarr betrachtet hätten. Im April 1940 trafen 35 deutsche und österreichische Juden in Buena Tierra ein, einer entlegenen Region in Bolivien, wo sie eine ländliche Siedlung für 1200 Flüchtlinge errichten wollten. Finanziert wurde das Projekt von der Sociedad Colonizadora de Bolivia, einem Gemeinschaftsunternehmen des bolivianisch-jüdischen Zinnbarons Moritz Hochschild und des Joint. Es erwies sich als zu ehrgeizig und verlief im Sand. Die mindestens 12000 mitteleuropäischen Juden, die in Bolivien strandeten, zogen das vertrautere städtische Umfeld von La Paz vor, wo sie Wiener Kaffeehäuser eröffneten, Kulturvereine gründeten und das Lebensmittelgeschäft Brückner & Krill europäische Delikatessen anbot. Jenseits des Pazifiks versuchten 16000 Juden aus Mitteleuropa, sich in der Internationalen Niederlassung von

Schanghai ein Leben aufzubauen. Im Mai 1940 fuhr Illo Koratkowski mit ihrer Mutter 6000 Kilometer mit der Eisenbahn von Berlin über Moskau, Irkutsk und Harbin in die chinesische Hafenstadt Dairen, wo sie ein Schiff bestieg, das sie schließlich nach Schanghai brachte, wo ihr Vater sie erwartete. Victor Klemperer hatte nicht so viel Glück. »Neue Bestimmungen über Einwanderung in USA«, notierte er am 27. Juli 1941. »Unser Affidavit ... damit hinfällig – das neue Verfahren bedeutet faktisch Unmöglichkeit, in irgendwie absehbarer Zeit herauszukommen. Uns sehr recht. Alles Schwanken hat nun ein Ende. Das Schicksal wird entscheiden.«[130]

Klemperer sah deutlich, dass sein Schicksal vom Krieg abhing, dass ein Zusammenhang zwischen der Manipulation des Antisemitismus durch das Regime und den Entwicklungen sowohl an der Ostfront als auch an der Heimatfront bestand. Obwohl er kein Radio besitzen durfte, verfolgte er den Kriegsverlauf aufmerksam. »Vordringen in Russland scheint zu stocken«, hielt er Ende Juli fest, »alles weiß oder klatscht von schweren deutschen Verlusten ...« Das Auf und Ab des Feldzugs zerrte an den Nerven der Deutschen. Ulrich von Hassell dokumentierte ein »politisches Barometer« zur Stimmung in der Bevölkerung. Anfang August vermerkte er angesichts von heftigem sowjetischen Widerstand, zunehmenden Verlusten und schweren britischen Luftangriffen einen »tiefen Barometerstand«. Später im selben Monat wurde er auf die Meinungsverschiedenheiten zwischen Hitler und den Generälen aufmerksam und zog den Schluss, dass der Krieg sich bis hinein in den Winter fortsetzen würde. Klemperer, der über weit weniger Quellen verfügte, stellte dieselbe Prognose: »... prekärste Lage Deutschlands, totaler Sieg über Russland vor Wintereintritt unmöglich, Durchhalten des Winters bei Rohstoffmangel so gut als unmöglich.« Außerdem erfuhr er, dass die Stimmung im Rheinland, das ständig Ziel britischer Luftangriffe war, und »im so häufig angegriffenen Berlin ... katastrophal« sein solle. Auch Reck-Malleczewen ließ sich nicht täuschen, nicht einmal vom Sieg in der Schlacht um Kiew und dem jämmerlichen Anblick russischer Kriegsgefangener. Er bemerkte lediglich ironisch, die zunehmende Verwendung von synthetischen Produkten und Ersatzlebensmitteln sei für die in Restaurants vermehrt zu beobachtende Gereiztheit verantwortlich.[131]

Auch ausländischen Journalisten fiel der Abwärtstrend auf. Wie Howard Smith, einer der letzten amerikanischen Journalisten in Berlin, feststellte, kratzte Deutschland schon vor dem Angriff auf die Sowjetunion »in den Vorratskammern der europäischen Wirtschaft … die letzten Reste zusammen«, und das Unternehmen Barbarossa mache alles noch schlimmer: »Tatsache ist, dass das einzig anständige Fett, das es gibt, zu den Truppen nach Osten geschickt wird. Für das Essen der Zivilbevölkerung wird ein schlechter Ersatz verwendet.« Kartoffeln verschwanden aus den Geschäften, und Tomaten wanderten in Büchsen für die Soldaten in Russland. Im November wurde aus demselben Grund der Bierkonsum eingeschränkt. Busse und Straßenbahnen verkehrten unregelmäßig. »Die U-Bahn- und Straßenbahnwagen verkamen zusehends, wurden verdreckt und zerschlissen.« Vier Fünftel der Taxis wurden außer Dienst gestellt, und kaputte Fahrstühle wurden nicht repariert. Das rollende Material der Reichsbahn wurde auf weniger als die Hälfte verkleinert, um die 4000 im Osten zerstörten Lokomotiven zu ersetzen. »Deutschland«, so Smiths Resümee, »hat sich zu Tode gesiegt.«[132]

Goebbels, in der Abgeschiedenheit seines Tagebuchs ein Erzrealist, konnte die Krise nicht verleugnen. »Unsere Lebensmittellage ist vor allem in den großen Städten im Augenblick weiterhin außerordentlich beengt«, konstatierte er im Juli. Am 24. Juli gestand er mit einer typischen Mischung aus Klarheit und schwarzem Humor ein: »Die Stimmung im Reich ist etwas ernster geworden. Man beginnt sich allmählich klarzumachen, daß der Ostfeldzug kein Spaziergang nach Moskau ist.« Obwohl die Stimmung der Bevölkerung Ausschläge nach oben zeigte, war der Trend ernüchternd. Drei Monate nach dem Beginn des Russlandfeldzugs »folgte dem ökonomischen Niedergang ein Absinken der Moral«. Es war ein Wendepunkt. Der Winter näherte sich, ohne dass der Sieg abzusehen war. Die vom Beginn der Schlacht um Moskau ausgelöste Euphorie legte sich rasch, als der Vormarsch steckenblieb und die Stimmung der Deutschen so tief sank wie noch nie. Das Einzige, was jetzt noch für sie zählte, war ein endgültiger, entscheidender Sieg. Goebbels konnte ihn nicht liefern, aber er konnte zeigen, dass der jüdische Feind in Deutschland besiegt war.[133]

Die antisemitische Propaganda war seit Kriegsbeginn unvermindert fortgesetzt worden. Im Oktober 1940 erzielte Goebbels mit dem Spielfilm *Jud Süß,* der Geschichte eines Hofjuden im 18. Jahrhundert, einen seiner größten Erfolge als Filmproduzent und Propagandist. Der Film zeigte »den Juden« als habgierig, intrigant, lasterhaft und rücksichtslos, war aber so gut gemacht, dass die Menschen in Massen in die Kinos strömten und dem Film Beifall spendeten. Dem Spielfilm folgte der Dokumentarfilm *Der ewige Jude,* der angeblich vorführte, wie »der Ostjude« wirklich war. Im besetzten Polen waren Szenen gedreht worden, die das nationalsozialistische Bild des Ostjuden bestätigten. In einer Sequenz wechselten sich Bilder von belebten Straßen im Judenviertel von Warschau mit solchen von durch ein Haus schwärmenden Ratten ab. Manche Zuschauer störten sich an einer grausamen Szene in einem Schlachthaus, in der ein Rind den jüdischen religiösen Vorschriften entsprechend getötet wurde. Zu Goebbels' Enttäuschung war der Film ein Misserfolg. »Die Widerlichkeit des Dargestellten an sich«, berichtete das RSHA, »und vor allem die Schlachtszenen seien … immer wieder als der Hauptgrund gegen den Besuch des Filmes gesprächsweise zum Ausdruck gekommen.« Die SD-Außenstelle in Höxter bemerkte unumwunden, die Menschen würden den Film »etwas langweilig« finden. Gleichwohl hatten beide Filme spürbare Auswirkungen. »Die öffentliche Judenhetze ist wieder im Anschwellen«, beobachtete Klemperer. »Die Filmpropaganda *Jud Süß* und der *Ewige Jude.*« Da war es kaum ein Trost, dass Letzterer nach nur einer Woche aus den Kinos verschwand.[134]

Als seinen Beitrag zum Unternehmen Barbarossa intensivierte Goebbels den Propagandafeldzug. In seinen Artikeln, Reden und Presseanweisungen lenkte er die Aufmerksamkeit insbesondere auf den »internationalen Bund zwischen Plutokratie und Bolschewismus«, um den Angriff auf die Sowjetunion zu rechtfertigen und die amerikanische Hilfe sowohl für Großbritannien als auch für die UdSSR zu brandmarken. Im Juli 1941 profitierte Goebbels von einer einmaligen Gelegenheit, als ein amerikanischer Jude namens Theodore Kaufman im Selbstverlag ein Buch mit dem Titel *Germany Must Perish!* veröffentlichte, in dem unter anderem die Sterilisierung aller Deutschen gefordert wurde. Goebbels' Pressemaschine blies den Einfluss des Buchs über alle Maßen auf, indem sie behauptete, der Autor, in Wirklichkeit ein Niemand, hätte Beziehungen zum Weißen Haus und verleihe amerikanischen beziehungsweise jüdischen Absichten für den Fall einer deutschen Niederlage Ausdruck. Der SD begrüßte die Veröffentlichung von Auszügen aus dem Buch, die zeigen würden, »dass dieser Krieg wirklich ein Krieg auf Leben und Tod sei«.[135]

Es war kein Zufall, dass Gestapo-Offiziere und andere NS-Beamte drakonischere Maßnahmen gegen die Juden im Reich forderten, insbesondere deren Kennzeichnung. Das Vorhaben, Juden zu markieren, war ebenso bösartig wie einfach durchzuführen. Zugleich konnte man es mit der Lebensmittelknappheit und der Überzeugung, die Juden würden nehmen, was von Rechts wegen Deutschen zustünde, in Zusammenhang bringen. Der SD in Bielefeld beispielsweise beklagte sich über das »provozierende« Verhalten von Juden, die sich nicht mehr hatten zuschulden kommen lassen, als auf Wochenmarkten Lebensmittel einzukaufen. Auch darüber, dass einem mit einer »arischen« Frau verheirateten Juden gemäß den Rationierungsvorschriften »*Bohnenkaffee*« zugeteilt worden war, empörten sich die Bielefelder SD-Beamten. Das Rassenpolitische Amt des NSDAP-Gaus München-Oberbayern schlug vor, eine Mischlingskartei anzulegen, da es sich in solchen Fällen »nicht selten um den Versuch der Verschleierung des Grades der jüdischen Abstammung handelt«.[136]

In dieser erregten Stimmung hielt Goebbels am 18. August mit seinen Beamten im Propagandaministerium eine Besprechung über die Judenpolitik ab. Man erwartete, dass die Juden in absehbarer Zeit in den Osten abgeschoben würden, stimmte jedoch darin überein, dass sie bis dahin gekennzeichnet werden sollten. Als Goebbels am selben Tag im Führerhauptquartier von Hitler empfangen wurde, beklagte er sich über die jüdischen »Parasiten« in Berlin und verlangte, sie vor ihrer Abschiebung deutlich sichtbar mit einem Abzeichen zu kennzeichnen. Hitler pflichtete ihm bei. Offenbar war er in ausgesprochen bösartiger Stimmung und wiederholte seine »Prophezeiung«, dass die Juden vernichtet werden würden, wenn sie einen Krieg herbeiführten. »Im Osten müssen die Juden die Zeche bezahlen«, unterstrich er. Im Reich sollten sie ein Abzeichen tragen, wie es bereits in Polen und im besetzten Teil der Sowjetunion üblich war. Am 1. September 1941 erließ das Reichsinnenministerium eine Verordnung, wonach ab dem 19. des Monats jeder Jude einen gelben Davidstern mit der schwarzen Aufschrift »Jude« in der Mitte zu tragen habe. Nationalsozialistische Kommentatoren verknüpften den Erlass unmittelbar mit dem Krieg. So war im *Völkischen Beobachter* zu lesen: »Der deutsche Soldat hat im Ostfeldzug den Juden in seiner ganzen Widerwärtigkeit und Grausamkeit kennengelernt … Dieses Erlebnis lässt den deutschen Soldaten und das deutsche Volk in seiner Gesamtheit fordern, dass dem Juden in der Heimat die Möglichkeit genommen wird, sich zu tarnen.«[137]

Nationalsozialisten und Gleichgesinnte waren begeistert über den gelben Stern, doch andere Deutsche nahmen ihn kühler auf. Die Bielefelder Gestapo-Männer freuten sich, dass sie Juden jetzt auf der Straße erkennen und daher die ihnen auferlegten Vorschriften leichter durchsetzen konnten. Das SD-Hauptamt in Berlin behauptete, die Bevölkerung habe die Verordnung mit Genugtuung aufgenommen, und berichtete, manche Leute seien erstaunt darüber gewesen, wie viele Juden es noch in Deutschland gab. Die Erkennbarkeit von Juden ließ die Forderungen nach härteren Maßnahmen lauter werden. Beim SD trafen bald Klagen darüber ein, dass in privilegierten Mischehen lebende Juden von der Kennzeichnung ausgenommen und daher nicht identifizierbar seien. Ladenbesitzer, in deren Geschäften Juden einkaufen durften, fürchteten, aufgrund der sichtbaren Anwesenheit von Juden nichtjüdische Kunden zu verlieren. Leland Morris von der US-Botschaft berichtete nach Washington, viele Deutsche seien »unangenehm überrascht«, wie viele Juden »noch in guten Wohnvierteln der Großstädte leben und in Zeiten großer Knappheit kostbaren Wohnraum belegen«. Allerdings, fügte Morris hinzu, habe »ein großer Teil der Berliner angesichts der jüdischen Abzeichen nicht Befriedigung, sondern Verlegenheit und sogar Mitgefühl an den Tag gelegt«.[138]

Auch Victor Klemperer hatte den Eindruck, dass der Judenstern nur »geringen Anklang« fand. Die vom SD gesammelten Berichte über die Stimmung im Land bestätigten dies in gewissem Maß. Vor allem in »bürgerlichen und katholischen Kreisen« äußerten sich vereinzelt ablehnende Stimmen, vermeldete das SD-Hauptamt. Harry Flannery, der William Shirer als CBS-Korrespondent in Berlin abgelöst hatte, beobachtete, dass die meisten Deutschen »den Juden, selbst an diesem ersten Tag, keine Aufmerksamkeit« schenkten. Im Gegensatz dazu erinnerte sich sein Kollege Howard Smith: »Am Tag, als der Gelbe Stern eingeführt wurde, fragte sich ganz Berlin, was denn ein solches Manöver um alles in der Welt bezwecken sollte. Es war allzu deutlich, dass die armen, elenden Juden, die noch in Deutschland lebten, absolut nichts dafür konnten, dass die Vorräte schwanden und dass das Oberkommando die Eroberung Russlands nicht termingerecht erreicht hatte.«[139]

Das Abzeichen war Gegenstand vieler bitterer Witze. Da die Kennzeichnungsverordnung den Juden auch verbot, Orden zu tragen, erhielt der gelbe Stern bald den Spitznamen »Pour le Sémite«. »Die Juden trugen ihn mit sichtlichem Stolz«, versicherte Flannery. Deutsche Juden erzählten eine andere Geschichte. »Ich selber fühle mich zerschlagen, finde keine Fassung«, klagte Klemperer in seinem Tagebuch, und die Journalistin und Widerstandskämpferin Ruth Andreas-Friedrich vertraute ihrem Tagebuch an:

> Es ist soweit. Die Juden sind vogelfrei. Als Ausgestoßene gekennzeichnet durch einen gelben Davidstern, den jeder von ihnen auf der linken Brustseite tragen muss. Wir möchten laut um Hilfe schreien. Doch was fruchtet unser Geschrei? Die, die uns helfen könnten, hören uns nicht. Oder wollen uns vielleicht nicht hören … Gott Lob und Preis! Das Gros des Volkes freut sich nicht über die neue Verordnung. Fast alle, die uns begegnen, schämen sich wie wir.[140]

Die Kennzeichnung der Juden im Reich war jedoch nur das Vorspiel zu ihrer Deportation, einer Tragödie, die schon seit Monaten vorbereitet wurde. Im Juli 1941, als die NS-Elite vor Selbstvertrauen strotzte, hatte Heydrich von Göring die Vollmacht erhalten, »alle erforderlichen Vorbereitungen in organisatorischer, sachlicher und materieller Hinsicht zu treffen für eine Gesamtlösung der Judenfrage im deutschen Einflussgebiet in Europa«. Göring trug Heydrich auf, ihm »in Bälde« einen Gesamtplan für die »angestrebte Endlösung« vorzulegen, offenbar, weil er wie dieser annahm, dass der Krieg in wenigen Wochen oder Monaten zu Ende sein würde und die Planungen anschließend verwirklicht werden sollten. Aber der Krieg zog sich hin, und Hitler lehnte größere Deportationen aus dem Reich vor Kriegsende wiederholt ab. Als klarwurde, dass der Krieg bis ins folgende Jahr weitergehen würde, bröckelte seine ablehnende Haltung jedoch. Vor allem wurde der Druck größer, etwas gegen die Wohnungsnot in Berlin zu unternehmen. Schon seit April 1941 verjagte Albert Speers Generalbauinspektion Juden aus ihren Wohnungen, um für Opfer von Luftangriffen Platz zu schaffen. Parteifunktionäre in Städten wie Hamburg und Lübeck, die ebenfalls von der britischen Luftwaffe heimgesucht wurden, ärgerte es, dass Juden immer noch gute Wohnungen belegten. Warum deportiere man, angesichts der »katastrophalen« Wohnungssituation, diese »unangenehmen Gesellen« nicht in den Osten? Überfüllte Straßenbahnen und Eisenbahnzüge lösten ähnliche Beschwerden aus. Natürlich war der Krieg die Ursache des sinkenden Lebensstandards, aber die Schuld gab man den Juden. Aus den Städten wurde außerdem berichtet, dass Eltern von Soldaten sich darüber ärgerten, überall auf Juden zu stoßen, während ihre Söhne »im Kampfe gegen das Weltjudentum und den Bolschewismus« ständen. Schließlich war die Lebensmittelversorgung prekär. Nicht nur verbrauchte die Wehrmacht große Mengen von Fett, Fleisch und Getreide, sondern aufgrund des Wehrdiensts von Millionen Männern fehlten auch Arbeitskräfte für die Einbringung der Ernte. Das Regime konnte es sich nicht leisten, Maßnahmen hinauszuzögern, die diesen Druck verringern und gleichzeitig die Aufmerksamkeit der Unzufriedenen auf sich ziehen würden. Letzter Auslöser könnte die Nachricht gewesen sein, dass Stalin die Zwangsumsiedlung von 400 000 Wolgadeutschen nach Sibirien angeordnet hatte. Ribbentrop schlug Hitler bei einer Begegnung am 17. September vor, dies mit der Vertreibung der Juden aus Mitteleuropa in den Osten zu vergelten. Zwischen dem 15. und 17. September gab Hitler schließlich den Befehl, die Juden aus dem Reich und dem Protektorat zu deportieren. Man würde die Lösung der Judenfrage, unabhängig von den Ereignissen an der Ostfront, vorantreiben.[141]

In den folgenden Tagen trafen sich Himmler, Heydrich und Eichmann zu mehreren Besprechungen über die Umsetzung des Führerwunschs. Die Aufgabe war keine einfache. Immerhin lebten im Großdeutschen Reich fast 250 000 und im Protektorat rund 88 000 Juden. Die Lage im Osten war trotz des Erfolgs in der Schlacht um Kiew ungewiss. Wie bei allen vorherigen Vorhaben ging das Regime überhastet und schlecht vorbereitet an deren Verwirklichung und stieß wiederholt auf Hindernisse, die es zwangen, seine Ambitionen zurückzuschrauben und sich zunehmend mit Improvisationen zu behelfen.

Zunächst einmal mussten Orte gefunden werden, an die man die Juden schicken konnte, und es musste sichergestellt werden, dass sie angemessen empfangen wurden. Am 18. September teilte Himmler Reichsstatthalter Greiser brieflich mit:

> Der Führer wünscht, dass möglichst bald das Altreich und das Protektorat vom Westen nach Osten von Juden geleert und befreit werden. Ich bin daher bestrebt, möglichst noch in diesem Jahr die Juden des Altreichs und des Protektorats zunächst einmal als erste Stufe in die vor zwei Jahren neu zum Reich gekommenen Ostgebiete zu transportie-

> ren, um sie im nächsten Frühjahr weiter nach dem Osten abzuschieben. Ich beabsichtige, in das Litzmannstätter Ghetto, das, wie ich hörte, an Raum aufnahmefähig ist, rund 60 000 Juden des Altreichs und des Protektorats für den Winter zu verbringen. Ich bitte Sie, diese Maßnahme, die sicherlich für Ihren Gau Schwierigkeiten und Lasten mit sich bringt, nicht nur zu verstehen, sondern im Interesse des Gesamtreiches mit allen Kräften zu unterstützen.

Greiser war bestürzt, willigte aber nach harten Verhandlungen ein, 20 000 Juden und 5000 Roma aufzunehmen. Allerdings war seine Zustimmung an die Bedingung geknüpft, freie Hand für die Entfernung von 100 000 »kranken« Polen zu erhalten, um für die Juden aus dem Westen Platz zu schaffen.[142]

Anfang Oktober wandte sich Heydrich wegen der Abschiebung von Reichsjuden an das Ostministerium. Als wahrscheinlichste Zielorte schälten sich Minsk und Riga heraus, da jeder weiter östlich gelegene Ort das Transportwesen belasten und das rückwärtige Gebiet des deutschen Heeres betreffen würde. Als in Minsk die Aufforderung eintraf, die Aufnahme von 50 000 Juden aus dem Reich und dem Protektorat vorzubereiten, wussten die Sipo-SD-Männer vor Ort genau, was zu tun war. Es gab keine Schwierigkeiten und keinen Widerstand. Am 7. November wurden im Ghetto zwischen 12 000 und 17 000 nicht arbeitende Juden zusammengetrieben und auf Lastwagen nach Tutschinka gefahren, ein Dorf in der Nähe der Stadt, wo sie von deutschen Soldaten sowie weißrussischen und ukrainischen Hilfspolizisten ermordet wurden. Am nächsten Tag traf der erste Eisenbahnzug mit reichsdeutschen Juden ein, 990 frierende, hungrige, verschmutzte und überwiegend ältere Männer und Frauen. Sie wurden in einen besonderen Bereich des Ghettos geführt, wo sie von den verbliebenen anderen Juden getrennt waren. Bei einem zweiten Massaker am 20. November wurden weitere 5000 bis 10 000 weißrussische Juden hingeschlachtet. Diese Ghettosäuberungen wurden mit der gewohnten Mischung aus Habgier und Brutalität durchgeführt. Eine Überlebende berichtete später:

> Die Polizisten nahmen den Eltern die Kleinkinder fort, sobald man sie von den Wagen gehoben hatte, und brachen ihnen über dem Knie das Rückgrat. Säuglinge warfen sie in die Luft und schossen danach oder

> spießten sie mit dem Bajonett auf. Dann warfen sie sie in die Gräben. Die entkleideten Menschen stellten sie an den Gruben auf und erschossen sie aus Maschinengewehren. Wer sich nicht ausziehen wollte, wurde in Kleidern umgebracht. Waren die Leute gut angezogen, wurden ihre Leichen entkleidet.[143]

Unterdessen hatte Heydrich zusätzlich die Herrschaft über das Protektorat übernommen, und eine seiner ersten Amtshandlungen war es, die Verfolgung der Juden in Böhmen und Mähren zu verschärfen. Am 10. Oktober, zehn Tage nach seiner Ernennung zum stellvertretenden Reichsprotektor in Prag, teilte er seinem Staatssekretär Karl-Hermann Frank sowie Eichmann und Hans Günther, die in Prag die Zentralstelle für jüdische Auswanderung leiteten, mit, dass er binnen weniger Wochen 5000 Juden in den Osten abzuschieben gedenke. Die übrigen sollten in ein noch zu bestimmendes Ghetto umgesiedelt werden. Anschließend verkündete er in einer Presseerklärung der Weltöffentlichkeit sein Vorhaben und fügte hinzu, das Ghetto stelle lediglich eine »Übergangslösung« dar. Tatsächlich hatte er nicht die geringste Ahnung, wo die Juden untergebracht werden sollten, ganz zu schweigen davon, wie die angedeutete Dauerlösung aussehen würde. Am nächsten Tag bestellte Hans Günther die Prager jüdische Führung zu sich und wies sie an, ihm eine Liste mit geeigneten Orten vorzulegen. Noch während sie überlegten, wurden fünf Transporte mit 5000 Juden, unter ihnen die Creme der jüdischen Intelligenz von Prag, in Richtung Lodz fortgeschafft. Weitere 5000 Juden wurden nach Minsk und Riga deportiert. Am 16. November wurden tausend Juden aus Brünn nach Minsk verschleppt. Einige Tage später wählte Karl Rahm in Günthers Namen die Festungsstadt Theresienstadt (Terezin) als Standort des Ghettos aus. Der erste Bautrupp aus jungen jüdischen Männern und Facharbeitern fuhr am 24. November 1941 um 4.30 Uhr früh vom Prager Masaryk-Bahnhof ab. Um zehn Uhr war er bereits bei der Arbeit, um die Stadt auf den Zuzug von 60 000 tschechischen Juden vorzubereiten.[144]

Als Jeckeln, der neue HSSPF im Reichskommissariat Ostland, Lohse mitteilte, dass von ihm erwartet werde, im Rigaer Ghetto weitere 50 000 Juden aufzunehmen, war der Reichskommissar entsetzt. Er beschwerte sich bei Rudolf Lange, der als BdS in Lettland zu Heydrichs Männern gehörte, dies sei ein unmögliches Ansinnen. Wo sollte er diese Juden unterbringen? Jeckeln hatte bereits eine Idee: Man könne im Ghetto Platz schaffen, indem man die dort lebenden lettischen Juden liquidiere – so wie er in Südrussland ganze Gemeinden ausgelöscht hatte, angefangen mit dem Massaker in Kamenez-Podolsk. Lohse scheint dieser Vorschlag beunruhigt zu haben. Es gebe im Ghetto wertvolle Arbeiter, wandte er ein. Doch sein Einspruch blieb wirkungslos. Am 27. November teilten Sipo-Einheiten und Ordnungspolizisten das Ghetto in zwei Teile und begannen diejenigen auszusondern, die als Arbeiter zurückbleiben sollten, rund 5500 Männer und 300 Frauen, die von den übrigen Juden getrennt wurden. Drei Tage später fielen lettische Sipo-SD-Männer und deutsche Polizisten in das Ghetto ein und trieben die Einwohner mit solcher Brutalität zusammen, dass 800 von ihnen den Tod fanden. Die 15 000 versammelten Juden mussten durch Schnee und Eis zum Wald von Rumbula marschieren, wo Jeckelns erfahrene Einheit, die er aus der Ukraine mitgebracht hatte, drei große Gruben ausgehoben hatte. An einer Seite führte jeweils eine Rampe hinab, welche die Juden hinuntergehen mussten, um sich in die Grube zu legen und dann erschossen zu werden. Das Gemetzel dauerte den ganzen Tag, doch obwohl Jeckeln lettische Polizisten zur Hand gingen, konnte er seine mörderische Arbeit nicht beenden. Als der Abend anbrach, wurden die verbliebenen traumatisierten Juden zurück ins Ghetto geführt.[145]

Zahlreiche deutsche Soldaten und Offiziere wurden Zeugen des Gemetzels. Einer von ihnen, Generalmajor Walter Bruns, erinnerte sich in britischer Kriegsgefangenschaft an das Geschehen. Als Pionier hatte er ein Auge fürs Detail: »… die Gruben waren 24 m lang und ungefähr 3 m breit, [die Juden] mussten sich hinlegen wie die Sardinen in einer Büchse, Köpfe nach der Mitte. Oben sechs Maschinenpistolenschützen, die dann den Genickschuss beibrachten. Wie ich kam, war sie schon voll, da mussten die Lebenden also dann sich drauflegen, und dann kriegten sie den Schuss; damit nicht so viel Platz verlorenging, mussten sie sich schön schichten. Vorher wurden sie aber ausgeplündert an der einen Station …« Dort mussten sie Schmuck und Koffer abgeben. »Das Gute kam in den Koffer und das andere auf einen Haufen.« Ein Stück weiter mussten sie sich ausziehen und »durften nur Hemd und Schlüpfer anbehalten. Das waren alles Frauen und kleine Kinder, so 2-jährige.« Bruns erinnerte sich an die »dreckigen Bemerkungen« der Täter, wie: »Da kommt ja so eine jüdische

Schönheit.« Das Bild der Frau ging ihm nicht aus dem Kopf. »Und von wegen Rassenreinheit«, fuhr er fort. »In Riga haben sie zuerst rumgevögelt und dann totgeschossen, dass sie nicht mehr reden konnten.« Bruns schickte zwei andere Offiziere an den Ort des Gemetzels, damit sie mit ihrem Bericht seine förmliche Beschwerde unterstützen konnten. Kurz darauf wurden Maßnahmen ergriffen, um die Massaker diskreter durchzuführen.[146]

Die Morde von Riga sorgten in Berlin für Aufregung, allerdings nicht wegen der Beschwerden einiger höherer Wehrmachtoffiziere. Zufälligerweise war ein Transport mit 950 Berliner Juden am Tag des Massakers im Bahnhof Skirotava eingetroffen, und Jeckeln hatte sie zusammen mit den einheimischen Juden erschießen lassen. Die Ermordung der Berliner verärgerte Lange, weil das RSHA und nicht Jeckeln als HSSPF für die Reichsjuden zuständig war. Lange legte beim RSHA Protest ein, und Jeckeln wurde nach Berlin beordert und von Himmler milde getadelt. Nach seiner Rückkehr ging das Morden weiter. Jetzt wussten die Juden allerdings, was sie erwartete, und leisteten erheblichen Widerstand. Während der Aktion von 7. bis 9. Dezember missachteten sie die Anordnung, sich zu versammeln, und viele versuchten den deutschen und lettischen Polizeieinheiten zu entkommen. Im anschließenden Aufruhr wurden rund 900 Juden im Ghetto niedergemäht, einschließlich einiger Mitglieder des Judenrats und des Ordnungsdiensts. Dennoch wurden rund 10 000 Juden nach Rumbula getrieben und dort ermordet, hauptsächlich von Letten unter dem Kommando von Viktor Arajs.[147]

Die Deportation der Reichsjuden wies all die sattsam bekannten Merkmale eines improvisierten Vorgehens auf und war aufgrund mangelnder Ressourcen allenfalls ein Teilerfolg. Lange ordnete den Aufbau eines Auffanglagers in Salaspils an, einige Kilometer südöstlich von Riga an der Eisenbahnstrecke zwischen der Hauptstadt und Dünaburg, doch war es zum Jahresende noch lange nicht fertiggestellt. Deshalb wurden Neuankömmlinge aus dem Reich in einen Sonderbereich des Ghettos oder ins Konzentrationslager Jungfernhof bei Riga gebracht. Während Himmler 70 000 Juden hatte abschieben wollen, gelang es nur, 53 000 aus dem Reich abzutransportieren. Da das Ghetto von Riga voll belegt und Salaspils noch nicht bereit war, wurden im November ganze Züge mit Deportierten nach Kaunas und Minsk weitergeleitet, wo jedoch niemand ein Interesse an ihrer

Aufnahme hatte, mit der Folge, dass sie gleich nach ihrer Ankunft erschossen wurden. Das Massaker an tausend Juden aus Breslau (aus einem am 23. November abgegangenen Transport) schockierte die Bewohner des Ghettos von Kaunas. Hinterher mussten jüdische Arbeiter tagelang die Habseligkeiten der unglücklichen Deportierten sortieren: »Die feinsten Besitztümer, die man sich denken kann ... das beste Essen, alles großzügig zubereitet, um für lange Zeit vorzuhalten, die beste Kleidung, die seltensten Arzneimittel und verschiedene professionelle Instrumente. Eine endlose Zahl von Büchern – wissenschaftliche, berufliche, jüdische Bücher, Gebetbücher, Gebetsschals ... sie waren auf erschütternde Weise getäuscht worden. Ihr erster Schritt in ein neues Leben war auch ihr letzter gewesen – in die Gruben von Fort IX.« Unter den Opfern aus Breslau waren auch Willy Cohn, seine Frau und seine drei und neun Jahre alten Töchter.[148]

Ende Oktober trafen im Ghetto von Lodz die ersten Juden aus dem Westen ein. Obwohl Oberbürgermeister Ventzki und Regierungspräsident Uebelhoer wiederholt in Berlin protestiert hatten, musste das Ghetto bis Jahresende fast 20 000 Juden aus dem Altreich sowie aus Prag, Wien und Luxemburg aufnehmen. Doch es wurden nicht sofort Maßnahmen ergriffen, um die vorhandene Ghettobevölkerung auszudünnen. Stattdessen wurde ein Sonderkommando unter Herbert Lange, das bereits die Insassen polnischer Nervenheilanstalten ermordet hatte, eingesetzt, um mit denselben Methoden unerwünschte Juden aus dem Warthegau zu töten. Lange hatte mit dem Einsatz von Gaswagen experimentiert, indem er den Frachtraum von Möbelwagen abdichten ließ. Die Opfer mussten in den Frachtraum einsteigen, die Türen wurden verschlossen, dann wurden zuerst Kohlenmonoxid aus Gasflaschen, später Motorabgase hineingeleitet, bis die Insassen erstickt waren. Um die Lastwagen harmloser erscheinen zu lassen, hatte man sie zum Teil mit Firmenlogos bemalt, zum Beispiel von Kaiser's Kaffeegeschäft. Lange wählte Chełmno (Kulmhof) als geeigneten Stützpunkt für seine Operation aus und ließ ein Lager errichten, mit Baracken für seinen Stab und die Wachmannschaft, Zellen für jüdische Arbeitskräfte, Sortier- und Lagerräumen und einer Begräbnisstätte in einem nahegelegenen Wald. Seine ersten Opfer waren mehrere Hundert Juden aus den Nachbarstädten Koło und Czachulec, die – möglicherweise in einem Probelauf – zwischen dem 8. und 10. Dezember 1941 ermordet wurden. Eigentlich war Chełmno für die Juden von Lodz bestimmt.

Am 20. Dezember teilten die Ghettoverwalter dem Ältesten Rumkowski mit, dass aufgrund der Lebensmittelknappheit und des Zustroms deutscher Juden 20 000 Bewohner das Ghetto verlassen müssten. Rumkowski handelte die Zahl auf die Hälfte herunter und bildete dann eine Kommission, die bestimmen sollte, wer gehen musste. »Die Nachricht von der baldigen Aussiedlung«, notierten die Verfasser der Ghettochronik, »löste im Getto große Niedergeschlagenheit aus.«[149]

Die deutschen Juden, die mit ihrem eigenen Schicksal beschäftigt waren, hatten keine Ahnung, dass ihre bevorstehende Deportation 900 Kilometer von ihren Heimatorten entfernt Jammer und Schrecken verursachte. Am 15. Oktober wurde die Auswanderung von Juden aus dem Reich verboten. Der Zuständigkeitsbereich von Eichmanns Referat IV B 4 war in »Juden- und Räumungsangelegenheiten« umbenannt worden, um anzuzeigen, dass es nicht mehr die Auswanderung, sondern die Abschiebung zum Ziel hatte. Es begann an Gestapo-Stellen und Polizeireviere überall im Reich Richtlinien für die Evakuierung der Juden zu verschicken. Zur Evakuierung vorgesehene Juden erhielten genaue Anweisungen und mussten in umfangreichen Formularen Angaben über ihr Vermögen machen. Am angegebenen Tag hatten sie zu einer bestimmten Uhrzeit an Sammelplätzen zu erscheinen, in der Regel eine Synagoge oder eine andere Gemeindeeinrichtung. Mitzubringen waren alle erforderlichen Papiere, ein Koffer von höchstens fünfzig Kilogramm Gewicht, eine Decke, Essen für drei Tage und 200 Reichsmark. Beim Verlassen ihrer Wohnungen hatten sie sich zu überzeugen, dass das Gas abgestellt und die Wohnungstür verschlossen war; den Schlüssel sollten sie der Polizei übergeben. In dem Umschlag, den die Deportationsopfer erhielten, befand sich neben den Anweisungen und Formularen ein Schlüsselring. Am Abfahrtsort, für gewöhnlich ein vorstädtischer Personen- oder Güterbahnhof, mussten sie Aktien, Devisen, Sparbücher und alle Wertgegenstände mit Ausnahme von Eheringen abgeben. Ihre Ausweise wurden mit dem Stempel »evakuiert« versehen.[150] Um auszuschließen, dass irgendein rechtliches Hindernis die Übernahme der Vermögenswerte der Juden durch das Reich störte, erließ das Reichsinnenministerium die 11. Verordnung zum Reichsbürgergesetz, die festlegte, dass Juden beim Verlassen Deutschlands automatisch die deutsche Staatsbürgerschaft verloren und ihr Vermögen dem Reich zufiel. Da nach Theresienstadt deportierte Juden in den Grenzen des Großdeutschen Reichs blieben, mussten sie ein Dokument unterschreiben, wonach sie ihr Vermögen gegen eine Unterkunft im Reichsghetto eintauschten.[151]

Die Reichsvereinigung in Berlin und die IKG in Wien versuchten das Los der Deportationsopfer so weit zu erleichtern, wie sie konnten. Sie richteten an den Sammelstellen Suppenküchen ein und sorgten dafür, dass medizinisches Personal anwesend war. In Wien begleiteten jüdische Ordner die Juden sogar zum Zug und trugen manchmal auch ihre Koffer. Aber die Anwesenheit jüdischer Helfer erweckte den Eindruck, die jüdischen Organisationen würden sich an der Deportation beteiligen. Dass diese Helfer von ihr ausgenommen waren, verstärkte die neidvolle Haltung derjenigen, denen sie halfen. Eine große Zahl von Juden zog es vor, sich in einer Umgebung, die ihnen immer noch ein wenig Vertrautheit und Trost bot, das Leben zu nehmen. Howard Smith fiel auf, dass die offizielle jüdische Zeitung für Berlin am Vorabend der Deportationen voller Todesanzeigen war. Schätzungsweise 4000 bis 5000 Berliner Juden starben von eigener Hand, anstatt die Demütigung und Mühsal der Verschleppung in ein fremdes, primitives Land auf sich zu nehmen. Die meisten von ihnen waren alt, und ein großer Anteil waren Frauen. Nicht wenige der Frauen entschieden sich für den Selbstmord, nachdem ihre nichtjüdischen Ehemänner, die sie vor der Verfolgung geschützt hatten, gestorben oder gefallen waren (manche von ihnen dienten in der Wehrmacht). Manche NS-Beamte betrachteten es als Niederlage, wenn ein Jude auf diese Weise der Deportation entkam. So berichtete der Regierungspräsident von Ober- und Mittelfranken: »Der Jude Dr. Martin Israel Offenbacher hat sich der Evakuierung durch Selbstmord (Leuchtgas) entzogen.« Laut dem Historiker Christian Goeschel waren Selbstmorde von Juden im Dritten Reich, insbesondere nach Beginn der Deportationen, »eher Akte der Selbstbehauptung als solche des Widerstands gegen die mörderische Politik der Nationalsozialisten«.[152]

Trotz aller Anstrengungen des Regimes, Revierkämpfe um das Eigentum der Deportierten zu verhindern und dessen Veräußerung zu regulieren, zog der Massenexodus die üblichen hässlichen Szenen nach sich. Howard Smith hielt fest, wie »ihre jämmerliche Habe öffentlich versteigert [wurde]. Wie Schakale um einen Kadaver kämpften da gestandene Arier um ein paar mickrige Dinge, die der russische Krieg rar gemacht hatte.« Diese öffentlichen Verkäufe, die häufig in zu diesem Zweck entsiegelten Wohnungen stattfanden, waren »üble

Spektakel«. In Göttingen wurde die Kreisleitung der NSDAP »mit Anträgen auf Wohnungszuweisungen überlaufen«, und in Minden stritt sich die Gestapo mit der Finanzverwaltung darüber, wer das jüdische Vermögen verwerten durfte. Öffentliche Proteste gab es nicht; auch die Kirchen blieben stumm. Im privaten Rahmen wurde allerdings Unbehagen geäußert, insbesondere nachdem Informationen über das Schicksal der Deportierten nach Deutschland durchgesickert waren. Klemperer erfuhr bald nach dem Massaker von Riga, was vorgefallen war. Es sei ein »Gerücht, aber von verschiedenen Seiten sehr glaubhaft mitgeteilt –, es seien evakuierte Juden bei Riga reihenweise, wie sie den Zug verließen, *erschossen* worden«. Ulrich von Hassell konstatierte »Angewidertheit aller anständigen Menschen über die schamlosen [Maßnahmen], im Osten gegen Juden und Gefangene, in Berlin und anderen Großstädten gegen harmlose, angesehene Juden«.[153]

Diejenigen, die in die Züge einstiegen, ertrugen eine furchtbare drei- oder viertägige Fahrt, um schließlich an einem Ort anzukommen, der in ihren Augen am Ende der Welt lag. Henry Rosenberg, der Anfang November aus Hamburg nach Minsk deportiert wurde, erinnerte sich: »Die Waggons waren nicht beheizt. Bei so vielen Menschen und so viel Gepäck war es unmöglich, sich niederzulassen, geschweige denn zu schlafen. Die Menschen waren so verängstigt, dass der kleinste Misston zu heftigem Streit führte.« Da sie in der Dunkelheit eintrafen, blieben sie in den Eisenbahnwagen eingesperrt, bis um fünf Uhr morgens SS-Offiziere erschienen. »Wir mussten den Zug verlassen und uns mit unserem Handgepäck vor dem jeweiligen Waggon versammeln, um gezählt zu werden. Dann wurden wir ins Ghetto geführt und uns wurde gesagt: ›Jeder, der flüchtet oder Befehle missachtet, wird erschossen. Für jeden, der flieht, werden hundert erschossen.‹« Rosenberg erhielt zusammen mit einigen anderen Männern den Auftrag, eine Schule zu reinigen, in der bis zu ihrer Entfernung aus dem Ghetto einheimische Juden untergebracht gewesen waren. »Es brannten noch Feuer in den Öfen, alles lag verstreut und der Boden war mit Hunderten von Leichen bedeckt.« Russische Juden versuchten näher zu kommen, um einen Blick auf die Leichen zu werfen. »Sie weinten und schrien und suchten unter den Toten nach ihren Verwandten. Auf diese Weise erfuhren wir, dass am 9. November in Minsk 30 000 ermordet worden waren.« Rosenberg sollte als Einziger aus seinem Transport den Krieg überleben.[154]

Ab dem 10. Dezember 1941 nahmen Juden aus dem Reich in Riga den Platz der ermordeten lettischen Juden ein. Das Ghetto war jetzt zweigeteilt und jeweils von einem Stacheldrahtzaun umgeben. Im »kleinen Ghetto«, nördlich der Leipziger Straße, lebten überwiegend lettische Juden. Die deutschen Juden bewohnten mehrere Häuserblocks im Süden, und zu ihrem Viertel gehörte auch eine Fläche für den Gemüseanbau. Von den 20 000 nach Riga geschickten deutschen Juden brachte man jedoch nur etwas mehr als die Hälfte ins Ghetto. Die Alten und Kranken wurden am Bahnhof beiseite geführt und erschossen. Zu den Neuankömmlingen gehörte der 23-jährige Josef Katz aus Lübeck, dem, als seine Mutter den Deportationsbefehl erhalten hatte, von der Gestapo gestattet worden war, sie zu begleiten. Sein Transport wurde ins KZ Jungfernhof geschickt. Nach dem Krieg beschrieb er seinen ersten Eindruck von dem Lager: »Riesenhafte Scheunen, einige Deputatshäuser und, etwas abseits stehend, das Herrenhaus, das ist alles, was Tausende von Menschen in dem Auffanglager Jungfernhof vorfinden.« Am nächsten Morgen sah er »einen riesenhaften Berg von Koffern, Öfen, Bettsäcken. Sonst nichts als Dreck, Schutt und Pfützen auf den von Lastwagen ausgefahrenen Wegen. Der Platz wimmelt von Menschen. An der einzigen Pumpe des Lagers drängelt sich alles, um sich etwas zu waschen.« Binnen weniger Tage starben rund 200 Juden an Kälte, Hunger und den Auswirkungen schwerer Arbeit. Im Januar erfuhr Katz, dass seine Mutter tot war. Es waren Rachegedanken, die ihn auf seiner Odyssee von einem Lager zum nächsten und durch all die Arbeitseinsätze hindurch aufrecht hielten.[155]

Den nach Lodz verbrachten Juden blieben derart grauenvolle Bilder erspart, obwohl der Anblick, der sie erwartete, entsetzlich genug war. Der 58-jährige Schriftsteller Oskar Rosenfeld, viele Jahre lang Prager Korrespondent des Londoner *Jewish Chronicle,* begann bald nach seiner Ankunft ein Tagebuch zu führen. Er sah

> »öde Lehmhütten … Kotlachen … stinkender Unrat … Müde mit gekrümmten Rücken zahllose Kreaturen … Daneben Gesichter, die alles Leid schon überwunden hatten, auf denen geschrieben stand: Wir halten durch, wir überleben euch, ihr könnt uns nicht zerstören … armselige Kramläden, Schenken, Caféhäuser, Zigarettenverkäufer, Mädchen und Kinder, die irgendetwas feilboten, Geruch von Dingen, die im Westen nicht zu sehen sind, junge Menschen in Uniform mit dem Zions-

stern am Arm, Geschrei neben Stille … das war das Verbrecherviertel von Lodz, das Getto Litzmannstadt.«[156]

Die Neuankömmlinge wurden in ehemaligen Schulen und anderen Unterkünften untergebracht. Für die vielen Alten unter ihnen richtete der Judenrat ein Altersheim nur für deutschsprachige Juden ein. Die meisten von ihnen waren nicht in der Lage zu arbeiten, und wenn sie es waren, gab es keine Arbeit, so dass sie ihre Habseligkeiten verkaufen mussten, um die mageren Rationen aufzubessern. Zunächst schossen deshalb die Lebensmittelpreise auf dem Schwarzmarkt in die Höhe. »Seit der Ankunft der Transporte aus Deutschland wurden im November alle im Bereich des Gettos vorhandenen und bisher fast leerstehenden Restaurants und Konditoreien von den Neuankömmlingen buchstäblich belagert. Dabei muss betont werden, dass die Neuankömmlinge von der ersten Minute an ihr Habe verkauften, um von dem so erworbenen Bargeld geradezu alles aufzukaufen, was sich auf dem privaten Lebensmittelmarkt noch auftreiben ließ«, heißt es in der Chronik. Bei den Einheimischen löste diese Inflation Unmut aus, obwohl sie gern die Gelegenheit ergriffen, neue Kleidung, Schuhe und Kosmetika zu erstehen. Bald gingen den Neuankömmlingen jedoch die Waren aus, und nach wenigen Wochen sah man sie »immer hungrig und stets Essen suchend« durchs Ghetto wandern. Sie sammelten sich am Postamt, um Bittpostkarten an Freunde und Verwandte im Reich zu schicken. Doch bald begannen sie wegzusterben. Nicht wenige gaben der Verzweiflung nach und nahmen sich das Leben. Die Frau eines Prager Rabbiners »wandte sich … an den Wachmann, der im Grenzgebiet des Gettos, an der ul. Brzezinska, Wache hielt, mit der Bitte, ihrem Leben ein Ende zu setzen«. Sie überquerte die Grenze, und nach zehn Metern wurde sie durch einen Kopfschuss getötet.[157]

Rumkowski bemühte sich nach Kräften, die Inflation in Grenzen zu halten und die westlichen Juden daran zu hindern, so viele Lebensmittel wegzukaufen, dass das übrige Ghetto hungern musste. Er forderte die deutschen Juden auf, ihre Habseligkeiten nicht überhastet zu veräußern, da es keine Möglichkeit gebe, sie zu ersetzen. »Auf diejenigen, die dem Getto schaden, werde ich keine Rücksicht nehmen«, mahnte er die Rechtsanwälte, Professoren und Rabbiner aus Prag. Der übrigen Bevölkerung waren die Reichsjuden wegen ihrer kulturellen Nähe zu den Ghettoherren verdächtig. Im Lauf der Zeit begannen viele polnische Juden indes die kulturelle Bereicherung durch den Zustrom zahlreicher Künstler, Musiker, Sänger und Schauspieler zu schätzen. Für die Konvertiten, welche die hundert Mitglieder zählende christliche Gemeinde verstärkten, hatte kaum jemand etwas übrig. Es war eine kleine Sensation, als Weihnachten 1941 vierzig christliche Juden an einem von einer Wiener Karmeliterin organisierten Gottesdienst teilnahmen. Dawid Sierakowiak hörte, dass manche von ihnen »Söhne an der Front« hatten. Der Verdacht lag in der Luft, dass die Konvertiten aus Deutschland mit den Nazis sympathisierten.[158]

Der Krieg im Osten und die polnischen Ghettos

In den verschiedenen Regionen des deutsch beherrschten Kontinents hatte das Unternehmen Barbarossa zwischen Juni und Dezember 1941 ganz unterschiedliche Folgen für das Los der Juden. Den Juden, die im Operationsgebiet der deutschen Armeen und Einsatzgruppen lebten, brachte der deutsche Angriff auf die Sowjetunion unsägliches Leid, während er für die Juden im Generalgouvernement und im Warthegau eine gewisse Erleichterung bedeutete. Der Nachschubbedarf der Wehrmacht und die Bedürfnisse der deutschen Rüstungsindustrie boten ihnen eine ökonomische Rettungsleine. In Westeuropa blieben die Juden vorerst weitgehend unbehelligt, freilich mit einer Einschränkung: Der Angriff auf die Sowjetunion beendete den heiklen Waffenstillstand zwischen Kommunismus und Nationalsozialismus und entfachte von Paris bis Belgrad eine Welle kommunistischer Widerstandshandlungen, und da die Nationalsozialisten hinter jeder Opposition die Machenschaften von Juden vermuteten, zog dies unweigerlich Vergeltungsaktionen gegen jüdische Gemeinden nach sich.[159]

In den polnischen Ghettos löste die Nachricht über den deutschen Angriff auf die Sowjetunion, den viele aufgrund zahlreicher Warnzeichen wie etwa Zivilschutzübungen vorausgesehen hatten, freudige Erregung aus. »Das ganze Ghetto ist ein einziger Bienenstock«, notierte Dawid Sierakowiak. »Alle fühlen, endlich tut sich eine Möglichkeit der Rettung auf.« Auch Mary Berg war außer sich vor Freude: »Krieg zwischen Deutschland und Russland! Wer hätte hoffen können, dass er so bald kommt!« Trotz der deutschen Siegesserie erfasste Emanuel Ringelblum scharfsinnig, welche Bedeutung *jede* Fortsetzung des sowjetischen Widerstands hatte. »Die Stärke der sowjetischen Armee versetzt die jüdische Bevölkerung in Staunen«, bemerkte er. Adam Czerniaków beobachtete den deutschen Vormarsch aufmerksam, nicht zuletzt, weil sein Sohn sich in Lemberg aufhielt. Gleich ihm waren viele polnische Juden mit ihren Gedanken bei Verwandten weiter im Osten, wenn sie die militärischen Verlautbarungen verfolgten. Bis zum Oktober hatte sich jedoch selbst Ringelblums Stimmung verdüstert, und Sierakowiak schrieb resigniert, Tatsache sei, »dass der Krieg noch lange dauern wird und es jetzt unsere Aufgabe ist, mit allen Kräften um unseren Lebensunterhalt zu kämpfen«. Gegen Jahresende hellten deutsche Rückschläge und der Kriegseintritt der Vereinigten Staaten die Stimmung wieder auf. In Warschau sahen die Ghettobewohner einen »neuen Hoffnungsschimmer«. Sie vermochten ihre Freude kaum zu verbergen, als die Deutschen begannen, ihre Pelze zu beschlagnahmen, war es doch ein sicheres Zeichen dafür, wie schlecht die Wehrmacht für den Winter gewappnet war.[160]

In Lodz führte die Invasion zu einem Wirtschaftsaufschwung. »Das Ghetto entwickelt sich immer prächtiger«, bemerkte Dawid Sierakowiak Ende August 1941. »Es entsteht eine Unmenge neuer Werkstätten und Fabriken, die zusammen mit den schon vorhandenen wahrhaftig den Jüdischen Industriebezirk bilden … Hunderte von Menschen finden Beschäftigung, und es sieht ganz so aus, als ob es besser würde …« Die Verbesserung der Beschäftigungslage glich den Verlust der Pakete aus, die Verwandte aus dem sowjetisch besetzten Teil Polens und der Sowjetunion bisher geschickt und die rund die Hälfte der im Ghetto eingehenden Post ausgemacht hatten. Auch deshalb stiegen die Lebensmittelpreise, während gleichzeitig die Sterberate abnahm. Ende 1941 wurde das Ghetto von einer wahren Auftragsflut der Wehrmacht für Winterkleidung überschwemmt; bestellt wurden unter anderem 56000 weiße Tarnmäntel. In einem Aufsatz in der Ghettochronik vom Januar 1942 wurde festgestellt, dass das Ghetto »im Bereich der Grundversorgung … regelmäßig Nahrungsmittel in den Mengen [bekommt], die dem gemeldeten Bedarf entsprechen«. Leider wurden sie ungleichmäßig verteilt, so dass die »oberen Zehntausend« mehr profitierten als die große Masse. Wer die nötigen Mittel besaß oder dank seiner Arbeit (oder seiner Beziehungen) eine größere Ration erhielt, konnte Gemüse gegen Fett, Zucker oder Fleisch eintauschen. Dies trieb die Preise auf dem freien Markt so weit nach oben, dass die meisten sie nicht aufbringen konnten und sich mit einer ungenügenden Ernährung abfinden mussten.[161]

Juden in anderen Teilen des Warthegaus und in Ostoberschlesien waren kaum von den umstürzenden Ereignissen im Osten betroffen. Indes fand Albrecht Schmelt noch mehr Arbeit für die jüdischen Arbeitskräfte in den ostoberschlesischen Städten, etwa Będzin und Sosnowiec. Im Herbst 1941 beschäftigte er fast 17 000 Juden im Straßenbau, bei der Eisenbahn und in der Produktion für die Wehrmacht. Das Unternehmen Barbarossa hatte einen raschen Anstieg der Zahl jüdischer Arbeiter sowohl in der Rüstungsindustrie als auch in zivilen Unternehmen zur Folge, die ihre Produktion aus Gebieten, die unter britischen Luftangriffen zu leiden hatten, in die Region verlagerten. Infolgedessen mussten die Juden dort zwar die bisherigen Restriktionen und Demütigungen weiter erdulden, aber ihre Lage verschlechterte sich nicht noch stärker. In Bielsko-Biała bewohnte Gerda Weißmanns Familie unverändert den Keller ihres ehemaligen Hauses. Gerda begann Englisch zu lernen und verliebte sich in einen Jungen. Von ihrem Bruder aus Lemberg trafen Briefe ein. »Weihnachten ging vorüber, und 1942 begann«, schrieb sie über den Jahreswechsel 1941/42, »schrecklich kalt, mit Unmengen von Schnee.« Dawid Rubinowicz wohnte nah genug an der sowjetisch-deutschen Demarkationslinie, um die ersten Salven von »Barbarossa« zu hören, aber darüber hinaus berührte die Invasion sein Leben kaum. Wenige Kilometer entfernt wurden Juden massakriert, aber im Gebiet von Kielce blieb alles mehr oder weniger wie bisher. In Kielce selbst war im März 1941 ein Ghetto errichtet worden, das im Oktober abgeriegelt wurde und wo 30 000 Menschen, darunter Flüchtlinge und Deportierte, lebten, aber in Dawids kleinem Heimatort konnten die Juden kommen und gehen, wie sie wollten. Im September 1941 ging er immer noch in die Wälder der Umgebung, um Pilze, Blaubeeren oder Holz zu sammeln.[162]

In Warschau begann die Umgestaltung der Ghettowirtschaft im Mai 1941, angetrieben und beschleunigt durch die Nachfrage der deutschen Wehrmacht. Als Czerniaków vom Angriff auf die Sowjetunion erfuhr, notierte er knapp: »Man wird jetzt am Tag arbeiten müssen, und nachts werden sie einen vielleicht nicht schlafen lassen.« Anfang Juli schrieb er über einen Besuch auf dem »Umschlagplatz«, einem Verladeplatz unweit des Danziger Bahnhofs: »Ein riesengroßes Gelände, gewaltige Depots, zahlreiches Personal. Die Warenlager für die Produktion sind reich bestückt.« Die Wehrmacht gab Bestellungen für Matratzen, Bürsten, Uniformen und Schuhwerk auf und ließ Ausrüstung und Kleidung von Juden reparieren und überholen. Leider hielt Czerniaków, wie Stanislaw Adler anmerkte, an seiner Laissez-faire-Haltung fest, anstatt zu einer Kommandowirtschaft überzugehen und die Produktion in großen Einheiten zu organisieren. Infolgedessen konkurrierte eine Vielzahl kleiner Werkstätten miteinander und drückte Gewinne und Löhne. Gleichzeitig erweckte diese Vielfalt »den Eindruck, als herrsche Überfluss, was die [die Ghettowirtschaft beaufsichtigenden] Naziwürdenträger wütend machte«. Andererseits war das Ghetto aufgrund des ruinösen Wettbewerbs ein höchst attraktiver Standort für deutsche Investitionen. »Was billige Arbeitskräfte anging«, bemerkte Adler, »war das Ghetto eine wahre Goldmine.« Zwischen Mai 1941 und Mai 1942 siedelten sich immer mehr deutsche Unternehmen im Ghetto an und schufen Arbeitsplätze, generierten Einkommen und ermöglichten größere legale Lebensmitteleinfuhren. Im Oktober 1941 konnte Czerniaków zum ersten Mal auf einen ausgeglichenen Haushalt hoffen.[163]

Dennoch litten die ärmeren Ghettobewohner weiterhin unter Hunger und Krankheiten. Eine Ursache war die von Auerswald festgelegte Obergrenze für die Lebensmitteleinfuhren ins Ghetto. Czerniaków verlangte wiederholt ihre Anhebung, biss bei Auerswald aber auf Granit. Im August beschied er Czerniaków, die Rationen könnten »nicht erhöht werden, weil die neu besetzten Gebiete Lebensmittel verschlängen«. Die Folge war, dass das Ghetto, wie Czerniaków Ende des Jahres schätzte, Lebensmittel für 1,8 Millionen Złoty legal und für 80 Millionen illegal einführte. Die Deutschen wussten dies, und es bestätigte ihre schlimmsten Vorurteile: erstens, dass der jüdische Wohnbezirk Lebensmittel aufsauge, und zweitens, dass die Juden die Mittel besaßen, sie zu bezahlen. Tatsächlich war der Schmuggel derart effektiv, dass Brot Anfang August im Ghetto *billiger* war als außerhalb. Dieser Überfluss untergrub Czerniaków Anstrengungen, Zugang zum freien Markt in Warschau zu erhalten, und bestärkte die deutsche Ghettoverwaltung in ihrer Entschlossenheit, die Zuteilungen nicht zu erhöhen.[164]

Die Armut und der Hunger der Massen wurden durch den Schmuggel nicht gemildert, denn er lag in den Händen von Privatunternehmern, die an diejenigen, die es sich leisten konnten, Lebensmittel zu dem Preis verkauften, den der Markt hergab. Angehörige von Männern, die außerhalb des Ghettos dauerhaft Zwangsarbeit leisteten, Arbeitslose, Alte, Waisenkinder und Flüchtlinge waren auf öffentliche Suppenküchen angewiesen. Der Nährwert der von diesen Einrichtungen ausgegebenen Suppen war jedoch völlig unzureichend. Czerniaków notierte bitter: »Ich schreibe hin und wieder Gedichte. Dazu braucht man eine angeregte Phantasie. Niemals ist diese Phantasie so weit gegangen, die Suppen, die wir an die Bevölkerung verteilen, Mittagessen zu nennen.« Darüber hinaus steckten sich die geschwächten Hilfsbedürftigen an den überfüllten, unhygienischen Orten, wo die Suppenküchen betrieben wurden, mit Typhus und Tuberkulose an. Laut Mary Berg war die Grzybowskastraße, in der sich eine Suppenküche befand, »immer voller Horden von Bettlern« und daher eine »schreckliche Brutstätte von Typhus«.[165]

»Typhus und Hunger waren die beiden souveränen Mächte, die über das Ghetto herrschten«, fasste Michel Mazor die Umstände im Ghetto später zusammen. Im Frühjahr und Sommer 1941 grassierte der Typhus im Ghetto, und der Hunger wurde durch die soziale Kluft innerhalb der jüdischen Bevölkerung verschärft. »Es kommt jetzt täglich vor«, notierte Mary Berg, »dass Kranke einfach vor das Krankenhaus hingesetzt werden. Mütter, die den Anblick ihrer leidenden Kinder, die keine ärztliche Hilfe erhalten, nicht mehr ertragen können, hoffen auf diese Weise die Patienten ins Krankenhaus zu bringen.« Im Gegensatz dazu war die wohlhabende Minderheit in der Lage, ein Serum gegen Typhus zu kaufen; manche ließen es sogar mit der Post aus der Schweiz kommen. »Ein lebhafter Handel mit Drogen geht jetzt im Ghetto vor sich«, hielt Berg fest. Der öffentliche Gesundheitsdienst wurde der Krankheit nicht Herr. Bei Besuchen in den Krankenhäusern sah Czerniaków »Leichen in den Korridoren, 3 Kranke in einem Bett«. Doch der Gesundheitsdienst wurde erst im Herbst umorganisiert und Ludwik Hirszfeld hinzugezogen, um den Kampf gegen die Epidemie zu leiten.[166]

Natürlich trieb letztlich die unbarmherzige Haltung der Deutschen die Tragödie voran. Im Oktober 1941 trennte Auerswald mehrere Straßenzüge aus dem Ghetto heraus, auch weil sie an einer deutschen Nachschubroute lagen. Dies machte die Umsiedlung von 6000 Menschen erforderlich, was sich aufgrund der Ungleichheit innerhalb der jüdischen Bevölkerung sehr verschieden auswirkte. »Die Warschauer Juden«, notierte Ringelblum. »beuteten die Zwangslage derjenigen, die aus der Siennastraße wegziehen mussten, auf bösartige Weise aus«, indem sie für ein Zimmer eine Monatsmiete von 150 bis 200 Złoty von ihnen verlangten. Wer wie die Familie Berg über Geld und Beziehungen verfügte, den schreckten überhöhte Mieten freilich nicht. Marys Vater hatte sich im Juli 1941, als nichtjüdische Hausmeister das Ghetto verlassen mussten, mittels Bestechung einen der freigewordenen Posten verschafft. Es waren begehrte Stellungen, die zumeist an ehemalige Freiberufler gingen, insbesondere an Rechtsanwälte. Wer sie einnahm, erhielt eine Armbinde als Zeichen dafür, dass er von Zwangsarbeit und Steuern befreit war, Anspruch auf eine höhere Lebensmittelration hatte und einen Monatslohn von 200 Złoty einstreichen konnte. Außerdem konnte er mit Schmiergeld von Leuten rechnen, die sich während der Ausgangssperre ins Haus oder aus ihm herausschlichen. Mary Berg zog mit ihrer Familie aus der Siennastraße in »eine große, bequeme Wohnung in der Lesznostraße«, in der es sogar ein Klavier gab. Aber ihre Familie bekam nicht nur eine geräumige Wohnung, ihr Vater erhielt auch wieder eine Anstellung als Hausmeister. So viel Glück hatten nur wenige.[167]

Zehn Tage, nachdem Tausende obdachlos geworden waren, fiel der erste Schnee. Ringelblum war klar, was dies bedeutete: »Die Bevölkerung schaudert bei der Aussicht auf kaltes Wetter. Der schrecklichste Anblick ist derjenige von frierenden Kindern. Kleinkinder mit bloßen Füßen, bloßen Knien und zerfetzter Kleidung, die still weinend auf der Straße stehen … Frierende Kinder werden zu einer alltäglichen Erscheinung.« Die Menschen starben jedoch nicht nur aufgrund eines von den Deutschen verantworteten Brennstoffmangels. Wie Mary Berg berichtete, erzielte Kohle auf dem schwarzen Markt »phantastische Preise«, und häufig gab es überhaupt keine. Wenn es sie gab, konnten die Reichen welche kaufen, so dass sie es im Ghetto warm hatten, während die Minusgrade für die meisten anderen eine Katastrophe waren. Die sanitären Bedingungen wurden immer schlechter. »Die meisten Abflussrohre«, notierte Berg, »sind eingefroren, und in vielen Häusern sind die Toiletten nicht zu gebrauchen. Die menschlichen Exkremente werden oft zusammen mit dem Abfall auf die Straße geworfen.«[168]

Die Juden im deutsch besetzten West- und Südeuropa

Während des Jahres 1941 besuchte Helga Weiss in Prag weiterhin eine improvisierte jüdische Schule in einer Privatwohnung. Sie begleitete ihre Mutter bei den zeitlich beschränkten Einkaufen. Unterdessen vertrieb sich ihr Vater zu Hause die Zeit wie all die anderen jüdischen Väter, die ihre Arbeitsstelle oder ihr Geschäft verloren hatten. Ab Oktober musste sie den gelben Stern tragen. In ihrem Tagebuch analysierte sie nüchtern, wie die Prager darauf reagierten: »Manch einer geht vorbei, als ob nichts wäre, zumindest scheinbar … Manche Leute lächeln uns freundlich und ermutigend zu, während andere den Mund zu einem belustigten und verächtlichen Lächeln verziehen.« In der Straßenbahn musste sie im hinteren Teil fahren, der voller »Sterne« war, und auch im Stadtzentrum »wimmelte« es von ihresgleichen, wie sie zum ersten Mal erkennen konnte. Im Herbst wurden die Gerüchte über Transporte Wirklichkeit. Mitte Oktober begann Helgas Schultag damit, dass sie feststellte, wer fehlte und wer noch da war. Die Erwachsenen packten Rucksäcke, kauften Kochgeschirr und suchten strapazierfähige, warme Kleidung heraus. Die Kinder legten ihre Lieblingsspielzeuge bereit. Mütter buken Brot für die Reise; in Prag waren die Deportationen mit dem Geruch von Selbstgekochtem verbunden. Schließlich erhielt die Familie Weiss die Aufforderung, sich zur Umsiedlung nach Theresienstadt in der Sammelstelle im Messepalast einzufinden. An den nächsten beiden Tagen schauten »arische Besucher« vorbei, die einen, um Trost zu spenden, die anderen, um zu ergattern, was immer die Familie nicht mitnehmen konnte. Am 7. Dezember um fünf Uhr früh sah sich Helga ein letztes Mal in der Wohnung um, in der sie aufgewachsen war. Nach dem Frühstück fuhr die Familie mit der Straßenbahn zum Messegelände, an dessen Eingang die Weiss von jüdischen Ordnern zur Eile gedrängt wurden.[169]

Am Messepalast erhielten sie Transportnummern. Im Innern waren nummerierte Vierecke auf den Fußboden gezeichnet, pro Person eines. Überall war »nur Dreck, Staub und eine unerträglich dicke Luft, dazu die Gepäckstücke und die Menschen, die sich dazwischen ausgestreckt haben«. Am Mittag wurde Essen ausgegeben, das Helga Weiss trotz der Kälte im Hof einnahm. Wie sie später feststellte, waren in der Latrine die Pfützen auf dem Boden gefroren. Geschlafen wurde angezogen auf dem Fußboden. Am nächsten Tag wurde den Männern der Kopf geschoren, und sie mussten ihre Wertsachen aushändigen, einschließlich der Wohnungsschlüssel. Am Tag darauf mussten sie sich in der Reihenfolge ihrer Transportnummern aufstellen; ein deutscher Offizier teilte ihnen mit, sie würden, »um einer Verfolgung zu entgehen, in ein neues Land gebracht«. Dann führte man sie zu einem nahegelegenen Bahnhof.

> Auf dem Bürgersteig bleiben die Passanten stehen und starren uns neugierig an. Manche von ihnen haben sogar Tränen in den Augen … solch ein Spektakel kriegen die Einwohner von Prag nicht jeden Tag zu sehen: Am hellichten Tage werden Gruppen von Menschen, die all ihre Habe auf dem Rücken tragen, unter militärischer Bewachung durch die Hauptstraßen geführt. Ganz gleich, ob es Alte sind oder Kinder, alle tragen sie Judensterne und Transportnummern auf ihren Mänteln.

Um elf Uhr hatten sie alle in Personenwagen Platz genommen, und eine Stunde später setzte sich der Zug in Bewegung. Nach dreistündiger Fahrt trafen sie in Bohušovice (Bauschowitz) bei Theresienstadt ein.[170]

Beim Eintreffen im Ghetto wurden die Juden nach Geschlechtern getrennt. Helga und ihre Mutter wurden in der Dresdner Kaserne untergebracht, wo ihnen ein Platz von 1,20 Meter Breite zugewiesen wurde. »Wir schieben unsere Füße den anderen ins Gesicht«, notierte Helga, »es ist wirklich übel. Wer das nicht mit eigenen Augen gesehen hat, würde es nie glauben …« Ihr Vater kam in die Magdeburger Kaserne und musste mehrere Tage lang Koffer schleppen. Wie assimiliert diese tschechischen Juden waren, zeigte sich darin, dass das Jahr mit einer Weihnachtsaufführung endete.[171]

Im zweiten Halbjahr 1941 bemühte sich das Vichy-Regime weiterhin, den Gang der antijüdischen Politik in Frankreich selbst zu bestimmen. Französische Juden wurden immer weiter aus dem Wirtschaftsleben verdrängt und ihre Unternehmen enteignet. Tausende von ausländischen Juden darbten in unwirtlichen, schlecht ausgestatteten Internierungslagern. In Gurs und Saint-Cyprien wurden fast 15 000 deutsche und österreichische Juden festgehalten, und im »Straflager«

Le Vernet waren mehr als 2000 inhaftiert. Etwa 3000, die Emigrationspapiere besaßen, warteten in Les Milles in Aix-en-Provence auf die Chance, Frankreich zu verlassen. Hunderte jüdischer Männer aus den Lagern wurden für Arbeitskolonnen abgestellt, die bei der Landgewinnung oder beim Kanalbau Schwerarbeit leisten mussten. Sie wurden schlecht bezahlt und versorgt und arbeiteten unter scharfer Disziplin. Tausende weitere Juden befanden sich, verstreut in Ortschaften am Fuß der Pyrenäen, unter den wachsamen Augen der örtlichen Gendarmen und der Einheimischen in »Dorfarrest«. Jüdische Hilfsorganisationen, die überwiegend vom Joint finanziert wurden, sandten den Internierten Lebensmittel und Geld; andere bemühten sich, so viele von ihnen freizubekommen wie möglich. Am dringendsten ging es ihnen um die Kinder, und bis Mai 1942 hatten sie fast alle befreit. Dann setzten sie sich mit dem Argument der Familienzusammenführung für die Freilassung von Jugendlichen und Erwachsenen ein. Dank dieser Anstrengungen sank die Zahl der internierten Juden von 40 000 Anfang 1941 bis November auf 11 000.[172]

Währenddessen lebte Raymond-Raoul Lambert mit seiner Familie unbehelligt in der Freien Zone und arbeitete für ein Komitee, das Flüchtlingen und Internierten half. Anfang Juli begab er sich wegen der Zählung der Juden, die dem Süden zur Zeit der Bekanntgabe des zweiten Judenstatuts aufgezwungen worden war, zur örtlichen Präfektur. Dort stieß er auf »die klassische Unordnung von Amtsbürokratien«. Neben den Stellen »für ›Waffenscheine‹ und die ›Genehmigung öffentlicher Tanzveranstaltungen‹« war ein Büro für »Jüdische Angelegenheiten« eingerichtet worden. Der Beamte darin war »recht freundlich und etwas verlegen«, obwohl Lambert auch auffiel, dass die für jüdische Angelegenheiten zuständigen Sachbearbeiter ein »abstoßendes Sektierertum« an den Tag legten und alles glaubten, was die antisemitische Propaganda sowohl der Deutschen als auch der Franzosen verbreitete.[173]

Eine Woche später fuhr Lambert nach Paris, wo er sich mit Xavier Vallat traf, zu dem er weiterhin »herzliche« Beziehungen unterhielt. Das gute Verhältnis zwischen diesen beiden altgedienten Staatsdienern, die beide die »Boches« hassten, bildete einen entscheidenden Faktor in einer dramatischen neuen Entwicklung. Theodor Dannecker drängte Vallat schon seit einiger Zeit, in Frankreich eine zentrale jüdische Vertretung nach dem Vorbild der Reichsvereinigung zu schaffen. Dannecker, der als Vertreter des Gestaporeferats IV B 4 in Paris war, stand bei der Durchsetzung einer weitreichenden antijüdischen Politik in Frankreich in Konkurrenz mit Carltheo Zeitschel, dem Judenreferenten der deutschen Botschaft in Paris. Im August erklärte Zeitschel Botschafter Abetz, dass es an der Zeit sei, die Juden aus Frankreich zu deportieren. »Die fortschreitende Eroberung und Besetzung der weiten Ostgebiete können m. E. das Judenproblem in ganz Europa in kürzester Zeit zu einer endgültigen, befriedigenden Lösung bringen.« Abetz sprach mit Hitler darüber, der jedoch Massendeportationen vor Kriegsende noch ablehnte. In der Zwischenzeit hatte Vallat Danneckers Vorschlag, eine zentrale Vertretung der französischen Juden zu schaffen, zugestimmt, wenn auch nur unter der Bedingung, dass sie Vichy unterstellt wurde. Vallat wandte sich nun an Lambert als denjenigen, der diese Körperschaft aufbauen und leiten sollte.[174]

Dies alles fand vor dem Hintergrund der sich verschlechternden Situation der Juden in der besetzten Zone statt. Stalins Aufruf zum Widerstand gegen die Deutschen hatte die Kommunistische Partei Frankreichs elektrisiert. Auf den Straßen lagen plötzlich antideutsche Flugblätter, und im Juli und August fanden Demonstrationen gegen die Besatzer statt. Am 3. September 1941 wurde der erste deutsche Soldat von Widerstandskämpfern erschossen. Dieser Aufruhr erschütterte die Militärverwaltung und die Sicherheitspolizei, welche nun das Vichy-Regime aufforderten, die kommunistische Agitation zu unterbinden. Daraufhin verschärfte die französische Polizei die Unterdrückung der ausländischen Juden. Im Mai hatte man annähernd 6500 polnische, deutsche, österreichische und tschechische Juden angewiesen, sich auf Polizeirevieren in Paris zu melden, doch nur 3747 waren erschienen und auf der Stelle in Internierungslager in Pithiviers und Beaune-la-Rolande abtransportiert worden. Am 20. August führte die französische Polizei im 11. Arrondissement, wo viele jüdische Einwanderer wohnten, eine Razzia durch, bei der ihr 4232 ausländische und französische Juden ins Netz gingen, die in ein Lager im Pariser Vorort Drancy gebracht wurden. Etwa 750 Internierte, überwiegend französische Juden, wurden anschließend wieder freigelassen.[175]

Im Herbst erhöhte sich der Druck auf die Juden weiter. 200 000 Franzosen besuchten in Paris die antisemitische Ausstellung »Der ewige Jude«, und der Film *Jud Süß* fand überall im Land ein begeistertes Publikum. Am 2. und 3. Oktober versuchte der Pariser BdS Helmut

Knochen die Militärverwaltung dazu zu bewegen, der SS die Zuständigkeit für jüdische Angelegenheiten zu übergeben, indem er in mehreren Synagogen insgeheim Bomben legen ließ und die Explosionen als Beweis für die Wut der Bevölkerung auf die Juden hinstellte. Doch der Schwindel kam rasch ans Licht. Stattdessen wurde die Wehrmacht zur treibenden Kraft hinter den antijüdischen Maßnahmen. Als Reaktion auf eine Reihe von Anschlägen auf Wehrmachtpersonal setzte die Militärverwaltung eine Welle von Verhaftungen und Hinrichtungen in Gang, der unverhältnismäßig viele Juden zum Opfer fielen. Als Vergeltung für eine Schießerei am 12. Dezember 1941 ordnete sie die Verhaftung von 743 französischen Juden an, überwiegend Selbständige und Intellektuelle, die in ein Lager in Compiègne-Royallieu gebracht wurden.[176]

Die Razzien und Verhaftungen untergruben Vallats Verhandlungen mit Lambert. Auf einem Treffen am 27. September schlug Vallat die Schaffung einer vereinigten jüdischen Gemeindeorganisation vor, die in den beiden Zonen getrennt arbeiten, aber in gleicher Weise unter staatlichem Schutz stehen sollte. Damit, so Vallat, sei garantiert, dass an Flüchtlinge und Vertriebene weiterhin materielle und finanzielle Hilfe verteilt und die vielen Bildungs- und Fürsorgeeinrichtungen im Norden und Süden unterstützt werden könnten. Doch das Consistoire central israélite de France und die etablierte jüdische Führung waren verärgert, als sie von Lamberts Verhandlungen erfuhren. Ihnen missfiel die Idee einer Repräsentanz auf der Grundlage einer rassischen Definition der Judeseins, und sie lehnten es ab, unter demselben Schirm Schutz zu suchen wie im Ausland geborene Juden. Für Männer wie Jacques Helbronner, seit 1940 Präsident des Consistoire, lief Vallats Initiative auf eine Art Ghettoisierung hinaus, welche die Absonderung der Juden von der französischen Gesellschaft vertiefen würde. Lambert erwiderte darauf, dass die Deutschen ihnen auf jeden Fall eine einheitliche Vertretung aufzwingen würden. Da sei ein Arrangement mit der Vichy-Regierung allemal besser, zumal eines, das sicherstellen würde, dass die vorhandenen Fürsorgeorganisationen weiterarbeiten könnten. Die Führung der eingewanderten Juden befand sich in einem Zwiespalt: Einerseits fürchtete sie eine Falle, andererseits war sie in Sorge, dass die unerlässliche Hilfs- und Fürsorgearbeit ohne amtlichen Schutz unterbunden werden würde. Während man in Paris diskutierte, verhandelte Lambert auf eigene Faust weiter.

Im November 1941 schloss er eine Vereinbarung mit Vallat über die Gründung der Union général des israélites de France (UGIF) unter der Maßgabe, dass sie sich ausschließlich philanthropisch und nicht politisch betätigen würde. Sie würde weder die rein religiösen Vereinigungen wie das Consistoire und die Synagogengemeinden vertreten noch auf nach Ansicht der französischen Juden illegal beschlagnahmte Mittel zurückgreifen.[177]

Durch einen unglücklichen Zufall wurde das Gesetz, auf dessen Grundlage die UGIF geschaffen werden sollte, zehn Tage vor den Verhaftungen vom 12. Dezember veröffentlicht. Die französischen Juden reagierten bestürzt auf das Zusammentreffen dieser beiden Ereignisse, und Lambert wurde umgehend als Kollaborateur abgestempelt. Seine hochfahrende Art und seine Ernennung zum Vorsitzenden der UGIF sprachen nicht gerade für ihn. Seinem Tagebuch vertraute er an: »Ich bin der Einzige, der als Generalsekretär in Frage kommt – eine schwere und sehr ernste Aufgabe … die jüdischen Agenturen, Militanten, Philanthropen und jene, die ich ›jüdische Fürsten‹ nennen möchte, sind sehr erregt, eifersüchtig und kritisieren mich bereits.« Er glaubte, in seiner neuen Rolle »sowohl ein ausgezeichneter Jude als auch ein ausgezeichneter Franzose« sein zu können, aber manche sahen in ihm einen Verräter.[178]

Die Gründung der UGIF offenbarte die Kluft zwischen einheimischen und ausländischen Juden in Frankreich. Vereinfacht gesagt, brach die jüdische Bevölkerung unter dem Verfolgungsdruck auseinander. Anstatt Solidarität zu erzeugen, trieben die Verhaftungen französischer und ausländischer Juden im Dezember 1941 einen noch größeren Keil zwischen Eingesessene und Zugewanderte. Der halbjüdische Dramatiker Jean-Jacques Bernard, der in Compiègne interniert war, beschrieb diese Spaltung kurz nach der Befreiung Frankreichs in seinen Erinnerungen. Die Intellektuellen, Rechtsanwälte und Künstler, die wie er von den Deutschen inhaftiert worden waren, »besaßen fast alle keinerlei Rassengefühl. Sie fühlten sich als Franzosen angegriffen, und nur als Franzosen.« In Compiègne trafen sie mit aus Drancy verlegten ausländischen Juden zusammen, »nahezu allesamt Juden aus Mitteleuropa, Staatenlose, die aus ihren Ländern vertrieben worden waren und in Frankreich Unterschlupf gefunden hatten, aber ihrem Gefühl nach weiterhin eine jüdische Gemeinde bildeten.« Die Zustände im Lager waren hart; die Baracken waren ohne Fußboden auf der bloßen Erde errichtet worden und ungeheizt. Innerhalb weniger Wochen starben dreißig Insassen, und auch Bernards Gesundheitszustand verschlechterte sich stetig. Da er mit dem Schlimmsten rechnete, wandte er sich mit einer Ansprache an seine Mitgefangenen, in der er erklärte: »Sollte ich bei dieser Sache sterben, werde ich für Frankreich gestorben sein. Ich möchte nicht vom Judentum als Märtyrer reklamiert werden.« Bernard hatte Glück, es kam nie so weit. Er wurde freigelassen und schleppte sich nach Paris zurück, wo er sich wieder erholte.[179]

In den Niederlanden wurden in derselben Zeit die Restriktionen für Juden verschärft, aber auch ihre Auswanderung verstärkt gefördert. Juden würden aus dem öffentlichen Bildungssystem ausgeschlossen und aus den letzten Bereichen der Wirtschaft, in denen sie noch tätig gewesen waren, verdrängt. Gemäß einer Verordnung vom 8. August 1941 mussten sie ihre Vermögenswerte einschließlich aller Kunstwerke dem vermeintlichen Bankhaus Lippmann, Rosenthal & Co. Sarphatistraat übergeben, das in Wirklichkeit nur eine Fassade für staatlichen Diebstahl war. Die Ausschaltung von Juden aus der Wirtschaft führte zwangsläufig zu Arbeitslosigkeit. Im November verfügten die Deutschen, dass untätige Juden in Arbeitslager einzuweisen waren, und beauftragten den Judenrat, die Arbeitskräfte auszuwählen und zu versammeln. Unheilverkündend war, dass gleichzeitig alle deutschen und staatenlosen Juden aufgefordert wurden, sich registrieren zu lassen, vorgeblich zum Zweck der Auswanderung. Rund zehn Prozent von ihnen kamen dem nicht nach und gingen in den Untergrund.[180]

Bis Mai 1941 bemühte sich die deutsche Polizei weiterhin um die Auswanderung möglichst vieler Juden. Aus Ärger über die geringe Zahl von Auswanderern bestellten SS-Offiziere die Sozialarbeiterin und Judenrätin Gertrude van Tijn zu sich. Van Tijn erklärte, die Antwort sei in Lissabon zu finden, das sich zu einem Engpass für Emigranten entwickelt habe. Anfang Mai schickte die SS sie nach Portugal, wo sie mit jüdischen Hilfsorganisationen und portugiesischen Beamten sprechen sollte, um die Blockade aufzulösen. Ihre Mission war erfolgreich: Bald nach ihrer Reise charterten Joint und HICEM ein Schiff, um Hunderte von Flüchtlingen, die keine Passage in die Vereinigten Staaten bekommen hatten, zu evakuieren. Im Gegenzug hob Portugal vorübergehend die Einreisesperre für Durchreisende auf. Doch gerade als es der SS gelungen war, die jüdische Auswanderung zu forcieren, verschärften die USA die Einreisebestimmungen. Im Juni 1941 verbot Präsident Roosevelt die Überweisung von Geldern sowohl in kriegführende als auch in neutrale europäische Länder und lähmte damit die Arbeit der jüdischen Hilfsorganisationen. Im nächsten Monat wurden die US-Konsulate in Deutschland und den deutsch besetzten Gebieten geschlossen. Die Amerikaner nahmen den Juden also schon Monate, bevor die Deutschen ihre Auswanderung unterbanden, jede Fluchtmöglichkeit.[181]

Der Aufruhr, den das Unternehmen Barbarossa in Frankreich auslöste, war nichts im Vergleich mit dem Tumult auf dem deutsch besetzten Balkan. Am 6. April 1941 waren die Deutschen als Reaktion auf einen Staatsstreich gegen die deutschfreundliche Regierung in Jugoslawien einmarschiert. Gleichzeitig hatten sie zur Unterstützung ihres glücklosen italienischen Verbündeten Griechenland angegriffen. Obwohl die Wehrmacht nur eine Rumpfstreitmacht aufbot und den Feldzug gleichsam nebenbei führte, war sie dank operativer und taktischer Überlegenheit in der Lage, zahlenmäßig weit stärkere Armeen zu besiegen. Jugoslawien kapitulierte am 17. April, Griechenland eine Woche darauf. Eine britische Expeditionsarmee, die hauptsächlich zur moralischen Unterstützung nach Griechenland entsandt worden war, zog sich zuerst nach Kreta und dann nach Ägypten zurück. Infolge dieser Siege gerieten rund 80 000 jugoslawische und fast 77 000 griechische Juden unter die Herrschaft der Achse. Ganze zwei Drittel von Letzteren lebten in Saloniki, dessen sephardisch-jüdische Bevölkerung auf eine lange Geschichte zurückblickte und großes Ansehen genoss. Doch obwohl die Deutschen die Stadt kontrollierten, ließen sie die Juden mehr oder weniger in Ruhe. Dies galt auch für die Juden in Zentralgriechenland, die, einschließlich der 6000 Athener Juden, unter italienische Herrschaft gekommen waren, und eine ähnliche Anzahl in Thrakien, das von Bulgarien verwaltet wurde.[182]

Nach der Kapitulation Jugoslawiens wurde das Land aufgespalten, so dass seine jüdische Bevölkerung unter verschiedene Herren gelangte. Rund 40 000 Juden fanden sich in dem deutschen Marionettenstaat Kroatien wieder, 15 000 in Serbien, das kaum mehr als eine autonome Region unter direkter deutscher Herrschaft war, rund 16 000 in der von Ungarn annektierten Batschka, 8000 im von Bulgarien besetzten Westmazedonien und mehrere Tausend im montenegrinischen Küstenstreifen, den Italien kontrollierte. Kroatien wurde von der Ustascha regiert, mit Ante Pavelić an der Spitze, der eine Mischung aus katholischem Konservatismus und kroatischem Nationalismus vertrat. Bald nachdem der neue Staat seine Unabhängigkeit erlangt hatte, verabschiedete die Ustascha-Regierung eine Vielzahl von Rassengesetzen. Im Mai 1941 wurden Juden verpflichtet, den gelben Fleck zu tragen. Nach dem deutschen Angriff auf die Sowjetunion, an dem kroatische Soldaten in einer mobilen Brigade teilgenommen hatten, wurden die Juden fast vollständig aus Wirtschaft und Gesellschaft ausgeschlossen. 20 000 bis 25 000 wurden in einem Konzentrationslager eingesperrt, das bei Jasenovac, neunzig Kilometer südlich von Zagreb, um eine stillgelegte Ziegelei herum errichtet wurde.[183]

Serbien kam unter eine Militärverwaltung und blieb bis zum Beginn des Russlandfeldzugs ein mehr oder weniger unbeachtetes, deutsch beherrschtes Hinterland. Der Angriff auf die Sowjetunion löste jedoch einen Volksaufstand aus, der die deutsche Herrschaft ins Wanken brachte. Verwaltungschef Harald Turner und die rasch wechselnden Militärbefehlshaber sahen darin sofort ein Werk der Juden. Einen Monat nach Beginn des Aufstands teilte Felix Benzler, der Vertreter des Auswärtigen Amts in Belgrad, Berlin mit, »als Sofortmaßnahme habe ich schärfstes Vorgehen gegen ergriffenen Kommunisten [*sic*] sowie allgemein gegen Juden gefordert, die einwandfrei mit Kommunisten zusammenarbeiten«. Er erbat die Erlaubnis, die Juden nach Polen oder Rumänien abschieben zu dürfen. Doch Berlin ordnete an, sie stattdessen in ein Konzentrationslager zu stecken. Unglücklicherweise waren die Lager bereits mit serbischen Aufrührern gefüllt. Deshalb wandte sich der Judenreferent des Auswärtigen Amts an Eichmann um Rat. Nach dem Telephongespräch notierte er: »Eichmann schlägt Erschießen vor.« Der Rat war überflüssig, denn die Wehrmacht erschoss bei »Sühnemaßnahmen« schon seit Wochen Juden. Im September entsandte Hitler General Franz Böhme mit zwei Infanteriedivisionen nach Serbien, um den Aufstand zu unterdrücken, bevor dieser noch weiter an Kraft gewann. Böhme ordnete an, Juden als Geiseln festzusetzen und zu erschießen. Doch obwohl die meisten jüdischen Männer interniert waren, stellte Turner sie weiterhin als »ein Element der Unsicherheit und Gefährdung der öffentlichen Ordnung und Sicherheit« dar. Im Oktober und November wurden rund 6000 jüdische Männer zur Vergeltung und um einen Aufstand niederzuschlagen, mit dem sie nichts zu tun hatten, erschossen.[184]

Durch »Barbarossa« entwickelte sich auf dem gesamten Kontinent eine gewisse Gleichförmigkeit in der deutschen Einstellung gegenüber den Juden. Gegen Jahresende sollten der Kriegsverlauf und Deutschlands internationale Lage dann einen Angleichungsprozess anstoßen, der über das gesamte europäische Judentum ein gemeinsames schreckliches Schicksal brachte.

Die Ausweitung des Krieges und Hitlers Prophezeiung

Im Herbst 1941 befand sich die antijüdische Politik des Dritten Reichs in Verwirrung. Hitler hatte seine Entscheidung vom September 1941, die Deportation von Juden aus dem Reich und dem Protektorat nach Osten zu gestatten, getroffen, ohne weiter darüber nachzudenken, wohin sie gebracht werden sollten. Genauso wenig gab es eine feste Vorstellung davon, was nach ihrer Ankunft im Osten mit ihnen geschehen sollte. Sollte man sie in Ghettos verwahren? Oder erschießen? Sollten Mischlinge und privilegierte Juden ebenfalls deportiert werden? Und wenn Personen aus diesen Kategorien in den Osten geschickt wurden, sollte man auch sie erschießen? Die Deportationen lösten eine neue Welle von Massakern und Experimenten mit neuen Massentötungstechniken aus, doch es waren hastig improvisierte lokale Lösungen für Probleme, die aus in Berlin oder Prag getroffenen Entscheidungen erwuchsen. Im Gegensatz dazu erlebten die polnischen Ghettos eine mehrere Monate dauernde Phase relativer Stabilität und bescheidenen Wirtschaftswachstums. Obwohl in den Ghettos furchtbare Zustände herrschten und die Sterblichkeit hoch war, hatten Juden und Deutsche einen für beide Seiten nützlichen Modus Vivendi gefunden. Darüber hinaus unterschieden sich die Ghettos voneinander: In Teilen Ostoberschlesiens, des Warthegaus, des Generalgouvernements und sogar Galiziens lebten die Juden in entsprechend ausgewiesenen Wohnbezirken oder einfach dort, wo sie sich schon vorher konzentriert hatten. Nachdem sie die anfänglichen Plünderungen und antijüdischen Vorschriften überstanden hatten, blieben in Tausenden von Kleinstädten und Dörfern jüdische Gemeinden bestehen. Das Schtetl war noch am Leben. Ganz ähnlich hatten sich Juden in Westeuropa an die Verhältnisse unter der Besatzung angepasst, so beengt und armselig es freilich aufgrund der antijüdischen Restriktionen war. Über die vage Vorstellung hinaus, dass sie nach Kriegsende ins Innere der Sowjetunion abgeschoben werden würden, hatten die Führungsfiguren des NS-Regimes keine Ahnung, was mit ihnen geschehen sollte, und bislang war eine solche Massendeportation in keiner Weise vorbereitet worden.[185]

Das Scheitern des Unternehmens Barbarossa machte den Status quo unhaltbar. Vor allem stand das Dritte Reich vor einer europaweiten Lebensmittelkrise. In Griechenland, wo die Wehrmacht einen großen Teil der Lebensmittel requirierte, herrschte bereits Hunger. Drei Viertel des von Belgien benötigten Getreides kamen aus Deutschland. In Weißrussland hatten die Armeen jegliches Getreide, Fleisch und Fett verbraucht. Hinzu kam, dass die Invasion die Einbringung der Ernte in der besetzten Ukraine erheblich gestört hatte, so dass nur ein Bruchteil dessen, was die Deutschen erwartet hatten, eingefahren wurde – und allein die Wehrmacht verbrauchte ein Viertel davon. Um den Bevölkerungsteilen, die für das Reich oder die Wehrmacht arbeiteten, anständige Rationen geben zu können, mussten Göring und Backe die Ernährungsplanung revidieren. Damit Arbeiter genügend erhielten, um ihre Aufgaben erfüllen zu können, sollten Nichtarbeitende weniger oder gar nichts bekommen. Die Polen würden selbst für sich sorgen müssen, und Alte, Kinder, Kriegsgefangene und Juden würden hungern. Doch selbst dies reichte nicht aus, um zu verhindern, dass das Reich den Gürtel enger schnallen musste.[186]

Die Verlängerung des Krieges hatte auch eine Sicherheitskrise zur Folge. Die NS-Führung hatte zwar damit gerechnet, dass der Angriff auf die Sowjetunion kommunistischen Widerstand hervorrufen würde, aber nicht erwartet, dass er länger anhalten und die Bevölkerung des besetzten Europas in eine riesige fünfte Kolonne verwandeln würde. In ihrem schematischen Denken sahen sie hinter den Kommunisten, die angeblich für jeden Widerspruch, Sabotageakt und gewalttätigen Widerstand verantwortlich waren, die Juden am Werk. Vergeltungsmaßnahmen dienten der Abschreckung, aber der perversen Logik der Nationalsozialisten zufolge hatten die Juden aufgrund der Massaker in der Sowjetunion nur noch mehr Grund, dem Reich den Tod zu wünschen. Daher verwandelte »Barbarossa« das gesamte europäische Judentum in einen verschlagenen, gnadenlosen Feind. Darüber hinaus bot die vermeintlich gefährdete Sicherheitslage

Himmler und Heydrich eine Gelegenheit, ihre Macht auszubauen. Sie hatten die Führung im Kampf gegen Partisanen und »jüdische Bolschewiken« im Osten übernommen, und die dabei gesammelten Erfahrungen qualifizierten sie dazu, nun auch im Westen die führende Rolle zu spielen. Die antijüdische Politik verschmolz mit der Sicherheitspolitik, und die SS saß am Ruder.[187]

Schließlich war, da das Dritte Reich die Sowjetunion nicht hatte entscheidend schlagen können, mit Blick auf die Vereinigten Staaten ein gefährliches geostrategisches Dilemma entstanden. Im Juli 1941 hatte Hitler darüber phantasiert, mit einer hochentwickelten Marine und einer Luftwaffe, die über Langstreckenbomber verfügen würde, Amerika anzugreifen. Anstatt die Fähigkeit für einen Angriff auf die USA zu erlangen, musste Hitler jedoch ohnmächtig mitansehen, wie Roosevelt sein Land auf den Krieg vorbereitete und dem Kombattantenstatus Schritt für Schritt näher brachte. Trotz der ideologischen Kluft, die sie von der Sowjetunion trennte, begannen die Vereinigten Staaten Rüstungsgüter und Lebensmittel in das Land zu schicken. Im Juli besetzten amerikanische Truppen Island. Am 14. August verkündeten Churchill und Roosevelt die Atlantik-Charta, in der sie ihre gemeinsamen Auffassungen darlegten. Obwohl sie noch keine militärische Kooperation vorsah, stellte sie praktisch eine gemeinsame Kriegserklärung an die Achse dar. Im September und Oktober kam es zu mehreren Zusammenstößen zwischen der US-Marine und deutschen U-Booten. Nach dem Torpedoangriff auf die USS *Kearny* erklärte Roosevelt den Amerikanern feierlich: »[D]as Schießen hat begonnen.« Binnen weniger Wochen setzte er Gesetze durch, welche die Bewaffnung von amerikanischen Handelsschiffen und das Vordringen in Kampfzonen erlaubten. Die Regierung gab der Marine den berühmten »Shoot on sight«-Befehl, wonach US-Schiffe auf jedes U-Boot schießen sollten, das in Reichweite gesichtet wurde.[188]

Während Roosevelt glaubte, sich schrittweise vorwärtsbewegen zu müssen, um die amerikanische Öffentlichkeit für den Kriegseintritt zu gewinnen, war Hitler überzeugt, dass die Juden dabei waren, die Vereinigten Staaten in den Kampf mit dem Reich zu treiben. Nachdem Japan am 7. Dezember 1941 Pearl Harbor angegriffen hatte, kam er zu dem Schluss, dass er nichts zu verlieren hatte, wenn er die Initiative ergriff. Nur wenige Stunden, nachdem er die Nachricht erhalten hatte, befahl er der U-Boot-Flotte, zur uneingeschränkten Kriegführung gegen den amerikanischen Schiffsverkehr überzugehen, und am 11. Dezember erklärte er in einer Reichstagsrede den Vereinigten Staaten förmlich den Krieg. Obwohl seine Äußerungen über den »jüdischen Feind« relativ gemäßigt ausfielen, wusste er doch, bei wem die Schuld lag: »Dass sich die angelsächsisch-jüdisch-kapitalistische Welt mit dem Bolschewismus dabei in einer Front befindet, ist für uns Nationalsozialisten keine Überraschung. Wir haben sie im Innern stets in der gleichen Gemeinschaft gefunden …«[189]

Die Ausweitung des Krieges brachte Klarheit und theoretische, wenn auch nicht praktische Kohärenz in die antijüdische Politik des NS-Regimes. Deutschland war jetzt in einen globalen Konflikt verwickelt, der aus Sicht der Nationalsozialisten von den Juden angezettelt worden war, und stand im Kampf gegen den »Judeobolschewismus« in Russland und die »jüdische Plutokratie« in Amerika und Großbritannien. Die Juden im Reich und in den besetzten Gebieten, die das Regime als Geiseln gegen genau diese Entwicklung gehalten hatte, waren nicht länger von Wert. Stattdessen würden sie, ganz wie Hitler prophezeit hatte, den Preis zahlen müssen. In mehreren Sitzungen zwischen dem 7. und 18. Dezember setzte er die Spitzen der Partei und seine engsten Mitarbeiter davon in Kenntnis, dass er jetzt entschlossen sei, die Juden schon während des Krieges zu bestrafen, anstatt dessen Ende abzuwarten, um sie dann aus dem deutschen Lebensraum zu vertreiben. Nach einer Gauleiterkonferenz am 12. Dezember, auf der Hitler gesprochen hatte, notierte Goebbels: »Bezüglich der Judenfrage ist der Führer entschlossen, reinen Tisch zu machen. Er hat den Juden prophezeit, dass, wenn sie noch einmal einen Weltkrieg herbeiführen würden, sie dabei ihre Vernichtung erleben würden. Das ist keine Phrase gewesen. Der Weltkrieg ist da, die Vernichtung des Judentums muss die notwendige Folge sein.«[190]

Vier Tage später brachte Hans Frank, der ebenfalls an dieser Versammlung teilgenommen hatte, seine Verwaltung im Generalgouvernement auf den neuesten Stand. An das in Berlin Gehörte anknüpfend, erklärte er: »Mit den Juden … muss so oder so Schluss gemacht werden.« Raum für Mitleid gebe es nicht; er gehe grundsätzlich davon aus, »dass sie verschwinden. Sie müssen weg.« Im folgenden Monat werde in Berlin eine große Besprechung über die »jüdische Wanderung« stattfinden. »Aber was soll mit den Juden geschehen?«, fragte Frank rhetorisch. »Glauben Sie, man wird sie im Ostland in Siedlungsdörfern unterbringen? Man hat uns in Berlin gesagt: Weshalb macht man diese Scherereien? Wir können im ›Ostland‹ oder im ›Reichskommissariat‹ [Ukraine] auch nichts mit ihnen anfangen, liquidiert sie selber!« Um jedes Missverständnis auszuräumen, fügte Frank hinzu: »Meine Herren, ich muss Sie bitten, sich gegen alle Mitleidserwägungen zu wappnen. Wir müssen die Juden vernichten, wo immer wir sie treffen und wo es irgend möglich ist, um das Gesamtgefüge des Reiches hier aufrechtzuerhalten.« Er ging sogar so weit, darüber zu spekulieren, wie dieses Ziel erreicht werden könnte, und offenbarte damit, dass man die konkreten Mittel noch nicht gefunden hatte: »Wir haben im Generalgouvernement schätzungsweise 2,5, vielleicht mit den jüdisch Versippten und dem, was alles daran hängt, jetzt 3,5 Millionen Juden. Diese 3,5 Millionen Juden können wir nicht erschießen, wir können sie nicht vergiften, werden aber trotzdem Eingriffe vornehmen können, die irgendwie zu einem Vernichtungserfolg führen …« Darüber solle im Januar diskutiert werden.[191]

Am 18. Dezember teilte Otto Bräutigam vom Ostministerium Hinrich Lohse, dem Herrn des Ostlands, mit, dass man in der Judenfrage »inzwischen durch mündliche Besprechungen Klarheit geschaffen haben dürfte. Wirtschaftliche Belange sollten grundsätzlich in den Hintergrund treten …« Mit anderen Worten, Lohse sollte keine Bedenken oder Einwände gegen die Massentötung jüdischer Arbeiter haben. Bräutigams Schreiben vorausgegangen war ein Treffen zwischen seinem Chef Rosenberg und Hitler, bei dem Ersterer die Judenfrage angesprochen hatte. Anschließend notierte er, Hitler habe gesagt, die Juden »hätten uns den Krieg aufgebürdet …, es sei kein Wunder, wenn die Folgen sie zuerst träfen«. Am selben Tag, als Bräutigam den Brief an Lohse aufgab, war Himmler zum Vortrag bei Hitler. In seinem Dienstkalender hatte er als ersten Punkt knapp »Judenfrage« vermerkt und dann, offenbar als Ergebnis des Gesprächs, »als Partisanen auszurotten« hinzugefügt. Da die Juden im besetzten Teil der Sowjetunion bereits »als Partisanen ausgerottet« wurden, liegt der Schluss nahe, dass Himmler mit Hitler über das Vorhaben sprach, seine mörderischen Aktivitäten auf jüdische Gemeinden im übrigen deutsch beherrschten Europa auszudehnen. Das Schicksal der europäischen Juden war besiegelt.[192]

VI.
Endlösung – 1942

Der Krieg und die Wannseekonferenz

Ende 1941 stand Deutschland vor der Niederlage im Osten. Die am 5./6. Dezember begonnene sowjetische Offensive traf auf Einheiten, die unterbesetzt, überdehnt, schlecht versorgt, durch Minusgrade, für die sie nicht ausgerüstet waren, demoralisiert und in offenem Gelände gestrandet waren. Obwohl die langen Verbindungswege der Deutschen das Ziel von Partisanenangriffen waren, wurden Sicherungstruppen an die Front geworfen, um sich durchgebrochenen Rotarmisten entgegenzustemmen. Zum Leidwesen seiner Generalität entließ Hitler den Oberbefehlshaber des Heeres Brauchitsch sowie mehrere hohe Generäle und übernahm selbst das Kommando über die Teilstreitkraft. Er gab den Befehl aus, dass jede Division, jedes Regiment und jeder Soldat standzuhalten und zu kämpfen habe; eine Wiederholung von 1918 werde es nicht geben. Dieser »Haltebefehl« hatte in der Tat Erfolg: Die Rote Armee führte selbst ihre Erschöpfung herbei, indem sie ein ums andere Mal gegen verzweifelt verteidigte deutsche Stellungen anrannte. Die Wehrmacht konnte die Front schließen, die Krise war vorüber. Aber Hitler und sein Gefolge wussten, dass sie bestenfalls eine nur schwer zu nutzende zweite Chance gewonnen hatten.[1]

Bis Januar 1942 hatte die Wehrmacht im Russlandfeldzug 830 000 Mann verloren, knapp ein Drittel ihrer Anfangsstärke. Der Materialverlust war ähnlich hoch. Doch Hitler glaubte, keine andere Wahl zu haben, als weiterzukämpfen und ein weiteres Mal alles auf einen entscheidenden Sieg zu setzen. Die überschwängliche Zuversicht des vorangegangenen Sommers war einer nüchterneren Einstellung zur Kriegführung gewichen. Mitte Januar forderte Göring die Umstellung der Industrie auf Kriegsmodus. Rüstungsminister Fritz Todt setzte Reformen in Gang, um die Rüstungsproduktion zu rationalisieren und zivile Produktionskapazitäten für militärische Zwecke zu nutzen. Nachdem Todt bei einem Flugzeugabsturz ums Leben gekommen war, folgte ihm Albert Speer im Amt, der ihm in Tatkraft und Klarsicht in nichts nachstand. Am 21. März ernannte Hitler einen anderen knallharten Nationalsozialisten, Fritz Sauckel, zum »Generalbevollmächtigten für den Arbeitseinsatz«. Sauckel fand Mittel und Wege, noch mehr aus dem deutschen Arbeitskräftereservoir herauszupressen, etwa indem mehr Frauen in den Fabriken beschäftigt wurden. Aber seine Hauptanstrengung galt der Aushebung ausländischer Arbeiter zum Einsatz im Reich, wozu bald auch Zwang angewendet wurde. Millionen Ausländer ins Reich zu bringen warf allerdings die Frage auf, wie sie ernährt werden sollten, was wiederum Backes Aufmerksamkeit auf die Lebensmittelversorgung und eine Änderung der Rationen lenkte. Jede dieser Maßnahmen wirkte sich auf die Judenpolitik aus; in der Summe mündeten sie in eine Katastrophe.[2]

Die wirtschaftlichen Folgen des militärischen Scheiterns machten sich in Hitlers Kriegführung bemerkbar, zumal er diese zunehmend selbst in die Hand nahm. Es lag auf der Hand, dass das Reich für die Fortsetzung des Krieges einen sicheren Nachschub an Lebensmitteln, Rohstoffen und vor allem Erdöl benötigte. Dies wurde jetzt zu Hitlers oberstem Ziel. Ende März legte das OKW ihm den Operationsplan für eine auf die Ölfelder im Kaukasus gerichtete Offensive vor. Ein Erfolg würde die sowjetische Wirtschaftsleistung drosseln und Deutschland in die Lage versetzen, sich für die unvermeidliche Ankunft der Amerikaner zu wappnen.[3]

Der Rahmen für die Judenpolitik war am Jahreswechsel spannungsreich und wechselhaft. Am 29. November 1941 hatte Heydrich eine Reihe hoher Ministerialbeamter sowie Vertreter von Parteidienststellen und führende Mitarbeiter des RSHA zu einer Besprechung eingeladen, auf der über die Umsetzung des ihm im Juli von Göring erteilten Auftrags zu einer »Gesamtlösung der Judenfrage« beraten werden sollte. Ziel der Sitzung war aus Heydrichs Sicht eine »gleiche Auffassung bei den in Betracht kommenden Zentralinstanzen an den übrigen mit dieser Endlösung zusammenhängenden Arbeiten«. Die Einladung nannte ausdrücklich die bereits seit Mitte Oktober laufenden Deportationen von Juden aus dem Reich und dem Protektorat als einen Anlass für die Konferenz.[4]

Die Besprechung sollte am 9. Dezember stattfinden, aber aufgrund der Kriegserklärung an die Vereinigten Staaten war Heydrich genötigt, sie auf den 20. Januar zu vertagen; Ort des Treffens war die Villa Am

Großen Wannsee 56–58 im grünen Südwesten von Berlin. Die Teilnehmer waren neben einigen Parteifunktionären und RSHA-Vertretern Staatssekretäre des Ostministeriums, des Reichsinnenministeriums, des Amts für den Vierjahresplan, des Justizministeriums, des Auswärtigen Amts, der Reichskanzlei und des Generalgouvernements.[5]

Tatsächlich herrschte eine gewisse Unsicherheit über den Zweck der Wannseekonferenz. Heydrich eröffnete sie, indem er noch einmal seine »Bestellung zum Bevollmächtigten für die Vorbereitung der Endlösung der europäischen Judenfrage« durch Reichsmarschall Göring betonte. Die Besprechung sei einberufen worden, »um Klarheit in grundsätzlichen Fragen zu schaffen« und zwischen den »beteiligten Zentralinstanzen« Einigkeit herzustellen, bevor man Göring den angeforderten Plan vorlege. Die Zuständigkeit für die Durchführung der »Endlösung« liege, »ohne Rücksicht auf geographische Grenzen«, bei Himmler und ihm selbst. Dies war eine erstaunliche Bekräftigung seiner Vollmachten, mit der sich das RSHA einen Brückenkopf in jedem Land mit einer jüdischen Bevölkerung sicherte. Anschließend kam Heydrich auf sachliche Details zu sprechen. Auf einen von Eichmann erstellten Bericht gestützt, gab er einen »kurzen Rückblick über den bisher geführten Kampf gegen diesen Gegner«. Das heißt, er schilderte die Entwicklung der Judenpolitik im Dritten Reich von der gesellschaftlichen und ökonomischen Ausgrenzung bis zur Vertreibung aus dem deutschen Lebensraum; die besetzten Länder kamen offenbar nicht zur Sprache. Die beschleunigte Auswanderung, erklärte er, sei die »einzige vorläufige Lösungsmöglichkeit« gewesen, und Sipo und SD hätten diese Aufgabe mittels der Reichszentrale für jüdische Auswanderung in Angriff genommen. Trotz aller Schwierigkeiten seien mehr als 530 000 Juden aus Deutschland, Österreich und dem Protektorat legal ausgewandert. Doch der Krieg habe der Auswanderung ein Ende bereitet. An ihre Stelle müsse nun »als weitere Lösungsmöglichkeit nach entsprechender vorheriger Genehmigung durch den Führer die Evakuierung der Juden nach dem Osten« treten.[6]

Heydrich bezeichnete diese »Evakuierungen« lediglich als »Ausweichmöglichkeiten«, durch die man jedoch »im Hinblick auf die kommende Endlösung« wichtige »praktische Erfahrungen« gewinnen würde. Dies war eine überraschende retrospektive Rechtfertigung der Deportationen aus dem Reich, die nie zuvor mit solchen Begriffen bezeichnet worden waren. Ganz im Gegenteil waren sie, als sie im

Herbst des Vorjahres vonstattengegangen waren, als Endzweck dargestellt worden. Erst jetzt wurden sie im Nachhinein zu einem Probelauf für Größeres umgedeutet.[7]

Die »Endlösung« würde, laut Heydrich, elf Millionen Juden in zwei Kategorien von Ländern betreffen. In die erste fielen neben dem Reich die deutsch besetzten Länder. In die zweite ordneten sich die Kriegsgegner Großbritannien und die Sowjetunion sowie die neutralen oder nichtkriegführenden Staaten ein, außerdem die Verbündeten Deutschlands. Wie Heydrich erläuterte, entsprachen seine Zahlenangaben für die jüdische Bevölkerung dieser Länder nicht immer den im Reich angelegten rassischen Kriterien. Daher werde die »Behandlung des Problems in den einzelnen Ländern … auf gewisse Schwierigkeiten stoßen«. Er hob Ungarn und Rumänien als besondere Problemfälle hervor. Nach einer merkwürdigen Abschweifung über die soziologische Zusammensetzung des sowjetischen Judentums ging er näher auf die »Endlösung« sein. Juden würden, eingeteilt in riesige, nach Geschlechtern getrennte Kolonnen, »im Osten zum Arbeitseinsatz kommen«, etwa beim Straßenbau. Dabei werde eine »natürliche Verminderung« eintreten, und nur die Widerstandsfähigsten würden überleben. Dieser »verbleibende Restbestand« würde dann »entsprechend behandelt« werden müssen. Zu diesem Zeitpunkt hatte sich in den Konzentrationslagern bereits der Euphemismus »Sonderbehandlung« für Exekutionen eingebürgert. Heydrich nannte auch den Grund, warum die Überlebenden »entsprechend behandelt« werden sollten: damit sie nicht zur »Keimzelle eines neuen jüdischen Aufbaus« werden konnten. Die »Evakuierung« sollte die Juden zwar nicht sofort dem Tod überantworten, aber letztendlich zu ihrer Vernichtung führen.[8]

Nach Heydrichs Vorstellung sollte »Europa vom Westen nach Osten durchgekämmt« werden, wobei Reich und Protektorat »aus Gründen der Wohnungsfrage und sonstigen sozial-politischen Notwendigkeiten vorweggenommen werden« würden. Dieser merkwürdige Zusatz könnte bedeuten, dass es einen nur aufs Reich bezogenen Plan A gab, der später in einen größeren Plan B münden sollte. Ungeachtet dessen ging Heydrich nun ins Detail: Die Juden würden gruppenweise zunächst in »Durchgangsghettos« und von dort weiter nach Osten gebracht. Um einen reibungslosen Ablauf zu gewährleisten, was bisher durch »die vielen Interventionen« erschwert werde, schlug Heydrich vor, ältere (über 65-jährige) sowie schwer kriegsbeschädigte und mit Orden ausgezeichnete Juden generell auszunehmen und in »jüdischen Altersghettos« unterzubringen. Dies alles solle jedoch erst geschehen, sobald die militärische Lage sich stabilisiert haben würde. Nach diesen im Wesentlichen inneren Angelegenheiten und ohne auf die Probleme, die er im Reich voraussah, näher einzugehen, wechselte Heydrich auf die europäische Ebene. Diese ignorante Haltung sollte sich noch als Belastung für die Planungen erweisen.

Anstatt sich möglichen Problemen zu stellen, verfügte Heydrich forsch: »Bezüglich der Behandlung der Endlösung in den von uns besetzten und beeinflussten europäischen Gebieten wurde vorgeschlagen, dass die in Betracht kommenden Sachbearbeiter des Auswärtigen Amtes sich mit dem zuständigen Referenten der Sicherheitspolizei und des SD besprechen.« In Kroatien und der Slowakei, wo bereits erste Schritte unternommen worden waren, rechnete er nicht mit Schwierigkeiten. In Rumänien sei ein »Judenbeauftragter« ernannt worden, während es in Ungarn nötig sei, »in Zeitkürze einen Berater für Judenfragen der ungarischen Regierung aufzuoktroyieren«. In Frankreich werde die Evakuierung sowohl in der besetzten als auch in der unbesetzten Zone »ohne große Schwierigkeiten« vonstattengehen. An dieser Stelle warf Unterstaatsekretär Martin Luther als Vertreter des Auswärtigen Amts ein, dass die Evakuierung sich in den skandinavischen Ländern als heikel erweisen könne, während in Südost- und Westeuropa keine großen Probleme auftreten dürften. Luthers Erinnerung daran, dass das Auswärtige Amt mit von der Partie war, löste eine ähnlich lahme Wortmeldung von Otto Hofmann aus, der als Leiter des Rasse- und Siedlungshauptamts der SS an der Sitzung teilnahm.

Anschließend holte Heydrich zu ebenso langen wie komplizierten Ausführungen über die Kategorisierung von Mischlingen und deren Schicksal aus, mitsamt demjenigen von Juden und Mischlingen in Mischehen sowie deren Kindern. Dies bezog sich wiederum in erster Linie auf Deutschland und nicht auf die europaweite »Endlösung«. Mit »Ariern« verheiratete Halbjuden, die »arische« Kinder hatten oder für das Reich besonders wertvoll waren, sollten von der Evakuierung ausgenommen werden, würden sich aber sterilisieren lassen müssen. Weigerten sie sich, würden auch sie evakuiert werden. Dies war ein heikles und umstrittenes Thema in Deutschland. Deshalb ging

Heydrich so ausführlich auf diese Frage ein, während er das meiste Übrige mit großer Oberflächlichkeit behandelte. Die Angelegenheit betraf viele Tausend Familien mit makellosen Ahnenpässen, die einen mit einem Juden oder Mischling verheirateten Verwandten hatten. Wilhelm Stuckart vom Innenministerium sagte voraus, dass es »unendliche Verwaltungsarbeit« mit sich brächte, wenn man diesen Menschen eine Wahl ließe. Er schlug stattdessen die Zwangssterilisation von Mischlingen vor. Die andere potentielle Schwierigkeit betraf das Schicksal von in der Rüstungsindustrie beschäftigten Juden. Erich Neumann von der Vierjahresplanbehörde wandte ein, dass sie ausgespart werden sollten, bis ein Ersatz gefunden sei. Dies entsprach Görings jüngster Priorisierung der Kriegsproduktion, und Heydrich beeilte sich, dessen Vertreter zuzustimmen.[9]

Gegen Ende der Besprechung meldete sich Josef Bühler, der Hans Frank vertrat, zu Wort und gab zu Protokoll, dass das Generalgouvernement es begrüßen würde, wenn man dort mit der »Endlösung« begänne. Es gebe dort weder Transportprobleme, noch spielten Juden eine herausragende Rolle in der Produktion; sie stellten hingegen eine Gefahr für die öffentliche Gesundheit dar. Darüber hinaus untergrüben sie »durch fortgesetzten Schleichhandel« die Wirtschaft. Nach einer Diskussion über »die verschiedenen Arten der Lösungsmöglichkeiten«, das heißt der Massenmordmethoden, sprach sich Bühler dann gemeinsam mit Staatssekretär Alfred Meyer vom Ministerium für die besetzten Ostgebiete dafür aus, »gewisse vorbereitende Arbeiten im Zuge der Endlösung gleich in den betreffenden Gebieten selbst durchzuführen«, ohne jedoch die Bevölkerung zu beunruhigen.[10]

Die Besprechung, die um zwölf Uhr begonnen hatte, ging etwa um zwei Uhr zu Ende. Zwischendurch hatte man eine Pause gemacht, in der Häppchen und Alkohol serviert wurden. Nach der Sitzung begab sich Eichmann mit Gestapochef Müller und Heydrich in ein ruhiges Zimmer, wo sie an einem Kamin rauchten und einen Kognak tranken, was, wie Eichmann später erzählte, für den normalerweise abstinenten Heydrich ungewöhnlich war. Auf diese Weise zeigte der Chef des RSHA, dass er mit dem Verlauf der Besprechung zufrieden war. Und doch hatte, wie so viele von Heydrichs Lieblingsprojekten, auch dieses von Anfang an Schwächen und wurde letztlich anders umgesetzt als geplant, wobei Heydrich selbst die Verwirklichung der »Endlösung« nicht miterleben sollte. In den Wochen nach der Wannseekonferenz nahm Eichmann an zahlreichen Besprechungen über die Definition der Mischlinge und ihr Schicksal teil. Keine der beiden Fragen wurde gelöst. Wegen der Zurückstellung von jüdischen Arbeitern gab es ständig Spannungen mit dem Wirtschafts- und Verwaltungshauptamt der SS (WVHA), das zudem mit dem RSHA über das Schicksal der Juden in den Ghettos und Lagern stritt. Entgegen dem Plan wurde der Massenmord an den Juden zuerst in den annektierten Gebieten, dann im Generalgouvernement und schließlich im besetzten Teil der Sowjetunion intensiviert. Das »Durchkämmen« des Westens begann erst im Sommer, und dann erhielt es in Frankreich keineswegs die Unterstützung, die Heydrich leichtfertig vorausgesetzt hatte. Vor allem aber schreckten sogar die fanatischen Mitarbeiter von Eichmanns Referat IV B 4, das für die Organisation der Transporte zuständig war und diese vorantreiben sollte, vor der Dimension der Aufgabe zurück. Sie hätten mehr Ressourcen und Zeit benötigt, doch der Krieg verwehrte ihnen beides.[11]

Manches an der Wannseekonferenz bleibt rätselhaft. Obwohl der Massenmord mit Gaswagen in Chełmno bereits in Gang war und sich in Bełżec im Generalgouvernement ein Vernichtungslager mit festen Gaskammern im Bau befand, verknüpfte Heydrich seinen Plan nicht mit diesen Einrichtungen, nicht einmal mittels vorsichtiger Euphemismen. Andererseits wären diese kaum in der Lage gewesen, aus ganz Europa herangeschaffte Deportierte einer »Sonderbehandlung« zu unterziehen. Tatsächlich eignete sich keine der in den folgenden Monaten errichteten Mordstätten für die Zwecke, die der Leiter der »Endlösung« dargelegt hatte. Es wurden schlicht keine nennenswerten Ressourcen für ein solch gigantisches Vorhaben bereitgestellt. Die Massenmordanlagen, die errichtet wurden, waren Billigbauten, die sich für die gestellte Aufgabe bald als vollkommen inadäquat erwiesen. Wieder einmal klafften die zentrale Bedeutung der »Judenfrage« und die Mittelzuweisung weit auseinander. Verglichen mit dem Bau von Küstenbefestigungen in Nordwesteuropa, Flakstellungen im Reich und praktisch jeder anderen Kriegsanstrengung war der Krieg gegen die Juden ein Nebenschauplatz. Er war schlecht geplant, unterfinanziert und wurde willkürlich und mit absurdem Tempo geführt. In einer Hinsicht indes ähnelte er der deutschen Kriegsanstrengung im Jahr 1942: Auch bei der »Endlösung« musste man sich aufgrund des Mangels an eigenem Personal auf die Verbündeten und örtliche Kollaborateure stützen.[12]

Deportationen aus dem Lodzer Ghetto nach Chełmno

Zum 1. Januar 1942 registrierte die Verwaltung des Lodzer Ghettos 162 681 Personen, wobei das Verhältnis von weiblichen zu männlichen Bewohnern ungefähr bei drei zu zwei lag. Kurz nach Jahresanfang hielt Rumkowski im Kulturhaus vor einem geladenen Publikum eine Art Rede zur Lage der Nation. Zu den Zuhörern gehörten Beiratsmitglieder, Abgesandte von Werkstätten und Juden aus jüngst aus Mitteleuropa eingetroffenen Transporten. Rumkowski räumte die Lebensmittel- und Brennstoffknappheit ein, für die er zum Teil Spekulanten und die Neuankömmlinge verantwortlich machte, strich aber voller Stolz heraus, dass er das Ghetto in ein Produktionszentrum verwandelt und dadurch die »Behörden« bei Laune gehalten habe. Sie hätten ihn gezwungen, 20 000 zusätzliche Juden im Ghetto aufzunehmen, aber er habe nur dem Auszug von 10 000 zugestimmt, um Platz für sie zu schaffen. Bei der Entscheidung, wer gehen müsse, wolle er diejenigen auswählen, die »die sich dieses Schicksal nach meiner Auffassung selbst verdient haben«. »Kameraden und Freunde«, erinnerte er sein Publikum, »ich habe Euch vorausgesagt, dass uns schwere Zeiten bevorstehen, vielleicht sehr schwere Zeiten, doch ich bin sicher, dass wir sie siegreich überstehen werden, wenn wir das Böse in uns selbst ausrotten.« Er sei überzeugt, dass »die Behörden zu keinen Schikanen greifen werden, solange das Getto ehrlich und gut arbeitet«. Sie müssten also die Produktion steigern, und jeder müsse arbeiten. »Man respektiert uns, denn wir sind ein Arbeitszentrum.«[13]

Unterdessen stellte die aus Medizinern und angesehenen Gemeindemitgliedern bestehende Umsiedlungskommission Listen derjenigen auf, die das Ghetto verlassen sollten. Ehemalige Funktionäre der verschiedenen Parteien der Vorkriegszeit nannten Namen. Rabbiner wurden konsultiert und boten Männern und Frauen, deren Ehepartner gehen mussten, eine rasche Scheidung an. Rumkowski verwandelte die Deportationen in Strafmaßnahmen und nutzte sie, um seine Macht zu stärken. Wer als Krimineller, Drückeberger, Spekulant, Prostituierte oder in einem sonstigen Sinn als »unerwünschtes« Element galt, wurde willkürlich auf die Liste gesetzt. Außerdem wählte die Kommission erst kurz zuvor ins Ghetto verschleppte Juden aus.[14] Den für die Deportation Vorgesehenen wurden 10 Reichsmark versprochen, und sie durften Kleidung und Essen für die Reise mitnehmen. Somit ähnelte das Ganze der Deportation ins Ghetto und den Aushebungen zur Zwangsarbeit. Niemand argwöhnte, dass die Fortgeschickten ein anderes Schicksal erwartete. Nach der Veröffentlichung der Listen fügten sich jedoch nicht alle der Anordnung. Nur ungefähr die Hälfte der Aufgerufenen fand sich an den Sammelpunkten ein, wo sie über Nacht festgehalten wurden, überwiegend Obdachlose, die nicht wussten, wohin, und Invaliden ohne jede Chance, Widerstand zu leisten. Folglich wurde der Ordnungsdienst ausgeschickt, die Übrigen einzusammeln. In der Ghettochronik heißt es schlicht: »Der März geht in die Chroniken als der Monat der Aussiedlungen ein.« Die Widerspenstigen wurden hauptsächlich bei nächtlichen Razzien aufgegriffen. Als Bestrafung durften sie kein Gepäck mitnehmen. Auf diese Weise halfen der Judenrat und der OD dabei mit, dass zwischen dem 16. und 29. Januar 1942 in 14 Eisenbahnzügen mit je zwanzig Waggons, in denen jeweils rund 55 Menschen untergebracht waren, 10 003 Juden aus dem Lodzer Ghetto abtransportiert wurden.[15]

Shlomo Frank hielt den ersten Tag der Deportation in seinem Tagebuch fest. Die Menschen wurden von den Sammelpunkten zum Güterbahnhof Radegast geführt, wo sie in die wartenden Züge stiegen. »Die meisten von ihnen – arm, gebrochen, nackt und halbverhungert. Ihre Deportation war außerordentlich tragisch. Sie alle weinten vor Trauer. Mütter umarmten ihre Kinder … und schrien laut: Wenn wir sterben, bleibe du wenigstens am Leben, um in der Lage zu sein, dich an denen zu rächen, die uns verbannen.«[16]

Von Radegast fuhren die Züge in die Kleinstadt Koło nordwestlich von Lodz, wo die Deportierten aussteigen mussten. Wer zu alt oder zu schwach war, um zu gehen, wurde mit einem Lastwagen den kurzen Weg zu einer stillgelegten Mühle in dem Weiler Powiercie gefahren; die Übrigen mussten zu Fuß gehen. Dort blieben sie 24 Stunden, bevor man sie am nächsten Morgen mit Lastwagen nach Chełmno brachte. (Nachdem sich Anwohner über den Anblick der elenden Prozessionen beschwert hatten, wurde im Mai 1942 ein Schmalspurgleis zwischen Powiercie und Chełmno gelegt.) In Chełmno angekommen, wurden die Deportierten in ein teilweise eingestürztes Gebäude, »Schloss« genannt, getrieben und im Keller eingesperrt. Dort nahm man ihnen ihre Habseligkeiten ab und befahl ihnen, sich zum Duschen auszuziehen. Anschließend trieb man sie eine Rampe hinauf und durch eine Öffnung in der Hauswand in den Laderaum eines Gaswagens.[17] Anfangs wurde in den Gaswagen in Flaschen abgefülltes Kohlenmonoxid verwendet. Bei späteren Modellen leitete man die Motorabgase in den Laderaum, in dem die Opfer im Dunkeln zusammengepfercht waren und auf der Fahrt zu einem nahegelegenen Waldstück erstickten. Dort hatten polnische Arbeiter auf einer »Waldlager« genannten Lichtung drei Massengräber ausgehoben. Wenn der Gaswagen eintraf, wurde der Laderaum geöffnet und eine Gruppe jüdischer Gefangener in Fußfesseln zog die Leichen heraus und schleifte sie zu den Gruben. Am Ende des Tages wurden sie gezwungen, selbst in die Gruben zu steigen, und erschossen. Das Ganze wurde von wenigen Dutzend SS-Männern unter dem Kommando Herbert Langes überwacht, auf den im März 1942 Hans Bothmann folgte. Die polnischen Totengräber erwiesen sich als so hilfreich, dass sie zu Komplizen wurden und die Wachmannschaft verstärkten. Wie ein SS-Hauptscharführer später aussagte, bestand ein Vorzug der Tätigkeit darin, jüdische Frauen vergewaltigen zu können:

> Unter Bothmann ist es vorgekommen, dass für das aus jungen Männern bestehende Arbeitskommando aus den zur Vergasung eingelieferten Juden mehrmals eine Frau herausgenommen wurde, welche sich die Polen wohl aussuchen durften. Ich glaube, die Polen haben wohl auf polnisch danach gefragt, ob sie bereit sei, mit ihnen Geschlechtsverkehr auszuüben. Im Keller des Schlosses war dann ein Raum dazu eingerichtet, in dem diese Frau jeweils eine Nacht oder wohl auch mehrere Tage verwahrt wurde und den Polen zur Verfügung stand. Sodann wurde sie ebenso wie die anderen im Gaswagen getötet[18]

Sehr wenige Deportierte überlebten Chełmno; lediglich vier Juden konnten aus der Arbeitsmannschaft fliehen. Szlama Wiener (Shlomo Winer), auch als Jakow Grojanowski bekannt, war einer der Ersten. Um den 19. Januar 1942 herum konnte er fliehen und schaffte es bis zur jüdischen Gemeinde von Grabów. Von dort schlug er sich bis ins Warschauer Ghetto durch, wo er bei Hersz Wasser, einem Mitarbeiter von Oneg Schabbat, eine Aussage machte, die später über den polnischen Untergrund nach London geschickt wurde.[19]

Wiener berichtete, dass er am 6. Januar aus seiner Heimatstadt Izbica

Kujawska deportiert und im Keller des »Schlosses« von Chełmno eingesperrt worden war. Um sieben Uhr am nächsten Morgen wurden er und rund dreißig andere Männer geweckt und erhielten Kaffee und Brot, bevor man sie in den Wald fuhr. Als ein Lastwagen eintraf, wurden acht Mann eingeteilt, um ihn zu entladen. Die Opfer waren Roma aus dem Lodzer Ghetto.

> Die Leichen wurden wie Müll aus dem Lastauto auf einen Haufen geworfen, Sie wurden an den Füßen und Haaren gezogen. Zwei Leute standen am Rand des Grabens und warfen die Leichen hinein. Zwei andere waren im Graben und legten sie mit dem Gesicht nach unten in Schichten so übereinander, dass der Kopf der einen an den Füßen der nächsten zu liegen kam … Gab es einen leeren Platz, wurde eine Kinderleiche hineingestopft. Der SS-Mann stand mit einem Kiefernzweig oben und zeigte an, wo Köpfe, Füße, Kinder und alles liegen sollten.

Um 17 Uhr mussten dann die acht Männer in die Grube steigen und wurden erschossen. Wiener und die anderen Arbeiter, die verschiedene Hilfsarbeiten ausgeführt hatten, wurden in die improvisierten Baracken zurückgebracht, wo sie in Tränen ausbrachen und Trauer- und Bußgebete sprachen. Der nächste Tag verlief genauso. Diesmal musste Wiener den Gaswagen von Exkrementen und anderem Unrat säubern. Am dritten Tag bemerkte er, dass auf der Kleidung der Opfer der gelbe Stern prangte, und begriff, dass die Deutschen Juden ermordeten. In den folgenden Tagen veränderte sich der Ablauf insofern, als die Deutschen die Opfer gründlicher ausplünderten: »Nachdem man sie aus den Lastautos geworfen hatte, kamen zwei deutsche Zivilisten herbei und filzten die Leichen auf der Suche nach Wertsachen. Sie rissen Halsketten herunter, zogen Ringe von Fingern, brachen Goldzähne heraus. Sie schauten sogar in den Anus und bei den Frauen in die Genitalien.« Die Tage der »Arbeitsjuden« begannen jetzt mit den Selichot, den Bußgebeten, und endeten mit dem Kaddisch, dem Totengebet. Mehrere von ihnen begingen lieber Selbstmord, als weiter diese abscheuliche Arbeit zu tun, und halfen manchmal sogar einander, sich zu erhängen. Am 13. Januar entdeckte die Entlademannschaft in einem der Gaswagen in einem Kissenbezug versteckt ein noch lebendes Baby. »Die SS-Männer lachten, erschossen das Kind mit einem Maschinengewehr und warfen es ins Grab.«[20]

An diesem Tag entdeckte Michał Podchlebnik, einer von Wieners Leidensgenossen, seine Frau, seine beiden Kinder und seine Eltern unter den Leichen. Doch statt sich der Verzweiflung hinzugeben, beriet er mit Wiener, wie sie fliehen und die Welt auf das Verbrechen aufmerksam machen konnten. Am 15. Januar erfuhr Wiener, dass sein Bruder, seine Mutter und sein Vater unter den Toten waren; er war der letzte Überlebende einer einst sechzig Angehörige umfassenden Familie. Jetzt war er endgültig überzeugt, dass die Deutschen alle Juden töten wollten. Wenige Tage später floh er, indem er sich durch ein loses Fenster des Busses zwängte, der die jüdischen Arbeiter zwischen dem Lager und dem Wald hin- und herfuhr. Podchlebnik gelang später ebenfalls die Flucht.[21]

Ungeachtet solcher Sicherheitslücken war Chełmno eine höchst effiziente Einrichtung, in der nicht mehr als achtzig bis hundert SS-Wachen und eine Handvoll polnischer Arbeiter beschäftigt waren. Außerdem war es sehr profitabel. Bevor die Opfer in den Gaswagen stiegen, sammelten die Wachen im »Schloss« sorgfältig Kleidung, Schmuck, Gold, Silber und Bargeld ein. Kleidung und Wertsachen wurden vor Ort gelagert und später mit Lastwagenkolonnen in von der Ghettoverwaltung betriebene Lagerhäuser in Lodz gebracht. Es fiel derart viel Kleidung an, dass die Ghettoverwaltung im Mai erklärte, sie brauche für ihren Abtransport Benzin für 900 Lastwagen. Als sich die Beute anzuhäufen begann, entbrannte zwischen Hans Biebow, der Kripostelle Litzmannstadt und Görings (für die Arisierung im Osten zuständiger) Haupttreuhandstelle Ost ein Streit um ihre Verteilung. Biebow verkaufte einige der besten Stücke an deutsche Beamte und örtliche Volksdeutsche. Die Kripo bediente sich selbst. Die Nationalsozialistische Volkswohlfahrt, die 3000 Anzüge und 1000 Kleider bestellt hatte, beschwerte sich nach Erhalt der Lieferung über Schmutz- und Blutflecken und darüber, dass auf einigen Stücken noch der gelbe Stern aufgenäht war.[22]

Nach dreiwöchiger Pause wurden die Deportationen im Februar fortgesetzt. Da es weder Informationen über das Ziel der vorangegangenen Transporte gab noch Nachrichten von den Deportierten eingetroffen waren, wurden die Ghettobewohner von Unruhe erfasst. »Dieses Rätsel raubt den Ghettobewohnern den Schlaf«, vermerkten die Ghettochronisten. Ungeachtet des »Rätsels« warf die Aussiedlungskommission ihr Netz nun auch nach den Fürsorgeempfängern aus. Diesmal verzichteten die Deutschen auf Lockmittel und behandelten die 7000 bei dieser Welle zu Deportierenden gröber als die vorherigen Opfer. Oskar Rosenfeld beobachtete, wie »die Polizei in die Wohnungen der zur Evakuierung aufgeforderten Juden eindrang. Sie fand nicht selten verhungerte Kinder, erfrorene Greise vor.« Das Wetter, Hunger und Krankheiten waren fast genauso tödlich wie die Deutschen, und diejenigen, die der »Evakuierung« noch einmal entkommen waren, standen in einem permanenten Überlebenskampf. Auf kurze Sicht verschlimmerten die Deportationen die Lage sogar. Die Deutschen schränkten absichtlich die Lebensmittelversorgung ein, damit die Ghettobewohner einen Grund hatten, ihr Heil in den Transporten zu suchen, während panische Lebensmittelkäufe der zur »Evakuierung« Vorgesehenen die Preise in die Höhe trieben und den Nahrungsmangel weiter verschärften.[23]

Nach einer weiteren dreiwöchigen Pause verfügten die Deutschen, dass weitere 15 000 Juden zu gehen hätten. Die Verordnung erschütterte das Ghetto. Laut Dawid Sierakowiak schlug die Nachricht ein »wie ein Blitz«. In der Chronik wurde schlicht vermerkt: »Der März geht in die Gettochroniken als der Monat der Aussiedlungen ein.« Um die Quote zu erfüllen, erfasste die Kommission Fürsorgeempfänger und jeden, der sich eines Verstoßes gegen die Ghettovorschriften schuldig gemacht hatte (ganz gleich, wie geringfügig er war), sowie Arbeitslose, auch wenn sie erst seit kurzem ohne Arbeit waren. Dawid Sierakowiak verstand nicht, warum jeden Tag tausend Menschen aus dem Ghetto geholt wurden, während die Werkstätten »riesige Aufträge« erhielten und »genug Arbeit für mehrere Monate vorhanden« sei. Obwohl Arbeiter von der Evakuierung ausgenommen waren, genoss nur ein weiteres Familienmitglied ebenfalls Schutz, weshalb viele sich dafür entschieden, mit ihren Angehörigen zu gehen. »Wenn die nötige Anzahl von Deportierten fehlte«, empörte sich Rosenfeld, »jagte jüdische Polizei Menschen wahllos auf der Straße zusammen und trieb sie in die Sammellager.« Hunderte verbargen sich in unzureichenden Verstecken oder unternahmen auf dem Weg zum Bahnhof Radegast verzweifelte Fluchtversuche. Die Verfasser der Chronik sprachen von »Ratten, die das sinkende Schiff verlassen«. Dutzende begingen Selbstmord. Während all dieses Aufruhrs blieb Rumkowski ungewöhnlich still; »dabei war die Bevölkerung bereits gewohnt, in schweren und gefährlichen Momenten seine Trostworte zu vernehmen«, bemerkten die Chronisten ironisch. Dann, am zweiten Tag des Passahfests, wurden die Deportationen plötzlich abgebrochen. Juden, die auf ihre Züge warteten, wurden von einem Moment zum nächsten freigelassen; ihre Erleichterung hielt sich freilich in Grenzen, denn nachdem sie all ihre weltliche Habe veräußert hatten, standen sie nun völlig mittellos da. Fast 25 000 Juden (9267 Männer und 15 420 Frauen) waren »evakuiert« worden, und mehr als 2200 waren im Ghetto getötet worden oder hatten sich selbst das Leben genommen.[24]

Die verbliebenen Ghettobewohner hungerten wie noch nie zuvor. Juden aus Mitteleuropa handelten mit ihren mitgebrachten Habseligkeiten; alteingesessene Ghettobewohner tauschten ihre sonstigen Rationen auf dem schwarzen Markt gegen Lebensmittel ein. »Um des Brotes willen«, beobachtete Rosenfeld von seinem Vorzugsplatz in der Statistikabteilung des Beirats aus, »wird man zum Heuchler, Fanatiker, Übertreiber, nichtswürdigen Elenden.« Die Deutschen und Österreicher starben wie die Fliegen. Tschechische Juden, die entweder Jiddisch sprachen oder Polnisch verstanden, passten sich besser an. Aber selbst Tschechen, die sich einst etwas auf ihre Kultiviertheit zugutegehalten hatten, verkamen physisch und geistig. »Die Menschen hatten sich in drei Monaten des Hungers verändert«, klagte Rosenfeld. »Fast alle hatten krumme Rücken, schlotternde Beine bekommen. Krankheiten hatten sich eingeschlichen, Lungenentzündung auch bei jungen Leuten. Auf den Pritschen wälzten sich Tausende schlaflos hin und her, da die Knochen beim Liegen schmerzten, und träumten wach von Speisen wie Kartoffeln, Äpfeln, Würsten, Mehlspeisen …« Jeden Tag starben in den überfüllten Wohnungen und Häusern Menschen, aber niemanden kümmerte es. »Man scherte sich nicht um die Leichen. Heiterkeit, Lachen, Trällern aus purer Gleichgültigkeit gegenüber dem Schicksal wurde nicht gehemmt durch den toten oder sterbenden Nachbarn.« Der Hunger machte die Menschen zu Gegnern, »Vater gegen Sohn, Bruder gegen Bruder, Freund gegen Freund«. Doch trotz all dieser Schrecken waren die Ghettobewohner entsetzt über die zum Exempel dienende Hinrichtung von Max Hertz, der versucht hatte, zurück nach Deutschland zu fliehen. 800 deutsche und österreichische Juden mussten sich am Sabbat versammeln, um mitzuerleben, wie der Ordnungsdienst Hertz aufhängte.[25]

Anfang Mai begann eine dritte Deportationswelle. Sie folgte einem Besuch Himmlers in Lodz und markierte einen grundlegenden

Wandel in der Judenpolitik: Zum ersten Mal waren Reichsjuden unter den Opfern. Das Tabu, das ihre Ermordung verbot, war aufgehoben (obwohl in Übereinstimmung mit den Beschlüssen der Wannseekonferenz Träger des Eisernen Kreuzes und Kriegsversehrte immer noch ausgenommen waren). Daneben sollte nach Himmlers Willen fortan nur noch die Arbeitsfähigkeit als Ausschlussgrund gelten. Deshalb wurde eine Ärztekommission nach Lodz geschickt, die alle nicht arbeitenden Ghettobewohner im Alter von über zehn Jahren untersuchte, um festzustellen, ob sie arbeitsfähig oder abzutransportieren waren. Ferner teilte Himmler der Ghettoverwaltung mit, dass an die Stelle unproduktiver Bewohner arbeitsfähige Juden aus Gemeinden im Warthegau, die zu dieser Zeit gerade aufgelöst wurden, treten würden.[26]

Die Aufhebung des Verbots der Deportation von deutschen Juden bedeutete, dass der Beirat nun in der Lage war, den Schlag für die einheimische Ghettobevölkerung abzumildern, indem er die zu Deportierenden mehrheitlich unter den Juden aus dem Westen auswählte. Viele deutsche Juden entschieden sich sogar freiwillig dafür zu gehen. Sie waren zutiefst entmutigt, hielten das Leben in Lodz nicht länger aus und hofften, das unbekannte Deportationsziel würde vielleicht eine Verbesserung bringen.[27]

Dennoch rief die Bekanntgabe der Untersuchung durch die medizinische Kommission unter den Ghettobewohnern »eine äußerst deprimierte Reaktion« hervor. Die Ghettochronik zeichnete ein Bild von Menschen, die »völlig ratlos umher[gingen] und Rettung, Hilfe und Rat bei allen Bekannten und Unbekannten [suchten], denen sie begegneten«. Dawid Sierakowiak erlebte es ähnlich: »Das Ghetto dreht durch. Tausende von gefährdeten unbeschäftigten Menschen kämpfen auf jede mögliche Weise um Arbeit, meistens mit Hilfe von Beziehungen.« Natürlich besaßen alteingesessene Juden bessere Beziehungen als die Neuankömmlinge, von denen Rumkowski jedoch so viele wie möglich über den Beirat einstellte. Durch den Aufbau neuer Dienststellen für die Ansiedlung deutscher Juden und die arbeitsintensive Sortierung der aus Chełmno eintreffenden Kleidung war die Zahl der beim Beirat Beschäftigten auf 12 880 oder fast zehn Prozent der arbeitenden Bevölkerung gestiegen. Den Unglücklichen, die sich der medizinischen Untersuchung unterziehen mussten, gab man einen Stempel auf die Brust. Hunderte, die das Stigma fürchteten, versteckten sich, nur um vom OD aufgespürt und mit Gewalt vor die SS-Ärzte geführt zu werden. Rosenfeld merkte sarkastisch an, die NS-Ärzte seien überrascht gewesen, wie viele der untersuchten Juden in schlechter Verfassung waren.[28]

Die Panik verstärkte sich weiter, als bekannt wurde, dass Eigentum der Juden aus Koło und Kutno in den Ghettomagazinen eingetroffen war, unter anderem Rucksäcke, die anscheinend für die Deportation gepackt worden waren. Dennoch nahmen die meisten deutschen Juden, die für den Abtransport bestimmt waren, ihr Schicksal hin. »Mehr als fünf Monate auf nacktem Fußboden, in Hunger und Kälte, spornen sie gar nicht zum Kampf um solch ein Dasein im Ghetto an«, resümierten die Ghettochronisten. »Sie sagen, wo auch immer sie sich befinden werden – schlimmer kann es ihnen nicht ergehen.« Örtliche polnische Juden fielen wie »Hyänen« über die zur Deportation vorgesehenen Reichsjuden her. Eine merkwürdige Folge des Zwangsexodus war, dass eine Flut von Kleidung und anderen Gütern den Markt überschwemmte. Das Überangebot drückte die Preise, und polnische Juden konnten plötzlich Dinge erwerben, von denen sie vorher nur hatten träumen können. Die Chronisten machten keinen Hehl aus ihrer Entrüstung: »Es gab viele Spekulanten, die mit dem Unglück ihrer westlichen Brüder ein gutes Geschäft machten. Rücksichtslos und grausam kreisten sie um ihre Opfer herum, wie Raben auf dem Schlachtfeld.« Der grotesk übertriebene Anteil der weiblichen Ghettobewohner an der Bevölkerung brachte eine neue Form der Ausbeutung hervor: Arbeitslose Frauen waren nur allzu bereit, eine Ehe mit einem Mann mit Arbeitsbescheinigung einzugehen. Im Gegensatz dazu bewunderte Rosenfeld den Gleichmut der Reichsjuden. Am Vorabend ihres Abtransports aßen die Männer gut, tranken und rauchten ihre letzten Zigaretten. Frauen gingen zum Friseur, »lassen sich ihre Haare schön machen, das Leben begehrend«.[29]

Man gestattete ihnen nicht, diese Würde zu bewahren. Da der OD das Zentralgefängnis als Sammelstelle nutzte, verbrachten die zur Deportation Vorgesehenen ihre letzte Nacht im Ghetto wie Verbrecher in Gefängniszellen. Anschließend wurden sie in ein Übergangslager in einem Schulgebäude im Stadtteil Marysin verlegt. Von dort war es nicht mehr weit zum Bahnhof Radegast, und um vier Uhr früh wurden sie mit Straßenbahnen dorthin gebracht. Am Gleis nahm ihnen die deutsche Kripo ihr Gepäck ab. Als andere zur Deportation Vorgesehene von diesem Diebstahl erfuhren, zogen sie so viel Kleidung wie möglich an und stopften sich die Taschen mit lebensnotwendigen Dingen voll. Der Anblick muss bizarr gewesen sein, glaubt man der Ghettochronik: »Und so ziehen leichenblasse oder auch wachsfarbene, geschwollene, verzweifelte Gesichter auf unverhältnismäßg breiten Rümpfen, sich unter der Last des eigenen Gewichts beugend und niedersinkend, kraftlos dahin.« Um 6.30 Uhr bestiegen die Juden den Zug, der aus Dritte-Klasse-Wagen bestand. Da es keinen Bahnsteig gab, mussten OD-Männer Alten und Gebrechlichen beim Einsteigen helfen. Eine halbe Stunde später waren sie fort.[30]

Viele versuchten einen Rest von Würde zu verteidigen, indem sie sich das Leben nahmen. Die Ghettochronik verzeichnete während der Deportationen einen »Wahnsinn der Selbstmorde«. Die große Mehrheit der westeuropäischen Juden, die nicht fähig oder willens waren, sich umzubringen, beeindruckte die Chronisten damit, dass »sie bei ihrer Aussiedlung äußerlich bewiesen, dass sie ihre Nerven deutlich besser beherrschten« als üblicherweise ihre osteuropäischen Glaubensgenossen.[31]

Mit den Maitransporten wurden knapp 11 000 zumeist mitteleuropäische Juden deportiert. Zur selben Zeit strömten Juden aus Orten in der Umgebung ins Ghetto – ein brutaler Bevölkerungsaustausch, der jüdische Beobachter in Verwirrung versetzte. »Das Zickzack der Aus- und Einsiedlung malen!«, nahm Rosenfeld sich vor. »a) Hinein ins Getto, b) Nürnberg, Krakau, c) Deutsche hinein, d) Polen hinaus, e) Deutsche hinaus, d) Nachbarpolen hinein, e) dieselben zum Teil hinaus, f) wieder Polen hinaus = Bei diesem Durcheinanderschütteln gehen Tausende zugrunde.«[32]

Die ins Ghetto kommenden Juden brachten furchtbare Geschichten über Selektionen, Massaker und Deportationen mit. In der Ghettochronik ist das Schicksal der Gemeinde von Pabianice südwestlich von Lodz, die zwischen dem 16. und 20. Mai liquidiert wurde, eingehend dargestellt. Das dortige Ghetto, das 1940 errichtet worden war, hatte 9000 Einwohner. 1400 von ihnen waren in der blühenden Textilindustrie der Stadt beschäftigt. Nach Himmlers Erlass, dass man nur arbeitenden Juden zu leben erlauben würde, umstellte eine durch verschiedene andere Kräfte verstärkte deutsche Polizeitruppe das Ghetto und führte die Einwohner zu einem Stadion, wo sie in zwei Gruppen eingeteilt wurden: die Arbeitsfähigen in Gruppe A, die Arbeitsunfähigen in Gruppe B. Dann wurden die nicht arbeitenden Juden ausgesondert, die später nach Chełmno gebracht und dort ermordet wurden. Die verbliebenen rund 4000 Juden, fast ausschließlich kräftige junge Männer und Frauen, wurden nach Lodz transportiert, das jetzt die Züge eines riesigen Arbeitslagers annahm.[33]

Diese Ghettoauflösungen wurden mit extremer Gewalt durchgeführt. Häufig gingen ihnen zur Einschüchterung der Einwohner Exekutionen voraus. Doch die Grausamkeit wurde nicht nur bewusst instrumentell eingesetzt, sie entsprang auch einer Verrohung von Männern, die Tag für Tag bei solchen Aktionen eingesetzt wurden. Darüber hinaus erhielten Sipo und Orpo regelmäßig Hilfe von nicht uniformierten volksdeutschen Milizen, denen jegliche Disziplin fehlte. Die Zivilverwaltung wusste nicht nur von den Liquidationen, ihre Beamten beteiligten sich auch an ihnen. Hans Biebow verließ häufig seinen Schreibtisch, um an den Selektionen teilzunehmen und Juden herauszupicken, die er für gute Arbeitskräfte für seine Ghettobetriebe hielt. Bis Mitte 1942 wurden in Chełmno rund 97 000 Juden aus Lodz, einschließlich solcher aus Mitteleuropa, und aus Ghettos im gesamten Warthegau ermordet.[34]

Deportationen aus dem Lubliner Ghetto ins Todeslager Bełżec

Der Angriff auf die jüdische Bevölkerung des Generalgouvernements begann im März 1942. Pläne, ihre Größe zu verringern, hatte man schon lange geschmiedet, und in Bełżec befand sich seit Monaten eine Massenmordstätte für »unnütze« Juden im Bau. Bis zum Jahresende wurde die jüdische Bevölkerung in Hans Franks Herrschaftsgebiet nahezu vollständig ausgelöscht, und doch ist nicht klar, welche Entscheidungen zu dieser Explosion der Gewalt führten. Die Politik gegenüber den Juden schlug immer neue verwirrende Haken, während die entsetzlichen praktischen Aspekte der Massentötung Planlosigkeit und Widersprüche offenbarten.[35]

Im Oktober 1941 hatte Himmler seinem Protegé Odilo Globocnik, dem SSPF von Lublin, die Verantwortung für den Bau eines Lagers im Generalgouvernement übertragen, dessen einziger Zweck darin bestehen sollte, Juden in Massen zu ermorden. Es sollte eine verdeckte Sonderoperation sein. Globocnik zog Experten des T4-Programms zu Rate, namentlich Christian Wirth, die ihm die besten Methoden empfehlen und den Bau der benötigten Einrichtungen beaufsichtigen sollten. Nachdem man das ihm unterstehende ehemalige Arbeitslager Bełżec als geeigneten Standort ausgewählt hatte, machte sich Wirth Anfang November an die Arbeit. Bedenkt man, dass es sich lediglich um eine kleine Einrichtung mit wenigen einfachen Gebäuden handelte, dauerte ihre Fertigstellung erstaunlich lange, nämlich bis zum folgenden Frühjahr. Angesichts des Tempos, mit dem Heer und Luftwaffe weit größere Basen und Depots, Flugplätze und Befestigungen errichteten, mangelte es entweder an Dringlichkeit oder an Ressourcen (was auf das Gleiche hinauslaufen mag). In der Zwischenzeit versammelte Globocnik eine Mannschaft von 400 Mann und rekrutierte unter sowjetischen Kriegsgefangenen Tausende von Hilfskräften, vor allem Ukrainer, Weißrussen, Litauer und Letten. Ausgebildet wurden sie in Trawniki, einem Arbeitslager auf dem Gelände einer stillgelegten Zuckerfabrik. Bis zum Frühjahr 1941 befehligte Globocnik eine kleine Armee aus 190 SS- beziehungsweise Sipo-Männern, 2550 in Trawniki ausgebildeten »freiwilligen« Ex-Rotarmisten (sogenannten »Hilfswilligen«), 2000 Ordnungspolizisten und rund 2000 regulären polnischen und ukrainischen Polizisten, ganz zu schweigen von den volksdeutschen Milizen mit ihren Tausenden von Mitgliedern. Die meisten dieser Männer wären sowieso verfügbar gewesen, doch von den in Trawniki ausgebildeten »Hilfswilligen« – insgesamt 5500 – war Mitte 1942 erstaunlicherweise nur die Hälfte einsatzbereit. Noch bemerkenswerter ist, dass sich die Gaskammern in Bełżec, als Globocniks Männer auf die riesige jüdische Bevölkerung von Lublin und Umgebung losgelassen wurden, bald als unzureichend erwiesen und das Transportsystem überfordert war. Obwohl Wirth eine Zeitlang Juden aus der Umgebung ermorden ließ, um die Gaskammern zu testen, scheint niemand daran gedacht zu haben, die Vernichtungsmaschinerie der Größe der zu vernichtenden Bevölkerung anzupassen. Dies mag darauf zurückgehen, dass die Kategorien der zu Ermordenden mehrmals erweitert wurden, so dass sich die Opferzahl wiederholt vergrößerte. Diese Verschärfung hing einerseits mit der Machtverschiebung zwischen SS und Zivilverwaltung und andererseits mit dem Kriegsverlauf zusammen.[36]

Die Operation begann in Lublin, Zentrum von Globocniks Reich und Hauptstadt des Distrikts, den Himmler für ein nach rassenutopischen Grundsätzen gestaltetes SS-Siedlungsgebiet vorgesehen hatte. Anfang Februar ordneten die Deutschen die Zweiteilung des Ghettos durch einen (vom Judenrat errichteten und bezahlten) Zaun an. Nicht arbeitende Juden kamen in Ghetto A, diejenigen mit Arbeitspapieren von deutsch geführten Betrieben oder dem Judenrat in Ghetto B. Über einen Monat später wurde dem Judenrat mitgeteilt, dass man nicht arbeitende Ghettobewohner umsiedeln würde. Am 16. März begann ihre Verschleppung, doch der OD erwies sich als derart ineffektiv, dass deutsche Polizeieinheiten die Sache selbst in die Hand nahmen. Das Resultat waren Aufruhr und Blutvergießen. Jeden Tag wurden tausend Juden aus dem Ghetto A geholt, zur Maharschal-Synagoge, die als Sammelstelle diente, geführt, gezerrt oder getragen und anschließend zu dem Bahnhof im Viertel Majdan Tartarski eskortiert, wo sie in Güterzüge einsteigen mussten. SS-Sturmbannführer Hermann Höfle, Globocniks Stellvertreter und Stabschef, überwachte persönlich diese wüsten Verschleppungen von einem Café im Ghetto aus. Das von einem Juden namens Schamai Gajer geführte Café besaß den Luxus eines Telephons, und die Kellnerinnen versorgten die SS-Männer während ihres Diensts mit Erfrischungen. Als die Deportationen am 29. März endeten, waren 18 000 Juden zwangsevakuiert und mehr als tausend auf den Straßen des Ghettos erschossen oder erschlagen worden.[37]

In dem verzweifelten Versuch, die Verschleppungen zu beenden, bot der Judenrat der SS eine beträchtliche Bestechungssumme an. Die Deutschen nahmen Geld, Schmuck, Gold und 1,4 Tonnen Silber in Empfang und erschossen dann die meisten Ratsmitglieder. Statt die Situation zu entspannen, gab die Sipo für Bewohner von Ghetto B neue Ausweise aus, allerdings nur für jeden zehnten. Am 1. April wurden die Transporte wiederaufgenommen und auf arbeitende Juden ausgedehnt. Diesmal trafen die Deutschen jedoch auf mehr Widerstand und mussten Versteckte und Flüchtige aufspüren. Deutsche Polizisten und ihre Hilfskräfte mussten Keller und Dachböden durchkämmen. Innerhalb von zwei Wochen gingen ihnen weitere 12 000 Juden ins Netz, die nach Bełżec geschickt wurden. Rund 4000 arbeitende Juden blieben mit einer Sipo-Genehmigung in Majdan Tartarski; hinzu kamen etwa noch einmal so viele »Illegale«. Am 20. April führte die Sipo eine Zählung durch, während sie weiter zurückgebliebene Juden ohne

Papiere jagte. Die meisten von ihnen wurden im verkleinerten Ghetto erschossen.[38]

Von Lublin nach Bełżec sind es rund 130 Kilometer, die Fahrt der Deportierten dauerte also nur wenige Stunden. Sie erwartete ein eher kleines Lager von etwa 270 mal 270 Metern. Umgeben war es von einem Stacheldrahtzaun mit Wachtürmen an drei Ecken; ein weiterer Wachturm stand in der Mitte des Lagers. Am Nordrand zog sich ein Panzergraben hin, ein Überrest der ursprünglichen Nutzung des Lagers als Unterkunft von Arbeitern, die an der alten deutsch-russischen Demarkationslinie Befestigungen errichtet hatten. Von der Eisenbahnstrecke Lublin-Lemberg führte eine Nebenlinie ins Lager, wo die Züge an einer Rampe hielten, jeweils zwanzig Waggons auf einmal. Da die Züge in der Regel aus vierzig bis sechzig Wagen bestanden, mussten sie aufgeteilt werden. Für die in die dunklen, schlecht durchlüfteten Wagen gepferchten Juden bedeutete dies, dass sie bis zu sechs Stunden in brütender Hitze oder eisiger Kälte ausharren mussten. Von der Rampe waren es nur wenige Meter zu den Holzbaracken, in denen die Deportierten sich entkleiden mussten und den Frauen der Kopf geschoren wurde, weil man ihre Haare verwerten wollte. Eine Tür öffnete sich aus diesen Räumlichkeiten auf einen schmalen, durch Stacheldrahtzäune gebildeten Gang, den sogenannten Schlauch, der in das Gebäude mit den Gaskammern führte. Es war ein einfach gebautes Haus mit Betonboden, doppelten, mit Sand verfüllten Holzwänden und einem Satteldach. Anfangs gab es drei Gaskammern von vier mal acht Metern Fläche und zwei Metern Höhe. Sie besaßen mit Gummidichtungen versehene Türen, die besonders dick waren, um dem Druck von innen standzuhalten, und hatten zum Entfernen der Leichen auch in den Außenwänden große Türen. Ein ausgebauter russischer Panzermotor produzierte die Abgase, die in die Kammern geleitet wurden. In einem weiteren, durch einen Zaun abgeteilten Sektor des Lagers, der vom Ankunftsbereich aus nicht einzusehen war, befanden sich vier riesige Gruben. Nachdem man die Leichen aus den Gaskammern geholt und die Goldzähne aus ihren Mündern entfernt hatte, wurden sie von einem jüdischen Arbeitskommando zu den Gruben geschafft. Die in und bei den Gaskammern arbeitenden Juden waren in dem Lager II genannten Tötungsbereich untergebracht. Ein weiteres jüdisches Arbeitskommando säuberte nach jeder Ankunft die Eisenbahnwagen und die Rampe, sammelte die Habseligkeiten der Ankömmlinge ein und brachte sie im Laufschritt zu einem großen Magazin, wo sie grob sortiert wurden. Diese Gruppe, ungefähr 500 Gefangene, war in Baracken in Lager I untergebracht.[39]

Zum Lagerpersonal gehörten nicht mehr als 200 Personen. Erster Kommandant war Wirth, dem ein Dutzend SS-Männer zur Seite stand. Die Wachen für den Zaun, die Wachtürme und den Ankunftsbereich stellte eine Kompanie von 60 bis 80 in Trawniki ausgebildeten Ukrainern. Bei der Ankunft der Opfer aus Lublin hielt Wirth oder einer seiner Untergebenen auf der Rampe eine beruhigende Ansprache über die angebliche Neuansiedlung, welche die Juden erwartete, nachdem sie sich in der Dusche gewaschen hätten. Vorher sollten sie ihre Wertsachen abgeben, die man ihnen hinterher wieder auszuhändigen versprach. Manche Ankömmlinge jubelten sogar, wenn sie dies hörten. Dann wurden die Männer in den Auskleideraum und durch den Haarschneideraum in den Schlauch geführt. Innerhalb einer Stunde waren alle tot. Danach folgten die Frauen und Kinder. Manchmal mussten sie nackt und frierend im Schlauch warten, bis die Gaskammern bereit waren. Der Panzermotor war trotz der einfachen Technik störanfällig.[40]

Mitte April wurden die Deportationen aus Lublin für mehrere Wochen eingestellt, da auch aus Lemberg und anderen Städten Juden nach Bełżec gebracht wurden. Unterdessen wurde das Ghetto mit Juden aus Mitteleuropa aufgefüllt. Bevor die Deportationen von dort wiederaufgenommen wurden, stoppte Wirth sämtliche Transporte. Das System hatte zwar ausgezeichnet funktioniert, aber die Vergasungseinrichtungen hatten sich als deutlich zu klein herausgestellt. Darüber hinaus hatte sich der Umfang der Operation erheblich vergrößert; es wurden jetzt weit mehr Deportierte erwartet. Deshalb riss man das hölzerne Gaskammerhaus ab und ersetzte es durch ein Gebäude aus Ziegeln und Beton mit sechs Kammern, je drei auf beiden Seiten eines Mittelgangs.[41]

Von März bis Juni 1942 wurden 85 000 bis 90 000 deutsche, österreichische, tschechische und slowakische Juden ins Lubliner Ghetto und in andere Ghettos im Distrikt Lublin deportiert. Sie waren die Ersten, die unter dem neuen Etikett der »Endlösung« nach Osten abtransportiert wurden. Die tschechischen Juden waren bereits entwurzelt worden und kamen überwiegend aus Theresienstadt; die deutschen Juden waren von Städten überall im Reich abtransportiert worden; die slowakischen Juden hatte man an bestimmten Orten konzentriert, um sie gemäß dem entsprechenden deutsch-slowakischen Abkommen fortzuschaffen. Die erste Welle von 25 000 traf zwischen 11. März und 20. April ein und wurde in ehemals von polnischen Juden bewohnte Ghettos eingewiesen; die Kräftigen kamen zur Zwangsarbeit in über den Distrikt verteilte Lager. Die zweite Welle brachte zwischen dem 22. April und dem 20. Juni 61 000 Juden ins Lubliner Gebiet. Diesmal gingen viele Transporte direkt ins neuerrichtete Vernichtungslager bei dem Dorf Sobibór oder in die Gaskammern von Majdanek, einem kombinierten Konzentrations- und Vernichtungslager am Rand von Lublin. Die Ghettos dienten jetzt als Selektionsstätten, wo die Arbeitsfähigen brutal von ihren Angehörigen getrennt wurden. Für die zur Ermordung Ausgesuchten waren die Ghettos kaum mehr als Durchgangslager, wo sie über Tage oder Wochen in elenden Verhältnissen ausharrten, bis sie in ein Vernichtungslager gebracht wurden.[42]

Als Bełżec den Betrieb wieder aufnahm, wurde eine riesige Zahl von Juden aus Kleinstädten im gesamten Distrikt Lublin, aus den Ghettos, in denen Juden aus Mitteleuropa festgehalten wurden, sowie aus den anderen Distrikten des Generalgouvernements und aus Galizien in die Gaskammern geschickt. Die Intensivierung der Mordoperation war das Ergebnis von ungewöhnlich häufigen Besprechungen zwischen Himmler und Heydrich, eingerahmt von zwei Treffen Himmlers mit Hitler am 23. April und 3. Mai. Parallel zu diesen Kontakten auf höchster Ebene verschoben sich im Generalgouvernement die Machtverhältnisse grundlegend von Franks Zivilverwaltung hin zur SS. Anfang Mai wurde Krüger zum Staatssekretär für das Sicherheitswesen ernannt, und am 3. Juni erhielt die Sipo durch eine förmliche Vereinbarung freie Hand in den jüdischen Angelegenheiten, so dass die ermüdenden Verhandlungen mit den Zivilbehörden wegfielen. In den nächsten sechs Monaten wurden rund 57 000 Juden aus dem Distrikt Lublin in die Vernichtungslager geschickt und parallel 70 000 von deutschen Polizeieinheiten und Hilfskräften im Zuge von Massakern überall im GG erschossen.[43]

Was die Deportierten in Bełżec zu erdulden hatten, schilderte Rudolf Reder, der Mitte August aus Lemberg dorthin verschleppt wurde.[44] Er entkam im November 1942 aus dem Arbeitskommando des Lagers und wurde von seiner früheren Haushälterin in Lemberg versteckt. Reder war Anfang sechzig und hatte vor dem Krieg eine Seifenfabrik besessen. Er wurde bei einer Razzia aufgegriffen und zusammen mit vielen anderen Juden über Nacht unter freiem Himmel innerhalb des Arbeitslagers Janowska festgehalten. Am Morgen musste er gemeinsam mit Hunderten anderen in einen Güterzug einsteigen. Inzwischen waren jedoch viele argwöhnisch, und während der Fahrt kam es zu einer Reihe von Fluchtversuchen. Viele Fliehende wurden von den Polizisten, die den Zug begleiteten, erschossen; auf jedem Wagen hockte ein Mann mit einer Maschinenpistole. Der Zug hielt wiederholt an, um Züge mit höherer Priorität passieren zu lassen, und traf gegen Mittag an seinem Bestimmungsort ein, wo er stundenlang auf einem Abstellgleis stehen blieb.

Schließlich war Reder an der Reihe auszusteigen und hörte sich auf der Rampe an, wie ein SS-Mann die Ankömmlinge begrüßte und ihnen sagte, dass sie jetzt duschen würden und dass alles gut werden würde. Dann wurden die Männer zu einem Gebäude geführt, in dem sich einem Schild zufolge »Bäder und Inhalationsräume« befanden. Einige Minuten später tauchten Gefangene mit Stühlen und Haarschneideinstrumenten auf, um die Köpfe der Frauen zu scheren. In diesem Augenblick »begriffen sie die schreckliche Wahrheit. Jetzt konnte niemand mehr, weder die Männer – die bereits auf dem Weg ins Gas waren – noch die Frauen, Illusionen über sein Schicksal haben.« Sie begannen zu schluchzen und zu kreischen. »Manche Frauen wurden wahnsinnig. Andere gingen gefasst in den Tod, insbesondere junge Mädchen.« Reder und einige andere Männer wurden zur Seite genommen und dann zu den Gruben eingeteilt. Aber er konnte sehen, wie die Frauen »nackt und kahl geschoren mit Peitschen wie Vieh zum Schlachten getrieben wurden, ohne auch nur gezählt zu werden – ›Schneller, schneller!‹ – die Männer starben bereits.« Die SS-Männer und die ukrainischen Wachen

> zählten 750 Menschen für jede Gaskammer ab. Frauen, die sich wehrten, wurden mit Bajonetten blutig gestochen. Schließlich waren alle Frauen in die Kammern gepfercht. Ich hörte, wie die Türen geschlossen wurden; ich hörte das Kreischen und Schreien; ich hörte verzweifelte Hilferufe auf Polnisch und Jiddisch. Ich hörte das markerschütternde Jammern von Frauen und das Plärren von Kindern, das nach kurzer Zeit zu einem einzigen langen, grauenhaften Schrei wurde … Fünfzehn Minuten ging das so weiter. Der Motor lief zwanzig Minuten. Dann war es vollkommen still.

Wenn die Ukrainer die Türen in der Außenmauer des Gaskammergebäudes öffneten, bot sich folgender Anblick: »Die Toten befanden sich in aufrechter Stellung. Ihre Gesichter waren nicht blau. Sie sahen fast unverändert aus, als würden sie schlafen. Hier und da war von den Bajonettwunden etwas Blut zu sehen. Ihre Münder waren leicht geöffnet, die Hände steif, häufig gegen die Brust gepresst. Diejenigen unmittelbar an der jetzt weit offenstehenden Tür fielen von allein heraus. Wie Marionetten.« Das jüdische Arbeitskommando erledigte seine Aufgabe. »Wir zogen die Leichen der Menschen heraus, die vor kurzem noch gelebt hatten. Wir schleiften sie mit Hilfe von Lederriemen zu den Gruben, während ein Orchester spielte … von morgens bis abends.«

Reder sah Dutzende von Transporten in Bełżec ankommen und in den Gruben enden.

> Wir hoben Gruben aus, riesige Massengräber, und schleppten Leichen … Da war ein richtiger Berg aus Sand, mit dem wir die Gruben bedeckten, wenn sie bis zum Überlaufen gefüllt waren. Im Durchschnitt arbeiteten täglich 450 Menschen an den Gruben. Am furchtbarsten fand ich, dass uns befohlen wurde, Leichen bis zu einer Höhe von ungefähr einem Meter über dem Erdboden zu stapeln und erst dann mit Sand zu bedecken. Dickes, schwarzes Blut rann aus den Hügeln und bedeckte die ganze Gegend wie ein See … Knöcheltief wateten wir durch das Blut unserer Brüder. Wir gingen über Berge von Leichen.

Nach stundenlanger Arbeit waren die Männer benommen. Den einen gelang es zu beten, andere bewegten sich wie Zombies. Manchmal vergnügte sich die SS damit, die Juden Lieder singen zu lassen. Nach fast vier Monaten wurde Reder dazu eingeteilt, mehrere SS-Männer nach Lemberg zu begleiten, um Baumaterial abzuholen. Während er auf dem Lastwagen wartete, bemerkte er, dass die Wache eingenickt war, und nutzte die Chance zur Flucht. Außer ihm sind nur zwei weitere Überlebende von Bełżec bekannt.

Zu diesem Zeitpunkt war die Ghettobevölkerung von Lemberg bereits mehrfach ausgesiebt worden. In den ersten Monaten des Jahres genossen die rund 110 000 Einwohner eine relative Ruhe und profitierten von einem vorbildlichen Judenrat, an dessen Spitze mehrere ehrliche, hart arbeitende Männer aufeinander folgten. Bis Dezember

1941 war es möglich, den »arischen« Teil der Stadt zu betreten, um durch Lebensmittelkäufe die magere offizielle Ration aufzubessern. Die Armen hatten freilich keine andere Wahl, als langsam zu verhungern, und in ihren überfüllten Unterkünften grassierte das Fleckfieber. Trotz der scheinbaren Ruhe lösten Gerüchte über Massaker in anderen Teilen Galiziens Ängste aus. Im März 1942 wies die Sipo den Judenrat an, eine Liste der arbeitslosen und »asozialen« Juden für die Umsiedlung anzufertigen. Rabbi David Kahane, der jetzt der Judenratsabteilung für religiöse Angelegenheiten angehörte, beriet mit seinen Kollegen über die Bedeutung der Anordnung. Da sie mit dem Schlimmsten rechneten, bildeten sie eine Delegation, die den Ratsvorsitzenden, den angesehenen Rechtsanwalt Henryk Landsberg, aufsuchen sollte. »Wir kamen sofort zur Sache«, erinnerte sich Kahane später.

> Wir erklärten ihm, dass es in Zeiten der Prüfung wie diesen unsere Pflicht sei, die Aufmerksamkeit des Führers einer so großen jüdischen Gemeinde darauf zu lenken, welch enorme Verantwortung mit der Erfüllung der deutschen Anordnung verbunden wäre. Gemäß Recht und Moral des Judentums müsse er andere Wege suchen. Wenn unser Feind zu uns sagt: »Bringe einen der Deinen zu uns, damit wir ihn töten können. Wenn nicht, werden wir euch alle töten«, ist es besser, dass alle sterben und kein einziger Jude dem Feind ausgeliefert wird. Dies besagen die Vorschriften des jüdischen Rechts.

Landsberg erwiderte, dass man nicht mehr in der Vorkriegszeit lebe und der Judenrat »ein Instrument zur Ausführung der Befehle der Gestapo« sei. Am 19. März begannen der Judenrat und der Ordnungsdienst gegen Juden vorzugehen, die auf Fürsorge angewiesen waren oder keine Arbeitsbescheinigung besaßen. Doch der OD erwies sich als derart ineffektiv, dass die Deutschen ihre ukrainischen Hilfspolizisten ins Ghetto schickten, die bis Anfang April 15 000 Juden aufgriffen und nach Bełżec schickten.[45]

Nach den Deportationen gaben die Deutschen an diejenigen mit regulären Arbeitsplätzen neue Arbeitsbescheinigungen und zusätzlich Armbinden mit einem A für »Arbeiter« aus. Die Frauen der Arbeiter erhielten eine Armbinde mit einem H für »Hausfrau«. Da diese Erkennungszeichen die Träger vor willkürlicher Verschleppung schützen würden, suchten alle verzweifelt nach einer Anstellung, und der

Judenrat baute hektisch neue Betriebe auf, die den Deutschen von Nutzen waren. Kahane und andere Rabbiner verheirateten laufend Frauen mit Männern mit der richtigen Armbinde, obwohl manche darin eine Entweihung einer heiligen Institution sahen, die noch dazu zur Promiskuität ermunterte. Viele bemühten sich, einen Rest von Normalität und von jener Würde zu bewahren, die aus der Beachtung altehrwürdiger, spirituell tröstender Rituale herrührt. »Es war unser erstes Passahfest unter den Deutschen«, erzählte Moty Stromer. »An einem Morgen vor dem Feiertag buken wir in der Küche Matze ... Wenn ich mich nicht irre, mussten wir uns an diesem Tag verstecken ...« Während des Festmahls hätten die versammelten Juden mehr Tränen vergossen, als sie Wein zu trinken gehabt hätten. Viele vertrauten weder Gott noch den deutschen Arbeitsbescheinigungen. »Ingenieure, Architekten und Handwerker«, berichtete Kahane, »strengten Verstand und Hände an, um in Kellern und Dachböden Verstecke zu bauen. Sie errichteten doppelte Wände, die nicht zu finden waren, es sei denn durch Denunziation.« Kaum eine dieser Konstruktionen sollte letztlich ihren Zweck erfüllen.[46]

Ende Juni führte die SS, die jetzt im Generalgouvernement in jüdischen Angelegenheiten das Sagen hatte, eine Razzia im Ghetto durch, bei der ihr mehrere Tausend Arbeitslose ins Netz gingen. Sie wurden ins Arbeitslager Janowska am Stadtrand gebracht, wo einige in Rüstungsfabriken arbeiten mussten, die meisten aber erschossen und in Abwassergräben in einer Ecke des Lagerkomplexes verscharrt wurden. Es war der Auftakt zu einer fast zwei Wochen andauernden Verschleppungswelle mit fast täglichen massiven Razzien, die von deutschen und ukrainischen Polizisten mit unglaublicher Brutalität ausgeführt wurden. Arbeitsbescheinigungen kümmerten sie wenig, und sie suchten mit Spürhunden nach Verstecken. Stromer, der sich an seine Arbeit klammerte, sah zu, wie Tausende nach Janowska geschickt wurden. »Die Menschen wurden auf den Straßen erschossen. Durch die Straßen fahrende Wagen wurden beschlagnahmt, um Alte und Gebrechliche zu den Sammelstellen zu bringen.« Von den Bürgern Lembergs kam keine Rettung. »Nicht genug damit, dass die Christen den Juden nicht helfen wollten; es gab gewisse Gruppen von Christen, die jüdische Verstecke verrieten. Kleine Christenkinder rannten mit dem Ruf ›Jude, Jude!‹ durch die Straßen. Auf diese Weise halfen sie die Juden zu vernichten.«[47]

Rabbi Kahane bat in seiner Verzweiflung den griechisch-katholischen Metropoliten Andrei Scheptizki um Hilfe. Um den betagten Geistlichen aufzusuchen, musste er die gesamte Stadt durchqueren. Scheptizki sagte zu, seine Gemeinde in einem Hirtenbrief aufzurufen, die Deutschen nicht beim Morden zu unterstützen. Dieser wurde aber erst im November veröffentlicht und erwähnte die Juden nicht ausdrücklich. Einen ähnlichen Kurs verfolgte der Metropolit am Monatsende in einem Brief an den Papst. Sein Bruder sorgte allerdings dafür, dass Kahanes Tochter im Lemberger Studitenkloster unterkam, und versprach, die Möglichkeit der Rettung weiterer jüdischer Kinder zu prüfen. Bis Kahane seine Tochter in Sicherheit bringen konnte, erlebten er und seine Familie Tage des Grauens. Als ukrainische Milizionäre zu ihrem Haus kamen, gesellten sie sich zu anderen Flüchtlingen im versteckten Badezimmer eines Juden mit guten Papieren. Als er sich später in Scheptizkis Residenz versteckt hielt, schrieb er:

> Kann irgendjemand nachvollziehen, was im Kopf eines Menschen vorgeht, der in einem Versteck wie diesem begraben ist und den Besuch der Gestapo fürchtet? Kann jemand den Schrecken ermessen, von dem zwanzig in einem kleinen Badezimmer zusammengepferchte Menschen erfasst wurden, als sie vom Hof und von der Treppe die für die SS-Schläger typischen harten, schweren Tritte hörten? Kann sich jemand das eisige Schweigen, die erlöschenden Blicke, den Herzschlag von zwanzig in einem winzigen Raum eingesperrten Menschen in dem Moment vorstellen, in dem ein Deutscher den Schrank öffnet, der den Eingang zu dem Badezimmer verdeckt?

Dieses Mal entgingen Kahane und die anderen der Entdeckung; aber seine Eltern waren unter den 40 000 bis 50 000 Lemberger Juden, die in die Vernichtungslager deportiert wurden.[48]

Kriegsmaschinerie und Tötungsmaschinerie

Die Ausweitung der antijüdischen Aktionen Mitte 1942 und die ihr Schicksal entscheidende Einteilung der Juden in zwei Kategorien hingen mit dem Kriegsverlauf zusammen. In den Monaten Mai, Juni und Juli 1942 erzielte die Wehrmacht eine Reihe erstaunlicher Siege. Anfang Mai schlug sie eine sowjetische Offensive zur Rückeroberung Charkows zurück. Auf dem Schauplatz Krim besiegte die deutsche 11. Armee kurz darauf auf der Halbinsel Kertsch eine weit überlegene sowjetische Streitmacht und ebnete damit den Weg für einen Angriff auf Sewastopol. Die große Hafen- und Festungsstadt fiel am 4. Juli. In Libyen besiegten die Achsentruppen unter Rommel in der Schlacht von Gazala die britische 8. Armee und eroberten anschließend Tobruk. Die Treibstoff- und Nachschublager, die Rommel in die Hände fielen, erlaubten seiner Panzerarmee Afrika einen Vorstoß auf den Suezkanal. Es schien, als könnte nichts sie noch aufhalten. Doch dann stieß sie bei El-Alamein auf neue britische Abwehrstellungen. Rommel stand nur noch neunzig Kilometer vor Alexandria.[49]

Die deutschen Frühjahrserfolge waren jedoch trügerisch. Sie resultierten aus der Fähigkeit, alle an einem Kriegsschauplatz verfügbaren Offensivkräfte auf einem relativ begrenzten Schlachtfeld zu konzentrieren. Die Deutschen waren operativ und taktisch überlegen, und ihre Leistungen sahen dank der Unfähigkeit sowjetischer und britischer Generäle sogar noch besser aus. Dennoch gelang ihnen kein entscheidender Sieg. Tatsächlich waren die Triumphe bei Charkow und auf der Krim nur der Auftakt des Unternehmens Blau, das ein tiefes Vordringen auf breiter Front zum Ziel hatte, um endlich den bisher vergebens angestrebten strategischen Erfolg gegen die Sowjetarmee zu erringen. Von Charkow nach Stalingrad waren es 650 und von Rostow nach Baku gut 1100 Kilometer. Für den Angriff auf den Kaukasus mit seinen Erdölfeldern standen Hitler vierzig frische Divisionen zur Verfügung, doch die Hälfte von ihnen stellten Ungarn, Italien und Rumänien – dürftig ausgerüstete und schlecht geführte Verbände mit wackliger Moral. Nach einigen Wochen mit guten Fortschritten begann den Truppen der Treibstoff auszugehen. Bei Mannschaften und Material machte sich die Abnutzung bemerkbar, während sich der sowjetische Widerstand versteifte. Im September kam der Vormarsch auf beiden Achsen – der nach Stalingrad und der auf die Erdölfelder – kurz vor dem Ziel zum Stehen.[50]

Zwischen den Siegen im Mai und dem Stillstand im September 1942 durchlief die antijüdische Politik des NS-Regimes eine weitere Metamorphose, in der sich das wechselnde Kriegsglück der Wehrmacht, die Bedürfnisse der Kriegswirtschaft und die Stimmung an der Heimatfront widerspiegelten. Seit Jahresbeginn hatten die ökonomischen Realitäten die SS zu einer Umgestaltung ihrer Judenpolitik genötigt. Dank der Kontrolle über die Konzentrationslager verfügte sie über ein Reservoir an billigen Arbeitskräften, die in ihren eigenen Unternehmen eingesetzt oder an militärische und zivile Betriebe ausgeliehen werden konnten. Himmler beabsichtigte diese Ressource auszubeuten, um die SS – zugunsten der Kriegsanstrengung wie auch ihres eigenen Wachstums – in ein Wirtschaftsimperium zu verwandeln. Zu diesem Zweck beauftragte er Richard Glücks, den Inspekteur der Konzentrationslager, alles für den Zustrom von 150 000 Juden in Arbeitslager im Distrikt Lublin und in das KZ Auschwitz vorzubereiten. Er verschmolz die SS-Hauptämter Verwaltung und Wirtschaft sowie Haushalt und Bauten mit dem Verwaltungsamt im SS-Führungshauptamt zum Wirtschafts- und Verwaltungshauptamt (WVHA) und unterstellte es dem tüchtigen und erfahrenen Oswald Pohl. Im März vollendete Himmler diese Zusammenlegung, indem er die Inspektion der Konzentrationslager ebenfalls dem WVHA angliederte. Für die Juden bedeutete die SS-Initiative zur Ausbeutung der Arbeitskraft von Lagerinsassen den Übergang zur »Vernichtung durch Arbeit«, auch wenn dieser Terminus erst viel später zum feststehenden Begriff wurde.[51]

Zu diesem Zeitpunkt schwebte Himmler die Liquidierung jener 60 Prozent der im Distrikt Lublin lebenden Juden vor, die angeblich arbeitsunfähig waren. Die Übrigen sollten für wirtschaftliche Zwecke eingesetzt werden. Allerdings dachten Himmler und seine Gehilfen nicht daran, diese jüdischen Arbeitskräfte auf Dauer am Leben zu lassen. Fachkräfte oder zu Schwerarbeit fähige Juden sollten ausgepresst werden, bis sie entweder tot umfielen oder nicht mehr arbeitsfähig waren, was ihre Ermordung zur Folge hätte. Daher wurden die im Frühjahr 1942 aus West- und Mitteleuropa ins Generalgouvernement deportierten Juden nicht sofort getötet, sondern Selektionen unterzogen und zum großen Teil in Konzentrations- und Arbeitslager geschickt. Die übrigen brachte man in Ghettos unter. Auch bei der Aussonderung polnischer Juden in den Ghettos wurden diejenigen, die eine Arbeit hatten oder wichtige Fachkenntnisse besaßen, ausgespart, während die Arbeitsunfähigen in Vernichtungslager abtransportiert wurden.[52]

Zwischen Ende Mai und Juli verwandelte sich dieser selektive Massenmord in etwas noch Bedrohlicheres. Auslöser waren Sicherheitsbedenken und die Sorge um die Lebensmittelversorgung. Am 18. Mai verübte eine linke Widerstandszelle in Berlin einen Brandanschlag auf eine die Sowjetunion verteufelnde Ausstellung. Der Gruppe um Herbert Baum gehörten überwiegend Juden an, von denen die meisten als Zwangsarbeiter in einer Elektrofabrik von Siemens & Schuckert arbeiteten. Die Gestapo brauchte nicht lange, um sie aufzuspüren (sie wurden hingerichtet). Der Vorfall, so geringfügig er war, fachte Himmlers Sicherheitsparanoia weiter an. Dann unternahm eine Gruppe von Soldaten der in Großbritannien stationierten tschechoslowakischen Exilarmee am 27. Mai in Prag ein Attentat auf Heydrich. Obwohl der Anschlag von der britischen Special Operations Executive in London geplant worden war, fühlte sich Himmler in seiner Überzeugung bestärkt, dass er es mit einer von der jüdischen Bevölkerung ausgehenden europaweiten Widerstandswelle zu tun habe. In den Tagen von Heydrichs Todeskampf beschloss Himmler, die europäischen Juden restlos zu beseitigen. Er nutzte die Gelegenheit von Heydrichs Staatsbegräbnis, um vor hohen SS- und Polizeioffizieren anzukündigen: »Die Völkerwanderung der Juden werden wir in einem Jahr bestimmt fertig haben; dann wandert keiner mehr.«[53]

Aufgrund des Transportbedarfs der Wehrmacht in den ersten Wochen des Unternehmens Blau wurde jedoch der gesamte nichtmilitärische Eisenbahnverkehr im Osten vorübergehend eingestellt. Stattdessen veranlasste Himmler Deportationen aus West- und Mitteleuropa und trieb die Planungen für die Vernichtung der Juden im Generalgouvernement voran. Er erhielt Hitlers Einwilligung in die Zuweisung von rollendem Material für die Zeit nach Aufhebung der Transportsperre und gab Krüger und Globocnik neue Richtlinien, denen zufolge die »Umsiedlung der gesamten jüdischen Bevölkerung des Generalgouvernements bis 31. Dezember 1942 durchgeführt und beendet« sein sollte. Danach dürften sich dort keine Juden mehr befinden, außer »in den Sammellagern Warschau, Krakau, Tschenstochau, Radom, Lublin … Alle anderen Arbeitsvorkommen, die jüdische Arbeitskräfte beschäftigen, haben bis dorthin beendet zu sein, oder, falls ihre Beendigung nicht möglich ist, in eines der Sammellager verlegt zu sein.« Das Prinzip der Selektion nach Arbeitsfähigkeit wurde kassiert; eine Überlebenschance sollten nur noch Juden haben, die bereits arbeiteten. Die damit beginnende Massenvernichtung ist unter dem Namen »Aktion Reinhardt« bekannt.[54]

Die Revision der Judenpolitik überschnitt sich mit einer weiteren Julikrise in der Kriegführung. Das Unternehmen Blau verfehlte seine ursprünglichen Ziele, woraufhin Hitler sich gezwungen sah, den Fortgang des Feldzugs zu improvisieren. Der Erschütterung an der Front folgten Rationssenkungen und Stimmungstiefs in der Heimat. Am 5. August beriet Göring mit Parteifunktionären aus dem Reich über die Lebensmittellage; am nächsten Tag wies er die Reichskommissare und Wehrmachtbefehlshaber im besetzten Osten an, möglichst viele Lebensmittel für das Reich aus ihren Gebieten herauszuholen. Als Karl Naumann, der Leiter der Ernährungsabteilung in Franks Verwaltung, darauf hinwies, dass nicht einmal genug vorhanden sei, um die Polen zu ernähren, entgegnete Herbert Backe ominös: »Im G.G. befinden sich noch 3,5 Mill. Juden. Polen soll noch in diesem Jahr saniert werden.« Am 24. August gab Naumann die Botschaft an seine Kollegen weiter: »Die Versorgung der bisher mit 1,5 Millionen Juden angenommenen Bevölkerungsmenge fällt weg, und zwar bis zu einer angenommenen Menge von 300 000 Juden, die noch im deutschen Interesse als Handwerker oder sonstwie arbeiten … Die anderen Juden, insgesamt 1,2 Millionen, werden nicht mehr mit Lebensmitteln versorgt.«[55]

Der Druck, sich der Juden in Polen zu entledigen, war jetzt extrem hoch: Die Politik hatte die Annahme, Juden seien nützlich, es sei denn, sie erwiesen sich als nutzlos, zugunsten der Annahme fallengelassen, Juden seien nutzlos, es sei denn, sie erwiesen sich als nützlich. Zu allem Übel erlangte die SS unter Krügers Führung im Juli die uneingeschränkte Kontrolle über alle jüdischen Arbeiter im Generalgouvernement. Damit war der Streit über den Einsatz jüdischer Arbeitskräfte allerdings nicht beigelegt. Viele jüdische Arbeiter waren hochqualifiziert und besaßen nur schwer zu ersetzende Fähigkeiten. Deshalb verhielten sich die Leiter von Betrieben, die auf sie angewiesen waren, widerspenstig. An ungelernten Arbeitern herrschte indes kein Mangel; Sauckels Bemühungen, Osteuropäer zur Arbeit in der deutschen Industrie zu pressen, waren überaus erfolgreich.[56]

Der Politikwechsel spiegelte sich in gewisser Weise in der frühen Geschichte des zweiten eigens zum Zweck der Vernichtung gebauten Lagers – Sobibór – wider. Im März 1942 hatte man in der Nähe eines Weilers an der Eisenbahnstrecke Chełm–Włodawa mit den Bauarbeiten begonnen, wobei eine aufgegebene Kapelle und ein Postamt, das einst den Dorfbewohnern gedient hatte, ins Lagergelände einbezogen wurden. Aber die Arbeiten gingen so langsam voran, dass Globocnik nach einigen Wochen den T4-Veteran Franz Stangl, der für seine Effizienz und Tatkraft bekannt war, anheuerte, um sie zu beschleunigen. Stangl besuchte Bełżec, um sich mit dem Modus Operandi des neuen Tötungszentrums vertraut zu machen, und hielt sich beim Bau von Sobibór eng an das, was er dort gesehen hatte. Die rund 600 Meter lange Westseite verlief parallel zum Eisenbahngleis; von einer Abzweigung außerhalb des Lagers führte ein Nebengleis durch den dreifachen Stacheldrahtzaun. Die SS-Gebäude, Stangls Unterkunft und die Quartiere der ukrainischen Trawniki-Wachen befanden sich im sogenannten Vorlager im Südteil des Geländes gegenüber der Rampe, an der die Deportationszüge hielten, jeweils zwanzig Waggons auf einmal. Von der Rampe wurden die Juden durch ein Tor in Baracken geleitet, in denen sie ihre Wertsachen abgeben und sich entkleiden mussten. Dieser Teil des Lagers wurde Lager II genannt und umfasste große Magazine für das Eigentum der Opfer. Dann ging es über einen Hof in einen Gang mit einem hohen Stacheldrahtzaun auf beiden Seiten, die »Himmelsstraße«. Die Gaskammern befanden sich 150 Meter von Lager II entfernt in Lager III. Dann wurden die Opfer in die drei Kammern getrieben, in die man über einen an der Längsseite gelegenen Korridor gelangte. Waren 400 Juden in die jeweils vier mal vier Meter großen Kammern gezwängt, wurde das Abgas eines Dieselmotors, der in einer benachbarten Hütte stand, eingeleitet. Nach rund einer halben Stunde wurden die Leichen dann durch Türen in der Außenwand des Gebäudes entfernt und zu den nahegelegenen Gruben geschafft. Ein jüdisches Arbeitskommando, dem auch Frauen angehörten, war in Lager I untergebracht, das sich, als Lager im Lager, in der Südostecke des Geländes befand. Das Ganze wirkte aufgeräumt, ordentlich und gut organisiert. Stangl hatte für jeden Sektor des »Betriebs« ein jüdisches Arbeitskommando. Die Sicherheitsvorkehrungen waren streng. Außer den fünf Wachtürmen, einer davon in der Lagermitte, gab es ab Juni 1943 auch einen Minengürtel rings um das Gelände.[57]

In den ersten Maiwochen trafen Juden aus der Gegend von Zamość und Puławy in Sobibór ein. Sie hatten keine Ahnung, was sie erwartete, und wurden durch von den Deutschen inszenierte Täuschungen noch zusätzlich in Sicherheit gewiegt. Aus den Eisenbahnwagen war es praktisch unmöglich zu erkennen, was innerhalb des Lagers vor sich ging, und das Erste, was die Deportierten beim Aussteigen sahen, war eine ländliche Bahnstation in einer Waldlandschaft. Yaacov Freidberg, der aus Turobin im Kreis Krasnystaw deportiert worden war, schilderte, was weiter geschah:

> Die Menschen wurden rasch herausgeholt und mussten zu dieser Stelle rennen, wo Männer, Frauen und Kinder getrennt wurden. Das war eine Art Station auf halbem Weg. Die Menschen wurden in einen geschlossenen Hof gebracht. Der ganze Weg verlief zwischen Stacheldrahtzäunen, und auf dem Weg gab es Schilder »Zum Bad«. Auch im Hof gab es große Schilder »Zum Bad«, und es gab Schilder »Zur Kasse«. Der Kassentisch stand in einer Ecke. Dort war eine Tür, vor der sich die Menschen sammelten. Dann erschien Oberscharführer Michel, den wir den »Prediger« nannten, und sprach zu ihnen. Seine Reden waren für gewöhnlich an die einzelnen Transporte angepasst. Aber damals wiederholte er die gleiche Geschichte darüber, was weiter geschehen würde. Sie würden in die Ukraine kommen, wo sie Bauernhöfe aufbauen würden; sie würden arbeiten müssen – hart arbeiten. Manchmal stellten die Menschen Fragen: »Was passiert mit den Frauen?« Darauf antwortete er: »Wenn sie unter besseren Bedingungen leben wollen, werden auch sie arbeiten müssen.« Danach fügte er hinzu: »Sie müssen sich ausziehen, aber lassen Sie Ihre Sachen ordentlich zurück – wir haben nicht viel Zeit –, damit es nicht so lange dauert, wenn Sie aus dem Bad zurückkommen.« Die Leute glaubten ihm. Sie zogen sich aus, ordneten ihre Sachen: Geld, Gold und Wertpapiere – die händigten sie an der Kasse aus. In den meisten Fällen übergaben die Leute das Geld, aber es gab auch einige, die Geld und Gold im Sand – es gab dort Sand – oder an allen möglichen Stellen vergruben, in der Hoffnung, bei ihrer Rückkehr noch etwas Geld zu haben. Dann gingen sie durch diese schmale Tür und … zwischen zwei Stacheldrahtzäunen entlang.

Vor den Gaskammern gabelte sich der Gang, und die Frauen gingen in die Haarschneidebaracke. Dort übernahmen die Ukrainer das Zepter, und alle Täuschung hörte auf. Fortan gab es nur noch Gebrüll, Stockschläge und Bajonettstiche. »Sie stachen sie«, erzählte Freidberg weiter,

> schnitten ihnen Gliedmaßen ab, schlugen ständig auf sie ein. Sie trieben sie mit Peitschen weiter. Die ganze Zeit ließen sie sie rennen. Sie ließen den Leuten keinen Moment des Nachdenkens darüber, was überhaupt

> vor sich ging … Wir waren außerhalb des Hofs und hörten, was im Innern geschah. Das Kreischen war schrecklich. Und hinterher, wenn wir hineingingen, um die Habseligkeiten herauszuholen, sahen wir genug Grauenhaftes und viel Blut.[58]

Manche der nach Sobibór deportierte Frauen durchlebten noch andere Schrecken. Von Anfang Juni an wählte die SS junge Frauen für die Arbeit in der Lagerwäscherei aus. Ihre Zahl erhöhte sich, als ein SS-Offizier aus einem Transport 15 weitere Frauen heraussuchte, die warme Winterkleidung für die Wachen stricken sollten. Ada Lichtman aus Mielec gehörte zu den Frauen, die nicht sofort getötet wurden. Als sie schon einige Zeit im Lager war, wurde sie eines Tages von Schreien geweckt. »Und was bedeuten die Schreie? Die ukrainischen Wachen vergewaltigen junge Mädchen, bevor sie sie in die Gaskammern stoßen.« Ein SS-Offizier griff aus einer Gruppe von Neuankömmlingen ein 16- oder 17-jähriges Mädchen heraus und behielt sie eine Zeitlang als »Geliebte«. Selbstverständlich konnten es die jüdischen Frauen sich nicht leisten, schwanger zu werden beziehungsweise sich eine Schwangerschaft anmerken zu lassen. Lichtman berichtete von einer Frau, die im Lager ein Kind gebar und augenblicklich auf einer Trage zu den Leichengruben geschafft wurde; das Baby wurde in einer Latrine ertränkt.[59]

Bis Stangl Ende Juli den Betrieb des Lagers einstellte, wurden in Sobibór rund 57 000 Juden ermordet. Hauptgrund für die Unterbrechung waren Reparaturarbeiten an der eingleisigen Eisenbahnstrecke Chełm–Włodawa. Im Lager nutzte man die Zeit, um die nach den Erfahrungen der vorangegangenen Monate unzureichenden Tötungskapazitäten zu erweitern und dem Gaskammergebäude drei weitere Gaskammern hinzuzufügen. Die Türen der Gaskammern lagen jetzt an einem Flur entlang der Längsachse des Gebäudes. Außerdem ließ Stangl Schmalspurgleise verlegen, die von der Rampe an den Gaskammern vorbei zu den Massengräbern führten. Auf ihnen wurden jetzt die Leichen derjenigen, die auf dem Transport nach Sobibór gestorben waren, sowie jene, die zum Gehen zu schwach waren, in die Vernichtungszone und zu den Massengräbern gebracht. Auch dienten die Gleise zum Transport der Leichen von den Gaskammern zu den Gruben. Zudem erwies es sich als notwendig, die Methode zur Leichenentsorgung zu überdenken. Die vorhandenen Massengräber füllten sich schnell, und der Verwesungsgeruch war unerträglich. Deshalb begann man damit, die Leichen sofort einzuäschern. Am Boden einer eigens ausgehobenen zweiten Grube wurde eine Art Rost errichtet, auf dem die Leichen gestapelt und verbrannt wurden. Auch die Behandlung der Neuankömmlinge veränderte sich. Bisher hatte man sie selektiert und mehrere Hundert in nahegelegene Arbeitslager geschickt. Damit war jetzt Schluss; einstweilen verschont blieben nur noch diejenigen, die für die lagereigenen Arbeitskommandos ausgewählt wurden. Sobibór war von einer Mordstätte mit Kapazitäten, die für lokale und regionale Aufgaben ausgelegt waren, in ein Tötungszentrum für einen weit größer angelegten Massenmord verwandelt worden. Freidberg bezeichnete das ursprüngliche Lager im Vergleich zum ausgebauten als »primitiv«.[60]

Als Sobibór um den 10. Oktober herum den Betrieb wieder aufnahm, verschlang es am ersten Tag 2400 Juden aus dem Kreis Chełm und am nächsten Tag 3000 Juden aus Lubartów. Später im Monat trafen jeweils an einem Tag 5000 Juden aus dem Ghettolager in Izbica, 3300 aus dem Ghetto von Chełm, 5000 aus Włodawa und 2000 aus Hrubieszów ein. Am Jahresende berichtete Höfle nach Berlin, dass in dem aus Tätersicht vorbildlichen Vernichtungslager 101 370 Juden ermordet worden seien.[61]

Deportationen aus dem Warschauer Ghetto

Die erste große jüdische Gemeinde in Polen, welche die in Berlin und Lublin getroffenen Entscheidungen zu spüren bekam, waren die Bewohner des überfüllten Warschauer Ghettos. Mitte 1942 lebten dort schätzungsweise 400 000 Juden, unter ihnen 4000, die im Frühjahr aus den Außenbezirken der Stadt vertrieben worden waren, und 4000 jüngst eingetroffene deutsche Juden. Hunger und Krankheiten verringerten die Einwohnerzahl in erschreckendem Tempo: In den ersten sechseinhalb Monaten des Jahres gab es 39 719 Tote, fast so viele wie im gesamten Vorjahr.[62]

Adam Czerniaków vermerkte die Vorzeichen in seinem Tagebuch, angefangen mit einer Äußerung von Hermann Probst, einem von Auerswalds Untergebenen, der ihm »im Zusammenhang mit einer gewissen Rede« ankündigte, »den Juden stünden schwere Zeiten bevor«. Probst bezog sich auf Hitlers Rede am 30. Januar 1942 im Berliner Sportpalast, in der er, seine Prophezeiung von 1939 wiederholend, verkündet hatte, »dass dieser Krieg nicht so ausgehen wird, wie es sich die Juden vorstellen, nämlich, dass die europäisch-arischen Völker ausgerottet werden, sondern dass das Ergebnis dieses Krieges die Vernichtung des Judentums sein wird«. Ab Februar kamen Czerniaków beunruhigende Gerüchte über Vertreibungen und gewaltsame Umsiedlungen zu Ohren. So erfuhr er von den Deportationen aus Lemberg nicht einmal zwei volle Tage nach ihrem Beginn. Mitte Mai vernahm Ringelblum »Gerüchte über Vernichtungskommandos, die komplette jüdische Siedlungen vom Gesicht der Erde tilgen«. Mary Bergs Familie erhielt von einem Onkel aus Lublin Neuigkeiten über Massaker und Deportationen, und ein OD-Mann warnte sie davor, dass Gleiches auch in Warschau passieren könne. Sie hielt es jedoch für »unmöglich, unvorstellbar«, eine so große Zahl von Menschen zu ermorden. Als Abraham Lewin vom Schicksal der Juden von Lemberg hörte und erfuhr, dass von den Juden aus Włocławek keine Briefe mehr eintrafen, zog er den Schluss, »dass alle diese Orte, an denen 700 oder 800 Jahre lang jüdische Gemeinden lebten, jetzt judenrein« seien. Vor dem Krieg hatte Lewin, Oberhaupt einer chassidischen Familie, als Lehrer in einer Yehudiya-Mädchenschule gearbeitet, wo er Emanuel Ringelblum kennengelernt hatte. 1940 schloss er sich dem Oneg-Schabbat-Projekt an und begann eine detaillierte Darstellung des Ghettolebens zu verfassen. Der religiöse Mann grübelte: »Was, wenn Satan und seine Teufel triumphiert haben? Was, wenn wir die Sündenböcke und Opfer für die ganze sündige Welt geworden sind?« Chaim Kaplan fragte sich, was mit den 40 000 Lubliner Juden geschehen war. Es war, als wären sie »von einer stürmischen See verschluckt worden ... Aber es besteht kein Zweifel daran, dass sie nicht mehr am Leben sind.« Er neigte dazu, Hitler beim Wort zu nehmen, zumal er seiner neuerlichen »Prophezeiung« vom Januar im April eine weitere scharfe antijüdische Attacke hatte folgen lassen. »Man hat das instinktive Gefühl«, bemerkte Kaplan, »dass für das Warschauer Ghetto eine furchtbare Katastrophe heraufzieht ...«[63]

Die Juden verfolgten die Kriegsnachrichten ebenso ängstlich wie die Deportationsgerüchte, beides instinktiv miteinander verknüpfend, immer auf der Suche nach Anzeichen für eine Rettung. Anfang Mai hob die sowjetische Offensive bei Charkow ihre Stimmung. »Wir tun unser Möglichstes, das Kriegsende als unmittelbar bevorstehend anzusehen«, notierte Ringelblum. Doch schon nach wenigen Tagen war dieser Optimismus kaum noch aufrechtzuerhalten. Lewin war niedergeschlagen, als »das Megaphon die traurige Nachricht vom Fall von Kertsch« verkündete. Die Nachricht traf ihn schwer. »Denn die Wahrheit ist, dass heutzutage unsere Herzen im Takt der Ereignisse schlagen, die auf russischem Territorium geschehen … Jede Gewichtsverlagerung zu Hitlers Gunsten erfüllt uns mit grenzenloser Kümmernis und Verzweiflung.« Der Fall von Sewastopol ließ die Ghettobevölkerung erschaudern, und Rommels Fortschritte in Nordafrika vertieften die Ängste weiter. Der altgediente Zionist Chaim Kaplan verzeichnete voller Sorge, dass Großbritannien in Afrika eine Niederlage erlitten habe; es ziehe sich »flüchtend nach Ägypten zurück. Und wenn der Krieg einmal nach Ägypten getragen wird, wer garantiert, dass er sich nicht von dort auch auf Palästina ausbreiten wird?«[64]

Jeglicher Trost war willkommen, und das Bild vom demütigen, vergebenden Juden passt so gar nicht zu der Freude, mit der die Juden deutsche Rückschläge aufnahmen. Lewin bekannte, dass die Bombardierung deutscher Städte »den Puls schneller schlagen« lasse. Ringelblum notierte, dass der Angriff von tausend Bombern auf Köln den Rachedurst der Juden ein wenig stille. »Nach Köln ging ich in gehobener Stimmung herum … mein Tod ist im voraus bezahlt.« Kaplan atmete erleichtert auf, als Rommel bei El-Alamein gestoppt wurde, und wartete gespannt auf den britischen Gegenangriff. Mitte Juli bemerkte er scharfsichtig, dass die jüngsten deutschen Siege wenig bedeuteten: »Ihre Papiersiege machen keinen Eindruck. Im Vergleich mit ihrer Macht und Stärke im vorigen Jahr ist eine Schwächung offenkundig.« In Lewins Augen war es »eine Gewissheit, dass die anglo-amerikanische Invasion Europas oder die Schaffung einer zweiten Front in naher Zukunft zustande kommen muss und wird.«[65]

In der Sehnsucht nach guten Nachrichten und im Traum von der Befreiung spiegelten sich die elenden Zustände im Ghetto wider. Ringelblum empörte sich über die Ungleichheit, aus der so viele Missstände entsprangen. »In diesen Tagen des Hungers tritt die Unmenschlichkeit der jüdischen Oberschicht offen zutage. Die gesamte Arbeit des Judenrats ist ein gegen die Armen gerichtetes Übel … Die Finanzpolitik des Rats ist ein einziger Skandal … In seinem Namen werden indirekte Steuern erhoben, die die Armen am schwersten belasten.«

Kaplan bezeichnete den Rat als »Blutegel«. Die Korruption grassiere auf allen Ebenen. »Das ganze Ghetto ist ein riesiger Komposthaufen«, klagte er, nicht zuletzt, weil viele Hausmeister sich weigerten, ihre Häuser zu säubern, wenn die Bewohner, denen sie vorgeblich dienten, sie nicht bestachen. Über eine Aushebung von Zwangsarbeitern im Mai 1942 schrieb Kaplan, der Ordnungsdienst habe 800 Männer mitgenommen, obwohl die Deutschen nur nach 400 verlangt hätten, um von den Überzähligen Schmiergeld für ihre Freilassung zu kassieren. Bestechlichkeit war in den Augen der Juden allerdings das geringste Verbrechen der OD-Männer, die immer stärker in den Ruf der Kollaboration gerieten. So beklagte Lewin eine »traurige Komplizenschaft der jüdischen Polizei« bei dieser Razzia.[66]

Czerniaków nahm für sich in Anspruch, die Ungleichheit nach Kräften zu bekämpfen und die Reichen zu zwingen, ihren Beitrag zum Unterhalt des Ghettos zu leisten. Anfang Februar 1942 beklagte er sich: »Es wurde Unzufriedenheit über den Kurs zum Ausdruck gebracht, den ich einführen will, nämlich die Mittel für den Unterhalt der Armen von den Reichen einzutreiben. Das Pendant dazu war eine Delegation, die mir heute erklärte, über 20 Prozent ihrer Schützlinge in den Massenquartieren seien an Hunger gestorben.« Nichts beleuchtet die Gegensätze innerhalb der Ghettogesellschaft greller als Lewins Beschreibung des Restaurants Szulc, wo Gerichte in Vorkriegsqualität serviert wurden: »Nur Schmuggler, Ganoven, wichtige Funktionäre, Angehörige der Polizei und andere reiche Leute, mit denen die Zeit es gut meint, können es sich leisten, dort zu essen.« Der Schmuggel war weiterhin eine Hauptstütze der Ghettowirtschaft, zumindest für die Begüterten, die auf dem schwarzen Markt einkaufen konnten. »Mehl, Kartoffeln, Milch, Butter, Fleisch und andere Waren werden ins Ghetto gebracht«, hielt Lewin fest. »Und aus dem Ghetto heraus fließt immer noch ein ständiger Strom von Habseligkeiten auf die arische Seite. Die Juden verkaufen alles, was sie besitzen.« Den größten Anteil an diesem illegalen Handel hatten Kinder. »Man sieht ganze Scharen von ihnen über die Mauern klettern, durch Spalten kriechen … und durch die offiziellen Tore schlüpfen, wo Gendarmen und polnische Polizisten Wache stehen.« Manche Deutsche zeigten sich gnädig und schauten weg, andere »traktieren die Kinder mit mörderischen Schlägen«. Kaplan beobachtete bei einem Besuch auf dem Friedhof, dass dort der Kleinschmuggel blühte. »Hierher kommen die Armen zum

Schmuggeln«, bemerkte er, »die verarmten und verelendeten Jugendlichen, deren Beschäftigung es ist, ein paar Kilo Kartoffeln oder Zwiebeln hinzubringen. Eine ganze Familie ernährt sich davon.« Wer weder aufgeweckte Kinder noch genügend Lebensmittel oder Geld hatte, der bettelte. Im Mai notierte Ringelblum: »Die Bettler, die heutzutage die Straßen bevölkern, unterscheiden sich vom letztjährigen Haufen. Die meisten Bettler aus der Provinz sind weggestorben. Die Neulinge sind Leute aus den besseren Schichten … sprechen gutes, manchmal ausgezeichnetes Polnisch … sind gut gekleidet …«[67]

Angesichts der extremen Ungleichheit zerbrachen die ethischen Maßstäbe. »Der moralische Verfall verbreitet sich rasch im Ghetto«, klagte Ringelblum. »Während die Armen immer ärmer werden und in Lumpen gekleidet sind, putzen sich die Mädchen heraus, als gäbe es keinen Krieg. Es gibt viele Fälle, in denen Mädchen ihre Eltern bestehlen, indem sie Dinge von zu Hause verkaufen oder für Schmuck oder eine Dauerwelle eintauschen …« Michel Mazor berichtete:

> Der Hauptboulevard im Ghetto, die Lesznostraße, wartete mit mindestens zwanzig Restaurants auf; in der Zelazna- und der Siennastraße und anderswo gab es ebenso viele. Angesichts der allgemeinen Armut boten junge Mädchen und Frauen aus allen Schichten ihre Dienste als Kellnerinnen an … In keiner Stadt der Welt gab es so viele schöne und elegante Frauen, die in Cafés bedienten wie in dem kurzlebigen Ghetto mit seinem Café des Arts, Splendide, Negresco etc. Aber vor ihren Schaufenstern gingen Scharen erbärmlicher Bettler vorbei und brachen oft genug vor Entkräftung zusammen.

Der Anblick solchen Überflusses empörte Auerswald, wenn er durch das Ghetto streifte; die Deutschen sahen sich bestärkt in ihren Vorurteilen gegenüber den »unnützen Essern«, die das besetzte Polen angeblich seiner Güter beraubten und für die übrige Bevölkerung die Preise in die Höhe trieben.[68]

Die deutschen Juden gehörten zu den anrührendsten Ghettobewohnern. Kurz nach ihrer Ankunft boten sie ein erstaunliches Bild. Mazor, der sie im Kleinen Ghetto besuchte, fand ihre Unterkünfte überfüllt, aber in gutem Zustand. »Für mich, der ich aus dem [Haupt-]Ghetto kam, war dies ein Kontakt mit der Außenwelt. Was mich beeindruckte, war die Atmosphäre von Gesundheit und Optimismus in der gesamten Gruppe sowie das Fehlen des geringsten Anzeichens von Angst vor ihrem Schicksal.« Mary Berg fiel auf, dass die Frauen und Kinder, die mit einem Transport aus Danzig kamen, »elegantes Gepäck« trugen und »weit besser gekleidet« waren als die bisherigen Ghettobewohner. Czerniaków, der für die Unterbringung und Verpflegung der Deportierten verantwortlich war, achtete weniger auf ihre äußere Erscheinung. Nachdem fast 2000 in seine Obhut übergeben worden waren, klagte er: »Wir haben keine Räumlichkeiten und keinen Groschen.« Zu allem Überfluss verlangte die SS von den Reichsjuden die Herausgabe ihrer Goldsachen. »Es war nicht viel«, stellte Czerniaków fest. Ende April wurden zusätzlich tausend tschechische Juden in die Flüchtlingsunterkünfte gezwängt. Da sie nicht arbeiten konnten und ihre Rationen zum Überleben nicht ausreichten, verhungerten sie langsam. Mary Berg beschrieb sie als »zerlumpt und barfuß, mit den traurigen Augen der Hungernden. Die meisten sind Frauen und Kinder.«[69]

Wie in Lodz herrschte auch in Warschau ein deutliches Ungleichgewicht der Geschlechter. Tausende von Frauen, die von ihren Vätern, Söhnen und Brüdern getrennt waren, mussten selbst für sich sorgen. Mütter mit kleinen Kindern und Töchter alter Eltern hatten es besonders schwer, da ihre Rolle als Pflegerin es kaum zuließ, dass sie arbeiten gingen, obwohl sie mehrere Münder zu stopfen hatten. Es kam unter ihnen zu Fällen von Kannibalismus. Czerniaków notierte den Fall einer Frau, die ein Stück des Gesäßes ihres toten Sohnes gegessen hatte. Ein anderes Extrem war »eine bestimmte Art von Mädchen«, die – geschminkt, tadellos gekleidet und frisiert – gegen sexuelle Gefälligkeiten Beschützer suchten. Dank »jüdischer Erfindungsgabe«, merkte Czerniaków an, könne man im Ghetto »Präservative aus Schnullern« erwerben.[70]

Italienische Soldaten, die im Frühjahr 1942 auf der Fahrt an die Ostfront im Warschauer Hauptbahnhof haltmachten, wurden von als Putzfrauen eingesetzten Jüdinnen um Reste angebettelt. Einer von ihnen, Michelangelo Pattoglio, erzählte später: »Eine jüdische Frau, die im Zug Abfall aufsammelt, spricht gut Italienisch; sie ist eine gebildete Person. Sie redet; wir hören ihr erstaunt zu … Als sie den italienischen Zug sahen, sind zwei oder dreihundert hungernde Juden auf uns losgestürmt, um uns um Brot zu bitten. Sie hungern.« Manche Jüdinnen waren so verzweifelt, dass sie sich den Italienern anboten. Bartolomeo Fruterro erinnerte sich:

> Wir holen eine Ärztin in den Zug, jung, schön und elegant. Sie spricht gut Italienisch, sagt, dass die Deutschen alle Juden kremierten, dass auch ihr Leben nichts wert sei. Wir sind schlau, wir verstecken sie so gut, dass die Offiziere sie nicht bemerken. Die Frau hat ein kleines weißes Plisseekleid an. Wir ziehen es ihr aus; sie bleibt in ihrem Höschen, mit einem graugrünen Hemd darüber. Wir geben ihr zu essen, wechseln uns ab beim Liebemachen. Viele andere Wagen haben auch ihre jüdischen Frauen; so fahren wir zwei Tage lang. Dann bemerkt es der Feldkaplan, es gibt Ärger, der Major greift ein, und wir müssen die Jüdin am nächsten Bahnhof zurücklassen.[71]

Die Ungleichheit im Ghetto lieferte den Deutschen das Material für einen Propagandafilm, der diese auf abscheuliche Weise übertrieb, um die nationalsozialistischen Vorurteile über »den Juden« zu bestätigen. Anfang Mai 1942 traf ein Filmteam der Wehrmacht ein und begann in den Werkstätten arbeitende Juden zu filmen. Am nächsten Tag wiesen die Filmemacher Czerniaków an, eine Sitzung in seinem Büro einzuberufen, und stellten eine große Menora auf seinen Schreibtisch, um den jüdischen Charakter des Drehorts hervorzuheben. »Die Filmleute machen weiterhin Aufnahmen«, notierte er zwei Tage später. »Äußerste Armut und Luxus (Kaffeehäuser). Positive Gegenstände filmen sie nicht.« Einige Tage darauf nahm das Filmteam die Mikwe, das rituelle Bad, in Beschlag und forderte jeweils zwanzig jüdische Männer und Frauen an. Lewin schilderte, was weiter geschah: »Sie zwangen dann die Männer und Frauen, sich ganz auszuziehen. Deutsche Beamte stellten gemischte Paare zusammen, junge Mädchen mit alten Männern und junge Männer mit alten Frauen. Dann zwangen sie die Paare zum Geschlechtsverkehr. Diese Szenen, das heißt die sexuellen Szenen, wurden gefilmt.« Später füllten die Deutschen das Restaurant Szulc mit Juden und filmten die »Plutokraten« beim Prassen. Als Kontrast inszenierten sie einen Aufruhr vor einem Brotgeschäft.[72]

Die Juden nahmen solche Provokationen nicht tatenlos hin. Ende 1941 und Anfang 1942 weitete der politische Untergrund sowohl seine Anhängerschaft als auch seine Aktivitäten aus. Weder der Judenrat noch die Deutschen zeigten großes Interesse an der innerjüdischen Politik, und so konnten die Aktivisten relativ frei agieren. Überwiegend blieben sie freilich auf Wohlfahrtsaktivitäten zugunsten ihrer Mitglieder konzentriert und setzten im Allgemeinen fort, was sie vor dem Krieg getan hatten. Der Bund betrieb eine Suppenküche für Gewerkschaftsangehörige, versuchte deren Interessen am Arbeitsplatz zu verteidigen und unterstützte Bildungsprogramme seiner Jugendorganisation. Die zionistischen Jugendbewegungen betrieben in ihren Zentralen ebenfalls Suppenküchen und veranstalteten unterhaltsame Treffen zur Hebung der Moral. Bis November 1942 konnten rund 170 zionistische Jugendliche auf einem Ausbildungshof im Stadtteil Czerniaków arbeiten. Der Hof diente als Basis für verdeckte Operationen und war ein Anlaufpunkt für Kuriere, hauptsächlich junge Frauen, die zwischen den Ghettos pendelten und Nachrichten übermittelten. Mitte 1942 gab es nicht weniger als 47 Untergrundzeitungen, die Berichte aus ganz Polen verbreiteten und Themen wie die angemessene ideologische Haltung zur Sowjetunion behandelten. Die Oneg-Schabbat-Organisation stand für eine besondere Form des Widerstands, denn sie dokumentierte die Verbrechen der Deutschen in Warschau und anderswo. Ringelblums Team von Reportern und Interviewern lieferte wichtige Fakten für die in den Westen geschickten Berichte. Übermittelt wurden sie von Kurieren des polnischen Untergrunds wie Jan Karski. Durch sie stand der Bund in Verbindung sowohl mit seinen Delegierten als auch mit der polnischen Exilregierung in London. Die zionistischen Organisationen hatten eigene Kommunikationswege zu ihren Vertretern in der Schweiz und der Türkei und erhielten auf diese Weise den Kontakt sowohl zu den Parteizentralen als auch zur Jewish Agency in Palästina aufrecht.[73]

In den Anfangsmonaten des Jahres 1942 erhielten politische Aktivisten im Ghetto erste Informationen über die Massaker an den Juden im besetzten Teil der Sowjetunion. Sie waren bruchstückhaft und schwer zu beurteilen, auch weil die Warschauer Juden eine Phase relativer Stabilität erlebten. Die Ghettowirtschaft funktionierte gut, und die Werkstätten hatten reichlich Aufträge. Dennoch konnte man die Aussagen von Juden, die den Gemetzeln in Wilna und dem Vernichtungszentrum in Chełmno entkommen waren, nicht ignorieren. Der Kampfaufruf, den die Vereinigte Partisanen-Organisation (FPO) im Januar 1942 in Wilna speziell an die jüdische Jugend richtete, versetzte die Jugendbewegungen in Warschau in Aufregung, unterstellte sie den Deutschen doch die Absicht, die Juden ausrotten zu wollen. Der aus Chełmno geflohene Szlama Wiener war nur der erste einer ganzen Reihe von Flüchtlingen, die grauenvolle Geschichten über Gaswagen und

Ghettosäuberungen im Warthegau nach Warschau brachten. Die Aktivisten in Warschau standen vor der Frage, ob es sich dabei um lokale Katastrophen oder um die Verwirklichung einer umfassenden Strategie handelte, die früher oder später auch ihr Ghetto erfassen würde. Denjenigen, die den Deutschen eine derart haarsträubende Absicht zutrauten, »fiel es schwer, die Neuigkeiten zu verarbeiten«. Abgesehen von dem grundsätzlichen Problem, was ein solches Phänomen für die Idee der Menschlichkeit bedeutete, stellten sich unzählige praktische Fragen bezüglich der Reaktionen auf eine solche Bedrohung.[74]

Von dem Wilnaer Aufruf aufgeschreckt, wandte sich Yitzhak Zuckerman, Funktionär der linken zionistischen Jugendgruppe Dror Hechalutz, im Januar mit dem Vorschlag zu gemeinsamer Widerstandstätigkeit an den Bund. Der Bund war die größere Organisation und verfügte über mehr Ressourcen als die zionistische Jugendorganisation. Daher war seine Unterstützung unerlässlich. Doch Zuckerman wurde abgewiesen. Im März unternahm die Partei Poale Zion einen ähnlichen Vorstoß, aber der Bund lehnte physischen Widerstand weiterhin strikt ab. Diese Haltung beruhte zum Teil auf einer realistischen Einschätzung der Situation, doch war der Bund auch aus ideologischen Gründen nicht zur Zusammenarbeit mit jüdischen Nationalisten bereit, die er traditionell verachtete. Auf einer Sitzung am 15. April beschlossen Jugendfunktionäre und die Führung des Bundes: »Aktive Selbstverteidigung zu verlangen, wie es mehrere unverantwortliche Organisationen tun, heißt, zum Massenselbstmord aufzurufen.« Die linken zionistischen Jugendgruppen und der linke Flügel von Poale Zion blickten daraufhin über das Ghetto hinaus und unterhielten bald Kontakte zur Polnischen Arbeiterpartei (PPR), der neuformierten kommunistischen Partei. Sie erwies sich als zugänglicher und beteiligte sich an der Gründung des Antifaschistischen Blocks, der ersten breit aufgestellten Widerstandsorganisation im Ghetto. Aber die Beteiligung von Kommunisten, verhassten Feinden des Bundes, entfremdete diesen nur noch weiter. Monate vergingen, ehe Tsukunft, die Jugendorganisation des Bundes, den Wert dieser Koalition erkannte und den Beitritt zu einer vereinigten Widerstandsbewegung zu erwägen begann. In der Zwischenzeit bildete der Antifaschistische Block eine gemeinsame Führung, begann mit der Ausbildung von Kämpfern und machte sich erste Gedanken darüber, wie das Ghetto gegen einen deutschen Angriff verteidigt werden könnte. Sein Arsenal hinkte allerdings meilenweit hinter seinen Aspirationen her: Im Mai 1942 besaß der Block eine einzige Pistole. Außerdem stießen seine Bemühungen, die Unterstützung der Ghettobewohner zu gewinnen und Geld für Waffen zu sammeln, auf taube Ohren.[75]

Gerade als der jüdische Untergrund sich zusammenzuschließen begann, aber noch nicht die Zeit gehabt hatte, sich auf eine Konfrontation mit den Deutschen vorzubereiten oder auch nur Flucht- und Ausweichmanöver zu planen, geriet er ins Visier der Gestapo. Die Erkundungen waren eigentlich als Vorbereitung der Deportationen gedacht, führten aber zur Entdeckung der sich herausbildenden Widerstandsbewegung. In der Nacht vom 17. auf den 18. April 1942 schlug die Gestapo zu und ermordete 51 politische Aktivisten. Bei Razzien in anderen Ghettos wurden mehrere Anführer und Kuriere verhaftet oder getötet. Der Bund und Tsukunft waren über diesen Rückschlag ebenso wie die anderen zionistischen Gruppen erschüttert und verwirrt. Wie von den Deutschen beabsichtigt, war am Vorabend der umfassendsten Aktion gegen die größte jüdische Gemeinde in Polen deren politische Führung vorübergehend gelähmt und die Gemeinde insgesamt in ihrer Widerstandsfähigkeit erheblich beeinträchtigt.[76]

Nach eigener Einschätzung errang der jüdische Untergrund im Warschauer Ghetto allerdings einen bedeutenden Sieg gegen die Deutschen. Am 21. Mai 1942 konnte der Bund einen Brief aus Polen herausschmuggeln, in dem er seine Vertreter in London darüber informierte, dass bis zu diesem Zeitpunkt 700 000 Juden ermordet worden waren. Außerdem wurde der Einsatz von Giftgas erwähnt und darauf hingewiesen, dass die Massaker Teil eines Programms zur völligen Vernichtung des Judentums waren. Auch Einzelheiten über das Vernichtungslager Chełmno und das neue Lager in Treblinka wurden der polnischen Exilregierung zugespielt. Das Material für diese Berichte stammte aus Befragungen, die Oneg-Schabbat-Mitarbeiter mit Flüchtlingen aus den Lagern und einigen Juden geführt hatten, die sich den Deportationen aus Lublin, Lemberg und anderen Orten entzogen hatten. Die so gewonnenen Erkenntnisse bildeten die Grundlage für eine PR-Kampagne des Bundes und der polnischen Exilregierung in London. Ihren Höhepunkt erreichte sie am 2. Juni 1942 mit einer Sendung des Europäischen Dienstes der BBC, die das Schweigen über den systematischen Massenmord an den polnischen Juden brach. Eine Woche darauf sprach der polnische Ministerpräsident in einer Radiosendung über die Katastrophe. Nach einer weiteren BBC-Sendung erlaubte sich Ringelblum ein Selbstlob: »Freitag, der 26. Juni, war ein großer Tag für Oyneg Shabes [Oneg Schabbat]. Heute im Morgengrauen hörten wir eine britische Radiosendung über die polnischen Juden. Darin wurde alles erwähnt, worüber wir so viel wissen; Slonim und Wilna, Lemberg und Chelmno.« Nach Wochen, in denen sich die Ghettobewohner von einer gleichgültigen, teilnahmslosen Welt alleingelassen gefühlt hatten, sandte sie ein Zeichen, dass sie Bescheid wusste. Ringelblum vermerkte voller Genugtuung, jetzt sei deutlich geworden, dass die Bemühungen, die Welt aufzurütteln, »etwas bewirkt haben. … [Die BBC] sprach auch die Warnung aus, dass diese Verbrechen Vergeltung und Sühne nach sich ziehen würden. Der Oyneg Shabes hat eine bedeutsame geschichtliche Aufgabe vollbracht. Er hat die Welt auf unser Schicksal aufmerksam gemacht und vielleicht Hunderttausende polnische Juden vor der Ausrottung bewahrt.« Doch die Nachricht hatte den Westen zu spät erreicht; außerdem hätte er kaum etwas tun können, um die Apokalypse, die sich über dem Warschauer Ghetto zusammenbraute, zu verhindern oder abzumildern.[77]

Anfang Juni nahm Czerniaków deutlichere Vorzeichen wahr. Sein Argwohn wurde geweckt, als die Deutschen verlangten, Juden mit ausländischer Staatsangehörigkeit an einen sicheren Ort unter ihrer Aufsicht zu bringen, offenbar um sie gegen Deutsche in alliierter Hand auszutauschen. Mary Berg und ihre Familie gehörten zu den von dieser Maßnahme Betroffenen; zusammen mit anderen wurden sie im Pawiak-Gefängnis untergebracht. Unterdessen strömten Überlebende der massiven Deportationen aus anderen Ghettos nach Warschau und brachten das Gerücht mit, dass bald 70 000 Juden aus der Hauptstadt deportiert werden sollten. Czerniaków vertraute seinem Tagebuch an, dass er sich wie auf einem sinkenden Schiff vorkomme. Um sich selbst Mut zuzusprechen, zog er Bilanz: 79 000 Ghettobewohner hatten Arbeit (50 000 davon in Betrieben im Ghetto). Im Juni waren Güter im Wert von zwölf Millionen Złoty ausgeführt worden. Doch die Gerüchte hielten sich hartnäckig, und am 18. Juli, einem »Tag voller böser Vorahnungen«, forderte er Auerswald auf, zu bestätigen oder zu negieren, dass die Ghettobewohner bis auf 120 000 von ihnen umgesiedelt werden sollten. Auerswald behauptete, nichts von solch einem Vorhaben zu wissen. Im Ghetto machte sich dennoch Panik breit, und

Czerniaków zeigte sich bewusst in der Öffentlichkeit, um die Menschen zu beruhigen. Am selben Tag versammelten sich Aktivisten zu Beratungen darüber, wie man reagieren solle, falls die Gerüchte sich als wahr erwiesen. Der Journalist Hillel Seidman, der für den Judenrat arbeitete, hat die Diskussion festgehalten. Einige Teilnehmer vertraten die durchaus vernünftige Ansicht, eine halbe Million Menschen zu deportieren sei unmöglich. Optimisten ergänzten, das Ghetto sei für die Deutschen von Nutzen. Pessimisten verwiesen dagegen auf die Vernichtung anderer produktiver Gemeinden. Was konnten sie in diesem Fall tun? Ein Rabbiner empfahl, die Alliierten zu bitten, die Juden zu Bürgern Palästinas und damit zu alliierten Staatsangehörigen zu machen. Ein anderer schlug vor, sich an den Papst zu wenden. »Langsam, aber sicher«, notierte Seidman, »dämmert der Versammlung die Erkenntnis, dass alle unsere Pläne unrealistisch und undurchführbar sind. Das Wissen um unsere völlige Hilflosigkeit wird von Minute zu Minute greifbarer, während wir einsehen, dass wir zu unserem Schicksal verdammt sind.«[78]

Jetzt ging alles sehr schnell. Am 21. Juli setzte die Sipo Czerniaków, seine Frau und andere Judenräte fest. Er wurde wieder freigelassen, aber die anderen blieben als Geiseln in Haft. Während einer Fahrt in die Stadt im Auftrag des Judenrats bemerkte Seidman an den Ghettotoren verstärkte Wachen und hörte Passanten über eine bevorstehende »Aktion« reden. Bei seiner Rückkehr befand sich das Ghetto in heller Aufregung. Jeder versuchte verzweifelt, eine Stelle beziehungsweise eine Arbeitsbescheinigung zu ergattern. Frauen heirateten irgendwelche Männer, solange diese nur die begehrten Papiere besaßen.[79]

Am nächsten Tag wurden Czerniaków düsterste Vorahnungen wahr. Um zehn Uhr erschien Hermann Höfle in Begleitung zweier Angehöriger der Truppe, die das Lubliner Ghetto geräumt hatte, in seinem Büro. Sie wiesen ihn an, dafür zu sorgen, dass bis 16 Uhr 6000 Ghettobewohner zur Umsiedlung in den Osten bereitstanden, und nannten ihm die Kategorien der Einzubeziehenden und Auszuklammernden. Der Erlass wurde später als Plakat überall im Ghetto verbreitet. *Alle* Juden sollten in den Osten deportiert werden, ausgenommen die Arbeitskräfte deutscher Behörden und Betriebe, Arbeitsfähige ohne Beschäftigung (die im Ghetto »kaserniert« werden sollten), Ordnungsdienstmänner und im Gesundheitsdienst Beschäftigte sowie die engsten Familienangehörigen der Genannten. Auch Kranke und Klinikpatienten sollten ausgenommen werden. Die Deportierten durften 15 Kilogramm Gepäck haben und sollten ihre Wertsachen sowie Essen für drei Tage zu den Sammelstellen mitbringen. Seidman verfolgte im Amtssitz des Judenrats, wie sich »die Neuigkeit wie ein Blitz verbreitet: ›Aussiedlung‹. Dieses schreckliche Wort weckt die Todesangst … Ich betrete Czerniaków's Sitzungssaal. Ein Blick auf ihn genügt – das kalkweiße Gesicht, die zitternden Hände, der starre Blick, der nichts sieht.« Außerhalb des Gebäudes herrschte Chaos. Die Menschen hasteten hin und her. Seidman beobachtete, dass der OD bereits begann, die Quote zu erfüllen. Zuerst ergriff er Juden in den Flüchtlingsunterkünften und Gefängnissen, Jugendliche und Bettler. Bis Tagesende wurden 6250 Juden zum Umschlagplatz gebracht, der früher dem Warenaustausch gedient hatte und nun den Zweck einer unter Aufsicht der Sipo stehenden, vom OD bewachten Haftstätte erfüllte.[80]

Am nächsten Morgen überbrachte SS-Obersturmführer Hermann Worthoff aus Höfles Aussiedlungsstab, der schon an der Räumung des Lubliner Ghettos beteiligt gewesen war, Czerniaków neue Instruktionen. Czerniaków feilschte mit ihm über die Kategorien der Auszuschließenden, wobei es ihm insbesondere um Waisen ging. Worthoff forderte ihn auf, sich deswegen an Höfle zu wenden; er erwarte 7000 zu Deportierende. Auf die Frage, wie lange dies so weitergehen werde, antwortete Worthoff: »7 Tage in der Woche.« Später schrieb Czerniaków: »In der Stadt drängt sich alles, Werkstätten zu eröffnen. Eine Nähmaschine kann das Leben retten.« Allerdings nicht das eines Waisenkindes oder aller anderen, die sie nicht bedienen konnten. Später am Tag fand der Kassenwart des Judenrats Czerniaków tot in seinem Büro. Er hatte sich das Leben genommen. In einem Abschiedsbrief an seine Kollegen im Judenrat stellte er fest: »Ich bin machtlos, mir bricht das Herz vor Trauer und Mitleid, länger kann ich das nicht ertragen. Meine Tat wird alle die Wahrheit erkennen lassen und vielleicht auf den rechten Weg des Handelns bringen.« Leider begriffen nur wenige die Bedeutung von Czerniaków's letztem Willen. Ringelblum, der nie zu seinen Bewunderern gehört hatte, notierte verächtlich: »Der Selbstmord von Czerniaków – zu spät, ein Zeichen der Schwäche – hätte zum Widerstand aufrufen sollen – ein schwacher Mann.« Chaim Kaplan sah in ihm das »erste Opfer des Deportationsdekrets … Er verewigte seinen Namen durch seinen Tod mehr als durch sein Leben.« Auch Seidman verstand Czerniaków's Beweggründe: »Er hatte plötzlich den Abgrund erkannt, der sich vor seiner Kehillah [Gemeinde] auftat. Alle seine Pläne und Hoffnungen zerschellten an der grausamen Wirklichkeit. Anstatt ein bloßes Werkzeug des Feindes zu werden, nahm er sich das Leben und starb in Ehren.« Czerniaków wurde am nächsten Nachmittag hastig und heimlich begraben. An diesem Tag, dem Fasten- und Trauertag Tisch'a Be'av, an dem fromme Juden der Zerstörung des Jerusalemer Tempels gedenken, wurden 7200 Juden zum Umschlagplatz gebracht.[81]

Dieses Muster wiederholte sich, mit leichten Abweichungen, in den folgenden sechs Wochen. Höfle richtete sein Hauptquartier im Zentrum des Ghettos in der Lesznostraße ein. Die Routinearbeit übertrug er den beiden Leitern des Judenreferats der Warschauer Gestapo, Karl Brandt und Gerhard Mende. Sie überbrachten dem Judenrat, an dessen Spitze jetzt OD-Chef Józef Szeryński und sein Stellvertreter Jakub Lejkin standen, und dem Ordnungsdienst jeden Morgen schriftliche Anweisungen. Sie enthielten die Zahl der Festzunehmenden, neu einzubeziehende Kategorien sowie die ins Visier zu nehmenden Straßen, Gebäude und Werkstätten. Seidman bemerkte bitter, dass die Deutschen mit Karten auftauchten, auf denen Warschau Block für Block verzeichnet war: »die neuste moderne Technik; immerhin befinden wir uns im 20. Jahrhundert«. Der OD umstellte dann die bezeichneten Gebäude und trieb die Bewohner auf den Hof oder die Straße, wo er ihre Papiere prüfte und diejenigen aussonderte, die von der Deportation ausgenommen waren. Danach durchsuchten SS-Männer, deutsche Polizisten oder Hilfspolizisten (Litauer, Letten, Ukrainer) das betreffende Gebäude oder den Häuserblock und erschossen jeden, den sie noch im Innern vorfanden oder in einem Versteck entdeckten. Schließlich wurden die Deportationsopfer vom OD zum Umschlagplatz eskortiert, wo sie festgehalten wurden, bis Transportraum verfügbar war. Dies konnte einen Tag und eine Nacht unter freiem Himmel bedeuten, bei Regen und Hitze, ohne Essen und sanitäre Einrichtungen. Der Umschlagplatz war mit Abfall und Exkrementen bedeckt. Allerdings bot dieser stinkende, überfüllte Platz den zur Deportation vorgesehenen Juden die beste Fluchtmöglichkeit. Hier nahmen OD-Männer gepfefferte Schmiergelder und schauten dann weg, wenn sich jemand davonschlich; Werkstattleiter, die von der Aushebung eines wichtigen Mitarbeiters erfahren hatten, kamen, um zu sehen, ob sie ihre Freilassung erreichen konnten; Angehörige und Schützlinge von Judenratsmitgliedern wurden regelmäßig im letzten Augenblick gerettet, für gewöhnlich zu einem exorbitanten Preis.[82]

Die Razzien verliefen keineswegs so glatt und gleichförmig, wie die große Zahl der jeden Tag Ergriffenen vermuten lässt. Vom 24. bis 31. Juli wurden täglich zwischen 5000 und 7000 Juden zur Deportation abgeführt. Am 5. und 6. August waren es über 10 000. Vom 19. bis 21. August wurden die Transporte vom Umschlagplatz unterbrochen, während entlegene Ghettos geräumt wurden. Wegen einer geänderten Taktik konnten vom 6. bis 11. September mehr als 54 000 Juden deportiert werden. Am 12. September endeten die täglichen Razzien; es folgten nur noch drei kleinere Aktionen, bei denen ein Großteil des Ordnungsdiensts deportiert wurde. Im Lauf der Zeit waren für die täglichen Aushebungen immer mehr Männer, Anreize und Gewalt nötig. Am 25. Juli war der OD gezwungen, Hunderte Angestellte des Judenrats aus allen möglichen Bereichen in seine Reihen aufzunehmen, weil er für die Aufgabe nicht über genügend Personal verfügte. Manche desertierten; einige zogen den Selbstmord der Mitarbeit vor. Auf jeden Fall entsprach die Leistung des OD nicht den Erwartungen der eigentlichen Herren. Fünf Tage später, nachdem die Zahl der auf dem Umschlagplatz abgelieferten Juden stetig gesunken war, verloren sie die Geduld und stellten reguläre und Hilfspolizisten ab, die gemeinsam mit dem OD die Razzien durchführten. Gleichzeitig versprach der OD in einem Aufruf jedem Ghettobewohner, der sich freiwillig auf dem Umschlagplatz meldete, drei Kilogramm Brot und ein Kilogramm Marmelade. Da die Einfuhr von Lebensmitteln am 22. Juli praktisch eingestellt worden war, hatte dieser Aufruf ausgesprochen große Wirkung. Am 30. Juli meldeten sich 1500 Juden freiwillig zur Deportation, am nächsten Tag 750 und am 3. August 3000. Als die deutschen und tschechischen Juden mit der »Aussiedlung« an der Reihe waren, versammelten sie sich aus eigenem Antrieb und marschierten zu den Eisenbahnzügen, viele der Männer mit den Orden auf der Brust, die ihnen im Ersten Weltkrieg für ihren Einsatz auf deutscher oder österreichischer Seite verliehen worden waren.[83]

Der Ordnungsdienst, dessen Aufstellung die Ghettobewohner einst begrüßt hatten, wurde jetzt zum meistgehassten Werkzeug der deutschen Herren. »Diese Tat wird von den jüdischen Schlächtern begangen«, klagte Chaim Kaplan und fügte drei Tage später hinzu: »Diese kriminelle Polizei [der OD] ist das Kind des kriminellen Judenrats.«

Seidman äußerte sich vorsichtiger: »Die Deutschen zwingen den Judenrat und die jüdische Polizei, ihnen bei den Massendeportationen zu helfen.« Lewin hatte keinen Sinn für solche Nuancen: »Die Polizei führt die Razzien durch, und Vertreter der jüdischen Gemeinde, die weiße Armbinden tragen, helfen ihr dabei.« In seinen Augen gab es keine Rechtfertigung für die »Gewalttätigkeit der Polizei bei den Razzien, die mörderische Brutalität. Sie zerren Mädchen von Rikschas, leeren Wohnungen und lassen das Eigentum überall verstreut liegen.« Nachdem er Zeuge der Gewalt geworden war, welche die Aushebungen regelmäßig begleitete, verurteilte er die »furchtbare Korruption unserer Polizei und ihrer Helfer. Eine Schande, eine Schande!« Nach einem Monat ständiger Razzien schimpfte er: »Sie schlagen bösartig, sie stehlen, und sie plündern wie Banditen in den Wäldern. Welche Degeneration! Wer hat diese bitteren Früchte unter uns herangezogen?«[84]

Es fiel den Zeugen und Tagebuchschreibern im Ghetto schwer, die Katastrophe aufzuzeichnen. Sie überforderte den Verstand und war mit dem gewöhnlichen Wortschatz kaum zu erfassen. Terror, Hunger, Erschöpfung und regelmäßige Umzüge erschwerten die Aufgabe noch mehr. »Ich habe nicht die Kraft, eine Feder in meiner Hand zu halten«, bekannte Kaplan, nachdem er von dem Deportationserlass erfahren hatte. »Ich bin gebrochen, zerschmettert. Meine Gedanken gehen durcheinander. Ich weiß nicht, wo ich beginnen oder aufhören soll.« Dennoch schrieb er weiter. Als Freunde ihn fragten, wozu, antwortete er: »Ich weiß, dass die Fortführung dieses Tagebuchs bis ans völlige Ende meiner körperlichen und geistigen Kräfte ein historischer Auftrag ist, dem ich nicht untreu werden darf.« Nachdem Abraham Lewins Frau verhaftet worden war, schrieb er: »Sonnenfinsternis, universale Schwärze. Meine Luba ist mir durch eine Razzia genommen worden … Mir fehlen die Worte, um meine Betrübnis zu beschreiben.« Am nächsten Tag führte er sein Tagebuch fort. In den folgenden Wochen interviewte er aus Treblinka Entflohene und zeichnete weiter die Verbrechen der Deutschen auf.[85]

»Das Ghetto hat sich in ein Inferno verwandelt«, konstatierte Kaplan am 27. Juli. »Die Menschen sind zu Tieren geworden.« Der OD ignorierte Arbeitsbescheinigungen und machte auf jeden Jagd, um die Quote zu erfüllen. Bei Abriegelungen von Häusern oder Straßen versuchten die Eingeschlossenen über Zäune und Dächer zu entkommen. Kinder und Mütter wehrten sich gegen die OD-Männer, die sie mit Schlagstöcken gefügig machten. »Solche Szenen hat die Welt noch nicht gesehen«, glaubte Lewin. »Menschen werden in Waggons geworfen wie Hunde. Alte und Kranke werden zum jüdischen Friedhof gebracht und dort ermordet ... Für diese Tragödien gibt es keine Worte.« Seidman bezeichnete Warschau als »Todesfabrik«. Als Rabbiner und Akademiker aus den Werkstätten geholt wurden, unter ihnen langjährige Freunde und Kollegen, klagte er: »In unserer Sorge um unser eigenes Überleben waren wir gezwungen, bloße Zuschauer zu sein. Wie erbärmlich erscheint unser Leben jetzt im Vergleich. Nennt man das Leben?« Vom Hunger gequälte Beobachter waren trotzdem schockiert beim Anblick von Juden, die freiwillig zu den Zügen gingen. Lewin beobachtete entsetzt, wie zwanzig Ukrainer, fünfzig OD-Männer und vier Deutsche »3000 Juden zur Schlachtbank« führten. Sie gingen »wie Lämmer« in den Tod. Seidman sah Scharen von Hungernden, die sich von dem Versprechen von Brot und Marmelade zu »ihrer letzten Verabredung mit ihren Schlächtern« verleiten ließen.[86]

Aber es gab auch Opposition, Flucht und Widerstand. Am Tag von Czerniaków's Selbstmord kamen 16 Führer der wichtigsten politischen Gruppen (außer den revisionistischen Zionisten) zusammen, um darüber zu beraten, wie sie reagieren sollten. Der alte Gewerkschafter Bernard Goldstein fasste die Linie des Bundes zusammen: »[W]ir wussten ..., dass bewaffneter Widerstand das ganze Ghetto und nicht nur 60 000 ins Verderben ziehen würde. Und wer hätte – auch wenn es noch so offenbar war, dass das ganze Ghetto auf jeden Fall dem Untergang geweiht war – die Verantwortung für die Beschleunigung einer solchen Katastrophe auf sich nehmen mögen?« Auch der Historiker, Zionist und ehemalige Abgeordnete des polnischen Parlaments Yitzhak Schipper sprach sich dafür aus, nicht zu den Waffen zu greifen. Laut Zuckerman fragte er die jungen Heißsporne in der Beratung: »Darf man das Leben anderer Juden gefährden?« Wie die jüdische Geschichte lehre, hätten sie »keine andere Wahl, als das Urteil anzunehmen«. Ein Vertreter der orthodoxen Partei Agudat Israel versicherte, Gott werde nicht zulassen, dass sein Volk vernichtet werde: »Der Herr gibt, und der Herr nimmt.« Da vorerst offenbar nur Flüchtlinge und Bettler deportiert wurden, sprach sich die Mehrheit dafür aus, Maßnahmen zur Störung der Aktion aufzuschieben. Zuckerman war niedergeschlagen, aber Mitglieder der Jugendorganisationen Dror Hechalutz und Haschomer Hatzair beschlossen, wenigstens gewaltlosen Widerstand zu leisten. Am nächsten Tag verteilten sie Flugblätter, auf denen sie die Ghettobewohner warnten, der Umschlagplatz bedeute den Tod, und zum Widerstand aufriefen. In einer ähnlichen, wenn auch unkoordinierten Aktion betonte das illegale Mitteilungsblatt des Bundes, dass man es mit einer »Vernichtungskampagne« zu tun habe, und riet für die Deportation vorgesehenen Juden, sich »mit Zähnen und Klauen« zu wehren.[87]

Vier Tage später gründeten führende Vertreter von Dror und Haschomer Hatzair die Jüdische Kampforganisation (ŻOB). Eine Delegation, der unter anderen Aryeh Wilner angehörte, wurde auf die »arische« Seite geschickt, um Kontakt zum polnischen Untergrund aufzunehmen und Waffen zu beschaffen. Nachdem ihr Auftrag erfüllt war, kehrte sie ins Ghetto zurück; nur Wilner blieb als Verbindungsmann zum polnischen Widerstand außerhalb des Ghettos. Unterdessen sandte der Bund Agenten aus, die den Zügen folgen und sich vergewissern sollten, was mit den Deportierten geschah. Einer von ihnen, Zalman Fridrich, konnte mit Entkommenen aus dem Todeslager Treblinka sprechen. Nachdem er Bericht erstattet hatte, konnte die politische Führung nicht mehr im Zweifel darüber sein, was auf dem Spiel stand. Obwohl der Bund sich erst Monate später der ŻOB anschloss, schlugen seine jungen Mitglieder jetzt den Pfad des Kampfes ein. Doch die ŻOB war ineffektiv und durch Streitigkeiten über ihr Vorgehen zerrissen. Sollte sie versuchen, im Ghetto bewaffneten Widerstand zu leisten, oder ausbrechen, damit ihre Mitglieder sich der Partisanenbewegung anschließen konnten? War es ihre Aufgabe, die Deportationen zu stören, oder sollte sie gegen die Deutschen losschlagen, um Vergeltung zu üben? Wer war eigentlich der Feind? Sollte sie gegen den Judenrat und den OD kämpfen? Auch weil ihr die Mittel für größere Unternehmungen fehlten, begann die ŻOB ihren Feldzug mit einem Angriff auf die verhasstesten Figuren im Ghetto. Am 20. August schoss das ŻOB-Mitglied Izrael Kanał auf Szeryński und verletzte ihn. Ein Flugblatt verkündete, dass er ein Opfer der Jüdischen Kampforganisation sei, und bezichtigte den gesamten OD der Kollaboration mit den Deutschen. Zu diesem Zeitpunkt war das ŻOB-Arsenal auf fünf Pistolen und acht Handgranaten angewachsen. Ihre Kämpfer nahmen auch in deutschem Besitz befindliche oder deutsch geführte Werkstätten aufs Korn. Tragischerweise wurde am 3. September bei einer deutschen Razzia in der Landau-Werkstatt, in der ein großer Teil des

Untergrunds sein Hauptquartier hatte, das Waffenversteck der ŻOB entdeckt. Außerdem wurden führende Mitglieder der Organisation, die zur Tarnung in der Werkstatt arbeiteten, verhaftet. Bis auf weiteres war damit der in den Kinderschuhen steckende jüdische Widerstand zerschlagen. Inmitten des alltäglichen Irrsinns konnten die verschiedenen Gruppen nicht mehr erreichen, als ihre Kader zu schützen. Der organisierte Widerstand zerfiel.[88]

Im August verlagerte sich der Schwerpunkt der Deportationen auf Fürsorgeeinrichtungen, Gemeindeinstitutionen und Betriebe, die bisher unantastbar gewesen waren. Am 5. August waren die wehrlosen Kinder an der Reihe, die Czerniaków zuvor zu retten versucht hatte. Lewin notierte knapp: »Sie haben Dr. Korczaks Waisenhaus geleert, mit dem Doktor an der Spitze von 200 Waisen.« Die Selbstlosigkeit, mit der er die Kinder in den sicheren Tod begleitete, wurde augenblicklich Legende, ebenso wie die Tapferkeit der Kinder, die in geordneten Reihen zum Umschlagplatz marschierten. »Wer weiß«, trauerte Lewin, »wie viel Potential, Fähigkeiten, Talente und jüdische Schätze in diesen kostbaren jungen Seelen enthalten sind, die jetzt zum Tod verurteilt sind. Dennoch marschieren sie so still, so gefasst auf ihr vorzeitiges Ende zu.« Ungefähr zur gleichen Zeit wurden auch Chaim Kaplan und seine Frau aufgegriffen. In seinen letzten Tagen war er ebenso von Hunger und Angst wie von der Furcht gequält, sein Zeugnis könnte in der Katastrophe verlorengehen: »Meine größte Sorge gilt der Verbergung meines Tagebuches, auf dass es künftigen Generationen erhalten bleibe.« Der letzte Satz des Tagebuchs ist eine quälende Frage: »Wenn mein Leben endet – was wird aus meinem Tagebuch werden?«[89]

Der OD, die Deutschen und ihre osteuropäischen Helfer wandten sich nun CENTOS, den übrigen Kinderheimen, der jüdischen Selbsthilfe und schließlich auch dem Judenrat zu. Am 9. August wurde Letzterer angewiesen, in ein kleineres Gebäude umzuziehen und 7000 seiner Angestellten mitsamt ihren Familien preiszugeben. Die Ausweise wichtiger Gemeindemitarbeiter wurden für ungültig erklärt, und nur diejenigen, deren Papiere von der Sipo abgestempelt wurden, blieben geschützt. Helen Szereszewska wurde durch ihren Ehemann, den Leiter der Finanzabteilung des Judenrats, vom Umschlagplatz geholt. Nach dieser Rettung in letzter Minute zog sie ins Judenratsgebäude um und saß den ganzen Tag am Schreibtisch ihres Mannes. »Es war bei allen Ratsmitarbeitern das Gleiche«, schrieb sie später. »Wenn die

Frauen und Kinder nicht arbeiteten, saßen sie an den Schreibtischen ihrer Ehemänner und Väter … Jeder bot seiner Familie Schutz.« Aber die Deutschen waren noch nicht fertig mit dem Judenrat. Am 16. August wurde das Gebäude umstellt und eine Selektion durchgeführt, der zehn Tage später eine weitere Razzia folgte. »Die Ratsmitarbeiter und ihre Familien erhielten dreitausend Nummern«, berichtete Szereszewska. Sie und ihre Tochter, die ebenfalls beim Rat arbeitete, gehörten zu diesen höchst Privilegierten. »Aber das bedeutete nicht, dass alle anderen sterben mussten. Die anderen konnten sich in leeren Häusern verstecken, sogar im Keller des Ratsgebäudes, oder auf die arische Seite fliehen. Viele sprangen vom Dachboden durch das Loch in der Mauer. Man konnte auf die Trümmerhaufen herunterspringen, auf das unbebaute Areal.« Wie viele von denen, die weniger Glück hatten als sie, auf diese Weise überlebten, sagte sie nicht.[90]

Nachdem der Südteil des Ghettos geräumt war, nahmen sich die Deutschen die Werkstätten vor. Entsprechend Himmlers Anordnung, die verbliebenen jüdischen Beschäftigten im Generalgouvernement streng zu überwachen, wurden die Häuserblocks um jeden Betrieb herum geleert, um sie als Unterkünfte für die Arbeiter zu nutzen, und anschließend eingezäunt, so dass im Grunde einzelne Arbeitslager entstanden. Die Juden bemühten sich verzweifelt um eine Anstellung in diesen Betrieben, und tatsächlich wurden einige, dank mitfühlender jüdischer Geschäftsführer, zu einer Zuflucht für Untergrundkämpfer, Aktivisten von Oneg Schabbat, Rabbiner und Gelehrte. Dann durchkämmten die Deutschen eine aufgeblähte Belegschaft nach der anderen und sonderten jeden aus, der ohne Beschäftigung war. Es kam zu erschütternden Szenen, wenn Frauen von ihren Männern oder Kinder von ihren Eltern getrennt wurden. Verzweifelt rief Lewin aus: »Die Familien werden deportiert (getötet), und sie wollen nur noch die Arbeitssklaven für den Augenblick zurückbehalten. *Welches Grauen!* Sie haben vor, uns restlos zu vernichten.« Rabbi Huberband gehörte zu den 1600, die am 18. August in der Bürstenfabrik ausgesondert wurden. Michael Zylberberg hatte mehr Glück. Wie einige andere Rabbiner hatte er in der Werkstatt Landau Schutz gefunden, bis er bei einer Selektion festgenommen wurde. Doch er konnte zusammen mit seiner Frau vom Umschlagplatz fliehen und fand in der Werkstatt Hoffmann Zuflucht, wo eine weitere Selektion stattfand, die er aber überstand. Andere erlebten Ähnliches.[91]

Władysław Szpilman hatte mit Beginn der Deportationen aufgehört, in Cafés Klavier zu spielen, und sich um eine Arbeitsbescheinigung für sich und seine Familie bemüht.[92] Noch dazu mussten die Szpilmans das kleine Ghetto verlassen und eine neue Bleibe suchen. Eine Zeitlang wurden Szpilman, seine Schwestern, sein Schwager und sein Vater von einem Freund in den Lagerhäusern beschäftigt, wo die Habseligkeiten der Deportierten sortiert wurden und auch die dort Beschäftigten untergebracht waren. Aber dieser Ort bot wenig Schutz. Am 16. August wurde eine Selektion durchgeführt, und Szpilman wurde zusammen mit seinem Vater und einer Schwester aus der Belegschaft ausgesondert. In seinen Memoiren erzählte er, dass sie schließlich der Erschöpfung und Unterernährung nachgaben: »Länger zu kämpfen lohnte nicht mehr.« Sie wurden zum Umschlagplatz gebracht. »Als wir auf den Platz kamen, war er noch ziemlich leer. Leute liefen hin und her und suchten vergeblich Wasser.« Szpilman bemerkte, dass die Menschen einen bestimmten Teil des Platzes mieden. »Dort lagen die Leichen derer, die man gestern wegen irgendeines Vergehens, vielleicht sogar wegen Fluchtversuchs, ermordet hatte. Unter den Männerleichen waren die Leiche einer jungen Frau und zwei Mädchenleichen mit total zerschmetterten Schädeln. Man zeigte sich unter der Mauer, an der die Leichen lagen, deutliche Blutspuren und Gehirnspritzer.« Die Szpilmans hatten sich an einem »durchaus passablen« Platz niedergelassen, als immer mehr Menschen auf den Platz strömten. Sie alle wurden von der »Atmosphäre von Apathie und Stumpfheit …, die auf dem Umschlagplatz herrschte«, erfasst. Szpilman bemerkte eine junge Frau: »Ihr Kleid war zerrissen, ihre Haare waren zerzaust, als wenn sie mit jemandem gekämpft hatte … Mit gespreizten Fingern hielt sie sich an der Kehle und stieß von Zeit zu Zeit mit monotoner Regelmäßigkeit die Frage aus: ›Wozu hab' ich es erstickt?‹« Die Hitze war inzwischen unerträglich und der Platz voller Menschen. Wasser gab es keines. Einige sprachen von Widerstand, andere hielten das für eine Dummheit. Eine Schwester und ein Schwager Szpilmans stießen aus Familiensolidarität zu ihren Angehörigen. Gegen 18 Uhr trafen Deutsche ein, um Arbeitsfähige aus der Menge herauszusuchen. Nach der Selektion fuhr der Zug ein. Gleichzeitig wurden die Reihen der OD- und SS-Männer verstärkt, aber Szpilman hatte jeden Widerstandswillen verloren. »Wir machten uns auf. Wozu warten? Je schneller wir in die Waggons kamen, umso besser.« Doch plötzlich zog ein OD-Mann, der ihn kannte, Szpilman von den Waggons fort. Er war hin- und hergerissen zwischen Fluchtimpuls und dem Wunsch, bei seinen Lieben zu sein. Bis ihm ein OD-Mann sagte, er solle lieber zusehen, sich zu retten. Da begriff er, dass der Zug in den Tod fuhr, und machte sich hastig davon, »von ungehemmter, animalischer Angst getrieben. Ich schlüpfte in eine Arbeiterkolonne der Gemeinde, die gerade den Platz verließ, und so kam ich durchs Tor.«

Im letzten Stadium der Ghettoräumung brach jede politische, gemeinschaftliche und familiäre Solidarität zusammen. Lewin beobachtete, wie Überlebende von Selektionen »unersättlich stahlen und plünderten«. Er hörte von Müttern, die vom Umschlagplatz zurückkehrten, nachdem sie die schrecklichste Wahl überhaupt getroffen hatten: »Sie wurden von ihren Kindern zwischen drei und zwölf und 14 Jahren getrennt, und wenn sie Ausweispapiere hatten, waren sie frei.« Vom 19. auf den 20. August wurde der OD zum Ghetto von Otwock verlegt, um den Deutschen bei der Deportation der gesamten jüdischen Bevölkerung der Stadt, die einst ein beim jüdischen Bürgertum beliebter hübscher Urlaubsort gewesen war, zu helfen. Gegen Ende schrieb Lewin: »Die menschliche Hand und der Stift sind es müde, all das zu beschreiben, was die Handvoll von Juden erlebt, die noch am Leben ist, darunter ich selbst.«[93]

Am 6. September erreichte die Aktion in Warschau ihren grauenvollen Höhepunkt. Am Tag zuvor wiesen die Deutschen die gesamte jüdische Bevölkerung an, sich am Nordende des Ghettos in den neun Blocks oberhalb der Gesiastraße zwischen Smocza- und Zamenhofstraße zu versammeln, angeblich um neue Ausweispapiere zu erhalten. Es war eine riesige Falle: Die Deutschen verteilten 32 000 neue Ausweise, manche in Form einer Zinnscheibe mit einer aufgestempelten Zahl, an Mitarbeiter des Judenrats und OD-Männer, außerdem an Arbeiter, welche die riesigen Mengen an Habseligkeiten, die aus Treblinka eintrafen, und die Gegenstände aus den verlassenen Wohnungen sortierten, sowie an Arbeiter von SS-Betrieben. Fabrik- und Werkstattleiter wurden aufgefordert, Listen von Arbeitern aufzustellen, und auch diese erhielten Karten oder Scheiben. Angehörige wurden nicht einbezogen. Wer keine Nummer hatte, wurde auf den angrenzenden Umschlagplatz geführt. Riesige Summen wechselten den Besitzer, da die Unglücklichen ohne Nummer um einen Platz in einer Werkstatt feilschten und diejenigen, die Glück gehabt hatten, ihren Lieben eine Zuflucht erkaufen wollten. Mit vom Judenrat ausgegebenen Dokumenten bewaffnet, warf sich Seidman ins Getümmel, um Emanuel Ringelblum, den führenden Bundfunktionär Maurycy Orzech und den Dichter Jizchak Katzenelson zu retten. Er sah, wie Geld von Hand zu Hand ging, Menschen an abgelenkten Wachen vorbeischlichen und SS-Offiziere »in heiterer Stimmung miteinander lachten und ihre Peitschen an ihre glänzenden Stiefel knallen ließen«. Der Vorgang zog sich in brütender Hitze über sechs quälende Tage hin. Zu essen und zu trinken hatten die Juden nur, was sie mitgebracht hatten. Mehr als 300 von ihnen starben im »Kessel«, wie der Platz genannt wurde, und 2648 wurden inmitten des Durcheinanders erschossen. Als die Blockade aufgehoben wurde, waren 54 269 Juden »ausgesiedelt« worden. Die große Deportation war vorüber. Rund 10 300 Juden waren im Ghetto ermordet, weitere 11 580 in Arbeitslager geschickt und nach deutscher Zählung insgesamt 253 742 über den Umschlagplatz deportiert worden.[94]

Im Laufe des August gewann man im Ghetto eine recht klare Vorstellung davon, wohin sie gebracht worden waren. Zuerst waren die Informationen noch bruchstückhaft und wirr. Am 6. August notierte Lewin: »Treblinka (der Exekutionsort?)«. Drei Tage später schrieb er: »Jetzt ist klar, dass man 95 Prozent von ihnen [den Deportierten] in den Tod schickt.« Bis zum 11. August hatte der Name »Treblinka« an Substanz gewonnen, wenn auch noch nicht genau bekannt war, was dort geschah: »15 Kilometer vor dem Bahnhof Treblinka übernehmen die Deutschen den Zug. Wenn die Leute aus dem Zug aussteigen, werden sie heftig geschlagen. Dann treibt man sie in riesige Baracken. Fünf Minuten lang sind herzzerreißende Schreie zu hören, dann Stille.« Am 28. August schließlich gehörte Lewin zu denjenigen, die mit anhörten, wie ein Geflohener, David Nowodworski, detailliert beschrieb, was in dem Vernichtungslager geschah. »Aus seinen Worten setzte sich für uns eine derart qualvolle und erschütternde Aussage zusammen, dass sie nicht zu fassen und in Worte zu kleiden ist. Es ist zweifellos das größte Verbrechen, das jemals in der Geschichte begangen wurde … Gott! Sollen wir alle, bis zum Letzten von uns, ausgelöscht werden? Jetzt ist sicher, dass alle, die aus Warschau deportiert wurden, getötet worden sind.« Als Seidman von Yakov Rabinowitz Ähnliches hörte, konnte er nur schreiben: »Worte versagen; ich … ich möchte nur noch weinen, weinen und weinen.«[95]

Treblinka

Treblinka war das letzte Vernichtungslager, das errichtet wurde, und man sollte daher annehmen, dass es von den in Bełżec und Sobibór gewonnenen Erfahrungen profitierte.[96] Was Lage und Aufbau betraf, ähnelte es seinen Vorgängern. Als Ort hatte man ein Gelände in der Nähe eines alten Arbeitslagers an einem Nebengleis der lokalen Eisenbahnverbindung Małkinia–Siedlce ausgewählt, die wiederum von der Hauptstrecke Warschau–Białystok abging. Die einspurige Nebenstrecke verlief direkt westlich des neuen Lagers, und ein Stichgleis führte durch ein Tor ins Lager, wo an einer Rampe zwanzig Waggons halten konnten. Direkt an der Rampe befand sich ein als Bahnhof getarntes Magazin. Die aus den Zügen aussteigenden Menschen wurden auf einen Platz geleitet, wo ein SS-Mann ihnen mitteilte, dass sie ihre Kleidung und Wertsachen abzugeben hätten und anschließend in Duschräumen desinfiziert würden. Männer und Frauen wurden getrennt in ein angrenzendes Areal geführt, auf dem links und rechts zwei große Baracken standen. Die Männer gingen in die linke und zogen sich aus; Frauen und Kinder gingen in die rechte, wo man ihnen die Kleidung abnahm und die Haare abschnitt. Der Ausgang der Baracken führte in einen Stacheldrahtgang, den »Schlauch«, der sie mit dem Eingang des Gaskammergebäudes verband. Bei seiner Eröffnung hatte Treblinka drei Gaskammern, die jeweils vier mal vier Meter groß und drei Meter hoch waren. Nach wenigen Wochen erwiesen sie sich jedoch als zu klein, und es wurden zwei weitere Kammern angebaut. Doch auch mit der vergrößerten Kapazität war der Zustrom von Opfern nicht zu bewältigen. Nach weiteren Wochen wurde ein zweites Gaskammergebäude mit zehn Kammern mit größerer Grundfläche, aber geringerer Höhe in Betrieb genommen. Sie besaßen in der Außenwand nach außen zu öffnende Türen, durch welche die Leichen entfernt werden konnten. Jüdische Arbeiter schleppten die Leichen in von einem Bagger ausgehobene Gräben und tiefe Gruben. Die etwa hundert an den Gaskammern und Gruben eingesetzten Juden waren in Baracken in einem abgeschlossenen Bereich in der Südostecke des Lagergeländes untergebracht, dem sogenannten oberen Lager oder Totenlager, in dem sich neben ihren Baracken die Gaskammergebäude und die Massengräber befanden.

Das Lagergelände bildete ein längliches, sich zu seiner nördlichen Längsseite hin verjüngendes Viereck. In der Südwestecke, hinter der Empfangszone und dem Sortierplatz, befand sich das »Lazarett«, die Attrappe einer Erstehilfestation, einschließlich Rotkreuzfahne. Dahinter öffnete sich eine Grube, an deren Rand man sich per Kopfschuss der Kranken und Lahmen entledigte, die es nicht aus eigener Kraft in die Gaskammern schafften. In dieser Grube brannte fast ununterbrochen ein Feuer. Auch Arbeitsjuden, die ihren Aufgaben nicht mehr genügten, wurden dort erschossen und in die Flammen geworfen. Das jüdische Arbeitskommando war im unteren Lager in hufeisenförmig angeordneten Baracken untergebracht, »Ghetto« genannt, ein umzäunter Bereich, wo auch die Morgen- und Abendappelle stattfanden. Diese Juden reinigten die Waggons der Deportationszüge, räumten die Rampe und den Bahnhofvorplatz auf und sortierten die riesigen Mengen an Kleidung und persönlichen Dingen aller Art aus den Bündeln, Rucksäcken und Koffern, die alles waren, was von den Deportierten blieb. Im Nordteil des Lagers befanden sich diverse Baracken: die Wohnung und das Büro des Lagerkommandanten Dr. Irmfried Eberl, die Unterkünfte der in Trawniki ausgebildeten ukrainischen Wachmänner und des SS-Kontingents, Lagerhäuser, eine Garage, eine Waffenkammer und anderes. Das Gelände maß 600 mal 400 Meter und war von einem Stacheldrahtzaun mit Zweigen als Sichtschutz umgeben. Bewacht wurde es von fünf Wachtürmen am Zaun und einem in der Mitte des Lagers. Ein zweiter Stacheldrahtring und Panzergräben schützten das Gelände nach außen. Wie Bełżec besaß Treblinka zum Vergnügen der Wachmänner einen kleinen Zoo.

Als in Treblinka am 23. Juli die Mordtätigkeit anlief, waren Bełżec und Sobibór bereits in Betrieb, und doch scheinen die Erbauer und Betreiber des Lagers die andernorts gemachten Erfahrungen nicht berücksichtigt zu haben. Vor allem war das Fassungsvermögen der Gaskammern zu gering. Dies hatte einen Rückstau der Opfer zur Folge, die entweder im Empfangsbereich herumstanden oder in den Zügen bleiben mussten. In beiden Fällen hatten sie Gelegenheit, über ihre Situation nachzudenken und sich widerspenstig zu verhalten. Nicht zufällig sind aus Treblinka mehr Widerstandakte von Ankommenden dokumentiert als aus den anderen Vernichtungslagern. Der Aufnahmevorgang war so chaotisch und die Sicherheit so lax, dass Dutzende von Juden fliehen konnten, bevor sie im Lager anlangten, etwa indem sie auf nach Warschau zurückfahrende Züge aufsprangen. Nachlässige Planung und schlechte Führung hatten gespenstische Folgen, die den reibungslosen Betrieb auf andere Weise gefährdeten. In den stickigen Güterwagen starben während der Fahrt und der Wartezeit so viele Deportierte, dass Dutzende von Leichen auf der Rampe gestapelt werden mussten. Viele brachen aus den Güterwagen aus, wurden erschossen und blieben liegen, wo sie getroffen worden waren. Die Leichen derjenigen, die auf den Gleisen umgekommen waren, wurden von Zügen erfasst, so dass Arme, Beine und andere Körperteile neben der Strecke lagen. Aus Zeit- oder Personalmangel, wenn nicht aus Gleichgültigkeit ließ Eberl diese menschlichen Überreste nicht beseitigen, so dass neu ankommende Deportierte von dem Anblick, der sich ihnen bot, in Unruhe versetzt wurden. Auch die Entfernung der Leichen aus den Gaskammern ging nicht schnell genug vonstatten. Im oberen Lager türmten sich verwesende Leichen. Wie sich herausstellte, hatte man kaum über die Folgen der Beerdigung von Zehntausenden Toten in Massengräbern nachgedacht. Man vergrub, hastig und nur mit einer dünnen Sandschicht bedeckt, so viele Tote auf einmal, dass die in den verwesenden Körpern entstehenden Gase in Eruptionen austraten. Der Geruch und der Klang dieser Gasexplosionen waren gleichermaßen widerwärtig. Treblinka war alles andere als eine klinische Todesfabrik. Es war eher Schauplatz eines »wahnwitzigen Massakers«.[97]

Die ersten Transporte wurden an jenem 23. Juli auf die knapp hundert Kilometer lange Fahrt von Warschau nach Treblinka geschickt. Da sie auf einer wichtigen Nachschubstrecke fuhren, mussten sie regelmäßig vorrangigem Verkehr Platz machen. Daher konnte die Fahrt Stunden dauern, und diejenigen Deportierten, die nicht sofort an der Lagerrampe in Empfang genommen wurden, mussten noch länger in den heißen, stickigen Güterwagen ausharren. Wenn ein Zug in einer bewohnten Gegend hielt, versuchten Polen regelmäßig, den gefangenen Juden Wasser zu verkaufen. Der Transport von Yankiel Wiernik, der am 23. August bei einer Razzia aufgegriffen worden war, wurde über Nacht bis in den nächsten Tag hinein an der Abzweigung in Małkinia aufgehalten. Als er hinausspähte, sah er »Bauern, die Wasserflaschen zu 100 Złoty das Stück anboten«. Eddie Weinstein, der Ende August aus Łosice deportiert wurde, berichtete, dass Polen »Wassereimer zu den Wagen trugen und die Flaschen füllten, die Passagiere nach draußen hielten. Aber sie verlangten eindeutig für jede Flasche Geld. Polnisches Geld war nicht gut; sie akzeptierten nur harte Währungen oder Wertsachen wie Ringe, Ohrringe oder Broschen.« Manchmal teilten die Polen die Einnahmen mit den Wachmännern.[98]

Um vier Uhr nachmittags fuhr Wierniks Zug die kurze Strecke von Małkinia zum Lager. »Erst als wir dort ankamen«, schrieb er in seinem noch während des Krieges in einem Versteck verfassten Bericht, »dämmerte uns die schreckliche Wahrheit. Der Lagerhof war mit Leichen übersät, einige noch bekleidet, andere nackt. Ihre Gesichter waren angstverzerrt, schwarz und geschwollen, die Augen weit aufgerissen, die Zungen hingen heraus, die Schädel waren zerschmettert, die Körper verdreht. Und überall war Blut …« Weinstein konnte durch ein Astloch hinausspähen, als sein Zug hielt. »Auf dem ganzen Bahnsteig waren Leichen gestapelt.« Als er ausstieg, schlug ihm ein »ekelerregender Brandgeruch« entgegen. Sein Zug hatte für die Fahrt nach Treblinka derartig lange gebraucht, dass viele unterwegs gestorben waren. »Man befahl uns, diejenigen aus dem Zug zu holen, die röchelten oder reglos dalagen. In jedem Wagen lagen Leichen in allen möglichen Stellungen.« Die Körper, auch wenn sie noch Lebenszeichen zeigten, wurden zu den Gruben gebracht und hineingeworfen. Nach einigen Stunden wurde Weinstein zum Bahnhof des Dorfs Treblinka verlegt, ein kurzes Stück die Bahnstrecke zurück. Dort musste er zusammen mit anderen Juden die Hinterlassenschaften früherer Transporte beseitigen. »Neben Leichen lagen dort zwischen den Gleisen abgetrennte Beine, Arme, Hände und andere Körperteile.« Zurück im Lager, schoss eine Wache auf ihn und verletzte ihn. Die nächste Woche überlebte er, unter einem Kleiderstapel versteckt, in einer der Sortierbaracken. Zu seinem Glück kamen in dieser Zeit keine weiteren Transporte an, so dass relative Ruhe herrschte. Als die Deportationen wieder aufgenommen wurden, mischte er sich unter das Arbeitskommando auf der Rampe und arbeitete so lange mit, bis er in einen aus dem Lager fahrenden Waggon schlüpfen konnte. Wiernik war weniger geschickt oder glücklich. Er schloss sich einer Gruppe von Arbeitern an, die Gepäckstücke aus dem Empfangsbereich schleppten, und schlief die erste Nacht auf dem nackten Boden. Am Morgen wurde er zusammen mit den anderen geweckt und musste Leichen zu den Gräben ziehen. »Die Leichen hatten schon einige Zeit dagelegen, und die Verwesung hatte bereits eingesetzt, so dass die Luft von einem starken

Fäulnisgeruch erfüllt war. Häufig passierte es, dass ein Arm oder Bein abfiel, wenn wir die Riemen um ein Gliedmaß schlungen, um sie wegzuziehen. So arbeiteten wir vom Morgengrauen bis zum Abend, ohne Essen und Wasser, an dem Ort, der eines Tages unser eigenes Grab werden sollte.«[99]

Nachdem er vier Tage lang Leichen geschleppt hatte, wurde Wiernik ins reguläre Arbeitskommando aufgenommen, das Spezialisten für besondere Aufgaben umfasste: Zahnärzte und Friseure für die Gaskammern; Bauarbeiter, Schreiner und Schildermaler für den Ausbau und die Ausstattung des Lagers; Schneider, Schuhmacher und Metallarbeiter, um die Kleiderwünsche der SS-Männer zu erfüllen und den Ukrainern zu dienen. Die Handwerker, die im »Ghetto« untergebracht waren und Stiefel, Kleidung, Ringe und andere Dinge für die Wachen herstellten, wurden »Hofjuden« genannt. Als gelernter Schweißer wurde Wiernik beim Bau der neuen Gaskammern und zur Ausschmückung des Lagers eingesetzt. Durch seine Arbeit sah er fast alles, was im Lager vorging, und erlebte mit, wie nach der Wiederaufnahme des Vernichtungsbetriebs am 3. September ein Transport nach dem anderen eintraf. Sein Zeugnis ist eines der wenigen, das sich über die gesamte Zeitspanne von der hektischen Anfangsphase des Lagers über die Pause zur Reorganisation und die zweite Periode des massiven Mordens bis hin zu den letzten Monaten erstreckt.[100]

Aus Warschau wurden knapp 200 000 Juden nach Treblinka deportiert und dort zwischen dem 23. Juli und 28. August ermordet, rund 5400 pro Tag. Hinzu kamen 51 000 Juden aus dem Distrikt Radom, 16 000 aus dem Norden des Distrikts Lublin und 45 000 aus Städten in der Umgebung von Warschau. Damit erhöhte sich die tägliche Mordrate auf über 8400 Opfer. Die Masse der dem Untergang Geweihten überforderte Eberl und seine kleine Truppe von Deutschen und Ukrainern. Allerdings gibt es auch Anzeichen dafür, dass der Kommandant seiner Aufgabe nicht gewachsen war: Weder bat er die Gestapo in Warschau, die Deportationen zu verlangsamen, noch forderte er Verstärkung an oder suchte Rat, wie die Abläufe im Lager effektiver gestaltet werden konnten. Sein Missmanagement kam erst ans Licht, als Christian Wirth am 26. August in seiner Eigenschaft als Inspekteur der Lager der Aktion Reinhardt in Begleitung seines Chefs Odilo Globocnik Treblinka besuchte. Selbst diesen beiden im Geschäft der Massengräuel abgehärteten Akteuren fiel auf, dass es hier ein Problem gab. Wirths enger Mitarbeiter Josef Oberhauser sagte nach dem Krieg aus: »In Treblinka war der Betrieb zusammengebrochen. Es war wohl so, dass mehr Transporte angekommen waren, als das Lager verkraften konnte. Ich erinnere mich, dass ein Transportzug noch nicht entladen war, ferner, dass das Lager mit Juden überfüllt war und dass überall Leichen von Juden herumlagen, die schon aufgedunsen waren.« Wirth enthob Eberl seines Postens und ersetzte ihn durch den Kommandanten von Sobibór, Franz Stangl. Sobibór war wegen der Reparatur der zum Lager führenden Eisenbahnstrecke vorübergehend außer Betrieb, so dass Stangl verfügbar war. Am Ende blieb er, unterstützt von Kurt Franz, der in Bełżec gearbeitet hatte, in Treblinka. Gemeinsam räumten sie auf, wofür die Transporte allerdings für einige Tage eingestellt werden mussten. Die neue Lagerleitung war es auch, die das zweite Gaskammergebäude errichten ließ. Mitte Oktober ging die verbesserte Massenmordeinrichtung in Betrieb. Sie besaß jetzt ein Ziegelgebäude mit zehn großen Kammern zu vier mal acht Metern beiderseits eines Mittelgangs. Über dem Eingang prangte ein Davidstern, und auf der zu ihm hinaufführenden Treppe standen Topfpflanzen. Der Bau und die Dekorationen waren das Werk jüdischer Facharbeiter. Einer von ihnen war Yankiel Wiernik, der später schrieb:

> Die Arbeit an diesen Gaskammern dauerte fünf Wochen … Wir mussten, unter der ständigen Drohung von Schlägen mit Peitschen oder Gewehrkolben, von morgens bis abends arbeiten … [Aber] unsere seelischen Qualen waren weit größer. Jeden Tag trafen neue Transporte mit Opfern ein. Man befahl ihnen sofort sich auszuziehen, und dann wurden sie an uns vorbei zu den drei Gaskammern geführt. Viele von uns sahen unsere Kinder, Frauen und andere Familienangehörige unter den Opfern … Unter solchen Umständen bauten wir Todeskammern für uns selbst und unsere Brüder.[101]

Ab 3. September fuhren wieder Züge von der Abzweigung in Małkinia in Richtung Dorf und Lager Treblinka. Unter den Ersten, die im Lager eintrafen, waren die 52 000 Juden, die im Warschauer »Kessel« festgehalten worden waren, wenige Tage später gefolgt von 2200 Mitgliedern des Ordnungsdiensts mit ihren Familien. Danach gab es bis Anfang 1943 keine weiteren Transporte aus Warschau mehr. Stattdessen wurden Juden aus Ghettos im gesamten Generalgouvernement nach Treblinka deportiert: vom 21. September bis 5. Oktober 40 000 aus Częstochowa; am 2. Oktober 10 000 aus Zelechów; am 11. und 12. Oktober 11 000 aus Ostrowiec; vom 15. bis 25. Oktober 22 000 aus Piotrków Trybunalski. Insgesamt endeten annähernd 380 000 Juden aus dem GG, zuzüglich zu jenen aus Warschau, in den Gruben von Treblinka. Ihnen folgten Transporte aus dem Bezirk Białystok, mit 38 900 Juden allein aus dem Sammellager Kielbasin. Laut dem Bericht, den Hermann Höfle Ende 1942 nach Berlin sandte, waren im Vernichtungslager Treblinka in 155 Tagen 713 555 Menschen ermordet worden – durchschnittlich 4600 am Tag oder fast 200 pro Stunde. Es war der tödlichste Ort auf Erden.[102]

Stangl erreichte diese erstaunlichen Zahlen zum Teil durch eine Reorganisation des Lagers, indem er für jede Phase des Mordvorgangs erfahrenes Personal einsetzte. Statt sich auf Gruppen verängstigter Männer zu stützen, die aus der Menge auf der Rampe oder dem Appellplatz herausgepickt wurden, bildete er feste Kommandos für klar definierte Aufgaben, die sie schnell und effektiv bewältigen konnten. So gab es jetzt Kommandos für die Arbeit auf der Rampe, die Reinigung der Waggons, die Entfernung des Gepäcks, dessen Sortierung, die Erfassung der Wertsachen sowie dafür, dass die Lagergebäude stets sauber und harmlos aussahen. Im Vernichtungsbereich arbeiteten Teams, die die Gaskammern säuberten, die Toten hinausschafften, Goldzähne zogen und die Gruben füllten. Ferner gab es in beiden Lagern Versorgungs- und Instandhaltungskräfte, die dafür verantwortlich waren, dass die Arbeiter verpflegt wurden und die Maschinen problemlos liefen. Ein Entsorgungsteam kümmerte sich um die Latrinen. Zum ersten Mal wurden Frauen ins Lager geholt, um für die »Hofjuden« zu kochen und zu putzen. An der Spitze jedes Kommandos stand ein Kapo, der auf die Disziplin achtete und auch sonst Auge und Ohr der SS war.[103]

Yankiel Wiernik berichtete, wie das neue System funktionierte. Den Juden jedes neuen Transports wurde bei der Ankunft versichert, sie würden umgesiedelt. Im Augenblick müssten sie nur ihre Wertsachen abgeben, sich entkleiden und duschen. Zu diesem Zeitpunkt war die Hoffnung ihr größter Feind, denn nur diejenigen, die wussten, dass sie nichts zu verlieren hatten, lehnten sich auf. Dann wurden Frauen und Kinder

> sofort in die Baracken getrieben, während die Männer im Hof bleiben mussten. Man befahl ihnen, sich auszuziehen, während die Frauen, die sich naiverweise auf eine Dusche freuten, Handtücher und Seife auspackten. Die Wachen verlangten jedoch mit gebrüllten Befehlen Ruhe und teilten Tritte und Schläge aus. Die Kinder weinten, während die Erwachsenen stöhnten und schrien. Das machte alles noch schlimmer; die Peitschenhiebe wurden noch brutaler. Dann wurden die Frauen und Mädchen zum »Friseur« geführt, wo ihnen der Kopf geschoren wurde. Jetzt waren sie sicher, dass man sie zum Duschen bringen würde. Anschließend wurden sie durch eine weitere Tür in Lager II geleitet, wo sie bei Frostwetter nackt warten mussten, bis sie an der Reihe waren, die Gaskammern zu betreten, die noch nicht von der vorherigen Opfergruppe geleert waren. Den ganzen Winter über mussten kleine Kinder splitternackt und barfuß stundenlang im Freien stehen und warten, bis sie in die immer stärker beanspruchten Gaskammern gehen konnten. Ihre Fußsohlen gefroren und klebten an dem eisigen Erdboden fest. Sie standen da und weinten; einige von ihnen erfroren. Unterdessen gingen Deutsche und Ukrainer, die Opfer schlagend und tretend, an den Reihen auf und ab.

Waren die Juden erst entkleidet und in den Baracken, dem Hof oder dem Schlauch gefangen, waren sie eine leichte Beute. Gewehrkolben, Bajonette, Peitschen und bissige Hunde sorgten dafür, dass sie in der Reihe blieben und sich vorwärtsbewegten. Der Sadismus, den die Wachen an den Tag legten, war nicht nur persönliches Vergnügen, sondern wurde bewusst eingesetzt, um Angst zu verbreiten. Aber trotz aller von Stangl eingeführten Neuerungen blieb der Mordvorgang störanfällig. Insbesondere der Motor, der die tödlichen Abgase produzierte, fiel regelmäßig aus,

> so dass die hilflosen Opfer stundenlang leiden mussten, ehe sie starben. Selbst der Teufel hätte sich keine perfidere Folter ausdenken können. Wenn die Kammern wieder geöffnet wurden, waren viele Opfer nur halbtot, und man gab ihnen mit Gewehrkolben, Kugeln oder kräftigen Tritten den Rest. Häufig mussten die Menschen über Nacht in den Gaskammern ausharren, ohne dass der Motor lief. Viele von ihnen starben qualvoll aufgrund von Überfüllung und Luftmangel. Aber viele überlebten selbst die Leiden einer solchen Nacht; insbesondere Kinder er-

> wiesen sich als erstaunlich widerstandsfähig. Sie waren noch am Leben, wenn sie am Morgen aus den Kammern herausgezogen wurden, aber die Pistolen der Deutschen machten kurzen Prozess mit ihnen …[104]

Die ukrainischen Wachen machten sich einen Spaß daraus, die Juden zu berauben, wenn die SS abgelenkt war. In den Dörfern der Gegend waren sie bekannt dafür, mit Geld, Schmuck und Gold um sich zu werfen. Junge Frauen zog es auf der Suche nach einem reichen Freund oder einem Wachmann, der bereit war, für Sex zu zahlen, in die Gasthäuser der Umgebung. Schmuckhändler drückten sich so nah wie irgend möglich am Lager herum, es herrschte Goldgräberstimmung. Im Lager konnten die Ukrainer ihren Gelüsten freien Lauf lassen. »Hatten sie genug gegessen und getrunken«, erzählte Wiernik, »sahen sie sich nach anderen Vergnügungen um. Sie suchten sich aus den Transporten nackter Frauen, die an ihren Unterkünften vorbeizogen, regelmäßig die hübschesten Mädchen aus, zerrten sie in ihre Baracken, vergewaltigten sie und brachten sie dann zu den Gaskammern. Nachdem sie von ihren Henkern geschändet worden waren, starben die Mädchen wie alle anderen in den Gaskammern. Es war ein Märtyrertod.«[105]

Für die jüdischen Gefangenen waren diese Gräuel unerträglich. Viele Mitglieder der Arbeitskommandos begingen Selbstmord, nachdem sie erfahren hatten, wozu das Lager diente und welches Schicksal ihre Lieben ereilt hatte. Chil Rajchman wurde im Oktober 1942 aus Lubartów nach Treblinka deportiert und musste dort fast ohne Ruhepause Gepäck tragen, Kleider sortieren und Haare schneiden. Eines Tages wurde er zum Leichenträgerkommando eingeteilt und sah, wie man die Gruben füllte: Auf den bereits in ihnen liegenden Leichen stand ein Jude, der die ihm von den Leichenträgern gereichten Körper entgegennahm und »präzise ausgerichtet wie Heringe ablegte«. Manche Männer hielten dies nicht aus. »An jedem Morgen sahen wir Leute in den Baracken hängen«, schrieb Rajchman in einem Bericht, den er 1944/45 in einem Versteck in Warschau verfasste. Er erinnerte sich an einen Vater und seinen Sohn, die »zwei Tage in dieser Hölle waren. Sie beschlossen, Selbstmord zu begehen. Da sie nur einen Gurt hatten, entschieden sie, dass der Vater sich zuerst hängen sollte; danach sollte der Sohn ihn abnehmen und sich mit demselben Gurt erhängen. Genau so geschah es.« Manchmal zog ein Mann an den Beinen eines anderen, um seinen Tod zu beschleunigen.[106]

Je länger die Arbeitsjuden jedoch durchhielten, desto stärker wurde ihr Wille, sich zu wehren. Ermutigt wurden sie von sich häufenden Widerstandsakten von Juden, die schon in den Ghettos erfahren hatten, welches Schicksal die Deportierten erwartete. Der Kampf begann in den Zügen, wo immer mehr Verschleppte versuchten, durch die Bodenbretter auszubrechen. Am 10. oder 11. September griff ein Deportierter aus einem Transport aus Warschau den SS-Mann Max Biala mit einem versteckten Messer an und verletzte ihn tödlich. Danach mussten die Juden mit erhobenen Händen zu den Entkleidungsbaracken gehen. Handgemenge auf der Rampe konnten so nicht verhindert werden. Noch vor Jahresende mussten Juden aus Siedlce mit Gewehrfeuer niedergehalten werden. Im Oktober leisteten zehn Juden aus Ostrowiec Świętokrzyski im Distrikt Kielce im Gaskammergebäude Widerstand, so dass die Wachen das Feuer eröffnen mussten. Rajchman musste am nächsten Tag bei der Säuberung mitarbeiten. »Der ganze Flur des Gebäudes mit den drei Gaskammern war mit Leichen übersät. Der Fußboden war knöchelhoch mit getrocknetem Blut bedeckt.« Zwei Monate später rebellierten Hunderte von jungen Männern aus Grodno, die aus dem Lager Kielbasin nach Treblinka transportiert worden waren, vor den Gaskammern. Wieder griffen die Wachen und die SS zu Gewehren und Maschinenpistolen und richteten ein Blutbad an. Das Gebäude war mit Einschusslöchern übersät und musste instandgesetzt werden. Die Baukolonne führte solche Aufgaben in relativ kurzer Zeit aus, doch sahen die Häftlinge dabei auch vieles von dem, was im Lager vorging, und waren in der Lage, eine zum Widerstand fähige enge Gemeinschaft zu bilden. Als die Zahl der Transporte im Winter 1942/43 abnahm, rafften zwar Hunger und Krankheiten viele Arbeiter dahin, aber die übrigen hatten aufgrund des geringeren Arbeitsaufkommens Zeit zum Nachdenken und Planen. Aus tiefster Verzweiflung erwuchs der Wille zum Widerstand.[107]

Die Ghettos im Reichskommissariat Ostland, in Weißrussland und der Ukraine

Typisch für die unzusammenhängende, konfuse Art der antijüdischen Politik des NS-Regimes war, dass die Juden in den Ghettos im Baltikum und im Bezirk Białystok im Jahr 1942 relativ unbehelligt blieben, während die Juden im Warthegau und im Generalgouvernement nahezu vollständig vernichtet wurden. Ähnlich große Unterschiede gab es innerhalb des Ostlands zwischen Litauen einerseits mit den Ghettos von Wilna und Kowno, wo es relativ ruhig blieb, und Weißrussland mit Minsk, Nowogrudok, Baranowitschi, Slonim und Sluzk andererseits. Dort, im Süden des Reichskommissariats Ostland, setzten die Deutschen in jüdischen Bevölkerungszentren, welche die erste Welle der Massenerschießungen durch Einsatzgruppen und andere SS-, Orpo- und Hilfspolizeieinheiten zwischen Juli und Dezember 1942 überlebt hatten, eine zweite Tötungswelle in Gang. Dasselbe geschah im Reichskommissariat Ukraine. Ganz im Süden der Sowjetunion nahm die Einsatzgruppe D ihren Vormarsch hinter der Heeresgruppe Süd wieder auf und begann nach dem Muster des vorangegangenen Jahres Massaker zu verüben. Die zweite Tötungswelle war wie die erste von Kontroversen über die Verschonung von Fachkräften begleitet. Daher der Eindruck von Uneinheitlichkeit: Während manche Städte zweimal oder öfter heimgesucht wurden, blieb anderswo eine erhebliche Zahl von Juden von der sofortigen Exekution verschont. Die zweite Tötungswelle war im Allgemeinen mit der Partisanenbekämpfung verknüpft, und die Vernichtung jüdischer Gemeinden lässt sich nur schwer von den deutschen Anstrengungen trennen, die zunehmende Auflehnung in den besetzten Gebieten zu unterdrücken. Anders als 1941 stießen die Deutschen und ihre Helfer auf organisierten Widerstand und spontane Gegenwehr; sie mussten feststellen, dass viele Juden sorgfältig ihre Flucht oder Verstecke vorbereitet hatten und sogar Massenausbrüche von Ghettoinsassen vorkamen. Ganze Gruppen jüdischer Flüchtlinge tauchten in den Wäldern und Sümpfen von Wolhynien, Polesien, Podolien und der Westukraine unter. Die meisten streiften einzeln oder in kleinen, unorganisierten Haufen umher, und nur wenige überlebten die anschließenden Judenjagden, die Feindseligkeit der örtlichen Bevölkerung und die rauen Umweltbedingungen. Einige schlossen sich jedoch zu Partisanengruppen zusammen oder fanden Anschluss an bestehende Guerillaeinheiten. So erhielt die Identifikation von Juden und Partisanen durch die Deutschen nachträglich einen gewissen realen Hintergrund.[108]

Das Morden begann im März, als der Erdboden genügend aufgetaut war, um Massengräber ausheben zu können. Zur selben Zeit endete zudem die sowjetische Winteroffensive, so dass die Deutschen in der Lage waren, Sicherungstruppen von der Front in deren Rückraum zu verlegen. Das Minsker Ghetto war eines der ersten, welches die zweite Tötungswelle traf. In ihm lebten 49 000 Juden, unter ihnen Deportierte aus dem Reich. Unter dem Judenratsvorsitzenden Ilja Muschkin, einem Kommunisten, unterhielt das Ghetto schon seit langem insgeheim Kontakte zum sowjetischen Widerstandsnetz in der Stadt. In Minsk war der Zusammenhang von Juden und Partisanengefahr, wie ihn die Deutschen herstellten, keine Einbildung. Im Februar wiesen die deutschen Zivilbehörden den Judenrat an, die Deportation nicht arbeitender Ghettobewohner vorzubereiten. Der Rat weigerte sich und wurde daraufhin gesäubert: Muschkin wurde verhaftet, gefoltert und hingerichtet. Aufgrund der Widersetzlichkeit des Judenrats musste die Sipo zusammen mit lettischen und ukrainischen Hilfspolizisten das Ghetto selbst durchkämmen, wobei Hunderte von Juden den Tod fanden. Bei einer Aktion am 2. März (den Tag hatte man gewählt, weil das Purimfest auf ihn fiel) wurden laut einer Einsatzgruppenmeldung 3412 Juden erschossen; tatsächlich waren es wahrscheinlich doppelt so viele. Ein Schneider, der in der Textilfabrik »Oktober« arbeitete, sagte später aus, Wilhelm Kube habe persönlich die Auswahl von Facharbeitern geleitet. Die anderen wurden mit der Eisenbahn nach Molodetschno gefahren, wo sie erschossen wurden. »Während der Fahrt«, berichtete der Zeuge, »sind deutsche Wachen in die mit Menschen vollgepfropften Wagen gekommen und haben schöne junge Mädchen ausgesucht, mitgenommen und vergewaltigt.« In den folgenden Monaten führte die Minsker Gestapo eine Reihe kleinerer Massaker durch, häufig nachts. Bei diesen nächtlichen Razzien hoffte man Juden aufzugreifen, die den Partisanen Unterstützung leisteten. »Jede Nacht«, erinnerte sich ein Überlebender, »außer sonnabends und sonntags, rollten die mobilen Gaswagen vor die Ghettotore.« Doch der Untergrund ließ sich nicht zerschlagen. Stattdessen schmuggelten Hersch Smolar und Nachum Feldman regelmäßig Gruppen junger Männer hinaus, die sich den sowjetischen Partisanen in den Wäldern anschlossen. Der neue Judenratsvorsitzende Mosche Jaffe unterstützte sie insgeheim, bis er verhaftet und zusammen mit einigen Kollegen hingerichtet wurde. Vom 28. bis 31. Juli trennten die Deutschen erneut jene, die sie für nützlich hielten, von den angeblich Nutzlosen. Inhaber von Arbeitsbescheinigungen, die jetzt zusammen mit einem farbigen Flicken für die Kleidung ausgegeben wurden, sperrte man in eine Fabrik, während die anderen auf dem Jubiläumsplatz zusammengetrieben wurden. 25 000 bis 30 000 Juden, einschließlich 3000 deutsche Juden, wurden dann aus dem Ghetto abtransportiert, die einen in Gaswagen, die anderen ins Vernichtungslager Maly Trostinez. Nach der Verschleppungsaktion gab es in Minsk nur noch 10 000 bis 12 000 »Arbeitsjuden«.[109]

Massaker im Zusammenhang mit der Selektion von Arbeitsjuden wurden an Dutzenden von Orten verübt. In Baranowitschi, in dessen Ghetto 18 000 Juden lebten, wurden 6000 Arbeitsbescheinigungen ausgegeben. Mehr als 2000 Bewohner wurden Anfang März erschossen; danach trat eine lange Pause ein, bis die Mörder im Herbst zurückkehrten und weitere 6000 Menschen hinschlachteten. Das Ghetto von Sluzk wurde zweigeteilt, mit 1000 Juden in Ghetto A und 5000 Arbeitern in Ghetto B. Die Beschäftigungslosen wurden erschossen. In Slonim, wo die Ghettobevölkerung schon seit langem in Fachkräfte und sonstige Bewohner eingeteilt war, fanden zwischen Ende April und Ende Juli mehrere Razzien statt. Hier stand ein antifaschistisches Komitee seit Monaten in Kontakt mit in der Region aktiven Partisanen, und man hatte, kaum dass das Ghetto mit 10 000 bis 15 000 Einwohnern (einschließlich Juden aus Dörfern der Umgebung) abgeriegelt worden war, mit dem Bau von Bunkern begonnen. Der stellvertretende Judenratsvorsitzende Gerschon Kwint deckte den Widerstand und ermunterte die Juden zur Selbstverteidigung. Die Folge war, dass die Deutschen, als sie die aus ihrer Sicht Überflüssigen herauszuholen versuchten, auf heftigen Widerstand stießen. Sie mussten Feuer legen, um die Juden aus den Häusern zu treiben, und wurden von bewaffneten Untergrundkämpfern mit Schüssen empfangen. Schließlich boten sie eine Truppe aus Sipo-Männern, litauischen Hilfspolizisten, Soldaten der städtischen Garnison und Bauarbeitern der Organisation Todt auf, sogar Kubes Chauffeur beteiligte sich. Nach tagelangem Aufruhr wurden 800 Handwerker und andere Fachkräfte in ein kleines Ghetto eingesperrt und Hunderte andere in Arbeitslager verlegt. Die meisten Bewohner des kleinen Ghettos wurden im August erschossen; endgültig aufgelöst wurde das Ghetto am Jahresende. In der Zwischenzeit flohen große Gruppen von Juden in die umliegenden Wälder und schlossen sich Partisaneneinheiten an oder suchten in »Familienlagern« Unterschlupf, also in getarnten Feldlagern, die von jüdischen Kämpfern geleitet und verteidigt wurden.[110]

Ende Juli teilte Kube Reichskommissar Lohse mit, die Juden in Weißrussland seien die »Hauptträger der Partisanenbewegung … Mir und dem SD wäre es natürlich das Liebste …, das Judentum im Generalbezirk Weißruthenien endgültig zu beseitigen.« Er beabsichtigte es auf einige Tausend Personen in Arbeitslagern zu reduzieren. »Die Gefahr, dass die Partisanen sich in Zukunft noch wesentlich auf das Judentum stützen können, besteht dann nicht mehr … Vorläufig werden die notwendigen Ansprüche der Wehrmacht, die in der Hauptsache Arbeitgeber des Judentums ist, berücksichtigt.« Die jüdischen Gemeinden von Glubkoje, Doksyze und Luschki wurden unter dem Vorwand der Partisanenbekämpfung ausgelöscht. Aber jedes Mal gelang es einigen Juden, den Mördern zu entkommen beziehungsweise in die Wälder zu fliehen. In Baranowitschi gingen die 450 OD-Männer geschlossen zu den Partisanen über. In Nowogrudok trotzten Dutzende von Juden – Überlebende früherer Massaker und Deportierte aus anderen Städten – den Deutschen und ihrem eigenen Judenrat und suchten den Kontakt zur Partisanengruppe um Tuvia Bielski und seine Brüder. Im September 1942 entstand eine Untergrundführung, die in Zusammenarbeit mit den Bielskis einen Massenausbruch plante, ein Vorhaben, dessen Verwirklichung allerdings noch Monate auf sich warten ließ. 500 Juden aus Lida ignorierten die Mahnungen ihres Judenrats und flohen in die Wälder. Überall in Westweißrussland profitierten nicht wenige Juden von einer Kombination günstiger Umstände: große Lücken zwischen den deutschen Garnisonen, ausgedehnte Sumpfgebiete und dichte Wälder sowie die Präsenz gut organisierter sowjetischer Partisanen. Einige dieser Verbände waren rein jüdische Einheiten – Kubes Befürchtungen hatten sich erfüllt, wenn auch nicht annähernd in dem Ausmaß, das ihm vorschwebte. Gegen Jahresende wurden im Zuge des gegen Partisanen gerichteten Unternehmens Sumpffieber 8350 Juden getötet. Die meisten von ihnen waren aus

Städten und Dörfern in die Sümpfe und Wälder geflohen. Am Winteranfang gab es in den Lagern und Ghettos im westlichen Weißrussland nur noch 15 000 bis 16 000 Juden; vielleicht 6000 bis 7000 lebten in ständiger Bedrohung und unter schwierigen Umständen in den Wäldern.[111]

Im Reichskommissariat Ukraine wurden die Massenerschießungen etwas später als im Ostland wieder aufgenommen. Die 8000 Juden von Kobrin im Nordwesten traf es zuerst: Im Juli wurden 3000 von ihnen ermordet, und im Oktober wurde der Rest der Gemeinde ausgelöscht. Der zweite Angriff stieß jedoch auf bewaffneten Widerstand, und 500 Juden durchbrachen den Kordon um die Stadt, wenn auch nur wenige die anschließende Menschenjagd überstanden. Das Ghetto von Brest-Litowsk (das aus einem kleinen und einem großen Sektor bestand) war erst im vorangegangenen Dezember abgeriegelt worden; bis dahin hatten junge Juden Verbindungen zum kommunistischen Widerstand aufbauen und ein kleines Waffenarsenal anlegen können. Die Zustände waren furchtbar. Ein italienischer Soldat, der mit einem Truppentransport durch Brest-Litowsk kam, erinnerte sich später an die um Hilfe flehenden Juden im Bahnhof: »Alles Frauen, immer noch elegant, kultivierte Leute. Sie kamen zu uns und baten um Brot – sie sagten: ›Brot kaputt‹, und gaben uns mit Gesten zu verstehen, dass die Deutschen sie alle töten würden.« Diese Vorahnung sollte sich als zutreffend erweisen, denn am 15. und 16. Oktober 1942 wurden die meisten der 18 000 bis 20 000 Juden von Brest-Litowsk ermordet. Zwar waren Vorkehrungen für den bewaffneten Widerstand getroffen worden, doch gelang es den Deutschen, den Untergrund durch eine Finte in dem trügerischen Glauben zu wiegen, er habe den Angriff abgewehrt, so dass er nicht auf der Hut war, als die Deutschen plötzlich zurückkehrten. Dennoch konnten sich 4000 Ghettobewohner verstecken oder wehren, und das Ghetto wurde erst im November liquidiert. Pinsk hatte Himmler persönlich als jüdisches Widerstandsnest identifiziert, da es an einer strategisch wichtigen Verbindungsader der Heeresgruppe Mitte lag, die regelmäßig von Partisanen angegriffen wurde. Das Ghetto, in dem 12 000 bis 15 000 Juden aus der Region sowie Deportierte lebten, wurde am 27. Oktober umzingelt und zwei Tage später angegriffen. Hunderte von jüdischen Jugendlichen warfen sich den Reihen der Deutschen und ihrer Helfer entgegen, aber nur wenige konnten durchbrechen. Bis Anfang November war das Ghetto bis auf 150 Handwerker und Krankenpfleger geräumt, aber auch sie wurden noch vor Jahresende erschossen. In Kamenez-Podolsk töteten die Deutschen im April 1942 2500 Juden, die Hälfte der Ghettobevölkerung, in einer aufgegebenen Phosphatmine. Die andere Hälfte wurde im Herbst erschossen. Und so ging es immer weiter, in Staro Konstantinow, Scheptowska, Proskurow und Dutzenden anderen Städten.[112]

Anfang 1942 lebten in Wolhynien und Polesien zwischen 270 000 und 290 000 und in Podolien rund 20 000 Juden. Ende August einigten sich der für die Region zuständige Generalkommissar Heinrich Schoene und Reichskommissar Erich Koch darauf, dass die Region vollständig von Juden gesäubert werden sollte. Die anschließenden Aktionen folgten einem charakteristischen, vielsagenden Muster: Die Massenerschießungen fanden in der Nähe der zum Untergang verurteilten Ghettos, auf offenem Gelände und ohne jeden Versuch der Geheimhaltung statt. Die Deutschen erwarteten nicht, dass die lokale ukrainische Bevölkerung protestieren oder eingreifen würde. Sipo und SD hatten die Federführung inne, wurden aber von der Wehrmacht und der Organisation Todt intensiv unterstützt, sowohl beim Ausheben der Totengruben als auch bei der Abriegelung der Mordstätten und der Bemannung der Hinrichtungskommandos. Den größten Teil des Personals stellten die Orpo und die ukrainischen »Schutzmannschaften«, in denen viele Volksdeutsche dienten. Entscheidend für den Erfolg der Aktionen war die Kollaboration der örtlichen Bevölkerung. Waren die Kräfte für eine Säuberung versammelt, rückten sie in die jeweilige Stadt ein und bildeten einen Kordon um das Ghetto oder den jüdischen Wohnbezirk. Die Juden wurden angewiesen, sich auf einem Platz, einer Wiese oder einem Sportplatz einzufinden, wo Sipo-SD-Männer ihre Papiere kontrollierten und diejenigen mit Arbeitspapieren deutscher Betriebe zur Seite nahmen. Die Unglücklichen, die als verzichtbar eingestuft wurden, brachte man unter strenger Bewachung zu am Stadtrand ausgehobenen Gruben, wo man ihnen befahl, sich zu entkleiden, und sie dann erschoss. Das Eigentum der Opfer, im Ghetto und an der Mordstätte, wurde vor Ort verteilt oder zu zentralen Sammelstellen geschickt. Häufig strömten Einheimische schon zum Plündern in das Ghetto, als die Bewohner noch hinausgeführt wurden.[113]

Anders als bei den Operationen der Einsatzgruppen im Jahr 1941 stießen die Massaker auf erheblichen Widerstand und wurden häufig gestört. Dies traf insbesondere auf jene Ghettos zu, die erst gegen Jahresende angegriffen wurden. In Dubno wurde das Ghetto in zwei Teile gespalten, und am 26. und 27. Mai wurden 5000 Einwohner erschossen. Ihren Platz nahmen Verschleppte aus der Umgebung ein, die im Oktober hingemetzelt wurden. In Kowel wurde erst im Mai ein Ghetto eingerichtet, in dem man umgehend die arbeitenden von den nicht arbeitenden Einwohnern trennte. Am 2. Juni wurden 6000 der Letzteren in einem nahegelegenen Steinbruch ermordet. Die Übrigen wurden Mitte August erschossen; zuvor hatten jedoch tausend Ghettobewohner fliehen können. Mit der Zeit waren immer mehr Juden vorgewarnt und wussten, was sie erwartete. Als am 13. Juli das Ghetto von Rowno mit 5000 Einwohnern liquidiert wurde, konnten viele in die Wälder fliehen. In Kremenez brachten sich Hunderte der 9000 Juden vor den beiden Massenerschießungen am 15. Juli und 20. August in Sicherheit. Rund 2000 Juden flohen aus Luzk, bevor die Mörder eintrafen und die zurückgebliebenen 15 000 bis 16 000 Juden hinschlachteten. Tragischerweise kamen die meisten der Geflohenen mit dem Leben in den Wäldern nicht zurecht und gingen in die Städte zurück, wo sie aufgegriffen und erschossen wurden. Als die Deutschen Ende August darangingen, das Ghetto von Sarny zu liquidieren, stürmten tausend Juden, rund ein Fünftel der Ghettobevölkerung, den Zaun, und einige Hundert erreichten die Wälder. Die 18 000 Juden von Ludmir wurden im April ghettoisiert und in den folgenden Monaten selektiert. Anfang September wurden 14 000 erschossen, aber vielen gelang es, sich zu verstecken. Zwei Monate später kehrten die Deutschen noch einmal zurück und massakrierten 4000 bis 5000 Juden, die geglaubt hatten, das Schlimmste überstanden zu haben. Nur wenige Hundert Handwerker wurden verschont. In knapp siebzig Tagen hatten die Deutschen und ihre Helfer 150 000 Juden ermordet.[114]

Juden, die vor oder während einer deutschen Mordaktion hatten fliehen können, fielen häufig in den nächsten Tagen oder Wochen den Deutschen und ihren Helfern zum Opfer. In Nord- und Ostwolhynien kamen das sumpfige Gelände und die dichten Wälder in der Nähe der Städte den Flüchtlingen entgegen. Die Region war schwach kontrolliert, und außer für massive Unternehmen gegen Partisanen mieden die Deutschen die Wälder. Aber es war eine unwirtliche Umwelt. Ohne Nahrung, wetterfeste Kleidung, Decken und Kochutensilien war es selbst bei gutem Wetter schwer, dort längere Zeit auszuharren.

Deshalb zog es viele hungernde Juden in dem Glauben, es sei jetzt sicher dort, in die verlassenen Ghettos zurück, wo sie häufig von der mit den Deutschen kollaborierenden örtlichen Polizei verraten wurden. Manchmal unternahmen die Deutschen dann eine weitere Razzia. Nur die Wachsamsten und Zähesten überlebten lange genug, um einen Bunker zu graben oder eine Gruppe zu bilden, die in der Lage war, bei örtlichen Bauern Lebensmittel zu beschaffen. Im Westen, an der Grenze zu Galizien, waren die Wälder weniger dicht, und die Bevölkerung war feindseliger eingestellt. Hinzu kam, dass Flüchtlinge mit größerer Wahrscheinlichkeit ukrainischen Guerillas oder polnischen nationalistischen Kämpfern begegneten, die im Gegensatz zu den disziplinierteren und ein wenig freundlicher gesinnten sowjetischen Partisanen mörderische Antisemiten waren.[115]

In der Westukraine wurde das Gemetzel kaum durch den Arbeitskräftebedarf gemildert. Zwischen März und Juni wurden die Ghettos von Winniza, Berditschew, Illinzi und Chmelnik ausgelöscht. Hier und dort ließ man einige Hundert Handwerker am Leben oder schickte sie in Arbeitslager. Ende 1942 gab es im Reichskommissariat Ukraine jedoch keine Ghettos und fast keine »Arbeitsjuden« mehr.[116]

Auch in von der Wehrmacht verwalteten Gebieten gingen die Massaker weiter, so in Smolensk, wo im Juli 2000 Juden exekutiert wurden. Gleiches galt für die Gebiete, die das deutsche Heer im Zuge seines ungestümen Vormarschs zwischen Juni und September 1942 überrannte. Der Fall von Sewastopol versetzte das dort operierende Einsatzkommando in die Lage, 4200 in der Hafenstadt festsitzende Juden niederzuschießen. Eine noch schrecklichere Aktion konnte die Einsatzgruppe D durchführen, als ihr durch die Einnahme von Rostow 16 000 bis 18 000 Juden in die Hände fielen. Sie alle wurden zwischen August 1942 und Februar 1943 ermordet. Sipo und SD massakrierten Tausende jüdischer Flüchtlinge aus der Westukraine, die in den Kaukasus evakuiert worden waren oder aus eigenem Antrieb dort Zuflucht gesucht hatten. Das Sonderkommando 10 führte, wenn es hinter den Spitzen der 17. Armee und der 4. Panzerarmee in eroberte Städte einzog, routiniert mehrere Massenexekutionen durch. Ihnen fielen in Krasnodar 13 000, in Stawropol 2500, in Pjatigorsk 2800 und in den umliegenden Distrikten nicht weniger als 39 000 bis 47 000 Juden zum Opfer. Die Mörder waren zuerst verwirrt, als sie auf die im Kaukasus lebenden Bergjuden trafen, und unterbrachen ihr blutiges Geschäft vorübergehend, um sich mit Berliner Experten darüber zu beraten, ob diese überhaupt als Juden anzusehen seien. Die in Naltschik lebenden Bergjuden wurden zu nichtrassischen Juden erklärt und verschont, während von den übrigen, soweit sie unter deutsche Herrschaft gerieten, nur wenige überlebten. Rund 7000 dieser Bergjuden wurden ermordet. Hilfe erhielten die Deutschen auf der Krim und im Kaukasus von einem aus Muslimen gebildeten Bataillon, die man unter sowjetischen Kriegsgefangenen angeworben hatte.[117]

Über eineinhalbtausend Kilometer entfernt, im Distrikt Galizien, spielte die Wehrmacht eine gegenteilige Rolle, als sie gegen die Tötung wertvoller Facharbeiter protestierte. Zwischen April und Juni 1942, als Bełżec umgebaut wurde, gingen Sipo, SD und SS zu Massenerschießungen über, um den Schwung der Ghettosäuberungen aufrechtzuerhalten. Am 26. Juni wurden auf dem Gelände des Lagers Janowska 6000 bis 8000 Lemberger Juden erschossen, weil die Sipo die Zahl der legitimen Arbeitskräfte verringern wollte und den Zivilbehörden jede Mitwirkung bei der Verteilung von Arbeitskräften absprach. Demnach konnten nur Juden mit von Sipo und SD ausgegebenen Papieren von der Exekution ausgenommen werden. Als die zweite Tötungswelle über Galizien hereinbrach, wurden Juden mit Wehrmachtpapieren aufgegriffen, deportiert und erschossen. Mitte Juli wurden unter den 27 000 Bewohnern des Ghettos von Przemyśl 5000 neue Arbeitsbescheinigungen verteilt und anschließend nach einer Selektion 13 000 bescheinigungs- und arbeitslose Juden nach Bełżec geschickt. Einen Monat später wurde die jüdische Bevölkerung von Lemberg zum wiederholten Mal heimgesucht. Mittlerweile versuchten so viele Juden aus den Zügen nach Bełżec zu fliehen, dass man sie, um sie von der Flucht abzuhalten, vor Fahrtantritt zwang, sich nackt auszuziehen. Bei einem Transport bahnten sich so viele Deportierte einen Weg durch die Waggonböden, dass den Wachen, die auf die Fliehenden schossen, die Munition ausging und sie nur noch Steine nach ihnen werfen konnten. Im September unternahm die Sipo eine letzte Razzia, bei der die Judenratsmitglieder gehängt und 5000 bis 6000 Juden nach Bełżec geschickt wurden. Danach führten die Deutschen eine Zählung durch und verteilten an die restlichen Ghettobewohner, die in SS-Betrieben oder Rüstungsfabriken arbeiteten, 12 000 Ausweise. In Stanislaw, Tarnopol, Drohobytsch und Butschatsch fanden ähnlich massive Säuberungen statt. Die Zahl der jüdischen Einwohner von Stanislaw wurde durch Erschießungen und Transporte nach Bełżec von 17 000 auf 4000 und die Ghettobevölkerung von Tarnopol von rund 12 000 auf 3000 »Arbeitsjuden« reduziert.[118]

Da kein Ende dieses Dezimierungsprozesses in Sicht war, beschwerte sich General Kurt von Gienanth, Militärbefehlshaber im Generalgouvernement, am 18. September beim OKW: »Sofortige Entfernung der Juden hätte zur Folge, dass das Kriegspotential des Reiches erheblich gedrückt und die Versorgung der Front sowie der Truppen des Generalgouvernements mindestens augenblicklich stocken würde.« Er erhob keinen Einwand gegen die Ermordung der Juden als solche, sondern verlangte lediglich einen Aufschub, damit die Wehrmacht Zeit hätte, als Ersatz osteuropäische Arbeiter zu finden und anzulernen. Himmler bot daraufhin einen Kompromiss an: Juden, die Arbeit hatten, könnten von den Deportationen ausgenommen werden, sofern sie in unmittelbarer Nachbarschaft zu ihren Arbeitsstellen in von der Sipo kontrollierten Arbeitslagern untergebracht würden. Die Unterkünfte sollten die Unternehmer bereitstellen, die auch für die Arbeitskräfte zahlen mussten und so der SS einen satten Profit bescherten. Infolge des aus Eigeninteresse vorgebrachten Einspruchs der Wehrmacht blieben 140 000 bis 150 000 Juden am Leben. Mitte des folgenden Jahres berichtete der SSPF in Galizien, Katzmann, seinem Vorgesetzten, dass 254 989 Juden aus dem Distrikt »aus- bzw. umgesiedelt« worden seien. Aber Himmlers Absicht, das Generalgouvernement vollständig »judenfrei« zu machen, war vereitelt worden.[119]

Die Kriegswirtschaft und die Expansion von Auschwitz

Das Konzentrationslager vor den Toren der Stadt Oświęcim in Oberschlesien, die nach der deutschen Eroberung offiziell Auschwitz hieß, entwickelte sich zu einem Brennpunkt der Ausbeutung von Häftlingen durch die SS und gewann besondere Bedeutung für Himmlers Streben nach einem Wirtschaftsimperium. Gleichwohl wirkte sich dies bis zum Frühjahr 1942 nicht auf das Schicksal der Juden aus. Dann wurden ungefähr ein halbes Jahr lang Juden aus verschiedenen Ländern zur Zwangsarbeit dorthin geschickt, während in dem Lager außerdem

Juden aus der Region, die als überschüssige Arbeitskräfte galten, ermordet wurden. Im Juli 1942 wurde das stark erweiterte Lager gleichsam nebenbei in die »Endlösung« einbezogen. In der zweiten Jahreshälfte wurden das Erweiterungslager Birkenau für den improvisierten Massenmord genutzt und dort große Vernichtungseinrichtungen gebaut. Doch wie so viele von Himmlers grandiosen Plänen zog sich auch die Umsetzung seiner Absichten für Auschwitz übermäßig lange hin, und als sie endlich verwirklicht waren, sah es so aus, als wäre ihre Zeit längst vorüber.[120]

Auschwitz wurde als Konzentrationslager zur Internierung und Terrorisierung von Polen errichtet. Es war eine Idee Bach-Zelewskis, als er Ende 1939 HSSPF in Schlesien und damit auch zuständig für das besetzte polnische Oberschlesien war. Einer seiner Mitarbeiter wurde auf den scheinbar idealen Ort für ein Terrorlager aufmerksam: eine leerstehende polnische Kaserne außerhalb der Stadt, dicht an einem Eisenbahnknotenpunkt. Doch es gab auch Nachteile: Die Gebäude befanden sich in einem schlechten Zustand, die Umgebung war sumpfig, und sowohl die Trinkwasserversorgung als auch das Abwassersystem wiesen nicht die notwendigen Kapazitäten auf. Im Januar 1940 leitete Rudolf Höß, Schutzhaftlagerführer im KZ Sachsenhausen, die letzte von mehreren SS-Kommissionen, die das Gelände prüften, und er befand es für gut. Drei Monate später wurde er von Himmler zum Kommandanten der neuen Einrichtung ernannt, und es bedurfte seiner ganzen Tatkraft und all seines Einfallsreichtums, um die benötigten Materialien für ihre Fertigstellung zusammenzubekommen. An Arbeitskräften fehlte es ihm nicht: Für die schweren Arbeiten setzte er zumeist Juden aus der Stadt ein. Danach waren Juden praktisch aus dem Lager verbannt; fast zwei Jahre lang setzte kein einziger Jude einen Fuß ins KZ Auschwitz. Stattdessen wurde es bald mit polnischen politischen Gefangenen gefüllt, die das übliche SS-Lagerregime und seine mit extremer Brutalität durchgesetzten kleinlichen Vorschriften erdulden mussten. Höß brachte aus Sachsenhausen dreißig kriminelle Häftlinge mit viel Lagererfahrung mit, die den Kern der internen Häftlingsverwaltung beziehungsweise der Funktionshäftlinge bildeten und sicherstellten, dass der Lageralltag elend und unbarmherzig war.[121]

Zu diesem Zeitpunkt bestand das Lager aus zwanzig zweistöckigen Backsteinhäusern für die Gefangenen sowie Wirtschaftsbaracken und einem ehemaligen Tabaklager. Die Gefangenenhäuser waren von einem Stacheldrahtzaun umgeben, und über dem Tor des Komplexes verkündete ein gebogener schmiedeeiserner Schriftzug: »Arbeit macht frei«. Als immer mehr Gefangene eintrafen, wurde der Appellplatz teilweise bebaut, und bald drängten sich noch mehr zusätzliche Gebäude auf dem Gelände. Ein unmittelbar außerhalb des Geländes gelegener Munitionsbunker wurde in eine Leichenhalle umfunktioniert. Von Anfang an war die Sterblichkeitsrate in Auschwitz hoch, und die Deutschen achteten darauf, dass die Leichen umgehend beseitigt wurden. Bis die Firma J. A. Topf und Söhne in der Leichenhalle Verbrennungsöfen einbaute, mussten die Leichen von verstorbenen Gefangenen ins städtische Krematorium von Gleiwitz gebracht werden.[122]

Im September 1940 besuchte Oswald Pohl, der die Wirtschaftsaktivitäten der SS leitete, das KZ Auschwitz und erkannte dessen ökonomisches Potential. In den folgenden Monaten machte Himmler Auschwitz zum Grundstein weitreichender Pläne mit dem Ziel, das vormalige Südostpolen zu germanisieren und Zehntausende von Zwangsarbeitern einzusetzen, um die Infrastruktur in der Region auszubauen. Als erster Schritt wurden 17 000 Polen, einschließlich der gesamten jüdischen Bevölkerung, aus der Stadt und ihrer Umgebung vertrieben, um einigen Tausend Volksdeutschen Platz zu machen. Um dieses gigantische Projekt zu finanzieren, ging Himmler einen Handel mit dem I.-G.-Farben-Konzern ein. Im März 1941 besuchte er in Begleitung von Managern des Konzerns die Gegend und bot ihnen im »Interessengebiet KL Auschwitz« einen Standort – inklusive Zwangsarbeitern – für die Synthetisierung von Gummi und Benzin an. Als Gegenleistung sagte die I. G. Farben zu, Kapital und Baumaterial für den Ausbau von Auschwitz und die Errichtung von Nebenlagern zur Verfügung zu stellen, unter anderem das ans I.-G.-Farben-Gelände angegliederte Arbeitslager Monowitz (Auschwitz III). Himmler ordnete anschließend die Vergrößerung des Stammlagers (Auschwitz I) von 10 000 auf 30 000 Gefangene sowie ein neues Lager für 100 000 zu erwartende kriegsgefangene Rotarmisten an. Der Angriff auf die Sowjetunion verlangsamte die Bauarbeiten jedoch vorübergehend. Im Oktober sandte das SS-Hauptamt für Haushalt und Bauten den Bauingenieur Karl Bischoff nach Auschwitz, um das Projekt in die Hand zu nehmen. Er schichtete das Budget um und erhöhte die angestrebte Zahl der Zwangsarbeiter von 97 000 auf 125 000, ohne die Errichtung zusätzlicher sanitärer und anderer Versorgungseinrichtungen einzuplanen. Letzten Endes blieb die Flut kriegsgefangener Zwangsarbeiter von der Ostfront aus, und die SS-Bauherren mussten mit 10 000 Sowjetsoldaten auskommen, die für den Aufbau eines weitläufigen Lagerkomplexes auf dem Gebiet eines Dorfes namens Birkenau (Brzezinka) herangezogen wurden. Die Umstände, unter denen diese Männer den Winter über schufteten, waren derart entsetzlich, dass im folgenden Februar nur noch 2000 von ihnen am Leben waren. Das Scheitern des Unternehmens Barbarossa und die horrende Verschwendung von Menschenleben beim Bau des zweiten Lagers veranlassten Himmler, sich anderswo nach Sklaven umzusehen. Sechs Tage, nachdem man auf der Wannseekonferenz versucht hatte, die »Endlösung der Judenfrage« in ganz Europa zu koordinieren, beauftragte er, wie erwähnt, KZ-Inspekteur Richard Glücks damit, die Aufnahme von 150 000 Juden (100 000 Männer und 50 000 Frauen) in Auschwitz-Birkenau vorzubereiten. Der Historiker Nikolaus Wachsmann bemerkt dazu: »Die Entscheidung, Juden als Ersatz für sowjetische Kriegsgefangene zu verwenden, wurde spontan an der obersten Spitze des NS-Staats getroffen.«[123]

Himmlers knapp gehaltene Anweisung an Glücks schuf eine paradoxe Situation. Einerseits traf man Vorbereitungen für die Massentötung von Juden in Polen, und Eichmann plante die Deportation zahlreicher Juden aus Deutschland, dem Protektorat und Westeuropa »in den Osten«. Andererseits wollte Himmler arbeitsfähige Juden in das KZ-System umleiten, aus dem sie praktisch verschwunden waren. Im April nahm er Juden zwischen 16 und 35 Jahren ausdrücklich von der Deportation in die Vernichtungslager aus. Derweil wurden 17 000 slowakische Juden als Arbeitskräfte nach Auschwitz geschickt, und weitere 40 000 kamen in Lager im Distrikt Lublin, von denen allerdings viele nach der Ankunft getötet wurden. Auch rund 35 000 polnische Juden aus oberschlesischen Ghettos und Arbeitslagern wurden in die Arbeitskommandos von Auschwitz überführt. Über Monate füllten aus Westeuropa eintreffende Juden die Reihen der Häftlinge, bis der Tod zum Schicksal für die meisten Insassen der Deportationszüge wurde. Die Häftlingsgesellschaft veränderte sich, und Birkenau entwickelte sich zu einem jüdischen Konzentrationslager. Noch verwirrender wurde die Lage, als in Birkenau improvisierte Mordanlagen in Betrieb gingen, in denen arbeitsfähige Juden getötet wurden.[124]

Der offensichtliche Widerspruch erklärt sich zum Teil aus der nervösen Stimmung der NS-Führung zwischen der Winterkrise an der Ostfront und den stockenden Fortschritten des Unternehmens Blau. In den ersten drei Monaten des Jahres akzeptierte die NS-Führung, dass es nicht bei einem kurzen Krieg bleiben würde, und begriff die doppelte Notwendigkeit, die Leistung der Kriegswirtschaft zu steigern und den Arbeitskräftemangel zu beheben. Himmler nutzte die Krise, um die Stellung der SS zu stärken, indem er die KZ-Häftlinge zu einem Arbeitskräftereservoir für die Rüstungsindustrie umfunktionierte. Die SS-Strategie, verkörpert durch die I.-G.-Farben-Fabrik in Monowitz, bestand zuerst darin, Gefangene für den Bau von Fabriken an Standorten in der Nähe von bestehenden Lagern einzusetzen. Doch dieser Ansatz schlug weitgehend fehl. Rüstungsminister Speer wollte die Kontrolle über die Rüstung nicht an Himmler verlieren, und der Industrie widerstrebte es, sich von der SS abhängig zu machen. Nach vielen Diskussionen sah die SS ein, dass es sinnvoller wäre, Häftlinge als Arbeiter in bestehende Fabriken zu schicken und dort in Lagern unterzubringen, anstatt völlig neue Produktionsanlagen zu errichten. Dies bedeutete sowohl eine Abkehr von den grandiosen Projekten und gewaltigen Ansiedlungsplänen des Sommers, als alles möglich zu sein schien, als auch das Eingeständnis, dass das Reich ein weiteres Mal einen entscheidenden Sieg verfehlt hatte. Am 25. September 1942 verfügte Hitler persönlich eine Einigung, nach der die SS Arbeitskräfte an die Industrie vermieten sollte. Diese Regelung beschleunigte die Errichtung von unter SS-Kontrolle stehenden Arbeitslagern für Rüstungsfabriken, deren Insassen überwiegend Juden waren. Doch die Neubewertung jüdischer Arbeitskraft bedeutete keinen Bruch mit der in den vorangegangenen Monaten geübten Praxis der hemmungslosen Vernichtung.[125]

Gemäß der Übereinkunft vom September 1942 erhielt die SS für die jüdischen Arbeiter einen Satz von drei bis vier Reichsmark pro Person und Tag. Somit wurde jeder Jude, der nicht mehr arbeiten konnte, zu einer Belastung. Darüber hinaus schien es angesichts des offenbar unendlichen Nachschubs an Juden sinnvoll zu sein, die Gefangenen in regelmäßigen »Selektionen« zu prüfen, also diejenigen auszusondern, die den Anforderungen nicht mehr gerecht werden konnten. Die Ausgesonderten wurden dann in eine der Tötungseinrichtungen geschickt, oder man ließ sie einfach dahinsiechen. Auch die Arbeitsanforderungen waren tödlich. Unterernährt und für gewöhnlich krank, wie sie waren, lag die Produktivität der jüdischen Arbeitssklaven in der Regel unter derjenigen nichtjüdischer Arbeiter, und da man ihnen keine bessere Verpflegung und medizinische Versorgung zugestand, ließ sich ihre Produktivität nur durch längere Arbeitszeiten erhöhen, was ihren Gesundheitszustand weiter verschlechterte. Darüber hinaus wurden sie vorwiegend für einfache körperliche Tätigkeiten eingesetzt, insbesondere im Bauwesen, so dass Ersatz für sie nicht erst ausgebildet werden musste und sie auszuwechseln keine Kosten verursachte. Mit anderen Worten, Juden arbeiten zu lassen war mit der Absicht, das Judentum zu vernichten, durchaus vereinbar. Sie als Arbeiter auszubeuten, bevor man sie ermordete, brachte sogar die Kosten ihrer Deportation wieder herein. Dieses Vorgehen wird allgemein »Vernichtung durch Arbeit« genannt, obwohl es kein umfassendes derartiges Programm gab. Tatsächlich wurde der Begriff im September 1942 von Justizminister Otto Thierack mit Blick auf die Gefängnisse geprägt, deren Insassen ausgesiebt werden sollten. Bestimmte Häftlingskategorien sollten in Konzentrationslager verlegt werden, um dort buchstäblich bis zum Umfallen zu schuften. Auf das Schicksal der Juden wurde er erst im Nachhinein und unzutreffend angewandt, denn für sie war Arbeit eine Rettungsleine. In Arbeitslagern überlebten mehr Juden als aus den Ghettos geflohene.[126]

Die Ankunft der Juden in Auschwitz

Die ersten Juden, die in Auschwitz eintrafen, kamen aus der Slowakei. Sie waren Opfer von Hlinkas Slowakischer Volkspartei, die das Land regierte, seit es zunächst im Oktober 1938 einseitig seine Autonomie innerhalb der Tschechoslowakei und dann im März 1939 seine Unabhängigkeit proklamiert hatte. Vorsitzender der Hlinka-Partei war Jozef Tiso, ein katholischer Priester, der Ministerpräsident und dann Präsident des neuen Landes wurde. In Tisos Augen waren die 89 000 slowakischen Juden Christusmörder, die keine gleichberechtigten Bürger eines christlichen Staats sein konnten und dementsprechend zu Bürgern zweiter Klasse degradiert wurden. Andere führende Vertreter der Hlinka-Partei – namentlich der Innenminister und spätere Ministerpräsident Vojtech Tuka sowie dessen Nachfolger als Innenminister

Alexander Mach – betrachteten die Juden als Angehörige einer fremden Rasse, die nach ihrer Meinung ungebührlich viel politische und wirtschaftliche Macht über die Slowaken gewonnen hatten. Diese Fraktion wollte ihnen ihren märchenhaften Reichtum nehmen und sie des Landes verweisen. Tatsächlich lebten die meisten slowakischen Juden in eher bescheidenen Verhältnissen: Rund 12 300 verdienten als kleine Kaufleute ihren Lebensunterhalt, und 22 000 arbeiteten in den verschiedensten Anstellungen. Trotzdem trieben Fanatiker im November 1939 7500 Juden aus dem Gebiet an der ungarischen Grenze ins Nachbarland und eigneten sich ihren Besitz an. Etwas mehr als ein Jahr später stimmte das slowakische Parlament für eine umfassende Lösung der Judenfrage in der Slowakei. Ein Zentrales Wirtschaftsamt für die Beschlagnahme jüdischen Eigentums wurde geschaffen, und die Juden wurden aufgefordert, eine Gesamtvertretung aufzubauen, die als Transmissionsriemen für diese Maßnahmen dienen sollte, den Ústredňa Židov (Judenzentrale). Innerhalb eines Jahres wurden 85 Prozent der Betriebe, die sich im Besitz von Juden befanden, enteignet und Tausende von unbeschäftigten Juden in Arbeitslager gesperrt. Im September 1941 gewannen die Rassenantisemiten in der Regierung die Oberhand und setzten einen sogenannten »Judenkodex« durch, der die bisherigen antijüdischen Maßnahmen systematisierte, indem er sie auf eine ähnliche Grundlage wie die Nürnberger Gesetze stellte. Juden waren jetzt gezwungen, einen gelben Stern zu tragen. Rund 6000 wurden aus der Hauptstadt ausgewiesen und in Internierungslager gebracht. An diesem Punkt überschnitt sich der slowakische Antisemitismus mit der antijüdischen Politik des Dritten Reichs und den Erfordernissen der deutschen Kriegswirtschaft.[127]

Schon seit einiger Zeit hatte die deutsche Regierung auf der verzweifelten Suche nach Arbeitskräften das slowakische Regime gebeten, Slowaken als Fremdarbeiter nach Deutschland zu schicken. Die Regierung Tiso war nicht darauf eingegangen. Doch Anfang 1942 schlug sie eine Alternative vor: Würde das Deutsche Reich auch Juden akzeptieren? Inzwischen befanden sich Zehntausende Juden in den Arbeitslagern Nováky, Žilina und Sered. Sie nach Deutschland zu schicken erfüllte den doppelten Zweck, einerseits die NS-Führung zufriedenzustellen und andererseits das eigene Ziel zu erreichen, die Juden loszuwerden. Die anschließenden Verhandlungen führte auf deutscher Seite Dieter Wisliceny, einer von Eichmanns dienstältesten

Mitarbeitern, der Anfang September 1940 als Vertreter des Judenreferats der Gestapo nach Bratislava entsandt worden war, um Hanns Ludin, den deutschen Gesandten in der Slowakei, in den jüdischen Angelegenheiten zu unterstützen. Obwohl das Auswärtige Amt über die Verhandlungen unterrichtet war und einen gewissen Einfluss auf sie hatte, gerieten die slowakischen Juden somit unter die Zuständigkeit des RSHA: Ihr Schicksal sollte als Vorbild für spätere Deportationen aus Westeuropa dienen, die Eichmanns Referat im Rahmen der »Endlösung« organisierte. Doch die ersten Transporte, die nach Auschwitz abgingen, hatten nichts mit der »Endlösung« zu tun. Es wurden ausschließlich arbeitsfähige Männer und Frauen ausgewählt; sie durften fünfzig Kilogramm Gepäck mitnehmen, und jeder Transport wurde von einem Arzt begleitet. Allerdings fuhren die Züge immer nachts ab, und an der Reichsgrenze ersetzte deutsche Polizei die Wachen der Hlinka-Garde. Der erste Zug mit slowakischen Juden, 999 Jüdinnen, die in Poprad abgefahren waren, traf am 26. März 1942 in Auschwitz ein. Da das neue Lager in Birkenau noch nicht annähernd fertig war, wurden die Neuankömmlinge in einem abgezäunten Teil des Stammlagers untergebracht, der vorübergehend als Frauenlager diente.[128]

Die radikalen Antisemiten im slowakischen Regime, die ein Tor geöffnet sahen, durch das sie sich der gesamten jüdischen Bevölkerung entledigen konnten, fragten Wisliceny, ob das Reich auch nicht arbeitsfähige Juden übernehmen würde. Nach einigem Hin und Her über die Bedingungen willigten die Deutschen ein. Am 10. April 1942 unterzeichnete Heydrich persönlich das Abkommen mit Ministerpräsident Tuka. Das Reich würde den Slowaken gegen eine Gebühr von 500 Reichsmark pro Person für Transport und Unterbringung die unerwünschten slowakischen Bürger abnehmen. Die Slowaken behielten das von den Juden zurückgelassene Eigentum, während die Deutschen bekamen, was sie mit sich genommen hatten. Am nächsten Tag verließ der erste Transport mit jüdischen Männern, Frauen und Kindern die Slowakei. Bis zum 20. Oktober wurden 18 725 slowakische Juden nach Auschwitz und 40 000 in den Distrikt Lublin deportiert. Die meisten wurden später in Bełżec und Sobibór ermordet. Rund 8000 Juden entzogen sich der Deportation durch die Flucht nach Ungarn. Wachsende Beunruhigung in katholischen und Regierungskreisen führte schließlich dazu, dass die Deportationen eingestellt wurden, als etwa 24 000 Seelen der jüdischen Gemeinde noch verblieben waren.[129]

Vier Tage nach dem ersten Transport aus der Slowakei traf ein vom RSHA gebuchter Zug aus dem französischen Compiègne mit 1112 jüdischen Gefangenen in Auschwitz ein. Es handelte sich um ausländische Juden, die bei den Razzien am 14. Mai, 20. August und 12. Dezember 1941 verhaftet worden waren. Sie waren nicht im Rahmen der »Endlösung« nach Osten transportiert worden, sondern, auf Veranlassung der Militärverwaltung in Paris, als Vergeltung für Aktionen der Résistance. Hitlers bevorzugte Reaktion war zwar die Massenerschießung französischer Bürger, aber nach Ansicht der Militärverwaltung hätten diese nur die feindselige Haltung der Franzosen genährt. Besser sei es, erklärte die Wehrmacht, die Bestrafung gegen die Juden zu richten und für Strafdeportationen auf die ohnehin schon internierten Ausländer zurückzugreifen. Das RSHA willigte ein, da die Deportationen in den Lagern Platz für weitere ausländische Juden beziehungsweise Geiseln schufen. Nach ihrer Ankunft wurden die aus Frankreich deportierten Juden im Stammlager untergebracht. Es folgten Transporte am 7. Juni wiederum aus Compiègne, am 22. Juni aus Drancy, am 25. Juni aus Pithiviers, am 28. Juni aus Beaune-la-Rolande und am 17. Juli erneut aus Pithiviers.[130]

Alle Neuankömmlinge aus Frankreich wurden unter die Arbeitssklaven eingereiht, doch fanden 70 bis 80 Prozent von ihnen innerhalb von vier bis sechs Wochen den Tod. Von den jeweils tausend Juden, die mit den Transporten nach Auschwitz kamen, überlebten Schätzungen zufolge zwischen 23 (aus dem ersten Transport) und 59 (aus dem Transport vom 25. Juni). Die allermeisten fielen der Schwerarbeit, der brutalen Behandlung durch Kapos und SS-Wachen, der Unterernährung und Krankheiten zum Opfer, die durch die ungenügenden sanitären Einrichtungen verursacht und verschlimmert wurden. Nach der Ankunft wurde den Deportierten, Männern wie Frauen, im Empfangsgebäude der Kopf geschoren; auf den rechten Unterarm wurde eine Nummer tätowiert, und sie erhielten die Häftlingskleidung aus graublau-weiß gestreiftem rauem Stoff und schlechtsitzenden Schuhen mit Holzsohle, die sich rasch entzündende Blasen hervorriefen. Nach einer Quarantäne wurden die Deportierten ins Stammlager entlassen, wo ihnen in einer der überfüllten Baracken eine Koje zugewiesen wurde, die kaum mehr Platz als ein Sarg bot. Unter solchen Umständen verbreiteten sich Läuse, und im Frühsommer 1942 grassierte im gesamten Stammlager das Fleckfieber. Frühmorgens – im Sommer um 4.30 Uhr und im Winter um 5.30 Uhr – und abends nach der Arbeit mussten sämtliche Gefangene (außer den als krank anerkannten) zu Zählappellen antreten, die, ohne Rücksicht auf die Witterung, mehrere Stunden dauern konnten.[131]

Die Arbeit war schwerster körperlicher Art. Ab Frühjahr 1942 wurden Neuankömmlinge den I.-G.-Farben-Werken zugeteilt, was morgens und abends einen Fußmarsch von gut sieben Kilometern bedeutete, bis Ende Oktober direkt neben der Baustelle das Nebenlager Monowitz eröffnet wurde. Am Jahresende beschäftigte die I.-G.-Farben neben Tausenden von ausländischen Facharbeitern und einer deutschen Verwaltung 2000 zumeist jüdische Häftlinge. Mehrere Tausend Juden arbeiteten in der Niederlassung der Reichswerke Hermann Göring, die sich im August 1942 ansiedelte. Tausende weitere wurden auf Außenlager aufgeteilt, die etwa SS-eigenen Landwirtschaftsbetrieben oder Kohlebergwerken angegliedert waren. Ein großer Teil der Häftlinge arbeitete auf der Baustelle des Lagers Birkenau. Sie schleppten Holzbalken, Stahlträger, Backsteine und Mörtel mit bloßen Händen über morastigen Boden zu den Baukolonnen, welche Gefangenenunterkünfte und SS-Verwaltungsgebäude errichteten; sie gruben Entwässerungsgräben, um den Grundwasserspiegel zu senken; sie legten Straßen und Wege an, deren Oberfläche sie mit schweren Betonwalzen verdichteten. Als Verpflegung erhielten sie morgens »Ersatzkaffee« und eine Scheibe trockenes Brot mit Margarine und einem Klecks Marmelade, mittags gab es eine Suppe, für gewöhnlich aus Wurzelgemüse, und abends ein Heißgetränk und eine weitere Brotscheibe. Am Sonntag war Ruhetag, und die Gefangenen versuchten zusätzliches Essen zu ergattern. Einige wenige privilegierte Mitglieder der Häftlingshierarchie hatten Zugang zu einem Verkaufsstand, der an diejenigen, denen ein kleiner Lohn ausbezahlt wurde, kaum essbare Dinge wie eingesalzene Schnecken verkaufte. Wer Lebensmittelpakete erhielt, was ab Mitte 1942 erlaubt war, tauschte oder verkaufte seine kostbaren Waren oder teilte sie mit anderen. Juden durften keine Pakete empfangen, und nur wenige besaßen etwas, womit sie Handel treiben konnten.[132]

Die ungenügende Verpflegung verursachte Durchfall, und das schlechte Wetter förderte die Ruhr. Aufgrund der geringen Zahl von Latrinen, der langen Appelle und des strengen nächtlichen Einschlusses beschmutzten sich die Häftlinge selbst, was Unterleibsentzündungen zur Folge hatte. Verletzungen, die sie sich bei der Arbeit oder durch Schläge zuzogen, blieben für gewöhnlich unbehandelt und konnten durch Fliegen oder Schmutz leicht infiziert werden. Wer nicht mehr arbeiten konnte, wurde ins Lazarett eingewiesen, dessen medizinisches Personal – Häftlinge unter der Aufsicht von SS-Ärzten – sich redlich um eine Behandlung bemühte, obwohl es an einer auch nur elementaren medizinischen Ausstattung fehlte. Seit Juli 1941 wurden Gefangene aus Auschwitz, die nicht mehr arbeiten konnten oder unter einer ansteckenden Krankheit litten, im Zuge des 14f13-Programms in der Tötungsanstalt Pirna-Sonnenstein ermordet. Einzelne wurden auch von SS-Ärzten getötet, die ihnen eine tödliche Injektion verabreichten. Nach Selektionen im August, September und November 1942 wurden jeweils Hunderte Gefangene, die durch die gnadenlose Schufterei und Misshandlung in Monowitz und Birkenau ausgelaugt waren, in Auschwitz mit dem Giftgas Zyklon B ermordet.[133]

Die ersten Insassen von Auschwitz-Birkenau waren überlebende sowjetische Kriegsgefangene, die im März 1942 zur Fortsetzung ihrer Sklavenarbeit dorthin gebracht wurden. Im August wurden die 17 000 überwiegend jüdischen Frauen, die bis zu diesem Zeitpunkt in Auschwitz eingetroffen waren, aus den stark überbelegten Unterkünften im Stammlager in die Backsteinbaracken des Abschnitts B Ia, dem Frauenlager von Birkenau, verlegt. Die nichtjüdische polnische Gefangene Seweryna Szmaglewska schrieb nach dem Krieg:

> Im Sommer 1942 ist Birkenau ein mit elektrisch geladenem Stacheldraht eingezäunter Morast. Es gibt dort keine Straßen, es gibt keine Wege zwischen den Blöcken. Bei dem schütteren Licht der vereinzelt glimmenden Kerzen sind in den dunklen Höhlen, die wie Boxen übereinandergestapelt sind, die nackten, dürren, zusammengekrümmten Gestalten zu erkennen, wie sie sich, den glattrasierten Kopf zwischen die Schultern gepresst, blau vor Kälte über einen Haufen dreckiger Fetzen beugen und alle Augenblicke mit ihren dürren Fingern ein Insekt fassen und am Rand der Koje totdrücken. So sieht es 1942 in der Baracke aus.[134]

In Block 30 begannen zwei SS-Ärzte, Carl Clauberg und Horst Schumann, mit der Massensterilisation durch Röntgenstrahlen und Operationen zu experimentieren. Clauberg gehörte zu den nationalsozialistischen Medizinern, die Himmler Mitte 1942 aufgefordert hatte, über Möglichkeiten nachzudenken, jüdische Männer und Frauen in großer Zahl rasch und kostengünstig zu sterilisieren. Auf diese Weise wollte er eine der auf der Wannseekonferenz aufgeworfenen Fragen lösen und Konflikte über das Schicksal von Mischlingen vermeiden. Clauberg bat darum, seine patentierten Techniken an Gefangenen in Auschwitz testen zu dürfen, und man gestattete ihm, Räume in einem der Lazarettblöcke des Frauenlagers zu belegen. Ende 1942 gesellte sich Schumann zu ihm, der ebenfalls Mittel und Probanden für die Erprobung der von ihm vorgeschlagenen Methode verlangte, die darin bestand, die Genitalien der Testpersonen Röntgenstrahlen unterschiedlicher Stärke auszusetzen. Dies führte häufig zu Verbrennungen und Bauchfellentzündungen, was wiederum tödliche Infektionen zur Folge hatte. Weiter verkürzt wurde die Lebenserwartung dieser menschlichen Versuchskaninchen dadurch, dass Schumann die bestrahlten Hoden und Eierstöcke entfernte, um sie im Labor zu untersuchen.[135]

An dem Tag, als der sechste Transport aus Frankreich eintraf, wurde dem Lagerkommandanten ein weiterer Zug aus Drancy angekündigt. Als dieser am 19. Juli 1942 den Bahnhof von Auschwitz erreichte, wurde auf der dortigen Rampe eine Selektion durchgeführt, und 375 Juden wurden sofort in die Gaskammern geschickt. Die Deportierten von vier der nächsten fünf Transporte wurden ohne Selektion ins Lager aufgenommen, und bis Anfang August wurde auch aus den nachfolgenden Transporten die Mehrheit der Deportierten zur Arbeit eingeteilt. Doch danach verkehrte sich das Verhältnis zugunsten der sofortigen Vernichtung. Von wenigen Ausnahmen abgesehen, wurden sämtliche Deportierten der Transporte 15 bis 43 aus Frankreich binnen weniger Stunden nach der Ankunft ermordet. Sie waren Opfer eines koordinierten Programms von Deportationen aus Westeuropa zum Zweck des Massenmords – der ultimativen »Endlösung«.[136]

Auschwitz und die »Endlösung«

Im Unterschied zu den Vernichtungslagern war Auschwitz nicht für den Massenmord in industriellem Ausmaß errichtet worden. Daher musste die Lagerverwaltung Mordmethoden und Wege zur Entsorgung der Leichen finden, als die Tötungen bereits im Gang waren. Die Experimente nach der Logik von Versuch und Irrtum führten dazu, dass der ganze Vorgang alles andere als glatt und klinisch verlief. Die ersten Transporte von Juden, die im Frühjahr 1942 aus Ostoberschlesien eintrafen, hielten an der Rampe am Bahnhof, von der die Deportierten zu Fuß oder auf Lastwagen zu einem einstöckigen Gebäude, das sich an der Ostseite des Stammlagers außerhalb des Hauptzauns befand, gebracht wurden. Es enthielt die zur Gaskammer umgebaute Leichenhalle und das Krematorium für die Einäscherung gestorbener oder hingerichteter Gefangener; die Vernichtungsanlage war im vorangegangenen Herbst an sowjetischen Kriegsgefangenen erprobt worden. Die sechs Öfen des Krematoriums hatten eine Kapazität von 340 Leichen pro Tag. Der 17 mal 4,6 Meter große Raum besaß eine niedrige Betondecke sowie eine dicke, gasdichte Tür. Die Kammer fasste, wenn man sie hineinquetschte, tausend Personen, aber die SS stellte fest, dass es keinen Sinn hatte, so viele Menschen auf einmal zu töten, solange keine Vorkehrungen getroffen waren, derart viele Leichen rasch zu entsorgen. Waren die Opfer in dem Raum, wurde die Tür geschlossen, und zwei oder drei SS-Männer stiegen den steilen Erdhang, der den ehemaligen Munitionsbunker auf drei Seiten umgab, hinauf aufs Dach, legten Gasmasken an, entfernten die Abdeckung von bis in die Kammer reichenden Öffnungen und schütteten Zyklon B – in Granulat gebundene Blausäure – in die Gaskammer. Nachdem sie die Öffnungen wieder abgedeckt hatten, bewirkte die Körperwärme der Opfer, dass sich die Blausäure aus dem Granulat löste. Sobald sie das Gas eingeatmet hatten, begannen sie zu würgen, und wenige Minuten später waren sie tot. Das Ganze dauerte rund zwanzig Minuten. Sobald die SS-Männer glaubten, dass alle Opfer tot waren, überließen sie es einer Gruppe von Häftlingen, die Leichen aus der Gaskammer zu holen und zu entsorgen. Auch sie mussten improvisieren und herausfinden, wie sie ihre grausige Aufgabe am besten erfüllen konnten.[137]

Filip Müller, ein damals 24-jähriger slowakischer Jude aus Sered, hat den Lernprozess der SS und des Sonderkommandos der im Krematorium arbeitenden Häftlinge beschrieben. Müller gehörte zu den 4500 Juden, die im April 1942 nach Auschwitz deportiert wurden. Er kam ins Stammlager, wurde aber als Strafe für ein geringfügiges Vergehen zur Arbeit im Krematorium eingeteilt. Seine erste Aufgabe bestand darin, die Leichen in der Gaskammer, von der er zuvor nichts gewusst hatte, zu entkleiden. »Vor uns lagen zwischen Koffern und Rucksäcken Haufen aufeinander- und durcheinanderliegender toter Männer und Frauen … Erst allmählich begann ich zu begreifen, dass da Leute vor mir lagen, die man vor kurzem umgebracht haben musste.« Mit wachem Blick bemerkte er Reste einer Substanz, die offenbar giftig war. Ihm fiel auf, »dass sich an der Stelle, wo die Kristalle lagen, keine Leichen befanden, während sie weiter entfernt, vor allem in der Nähe der Tür, haufenweise herumlagen.« Müller entdeckte, dass seine Arbeit, so schrecklich sie war, reiche Beute für einen hungernden Mann bereithielt. Die SS beaufsichtigte ihn nur nachlässig, und so konnte er aus dem überall herumliegenden Gepäck etwas zu essen herausfischen. Als er sich anschließend an die Leichenverbrennung machen sollte, lief jedoch alles schief, denn das Sonderkommando umfasste lediglich rund zwanzig Männer, zu wenige, um alle Aufgaben erfüllen zu können. Die Leichen mussten nicht nur entkleidet werden; die Frauen waren kahlzuscheren und ihre Haare zu verpacken, und schließlich sollten die Goldzähne aus den Mündern gebrochen werden. Dem Kommando an den Öfen gehörten ebenfalls viele Neulinge an, die nicht das Geringste über die Technik wussten. Die Leichen wurden ins Krematorium gezogen und auf speziellen eisernen Wagen in die Öfen geschoben. Aber wenn die Zangen, mit denen die Häftlinge die Leichen an ihrem Platz hielten, die Wände streiften, konnte die feuerfeste Beschichtung beschädigt werden. Kaum hatten Müller und seine Leidensgenossen begonnen, mit den Zangen zu hantieren, lösten sie in einem der Öfen einige Schamottsteine, die einen Abzug blockierten, so dass Stichflammen aus den Öfen schossen und sich ein dichter, widerwärtig süßlicher Qualm ausbreitete. Schließlich musste die Häftlingsfeuerwehr anrücken, und die SS stellte den Betrieb der Öfen für diesen Tag ein. Während drei Häftlinge, die angeblich an dem Vorfall schuld waren (in Wirklichkeit hatten sie zu arbeiten aufgehört und darum gebeten, getötet zu werden, weil sie es nicht mehr aushielten), erschossen wurden, mussten Müller und das übrige Sonderkommando die restlichen Leichen auf Lastwagen laden. Anschließend wurden die Toten zu einer Wiese gefahren, wo die erschöpften Juden sie in Gruben werfen mussten. Nach der Rückkehr ins Lager verbrachten Müller und seine Gruppe die erste von vielen Nächten im Strafblock 11.[138]

Als das Sonderkommando wieder zum Einsatz befohlen wurde,

bemerkte Müller, dass die SS ihre Methoden verbessert hatte. Der Transport bestand aus 600 jüdischen Männern und Frauen aus Sosnowiec, überwiegend in den mittleren Jahren, aber auch einige Alte und Kinder waren unter ihnen. Diesmal wies die SS die Deportierten an, sich im Hof vor dem Krematorium zu entkleiden. Natürlich waren viele über diese Anweisung verwundert und zögerten, während sie sich darüber klarzuwerden versuchten, was vorging. Die SS riss sie mit Schreien und Schlägen aus ihrer Grübelei und trieb sie in das Gebäude. Dann sammelte das Sonderkommando ihre Kleidung und ihr Gepäck ein, um den Platz für den nächsten Transport freizumachen. An den Öfen arbeitete ein anderes Team, so dass Müllers Gruppe nur die Habseligkeiten der Opfer sortieren musste, was jetzt viel einfacher war. Als drei Tage später ein weiterer Transport eintraf, bemerkte Müller eine weitere Neuerung: Zwei SS-Offiziere, Hans Aumeier und Maximilian Grabner, hielten vom Dach des Krematoriums eine Ansprache an die Juden im Hof und versicherten ihnen, sie würden in ein Arbeitslager umgesiedelt. Grabner beruhigte sie zusätzlich, indem er sie fragte, ob bestimmte Berufe unter ihnen vertreten seien. Dann wurde ihnen mitgeteilt, dass ihnen jetzt Dusche und Desinfektion bevorstünden. »Betrogen und getäuscht gingen Hunderte von Männern, Frauen und Kindern arglos und zukunftsgläubig in den großen, fensterlosen Raum des Krematoriums.« War das Zyklon-B-Granulat in die Öffnungen geschüttet, ließ Grabner die Motoren der Lastwagen, auf denen die Juden herantransportiert worden waren, starten. »Deutlich hörten wir herzzerreißendes Weinen, Hilferufe, Stoßgebete, heftiges Schlagen und Pochen gegen das Tor, und all das übertönt von dem Geräusch der auf Hochtouren laufenden Motoren der Lastwagen.« Aber auch so stellte die Prozedur die SS-Offiziere nicht zufrieden. Die Gaskammer befand sich zu nah am Stammlager und lag zu exponiert, und die Kapazität der Entsorgungseinrichtungen war zu gering. Trotz des Baus einer neuen Esse konnten die Öfen die Masse der Kremierungen nicht bewältigen. Deshalb wurde der Großteil des Mordens in der Folgezeit nach Birkenau verlegt.[139]

Die neuen Gaskammern in Birkenau waren ebenfalls improvisierte Einrichtungen. Zuerst baute die SS ein Bauernhaus im weitgehend abgerissenen Dorf Brzezinka zur Gaskammer um. Gefangene Handwerker verputzten die Wände, vermauerten die Fenster und sparten nur eine kleine, mit einer schweren Holzklappe versehene Öffnung aus, durch die das Zyklon B eingeschüttet werden konnte. In den Lagerwerkstätten wurde eine dicke, luftdichte Tür hergestellt, die mit einem Schraubmechanismus verschlossen wurde. Die Gaskammer maß 15 mal 6 Meter und konnte 800 Menschen aufnehmen. Hastig errichtete Holzbaracken dienten als Entkleidungsräume. Schilder an dem »Bunker 1« genannten umgebauten Bauernhaus wiesen es als Desinfektionsanlage aus, und die weiß getünchte Gaskammer war mit Duschkopfattrappen versehen. Auf nahegelegenen Wiesen schaufelten Häftlinge Leichengruben und zäunten sie ein. Schienen für eine Feldbahn, mit der die Leichen zu den Gruben gebracht werden sollten, wurden gelegt. Im Juli wurde der Umbau eines zweiten Bauernhauses fertiggestellt, gerade rechtzeitig für die Massendeportationen aus Frankreich, Belgien und den Niederlanden. Ungefähr zu diesem Zeitpunkt wurden Müller und das Sonderkommando vom Krematorium I nach Birkenau verlegt, wo sie unter wesentlich einfacheren Bedingungen arbeiteten. Doch ganz so praktisch, wie die SS es sich vorgestellt hatte, war die neue Anlage nicht. Von der Rampe zum »Bunker« war es ein Fußmarsch von zweieinhalb Kilometern, und auf dem Weg musste die SS den Deportierten immer wieder versichern, dass sie nichts zu befürchten hätten. Die Kolonnen wurden von einem Krankenwagen begleitet, der die Sorge um das Wohlergehen der Neuankömmlinge demonstrieren sollte, obwohl er in Wirklichkeit Zyklon-B-Behälter geladen hatte.[140]

Der SS schlug bald dasselbe Problem entgegen, das in Treblinka ungefähr zur gleichen Zeit für Chaos sorgte: Einerseits dauerte die Sommerhitze an, und andererseits waren in Auschwitz I und II mittlerweile fast 200 000 Menschen ermordet worden; aus den verwesenden Leichen traten Flüssigkeiten aus, und die Gräber wurden durch ekelerregende Gase angehoben. »Die schwarze Masse, die dabei an die Oberfläche kam«, erinnerte sich Müller, »verbreitete einen scheußlichen Gestank und verseuchte das Grundwasser der Umgebung.« Das Sonderkommando musste die Leichen mit Kalk und Chlor bestreuen, aber es half nichts. Bei einem Besuch in Birkenau im Juli 1942, bei dem er einem Massenmord in den Bunkern beiwohnte, ordnete Himmler an, die Toten fortan einzuäschern. Die Überreste der bereits Begrabenen sollten exhumiert und ebenfalls verbrannt werden.[141]

Die Reichsjuden und die »Endlösung«

Seit der Wannseekonferenz hatte die »Endlösung« langsam und Schritt für Schritt als ein den ganzen Kontinent erfassendes Projekt Gestalt angenommen, mit wiederholten Unterbrechungen sowohl aufgrund des Kriegsverlaufs als auch aus Rücksicht auf die Kollaborationsbereitschaft der Achsenpartner und der unterjochten Länder. Am 31. Januar 1942 teilte Eichmann den Staatspolizeistellen im Reich mit: »Die in der letzten Zeit in einzelnen Gebieten durchgeführte[n] Evakuierung[en] von Juden nach dem Osten stellen den Beginn der Endlösung der Judenfrage im Altreich, der Ostmark und im Protektorat Böhmen und Mähren dar ... Zur Zeit werden neue Aufnahmemöglichkeiten bearbeitet mit dem Ziel, weitere Kontingente von Juden ... abzuschieben.« Transportprobleme und die Krise an der Ostfront verhinderten jedoch vorläufig weitere Deportationen. Einige Wochen später, am 6. März, kündigte Eichmann den Judenexperten der Gestapo-Dienststellen im ganzen Reich an, sich auf die »Evakuierung« von 55 000 Juden in den Osten vorzubereiten. Allein aus Prag sollten 20 000 und aus Wien 18 000 Juden deportiert werden. Auszunehmen waren Juden mit ausländischer Staatsangehörigkeit, Beschäftigte in kriegswichtigen Betrieben sowie Alte und Kinder. Um Streitigkeiten über Einzelfälle zu vermeiden, wurde Theresienstadt von tschechischen Juden geräumt und zu einem »Reichsghetto« für Prominente, Träger des Eisernen Kreuzes, Kriegsversehrte und Alte umgestaltet. Im selben Monat begann eine weitere Deportationswelle, in deren Verlauf 35 000 deutsche Juden nach Theresienstadt und 10 000 in Ghettos im Osten, einschließlich derjenigen von Minsk, Warschau und einiger anderer Städte im Generalgouvernement, gebracht wurden.[142]

Die Kennzeichnung der Juden und die erste Welle von Deportationen aus dem Reich schwächten kaum den Unmut vieler Deutscher über die fortdauernde Anwesenheit von Juden zu einer Zeit, in der sich das Land in solcher Bedrängnis befand. Nicht nur NS-Gläubige, die sich als Angehörige einer Rassengemeinschaft verstanden, machten ihrer Wut auf diese verelendete Gruppe Luft; auch Menschen, die einfach nur die Bürde des Krieges verspürten, stellten sich gegen sie. Aus Höxter berichtete der SD im Januar 1942, die Leute seien entrüstet darüber, dass die Einkaufszeiten für Juden auf die Mittagsstunden gelegt worden waren. Dies bedeute, dass gute Deutsche entweder am frühen Vormittag, wenn es kalt sei, oder am Nachmittag, nachdem die Juden ihnen angeblich die besten Waren weggeschnappt hätten, einkaufen müssten. Bürger, die mit der Justiz zu tun hatten, beschwerten sich, dass Gerichte immer noch über »rein jüdische Angelegenheiten« verhandelten. Tatsächlich wirkten die größere Sichtbarkeit von Juden durch den gelben Stern und das Wissen darum, dass Tausende bereits deportiert worden waren, provozierend. Der SD resümierte, in der Bevölkerung betrachte man die Kennzeichnung weithin »erst als Auftakt zu weiteren einschneidenden Verordnungen mit dem Ziel einer endgültigen Bereinigung der Judenfrage«.[143] Der Druck auf die verbliebenen Juden ließ nicht nach. Im Juni 1942 zählte Victor Klemperer die Demütigungen auf, denen sie ausgesetzt waren:

> 1) Nach acht oder neun Uhr abends zu Hause sein. Kontrolle! 2) Aus dem eigenen Haus vertrieben. 3) Radioverbot, Telefonverbot. 4) Theater-, Kino-, Konzert-, Museumsverbot. 5) Verbot, Zeitschriften zu abonnieren oder zu kaufen. 6) Verbot zu fahren (dreiphasig: a) Autobusse verboten, nur Vorderperron der Tram erlaubt, b) alles Fahren verboten, außer zu Arbeit, c) auch zur Arbeit zu Fuß, sofern man nicht 7 km entfernt wohnt oder krank ist (aber um ein Krankheitsattest wird schwer gekämpft). Natürlich auch Verbot der Autodroschke.) 7) Verbot, »Mangelware« zu kaufen. 8) Verbot, Zigaretten oder andere Rauchmaterialien zu kaufen. 9) Verbot, Blumen zu kaufen. 10) Entziehung der *Milch*-Karte. 11) Verbot, zum Barbier zu gehen. 12) Jede Art Handwerker nur nach Antrag bei der Gemeinde bestellbar. 13) Zwangsablieferung von Schreibmaschinen, 14) von Pelzen und Wolldecken, 15) von Fahrrädern …, 16) von Liegestühlen, 17) von Hunden, Katzen, Vögeln. 18) Verbot, die Bannmeile Dresden zu verlassen, 19) den Bahnhof zu betreten, 20) das Ministeriumsufer, die Parks zu betreten, 21) die Bürgerwiese und die Randstraßen des Großen Gartens … zu benutzen … Auch das Betreten der Markthallen … verboten. 22) Seit dem 19. September der *Judenstern*. 23) Verbot, Vorräte an Esswaren im Hause zu haben … 24) Verbot der Leihbibliotheken. 25) Durch den Stern sind uns alle Restaurants verschlossen … 26) Keine Kleiderkarte. 27) Keine Fischkarte. 28) Keine Sonderzuteilung wie Kaffee, Schokolade, Obst, Kondensmilch. 29) Die Sondersteuern. 30) Die ständig verengte Freigrenze. Meine zuerst 600, dann 320, jetzt 185 Mark. 31) Einkaufsbe-

> schränkung auf *eine* Stunde … Ich glaube, diese 31 Punkte sind alles. Sie sind aber alle zusammen gar nichts gegen die ständige Gefahr der Haussuchung, der Misshandlung, des Gefängnisses, Konzentrationslagers und gewaltsamen Todes.

Da ein Verstoß gegen jede einzelne dieser Vorschriften Festnahme und Haft nach sich ziehen konnte, war diese Furcht nur allzu berechtigt. Klemperers Tagebuch wurde zu einer langen Totenklage über Juden, die deportiert worden waren oder sich selbst das Leben genommen hatten.[144]

Da die Zahl der »Volljuden« abnahm, richtete sich die feindselige Aufmerksamkeit immer mehr auf »Mischlinge« und durch Mischehen geschützte Juden. Es gab rund 19 000 privilegierte Juden, über deren Schicksal auf der Wannseekonferenz nicht entschieden worden war. Doch das RSHA sammelte Material, das seine Forderung nach ihrer vollständigen Vernichtung untermauern sollte. So berichtete der SD aus Minden nach Berlin, die Bevölkerung habe kein Verständnis dafür, dass diese Juden unerkannt und ohne Kennzeichnung sich in der Öffentlichkeit bewegen durften. Wenn man mit Soldaten von der Ostfront spreche, »dann kann man feststellen, dass die Juden hier [in] Deutschland noch viel zu human behandelt würden«. Solche Einstellungen lieferten die Rechtfertigung für den auf »arische« Partner von Mischehen ausgeübten Druck, sich scheiden zu lassen, damit man sich der jüdischen Ehepartner summarisch annehmen konnte. Klemperer klagte darüber, dass seine Ehefrau Eva bespuckt und als »Judenhure« beschimpft wurde. Aber sie hielt zu ihm. Die Ehe von Lilli und Ernst Jahn dagegen zerbrach. Der nationalsozialistische Bürgermeister von Immenhausen, wo Lilli Jahn immer noch lebte, stieß mehrfach Drohungen gegen sie aus. Sie war gezwungen, ihr gesamtes Geldvermögen und ihren Anteil am gemeinsamen Haus ihrem Ehemann zu übertragen. Obwohl Freunde ihn vor den wahrscheinlichen Konsequenzen warnten, beschloss Ernst Jahn schließlich, sich scheiden zu lassen und seine Geliebte, die Mutter seines unehelichen Kindes, zu heiraten. Lilli Jahn schrieb daraufhin an eine Freundin: »Ich fühle mich im Innersten grenzenlos einsam und verlassen …« Sie war jetzt akut von der Deportation bedroht.[145]

Vor dem Hintergrund des Verbots der Emigration aus dem Reich und der beschleunigten Deportation wurde die Reichsvereinigung der Juden in Deutschland in die Vernichtung der jüdischen Gemeinde verwickelt. Sie stellte Deportationslisten auf, richtete Transitstellen ein, die sie auf ihrem Weg nach Osten durchlaufen würden, und versorgte sie mit Essen und Medikamenten. Ordner der Reichsvereinigung informierten die Juden über ihr Schicksal, holten sie ab und geleiteten sie zu den Sammelstellen. Sie wurden für gewöhnlich von einem Gestapo-Mann begleitet, was den Eindruck der Kollaboration nährte. Noch verwirrender war, dass Vertreter der Reichsvereinigung das Geld einsammelten, mit dem die Juden für die Kosten ihrer Deportation aufkommen mussten, und an die Gestapo weitergaben. Ihre Sekretäre und Buchhalter registrierten das zurückgelassene Eigentum der Deportierten. Und doch verhandelte die Führung weiter mit dem NS-Regime, um ihm Zugeständnisse abzuringen. Sie hob hervor, welchen Wert die Juden in der Rüstungsindustrie hatten, und erreichte deren Zurückstellung. Sie weitete die Reihen ihrer Mitarbeiter aus, so dass schließlich 1500 Personen von den Deportationen ausgenommen wurden. Sie setzte sich für über 65-Jährige, betagte Schwerbehinderte und Veteranen des Ersten Weltkriegs mit Kriegsauszeichnungen ein. Tatsächlich blieben sie bis zum Juni 1942 von der Deportation verschont, danach wurden die meisten von ihnen nach Theresienstadt gebracht. Letztlich machten das Attentat auf Heydrich und die Widerstandsaktion der Gruppe um Herbert Baum die Mühen der Reichsvereinigung zunichte. Im Sommer beobachtete Klemperer: »[D]er Mord greift um sich, greift nach allen, wird immer eiliger.«[146]

Angesichts der zunehmenden Gefahr entschieden sich in Deutschland immer mehr Juden unterzutauchen. Ruth Andreas-Friedrich beteiligte sich an einem Netzwerk, das Juden Unterschlupf gewährte. Eine der Herausforderungen für die Helfer war es, die Untergetauchten in Zeiten strenger Rationierung zu ernähren. Inmitten des »dritten Aufbruchs«, wie Andreas-Friedrich ihn bezeichnete, notierte sie im Juni 1942: »Durch die Straßen Berlins schleppen zahlreiche Menschen mit schuldbewusster Miene gefüllte Gemüsenetze.« Sie hielt auch fest, dass manche Mischlinge beim Reichssippenamt mit Erfolg eine Änderung ihrer rassischen Zugehörigkeit beantragten, indem sie nachwiesen, dass sie außerehelich gezeugt worden und beide Elternteile »Arier« waren. »Nie zuvor hat es so viele eheliche Fehltritte gegeben. Und so viele Töchter und Söhne, die bereit sind, einen Seitensprung ihrer Mutter eidesstattlich zu bezeugen.« Tatsächlich rief es, laut SD, in der

Bevölkerung »Verwunderung und z. T. Empörung« hervor, dass das Reichssippenamt so vielen sich selbst verleugnenden Juden eine solche Statusänderung gewährte, die sie von der Deportationsgefahr befreite. Es war keineswegs so, dass alle deutschen Juden ihr Schicksal tatenlos hinnahmen: Für eine erhebliche Zahl von ihnen wurden der Gang in die Illegalität, Flucht und Widerstand jetzt zu ernsthaften Optionen. Ab Ende 1942 entfernten schätzungsweise 10 000 bis 12 000 Juden den gelben Stern von ihrer Kleidung (sofern sie ihn überhaupt jemals getragen hatten) und versuchten als »Arier« durchzukommen oder sich zu verstecken. Allein in Berlin wählten 5000 Juden in der Hoffnung, so der Deportation entgehen zu können, das Leben in der Illegalität.[147]

Theresienstadt

Bis zu den Massendeportationen deutscher Juden nach Theresienstadt war das Ghetto überwiegend von tschechischen Juden bewohnt. Ende 1941 befanden sich dort 7545 Juden aus Prag und Brünn. Im nächsten halben Jahr wurden 26 524 Juden aus ganz Böhmen und Mähren in die Festungsstadt gepfercht. Zwischen Juli und Dezember 1942 verdoppelte sich die Zahl tschechisch-jüdischer Ankömmlinge noch einmal; gleichzeitig wurden allerdings Tausende durch die Theresienstädter Drehtür, als die sich das Ghetto bezeichnen ließe, nach Osten deportiert. Ihren Platz nahmen rund 53 000 deutsche und 13 000 österreichische Juden ein, von denen aber viele nach wenigen Wochen oder Monaten ebenfalls weiterverschleppt wurden. Ab Mitte 1942 veränderte sich entsprechend der demographischen Umschichtung sowohl die innere Verwaltung als auch die äußere Erscheinung von Theresienstadt.[148]

Helga Weiss und ihre Familie gehörten zu den ersten Prager jüdischen Familien, die nach Theresienstadt geschickt wurden. Binnen weniger Wochen nach ihrer Ankunft in dem Lager erlebte Helga zwei Schocks. Zuerst wurden am 9. Januar 1942 neun junge Männer wegen des »Verbrechens«, Briefe aus dem Ghetto geschmuggelt zu haben, gehängt. Auf diese Gräueltat folgte die Neuigkeit, dass tausend Insassen nach Riga umgesiedelt würden. Helga drückte die allgemeine Enttäuschung aus, als sie notierte: »Und dabei dachten wir, wenn wir schon in Theresienstadt sind, bleibt uns wenigstens das erspart.« Stattdessen stand fortan jeder Tag im Zeichen der Deportationsgefahr. Dem Schrecken der Deportation wirkte die Freude entgegen, Verwandte und Freunde wiederzusehen, die mit den hereinströmenden Transporten ins Ghetto kamen. Von Helga Weiss waren drei Tanten und ein Onkel dabei; später kamen die Großmutter und noch eine Tante.[149]

Bis Mitte 1942 teilten die deportierten Juden die Festungsstadt mit alteingesessenen Bewohnern. Doch während die tschechischen Familien in Wohnhäusern lebten, waren die Juden, nach Geschlechtern getrennt, in ehemaligen Kasernen und anderen Gebäuden untergebracht. In der Sudeten-Kaserne war jeder Raum mit fünfzig Männern belegt, die in Etagenbetten schliefen. Die Frauen in der Magdeburger Kaserne hatten kaum mehr Platz. Mädchen blieben bei ihren Müttern, Jungen bei den Vätern, bis sie zwölf Jahre alt waren und in Kinderheime umzogen, wo sie mehr Platz hatten und es bessere sanitäre Einrichtungen sowie Unterrichtsräume gab. Von den Erwachsenen, außer Alten und Gebrechlichen, wurde erwartet, dass sie sich Arbeitskolonnen anschlossen, von denen viele außerhalb der Festungsmauern arbeiteten. Bewacht wurde das Ghetto von 120 bis 150 tschechischen Gendarmen. Deutsche bekamen die Juden selten zu Gesicht.[150]

In der tschechischen Periode von Theresienstadt ernannten Eichmann und sein Stellvertreter Siegfried Seidl, der für die Lagerverwaltung zuständig war, Jakob Edelstein zum Ältesten und Otto Zucker zu seinem Stellvertreter. Beide waren Zionisten und jahrelang im öffentlichen Dienst tätig gewesen. Ihnen unterstand ein Rat von 13 Ältesten, welche die Abteilungen für Verwaltung, Bauten und Instandhaltung, Finanzen, Arbeit und Wirtschaft sowie Gesundheit leiteten. Eine »Ordnungswache« patrouillierte auf den Straßen und begleitete Juden bei der Arbeit außerhalb des Ghettos. Eine wichtige Aufgabe der Selbstverwaltung war die Registrierung aller Insassen und die Auswahl derjenigen, die zu gehen hatten, wenn die Deutschen eine Deportation anordneten. Die Deportationslisten wurden vom Transportkomitee aufgestellt. Da es stets massiver Einflussnahme ausgesetzt war, prüfte ein Berufungskomitee die Ausnahmeanträge. Oberflächlich betrachtet, waren die Kategorien in den Richtlinien, welche die Deutschen dem Ältestenrat am 5. März 1942 übermittelt hatten, eindeutig festgelegt: Familien mit Kleinkindern sollten nicht getrennt werden; Männer mit Kriegsauszeichnungen und Kriegsversehrte sollten ebenso ausgenommen werden wie Kranke, über 65-Jährige und in

Mischehe lebende Juden; Gleiches galt für ausländische Staatsbürger (außer Polen, Sowjetbürgern und Luxemburgern), und schließlich gehörten alle, die mit den ersten beiden Transporten aus Prag gekommen waren und aus deren Reihen viele Mitarbeiter der Selbstverwaltung stammten, zu den Privilegierten. All jene, die nicht unter diese Kategorien fielen, hatten Gründe genug, Einspruch einzulegen und sich um eine Statusänderung zu bemühen.[151]

Der 46-jährige Norbert Troller, Architekt aus Brünn und Kriegsveteran, war im März 1942 nach Theresienstadt deportiert worden, nachdem er eine Zeitlang als Zwangsarbeiter in einer Fabrik gearbeitet hatte. Er war in die Sudeten-Kaserne eingewiesen worden und hatte zunächst, wie für Neuankömmlinge üblich, drei Wochen körperliche Arbeit geleistet. Dann war er ins Technische Büro versetzt worden, wo er die Innenausstattung der Unterkünfte sowohl der Insassen als auch der SS entwarf. Er begriff schnell, dass Theresienstadt nicht das Ende der Fahnenstange war und dass das Überleben davon abhing, ob man die »Protektion« eines Funktionärs gewann, der dafür sorgen konnte, dass der eigene Name auf keiner Deportationsliste erschien. »Die Idee der Protektion«, erklärte er später, »war für uns alle von solch herausragender Bedeutung, dass sie jeden anderen Gedanken überschattete.« Gleichwohl pulsierte in der Zeit zwischen den Deportationen, die Woche für Woche Theresienstadt verließen, das Leben: »Es gab Arbeit und Freizeit, man kümmerte sich um die sanitären Einrichtungen, um Unterkünfte, Gesundheit, Kinderbetreuung, tägliche Aufzeichnungen, Bauten, Theater, Konzerte, Vorträge. All dies funktionierte so gut, wie es unter den Umständen möglich war.« Aber sobald sich die Neuigkeit verbreitete, dass in wenigen Tage weitere 1000 oder 2000 Menschen würden gehen müssen, hatten alle nur noch eins im Kopf: Protektion.[152]

Troller analysierte die demoralisierende Wirkung des ständigen Kampfs darum, von den Transporten ausgenommen zu werden: »In Todesangst vergisst man, zuerst langsam, dann aber immer schneller, die Regeln von Ethik, Anstand, Hilfsbereitschaft … Wir versuchen um jeden Preis die Ausführung des gegen uns und unsere Lieben verhängten Todesurteils zu verhindern … Um diesem Schicksal zu entgehen, muss man mit allen Mitteln versuchen, in die privilegierte Gruppe der ›Protegierten‹ aufgenommen zu werden.« Troller hatte das Glück, über Fähigkeiten zu verfügen, die ihn für eine Verwaltungstätigkeit qualifizierten. Sein Chef im Technischen Büro bewahrte ihn bei 25 Selektionen vor der Deportation. Darüber hinaus konnte Troller noch einflussreicheren Ghettoinsassen zu Diensten sein, und schließlich gelang es ihm, Aufträge direkt von der SS zu erhalten. Trotzdem war er nicht in der Lage, seine Schwester und deren Tochter zu schützen; sie wurden gut ein halbes Jahr nach der gemeinsamen Ankunft in Theresienstadt weiterdeportiert. Troller beklagte das System der Listen und die »psychische Korruption« der Menschen im Kampf jeder gegen jeden darum, die eigene Deportation zu vermeiden. Mit »teuflischer Niedertracht und Gerissenheit« legte die SS »die Bürde der Selektion den Juden selbst auf: ihre eigenen Glaubensgenossen, Verwandten, Freunde auszuwählen. Letztlich zerbrach diese unerträgliche, bittere, zynische Last die Gemeindeführer, die gezwungen waren, die Selektionen durchzuführen. Die dem Ältestenrat aufgezwungene Macht über Leben und Tod war der Hauptgrund, die unabwendbare Kraft, die der ständig zunehmenden Korruption im Ghetto zugrunde lag.« Er wusste, dass er selbst nicht unschuldig war: »Wie kann ich mir verzeihen, dass ich mich, wann immer Gefahr drohte, zu egoistischen, rücksichtslosen, unfassbaren Handlungen gegenüber meinen Leidensgenossen hinreißen ließ …«[153]

Um, insbesondere für die Kinder, wenigstens den Anschein eines normalen Lebens aufrechtzuerhalten und ihre Menschlichkeit zu bewahren, engagierten sich die Juden von Theresienstadt in einer Vielzahl von Bildungs- und Kulturinitiativen. Helga Weiss ging zur Schule und zog in ein Kinderheim um, wo sie Tschechisch, Geographie, Geschichte und Mathematik lernte. Die Jugendlichen, mit denen sie zusammenlebte, teilten sich eine Fülle von Büchern und besuchten Theateraufführungen, die auf Dachböden stattfanden, den einzigen Räumen, die für solche Aktivitäten zur Verfügung standen. »Gestern habe ich eine Aufführung von ›Der Kuss‹ gesehen«, notierte Helga Weiss. »Gespielt wird auf dem Dachboden der Magdeburger Kaserne. Zwar wird nur mit Klavierbegleitung gesungen, ohne Kulissen und ohne Kostüme, aber eine Vorstellung im Nationaltheater könnte nicht beeindruckender sein.« Die Erwachsenen genossen solche Ablenkungen und fanden auch Wege, irdischere Bedürfnisse zu befriedigen. Troller beobachtete, wie Männer sich mit ihren Ehefrauen verabredeten, um in Kohlenkellern zu verschwinden und mit »kohleschwarzen Rücken« wieder herauszukommen. Daneben wurde vor dem Hintergrund erodierender moralischer Maßstäbe Ehebruch zu etwas Alltäglichem. Trotz Hunger und wegen mangelhafter Waschgelegenheiten ungeminderter Körpergerüche gingen Männer und Frauen Beziehungen ein, die einen aus Liebe, andere aus eher praktischen Gründen. »Einerseits gab es spontane, echte, ewige Liebe; andererseits gab es, angesichts der ständigen Gefahr der Trennung, Sex, Wollust, eine Treibhausatmosphäre, schnell, schnell, ohne blumige Phrasen, bevor der nächste Transport in den Osten uns aufhält …« Unverheiratete Männer wie Troller, zumal wenn sie privilegiert waren, kannten keinen Mangel an Freundinnen. Zusammen mit einem Freund baute er sich ein *kumbal,* eine Kammer, in der sie mit ihren Freundinnen allein sein konnten. Es herrschte jedoch eine strenge Etikette. Von einem privilegierten Arbeiter, der ein *kumbal* sein Eigen nannte, wurde erwartet, Freundinnen nach Besuchen zu beschenken, etwa mit Lebensmitteln oder Zigaretten. Manchmal ging es auch nur um Triebbefriedigung. An einem Nachmittag erschien Trollers Freundin Lilly bei ihm und verkündete: »Nori, ich brauche einen Fick, komm.«[154]

Die Ankunft Tausender älterer deutscher Juden dämpfte die von den jungen Tschechen gepflegte trotzig ausgelassene Atmosphäre im Ghetto, bereicherte aber dessen Kulturleben. Unter den Neuankömmlingen im Juli 1942 befanden sich der 67-jährige Philipp Manes und seine Frau. Der Kriegsveteran und Träger des Eisernen Kreuzes hatte in Berlin ein Pelzgeschäft betrieben, bis es von den Nationalsozialisten enteignet worden war. In den vorangegangenen Monaten hatte er in einer metallverarbeitenden Fabrik gearbeitet. In seinem Bericht schilderte er die letzten Stunden in seiner Berliner Wohnung, in der er mit seiner Frau gelebt und mit ihr vier Kinder großgezogen hatte: »Noch war es unfassbar, wir mussten unseren gesamten Besitz hergeben, alles, was wir uns in den 37 Jahren der Ehe erworben, zurücklassen … Unser Hab und Gut würden Fremde sich aneignen, sie würden Schubladen und Fächer durchwühlen und herausreißen, was ihnen nichts wert schien, uns lieben Besitz bedeutete. Kaum vorstellbar.« Zum angekündigten Datum gegen 9.30 Uhr klopften zwei Gestapobeamte und zwei jüdische Ordner an ihre Wohnungstür und begleiteten sie zu einem wartenden Möbelwagen, in dessen Laderaum sie stiegen. Stunden später wurden sie am jüdischen Altersheim in der Großen Hamburger Straße abgesetzt. Am nächsten Tag teilte man ihnen mit, dass ihr Besitz enteignet worden sei, weil sie sich »kommunistischer Betätigung« schuldig gemacht hätten. Der erzkonservative Manes nahm diese Demütigung stumm hin. Ihre Pässe wurden mit dem Stempel »Evakuiert am 23. Juli von Berlin« versehen. »Damit war unserer bürgerlichen Existenz in Deutschland ein Ende bereitet«, stellte Manes fest. Um drei Uhr nachts wurden sie geweckt und wenig später mit der Straßenbahn zum Anhalter Bahnhof gebracht. »[W]ir werden ausgestoßen aus dem Leben, das wir uns geformt, aus dem Schaffen, das … in 50jährigem Arbeiten zu dem erfolggekrönten Geschäft geführt hatte …, und wir stehen hier mit den wenigen Habseligkeiten, die wir im Rucksack und in Taschen bei uns tragen.«[155]

Wie ihre Schicksalsgenossen hofften sie, dass Theresienstadt den Versprechungen, die man ihnen gemacht hatte, gerecht werden würde. Was sie vorfanden, war niederschmetternd. Als Erstes beraubte man sie ihrer Wertsachen und nahm ihnen die Koffer ab. Manes musste den Rest des Sommers die schweren Wintersachen tragen, die er für die Fahrt angezogen hatte. Dann führte man sie zu einem gemauerten Stall, wo sie auf dem Boden schlafen mussten. Wasser gab es nur an einem Brunnen und für die Notdurft eine gemeinsame Latrine. Schließlich wurden ihnen ihre in Berlin gepackten Bettrollen ausgehändigt, in die auch einige persönliche Dinge eingewickelt waren. Als sie endlich Etagenbetten erhielten, waren diese voller Bettwanzen. Männer und Frauen wurden getrennt. Manes schrieb:

> »Ghetto« bedeutet Abkehr oder Moratorium von der Moral … Wenn der Hunger über die anerzogenen und stets bewussten kontrollierten Hemmungen triumphierte, alle gezogenen Schranken niederriss und sich dem einzigen Gefühl und Ziel: Sättigung um jeden Preis überließ, dann mussten Recht und Sicherheit, Besitz und Ordnung ebendiesem Naturtrieb weichen. Wer es nicht mitangesehen hat, wie die alten Menschen sich am Schlusse der Essensausgabe auf die leeren Fässer stürzen, mit den Löffeln sie auskratzen, selbst die Tische, auf denen ausgeteilt wird, nach Resten mit Messern untersuchen, der vermag sich kein Bild davon zu machen, wie schnell Menschenwürde verlorengehen kann.[156]

Nach einigen Wochen bat die jüdische Selbstverwaltung Manes, einen Hilfsdienst aufzubauen, welcher der Ghettowache die Betreuung von verwirrten Personen, deren Herumwandern die übrige Ghettobevölkerung störe, abnehmen sollte. Er nutzte diese Stellung, um Vorträge zu halten, zu denen sich bald hundert Zuhörer einfanden. Rasch weiteten sich seine Vorträge zu einem Kulturprogramm aus, an dem sich 65 Männer und Frauen beteiligten. Die deutschsprachigen Vorträge, Lesungen und Rezitationen erfreuten die Berliner und Wiener Juden, die sich in der tschechisch sprechenden Umgebung ansonsten verloren fühlten. Manes bewunderte den Patriotismus und das stolze Judesein der tschechischen Ghettobewohner, musste aber feststellen, dass sie seine Herzlichkeit nicht erwiderten. Die beiden Gruppen waren Rivalen um die Macht und kämpften um Privilegien, Arbeit und Rationen. »Auf der einen Seite wirklicher Überfluss und ein Wohlleben, das sich nichts abgehen lässt«, beobachtete Manes. »Auf der anderen die ewig Hungernden.« Besonders ärgerte ihn, dass die tschechischen Juden Lebensmittelpakete empfangen durften und von den Küchen bessere Rationen zu erhalten schienen. »Es muss gesagt sein«, konstatierte er mit selbstkritischem Unterton, »[a]uch der Tscheche liebt uns nicht, er sieht in uns nur den Deutschen.«[157]

Auch nach der »Aussiedlung« der nichtjüdischen Bevölkerung aus der Stadt führte die Ankunft der deutschen und österreichischen Juden zu akuter Überfüllung. In Kombination mit der Unterernährung und den schlechten sanitären Verhältnissen hatte dies einen steilen Anstieg der Sterblichkeit zur Folge. Im Dezember 1941 waren nur 48 Juden in Theresienstadt gestorben. Im März stieg die Zahl auf 259, doch dies entsprach ungefähr der Bevölkerungszunahme. Im Juli 1942 starben im Durchschnitt jeden Tag 32 Menschen, im August insgesamt 2327 und im September nicht weniger als 131 am Tag. Wie Manes schrieb, war es »die Zeit des großen Sterbens der Alten und Überalterten, die mit ihrem zerbrochenen, entkräfteten Körper, der zermürbten, entwurzelten Seele, der unerfüllbaren Sehnsucht nach den fernen Kindern dem Angriff selbst einer leichten Krankheit keinen Widerstand zu leisten vermochten«.[158]

Im September 1942 ordneten die Deutschen die Deportation der Alten an, um das Durchschnittsalter der Ghettobevölkerung zu senken und den Arbeitenden mehr Gewicht zu geben. Helga Weiss entsetzte der Anblick dieser Transporte:

> Alterstransporte. 10 000 Kranke, Lahme, Sterbende, alle über 65 Jahre … Warum schicken sie diese wehrlosen Menschen weg? … Kann man sie hier nicht in Ruhe sterben lassen? Denn in Wahrheit steht diesen al-

> ten Menschen doch nichts anderes bevor … Unter den Fenstern hören wir das Gebrüll der Ghetto-Aufseher, sie laufen umher und sperren die Straßen ab. Und wieder kommt eine Gruppe … Gepäckstücke, Tragen, Leichen. So geht es den ganzen Tag lang. Die Toten auf den Karren und die Lebenden auf den Leichenwagen …

Innerhalb von zwei Monaten wurden 17780 alte Gefangene durch die »Schleuse«, die in der Hamburger Kaserne untergebrachten Abfertigungsräume für Zu- und Abgänge, aus dem Ghetto geschafft, und bis zum Jahresende sank der Anteil der über 65-Jährigen an der Ghettobevölkerung von 45 auf 33 Prozent.[159]

Seidl verlangte eine Umbildung des Ältestenrats entsprechend den Bevölkerungsanteilen der Deutschen, Österreicher und Tschechen. Im Oktober wurde Heinrich Stahl, ehemaliger Vorsitzender der Jüdischen Gemeinde zu Berlin, Edelsteins Stellvertreter, und Anfang 1943, als die Anteile der deutschen und tschechischen Juden sich die Waage hielten, ordnete Seidl die Bildung eines Triumvirats an, bestehend aus Edelstein, Paul Eppstein, einem Vorstandsmitglied der Reichsvereinigung, und Benjamin Murmelstein aus Wien. In den folgenden anderthalb Jahren bestimmten diese drei Männer, wer in Theresienstadt bleiben durfte und wer gehen musste.[160]

Die »Endlösung« in Frankreich

In Frankreich nahm die »Endlösung« einen recht chaotischen Verlauf. Trotz der auf der Wannseekonferenz demonstrierten Entschlossenheit und der scheinbar geradlinigen Entwicklung der antijüdischen Politik in den Folgemonaten war das Geschehen von Opportunismus und Notbehelfen gekennzeichnet. Eine Machtverschiebung zwischen den Fraktionen in der französischen Regierung und in der Besatzungsverwaltung begünstigte sicherlich ein radikales Vorgehen gegen die Juden, doch war dies Zufall.

Im Februar 1942 geriet Xavier Vallat mit Theodor Dannecker über die Judenverfolgung aneinander. Der Franzose hielt dem Judenreferenten vor, dass Vichy mehr unternehme als die Deutschen, und protestierte gegen einseitige antijüdische Maßnahmen der Militärverwaltung im Norden. Die dortigen Razzien kümmerten ihn indes wenig; die Juden waren lediglich Schachfiguren in seinem Bemühen, die Souveränität des Vichy-Regimes über ganz Frankreich zu verteidigen. Gleichwohl brachte seine kämpferische Haltung Werner Best dazu, ihn ironisch als »Judenschutzkommissar« zu titulieren. Im April kehrte der im Dezember 1940 gestürzte Pierre Laval mit der Mission an die Spitze der Regierung zurück, den Deutschen die Autorität über französische Angelegenheit zu entwinden, selbst um den Preis engerer Kollaboration auf bestimmten Gebieten. Im Mai entließ er den unversöhnlich deutschfeindlichen Vallat und ernannte Louis Darquier de Pellepoix zu dessen Nachfolger als Generalkommissar für Judenfragen. Darquier de Pellepoix war Gründer einer Veteranenorganisation und in der Zwischenkriegszeit irgendwann ein führendes Mitglied fast jeder rechtsextremen und antisemitischen Bewegung Frankreichs gewesen. Er war ein zutiefst ehrloser Mann, der das CGQJ mit seinen Kumpanen besetzte und Geld aus arisierten Unternehmen abschöpfte. Sein Stellvertreter Joseph Antignac war hingegen ein kühler, effizienter Verwalter, der gut mit den Deutschen zusammenarbeitete. In dieser Zeit beförderte Laval auch den begabten jungen Präfekten René Bousquet zum Generalsekretär der französischen Polizei. Bousquets Vertreter in der besetzten Zone war Jean Leguay, ein ebenso tatkräftiger wie effektiver Beamter.[161]

Auch auf deutscher Seite traten neue Figuren auf den Plan. Im Februar 1942 gab Otto von Stülpnagel den Posten des Chefs der Militärverwaltung ab, um nicht noch drakonischeren Repressalien, insbesondere Massenerschießungen von Geiseln, zustimmen zu müssen. Sein Nachfolger wurde sein Cousin General Carl-Heinrich von Stülpnagel, der für Geiselnahmen und -erschießungen als »Sühnemaßnahmen« nach Widerstandsaktionen empfänglicher war. Im folgenden Monat nutzte Himmler die sich verschlechternde Sicherheitslage, um Carl Oberg zum HSSPF in Frankreich zu ernennen, was eine entscheidende Schwächung der Militärverwaltung bedeutete. Oberg bekam den Oberbefehl über alle deutschen Sicherheitskräfte und wollte sich auch die französische Polizei unterwerfen. Sipo und SD erhielten in der besetzten Zone Exekutivgewalt, so dass sie Verhaftungen vornehmen konnten. Für die Juden waren dies böse Vorzeichen, denn unter Obergs Ägide als SSPF im Distrikt Radom waren dort zahlreiche jüdische Gemeinden ausgelöscht worden. Im Mai sandte Eichmann einen seiner engsten Mitarbeiter, Herbert Hagen, zur Unterstützung des Pariser Sipo-Chefs Knochen nach Frankreich. Hagens Rolle bestand zum großen Teil darin, die Franzosen zu einer rigideren antijüdischen Politik zu drängen. Zwei Monate später verstärkte Eichmann sein Team um den ehemaligen Theologiestudenten Heinz Röthke. Dieser Machtzuwachs des Sicherheitsapparats drängte Werner Best in den Hintergrund, und er verließ schließlich Paris, um den Posten des Reichsbevollmächtigten in Dänemark anzutreten.[162]

Dannecker und Zeitschel drängten schon seit langem auf die Entfernung der Juden aus Frankreich und hatten mit den Deportationen aus den Internierungslagern auch einen begrenzten Erfolg erzielt. Als Heydrich Anfang Mai Paris besuchte, erwartete er aber noch nicht, dass schon in den nächsten Monaten Massendeportationen stattfinden würden. Kurz darauf nahm Dannecker jedoch Verhandlungen mit der Eisenbahn über den Transport einer noch größeren Zahl von Juden aus Frankreich in den Osten auf. Zufällig bot der für den Eisenbahntransport zuständige deutsche Offizier an, rollendes Material bereitzustellen; plötzlich war der Bann gebrochen, und die Entwicklung beschleunigte sich. Eine Woche später teilte Botschafter Abetz Knochen mit, dass die Botschaft eine endgültige Entscheidung Berlins über das Schicksal der französischen Juden erwarte. Am selben Tag, dem 29. Mai 1942, erließ die Militärverwaltung eine Verordnung, welche die Juden verpflichtete, ab dem 7. Juni einen gelben Stern mit der Aufschrift »Juif« zu tragen. Durch einen Einspruch erreichte die Vichy-Regierung, dass diese Verordnung in der Freien Zone nicht galt. In anderen Fragen sollte sie sich als nachgiebiger erweisen.[163]

Am 11. Juni kamen die Vertreter des Gestaporeferats IV B 4 in Frankreich, Belgien und den Niederlanden im RSHA zu einer Besprechung über das weitere Vorgehen zusammen. Laut Danneckers Notizen erklärte Eichmann seinen Mitarbeitern, aus »militärischen Gründen« könne »während des Sommers ein Abschub von Juden aus Deutschland in das östliche Operationsgebiet nicht mehr erfolgen«. Der Reichsführer SS habe »daher angeordnet, dass entweder aus dem Südosten (Rumänien) oder aus den besetzten Westgebieten größere Judenmengen dem KZ Auschwitz zwecks Arbeitsleistung überstellt werden«. Die Deportierten sollten zwischen 16 und 40 Jahre alt und zu körperlicher Schwerarbeit in der Lage sein; zehn Prozent jedes Transports könnten aus Arbeitsunfähigen bestehen. In Mischehe lebende

Juden sowie Bürger von neutralen Ländern und Achsenmächten seien auszunehmen (ebenso Juden, von denen die Deutschen glaubten, sie gegen von Briten und Amerikanern internierte deutsche Staatsbürger austauschen zu können). Eichmann legte Quoten fest: Aus den Niederlanden sollten 15 000, aus Belgien 10 000 und aus den beiden Zonen Frankreichs insgesamt 100 000 Juden deportiert werden.[164]

Kaum nach Paris zurückgekehrt, verteilte Dannecker Richtlinien für die bevorstehende Aktion und führte eine Reihe von Gesprächen mit Vichy-Beamten. Es war typisch für die Art der Entscheidungsfindung und Politikumsetzung der Deutschen, dass die Berliner Beschlüsse eher dadurch Beachtung fanden, dass man ihnen zuwiderhandelte, als dass man sie befolgte. Obwohl die Transporte im Gegensatz zu jenen vom März und Juni angeblich einen Strom von Arbeitskräften nach Auschwitz lenken sollten, verstärkte nur ein verschwindend geringer Teil der Deportierten die Arbeitskolonnen. Die meisten wurden in den Gaskammern ermordet. Bei ihnen handelte es sich, wie erwähnt, um hastig errichtete, primitive Anlagen, die für so viele Deportierte nicht ausreichten. Und wieder einmal machte der Krieg den deutschen Planern einen Strich durch die Rechnung. Sipo und SD verfügten in Paris nur über drei Polizeibataillone mit zusammen höchstens 3000 Mann – dies war auch nicht annähernd genug Personal, um eine solch massive Operation durchzuführen. Verlegungen aus anderen Ländern waren aber unmöglich. Auch nachdem Eichmann die Quote für Frankreich auf 40 000 Deportierte verringert hatte, waren Sipo und SD auf die Hilfe des Vichy-Regimes angewiesen. Dank der Zählung der Juden in der besetzten Zone besaß die Pariser Polizei eine Kartei über 149 793 in der Stadt gemeldete Juden. Gendarmerie, Gemeindepolizei und Mobile Nationalgarde erhielten ihre Befehle nicht von den Deutschen, sondern von den Polizeichefs der Präfekturen, und diese wiederum unterstanden dem Generalsekretär der Polizei, Bousquet. Dies verlieh den Franzosen eine beträchtliche Verhandlungsmacht und versetzte sie in die Lage, Bedingungen zu stellen, die den deutschen Absichten zuwiderliefen.[165]

Während Laval und Pétain froh waren, dass die Deutschen ausländische und staatenlose Juden aus Frankreich entfernten und die Internierungslager im Norden wie im Süden leerten – auch von Kindern und Familien –, verweigerten sie ihnen den Zugriff auf Juden mit durch Geburt oder Einbürgerung vor 1927 erworbener französicher Staatsbürgerschaft. Bousquet und Leguay stellten den Deutschen die Zusammenarbeit der französischen Polizei nur für den Fall in Aussicht, dass sie dieser Bedingung zustimmten. Als Dannecker die Verhaftung von 22 000 Juden in Paris und 10 000 in der unbesetzten Zone verlangte, von denen mindestens vierzig Prozent französische Juden sein sollten, leiteten seine französischen Gesprächspartner die Frage an Laval weiter. Die Folge war eine vorübergehende Krise in den deutsch-französischen Beziehungen, die Obergs geduldige Bemühungen, die Kollaboration der französischen Polizei zu gewinnen, zunichtezumachen drohte. Am 30. Juni reiste Eichmann nach Paris und versuchte zwei Tage lang, die Probleme zu überwinden. Anschließend hielt er in einem Vermerk fest, im Norden sei die Zusammenarbeit gut, nur im Süden bereite die französische Regierung »in zunehmendem Maße Schwierigkeiten«. Einige Tage später erzielten Oberg, Knochen und Hagen mit Bousquet einen Kompromiss. Danach wollten sich die Deutschen mit ausländischen und staatenlosen Juden zufriedengeben, und zwar aus beiden Zonen. Sowohl im Norden als auch im Süden würde die französische Polizei die nötigen Kräfte bereitstellen, um die Verhaftungen vorzunehmen. Dannecker musste in Berlin nachfragen, ob die Einbeziehung von Kindern akzeptabel sei. Die Zeit, die Eichmann für die Antwort brauchte, lässt vermuten, dass er diesen Aspekt der Vereinbarung nicht berücksichtigt hatte.[166]

Auf Kosten unerwünschter Juden war es Bousquet gelungen, Frankreichs Souveränität über seine Bürger zu bewahren und die Autorität des Vichy-Regimes mittels einer Polizeiaktion in der besetzten Zone zu erweitern. Die Deutschen hatten, zumindest für den Augenblick, keine andere Wahl, als die französischen Bedingungen zu akzeptieren. Doch die Abhängigkeit vom Vichy-Regime machte sie auch von der französischen Öffentlichkeit abhängig, da ihre französischen Partner die Einstellung der Bevölkerung nicht ignorieren konnten. Es war ein riskanter Deal.

Den Juden blieben diese Entwicklungen verborgen. Hélène Berr berichtete im April und Mai in ihrem Tagebuch von ihren Studienfortschritten an der Sorbonne, den zahlreichen Partys, von musikalischen Abendunterhaltungen und Landpartien mit ihrem Freund. Obwohl sie als Freiwillige für L'Entraide Temporaire arbeitete, eine Hilfsorganisation für deportierte oder internierte Kinder, ging das Leben für ihre Familie wie gewohnt weiter. Die erste Maßnahme, die sie zu spüren bekam, war der Zwang, den gelben Stern zu tragen. Am 1. Juni notierte sie: »Mama kam und brachte mir die Nachricht vom gelben Stern, ich habe sie verdrängt und gesagt: ›Darum kümmere ich mich später.‹« Sie überlegte, ob sie den Stern tragen sollte oder nicht, und analysierte, was es für ihre Identität als Französin und Jüdin bedeute-te. Obwohl es fraglos entwürdigend sei, wäre es »Feigheit, es nicht zu tun, gegenüber jenen, die es tun werden«. Sie beschloss, falls sie ihn tragen sollte, »immer sehr elegant [zu] sein und sehr würdevoll, damit die Leute sehen, was es bedeutet«; sie wolle »das tun, was am mutigsten ist«. Doch als sie dann zum ersten Mal mit dem gelben Stern an ihrem Mantel in die Öffentlichkeit ging, war es trotz aller Vorbereitung eine qualvolle Erfahrung. Sie versuchte, erhobenen Hauptes den Augenkontakt mit anderen Passanten zu suchen, aber viele wandten den Blick ab. Anderen Sternträgern zu begegnen, Juden, die sich zuvor durch nichts von anderen unterschieden hatten, war sonderbar. Als manche sie mitfühlend anlächelten, stiegen Hélène Tränen in die Augen. Doch dann wurde sie von Kindern verspottet, und sie fühlte sich auf eine einzige Identität reduziert, jene der Jüdin. Am nächsten Tag musste sie auf dem Weg zur Universität in den letzten Wagen der Straßenbahn einsteigen. In der Sorbonne angekommen, fühlte sie sich verloren: »Mir schien plötzlich, dass ich nicht mehr ich selbst war, dass sich alles verändert hatte, dass ich eine Fremde war, als befände ich mich mitten in einem Alptraum.«[167]

»Für eine solche Infamie gibt es keine Worte«, empörte sich Raymond-Raoul Lambert, obwohl er als Bewohner der Freien Zone nur Zuschauer der Ereignisse im Norden war. Der gelbe Stern war die letzte einer Reihe unerfreulicher Entwicklungen seit dem Abschied Vallats und der Rückkehr Lavals. Bisher hatte Lambert geglaubt, durch den Aufbau der UGIF und die Unterstützung der ausländischen und französischen Juden, denen die diskriminierende Politik des Vichy-Regimes und deutsche Repressionen zusetzten, bedeutende Fortschritte gemacht zu haben. Der Anfang war allerdings holprig gewesen. Ende 1941 hatte der Militärbefehlshaber der jüdischen Gemeinde eine »Sühneleistung« von einer Milliarde Francs auferlegt und die UGIF mit der Eintreibung des Geldes beauftragt. Dies beschädigte die Glaubwürdigkeit der neuen Organisation und löste scharfe Kritik von Seiten des Consistoire aus. Er habe nur in eine Zusammenarbeit »auf technischer Ebene« eingewilligt, verteidigte sich Lambert und charakterisierte die Kritik im Gegenzug als egoistisch: »Die reichen Juden, welche die Mehrheit des Consistoire bilden, befürchten, die Union [UGIF] könnte sie für die Armen zahlen lassen.« Bis März 1942 hatte er jedoch den Eindruck gewonnen, in seiner Tätigkeit erfolgreich zu sein, und angenommen, die UGIF stünde auf festen Beinen.[168]

Hélène Berr erkannte die Bedeutung der UGIF, als ihr Vater verhaftet wurde, weil er den gelben Stern nicht getragen hatte. Ein deutscher Offizier lieferte ihn auf einem Polizeirevier ab, von wo er ins Internierungslager Drancy gebracht wurde. Kaum war seine Familie darüber informiert worden, eilte Hélène Berr mit einigen für ihren Vater bestimmten Utensilien zur Präfektur. Später konnte sie ihrem Vater über ein UGIF-Büro Briefe schicken. Zwei Wochen nach der Verhaftung trat sie selbst in die UGIF ein, obwohl sie den Gedanken nicht zu verdrängen vermochte, dass es gefährlich sei, die Juden auf rassischer Basis zu organisieren: »[I]ch verabscheue alle diese mehr oder weniger zionistischen Bewegungen, die, ohne es zu ahnen, das Spiel der Deutschen mitspielen …« Dennoch begann sie wenig später als Freiwillige in einem UGIF-Büro zu arbeiten.[169]

Das Leben ging weiter. Hélène Berr fuhr aufs Land, Himbeeren pflücken, ging im Jardin du Luxembourg spazieren und besuchte ihre Lieblingsbuchhandlungen. Dann notierte sie am 15. Juli: »Etwas ist im Anzug, etwas, das eine Tragödie sein wird, vielleicht *die* Tragödie.« Sie erhielt eine Warnung, dass die Deutschen eine Razzia planten, bei der 20 000 Juden verhaftet werden sollten. »Eine Welle des Schreckens erfasst alle anderen Leute seit einigen Tagen. Es sieht so aus, als habe die SS das Kommando in Frankreich übernommen und als müsse darauf die Schreckensherrschaft folgen.« Freunde drängten sie, in den Süden zu fliehen.[170]

Das Gerücht über eine bevorstehende Razzia war nicht aus der Luft gegriffen. Nach Eichmanns Stippvisite in Paris hatte die SS die Einzelheiten der ersten großen Aktion in Frankreich ausgehandelt. Bousquet teilte seinen Untergebenen mit, dass die französische Polizei den Löwenanteil der Operation übernehmen werde. Am 16. Juli sollten 9000 uniformierte Polizisten, um 400 Mitglieder einer rechtsextremen paramilitärischen Organisation verstärkt, um vier Uhr früh in sechs Arrondissements einfallen. Ihr Angriffsziel waren 28 000 nichtfranzösische Juden, die in einer von der Judenabteilung der Pariser Polizeipräfektur aufgestellten Liste verzeichnet waren. Die Polizisten sollten den Juden genügend Zeit geben, um Kleidung und Essen für zwei Tage zu packen. Wurden aus einer Wohnung sämtliche Bewohner abgeholt, sollten sie sicherstellen, dass Gas und Strom abgestellt waren. Bevor die Wohnungen versiegelt wurden, sollte die Einrichtung sorgfältig aufgelistet werden. Fünfzig Busse mit geschwärzten Scheiben standen bereit, um die Verhafteten zu Sammelstellen zu fahren, wo sie vor der Deportation selektiert werden sollten. Dies war wegen der zahlreichen Ausnahmekategorien erforderlich: schwangere Frauen, Frauen mit Kindern unter zwei Jahren, Ehefrauen von Kriegsgefangenen, Kriegerwitwen, Ehepartner von ausgenommenen Personen, Angestellte der UGIF.[171]

Mit militärischer Präzision gingen die Festnahmetrupps ans Werk und hämmerten mit den Listen in der Hand an die Türen von Häusern und Wohnungen. In einer wenige Monate später in Umlauf gebrachten Publikation der Résistance schilderte ein Augenzeuge, was anschließend geschah: »Sie nahmen Frauen und Kinder über zwei Jahre, Frauen in den Siebzigern und Achtzigern und sogar im neunten Monat Schwangere mit. Kranke wurden aus dem Bett gezerrt und auf Stühlen oder Tragen hinausgebracht … Besonders die Verschleppung von Kindern ist hervorzuheben. Ab einem Alter von zwei Jahren wurden sie als Kandidaten für die Konzentrationslager betrachtet! In einigen Fällen wurden Mütter unter Zwang von ihren Kleinen weggerissen. Schreien und Jammern füllten die Straßen.« Doch die Gerüchteküche hatte so effektiv gearbeitet, dass Tausende von Männern nicht zu Hause angetroffen wurden. Ausländische Juden, die seit den 1930er Jahren an Polizeirazzien gewöhnt waren, brauchten nur eine kurze Vorwarnzeit – sie wussten, was zu tun war. Viele hatten Verstecke vorbereitet. Nicht wenige Polizisten, denen der Auftrag Kopfschmerzen bereitete, warnten ihre Bekannten; andere klopften ein- oder zweimal an eine Tür und gaben dann auf. Manche schauten weg, wenn sie jemanden durch eine Hintertür oder Seitengasse verschwinden sahen. Im letzten Moment gab der kommunistische Untergrund eine Warnung auf Jiddisch heraus, die allerdings nur wenige erreichte. Am Ende des Tages waren der Polizei 11 363 Juden ins Netz gegangen, deutlich weniger als angestrebt. Bei der Fortsetzung der Razzia am nächsten Tag stieg die Zahl der Festgenommenen auf 12 884. Die Opfer setzten sich aus 3031 Männern, 5802 Frauen und nicht weniger als 4051 Kindern zusammen.[172]

Knapp 5000 wurden direkt nach Drancy geschickt, das jetzt zusätzlich als Durchgangslager diente. Mehr als 8000 Juden wurden ins Vélodrome d'Hiver, ein Radstadion im 15. Arrondissement, gebracht und dort bis zu fünf Tage lang festgehalten. Die Bedingungen im Vel' d'Hiv, wie es allgemein genannt wurde, waren schrecklich. Es war sengend heiß, aber in dem Stadion gab es kein Wasser und nur wenige Toiletten. Ungefähr ein Dutzend Krankenschwestern und Ärzte versuchten, einer Menge verstörter, dehydrierter Erwachsener und Kinder, von denen es vielen bereits schlechtging, als sie ankamen, Linderung zu verschaffen. Es war ein einziges Chaos. Ein nichtjüdischer freiwilliger Helfer berichtete:

> Nichts war für sie vorbereitet. Es gab nicht einmal Stroh. Die Internierten wurden auf den Tribünen ›untergebracht‹ oder saßen auf dem Boden. Nachts lagen die Kinder auf dem Boden, und die Erwachsenen blieben sitzen … An den ersten beiden Tagen gab es nichts zu essen. Wer keine Verpflegung mitgebracht hatte, dessen Magen blieb leer. Es gab kein Wasser, weder zum Trinken noch zum Waschen. Die Toiletten, zwölf an der Zahl, waren bald verstopft … Die Schreie der Kinder waren ohrenbetäubend. Es machte dich verrückt.

Der Vorteil des Durcheinanders war, dass zahlreiche Festgenommene hinausschlüpfen und fliehen konnten.[173]

Zwischen dem 19. und dem 22. Juli wurden die Juden aus dem Vel' d'Hiv in Kolonnen zum Gare d'Austerlitz geführt, von wo sie mit der Bahn in die Durchgangslager in Pithiviers und Beaune-la-Rolande gebracht wurden. Dort kamen sie bis zur nächsten Etappe ihrer grauenvollen Odyssee in Holzbaracken unter. Zuvor mussten die Deutschen jedoch eine Grundsatzentscheidung treffen: Sollten die Kinder deportiert werden? Ursprünglich hatten sehr Junge und sehr Alte von der Verschleppung ausgenommen werden sollen. Eichmanns Antwort auf Danneckers entsprechende Anfrage, die erst am 20. Juli eintraf, lautete: Auch die Kinder könnten in den Osten geschickt werden. Infolgedessen brachten zwischen dem 31. Juli und dem 7. August vier Züge Erwachsene mit älteren Kindern direkt nach Auschwitz. Der erste Transport wurde komplett ins Lager aufgenommen, während die anderen einer Selektion unterzogen wurden. Die Verschleppten des Transports vom 5. August waren die Ersten, die mehrheitlich sofort nach der Ankunft ermordet wurden.[174]

Die verbliebenen Kinder wurden nach Drancy geschickt. In Eichmanns Prozess in Jerusalem im Jahr 1961 bezeugte Georges Wellers, der dem jüdischen Lagerpersonal angehört hatte, in welchem Zustand die Kinder eintrafen:

> Die Kinder, die zu uns aus Beaune-la-Rolande und Pithiviers kamen, die hatten bereits schon einige Wochen der Verkommenheit durchgemacht und kamen bereits mit Rissen in den Kleidern, verschmutzt, zerschlampt, mal fehlte ein Schuh, mal fehlte ein Knopf, ihre Körper waren bedeckt mit Ausschlägen, sie hatten bereits schon Krankheiten, der größte Teil unter ihnen litt an der Ruhr, sie konnten nicht in die Latrine in dem Hof heruntergehen und sollten sich der Nachttöpfe bedienen, die sich in den Zimmern befanden, aber die waren zu groß …

Die Kinder wurden dann auf die Transporte aufgeteilt, die zwischen dem 17. und 31. August abgingen. Zu diesem Zeitpunkt waren sie seit Wochen von ihren Eltern getrennt und tief verstört. Diejenigen mit älteren Geschwistern hatten jemanden, der sich um sie kümmerte, aber viele waren ganz allein. Wellers hat beschrieben, wie die Tage, an denen sie deportiert wurden, abliefen:

> Sie wurden um fünf Uhr morgens geweckt, man gab ihnen Kaffee zu trinken. Sie waren nicht richtig aufgewacht, sie waren noch halb verschlafen, denn sogar im August in Paris ist es um fünf Uhr morgens ziemlich dunkel, sie wurden in den Hof heruntergeführt, und sie konnten sich überhaupt nicht zurechtfinden. Diese freiwilligen Helferinnen, diese Frauen, versuchten den Kindern behilflich zu sein, sie in den Hof hinunterzubringen, zuerst die älteren, dann die kleineren, aber nicht immer gelang es ihnen. Die Kinder brachen in Tränen aus, sie weinten, sie stritten sich untereinander, dann griffen Polizisten ein, kamen herauf, und diejenigen, die sich sträubten, wurden mit aller Gewalt in den Hof hinuntergeschleppt.[175]

In Drancy beschlagnahmten die Deutschen sämtliche Wertsachen, welche die Juden bei sich hatten, und siebten diejenigen aus, die unberechtigterweise verhaftet worden waren. Vertreter der UGIF und des Amelot-Komitees forderten die Deutschen auf, die in Frankreich Geborenen oder anderweitig Geschützten zu entlassen. Auf diese Weise wurden fast tausend Juden, unter ihnen 192 in Frankreich geborene Kinder, befreit. Umstrittener war, dass die UGIF Verpflegung und Kleidung für die Internierten lieferte und sie für die Fahrt in den Osten ausstattete. Zwischen dem 19. Juli und dem 31. August fuhren 16 Züge mit insgesamt 16 000 Juden vom Bahnhof Le Bourget bei Drancy ab.[176]

La grande rafle (die große Razzia) vom 16./17. Juli erschütterte die französischen Juden, änderte für die meisten zunächst aber nicht viel. Am Sonntag nach der Razzia schrieb Hélène Berr in ihr Tagebuch: »Am Donnerstag [dem 16. Juli] glaubte ich, das Leben würde stehenbleiben. Aber es ist weitergegangen. Es hat wieder angefangen.« Sie selbst setzte ihre Studien in der Bibliothek der Sorbonne fort und träumte von einem jungen Mann, der ihr gefiel. Sie wurde weder von Panik erfasst, noch tauchte sie unter oder floh. Ihre Familie erwog allerdings, in die unbesetzte Zone umzuziehen. Nicht weil sie schlecht informiert war über den Schrecken, der sich in Montmartre und im Faubourg Saint-Denis ereignet hatte, beharrte sie auf einem normalen Dasein, sondern aus Trotz; zudem fühlte Hélène Berr sich bestärkt durch die »Sympathie der Leute auf der Straße, in der Metro. Es gibt den gütigen Blick von Männern und Frauen, der einem das Herz mit einem unbeschreiblichen Gefühl erfüllt.« Der Angriff auf die Juden stärkte sogar ihr Bewusstsein der Zugehörigkeit zu den Franzosen. »Es geht nicht mehr um oberflächliche Unterscheidungen nach Rasse, Religion, gesellschaftlichem Rang …, es gibt die Einheit gegen das Böse und die Gemeinschaft im Leiden.« Darüber hinaus beruhigte es sie, als sie erfuhr, dass ehemalige Soldaten und französische Staatsbürger wie ihr Vater, der immer noch in Drancy darbte, nicht abtransportiert würden. Ein Kollege bei der UGIF warnte sie, dass bald die Jüdinnen mit französischer Staatsbürgerschaft an die Reihe kämen, doch sie schien dies nicht auf sich selbst zu beziehen. Selbst als die Deportationszüge ostwärts rollten, bestand ihre Welt nur aus Büchern und jungen Männern. »Wir hatten einen wundervollen Nachmittag mit Plattenhören verbracht, in der Bibliothek«, schrieb sie am 26. Juli, »die Fenster auf den von Sonne schwirrenden und doch unendlich stillen Garten geöffnet.«[177]

Schätzungsweise 15 000 Juden, überwiegend Männer, konnten sich der großen Razzia in Paris entziehen. Aus Sicht der Deutschen war das Ergebnis der Massenverhaftung dürftig, und sie richteten den Blick auf die unbesetzte Zone, um die Deportationszahlen zu erhöhen. In den dortigen Großstädten lebten Tausende ausländischer Juden, zu denen 1940 Tausende Flüchtlinge aus dem Norden wie Irène Némirovsky hinzugekommen waren. Die Aktion vom 16./17. Juli hatte eine weitere Fluchtwelle in Richtung Süden ausgelöst, die insgeheim von der UGIF und dem Amelot-Komitee unterstützt wurde. Dieser Zustrom blieb nicht unbemerkt und schuf eine flüchtlingsfeindliche Stimmung. In einer Zeit zunehmenden Mangels gab man den Neuankömmlingen die Schuld an den Versorgungsengpässen, und jeder, der über etwas Geld verfügte, wurde verdächtigt, auf dem Schwarzmarkt zu handeln. Dennoch ließen sich Juden in der unbesetzten Zone nicht so einfach ausfindig machen. Sie trugen keinen Stern, und bis Dezember 1942 enthielten ihre Ausweispapiere keinen Hinweis darauf, ob sie Juden waren. Unglücklicherweise hatte Lambert jedoch zugesagt, dem CGQJ die Liste der bei der UGIF im Süden registrierten Juden zu übergeben, und das CGQJ gab die Informationen umgehend an Sipo und SD weiter. Ohnehin waren jene ausländischen Juden, die in den Internierungslagern festsaßen, eine leichte Beute. Irène Némirovsky, die in Issy-l'Évêque Zuflucht gefunden hatte, wurde am 13. Juli, also noch vor der großen Verhaftungswelle, festgenommen und nach Pithiviers gebracht, von wo sie am 17. Juli mit tausend weiteren ausländischen Juden nach Osten abtransportiert wurde. Sie starb einen Monat nach der Ankunft in Auschwitz an einer »Grippe«.[178]

Bousquet hatte Dannecker zugesagt, 10 000 Juden aus der unbesetzten Zone auszuliefern. Am 5. August schickte er den Präfekten Anweisungen mit genauen Angaben darüber, wer einbezogen und wer ausgenommen werden sollte. Deportiert werden sollten ausländische Juden zwischen 18 und 60 Jahren. Unbehelligt bleiben sollten schwangere Frauen, stillende Mütter, Kriegsversehrte, Kriegsveteranen und ihre Familien, Ehepartner französischer Staatsbürger, Eltern französischer Kinder, unentbehrliche Arbeitskräfte sowie jüdische Ehepartner von Personen dieser Kategorien. Die Aussonderung begann in den Lagern, angefangen mit Gurs, der elenden Unterkunft der 1940 aus Baden und der Saarpfalz abgeschobenen Juden. In Noé, Récébédou, Rivesaltes, Le Vernet und Les Milles suchten Prüfkommissionen hastig diejenigen heraus, die unter die auszunehmenden Kategorien fielen. Die jüdischen Hilfsorganisationen nutzten diese Prüfungen, um sich nachdrücklich für jeden halbwegs plausiblen Fall einzusetzen. Das jüdische Kinderhilfswerk OSE bemühte sich umgehend darum, in Frankreich geborene Kinder und Jugendliche freizubekommen. UGIF-Vertreter und Rabbiner, die als Militärgeistliche gedient hatten, setzten sich für derart viele Fälle ein, dass zwar 3436 Juden in den Norden nach Drancy geschickt wurden, die französischen Behörden aber immer noch um mehr als 6000 Personen unter der angestrebten Zahl lagen. Aus diesem Grund lockerte Bousquet die Ausnahmeregelungen, ordnete Razzien in den Großstädten an und schickte Polizeieinheiten aus, um Klöster und entlegene Dörfer zu durchsuchen. Das Ergebnis blieb enttäuschend: In Marseille, Nizza und Lyon entkamen, nach Bousquets Schätzung, 40 bis 75 Prozent der ausländischen Juden. Von 6701 festgenommenen Juden wurden 5259 nach Drancy deportiert. Bei weiteren Razzien wurden 1113 Opfer verhaftet. Bis November brachten 17 Züge 11 012 Juden aus der Freien Zone nach Drancy, die von dort weiter nach Auschwitz verfrachtet wurden.[179]

Lambert klagte, die Verfolgung in der besetzten Zone werde »verdoppelt. Sie verhaften jetzt Frauen und Kinder und deportieren Männer *en masse* … Wohin ist Frankreich gekommen, wenn es jetzt ohne Protest zulässt, dass unschuldige Bürger gequält werden?« Die Deportationen verlangten nach einer Reaktion, doch den jüdischen Führungsfiguren fiel es schwer, einen gemeinsamen Nenner zu finden. Als Lambert nach Vichy fuhr, um mit Consistoire-Präsident Helbronner zu sprechen, musste er feststellen, dass »das Schicksal der Ausländer … ihn nicht im Geringsten« rührte, und als UGIF und Consistoire sich darauf einigten, eine gemeinsame Abordnung zu Laval zu entsenden, weigerte sich Helbronner, seinen Sommerurlaub zu unterbrechen, um sich ihr anzuschließen. Er bestand auf seinem privilegierten Zugang zu Laval. Die Abordnung, die am 6. August vom Ministerpräsidenten empfangen wurde, kehrte mit leeren Händen zurück. Laval hatte betont, dass es Frankreichs legitimes Recht sei, »Ausländer nach Deutschland zu schicken; es kann mit ihnen tun, was es will«. Laval, bemerkte Lambert, sei »auf die von den Vertretern der Hilfsorganisationen vorgebrachten humanitären und rechtlichen Argumente nicht eingegangen«.[180]

Drei Tage später bemühte sich der UGIF-Vorsitzende nach Kräften, in der Freien Zone lebende Juden vor der Deportation zu bewahren. Es war symptomatisch für die widersprüchliche Rolle der UGIF, dass sie einerseits für die Verpflegung der Deportierten sorgte und andererseits darum kämpfte, die Zurückstellung oder Freilassung Einzelner zu erwirken. Am 10. August begab sich Lambert mit einer Liste in Frankreich geborener Kinder, die in Les Milles festgehalten wurden, in die Marseiller Präfektur und anschließend in das Lager selbst. Dort wurde er Zeuge eines

> herzzerreißenden Schauspiels: Busse bringen siebzig Kinder von ihren Eltern fort, die an jenem Abend abfahren sollen. Ich habe erreicht, dass die Kinder zuerst abgeholt werden, damit sie nicht miterleben, wie ihre Eltern dem Anwesenheitsappell unterzogen werden … Wir müssen die Väter und Mütter zurückhalten, als die Busse aus dem Hof fahren. Welches Jammern und welche Tränen, welche Gesten, als die armen Väter kurz vor dem Augenblick der Deportation das Gesicht eines Sohns oder einer Tochter liebkosen, als wollten sie es in ihre Fingerkuppen einprägen! Mütter schreien vor Verzweiflung, und wir anderen können unsere Tränen nicht zurückhalten …

Während des Appells, der in gleißendem Sonnenschein durchgeführt wurde, brachen viele Internierte zusammen. Einige Gendarmen zeigten ihren Widerwillen, aber am nächsten Tag brachten »brutale Polizisten, die ihre Sprache nicht können«, die Juden zu den Eisenbahnwagen. Vierzig Menschen wurden ausgeliefert, »weil sie Juden sind, von einem Land, das ihnen Asyl versprochen hat und sie nun denjenigen übergibt, die ihre Henker sein werden. Da sind Kinder, alte Menschen, Kriegsveteranen, Frauen, Behinderte … Ich kann nicht hinschauen … Ich verstecke mich, wo ich weinen kann.«[181]

Lambert fuhr erneut nach Vichy und verlangte, dass Polizeibeamte die Privilegien respektierten, die UGIF-Funktionären, Kriegsveteranen und Inhabern von Emigrationsvisa gewährt worden seien. Diesmal wurde er auch von Darquier de Pellepoix empfangen, musste aber erkennen, dass der Judenkommissar »in Bezug auf die Deportationsmaßnahmen kaltgestellt« war. »Es ist ein merkwürdiges Regime, dessen Opfer als Zeugen für seine administrative Unordnung aufgerufen werden«, bemerkte Lambert hellsichtig. Als er Anfang September in Les Milles erneut darum kämpfte, Internierte freizubekommen, stellte er fest, dass es zum Teil dieselben waren, die er nur Tage vorher schon einmal vor dem Abtransport bewahrt hatte. Zu seiner Bestürzung sah er einmal, wie ein Polizeikommandeur, der zwei noch leere Waggons füllen wollte, jeden Anschein einer Auswahl aufgab und die Internierten Lose ziehen ließ, die bestimmten, wer in den Zug steigen musste. Als Lambert unter den Opfern einen bekannten Wiener Verleger erkannte, verlor er die Fassung. In seinem Tagebuch schilderte er die Szene: »Ich halte das nicht mehr aus! Ich haste wie ein Verrückter über den Hof. ›Sie können einen Ritter der Ehrenlegion nicht deportieren‹, sage ich zu dem Kommandanten. ›Dann nehmen Sie ihn!‹ Ich stoße die Wachen zur Seite, ergreife Fischer am Arm und ziehe ihn hinter mir her …«[182]

Bis Anfang September deportierten die Deutschen in 32 Transporten 32 130 Juden nach Auschwitz. Doch damit hatten sie ihre Zielvorgabe immer noch nicht erfüllt. Deshalb fanden in Paris weitere Razzien statt, die sich diesmal gegen Juden richteten, die bisher durch ihre Staatsangehörigkeit geschützt gewesen waren. Am 24. September nahm die französische Polizei 1594 rumänische, fünf Tage später 1700 belgische und am 5. November 1060 griechische Juden fest. Am Ende konnten Knochen und Röthke 6766 ausländische Juden der Liste der Deportierten hinzufügen. Doch nun sahen sie sich mit einer ablehnenden Reaktion der Öffentlichkeit konfrontiert, und Vichy-Beamte wiesen darauf hin, dass weitere Massenaktionen nicht erwünscht seien. Einen Tag nach der Festnahme der rumänischen Juden teilte Knochen dem RSHA mit, ein »Abtransport von erheblichen jüdischen Kontingenten« sei »daher nicht [mehr] möglich«. Der letzte Transport von Drancy nach Auschwitz ging am 11. November ab. Bis zu diesem Zeitpunkt waren 42 500 Juden deportiert worden, die meisten von ihnen innerhalb der fünf Wochen zwischen dem 26. Juli und dem 1. September. Einige Hundert junge Männer und Frauen wurden in Kosel in Oberschlesien aus den Zügen geholt und zur Zwangsarbeit eingesetzt – ein schwacher Hinweis auf den ursprünglichen Plan, Juden in den Osten zu deportieren, um die russischen Kriegsgefangenen als Arbeitskräfte zu ersetzen.[183]

Bis zu den großen Razzien im Sommer 1942 hatte die französische Öffentlichkeit dem Schicksal der Juden größtenteils gleichgültig gegenübergestanden. Zu den Verhaftungen und Strafdeportationen früher im Jahr hatten die Intellektuellen, die Résistance und die Kirchen allesamt geschwiegen. Doch der Anblick von Frauen und Kindern, die durch die Straßen getrieben und in Viehwaggons mit vermeintlich unbekanntem Ziel »verladen« wurden, löste eine Welle der Empörung aus. Kirchenleute aller großen Konfessionen drückten ihr Missfallen aus. Wenige Tage nach der großen Razzia in Paris sandte Emmanuel Kardinal Suhard, der Erzbischof der Hauptstadt, einen Protestbrief an Pétain und brachte den Text unter den Priestern in Umlauf. Im nächsten Monat folgte Pierre-Marie Kardinal Gerlier, Erzbischof von Lyon und Primas Galliae, seinem Beispiel. Ihm gleich tat es Pastor Marc Boegner, der Präsident des Protestantischen Bundes von Frankreich, und am 20. August richtete Jules-Géraud Kardinal Saliège, der Erzbischof von Toulouse, schließlich einen deutlich formulierten Hirtenbrief an die Pfarrer seiner Diözese, in dem es hieß: »In unserer Diözese haben schreckliche Szenen in den Lagern Noé und Récébédou stattgefunden. Die Juden sind Männer, die Jüdinnen sind Frauen, wie die Ausländer Männer und Frauen sind. Es ist gegenüber diesen Männern, diesen Frauen, diesen Familienvätern und -müttern nicht alles erlaubt. Sie gehören zum menschlichen Geschlecht; sie sind unsere Brüder wie alle anderen. Ein Christ darf das nicht vergessen!« Der Hirtenbrief wurde nicht nur am 23. August von den Kirchenkanzeln, sondern auch im französischen Dienst der BBC verlesen. Einen Monat später trat der Nationalrat der Reformierten Kirche von Frankreich zu einer Dringlichkeitssitzung zusammen, um die Protestanten im Land wachzurütteln. Pastor Boegner erinnerte seine Gemeinde daran, dass Jesus ein Jude war.[184]

In der französischen Untergrundpresse beschäftigte sich eine Vielzahl von Artikeln mit den Deportationen. *Le Franc-Tireur* forderte seine Leser auf: »Entlarvt die Schrecken von Paris, drückt eure Solidarität mit allen Opfern aus – bietet ihnen Zuflucht, versteckt sie, erlaubt nicht, dass Frankreich besudelt wird.« Die *Libération* verteilte (im Süden) 70 000 Exemplare einer Ausgabe mit Schilderungen der Gräuel im Vel' d'Hiv. Pater Pierre Chaillet rief in den *Cahiers du Témoignage Chrétien* aus: »Wir müssen der unwissenden und gleichgültigen Welt unseren Abscheu und unsere Empörung darüber entgegenschleudern, dass solch eine Menschenjagd auf unserem Boden veranstaltet werden konnte.« Im Oktober 1942 war im *Combat* zu lesen: »Ausländische Juden, die Vorhut des französischen Judentums und alle Franzosen leiden unter der nationalsozialistischen Verfolgung und erdulden ein schmerzvolles Martyrium. Ihr Martyrium und ihre Verfolgung machen sie umso wertvoller. Alle, die unter den Deutschen leiden, ob Juden oder nicht, ob Kommunisten oder nicht, sind unsere Brüder.« Ein kommunistisches Flugblatt verlangte von seinen Lesern: »Nehmt jüdische Kinder und ihre Familien auf, beschützt und versteckt sie. Rettet die Ehre Frankreichs!« Mitte September berichtete Jean Moulin, der Kopf des gaullistischen Widerstands, an das Londoner Hauptquartier der Bewegung: »Die Festnahme ausländischer Juden und ihre Überstellung an die Deutschen und noch schändlichere, gegen jüdische Kinder ergriffene Maßnahmen, von denen die breite Öffentlichkeit anfangs nichts wusste, beginnen das öffentliche Gewissen aufzuwühlen.« Es war das erste Mal, dass Moulin ausdrücklich auf antijüdische Maßnahmen einging. Die Zentrale des Freien Frankreich in London vergrößerte ihrerseits die Reichweite der Untergrundpresse. Zwischen dem 1. August und dem 15. September wurden die Deportationen im französischen Dienst der BBC siebenmal erwähnt. André Labarthe, der in London die gaullistische Zeitschrift *La France libre* gegründet hatte, mahnte die Zuhörer: »Franzosen! Ihr werdet es nicht zulassen. Ihr werdet euch gegen die um sich greifende Pest vereinen, denn ihr könntet alle an ihr sterben: Juden, Bretonen, Lothringer, Basken …« Labarthes Worten lässt sich entnehmen, dass die Gaullisten ebenso wie die Kommunisten bemüht waren, das Schicksal der Juden in universale Begriffe zu fassen und als Auftakt eines Angriffs auf das gesamte französische Volk darzustellen. Ihr Aufruf war nicht vergeblich; bald polemisierte die Résistance gegen die Aushebung französischer Arbeiter für die deutsche Industrie, den Service du travail obligatoire (STO). Noch vor Jahresende verlagerte sich das Schwergewicht der Untergrundpropaganda auf die Deportation französischer Arbeiter. Die Durchsetzung des STO verlieh der Résistance Auftrieb und erhöhte die Bereitschaft, Menschen zu helfen, die sich versteckt hielten. In Verkennung der wahren Gründe für deren Verfolgung wuchs deshalb unter den Franzosen die Solidarität mit den untergetauchten Juden, freilich bei stark veränderten Rahmenbedingungen.[185]

Im Herbst 1942 hatten das Vichy-Regime und die Öffentlichkeit einen deutlicheren Eindruck davon, was die Deportationen bedeuteten, obgleich die Einzelheiten unklar waren. Angesichts der Ablehnung in der Öffentlichkeit überdachten die Vichy-Politiker die Strategie der Kollaboration. Bestätigt wurde ihre Vorsicht durch eine entscheidende Kriegswende. Nach zweiwöchigen schweren Kämpfen gegen überlegene Kräfte befahl Rommel den an der El-Alamein-Front noch vorhandenen italienisch-deutschen Truppen am 4. November den Rückzug. Vier Tage später landeten britische und amerikanische Truppen in den französischen Kolonien Marokko und Algerien, woraufhin die Deutschen die Freie Zone Frankreichs besetzten. Von der Ostfront wurde gemeldet, dass die Deutschen durch einen massiven sowjetischen Gegenangriff bei Stalingrad in erhebliche Bedrängnis geraten seien. Die Deutschen sollten für ihre antijüdische Politik in Frankreich nie wieder ein solches Entgegenkommen finden wie 1942 und stießen stattdessen zunehmend auf Blockaden.[186]

Die »Endlösung« in Belgien, den Niederlanden und Norwegen

Eichmann hatte sämtlichen Judenreferenten am 11. Juni gleichlautende Instruktionen erteilt, doch unterschieden sich die Bedingungen für deren Umsetzung von Land zu Land. In Belgien wurde Kurt Asches Handlungsspielraum sowohl durch die Militärverwaltung als auch durch seine begrenzten Ressourcen eingeschränkt. Es gab keinen HSSPF und nur relativ wenige Sipo-SD-Männer. Allerdings konnte Asche für bestimmte Maßnahmen die Unterstützung der Wehrmacht gewinnen. Im November 1941 stimmte der Militärbefehlshaber der Bildung einer für alle belgischen Juden zuständigen Vertretung zu, der Vereinigung der Juden in Belgien (AJB). Zu deren Präsidenten ernannten die Deutschen Oberrabbiner Salomon Ullmann, dem eine Reihe ebenso geachteter Persönlichkeiten zur Seite stand. Asche wollte alle Juden in Belgien unter dem Schirm der AJB erfassen, doch sie erwiesen sich als nicht eben willfährig. Als die Registrierung im März und April 1942 durchgeführt wurde, ignorierten Tausende die Strafandrohung für den Fall der Nichtteilnahme. Während die Mehrheit der belgischen Juden gehorchte, blieben die meisten ausländischen Juden fern. Ähnlichen Widerstand gab es gegen den gelben Stern. Selbst die AJB weigerte sich, den Deutschen bei der Verteilung des verhassten Kennzeichens behilflich zu sein. Die linke Abgeordnete Anne Somerhausen, die während der Besatzung ein Tagebuch führte, wunderte sich, dass die Sterne an einem Tag auftauchten, um schon am nächsten wieder zu verschwinden.[187]

Der 16-jährige Moshe Flinker war einer der ausländischen Juden, die sich dafür entschieden, sich nicht zu kennzeichnen. Seine Familie war Mitte 1942 aus Den Haag nach Brüssel gezogen und lebte dort seither ohne gelben Stern. Flinker senior hatte zu einem beträchtlichen Preis Aufenthaltsgenehmigungen erworben, die der Familie eine gewisse Sicherheit boten. Aus seiner Schule gerissen und in eine fremde Umgebung verpflanzt, hatte Moshe viel Zeit, über seine Situation nachzudenken. Als Anhänger der orthodoxen Richtung interpretierte er das Schicksal der Juden vor dem Hintergrund der jüdischen Geschichte und der Heiligen Schrift. »Welchen Zwecke könnte Er [Gott] damit verfolgen zuzulassen, dass uns solche Dinge widerfahren? Ich bin mir sicher, dass weitere Leiden nicht einen Juden auf den Pfad der Rechtschaffenheit zurückbringen werden. Im Gegenteil meine ich, dass sie nach solch großer Bedrängnis denken werden, es gebe keinen Gott im Universum …« Einen Sinn konnte Moshe der Katastrophe allein dadurch abgewinnen, dass er sie als Vorzeichen der Erlösung verstand, als Ankündigung, dass Gott sein Volk retten und somit seine Herrschaft über die ganze Menschheit und die gesamte Schöpfung unter Beweis stellen würde. In Moshes Denken waren die Deutschen Werkzeuge des Allmächtigen.[188]

Gemäß Eichmanns Anweisungen hatten Sipo und SD den Auftrag, 10 000 Juden zwischen 16 und 40 Jahren festzunehmen; zu jedem Transport durften aber auch zehn Prozent nichtarbeitsfähiger Juden gehören. Wie in Frankreich wollten die Deutschen mit der Deportation ausländischer und staatenloser Juden beginnen. Asche hoffte sie mit einem vorgeschützten AJB-Aufruf zum Arbeitseinsatz zu locken. Ende Juli wurden die Benachrichtigungen unter dem Namen des Zigarrenfabrikanten und AJB-Vorstandsmitglieds Maurice Benedictus verschickt. Das Echo war jedoch gering. Asche war genötigt, auf Razzien in den Straßen von Antwerpen, Brüssel, Lüttich und Charleroi zurückzugreifen, wo ein großer Teil der jüdischen Bevölkerung lebte. Dafür brauchte er Personal, doch die belgischen Behörden und Polizeistellen verhielten sich widerspenstig. Abgesehen von zwei großangelegten Operationen im August in Antwerpen, spielte die örtliche Polizei kaum eine Rolle. Stattdessen stützte sich Asche auf 1800 Feldgendarmen und Mitglieder der paramilitärischen Organisationen der belgischen faschistischen Bewegungen – der wallonischen Rex-Bewegung und des flämischen Vlaams Nationaal Verbond – sowie auf eine aus flämischen Freiwilligen gebildete Einheit der Waffen-SS. Die bei diesen Razzien festgenommenen Juden kamen wie diejenigen, die sich freiwillig zum Arbeitseinsatz gemeldet hatten, in ein Lager in Mechelen. Dort hatten Sipo und SD in der ehemaligen Dossin-Kaserne, die günstig in der Nähe zu großen, auch in den Osten führenden Eisenbahnstrecken lag, hastig ein Durchgangslager eingerichtet.[189]

Die Deutschen sahen sich mit organisiertem Widerstand konfrontiert. Anne Somerhausen hörte, dass manche Bürgermeister Jüdinnen rasch mit nichtjüdischen Belgiern verheirateten, so dass sie die belgische Staatsangehörigkeit erlangten. Nach der Veröffentlichung des Aufrufs zum Arbeitseinsatz brachen jüdische Kommunisten in AJB-Büros ein und verbrannten Akten mit den Namen registrierter Juden. Am 29. August ermordete ein Mitglied der kommunistischen Partisans Armés Robert Holtzinger, den für die Zusammenstellung der Transporte zuständigen AJB-Funktionär. Im folgenden Monat legte Rabbi Ullmann, weil er den Deportationen nicht weiter Legitimität verleihen wollte, den AJB-Vorsitz nieder. Als Sipo und SD darauf mit der Verhaftung Ullmanns und der gesamten jüdischen Führung reagierten, erreichten sie nur, dass die Fassade einer harmlosen Mobilisierung zum Arbeitseinsatz noch rissiger wurde und noch einmal Tausende von Juden in den Untergrund gingen. Unterdessen gründeten jüdische Kommunisten und linke Zionisten ein Komitee zur Verteidigung der Juden, das es sich zur Aufgabe machte, den Untergetauchten zu helfen. Das Komitee stand mit dem belgischen Widerstand in Verbindung, der bereits gut organisiert und recht schlagkräftig war.[190]

Trotz der anfangs ungünstigen Umstände und wütenden Reaktionen gelang es der Sipo, innerhalb von nur hundert Tagen die festgesetzte Quote um mehr als das Anderthalbfache überzuerfüllen. Zwischen dem 4. August und dem 31. Oktober transportierten 17 Züge, manchmal zwei an einem Tag, insgesamt 16882 Juden aus Belgien nach Auschwitz.[191]

In den Niederlanden begannen die Deutschen die Deportationen damit, dass sie jüdische Flüchtlinge aus dem Reich aufforderten, sich bei der Zentralstelle für jüdische Auswanderung zu melden, angeblich zum Arbeitseinsatz. Als dem Judenrat (Joodse Raad) die Aufgabe, den Aufruf zu verbreiten, übertragen wurde, wurde in dessen Reihen die Forderung laut, die Zusammenarbeit zu verweigern. Nach einer stürmischen Sitzung am 13. Februar 1942 einigte sich der Judenrat darauf, sich zu fügen. Heinz Hesdörffer bemerkte dazu bitter: »Noch frohlockten Hollands Juden, froh, die deutschen Flüchtlinge loszuwerden und selbst sicher zu sein. ›Wir sind Holländer, uns kann das ja nicht passieren.‹ Aber die Freude war von kurzer Dauer.« Am 29. April teilten die Deutschen Asscher und Cohen mit, dass ab dem 2. Mai alle Juden in den Niederlanden verpflichtet seien, den gelben Stern zu tragen. Die beiden Gemeindeführer protestierten, machten die Angelegenheit aber zum Thema einer Dringlichkeitssitzung des Judenrats, in der eine Mehrheit dafür stimmte, die Zumutung hinzunehmen und das Kennzeichen zu verteilen. Als Juden mit dem gelben Stern auf der Straße erschienen, erlebten sie zahlreiche Sympathiebekundungen. Die Amsterdamer witzelten, dass man den Waterlooplein, das Zentrum des Judenviertels, in Place d'Étoile (Sternplatz) umbenennen müsste. Aber ihr Lächeln minderte nicht den permanenten Druck von Seiten der deutschen Verwaltung. Zur selben Zeit wurden die Juden in den Provinzen gezwungen, ins Judenviertel von Amsterdam umzuziehen, so dass es immer mehr einem überfüllten Ghetto glich. Für die Unterbringung und materielle Unterstützung der Neuankömmlinge war der Judenrat verantwortlich.[192]

Im April inspizierte Eichmann das Flüchtlingslager Westerbork und teilte Wilhelm Zoepf, seinem Vertreter in den Niederlanden, mit, dass man im Sommer beginnen würde, Juden in den Osten abzutransportieren. In der Besprechung der Judenreferenten am 11. Juni gab er als Ziel für die Niederlande, unter Beachtung der üblichen Ausnahmen, eine Quote von 25 000 Deportierten vor. Zehn Tage später erhöhte er sie auf 40 000, um ein Zurückbleiben hinter der französischen Quote auszugleichen. Am 26. Juni bestellte Zentralstellenleiter Fünten Asscher und Edwin Sluzker, einen österreichisch-jüdischen Flüchtling, der als Verbindungsmann zur Zentralstelle agierte, zu sich, um ihnen mitzuteilen, dass sich täglich 800 jüdische Männer und Frauen von 16 bis 40 Jahren, einschließlich niederländischer Staatsbürger, in der Zentralstelle zum Arbeitseinsatz zu melden hätten. Organisieren sollte dies der Judenrat. Asscher und Cohen legten Protest ein, und wieder folgte eine quälende Diskussion im Judenrat. Am 4. Juli beschloss die jüdische Führung, sich zu beugen, wenn die Deutschen einer Liste mit Auszunehmenden zustimmten. Dies passte ausgezeichnet zu den Planungen der Deutschen, die aus Erfahrung wussten, dass eine Gruppe von Juden, die sich für immun hielt, bereitwillig bei der Entfernung anderer Gruppen half. Dies ersparte den Besatzern Personalaufwand und trug dazu bei, den Anschein von Ordnung zu wahren.[193]

Schon am nächsten Tag wurde der Aufruf zum »Arbeitseinsatz im Osten« veröffentlicht, und im Sitz des Judenrats war »die Hölle los«. Jacob Presser, der die Ereignisse später als Historiker darstellte, erinnerte sich: »Die Leute kramten nach Papieren, nach Ausnahmebestimmungen, bettelten um eine Woche Aufschub, legten ärztliche Atteste dafür vor, dass sie drogenabhängig, verstümmelt oder behindert waren … Sie standen nach Bescheinigungen von Experten an, nach juristischer Beratung, Zeugnissen ihrer religiösen Führer oder des ›Freundes‹ eines wichtigen Deutschen, der seinen Einfluss geltend machen könnte. Alles, um als ›unentbehrlich‹ anerkannt zu werden!« Korruption und Vetternwirtschaft grassierten. Heinz Hesdörffer, der eine Anstellung bei einer Flüchtlingshilfsorganisation in Arnheim gefunden hatte, die unter der Schirmherrschaft von Gertrude van Tijn stand, beobachtete »schreckliche Szenen«, die

> sich in jenen Juli- und Augusttagen 1942 in den Gängen des Hauses in der Nieuwe Keizersgracht ab[spielten]. Greise, schwangere Frauen, Kinder aus dem Amsterdamer Judenviertel in ihren zerlumpten Fetzen, daneben Damen und Herren aus dem Zuid, der vornehmen Wohngegend, die ihren Aufruf in der Tasche hatten und die bis zum letzten Augenblick versuchten, sich zu retten. Tage- und nächtelang hörte man das Jammern und Heulen dieser zum Tode verurteilten, aber es konnte doch nicht jeder eine Anstellung erhalten.[194]

Wie in Belgien weigerten sich Tausende, dem Aufruf Folge zu leisten. Daraufhin führten die Deutschen eine massive Razzia im Judenviertel durch, bei der sie 700 Menschen abführten und, wie sie erklärten, so lange als Geiseln festhalten würden, bis 4000 Juden dem Aufruf gefolgt seien. Die Methode funktionierte: Über Wochen sorgte der Judenrat dafür, dass die Quote erfüllt wurde. Juden strömten in den Hof der Zentralstelle, wurden registriert und dann über den Amsterdamer Hauptbahnhof nach Westerbork gebracht. Anfang August sanken die Zahlen jedoch wieder, und die Deutschen griffen erneut zum Mittel der Razzien. Außerdem wandten sie eine neue Taktik an, indem sie nachts in die Wohnungen von Juden eindrangen. Diese nächtlichen Verhaftungen führte eine Spezialeinheit der Amsterdamer Polizei durch, die Schalkhaarders, wie sie nach ihrem Ausbildungsort genannt wurden. Der Amsterdamer Polizeichef Sybren Tulp hatte sie 1941 überwiegend aus ehemaligen Soldaten aufgestellt, und im Unterschied zur normalen Polizei war sie kaserniert. Außerdem hatte Tulp, ein Mitglied der niederländischen NS-Partei, der Nationaal-Socialistische Beweging in Nederland, eine Judenabteilung der Polizei gebildet, an deren Spitze er den fanatischen Antisemiten Rudolf Wilhelm Dahmen von Buchholz berufen hatte. Aufgabe der Abteilung war es, Juden aufzuspüren, die im Verdacht standen, gegen antijüdische Vorschriften verstoßen zu haben. Doch selbst mit diesen Kräften fiel es schwer, die Züge zu füllen. Um die Quoten zu erreichen, leerte der HSSPF Hanns Rauter die Arbeitslager, in denen seit 1941 niederländische und ausländische Juden Zwangsarbeit leisteten. Statt die Zentralstelle als Sammelpunkt zu nutzen, nahmen die Deutschen ein Theater in der Nähe des Judenviertels in Beschlag, die Hollandsc Schouwburg. Ab Oktober wurden bei Razzien aufgegriffene Juden dort selektiert, ehe die Unglücklichen unter ihnen zu den Deportationszügen gebracht wurden.[195]

In Westerbork erwartete die Deportierten eine unangenehme Überraschung: Das Lager wurde von deutschen Juden geführt, die seit 1941 interniert waren und nur wenig Sympathie für die Neuankömmlinge hegten. Das Lager, das sich, von Feldern umgeben, über fast 25 Hektar erstreckte, war 1939 für deutsch-jüdische Flüchtlinge errichtet worden. Es verfügte über ein gutes Krankenhaus, eine Quarantänestation und Werkstätten. Die Insassen arbeiteten außerdem auf Bauernhöfen und in Gärtnereien in der Umgebung. In den ersten Besatzungsjahren unterstand das Lager zunächst dem niederländischen Innen- und dann dem Justizministerium, bis die Sipo es am 1. Juli 1942 übernahm und in ein Durchgangslager verwandelte. Kommandant war ab Oktober SS-Obersturmführer Albert Gemmeker. Dessen rechte Hand als Verwaltungschef des Lagers war Kurt Schlesinger, ein deutscher Jude, der schon unter niederländischer Kontrolle zum »Oberdienstleiter« ernannt worden war. Schlesinger berief seinerseits deutsche Juden in die meisten Führungspositionen und übernahm selbst die Kontrolle über die Häftlingskartei, die für die Aufstellung der Deportationslisten herangezogen wurde. Laut Presser hatten »diese Paladine, fast allesamt Juden, … die Kontrolle über Leben und Tod und wurden entsprechend hofiert, bedrängt, bestochen, beneidet und gehasst und natürlich verachtet«. Schlesinger hielt mit seinem Ordnungsdienst und der Fliegenden Kolonne, denen viele ehemalige Soldaten angehörten, die Ordnung im Lager aufrecht. Dienstags, wenn die wöchentlichen Transporte abgingen, sorgten diese Männer dafür, dass die zur Deportation Ausgewählten den Zug bestiegen. Da der Lagerzaun von niederländischen Polizisten bewacht wurde, kamen die Deutschen mit einem Minimum an eigenem Personal aus.[196]

Der Judenrat versuchte verzweifelt, so viele Juden wie möglich zu schützen. Cohen beantragte 35 000 Ausnahmeregelungen und konnte den Deutschen die Hälfte, 17 500, abringen. Die Ausweise der Privilegierten wurden mit einer Nummer und einem Stempel versehen. Zu ihnen gehörten 1500 getaufte Juden, 1800 Personen mit noch nicht geklärtem Rassenstatus, 800 Schützlinge von Deutschen, 3800 Arbeiter von Rüstungsbetrieben, Kürschnerwerkstätten und Diamantschleifereien sowie 1800 Mitarbeiter des Judenrats. Unglücklicherweise verursache ein System, das eigentlich Ordnung schaffen und Schutz bieten sollte, wie Presser anmerkte, »moralische Verwerfungen großen Ausmaßes«. Indem einer Minderheit vorübergehende Privilegien gewährt würden, so seine scharfsichtige Analyse, könnten die Deutschen »die übrigen ohne allzu viel Aufregung oder Scherereien liquidieren«.[197]

Lange Zeit war der Führung der niederländischen Juden nicht klar, was »Arbeitseinsatz im Osten« bedeutete. Sie wusste, dass die Deportation nach Mauthausen ein fast sicheres Todesurteil darstellte. Andererseits wurden niederländische und ausländische Juden schon seit Monaten an die Nordseeküste geschickt, um dort in Zwangsarbeit Befestigungen zu bauen. Die Deutschen verstärkten die Verwirrung, indem sie fast hundert niederländische Juden nach der Ankunft in Auschwitz-Birkenau zwangen, Postkarten mit der Versicherung, ihnen gehe es gut, nach Hause zu schicken. Anstatt die Juden zu warnen und ihnen zum Ungehorsam zu raten, suchte der Judenrat ihnen die Fahrt in den Osten zu erleichtern. So versorgte Gertrude van Tijns Flüchtlingskomitee die Deportierten mit Rucksäcken, Kochgeschirr, Kleidung und Verpflegung. Auch die niederländischen Staatsbeamten protestierten nicht gegen die Deportationen, sondern hielten an der Praxis fest, Konflikte mit den Besatzern zu vermeiden, um die Kontrolle über das, was sie als Kerninteressen des niederländischen Volks betrachteten, zu behalten.[198]

Obwohl der niederländische Dienst der BBC im Sommer 1942 über den Massenmord an Juden in Polen berichtete, stellten nur wenige Niederländer eine Verbindung zu den Deportationen her. Die meisten glaubten weiterhin, die Juden würden in Arbeitslager gebracht, die zwar grauenvoll, aber nicht mörderisch seien. Dennoch folgten die Juden, ausländische wie niederländische, nicht blind ihren Führern. Im Dezember gründete Lodewijk Visser, der seine Stellung als Präsident des obersten Gerichts der Niederlande verloren hatte, weil er Jude war, ein Komitee zur Verteidigung der Rechte von Juden und weigerte sich, einen Ausweis mit einem eingestempelten J anzunehmen. Er starb jedoch, bevor sein Protest breitere Wirkung entfalten konnte oder die Deutschen sich mit seinem Fall befassten. Der ehemalige Kaufmann Walter Süskind rettete Hunderte von jüdischen Kindern aus der Hollandse Schouwburg, bis er selbst zusammen mit seiner Familie 1943 nach Theresienstadt deportiert wurde (von wo er und seine Familie nach Auschwitz-Birkenau geschafft und dort ermordet wurden). Über 4000 Juden gelang es, aufgrund ihrer sephardischen Herkunft als portugiesische Staatsbürger eingestuft zu werden, und Tausende andere konnten ihre Deportation hinauszögern, indem sie bestritten, überhaupt Juden zu sein. Die zionistische Jugendbewegung organisierte Gruppen von jeweils einigen Dutzend jungen Leuten, die nach Süden aufbrachen, illegal oder mit gefälschten Papieren die Landesgrenze überquerten und hofften, die Pyrenäen zu erreichen und über sie hinweg nach Spanien zu gelangen. Die verbreitetste Form des Widerstands war jedoch das Untertauchen. Schätzungsweise 25 000 Juden gingen in die Illegalität, für gewöhnlich mit Hilfe befreundeter Niederländer. Der bekannteste Fall ist jener der Familie Frank. Doch deren Schicksal war in Bezug auf Unterkunft und Ressourcen sowie das Netzwerk von loyalen Helfern untypisch. Nur wenige Juden fanden einen Unterschlupf, ganz zu schweigen von Menschen, auf die sie sich, was Verpflegung und andere lebensnotwendige Dinge betraf, verlassen konnten. Auf jeden Fall fürchteten die meisten sich mehr vor der Entdeckung und anschließenden Abschiebung nach Mauthausen, über das sie einiges wussten, als vor der Deportation an einen Ort, der für sie immer noch im Nebel lag. Diejenigen, die am Jahresende noch auf freiem Fuß waren, hofften auf einen militärischen Zusammenbruch der Deutschen, und glaubten, dass sie, wenn sie noch etwas länger durchhielten, gerettet wären.[199]

Eichmann war höchst zufrieden mit den offensichtlich glatt verlaufenden Deportationen aus den Niederlanden. Zwischen Juli und Dezember 1942 brachten 42 Züge 38 606 Juden nach Auschwitz-Birkenau. 18 Züge machten einen Zwischenstopp in Kosel in Oberschlesien, wo 3500 junge Männer und Frauen für die Arbeitslager ausgewählt wurden. Das Ganze war sicherlich weniger kompliziert als in Frankreich, wo es die Deutschen mit einer eigenwilligen Regierung und zwei unterschiedlichen Operationsgebieten zu tun hatten, oder als in Belgien, wo die Juden sowohl widerspenstig als auch schwer zu fassen waren. Doch das System der freiwilligen Meldung versagte auch in den Niederlanden, und die Deutschen waren gezwungen, auf Razzien zurückzugreifen, die sowohl umfangreiches Personal erforderten, als auch Mitgefühl für die Opfer weckten. Die hohe Zahl von Deportierten aus den Niederlanden war zum Teil darauf zurückzuführen, dass in Westerbork und den Arbeitslagern bereits ein Reservoir an Opfern existierte. Dies ermöglichte die Deportation von 12 000 Juden allein im Oktober 1942 – über ein Drittel aller Deportierten in jenem Jahr und zehn Prozent der Juden, die insgesamt aus den Niederlanden verschleppt wurden.[200]

Im Übrigen war es auch eine äußerst profitable Operation. Bis zum Mai 1943 räumten die Deutschen 17 225 Häuser und Wohnungen. Hunderte von Frachtkähnen und Eisenbahnwaggons brachten die Beute nach Deutschland, wo sie an ausgebombte Volksgenossen verteilt wurde. Die Arisierungsstellen übernahmen 20 000 Grundstücke und einen Berg von Diamanten. Das Bankhaus Lippmann, Rosenthal – eine bloße Fassade – schluckte gestohlenes Bargeld, Bankkonten, Lebensversicherungen und jüdischen Kreditgebern gehörende Schuldtitel. Es besaß sogar eine Filiale in Westerbork, die dazu diente, die Juden bis aufs letzte Hemd auszuplündern, bevor man sie in den Tod schickte. Die Deutschen redeten ständig von der Liebe der Juden zum Geld und ihrer legendären Habgier, aber bei der Vernichtung der niederländischen jüdischen Gemeinde legten sie selbst grenzenlose Korruption und Raffgier an den Tag.[201]

Im November richtete das RSHA seine Aufmerksamkeit plötzlich auf Norwegen, wo es nur eine winzige jüdische Gemeinde gab. Die 2173 Juden, die auch Flüchtlinge wie Ruth Maier umfassten, waren bis Anfang 1942, als Vidkun Quisling an die Spitze einer Kollaborationsregierung trat und seine Übereinstimmung mit den Zielen des NS-Regimes demonstrierte, relativ unbehelligt geblieben. Wahrscheinlich war die Operation gegen die Juden in Norwegen ein kurzfristiger Ersatz für eine größere Aktion gegen die Juden von Dänemark. Werner Best, der im September, aus Frankreich kommend, in Kopenhagen eingetroffen war, hatte aus einer Analyse der dortigen Situation den Schluss gezogen, dass ein Vorgehen gegen die dänischen Juden einen Aufruhr auslösen und die unverzichtbaren Lebensmittellieferungen ins Reich gefährden würde. Da Terboven und Quisling die Polizei und die anderen Sicherheitskräfte in Norwegen kontrollierten, war dieses Land ein weniger problematisches Ziel. Der Befehl an die norwegische Polizei erging am 23. Oktober, und drei Tage später wurden jüdische Männer festgenommen. Die Operation war »offensichtlich überstürzt vorbereitet« worden (Peter Longerich). Die Verhaftungen wurden mit konfiszierten Taxis vorgenommen. Insgesamt wurden 770 Juden aufgegriffen und deportiert. Rund 930 flohen über die lange Grenze mit Schweden, wo sie eine sichere Zuflucht fanden.[202]

Als Ruth Maier im März 1942 aufgefordert wurde, sich bei der Polizei registrieren zu lassen, wohnte sie nach längerer Abwesenheit wieder bei der Familie Strøm in Lillestrøm. Bis zu diesem Zeitpunkt entsprangen die größten Einschränkungen, mit denen sie zurechtkommen musste, ihrem Status als Flüchtling. Sie bekam keine Arbeitserlaubnis und hatte den größten Teil des vergangenen Jahres als Freiwillige beim nationalen Arbeitsdienst gearbeitet. Sie suchte mehrmals die US-Botschaft auf, um die Möglichkeit einer Emigration in die Vereinigten Staaten zu erkunden. Aber man sagte ihr, dass die Quote bis zum Anfang des nächsten Jahres ausgeschöpft sei. Im Juni 1941 war sie gezwungen, die Arbeit auf einem Bauernhof bei Stavanger aufzugeben, nachdem ihre Geliebte Gunvor Hofmo zu Besuch gekommen war. Gunvor war aus politischen Gründen in Haft gewesen, doch der Antisemitismus verschlimmerte die Situation zusätzlich. »Es wurde uns vorgehalten, dass wir aufrührerisch seien, ja auf meine ›Rassenangehörigkeit‹ wurde angespielt, auf Gunvors politische Anschauung«, notierte sie in ihrem Tagebuch. Im Herbst kehrte sie zu ihrer Gastfamilie zurück und nahm an einem Stenographiekurs in Stockholm teil. Dabei traf sie einige jüdische Männer; es waren die ersten Juden, die sie seit geraumer Zeit sah. Die Wirkung der Männer auf sie war verblüffend: »Manchmal sehe ich Juden, und die wirken auf mich immer auch rein – wie soll ich sagen – erotisch? Sie wecken in mir ein Liebesgefühl. Ich fühle mich hingezogen.« Dennoch hatte sie immer das Gefühl, nicht ganz zu ihnen zu gehören. Als sie einigen österreichischen Soldaten begegnete, wollte sie mit ihnen sprechen: »Mein Volk, will ich sagen. Und sie sind doch gar nicht mein Volk.«[203]

Ruth Maier fühlte sich in ihrer Gastfamilie nicht mehr wohl und beschloss nach Oslo zu ziehen, wo sie in einer Pension unterkam und in einer kleinen Souvenirfabrik arbeitete, Zeichenunterricht nahm und ihre Unabhängigkeit genoss. Ihre Beziehung mit Gunvor Hofmo hatte Höhen und Tiefen, und sie begann mit einem Bildhauer zu flirten, dem sie Modell stand. Dann, am 27. September, notierte sie im Tagebuch, Reichskommissar Terboven habe »an das Pensionat hier geschrieben und gefragt, wer hier wohne. Nun warte ich jeden Tag darauf, rausgeworfen zu werden. Ich will versuchen, die Ruhe zu bewahren. Weder soll man mich weinen noch um das Hierbleiben betteln sehen. In solchen Augenblicken fühle ich Solidarität mit all den anderen rundherum, die für ihr Land ›leiden‹. Schade nur, dass wir Juden uns zu Märtyrern machen.« Einen Monat später berichtete sie: »Sie verhaften Juden. Alle männlichen Juden von 16 bis 72 Jahren. Jüdische Geschäfte sind geschlossen … Mir wird nur schlecht. Ich bin nicht länger ›stolz‹ darauf, eine Jüdin zu sein … Ich bin es müde zu hören, dass wieder Juden verhaftet werden. Ich denke: dass sie es *über sich bringen* … Oh! Lasst uns einfach nur in *Frieden*!« Sie beharrte auf ihrer jüdischen Abstammung, stellte ihre Bedrängnis aber in den Zusammenhang mit den Leiden anderer unterdrückter Menschen: »Uns quält man, weil wir Juden sind. Ich möchte diese Grenze sprengen, die Juden zu Juden macht.« Der Tagebucheintrag endet mit der bangen Frage: »Vielleicht werden sie mich auch nehmen. Qui sait?«[204]

Sie taten es. Am 26. November wurden nach der Verhaftung der jüdischen Männer Frauen und Kinder festgenommen. Am frühen Morgen wurde Ruth Maier von zwei norwegischen Polizisten aus der Pension zu einem wartenden Auto geführt und zusammen mit zwei anderen Jüdinnen zum Hafen gefahren. Dort wurde sie auf die *Donau* gebracht, einen Truppentransporter, der am Nachmittag mit 530 Juden an Bord auslief. Vorher hatte sie noch einen Abschiedsgruß an ihre Freundin Gunvor vom Schiff schmuggeln können: »Ich glaube, dass es gut so ist, wie es gekommen ist. Warum sollen wir nicht leiden, wenn so viel Leid ist? Sorg dich nicht um mich. Ich möchte vielleicht nicht mit dir tauschen.« Die *Donau* lief Stettin an, von wo die Gefangenen mit der Eisenbahn nach Auschwitz-Birkenau gebracht wurden. Nach der Ankunft wurden 186 der Neuankömmlinge im Lager angemeldet, während die übrigen in den Gaskammern ermordet wurden. Hier verliert sich die Spur von Ruth Maier. Sie war 22 Jahre alt.[205]

In Polen

Nach den Deportationen von Januar bis Mai 1942 kehrte Stabilität ins Lodzer Ghetto ein. Anfang Juni hatte es 104 469 Einwohner, einschließlich eines frischen Schubs von Juden, die aus liquidierten Ghettos anderswo im Warthegau verlegt worden waren. Es gab Arbeit im Überfluss. Tausende waren nur damit beschäftigt, Gepäck und Güter zu sortieren, die aus den aufgelösten jüdischen Gemeinden in Biebows Magazine flossen – allein zwanzig Tonnen Schuhwerk. Es trafen genügend Nähmaschinen ein, um neue Werkstätten einzurichten und mehr Aufträge annehmen zu können: Im Juli besuchte eine deutsche Einkaufskommission die Werkstätten und gab Bestellungen auf, die sie auf Monate hinaus auslasteten. Im Ghetto wurden jetzt Winteruniformen für die Wehrmacht, Overalls für Fallschirmjäger, gefütterte Kappen für Panzerbesatzungen und Strohstiefel für die Infanterie hergestellt. Die AEG eröffnete im Ghetto eine Elektrofabrik. »Das Ghetto entwickelt sich zusehends«, begeisterte sich Dawid Sierakowiak. »An verschiedensten Punkten des Ghettos werden darüber hinaus die unterschiedlichsten Werkstätten geschaffen …« Er selbst erhielt eine Büroanstellung und freute sich über die hereinkommenden »kolossalen Aufträge«. Doch obwohl 70 000 bis 80 000 Ghettobewohner eine Beschäftigung hatten, reichte es nicht aus, um die Sicherheit aller zu garantieren. Rumkowski begann Kinder an Nähmaschinen ausbilden zu lassen, damit sie als Schneider arbeiten konnten.[206]

Mit der wachsenden Zahl der Arbeitskräfte schmolzen die Rationen, was zur Folge hatte, dass die Sterblichkeit zunahm und die Produktivität sank. Am 2. Juli 1942 zitierte die Ghettochronik das knappe Resümee des Leiters der Gesundheitsabteilung: »Eine Plage der Gettobevölkerung sind Hungerödeme.« Anschaulicher schrieb ein Chronist: »Blasse Schatten mit Ödemen an Beinen und im Gesicht ziehen durch das Getto. Verzerrte, deformierte Menschengestalten, deren einziger Traum es ist, durchzuhalten und zu überleben …« Für die ersten sieben Monate des Jahres verzeichnete die Chronik 13 000 Todesfälle; die Totengräber hielten kaum noch mit. Der Alltag verwandelte sich in einen zermürbenden Kreislauf, wie ihn Dawid Sierakowiak einen Monat nach seinem 18. Geburtstag festhielt: »Tag um Tag verstreicht, die Rationen werden ausgegeben, man kauft sie, isst sie auf, ist hungrig während des Essens und danach und wartet trotzig, beharrlich und unerschütterlich auf das Ende dieses verdammten, teuflischen Krieges. Werkstatt, Haus, Mahlzeiten, Lesen, die Nacht mit Wanzen und Schaben – und so ohne Ende, während die Kräfte zusehends schwinden, die Leistungsfähigkeit von Körper und Geist nachlässt.«[207]

Das Wissen darum, dass nicht alle gleichermaßen litten, machte den Ghettobewohnern ihr Los noch unerträglicher. Im Mai besuchte Dawid eine Revue, die in Oskar Rosenfelds Augen »die Unzerstörbarkeit des jüdischen Wesens kraft eines inneren Glaubens« bewies. Dawid sah dagegen die »gesamte bessere Gesellschaft … versammelt, aufgeblasen und herausgeputzt. Die Kluft zwischen den Klassen im Ghetto wird immer breiter. Die einen stehlen selbst Lebensmittel, andere verpflegen sich offiziell, während die übrigen anschwellen und verhungern.« Er entdeckte, dass sein eigener Vater ihm Essen stahl. Auch Rosenfeld war gegenüber der Korruption und der grotesken Ungleichheit im Ghetto nicht blind: »Während 100 000 hungern, einige Prasser: haben Erdbeermarmelade, Kondensmilch, Wein, Liqueur, feine Zigaretten usw.«[208]

Die Stimmung wurde zusätzlich gedrückt durch die Geschichten, welche die Überlebenden der Ghettoräumungen, etwa in Pabianice und Brzeziny, mitbrachten. Einerseits waren die Deutschen bereit, Familien auseinanderzureißen und nur die Arbeitsfähigen zu verschonen, andererseits garantierte offenbar auch die Arbeitsfähigkeit allein noch nicht das Überleben. Dawid Sierakowiak vermerkte vielsagend: »Alte, Kinder und Kranke gibt es überhaupt nicht mehr unter ihnen. In letzter Zeit bringt man sie sogar schon um, ohne zwischen Arbeitsfähigen und Arbeitsunfähigen zu unterscheiden.« Die Neuigkeiten über die Deportationen aus Warschau und den Tod von Czerniaków stürzten das Ghetto in Verzweiflung. Die brutal durchgeführten Bevölkerungsbewegungen verwirrten die Chronikschreiber: »Es ist schwierig, in dem Ganzen ein System zu erkennen.« Ende August notierten sie niedergeschlagen: »So ist das Problem der Dezentralisierung unseres Gettos durch die Massenaussiedlungen bis zum heutigen Tag nicht geklärt worden; auch die Tatsache, dass Juden aus den umliegenden Städten eingesiedelt werden, ist unverständlich.«[209]

Dann, am 1. September, traf Lodz der nächste Schlag. Ganz im Sinn von Himmlers im Juli aufgestellter Maxime, dass nur arbeitsfähige Juden im besetzten Polen am Leben bleiben sollten, teilten die Deutschen Rumkowski mit, dass 25 000 Ghettobewohner, einschließlich all jener unter 10 und über 65 Jahren, gehen müssten. Das Ghetto war wie betäubt. Rumkowski verfügte eine Ausgangssperre und verstärkte den Ordnungsdienst durch die Feuerwehr, während die Aussiedlungskommission Block für Block die Meldedaten durchging, um zu bestimmen, wer deportiert werden sollte. Den OD-Männern wurde gesagt, dass man sie verschonen würde, wenn sie die Quote erfüllten. Binnen weniger Stunden nach der Bekanntgabe räumten OD-Männer und deutsche Polizisten die Krankenhäuser und Altersheime. »Beim Verladen der Kranken spielten sich erschütternde Szenen ab«, berichtete Dawid Sierakowiak. »Die Menschen wissen, dass sie in den Tod gehen! Sie setzten sich sogar zur Wehr gegen die Deutschen, und man musste sie mit Gewalt auf die Wagen laden.« Kranke, die aus den Fenstern sprangen und sich in Sicherheit brachten, mussten später erfahren, dass man an ihrer Stelle ihre Angehörigen deportiert hatte. Rosenfeld wurde im Judenratsgebäude ein Papierfetzen aus einem Altersheim überbracht, auf den gekritzelt war: »Retten Sie mich, Haus ist umstellt. Schriftstellerin Rosa Steiner, Wien.« Die gesamte Ghettoproduktion stand still, weil »jeder rennt, um den arbeitslosen Familienangehörigen Arbeitsbescheinigungen zu verschaffen; die Eltern der unglücklichen Kinder versuchen diese mit allen Mitteln zu retten«. Rumkowski versiegelte das Meldebüro, um zu verhindern, dass in Geburtsurkunden das Alter geändert oder gefälschte Totenscheine ausgestellt wurden.[210]

Junge Frauen waren als potentielle Opfer sowohl der Deutschen als auch jüdischer Männer gleich doppelt in Gefahr. Als Lucille Eichengreen einen Werkstattleiter aufsuchte, um ihn um eine Anstellung für ihre zwölfjährige Schwester zu bitten, fragte er sie, was sie ihm dafür geben würde. Auf ihre Auskunft, dass sie kein Geld besitze, erwiderte der Mann grinsend: »daß er dies auch nicht gemeint hätte«. Lucille war verblüfft, dass solche Dinge »sogar unter uns« vorkamen. Avraham Cytryn machte seiner Schwester, nachdem ihre Mutter verhaftet worden war, einen ähnlichen Vorschlag: »Jeder sagt mir, ich hätte eine schöne Schwester. Aber was hilft es mir? Warum wirst du nicht die Geliebte eines der Privilegierten im Ghetto?« Er schickte sie zu einem bestimmten Mann, und als sie Stunden später zurückkehrte, war sie »buchstäblich zerfetzt«. Dabei war das Opfer umsonst, denn ihre Mutter war bereits freigelassen worden.[211]

Drei Tage nachdem er die schicksalhafte Anordnung der Deutschen erhalten hatte, wandte sich Rumkowski von einer Tribüne auf dem Feuerwehrplatz an die Ghettobewohner. »Dem Ghetto wurde ein furchtbarer Schlag versetzt«, begann er mit schwankender Stimme. »Man verlangt von ihm, dass es das Kostbarste hergibt, was es besitzt – Kinder und alte Menschen.« Ihm sei ein eigenes Kind nicht vergönnt gewesen, aber er habe seine besten Jahre den Kindern gewidmet. »Ich hätte mir nie denken können, dass meine eigene Hand es sein wird, die das Opfer zum Altar führt. Auf meine alten Tage muss ich meine Hand ausstrecken und flehen: ›Brüder und Schwestern, gebt sie mir her! – Väter und Mütter, gebt mir eure Kinder!‹« Er habe geglaubt, dass man sie in Ruhe lassen würde, wenn die Krankenhäuser und Altersheime geleert seien, aber es habe sich herausgestellt, »dass uns etwas anderes beschieden wurde. So verhält es sich nun mal mit dem Glück der Juden: Immer mehr und schrecklicher zu leiden, besonders zu Kriegszeiten.« Am Tag zuvor hätten die Deutschen ihm befohlen, 20 000 Juden auszusiedeln; andernfalls »würden sie das übernehmen«. Er habe nur den einen Gedanken, wie viele man retten könne. Nachdem er sich mit seinen engsten Mitarbeitern beraten habe, sei er zu dem Schluss gelangt, »dass wir, wie schlimm es auch immer für uns sein mag, die Durchführung der Verordnung in unsere Hände nehmen müssen. Ich muss diese schwere und blutige Operation durchführen, ich muss Gliedmaßen abtrennen, um den restlichen Körper zu erhalten! Ich muss euch die Kinder nehmen, denn wenn nicht – der Himmel möge gnädig sein – könnten auch andere genommen werden.« An dieser Stelle setzte unter den Tausenden auf dem Platz ein großes Wehklagen ein. Rumkowski versuchte nicht einmal, ihnen Trost anzubieten. Stattdessen gestand er: »Ich komme als Räuber, um euch das Beste zu stehlen, was eurem Herzen am nächsten liegt!« Er habe darum gebeten, die Neunjährigen auszunehmen, was die Deutschen abgelehnt hätten. Doch die Kinder ab zehn Jahren sollten verschont werden. Jetzt bitte er die Ghettobewohner um die Tuberkulosekranken, um diejenigen, die in schlechter Verfassung seien: »Gebt mir diese Kranken her, und an ihrer statt wird man die Gesunden retten können.« Dann verlor er die Fassung, begann zu stottern und sich zu wiederholen: »Vor euch steht ein gebrochener Mann. Beneidet mich nicht. Es ist die schwerste Verfügung, die ich je durchführen musste. Ich reiche euch meine gebrochenen, zittrigen Hände, und ich flehe euch an: Gebt dieses Opfer in meine Hand, um dadurch weitere Opfer zu verhindern, um eine Gemeinde von hunderttausend Juden zu schützen. So versprach man mir, wenn wir selbst unsere Opfer brächten, würde Ruhe einkehren …« Zurufe aus der Menge, dass sie alle gehen würden und dass er Kinder aus großen Familien nehmen solle, wischte er beiseite: »Ich habe nicht die Kraft, mit euch zu diskutieren!« Dann erinnerte er die Menge an das Schicksal der kleinen Gemeinden der Umgebung. Sie hätten gar keine andere Wahl, als nachzugeben.[212]

In seinem Tagebuch der großen Deportation beschrieb Josef Zelkowicz die letzten Augenblicke, die Müttern und Vätern mit ihren unglücklichen Sprösslingen noch blieben. Die Väter versuchten die Fassung zu bewahren, während die Mütter ihre Babys ein letztes Mal fütterten und liebkosten. Zelkowicz bemerkte erschüttert, dass es dem Beirat leichtfalle, von den gewöhnlichen Ghettobewohnern dieses Opfer zu verlangen, habe er doch von den Deutschen Ausnahmebescheinigungen für Kinder von Werkstattleitern, Feuerwehrleuten, Polizisten, Ärzten, Ausbildern, Beiratsmitarbeitern und diversen weiteren Gruppen erhalten. Zum Ausgleich würden die Deutschen auch Arbeitsfähige deportieren. Um sieben Uhr früh beobachtete Zelkowicz, wie der OD alte Männer und Frauen »wie Schrottteile« in die Waggons verlud. An manchen Orten wehrten sich Eltern, die ihre Kinder abgeben sollten. Zelkowicz fragte sich: »Was war mit der jüdischen Polizei geschehen, dass sie sich für diese Aufgabe zur Verfügung stellte? Waren sie verrückt geworden? Waren ihre Herzen durch Steine ersetzt worden?« Oder seien sie von dem Versprechen, sie und ihre Angehörigen würden geschützt bleiben und Extrarationen erhalten, »betrunken«? Es dauerte Tage. Alte Frauen färbten sich die Haare und legten Rouge auf, um jünger zu erscheinen. Verängstigte Eltern versteckten ihre Kinder auf Dachböden, in Toiletten und »anderen Löchern«. Es half nichts. Trotz aller Anstrengungen des OD und der Versicherungen des Judenrats fielen die Deutschen in das Ghetto ein. Biebow nahm persönlich an den Razzien teil und wählte aus den in den Höfen der Wohnhäuser zusammengetriebenen Juden die Arbeitsfähigen aus. Im Zuge der großen Aktion wurden 15 859 Juden deportiert; 600 wurden im Ghetto erschossen, und zwanzig wurden für den Versuch, dem Inferno zu entfliehen, erhängt.[213]

Die Aktion veränderte das Ghetto. Rumkowski war keine übermächtige Figur mehr, und als die Deutschen sein Herrschaftsgebiet zu einem Arbeitslager erklärten und direkt in die innere Verwaltung eingriffen, verlor er weiter an Bedeutung. Der Gesundheitsdienst war vollkommen zusammengebrochen, und Krankheiten verbreiteten sich ungehemmt. Rosenfeld hatte das merkwürdige Gefühl, nicht mehr unter Juden zu leben, da niemand mehr da war, der traditionelle jüdische Kleidung, Bärte und Schläfenlocken trug, und an den »ehrfurchtsvollen Tagen« alle arbeiteten. Aber da nur noch 89 325 Menschen in dem Ghettolager lebten, stand allen etwas mehr Verpflegung zur Verfügung. An Simchat Tora, dem Tag der Freude an der Tora, an dem ein neuer Zyklus der Lesung der fünf Bücher Mose begonnen wird, nahm Rosenfeld an einem Gottesdienst teil, bei dem ein Mahl gereicht wurde, komplett mit Schnaps, Tscholent, Rotkraut, Kaffee und Honigkuchen. Im November erlaubten die Deutschen die Auslieferung von fünf Millionen Zigaretten – eine Jahresration. Gegen Jahresende freute sich Dawid Sierakowiak außerdem über die spektakulären Nachrichten von der alliierten Landung in Nordafrika, Rommels Rückzug und der russischen Offensive. Doch in die Freude mischte sich die Furcht vor deutscher Vergeltung.[214]

Die Achse, die Alliierten und die »Endlösung«

Auf dem Höhepunkt des deutschen Vormarschs an der Ostfront im Sommer 1942, als die Wehrmacht sich Stalingrad näherte und in den Kaukasus vorstieß und der Sieg zum Greifen nah zu sein schien, verdoppelte das Judenreferat des RSHA in Zusammenarbeit mit dem Auswärtigen Amt seine Bemühungen, Achsenpartner und Satellitenstaaten dazu zu bewegen, die Judenfrage in ihren Ländern zu lösen, indem sie ihre Juden den Deutschen übergaben. Die Ergebnisse variierten, und je länger der Sieg an der Ostfront ausblieb, desto schwerer fiel es dem Reich, seine Forderungen durchzusetzen.

Das Auswärtige Amt machte den Anfang, indem es in Bulgarien höflich anfragte, ob die Regierung damit einverstanden sei, wenn deutsche Behörden im Reich oder in einem westeuropäischen Land lebende Juden mit bulgarischer Staatsbürgerschaft deportierten. Sofia gab seine Zustimmung, so dass eine Gruppe ausländischer Juden von der Liste der bei Razzien zu Verschonenden gestrichen werden konnte. Im August stimmte Rumänien einem ähnlichen Vorschlag zu. Doch die ungarische Regierung verweigerte ihre Einwilligung; dem seit März 1942 amtierenden Ministerpräsidenten Miklós Kállay behagte das Bündnis mit Deutschland immer weniger. Berlin reagierte damit, dass es Ungarn aufforderte, seine jüdischen Staatsbürger bis Jahresende aus dem Reich zurückzuholen; danach würde man sie als Freiwild betrachten. Auch Italien wies das deutsche Ansinnen zurück, mit dem Argument, seine im Ausland lebenden jüdischen Bürger würden eine wichtige Funktion für die heimische Wirtschaft erfüllen. Mehr Erfolg hatten Eichmanns Gehilfen im Referat IV B 4 mit den kleineren Satellitenstaaten. Im Juli setzten sie die Deportation der Juden aus Kroatien in Gang. Der größte Teil der dortigen jüdischen Bevölkerung war bereits interniert, und jetzt wurden diejenigen, die sich noch auf freiem Fuß befanden, aufgefordert, sich registrieren zu lassen. Zwei Wochen später brachte der erste Zug aus Zagreb 1200 Juden nach Auschwitz. Es folgten noch vier Transporte, die weitere 5000 Juden in die Gaskammern beförderten.[215]

Anfangs hatte es den Anschein, als würde sich Rumänien ebenso nachgiebig verhalten. Die Deportationen aus Transnistrien waren weitgehend beendet, doch im Februar 1942 zwang die rumänische Regierung den Juden in Gestalt des Centrala Evreilor din România eine zentrale Vertretung auf, was nichts Gutes ahnen ließ. Im folgenden Jahr wurden alle Juden zwischen 20 und 57 Jahren verpflichtet, sich für den Arbeitseinsatz registrieren zu lassen, und Anfang Juni vermerkte Emil Dorian, es seien Gerüchte über den bevorstehenden Beginn einer neuen Deportationswelle in Umlauf. Tatsächlich traf Gustav Richter, Eichmanns Vertreter in Bukarest, erst Anfang Juli mit dem stellvertretenden Ministerpräsidenten Mihai Antonescu zusammen, um mit ihm über den Abtransport der rumänischen Juden in Lager in der Region Lublin zu sprechen. Da er ohne Absprache mit dem Auswärtigen Amt handelte, trat anschließend eine Verzögerung ein, die sich als entscheidend herausstellen sollte. Im September bekräftigte Mihai Antonescu bei einem Besuch von Hitlers Hauptquartier in der Ukraine seine Entschlossenheit, die rumänischen Juden auszulöschen, aber der Regierung kamen offenbar Bedenken. Als die Deportationsexperten in Berlin am 26. und 27. September ein Planungstreffen abhielten, erschien kein Vertreter Bukarests. Im nächsten Monat stoppte Marschall Ion Antonescu die Vorbereitungen für die Abschiebung rumänischer Juden, und drei Tage später setzte er weitere Deportationen nach Transnistrien vorläufig aus. Sein Stellvertreter teilte Richter mit, man lasse in Bezug auf die Behandlung der Juden nicht nach, eskaliere das Vorgehen aber auch nicht. In Wirklichkeit hatte das Regime eine Kehrtwende vollzogen. Es schützte jetzt nicht nur die jüdische Bevölkerung, sondern gestattete ihr auch, den 90 000 bis 95 000 Überlebenden in Transnistrien Hilfe zukommen zu lassen.[216]

Diesem Kurswechsel lag kein Sinneswandel zugrunde. Vielmehr hatte Marschall Antonescu die strategische Lage Rumäniens kritisch überdacht. Obwohl es sich rückhaltlos auf den Krieg gegen die Sowjetunion eingelassen hatte, war es der Wiedergewinnung von Siebenbürgen um keinen Schritt nähergekommen. Warum sollte sich Rumänien seiner jüdischen Bürger, die durchaus von Nutzen waren, entledigen, wenn Ungarn es nicht tat? Zudem war die Führung der rumänischen Juden nicht untätig geblieben. Wilhelm Filderman, der vormalige Vorsitzende der Union der rumänischen Juden, hatte in einer Reihe von Denkschriften, die er Antonescu vorlegte, dessen Vorbehalte mit viel Geschick genährt und darüber hinaus befreundete Intellektuelle aufgerufen, bei der Regierung zu intervenieren. Allerdings dürften all diese Initiativen weniger gezählt haben als das Scheitern des deutschen Angriffs auf die Kaukasusregion. Die Wehrmacht wurde schon weit vor Baku zum Stehen gebracht, und die Erdölfelder, die sie bereits besetzt hatte, waren so gründlich zerstört worden, dass es Monate dauern würde, sie wieder in Betrieb zu nehmen. In absehbarer Zukunft würde das Dritte Reich weiterhin von dem Erdöl aus Ploeşti abhängig sein. Antonescu hatte, schon bevor die Rote Armee seine Truppen im Norden und Süden von Stalingrad überrannte und die deutsche 6. Armee einkesselte, alle Trümpfe in der Hand. Fortan sah er in Deutschland eher eine Belastung als einen wertvollen Verbündeten.[217]

Im Juli hatte Ungarn vorgeschlagen, die Juden aus dem annektierten Siebenbürgen nach Transnistrien abzuschieben, aber Himmler hatte in überbordender Hochstimmung diese Teillösung zugunsten einer das gesamte ungarische Judentum erfassenden Operation zurückgewiesen. Ende September lehnte Eichmann ein ähnliches Angebot ab, weil er befürchtete, durch eine Aktion gegen ausländische Juden die jüdische Bevölkerung Ungarns zu alarmieren, so dass ein späteres Vorgehen gegen sie erschwert würde. Weder Himmler noch

Eichmann bemerkte, dass sich ein Zeitfenster für sie schloss. Als das Auswärtige Amt Anfang Oktober in Berlin mit dem ungarischen Botschafter Döme Sztójay über die Deportation seiner in Westeuropa lebenden Staatsbürger verhandelte, hatte sich die Haltung der ungarischen Regierung bereits verhärtet. Sztójay teilte seinen Verhandlungspartnern mit, dass im Reich und in anderen Ländern lebende ungarische Juden deportiert werden könnten, es aber keine Deportationen aus Ungarn selbst geben würde. Als der deutsche Botschafter in Budapest einige Tage darauf dem ungarischen Außenministerium die Forderung übermittelte, alle auf ungarischem Territorium befindlichen Juden auszuweisen, war es zu spät. Die Antwort, die er sechs Wochen später erhielt, lautete schlicht nein.[218]

In Bulgarien, wo 48 400 Juden lebten, zehn Prozent von ihnen in Sofia, verlief die Entwicklung ähnlich. Im Dezember 1940 hatte die bulgarische Regierung, eher um ihre deutschfreundliche Haltung zu bezeugen als aus tiefverwurzeltem Antisemitismus, antijüdische Gesetze erlassen. Juden wurden vom öffentlichen Dienst und aus den freien Berufen ausgeschlossen, mussten in bestimmten Gebieten wohnen, separate Bildungsanstalten besuchen und extrem hohe Steuern zahlen. Den Gesetzen lag eine rassische Definition zugrunde, und sie verboten die Eheschließung zwischen Juden und nichtjüdischen Bulgaren. Proteste von Politikern, Intellektuellen und insbesondere der orthodoxen Kirche führten dazu, dass getaufte Juden von den Gesetzen ausgenommen wurden. 1941 wurde Bulgarien dafür belohnt, dass deutsche Truppen auf seinem Territorium operieren durften, indem Berlin dem Verbündeten Teile von Jugoslawien und Griechenland überließ, mitsamt 15 000 jüdischen Einwohnern. Im Verlauf des Jahres 1942 schien sich die antijüdische Einstellung der Regierung zu verschärfen. Im August wurde ein Kommissariat für jüdische Angelegenheiten gebildet, dessen Leitung der notorische Judenhasser Alexander Belew übernahm, und Juden zwischen 20 und 45 Jahren wurden zum Arbeitsdienst eingezogen. Außerdem gab Sofia bulgarische Juden in deutsch besetzten Ländern zur Deportation frei. Was die Juden in Bulgarien selbst betraf, lagen die Dinge anders. Im September und Oktober wandten sich das RSHA und das Auswärtige Amt wegen der Deportation der einheimischen Juden an die bulgarische Regierung, die jedoch erwiderte, sie ziehe es vor, sie zur Zwangsarbeit heranzuziehen.[219]

In Bezug auf die jüdische Bevölkerung von Griechenland mussten sich die Deutschen mit den Italienern einigen, die einen großen Teil des Landes besetzt hielten. Zwar befand sich die mit 55 000 Angehörigen größte jüdische Gemeinde des Landes, diejenige von Saloniki, unter deutscher Kontrolle, aber 13 000 Juden lebten in italienisch besetzten Gebieten. Das RSHA hoffte eine einheitliche Aktion für das ganze Land durchführen zu können, doch dafür brauchte es die Zustimmung der Italiener. Im Juli 1942 lehnten sie die Einführung des gelben Sterns ab, und als die Deutschen in Saloniki ein hartes Zwangsarbeitsregime einführten, flohen Hunderte von Juden in die italienische Zone, wo sie unbehelligt blieben. Selbst nachdem Mussolini im August der Abschiebung von Juden aus dem italienisch besetzten Teil von Kroatien zugestimmt hatte, ließen die Behörden in Rom dieser Zusage kaum Taten folgen. Als das Auswärtige Amt sie im Oktober deshalb bedrängte, entgegneten die Italiener, sie würden die Juden in ihrer Zone lieber internieren, als sie zu entfernen. Die Internierung wandelte sich tatsächlich zu einer Form des Schutzes. Die Lager an der dalmatinischen Küste, in denen Juden festgehalten wurden, standen unter der Kontrolle des italienischen Militärs, das nicht die Absicht hatte, mit den Deutschen zu kooperieren. Einen Monat darauf griff die Rote Armee die italienischen Truppen am Don an, deren Zusammenbruch zusammen mit den Rückschlägen in Nordafrika einen ungünstigen Hintergrund für künftige deutsche Forderungen bildete.[220]

Der Kriegsverlauf war nicht nur für die Haltung der Achsenpartner zu den antijüdischen Maßnahmen entscheidend, sondern auch für die Reaktion der Alliierten auf das Schicksal der Juden. Im ersten Halbjahr 1942 erhielten London und Washington Informationen über das Verhängnis, das die Juden im deutsch besetzten Europa ereilte, doch die Alliierten konnten kaum etwas tun. Aus Churchills Sicht befanden sich Großbritannien und sein Empire in der Zeit zwischen Februar und Juni 1942 militärisch und moralisch auf dem Tiefpunkt. Am 11. Februar gelang es den deutschen Schlachtschiffen *Scharnhorst* und *Gneisenau* sowie dem schweren Kreuzer *Prinz Eugen*, von der britischen Marine unbemerkt durch den angeblich undurchdringlichen Ärmelkanal sichere Gewässer vor den Niederlanden anzulaufen. Vier Tage später traf die Nachricht ein, dass Singapur sich nach kurzer Belagerung den Japanern ergeben hatte. Bis August konnten die Codeknacker in Bletchley Park aufgrund einer technischen Neuerung an der

Enigma-Chiffriermaschine den Funkverkehr der deutschen U-Boote im Atlantik nicht mehr mitlesen, und die Schiffsverluste stiegen ausgerechnet zu einem Zeitpunkt, als die Amerikaner Mannschaften und Nachschub nach Großbritannien schicken wollten, in unerträgliche Höhen. Am 20. Juni erfuhr Churchill, während er zu Gesprächen mit Roosevelt in Washington weilte, dass Tobruk gefallen war, so dass Rommel der Weg zum Suezkanal offenstand. Bis Ende Juli sah es wieder einmal so aus, als stünde der Krieg auf Messers Schneide.[221]

Aber was wusste die Öffentlichkeit über das Schicksal der Juden? Der Londoner *Jewish Chronicle* war die einzige Zeitung, die regelmäßig über Massaker an Juden in Polen und auf dem Territorium der UdSSR berichtete, aber auch seine Berichterstattung war lückenhaft. Nur wenige dieser Meldungen fanden in Leitartikeln Erwähnung. Manche stammten von Sprechern der sowjetischen Regierung, aber für die meisten wurden vage Quellen angegeben. Erst im Juni 1942 gelang es der polnischen Exilregierung und dem Bund, die Aufmerksamkeit der Medien auf die Massenmorde mit Giftgas in Vernichtungslagern zu lenken. Am 25. Juni 1942 meldete der hochangesehene *Daily Telegraph,* dass 700 000 polnische Juden ermordet worden seien, und benannte Chełmno als eine der Mordstätten. Die Informationen stammten von Szmuel Zygielbojm, dem Vertreter des Bundes im Polnischen Nationalrat in London. Gesammelt hatte sie der Bund in Polen, der polnische Untergrund hatte sie nach London übermittelt. Der Jüdische Weltkongress schloss sich mit einer Pressekonferenz an, die von dem jüdischen Unterhausabgeordneten und Weltkongressfunktionär Sidney Silverman geleitet wurde und auf der Ignacy Schwarzbart, das zweite jüdische Mitglied des Polnischen Nationalrats, sprach. Am nächsten Tag meldete der *Daily Telegraph,* in Polen seien eine Million Juden ermordet worden. Diese offiziell abgesegneten Bulletins und glaubwürdigen Pressemeldungen ebneten einer breiteren Berichterstattung den Weg. Jede große landesweite und lokale Zeitung Großbritanniens brachte die neueste Meldung. Doch am 3. Juli veröffentlichte der *Jewish Chronicle* einen Leitartikel, an dem sich beispielhaft zeigt, wieso es den Journalisten und der Öffentlichkeit so schwerfiel, das Berichtete zu begreifen: »Die furchtbaren Einzelheiten, die jetzt über des Gemetzel der Deutschen an jüdischen Männern, Frauen und Kindern in Polen und Litauen ans Tageslicht kommen, lesen sich wie Geschichten einer Kreatur im Drogenwahn, die einen höllischen Alptraum beschreiben will. Der Durchschnittsverstand kann einfach nicht glauben, dass derart widerwärtige Enthüllungen wahr sind …« Nach einer weiteren Pressekonferenz am 9. Juli, die diesmal Schwarzbart und Zygielbojm in Begleitung von Informationsminister Brendan Bracken gaben, war das Schicksal der polnischen Juden ständig Thema in der Presse. Von den Deportationen aus Warschau und Czerniaków's Tod erfuhren die Zeitungsleser fast noch am Tag des Geschehens. Am 11. Dezember erschien der *Jewish Chronicle* mit einem schwarzen Trauerrand um die Titelseite, auf der gemeldet wurde, dass in den deutsch besetzten Ländern bis zu diesem Zeitpunkt zwei Millionen Juden zu Tode gebracht worden seien.[222]

In den Vereinigten Staaten verlief die Entwicklung ähnlich. Seit dem Kriegseintritt berichteten die Zeitungen häufiger über die Judenverfolgung, aber sie wurde nie mit solcher Dringlichkeit behandelt wie jene Gräuel, die an Staatsbürgern der Westalliierten begangen wurden. Ein Grund dafür waren die vagen Quellen und das Fehlen jeder offiziellen Bestätigung durch Regierungsstellen. Um der deutschen Propaganda, das »Weltjudentum« würde das Weiße Haus manipulieren, keinen Vorschub zu leisten, gaben der Präsident und die Regierung keine speziell auf das Los der Juden bezogenen Erklärungen ab. Deshalb stellten nur wenige der großen amerikanischen Tageszeitungen den Bericht des Bundes auf der Titelseite heraus; in der *New York Times* war am 27. Juni auf Seite fünf ganz unten etwas darüber zu lesen. Am 22. Juli berichtete sie indes auf der Titelseite über eine von AJC, B'nai B'rith und dem Jewish Labour Committee veranstaltete Massenversammlung im Madison Square Garden, auf der 20 000 Menschen Brandreden von Roosevelt und Churchill gegen Kriegsverbrecher gelauscht hatten.[223]

Zur gleichen Zeit, als die Vernichtung der Juden in Polen in den Medien Beachtung fand, wurden über geheime Kanäle Informationen übermittelt, denen zufolge die Deutschen einen europaweiten Völkermord in Angriff genommen hatten. Im Juli erfuhr der deutsche Industrielle Eduard Schulte, der in Breslau ein Bergwerksunternehmen leitete und regelmäßig in die Schweiz reiste, von einem Befehl Himmlers, die Juden auszulöschen. Am Monatsende gab er diese Information in Zürich an einen jüdischen Geschäftspartner weiter, über den sie schließlich zu Gerhart Riegner, dem Vertreter des Jüdischen Weltkongresses in Genf, gelangte. Riegner fasste, was er gehört hatte, zu folgendem Telegramm zusammen, das er den Genfer Konsulaten Großbritanniens und der Vereinigten Staaten zur Weiterleitung an ihre Außenministerien übergab:

> erhielt alarmierenden bericht in führerhauptquartier sei plan diskutiert und erwogen dass in deutschbesetzten und kontrollierten ländern alle Juden anzahl dreieinhalb bis vier millionen nach deportation und zusammenfassung im osten mit einem Schlag ausgerottet und damit die jüdische frage in europa ein für allemal gelöst werden soll stop aktion für herbst geplant stop methoden einschliesslich blausäure diskutiert stop information unter vorbehalt übermittelt da richtigkeit nicht bestätigt stop informant behauptet enge verbindung zu höchsten deutschen stellen stop seine Berichte im allgemeinen zuverlässig

Riegner verließ sich darauf, dass die Diplomaten die am 8. August aus Genf gesendete Meldung auch an Sidney Silverman in London und Stephen Wise in New York weiterreichten. Silverman wurde nur zwei Tage später ins britische Außenministerium gebeten, wo ihm skeptische Beamte das Telegramm aushändigten. Das noch misstrauischere US-Außenministerium setzte Wise erst Wochen später ins Bild, und auch dann noch mit der Auflage, den Inhalt des Telegramms nicht an die Öffentlichkeit zu bringen, solange man ihn nicht bestätigt habe. Wise wartete bis zum 24. November, ehe er auf einer Pressekonferenz den erschütternden Beleg dafür bekannt machte, dass die Deutschen vorhatten, vier Millionen Juden zu ermorden.[224]

Eine weitere Quelle, die schließlich Whitehall und Washington von der Glaubwürdigkeit des Riegner-Telegramms überzeugte, machte die polnische Exilregierung zugänglich. Seit Mai 1942 hatten die von der polnischen Heimatarmee (AK) nach London geschickten Monatsberichte Einzelheiten über den Massenmord an Juden in Bełżec und Treblinka enthalten. Im November traf nun ein Kurier des polnischen Untergrunds, der unter dem Tarnnamen Jan Karski auftrat, nach einer umständlichen, gefährlichen Reise in London ein und erstattete einen Augenzeugenbericht über die Zustände im Warschauer Ghetto nach den Deportationen und über ein Lager, das er für Bełżec hielt, bei dem es sich aber vermutlich um das Durchgangslager Izbica handelte. Karski wurde, stets in Begleitung eines hohen polnischen Diplomaten, der für seine Verlässlichkeit bürgte, sowohl vom britischen

Außenminister Anthony Eden als auch später von Präsident Roosevelt empfangen, denen er berichtete, dass bereits zwei Millionen Juden hingemetzelt worden seien. Außerdem übergab er einen Mikrofilm mit wichtigem Material über den Massenmord in Auschwitz, dessen Bedeutung jedoch durch seine sensationellen Angaben zu anderen Verbrechen wohl unabsichtlich in den Schatten gestellt wurde.[225]

Während die Regierungen noch den Wahrheitsgehalt der Berichte über Gräueltaten an Juden einzuschätzen versuchten, organisierten Aktivisten öffentliche Proteste und drängten sie, etwas zu unternehmen. Anfang September hielt die Labour Party in London eine Massenversammlung mit Innenminister Herbert Morrison als Redner ab. Der AJC berief eine Dringlichkeitskonferenz jüdischer Organisationen ein, um ein Aktionsprogramm zu entwerfen, das man der Regierung würde vorlegen können. Man vermochte sich jedoch auf kaum etwas von praktischem Wert zu einigen. Am 3. Dezember trafen sich Vertreter der großen jüdischen Organisationen Großbritanniens mit Repräsentanten der polnischen Exilregierung, um eine Stellungsnahme zu formulieren. Silverman erklärte, dass rasch ein massiver öffentlicher Protest erfolgen müsse, andernfalls würden sich die Wut und Enttäuschung in Londons jüdisch geprägtem East End in einem Aufruhr entladen. Im Laufe des Dezembers wurden daraufhin Zeichen gesetzt, angefangen mit einer Woche der Trauer und des Gebets und kulminierend im Empfang einer jüdischen Delegation durch den Außenminister zwei Tage vor Weihnachten.[226]

Auf beiden Seiten des Atlantiks dachten Beamte und Politiker darüber nach, wie man der zunehmenden Empörung und den immer lauter werdenden Forderungen nach Taten gerecht werden könne. Keines von beiden Ländern war bereit, jüdische Flüchtlinge aufzunehmen, selbst wenn es ihnen gelungen war, aus dem deutsch beherrschten Europa zu entkommen. Im Oktober lehnte sich der US-Geschäftsträger in Vichy, Somerville Pinkney Tuck, weit aus dem Fenster, als er die Deportationen in einem Vieraugengespräch mit Laval scharf verurteilte. Doch er beließ es nicht bei der verbalen Reaktion, sondern schlug Washington vor, 4000 der am meisten gefährdeten jüdischen Kinder aus den Internierungslagern zu evakuieren. Sumner Welles, Unterstaatssekretär im State Department, stand der Idee positiv gegenüber, doch sein Mitarbeiter Breckinridge Long sprach sich nachdrücklich gegen eine Übertretung der Einwanderungsgesetze aus. Trotz einer persönlichen Intervention des Präsidenten zugunsten der Visaerteilung an Kinder war der Rettungsplan immer noch nicht spruchreif, als die Deutschen ihn durch die Besetzung der Freien Zone hinfällig machten.[227]

Am leichtesten zu bewerkstelligen war die Drohung mit Vergeltung für die Zeit nach dem Krieg. Am 7. Oktober gaben Washington und London die Gründung einer Kommission der Vereinten Nationen zur Untersuchung von Kriegsverbrechen bekannt, die zur Vorbereitung von Gerichtsverfahren Beweise sammeln sollte. In der breiten Öffentlichkeit hatte die Veröffentlichung der Angaben über das Ausmaß des Leids und der Verluste des Judentums in Polen eine Welle der Anteilnahme ausgelöst. Die Zeitungen erhielten massenhaft Zuschriften von Geistlichen, Gewerkschaftern und Politikern, die ihr Mitgefühl ausdrückten, mehr oder weniger vernünftige Gegenmaßnahmen vorschlugen und von der Regierung Führungsstärke verlangten. Angesichts der Erregung gab Roosevelt schließlich den Bitten von Wise nach und empfing am 8. Dezember eine jüdische Delegation im Weißen Haus. Doch die jüdischen Repräsentanten hatten kaum konkrete Vorschläge, und Roosevelt vermochte ihnen wenig mehr anzubieten als eine deutliche Warnung an die Nationalsozialisten, dass man Kriegsverbrecher bestrafen werde. Es war das erste und letzte Gespräch des Präsidenten mit Vertretern des amerikanischen Judentums über das Los der Juden in Europa.[228]

Zehn Tage später gaben die britische und die amerikanische Regierung eine gemeinsame Erklärung zur Vernichtung der Juden heraus. Eden verlas sie als Antwort auf eine Anfrage von Sidney Silverman im Unterhaus und erklärte den schweigend zuhörenden Abgeordneten: »Ich bedauere, das Hohe Haus davon in Kenntnis setzen zu müssen, dass Seiner Majestät Regierung zuverlässige Berichte über die barbarische und unmenschliche Behandlung, welcher Juden im deutsch besetzten Europa ausgesetzt sind, erhalten hat.« Im Einzelnen erwähnte er den vielbeachteten Bericht der polnischen Exilregierung, in dem die Zahl der jüdischen Toten mit einer Million angegeben wurde. Dann zitierte er aus der zeitgleich in London, Washington und Moskau herausgegebenen Erklärung: Die alliierten Regierungen »tadeln in der entschiedensten Weise die bestialische Politik der kaltblütigen Austilgung«. Nachdem Eden mehreren Fragestellern geantwortet hatte, von denen einige konkret wissen wollten, was die Regierung zu unternehmen gedenke, fragte ein Hinterbänkler den Speaker, ob er die Abgeordneten wohl für eine Schweigeminute »zur Unterstützung des Protests gegen die abscheulichen Grausamkeiten« aufstehen lassen könne. Der Speaker antwortete, dies müsse jeder Abgeordnete für sich entscheiden. Sie erhoben sich wie ein Mann und verharrten eine Minute lang mit gesenktem Kopf.[229]

VII. Totaler Krieg – 1943

Der Kriegsverlauf und die Wendungen der antijüdischen Politik

Am Jahreswechsel 1942/43 hofften Juden überall in Europa, dass die alliierte Landung in Nordafrika und die deutsche Niederlage in Stalingrad Vorboten des deutschen Zusammenbruchs seien. »Wird dieses Weihnachten das letzte im Krieg sein?«, fragte sich Emil Dorian in Bukarest. Als Victor Klemperer von dem sowjetischen Durchbruch bei Stalingrad hörte, spekulierte er: »Vielleicht, dass es doch dem Ende zugeht.« Vier Wochen später stellte er fest: »So jammervoll hat noch *nie* ein Heeresbericht aus Russland geklungen … Das kann den Anfang der Katastrophe bedeuten.« In Warschau bemerkte Hillel Seidman, dass fromme Juden die Schlacht von El-Alamein als »Anfang vom Ende« betrachteten, allerdings nicht im Sinne Churchills, sondern als Ankündigung der endzeitlichen Auseinandersetzung mit Gog und Magog an der Grenze zum Heiligen Land. Dem Chronisten des Wilnaer Ghettos, Herman Kruk, fiel auf, dass die Juden sich gegenseitig »Möge er wachsen« wünschten und damit den Erfolg der Roten Armee meinten. Der jetzt in Südfrankreich unter deutscher Herrschaft lebende Raymond-Raoul Lambert schrieb über den alliierten Vormarsch in Nordafrika: »Ich glaube wirklich, dass das Ende im Herbst '43 kommen wird.« Nachdem er die marode Ausrüstung der Besatzer und ihr Alter – »entweder ganz jung oder älter« – gesehen hatte, grübelte er: »Ist dies schon 1918 …« Aber sie alle trieb eine gemeinsame Furcht um: dass die Deutschen ihre Wut über ihre Niederlagen an den Juden auslassen könnten. Würden sie die Juden am Leben lassen? Wie Lambert fragten sich viele: »Können wir durchhalten?«[1]

Tatsächlich sorgten militärische und diplomatische Fehleinschätzungen der Alliierten einerseits und deutsche Widerstandskraft und Rücksichtslosigkeit andererseits dafür, dass sich das jüdische Leid sowohl vertiefte als auch auf fatale Weise verlängerte. Eine alliierte Geheimmission mit dem Ziel, in Algerien einen Aufstand gegen Vichy zu entfachen, scheiterte; den Alliierten schlug in Nordafrika vielerorts entschiedener Widerstand entgegen, und die Franzosen wollten sich nur unter der Bedingung auf einen Waffenstillstand einlassen, dass die Machtverhältnisse unangetastet blieben. Sogar die von Vichy erlassenen antijüdischen Gesetze blieben in Kraft. Danach rückten britische und amerikanische Vorhutverbände auf Tunis vor, das Hunderte Kilometer von den Landeköpfen an der Küste entfernt war, und als die ersten Truppen die tunesische Grenze erreichten, stießen sie auf starke deutsche Verteidigungsstellungen. Zu ihrer Überraschung richtete Hitler eine Luftbrücke ein, über die Tausende Soldaten in Stellung gebracht wurden, um dem Afrikakorps den Rücken zu decken. Inzwischen hatten sich Rommels Truppen fast 3200 Kilometer von El-Alamein zurückgezogen, Tripolis geräumt und Libyen aufgegeben. Anfang Februar rückten die Reste des Afrikakorps in Tunesien ein und besetzten die Marethlinie, eine in den 1930er Jahren von den Franzosen errichtete Kette von Befestigungen. Die gepanzerten und mobilen Verbände marschierten weiter nach Westen und leisteten den Amerikanern hinhaltenden Widerstand. Obwohl die italienisch-deutsche Position in Tunesien nicht zu halten war und einer strategischen Torheit gleichkam, hielt sie bis Anfang Mai 1943 den Vormarsch der Alliierten auf. In diesen entscheidenden Monaten konnte man sich im deutschen Oberkommando, was eine Invasion in Nordwesteuropa anging, beruhigt zurücklehnen, denn es war offensichtlich, dass die Alliierten sich vorläufig auf die Mittelmeerstrategie festgelegt hatten.[2]

An der Ostfront waren die sowjetischen Kommandeure überrascht, wie viele Soldaten der Wehrmacht und ihrer Verbündeten sie in Stalingrad eingekesselt hatten, als sich der nördliche und der südliche Angriffskeil am 22. November 1942 vereinten. Die gleichzeitigen Krisen in Tunesien und in Südrussland offenbarten, wie hoffnungslos überdehnt die deutschen Linien waren. Hinzu kam, dass die Rote Armee am 19. Dezember eine zweite Welle konzentrischer Angriffe auslöste, indem sie die Stellungen der italienischen 8. Armee durchbrach und bis nach Rostow vorzustoßen drohte, wobei sie die beiden im Kaukasus stehenden deutschen Armeen abschnitt. Hitler war zu einer Entsatzoperation gezwungen, um in den Kessel vorzustoßen, beharrte aber darauf, die 6. Armee aus der Luft zu versorgen, anstatt ihre Kapitulation zuzulassen. Die Luftbrücke war ein kostspieliger Fehlschlag. Die 250 000 Soldaten in Stalingrad waren zu zwei Monaten Hunger und Krankheit verurteilt, ähnlich den Entbehrungen, welche die Juden von Warschau und Lodz seit über zwei Jahren erduldeten. Zwischen dem 10. Januar und dem 2. Februar 1943 zermalmte die Rote Armee schließlich den Kessel. Erich von Manstein, den Hitler zum Oberbefehlshaber in diesem Abschnitt ernannt hatte, gelang es jedoch, den größten Teil der Heeresgruppe A aus dem Kaukasus herauszuführen und einen Gegenangriff auf die inzwischen ihrerseits überdehnten Linien der Roten Armee zu unternehmen. Bis März konnte er die Front stabilisieren. Als das Tauwetter einsetzte und die Operationen zum Stillstand kamen, befanden sich die deutschen Ameen in etwa wieder dort, von wo aus sie im Mai 1942 aufgebrochen waren. Die Wehrmacht hatte über eine halbe Million Mann verloren – 220 000 bis 250 000 allein in der Schlacht von Stalingrad –, war aber nicht zusammengebrochen, und sie besaß die Kräfte für einen weiteren, wenn auch begrenzten Gegenangriff.[3]

Während die deutschen Rückschläge die Stimmung der bedrängten Juden vorübergehend hoben, hatten sie auf die deutsche Bevölkerung den gegenteiligen Effekt. Angesichts der riesigen Verluste in Stalingrad und der geschwundenen Aussicht auf ein rasches Kriegsende sank die Stimmung auf einen Tiefpunkt. Hitler zog sich, von der Niederlage erschüttert, aus der Öffentlichkeit zurück und überließ es Goebbels, das Vakuum an der Spitze mit inspirierenden Reden und Anstrengungen zur Rationalisierung der Kriegswirtschaft zu füllen. Im Mittelpunkt von Goebbels' Denken standen der Hass und die Furcht vor dem vermeintlichen jüdischen Feind. Zum Jahresbeginn lebte daher nicht nur die antijüdische Propaganda wieder auf, sondern es begann auch eine neue Welle von Deportationen aus dem Reich.[4]

Die »Judenfrage« hatte stets auch Sicherheitsbelange betroffen, denen nun aber aufgrund des alliierten Vormarschs eine neue geographische Dimension wie auch eine neue Dringlichkeit zukamen. Nach der Eroberung Nordafrikas waren die Westalliierten in der Lage, überall an der Nordküste des Mittelmeers die von Stalin geforderte Eröffnung einer zweiten Front zu unternehmen. Infolgedessen rückte die jüdische Bevölkerung in diesem Gebiet, die bisher von der Heimsuchung durch die SS verschont geblieben war, als möglicher Unterstützer einer alliierten Invasion ins Blickfeld. Hitler befahl die sofortige Besetzung Südfrankreichs und verstärkte die deutschen Truppen auf dem Balkan. Jede jüdische Gemeinde in diesen Gebieten wurde jetzt als mögliches Widerstandsnest und potentieller Brückenkopf der Alliierten betrachtet. Insbesondere die jüdischen Einwohner von Hafenstädten waren aufgrund dieser bizarren Vorstellung gefährdet. So ordnete Hitler im Januar 1943 eine massive Aktion gegen den Widerstand in Marseille an, und im Februar richtete das RSHA seine Aufmerksamkeit auf Saloniki. Weitere alliierte Erfolge im Mittelmeerraum – die Landung in Italien und dessen Kapitulation – sollten paradoxerweise die Verfolgung von noch mehr Juden nach sich ziehen.[5]

Die sich verschlechternde militärische Lage des Reichs wirkte sich auch in diplomatischer Hinsicht auf die antijüdische Politik aus. Hatten Hitler und die NS-Führung sich 1941/42 bemüht, Europa für ihren antibolschewistischen und antijüdischen Kreuzzug zu gewinnen, nutzten sie jetzt die Furcht vor sowjetischer Eroberung, um die Bande zwischen den Achsenstaaten zu stärken. Aus Berliner Sicht umfasste die Bekräftigung gemeinsamer Ziele auch die gnadenlose Behandlung der Juden. Die Judenpolitik bildete laut Peter Longerich »eine Hauptachse der deutschen Besatzungs- und Bündnispolitik. Je mehr der Krieg fortschritt, desto größere Bedeutung erhielt aus Sicht der Führung des ›Dritten Reiches‹ der systematische Mord an den Juden für den Zusammenhalt des deutschen Machtblocks.« Wenn dem so war, dann verfehlte dieser Ansatz sein Ziel, denn in den Achsenhauptstädten hatte die Kriegswende eine Neubewertung sowohl des Bündnisses mit Deutschland als auch der antijüdischen Politik ausgelöst. Ein ums andere Mal erhielten deutsche Diplomaten, wenn sie die Deportation der jüdischen Bevölkerung verlangten, eine Abfuhr. Erst wenn Regierungen stürzten – zumeist über militärische Fehlschläge – und bislang marginale pronazistische radikale Gruppen die Macht ergriffen, konnte Berlin wieder mit rückhaltloser Kooperation rechnen. Vor dem Hintergrund der schrumpfenden Personaldecke der Deutschen erlangte diese Zusammenarbeit überragende Bedeutung. Tatsächlich war es die zunehmend prekäre Position der Achse, die gewaltbereite Kollaborateure verschiedener Nationalität dazu bewog, den Deutschen zu dienen. In erster Linie waren diese Männer ideologische Kämpfer, welche die europäische Kultur gegen die asiatischen Horden verteidigen wollten, dann auch Abenteurer, die nichts zu verlieren hatten.[6]

Der totale Krieg und das Ende der deutschen Juden

Am 18. Februar 1943, gut zwei Wochen nachdem der deutsche Rundfunk den Untergang der 6. Armee bekanntgegeben hatte, unterstrich Goebbels in einer Rede im Berliner Sportpalast die Größe der Herausforderung: Man habe keine andere Wahl gehabt, als es mit der Sowjetunion aufzunehmen; allerdings habe man »das Kriegspotential der Sowjetunion nicht richtig eingeschätzt«. Jetzt müsse man sich mit der Gefahr eines russischen Sieges auseinandersetzen. »Das Ziel des Bolschewismus ist die Weltrevolution der Juden. Sie wollen das Chaos über das Reich und über Europa hereinführen, um in der daraus entstehenden Hoffnungslosigkeit und Verzweiflung der Völker ihre internationale, bolschewistisch verschleierte kapitalistische Tyrannei aufzurichten.« Goebbels beschwor dann – als Spiegelbild der von der deutschen Seite begangenen Verbrechen – die Gefahr von Gräueln herauf, die das deutsche Volk zu erleiden hätte. »Es würde mit der Bolschewisierung des Reiches eine Liquidierung unserer gesamten Intelligenz- und Führungsschicht und als Folge davon die Überführung der arbeitenden Massen in die bolschewistisch-jüdische Sklaverei nach sich ziehen ... Hinter den anstürmenden Sowjetdivisionen sehen wir schon die jüdischen Liquidationskommandos, hinter diesen aber erhebt sich der Terror, das Gespenst des Millionenhungers und einer vollkommenen Anarchie.« Nur ein nationalsozialistisches Deutschland sei frei von jüdischem Einfluss und daher fähig, dagegen anzukämpfen. »Die Welt«, versicherte er den Millionen vor den Radioapparaten im In- und Ausland, »hat also nicht die Wahl zwischen einem in seine alte Zersplitterung zurückfallenden und einem unter der Achsenführung sich neu ordnenden Europa, sondern nur die zwischen einem unter dem militärischen Schutz der Achse stehenden und einem bolschewistischen Europa.« Dann verknüpfte er den Kampf gegen das internationale Judentum mit harten Maßnahmen zur Steigerung der deutschen Kriegsanstrengung: Der »östliche Bolschewismus« habe »ein Volk von fast 200 Millionen dem jüdischen Terror dienstbar gemacht ... Die Massen von Panzern, die in diesem Winter unsere östliche Front berennen, sind das Ergebnis eines fünfundzwanzigjährigen sozialen Unglücks und Elends des bolschewistischen Volkes. Dagegen müssen wir mit entsprechenden Gegenmaßnahmen antreten, wenn wir nicht das Spiel als verloren aufgeben wollen.« Deshalb habe man die Schließung sämtlicher Bars und Nachtklubs sowie von Luxusrestaurants und -geschäften angeordnet. Ferner werde es keine Freistellungen vom Wehrdienst mehr geben, und man werde mehr Frauen als Arbeitskräfte heranziehen. Als Goebbels auf dem Höhepunkt seiner Rede die Zuhörer fragte, ob sie den totalen Krieg wollten, rief er sie nicht nur zur Verteidigung Deutschlands und Europas auf und erwartete ihre Zustimmung zu Einschnitten in den Lebensstandard, sondern verlangte auch ihre Einwilligung in den totalen Krieg gegen die Juden.[7]

Im Januar 1943 lebten noch rund 50 000 Juden im Reich. Die meisten dazu tauglichen Männer waren, wie Victor Klemperer, als Zwangsarbeiter in kriegswichtigen Betrieben beschäftigt. Doch Hitler wollte diese letzten Juden auch noch loswerden, und Himmler sah in ihnen ein Sicherheitsproblem. Darüber hinaus wurde es aufgrund des Zustroms ausländischer Arbeitskräfte immer leichter, auf sie zu verzichten. Am 27. Februar wurden in Berlin 7000 in Rüstungsbetrieben beschäftigte Juden im Rahmen der sogenannten Fabrikaktion verhaftet. »Seit heute Morgen um sechs Uhr fahren Lastautos durch Berlin«, notierte Ruth Andreas-Friedrich. »Eskortiert von bewaffneten SS-Männern. Halten vor Fabriktoren, halten vor Privathäusern. Laden Menschenfracht ein.« Unter den Verhafteten waren Tausende von Männern, die in einer Mischehe lebten und nicht endgültig abtransportiert, sondern umgesiedelt werden sollten, was ihre »arischen« Frauen jedoch nicht wussten, als sie sich in der Rosenstraße, wo ihre Männer festgehalten wurden, versammelten und forderten, ihnen Essen und Kleidung bringen zu dürfen. Durch ihre Zahl und die Verwirrung der Polizei ermutigt, die von der Demonstration überrascht war und sie nicht mit Gewalt auflösen wollte, begannen die Frauen die Freilassung ihrer Männer zu fordern. Nach einigen Tagen konnten mehrere Tausend Frauen ihre Männer wieder in die Arme schließen, aber erst, nachdem die Selektion unter den Verhafteten abgeschlossen war und 3000 »Volljuden« deportiert worden waren. »Wenigstens einige sind wiedergekehrt«, freute sich Andreas-Friedrich. »Die sogenannten ›Privilegierten‹. Die jüdischen Partner rassisch gemischter Ehen.« Was sie gerettet hatte, war allerdings nicht der spontane Protest ihrer Frauen, sondern ihr Status.[8]

In Dresden wurden ebenfalls Betriebe und Unterkünfte ausgekämmt. Am 28. Februar hörte Victor Klemperer von der Abriegelung des Arbeitslagers Hellerberg und der bevorstehenden Deportation der Insassen. Er selbst blieb, wie die »Privilegierten« in Berlin, verschont. Im April wurde er jedoch zur Arbeit in einer Teefabrik herangezogen. Er wusste, dass die Gestapo in Mischehe lebende Juden unablässig im Auge behielt und sein Leben am seidenen Faden hing. Der SD in Höxter berichtete ungefähr zur Zeit der »Fabrikaktion« über die anstehende Deportation eines einzelnen Juden aus Brakel, der nach dem Tod seiner »arischen« Ehefrau nicht mehr privilegiert war. Am Jahresende erfuhr Klemperer von einem 88-jährigen Mann, der nach dem Tod seiner Frau nach Theresienstadt geschickt worden war. Zwischen Januar und März 1943 wurden im Rahmen der neuen antijüdischen Kampagne 16 000 deutsche Juden nach Auschwitz-Birkenau verschleppt.[9]

Nach der Scheidung von ihrem Ehemann war Lilli Jahn leichte Beute für die Gestapo. Im Juli 1943 zwang der Bürgermeister von Immenhausen sie, mit ihren Kindern ins nahegelegene Kassel umzuziehen. Ihr Ältester, Gerhard, war jetzt Flakhelfer, doch das schützte sie nicht vor der Gestapo. Ende August wurde sie unter dem Vorwurf, trotz Verbots ihren Doktortitel geführt und den Namenszusatz »Sara« auf dem Namensschild an ihrer Wohnungstür nicht angegeben zu haben, verhaftet und ins Arbeitserziehungslager Breitenau eingewiesen. Fast die Hälfte der Insassen waren Juden, die in einer Chemiefabrik Zwangsarbeit verrichteten. Die Bedingungen waren hart. Lilli gelang es, neben den erlaubten monatlichen Briefen mit heimlich hinausgeschmuggelten Nachrichten, die sie auf die Rückseite von Etiketten oder auf Packpapier schrieb, die Verbindung zu ihren Kindern aufrechtzuerhalten. »Es ist natürlich viel schwerer, als ich den Kindern schreibe«, gestand sie einer Freundin. »Die mehr als unzureichende Ernährung, die mangelhafte Kleidung … Das weiß keiner, was das heißt.« Lilli flehte ihre Kinder an, ihren Ex-Ehemann, der in einem Lazarett Dienst tat, zu bitten, sich für sie zu verwenden. Doch ihre Appelle blieben ungehört. Am 17. März 1944 wurde sie nach Auschwitz verlegt, wo sie ins Lager aufgenommen wurde und drei Monate später starb.[10]

Bis Mitte 1943 war die Zahl der im Reich verbliebenen Juden auf 32 000 gesunken; 18 500 von ihnen lebten in Berlin. Fast alle waren als Partner einer Mischehe oder aus anderen Gründen geschützt. Mehrere Tausend waren jedoch in der Reichsvereinigung oder in von ihr betriebenen Einrichtungen beschäftigt. Alois Brunner aus Eichmanns Referat begann nun diese Einrichtungen systematisch eine nach der anderen zu räumen. Im Mai beaufsichtigte er die Auflösung des in ein Judenhaus umgewandelten Altersheims in der Großen Hamburger Straße. Eine der Deportierten war Lucie Adelsberger, eine hochangesehene Kinderärztin und Wissenschaftlerin, die dort ein Jahr lang eingesperrt gewesen war. In ihren nach dem Krieg verfassten Memoiren berichtete sie, dass man die Deportierten zum Güterbahnhof Putlitzstraße brachte, wo ein Zug auf sie wartete. Sie wurde im »Arztwagen« platziert, der ein wenig besser war als die anderen Waggons, aber die anderthalb Tage dauernde Fahrt war dennoch bedrückend und kräftezehrend:

> Die Luft in dem fest verschlossenen Kasten, der seit der Abfahrt nicht geöffnet wurde, ist stickig und pestilenzartig … Die Eimer mit den Fäkalien sind am Überlaufen …, und bei jedem Ruck des Zuges schwappen sie über und bespritzen die Umsitzenden, die in der Enge nicht wegrutschen können. Ringsherum ist alles mit Kinderwagen verbarrikadiert, denn es sind eine ganze Menge Säuglinge dabei. Sie bläken in den schmutzigen Windeln und lassen sich nicht beruhigen, denn es ist nichts zum Reinigen da und nichts, was man ihnen zum Trinken anbieten könnte.

In den frühen Morgenstunden des 19. Mai fuhr der Zug in den Bahnhof von Auschwitz ein.[11]

Am 10. Juni 1943 war schließlich die Reichsvereinigung selbst an der Reihe. Nachdem sie das Gemeindeleben so lange wie möglich aufrechterhalten und sich um das Wohlergehen der Juden bis zu ihrer Deportation gekümmert hatte, wurde die Führung jetzt nach Theresienstadt geschickt. Mehrere ihrer Mitglieder wurden in den Judenrat aufgenommen und hatten weiterhin eine Führungsfunktion inne. Die Gestapo übernahm die beträchtlichen Vermögenswerte, die sie zurückließen. Eine jüdische Einrichtung in Berlin blieb bestehen: das Jüdische Krankenhaus in der Iranischen Straße. Es war überwiegend von 800 privilegierten Juden und einigen jüdischen Verwaltungsangestellten belegt. Einige der Bewohner arbeiteten direkt für die Gestapo und wendeten die eigene Deportation ab, indem sie durch Berlin streiften und nach sogenannten U-Booten – untergetauchten Juden – Ausschau hielten. Es gab in Berlin Hunderte solcher U-Boote, die mit falschen Papieren lebten oder von mutigen Menschen wie Ruth Andreas-Friedrich versteckt wurden. Sowohl die versteckten Juden als auch ihre Helfer waren ständig in Gefahr, von Juden, die der Gestapo zuarbeiteten, entdeckt und verraten zu werden.[12]

Die militärischen Katastrophen und der Verfall der Moral an der Heimatfront spiegelten sich in der Haltung der Bevölkerung zur antijüdischen Politik wider. Die alliierte Erklärung vom 18. Dezember 1942 zu den deutschen Kriegsverbrechen wurde im deutschen Dienst der BBC verlesen, und eine Vielzahl anderer Sendungen im Januar und Februar machte einen bedeutenden Teil der Deutschen darauf aufmerksam, was in ihrem Namen geschah, oder bestätigte, was sie bereits vermutet hatten. »In der ganzen Welt zunehmende Gärung gegen uns«, stellte Ulrich von Hassell fest. »Polnische Gräuel im [britischen] Unterhaus in dramatischer Weise benutzt. Im Innern gesteigerte Nervosität, aus der Angst um den Kriegsausgang und vor inneren Unruhen.« Hassell war gut informiert, da er von einem hohen Beamten im Generalgouvernement, einem ergebenen NSDAP-Mitglied, der die Verbrechen dennoch verabscheute, auf dem Laufenden gehalten wurde. Es sei »so furchtbar …, dass er es nicht mehr aushält … Dauernde unaussprechliche Judenmorde in großen Gebinden.« Hassell war sowohl aufgrund seiner politischen Einstellung als auch vom Temperament her geneigt zu glauben, was ihm sein Informant erzählte. Aus dem nordbayerischen Schwabach berichtete der SD:

> Am Anfang des Monats Dezember herrschte im hiesigen Bereich allgemein eine gedrückte Stimmung unter der Bevölkerung, vor allem durch Erzählungen von Frontsoldaten hervorgerufen … Eine der stärksten Beunruhigungen in kirchlich gebundenen Kreisen und in der Landbevölkerung bilden z. Zt. Nachrichten aus Russland, in denen von Erschießung und Ausrottung der Juden die Rede ist. Diese Mitteilung hinterlässt … vielfach große Angst, Kummer und Sorgen. Nach Ansicht weiter Kreise der Landbevölkerung steht es heute noch nicht fest, dass wir den Krieg gewinnen und dass dann einmal, wenn die Juden wieder nach Deutschland kommen, [sie] fürchterliche Rache an uns nehmen.[13]

Neben der Furcht vor der Niederlage schürte Goebbels bewusst die Angst vor einer Vergeltung von Seiten der Juden. Doch die Verknüpfung von jüdischer Rache und drohendem sowjetischen Sieg war ein zweischneidiges Schwert. Je mehr die Propagandamaschine des NS-Regimes die Aufmerksamkeit auf tatsächliche oder angeblich zu erwartende sowjetische Gräuel lenkte, desto mehr regte sie die Deutschen an, über die von der eigenen Seite begangenen Verbrechen nachzudenken. Noch Monate nach der Kapitulation der 6. Armee berichtete der Regierungspräsident von Schwaben: »Der Schock von Stalingrad ist noch immer nicht ganz abgeklungen; es besteht in manchen Kreisen die Befürchtung, dass die dort von den Russen gemachten Gefangenen in Vergeltung für angebliche Massenerschießungen von Juden durch Deutsche im Osten getötet werden könnten.« Besonders deutlich trat dieses Syndrom zutage, als Goebbels sich auf die Nachricht über die Entdeckung von Massengräbern mit den Überresten von 4500 polnischen Offizieren bei Katyn stürzte, die im Frühjahr 1940 von der sowjetischen Geheimpolizei NKWD ermordet worden waren. Er glaubte sie als Gegengewicht zu alliierten Meldungen über deutsche Kriegsverbrechen nutzen und zugleich einen Keil zwischen die Westalliierten und die Sowjetunion treiben zu können. Darüber hinaus diente das Massaker als deutlicher Beleg dafür, was Ländern, die auf dem Vormarschweg der Roten Armee lagen, widerfahren würde, wenn die Front zusammenbräche. Doch der Propagandafeldzug sollte ungeahnte Folgen haben.[14]

Auf Grundlage der Berichte von Informanten bestätigte das Amt SD-Inland des RSHA, dass das Massaker die Bevölkerung beschäftige und dass es »*Gefühle des Hasses und der Angst* vor dem Bolschewismus« auslöse. Aber es gebe auch Stimmen, welche die Propaganda für heuchlerisch hielten und meinten, die Deutschen hätten kein Recht, sich »über die Maßnahmen der Sowjets aufzuregen, weil deutscherseits in viel größerem Umfang Polen und Juden beseitigt worden« seien. Aus Friedberg meldete der SD, vereinzelt werde die Ansicht geäußert, »dass die Feinde in den … eroberten Ostgebieten auch Massengräber finden würden. Es seien zwar keine Polen, sondern Juden, die von unseren Truppen systematisch hingerichtet wurden. Man dürfe also von einer solchen Sache nicht so viel Aufhebens machen …« Hassell, durch seinen Bekannten im Generalgouvernement ins Bild gesetzt, ließ sich keinen Augenblick irreführen. Während man, notierte er, »die Welt durch die bolschewistischen Morde in Katyn abzulenken sucht, haust die SS in Polen weiter in unvorstellbarer beschämendster Weise. Unzählige Juden werden in besonders dazu gebauten

Hallen vergast, jedenfalls Hunderttausende.« Als das Regime nach der Entdeckung weiterer Massengräber bei Winniza in der Ukraine dieselbe Propagandamasche versuchte, bemerkte der SD in Berlin, die Meldungen seien »nur wenig beachtet worden. Häufig ist die Meinung zu hören, dass auch von uns alle gegnerischen Elemente im Osten, vor allem die Juden, ohne Rücksicht ausgemerzt worden seien. Dabei spielen Erzählungen von Soldaten und anderen im Osten eingesetzten Personen eine große Rolle.« Später im Jahr wurde die Enthüllung über Katyn mit dem Gerücht in Zusammenhang gebracht, das Regime bemühe sich, die Spuren der Vernichtung der Juden im Osten zu beseitigen. Aus Bad Neustadt meldete der SD, in der Gegend werde erzählt, »Feindmächte« hätten sich über das Rote Kreuz bei Hitler nach dem Verbleib der deutschen Juden erkundigt. »Der Führer hätte daraufhin die Juden wieder ausgraben und verbrennen lassen, damit bei einem weiteren Rückzug im Osten den Sowjets kein Propagandamaterial wie das bei Katyn usw. in die Hände fallen würde.« Die eigenen Verbrechen ließen sich nicht mehr verschleiern, gerade weil Goebbels mit Erfolg die sowjetischen angeprangert hatte.[15]

Das eindeutige, wenn auch nicht immer präzise Wissen über das Schicksal der Juden, besonders im Osten, prägte auch die Reaktion der Deutschen auf die Luftangriffe der Royal Air Force. Seit Anfang 1942 war deren Bomberkommando von Angriffen auf Einzelziele wie etwa Fabriken zum Flächenbombardement übergegangen, durch das die Zivilbevölkerung obdachlos gemacht und demoralisiert sowie die Industrieproduktion geschädigt werden sollte. Ausmaß und Vernichtungskraft dieser Angriffe steigerten sich stetig, vom ersten »Tausend-Bomber-Angriff« auf Köln im Mai 1942 bis zu dem Feuersturm, der im Juli 1943 Hamburg in Schutt und Asche legte. Als immer mehr Bomben vom Himmel fielen, suchten die Deutschen nach einer Erklärung und einem Sündenbock. In seltener Klarheit, in der sich Klugheit mit Schuldgefühlen mischte, stellten sie einen Zusammenhang her zwischen dem »Luftterror«, wie Goebbels ihn nannte, und dem Novemberpogrom von 1938, den Arisierungen und den Deportationen.[16]

Die NSDAP-Ortsgruppe von Nürnberg-Maxfeld sah Anzeichen dafür, dass die Menschen die Vertreibung der Juden aus der Stadt jetzt bedauerten, allerdings nicht aus Mitleid: »Hätte man, so kann man hören, die Juden als Geiseln behalten, dann hätte man gegen die Luftangriffe ein wirksames Faustpfand.« Offenbar glaubten die Menschen, die britische Luftwaffe verschone Augsburg, weil die dortige Synagoge noch erhalten war. Ein ähnliches Gerücht übermittelte der SD aus Würzburg, das angeblich nicht angegriffen wurde, weil dort »keine Synagoge gebrannt habe. Andere erzählen wiederum, dass nunmehr auch die Flieger nach Würzburg kämen, da vor kurzer Zeit der letzte Jude Würzburg verlassen habe.« Opfer der Luftangriffe auf Wuppertal-Barmen waren überzeugt, »dass nur der Jude der Veranlasser solcher Grausamkeiten sei und dass dieser ganz besonders es nicht gerne sehe, dass sein ehemaliger Besitz in Deutschland jetzt von einem anderen Menschen beherrscht werde«. Nachdem der Kölner Dom schwer beschädigt worden war, teilten viele die Ansicht, dass »jetzt ›die Strafe Gottes‹ wirksam werde«. Was die Deutschen mit den Synagogen getan hätten, geschehe jetzt mit den Kirchen. Nach einem massiven (und kostspieligen) Angriff der US-Luftwaffe bei Tageslicht auf die Kugellagerfabriken von Schweinfurt im August 1943 hörten die SD-Informanten von den erschütterten Einwohnern häufig, »dass dies die Vergeltung für unser Vorgehen im November 1938 gegen die Juden sei«.[17]

Die Verknüpfung der Luftangriffe mit jüdischer Vergeltung konnte aus Sicht der NS-Führung auch in anderer Weise kontraproduktiv sein. Nachdem die NS-Propaganda die Zerstörung der Möhne- und der Edertalsperre aufgegriffen hatte, bemerkte der SD in Halle:

> Stark beachtet wurden die Veröffentlichungen, demzufolge die Angriffe auf Talsperren von den Juden veranlasst wurden. Dieser Plan der Juden löste eine verstärkte antijüdische Stimmung aus … Andererseits bestehen in der Bevölkerung auch die gegenteiligen Ansichten. Hierzu Stimmen aus der Hallischen Bevölkerung, in denen man zum Ausdruck bringt, dass es von der Regierung und der NSDAP unverantwortlich gewesen sei, zu derartigen Maßnahmen gegen die Juden zu schreiten. Die Judenrache, die jetzt käme, sei schrecklich und man habe dieses nur der Regierung zuzuschreiben. Hätte man deutscherseits die Juden nicht angegriffen, so wäre es bereits zum Frieden gekommen.

Die Parteikanzlei der NSDAP griff eine andere kritische Argumentation auf. Danach betrachteten manche Deutsche Talsperren als legitime militärische Ziele, die man hätte besser verteidigen müssen, und standen daher der »propagandistischen Auswertung« der Angriffe als »jüdisch inspirierte Gräueltat« ablehnend gegenüber.[18]

Nordafrika und Südfrankreich

Zusätzlich zu den Truppen, die im November 1943 hastig nach Tunesien entsandt wurden, schickte das RSHA Walther Rauff nach Nordafrika, der 1941/42 als Leiter der technischen Abteilung des RSHA maßgeblich an der Entwicklung der Gaswagen beteiligt gewesen war. Rauff stand an der Spitze eines aus 24 Mann bestehenden Einsatzkommandos, das ursprünglich auf dem Höhepunkt von Rommels Vormarsch aufgestellt worden war und dem Afrikakorps nach Palästina folgen sollte. Stattdessen hatte es, aus Athen nach Berlin zurückbeordert, dort ausgeharrt, bis Nordafrika wieder an die Spitze der Vernichtungsagenda gerückt war.[19]

Die Juden Marokkos, Algeriens und Tunesiens waren auf der Wannseekonferenz in die Liste der Vernichtungsziele aufgenommen worden, bisher aber von direkter deutscher Verfolgung verschont geblieben. Allerdings galten die vom Vichy-Regime erlassenen antijüdischen Gesetze auch in Marokko und Algerien. In Algerien wurden jüdische Betriebe geschlossen, und in Marokko mussten die Juden in die Mellah ziehen, das traditionelle und großenteils marode jüdische Viertel. Mindestens 2000 europäische Juden wurden aus Vichy-Frankreich nach Algerien deportiert, wo sie in Arbeitslagern interniert und beim Bau der Transsaharabahn eingesetzt wurden. Das Regime in diesen Lagern war ebenso hart wie die Umwelt, und man schätzt, dass Hunderte von Internierten den Bedingungen zum Opfer fielen. Erst im August 1943, als General de Gaulles Komitee Freies Frankreich die Kontrolle über den Maghreb gewann, wurden die Juden von staatlicher Diskriminierung befreit.[20]

In Tunesien war es den Juden dank eines wohlwollenden Kolonialgouverneurs, des französischen Generalresidenten Jean-Pierre Esteva, der Intervention Roms zugunsten italienischer Juden sowie wegen der besonderen Zusammensetzung der europäischen Bevölkerung besser ergangen. Die europäische Bevölkerung bestand zu annähernd gleichen Teilen aus französischen und italienischen Siedlern. Obwohl Frankreich 1881 die Kontrolle über Tunesien erlangt hatte, nutzte Italien seine dort lebenden Staatsbürger, um Einfluss zu nehmen und letztlich, so hoffte man in Rom, die Übernahme der Regierungsgewalt zu erreichen. Daher war Esteva zwar bereit, italienische Juden zu verfolgen, hielt sich bei französischen aber zurück. Umgekehrt setzten sich die Italiener hartnäckig für den Schutz ihrer Staatsbürger ein. Dieses merkwürdige Patt machte das Eingreifen der Deutschen obsolet.[21]

Bald nach seiner Ankunft bildete Rauff einen Judenrat, dem der Oberrabbiner von Tunis und mehrere führende Gemeindemitglieder angehörten, und verlangte von diesem, 2000 jüdische Männer von zwanzig bis fünfzig Jahren für die Zwangsarbeit beim Bau von Befestigungen und Flugplätzen bereitzustellen. Als sich weniger als 150 meldeten, nahm Rauff Geiseln, verhängte eine Zwangsabgabe von 20 Millionen Francs und erpresste von der alten jüdischen Gemeinde auf Djerba 45 Kilogramm Gold. Im April verpflichtete er alle jüdischen Erwachsenen zum Zwangsdienst. Viele wurden in Arbeitslager geschickt, die an Flugplätze grenzten, und Dutzende kamen bei alliierten Luftangriffen auf die Startbahnen ums Leben. Rauffs Ziel war es, sämtliche Juden nach Deutschland zu deportieren, aber er konnte nur zwanzig hinausbringen, ehe der italienisch-deutsche Brückenkopf zerschlagen wurde. Er selbst und seine Mitarbeiter wurden am 9. Mai 1943 mit einem der letzten Flüge evakuiert.[22]

Der Alliierten brauchten für den Sieg in Tunesien wesentlich länger als erwartet, so dass der anglo-amerikanische Plan, im Jahr 1943 eine Invasion über den Ärmelkanal zu unternehmen, aufgegeben wurde. Stattdessen nahmen die Amerikaner auf der Casablanca-Konferenz widerstrebend den britischen Vorschlag an, Sizilien und das italienische Festland anzugreifen. In Erwartung alliierter Operationen in Südeuropa hatte Hitler die Wehrmacht in die Freie Zone Frankreichs geschickt und befohlen, Juden und Kommunisten, die er als Wegbereiter eines alliierten Angriffs betrachtete, festzunehmen und zu deportieren. Als weitere Vorsichtsmaßnahme wies Knochen die Vichy-Polizei an, alle Juden aus Küsten- und Grenzgebieten zu evakuieren. Nach Ansicht der Sipo war die Lage im Süden besonders heikel, da viele Juden nach den großen Pariser Razzien dorthin geflohen waren. In Lyon hatte sich die jüdische Bevölkerung verdoppelt, und diejenige von Marseille war um die Hälfte gewachsen. Ein Vorteil für die überlastete Sipo war es, dass das Vichy-Regime Mitte Dezember 1942 die Juden in der ehemaligen Freien Zone verpflichtet hatte, das Wort »Juif« in ihre Ausweise stempeln zu lassen. Joseph Antignac, im Süden Chef der für die Überwachung der Juden zuständigen Polizeibehörde, der Section d'Enquête et de Contrôle (SEC), veranlasste Tausende von Ermittlungen zu Identität, Lebensdaten, Eigentum und Tätigkeit von Juden.[23]

Am 22. Januar 1943 begann die Sipo zusammen mit den französischen Behörden die »Aktion Tiger«, in der ein im alten Hafenviertel von Marseille vermutetes Widerstandsnest zerschlagen werden sollte. Da die Nationalsozialisten Juden als den Feind schlechthin betrachteten, wurde die Maßnahme zu einer großangelegten Razzia gegen französische und ausländische Juden. Innerhalb von sieben Tagen wurden 6000 Juden verhaftet, von denen allerdings 3000 wieder freigelassen wurden. Die übrigen wurden nach Compiègne oder Drancy und von dort nach Majdanek oder Sobibór deportiert. Lambert, der über die Aktion informiert worden war, eilte in die Stadt, die als Logistikzentrum für die Hilfsaktivitäten eine wichtige Rolle für die UGIF spielte. Trotz seines Protests in der Präfektur und beim Polizeichef konnte er nicht einmal die Verhaftung ausgewiesener UGIF-Mitarbeiter verhindern. Als letztes Mittel schickte Lambert zusammen mit René Hirschler, dem Oberrabbiner von Straßburg, und Israël Salzer, dem Oberrabbiner von Marseille, ein Telegramm an Laval und Pétain:

> Vertraulich Stop Infolge von französischen Behörden ausgeführter umfangreicher Polizeimaßnahmen sind viele französische Staatsbürger allesamt den Gesetzen unseres Landes uneingeschränkt ergeben namentlich Veteranen aus dem Elsass und Lothringen entlassene Häftlinge junge Mädchen und Minderjährige verhaftet worden weil sie Juden sind und einige wurden an unbekannte Orte verschleppt Stop Wir protestieren mit allem Nachdruck gegen solche Maßnahmen Stop Wir bitten aus ganzem Herzen uns möge unter Umständen wie diesen nicht die Gelegenheit verwehrt werden die Unterstützung in Anspruch zu nehmen welche Paris unserer Religion und unseren Organisationen gewährt hat

Sie erhielten keine Antwort. Als alles vorüber war, resümierte Lambert: »Wir haben eine Zeit der Angst hinter uns, die ich niemals vergessen werde.«[24]

Überall in der vormals Freien Zone fanden nun Razzien statt. Treibende Kraft hinter dieser Menschenjagd war ein junger Mitarbeiter Eichmanns namens Klaus Barbie, der kurz zuvor nach Lyon versetzt worden war. Unter seiner Leitung schenkte die Sipo der Staatsangehörigkeit oder UGIF-Bescheinigungen kaum noch Beachtung. Sipo und SD verhafteten Juden unter anderem in Nîmes, Avignon, Carpentras und Aix-en-Provence und schickten pro Woche vierzig von ihnen in den Norden. Sie zerrten Juden aus Eisenbahnzügen und UGIF-Büros. Als Reaktion darauf flohen schätzungsweise 30 000 in Südfrankreich heimische Juden und Flüchtlinge in die italienische Besatzungszone, wo deutsche Polizei- und Militäreinheiten keine Befugnisse hatten und Juden nicht behelligt wurden. Hunderte gingen über die Pyrenäen nach Spanien, häufig auf gefährlichen Bergpfaden unter Führung von Ortskundigen. Einige dieser Bergführer gehörten dem Netzwerk der Résistance an, andere verlangten Entlohunungen, die ebenso haarsträubend waren wie die Wege, über die sie die Flüchtlinge leiteten. Hunderte suchten auf legalem oder illegalem Weg in der Schweiz Zuflucht. Die meisten tauchten einfach unter. Im Süden standen den Deutschen und der SEC anders als im Norden keine Meldekarteien und Zensusdaten zur Verfügung, anhand derer sie die Juden hätten ausfindig machen können. Sie mussten auf arbeitsintensive Aktensichtungen und Ausweiskontrollen in den Straßen, in Cafés und öffentlichen Verkehrsmitteln zurückgreifen. Zudem waren die Juden alles andere als passiv oder fügsam. Nach dem Debakel von Marseille dezentralisierten Lambert und die UGIF-Führung ihre Hilfs- und Fürsorgeaktivitäten. Außerdem nahmen sie Kontakt zum Untergrund auf. Von der UGIF betriebene Wohlfahrtseinrichtungen führten jetzt ein Doppelleben: Offiziell unterstützten sie Hilfsbedürftige und insgeheim halfen sie Juden unterzutauchen. Die Kinderhilfsorganisation OSE brachte 6000 Kinder aus Heimen und Waisenhäusern in Verstecken unter.[25]

Dennoch klärten weder die Spitzen der örtlichen Gemeinden noch die UGIF-Führung die Juden darüber auf, was die Deportationen wirklich bedeuteten, oder bestätigten die Gerüchte über Treblinka und Auschwitz. Der Zeitzeuge und Historiker Jacques Adler warf der UGIF wie den Gemeinden später vor, sie hätten ihre Pflicht versäumt: »Das Consistoire central, das seit August 1942 wusste, dass in diesen Lagern Massentötungen stattfanden, bewahrte totales Schweigen. Da man nicht die Aufmerksamkeit auf sich lenken wollte, bestritt es die Informationen zwar nicht, bestätigte sie aber auch nicht. In Paris blieb die UGIF-Führung stumm, als ginge diese Sache sie nichts an.« Nach Adlers Ansicht hatten die Deutschen die französische jüdische Bevölkerung erfolgreich eingelullt, indem sie althergebrachte Spaltungen ausnutzten und zuerst gegen ausländische und staatenlose Juden vorgingen. »Das Schweigen des französischen Judentums hat dazu beigetragen, die jüdische Bevölkerung über die Rolle, die der ihr aufgezwungenen Vertretung zugedacht war, zu täuschen. Das französische Judentum hat die Tatsache, dass französische Juden genauso gefährdet waren wie die ausländischen Juden, nie wirklich akzeptiert.« Es habe, bis es zu spät war, »kein Solidaritätsgefühl« gegeben.[26]

Viele Juden im Süden brauchten keine solche Warnung; sie flohen aus eigenem Antrieb in die relative Sicherheit der italienischen Zone. Im November 1942 hatte die italienische 4. Armee die Kontrolle über zehn Départements im Südosten Frankreichs übernommen, einschließlich der Städte Nizza, Toulon und Grenoble. Als die Vichy-Polizei ausländische Juden und »unerwünschte Fremde« zu verhaften und zu internieren versuchte, wurde sie von italienischen Soldaten gewaltsam daran gehindert. Der örtliche Militärbefehlshaber gestattete sogar die Tätigkeit eines jüdischen Hilfskomitees unter Leitung von Angelo Donati, eines italienischen jüdischen Geschäftsmanns. Es beschaffte jüdischen Flüchtlingen Ausweise, mit denen sie legal in Nizza wohnen konnten und vor Polizeirazzien sicher waren. Diese freundliche Haltung gegenüber vermeintlichen Reichsfeinden erboste Knochen derart, dass er sich in Berlin beklagte. Daraufhin beschwerte sich Himmler im Januar 1943 bei Ribbentrop darüber, dass die Italiener Juden beschützten, die doch »das Element des Widerstandes und die Urheber der für die italienischen Truppen besonders gefährlichen kommunistischen Propaganda« seien. Ribbentrop brachte die Angelegenheit im folgenden Monat bei einem Besuch in Italien Mussolini gegenüber zur Sprache. Der Duce ernannte hierauf den hohen Polizeibeamten Guido Lospinoso zum »Generalinspekteur der Rassenpolizei« in der italienischen Zone, dessen Aufgabe es vorgeblich war, Juden ins Landesinnere zu evakuieren, wo sie eine alliierte Invasion nicht würden unterstützen können. Lospinoso ließ sich jedoch viel Zeit, und als er sich endlich dazu bequemte, die Juden umzusiedeln, tat er es in Zusammenarbeit mit Donatis Hilfskomitee. Wenn SS-Vertreter, einschließlich Eichmann, um ein Gespräch nachsuchten, ließ er die Treffen eins nach dem anderen platzen, und als es so aussah, als stünde er kurz davor, die Auslieferung von deutschen und österreichischen Juden zu bewilligen, wurde Mussolini gestürzt, und die italienische Unterstützung löste sich in Luft auf.[27]

Eine Zeitlang schienen die Deutschen bei jedem Schritt auf Hindernisse zu stoßen. Heinz Röthke beklagte sich, dass »mit oder ohne Erlass des Entnaturalisierungsgesetzes [das in Frankreich eingebürgerte ausländische Juden zu Staatenlosen machen würde] auf eine Mithilfe der französischen Polizei bei der Erfassung der Juden in einem größeren Umfange nicht mehr gerechnet werden kann, es sei denn, dass sich die militärische Lage Deutschlands schon in den nächsten Tagen oder Wochen grundlegend zu unseren Gunsten ändert«. Die Franzosen weigerten sich, ihre Mitbürger zu »entnaturalisieren«, und die Mehrheit der ausländischen Juden war entweder bereits deportiert worden oder abgetaucht. Damit standen die Deutschen vor einem Dilemma: Um die Deportationszüge zu füllen, brauchten sie sowohl französische Mitarbeit als auch nichtfranzösische Opfer, aber solange sie nicht erreichten, dass französische Juden zu Staatenlosen erklärt wurden, würden sie auch die für ihre Festnahme benötigte Unterstützung nicht erhalten. Helmut Knochen drängte Laval, den vor 1927 eingebürgerten Juden die Staatsbürgerschaft abzuerkennen, was das Reservoir potentieller Deportationsopfer erheblich vergrößert hätte. Doch Laval sträubte sich. Er machte sich zunehmend Sorgen über den Kriegsausgang und wusste, dass die antijüdische Politik zu den wenigen Druckmitteln gehörte, die ihm noch blieben. Obwohl er am 20. Juni 1943 das Entnaturalisierungsgesetz unterzeichnete, zögerte er dessen Veröffentlichung hinaus. Eine Woche später bat Knochen Berlin um Verstärkung, erhielt jedoch eine Abfuhr, da die Entsendung zusätzlicher Kräfte »bei der derzeit außerordentlich angespannten Personallage völlig unmöglich« sei. Auch von der SEC konnte er keine zuverlässige Hilfe erwarten. Ende 1943 waren CGQJ und SEC, die stets unterbesetzt gewesen waren, kaum mehr als selbstgenügsame Bürokratien und Banden von Schutzgelderpressern. Wurde ein Jude bei ihnen denunziert, der sich versteckt hielt oder illegal arbeitete, war offen, ob sie ein Schutzgeld von ihm verlangten oder ihn verhafteten. Dies bedeutete nicht, dass mit ihnen nicht mehr zu rechnen war. Bei der unermüdlichen Suche in den Akten und den gelegentlichen Menschenjagden gingen ihnen immer wieder einige Unglückliche ins Netz, und jede Verhaftung und Deportation löste neuen Schrecken aus.[28]

Im Juni erhielt Knochen in Gestalt von Alois Brunner und einem halben Dutzend Sipo- und SD-Männern, die schon bei der Deportation der Juden von Wien und Saloniki zusammengearbeitet hatten, dann doch etwas Verstärkung. Seit März waren von Drancy keine Transporte mehr abgegangen, doch jetzt wurde die Jagd auf Juden in Frankreich verschärft. Bei mehreren Razzien fingen Sipo- und SD-Einheiten die Führung der halbgeheimen Hilfsorganisation Amelot und zerstörten eine neue kommunistische humanitäre Initiative namens Solidarité. Brunner traf bald nach seiner Ankunft in Paris mit leitenden Vertretern der UGIF-Nord zusammen, um ihnen mitzuteilen, dass sie fortan ihm unterstünden und nicht mehr dem CGQJ. Um die neuen Verhältnisse klarzustellen, entließ er die französischen Polizisten in Drancy, gab dem Lager eine Sipo-SD-Leitung, reorganisierte dessen innere Verwaltung und zwang die UGIF, es mit allem Nötigen zu versorgen. In Vorwegnahme des Entnaturalisierungsgesetzes wies er Sipo und SD zudem an, sich auf die Verhaftung von 20 000 Juden in Paris, 6000 in der nördlichen und bis zu 30 000 in der südlichen Zone vorzubereiten. Als das Gesetz auf sich warten ließ, konzentrierte sich Brunner auf das Machbare.[29]

Er schob alle verbliebenen Hemmnisse beiseite, die dem Zugriff auf von der UGIF unterstützte Fürsorgeeinrichtungen oder auf UGIF-Personal noch im Weg standen, und ließ im Juli den für den Norden verantwortlichen stellvertretenden UGIF-Vorsitzenden André Baur festnehmen. Angeblich wurde er als Geisel genommen, um einen aus Drancy geflohenen Verwandten dazu zu bewegen, sich zu stellen. Der wahre Grund war, dass er sich kurz zuvor bei Laval und dem CGQJ über Brunners Vorgehen beschwert hatte. Lambert intervenierte bei den Vichy-Behörden, sobald er von Baurs Verhaftung erfahren hatte, doch seine Bemühungen waren vergeblich. »Die Regierung, so scheint mir«, schimpfte er im Tagebuch, »ist nicht mehr als ein Trugbild. Ihre Vertreter schrecken davor zurück, Verantwortung zu übernehmen.« Der UGIF-Vorsitz lastete immer schwerer auf ihm. Er hatte gerade seinen 49. Geburtstag begangen und träumte gleichermaßen von Ruhestand und Rache. Als er von einem schweren britischen Luftangriff auf Bonn hörte, fragte er sich: »Werde ich, wenn die Zeit der Abrechnung gekommen ist, die Stärke besitzen, meine Menschlichkeit zu bewahren?« Auch an die Nachwelt dachte er. Am 20. August 1943 entwarf er ein Pamphlet, in dem er sein Handeln als UGIF-Vorsitzender verteidigte. Gewiss habe er mit den Deutschen zusammengearbeitet, erklärte er, aber er habe wenigstens etwas Gutes getan, während das Consistoire mit seiner Verweigerungshaltung nichts erreicht habe: »Sie haben ihr eigenes Wohlergehen über die Ungewissheit und den Heroismus des Kampfs gestellt. Wir haben den Heroismus der Ungewissheit und des Handelns gewählt, die Realität der konkreten Anstrengung.« Am nächsten Tag wurde Lambert zusammen mit seiner Frau, seinen drei Söhnen und seiner im Februar 1942 geborenen Tochter, die »als Ausdruck von Zuversicht und Hoffnung« den Namen Marie-France erhielt, verhaftet. Sie wurden in Drancy festgehalten, bis man sie am 7. Dezember 1943 nach Auschwitz-Birkenau schickte, wo sie alle ermordet wurden. André Baur, seine Frau und seine vier Kinder folgten ihnen zehn Tage später.[30]

Saloniki und Sofia

Saloniki war wie Marseille eine strategisch bedeutsame Hafenstadt an der Nordküste des Mittelmeers. Deshalb hielten die Deutschen die Stadt, nachdem sie im April 1941 die Eroberung Griechenlands abgeschlossen hatten, weiterhin besetzt, während der Rest des Landes zwischen Italien, das den Großteil okkupierte, und Bulgarien, das Thrakien und Ostmazedonien erhielt, aufgeteilt wurde. In Athen wurde eine Marionettenregierung unter Ministerpräsident Georgios Tsolakoglou installiert, einem General, der den Antisemitismus benutzte, um seine Gegner zu diskreditieren und den Deutschen zu gefallen. Binnen eines Jahres hatten Lebensmittelausfuhren durch die Deutschen in Verbindung mit der alliierten Blockade eine Hungersnot zur Folge, und die jüdischen Gemeinden litten ebenso wie die übrige Bevölkerung unter den wirtschaftlichen Verwerfungen und dem Mangel.[31]

In Griechenland gab es 70 000 bis 80 000 Juden, die sich auf zwei Gemeinden verteilten. Die Romanioten, deren Geschichte bis in die Antike zurückreichte, lebten in relativ kleinen Gemeinden auf der Peloponnes und den griechischen Inseln. Sie sprachen Griechisch, waren angepasst und gut in die lokale Gesellschaft integriert. Die ladinosprachigen Juden, deren Vorfahren im Zuge der Vertreibung der Juden von der Iberischen Halbinsel nach 1492 nach Griechenland gekommen waren, hatten ihr Zentrum in Saloniki, dessen jüdische Bevölkerung 53 000 Köpfe zählte. Sie bestand aus einer reichen Oberschicht aus Kaufleuten und Akademikern, einer großen Mittelschicht aus kleinen Händlern und Ladenbesitzern und, was einzigartig war, einer Unterschicht aus Hafen- und anderen Arbeitern. Juden waren für den Betrieb des Hafens derart wichtig, dass er an hohen jüdischen Feiertagen praktisch lahmgelegt war. Doch die herausragende Rolle von Juden in Handel und Gewerbe schürte ethnische Spannungen. In der Zwischenkriegszeit sorgten kleine, aber hartnäckige antijüdische Bewegungen für ein heikles Verhältnis zwischen Christen und Juden, zumal die Stadt voller griechischer Flüchtlinge aus Anatolien war, die ein Anrecht auf Wohnung und Arbeit zu haben meinten.[32]

Dennoch wurden die Juden unter der deutschen Besatzungsherrschaft zunächst weitgehend in Ruhe gelassen – bis zum Beginn des Krieges gegen die Sowjetunion. Im Juli 1941 registrierte dann die Militärverwaltung von Saloniki unter Max Merten alle jüdischen Männer zwischen 18 und 45 Jahren für die Zwangsarbeit. Am 11. Juli fanden sich 9000 jüdische Männer auf dem Freiheitsplatz ein, wo man ihre persönlichen Angaben aufnahm und sie in glühendem Sonnenschein demütigende Leibesübungen machen ließ. Anschließend wurden Arbeitskolonnen gebildet, die beim Straßen- und Flugplatzbau sowie in einem Chrombergwerk eingesetzt wurden. Bis Dezember waren die meisten Arbeiter jedoch wieder entlassen oder von der jüdischen Gemeinde losgekauft worden.[33]

Im selben Monat wies Himmler auf das Sicherheitsrisiko hin, das die Juden angeblich für den Hafenbetrieb darstellten, was jedoch bis zur alliierten Landung in Nordafrika ohne Folgen blieb. Im Januar 1943 entsandte Eichmann seinen Stellvertreter Rolf Günther nach Saloniki, um sich über die dortige jüdische Gemeinde zu informieren. Ihm folgten bald darauf Dieter Wisliceny und Alois Brunner. Anfang Februar wurde ihnen für die Durchsetzung antijüdischer Maßnahmen eine Orpo-Kompanie unterstellt. Außerdem konnten sie mit der Unterstützung des griechischen Generalgouverneurs von Mazedonien, Vasilis Simonides, und der örtlichen Polizei rechnen. Nur wenige Wochen zuvor hatte die Stadtverwaltung der Zerstörung des weitläufigen jüdischen Friedhofs zugestimmt, der mitten in der Stadt lag und von vielen ihrer Bürger schon lange als Hindernis für deren Entwicklung betrachtet wurde.[34]

Wisliceny und Brunner bildeten einen Judenrat, dann registrierten sie die Juden und zwangen sie, den gelben Stern zu tragen; schließlich wurden sie auf drei Wohnbezirke eingeschränkt, die ungefähr dem bestehenden jüdischen Viertel entsprachen. Das ärmste, Baron

Hirsch genannte Quartier, das günstig in der Nähe einer Eisenbahnstrecke lag, wurde als Ghetto beziehungsweise Durchgangslager ausgewählt. Im Februar wurden Juden ferner gezwungen, ihre Geschäfte und Wohnhäuser zu kennzeichnen, um sie aus dem ökonomischen und sozialen Leben der Stadt auszuschließen. Der Judenratsvorsitzende, Oberrabbiner Zvi Koretz, erwies sich als ebenso leichtgläubiges wie nachgiebiges Instrument der Deutschen. Auch auf den ebenso kooperativen jüdischen Ordnungsdienst konnten sie sich verlassen; an seiner Spitze standen die deutschsprachigen Jacques Albala und Vital Hasson, ein ehemaliger Schneider. Das Baron-Hirsch-Viertel wurde Hassons persönlicher Herrschaftsbereich, wo er seine neugewonnene Macht nutzte, um von seinen Glaubensgenossen Geld zu erpressen. Für Mitglieder der jüdischen Gemeinde wie Albert Menasche löste sich alles, was gut und vertraut war, in rasendem Tempo auf. Menasche war ein stolzer Bürger, der seit zwanzig Jahren in der Stadt als Arzt praktizierte, in der griechischen Armee gedient hatte und ein anerkannter Amateurmusiker war. All dies verlor für ihn und seine Familie von einem Tag auf den nächsten jegliche Bedeutung.[35]

Als die Juden am 1. März gezwungen wurde, sämtliche Vermögenswerte anzugeben, machte sich Panik breit. Koretz versuchte zu beschwichtigen, aber einige Tage später verhängten die Deutschen eine Blockade über den jüdischen Wohnbezirk und teilten dem Judenrat mit, dass es dessen Bewohner nicht mehr gestattet sei, sich außerhalb seiner Grenzen aufzuhalten. Alle drei Gebiete wurden mit Stacheldraht eingezäunt und damit praktisch in Ghettos verwandelt. Als man die Juden zwang, die Schlüssel für ihre Geschäfte und Betriebe auszuhändigen, wurde die Stadtverwaltung mit Anfragen von Leuten überschüttet, die diese Unternehmen kaufen oder betreiben wollten. Zwei Wochen später begannen die Deutschen, das Baron-Hirsch-Viertel zu räumen. Mit dem ersten Zug wurden 2800 der fast 16 000 Juden des Viertels abtransportiert. Als sie fünf Tage später in Auschwitz-Birkenau eintrafen, wurden die meisten von ihnen umgehend ermordet. In den nächsten zwei Wochen fuhren vier weitere Züge nach Auschwitz und einer nach Treblinka. Als das Baron-Hirsch-Viertel geleert war, mussten die Juden aus den anderen Ghettos dorthin umziehen. Kaum hatten sie ihre Wohnungen und Häuser verlassen, plünderten Einwohner der Stadt sie derart gründlich, dass viele anschließend unbewohnbar waren. Zwischen Anfang April und Anfang Mai gingen elf weitere Transporte nach Auschwitz ab. Anfang Juni waren nur noch 2000 Juden übrig, zuzüglich mehrerer Tausend, die in Gemeinden in der Umgebung verhaftet worden waren. Unter ihnen war Marco Nahon, ein junger Arzt aus Dimotika nahe der türkischen Grenze. Er war Anfang Mai 1943 zusammen mit anderen Männern der kleinen jüdischen Gemeinde der Stadt von einer Sipo-SD-Einheit verhaftet und in der örtlichen Synagoge festgehalten worden. Sie hatten ihre Frauen und Familien zu sich rufen müssen, bis genügend Juden für einen Transport versammelt waren. Die 740 Unglücklichen waren dann ins Baron-Hirsch-Viertel gebracht worden, von wo sie am 1. Juni zusammen mit dem größten Teil des Judenrats und der Gemeindeverwaltung deportiert wurden. Mit diesem Transport wurden auch Albert Menasche und seine Familie fortgeschafft. Sie hatten keine Ahnung, wohin es ging. »In Saloniki hatten wir andere vage über diese Stadt reden gehört«, bestätigte er nach dem Krieg die Unkenntnis über Auschwitz.[36]

Koretz, Albala und andere Mitglieder der Verwaltung wurden ebenfalls deportiert, aber nicht nach Polen. Ihr Ziel war ein neues Konzentrationslager in Bergen-Belsen bei Celle, das jüngst für die Internierung von Juden errichtet worden war, die man als mögliche Kandidaten für einen Austausch gegen deutsche Gefangene der Alliierten betrachtete. Unter den nach Bergen-Belsen Deportierten waren auch mehrere Hundert Juden, die dank ihrer sephardischen Herkunft die spanische Staatsbürgerschaft erworben (oder zumindest angegeben) hatten. Als am 10. August der letzte Zug abfuhr – an Bord Juden, die bisher Zwangsarbeit geleistet hatten –, waren insgesamt 48 500 Juden brutal aus der Stadt entfernt worden. Von den nichtjüdischen Salonikiern war kaum ein Murren zu hören gewesen, und nur wenige hatten Juden geholfen, den Deutschen zu entkommen. Aus tiefverwurzelter Loyalität waren die meisten jungen Juden bei ihren Familien geblieben. Nur wenige hatten sich entschlossen, die Ausgangssperre zu missachten, und bei Freunden in der Stadt Zuflucht gesucht oder waren auf der Suche nach einer Partisanengruppe in die Berge gegangen. Mehrere Hundert Flüchtlinge erreichten mit Hilfe des italienischen Konsuls Athen, doch ihr Asyl dort sollte sich als vorübergehend und prekär herausstellen.[37]

Noch Monate, nachdem die letzten Juden abtransportiert worden waren, plünderten griechische Zivilisten und deutsche Soldaten die verlassenen Viertel. Wisliceny und Brunner hatten sich bemüht, dem vorzubeugen, indem sie durch Gouverneur Simonides eine Abwicklungsstelle für jüdisches Vermögen einrichten ließen. Doch die Aufgabe war derart umfangreich, dass die neue Behörde nicht schnell genug vorankam, um den Appetit der Einwohner zu stillen. Nicht weniger als 27 Lagerhäuser waren prall gefüllt mit Haushaltsgütern aus jüdischen Wohnungen. Nur ein kleiner Teil der 2000 Geschäfte und Betriebe, die auf neue Betreiber warteten, wurde angemessen bewertet und veräußert. Die Umverteilung jüdischen Eigentums versank großenteils in Chaos und Korruption und trug kaum etwas zur Linderung der Wohnungsnot oder zur Ankurbelung der angeschlagenen Wirtschaft der Stadt bei.[38]

Ungefähr zu der Zeit, als Wisliceny und Brunner in Saloniki eintrafen, wurde Theodor Dannecker nach Sofia abkommandiert. Er einigte sich mit dem dortigen Judenkommissar Belew rasch auf die Deportation von 20 000 Juden aus den besetzten Regionen Thrakien und Mazedonien. Anschließend sollten 8000 Juden aus Bulgarien selbst verschleppt werden. Anfang März begann man den Plan umzusetzen, indem bulgarische Soldaten und Polizisten in Thrakien 4700 und in Mazedonien 7000 Juden, darunter 3500 allein aus Skopje, festnahmen. Die thrakischen Juden wurden in elenden Lagern interniert, bis sie am 18. und 19. März mit der Eisenbahn nach Lom an der Donau gebracht wurden und dort auf vier Frachtkähne umsteigen mussten, die sie stromaufwärts nach Wien fuhren, von wo sie mit der Bahn schließlich nach Treblinka transportiert wurden. Eines der Schiffe sank während der Fahrt, wobei die meisten der unfreiwilligen Passagiere ertranken. Die mazedonischen Juden wurden in drei Transporten über Land nach Treblinka gebracht.[39]

Dies alles geschah mit dem Wissen und der Zustimmung der bulgarischen Regierung. Doch als Belew in einer Reihe von Provinzstädten im bulgarischen Kernland Juden verhaften ließ, löste dies einen Aufschrei der Empörung aus. Mehrere Dutzend Akademiker und Intellektuelle fuhren nach Sofia, um bei Dimitar Peschew, dem Vizepräsidenten der Nationalversammlung, gegen die Behandlung ihrer jüdischen Freunde und Kollegen zu protestieren. Peschew war betroffen über das, was er über das Schicksal von alten Männern, Frauen und Kindern in Thrakien hörte, und setzte eine Petition auf, um sich von derartigen Maßnahmen gegen bulgarische Staatsbürger zu distanzieren. Er konnte 42 Abgeordnete davon überzeugen, die Petition zu unterzeichnen. Gleichzeitig verurteilte Bischof Kirill von Plowdiw die drohenden Deportationen, was Ministerpräsident Bogdan Filow veranlasste, sie zu verschieben. Zufälligerweise stattete das bulgarische Staatsoberhaupt, König Boris, Ende März Hitler in Berchtesgaden einen Staatsbesuch ab. Er erklärte seinem Gastgeber, dass er zwar froh sei, jüdische Kommunisten loszuwerden, aber seine jüdischen Untertanen für den Arbeitseinsatz behalten wolle. Im Mai 1943 versuchte es Belew erneut. Diesmal intervenierte der König persönlich und setzte sich für den Alternativplan ein, die 25 000 Juden von Sofia auf die Provinzen zu verteilen. Trotz neuerlicher Proteste und sogar Straßendemonstrationen von Juden in der Hauptstadt wurde die Vertreibung mit Gewalt durchgeführt, was nicht ohne Schaden für die Opfer abging. Doch ihnen blieb die Deportation erspart, und nach der alliierten Landung auf Sizilien im Juli 1943 nahm die bulgarische Regierung von jeder weiteren Verstrickung in die deutsche antijüdische Politik Abstand.[40]

Das Schicksal der in Warschau verbliebenen Juden

Anfang Januar 1943 besuchte Himmler Warschau. Zu seinem Leidwesen entdeckte er, dass trotz seines Befehls, das Generalgouvernement von Juden zu säubern und unabkömmliche Arbeiter in SS-Lagern unterzubringen, immer noch mindestens 40 000 Menschen im Ghetto lebten. Er ordnete umgehend an, die arbeitenden Juden in sichere Einrichtungen im Lubliner Gebiet zu verlegen. Nach seinem großen Plan sollte die Verlegung von Arbeitern in Produktionsstätten, die unter Globocniks Kontrolle standen, sowohl Sicherheitsanliegen als auch Wirtschaftsinteressen der SS nachkommen. Als WVHA-Chef Pohl einwandte, dass dies in solch kurzer Zeit nicht möglich sei, räumte Himmler ein, dass ein Konzentrationslager in der Stadt bestehen bleiben könne, jedoch unter der Bedingung, dass überflüssige Juden abtransportiert würden. Während so Befehle und Gegenbefehle hin und her gingen, nahmen die Warschauer Juden ihr Schicksal selbst in die Hand.[41]

Nach der großen Deportation lebten noch 36 000 Juden mit Arbeitsbescheinigung und Beschäftigung legal im Ghetto. Die meisten von ihnen wohnten in einem Dutzend Blöcken nördlich der Gesiastraße, zwischen Bonifraskastraße im Westen und Smoczastraße im Osten. 2000 von ihnen waren beim Judenrat angestellt, und mehrere Hundert gehörten dem Ordnungsdienst an; hinzu kamen ihre Familien, außerdem Juden, die außerhalb des Ghettos arbeiteten, und nicht weniger als 4000, die bei der »Werterfassung« beschäftigt waren, einem Lagerhauskomplex, wo das Eigentum der Deportierten gelagert und sortiert wurde. Die Werterfassung war der größte Arbeitgeber im Ghetto. Es war ein riesiger Betrieb mit Abteilungen für alles Mögliche, von Matratzen über Küchengeschirr und Wohnmöbel bis hin zu Musikinstrumenten. Für die Sortierung dieser Gegenstände brauchte man derart viel Personal, dass auch viele Illegale hier Arbeit fanden. Rund 20 000 Juden ohne Arbeitsbescheinigung lebten in Häusern, deren Bewohner längst verschleppt worden waren. Südlich eines offiziell unbewohnten Streifens ohne jedes Leben befanden sich vier große Werkstätten und ein halbes Dutzend kleinerer deutscher Betriebe, die 20 000 Juden beschäftigten. Die größten waren die von Walther Többens Mitte 1941 aufgebaute Textilfabrik in der Lesznostraße und die Schneiderei, Pelzwerkstatt und Besenmacherei von Fritz Emil Schultz. Die Arbeiter waren in eingezäunten einfachen Baracken untergebracht. 4000 Juden arbeiteten in der Bürstenwerkstatt an der Südgrenze des alten Ghettos.[42]

Die Zusammensetzung der Bevölkerung des Ghettos hatte sich ebenso radikal verändert wie seine topographische und ökonomische Struktur. Drei Viertel der Überlebenden waren zwischen zwanzig und fünfzig Jahre alt. Das Geschlechterverhältnis hatte sich umgekehrt; jetzt kamen auf 100 Männer 78 Frauen. Kinder gab es nur noch in Familien privilegierter und geschützter Juden, der übriggebliebenen Mitglieder des Judenrats und des Ordnungsdiensts. Die Ernährungslage hatte sich deutlich verbessert. Wer in den Werkstätten arbeitete, erhielt eine Ration, die ausreichte, um den Schmuggel überflüssig zu machen. Doch die relative Fülle bedeutete nicht, dass alle so viel aßen, wie sie wollten. Viele begannen Vorräte anzulegen und Verstecke auszustatten, die sie eines Tages, wie sie vermuteten, brauchen würden. Derweil schufteten sie von Sonnenaufgang bis Sonnenuntergang.[43]

»Die Tage vergehen in Trübsinn«, seufzte Abraham Lewin Anfang Oktober, »öde, voller Sorge und Kummer.« Für Hillel Seidman war der Alltag zu einer »nicht endenden Suche nach Essen, Zuflucht und echter Sicherheit« geworden. In den Werkstätten war alles streng geregelt. Die Arbeiter hatten eine Nummer und Ausweispapiere, die ihnen einen bestimmten Platz zuwiesen. Untergebracht waren sie in Gemeinschaftsunterkünften, ohne Frauen und Kinder. »Sklaven brauchen keine Familie«, bemerkte Ringelblum bitter. Im Morgengrauen marschierten sie in Kolonnen zur Arbeit, dann malochten sie den ganzen Tag unter der Aufsicht eines allmächtigen Meisters. Sie hatten so gut wie keinen persönlichen Besitz und konnten es sich nicht leisten, krank zu werden, denn Krankenhäuser gab es im Ghetto nicht mehr. Sie waren, wie Ringelblum sich selbst korrigierte, »schlimmer dran als Sklaven, denn die wussten, dass sie am Leben bleiben würden … Die Juden sind zum Tod verurteilt.« Der religiöse und soziale Charakter des Ghettos hatte sich so gründlich verändert, dass für Religionsschulen kein Bedarf mehr bestand. Es seien nur noch wenige religiöse Familien übrig, sagte ein überlebender Rabbiner zu Seidman, und die »meisten von ihnen haben kein Geld und keine Protektion, um ihre Kinder retten zu können. Jene Kinder, die überlebt haben, kommen überwiegend aus den Reihen der Assimilationisten, die dafür sowohl die Mittel als auch den Einfluss besaßen.«[44]

Traumatisiert und kaum fähig einzuordnen, was vor ihren Augen geschehen war, nutzten die Überlebenden der blutigen Auslese die Phase relativer Ruhe, um, so gut sie konnten, Bilanz zu ziehen. »Die gegenwärtige Tragödie«, schrieb Seidman, »ist so überwältigend, dass keiner von uns ihr schieres Ausmaß akzeptieren oder auch nur ermessen kann. Weder die Allgemeinheit noch der Einzelne vermag die Katastrophe zu begreifen.« »Haben sie wirklich eine Gemeinde von 300 000 Juden in Treblinka ermordet?«, fragte Lewin. »Es fällt schwer, diese abscheuliche, entsetzliche Wahrheit zu glauben; innerhalb von acht Wochen sind mehr als 300 000 Juden ermordet worden.« Ringelblum überlegte, warum es keinen Widerstand gegeben hatte. Wie konnten fünfzig SS-Männer und 200 Komplizen eine derart große, lebendige Gemeinschaft vernichten? »Warum haben wir zugelassen, dass man uns wie Schafe zur Schlachtbank führte?« Er fand eine Erklärung in der deutschen Taktik – den Selektionen, den wiederholten Blockaden, dem Hunger und der Auszehrung der Opfer, dem Trick, Werkstätten als sicher erscheinen zu lassen, bis man sie zu Fallen machte. Aber auch dem Judenrat und dem Ordnungsdienst maß er Schuld zu: »Sie protestierten mit keinem Wort gegen den abscheulichen Auftrag, ihre eigenen Brüder zur Schlachtbank zu führen.« Sie seien nicht nur von den Deutschen korrumpiert worden, sondern hätten sie an Bösartigkeit noch übertroffen. Sie hätten gute Verstecke verraten und Flüchtige zum Umschlagplatz geschleppt. »Wo haben Juden jemals so mörderische Gewalt ausgeübt? Wann in unserer Geschichte haben wir jemals so viele Hundert Mörder herangezogen?« Nach Seidmans Ansicht war der Ordnungsdienst ein »schwieriges, schmerzliches Kapitel«. Er sah dessen Verhalten im Licht seines Glaubens. Die OD-Männer hätten die deutschen Befehle bereitwillig ausgeführt, weil sie als assimilierte Juden die strenggläubigen Massen verachtet hätten; sie seien Konvertiten, Angehörige der Jeunesse dorée, ein »fremdes Element, Feinde des eigenen Volks«. Letztlich aber hätten die Deutschen Umstände geschaffen, in denen manche Juden »nur auf Kosten anderer Juden leben« konnten. »Das polnische Judentum ist erledigt, es existiert nicht mehr. Hitler hat ihm sein Ende bereitet.« Und da das polnische Judentum das demographische und kulturelle Reservoir des Weltjudentums bildete, hätten die Juden in aller Welt einen tödlichen Schlag erhalten.[45]

Doch die Menschen erholten sich erstaunlich schnell. An einem sonnigen Tag Anfang November beobachtete Lewin Juden, die durch die Mila- und die Zamenhofstraße flanierten. Eine neue, von einem erstarkten Durchhaltewillen und dem Wunsch nach Rache geprägte Stimmung hatte das Ghetto erfasst. Seidman gelangte von der Spekulation über die Antwort Gottes zur »Verbitterung, die überall herrscht … Nur Rache kann jetzt etwas Trost bringen.« Wie Stanislaw Adler bemerkte, hatte »fast jeder … den Wunsch, durchzuhalten, und im Lauf der Zeit wurde der Wunsch nach Rache immer stärker.« Ringelblum glaubte, »dass die Menschen nicht länger wie Lämmer zur Schlachtbank gehen werden«. Als das ŻOB-Mitglied Eliyahu Rozanski den stellvertretenden Leiter des Ordnungsdiensts, Jakub Lejkin, ermordete, fand die Tat allgemeine Zustimmung. Die Autorität des Judenrats hatte sich verflüchtigt, und im OD sah man kaum mehr als eine Bande von Kollaborateuren. Unterstützung fanden dagegen die jugendlichen Widerstandsführer. Weil die Deutschen die vorherige Alters- und Geschlechterzusammensetzung gekippt und die Familien aufgelöst hatten, waren optimale Voraussetzungen für eine Rebellion entstanden.[46]

In den letzten beiden Monaten des Jahres 1942 konnten sich die jüdischen Untergrundparteien endlich auf eine gemeinsame Organisation und Zielsetzung einigen. Dies war zum großen Teil das Verdienst von Mordechaj Anielewicz, einem charismatischen jungen Mitglied des zionistischen Jugendverbandes Haschomer Hatzair, der in den vorangegangenen zwei Jahren in anderen Teilen Polens im Untergrund aktiv gewesen war. Nachdem er ungefähr im November 1942 ins Warschauer Ghetto gekommen war, hatte er rasch die Führung der ŻOB übernommen. Um den polnischen Untergrund davon zu überzeugen, dass die Juden zuverlässige Partner seien, beschlossen die verschiedenen Gruppierungen, neben einer vereinigten Kommandostruktur ein Jüdisches Nationalkomitee (ŻKN) zu gründen. Tsukunft, die Jugendorganisation des Bundes, schloss sich der ŻOB an, obwohl ihre Mutterorganisation vor der Mitgliedschaft in einem »jüdischen« Nationalkomitee zurückschreckte. Umgekehrt weigerte sich der revisionistisch-zionistische Jüdische Militärverband (ŻZW), mehr als nur eine lockere Koordination mit der ŻOB einzugehen, weil dieser auch der Bund und die Kommunisten angehörten. Dies war ein schwerwiegender Mangel, da der ŻZW viele ehemalige polnische Offiziere zu seinen Mitgliedern zählte und ein gutes Verhältnis zur Heimatarmee aufgebaut hatte, so dass er eine Truppe von 250 Kämpfern mit beeindruckender Bewaffnung hatte aufstellen können. Bei einem Besuch im ŻZW-Hauptquartier in der Muranowskastraße 7 sah Ringelblum »Regale mit verschiedenen Waffentypen – Maschinengewehre, Karabiner, Revolver verschiedener Modelle, Handgranaten, Munitionstaschen und deutsche Uniformen …«[47]

Die ŻOB erneuerte ihre Bemühungen, Waffen und Unterstützung von der Heimatarmee zu erhalten. Die gefährliche Aufgabe, den Kontakt mit dem polnischen Untergrund außerhalb des Ghettos zu halten, übernahmen Aryeh Wilner von der ŻOB, Adolf Berman vom ŻKN und Leon Feiner vom Bund. Ihre Verhandlungen waren weder einfach, noch führten sie sofort zum Ziel. Hillel Seidman erinnerte sich an ein enttäuschendes Treffen, bei dem ihre polnischen Gesprächspartner erklärten, sie seien »nicht bereit, den polnischen Untergrund durch einen Streit über die Judenfrage zu spalten«. Als Seidman anregte, sie sollten die Eisenbahntransporte von Juden in die Vernichtungslager sabotieren, erntete er nur Schweigen. »Nicht eine einzige Gruppe der polnischen Gesellschaft macht sich die Mühe, auf unsere verzweifelten Hilferufe zu antworten«, stellte er wütend fest. Im Dezember erhielt die ŻOB nach wiederholten Anfragen ganze zehn minderwertige Pistolen. Zu diesem Zeitpunkt gab es schätzungsweise 600 Aktivisten, die bereit waren, gegen die Deutschen zu kämpfen.[48]

Um Geld für den Kauf zusätzlicher Waffen aufzutreiben, appellierte die ŻOB an die Reichen und führte eine Zwangsbesteuerung derjenigen ein, die nicht freiwillig ihren Beitrag leisteten. Mit vorgehaltener Waffe führte sie »Sammlungen« bei Werkstattleitern durch. Der Judenrat steuerte fünf Millionen Złoty bei. Währenddessen hatten die Ghettobewohner geradezu panisch begonnen, »Bunker« zu bauen. »Jeder legt einen an«, notierte Ringelblum. »Überall, in allen Werkstätten und anderswo im Ghetto werden Verstecke gebaut. Ihr Bau ist zu einem florierenden neuen Handwerk geworden. Facharbeiter, Ingenieure usw. leben davon.« Die Bunker wurden so entworfen, dass man auch bei Kälte in ihnen ausharren konnte, und mit genügend Verpflegung für mehrere Wochen ausgestattet. Einige besaßen sogar »Gas, Strom, Wasser und eine Toilette. Manche kosteten Tausende von Złotys.« Seidman besuchte eines dieser Verstecke, in dem eine ganze Jeschiwa Unterschlupf fand. Natürlich konnten sich nur die Wohlhabenden und gut Vernetzten einen Bunker leisten. Die Armen mussten sich auf ihren Einfallsreichtum verlassen. Aber letztlich konnte niemand sicher sein, dass die Verstecke tatsächlich Schutz boten. Die Bevölkerung, hielt Ringelblum fest, »hat Angst, dass die Deutschen im entscheidenden, schrecklichen Augenblick irgendeinen schlauen Weg finden werden, um all unsere Selbstschutzanstrengungen zunichtezumachen. Ob dies zutrifft oder nicht, kann nur die Zukunft zeigen.«[49]

Am 10. Januar 1943 verbreitete sich im Ghetto das Gerücht über eine bevorstehende Deportation. Tatsächlich hatten die Deutschen nicht vor, die Ghettobewohner umzubringen; vielmehr wollte der SSPF im Distrikt Warschau, Ferdinand von Sammern-Frankenegg, illegale Juden aufspüren und die Werkstätten gemäß Himmlers Befehl in das Gebiet von Lublin umsiedeln. Davon wusste die ŻOB nichts. Eine Wiederholung der Ereignisse von 1942 vermutend, berieten ihre Kommandeure, ob der Zeitpunkt gekommen sei, aktiv zu werden. Sie konnten sich aber nicht einigen. Laut Seidman gab der polnische Untergrund zu verstehen, dass er keinerlei Unterstützung leisten würde. Nach Seidmans Zählung verfügte die ŻOB über 143 Revolver und vier Karabiner.[50]

Die Nagelprobe kam am Morgen des 18. Januar 1943, als deutsche

Polizisten mit OD-Männern als Führern ins Ghetto eindrangen und Jagd auf Juden ohne Papiere machten. Augenblicklich leerten sich Straßen und Werkstätten. Frustriert nahmen die Deutschen jeden fest, den sie zu fassen bekamen. Die jüdischen Kampfeinheiten waren von dem Überfall überrascht worden, und nur wenige konnten Waffen aus den Verstecken holen oder sich sammeln. Deshalb verwickelten einzelne Kämpfer die Deutschen auf eigene Initiative in Straßengefechte. Bis zu einem Dutzend Deutsche kamen in diesen chaotischen Scharmützeln ums Leben, aber auch die meisten der jüdischen Kämpfer. Zuckerman und ein Kamerad, Zacharia Artstein, befanden sich im obersten Stockwerk eines Hauses in der Zamenhofstraße, als vier oder fünf Deutsche in das Haus stürmten.

> Ich saß mit schussbereitem Gewehr in einem Zimmer. Wir hörten sie; wir hörten die Rufe: »Raus!« Dann hörten wir, wie sie die Treppe heraufkamen … Als sie unser Zimmer betraten, schoss er [Artstein] ihnen in den Rücken. Dann schossen auch wir, und die Deutschen liefen weg. Nach dem ersten Schuss hatten sie nicht einmal Zeit gehabt, ihre Waffen zu ziehen. Sie waren sich ihrer Sache so sicher … Ich nahm die Waffe des Deutschen, der ins Zimmer gestürzt war. Er war noch am Leben; es war schade, eine Patrone für ihn zu verschwenden. Aber wir nahmen ihre Waffen und Handgranaten.

Am ersten Tag der Aktion griffen die Deutschen rund 3000 Juden auf. Für die Kämpfer hatte trotzdem »eine neue Phase in unserem Leben« begonnen. Zuckerman bekannte später, noch nie zuvor so glücklich gewesen zu sein.[51]

Am nächsten Tag traf Anielewicz, der sich mitten im Getümmel befunden hatte, mit ŻOB-Kommandeuren zusammen, um über das weitere Vorgehen zu beraten. Sie beschlossen, sich den Deutschen nicht frontal entgegenzustellen, sondern aus vorbereiteten Stellungen heraus zu kämpfen und sie in Seitenstraßen und Gebäude zu locken, in denen ihnen ihre überlegene Feuerkraft wenig nutzte. In den nächsten Tagen gab es noch einige weitere Scharmützel, aber die Deutschen vermieden es, Gebäude zu betreten, und die jüdischen Kämpfer hielten sich von den Straßen fern. Während die Deutschen rund 2000 Juden lebend fingen, hinterließen sie 1000 tote Ghettobewohner. Zum ersten Mal waren ihre Pläne durchkreuzt und ihre bequemen Ansichten über das Verhalten von Juden widerlegt worden. Zuckerman war begeistert: »[I]n all den Monaten zuvor hatten die Deutschen nur ›Raus!‹ rufen müssen, und die Juden sind herausgekommen. Doch diesmal kam kein Jude heraus. Diesmal kamen die Deutschen zu uns, und wir töteten sie.«[52]

Die Bunker und Verstecke hatten ihren Zweck erfüllt, obwohl es zermürbend war, tagelang in ihnen auszuharren. Der Boden von Stanislaw Adlers Bunker war mit Exkrementen bedeckt. Es war kalt. Einige der Versteckten litten an Fleckfieber. In dem Bunker waren auch Frauen und eine Handvoll verängstigte Kinder. Um zu verhindern, dass sie jammerten, während Deutsche in der Nähe waren, wurden sie mit Schlafmitteln ruhiggestellt. »[I]n dem Unterschlupf herrscht Totenstille«, erinnerte sich Adler später. »Über dreihundert Menschen lauschen regungslos und angespannt dem Nachhall von Schüssen. Die Spannung ist extrem, wenn die Schritte wirklicher oder vermeintlicher SS-Männer auf der Straße an dem Unterschlupf vorbeihasten oder wenn wir Geräusche hören, die darauf hindeuten, dass die Deutschen im Erdgeschoss direkt über uns etwas suchen. Eine Betondecke ist alles, was uns von ihnen trennt.«[53]

Der Arzt Edward Reicher, der 1941 aus Lemberg nach Warschau gekommen war, hat die Bedingungen in einem typischen kleinen Versteck beschrieben:

> Wir schlüpften wieder unter die Dielen in unseren Kaninchenbau. Immer mehr Leute trafen ein. Am Ende waren es siebzig Menschen anstatt dreißig, zählte man die Freunde und Verwandten von Bewohnern und die Bewohner von Nachbarhäusern einschließlich der Alten, der Kranken und vieler Kinder zusammen. Wie hätten wir nein sagen können? Es hätte den sicheren Tod bedeutet. Siebzig Menschen in einem Raum von 14 Quadratmetern und nur zwei Metern Höhe. Dicht aneinandergedrängt konnten wir uns kaum bewegen. Es gab nicht genug Luft, und nach wenigen Stunden ging uns der Sauerstoff aus. Strom gab es nicht. Unsere Kerzen begannen zu flackern und erloschen. Die Kranken und Alten litten unter dem Luftmangel, aber wir konnten nichts für sie tun. Über uns durchsuchten die Deutschen das Gebäude, Stock für Stock.

Als ein Baby zu greinen begann und seine Mutter es nicht beruhigen konnte, griff eine andere Frau nach dem Baby und tötete es. »Wo war Gott?«, fragte Reicher. »Sah er nicht, was dort geschah?«[54]

So geringfügig die Geschehnisse vom 18. bis 22. Januar 1943 auch waren, so immens waren doch ihre Auswirkungen sowohl auf die Ghettobewohner als auch auf Polen und Deutsche. »Der Januaraufstand«, resümierte Zuckerman, »verlieh uns Flügel, steigerte unser Ansehen bei den Juden, stärkte unser Image als Kämpfer und verschaffte uns einen guten Ruf.« Die Ereignisse hätten »selbst in der Heimatarmee, die uns immer gemieden hatte, außergewöhnliche Wirkung gezeigt. Plötzlich sagte sie zu, uns sofort fünfzig Pistolen zu geben. Außerdem lieferte sie uns Handgranaten und den Sprengstoff, den wir brauchten.« Aufgrund des gestiegenen Ansehens der ŻOB wurden ihre Kommandeure de facto zu den Führern der Gemeinde. »Das Leben im Ghetto veränderte sich«, schrieb Edward Reicher später. »Jetzt wurde es offiziell von den Jungen geführt. Der Judenrat war im Grunde eine Marionette der deutschen Behörden. Die Lethargie der älteren Generation machte der Tatkraft der Jungen Platz, die begriffen hatten, dass die vorangegangene Generation mit ihrer Herangehensweise gescheitert war. Wenn sie die Dinge nicht in die eigene Hand nähmen, würde niemand etwas tun.« Der Bunkerbau wurde noch intensiver fortgesetzt. Architekten entwarfen unterirdische Schutzräume sowohl für die breite Bevölkerung wie auch als Operationsbasen der Kampfeinheiten. Die ŻOB erhielt von allen Seiten Geld und Unterstützung, und ihre »Sammlungen« bei der Ghettooberschicht stießen allgemein auf Verständnis. Von einer solchen Mission erzählte Simha Rotem, einer der Kämpfer, später: »Einer von uns klopft an die Tür, und als diese geöffnet wird, dringen wir ein, identifizieren den Hausherren, bauen uns in ›überzeugender‹ Pose vor ihm auf und verkünden: ›Wir sind gekommen, um eine *Spende* für die ŻOB zu erhalten.‹ Der Jude verweigert sich; ich halte mit dem Revolverlauf direkt auf ihn zu, der Jude versteinert.« Rotem und seine jugendlichen Kameraden zogen mit dem Geld ab, das zum Erwerb von Handfeuerwaffen, Handgranaten und Munition beitrug.[55]

Anielewicz und die militärische Führung zogen ihre Lehren aus den Januarereignissen. Sie schufen eine widerstandsfähigere Kommando- und Kontrollstruktur und beschlossen, die Kampfeinheiten ständig in Bewegung zu halten. Dank des Geldes und der Materiallieferungen, die sie jetzt erhielten, waren sie in der Lage, die Aktivisten den ganzen Tag über auszubilden und Aussichtsposten zu besetzen. Sie stationierten 22 Einheiten mit jeweils zehn bis zwanzig Kämpfern aus einer der politischen Gruppierungen an Schlüsselpunkten des Ghettos. Neben rund

200 Handfeuerwaffen besaßen die Kämpfer jetzt zehn Gewehre, eine Maschinenpistole, Hunderte von Handgranaten sowie Sprengstoff, aus dem sie Bomben und Minen bauten. Zuckerman bevorzugte Pistolen. Nur wenige Juden wussten, wie man ein Gewehr lädt und pflegt; außerdem waren Gewehre in engen Räumen unhandlich. Revolver und Pistolen erforderten weniger Übung und waren in kleinen Räumen, Treppenhäusern und Kellern leichter zu handhaben. Auch Molotowcocktails bauten die Kämpfer, obwohl Benzin nur schwer zu beschaffen war. Anstatt sie nur in Bereitschaft zu halten, schickte Anielewicz regelmäßig Trupps auf Missionen. So setzten sie Werkstätten in Brand, um ihre Schließung und die nachfolgende Verlegung der Beschäftigten in Arbeitslager zu verhindern. Außerdem warfen sie Brandbomben in Lagerhäuser der Werterfassung, wo sie erheblichen Schaden anrichteten. Bei mindestens einer dieser Missionen kam es zu einer Schießerei mit Werkstattwachen. Mordkommandos führten mehrere Attentate aus, unter anderem auf Mieczysław Brzeziński, der den OD auf dem Umschlagplatz befehligt hatte, und Alfred Nossig, einen älteren deutschen Juden, der im Verdacht stand, für die Gestapo zu arbeiten.[56]

Während manche Juden für den Kampf trainierten und andere Bunker bauten, suchten wieder andere zu Tausenden ihr Heil auf der »arischen« Seite und siedelten in die »versteckte Stadt« über, die zeitgleich mit dem Ghetto entstanden war. Damals waren in Mischehe lebende Juden, Konvertiten und hochassimilierte Einzelpersonen mit Freunden und Bekannten, die bereit waren, ihnen unter Missachtung der deutschen Anordnungen zu helfen, entweder nicht ins Ghetto umgezogen oder hastig aus ihm verschwunden. Im folgenden Jahr hatten sich die Juden im Ghetto mit dem Gedanken getröstet, dass sie, wie schlecht es ihnen auch gehen mochte, dort eine größere Überlebenschance hatten als draußen. Zu viele Geschichten kursierten über Juden, die beim Versuch, die Ghettogrenzen zu überqueren, erschossen oder danach verraten worden waren. Da es so gut wie unmöglich war, im Familienverband zu fliehen, fühlten sich viele Juden erst jetzt, nachdem ihre Familien durch die große Deportation zerstört worden waren, frei und auch verzweifelt genug, das Wagnis einzugehen. Zuckerman bemerkte, dass Ghettobewohner ab September 1942 »auf allen möglichen Wegen auf die arische Seite von Warschau wechselten, wo sie nach polnischen Freunden und einer Wohnung suchten«. Nach den Januarereignissen nahm ihre Zahl noch einmal deutlich zu. Obwohl sich die Deutschen eine blutige Nase geholt hatten, erschien es doch eindeutig, dass sie bald zurückkehren würden. War das Ghetto im Vergleich mit der »versteckten Stadt« einst als der sicherere Ort erschienen, schwang das Pendel jetzt auf die andere Seite.[57]

Aus dem Ghetto herauszukommen war relativ einfach. Weit schwerer war es, einen Unterschlupf zu finden. Um sich eine Wohnung leisten zu können, brauchte man viel Geld, zumal die Miete häufig überhöht war, wenn der Vermieter vermutete, dass der neue Mieter Jude war. Um sich etwas zu essen zu kaufen, brauchte man eine Lebensmittelkarte, und um sich frei bewegen zu können, brauchte man einen Ausweis. Beides war nicht weniger kostspielig. Aber es hatte wenig Sinn, sich Papiere zu besorgen, wenn man wie ein Jude aussah und klang. Bessere Chancen, als »Arier« durchzugehen, hatten polonisierte Juden, die ohne jiddischen Akzent sprachen, und Juden mit hellen Haaren und hellen Augen. Um in den polnischen Vierteln zu überleben, musste man aufrecht gehen, sich zielstrebig bewegen und stets freundlich auftreten und lächeln. Von großem Vorteil war eine gewisse Vertrautheit mit dem Katholizismus und dessen Ritualen, denn es war verräterisch, wenn man eine Frage zur Religion falsch beantwortete. Juden befanden sich auf der »arischen« Seite stets in Gefahr, von antisemitischen Polen oder Opportunisten, die Juden als Einnahmequelle betrachteten, enttarnt zu werden. Laut Zuckerman waren die

> auf der anderen Seite lauernden polnischen Erpresser … mit dem Kommen und Gehen [zwischen Ghetto und »arischer« Seite] ebenso vertraut wie wir. Die Erpresser waren eine der größten Gefahren für Juden, die auf der arischen Seite von Warschau Zuflucht suchten. Für gewöhnlich lungerten Dutzende von ihnen vor den Ausgängen und Toren herum. Sie raubten die Juden aus, indem sie ihnen drohten, sie den Deutschen auszuliefern; wenn sie vermuteten, dass die Juden etwas zurückbehalten hatten, folgten sie ihnen und pressten ihnen alles ab, bis zum letzten Pfennig. Hatten sie ihnen alles abgepresst, übergaben sie sie der polnischen Polizei oder den Deutschen.[58]

Ende 1942 bildete die polnische Untergrundregierung den Rat für die Unterstützung der Juden, Żegota genannt, um denjenigen zu helfen, die in den Untergrund gegangen waren oder sich als »Arier« ausgaben. Auf dem Höhepunkt ihrer Aktivitäten hat die Żegota in Zusammenarbeit mit dem Jüdischen Nationalrat und dem Bund an schätzungsweise 8900 Juden Geld verteilt. Im März 1943 drohte die zivile Führung des polnischen Untergrunds mit Konsequenzen für jene, die versteckte Juden verrieten. An öffentlichen Orten operierende Erpresser mussten in zunehmendem Maß mit Vorwürfen von Seiten normaler Polen rechnen, die jede Tätigkeit zugunsten der Deutschen als Verrat betrachteten. Während die Untergrundbehörden wenig unternahmen, um diejenigen, die Juden ausraubten oder verrieten, zu bestrafen, hatten Aktionen von Mitgliedern des Widerstands zur Folge, dass die Erpresser vorsichtiger wurden und ihr schändliches Tun einschränkten. Der Historiker Gunnar S. Paulsson schätzt, dass am Vorabend des Warschauer Aufstands 28 000 Juden in verschiedenen Tarnungen auf der »arischen« Seite lebten. Władysław Szpilman wechselte im Januar 1943 die Seite, indem er sich von einem Arbeitseinsatz außerhalb des Ghettos absetzte. Freunde hatten ihm eine Unterkunft in einem Maleratelier besorgt. Auch Michael Zylberberg floh aus dem Ghetto und gesellte sich zu seiner Frau, die diesen Schritt bereits im November getan hatte. Er entwich aus einer Arbeitskolonne und begab sich in die Wohnung, in der seine Frau bei einer polnischen Frau wohnte. Die Polin hatte seine Frau mit Freude aufgenommen, weil sie es, wie Zylberberg später bemerkte, als ihre »patriotische Pflicht« ansah, »jemanden vor den Deutschen zu verstecken«. Er war weniger willkommen und zog bald weiter. Stanislaw Adler verließ im Februar das Ghetto, versteckt auf einem Wagen, der Leichen transportierte.[59]

Am 13. April, kurz vor dem Passahfest, verließ auch Zuckerman das Ghetto. Er hatte den Auftrag, Kontakt mit der kommunistischen Untergrundmiliz, der Volksarmee (AL), aufzunehmen und von ihr Waffen und Unterstützung zu erbitten. Sechs Tage darauf wurde er am Morgen von Explosionen geweckt, die aus dem Ghetto zu ihm drangen: Der deutsche Angriff hatte begonnen. Anfangs hatte Sammern-Frankenegg das Kommando. Seine Truppe bestand aus neun Offizieren und 821 Soldaten eines Panzergrenadierregiments der Waffen-SS, sechs Offizieren und 228 Männern eines Orpo-Bataillons sowie 330 von zwei deutschen Offizieren befehligten ukrainischen Hilfspolizisten. Zudem standen ihm Geschütze und drei gepanzerte Fahrzeuge zur Verfügung. Diesmal war die ŻOB jedoch vor deutschen Truppenbewegungen gewarnt worden und stand bereit. Simha Rotem war an der Bürstenmacherwerkstatt eingesetzt. »Am 19. April um vier Uhr morgens sahen wir deutsche Soldaten auf ihrem Weg in das Hauptghetto die Nalewki-Kreuzung passieren. Sie marschierten, endlos. Nach ihnen kamen Panzer, Panzerwagen, leichte Artillerie und hunderte Männer der Waffen-SS auf Motorrädern. ›Als ob sie in den Krieg ziehen!‹«, rief er einer Kameradin zu. Bald hörten sie im Norden Detonationen und Gewehrfeuer. Marek Edelman kommandierte eine am Vormarschweg der Deutschen stehende Einheit des Bundes. Er beobachtete, wie die Deutschen in Stellung gingen, als handelte es sich um eine Übung. »Aber nein, wir waren weder erschrocken noch überrascht«, erinnerte er sich später. »Wir warteten nur den richtigen Zeitpunkt ab. Er kam bald. Als die Deutschen an der Kreuzung Miła- und Zamenhofstraße haltmachten, eröffneten die an den vier Straßenecken verbarrikadierten Kampfgruppen konzentrisches Feuer, wie man in der Militärsprache sagt. Es explodierten Geschosse unbekannter Art (das waren die von uns hergestellten Granaten) … Die Straße ist voll von deutschen Leichen. Die Davongekommenen suchen noch Deckung in den nahen Läden und Eingangstoren. Aber dieser Schutz erweist sich als ungenügend.« Als die SS Panzerfahrzeuge anforderte, wurde das erste von einem Molotowcocktail getroffen und ging in Flammen auf, woraufhin die anderen kehrtmachten. Nach fast einstündigem Gefecht zogen sich die Deutschen zurück. An dem Ghettoeingang an der Kreuzung Nalewki- und Gesiastraße zog sich der Kampf über sechs Stunden hin, doch dann waren die Deutschen auch dort zurückgeschlagen. Unterdessen wehrte der ŻZW mehrere Angriffe auf sein Hauptquartier am Muranowskiplatz ab. Auf dem Dach wehten den ganzen Tag über eine polnische Fahne und eine Flagge mit einem blauen Davidstern, sehr zum Ärger der Deutschen und zur Verwunderung polnischer Schaulustiger, die sich an Aussichtspunkten versammelt hatten, um das erstaunliche Schauspiel zu verfolgen, wie bewaffnete Juden mehrere Angriffe der Waffen-SS abwehrten. Die Deutschen konnten nur 580 Ghettobewohner ergreifen.[60]

Am nächsten Tag wandten sich die Deutschen dem Bürstenmacherviertel zu. Rotems Kommandeur, Hanoch Gutman, wartete, bis die Deutschen auf das Gelände vorgerückt waren, dann ließ er die vorbereitete Mine detonieren. Es gab »eine gewaltige Detonation! … Überall lagen zerfetzte Soldatenleichen, herumfliegende Körperteile, berstende Straßensteine und Zäune, ein vollkommenes Chaos. Ich sah und konnte es nicht glauben: Deutsche Soldaten, die schreiend wegrannten, ihre Verletzten liegen ließen. Ich zog eine Handgranate und noch eine und warf sie. Auch meine Freunde schossen. Wir waren keine geübten Schützen, aber einige trafen wir. Die Deutschen flohen.« Sie kehrten zurück und operierten nun vorsichtiger, wurden jedoch mehrmals zurückgeschlagen. Schließlich mussten die jüdischen Kampfeinheiten ihre Stellung räumen, weil das Gebäude in Brand geraten war. Auch die ŻZW-Einheit am Muranowskiplatz musste nach viertägiger Verteidigung ihre Stellung aufgeben und zog sich auf die »arische« Seite zurück. Außerhalb des Ghettos unterstützte eine AL-Einheit die jüdischen Kämpfer, indem sie einen deutschen Maschinengewehrtrupp ausschaltete. Als die Deutschen die Kämpfe für den Tag abbrachen, konnten sie wiederum nur 505 Juden zur Deportation abführen.[61]

Am 23. April schrieb Anielewicz an seinen Kameraden Zuckerman:

> Ich weiß nicht, was ich Dir schreiben soll. Ersparen wir uns diesmal persönliche Dinge. Ich habe nur eines zu beschreiben: meine Gefühle und die Gefühle meiner Kameraden. Die Ereignisse übertreffen unsere kühnsten Träume. Die Deutschen sind zweimal aus dem Ghetto davongerannt. Eine unserer Einheiten hat vierzig Minuten standgehalten, und die andere über sechs Stunden. Die im Bürstenmachergebiet platzierte Mine ist explodiert. Bisher haben wir nur einen Gefallenen …

Anielewicz war begeistert darüber, dass der polnische Untergrundradiosender SWIT einen bewundernden Bericht über den jüdischen Widerstand gesendet hatte, und der Unterstützungsangriff der AL machte ihm Mut. Er teilte Zuckerman mit, dass die Ghettokämpfer jetzt »zu einem System des Guerillakampfs« übergingen. Sie bräuchten aber mehr und schwerere Waffen: Gewehre und Maschinenpistolen. Dann ging er auf das Schicksal der Zivilisten ein: »Ich kann Dir gar nicht beschreiben, unter welchen Bedingungen die Juden leben. Nur wenige Einzelne werden durchhalten. Der Rest wird früher oder später getötet werden. Die Würfel sind gefallen. In allen Bunkern, in denen sich unsere Kameraden verstecken, kann man wegen Sauerstoffmangel keine Kerzen anzünden …« Die Werkstätten hätten den Betrieb eingestellt, und weite Teile des Ghettos stünden in Flammen. »Alles Gute, mein Freund. Vielleicht sehen wir uns wieder. Die Hauptsache ist, dass mein Lebenstraum wahr geworden ist. Ich habe die jüdische Selbstverteidigung im Ghetto in all ihrer Größe und Herrlichkeit erlebt.«[62]

Die Deutschen hatten keinen Grund zur Freude. Goebbels schimpfte in seinem Tagebuch: »Unangenehme Dinge werden aus einigen besetzten Gebieten gemeldet. Der Kampf um das Warschauer Ghetto geht weiter, und zwar wird er mit militärischen Machtmitteln durchgeführt. ... Die Juden leisten einen verzweifelten Widerstand. ... Das kommt wohl auch daher, daß die Juden ganz genau wissen, was ihnen blüht, wenn sie überwunden sind. Kapitulationsmöglichkeiten besitzen sie nicht.« Sammern-Frankenegg musste aufgrund der gescheiterten ersten Angriffe seinen Posten räumen. An seine Stelle trat SS-Brigadeführer Jürgen Stroop, der an der Ostfront Kampferfahrung gesammelt hatte. Er unterließ weitere Großangriffe und schickte stattdessen kleine Einheiten und Pioniere ins Ghetto, die Gebäude und Bunker zerstörten, indem sie ganze Häuserblocks in Brand setzten. Anstatt Betriebsleiter anzuhalten, die Juden zum friedlichen Verlassen der Werkstätten aufzufordern, begann er mit der vollständigen Zerstörung des Ghettos.[63]

In den folgenden Wochen flauten die Kämpfe ab und beschränkten sich auf einzelne Scharmützel zwischen deutschen Patrouillen und ŻOB-Einheiten. Die aus ihren befestigten Stellungen vertriebenen Kämpfer suchten in zivilen Bunkern Zuflucht. Für die Ghettobewohner, die in Verstecken unter der Erde ausharrten, wurden die Bedingungen unerträglich. »Die Situation in den Bunkern war niederschmetternd, hoffnungslos«, schrieb Simha Rotem später.

> Der Luftmangel und die Wasser- und Lebensmittelknappheit waren deutlich spürbar. Ein Tag verging und noch einer – der zehnte Tag der ›Aktion‹ war da. Das Ghetto war abgebrannt ... Viele Menschen waren bei lebendigem Leibe verbrannt ... In dieser furchtbaren Lage – unfähig weiterzukämpfen, weil uns die Waffen fehlten und weil wir keine Möglichkeit fanden, eine Kampfsituation mit dem Feind, der sich nicht im Ghettogebiet befand, herbeizuführen – tauchte der Gedanke auf, unsere Mitglieder in die Wälder zu bringen, um von dort aus den Kampf als Partisanen weiterzuführen.

Am 29. April floh Rotem durch die Kanalisation auf die »arische« Seite, in der Hoffnung, Offiziere der Volksarmee ausfindig machen und die Evakuierung der jüdischen Kämpfer, von denen die meisten zu diesem Zeitpunkt noch am Leben waren, organisieren zu können.[64]

An diesem Punkt erkannten die ŻOB-Kommandeure, dass ihr Plan einen gewaltigen Mangel aufwies: »Wir hatten keinen Rettungsplan«, gestand Zuckerman später ein, »weil wir nicht damit gerechnet hatten, das auch nur einer von uns überleben würde.« Während die Kämpfe am Rand des brennenden Ghettos weitergingen, suchten Rotem und Zuckerman Mittel und Wege, um die Kampfeinheiten herauszuholen und entweder in sichere Häuser oder in nahegelegene Wälder zu bringen, wo sie als Partisanen weiterkämpfen könnten. Aber jeden Tag entdeckten die Deutschen weitere Bunker und brachten mehr Juden zum Umschlagplatz. Am 8. Mai stolperte eine deutsche Einheit über den ŻOB-Kommandobunker in der Miłastraße 18. Rund 300 Kämpfer waren dort konzentriert. Einige wurden bei dem Schusswechsel getötet, anderen gelang die Flucht durch einen benachbarten Keller. Etwa 120 nahmen sich aus Angst, die Deutschen würden Giftgas in den Bunker leiten, das Leben. Anielewicz starb im Kreis junger Männer und Frauen der Jüdischen Kampforganisation.[65]

24 Stunden später kehrte Rotem mit Kanalarbeitern als Führern ins Ghetto zurück. Gelegentlich musste er sein Gewehr einsetzen, um sie tiefer in das schwelende Ghetto zu treiben. Über der Erde fand er fast nur noch Ruinen vor. Häuser standen in Flammen, Bunker waren eingestürzt, und nur noch wenige Dutzend Juden irrten benommen durch die Trümmer. Er konnte vierzig Überlebende der Kampfeinheiten ausfindig machen und führte sie in die Kanalisation. Als sie den Ausgang erreichten, wartete dort aber kein Fahrzeug auf sie, und so mussten die erschöpften, hungrigen Kämpfer weitere 24 Stunden in den stinkenden Tunneln ausharren. Am Morgen des 10. Mai hörte Rotem den Rettungswagen kommen und spähte in den Gully. »Wir öffneten den Deckel, und der Ausstieg begann. Ich erkannte niemanden unter den Herauskommenden, Gestalten nicht aus dieser Welt, Geister … Und dabei kannte ich sie alle! Eine Menge Leute standen herum, starrten sie an und sagten: ›Die Katzen kommen aus dem Wasser!‹« Die Retter und der Rettungswagen kamen von der AL. Zuckerman war wütend, dass die Heimatarmee sich in keiner Weise um die Überlebenden der ŻOB gekümmert hatte. Im Gegenteil, »sie wollten nicht nur den Aufstand erledigen, sondern auch die Rebellen. Soweit es die AK betraf, waren wir als Kämpfer nirgendwo auf polnischem Boden willkommen.«[66]

In dem Durcheinander wurde eine Gruppe in der Kanalisation zurückgelassen, und als die schließlich herausstieg, wurde sie ausgelöscht. Nur achtzig Kämpfer entkamen dem Gemetzel im Ghetto und gelangten in den Wald von Lomianki oder in sichere Unterkünfte in der Stadt. Weniger als die Hälfte von ihnen überlebte nachfolgende Begegnungen mit deutschen Patrouillen, polnisch-nationalistischen Partisanen oder Erpressern. Auf deutscher Seite hatte es 16 Tote und 85 Verwundete gegeben; die Zahlen für die Verluste der ukrainischen Hilfspolizisten sind unsicher. Nach eigenen Angaben deportierten die Deutschen 53 667 Juden aus dem Ghetto. Mindestens 7000 kamen in den Kämpfen ums Leben, und 7000 wurden direkt nach Treblinka geschickt. Mehr als 8000 harrten auf der »arischen« Seite aus. Der Plan, alle jüdischen Arbeiter in Lager im Lubliner Gebiet zu verlegen, wurde nie verwirklicht, aber rund 20 000 kamen als Zwangsarbeiter nach Majdanek oder an andere Orte, wo ihre Lebensspanne fürs Erste verlängert wurde.[67]

Die polnischen Reaktionen auf den Ghettoaufstand und die Liquidation des Ghettos reichten von Bewunderung über Mitleid bis hin zu Schadenfreude. AK und AL unternahmen mindestens elf Unterstützungsangriffe auf deutsche Ziele außerhalb des Ghettos, und mindestens eine AK-Einheit könnte ins Ghetto eingerückt sein, um an der Seite des ŻZW zu kämpfen. In einer Presseerklärung lobte das Oberkommando der Heimatarmee den »tapferen, entschlossenen bewaffneten Widerstand«. Den Kämpfern des Warschauer Ghettos müsse die »größte Hochachtung und Unterstützung entgegengebracht« werden. Am 4. Mai rief der Ministerpräsident der Exilregierung, Władysław Sikorski, seine Landsleute über Rundfunk aus London auf, »denjenigen, die ermordet werden sollen, jede Hilfe und Zuflucht zu gewähren«. Vor der gesamten Menschheit, »die zu lange geschwiegen hat«, verurteile er diese Verbrechen. Eine katholische Untergrundzeitung betrachtete die Tragödie dagegen als Chance für die Juden zu konvertieren: »Ihre Seelen werden gereinigt und erlöst durch die Taufe des Bluts … Sie können im Angesicht der Zerstörung durch die Taufe und den wahren Glauben gerettet werden.«[68]

Tatsächlich wurde der Widerstand auf dem Gebiet des Ghettos von Gruppen bewaffneter Juden, die von unentdeckten Bunkern aus deutsche Patrouillen angriffen, noch einige Wochen fortgesetzt. Eine von ihnen wurde von Zacharia Artstein geführt, der in dem Haus in der Zamenhofstraße an der Seite Zuckermans gekämpft hatte. Eine Handvoll Verstecke blieb unentdeckt und war bis zur Befreiung der Stadt bewohnt. In einem Akt bemerkenswerter Sparsamkeit errichtete die SS entlang der ehemaligen Gesiastraße ein Konzentrationslager, in dem 4000 Juden untergebracht wurden, um die Trümmer nach allem, was irgendwie nützlich war, zu durchwühlen. Sie sammelten 30 Millionen Ziegelsteine und 6000 Tonnen Schrott. Die Bedingungen im Konzentrationslager Warschau, ab April 1944 offiziell ein Nebenlager des KZ Majdanek, waren schrecklich, und es wurden regelmäßig Häftlinge erschossen. Ihre Leichen wurden auf Scheiterhaufen in den Trümmern des Ghettos verbrannt.[69]

Die Sicht aus Washington, London und Bermuda

In Großbritannien und den Vereinigten Staaten wurde die Öffentlichkeit ebenso rasch wie zuverlässig über den bewaffneten Widerstand im Warschauer Ghetto informiert. Über die Januarkämpfe berichtete der *Daily Telegraph* am 19. März unter der Überschrift »Warschauer Ghetto appelliert an die Alliierten«. Der Artikel beruhte auf Berichten, die Szmuel Zygielbojm der Zeitung hatte zukommen lassen. Am 24. April verbreitete die Presseagentur Jewish Telegraphic Agency (JTA) einen umfassenden Bericht über den Ghettoaufstand. In britischen Zeitungen erschienen die ersten nennenswerten Meldungen jedoch erst am 7. Mai 1943, als der *Manchester Guardian* dafür sorgte, dass die breite Öffentlichkeit von den Ereignissen erfuhr. Obwohl die Kämpfe bereits am 19. April begonnen hätten, schrieb die Zeitung, sei es den Deutschen immer noch nicht gelungen, den jüdischen Widerstand zu unterdrücken. »Dies ist das erste Beispiel organisierten Guerillawiderstands der Juden gegen die Deutschen in größerem Stil«, resümierte der *Guardian.* Am selben Tag war der Aufstand der Aufmacher auf der Titelseite des *Jewish Chronicle.* Am 12. Mai meldete die JTA, dass der Widerstand niedergeschlagen worden sei, doch zwei Tage später behauptete der *Manchester Guardian*, die Juden würden immer noch standhalten. Erst am 25. Mai veröffentlichte die *Times* einen kurzen Artikel mit der Überschrift »Pogrom im Warschauer Ghetto. Verzweifelte Flucht der Juden«. Er beruhte auf Nachrichten aus dem Ghetto vom 28. April und 11. Mai, die Zygielbojms Kollege Schwarzbart weitergegeben hatte. Der Kampf des jüdischen Widerstands hinterließ tiefen Eindruck und wurde, insbesondere von linken Journalisten, bald als »Ghettograd« mythologisiert. Auf die praktischen Reaktionen der Alliierten hatte dies wenig Einfluss.[70]

Sowohl in Großbritannien als auch in den Vereinigten Staaten hatte die Erklärung zu nationalsozialistischen Kriegsverbrechen vom Dezember 1942 viel Aufregung hervorgerufen: Leserbriefe wurden geschrieben, öffentliche Versammlungen abgehalten und Komitees gegründet. Eleanor Rathbone war, was die Wirkung dieser Aktivitäten anging, skeptisch. »Ich fürchte sehr«, schrieb sie an George Bell, den Bischof von Chichester, »das Ergebnis wird sein, dass die Leute das Gefühl haben werden, ihr Gewissen erleichtert zu haben, und mehr nicht nötig sei.« Besonders bedenklich fand sie, dass die alliierte Erklärung kein Wort über konkrete Hilfen für die Juden enthielt. Gleichwohl wollte sie den Anstoß, den die Erklärung gegeben hatte, nutzen und veranstaltete Anfang Januar gemeinsam mit dem unabhängigen Unterhausabgeordneten Archibald Hill ein Treffen jüdischer und nichtjüdischer Aktivisten. Drei Wochen später suchte eine eindrucksvolle Abordnung Außenminister Eden auf. Als Nächstes verfasste Rathbone ein Pamphlet, das unter dem Titel »Die Nazimassaker an Polen und Juden – Welche Rettungsmaßnahmen durchführbar sind« einen Zwölf-Punkte-Plan für die Rettung der europäischen Juden darlegte. Am 9. März gründete sie das National Committee for Rescue from Nazi Terror, dem unter anderen die Erzbischöfe von Canterbury und York sowie der Ökonom William Beveridge angehörten, der für seinen kürzlich vorgelegten Vorschlag zum Aufbau eines Sozialstaats gefeiert wurde. Auftrieb erhielten die Aktivisten durch eine vom Komitee in Auftrag gegebene Gallup-Umfrage, der zufolge 78 Prozent der Bevölkerung dafür waren, vom Tod bedrohte Juden ins Land zu lassen, wobei sich 68 Prozent für ein begrenztes und zehn Prozent für ein dauerhaftes Aufenthaltsrecht aussprachen.[71]

Rathbone und ihre Mitkämpfer wussten nicht, dass ein Ausschuss des Kriegskabinetts, dem der Außen-, der Innen- und der Kolonialminister (der für Palästina verantwortlich war) angehörten, bereits über diese Frage nachgedacht hatte. Für den Augenblick hatte er gegen Hilfsmaßnahmen gestimmt, weil sie der Kriegsanstrengung Mittel entzögen und das Problem nicht einmal ansatzweise lösten. Das beste Mittel, die Notlage der Juden zu beenden, befand der Ausschuss, sei ein alliierter Sieg. Archibald Randall, der im britischen Außenministerium für Flüchtlingsfragen zuständig war, bezeichnete Rathbone am 22. Februar 1943 in einer Aktennotiz als »ungeduldige Idealistin«, die »sehr wenig weiß«. Die jüdische Katastrophe sei »nur ein Aspekt des gewaltigen Problems des unter Nazikontrolle stehenden Europa; andere Aspekte sind hungernde Kinder, die gezielte Auslöschung der polnischen und tschechischen Intelligenz, Zwangsarbeit und die geistige Verdorbenheit der Jugend«. Darüber hinaus wandte Randall ein, Hitler würde niemals eine größere Zahl von Juden freilassen, und selbst wenn er es täte, gäbe es keine Schiffe, um sie zu transportieren, keinen Ort, an den sie gehen, und nichts, womit sie verpflegt werden könnten. Angesichts der Appelle von Prominenten wie E. M. Forster, George Bernard Shaw und Rebecca West, die einen ergreifenden Brief unterzeichnet hatten, der am 16. Februar in der *Times* erschien, kam die Regierung jedoch zu der Erkenntnis, dass sie etwas tun musste. Das Außenministerium begann ein gemeinsames Handeln mit den Amerikanern auszuloten; zusammen gab man bekannt, dass man in Kürze eine Konferenz über das »Flüchtlingsproblem« abhalten werde.[72]

Eine ähnliche Entwicklung vollzog sich in den Vereinigten Staaten. Am 1. März 1943 füllte der AJC zusammen mit AFL und CIO sowie kirchlichen Organisationen den New Yorker Madison Square Garden. Darüber hinaus folgten zehntausend Menschen den Reden von Stephen Wise, Chaim Weizmann, Bürgermeister Fiorello LaGuardia und Senator Robert Wagner über Lautsprecher vor dem Gebäude. Den Höhepunkt bildete die Annahme einer Elf-Punkte-Resolution, die die Regierung aufforderte, Staaten, die jüdische Flüchtlinge aus dem deutsch beherrschten Europa aufnahmen, finanzielle Unterstützung anzubieten und neutrale Länder zu bewegen, Flüchtlingen ihre Grenzen zu öffnen. Außerdem wurde verlangt, die Einreisebestimmungen für die Vereinigten Staaten und Palästina zu lockern. Schließlich wurden die Vereinten Nationen aufgefordert, eine Institution zu schaffen, deren Aufgabe die Rettung von Flüchtlingen sein sollte. Nach der Versammlung gründete sich ein Vereinigtes Jüdisches Notkomitee für Angelegenheiten des europäischen Judentums (JEC), das weiter auf die Umsetzung dieser Forderungen drängen sollte.[73]

Acht Tage später fand im Madison Square Garden eine Protestveranstaltung ganz anderer Art statt. Eine neue Organisation, die als Notkomitee für die Rettung des jüdischen Volks in Europa firmierte, führte ein spektakuläres, bewegendes Historienspiel mit dem Titel *We Will*

Never Die auf. Zu den Köpfen hinter der Produktion gehörten zwei junge palästinensische Juden, die 1940 als Abgesandte der revisionistisch-zionistischen Untergrundarmee Irgun in die Vereinigten Staaten gekommen waren. Anfangs hatten Hillel Kook, der unter dem Pseudonym Peter Bergson auftrat, und Samuel Merlin im Geheimen um Unterstützung für die Irgun geworben, während sie offen für die Gründung einer jüdischen Armee agitierten, die sich an der Befreiung der unter deutscher Herrschaft befindlichen Juden beteiligen sollte. Als Bergson den Bericht der *New York Times* über das Riegner-Telegramm las, beschloss er, diese Tätigkeit zugunsten der vorrangigen Aufgabe der Rettung der Juden aufzugeben. Er versammelte eine bemerkenswerte Gruppe von Juden und Nichtjuden aus Politik, Journalismus und Unterhaltung um sich, um die Öffentlichkeit auf die jüdische Katastrophe aufmerksam zu machen, Geld für die Rettungsarbeit zu sammeln und die Regierung zu drängen, entschiedene Hilfsmaßnahmen zu ergreifen. Leider bemühten sich die »Bergson Boys« nicht um eine Absprache mit Stephen Wise und der etablierten Führung der amerikanischen Juden. So gewann Wise den Eindruck, dass sie die jüdische Gemeinde spalteten, Ressourcen auf sich zogen und die Botschaft, die die jüdische Gemeinde den Politikern zu vermitteln suchte, verzerrten. Insbesondere fürchtete er, dass eine lautstarke Kampagne das Weiße Haus abstoßen könnte. Deshalb versuchte er Bergsons einfallsreichen Kreuzzug zu stören, wo er nur konnte. Damit erweckte er indes nur den Eindruck, die amerikanischen Juden seien heillos zerstritten. Die Erfolge der Bergson Boys vermochte er nicht zu verhindern. *We Will Never Die* lief in Washington, Philadelphia, Boston, Chicago und Los Angeles vor ausverkauften Häusern.[74]

Am 11. März verlieh James McDonald, der Vorsitzende des präsidialen Beraterkomitees für politische Flüchtlinge, der Kampagne zusätzliches Gewicht, indem er in einer Erklärung das JEC-Programm aufgriff. Diese jüdischen und nichtjüdischen Stellungnahmen blieben nicht ohne Wirkung auf den Kongress, wo der Mehrheitsführer eine Resolution zugunsten von Rettungsmaßnahmen in den Senat einbrachte. Im April sprach Wise auf einer Massenversammlung im Chicago Stadium. Empörung in praktisches Handeln umzusetzen erwies sich jedoch als ungemein schwierig, nicht zuletzt, weil die amerikanische wie die britische Regierung sich nicht zu unangenehmen, kostspieligen und potentiell peinlichen Schritten drängen lassen wollten. Bei einem Washingtonbesuch im März stellte Eden klar, dass die britische Regierung es ablehne, neutrale Länder zur Aufnahme jüdischer Flüchtlinge zu drängen oder die eigene Seeblockade zu brechen, um Lebensmittel in hungernde Ghettos zu liefern. Breckinridge Long, der im US-Außenministerium für Flüchtlingsfragen zuständig war, notierte in seinem Tagebuch unumwunden: »Eine jüdische Fraktion unter der Führung von Rabbi Stephen Wise legt sich derart für ihre Interessen ins Zeug …, dass sie leicht eine gegen ihre Interessen gerichtete Reaktion hervorruft … Eine Gefahr bei all dem ist, dass ihre Aktivitäten Hitlers Vorwurf bestätigen könnten, wir würden den Krieg um unserer jüdischen Bürger willen, auf ihr Geheiß und unter ihrer Leitung führen.« Insofern könnten derartige Aktivitäten »leicht eine erhebliche Beeinträchtigung unserer Kriegsanstrengung« bedeuten.[75]

Vor diesem Hintergrund kamen britische und amerikanische Beamte auf die Idee einer Konferenz zur Flüchtlingsfrage. Sie fand vom 19. bis 29. April 1943 in Hamilton auf Bermuda statt. Den Ort hatte man gewählt, weil er abgelegen und vor jüdischen Demonstranten sicher war. Der einzige jüdische Konferenzteilnehmer war der Vorsitzende des Auswärtigen Ausschusses des amerikanischen Repräsentantenhauses Sol Bloom. Der Spielraum der Unterhändler war äußerst gering. Die Briten hatten ihre Teilnahme davon abhängig gemacht, dass Verhandlungen mit den Deutschen schon im Vorhinein ebenso ausgeschlossen wurden wie die Ausreise von Millionen Menschen und der Austausch von Kriegsgefangenen gegen Zivilisten. Auch eine Aufweichung der alliierten Blockade kam für sie nicht in Frage. Jeder konkrete Vorschlag wurde abgelehnt. Als die Briten beispielsweise vorschlugen, in Nordafrika ein Lager für in Spanien festsitzende jüdische Flüchtlinge zu errichten, wandten die Amerikaner ein, Juden in die Region zu holen würde die Araber verärgern. Einig war man sich lediglich darüber, dass die neutralen Länder ermuntert werden sollten, Flüchtlinge aufzunehmen, und dass es sinnvoll wäre, ein internationales Flüchtlingskomitee nach dem Vorbild des Völkerbund-Hochkommissariats zu bilden. Unstrittig war ansonsten nur noch die Notwendigkeit, die fruchtlose Diskussion geheim zu halten; die britische Delegation berichtete zufrieden, sie sei in der Lage gewesen, »sehr wenig zu erreichen«.[76]

Die Bermudakonferenz kam den Regierungen auf beiden Seiten des Atlantiks zupass. Zwischen Januar und April 1943 konnten Forderungen nach weiteren Schritten unter Verweis auf das bevorstehende hochrangige Treffen abgewehrt werden, und danach begann die Zeit des Wartens auf den Bericht, in der die Aktivisten den Schwung verloren. Der Zynismus der Beamten trat in den Worten zutage, mit denen Richard Law vom britischen Außenministerium die Ergebnisse der Konferenz kommentierte: »Wir stehen unter extremem Druck von Seiten eines Bündnisses von jüdischen Organisationen und Erzbischöfen. Noch gibt es keinen Gegendruck von den Menschen, die sich vor einer Einwanderung von Fremden ins Land fürchten, weil sie ihre Lebensgrundlage nach dem Krieg gefährden würde. Ich habe keinen Zweifel daran, dass dieses Gefühl in England weit verbreitet ist, aber da es nicht organisiert ist, bemerken wir nichts davon.« Die Amerikaner befänden sich in einer schwierigeren Lage, da sie zwischen einer mächtigen jüdischen Lobby und einer von vielen Bürgern geteilten Abneigung gegenüber Flüchtlingen eingezwängt seien. Sie wollten, ohne etwas zu tun, als Handelnde erscheinen: »Deshalb wagen es die Amerikaner, während sie alles tun müssen, um die jüdische Öffentlichkeit zu beschwichtigen, nicht, die ›amerikanische‹ Öffentlichkeit gegen sich aufzubringen.«[77]

Stephen Wise ließ sich jedoch nicht so leicht übertölpeln. Als zehn Tage nach der Rückkehr der Delegation von der Bermudakonferenz immer noch nichts auf eine bevorstehende Bekanntgabe ihrer Ergebnisse hindeutete, beschwerte er sich in einem Brief an den Präsidenten über das »unerklärliche Ausbleiben von Maßnahmen zur Rettung der Juden, die noch gerettet werden können – natürlich ohne im Geringsten die Kriegsanstrengung zu beeinträchtigen«. Zu einem Treffen mit dem Präsidenten kam es aber erst im Juli 1943. Bei dieser Gelegenheit wiederholte Roosevelt einfach das Versprechen, dass man deutsche Kriegsverbrecher bestrafen werde. Auch im Vereinigten Königreich wurden besorgte Stimmen laut. Schon vor dem Ende der Konferenz rätselte der *Jewish Chronicle* beunruhigt über das Ausbleiben von Nachrichten aus Bermuda. Die britische Regierung versprach eine Unterhausdebatte über ihre Ergebnisse abzuhalten und füllte dann die Sitze mit ihren Anhängern. Eröffnet wurde die Debatte am 19. Mai von Osbert Peake, dem Staatssekretär im Innenministerium, der eine trockene Zusammenfassung der Konferenzergebnisse vortrug. Nachdem er die dürftige Liste konkreter Vorschläge verlesen hatte, erklärte er, »diese Menschen« befänden sich »gegenwärtig zumeist jenseits jeder Rettungsmöglichkeit«. Darüber hinaus sei die »Vernichtungsrate derart, dass keine Rettungs- oder Hilfsmaßnahme, wie umfangreich sie auch wäre, dem Problem angemessen wäre«. Neben dem fehlenden Schiffsraum, der Blockade und der Abzweigung von Ressourcen, die gebraucht würden, um den Sieg zu erringen, der allein den Juden Erlösung bringen könne, führte Peake an, dass ein Zustrom von Flüchtlingen eine antijüdische Reaktion hervorrufen könne. Dies war mehr, als Eleanor Rathbone ertragen konnte. »Es ist eine Beleidigung des britischen Volks anzunehmen, dass selbst diejenigen, die Juden ›nicht mögen‹, eher zusehen würden, wie sie massakriert werden, als ein paar tausend mehr von ihnen Zuflucht zu gewähren.« Ihr Verbündeter, der konservative Abgeordnete Victor Cazalet, erklärte verärgert, die Juden würden heute vernichtet, und sie zu retten sei Christenpflicht. Die Mahnungen prallten an der unerbittlichen Regierungsbank ab. Rathbone verlor an Einfluss, und Cazalet kam wenige Wochen später bei einem Flugzeugabsturz ums Leben. Bis zum Sommer 1943 hatte die Kampagne für die Rettung der Juden ihren Schwung verloren.[78]

Zufälligerweise begann die Bermudakonferenz am selben Tag wie das letzte Gefecht der Warschauer Ghettokämpfer. Zygielbojm und Schwarzbart verfolgten die Tragödie genau, doch in einer offiziellen Erklärung der polnischen Exilregierung wurde sie erst am 4. Mai erwähnt. An diesem Tag widmete Sikorski ihr 28 der 271 Zeilen des Manuskripts, das er in einer Rundfunksendung für die Heimat verlas. Er rief dazu auf, die Kämpfer zu unterstützen, und verurteilte das Schweigen der Welt, aber seine Aufmerksamkeit war auf anderes gerichtet. Die Todeszuckungen des Warschauer Ghettos wurden von den Enthüllungen über Katyn überschattet, welche die polnische Exilregierung in eine unangenehme Lage brachten. Einerseits wollte sie die sowjetischen Gräuel anklagen und nutzen, um den Westalliierten die Bösartigkeit ihres Partners in Moskau zu beweisen. Andererseits hätte sie damit die deutsche Propaganda bestätigt und die alliierte Koalition gefährdet. Zygielbojms Bemühungen, die Exilregierung dazu zu bewegen, mehr zu tun, waren vergeblich. Am 11. Mai vertraute er dem polnisch-jüdischen Journalisten Isaak Deutscher an, er erwäge, in den Hungerstreik zu treten, um die Aufmerksamkeit auf das Blutbad zu lenken. Am nächsten Tag beging er Selbstmord. In einem Brief an den polnischen Präsidenten Władysław Raczkiewicz erklärte er: »Die Verantwortung für die Ermordung der gesamten jüdischen Bevölkerung Polens liegt vor allem bei den Mördern selbst, aber indirekt fällt sie auch der gesamten Menschheit zu, der Bevölkerung und den Regierungen der alliierten Staaten, die bislang keine entschlossenen Schritte getan haben, um diesem Verbrechen Einhalt zu gebieten.« In einem Brief an den Vertreter des Bundes in New York fügte er hinzu: »Ich hoffe, dass ich nach meinem Tod erreiche, was ich im Leben nicht erreicht habe: wirkliche Taten, um wenigstens einige der 300 000 überlebenden Juden zu retten …« In einer persönlichen Notiz für seinen Bruder deutete er noch einen weiteren Grund für seinen Freitod an: »Warum bin ich bei ihrem letzten Kampf nicht bei ihnen? … Welches Recht zu überleben habe ich?«[79]

Schwarzbart schlug dem Außenminister der polnischen Exilregierung, Graf Edward Raczyński, vor, Zygielbojms Abschiedsbrief an Raczkiewicz vor der Unterhausdebatte über die Bermudakonferenz an die Abgeordneten zu verteilen, um sie zu einer entsprechenden Reaktion anzuregen. Dies wurde von den Vertretern der Exilregierung jedoch abgelehnt, da in dem Brief auch ihnen vorgeworfen wurde, nicht mehr getan zu haben. Stattdessen ignorierte die Exilregierung die Debatte. Die einzige Zeitung, die Zygielbojms Brief veröffentlichte, war der *Manchester Guardian*. Im Verlauf des nächsten Jahres zeigte sich die Exilregierung nur insoweit an Veröffentlichungen über das Schicksal der Juden in Polen interessiert, als sie das von der Sowjetunion gestützte Jüdische Antifaschistische Komitee zurückdrängen wollte. Abgesehen davon, dass sie die jüdische Katastrophe nutzte, um die Aufmerksamkeit auf das Schicksal Polens insgesamt zu lenken, lehnte sie jede Teilnahme an Rettungsaktivitäten ab. Zygielbojms Geste war umsonst gewesen.[80]

Den Jischuw erreichte die Bestätigung dafür, dass die Juden in Europa vor der gewaltsamen Vernichtung standen, in den Wochen, nachdem Rommel bei El-Alamein zurückgeschlagen worden war. Dieses Zusammentreffen ist insofern wichtig, als die Juden in Palästina große Angst vor einem deutschen Durchbruch gehabt hatten und an kaum etwas anderes als ihre Verteidigung hatten denken können. Ihre Erleichterung wurde jetzt von den entsetzlichen Neuigkeiten aus Polen überschattet, die fast alle Gemeindemitglieder unmittelbar betrafen. Doch die Führung der Jewish Agency schien unfähig, eine angemessene Antwort zu finden. Ben-Gurion und seine Kollegen wollten keine Streiks und Demonstrationen entfachen, welche die Kriegsanstrengung gestört hätten. Genauso wenig wollten sie eine Hysterie auslösen. Der Nationalrat des Jischuw rief zusammen mit der Jewish Agency einen Trauermonat für Dezember 1942/Januar 1943 aus, doch dieser ließ sich nicht durchhalten. Die Betreiber von Kinos, Restaurants, Geschäften und Unternehmen wandten sich gegen die Unterbrechung durch tagelanges Fasten und Beten. Die säkulare Gewerkschaftsbewegung, die in der jüdischen Gesellschaft den Ton angab, fand die ganze Idee lächerlich. Also konzentrierte sich die Jewish Agency stattdessen darauf, Mittel für Hilfs- und Rettungsmaßnahmen zu sammeln. Ihre Vertreter in Spanien, der Schweiz und der Türkei wurden beauftragt, Wege zu finden, auf denen unter Umgehung der alliierten Blockade Geld, Lebensmittelpakete und Dokumente ins deutsch kontrollierte Europa gebracht werden konnten. Palästinische Ausweispapiere qualifizierten ihren Inhaber für einen Austausch gegen in Palästina festgehaltene deutsche Staatsbürger; 800 Juden wurden auf diese Weise gerettet. Der bloße Besitz eines Einwanderungszertifikats konnte lebensrettend sein. Da Ben-Gurion jedoch keine neue mächtige Organisation schaffen wollte, übernahm ein Komitee der Jewish Agency die Arbeit. Geleitet wurde es von Jitzchak Gruenbaum, einer wenig beeindruckenden Figur ohne öffentliche Ausstrahlung. Das Vereinigte Rettungskomitee brachte insgesamt nur einen Bruchteil dessen auf, was für den Ankauf von Land für künftige Siedlungen in Palästina ausgegeben wurde, und die Abgesandten verfügten nicht einmal über genügend Mittel, um das zu finanzieren, was für sie machbar war. Bis 1944, so die israelische Historikerin Dina Porat, war »die Debatte über die richtige Antwort verebbt«.[81]

Das Ende der Ghettos im Generalgouvernement und im Wartheland

Der Warschauer Ghettoaufstand bestätigte die schlimmsten Befürchtungen und Wahnvorstellungen, von denen die NS-Führung geplagt wurde. Am 1. Mai 1943 betrachtete Goebbels als bemerkenswerteste Neuigkeiten aus den besetzten Gebieten »außerordentlich scharfe Kämpfe in Warschau zwischen unserer Polizei, zum Teil sogar unserer Wehrmacht, und den rebellierenden Juden. Die Juden haben es doch tatsächlich fertiggebracht, das Ghetto in Verteidigungszustand zu setzen. Es spielen sich dort sehr harte Kämpfe ab. … Man sieht aber daran, wessen man sich seitens der Juden zu gewärtigen hat, wenn sie im Besitz von Waffen sind.« Um weiteren Aufruhr zu vermeiden, stimmte Hitler am 19. Juni 1943 Himmlers Vorschlag zu, die verbliebene jüdische Bevölkerung in den besetzten Gebieten Polens und der Sowjetunion, mit Ausnahme der Insassen von SS-Lagern, zu vernichten. Indem er das gesamte Generalgouvernement zum »Bandenkampfgebiet« erklärte, gestand er einerseits die Größe des Sicherheitsproblems ein und stattete andererseits Himmler dort mit zusätzlicher Macht aus. Wieder einmal hatte die Kombination von realen Sicherheitsproblemen im Zusammenhang mit der Kriegführung, von egoistischen Institutionen und phantastischen Vorstellungen über die vermeintliche jüdische Gefahr unmittelbare, verheerende Folgen.[82]

Die nicht allein aus ideologischen Gründen, sondern auch aus Sicherheitserwägungen gefällte Entscheidung, die Juden auszulöschen, setzte dem monatelangen Durcheinander in Bezug auf die Ausbeutung jüdischer Arbeitskräfte ein Ende. Zum Jahresbeginn gab es im Generalgouvernement noch 54 Ghettos und Arbeitslager, deren Insassen in einer Vielzahl von Unternehmen arbeiteten. Gemäß seinem an ökonomischen Überlegungen orientierten Plan hatte Himmler HSSPF Krüger befohlen, arbeitsfähige Juden in Einrichtungen des WVHA zu verlegen. Die Folge war eine Welle von Ghettoräumungen und Massenmorden, die das Ende der Ghettos von Radom, Krakau und mehreren anderen Städten bedeutete. Jüdische Arbeitskräfte wurden in einer Handvoll Lager konzentriert, vor allem in Płaszów bei Krakau. Im März unternahm Himmler mit der Gründung der Ostindustrie GmbH (OSTI) einen weiteren Schritt, um seinem Ziel, die SS zu einem Wirtschaftsgiganten zu machen, näherzukommen. Die OSTI, als deren Geschäftsführer Globocnik und der WVHA-Funktionär Max Horn firmierten, sollte SS-eigene Rüstungsbetriebe sowie Lager für deren Arbeiter betreiben. Um die nötigen Arbeitskräfte und Maschinen zu beschaffen, beabsichtigte Himmler, Produktionsstätten aus Warschau, Białystok und Lodz in die Region Lublin zu verlegen. Das Verhalten der Juden in Warschau deutete jedoch darauf hin, dass die ins Auge gefasste Belegschaft explosiver war als die Munition, die sie herstellen sollte. Gegenüber Himmlers Traum vom Industrieimperium überwog nun doch seine wohlbekannte Rolle als oberster Vernichter. Der

Warschauer Ghettoaufstand beschleunigte die Vernichtung von rund 400 000 Juden, die noch im deutsch kontrollierten Osteuropa lebten.[83]

Im Distrikt Lublin wurden sämtliche Ghettos und Arbeitslager liquidiert, mit Ausnahme von zehn großen Lagern, die überwiegend zu Globocniks Wirtschaftsimperium gehörten. Die Insassen mehrerer dieser Lager waren ausschließlich damit beschäftigt, das Eigentum ermordeter Juden zu sortieren. Der größte dieser Betriebe befand sich auf dem alten Lubliner Flugplatz. Annähernd 5500 Juden arbeiteten in den neben dem Lubliner Lipowa-Lager liegenden Rüstungsbetrieben der Deutschen Ausrüstungswerke (DAW). Walther Többens und Fritz Emil Schultz hatten ihre Warschauer Werkstätten zwar nicht, wie geplant, verlegen können, richteten sich aber anderswo neu ein, Többens im Lager Poniatowa, wo er schließlich 16 000 jüdische Sklavenarbeiter beschäftigte, Schultz im Lager Trawniki mit einer Belegschaft von 6300 Arbeitern. 3000 Juden arbeiteten in Budzyń in einer Heinkel-Flugzeugfabrik. Rund 2000 wurden in Dęblin von der Wehrmacht beschäftigt, und in Fabriken der Ostindustrie stellten rund 15 000 Juden zwischen März und November eine Vielzahl von Produkten her, von Glaswaren bis zu Arzneimitteln. Im Vergleich zu der Gefahr, die Deutschlands Sicherheit angeblich von den Beschäftigten dieser Unternehmen drohte, sollten sich deren Nützlichkeit und Profitabilität letztlich jedoch als entbehrlich erweisen.[84]

Rund 20 000 Juden aus Warschau kamen nach Majdanek, einer Mischung aus Konzentrations-, Arbeits- und Vernichtungslager. Seine Entstehung ging auf einen Befehl Himmlers vom Juli 1941 zurück, im Lubliner Vorort Majdan Tartarski an der Straße Lublin–Zamość ein Lager für sowjetische Kriegsgefangene zu errichten. Gebaut wurde es jedoch erst im Herbst 1941; die meisten der dabei eingesetzten Kriegsgefangenen und Juden kamen ums Leben. Als es schließlich seine Funktion auszufüllen begann, hatte es weniger als 10 000 Insassen. Drei Viertel von ihnen waren Juden, die überwiegend aus dem Distrikt Lublin oder aus dem Warschauer Ghetto kamen. Bis Mitte 1943 verdoppelte sich die Lagerbevölkerung, während der Anteil der Juden auf weniger als die Hälfte sank. Majdanek war jetzt ein vom WVHA betriebenes Konzentrationslager, das Arbeitskräfte für Lagerhäuser, in denen die Beute aus der »Aktion Reinhardt« sortiert wurde, und für DAW-Werkstätten, die Kleidung und Möbel für die Wehrmacht fertigten, zur Verfügung stellte. Ungewöhnlich war, dass es im Lager

Gaskammern gab, in denen sowohl Zyklon B als auch Kohlenmonoxid verwendet wurden. Nach der Schließung von Bełżec wurden Tausende von Juden aus dem Distrikt Lublin sowie aus Mittel- und Westeuropa in ihnen ermordet. Zwischen Herbst 1942 und Ende 1943 wurden rund 8500 slowakische und 3000 tschechische Juden sowie 3000 Juden aus anderen Teilen Europas nach Majdanek geschickt, um dort ermordet oder zur Arbeit eingeteilt zu werden. Das Lagerleben wurde von den Kapos bestimmt, die hier besonders grausam waren. Der Arzt Thaddeus Stabholz, der aus Warschau nach Majdanek verschleppt worden war, nachdem er fast zwei Wochen in einem der Bunker im Ghetto verbracht hatte, berichtete später, dass die Kapos einmal einen Häftling über offenem Feuer gebraten hätten. Seine Erzählung über Majdanek ist eine einzige Auflistung unablässiger Brutalitäten. Das Lager war derart grauenhaft, dass die Verlegung nach Auschwitz-Birkenau, wo er als Lagerarzt arbeiten sollte, für Stabholz eine bedeutende Verbesserung seiner Lebensumstände darstellte. Sein Glück war auch, dass er verlegt worden war, bevor im November 1943 an einem einzigen Tag sämtliche jüdischen Insassen ermordet wurden.[85]

In Galizien und der Westukraine lebten Anfang 1943 noch zwischen 140 000 und 150 000 Juden. Bełżec hätte bis zur Ankunft der rumänischen Juden in Betrieb bleiben sollen, doch als klarwurde, dass sie nicht kommen würden, schloss der Aktion-Reinhardt-Stab im Dezember 1942 die Vernichtungsstätte. Im Januar 1943 begann SSPF Katzmann, da keine ausreichenden Eisenbahnkapazitäten für den Transport nach Treblinka oder Sobibór vorhanden waren, die Liquidationsoperation mit der Massenerschießung von 10 000 Juden im Lemberger Ghetto. Das Gemetzel kulminierte in der Exekution des Judenrats. Das Kerngebiet des Ghettos, in dem 25 000 Juden lebten (über die Hälfte von ihnen »wild«), wurde in ein von der SS betriebenes »Judenlager« umgewandelt. Im Mai wurden mehrere Tausend Ghettobewohner, die in Wehrmachtbetrieben beschäftigt waren, ins Lager Janowska verlegt, wo zuvor Insassen erschossen worden waren, um Platz für die Neuankömmlinge zu schaffen. Anfang Juni begann Katzmann mit der Liquidierung der Überreste des Lemberger Ghettos. Anfangs stießen die Polizisten und Hilfspolizisten auf bewaffneten Widerstand, und mehrere von ihnen kamen ums Leben. Aber nach wenigen Tagen waren die Juden überwältigt. Rund 3000 starben im Ghetto, während 7000 nach Janowska gebracht wurden, wo Hunderte bei Selektionen ausgesondert wurden. Anschließend ermordeten Katzmanns Todeskommandos 6000 Juden in Tarnopol, 4000 in Drohobytsch, 3000 in Butschatsch und Tausende mehr in kleineren Ghettos. In Tarnopol schlug ihnen bei der letzten Aktion im Juli bewaffneter Widerstand entgegen, und Hunderte von Juden flohen aus dem Ghetto in die Wälder der Umgebung. Allerdings überlebten nur wenige von ihnen die Judenjagden der folgenden Monate. In Drohobytsch blieben mehrere Hundert wichtige Arbeiter in der Ölindustrie verschont, bis auch sie in ein Lager gebracht wurden. Rund 800 Juden aus Butschatsch suchten in den Wäldern der Umgebung Zuflucht. Trotz dieser Ausnahmen und der 21 000 Juden in den SS-Lagern erklärte Katzmann im Juni 1943 Galizien für »judenfrei«. Seinen peinlich genau geführten Akten ist zu entnehmen, dass 434 329 jüdische Einwohner ermordet worden waren.[86]

Katzmanns Abschlussbericht an seinen Vorgesetzten, HSSPF Krüger, gewährt einen Einblick in die Mentalität der SS beziehungsweise eines Kaders des Sicherheitsapparats. Katzmann stellte die Entwicklung der antijüdischen Politik dar, räumte Konflikte mit anderen Dienststellen ein, unterstellte aber für den Zeitraum von Juni 1941 bis Juni 1943 eine gleichbleibende Ausrichtung des Denkens der SS. Er beschrieb die ersten Maßnahmen – die Kennzeichnung der Juden, die Unterdrückung des Schwarzmarkts und die Arbeitspflicht für die Juden – und brüstete sich mit der Einrichtung von Arbeitslagern, deren Insassen beim Bau der Durchgangsstraße IV, der sogenannten »Rollbahn«, eingesetzt würden und bereits 160 Kilometer fertiggestellt hätten (was in Wirklichkeit eine lächerliche Leistung war). Auf die Pogrome und Massentötungen vom Sommer 1941 ging Katzmann nicht ein, obwohl er die Schwierigkeiten erwähnte, die sich aus der Bedeutung der Juden für alle Wirtschaftsbereiche ergaben. Dies erfordere eine sorgfältige Behandlung der Arbeitsfrage, wozu sich weder die Wehrmacht noch die zivilen Behörden in der Lage gezeigt hätten. Genauso wenig sei es der Zivilverwaltung gelungen, jüdische Wohnbezirke einzurichten, so dass durchziehende Truppen der Gefahr ausgesetzt seien, sich mit Fleckfieber anzustecken. Deshalb habe die Sicherheitspolizei die Kontrolle über die Wohnsituation übernommen und die Arbeitsbescheinigungen geprüft. Im Verlauf der Ghettoisierung und Neuorganisation der Arbeitskräfte seien viele Juden »einer Sonderbehandlung zugeführt« worden. Die Gründe für diese Selektion erläuterte Katzmann nicht.

Im April 1942, fuhr er fort, habe die systematische Abschiebung der Juden aus dem Distrikt begonnen. Dank der Anstrengungen der Sipo hätten 255 000 Juden »umgesiedelt« werden können. Wiederum ließ Katzmann die schmutzigen Aspekte der Operation beiseite. Stattdessen berichtete er, dass er im November 1942 gezwungen gewesen sei, alle Juden in von der SS betriebene Lager einzuweisen, um die Rationalisierung zu beschleunigen. Die letzte Phase der Entfernung der jüdischen Bevölkerung sei besonders schwer gewesen,

> da sich die Juden unter allen Umständen der Aussiedlung zu entziehen trachteten. Sie versuchten nicht nur zu flüchten, sondern versteckten sich in allen nur undenkbarsten Winkeln, in Abflusskanälen, in Kaminen, selbst in Jauchegruben usw. Sie verbarrikadierten sich in Katakombengängen, in als Bunker ausgebauten Kellern, in Erdlöchern, in raffinierten Verstecken auf Böden und Schuppen, in Möbeln usw. Je geringer die Zahl der noch verbleibenden Juden wurde, umso größer wurde der Widerstand. Waffen aller Art, darunter insbesondere solche italienischer Herkunft, wurden zur Verteidigung benutzt. Diese italienischen Waffen kauften die Juden von den im Distrikt stationierten ital. Soldaten gegen hohe Zlotybeträge auf … Unterirdische Bunker wurden festgestellt, deren Eingänge meisterhaft getarnt … [waren, so] dass sie ohne Kenntnis der Örtlichkeit nicht gefunden werden konnten.

Katzmann resümierte in typischem Pathos und Selbstlob: »Nur durch persönliches Pflichtbewusstsein jedes einzelnen Führers und Mannes ist es gelungen, dieser *Pest* in kürzester Frist Herr zu werden.«[87]

Zuvor hatte Katzmann eine finanzielle Bilanz gezogen, die sowohl die Vorstellung vom furchterregenden Feind untergrub als auch die Geldgier der Nationalsozialisten aufzeigte:

> Außer den erfassten Möbeln und großen Mengen an Textilien usw. wurden im Einzelnen erfasst und dem Sonderstab ›Reinhard‹ abgeführt: … 97,581 kg Goldmünzen, 82,600 kg Halsketten – Silber, 6,640 kg Halsketten – Gold, … 20,952 kg Eheringe – Gold, 22,740 kg Perlen, 11,730 Zahngold – Zahnprothesen, 28,200 kg Puderdosen – Silber oder Metall, … 343,100 kg Zigarettendosen – Silber u. Metall, 20,880 kg Ringe – Gold mit Steinen, 39,917 kg Broschen, Ohrgehänge usw., 6,166 kg div. Taschenuhren, … 2,892 kg Taschenuhren – Gold, 68 Fotoapparate,

> 987 Ferngläser, 7 Briefmarkensammlungen kompl., ... 3,290 kg 1 Büchse mit Korallen, ... 7,495 kg 1 Koffer mit Füllhaltern u. Drehbleistiften, ... 1 Koffer mit Feuerzeugen, 1 Koffer mit Taschenmessern, 1 Koffer mit Uhren-Teilen ...

Mit dieser sorgfältigen Liste wollte Katzmann jeden Verdacht, die örtliche SS hätte sich selbst die Taschen gefüllt, von vornherein abwehren, doch indem er die eigene Korruptheit bestritt, ließ er nur die Habgier seiner Vorgesetzten hervortreten. Genauso wenig scheint er bedacht zu haben, dass die Empfänger seines Berichts die Stirn runzeln könnten, wenn sie einerseits lasen, man habe »brutal einschreiten« müssen, um gefährliche Juden zu fangen, und andererseits erfuhren, dass viele von ihnen offenbar lediglich Broschen und Perlenohrringe bei sich trugen oder mit etwas so Gefährlichem wie Füllfederhaltern bewaffnet waren.[88]

Als Kontrapunkt zu Katzmanns Sicht der Dinge kann man im Tagebuch von Samuel Golfard nachlesen, wie die galizischen Juden die ersten Monate des Jahres 1943 erlebten. Golfard lebte in Przemyślany, einer Kleinstadt mit etwa 3000 jüdischen Einwohnern. Im November 1942 wurden 450 jüdische Männer erschossen, doch die Übrigen blieben in den folgenden zwölf Monaten weitgehend unbehelligt. Dies war unter anderem darauf zurückzuführen, dass viele in der Ölschieferindustrie beschäftigt waren. Allerdings wurden sie zum Umzug in ein winziges Ghetto gezwungen, und am Jahresende wurden fast alle der rund 2500 Bewohner nach Bełżec deportiert. Wichtige Arbeiter wie Golfard kamen in das am Stadtrand gelegene Arbeitslager Jaktorów. Golfard begann sein Tagebuch mit einem Bericht über den Tag, an dem seine Schwester fortgebracht wurde. Die »jüdische Miliz«, die bei der Razzia mithalf, sei »nicht besser oder schlechter als viele Deutsche, die einen für eine Flasche Wodka oder eine Dose Sardinen verschonten. Sie war nur etwas billiger.« Über seine Zeit in Jaktorów schrieb Golfard: »Ich gelangte zu der Überzeugung, dass es keine Rassensolidarität zwischen den Juden gibt und nie eine gegeben hat. Stattdessen gab es hier im Lager eine Solidarität der Reichen und eine Solidarität der Armen, eine Solidarität der Satten und eine Solidarität der Hungrigen.« Der einzige Heldenmut, den er angetroffen habe, sei »der Heldenmut von Menschen, die ohne einen Klagelaut zum Galgen gehen«.[89]

Seit Anfang April 1943 hörte Golfard Gerüchte darüber, dass bisher geschützte Wehrmachtarbeiter nach Lemberg deportiert würden. In Erwartung eines Angriffs auf die Stadt diskutierten junge Ghettobewohner darüber, bewaffneten Widerstand zu leisten, doch sie wiesen Golfards Kampfbereitschaft zurück: »Jeder von ihnen hat noch die Hoffnung, sich in einer Bauernhütte oder anderswo verstecken zu können, und sie lehnen weiterhin jede kollektive Aktion, die ihr Leben retten könnte, ab.« Das Schicksal derjenigen, die ihr Heil in der Flucht in die Wälder suchten, war kaum ermutigend. Golfard erfuhr, dass sechs geflohene Juden gefangen und gefoltert worden waren, bevor man sie hinrichtete. Einige Zeit darauf konnte er mit Hilfe des Polen Tadeusz Jankiewicz und seiner Familie aus dem Ghetto entkommen, aber auch er wurde schließlich wieder eingefangen. Nur seine Worte überlebten, von Jankiewicz bewahrt, die Katastrophe.[90]

Als Nächstes war die jüdische Bevölkerung des Bezirks Białystok, die bis Ende 1942 relativ unbehelligt geblieben war, an der Reihe. Aus Grodno wurden im November rund 6000 Juden nach Auschwitz deportiert; zurück blieben 17 000 arbeitende Juden und ihre Familien. Aus Wołkowysk, das als Sammelstelle für Juden aus der Region diente, wurden gegen Jahresende 16 000 Juden nach Treblinka und 3000 nach Auschwitz abtransportiert. Im Januar 1943 erneuerte das RSHA seine Aufforderung, die Juden aus dem Bezirk Białystok zu entfernen. Vom 18. bis 22. Januar wurden 11 500 Juden aus Grodno in die Vernichtungslager geschickt. Einige Hundert Arbeiter wurden verschont, bis das Ghetto im März endgültig liquidiert wurde. Aus dem Ghetto von Prużana wurden 10 000 Juden nach Auschwitz deportiert. Als die SS sich dem Ghetto Białystok zuwenden wollte, dessen 43 000 Juden bisher vom zuständigen ostpreußischen Gauleiter Erich Koch und der Wehrmacht mit Hinweis auf deren wirtschaftlichen Wert geschützt worden waren, griff nun auch Rüstungsminister Speer ein. Er bestand darauf, dass jüdische Facharbeiter sich schwerlich durch weißrussische Bauern ersetzen ließen, und sprach sich für ein Ende der Exekutionen aus. Speer und Koch erzielten einen Teilerfolg, denn Anfang Februar begann Eichmanns Referat Fahrpläne für die Deportation von nur 10 000 Juden aufzustellen.[91]

Das Gerücht über eine bevorstehende Aktion in Białystok löste sowohl in der offiziellen Ghettoleitung als auch in der Untergrundführung eine besorgte Diskussion aus. Dank der langen Ruhephase und der verständnisvollen Haltung des Judenratsvorsitzenden Efraim Barasz war das Ghetto zu einem Zentrum des jüdischen Widerstands geworden. Barasz diskutierte sogar mit Mordechai Tenenbaum von Haschomer Hatzair, der zur führenden Figur des zerstrittenen jüdischen Widerstands geworden war. Anstatt das Ghetto zu verlassen und als Partisan zu kämpfen, wie es viele seiner Kameraden taten, hielt Tenenbaum es für seine Pflicht, im Ghetto zu bleiben und seine Bewohner zu verteidigen. Als Barasz einwandte, dass es nur eine Teildeportation sein würde und er dafür gesorgt habe, dass die Arbeiter aus dem Ghetto unverzichtbar waren, pflichtete Tenenbaum ihm bei, dass es nicht der richtige Zeitpunkt für offenen Widerstand sei. Gleichwohl kam es, obwohl die jungen Kämpfer sich zurückhielten, zu spontanem massenhaften Ungehorsam: Viele Juden versteckten sich im Ghetto, und Tausende suchten Zuflucht in den Fabriken. Ein Mann schüttete einem deutschen Offizier Säure ins Gesicht, was eine grausame Reaktion auslöste, die »Aktion« aber kaum aufhielt. Zwischen dem 1. und dem 12. Februar holten die Deutschen 10000 Juden aus dem Ghetto und erschossen 900 in den Straßen und Gebäuden. Drei Transporte gingen nach Treblinka, zwei nach Auschwitz-Birkenau.[92]

Als im Sommer Himmlers Vorhaben, Arbeiter und Maschinen von Warschau in die Lubliner OSTI-Fabriken zu verlegen, scheiterte, richtete er seinen Blick erneut auf Białystok, seine Fertigungsanlagen und seine Arbeitskräfte. Befördert wurde seine Entscheidung durch die zunehmende Partisanentätigkeit in dem Gebiet und die ungewisse Lage an der Ostfront insgesamt. Nach der Verlegung der Werkstätten und Ausrüstungen würde das Ghetto jedoch seinen Daseinszweck verlieren, und die Bewohner würden wissen, was dies zu bedeuten hätte. Um also ein Debakel wie in Warschau zu verhindern, ließ Globocnik die Fabriken bewachen, bevor er gegen die Bevölkerung vorging. Am 15. August 1943 umstellten deutsche Truppen das Ghetto, und Barasz erhielt die schicksalhafte Mitteilung. Erneut wurde der Untergrund überrascht und hatte kaum Zeit, Widerstand zu organisieren. Tenenbaum schickte 200 Kämpfer mit rund 130 Waffen und einer begrenzten Munitionsmenge an entscheidende Verteidigungspunkte, konnte aber die Gesamtbevölkerung nicht mehr mobilisieren. In letzter Minute gab der Untergrund ein Flugblatt mit der Warnung heraus: »Alle Transporte gehen in den Tod … Ihr habt nichts zu verlieren! Arbeit kann euch nicht länger retten.« Doch die Ghettobewohner versammelten sich bereits, wie angeordnet, mit Barasz an der Spitze. Am 16. Januar um neun Uhr, als Tausende abmarschbereite Juden die Straßen verstopften, eröffnete der Untergrund das Feuer auf die deutschen Polizisten. Es war eine ungleiche Auseinandersetzung; bis Mittag waren die meisten Kampfeinheiten ausgelöscht. Obwohl weiterhin vereinzelt Widerstand geleistet wurde und immer mehr Juden es vorzogen, sich zu verstecken, anstatt sich zum Abtransport zu melden, konnten die Deutschen bis zum 20. August 12 000 bis 13 000 jüdische Arbeiter nach Lublin verlegen. Um sie für einen angedachten Austausch zu schonen, wurden fast 2000 Kinder, zumeist Waisen, an der Sammelstelle herausgesucht und nach Theresienstadt gebracht. Dort wurden sie sechs Wochen festgehalten, bis der Austauschplan platzte und sie in Auschwitz-Birkenau ermordet wurden. 14 Transporte brachten den größten Teil der als arbeitsunfähig angesehenen Białystoker Juden nach Treblinka, zwei Transporte gingen nach Auschwitz-Birkenau, wo ein kleiner Teil der Deportierten ins Konzentrationslager aufgenommen wurde. Siebzig Kämpfer, die auf eine Gelegenheit gewartet hatten, gemeinsam auszubrechen, wurden in einem einzigen Bunker gefangen genommen und erschossen. Tenenbaum nahm sich das Leben, um nicht vor einem deutschen Hinrichtungskommando zu enden.[93]

Himmlers Abneigung gegen Ghettos und sein Hunger nach Arbeitskräften bedeuteten für die Ghettos in Ostoberschlesien, die Tausenden von Juden Arbeit und Stabilität geboten hatten, das Ende. Zwischen Ende Juni und Mitte August 1943 wurden 35 000 Juden aus Sosnowiec und Będzin nach Auschwitz-Birkenau deportiert. Rund 6000 jüdische Arbeitskräfte verfrachtete man an andere Bestimmungsorte. Gerda Weißmann war Mitte 1942 aus ihrer Heimatstadt Bielsko-Biała nach Sosnowiec und von dort nach Bolkenhain deportiert worden, wo sie von Juli 1942 bis August 1943 in einer Weberei arbeitete. Die Arbeiterinnen waren in einem neben der Fabrik gelegenen Barackenlager untergebracht, das als »eines der besten Arbeitslager für Frauen in ganz Deutschland« galt. Nach einer unangenehmen Zwischenstation in einer Flachsfabrik in Märzdorf wurde sie in eine Textilfabrik in Landshut verlegt, wo sie Fallschirme nähte. Auch dort waren die Bedingungen im Lager erträglich. Dass man als Jude zu diesem Zeitpunkt in einem einer Fabrik angeschlossenen deutschen Arbeitslager die besten Überlebenschancen hatte, konnte Gerda nicht wissen. Die Ghettos ihrer Herkunftsregion wurden allesamt brutal liquidiert.[94]

Am Beispiel des Schicksals der Juden im Warthegau und im Lodzer Ghetto im Jahr 1943 wurde die Spannung in der deutschen Politik zwischen Ideologie und Pragmatismus, Fanatismus und Opportunismus deutlich. Himmlers Abneigung gegen jede Konzentration von Juden außerhalb des unmittelbaren Machtbereichs der SS hatte zur Folge, dass rund hundert kleine Lager im Gebiet um Posen aufgelöst wurden, was für 11 000 jüdische Arbeiter das Ende bedeutete. Als er sich Lodz zuwandte, stand er einer ähnlichen Koalition gegenüber wie bei der Auflösung des Ghettos von Białystok, nur dass sie diesmal erfolgreicher war. Speer, Greiser und das Wehrwirtschaftsamt des OKW bildeten eine gemeinsame Front gegen seine Absicht, die Ghettobetriebe nach Lublin zu verlegen. Ironischerweise wurde ihre Position durch eine Untersuchungskommission der SS unterstützt, die zu dem Schluss kam, dass das Ghetto unwirtschaftlich sei. Dieser negative Bericht zügelte Himmlers Appetit für eine Weile.[95]

Tatsächlich war die Zeitspanne von Januar bis Juni 1943 die einzige Phase, in der das Lodzer Ghetto einen Gewinn abwarf. Es besaß 117 Fabriken, Werkstätten, Sortierbetriebe und Lagerhäuser, und als die Luftangriffe die Produktion im Reich störten, siedelten sich immer mehr Unternehmen in Lodz an, das außerhalb der Reichweite der alliierten Bomber lag. Beinahe jeder der 85 804 Ghettobewohner arbeitete, doch war der Ausstoß kläglich. Die Produktion war zumeist nicht mechanisiert, und die Handarbeit litt unter der mangelhaften Ernährung der Arbeitskräfte. Ab Mitte 1943 erhielten sie einen Stundensatz, der kaum einen Leistungsanreiz darstellte. Jedenfalls reichte er kaum aus, um ihre Rationen zu bezahlen. Der einzige Weg, die Produktion zu steigern, war eine Verlängerung der Arbeitszeit. Im Mai wurde in den Betrieben in zwei Zwölf-Stunden-Schichten gearbeitet. Doch die Kombination von langer Arbeitszeit und schlechter Verpflegung bewirkte nur eine weitere Erosion der Gesundheit und Leistungsfähigkeit der Arbeiter.[96]

Rumkowski nutzte den ökonomischen Erfolg und die Logik des totalen Kriegs, um seine Strategie zu untermauern und seine Autorität zu wahren. Am 13. März 1943 erklärte er den Ghettobewohnern: »Es ist Krieg, und im Reich totale Mobilisation, es müssen neue Fabriken geschaffen und hierfür neue Kräfte zur Verfügung gestellt werden. Woher diese Kräfte nehmen? Nur durch eine Umschichtung kann dieses Problem gelöst werden, und es ist besser, wenn wir dieser unabwendbaren Tatsache ruhig ins Auge blicken und die zu treffenden Maßnahmen selbst vornehmen, um ein Chaos zu vermeiden.« Für die Ghettochronisten, die mit ihrer Verachtung für Rumkowskis Regime immer weniger hinter dem Berg hielten, waren die kontraproduktiven Folgen von Unterernährung, Krankheiten und Ungleichheit offensichtlich. Nicht lange nach der aufmunternden Rede des Ältesten zitierten sie aus einem medizinischen Bericht, dem zufolge »Skorbut, Pellagra, Hungerödem, Furunkulose und Abszesse … Bronchitis, Pleuritis … Knochenerweichung« zu den häufigsten Leiden im Ghetto gehörten. Einen Monat später stellten die Chronisten fest: »Bis auf eine dünne Oberschicht, die alles hat und sich alles verschafft, geht das Getto buchstäblich ›neben den Schuhen‹.« Einer von ihnen, Oskar Rosenfeld, bemerkte bitter: »Die Frage ›Wie lange soll das so dauern?‹ verliert allmählich ihren Sinn. Der Tod hält Parade. Geburten bleiben aus. Das Getto liquidiert sich von selbst.«[97]

Dawid Sierakowiaks Tagebuch bezeugt die schwächende Wirkung von ständiger Arbeit und Unterernährung. Einige Tage vor Rumkowskis Ansprache notierte er: »Heute ist mein unglücklicher, einst mächtiger Vater gestorben …« Dawid selbst litt an Karies, Erfrierungen an den Füßen, Krätze und Fieberschüben. In der Ghettoverwaltung hatte er einen günstigen Beobachtungsposten, von dem aus er die Kluft zwischen Arm und Reich sowie die Eigenheiten des Ältesten gut im Blick hatte. Im März kam Rumkowski mit einer Kommission in sein Büro, um die zu körperlicher Arbeit Fähigen auszusondern. Geprüft wurden auch die weiblichen Mitarbeiter, für die der Älteste eine besondere Schwäche hatte: »Er sprang fast auf, wenn junge Mädchen an ihm vorbeigingen. Irre, Perverse und Kriminelle wie Rumkowski herrschen über uns und bestimmen unsere Lebensmittelrationen, Arbeit und Gesundheit. Kein Wunder, dass die Deutschen sich in Ghettoangelegenheiten nicht einmischen wollen; die Juden werden sich ganz allein gegenseitig umbringen, und bis dahin pressen sie die maximale Produktion auseinander heraus.« Da ihm bewusst war, dass die Zeit gegen die Juden arbeitete, bedrückten ihn die langsamen Fortschritte der Alliierten. Am 15. April 1943 schrieb er zum letzten Mal etwas in sein Tagebuch. Vier Monate später erlag er den Folgen von Tuberkulose, Unterernährung und Erschöpfung. Er war 19 Jahre alt.[98]

Mit den Körperkräften schwanden auch die moralischen Maßstäbe. In seinem privaten Tagebuch dokumentierte Rosenfeld die Korruption in jeder Schicht der Ghettogesellschaft. Unter der Überschrift »Moral« schrieb er im Februar: »Die meisten Figuren in ›gehobener sozialer Stellung‹ haben offizielle Freundinnen, man sagt hier: Liebschaften. Diese Mädchen und Frauen [haben] keine Scham, gelten ganz offiziell als Mätressen der betreffenden Kandidaten.« In einem kurzen Abschnitt über die Prostitution bemerkte er, man sehe »lauter hübsche Mädchen in den Küchen … appetitlich, gepflegt, rund und fleischig«. Einem seiner Informanten zufolge veranstaltete Rumkowski, als er eine Zeitlang im Krankenhaus wohnte, Orgien. Angeblich schaute er zum Fenster hinaus und rief Frauen zu sich. »Einmal«, laut Rosenfeld, die »Frau eines Arztes. Diese sich gewehrt. Daraufhin Namen festgestellt und in deren Wohnung jüdische Polizei geschickt, welche deren Wohnung demolierte …« Ende April erwähnte Rosenfeld den Fall eines Mannes, der ein 13-jähriges Mädchen ermordet hatte, um an Lebensmittel zu kommen. Andere adoptierten Kinder, um zusätzliche Rationen zu erhalten, die sie dann selbst verzehrten, während ihre Schützlinge verhungerten.[99]

Trotz alledem gab es inmitten des Verfalls weiterhin ein religiöses und kulturelles Leben. Da Sabbatruhe und Gottesdienste nicht möglich waren, sprachen fromme Juden die üblichen Gebete, wann und wo immer sie konnten. Rosenfeld sah zerlumpte Geschöpfe in den Straßen Kerzen anbieten. »›Lecht, Lecht!‹, hört man rufen. Lecht – das sind ansonsten die Sabbatkerzen, die jede Woche am Vorabend des Sabbat verkauft werden.« Er feierte das Passahfest bei Freunden, »mit allen Zutaten wie normal, sogar *Eier*«. Im Oktober wurde zum ersten Mal im Ghetto offiziell Jom Kippur begangen. Über hundert Gottesdienste fanden statt, bei denen die traditionellen Totengebete gesprochen wurden. »Das Getto ist am Jom-Kipurtag des Jahres 1943 zu einem ›Städtl‹ in literarischem Sinne geworden«, bemerkten die Ghettochronisten. Merkwürdigerweise verbesserte sich die Lebensmittelversorgung rechtzeitig zum Fest. Rosenfeld spürte eine »Feiertagsstimmung in den Gassen. Kartoffelfuhren – Kürbisse rollen. Augen glänzen …« Das Chanukkafest am Jahresende wurde mit Menoras, Kerzenlicht, Zusammenkünften und Geschenken begangen. Alle waren von der freudigen Erwartung beseelt, dass es das letzte Fest wäre, das man im Ghetto feiern würde.[100]

Es war tatsächlich das letzte Chanukkafest im Lodzer Ghetto, aber nicht das letzte des Krieges, und es grenzte an ein Wunder, dass das

Ghetto überhaupt so lange überlebt hatte. Im September 1943 gab Himmler den Gedanken auf, Maschinen und wichtige Arbeiter von Lodz nach Lublin zu verlegen, wiederholte aber die Forderung an Greiser, das Ghetto in ein unter SS-Kontrolle stehendes und in die OSTI integriertes Arbeitslager umzuwandeln. Mit Rückendeckung Speers und der Wehrmacht feilschte Greiser noch einige Monate mit Himmler und OSTI-Direktor Max Horn. Dass die erwähnte SS-Untersuchungskommission dem Ghetto eine verheerende wirtschaftliche Bilanz bescheinigte, könnte Verhandlungstaktik gewesen sein, denn Greiser forderte für die Übergabe des Ghettos an die SS eine astronomische Summe. Schließlich einigte er sich mit Himmler darauf, es weiterhin zu verwalten, aber mit einer auf die wichtigsten Arbeitskräfte reduzierten Bevölkerung.[101]

Die Liquidierung der Ghettos im Reichskommissariat Ostland

Die Auseinandersetzung um Überleben und Arbeitskraft der Juden prägte auch das Schicksal der letzten Ghettos im Reichskommissariat Ostland. Anfang 1943 lebten in Lohses sich von der Ostsee bis nach Westweißrussland erstreckendem Herrschaftsgebiet noch 310 000 bis 320 000 Juden. Am 21. Juni befahl Himmler dem HSSPF im Ostland, Jeckeln, und dem WVHA, sie nicht mehr wie bisher aus den Wohnvierteln zu ihren Arbeitsstellen marschieren zu lassen, sondern in Konzentrationslagern zusammenzufassen und zugleich die Produktionsstätten dorthin zu verlegen, wo Pohls Techniker deren Leitung übernehmen sollten. Die finanziellen Überschüsse würde die SS kassieren. Arbeitsunfähige Juden sollten eliminiert werden. Da Himmler es nicht für notwendig hielt, in den Lagern auch die unproduktiven Familien der Arbeiter unterzubringen, beschwor diese Politik eine Katastrophe herauf.[102]

Wie Greiser und Biebow in Lodz und Koch in Białystok war jedoch auch Lohse nicht bereit, einen derart lukrativen Aktivposten kampflos herzugeben. Seit 1942 hatte er einen erheblichen Arbeitskräftemangel zu bewältigen, und seine Fachleute für Arbeitseinsätze schoben jüdische Kontingente von einer dringenden Aufgabe zur nächsten, von der Aufarbeitung von Uniformen zum Torfstechen und zurück. Josef Katz, der im Dezember 1941 aus Lübeck deportiert worden war, arbeitete zunächst für einen Gemüsebauern, der die SS belieferte. Im Juli wurde er in den Rigaer Hafen versetzt; anschließend erntete er Rüben, und im Winter musste er Kohle oder Zement entladen. Während die SS diese flexibel verwendbaren Arbeitskolonnen zu verkleinern suchte, nahm ihr Wert für die Verwaltung des Reichskommissariats sogar noch zu, denn da die Zuschüsse aus Berlin zurückgingen, wurden vor Ort erzielte Einnahmen für Lohse immer wichtiger. Fast drei Monate rangen beide Seiten miteinander und versuchten Rückendeckung aus Berlin zu erhalten. Dann gewann das Sicherheitsargument die Oberhand, und Lohse steckte zurück. Damit war das Schicksal der Ghettos im Ostland besiegelt.[103]

Im Juni entsandte Himmler Bach-Zelewski ins Ostland, um die Ghettos aufzulösen und die ausgedünnte jüdische Arbeiterschaft in Konzentrationslagern unterzubringen. Dies dauerte Monate. Schließlich waren fast 8000 Bewohner des Rigaer Ghettos in ein neues Konzentrationslager namens Kaiserwald im Vorort Mežaparks umgesiedelt worden. Es wurden allerdings nie, wie von Himmler eigentlich geplant, alle in Riga und seiner Umgebung arbeitenden Juden dort untergebracht. Stattdessen wurden Tausende von Juden, die bei der Wehrmacht, der Organisation Todt und im Hafen beschäftigt waren, in Baracken in der Nähe ihrer Arbeitsstätten verlegt. Die Bedingungen in diesen Barackenlagern waren unterschiedlich, aber nur in wenigen waren sie so hart wie in Kaiserwald, wo die SS und erfahrene Funktionshäftlinge, die aus Sachsenhausen dorthin überstellt worden waren, das Sagen hatten. Jedenfalls wurden Familien, die im Ghetto noch zusammen gewesen waren, bei der Verlegung in die Barackenlager auseinandergerissen und rund 2000 als arbeitsunfähig eingestufte Juden nach Auschwitz-Birkenau geschickt.[104]

Die 20 000 Einwohner des Ghettos Wilna waren nach den grauenhaften Massakern in Ponary im Jahr 1941 relativ unbehelligt geblieben. Obwohl die Partisanenorganisation FPO im Januar 1942 die Widerstandsbereitschaft erhöht hatte, war das Ghetto in eine bequeme Routine verfallen. »In Wilna beginnt das Ghettoleben wieder zu pulsieren«, notierte Herman Kruk Anfang März 1942. Unter Leitung des Ghettoältesten Jacob Gens blühten Fürsorge-, Bildungs- und Kultureinrichtungen auf. Trotz der erschreckenden Nachrichten aus Warschau verhielten sich die Ghettobewohner, als wären sie unverwundbar. Gens stimmt sogar der Teilnahme von OD-Männern an »Aktionen« gegen nahegelegene Ghettos zu, wie demjenigen von Oschmjany. Am jüdischen Neujahrsfest im September 1942 waren die Synagogen voll, und es herrschte »Feststimmung«. Erst als die Nachricht von der Liquidierung des Ghettos von Grodno Wilna erreichte, ging ein Schauder durch die Ghettobevölkerung.[105]

Als im April 1943 Juden aus Oschmjany und anderen an der Grenze zum Distrikt Białystok gelegenen und nun zerstörten Ghettos eintrafen, reagierten die Juden von Wilna panisch. Der für das Ghetto zuständige SS-Mann Franz Murer versuchte sie zu beruhigen. Doch die Juden bereiteten sich darauf vor, einem Angriff auszuweichen oder Widerstand zu leisten. Als Kruk Anfang April 1943 einen nächtlichen Rundgang durch das Ghetto unternahm, hörte er die verräterischen Geräusche des Baus von Verstecken: »In manchen Häusern ziehen sich die Leute gar nicht erst aus, sondern arbeiten die ganze Nacht mit dem Spaten und graben Verstecke und unterirdische Gänge. Die FPO ist voll und ganz vorbereitet.« Gens verdoppelte in dem Glauben, damit ihr Überleben zu sichern, die Anstrengungen, die Juden in Arbeit zu bringen. Im Juni 1943 arbeiteten 75 Prozent der Ghettobewohner für deutsche Unternehmen außerhalb des Ghettos und in zunehmender Zahl in Werkstätten innerhalb seiner Grenzen.[106]

Trotz voller Auftragsbücher der Betriebe begann die Sipo im August, Juden in Konzentrationslager in Estland zu verlegen. Am 6. August wurden die ersten tausend Juden von ihren Arbeitsplätzen verschleppt. Viele leisteten Widerstand, und mehrere wurden niedergeschossen. Größerer Widerstand unterblieb aufgrund einer Tragödie, die sich einige Wochen zuvor ereignet hatte. Durch Zufall war ein örtlicher Kommunist gefasst worden, der unter der Folter zusammenbrach, so dass die Sipo von den Aktivitäten des FPO-Führers Jitzchak Wittenberg erfahren hatte. Daraufhin hatte sie von Gens unter Drohungen dessen Auslieferung verlangt. Gens vereinbarte für den 15. Juli ein Treffen mit Wittenberg, in das litauische Polizisten hineinplatzten, die ihn festnahmen. Als seine Anhänger davon hörten, befreiten sie ihn und brachten ihn in Sicherheit. Gens ließ ihn durch den OD den ganzen nächsten Tag über jagen; er hoffte, ihn bewegen zu können, sich zu stellen, um eine Vergeltungsaktion zu verhindern. Die Ghettobevölkerung stand aus Angst vor einem deutschen Angriff eindeutig hinter Gens. Wittenberg steckte in einem furchtbaren Dilemma: Entweder er löste, mit unvorhersehbaren Folgen, einen Aufstand aus, obwohl die Ghettobewohner nicht bereit waren, oder er gab auf. Er entschied sich für Letzteres und stellte sich Gens, der ihn den Deutschen übergab. Wittenberg beging wenige Stunden nach seiner Verhaftung Selbstmord. Die FPO beschloss aus Enttäuschung über das Verhalten der Ghettobevölkerung, keinen Widerstand zu leisten, und zog sich nach und nach in die Wälder zurück.[107]

Dass die Ghettobewohner bereit waren, das Leben eines Mannes für ihr eigenes zu opfern, änderte nichts an den langfristigen Plänen der Deutschen. Am 24. August und vom 1. bis 4. September wurden weitere 7000 Juden in neuerrichtete Lager in Estland gebracht, vor allem ins Lager Vaivara und dessen Außenlager Klooga. In Vaivara arbeiteten die Häftlinge überwiegend im Ölschieferabbau und in Klooga beim Torfstechen. Mitte September befanden sich nur noch 12 000 Juden in Wilna. Obwohl Gens stets mit den Deutschen kooperiert hatte, wurde er hingerichtet. Am 23. September begann die endgültige Liquidation des Ghettos. Rund 2000 arbeitsfähige Juden wurden nach Estland und ungefähr ebenso viele nach Kaiserwald geschickt. Etwa 4000 als nicht arbeitsfähig eingestufte Juden wurden nach Sobibór deportiert. Mehrere Hundert wurden in Ponary ermordet, wo nach dem Beginn des »Unternehmens Barbarossa« die Vernichtung der jüdischen Gemeinde von Wilna begonnen hatte. Herman Kruk gehörte zu den nach Estland Verschleppten. Er wurde im September im Lager Klooga ermordet, einen Tag bevor die Rote Armee es überrannte.[108]

In den Wochen nach dem letzten Transport durchkämmten deutsche Polizisten und litauische Kollaborateure den Distrikt auf der Suche nach Juden. Kazimierz Sakowicz konstatierte nüchtern,

> dass sich die Litauer im Falle der zum Tode verurteilten Juden als gute Psychologen erwiesen … Nachdem die Litauer die Wirksamkeit ihrer Taktik festgestellt hatten, trennten sie seitdem 3–4 Juden oder Jüdinnen von jedem Transport ab und erschossen vor ihren Augen andere [Opfer]. Als die Reihe an diese 3–4 Leute kam, wurde ihnen mitgeteilt: »Ihr werdet leben, aber ihr müsst uns ein Versteck verraten.« Hatte einer ein Versteck gezeigt, wurde er zurück nach Wilna ins Ghetto gebracht, aber bald danach war er wieder zurück und wurde getötet. Gleichzeitig wurden drei neue »Judasse« ausgewählt …

Mitte Oktober erschossen die Deutschen immer noch Juden in Ponary – 300 am Tag. Doch sie machten sich inzwischen nicht mehr die Mühe, sie zu begraben.[109]

Wie das Ghetto von Wilna hatte auch dasjenige von Kaunas 1942 eine lange Ruhephase erlebt. Die jüdische Verwaltung unter Elchanan Elkes hatte ein Netzwerk von Institutionen zum Nutzen der 16000 Bewohner geschaffen. Die Lebensmittelversorgung war angemessen, und es gab keine Epidemien. Ein Großteil der Bevölkerung arbeitete; die einen stellten für die Wehrmacht Kleidung, Bürsten, Sättel und Verbandsmaterial her, und 3000 waren auf einem nahegelegenen Flugplatz beschäftigt. Als im März 1943 Nachrichten über Ghettosäuberungen eintrafen, verdüsterte sich die Stimmung. Trotz der Versicherung von Werkstattleitern, dass Arbeitskräfte zu wertvoll seien, um sie zu verschwenden, begannen die Ghettobewohner, wie Abraham Golub notierte, unterirdische Verstecke zu bauen. Andere rüsteten sich für den bewaffneten Widerstand. Die Aussichten waren entmutigend. Als Golub, der mittleren Alters war, hörte, dass die Wilnaer FPO in die Wälder ging, klagte er: »Nicht jeder kann solche Umstände aushalten. Nicht jeder hat eine kräftige Faust … Nicht jeder ist ein Held.« Die angespannte Ruhe hielt an. Im April feierten die Ghettobewohner das Passahfest »in voller Pracht«. Die Nachrichten über deutsche Niederlagen in der Sowjetunion und die alliierte Landung auf Sizilien im Juli freuten die Juden, obwohl die Zeit nicht für sie arbeitete, wie Golub bemerkte.[110]

Er wurde in seinem Pessimismus bestärkt, als Ende Juli eine deutsche Untersuchungskommission das Ghetto in Augenschein nahm. Obwohl er von den Grabenkämpfen zwischen Lohse und Himmler um die jüdischen Arbeitskräfte nichts wusste, bezweifelte er, dass die gut beschäftigten Werkstätten und ihre vollen Auftragsbücher etwas an ihrem Schicksal änderten: »Die Personalfrage spielt bei dieser Entscheidung, die hauptsächlich von dem bestimmt wird, was die Deutschen als politische und Sicherheitsprobleme betrachten, keine große Rolle.« Im September traf ein neuer SS-Führer ein, der die Aufgabe hatte, das Ghetto zu liquidieren. Im Oktober wurden 2700 Juden entfernt und die als arbeitsfähig Eingestuften nach Estland geschickt. In den letzten Monaten des Jahres wurden 5000 bis 6000 Ghettobewohner in verschiedene Barackenlager verlegt. Rund 8000 blieben im Ghetto, das jetzt, um Himmlers Anforderungen zu genügen, einfach als Konzentrationslager bezeichnet wurde. Im März 1944 entwich Golub aus dem Ghetto und tauchte unter.[111]

In den Ghettos in Weißrussland befanden sich Anfang 1943 21 000 bis 23 000 Juden. Die Region war voller Partisanen, und Sicherheitserwägungen besaßen für Generalkommissar Kube Priorität. Im April erklärte er auf einer Sitzung in Minsk: »Als man im vorigen Sommer an die Lösung der Judenfrage heranging und wir damals zum ersten Male mit der Umsiedlung anfingen, ging sofort das Partisanentum los. Teile der Juden rissen aus, gingen in die Wälder und verstärkten das sich immer mehr entwickelnde Partisanentum; damit musste man rechnen.« Darin steckte ein Körnchen Wahrheit, aber in der Hauptsache war es Phantasie. Tatsächlich hatte die Vernichtung der jüdischen Gemeinden lange vor der Existenz einer realen Partisanenbedrohung begonnen. Anfang 1943 wurde sie mit der Ermordung von 4000 bis 5000 Juden aus Sluzk fortgesetzt. Anschließend ging das Morden in Baranowitschi, Nowogrudok, Lida und Glubokoje weiter, wo jedoch Hunderte von Juden in die Wälder fliehen konnten. Im September 1943 wurde das Minsker Ghetto mit seinen rund 9000 Bewohnern liquidiert. Rund 2000 Arbeiter wurden Globocnik in Lublin übergeben, und nach der Aussonderung von 500 als wichtig eingestuften Handwerkern wurden 4000 Juden zur Vernichtungsstätte Maly Trostinez gebracht und dort erschossen. Hunderte versteckten sich in dem verlassenen Ghetto, wo sie in der Folgezeit regelmäßigen Razzien ausgesetzt waren. In einem Punkt hatte Kube recht: Man musste mit allem rechnen. Er wurde am 22. September 1943 von einer Bombe getötet, die eine sowjetische Partisanin in seinem Bett versteckt hatte.[112]

Die Aufstände in Treblinka und Sobibór

Der Aufstand im Warschauer Ghetto, der Widerstand in Wilna und Białystok sowie die Regelmäßigkeit, mit der sich zur Vernichtung vorgesehene Ghettobewohner mittlerweile versteckten oder flohen, beunruhigten Himmler. Schon in guten Zeiten zur Besorgnis neigend, befürchtete er jetzt, dass selbst die von der SS betriebenen Lager in Polen zu einer Belastung werden könnten. Genährt wurden seine Sorgen durch Häftlingsrevolten in Treblinka und Sobibór. Beide Lager hatten zwar kurz vor der Beendigung ihrer Völkermordaufgabe gestanden, doch hätte Himmler Sobibór eigentlich als Konzentrationslager weiterführen wollen. Es war höchst irritierend, dass die Juden die Arbeit der Vernichtungsstätten zu unterbrechen vermocht hatten. Die SS war zuallererst der Sicherheitsgarant des Reichs. Ihr Ruf musste erheblich leiden, wenn sie nicht einmal in der Lage war, in ihren eigenen Hochsicherheitseinrichtungen kleine Gruppen von Juden unter Kontrolle zu halten.[113]

Der Winter 1942/43 war in Treblinka besonders grausam gewesen. Die Transporte wurden weniger, und die Insassen hungerten. Fleckfieber brach aus, das die Deutschen behandelten, indem sie diejenigen, die zu krank oder zu schwach zum Arbeiten waren, erschossen. Vor völliger Entkräftung rettete die Insassen die Ankunft der Transporte vom Balkan. Während die griechischen Juden in die Gaskammern gehen mussten, konnten die Arbeitsjuden ihre Habseligkeiten nach Essbarem durchsuchen. Sie machten reiche Beute, anders als bei den kläglichen Bündeln, welche die Einwohner von Warschau und Białystok bei sich hatten, die zwischen Februar und Mai 1943 in den Vernichtungslagern eintrafen. Bis Ende April brachten 36 Transporte annähernd 108 000 Juden nach Treblinka. Danach verringerte sich der Zustrom wieder. Unter den 24 000 Juden, die in den folgenden drei Monaten eingeliefert wurden, befanden sich in Bunkern entdeckte Juden aus Warschau und der Ordnungsdienst des Hauptstadtghettos. Obwohl die OD-Männer sich bemühten, ihre Vergangenheit zu verbergen, indem sie sich während der Zugfahrt ihrer Uniformen und Abzeichen entledigten, achteten die Arbeitskommandos in den Lagern darauf, dass sie alle in die Gaskammern gelangten. Andererseits konnten sie einige überlebende Kämpfer in ihren Reihen willkommen heißen. Diese Aktivisten gaben dem Untergrund, der sich seit Monaten im Lager formierte, zusätzlichen Auftrieb.[114]

Die Bereitschaft zum Aufstand verstärkte sich, als alles darauf hindeutete, dass die Deutschen das Lager abzuwickeln planten. Im Frühjahr unternahm Himmler zusammen mit Franz Stangl eine Rundreise zu den Lagern der Aktion Reinhardt und ordnete an, die 1942 ermordeten Juden zu exhumieren und zu verbrennen. Damit wurde begonnen, als der Boden und also auch die Leichen noch gefroren waren. Sie in Brand zu setzen, erwies sich als schwierig, bis ein deutscher Experte eintraf. Er ließ die Juden im oberen Lager Gruben ausheben, in denen hoch aufragende Roste aus Eisenbahnschienen gebaut wurden, in die man die Leichen sowie Holzscheite stapelte, mit Benzin übergoss und anzündete. Sobald sich genug Hitze entwickelt hatte, tauten die Leichen auf und schmolzen teilweise, so dass sich am Boden eine Lache aus Fett sammelte. »Es stellte sich heraus, dass Frauen leichter brannten als Männer«, erinnerte sich Yankiel Wiernik. »Deshalb wurden Frauenleichen zum Anzünden benutzt.« Wenn das Fett sich entzündete, entwickelten die Scheiterhaufen eine enorme Hitze, so dass auch die ganz oben liegenden Leichen verbrannten. Wochenlang mussten Häftlingsgruppen, die Bagger bei der Arbeit unterstützten, in dieser höllischen Umgebung arbeiten. Auch zum Bergen der Leichen wurden Bagger benutzt. Trafen neue Transporte ein, warfen SS-Männer Kinder zum »Vergnügen« lebend ins Feuer. »Sie forderten die Mütter auf, heldenhaft ihren Kindern nach ins Feuer zu springen und verspotteten sie wegen ihrer Feigheit.« Die Einäscherungen wurden bis in den Sommer fortgesetzt, als das warme Wetter das Ganze noch widerlicher machte. Über dem gesamten Lager hing ein ekelerregender Geruch. Doch solange es Leichen zum Verbrennen gab, konnten die jüdischen Arbeitssklaven sicher sein, am Leben zu bleiben. Im Juli sahen sie jedoch, dass ihre Aufgabe bald erfüllt sein würde, und begannen um ihr Leben zu fürchten.[115]

Durch die Entscheidung für feste Arbeitskommandos war nicht nur die Effektivität von Treblinka gesteigert, sondern auch die Entstehung einer Untergrundbewegung ermöglicht worden. Kristallisationsfiguren waren der Arzt Julian Chorążycki, der zum Zahntrupp gehörte, und der Kapo Marceli Galewski, der im Lager als Ingenieur Galewski bekannt war. Im Frühjahr fanden SS-Wachen bei Chorążycki zufällig Hilfsmittel für eine Flucht, ohne etwas über den Untergrund herauszufinden. Nach Chorążyckis Hinrichtung übernahm Galewski die Führung und beriet sich mit jenen Gefangenen, die militärische Erfahrungen gesammelt hatten. Sie beschlossen, mit Hilfe von jungen Leuten, die als Dienstboten in den SS-Baracken arbeiteten, einen Abdruck des Waffenkammerschlüssels zu beschaffen. Am festgelegten Tag sollten dann diese jungen Leute in die Waffenkammer schleichen und Handgranaten und Gewehre herausholen. Die Waffen sollten an Männer, die mit ihnen umzugehen wussten, verteilt werden. Dann sollten bewaffnete Gruppen an Punkten Stellung beziehen, von denen aus sie die Wachen auf den Wachtürmen ausschalten konnten, während andere mit Benzinbomben die Gaskammern und andere wichtige Baulichkeiten in Brand setzen sollten, insbesondere das Treibstofflager und die Garage, in der ein Panzerwagen stand. Auf diese Weise hofften die Aufständischen, die Deutschen sowohl abzulenken als auch an einer raschen Verfolgung zu hindern. Wiernik kam eine wichtige Rolle bei den Vorbereitungen zu, da er wegen seiner Arbeit als Lagertischler in der Lage war, sich im gesamten Lager zu bewegen und die Männer des Gaskammerkommandos zu alarmieren.[116]

Als Tag für den Aufstand wurde der 2. August festgelegt, ein Sonntag, an dem wenigstens einige SS-Männer und ukrainische Wachen nicht im Dienst sein würden. Am Nachmittag nahmen die Aufständischen ihre Plätze ein und warteten auf die Waffen. Um 16 Uhr sollte der Aufstand beginnen, eingeleitet durch einen einzelnen Schuss. Doch der Plan ging nicht auf. Die Jugendlichen konnten nur wenige Granaten und Gewehre aus der Waffenkammer entwenden, bevor ein misstrauischer Wachmann einen der Verschwörer aufgriff. Aus Furcht, dass der Aufruhr die gesamte Wachmannschaft alarmieren würde, eröffnete einer der Aufständischen eine Stunde früher als verabredet das Feuer auf einen der Wachtürme und löste damit den Aufstand aus. Er versank rasch im Chaos. Mit Molotowcocktails bewaffnete Gefangene konnten zwar das Treibstofflager in Brand stecken, aber der Panzerwagen blieb unbeschädigt. Die Wachen auf den Wachtürmen begannen auf die hin und her laufenden Gefangenen zu schießen. Wenn den Aufständischen etwas half, dann das Durcheinander, denn die Deutschen konnten nicht erkennen, wo der Ausbruch stattfinden sollte. Juden rannten zum Haupttor und kletterten über den ersten Zaun oder schnitten ihn auf. Danach mussten sie ein Minenfeld und einen weiteren Stacheldrahtzaun überwinden. Dutzende Häftlinge starben in diesem Streifen, aber sie ebneten den nach ihnen Kommenden den Weg. Die Leichen der auf dem Stacheldraht erschossenen Juden dienten den Nachfolgenden als Brücke. Rund 140 der 500 Gefangenen gelang die Flucht in die nahegelegenen Wälder.[117]

Der Aufstand in Treblinka war mehr als die letzte Regung verzweifelter Menschen. Wiernik dachte in den angespannten Stunden vor seinem Beginn daran, »was dieser Erdboden barg. Wir waren die einzigen Zeugen. Still nahmen wir Abschied von der Asche unserer jüdischen Kameraden und schworen ihnen, dass aus ihrem Blut ein Rächer erstehen würde.« Wenn ihnen die Flucht gelang, würden sie den Deutschen einen zweifachen Schlag zufügen können, indem sie zum einen das Lager außer Betrieb setzten und zum anderen der Welt berichteten, was in ihm geschehen war. Andere hatten eine schlichtere Auffassung von ihrer Mission. Willenberg schrieb später: »Wir waren voller Hass und sannen auf Rache. Nur unter größten Schwierigkeiten verbargen wir dies unter einem nichtssagenden Lächeln, mit dem wir den Tätern begegneten.« Diejenigen, die es in die vorübergehende Sicherheit der Wälder schafften, hatten, wenn sie zurückblickten, die Genugtuung, Rauch aus dem Lager aufsteigen zu sehen. Aber sie hatten die Gaskammern nicht unbrauchbar gemacht. Am 18. und 19. August wurden 8000 Juden, die mit zwei Transporten aus Białystok gebracht wurden, in Treblinka ermordet. Danach beschlossen die Deutschen, das Lager zu schließen und alle Spuren seiner Existenz zu beseitigen.[118]

Für die Überlebenden begann mit dem Ausbruch eine wahre Odyssee. Weniger als fünfzig Flüchtlinge überlebten die anschließende Menschenjagd und die Gefahren des Lebens im Untergrund. Chil Rajchman durchstreifte wochenlang die Wälder, ohne auf Partisanen zu stoßen. Manche Bauern gaben ihm zu essen und halfen ihm, andere jagten ihn fort. Schließlich erreichte er den Warschauer Vorort Piastów, wo ein nichtjüdischer Freund ihm falsche Papiere besorgte. So lebte er rund ein Jahr als »Arier«, bis ihn der Aufstand der polnischen Heimatarmee dazu zwang, in einem Bunker Zuflucht zu suchen, in dem er weitere dreieinhalb Monate bis zum Eintreffen der Roten Armee ausharrte. Richard Glazar und ein Freund wanderten, als aus der Zwangsarbeit entflohene tschechische Arbeiter getarnt, die auf dem Weg nach Hause waren, nach Ungarn. Sie wurden schließlich gefasst und inhaftiert, zum Glück aber zu Zwangsarbeit verurteilt und in ein Lager in Ludwigshafen geschickt. Dort arbeitete Glazar bis zum Eintreffen der Amerikaner in einer Gießerei und überstand dabei eine Reihe von Bombenangriffen. Samuel Willenberg schaffte es nach Warschau, wo er in die Illegalität abtauchte und eine Zeitlang von Bund und Żegota finanziell unterstützt wurde. Zufällig lief ihm Wiernik über den Weg, der ebenfalls dorthin gelangt war. Wiernik erzählte ihm, dass er einen Bericht über Treblinka geschrieben und dem Untergrund zur Veröffentlichung übergeben habe; er wurde im folgenden Jahr in Umlauf gebracht und gelangte bis nach Palästina und Amerika, wo er auf Jiddisch und Englisch gedruckt wurde. Willenberg nahm später Kontakt zum polnischen Widerstand auf und kämpfte im August und September 1944 im Warschauer Aufstand.[119]

Als Himmler Anfang 1943 Sobibór besuchte, hielten sich die Aktivitäten im Lager in Grenzen. Man war vor allem damit beschäftigt, die Leichen der 1942 Ermordeten auszugraben und zu verbrennen. Dann trafen im März die ersten Transporte aus den Niederlanden ein. Insgesamt wurden in den nächsten fünf Monaten mit 19 Zügen 34 313 niederländische Juden dorthin verschleppt. Darüber hinaus wurden in dieser Zeit 3500 französische Juden sowie als Beitrag zur Liquidation der Ghettos fast 15 000 Juden aus dem Generalgouvernement in Sobibór ermordet. Hinzu kamen nahezu 14 000 Deportierte aus geräumten Ghettos auf dem Territorium der Sowjetunion, unter ihnen Ende September ein Transport mit jüdischen sowjetischen Kriegsgefangenen aus Minsk. Dieser Zustrom erhöhte die Gesamtzahl der 1943 in dem Lager Ermordeten auf 68 795. Die jüdischen Soldaten aus Minsk, die für den Arbeitseinsatz selektiert wurden, sollten sich als die Nemesis von Sobibór erweisen.[120]

Wie in Treblinka vereinfachte die relativ stabile Zusammensetzung der Arbeitskommandos die Entstehung einer Widerstandsbewegung. Initiiert wurde sie von Leon Feldhendler, dem ehemaligen Judenratsvorsitzenden von Żółkiewka im Distrikt Lublin. Feldhendler hatte keine militärische Ausbildung durchlaufen, und er hatte Schwierigkeiten, einen vertrauenswürdigen Mitstreiter zu finden, der ihm sagen konnte, wie man einen bewaffneten Aufstand ausführte. Stattdessen erwog er, einige der ukrainischen Wachen zu bestechen, und konzentrierte sich darauf, diejenigen zu erkennen, deren Loyalität gegenüber den Deutschen aufgrund des Kriegsverlaufs nachgelassen hatte oder deren Habgier ihr Pflichtgefühl überwog. Erst mit der Ankunft der jüdisch-russischen Soldaten befanden sich Leute mit den für einen Ausbruch erforderlichen Fähigkeiten in seiner Reichweite. Doch auch jetzt dauerte es noch einige Zeit, bis er Verbindung zu ihrem Anführer Alexander »Sascha« Petscherski aufnehmen konnte. Petscherskis Männer waren entsetzt, als sie erkannten, wohin man sie gebracht hatte, und nachdem sie beobachtet hatten, wie Hunderte Frauen in die Gaskammern geführt wurden, beschlossen einige von ihnen, bei der ersten sich bietenden Gelegenheit zu fliehen. Petscherski konnte sie jedoch von kleinen Ausbruchsunternehmen durch einen Tunnel oder den Stacheldraht abhalten. Während er über einen Alternativplan nachdachte, wurde er mit Feldhendler bekannt gemacht. Trotz der Sprachbarriere konnten sie sich verständigen und einigten sich darauf, einen gemeinsamen Massenausbruch der Kriegsgefangenen und der jüdischen Arbeiter zu organisieren. Zusammen arbeiteten sie einen ausgeklügelten und äußerst rabiaten Plan aus.[121]

Die Arbeitsjuden erledigten zahlreiche Aufgaben für die SS-Männer, und Feldhendler und Petscherski hatten vor, dem Lager die Führung zu nehmen, indem sie an einem Tag, an dem der Kommandant abwesend sein würde, dessen Stellvertreter und andere SS-Männer in die Werkstätten, in denen sie Mäntel, Stiefel und Schmuck für sie herstellten, locken und einen nach dem anderen mit Äxten und Messern töten wollten. Gleichzeitig würden mehrere Gefangene, die in den Baracken der Ukrainer arbeiteten, versuchen, Gewehre zu entwenden. Um die unvermeidliche Verfolgung zu behindern, sollten andere Teams die Fahrzeuge in der Garage sabotieren und die Telephonverbindung unterbrechen. All dies sollte innerhalb einer Stunde geschehen. Zur üblichen Appellzeit würden sie sich versammeln, aber anstatt die Zählung abzuwarten, würden sie durchs Haupttor hinausmarschieren. Auf dem Weg würden sie die Waffenkammer stürmen und sich mit Gewehren ausrüsten, die ihnen in den Wäldern von Nutzen sein würden. Sie hofften, über die Zufahrtsstraße, die durch das Minenfeld um das Lager führte, hinauszukommen, statt sich einen anderen Weg freikämpfen zu müssen.[122]

Am 14. Oktober wurde die Operation ausgelöst. Der erste Teil lief wie ein Uhrwerk ab; binnen einer Stunde wurden acht SS-Männer und ein Ukrainer getötet, wobei mindestens zwei SS-Männer den in der Garage eingesetzten Juden eher zufällig in die Hände fielen. Da der stellvertretende Kommandant nicht zu den Aufständischen kam, begaben sich zwei von ihnen in sein Büro und töteten ihn dort. Ein Wartungsmonteur, Stanisław Szmajzner, der in der Unterkunft einen Ofen reparieren sollte, kehrte mit zwei in einem Rohr versteckten Gewehren zurück. Als Feldhendler dann, wie geplant, die gesamte 600 Mann starke Arbeitsmannschaft zu versammeln versuchte, wurde der Plan im Handumdrehen hinfällig: Der vorgesehene Zählappell ergab nur einen ungeordneten Haufen und zog die Aufmerksamkeit eines SS-Mannes auf sich, der auf der Stelle getötet wurde. Dies wiederum sahen ukrainische Wachen auf den Wachtürmen, die zusammen mit einem SS-Mann, der den Mordanschlägen entgangen war und eine Maschinenpistole bei sich trug, das Feuer eröffneten. Da der Weg zum Haupttor jetzt versperrt war, stürmten die Gefangenen an mehreren Stellen den Zaun und hasteten über das Minenfeld. Von rund 550 Häftlingen überwanden 320 die äußeren Sperren. In den nächsten Stunden und Tagen wurden 170 wieder eingefangen, aber 150 fanden Zuflucht in den Wäldern, wo sich viele den Partisanen anschlossen. Andere versteckten sich bei Bauern. Doch ihre Leiden waren noch lange nicht ausgestanden.[123]

Thomas Blatt, ein Teenager aus Izibica, der im April 1943 nach Sobibór gekommen war, blieb anfangs bei Petscherski und seiner bewaffneten Gruppe früherer Kriegsgefangener. Aber nach einigen Tagen scherte Petscherski mit seinen Männern aus und ließ Blatt und die polnischen Juden mit einem einzigen Gewehr zurück. »Die polnischen Juden wandten sich westwärts nach Chełm«, versuchte er sein Handeln nach dem Krieg zu rechtfertigen. »Sie verstanden die Sprache der Menschen dort und kannten die Wege. Wir, Menschen aus Sowjetrussland, wandten uns ostwärts. Viele waren hilflos: die Juden aus Holland, die Franzosen und die Deutschen – keiner von ihnen konnte mit dem anderen sprechen, und um uns herum war eine riesige Weite.« Petscherskis Trupp überquerte den Bug und fand Anschluss an sowjetische Guerillas. Die zurückgebliebene Gruppe wurde nahezu vollständig aufgerieben: Fast hundert Juden wurden in Verstecken aufgespürt, und fünf fielen im Kampf als Partisanen. »Mir ging auf«, resümierte Blatt bitter. »dass die Häftlinge in Sobibór in gewisser Weise fast sicherer waren als diejenigen Juden, die sich falsche Papiere verschafft hatten, im Wald oder im Versteck lebten, froren und verzweifelt nach Essbarem suchten und denen jeder weitere Tag, den sie am Leben blieben, wie ein Wunder vorkam. In Sobibor wussten wir, was auf uns zukam … Draußen hingegen herrschte ein erbitterter Kampf ums Überleben.«[124]

Judenjagd in Polen

Die Chance von Juden, in Polen zu überleben, war in der Tat gering, und die katastrophale Erfolgsrate hat von den Leistungen jener abgelenkt, die den Verfolgern zu entkommen versuchten. Jüngste Studien haben nun enthüllt, dass, im Widerspruch zum Mythos von der jüdischen Passivität, ein erheblicher Teil der jüdischen Bevölkerung im Generalgouvernement den Mitte und Ende 1942 durchgeführten Razzien durch Flucht in die Wälder oder den Bau von Verstecken zumindest vorübergehend auswich. Der polnisch-kanadische Historiker Jan Grabowski schätzt, dass immerhin 250 000 Juden auf diese Weise der Deportation zu entgehen versuchten. Am Kriegsende waren aber nur noch 50 000 am Leben. Kaum einer hatte die Flucht vorbereitet, und den meisten fiel es extrem schwer, in der Wildnis zu überleben. Viele kehrten nach einigen Tagen oder Wochen in ihre Heimatorte zurück, wo sie häufig bei einer zweiten Aktion deutscher Sicherheitskräfte aufgegriffen oder von der polnischen Polizei ausgeliefert wurden. In beiden Fällen war in der Regel Denunziation im Spiel. Wer die ersten Wochen überlebte, sammelte wertvolle Erfahrungen, wobei für gewöhnlich eine Verbindung zu einem Bauern bestand, der den Untergetauchten gegen Bargeld oder Wertgegenstände mit Lebensmitteln versorgte. Ob die Flüchtlinge nun in Bunkern in Waldgebieten lebten oder sich in Städten verbargen, stets brauchten sie Helfer. Laut einer Statistik für einen Kreis in Zentralpolen bezahlten 70 Prozent der untergetauchten Juden ihre Unterstützer. Dies machte sie verwundbar. Die meisten wurden verraten oder getötet, und zwar für gewöhnlich dann, wenn ihnen die Mittel ausgingen. Von denjenigen, die altruistische Hilfe erhielten, überlebte mehr als die Hälfte. Doch auch für sie war es eine gewaltige Herausforderung, das Jahr 1943 und die erste Hälfte des Jahres 1944 zu überstehen.[125]

Die Deutschen brachten Polen durch Anreize und Terror dazu, die schmutzige Arbeit für sie zu erledigen. Tatsächlich wären die Besatzer ohne den Beitrag von Polen, die sich vor Ort auskannten und Juden zu identifizieren wussten, angesichts der Massenflucht aus den Ghettos hilflos gewesen. Da ihnen dies bewusst war, boten sie Prämien für die Aushändigung oder Tötung von Juden an: Bargeld, einen Teil der bei den Juden gefundenen Wertgegenstände, deren Kleidung oder einfach eine Flasche Wodka. Zudem zwangen sie Dorfälteste, jede Woche Geiseln zu benennen, die sie erschießen würden, falls in der Nähe ein Jude aufgegriffen würde. So bildeten Polen, für gewöhnlich unter der Führung eines Ältesten oder eines Dorfpolizisten, Suchtrupps, die in der Hoffnung auf Beute und aus Angst vor deutschen Vergeltungsmaßnahmen die Umgebung durchkämmten. Manchmal gingen polnische Banden aber auch einfach auf Judenjagd, um die Bunker, die sie fanden, auszurauben. Juden, die sich auf der Suche nach Essen und Arbeit in eine bevölkerte Gegend begaben, liefen Gefahr, in Routinekontrollen polnischer Polizisten oder Wachleute zu geraten. Wurden sie entdeckt, übergaben die Polen sie den Deutschen – für gewöhnlich, nachdem sie sie ausgeraubt hatten, oder sie raubten sie aus und ermordeten sie, ohne sich um die Deutschen zu scheren. Ab Ende 1943, als auf dem Land nur wenige Deutsche anzutreffen waren, die sich zudem auf die Partisanenjagd konzentrierten, hatte die polnische Polizei freie Hand. Besonders gefährdet waren versteckte Frauen. Wenn ihnen das Geld ausging, boten sie Sex als Gegenleistung für Hilfe an, wenn sie nicht ohnehin schon sexuell ausgebeutet wurden. Banden von Polen, einschließlich organisierter Partisaneneinheiten, überfielen jüdische Familienlager und durchsuchten sie nach Frauen.[126]

Die Mehrheit der Polen und Ukrainer nahm Juden nicht als Menschen in Not wahr, sondern betrachtete sie als Handelsware oder Einnahmequelle. Diese Wahrnehmung war zum Teil auf tiefverwurzelte und von der deutschen Propaganda bekräftigte Vorurteile zurückzuführen, aber auch eine opportunistische Reaktion auf eine schwierige und unsichere Zeit. Der polnisch-amerikanische Historiker Jan Tomasz Gross hat gezeigt, dass vor dem Hintergrund überkommener Klischees und der von den Deutschen geschaffenen grausamen Umwelt die Jagd und Ausbeutung von Juden »gesellschaftlich akzeptabel« waren. Erpressung, Folter, Vergewaltigung und Mord wurden nicht von Außenseitern verübt, sondern galten als »akzeptierte gesellschaftliche Praxis«. Dorfälteste, Bürgermeister, Polizeibeamte, Feuerwehrleute, Förster und andere anständige Bürger: Sie alle beteiligten sich an der Jagd auf Juden und suchten sich ein Stück ihres mythischen Reichtums anzueignen. Dies galt, nahezu ungeachtet ihrer politischen Ausrichtung, auch für polnische Partisaneneinheiten. Verbände der Heimatarmee weigerten sich regelmäßig, Gruppen jüdischer Flüchtlinge aufzunehmen, obwohl sie einzelne Freiwillige durchaus akzeptierten, insbesondere wenn sie nicht »jüdisch« aussahen und ihre Volkszugehörigkeit geheim hielten. Ein bedeutender Teil der Juden, die in den Wäldern überlebten, berichtete von Begegnungen mit AK-Einheiten, die in Raub, Vergewaltigung und Mord mündeten. Einheiten der Nationalen Streitkräfte (NSZ) und der Bauernbataillone (BCh) brachten Juden, die sie in den Wäldern aufgriffen, regelmäßig um. Manche Gruppen gingen gezielt auf Raub- und Mordzüge gegen Juden. Wie jüdische Flüchtlinge berichteten, wurden sie nur von den weniger zahlreichen linken Partisanen vorbehaltlos aufgenommen.[127]

Zygmunt Klukowski beobachtete die Deportation von Juden aus Zamość und seiner Heimatstadt Szczebrzeszyn. Nach der ersten großen Aktion in Zamość schrieb er voller Abscheu in sein Tagebuch: »Die Art und Weise, wie sich manche Polen verhalten, ist vollkommen indiskutabel. Während des Massakers haben einige sogar gelacht. Einige schlichen sich auf der Suche nach Diebesgut durch die Hintertür in die Häuser von Juden.« Im August notierte er: »Manche Polen helfen den Deutschen bei der Suche nach Juden.« Im Oktober begannen die Deutschen die jüdische Gemeinde von Szczebrzeszyn zu vernichten. Jetzt machten lokale Gendarmerie und polnische Polizei aktiv Jagd auf Juden und raubten sie aus. Sie fingen hauptsächlich Alte, Frauen und Kinder. »Die jüngeren Männer sind im Wald. Sie versuchen sich zu organisieren und wollen Rache nehmen.« Deshalb wurde die Jagd auf die Umgebung und die Wälder ausgedehnt. Klukowski kam zu Ohren, dass jüdische Flüchtlinge von Partisanen und Banditen ausgeraubt wurden. Mitte November begannen sie aus den Bergen in die Stadt zu kommen und sich der Gendarmerie zu stellen, weil sie hungerten. Manche flehten darum, erschossen zu werden. »Es ist schwer zu glauben, aber es gibt viele Leute, welche die Juden nicht als menschliche Wesen betrachten, sondern als Tiere, die vernichtet werden müssen«, empörte sich Klukowski. Ein halbes Jahr später, im Mai 1943, hielt er düster fest: »Seit geraumer Zeit haben wir keinerlei Informationen über die Juden in unserer Gegend erhalten.«[128]

Ähnliches geschah weiter östlich in Wolhynien. Die Juden gerieten zwischen die Fronten, da sich dort die Deutschen, die polnische Heimatarmee, die Ukrainische Aufstandsarmee (UPA) und sowjetische Partisanen brutal bekämpften. Aus den Ghettos entkommene Juden erhielten in der Regel Hilfe von polnischen Einheimischen, die als Minderheit in ähnlicher Weise bedroht waren. Sie wurden, nicht zuletzt weil sie bereit waren, Ukrainer zu töten, in polnische Kampfeinheiten aufgenommen. Teile der UPA massakrierten routinemäßig einzelne Juden und jüdische Gruppen, wobei sie nur jene verschonten, die ihnen nützliche Dienste leisten konnten, wie Ärzte oder Handwerker. Sowjetische Guerillas gab es bis 1943 in der Region nur wenige, aber sie boten Juden die besten Überlebenschancen und waren bereit, sie zu bewaffnen. Es gab vier rein jüdische Partisanenbrigaden mit je 100 bis 400 Mann in Wolhynien. Etwa 2000 bis 2500 Juden befanden sich in Familienlagern, von denen rund 1500 die Ankunft der Roten

Armee erlebten. Nach einer Schätzung des Historikers Shmuel Spector waren zum Zeitpunkt der Befreiung noch neun Prozent der Juden, die sich versteckt hatten oder geflohen waren, am Leben. Dies ist ein starkes Indiz dafür, wie ungünstig die Umstände waren, mit denen sie sowohl in der natürlichen wie auch in der sozialen Umwelt konfrontiert waren.[129]

Aufgrund der hartnäckigen Judenjagd der deutschen Polizei und der (regional unterschiedlichen) Einstellung der polnischen beziehungsweise ukrainischen Bevölkerung war es bis Ende 1943 für Juden statistisch sicherer, wenn sie sich in einem Arbeitslager befanden. Tragischerweise machten die Aufstände in den Vernichtungslagern diese relative Sicherheit der Juden, die im Generalgouvernement und anderswo Sklavenarbeit leisteten, zunichte. Im Herbst waren mindestens 50 000 Juden in von der SS oder der Wehrmacht betriebenen Arbeitslagern interniert. Rund 15 000 befanden sich im Lager Poniatowa, wo sie vor allem Kleidung für die Firma Többens herstellten. Die Produktion von Textilien für die Wehrmacht war beachtlich: Jede Woche nähten die jüdischen Arbeiter 38 000 Hemden, 18 000 Stück Unterwäsche, 6000 Mützen, über 7000 Paar Socken und anderes. Bei Schultz waren zwischen 8000 und 10 000 überwiegend aus dem Warschauer Ghetto verlegte Juden beschäftigt. In Majdanek, einschließlich der Außenlager in und bei Lublin, schufteten rund 18 000 jüdische Gefangene in DAW-Betrieben und flickten Uniformen, überholten Motoren und stellten Möbel für Kasernen her. Ab März 1943 waren Tausende bei der OSTI damit beschäftigt, Flugzeuge zu reparieren und Bürsten herzustellen. Doch all dies zählte wenig. Am 19. Oktober 1943 erklärte Hans Frank bei einer Sitzung in Krakau: »Eine große Gefahr stellen auch die Judenlager im Generalgouvernement dar, was ein Ausbruch der Juden aus einem solchen Lager vor kurzem gezeigt hat.« Frank lud General Max Schindler, den Rüstungsinspekteur in Krakau, und einen Vertreter der SS ein, die Lager hinsichtlich ihrer Zukunft einer Prüfung zu unterziehen, doch Himmler kam den Schlussfolgerungen zuvor, indem er HSSPF Krüger anwies, sie allesamt zu liquidieren.[130]

Krüger beriet sich mit Jakob Sporrenberg, inzwischen als Nachfolger Globocniks SSPF in Lublin, über die Durchführung der Operation mit dem Tarnnahmen »Erntefest«. Die SS befürchtete, dass die Juden, wenn man sich ein Lager nach dem anderen vornähme, gewarnt wären und Widerstandsaktionen vorbereiten könnten. Dies wollte sie nach den vielen peinlichen Vorfällen im laufenden Jahr nicht riskieren. Deshalb beschloss sie, eine Truppe von 2000 bis 3000 Sicherheitspolizisten zusammenzuziehen und gegen die größten Lager gleichzeitig loszuschlagen. Mit ziemlicher Unachtsamkeit gab die SS jedoch einen Hinweis auf die Aktion, indem sie jüdische Arbeiter in Majdanek, Poniatowa und Trawniki Gruben ausheben ließ, und da einige den richtigen Schluss daraus zogen, sollten die Angreifer tatsächlich auf Widerstand stoßen. In Trawniki verlief aus Sicht der SS-Mörder jedoch alles glatt. Am frühen Morgen des 3. November umstellten sie das Lager und führten die Gefangenen in großen Kolonnen zum Erschießungsort, wo sie gezwungen wurden, sich zu entkleiden und in den Graben zu legen, bevor sie mit Maschinengewehrsalven ermordet wurden. Die Schüsse wurden teilweise durch laute Musik aus den Lautsprechern im Lager übertönt. Bis zum Nachmittag erschossen die Deutschen 6000 Menschen. In Majdanek gingen sie genauso vor, aber jüdische Arbeiter, die aus dem Lipowa-Lager zu den Gräben in Majdanek geführt wurden, versuchten den SS-Kordon zu durchbrechen. Die meisten wurden in dem Getümmel niedergeschossen. Anderswo funktionierte die Mischung aus Täuschung und überwältigender Stärke. Bis zum Abend ermordeten die Deutschen 18 400 Juden; 600 ließen sie für die Aufräumungsarbeiten übrig, aber auch sie wurden später erschossen. In Poniatowa begann das Morden erst am nächsten Morgen. Als sich die Häftlinge in einer Baracke weigerten, zum Appell anzutreten, setzte die SS die Unterkunft einfach in Brand; alle Bewohner kamen uns Leben. Bis 14.30 Uhr wurden 15 000 Juden erschossen. 120 blieben zunächst verschont, um aufzuräumen, wurden aber nach und nach ebenfalls ermordet; am Ende wurde auch die letzte Gruppe von vier Juden erschossen. Insgesamt hatten die Deutschen in weniger als 48 Stunden 43 000 Menschen massakriert. Es war die größte einzelne Mordaktion des Krieges.[131]

Dennoch blieben, wie bei all diesen Aktionen, kleine Gruppen verschont. In Dęblin und Biała Podlaska arbeiteten weiterhin Tausende von Juden für das Heer, und in Zamość beschäftigte die Luftwaffe 1200 jüdische Arbeiter. Die Juden aus Biała Podlaska und Zamość wurden im April 1944 westwärts verlegt, und die Arbeiter aus Dęblin kamen im Juli 1944 nach Deutschland in Rüstungsfabriken. Frauen und Kinder wurden erschossen. Fast 3000 Juden waren in den Arbeitslagern Budzyń und Krasnik geschützt, nicht obwohl, sondern weil sie von der SS betrieben wurden. Laut dem israelischen Historiker David Silberklang stellte ausgerechnet Odilo Globocnik jüdische Facharbeiter zurück, weil sie hochprofitabel arbeiteten oder weil er glaubte, sie könnten ihm bei künftigen Unternehmungen nützlich sein. In Krasnik ließ man ihnen sogar ihre Familien. (Sie wurden schließlich westwärts evakuiert, und viele von ihnen starben unter den verschiedensten Umständen.) Einige Juden überlebten auf Bauernhöfen oder in kleinen Lebensmittelfabriken, teils, weil man sie als nützlich betrachtete, teils, weil man sie einfach übersah.[132]

Schon vor der Aktion Erntefest war Globocnik zur Partisanenbekämpfung ins norditalienische Triest versetzt worden. Von dort sandte er Himmler einen Abschlussbericht über die Aktion Reinhardt. Unterdessen bemühten sich Trupps aus SS-Männern und Ukrainern, die Spuren der Vernichtungslager, in denen rund 1 700 000 Juden ermordet worden waren, zu beseitigen. Die Säuberung begann in Bełżec, wo im März und April 1943 die Leichen ausgegraben und verbrannt wurden. Als das Gelände verlassen war, schwärmten Polen aus und durchwühlten die Aschegruben nach Wertgegenständen und Goldzähnen. Da durch die Grabräuberei zutage gefördert wurde, was hier geschehen war, kehrte die SS zurück und errichtete ein Bauernhaus, in dem eine kleine ukrainische Einheit stationiert wurde, deren einzige Aufgabe darin bestand, die Bewohner der Umgebung daran zu hindern, weiter in der Erde zu wühlen. Treblinka wurde ab Ende August systematisch abgerissen, wofür die SS ein jüdisches Arbeitskommando aus Majdanek einsetzte, das anschließend erschossen wurde. Auf dem ehemaligen Lagergelände wurde ein Bauernhof errichtet, und Bäume wurden gepflanzt, auch um Schatzsuchern das Graben zu erschweren. Der Plan, in Sobibór eine Fabrik für die Verwertung erbeuteter Munition anzusiedeln, wurde fallengelassen. Stattdessen wurde alles abgerissen und auch hier ein Bauernhof errichtet, in dem Ukrainer stationiert wurden, um Grabräuber abzuschrecken. Tatsächlich blieben an allen drei Standorten große Mengen Schutt, insbesondere Knochenstücke, zurück. Wie so vieles bei der »Aktion Reinhardt« war auch das Verwischen der Spuren hastig geplant, ungenügend vorbereitet und schlecht ausgeführt.[133]

Der Ausbau des Vernichtungslagers Birkenau

Nach der Schließung von Treblinka und Sobibór war Auschwitz-Birkenau die einzige Massenmordstätte im genozidalen Komplex des Dritten Reichs. Aber Birkenau war Mitte 1943 etwas völlig anderes als ein Jahr zuvor. Aufgrund von nach wie vor im Dunkeln liegenden Entscheidungen wandelten sich zwischen Oktober 1941 und Dezember 1942 die Pläne für ein Krematorium mit zwei großen Leichenhallen, das der Einäscherung von im Lager verstorbenen sowjetischen Kriegsgefangenen dienen sollte, in Pläne für eine kombinierte Mordanlage mit Gaskammer und Verbrennungsöfen. Entscheidend war unter anderem die Umgestaltung einer außenliegenden Treppe hinunter in eine der unterirdischen Leichenhallen, die ursprünglich mit einer Leichenrutsche versehen werden sollte, dann aber ausschließlich als Zugang für lebende Menschen vorgesehen wurde. Der bisherige »Leichenkeller II«, in den die Treppe führte, wurde in »Auskleideraum« umbenannt, also als Vorraum eines angeblichen Duschraums ausgewiesen, der in Wirklichkeit eine Gaskammer war.[134]

Nach seiner Fertigstellung im März 1943 wurde der Auskleideraum mit Bänken und Kleiderhaken ausgestattet, und an den weiß getünchten Wänden wurden vertraut-alltägliche Schilder aufgehängt, welche die Reinlichkeit lobten. Diese Fassade sollte die Opfer täuschen und bis zum letztmöglichen Zeitpunkt, in dem sie, gegebenenfalls mit Gewalt, in den Mordraum getrieben wurden, in Sicherheit wiegen. Die Gaskammer maß dreißig mal sieben Meter und konnte bis zu 2000 Menschen aufnehmen. Sie verfügte über eine luftdichte, verstärkte Tür mit einem Guckloch, durch das die SS-Wachen den Fortgang ihres mörderischen Tuns verfolgen konnten. Das Zyklon-B-Granulat wurde in verschließbare Öffnungen im Dach geschüttet und fiel in Stahlgewebesäulen, die die Betonpfeiler nachbildeten, auf denen die Betondecke auflag. Elektrische Gebläse dienten dazu, die Kammern nach jeder Vergasung zu entlüften. Die Leichen wurden mit einem elektrischen Aufzug ins Erdgeschoss gebracht, wo fünf Kohleöfen mit je drei Öffnungen standen, Sonderanfertigungen der führenden deutschen Firma auf diesem Gebiet, Topf und Söhne. In anderen Räumen im

Erdgeschoss wurden das Zahngold, das man aus den Mündern der Toten entnommen hatte, eingeschmolzen und die Haare, die man von den Köpfen der ermordeten Frauen geschoren hatte, getrocknet. Dieses Gebäude wurde als Krematorium II bezeichnet.[135]

Gut drei Monate nach Krematorium II war auch das baugleiche Krematorium III fertiggestellt. Die beiden halb unterirdischen Anlagen befanden sich unmittelbar neben dem Frauenlager B I beziehungsweise dem Männerlager B II und waren jeweils von einem Stacheldrahtzaun umgeben. Den Zugang bildete die durch das Haupttor führende Straße zwischen B I und B II. Waren alle Öfen beider Krematorien ununterbrochen in Betrieb, konnten in ihnen pro Tag 1440 Leichen eingeäschert werden. Die unterirdischen Gaskammern auszuheben war allerdings aufwendig und kostspielig; daher wurden zwei weitere Vernichtungsanlagen, die Krematorien IV und V, ebenerdig errichtet. Auch diese beiden Gebäude waren identisch und standen einander gegenüber wie böse Zwillinge. Sie enthielten jeweils drei Gaskammern (von elf mal acht, zwölf mal acht beziehungsweise zwölf mal vier Metern). Die dritte Kammer war unterteilt, um kleinere Gruppen ermorden zu können. Das Zyklon B wurde durch Klappen in der Außenwand jeder Kammer eingefüllt. Da die Gebäude der Witterung stärker ausgesetzt waren als die unterirdischen Gaskammern der Krematorien II und III, hatte man eine Heizung eingebaut, damit sich die im Granulat gebundene Blausäure in der warmen Luft schneller verflüchtigte. Die Leichen konnten im Innern zu den Öfen transportiert werden, die eine Kapazität von 768 Leichen pro Tag hatten. Aber es gab auch Türen in den Außenwänden, damit Leichen bei Bedarf zu Verbrennungsgruben im Freien geschafft werden konnten. Dies wurde tatsächlich notwendig, da die Öfen und Schornsteine der Krematorien IV und V nicht für die Belastung ausgelegt waren, die man ihnen insbesondere Mitte 1944 zumutete. Beide Gebäude waren eingezäunt und von Bäumen umgeben. Später boten diese Wäldchen den Juden Schatten, die in aller Unschuld darauf warteten, in die vermeintlichen Desinfektions- und Duschräume eingelassen zu werden.[136]

Während die Massenmordkapazität des Lagers erhöht wurde, nahm auch seine Bedeutung als Quelle von Beute und Arbeitskräftereservoir zu. Ein eigener Abschnitt mit dreißig hölzernen Lagerhäusern wurde errichtet. Sie füllten sich rasch mit den Habseligkeiten, welche die ankommenden Juden auf der Rampe abstellen mussten, und den

Dingen, die sie in den Auskleideräumen ablegten – Kleidung, Schuhe und ihnen verbliebene Gegenstände. In den weiträumigen Baracken sortierten bis zu 1600 Juden, überwiegend Frauen, diese Dinge und entfernten den gelben Stern von der Kleidung. Unter den Gefangenen hieß dieser Bereich »Kanada«, weil dort großer Überfluss herrschte und es ständig Gelegenheiten gab, Lebensmittel und Wertgegenstände an sich zu nehmen. Bis Februar 1943 wurden aus den Lagern Auschwitz und Lublin insgesamt 824 Eisenbahnwaggons mit Textilien und Lederwaren ins Altreich geschickt. Der größte Teil der Beute ging zur weiteren Verwertung ans Reichswirtschaftsministerium, aber über 200 Wagenladungen mit Kleidung, Bettzeug und Handtüchern wurde der Volksdeutschen Mittelstelle zur Verteilung an volksdeutsche Umsiedler übergeben. Haushaltsgegenstände gingen an ausgebombte Familien im Reich, Füllfederhalter an Luftwaffenpiloten. Es gab so viele Kinderwagen, dass es einmal eine Stunde dauerte, bis deren Reihe auf dem Weg vom Lager zum Bahnhof vorübergezogen war. Regelmäßig schauten SS-Männer und ihre Frauen ohne jegliche Skrupel im Effektenlager vorbei, um sich Schuhe, ein Kleid, Servietten, einen Rasierer oder ein Zigarettenetui auszusuchen, selbstverständlich in höchster Qualität.

Regelmäßig wurden mit Wertsachen beladene, scharf bewachte Lastwagen auf die Reise zur Berliner WVHA-Zentrale geschickt. In einem Vierteljahr waren es 15 bis 20 Handkoffer mit Wertsachen, einer anderen Quelle zufolge monatlich mindestens zwei Kisten mit einem Gewicht von jeweils einer Tonne. Ein endloser Beutestrom aus Bargeld in zahlreichen Währungen, Goldbarren, Silbergegenständen, Diamanten, Perlen und Schmuck floss von Auschwitz in die Reichshauptstadt, wo das Geld beziehungsweise die Verkaufserlöse bei der Reichshauptkasse auf einem Sonderkonto des Reichsfinanzministeriums, das auf den fiktiven Namen Max Heiliger lief, deponiert wurden und anschließend in den Reichshaushalt gelangten. Zwischen 1942 und 1944 wurden in den Tresoren der Reichsbank schätzungsweise sechs Tonnen Gold eingelagert, und es kann kaum ein Zweifel daran bestehen, dass die Bankmanager wussten, woher es stammte. Nichtmonetäres Gold von Eheringen bis zum Zahngold wurde eingeschmolzen und in Barren gegossen; das Einschmelzen erledigte die Degussa, die der SS auch das Zyklon B lieferte.[137]

Die 16-jährige Kitty Hart aus Bielsko-Biała in Ostoberschlesien gehörte dem Kanadakommando an. Zusammen mit ihrer Mutter war sie der Ghettoisierung und Deportation entgangen, weil sie als Fremdarbeiterin in einer Fabrik der I. G. Farben in Bitterfeld gearbeitet hatte – bis sie als Jüdin entlarvt wurde. Die beiden Frauen wurden verhaftet und nach einiger Zeit im Gefängnis im März 1943 nach Auschwitz geschickt. Ein Jahr lang arbeiteten sie, immer schwächer werdend, in verschiedenen Kommandos. Dann wurden sie nach Birkenau verlegt, was ihnen das Leben rettete, denn dort waren die Arbeitsbedingungen entschieden besser. 15 Jahre später beschrieb Kitty Hart ihre dortige Arbeit:

> In einer Baracke sortierte eine Gruppe nichts weiter als Schuhe, in einer anderen wurde nur Männerkleidung sortiert, wieder in einer anderen Frauenkleidung und in einer weiteren Kindersachen. Dann gab es die sogenannte »Fressbaracke«, wo Lebensmittel stapelweise einfach verfaulten, und in noch einer anderen Baracke wurden Schmuck, Geld und andere Wertgegenstände sortiert … Ich … musste Frauenkleidung sortieren. Ganz am Ende unserer Baracke lag ein riesiger Stapel, von dem wir Bündel von jeweils einem Dutzend der gleichen Sorte Kleidungsstücke zusammenstellen sollten. Die Kleider mussten säuberlich gefaltet und dann zusammengebunden werden … Täglich gingen ganze Wagenladungen von diesem gestohlenen Gut nach Deutschland.

Alle Kleidungsstücke, fügte sie hinzu, »mussten an den Nähten sorgfältig nach verstecktem Schmuck oder Geld abgetastet werden«. Diese Beute sollten die Gefangenen in Körbe werfen, was die Wachen streng beaufsichtigten. Kitty und andere Sortiererinnen versuchten jedoch so viel wie möglich zu verstecken, um es dem Lageruntergrund zukommen zu lassen und dem Dritten Reich zu entziehen.[138]

Kitty Hart war nur eine von Zehntausenden Männern und Frauen aus ganz Europa, Juden wie Nichtjuden, die zur Arbeit in den Industrie- und Agrarunternehmungen, die sich in der Umgebung des Lagers niederließen, nach Auschwitz geschickt wurden. Anders als in der Phase von Anfang 1941 bis Mitte 1942, als die Deportierten ausdrücklich als Zwangsarbeiter und daher bereits selektiert nach Auschwitz kamen, waren die meisten der danach eintreffenden Transporte nicht vorsortiert. Deshalb musste die Lagerverwaltung ein Selektions- und Aufnahmesystem schaffen. Neuankömmlinge wurden jetzt auf der Rampe beurteilt, und diejenigen, die als arbeitsfähig eingestuft wurden oder eine für das Lager nützliche Fertigkeit zu bieten hatten, wurden aufgenommen. SS-Ärzte selektierten aufgrund des Alters und einer raschen Einschätzung der körperlichen Verfassung. Alte und Junge, Kranke und Gebrechliche waren verloren. Auch erkennbar schwangere Frauen sowie Mütter mit Kleinkindern hatten keine Chance. Diejenigen, die für die Arbeit ausgewählt worden waren, wurden zu einem von zwei »Sauna« genannten großen Gebäuden in den Lagerabschnitten B Ia (Frauenlager) und B Ib (Männerlager) geführt, die als Badehaus und Desinfektionseinrichtung dienten. Hier nahm man den Gefangenen, Männern wie Frauen, die Kleidung ab, schor ihnen die gesamte Körperbehaarung ab, tätowierte sie mit einer Kennnummer, ließ sie duschen und händigte ihnen die Häftlingskleidung aus. In der späteren Kriegsphase erhielten sie häufig die aufgearbeitete Kleidung von Verstorbenen oder Stücke aus den Kanadamagazinen. Kitty Hart:

> Wir mussten uns ausziehen und standen einige Zeit unter der Dusche, und noch immer bekamen wir nichts zum Anziehen. Als Nächstes kam das Desinfizieren – Eintauchen in eine übelriechende, blaugrüne Lauge. Danach kamen die *Friseusen.* Auch sie waren Gefangene. Sie hatten die Aufgabe, uns die Köpfe kahlzuscheren und auch die Haare in den Achselhöhlen und zwischen den Schenkeln zu entfernen. Der Befehl lautete: »Arme und Beine auseinander!« Im Handumdrehen war es geschehen. Ich berührte meinen Kopf: Er fühlte sich seltsam fremd und kalt an. Ein Bündel Lumpen wurde mir zugeworfen …: eine Unterjacke, eine Khakihose und eine blusenartige Jacke, die früher einmal einem russischen Kriegsgefangenen gehört haben musste.[139]

Im März 1943 begann die SS-Lagerverwaltung mit dem Bau eines zentralen Bade-, Desinfektions- und Entlausungskomplexes, der »Zentralsauna«. Errichtet wurde sie auf einem an den Kanadabereich angrenzenden Gelände auf halbem Weg zwischen den beiden Krematoriumskomplexen. Trotz der Bedeutung, welche die SS-Verwaltung der »Sauna« für die Krankheitsvorbeugung beimaß, und obwohl es ein recht einfacher Bau war, nahm sie erst im Januar 1944 den Betrieb auf.[140]

Ob die Gefangenen nun in einer der älteren Saunen oder in der neuen die Aufnahmeprozedur durchliefen, für sie markierte sie eine

Zäsur in ihrem Leben, den Übergang in eine Welt, in der normale Gesetze und Werte keinerlei Bedeutung hatten. Marco Nahon, der noch nie von Auschwitz gehört hatte, traf zusammen mit 740 anderen Juden aus Saloniki nach einer sechstägigen Fahrt, während der eine Frau in dem Viehwaggon ein Kind geboren hatte, dort ein. Er wurde von seiner Frau und seiner Tochter getrennt und in die Quarantänebaracken geführt, wo jeder Neuankömmling für bis zu sechs Wochen untergebracht wurde. Dort wurde er tätowiert, desinfiziert und geduscht und erhielt die Uniform eines Kazettnik, des Insassen eines Konzentrationslagers. In seinen Erinnerungen, die er im Sommer 1945 in einem Lager für Displaced Persons (DPs) niederschrieb, berichtete er: »Nachdem wir am Morgen mit Gepäck, Kleidung, Bettzeug, Küchenutensilien, Lebensmitteln usw. in dem Konzentrationslager angekommen waren, hatte man uns bis zum Abend alles geraubt, buchstäblich bis auf die nackte Haut ausgezogen und völlig mittellos zurückgelassen.«[141]

Wenige Tage nach Nahon traf Lucie Adelsberger, ebenfalls Ärztin, aus Berlin in Auschwitz ein. Nach dem Krieg erzählte sie:

> Der erste Gang führte ins Badehaus, die Sauna. Dort begann die eigentliche Prozedur: Ausziehen, Haareschneiden, nein, Kahlrasieren bis zum letzten Stummel, Duschen, Tätowieren. Hier nahm man uns wirklich alles bis zum Letzten. Nichts blieb, nichts von unseren Kleidern oder Wäschestücken, keine Seife, kein Handtuch, keine Nadel und kein Essbesteck, nicht einmal ein Löffel; kein Schriftstück, das uns rekognoszieren konnte, kein Bild, kein Schriftzug derer, die wir liebten. Die Vergangenheit war abgeschlossen, ausgemerzt … Wir wurden ohne Unterwäsche, nur mit einem dünnen Hemdchen versehen, in Häftlingskleider gesteckt … und kriegten Holzschuhe mit Fetzen von jüdischen Gebetsschals (Talles) als Fußlappen. Dann bekamen wir Nummern eingebrannt in den linken Unterarm und angenäht an die Kleider, mit einem dreieckigen Winkel, dessen Farbe den Häftling charakterisierte. Wir waren ausgeschieden aus der Welt dort draußen, entwurzelt aus unserem Land, losgerissen von unserer Familie, eine bloße Nummer, einzig von Bedeutung für die Schreibstube. Nichts blieb übrig als das nackte Leben …

Als Ärztin wurde Adelsberger in die Häftlingsverwaltung eingeteilt; ihre erste Arbeitsstelle war das Krankenrevier im Zigeunerlager. Nahon wurde zum Blockarzt ernannt. Ihre medizinische Ausbildung verhalf ihnen zu privilegierten Stellungen, was ihre Überlebenschance erheblich erhöhte, und versetzte sie zugleich in die Lage, die Vorgänge um sie herum zu beobachten. Deshalb gehörten Ärzte zu den ersten Lagerüberlebenden, welche die Lebensumstände der Gefangenen dokumentierten, einschließlich der Hierarchie, die den Funktionshäftlingen, zu denen auch sie zählten, einen etwas weniger qualvollen Überlebenskampf ermöglichte.[142]

An der Spitze der Hackordnung standen die Kapos, Männer und Frauen, denen die SS-Verwaltung die Leitung von Lagerabschnitten, Blöcken und Kommandos anvertraut hatte. Die ersten Kapos im Stammlager Auschwitz I waren Kriminelle aus deutschen Konzentrationslagern. Sie erhielten eigene Zimmer, trugen eigene Kleidung und einen normalen Haarschnitt; sie hatten für gewöhnlich einen jungen Diener oder eine junge Dienerin, die ihnen gelegentlich auch sexuell zu Diensten waren. Ihnen war klar, dass die Fortdauer ihres bequemen Lebens davon abhing, ob es ihnen gelang, die anderen Häftlinge im Zaum zu halten und die maximale Arbeitsleistung aus ihnen herauszupressen. Zu diesem Zweck gestatteten ihnen die Wachen – oder ermunterten sie geradezu –, massive Gewalt einzusetzen, von Faustieben über Tritte bis zum Einsatz von Schlagstöcken. Häufig war die Gewalt willkürlich und diente nur dazu, die übrigen Gefangenen in Angst zu versetzen und sie in Unterwürfigkeit zu halten. Aufgrund der Erweiterung von Birkenau und des Zustroms jüdischer Häftlinge wurden ab 1942 auch Juden Kapos. Eliezer Gruenbaum, der Sohn von Jitzchak Gruenbaum, dem Vorsitzenden des Rettungskomitees der Jewish Agency, wurde stellvertretender Blockältester in Auschwitz. Er hatte gegen seinen Vater rebelliert und war Kommunist geworden. Von den Vichy-Behörden in Paris verhaftet, wurde er im Juni 1942 nach Auschwitz deportiert, wo er mit Hilfe des Netzwerks politischer Gefangener, das zunehmend den Untergrund dominierte, den relativ sorgenfreien Posten eines stellvertretenden Blockältesten erhielt. In dieser Funktion hatte er die Kontrolle über tausend in eine kalte Baracke gepferchte hungernde Männer. Nach dem Krieg rechtfertigte er sich mit dem Argument, Gewalt anzuwenden sei notwendig gewesen, um die Rationen halbwegs gerecht zu verteilen: »Ich habe verschiedene Methoden ausprobiert: die Suppe anhand einer Liste junger Leute zu verteilen und die Bedürftigsten auszuwählen … Es war erfolglos. Man konnte Reden halten, man konnte schreien und flehen … Zweite Portionen mussten mit einem Rohrstock ausgeteilt werden.« Nach dem Krieg warfen Mithäftlinge ihm in Paris Kollaboration und grundlose Grausamkeit vor; ein Gerichtsverfahren wurde jedoch eingestellt.[143]

Es gab eine ganze Reihe vorteilhafter Posten für glückliche, geschickte oder durchsetzungsfähige Häftlinge. Die SS beschäftigte Juden als Bürokräfte; das Aufnahmekommando registrierte und tätowierte die Gefangenen; jüdische Ärzte und Pfleger arbeiteten in den Krankenrevieren der Lagerabschnitte und assistierten den SS-Ärzten im Krankenhaus des Hauptlagers, auch bei medizinischen Experimenten. Jede Baracke hatte einen »Rapportschreiber«. Große Kommandos sammelten das Gepäck und die Habseligkeiten der Neuankömmlinge auf der Rampe ein und säuberten die Viehwaggons, in denen sie herangekarrt worden waren. Insassen arbeiteten in der Lagerdruckerei, der Lagerpost und im Wartungsdienst. Die Gefangenen nahmen jedes Kommando unter die Lupe und kämpften mit allen Mitteln um die guten Posten, mit Hilfe von politischen und ethnischen Netzwerken, Bestechung, Verrat und allem, was ihnen sonst nutzen konnte. Nach Nahons Ansicht war das Kommando, das die Hochspannungszäune wartete, ein besonders angenehmer Arbeitsplatz. Leute mit technischen Kenntnissen arbeiteten als Mechaniker im SS-Fuhrpark. Begabte Musiker wurden ins Lagerorchester berufen, das von Alma Rose geleitet wurde. So beobachtete Albert Menasche, der aus Saloniki deportierte Arzt, sich selbst dabei, wie er einen Steinwurf von den Gaskammern entfernt, in denen seine geliebte Tochter ermordet worden war, als Flötist heitere Melodien spielte. Später wurde er in den sogenannten Häftlingskrankenbau in Birkenau versetzt. Jüdinnen wie Kitty Hart, die ins Kanadakommando aufgenommen wurde, galten als besonders bevorzugt, da sie in einem geschlossenen Raum arbeiteten und nahezu unbegrenzten Zugang zu Lebensmitteln und handelbaren Gütern hatten, sofern sie gewitzt genug waren, sich beim »Organisieren« nicht erwischen zu lassen. Die außerhalb des Lagers beschäftigten Arbeitskommandos unterschieden sich erheblich je nach Art der Tätigkeit, dem Charakter der Kapos und dem Kontakt mit Deutschen. Manche Arbeit war extrem kräftezehrend, doch galt Fabrikarbeit als erträglich. Am schlechtesten waren diejenigen dran, die im Freien arbeiteten; die größten Chancen, zusätzliches Essen oder Zigaretten, die gegen Lebensmittel eingetauscht werden konnten, zu erhalten, hatten diejenigen, die regelmäßig mit Zivilangestellten oder Kriegsgefangenen in Berührung kamen. Die schrecklichste Arbeit, die als tiefste Verdammnis galt und keinerlei Hoffnung auf Überleben oder Erlösung bot, hatte das in den Gaskammern und Krematorien eingesetzte Sonderkommando.[144]

Die Gefangenen und die Krankenreviere waren überwiegend in Holzbaracken untergebracht, von denen viele ursprünglich als Ställe entworfen worden waren. An den Wänden zogen sich grob gezimmerte dreistöckige Holzgestelle hin, und auf jeder Bettstelle drängten sich zwei bis drei Gefangene. Einzige Wärmequelle war der primitive, sich durch die ganze Baracke ziehende gemauerte Rauchabzug eines an einem Ende des Raums stehenden Ofens. Der Boden bestand aus gestampfter Erde und war häufig mit Exkrementen bedeckt, da viele Gefangene an Durchfall litten und es in den Baracken keine Toiletten gab. Die Latrinen befanden sich jeweils am Ende der Barackenreihe, was für viele einen Fußweg von mehreren Minuten bedeutete, der bei aufgeweichtem Boden noch mehr Zeit beanspruchte. Zudem war den Häftlingen die Benutzung der Latrinen nur zu bestimmten, eng bemessenen Tageszeiten erlaubt. Zu ihnen zu gelangen war nicht nur ein anstrengendes Rennen gegen die Natur, sondern auch eine Provokation für die SS-Wachen, die Gefangene jederzeit anhalten konnten. Nahons Schwager wurde brutal zusammengeschlagen, weil er in seine Baracke uriniert hatte.[145]

Der Lageralltag wurde von den Appellen eingerahmt. »Der Appell im Konzentrationslager war der Schrecken des Tages«, erinnerte sich Lucie Adelsberger. Die Ältesten jedes Blocks und Abschnitts mussten ihrem unmittelbaren Vorgesetzten und dann den SS-Wachen Meldung erstatten. Dies erforderte die Zählung Tausender und Zehntausender Häftlinge, was selbst unter Idealbedingungen seine Zeit brauchte. Stimmte eine Zahl nicht mit den SS-Akten überein, musste noch einmal gezählt werden. Dies war häufig der Fall, da Häftlinge auf ihren Pritschen oder bei einem Arbeitseinsatz gestorben und deshalb nicht zum Appell erschienen waren oder weil sie während des Appells tot zusammenbrachen und vom Ende der Reihe, wo der Zählende vorbeiging, nicht sichtbar waren. Zählappelle konnten Stunden dauern, ganz gleich, ob es in Strömen regnete, eisige Kälte herrschte oder die Sonne auf die Gefangenen niederbrannte. »Sie standen Appell«, berichtete Adelsberger, »zweimal am Tag, morgens vor der Arbeit noch in stockdunkler Nacht, wenn im Sommer um 3 Uhr und im Winter um 4 Uhr aufgestanden wurde, und abends nach Beendigung der Arbeit, jedes Mal 1–2 Stunden, oft viel länger.« Stimmten die Zahlen nicht, gerieten die Kapos in Panik, konnte dies doch auf einen Fluchtversuch hindeuten. Bis zu 48 Stunden ließ man die Angetretenen stehen, bis die Diskrepanz aufgeklärt war. So standen sie, wie Adelsberger schrieb, »in dünnen Fetzen, in Holzpantinen, die Hände in ein paar Lumpen gewickelt. So standen die Menschen, die sich nicht rühren durften …, ohne die Erlaubnis, ihre Notdurft zu verrichten, auch wenn bei Diarrhöe der Kot in wässrigen Strömen von ihnen lief.« Wer umfiel, riskierte Schläge. Brach jemand ein zweites Mal zusammen, »setzte die Prozedur [der Schläge] von neuem ein, bis der also Behandelte nimmermehr aufstand«.[146]

Die Häftlinge wurden von Hunger und Durst gequält, deren Wirkung Adelsberger als »nervenzerrüttende Pein« und »Anschlag auf die gesamte Persönlichkeit« beschrieb. »Hunger macht bösartig und verdirbt den Charakter«, bemerkte sie bitter. Die Rationen waren nicht einfach nur unzureichend, sondern bestanden auch aus Lebensmitteln von miserabler Qualität. Die monotone Verpflegung mit Ersatzkaffee und dünner Suppe besaß kaum einen Nährwert und förderte den Durchfall. In Nahons Augen stellte der Ernährungsplan eine schleichende Hinrichtung dar. Die Häftlinge, die im Kanadakommando Lebensmittel organisierten oder in den Küchen arbeiteten, belieferten einen schwarzen Markt, auf dem man im Tausch gegen Wertgegenstände oder Gefälligkeiten Lebensmittel erwerben konnte. Aber nach Nahons Beobachtung war der schwarze Markt mehr oder weniger auf die privilegierte Elite beschränkt. Da die Gefangenen gezwungen waren, ihren Essnapf als Nachtgeschirr zu verwenden, wenn sie sich auf ihrer Pritsche erleichtern mussten, infizierte das eigentlich für die Essensaufnahme gedachte Utensil das Essen mit Bakterien. Angesichts der katastrophalen sanitären Einrichtungen waren endemische Krankheiten unvermeidlich. Da es unmöglich war, sich richtig zu waschen, und Pritschen und Kleider verlaust waren, brach wiederholt Fleckfieber aus. Häftlingsärzte wie Adelsberger und Nahon versuchten sich der Ausbreitung der Krankheit entgegenzustemmen und die Erkrankten zu heilen, aber angesichts des Fehlens selbst elementarster Arzneimittel und des allgegenwärtigen Schmutzes war es ein aussichtsloser Kampf. Nicht einmal sauberes fließendes Wasser stand den Krankenpflegern zur Verfügung.[147]

So wie die Appelle den Tagesablauf prägten, unterteilten Selektionen die Lagergeschichte in längere Abschnitte. Die erste Aussonderung von Häftlingen nahm die SS im August 1942 vor, um eine Fleckfieberepidemie einzudämmen. Ein Jahr später schickten SS-Ärzte bei der ersten Musterung der männlichen Häftlinge 4000 von ihnen als Arbeitsunfähige in die Gaskammern. Am Vorabend des jüdischen Versöhnungstags im selben Jahr fand eine weitere Selektion statt, die tausend Gefangenen den Tod brachte. »Der Lagerarzt ließ einen oder mehrere Blocks antreten«, beschrieb Adelsberger die Prozedur, »ließ die Häftlinge nackt vorbeidefilieren und wählte die aus, die, sei es wegen Schwäche oder Unterernährung, wegen Hungerödem, sei es wegen Krätze oder Sonnenbrand, der Gründe gab es genug, ins Gas gingen.« Die Nummern der Todgeweihten wurden notiert, und anschließend wurden sie direkt in den »Selektionsblock« gebracht, wo sie auf ihr Ende warten mussten. Am festgesetzten Tag wurde dieser Lagerabschnitt abgeriegelt, und die Häftlinge, die nah genug waren, hörten »das Schreien von Menschen, die noch geschlagen wurden, die wütenden Kommandos der SS, das Bellen der Hunde, und nach ein bis zwei Stunden loderten die Kamine«. Nahon verglich die Selektionen mit »einem von Menschenhand geschaffenen Minotaurus, der sich an menschlichen Opfern überfrisst«.[148]

Schätzungsweise die Hälfte der nach Auschwitz deportierten Juden waren Frauen und Kinder, die sofort ermordet wurden. Dennoch bestand die Lagerbevölkerung zu rund 30 Prozent aus Frauen, und ihre Erfahrungen waren trotz der erzwungenen Einheitlichkeit des Lagerlebens stark von ihrer Geschlechtszugehörigkeit geprägt. Zu den ersten Insassen von Birkenau gehörten slowakische Jüdinnen, die daher später Schlüsselpositionen im Frauenlager einnahmen. Krystyna Żywulska (eigentlich Sonia Landau), die im Juni 1943 nach Auschwitz kam, bemerkte in ihren Erinnerungen bitter, dass »slowakische Jüdinnen« die begehrten Posten der Blockältesten besetzten. Außerdem beschrieb sie den Konkurrenzkampf zwischen nationalen und ethnischen Gruppen um den Zugang zu bestimmten Arbeitskommandos. Slowakische Frauen besaßen auch in dieser Hinsicht einen Vorteil. Helena Tischauer, die im März 1942 aus der Slowakei eintraf, ergatterte eine Tätigkeit als Schildermalerin – ihr Vorkriegsberuf – und später als Bürokraft. Unter anderem aufgrund dieser vorteilhaften Beschäftigungen gehörte sie zu den wenigen Frauen aus diesen frühen slowakischen Transporten, die überlebten. Von den rund 28 000 Frauen, die 1942 ins Lager aufgenommen wurden, waren am Jahresende nur noch 8232 am Leben. 1943 stieg der Zustrom auf rund 56 000 Frauen, doch bis Anfang 1944 fand über die Hälfte der weiblichen Häftlinge von Auschwitz den Tod. Aufgrund des Zustroms von ungarischen Jüdinnen wuchs die weibliche Lagerbevölkerung im Lauf des Jahres jedoch wieder auf rund 47 000.[149]

Neben Krankheit und Erschöpfung, mit denen auch Männer zu kämpfen hatten, konnten Frauen auch Schwangerschaften zusetzen. Obwohl Mütter mit Kleinkindern gar nicht erst ins Lager aufgenommen wurden, überstanden junge Frauen, die sich im Frühstadium der Schwangerschaft befanden, häufig die Selektion. Da Geburten in Auschwitz jedoch nicht erlaubt und Mutterschaft einem Todesurteil gleichkam, standen diese Frauen vor einem furchtbaren Dilemma. Manche entschlossen sich zur Abtreibung in Form einer künstlich herbeigeführten Fehlgeburt. Andere nahmen das Risiko auf sich – mit schrecklichen Folgen. »Sobald … das junge Wesen das Licht der Welt erblickt hatte«, berichtete Lucie Adelsberger, »geschah das Unglaubliche: Das jüdische Kind war dem Tod verfallen und mit ihm die Mutter. Binnen einer Woche gingen beide ins Gas.« Diese Praxis brachte nicht nur die Mutter, sondern auch den medizinischen Stab im Krankenbau in große Gewissensnöte. »Das ärztliche Reglement«, erklärte Adelsberger, »schreibt vor, dass bei einer Geburt, wenn Mutter und Kind in Gefahr sind, das Leben der Mutter an erster Stelle zu retten ist. So haben wir Häftlingsärzte es auch in diesen Fällen heimlich gehandhabt. Das Kind musste sterben, damit das Leben der Mutter erhalten bliebe.« Diese Art von Kindstötung war derart verbreitet, dass es den Ärzten schwerfiel, genügend Gift zu beschaffen: »Alles Gift im Lager wurde von uns für diesen Zweck gespeichert und reichte nicht aus.« In Klammern fügte Adelsberger hinzu: »Manche Frauen sind über den Schock durch den Tod ihres neugeborenen Kindes nie hinweggekommen und haben es sich und uns nicht verziehen.«[150]

Frauen waren ständig von sexueller Gewalt bedroht. Das Scheren der Körperhaare war der erste Übergriff; SS-Männer machten es sich zur Gewohnheit, Frauen im Duschraum zu beobachten. Adelsberger erinnerte sich an einen SS-Offizier, der sie und ihre Kolleginnen vom Krankenbau beim Duschen inspizierte, »herablassend, kurz angebunden und doch gnädig, als Mann, abschätzend, schmunzelnd und geil.

Jede der nackten Frauen kontrollierte er nach Herkunft und Nummer, nach Arbeit im Lager, nach den Linien ihres Wuchses oben und unten, nach ihren Brüsten und Hüften. Und wir hatten dem girrenden Mann in der SS-Uniform Rede und Antwort zu stehen, mit der Rede des Mundes und dem zur Schau gebotenen Körper, denn auch das gehörte zum Berufe der Häftlinge in Birkenau.« Żywulska erlebte Ähnliches bei der Desinfizierung weiblicher Häftlinge: »Jede von uns wurde unter den Achselhöhlen und zwischen den Beinen eingerieben, was bei den in der Nähe versammelten SS-Männern ein wahres Freudengelächter auslöste.« Außerdem mussten Frauen unbekleidet zur Selektion antreten, den Elementen wie den Blicken der SS-Ärzte und diverser Wachmänner ausgesetzt.[151]

Im Extremfall boten Frauen Barackenältesten und anderen, die eine gewisse Macht besaßen, für Lebensmittel, Kleidung oder Schutz Sex an. Laut Żywulska hatten Blockälteste das Privileg, ein Verhältnis mit gleichrangigen Häftlingen aus dem Männerlager unterhalten zu können, während gewöhnliche weibliche Häftlinge romantische und sexuelle Beziehungen zu anderen Frauen eingingen. Sie war entsetzt, als sie feststellte, dass sich die Paare häufig im Schmutz der Latrinen trafen; ihr Abscheu galt freilich ebenso sehr der Zurschaustellung lesbischer Liebe: »Auf den Brettern zwischen den Löchern saß eine Deutsche mit einem schwarzen Winkel [dem Kennzeichen für »Asoziale«], ein ausgesprochen männlicher Typ. Auf ihren Knien saß ein sehr weibliches, langhaariges Mädchen. Ununterbrochen blickte sie ihre Partnerin an, und dann küsste sie diese plötzlich auf den Mund. Dieser Kuss dauerte ewig. Man kann sich kaum etwas Scheußlicheres vorstellen. Diese Art von Liebe in dieser Umgebung!«[152]

Judenpolitik im Kontext der militärischen Niederlage

Auf allen Kriegsschauplätzen verschlechterte sich Mitte 1943 die militärische Lage der Deutschen. Paradoxerweise lösten die Rückschläge der Achse eine neue Offensive gegen die verbliebenen Juden im deutsch beherrschten Europa aus und eröffneten Himmlers Männern neue Gelegenheiten. Der Kriegsverlauf hatte ebenso wie die Judenpolitik unmittelbare negative Folgen für die überlebenden jüdischen Bevölkerungen.

Am 9. Juli begannen Briten und Amerikaner mit einer riesigen Armada und 180000 Mann auf Sizilien zu landen. Wegen der erfolgreichen Landung wurde im Großen Faschistischen Rat offene Kritik an Mussolini laut, und zwei Wochen später nutzte König Vittorio Emanuele seine Prärogative und ernannte Marschall Pietro Badoglio an seiner Statt zum Ministerpräsidenten. Unmittelbar darauf wurde Mussolini verhaftet. Dennoch dauerte es über einen Monat, bis die auf fast 480000 Mann angewachsene alliierte Streitmacht 68000 Deutsche von der Insel vertrieben hatte.[153]

Nach Mussolinis Sturz und der Eroberung Siziliens hofften die Alliierten auf die Kapitulation Italiens. Man hielt es sogar für möglich, dass sie den Zusammenbruch des Dritten Reichs zur Folge haben könnte. Leider verfolgten die politischen und militärischen Oberbefehlshaber eine diffuse Strategie und gaben Hitler Gelegenheit, die Lage zu stabilisieren. Auf der anglo-amerikanischen Konferenz in Casablanca im Januar 1943 hatten die Amerikaner einer Invasion Siziliens nur unter der Bedingung zugestimmt, dass die Briten in eine Landung in Nordwesteuropa im Mai 1944 einwilligten. Außerdem hatten sie sich widerstrebend zu einer anschließenden Invasion des italienischen Festlands bereit erklärt, falls es so aussähe, als würde das faschistische Regime wanken und als könnten die Alliierten mit der Unterstützung der italienischen Armee rechnen. Nachdem sie Sizilien in der Tasche hatten, flammte diese Diskussion wieder auf. Die Alliierten gelangten zu dem Schluss, dass sie den Deutschen nachsetzen und versuchen müssten, ganz Italien zu erobern. Doch der Zeitplan für die ins Auge gefasste Landung in Frankreich erforderte die Verlegung der besten amerikanischen und britischen Einheiten nach Großbritannien. Infolgedessen stand für den Angriff auf das italienische Festland nur eine erheblich geschwächte Streitmacht zur Verfügung. Unterdessen hatte Hitler 14 Divisionen nach Norditalien geschickt und starke Verbände bei Rom aufgestellt, um zu verhindern, dass sein einstiger Verbündeter das Handtuch warf. Demzufolge hatte die Operation Avalanche, die Invasion des italienischen Festlands bei Salerno, etwas von einem Glücksspiel. Die Planer setzten auf rasche italienische Unterstützung und darauf, dass die Deutschen sich in die leichter zu verteidigende Nordhälfte der Halbinsel zurückzögen.[154]

Stattdessen ging alles schief. Nach einigem Zögern streckte Badoglio Friedensfühler zu den Alliierten aus. Die Verhandlungen führten zum Waffenstillstand, der am 3. September 1943 geschlossen wurde, dem Tag, an dem die Vorhut der britischen 8. Armee über die Straße von Messina aufs Festland übersetzte. Aber alle Bemühungen, die Italiener zum Seitenwechsel zu bewegen, fruchteten nichts. Dass Badoglio mit seiner Regierung floh, ohne klare Befehle für die italienischen Truppen in Italien, Frankreich, Jugoslawien und Griechenland zu hinterlassen, trug auch nicht eben zur Vereinfachung der Lage bei. Als König Vittorio Emanuele über Rundfunk Italiens Kapitulation verkündete, schien er sein Volk aufzurufen, Feindseligkeiten sowohl mit den Deutschen als auch mit den Alliierten zu vermeiden. Deshalb konnten die deutschen Truppen die meisten italienischen Einheiten widerstandslos entwaffnen.[155]

Als die anglo-amerikanischen Invasionstruppen am 9. September in der Bucht von Salerno an Land gingen, wurden sie von grimmigen deutschen Gegenangriffen begrüßt. Die Alliierten konnten sich jedoch festsetzen und schließlich aus dem Landungskopf ausbrechen. Am 1. Oktober nahmen sie Neapel ein, aber schlechtes Wetter und eine taktisch überlegene deutsche Verteidigung verlangsamten den Vormarsch nach Norden zu einem kostspieligen Kriechgang. In den nächsten sieben Monaten sollten die unterbesetzten und mangelhaft ausgerüsteten alliierten Truppen sich als unfähig erweisen, in den, wie Churchill den Amerikanern versprochen hatte, »weichen Unterleib Europas« einzudringen.[156]

Zu allem Überfluss entsandte Hitler auch noch eine Spezialeinheit, um Mussolini zu befreien. Der Duce trat in der neuausgerufenen Italienischen Sozialrepublik, nach ihrem Regierungssitz am Gardasee auch Republik von Saló genannt, an die Spitze eines Marionettenregimes, das sich als letzte, bösartige Ausprägung des faschistischen Extremismus und Antisemitismus erweisen sollte.[157]

Obwohl Mussolinis Sturz Hitler kurzzeitig erschütterte, war das NS-Regime weit davon entfernt auseinanderzubrechen. Das sang- und klanglose Verschwinden des Faschismus in Italien bestärkte Hitler nur in seiner Entschlossenheit, keinerlei Widerspruch im Reich zu dulden. Mit Himmlers Ernennung zum Reichsinnenminister am 24. August signalisierte er, dass die inneren Angelegenheiten nun erst recht in den Händen des Sicherheitsapparats lagen. Allerdings erforderte die militärische Entwicklung im Mittelmeerraum die Verlegung bedeutender Kräfte von der Ostfront just in einem kritischen Moment, was den Niedergang der Wehrmacht beschleunigte, auch wenn zu keinem Zeitpunkt die Gefahr bestand, dass sie auseinanderfiel.[158]

Tatsächlich hatte Speer nach Stalingrad die Rüstungsproduktion gesteigert, die Verluste von 1942 wettgemacht und die Wehrmacht für neuerliche Offensivoperationen ausgerüstet. Im Frühjahr gelangte Hitler zu dem Schluss, dass sie nicht in der Defensive bleiben durfte. Durch einen Schlag gegen die Sowjetunion hoffte er im Besitz der Rohstoffe und der Agrarproduktion der Ukraine bleiben und den Achsenpartnern zeigen zu können, dass mit Deutschland noch zu rechnen war. Im März erteilte er den Befehl zum »Unternehmen Zitadelle«, einem Umfassungsangriff auf einen Frontbogen bei Kursk. Obwohl die Deutschen so gut wie jede verfügbare Kampfeinheit eingesetzt hatten, scheiterte der Angriff, noch bevor die alliierte Landung auf Sizilien Hitler einen Vorwand bot, ihn abzubrechen. Anfang August standen die Deutschen wieder in ihren Ausgangsstellungen, und in den verbleibenden Monaten des Jahres wurde die Wehrmacht auf nahezu der gesamten Front, von Leningrad bis zum Schwarzen Meer, zurückgedrängt.[159]

Während sich Deutschlands strategische Lage verschlechterte, wandte sich die NS-Führung dem Antisemitismus zu, als wäre er eine Geheimwaffe. Hitler kam immer öfter auf die Judenfrage zu sprechen und drängte Goebbels, sie in der Propaganda unablässig aufzugreifen. »Vor allem in der Judenfrage«, vertraute Goebbels Anfang März seinem Tagebuch an, »sind wir ja so festgelegt, dass es für uns gar kein Entrinnen mehr gibt. Und das ist auch gut so. Eine Bewegung und ein Volk, die die Brücken hinter sich abgebrochen haben, kämpfen erfahrungsgemäß viel vorbehaltloser als die, die noch eine Rückzugsmöglichkeit besitzen.« Einige Wochen später fügte er hinzu: »Der Führer gibt eine Anweisung heraus, im stärksten Umfange jetzt die Judenfrage wieder in den Vordergrund unserer Propaganda zu stellen.« Hitler forderte ihn auf, den Menschen die Botschaft einzuhämmern: »Die Juden sind schuld! Die Juden wollten den Krieg! … Der Jude verschärft den Krieg! … Und immer wieder ist der Jude schuld!« Hitler beteiligte sich selbst an der Kampagne, indem er im März 1943 eine Reihe von Reden hielt, in denen er die Juden für den Krieg verantwortlich machte und seine »Prophezeiung« wiederholte, dass sie dafür würden bezahlen müssen.[160]

Auch Himmler benutzte das Schicksal der Juden als eine Art Bande aus Blut, mit dem er die zivile und militärische Führung an die nationalsozialistische Sache fesselte. Um dies zu erreichen, musste er mehr oder weniger offen aussprechen, was man den Juden antat. Während jüdische Sklavenarbeiter unter grauenhaften Bedingungen die Spuren der deutschen Verbrechen beseitigen mussten, bekannte sich Himmler zu diesen, um das gesamte NS-Regime zu Komplizen zu machen. Vor hohen SS-Offizieren erklärte er in einer langen Rede am 4. Oktober 1943 in Posen:

> Ich will hier vor Ihnen in aller Offenheit auch ein ganz schweres Kapitel erwähnen. Unter uns soll es einmal ganz offen ausgesprochen sein, und trotzdem werden wir in der Öffentlichkeit nie darüber reden … Ich meine jetzt die Juden-evakuierung, die Ausrottung des jüdischen Volkes … Von euch werden die meisten wissen, was es heißt, wenn 100 Leichen beisammen liegen, wenn 500 daliegen oder wenn 1000 daliegen. Dies durchgehalten zu haben und dabei – abgesehen von Ausnahmen menschlicher Schwächen – anständig geblieben zu sein, das hat uns hart gemacht. Dies ist ein niemals geschriebenes und niemals zu schreibendes Ruhmesblatt unserer Geschichte …

Himmler brachte die antijüdischen Maßnahmen dann in direkten Zusammenhang mit dem Krieg und beschwor die Erinnerung an die deutsche Niederlage 25 Jahre zuvor herauf:

> … denn wir wissen, wie schwer wir uns täten, wenn wir heute noch in jeder Stadt – bei den Bombenangriffen, bei den Lasten und bei den Entbehrungen des Krieges – noch die Juden als Geheimsaboteure, Agitatoren und Hetzer hätten. Wir würden wahrscheinlich jetzt in das Stadium des Jahres 1916/17 gekommen sein, wenn die Juden noch im deutschen Volkskörper säßen … Wir hatten das moralische Recht, wir hatten die Pflicht gegenüber unserem Volk, dieses Volk, das uns umbringen wollte, umzubringen.

Anfang Mai 1944 fügte er vor hohen Wehrmachtoffizieren hinzu: »Die Judenfrage ist in Deutschland und im Allgemeinen in den von Deutschland besetzten Gebieten gelöst. Sie wurde entsprechend dem Lebenskampf unseres Volkes, der um die Existenz unseres Blutes geht, kompromisslos gelöst …« Sogar Frauen und Kinder hätten sterben müssen: »Wir sind m. E. auch als Deutsche bei allen so tief aus unserer aller Herzen kommenden Gemütsregungen nicht berechtigt, die hasserfüllten Rächer groß werden zu lassen, damit dann unsere Kinder und unsere Enkel sich mit denen auseinandersetzen müssen, weil wir, die Väter und Großväter, zu schwach und zu feige waren und ihnen das überließen.«[161]

Die Folgen der Niederlage Italiens

Der ungünstige Kriegsverlauf löste mehr als nur scharfe Reden aus. Da Hitler jüdischem Einfluss die Schuld an der italienischen Kapitulation und dem spürbaren Unbehagen unter den verbliebenen Achsenpartnern gab, verlangte er, die Juden schwerer denn je zu treffen, und nutzte den fortdauernden Vernichtungsfeldzug, um die Eliten anderer Länder derart tief in ihn hineinzuziehen, dass sie sich eine deutsche Niederlage nicht leisten konnten. Der Zusammenbruch Italiens verschärfte einerseits die antijüdische Politik und eröffnete andererseits den Judenjägern neue Betätigungsfelder. Die diplomatischen Schnitzer der Alliierten und ihre einfallslosen operativen Entscheidungen im Mittelmeerraum brachten die Juden in die Schusslinie, ohne ihnen einen Ausweg oder Hilfe anzubieten. Die Juden in Italien und den italienisch besetzten Gebieten Frankreichs, Jugoslawiens und Griechenlands waren jetzt den Deutschen, deren Rachedurst noch einmal zunahm, ausgeliefert.[162]

Mitte 1943 lebten in Italien, einschließlich der Flüchtlinge, rund 40 000 Juden. Die scharfen antijüdischen Gesetze hatten bewirkt, dass zu diesem Zeitpunkt nur noch die Hälfte der italienischen Juden ein Auskommen hatte; im Mai 1942 war die Zwangsarbeit eingeführt worden. Die ausländischen Juden waren schon seit Ende 1940 in Lagern interniert oder mussten sich, in sogenannter »freier Internierung«, in ihnen zugewiesenen entlegenen Dörfern aufhalten. Rund 9000 überwiegend ausländische und staatenlose Juden erhielten Hilfsleistungen der Delegation zur Unterstützung jüdischer Emigranten (Delasem). Zwischen 1939 und 1943 half die Delasem rund 5000 jüdischen Emigranten, von Italien aus weiterzureisen. In den ersten Monaten der alliierten Invasion wurden nur wenige Juden befreit, hauptsächlich Ausländer, die im Süden interniert waren, vornehmlich im Lager Ferramonti in Kalabrien.[163]

Für den 16-jährigen Luigi Fleischmann aus Fiume schien die alliierte Invasion die baldige Befreiung zu verheißen. Er lebte mit seiner Familie seit April 1942 in freier Internierung in Navelli, einem Dorf in den mittelitalienischen Abruzzen. Es war zugegebenermaßen ein leichtes Leben; die Carabinieri übten nur eine sehr lockere Aufsicht über die Fleischmanns und die drei anderen jüdischen Familien, darunter eine englische, aus. Sie mussten sich jeden Tag um elf Uhr bei der Polizei melden, doch das war kaum mehr als eine Farce: »Die Beamten kamen heraus, warfen einen Blick auf uns und zählten uns manchmal sogar. Dann bellten sie: ›Gut, ihr könnt jetzt gehen!‹« Ein Carabiniere sagte zu ihnen, sie seien »immerhin Menschen und keine wilden Tiere, die man im Käfig hält«. Luigi konnte frei die Berge der Umgebung erkunden. Doch dann geriet sein Idyll durch die Kriegswende in Gefahr. Erst entfernte die Polizei ihre faschistischen Insignien, dann verschwand sie. In der Ungewissheit über die weitere Entwicklung berieten die Juden darüber, ob sie nach Süden gehen oder bleiben sollten. Da die Alliierten relativ nah zu sein schienen, beschlossen sie zu bleiben. Zu ihrem Leidwesen ließ die Befreiung auf sich warten; stattdessen besetzten die Deutschen die Region und gruben sich ein. Vor dem Hintergrund der deutschen Verstärkungen und Verteidigungsvorbereitungen schrieb Luigi traurig in sein Tagebuch: »Die Alliierten lassen sich Zeit.« Als die Front über den Winter zum Stehen kam, war sie noch 130 Kilometer entfernt. Navelli sollte sie erst im Juni 1944 erreichen.[164]

Aufgrund des schleppenden Vormarschs der Alliierten konnten die Deutschen und ihre italienischen Kollaborateure furchtbar unter den Juden wüten. Wieder einmal ergab sich die Intensität der Aggression zum Teil aus dem üblichen Kompetenzgerangel. Im Oktober entsandte Gestapochef Müller ein Einsatzkommando unter Theodor Dannecker nach Rom, während Himmler seinen bisherigen Stabschef Karl Wolff zum HSSPF in Italien ernannte, womit er auch für jüdische Angelegenheiten zuständig war. Ernst Kaltenbrunner, seit Januar 1943 RSHA-Chef, befahl dem Kommandeur der Sicherheitspolizei in Rom, Herbert Kappler, so bald wie möglich eine Aktion gegen die jüdische Gemeinde von Rom durchzuführen. Ein in Bletchley Park entschlüsseltes Telegramm Kaltenbrunners vom 11. Oktober instruierte ihn: »Gerade die sofortige und vollständige Auslöschung der Juden in Italien liegt im besonderen Interesse der jetzigen innenpolitischen Situation und der allgemeinen Sicherheit Italiens … Je länger es sich hinauszieht, desto mehr Juden, die ohne jeden Zweifel an Evakuierungsmaßnahmen arbeiten, bekommen die Gelegenheit, in die Häuser judenfreundlicher Italiener umzusiedeln oder ganz zu verschwinden.«[165]

Die jüdische Führung, insbesondere der Vorsitzende der römischen Gemeinde, Ugo Foà, reagierte träge auf die Gefahr und erlaubte den Deutschen, ihre Mitgliederkartei zu beschlagnahmen. Ende September presste Kappler über Foà und Dante Almansi, den Präsidenten der Union der jüdischen Gemeinden, den verängstigten Juden Roms mit dem Versprechen, kein einziges ihrer Mitglieder deportieren zu lassen, fünfzig Kilogramm Gold ab. Dennoch führte er am 16. Oktober im alten jüdischen Viertel der Stadt, dem einstigen Ghetto, eine Razzia durch, bei der in wenigen Stunden 1259 Juden verhaftet wurden. Zwei Tage später ging ein Transport mit 1007 römischen Juden nach Auschwitz-Birkenau ab. Die meisten der nach der fünftägigen Fahrt hungrigen und erschöpften Deportierten wurden sofort nach der Ankunft ermordet. Allerdings hatten sich Kaltenbrunners Befürchtungen bewahrheitet: Der größte Teil der jüdischen Gemeinde war geflohen oder hatte bei Freunden sowie in Klöstern Zuflucht gesucht.[166]

Kappler und Dannecker verfügten nicht annähernd über genug Personal, um die Großrazzia in Rom wiederholen zu können. Stattdessen verlegten sie sich auf überraschende Razzien in Mailand, Triest, Turin, Florenz, Genua und Venedig. Im Oktober und November 1943 nahmen die Deutschen rund 3000 Juden gefangen, die man zunächst in von der deutschen Polizei betriebenen Lagern festhielt und von dort nach Auschwitz-Birkenau deportierte. Besonders gefährdet waren ausländische Juden; fast ein Viertel der Flüchtlinge und Staatenlosen im Norden verloren infolge der Razzien ihr Leben. Dagegen wurden nur zwölf Prozent der Juden mit italienischer Staatsbürgerschaft deportiert. Dank ihrer Beziehungen und Ortskenntnisse fanden sie eher Zuflucht bei Freunden, mitfühlenden Arbeitgebern oder freundlich gesinnten Geistlichen, wobei Letztere aus eigenem Antrieb handelten. Papst Pius XII. blieb bei seinem öffentlichen Schweigen zum Schicksal der Juden, nunmehr mit der Rechtfertigung, dass der Wolf vor seiner Haustür lauere und es nicht angeraten sei, einen deutschen Übergriff auf den Vatikan zu provozieren.[167]

Ab Anfang 1944 hatten die Deutschen die Unterstützung von Mussolinis Italienischer Sozialrepublik. Polizeibefehl Nr. 5 des antisemitischen Innenministers Guido Buffarini Guidi wies die faschistische Polizei im Norden an, alle Juden aufzuspüren und festzunehmen, mit Ausnahme von Alten, in Mischehe Lebenden und getauften Kindern. In den verbleibenden Kriegsmonaten stellten die faschistischen Betonköpfe der Nationalrepublikanischen Garde (GNR), der Schwarzen Brigaden (Brigate Nere) und der Italienischen SS-Legion das Personal, das den Deutschen fehlte. Allerdings war die Zusammenarbeit nicht immer harmonisch; die Italiener stritten mit den Deutschen über die auszunehmenden Kategorien, obwohl es dabei mehr um die Bewahrung der italienischen Souveränität ging als um den Schutz bestimmter Gruppen von Juden. Im Februar 1944 wurde Dannecker von Friedrich Boßhammer abgelöst, der begann, rücksichtslos jüdische Krankenhäuser, Altersheime und Waisenhäuser zu räumen. Sipo und SD übernahmen ein ehemaliges Kriegsgefangenenlager in Fossoli in der Provinz Modena und wandelten es in eine Sammelstelle für Juden und Widerstandskämpfer um, die nach Auschwitz geschickt werden sollten. Globocnik richtete in San Sabba, einer aufgelassenen Reisfabrik außerhalb Triests, ein Konzentrationslager ein. Zusammen mit dem Team, das er aus Lublin mitgebracht hatte – Christian Wirth, Franz Stangl, Kurt Franz und Josef Oberhauser –, übte er an der nordadriatischen Küste eine Schreckensherrschaft aus. Dennoch gingen ihm nur rund tausend Juden ins Netz. Entgegen ihrer Absicht, die gesamte jüdische Bevölkerung zu entfernen, konnten die Deutschen nur 6806 italienische Juden (von 32 000) und bis zu tausend ausländische Juden (von schätzungsweise 8000) deportieren. Mehrere Hundert kamen in Italien in den Lagern oder im Zuge der Hatz auf Juden ums Leben.[168]

Da er nicht auf die Ankunft der Alliierten warten wollte, schloss sich Luigi Fleischmann in den Abruzzen operierenden Partisanen an. Aus dem befreiten Süden forderte Radio Bari die Juden auf, »den Nazis und den Faschisten zu entfliehen und spornte die Italiener an, dabei zu helfen, Juden zu verstecken«. Umgekehrt richtete der offizielle Sender der Republik von Salò Appelle an die Italiener, alle Juden als Volksfeinde zu ergreifen. Allerdings hatten die Schwarzen Brigaden und die deutsche Polizei aufgrund der langsamen Fortschritte der Alliierten Gelegenheit, Städte und Dörfer in der Umgebung von Navelli zu durchkämmen. Dabei durften sie nur mit begrenzter Unterstützung rechnen. Fleischmanns Familie wurde von einem Polizisten aus Navelli vor einer bevorstehenden Razzia gewarnt, und der Gemeindesekretär gab Luigis Vater neue Ausweise »sowie einen unausgefüllten, in den wir die Angaben eintragen konnten, die wir wollten. Er versah ihn sogar mit dem Amtsstempel und wünschte Vater alles Gute.«[169]

Ähnlich entspannt war es von November 1942 bis September 1943 in der italienischen Besatzungszone in Südfrankreich zugegangen. »Haltung der Italiener nach wie vor verständnislos«, beklage sich Heinz Röthke im Juli 1943 bei Helmut Knochen. »In den zurückliegenden Monaten Massenflucht der Juden aus dem von uns besetzten Gebiet in das italienische Interessengebiet. Flucht wird begünstigt durch Tausende von Schleichwegen, durch die Mithilfe der mit den Juden sympathisierenden französischen Zivilbevölkerung und Behörden, falsche Identitätskarten, unübersichtliches Gelände, das eine hermetische Sperrung der Interessengrenze unmöglich macht.« Mit der italienischen Kapitulation und der umgehenden Besetzung der Region durch deutsche Truppen fiel die Ursache dieser Klage fort. Am 10. September traf Alois Brunner mit einem 15-köpfigen Stab in Nizza ein und ließ sich im Hotel Excelsior am Hauptbahnhof nieder. Auf dem Papier war Nizza für die Deutschen ein ergiebiges Jagdgebiet. Nach ihrer Schätzung warteten dort 25 000 bis 30 000 Juden, einschließlich 15 000 ausländischer, nur darauf, aufgegriffen zu werden. Aber Brunner litt unter erheblichem Personalmangel. Zudem waren die Juden nicht gekennzeichnet, und sogar ihre Ausweise waren sauber, da die Italiener die vom Vichy-Regime erlassene Verordnung, sie mit dem Wort »Juif« zu stempeln, nicht umgesetzt hatten.[170]

Auf die Milice française unter dem Ex-Soldaten Joseph Darnand immerhin konnte Brunner zählen. Im Januar 1943 in der Freien Zone als paramilitärischer Veteranenverband zur Unterstützung Pétains und für den Kampf gegen den Kommunismus gegründet, entwickelte sich die Milice mit Billigung Vichys immer mehr zu einer Quasi-Polizei, die den Widerstand bekämpfte und sich immer stärker an der Judenjagd beteiligte. Sie zog in zunehmendem Maß Männer, die der Zwangsarbeit in Deutschland entgehen wollten, und Opportunisten an, die Gelegenheiten für Erpressung und Raub witterten. Mitte 1943 sicherte sich Darnand die Unterstützung der SS. Seine Loyalität zum Führer belohnte das NS-Regime mit Waffen für die Milice.[171]

Léon Poliakov, der in der italienischen Zone Zuflucht gesucht hatte und für eine im Untergrund aktive jüdische Hilfsorganisation arbeitete, beschrieb später, zu welch verzweifelten – und nicht ganz erfolglosen – Mitteln Sipo, SD und Milice griffen. Tagsüber »fuhren amtliche schwarze Citroëns durch die Straßen von Nizza, deren Insassen die Passanten musterten, und jederzeit konnte ein Fußgänger in ein Auto gebeten werden. Ohne unnütze Fragerei und Identitätskontrollen. Das Auto fuhr zur Synagoge, wo das Opfer ausgezogen wurde, und wenn es beschnitten war, erhielt es automatisch einen Platz im nächsten Konvoi nach Drancy …« Die Sipo durchsuchte Hotels, Pensionen und Mietzimmer. »Mitglieder der Milice, diese Schakale der Gestapo, prüften Wohnhäuser und legten Listen mit jüdisch klingenden Namen an. An den Bahnhöfen wurden selbsternannte Physiognomen postiert.« Aber mit dem Taxieren von Nasen ließen sich kaum Transporte füllen. Deshalb durchsuchte die Sipo die Hotels in Nizza und an der gesamten Côte d›Azur. Es gab insgesamt 170, und da die Polizei nur zehn pro Nacht heimsuchen konnte, rechnete Poliakov sich gute Chancen aus, nicht erwischt zu werden: »Jeden Abend im Hotel Lausanne sagte ich mir vor dem Schlafengehen, dass die Chance, aufgegriffen zu werden, eins zu 17 stand …«[172] Dank der Hoseninspektionen in der Synagoge und der Folter im Keller des Excelsior konnten Brunners Leute in Nizza 1100 und in anderen Orten an der Küste 300 Juden festnehmen. Außerdem spürten sie 400 Juden auf, die sich in Dörfern im Inland versteckt hatten. Doch obwohl sie jeden Monat mehrere Transporte abfertigten, verhafteten sie zwischen Anfang September und Ende Dezember nicht einmal zehn Prozent der Juden, die sich nach ihrer Schätzung in der Region aufhielten. Darin zeigten sich die geschärfte Wachsamkeit der Juden, die Stärke des von ihnen aufgebauten Untergrundnetzwerks, ihre Bereitschaft, den Verfolgern auszuweichen, die Unterstützung, die ihnen von einem großen Teil der Bevölkerung zuteilwurde, und die Schwäche der Deutschen.[173]

In den anderen italienischen Besatzungszonen, die von den Deutschen übernommen wurden, waren die Verhältnisse weniger günstig. Die italienischen Besatzer an der dalmatinischen Küste hatten die Juden Mitte 1942, als die Deutschen Juden aus Kroatien zu deportieren begannen, unter ihren Schutz genommen. Rund 3000 wurden zwangsweise auf die Insel Rab gebracht und dort zusammen mit anderen Zivilisten interniert. Dort fürchteten die Juden um ihr Leben und wehrten sich gegen den Abtransport von der Insel. Tatsächlich waren sie in relativer Sicherheit, hatten aber mit den schwierigen Bedingungen zu kämpfen. Zu ihrem Glück besetzten jugoslawische Partisanen bald nach der Kapitulation Italiens die Insel. Alles in allem wurden nur 200 bis 300 Juden von Rab verschleppt.[174]

Nach der Entwaffnung der Italiener in Griechenland weiteten die Deutschen ihre antijüdischen Maßnahmen auf deren Zone und den Dodekanes aus. Anfang September traf Jürgen Stroop als HSSPF in Athen ein. Ihm zur Seite stand der BdS Walter Blume. Später kamen noch Dieter Wisliceny und eine Handvoll von Eichmanns Mitarbeitern hinzu. Eichmann hatte die sofortige Verhaftung der Athener jüdischen Gemeinde angeordnet. Oberrabbiner Elias Barzilai verschwand jedoch, ohne den Judenjägern Namen und Adressen der Gemeindemitglieder überlassen zu haben. Darüber hinaus löste sein Verschwinden eine Massenflucht unter den Juden aus. Anstatt sie nach Belieben zusammenzutreiben, gab Stroop einen Erlass heraus, der Juden verpflichtete, sich bei den Behörden registrieren zu lassen. Doch nur wenige Juden kamen dem nach. Auch von der griechischen Marionettenregierung schlug den Deutschen Widerstand entgegen: Ministerpräsident Ioannis Rallis ließ das Auswärtigen Amt in Berlin wissen, dass er der Deportation jüdischer griechischer Staatsbürger nicht zustimmen werde. Bis Wisliceny im Februar 1944 nach Berlin zurückbeordert und durch Anton Burger ersetzt wurde, waren die Judenjäger kaum vorangekommen. Am 23. März ließ Burger mehrere Dutzend jüdische Männer, die in der Synagoge erschienen waren, um sich registrieren zu lassen, festnehmen; sie wurden gezwungen, die Deutschen zu anderen Juden zu führen, hauptsächlich zu ihren Frauen und Kindern. Einige Tage später wurden rund tausend Juden per Zug nach Auschwitz geschickt. Bei einem Zwischenstopp in Larissa stiegen 1700 Juden zu, die bei einer gleichzeitigen Aktion in Ioannina aufgegriffen worden waren. An nur einem Tag hatten SS-Einheiten gemeinsam mit der Geheimen Feldpolizei (GFP) die uralte jüdische Gemeinde dieser Stadt ausgelöscht. Die Wehrmacht hatte auch eine Fahrzeugflotte von achtzig Lastwagen zur Verfügung gestellt, um die Juden aus Ioannina in ein Lager in Larissa zu bringen, wo Juden aus anderen Städten zu ihnen stießen, namentlich aus Arta und Preveza. Der Transport mit jetzt 2700 Juden traf am 11. April in Auschwitz ein. Auf der Rampe wurden 320 Männer und 328 Frauen für die Aufnahme in Birkenau selektiert; die Übrigen wurden ermordet.[175]

Burger war auch für die Deportation der Juden von den griechischen Inseln verantwortlich. Diese komplizierte logistische Aufgabe nahm mehr Zeit in Anspruch. Im Frühjahr 1944 besuchte Burger Korfu, wo, wie er feststellte, bereits 2000 Juden bei der deutschen Militärverwaltung registriert waren. Ohne dem Einspruch des örtlichen Militärbefehlshabers, der Unruhen befürchtete, Beachtung zu schenken, setzte Burger ein Datum für die Deportation fest. Da er über keinerlei eigenes Personal verfügte, zog er die GFP, die Feldgendarmerie und die örtliche griechische Polizei hinzu. Am 9. Juni wurde fast die gesamte jüdische Bevölkerung der Insel in der Alten Festung der Stadt Korfu zusammengetrieben. Nur wenige versuchten zu entkommen; die meisten blieben lieber bei ihren Großfamilien. Mit Schiffen der deutschen Kriegsmarine wurden die Juden zuerst nach Lefkada und dann nach Patras auf dem Festland gebracht. Von dort ging es auf die fünftägige Zugreise nach Auschwitz. Zur gleichen Zeit, als auf Korfu die »Judenaktion« stattfand, ertranken 500 kretische Juden, als das Schiff, das sie aufs Festland bringen sollte, von einem britischen U-Boot torpediert wurde und sank. Den Juden von Rhodos und Kos, die im Juli an die Reihe kamen, blieb zumindest dieses Unglück erspart. Wiederum konnte sich Burger bei der Erledigung seiner Aufgabe auf reguläre Wehrmachteinheiten und die Kriegsmarine stützen. Am 13. Juli begannen die Deutschen die 1700 Juden von Rhodos in der Inselhauptstadt zu konzentrieren; ausgenommen waren die Inhaber türkischer Pässe. Nachdem man sie ausgeraubt hatte, wurden die Juden zehn Tage später auf drei kleine Schiffe der Kriegsmarine getrieben, die sie via Kos, wo weitere hundert Juden an Bord genommen wurden, zum Festland brachten. Dort warteten sie im Konzentrationslager Chaidari auf die Weiterfahrt. Schließlich wurden sie in einen Transport von insgesamt 2500 Juden aufgenommen, der am 16. August in Auschwitz eintraf. 600 der Neuankömmlinge wurden ins Lager Birkenau eingewiesen; die übrigen Männer, Frauen und Kinder kamen in die Gaskammern.[176]

»Der Tod stürzt hernieder auf die Welt« – Deportationen aus Westeuropa

Eichmanns Gehilfen konnten im zweiten Halbjahr 1943 und bis ins Jahr 1944 hinein zwar Transporte nach Auschwitz schicken, aber nur unter großen Schwierigkeiten. Ohne die dem Untergang geweihten Menschen in den Konzentrations- und Durchgangslagern Drancy, Westerbork, Malines, Vught und Theresienstadt wäre es ihnen schwergefallen, die vom RSHA-Referat IV B 4 gebuchten Züge zu füllen.

In Paris lebten immer noch rund 60 000 Juden, überwiegend französische Staatsbürger, die vor der Deportation gefeit waren, solange sie nicht gegen Gesetze verstießen. Sofern sie den gelben Stern trugen, waren sie erkennbar; Tausende Kinder, die ihn trugen, besuchten öffentliche Schulen. Die UGIF hatte allein in Paris 800 Mitarbeiter, die an einem durchschnittlichen Tag zehnmal so vielen Juden Hilfe leisteten. Ihre Suppenküchen verpflegten mehr als 30 000 mittellose Juden. Aber auch der Besitz einer Mitarbeiterkarte der UGIF garantierte keinen Schutz mehr. Um die Deportationsvorgaben zu erfüllen, verhaftete die Sipo UGIF-Mitarbeiter und durchkämmte von der UGIF betriebene Einrichtungen wie Krankenhäuser, Waisenhäuser und Altersheime. Außerdem wurde die Zahl der verschonten Nationalitäten verringert: Zwischen dem 24. und 26. September nahmen Sipo und SD Juden mit ungarischen, spanischen, italienischen, schweizerischen, portugiesischen, schwedischen, dänischen und finnischen Pässen fest. Im Februar 1944 waren auch türkische Juden an der Reihe. Einige der Aufgegriffenen wurden ins Austauschlager Bergen-Belsen geschickt, aber die meisten endeten in den Gaskammern von Birkenau. Von September bis Dezember wurden in Paris im Durchschnitt 380 Juden pro Monat verhaftet. Im übrigen Frankreich waren es mehr: 315 im September, 597 im Oktober, 877 im November und 421 im Dezember. Unter den Opfern waren auch der siebzigjährige Jacques Helbronner und seine Frau, die in Lyon aufgegriffen wurden. Oberrabbiner Hirschler und seine Frau wurden bei einer der letzten Razzien des Jahres in Marseille gefasst.[177]

Hélène Berr entging der Durchsuchung ihres UGIF-Büros im August 1943 nur knapp. Obwohl ihr Freund nach Spanien geflohen war und Kollegen sie regelmäßig gedrängt hatten, Paris zu verlassen, war sie entschlossen, zu bleiben und Zeugin der Ereignisse zu sein: »Ich habe eine Pflicht zu erfüllen beim Schreiben, denn die anderen müssen Bescheid wissen … Denn … wie soll man die Welt anders läutern, als indem man ihr das Ausmaß des Bösen, das sie begeht, begreiflich macht?« So tapfer ihre Tagebucheintragungen auch klingen, so erschüttert war sie doch über das, was sie täglich sah, und wegen der Sendungen der BBC hatte sie keine Illusionen mehr darüber, was die Deportationen bedeuteten: »Der Tod stürzt hernieder auf die Welt.«[178]

Selbst französische Juden mussten vor dem CGQJ auf der Hut sein. Die für jüdische Angelegenheiten zuständige Sonderpolizei unter Leitung von Darquier de Pellepoix und ab Februar 1944 von dessen Nachfolger Charles du Paty de Clam schnüffelte auf der Suche nach Unregelmäßigkeiten, die eine Verhaftung rechtfertigen würden, potentiellen Opfern hinterher. Unablässig trieben sie die Arisierung voran. Bis Mai 1944 wurden 42 227 in jüdischem Besitz befindliche Unternehmen Treuhändern übergeben. Über 9600 Immobilien wurden verkauft, darunter 1708 Mehrfamilienhäuser. Fast 4870 Betriebe hatte man veräußert und über 7300 geschlossen. Die Arisierung stellte also eine massive Vermögensumverteilung von der jüdischen Bevölkerung zum Staat dar, wobei große Werte bei korrupten Geschäften in private Taschen flossen.[179]

Das verschärfte Vorgehen gegen die UGIF zwang die Organisationen, die unter ihrem Dach Schutz gesucht hatten, zu klandestinen Maßnahmen. So begann das von dem Arzt Joseph Weill geleitete Kinderhilfswerk OSE, jüdische Kinder in kirchlichen Einrichtungen unterzubringen. Von George Garel, einem in Russland unter dem Namen Grigori Garfinkel geborenen Ingenieur, unterstützt, nahm Weill Kontakt zu Erzbischof Saliège auf, mit dessen Hilfe er 1500 Kinder verstecken konnte, die, so hoffte man, unter den Schülern katholischer Internate nicht auffallen würden. 1944 befanden sich in der Umgebung von Paris 6000 bis 7000 und in der Gegend von Nizza etwa 400 jüdische Kinder in der Obhut katholischer und protestantischer Lehranstalten. Hunderte Kinder aus anderen Städten, wie Straßburg und Mülhausen, wurden bei Familien in Dörfern der Umgebung untergebracht. In der Gemeinde Le Chambon-sur-Lignon in den Cevennen, deren Bevölkerung ausnahmslos protestantisch und durch die Erfahrung jahrhundertelanger Verfolgung geprägt war, fanden sage und schreibe 3500 Juden Unterschlupf. Gemeindepfarrer André Trocmé, seine Frau Magda und sein Stellvertreter Edouard Thies halfen Juden schon seit der Niederlage Frankreichs. Zuerst gaben sie Kindern, die Helfer einer Quäkerorganisation aus Internierungslagern in Marseilles herausgeholt hatten, ein Heim. Nach dem Beginn der Deportationen und der Besetzung von Südfrankreich suchten immer mehr Juden Zuflucht in Le Chambon, und keiner wurde abgewiesen. Trocmé gewann die gesamte Gemeinde für die Rettungsarbeit und traf schließlich mit jüdischen Organisationen ausgeklügelte Arrangements, wie Kinder und Familien in seine Obhut gelangen konnten. Außerdem führten Mitglieder seiner Gemeinde kräftige junge Juden auf Pfaden, die Jahrhunderte zuvor die Hugenotten benutzt hatten, über die Berge in die Schweiz. Le Chambon entging nicht der Aufmerksamkeit der Gestapo und der Milice. Trocmé und Thies wurden beide verhaftet und eine Zeitlang festgehalten, und schließlich mussten sie in den Untergrund gehen. Aber kein einziger Jude wurde aus dem Ort verschleppt. Laut der Historikerin Susan Zuccotti wurden in der weiteren – protestantisch geprägten – Umgebung in Privathäusern und Schulen sowie auf Bauernhöfen noch einmal 800 bis 1000 Juden versteckt.[180]

Die Juden wichen den Deutschen nicht nur aus. In der zweiten Jahreshälfte 1943 schlossen sich auch immer mehr von ihnen der Résistance an und schlugen zurück. Kommunistische Juden, Einwanderer und die Jugend gaben den Ton an. Sie bildeten mehrere rein jüdische Einheiten der Francs-tireurs et partisans – main d'œuvre immigrée (FTP-MOI). Von Juni 1942 bis Juli 1943 führten jüdische Einwanderer in der Pariser Region fast 65 Operationen gegen deutsche Besatzungstruppen durch. Viele der Kämpfer wurden getötet oder verhaftet, was dem sicheren Tod gleichkam, so dass die jüdischen Einheiten bis Ende 1943 vernichtet waren oder sich aufgelöst hatten. Jüdische Pfadfinder gingen in die Berge des Zentralmassivs und gründeten die Armée Juive, einen rein jüdischen Verband des Maquis. Hunderte andere Juden kämpften im Maquis selbst, wie der junge Claude Lanzmann und sein Vater – einige offen als Juden, andere ohne sich als solche zu erkennen zu geben.[181]

Auch die Deportationen von Juden aus Belgien, die im April 1943 nach dreimonatiger Pause fortgesetzt wurden, waren für die Deutschen mühseliger als im Jahr zuvor. Im März erschienen in der belgischen Untergrundpresse Artikel, die andeuteten, dass die Transporte aus Malines ins Verderben gingen. Hinzu kamen die BBC-Meldungen über die Massenmorde in Polen. Moshe Flinker hörte, dass alte, nicht arbeitsfähige Juden aus dem Viertel, in dem er mit seinen Eltern wohnte, unter den festgenommenen Juden waren. Er hatte daran gedacht, freiwillig in den Osten zu gehen, doch jetzt bekam er Zweifel. Nur wenige Juden meldeten sich noch zum »Arbeitsdienst«, und die meisten Einwanderer waren abgetaucht. Anfang Januar 1943 flohen über sechzig Deportierte aus dem 19. Transport aus Malines, noch bevor er die deutsche Grenze erreicht hatte.[182]

Gleichwohl veranstaltete Kurt Asche, der Judenreferent in Brüssel, weiter Razzien gegen immigrierte Juden. Die deutsche Polizei griff Juden bei Ausweiskontrollen auf oder wurde durch Denunziationen auf sie aufmerksam. Auch jüdische Informanten, namentlich Jacques Glogowski, sorgten für einen kleinen, aber steten Zustrom von Opfern in die Dossin-Kaserne in Malines. Anfang April hatte Asche genug Juden für einen Transport beisammen. Der Zug fuhr am Abend des 19. April mit 1631 Juden im Alter zwischen sechs und neunzig Jahren ab. Er wurde jedoch wenig später durch einen mit einer roten Laterne winkenden Mann angehalten. Der Mann war der russisch-jüdische Arzt Youra Livchitz, der seit 1942 in der Résistance aktiv war. Nachdem jüdische Résistancekämpfer verhaftet und nach Malines gebracht worden waren, hatte Livchitz die Idee gehabt, den Deportationszug abzufangen und so viele Deportierte wie möglich zu befreien. Der Untergrund war skeptisch, aber Livchitz gewann Jean Franklemon und Robert Maistriau für sein Vorhaben, und in großer Eile arbeiteten sie einen rudimentären Operationsplan aus. Nachdem der Zug angehalten hatte, begannen seine beiden Mitstreiter mit einer Drahtschere die Riegel der Waggons zu öffnen. Einen konnten sie öffnen, und 17 verblüffte Juden sprangen aus dem Waggon, ehe die Polizeieskorte das Feuer eröffnete. Da Livchitz als Einziger bewaffnet war, mussten sich die drei Befreier zurückziehen. Der Zug setzte die Fahrt fort, aber bevor er Deutschland erreichte, konnten weitere 214 Deportierte ausbrechen. Viele von ihnen fanden bei belgischen Familien Zuflucht.[183]

Diese gewagte und in den Annalen der Deportationen aus Westeuropa einmalige Rettungsaktion änderte indes nichts daran, dass weiter Razzien stattfanden und Transporte in den Osten geschickt wurden. Von Himmler angespornt, führten Sipo und SD am 3. und 4. September in Brüssel und Antwerpen Großrazzien durch, und am 20. September begannen sie auch Juden mit belgischer Staatsangehörigkeit, die sie bisher verschont hatten, um die belgischen Behörden nicht zu erzürnen, zu deportieren. Bis zum Jahresende wurden weitere 6000 Juden aus Belgien über Malines nach Auschwitz geschickt. 1944 konnte Asche vier Transporte abfertigen, allerdings mit insgesamt nur 2300 Juden. Zu ihnen gehörten auch Moshe Flinker und seine Eltern, die am Vorabend des Passahfests verraten worden waren. Diese letzten Transporte erhöhten die Gesamtzahl der aus Belgien Deportierten auf 28 500, darunter nur tausend Belgier.[184]

Im Vergleich dazu liefen die Deportationen aus den Niederlanden wie ein Uhrwerk ab. Nach einer Unterbrechung zu Weihnachten wurden die Transporte aus Westerbork am 11. Januar 1943 wieder aufgenommen und gingen bis zum 23. Februar wöchentlich ab. Ein Transport mit tausend Patienten und Mitarbeitern einer jüdischen Nervenheilanstalt ging direkt von Appeldoorn nach Auschwitz. Wegen des Zustroms von Juden aus Saloniki wurden zwischen dem 2. März und dem 20. Juli 19 Züge mit 34 313 Juden nach Sobibór umgeleitet. Für die niederländischen Juden war dieser Zeitraum, für den es in Belgien und Frankreich keine Parallele gab, eine Katastrophe. Die vielen Transporte in diesen Wochen waren ein Grund, warum von ihnen ein so viel größerer Teil ermordet wurde als von den belgischen und französischen Juden. Ein anderer war die Errichtung eines neuen Lagers in Vught im Januar 1943. Vom 24. August bis Mitte November 1943 gingen aus Westerbork sieben Transporte und aus Vught ein Transport mit zusammen 8127 Juden ab. Im nächsten Jahr spielte Vught eine größere Rolle. Insgesamt fuhren acht Züge aus den beiden Lagern ab, die 5500 Juden direkt nach Birkenau brachten, darunter mehrere Hundert Frauen, die für medizinische Experimente missbraucht wurden. Fast 4000 Deportierte kamen ins Austauschlager Bergen-Belsen. Zurück blieben 8000 bis 9000 Juden, die in Mischehen lebten, zum Teil nichtjüdischer Herkunft waren oder deren Identität nicht geklärt war, sowie einige Tausend ausländische Juden, die ihre Nationalität schützte.[185]

Rauter und Fünten konnten diese Züge füllen, indem sie ununterbrochen Druck auf die jüdische Gemeinde ausübten und gegen leichte Ziele vorgingen, etwa gegen die Heilanstalt in Appeldoorn. Nachdem Sipo, SD und niederländische Kollaborateure dort bestürzte alte, körperbehinderte und geisteskranke Menschen auf Lastwagen verfrachtet hatten, um sie zum Bahnhof zu fahren, wiederholten sie das Vorgehen in anderen jüdischen Einrichtungen überall in den Niederlanden. Am 21. Mai verlangte Fünten vom Joodse Raad, über 7000 seiner Mitarbeiter auszuliefern. Da es in Amsterdam nur noch so wenige Juden gebe, so ihre Begründung, bestehe kein Bedarf mehr an so vielen Mitarbeitern. Die beiden Vorsitzenden Asscher und Cohen beriefen umgehend eine Dringlichkeitssitzung ein, um die Zustimmung des Rats zu erhalten. Trotz einigen Widerspruchs billigten die Ratsmitglieder schließlich die Entscheidung der beiden Vorsitzenden. Gertrude van Tijn weigerte sich, an der Selektion mitzuwirken, und zog sich aus dem Rat zurück, änderte damit aber nichts. In den nächsten 24 Stunden herrschten, wie Jacob Presser sich erinnerte, im Ratsgebäude »wieder helle Aufregung und Panik«, da jeder mit Bestechung und Überredung seinen Namen auf die Liste der unverzichtbaren Mitarbeiter zu setzen versuchte. In einer Sitzung, die die ganze Nacht dauerte, teilte eine Sonderkommission die Mitarbeiter in drei Kategorien ein: »A« für unverzichtbar, »B« für wichtig und »C« für entbehrlich. Am nächsten Tag übergab der Rat den Deutschen eine Liste mit 5700 Namen. Doch sie reichte nicht aus. Nicht nur hatte der Rat die geforderte Zahl verfehlt, sondern es erschienen auch viele derjenigen, die brieflich zur Deportation bestellt worden waren, nicht an der Sammelstelle. Daraufhin ließ Fünten die Polizei ausschwärmen und im jüdischen Viertel 3000 Menschen ergreifen. Unter ihnen war auch van Tijn, die jedoch auf Intervention Füntens wieder freigelassen wurde. Sie und 1500 andere Juden – Mitglieder und Mitarbeiter des Joodse Raad sowie privilegierte Juden – wurden von der Deportation ausgenommen. Diejenigen, die nicht geschützt waren, fielen weiterhin Razzien, Hausdurchsuchungen, Personenkontrollen und Denunziationen zum Opfer. Am 20. Juni nahmen deutsche Polizisten und niederländische Kollaborateure bei der letzten Großrazzia 5500 Juden fest; danach war das jüdische Viertel so gut wie verwaist. Einen Monat später wurde mit Hilfe von Ordnungsdienstmännern aus Westerbork in einer nächtlichen Aktion die jüdische Führung verhaftet und in das Lager gebracht. Nachdem bei einer abschließenden Razzia am Vorabend des jüdischen Neujahrsfests im September 1943 auch Fachkräfte und privilegierte Juden verschleppt worden waren, lebten in Amsterdam, jedenfalls offen, keine Juden mehr.[186]

Es blieben noch die in Mischehe lebenden Juden. Eine auf der

Wannseekonferenz und in nachfolgenden Besprechungen zur Mischlingsfrage diskutierte Idee aufgreifend, schlug Zoepf vor, die jüdischen Partner von Mischehen vor die Wahl zwischen Scheidung und Sterilisation zu stellen. Laut Jacob Presser entschieden sich 2562 der 8610 in Mischehe lebenden Juden für die Sterilisation, darunter 1416 Frauen.[187]

Das Lager in Vught, wegen der Nähe zu 's-Hertogenbosch Konzentrationslager Herzogenbusch genannt, war Ende 1942 auf Rauters Initiative für eine Reihe von Aufgaben eingerichtet worden. Hauptsächlich sollte es niederländische Widerstandskämpfer aufnehmen, aber Rauter ließ auch einen für Juden bestimmten Abschnitt bauen, der vorgeblich als Arbeitslager dienen sollte. In Wirklichkeit war es ein Teil der Täuschungsstrategie, welche die Juden dazu verleiten sollte, sich freiwillig zur Deportation zu melden. Zu dem vom WVHA betriebenen »Judenauffanglager« gehörten Diamanten-, Elektro- und Textilwerkstätten. Neuankömmlinge durften Kontakte zur Außenwelt unterhalten und Pakete empfangen. Dies war nicht einfach eine List, denn durch die Verlegung der Produktion in das Lager hoffte Rauter, Klagen von Unternehmern über eine Zersetzung ihrer Belegschaften vorzubeugen und störende Interventionen von Managern, die Mitarbeiter von Deportationslisten nehmen wollten, einzuschränken. Als es im Januar 1943 eröffnet wurde (auch in diesem Fall vor Abschluss der Bauarbeiten), wurden 450 Juden eingeliefert. Fünf Monate später war die Höchstbelegung von 8684 Häftlingen erreicht. Im Mai beginnende Verlegungen nach Westerbork und Transporte direkt nach Auschwitz verringerten die Zahl der jüdischen Lagerinsassen bis Jahresende auf weniger als 700. Im Februar 1944 wurde der inzwischen als Durchgangslager bezeichnete jüdische Abschnitt aufgelöst, da er seine Aufgabe erfüllt hatte. Bewacht worden war er während der kurzen Zeitspanne seiner Existenz (das Hauptlager bestand bis September 1944) überwiegend von niederländischen SS-Freiwilligen.[188]

Für die Insassen ähnelte das Lager in Vught dem in Westerbork. Der 22-jährige Student und zionistische Aktivist David Koker konstatierte in seinem Lagertagebuch eine Kluft zwischen niederländischen und deutschen Juden, eine Schichtung nach den ganz eigenen Werten des Lagersystems sowie die furchtbare Anspannung des Lebens unter der Deportationsdrohung. Kokers Vater, ein Diamantschleifer, war von der Deportation verschont geblieben, bis er in einer Nacht im Februar 1943 zusammen mit seiner Familie in die Hollandse Schouwburg gebracht wurde. »Wurden zwischen elf und zwölf Uhr abends abgeholt«, hielt Koker in seinem ersten Tagebucheintrag fest. »Ein Polizist anständig, aber ängstlich und einer unfreundlich. Ich hörte sie kommen.« Das neuerrichtete Lager, das sie nach einem zweistündigen Fußmarsch vom Bahnhof erreichten – »eine traurige Prozession. Humpelnde Menschen, weinende Kinder« –, roch noch nach frischer Farbe. Bald nach der Ankunft fiel Koker die »starke Exklusivität der deutsch-jüdischen Haltung« auf. Nach der Eröffnung des Judenlagers hatte der Lagerkommandant den Berliner Juden Richard Süsskind zum Lagerältesten und Leiter des Ordnungsdiensts ernannt. Koker hörte, wie sich die Leute über »die von der Verwaltung praktizierte Günstlingswirtschaft« beklagten. »Man redet jetzt viel über die deutsche Mentalität«, fügte er hinzu.[189] Während sich das Lager mit Juden aus den Provinzen füllte, stieg die Zahl der Kinder auf über 1700. Dann offenbarten die Deutschen den wahren Charakter des Lagers, indem sie den Abtransport der nicht arbeitsfähigen Insassen einschließlich der Kinder in Gang setzten. David Koker erlebte mit, wie Familien, die sich nicht von ihren Jüngsten zu trennen vermochten, zur Abfahrt antraten: »Die Eltern sind ein Fluch für die Kinder gewesen. Sie haben sie mit hierher genommen. Und jetzt werden die Kinder zu einem Fluch für die Eltern: Sie nehmen sie mit nach Polen. Das alles ist so elend, dass dazu nichts weiter zu sagen ist.«[190]

Koker erkannte, dass er eine Arbeitsstelle brauchte, um dem Abtransport zu entgehen, und erhielt tatsächlich eine Anstellung in der Elektrowerkstatt von Philips. Sie bewahrte ihn vor der Deportation und ermöglichte es ihm darüber hinaus, auch seinen Angehörigen Schutz bietende Tätigkeiten zu beschaffen. Bis September war er im Philips-Kommando zu einer Autoritätsperson geworden und in der Lage, auf die Deportationslisten Einfluss zu nehmen. »Ich hocke auf meinem Stuhl«, schrieb er am 1. September in sein Tagebuch, »schaue traurig auf das Fließband und versuche die H[ess]-Mädchen, meine letzte liebliche Zuflucht in dieser Hässlichkeit, vor dem Abtransport zu bewahren.« Während die Zahl der jüdischen Lagerinsassen immer weiter zusammenschmolz, wurden die vorläufig Zurückgebliebenen von einer leichtlebigen Stimmung erfasst. Im Moment, notierte Koker Anfang November, sei »das Frauenlager ein total sexverrücktes Paradies«; Männer würden durch die Barackenfenster hinein- und herausklettern und für ein hastiges Stelldichein zu den Latrinen eilen.[191]

Koker nahm an weiteren Selektionen teil, als der Lagerkommandant zu dem Schluss gelangte, dass die Textilarbeiter nunmehr entbehrlich seien. Frauen aus den Textilwerkstätten, Mütter und Töchter, die vor der Trennung von ihren Männern und Vätern standen, bemühten sich verzweifelt um eine andere Arbeit, und die für die Deportationslisten Verantwortlichen wurden von den Häftlingen ohne jeden Einfluss mit flehentlichen Bitten überschüttet und von jenen mit Einfluss bedrängt. »Unsere schönen exakten Vorzugslisten sind sinnlos«, beklagte sich Koker. »Ich sage allen, sich keine Illusionen zu machen. Und ich habe nicht die Absicht, mehr zu tun. Ich empfinde für all diese Dinge eine *wütende*, gleichwohl abstrakte Verantwortung. Ich *muss* es tun, es ist meine Aufgabe, es hat mit Menschen zu tun, aber es macht absolut keinen Unterschied, wer genau es tut.« Als der Transport mit 1152 Juden nach Auschwitz unterwegs war, fügte er jedoch hinzu: »Wenn man für einen Abend Vorsehung gespielt hat, geht man mit einem moralischen Kater und großen Zweifeln ins Bett.« Er werde nachgerade zu »einer Art Nietzscheaner«, erfüllt von einem Gefühl von »Freiheit und Macht. Und deswegen wird, im Namen von Menschen zu handeln, in deren Untergang man stillschweigend eingewilligt hat, zu etwas Objektivem und Funktionalem.«[192]

Die meisten Transporte mit Frauen und Kindern aus Vught gingen im Jahr 1943 zunächst nach Westerbork. Heinz Hesdörffer, der am 4. März 1943 in Amsterdam verhaftet und nach Westerbork gebracht worden war, beobachtete sie während ihres kurzen, unglücklichen Aufenthalts: »Immer werden mir diese tapferen, sorgsamen Mütter in Erinnerung bleiben, mit ihren heulenden, müden kleinen Geschöpfen, die sie zu beruhigen versuchten oder denen sie etwas zu essen gaben … diese verweinten Augen hübscher Frauen, verängstigt um das Schicksal ihrer Familie und sich selbst.« Zu seinem Glück kannte Hesdörffer als deutsch-jüdischer Flüchtling, der in verschiedenen Flüchtlingskomitees mitgearbeitet hatte, viele deutsche Juden in Machtpositionen und bekam rasch eine Arbeitsstelle, die ihn vor der Deportation schützte. Mit Auschwitz verband er nicht mehr als ein vages Grauen, aber »um diesem Schrecken zu entgehen, tat man alles, gab man seinen letzten Pfennig her und gar manches junge Mädchen verkaufte seinen Körper, um einen Aufschub zu erreichen«.[193]

Philipp Mechanicus, ein Journalist von Angang fünfzig, wurde Anfang November 1942 aus dem von der deutschen Polizei betriebenen Lager in Amersfort, wo er interniert worden war, weil er den gelben Stern nicht getragen hatte, nach Westerbork verlegt. Die Sipo hatte ihn derart misshandelt, dass er das erste halbe Jahr im gut ausgestatteten Krankenbau von Westerbork verbrachte. Sobald er dazu in der Lage war, begann er seine Erlebnisse aufzuzeichnen, wobei er den Eindruck hatte, »als offizieller Reporter von einem Schiffsunglück« zu berichten.[194] Am Dienstag, den 1. Juni 1943 beschrieb Mechanicus einen typischen Deportationstag:

> Die Transporte rufen nach wie vor Abscheu hervor. Sie erfolgen in Viehwagen, die eigentlich zum Abtransport von Pferden vorgesehen sind. Die Deportierten liegen nicht auf Stroh, sondern zwischen ihren Essensbeuteln und ihrem wenigen Gepäck auf dem nackten Boden. Auch den Kranken geht es nicht besser … Eine Tonne, eine einzige kleine Tonne für alle diese Leute, in der Ecke des Eisenbahnwaggons, wo sie *devant tout le monde* ihr Bedürfnis verrichten müssen …. Ein Sack mit Sand daneben, aus dem sich jeder eine Handvoll nehmen kann, um den übelriechenden Haufen zu bedecken.

In einer anderen Ecke stand eine Wasserkanne mit einem Hahn. Nachdem sie vor ihren Baracken angetreten waren, wurden die 3000 dem Tod geweihten Juden vom Ordnungsdienst über die Hauptstraße des Lagers, den Boulevard des Misères, zum Zug geführt. Jeder von ihnen ist »beladen mit einem Proviantbeutel, der von der Schulter herabhängt und an der Hüfte baumelt, und einer zusammengerollten Decke über die andere Schulter. Schäbige Umsiedler, die nichts anderes mehr besitzen als das, was sie anhaben. Männer, still, mit starren Gesichtern, schluchzende Frauen. Und humpelnde Alte, die unter ihrer Last auf der schlechten Straße und durch Schlammpfützen nach vorne stolpern. Kranke auf Tragen …« Zusammen mit deutschen Schutzpolizisten – wegen der Farbe ihrer Uniformen »grüne Polizei« genannt – bildeten die OD-Männer einen Kordon um den Zug, um Fluchtversuche zu verhindern. »Wer zögert, wer trödelt, dem wird nachgeholfen. Angetrieben, manchmal gestoßen, manchmal geschlagen, mit der Faust, mit dem Stiefel überzeugt, regelrecht in den Zug getreten, sowohl von der *grünen Polizei*, die den Zug begleitet, als auch von den ODlern.« Mechanicus hatte den Eindruck, dass der OD »aus dem Abschaum der Juden rekrutiert [wurde], grobe Kerle, ohne Bildung, ohne Gefühl, ohne Mitleid, die nur für Zigaretten und leichte Liebesabenteuer leben«. Die Lagerinsassen bezeichneten den OD als »jüdische SS«. Waren alle in den Waggons, stiegen Vertreter von Lippmann, Rosenthal zu und nahmen den Deportierten Bargeld, Füllfederhalter, Uhren und sonstige Wertgegenstände ab. Anschließend wurden die Waggons versiegelt, und Lagerkommandant Gemmeker gab mit der Hand das Abfahrtszeichen. »Jüdische Gestapo-Leute, als Späher entlang des Zuges aufgestellt, schleichen wie Hyänen die Gleise entlang, auf der Suche nach Geld und Wertpapieren.« Kurt Schlesinger, der Leiter der jüdischen Verwaltung, und die SD-Männer fuhren auf den Trittbrettern bis zum anderen Ende des Lagers mit, um sich den Fußweg zu ihren Büros zu ersparen.[195]

Mechanicus beschäftigte auch das angespannte Verhältnis zwischen niederländischen und deutschen Juden: »Die deutschen Juden spielen sich hier als Herren auf, genau wie es die deutschen Arier gewöhnt sind, sich überall, wo sie hinkommen, als Herren aufzuspielen. … Viele stellen ihren niederländischen ›Artgenossen‹ die Frage: Wie gleichgültig sind wir euch doch gewesen, was habt ihr denn getan, als uns das Schicksal niedergeschlagen hat und ihr noch nichts mit der Pest des nationalsozialistischen Regimes zu tun hattet?« Da sie schon drei Jahre vor den Niederländern in das Lager gesperrt worden waren, besetzten sie sämtliche Machtpositionen, wobei insbesondere die Verwaltung der Häftlingskartei von Bedeutung war. »Sie bilden hier eine beinahe exklusive Genossenschaft zum Schutz der Interessen der deutschen Juden. … Auf diese Weise haben sie die niederländischen Juden faktisch den Deutschen ausgeliefert, sich selbst zum Vorteil.« Anfang August 1943 fragte Schlesinger Mechanicus, der von beiden Seiten geachtet wurde, wie man die gegenseitige Feindseligkeit verringern könne. Mechanicus schlug vor, ein zu gleichen Teilen aus Niederländern und Deutschen bestehendes Schlichtungskomitee zu bilden, das Streitfragen wie die Besetzung der Lagerverwaltung beilegen sollte. Schlesinger stimmte zu (ebenso wie Gemmeker).[196]

Im September sank die Zahl der Insassen von Westerbork auf 6000, ein großer Teil des Lagers stand leer. Mechanicus wurde vor der Deportation bewahrt, indem Schlesinger ihn in eine Gruppe von Juden mit Beziehungen nach Palästina einordnete, die aus Sicht der Deutschen für einen Austausch mit deutschen Gefangenen der Alliierten in Frage kamen. Zudem war er mit einer Nichtjüdin verheiratet und hatte ein Kind, was ihn für eine weitere Schutzliste qualifizierte.[197]

Die meisten privilegierten Juden wurden auf einem Landgut bei Barneveld festgehalten, von wo Mitte 1944 638 Gefangene nach Theresienstadt deportiert wurden. Vor ihnen waren 1943 und Anfang 1944 bereits einige Tausend Juden in das Ghettolager geschickt worden, weil es ihrem sozialen Status angemessener zu sein schien und weniger Proteste einflussreicher Nichtjuden auszulösen versprach als eine direkte Deportation nach Polen. Laut Jacob Presser kamen insgesamt 4897 niederländische Juden nach Theresienstadt, wo sich ihr Leben kaum von dem der anderen Ghettobewohner unterschied. Nur jeder Vierte von ihnen überlebte. Doch für einige Zeit war ihr Schicksal mit demjenigen der tschechischen und deutschen Juden verknüpft, die bereits bis zu zwei Jahre dort waren.[198]

Theresienstadt – Kultur und Katastrophe

Anfang Februar 1943 lebten 44 672 Juden in Theresienstadt. Im Lauf des Jahres kamen 15 126 hinzu, 12 696 starben und rund 17 000 wurden nach Auschwitz deportiert. Zu den Neuankömmlingen gehörten im Februar 1943 295 niederländische und im Oktober mehrere Hundert dänische Juden. Um diese Zeit wurde eine zum Dorf Bohušovice führende Bahnstrecke gebaut. Mehr Bewohner erhielten in den expandierenden Werkstätten und Landwirtschaftsbetrieben in der Umgebung Arbeit. Dennoch befand RSHA-Chef Kaltenbrunner, dass es zu viele Juden gäbe, woraufhin zwischen dem 20. Januar und dem 1. Februar 1943 fünf Transporte mit zusammen 7000 Insassen deportiert wurden. Helga Weiss und ihre Familie entgingen der »Aussiedlung« nur aufgrund der guten Beziehungen ihres Vaters zur Lagerverwaltung. Dann überstimmte Himmler den RSHA-Chef, und bis September fand keine Deportation mehr statt. Diese Ruhephase scheint eine Folge der Erklärung der Alliierten zu den nationalsozialistischen Kriegsverbrechen gewesen zu sein. Himmler wollte Theresienstadt als Beweis dafür erhalten, dass aus dem Reich evakuierten alten deutschen Juden tatsächlich ein Leben in Frieden und Sicherheit gewährt würde. Im Rahmen dieser Täuschung wurde im Januar eine eigene Lagerwährung eingeführt. Im nächsten Monat eröffneten Geschäfte, in denen die Insassen Lebensmittel und Kleidung kaufen konnten. Auch eine Bibliothek wurde eingerichtet. Infolge der von den Alliierten und neutralen Ländern vorgebrachten Forderung, eine Inspektion durch das Rote Kreuz zuzulassen, gewann die Rolle Theresienstadts als Reklame für die angeblich humane Behandlung der Juden durch das Reich ab Mitte 1943 zusätzliche Bedeutung. Im Juli wurde Lagerkommandant Siegfried Seidl durch Anton Burger abgelöst, der die »Verschönerung« des Ghettolagers weiter vorantrieb.[199]

Aufgrund der Stabilisierung der Einwohnerschaft von Theresienstadt konnten kulturelle Aktivitäten gedeihen. Eine Generation begabter junger Tschechen trotzte der Unterernährung, der unbequemen, beengten Unterkunft und der harten Arbeit und schrieb Gedichte, komponierte, malte und zeichnete. In einem Aufsatz mit dem Titel »Goethe und Ghetto« schrieb der Komponist Viktor Ullmann, der 1943 45 Jahre alt war, dass es absolut richtig sei, seine Kraft selbst in einer solch furchtbaren Zeit auf Kultur und Kreativität zu verwenden: »Zu betonen ist …, dass wir keineswegs bloß klagend an Babylons Flüssen saßen und dass unser Kulturwille unserem Lebenswillen adäquat war …« Mit diesem Willen schrieb Ullmann in Theresienstadt eine ganze Reihe von Kompositionen, einschließlich einiger jiddischer Lieder und der Oper *Der Kaiser von Atlantis,* einer subtilen Attacke auf den Faschismus. Das Libretto stammte von dem erst 22-jährigen Petr Kien, der das Zeug zu einem großen Dichter und Schriftsteller hatte. Der bekannte Komponist Hans Krása arbeitete sein letztes Vorkriegswerk, die Kinderoper *Brundibár,* zu einer antifaschistischen Parabel um. Der 38-jährige Rafael Schächter, der sich vor der deutschen Besetzung der Tschechoslowakei als Dirigent etabliert hatte, gründete in Theresienstadt einen Chor und dirigierte auf dem Dachboden einer der Kasernen Werke von Bedřich Smetana, unter anderem *Die verkaufte Braut,* sowie Verdis Requiem, wobei ihm als einziges Instrument ein ramponiertes Klavier zur Verfügung stand. Die Janáček-Schüler Gideon Klein und Pavel Haas, beide in den Dreißigern und vor ihrer Verhaftung Aushängeschilder der Moderne, beschworen in ihren Werken, ohne ihre künstlerische Herkunft zu verleugnen, das jüdische Leid und traditionelle Klagen herauf. Haas schrieb außerdem einige ätzende satirische Kabarettstücke. Dagegen komponierte der 1943 erst 27-jährige Zikmund Schul jüdische liturgische Musik. Die Kunstabteilung der Ghettoverwaltung bot einer Reihe von bereits anerkannten Künstlern Zuflucht. Ihr Leiter, der Karikaturist und Illustrator Bedřich Fritta, der unter dem Pseudonym Fritz Taussig bekannt war, bot Leo Haas, Petr Kien (der auch malte) und Norbert Troller die Gelegenheit, das Lagerleben in Bildern zu dokumentieren. Die Innenarchitektin und Malerin Friedl Dicker-Brandeis gab Hunderten von Kindern, für die Malen und Zeichnen sowohl therapeutische Aktivität als auch kreatives Ventil waren, Kunstunterricht. Auch Dicker-Brandeis' Werk wurde zu einem einzigartigen Zeugnis des Lebens in Theresienstadt.[200]

Die Theresienstadtüberlebende Ruth Bondy relativierte jedoch die Bedeutung des Kulturlebens für die Bewohner. Sie selbst sah in den anderthalb Jahren ihrer Internierung in dem Ghettolager nur eine Opern- und eine Theateraufführung. »[V]iele Gefangene hatten nicht einmal das Glück, eine einzige zu sehen, und dies nicht aufgrund mangelnden kulturellen Interesses. Die schwere Arbeit; das stundenlange Anstehen nach Essen, an einem Wasserhahn, vor einer Toilette; die Anstrengungen, die es kostete, vor der Ausgangssperre seine Eltern, seinen Ehepartner, seine Kinder oder einen Freund zu sehen …; die grassierenden Krankheiten; die Qual der Transporte; die Trauer um Vater oder Mutter, die im Ghetto gestorben waren – kurz, die Kraft, die man zuerst und vor allem für das alltägliche Leben brauchte, verhinderte viele kulturelle Aktivitäten.« Außerdem habe man nur schwer Eintrittskarten bekommen, und die ab 20 Uhr geltende Ausgangssperre habe die Teilnahme auf Veranstaltungen beschränkt, die in der eigenen Kaserne stattfanden. Selbstverständlich gab es für Gefangene mit Privilegien und Zeit keine solchen Hindernisse.[201]

Anfang September 1943 kehrte der Schrecken der Transporte plötzlich nach Theresienstadt zurück. Philipp Manes erinnerte sich, wie er und sein Kreis aus ihrer »behaglichen Sicherheit« gerissen wurden, »als zum ersten Male das Wort ›Transport‹ an das Ohr wie ein greller Trompetenstoß misstönend klang. Wir fassten es nicht – wir glaubten nicht daran …« Burger verkündete, für ein neues Lager im Osten würden Arbeiter gebraucht. Um zu unterstreichen, dass die Deportierten dort eine Einheit bilden würden, teilte man Leo Janowitz, dem Zentralsekretär des Ältestenrats, mit, dass er zusammen mit Fredy Hirsch, einem charismatischen zionistischen Jugendfunktionär, der zur Leitung der Jugendfürsorge gehörte, den Transport begleiten würde. Tatsächlich war das Ziel der beiden Züge mit zusammen 5006 Deportierten Auschwitz, wo sie am 8. September eintrafen. In Birkenau wurden die Neuankömmlinge weder einer Selektion noch der üblichen Aufnahmeprozedur unterzogen. Vielmehr ließ man ihnen Haare, Kleidung und Gepäck, die Familien blieben zusammen, und sie wurden zusammen in Abschnitt B IIb untergebracht, dem sogenannten Theresienstädter Familienlager. Männer und Frauen wurden zwar getrennt, aber die Kinder durften bei ihren Müttern und ältere Jungen bei ihren Vätern schlafen. Schließlich erhielten die Erwachsenen Arbeit, und Fredy Hirsch versammelte die Kinder und Jugendlichen tagsüber in einem separaten Gebäude, Block 31, wo sie vor Ungemach geschützt waren und Unterricht erhielten.[202]

Trotz des Ausblicks auf die zu den Gaskammern trottenden Kolonnen und die Rauchwolken, die nach deren Verschwinden aufstiegen, konnten Hirsch und seine Kollegen für die 295 Kinder einen nahezu normalen Tagesablauf gestalten. Hirsch bestand darauf, dass sie sich morgens wuschen (auch wenn das Wasser verunreinigt war), und sorgte dafür, dass sie ein möglichst gutes Mittagessen bekamen. Man brachte ihnen Respekt vor dem Eigentum der anderen bei, und zwar so erfolgreich, dass es anders als im übrigen Lager kaum Diebstähle gab. Auch sportliche und kulturelle Aktivitäten organisierte Hirsch, einschließlich eines speziellen Sabbatkurses. Der spätere Historiker Otto Dov Kulka, damals neun Jahre alt, erinnerte sich später: »Dort hörte ich zum ersten Mal von den spannenden Manövern in der Schlacht bei den Thermopylen und die ganze Geschichte der Perserkriege. Ich weiß auch noch, dass mich diese Stunde so faszinierte, dass ich mir beinahe jedes Wort merkte …« Block 31 war das »Zentrum des kulturellen und geistigen Lebens an diesem Ort«.[203]

Das Familienlager in Birkenau gehörte zu den von Eichmanns Referat in Berlin organisierten Täuschungsmaßnahmen. Seit der alliierten Erklärung zu den Kriegsverbrechen stand Himmler unter einem gewissen Druck zu erklären, was mit den in den Osten »umgesiedelten« Juden geschehen war. Im März 1943 bat die slowakische Regierung, die Lager in Polen inspizieren zu dürfen, in welche die slowakischen Juden angeblich gebracht worden waren. Seit Monaten hatten Zeitungen der alliierten und neutralen Länder einschließlich der Schweiz über das Schicksal der Juden berichtet. Nach Ansicht von Historikern wurde das Familienlager wahrscheinlich als »Vorzeigelager« für den Fall einer Inspektion durch das Rote Kreuz errichtet. Hirsch wurde sogar beauftragt, einen für die Schweiz bestimmten Bericht zu verfassen. Doch angesichts der Nähe der Mordeinrichtungen von Birkenau und des überall sichtbaren Leids ist diese Erklärung nicht recht überzeugend. Das Lager könnte auch ein Täuschungsmanöver an die Adresse der Theresienstädter Juden gewesen sein. So wurden die Lagerinsassen ermuntert, nach Theresienstadt zu schreiben und den dort Zurückgebliebenen zu versichern, dass sie wohlauf und ihre Lebensumstände erträglich seien. Darüber hinaus diente das Familienlager dazu, im Hinblick auf die Rotkreuzinspektion, die im Juni 1944 tatsächlich stattfand, die Überfüllung von Theresienstadt zu verringern. Aber die im September eintreffenden und die ihnen später folgenden Juden waren in jedem Fall dem Tod geweiht. Bei ihrer Aufnahme in Auschwitz legte die Registratur für jeden von ihnen eine Karte mit der Bemerkung an, dass sie nach sechs Monaten zur »Sonderbehandlung«, das heißt zum Tod in den Gaskammern, bestimmt waren.[204]

Im Dezember 1943 trafen zwei weitere Transporte mit zusammen 4964 Juden aus Theresienstadt, darunter 353 Kinder, in Auschwitz-Birkenau ein. Der Abschnitt B IIb war jetzt stark überbelegt und von Unterernährung und Krankheiten geplagt. Ein Viertel der im September Angekommenen war bereits verstorben, als am 7. März 1944 die Gnadenfrist der 3791 Überlebenden ablief und sie in einen anderen Abschnitt von Birkenau verlegt wurden. Dort beging Hirsch, der das Schlimmste befürchtete, Selbstmord. In der Nacht vom 8. auf den 9. März wurde dieser Abschnitt abgesperrt, und man hörte von dort Lastwagenmotoren und die Geräusche allgemeiner Unruhe. Am nächsten Morgen waren von den Septembertransporten nur noch einige Mediziner und Kranke, die sich im Krankenbau aufgehalten hatten, am Leben, darunter Otto Dov Kulka und seine Mutter.[205]

Am 15., 16. und 18. Mai 1944 trafen weitere 7503 Juden aus Theresienstadt im Familienlager ein, dessen Insassen sich inzwischen über ihr Schicksal keine Illusionen mehr machten. Die Neuankömmlinge sollten im Juni liquidiert werden, doch zwischen ihrer Ankunft in Birkenau und dem für ihre Tötung festgesetzten Datum änderte sich die Lage: Der Rotkreuzbesuch war um eine Woche auf den 23. Juni verschoben worden, weswegen man sie etwas länger am Leben ließ. Wegen des Arbeitskräftebedarfs sollte außerdem zunächst eine Selektion stattfinden. Am 6. Juli wurden 3500 Juden für die Arbeit in Deutschland oder in der Umgebung von Auschwitz ausgewählt; Kulka zählte zu den Teenagern, die als Laufburschen und Diener arbeiten sollten. Die übrigen 6500 wurden vom 14. bis 16. Juli 1944 in den Gaskammern ermordet.[206]

Dänemark – Flucht und Rettung

Der Anfang 1943 weitverbreitete Eindruck, dass Deutschland kurz vor dem Zusammenbruch stünde, ermutigte die dänische Bevölkerung, gegen die deutsche Herrschaft zu rebellieren. Paradoxerweise hätte dieses Aufbegehren für die dänischen Juden, die bis dahin von antijüdischen Maßnahmen verschont geblieben waren, beinah den Untergang bedeutet. Was geschah, als die Deutschen im Oktober 1943 schließlich gegen die dänischen Juden vorgingen, ist umgehend zur Legende geworden. Nachdem die meisten Juden in Dänemark den Polizeirazzien entgangen und sicher in Schweden angekommen waren, wurde behauptet, der dänische König Christian X. sei aus Solidarität mit den Juden mit einem gelben Stern an der Kleidung in der Öffentlichkeit aufgetreten. Seinem Beispiel und dem Mut des dänischen Untergrunds wurde das Verdienst am Wunder der Rettung von 7500 Juden zugeschrieben. In Wirklichkeit hatte der König ebenso wenig wie die dänischen Juden jemals einen gelben Stern getragen, und die erfolgreiche Flucht fast der gesamten jüdischen Gemeinde war weniger heldenhaftem Widerstand gegen den nationalsozialistischen Fanatismus zu verdanken als vielmehr ein weiteres Beispiel für das Scheitern einer hastig improvisierten, konfusen Judenpolitik. Ebenso entscheidend für den relativ glimpflichen Ausgang einer potentiell katastrophalen Entwicklung war die Initiative der Juden selbst.[207]

Bei Kriegsbeginn zählte die jüdische Gemeinde Dänemarks rund 8000 Menschen. Juden lebten seit dem 17. Jahrhundert im Land und hatten sich extrem gut integriert, seit sie in den 1840er Jahren die volle Staatsbürgerschaft erhalten hatten. Es gab in Dänemark keine antisemitische Bewegung, und die Politiker sahen in der Abwehr einer umfangreichen jüdischen Einwanderung das beste Mittel, um die Entstehung einer solchen zu verhindern. Trotz der Nähe zu Deutschland vermied das Land einen Zustrom jüdischer Flüchtlinge, indem es eine scharfe Einwanderungskontrolle aufrechterhielt. Zwischen 1933 und 1939 wurden nur rund 5000 politisch und rassisch Verfolgte ins

Land gelassen, und die meisten wurden ermuntert, bald weiterzuziehen. Nur 1500 deutsche und staatenlose Juden durften bleiben. »Man möchte ja kein Unmensch sein«, fasste Justizminister Karl Kristian Steincke im April 1937 die offizielle Haltung zusammen, »wagt aber wegen der Folgen nicht, Mensch zu sein.«[208]

Die deutsche Invasion am 9. April 1940 ging rasch und nahezu unblutig vonstatten. Als Gegenleistung für den ausgebliebenen Widerstand gegen die deutsche Besetzung wurde den Dänen gestattet, ihre Streitkräfte und ihren gesamten Staatsapparat zu behalten, samt König, Ministerpräsident, Kabinett und Parlament. Trotz des Verbots der Kommunistischen Partei und der Verhaftung ihrer Abgeordneten blieb die dänische Demokratie erhalten. Im März 1943 fand sogar eine freie, allgemeine Wahl statt, in der die nationalsozialistische Partei auf zwei Prozent der Stimmen kam. Angesichts der Tatsache, dass ein erheblicher Teil der im Reich verbrauchten Lebensmittel, insbesondere Fleisch und Milchprodukte, aus Dänemark stammte, waren die Deutschen bereit, solche bitteren Pillen zu schlucken. Um die Lebensmittelimporte sicherzustellen und keine große Besatzungstruppe stationieren zu müssen, gewährte Berlin den Dänen eine weitreichende Autonomie und behandelte sie mit Samthandschuhen. Da man sie zudem als arische Rassengenossen betrachtete, war man umso mehr bemüht, die Besatzung zu einem Vorbild an Zusammenarbeit und Freundschaftlichkeit zu machen.[209]

Um die dänische Kooperationsbereitschaft nicht zu gefährden, bestanden die Deutschen nicht auf einer antijüdischen Gesetzgebung. Als der König und der Ministerpräsident Monate nach der Besetzung über dieses Thema berieten, kamen sie überein, den Schutz der jüdischen Bürger des Landes zur roten Linie in den Beziehungen zum Dritten Reich zu machen. Dänemark schloss sich im November 1941 dem Antikominternpakt an und erlaubte der Waffen-SS, 6000 Dänen (von doppelt so vielen Bewerbern) für den Einsatz an der Ostfront zu rekrutieren. Doch als Göring Ministerpräsident Erik Scavenius drängte, sich mit der »Judenfrage« zu beschäftigen, entgegnete dieser, in Dänemark gebe es keine »Judenfrage«. Auf der Wannseekonferenz im Januar 1942 warnten die Vertreter des Auswärtigen Amts davor, dass die Deportation der Juden aus Dänemark eine heikle Angelegenheit sei. Unglücklicherweise veranlasste der zunehmende Widerstand gegen die deutsche Besatzung und Ausbeutung im Herbst 1942 Hitler, die

Einführung eines strengeren Regimes zu verlangen. Um Hitlers Wünsche zu erfüllen, wurde im Oktober Werner Best als neuer Reichsbevollmächtigter nach Kopenhagen versetzt.[210]

Best sah sich mit wachsender Unruhe und Sabotage konfrontiert. Den Höhepunkt bildete ein über den ganzen August anhaltender Streik. General Hermann von Hanneken, der Wehrmachtbefehlshaber in Dänemark, verhängte das Kriegsrecht und begann die dänischen Streitkräfte, einschließlich der Marine, zu entwaffnen. Daraufhin trat die dänische Regierung zurück und überließ den Spitzenbeamten die Verwaltung des Landes. Da er fürchtete, die SS könnte die Lücke füllen, forderte Best eine Polizeiverstärkung an. Außerdem erklärte er Hitler am 8. September, dass jetzt ein guter Zeitpunkt sei, gegen die Juden vorzugehen. Das war merkwürdig, hatte Best doch zuvor stets vor Aktionen gegen die jüdische Gemeinde gewarnt. Darüber hinaus führte seine Initiative zur Ernennung Rudolf Mildners zum BdS, wodurch die SS in Dänemark einen Fuß in die Tür bekam. Ironischerweise sprach sich Mildner umgehend gegen ein hartes Vorgehen aus, da es die Dänen verprellen würde. Auch Hanneken setzte sich für eine Verschiebung ein. Aber Best, den ein machiavellistischer Charakterzug auszeichnete, spielte beide Seiten gegeneinander aus. Während er eine landesweite Razzia anregte, sorgte er gleichzeitig dafür, dass die Juden rechtzeitig gewarnt wurden. Er hatte nie vorgehabt, eine aufsehenerregende, kontraproduktive Massenverhaftung durchzuführen wie jene, die in Frankreich im Sommer 1942 eine solche Empörung ausgelöst hatte. Er sah eine Möglichkeit, auf geschicktere und weniger aufwendige Weise ans Ziel zu kommen.[211]

Ende September steckte Rolf Günther im Auftrag von Eichmanns Referat, das die Razzien und Deportationen organisieren würde, den Rahmen des Vorhabens ab. Ein Schiff wurde gechartert, das die Juden von Seeland nach Deutschland bringen sollte, und 1800 Ordnungspolizisten wurden angefordert. Während diese Vorbereitungen getroffen wurden, teilte Best dem Schifffahrtsexperten an der deutschen Botschaft in Kopenhagen, Georg Ferdinand Duckwitz, mit, dass die Sipo bis zum 1. Oktober bereit sein würde, die dänischen Juden zu verhaften. Best wusste, dass Duckwitz, der alles andere als ein begeisterter Anhänger des NS-Regimes war, mit einheimischen Politikern bekannt war, und tatsächlich gab der aufgeregte Diplomat die Neuigkeit an Hans Hedtoft, den Vorsitzenden der dänischen Sozialdemokraten, weiter, der seinerseits Carl Bertel Henriques, den Vorsitzenden der jüdischen Gemeinde von Kopenhagen, informierte. Da am nächsten Tag, dem 29. September, das jüdische Neujahrsfest gefeiert wurde und fast alle Juden in die Synagoge gingen, war es leicht, sie vor der Gefahr zu warnen. Es gab allerdings weder eine förmliche Verlautbarung noch eine organisierte Reaktion der Gemeinde. Stattdessen packten die Juden einzeln und mit ihren Familien ein paar Habseligkeiten ein und fuhren eilig aufs Land und an die Küste. Entscheidend war, dass Henriques bei einem Treffen mit dem schwedischen Botschafter, der von Duckwitz ebenfalls unterrichtet worden war, für den Fall, dass Juden in sein Land einreisen wollten, die Zusicherung erhielt: »Schweden steht Ihnen allen offen.« Nicht weniger wichtig war, dass amerikanische Diplomaten, nachdem man sie auf die drohende Krise aufmerksam gemacht hatte, der schwedischen Regierung versicherten, dass die Vereinigten Staaten die Unterbringungskosten für jüdische Flüchtlinge aus Dänemark übernehmen würden.[212]

Die schwedische Politik der offenen Tür stellte einen grundlegenden Kurswechsel dar, der sowohl innenpolitische Konjunkturen als auch eine gewandelte Haltung zum Dritten Reich in den Hauptstädten neutraler und nichtkriegführender Länder widerspiegelte. Von 1933 bis 1939 erhielten nur rund 2000 deutsche Juden ein ständiges Aufenthaltsrecht in Schweden, und bei Kriegsausbruch wurden die Grenzen offiziell geschlossen. Bis Mitte 1943 verfolgte das schwedische Außenministerium eine Neutralitätspolitik, die in Wirklichkeit auf eine Beschwichtigung Berlins hinauslief. Von deutsch besetzten Territorien umgeben, militärisch schwach und von den im Krieg mit Deutschland befindlichen Demokratien abgeschnitten, sahen die Schweden ihre oberste Priorität darin, eine deutsche Invasion zu verhindern. Sie gestatteten den Deutschen, Truppen durch ihr Land zu verlegen und mit Kriegsschiffen durch schwedische Gewässer zu fahren. Fast die gesamte Eisenförderung des Landes kam der deutschen Kriegsanstrengung zugute, und die wichtigsten Rüstungsbetriebe arbeiteten ausschließlich für die Wehrmacht. Der Staat zensierte stillschweigend jede Kritik an Deutschland in der Presse, und Privatunternehmen, die mit Deutschland zu tun hatten, entließen diskret jüdische Mitarbeiter. Ansonsten blieben die rund 6000 schwedischen Juden unbehelligt.[213]

Über die Deportation von Juden aus Norwegen waren die Schweden jedenfalls empört, und sie empfingen die 1100 Juden, die in ihr

Land flohen, mit echter Herzlichkeit. In dieser Zeit erhielten schwedische Diplomaten über geheime Kanäle aus Deutschland sowie von ihren Auslandsvertretungen und aus der Presse Informationen über Deportationen und Massenmorde in Polen und Russland. Daraufhin ermunterte Außenamtsstaatssekretär Gösta Engzell den diplomatischen Dienst, die Hilfe und Unterstützung von Juden, die Verbindungen nach Schweden hatten, zu verstärken – ein Mandat, das großzügige Interpretationen zuließ. Außerdem verlangte das schwedische Außenministerium von Berlin Aufklärung über das Schicksal norwegischer Juden mit Verbindungen nach Schweden und gab dadurch zu verstehen, dass solche Juden unter dem diplomatischen Schutz Schwedens standen. Als die dänische Krise ausbrach, war die schwedische Diplomatie darauf eingestellt, Hilfe zu leisten. Tatsächlich ließ das Außenministerium, sobald die Nachricht über die geplante Deportation in Stockholm eintraf, verlauten, dass dänische Juden mit familiären oder anderen Beziehungen nach Schweden dort willkommen seien.[214]

Das Wissen um eine nahegelegene sichere Zuflucht ließ die dänischen Juden aktiv werden. Während Beamte darüber nachgrübelten, wie man der deutschen Drohung begegnen sollte, und der Untergrund noch Informationen über die Entwicklung sammelte, sahen die Juden zu, dass sie fortkamen. Am 30. September erreichten Hunderte Juden Häfen und Fischerdörfer an der Nordostküste von Seeland. Auf eigene Initiative suchten sie Fischer und Bootsbesitzer, die gegen eine hübsche Summe als Ausgleich für das Risiko bereit waren, sie nach Schweden überzusetzen. Binnen 48 Stunden, lange vor jeder organisierten Reaktion, hatten sich 500 bis 600 Juden in Sicherheit gebracht, überwiegend Wohlhabende, die sich die 2000 Kronen leisten konnten, die Bootsführer an diesen ersten Tagen üblicherweise verlangten. Wer nicht genug Geld hatte, suchte in der Hoffnung, doch noch jemanden zu finden, der sie über den Öresund bringen würde, auf Bauernhöfen und in Pensionen oder Kirchen Zuflucht.[215]

Am Abend des 1. Oktober gingen 300 Angehörige der Sipo, von mehreren Hundert dänischen SS-Freiwilligen unterstützt, unter Mildners Befehl an die Arbeit. Aber es war keine gewöhnliche »Aktion«. Laut Bests Anweisungen sollten keine Sachschäden angerichtet werden, und anstatt Türen einzutreten, sollte angeklopft werden; wenn niemand öffnete, sollte man wieder gehen. Auch wurde die Aktion am nächsten Tag nicht fortgesetzt; sie verlief im Sande. Nur 580 Juden wurden verhaftet, überwiegend Alte und hauptsächlich fern der Hauptstadt, wo niemand gewarnt worden war. Ein einzelner fanatischer Gestapo-Mann, Hans Juhl, nahm in einer Kirche in Gilleleje 85 Juden fest, doch das war eine Ausnahme. Best hatte nicht die gesamte ihm zur Verfügung stehende Polizeitruppe eingesetzt und offenbar auch nicht vor, die Aktion weiterzuführen. Binnen weniger Stunden versicherte er dänischen Regierungsbeamten, dass sie vorüber sei. Bemerkenswert ist auch, dass er in einem Telegramm ans Auswärtige Amt in Berlin meldete: »Dänemark ist entjudet, da sich hier kein Jude, der unter die einschlägigen Anordnungen fällt, mehr legal aufhalten und betätigen kann.«[216]

Mit dem Schlimmsten rechnend, schloss sich die dänische Gesellschaft in einer Weise zur Verteidigung ihrer jüdischen Landsleute zusammen, die im Europa der Kriegsjahre beispiellos war. Am Spätnachmittag des 1. Oktober sandte der König Best eine Protestnote, um ihm gegenüber »hervorzuheben, dass Sondermaßnahmen hinsichtlich einer Gruppe von Menschen, die seit mehr als hundert Jahren die vollen bürgerlichen Rechte in Dänemark genießen, die schwersten Folgen würden haben können«. Zwei Tage später wurde in allen evangelischen Kirchen ein Hirtenbrief der lutherischen Bischöfe verlesen, in dem es hieß: »Wo immer Juden aus rassischen oder religiösen Gründen verfolgt werden, ist es die Pflicht der christlichen Kirche, gegen solche Verfolgung zu protestieren.« Am nächsten Tag verurteilten Politiker aller großen Parteien in einer gemeinsamen Erklärung die Razzien. Außenamtsstaatssekretär Nils Svenningsen drängte Best, insbesondere Menschen gemischter Herkunft auszuklammern, und fügte hinzu, dass die Politik der Zusammenarbeit beendet wäre, sollte den verhafteten Volljuden etwas geschehen.[217]

In den nächsten Tagen begann der dänische Widerstand angesichts der sich in den Küstenorten stauenden Flüchtlinge Überfahrten nach Schweden zu organisieren. Allein am 6. Oktober brachte ein einziger Schoner 1400 Juden in Sicherheit. Bis zum 9. Oktober erreichten rund 4500 dänische Juden Schweden, und in der folgenden Woche wurden auch die restlichen 2000 Juden evakuiert. Die Rettungsoperation wurde weder von der dänischen Küstenwache noch von der deutschen Kriegsmarine behindert. Dänische Offiziere schlossen die Augen vor dem Fährverkehr, und die Aufmerksamkeit der deutschen Marineeinheiten, die selbst zu besten Zeiten ausgesprochen schwach waren, galt militärischen Aufgaben. Vielleicht noch wichtiger war, dass die deutschen Patrouillenboote nicht den Befehl erhielten, Schiffe, die Juden nach Schweden brachten, abzufangen. Hatten die dänischen Schiffe schwedische Gewässer erreicht, wurden sie von schwedischen Patrouillenbooten eskortiert und, wenn nötig, unterstützt. Die größten Gefahren für die dänischen Schiffe waren technische Probleme und schlechtes Wetter; die Deutschen versuchten jedenfalls nicht, den maritimen Exodus zu unterbinden.[218]

Gleichwohl hatten die Dänen erreicht, was kein anderes Land in Europa auch nur versucht hatte. Ein großer Teil der Bevölkerung, die Elite des Landes und der gesamte Untergrund hatten sich, ungeachtet aller Gefahren, für die Rettung der jüdischen Gemeinde eingesetzt. Dass ihre Rettungsaktion kaum mehr als Schattenboxen war, konnten sie nicht wissen. In seinem Bericht ans Auswärtige Amt in Berlin vom 5. Oktober erklärte Best, seine Aufgabe sei »die Entjudung des Landes und nicht eine möglichst erfolgreiche Kopfjagd« gewesen. Tatsächlich hatte er die Juden mit Erfolg aus dem Land vertrieben, ohne die öffentliche Ordnung und die unentbehrlichen Lebensmittellieferungen ins Reich zu gefährden; Pragmatismus hatte über die Ideologie obsiegt. Insofern war die dänische Aktion, wie der Historiker Peter Longerich ausführt, ein Wendepunkt in der antijüdischen Politik. Infolge der Kriegswende waren die militärischen Verbündeten und Handelspartner des Dritten Reichs nicht mehr bereit, sich ihm vorbehaltlos zu beugen. Hatten antijüdische Maßnahmen einst dazu gedient, die Achse zusammenzuhalten, drohten sie jetzt, sie zu sprengen: »Der Wille, die Vernichtungspolitik durchzusetzen, stieß dort auf seine Grenzen, wo die Judenpolitik ihre Funktion innerhalb des Besatzungssystems verlor.« Außerdem offenbarte die dänische Aktion die unterschiedlichen Ziele von Best und Eichmann. Letztlich jedoch entkamen die dänischen Juden, weil sie rasch und kühn handelten, anstatt sich auf den Beistand der Behörden zu verlassen. Ohne die Gründe der mangelnden Koordination und die Reibungen zwischen verschiedenen Elementen der NS-Maschinerie zu kennen, nutzten sie die Lücken des Besatzungsregimes sowie das Vorhandensein eines nahen Zufluchtsorts und gingen mit Hilfe vieler tapferer, anständiger Menschen den Jägern durch die Lappen.[219]

Die Reaktion der Alliierten – das War Refugee Board

Was wussten Regierungen, Politiker und Öffentlichkeit der allliierten Länder zu diesem Zeitpunkt über Auschwitz? Zwischen April 1943 und März 1944 hatte die polnische Exilregierung in London immer neue Informationen über die Größe des Lagers und die Vorgänge in ihm erhalten, auch über den Einsatz von Giftgas. Anfang März 1943 sandte Stefan Rowecki, der Oberkommandierende der Heimatarmee, einen Bericht nach London, wonach in dem Lager in Oświęcim bisher 520 000 Juden getötet worden seien. Der Bericht war Gegenstand eines Artikels auf der Titelseite des *Polish Jewish Observer* vom 3. September, einer nur an Abonnenten ausgelieferten Londoner Zeitung, in der Exilpolen regelmäßig Neuigkeiten über das Schicksal der polnischen Juden lesen konnten. Eine Woche darauf brachte der Londoner *Jewish Observer,* allerdings nicht auf der Titelseite und ohne Kommentar, eine Zusammenfassung des Artikels. Dass man es bei der Veröffentlichung solcher Meldungen und mit der Reaktion auf sie nicht eilig hatte, lag sowohl an den komplexen Beziehungen zwischen den Exilregierungen und den westlichen Großmächten als auch an den Prioritäten, die in Whitehall und im State Department bestimmten, wie man mit jüdischen Angelegenheiten umging.[220]

In den kritischen Monaten des Frühjahrs 1943 wurde die Aufmerksamkeit der polnischen Exilregierung von der Entdeckung der Massengräber ermordeter polnischer Offiziere bei Katyn in Anspruch genommen. Während die Polen scharfe Vorwürfe gegen Moskau erhoben, gaben die Briten, von denen sie abhingen, guten Beziehungen zu Stalin den Vorrang. Solange die Erregung um Katyn anhielt, traten jüdische Angelegenheiten in den Hintergrund. Außerdem widerstrebte es London, das Leid der Juden in Europa hervorzuheben, um nicht der Forderung, Palästina für Flüchtlinge zu öffnen, Vorschub zu leisten. Zweck der Bermudakonferenz war es ja gerade, das Verlangen, den Juden zu helfen, in eine Sackgasse umzuleiten, und auch danach war das britische Außenministerium darauf bedacht, eine weitere Aufregung wie im Dezember 1942 zu verhindern, welche die Regierung genötigt hatte, die alliierte Erklärung zu den deutschen

Kriegsverbrechen zu unterzeichnen. Infolgedessen verschwanden im zweiten Halbjahr 1943, als Auschwitz das einzige noch in Betrieb befindliche Vernichtungslager war, die Meldungen über die Gräuel und die Dimension des dort verübten Massenmords in den Aktenordnern polnischer Exilpolitiker und britischer Beamter.[221]

Selbst der britischen jüdischen Gemeinde widerstrebte es, das Thema der Verbrechen allzu oft anzusprechen. In der Tat meldeten die Stimmungsberichte des Informationsministeriums, dass die massive Berichterstattung über deutsche Gräuel um die Jahreswende den Antisemitismus im Inland gestärkt habe. Der letzte Bericht von 1942 stellte fest, es gebe »keinen Beleg dafür, dass die Beliebtheit der Juden in diesem Land zugenommen hat«. Man habe das »größte Mitgefühl« mit den Juden im Ausland, aber in England herrsche »allgemein der Eindruck, dass sie unbedingt Einfluss haben wollen«. Im Januar 1943 berichtete das Informationsministerium, durch die Publizität der deutschen Gräuel nähmen »die Menschen die Juden, die sie hier nicht mögen, deutlicher wahr«. Mitte 1943 verzeichnete das Ministerium, dass die Menschen den Juden die Schuld an den steigenden Hauspreisen und am schwarzen Markt gaben und sie verdächtigten, Steuern zu hinterziehen und den Wehrdienst zu verweigern. Als ein projüdischer Unterhausabgeordneter den Direktor des BBC-Inlandsdienstes, Richard Maconochie, aufforderte, mehr gegen den Antisemitismus zu tun, erwiderte dieser, das Thema im Radio anzuschneiden »würde die Sache wahrscheinlich nur schlimmer machen«. Dementsprechend gering war über die meiste Zeit des Jahres der Druck, die Vernichtung der europäischen Juden im öffentlichen Bewusstsein zu halten, so dass für die Regierung kaum ein Anreiz zum Handeln bestand. Stattdessen waren die englischen Juden mit sich selbst beschäftigt und verstrickten sich in innere Kämpfe zwischen zionistischen und nichtzionistischen Gruppen über die Frage, wer nach dem Krieg die Führung der Gemeinde übernehmen und für sie sprechen sollte.[222]

In Amerika war die Situation bis Ende 1943 eine ganz ähnliche, bis eine zufällige Konstellation von Persönlichkeiten und politischen Initiativen die Erstarrung in den Reaktionen auf die jüdische Krise in Europa aufbrach. Nach dem unbefriedigenden Ende der Bermudakonferenz hatte die Bergson-Gruppe ihre Attacken auf die Regierungspolitik fortgesetzt und in Zeitungsannoncen sogar den Präsidenten persönlich angegriffen. Anfang Oktober 1943 organisierte das Notkomitee der Bergsons einen aufsehenerregenden Marsch Hunderter orthodoxer Rabbiner zum Weißen Haus. Roosevelt nahm zur selben Zeit an einer Zeremonie teil, in der vier Bomber an die Luftwaffe übergeben wurden. Statt die Rabbiner zu empfangen, gab das Weiße Haus eine farblose Erklärung über die jüdische Einwanderung nach Palästina heraus. Der Abgeordnete Will Rogers jr., der auch dem Notkomitee angehörte, und Senator Guy Gillette brachten einen Monat später in beiden Kongresskammern einen Resolutionsentwurf ein, der eine präsidiale Kommission zur Prüfung von Rettungsmaßnahmen für die europäischen Juden forderte. Im Auswärtigen Ausschuss machte dessen Vorsitzender Sol Bloom keinen Hehl aus seiner Abneigung gegen Bergson. Das Außenministerium entsandte Breckinridge Long als Sachverständigen in den Ausschuss, mit dem Auftrag, die Resolution zu verhindern. Doch er machte eine klägliche Figur, was diejenigen in der Regierung stärkte, die ein größeres Engagement für die Juden befürworteten.[223]

Insbesondere Finanzminister Henry Morgenthau war verärgert darüber, dass das Außenministerium jeder noch so kleinen Hilfsanstrengung Steine in den Weg legte. Er versammelte eine informelle Gruppe Gleichgesinnter aus seinem Ministerium um sich, namentlich John Pehle und Josiah DuBois, und forderte Außenminister Hull und Long förmlich dazu auf, ihre Haltung zu begründen. Da nach seiner Auffassung der Zeitpunkt gekommen war, den Präsidenten über die Obstruktionspolitik des State Department zu informieren, ließ er DuBois in einer Denkschrift sämtliche Behinderungen durch das Außenministerium aufzählen und analysieren. DuBois gab ihr den provokanten Titel »Bericht an den [Finanz-]Minister über das Stillschweigen dieser Regierung zur Ermordung der Juden«. Morgenthau legte Roosevelt zwar eine abgemilderte Fassung vor, aber auch deren Aussage war eindeutig. Der Bericht warnte den Präsidenten, dass die vermeintlichen Machenschaften antisemitischer Intriganten in der Regierung einen Skandal heraufbeschwören könnten. Am 16. Januar 1944 wurden Morgenthau und Mitglieder seines Teams zur Mittagszeit von Roosevelt empfangen. Nach einer mündlichen Zusammenfassung des Berichts schlug Morgenthau dem Präsidenten vor, einer möglicherweise unangenehmen Debatte über die Rogers-Gillette-Resolution zuvorzukommen und ein eigenständiges Kriegsflüchtlingsamt ins Leben zu rufen, das die Rettungsarbeit planen und durchführen sollte. Am 22. Januar 1944 wurde daraufhin per Verfügung des Präsidenten das War Refugee Board (WRB) ins Leben gerufen.[224]

Roosevelts Haltung wurde sicherlich auch von der später im Jahr anstehenden Präsidentschaftswahl beeinflusst, doch war die Gründung des WRB auch Ausdruck seiner Reife als kriegführender Staatschef und des gewachsenen Vertrauens in die militärische Stärke der Vereinigten Staaten. Von der Landung in Nordafrika bis zur Invasion Siziliens war Roosevelt bereit gewesen, Churchills strategischen Überlegungen zu folgen, und der Generalstab hatte es ihm gleichgetan. Sie alle fühlten sich den Briten verpflichtet, die den Kampf von Anfang an ausgefochten, enorme Opfer gebracht und mehr Soldaten im Einsatz hatten. Aber Anfang 1944 war Roosevelt von der britischen Mittelmeerstrategie ernüchtert, nicht zuletzt weil in Italien viele junge Amerikaner ihr Leben gelassen hatten. Zudem übertraf der Beitrag der amerikanischen Industrie zur alliierten Kriegführung mittlerweile die britische Rüstungsproduktion, und der Aufmarsch der US-Streitkräfte für die Landung in Nordwesteuropa lief darauf hinaus, dass bald auch mehr amerikanische als britische Soldaten im Kampf stehen würden. Roosevelt fühlte sich deshalb ermutigt, seinen eigenen Kurs zu steuern, selbst wenn er damit die Briten verstimmen mochte. Diese geistige Unabhängigkeit betraf nicht nur die Kriegführung, sondern auch die Flüchtlingspolitik. Die Bildung des WRB stellte, insbesondere hinsichtlich der Juden, einen grundlegenden Bruch des angloamerikanischen Konsenses in der Flüchtlingsfrage dar, und die britische Regierung hatte nicht die Absicht, dem amerikanischen Vorbild zu folgen. Im Kabinett tat Außenminister Eden das WRB als ein Mittel ab, »um (1) die große jüdische Wählerschaft zufriedenzustellen und (2) dem Kongress den Wind aus den Segeln zu nehmen«. In Whitehall löste die Neugründung Besorgnis aus, und man tat in der Folgezeit alles, um die Tätigkeit der Flüchtlingsbehörde zu behindern.[225]

So lobenswert die mit der Gründung des WRB verfolgten Absichten auch waren und so groß die Abneigung war, auf die das Amt im britischen Außenministerium stieß, war es doch alles andere als eine ehrfurchtgebietende Institution. Seine Aufgabe bestand darin, »zur sofortigen Rettung möglichst vieler von den Nazis verfolgter rassischer, religiöser und politischer Minderheiten in Europa sowie aller Opfer feindlicher Brutalität tätig zu werden …, alle in seiner Macht stehenden Maßnahmen zur Rettung derjenigen [NS-]Opfer zu ergreifen, die in unmittelbarer Lebensgefahr schweben, und diesen Opfern ansonsten jede denkbare Hilfe und Unterstützung zu gewähren, soweit sie mit der erfolgreichen Weiterführung des Krieges vereinbar ist«. Dafür standen dem WRB jedoch nur dreißig bis vierzig Mitarbeiter zur Verfügung, und es hing materiell weitgehend vom Außenministerium ab. Glücklicherweise war sein Direktor John Pehle ebenso tatkräftig wie einfallsreich. Binnen kurzem knüpfte er eine für beide Seiten vorteilhafte Beziehung zum wesentlich größeren und besser ausgestatteten CIA-Vorläufer Office of Strategic Services (OSS) an. Damit stärkte er die Handlungsfähigkeit des WRB, verstrickte es aber auch in die trübe Welt der Spionage.[226]

VIII.
Das letzte Jahr – 1944–1945

Hitlers Hoffnungen und Ungarns Nemesis

Trotz der Rückschläge und Schocks des vorangegangenen Jahres glaubte Hitler Anfang 1944 immer noch an den Sieg. In seinem Neujahrsaufruf an das deutsche Volk ermahnte er es, sich zu einer letzten Anstrengung aufzuraffen: »Das Jahr 1944 wird harte und schwere Forderungen an alle Deutschen stellen. Das ungeheure Kriegsgeschehen wird sich in diesem Jahr der Krise nähern. Wir haben das volle Vertrauen, dass wir sie erfolgreich überstehen.« Sein Optimismus war nicht ganz unbegründet. Zwar hatten die alliierten Bomber eine deutsche Stadt nach der anderen zerstört, doch war die öffentliche Moral nicht eingebrochen, und obwohl die Industrie schwer getroffen worden war, hatte Speer es geschafft, die Rüstungsproduktion zu steigern. Die Wehrmacht wurde an der Ostfront unablässig zurückgedrängt, konnte dort durch die Preisgabe von Raum aber immer noch Zeit gewinnen. Hitler und den Oberkommandos war bewusst, dass der Zeitpunkt der alliierten Invasion in Nordwesteuropa näher rückte. Sie war für das späte Frühjahr oder den Sommer zu erwarten, und die Deutschen hatten entsprechende Vorbereitungen getroffen. Hitler ordnete die Verlegung von Einheiten und Material in den Westen an und investierte massiv in den sogenannten Atlantikwall, eine Kette von Befestigungen, die sich von Norwegen bis an die Pyrenäen erstreckte. Er war überzeugt, den alliierten Brückenkopf zerschlagen zu können, noch ehe er gesichert war.[1]

Ermutigung zog Hitler aus den jüngsten Ereignissen in Italien. Am Jahresanfang entwickelte sich ein anglo-amerikanischer Versuch, die hartnäckig verteidigte Gustavlinie durch die Landung mehrerer Divisionen bei Anzio und Nettuno – sechzig Kilometer südlich von Rom – zu umgehen, rasch zu einem blutigen Patt. Den Deutschen wäre es fast gelungen, den Brückenkopf bei Anzio zu zerschlagen, und sie konnten die Landungstruppen monatelang abriegeln. Wenn sie dies bei der Landung in Nordwesteuropa wiederholen konnten, wären sie, wie Hitler glaubte, zumindest in der Lage, die Westalliierten zu einem Separatfrieden zu nötigen. Könnten sie den Brückenkopf aber vernichten, würden sie lange genug eine weitere Invasion ausschließen können, um ihre Armeen vom Westen in den Osten zu werfen. Hitler wusste, dass der Krieg nicht zu gewinnen war, aber dass er eine Pattsituation und damit die Voraussetzungen für einen Friedensschluss entweder mit den Westmächten oder mit Stalin herbeiführen konnte, war nicht völlig aus der Luft gegriffen.[2]

Angesichts des auf Messers Schneide stehenden Krieges war es in Hitlers Gedankenwelt umso wichtiger, den jüdischen Feind auszumerzen. In einer am 30. Januar 1944 ausgestrahlten Rundfunkansprache an das deutsche Volk charakterisierte er den globalen Konflikt als direkte Auseinandersetzung zwischen dem Bolschewismus, den er mit dem »Weltjudentum« identifizierte, und Deutschland um das Überleben der europäischen Zivilisation: »In diesem Kampf kann es nur einen Sieger geben, und der wird entweder Deutschland oder Sowjetrussland sein! Der Sieg Deutschlands bedeutet die Erhaltung Europas, und der Sieg Sowjetrusslands seine Vernichtung … Daher würde im Falle seines Sieges … das Schicksal der deutschen Nation die völlige Ausrottung durch den Bolschewismus sein. Und dieses Ziel ist auch die offen zugegebene Absicht des internationalen Judentums!« Allein Deutschland könne ein »zweites triumphierendes Purim-Fest«, womit Hitler die Abschlachtung von Nichtjuden meinte, verhindern, da es sich von den Juden gereinigt und eine homogene, rassenreine Volksgemeinschaft geschaffen habe. »Denn nur der Staat, der in seinem eigenen Innern völlig frei von unsozialen Infektionsherden ist, kann dem Bolschewismus mit Sicherheit auch nach außen entgegentreten. Das Judentum selbst hat in unserem großen Reich alle Macht verloren.« Gegen Ende der Rede blickte Hitler auf sein persönliches Erlebnis der Niederlage von 1918 zurück und hob hervor, wie er Deutschland seither umgestaltet habe. Seine Botschaft lautete, dass der Krieg gegen die Juden mit unverminderter Härte fortgeführt werden müsse, um eine Wiederholung der Entwicklung von 1917/18 zu verhindern, als, jedenfalls aus seiner Sicht, die Juden die Moral des deutschen Volks zerrüttet und das auf dem Schlachtfeld angeblich unbesiegte deutsche Heer unterwandert hatten.[3]

Von dieser Vorstellung einer Unterminierung der Kriegsanstrengung durch das »internationale Judentum« war auch Hitlers Haltung zu den Achsenpartnern geprägt. Die Siegeschancen hingen davon ab, dass die verbliebenen Verbündeten zusammenhielten. Besondere Sorge bereitete ihm Ungarn. Seit der Kapitulation Italiens hatte der deutsche Nachrichtendienst berichtet, dass in der ungarischen Führung darüber diskutiert wurde, Fühler zu den Alliierten auszustrecken, um mit ihnen über einen Ausstieg aus dem Krieg zu verhandeln, noch bevor die Rote Armee die ungarische Grenze erreichte. Dass der ungarische Ministerpräsident Miklós Kállay, der seit März 1942 im Amt war, einige der antijüdischen Vorschriften gelockert und die Behandlung der überlebenden jüdischen Arbeitsdienstleistenden verbessert hatte, interpretierten Hitler und Ribbentrop als Ergebnis verdeckter jüdischer Einflussnahme, und als Kállay im April 1943 die Forderung, mit der Deportation der ungarischen Juden zu beginnen, zurückwies, sahen sie darin einen Beweis für die innere Zersetzung der ungarischen Regierung.[4]

Vor hohen Wehrmachtoffizieren, die einen weltanschaulichen Schulungskurs absolviert hatten, fasste Hitler im Mai 1944 seine antijüdische Politik im Innern und deren Anwendung im Ausland zusammen. Wie in seiner Neujahrsansprache behauptete er, die Eliminierung der Juden sei die Voraussetzung gesellschaftlicher Einigkeit und hoher Moral. Nur so sei das Volk in der Lage, militärische Rückschläge und unablässige Bombardierungen auszuhalten:

> Indem ich den Juden entfernte, habe ich in Deutschland die Möglichkeit irgendeiner revolutionären Kernbildung oder Keimzellenbildung beseitigt … Schauen Sie demgegenüber die anderen Staaten an. Wir haben einen Einblick bekommen in einen Staat, der den umgekehrten Weg gegangen ist: Ungarn. Der ganze Staat zersetzt und zerfressen, überall Juden, bis in die höchsten Stufen hinauf, Juden und wieder Juden, und der ganze Staat von einem … lückenlosen Netz von Agenten und Spionen überzogen … Ich habe auch hier eingegriffen, und auch dieses Problem wird nun gelöst werden.[5]

Als Kállay verlangte, neun ungarische Divisionen von der Ostfront abziehen zu dürfen, platzte Hitler der Kragen. Anfang März 1944 setzte er das Unternehmen Margarethe in Gang, einen Plan zur Besetzung Ungarns, der nach dem Abfall Italiens ausgearbeitet worden war.

Gleichzeitig lud er das ungarische Staatsoberhaupt, Admiral Horthy, zu einem Treffen ein, das am 18. März auf Schloss Kleßheim bei Salzburg stattfand. Zu Horthys Verärgerung warf Hitler ihm Verrat vor und bemängelte die ungarische Duldsamkeit gegenüber einem angeblich weiterbestehenden jüdischen Einfluss. Da Ungarn die Juden zu nachsichtig behandle, müsse Deutschland jetzt das Heft in die Hand nehmen. Horthy weigerte sich zwar, in einer gemeinsamen Erklärung der Besetzung zuzustimmen, aber am Ergebnis änderte dies nichts. Er war gezwungen, Kállay durch den früheren Botschafter in Berlin Döme Sztójay, einen verlässlichen Freund des Dritten Reichs, zu ersetzen. Außerdem gab er der deutschen Forderung nach, 100 000 Juden zur Zwangsarbeit nach Deutschland zu schicken. Als er den Zug für die Heimfahrt bestieg, überschritten schon zwei Wehrmachtdivisionen die ungarische Grenze. Auf der Fahrt stiegen der neue Reichsbevollmächtigte Edmund Veesenmayer und RSHA-Chef Kaltenbrunner zu. In Budapest angekommen, stellten sie die neue Regierung Sztójay zusammen. Horthy blieb im Amt und verlieh so dem Ungarn aufgezwungenen neuen Regime – und damit auch den antijüdischen Maßnahmen, die es bald ergreifen sollte – eine gewisse Legitimität.[6]

Viele Historiker haben die deutsche Besetzung als Symptom des nationalsozialistischen Wahnsinns betrachtet. Dass Deutschland zu einem Zeitpunkt, an dem der Krieg so gut wie verloren war, ein verbündetes Land okkupierte, um dessen jüdische Bevölkerung in die Hände zu bekommen, und knappe Ressourcen für die Ermordung von Frauen und Kindern aufwandte, legt diesen Schluss gewiss nahe. Doch so grundlegend die Absicht, vermeintlichen jüdischen Einfluss in Ungarn auszuschalten, für Hitlers Entscheidung auch war, stellte sie doch nicht den einzigen Antrieb für die Invasion und die anschließende jüdische Tragödie dar. Die Okkupation Ungarns und die Vernichtung der ungarischen Juden folgten einer, wenn auch pervertierten, inneren Logik. Das Hauptziel bestand darin, Ungarn als Achsenpartner bei der Stange und die ungarischen Truppen im Kampf zu halten. Außerdem wollten die Deutschen in dieser nach ihrer Ansicht kriegsentscheidenden Phase so viel wie möglich aus der ungarischen Wirtschaft herauspressen. Das Land besaß Lebensmittel-, Öl- und Rohstoffreserven, die, wie sie fanden, schlecht genutzt wurden. Die Juden zählten ebenfalls zu diesen ungenutzten Reserven. Trotz der verheerenden Auswirkungen der bisherigen antijüdischen Maßnahmen waren noch beachtliche jüdische Vermögenswerte vorhanden, die geplündert werden konnten. Im produzierenden Gewerbe waren Juden stark vertreten und boten sich gewissermaßen als Enteignungsopfer an, und die jüdische Bevölkerung stellte ein riesiges Arbeitskräftereservoir dar, das sich etwa beim Bau unterirdischer Produktionsstätten für Düsenjäger oder für V1-Marschflugkörper und V2-Raketen einsetzen ließ. Umgekehrt würden die Besetzung Ungarns und die Deportation der ungarischen Juden keine nachteiligen Auswirkungen auf die Kriegsanstrengung haben. Es war eine hochprofitable Unternehmung, welche die Ungarn bereicherte und der deutschen Sklavenwirtschaft in einer Phase, in der die NS-Führung noch an den Sieg glaubte, neuen Schwung verlieh.[7]

Das Schicksal der ungarischen Juden

1938 hatten in Ungarn rund 445 000 Juden gelebt. Die Budapest für seine Vasallentreue zugebilligten Gebietsgewinne auf Kosten der Tschechoslowakei im November 1938 und März 1939 sowie auf Kosten Rumäniens im August 1940 hatten dem 320 000 Juden hinzugefügt, die jedoch kaum in die einheimische magyarisierte Gemeinde integriert waren. Insbesondere den neologen Juden in der Hauptstadt waren die Juden in den »befreiten Gebieten« fremd. Aber auch die orthodoxen Juden, die viel mit ihnen gemein hatten, fühlten sich ihren ungarischen Landsleuten näher.[8]

Eine Gemeinsamkeit teilten sämtliche ungarischen Juden: Sie alle hatten unter mehreren Schüben antisemitischer Gesetzgebung gelitten. In der letzten Wahl vor dem Krieg hatte die rechtsextreme Pfeilkreuzlerbewegung unter Ferenc Szálasi 30 Prozent der Stimmen erhalten, und ihre Abgeordneten hatten zur Ausgrenzung der Juden Bestimmungen nach dem Vorbild der Nürnberger Gesetze gefordert. Im April 1941 hatte der deutschfreundliche Ministerpräsident László Bárdossy in seiner Antrittsrede, mehr zur Beschwichtigung der Nationalsozialisten als zu derjenigen der Pfeilkreuzler, eine Verschärfung des bestehenden Judengesetzes mit dem Ziel, die »Rassenreinheit der ungarischen Nation« zu erreichen, verlangt. Nach den Bestimmungen, die im August 1941 in Kraft traten, waren Eheschließungen zwischen Christen und Juden, einschließlich der Nachkommen aus Mischehen und bestimmter Konvertiten, verboten. Dagegen war die Kirche, die auf ihrem Vorrecht bestand, die Eheschließung zu gewähren oder zu verweigern, Sturm gelaufen. Gegen die Segregation und Verfolgung von »Volljuden« hatte sie nichts einzuwenden. Bárdossys Nachfolger Kállay hatte die antijüdische Gesetzgebung, wenn auch nur zur Beschwichtigung des Dritten Reichs, um ein Gesetz über die Enteignung jüdischen Grundbesitzes zwecks der Einschränkung des jüdischen Einflusses auf dem Land ergänzt, das Anfang September 1942 in Kraft getreten war. Im Sommer hatte die Regierung der jüdischen Religion die allen anderen Konfessionen gewährten Rechte entzogen. Damit hatten wichtige jüdische Institutionen die staatliche Förderung verloren, so dass ihr Unterhalt die finanzielle Belastung der jüdischen Gemeinde weiter erhöhte. Zum Zeitpunkt der deutschen Besetzung hatten von mehreren ungarischen Regierungen eingebrachte und von ungarischen Abgeordneten in freier Entscheidung gebilligte Gesetze bereits große Teile der jüdischen Bevölkerung verarmen lassen, jüdische Organisationen ihrer Mittel beraubt und eine Religionsgemeinschaft in einen rassischen Paria verwandelt.[9]

Großen Schaden richtete auch die im August 1940 eingeführte Arbeitsdienstpflicht in der ungarischen Armee für jüdische Männer zwischen 25 und 60 Jahren an. Die Streitkräfte hatten bereits jüdische Offiziere und Unteroffiziere entlassen und jüdische Soldaten in getrennten, für körperliche Arbeiten vorgesehenen Einheiten konzentriert. Zu ihnen gesellte sich die erste Welle neueingezogener Arbeitsdienstpflichtiger, die ebenfalls Uniformen erhielten und dem Befehl ungarischer Offiziere unterstanden. Die Bedingungen waren hart, aber erträglich. Als Ungarn sich dem Unternehmen Barbarossa anschloss, wurden die Arbeitsbataillone jedoch großen Strapazen ausgesetzt: Sie mussten gewaltige Entfernungen zu Fuß zurücklegen, unter furchtbaren Bedingungen Schwerarbeit verrichten und wurden schlecht verpflegt, untergebracht und behandelt. Zwar waren sie vor dem Massenmord an den Juden, der überall um sie herum geschah, geschützt, doch wurden sie regelmäßig zum Minenräumen herangezogen und anderen Gefahren ausgesetzt. In der weniger streng regulierten Umgebung der Ostfront konnten antisemitische Unteroffiziere jüdische Arbeiter ungestraft ausrauben und quälen. Mehrere Arbeitseinheiten wurden massakriert. Die meisten Todesopfer forderte jedoch die Niederlage der ungarischen Armee bei Woronesch im Januar 1943, in deren Verlauf mehr als 17000 jüdische Arbeiter einfach verschwanden. Man schätzt, dass mindestens 33000 ungarisch-jüdische Männer in der Blüte ihrer Jahre in Russland ihr Leben verloren, so dass eine weitgehend männerlose jüdische Bevölkerung zurückblieb.[10]

Vor dem Zugriff der Einsatzgruppen waren die jüdischen Arbeitsbataillone durch die ungarische Armee geschützt, doch gingen von dieser gleichwohl Massenerschießungen und Pogrome aus. Im August 1941 trieben ungarische Soldaten 18000 »fremde Juden« aus einem Internierungslager in Kőrösmező auf einem Gewaltmarsch in die deutschbesetzte Ukraine nach Kamenez-Podolsk, wo sie bis auf 2000 von einem Einsatzkommando ermordet wurden. Vom 21. bis 23. Januar 1942 erschoss eine ungarische Armeeeinheit in Novi Sad im besetzten Serbien in einem als Antipartisanenaktion verschleierten Pogrom rund 700 Juden. Die Nachricht über dieses Massaker entfachte in Ungarn einen öffentlichen Aufschrei, der zum Sturz der Regierung Bárdossy führte.[11]

Diese Schläge hatten schon vor dem Eintreffen der Deutschen die Widerstandskraft der jüdischen Gemeinde erschüttert. Die endgültige Katastrophe organisierte kein anderer als Adolf Eichmann. In den ersten Monaten des Jahres 1944 wussten er und seine Gehilfen nicht recht weiter: Die großen jüdischen Bevölkerungszentren in Europa außerhalb Ungarns waren vernichtet, und sie waren in Ländern, von denen sie kaum noch Unterstützung erhielten, mit kleineren Judenjagden beschäftigt. Deshalb konnte Eichmann ein ungewöhnlich großes Kommando aufbieten. Am Vorabend der Besetzung versammelten sich im KZ Mauthausen 500 bis 600 Sipo-SD-Männer. Zum Führungspersonal gehörten Hermann Krumey, Dieter Wisliceny, Franz Novak, Franz Abromeit, Otto Hunsche, Theodor Dannecker, Siegfried Seidl und Richard Hartenberger. Sie alle hatten schon eine führende Rolle bei der Vernichtung jüdischer Gemeinden gespielt. Eichmann übernahm zum ersten Mal in seiner Karriere das Kommando vor Ort. Am frühen Morgen des 19. März machte sich das Sondereinsatzkommando auf die Fahrt nach Ungarn. Unterwegs legten die Männer eine Rast ein, um den Geburtstag ihres Chefs zu feiern; Eichmann wurde 37 Jahre alt.[12]

Am 21. März traf das Eichmann-Kommando, wie es bald genannt wurde, in Budapest ein und richtete sein Hauptquartier im Hotel Majestic auf dem Schwabenberg ein. Eichmann zog später in eine arisierte Villa auf dem Rosenberg um. Er war nicht der einzige deutsche Offizielle in Budapest mit Interesse an der Judenpolitik. Wie bei jeder der vorangegangenen Operationen gab es eine verwirrende Vielzahl von Dienststellen mit unterschiedlichen Zielen und Befehlsketten. Das RSHA hatte Hans Geschke zum BdS ernannt. Ihm übergeordnet und Himmler direkt unterstellt war der HSSPF Otto Winkelmann, dessen Stellvertreter Wilhelm Höttl für die Gegenspionage des SD verantwortlich war. Mit dem Sonderauftrag, jüdische Industrieunternehmen für die SS zu konfiszieren, hatte Himmler außerdem Kurt Becher nach Ungarn entsandt. Das Auswärtigen Amt war durch den Reichsbevollmächtigten Veesenmayer vertreten und hatte außerdem Theodor Grell als Judenreferenten an die Botschaft in Budapest versetzt. Nicht zuletzt dieses Kompetenzdickicht trug dazu bei, dass die Katastrophe, die jetzt über die ungarischen Juden hereinbrach, eine derartige Dimension annahm.[13]

Schon vor Eichmanns Einzug auf dem Rosenberg hatte sich Kaltenbrunner mit Sztójay und Vertretern des Innenministeriums auf die zentralen Punkte der Judenpolitik geeinigt. Dazu gehörten Gesetze über die Aberkennung der ihnen verbliebenen Rechte und ihre Enteignung sowie Maßnahmen zu ihrer Konzentration, Ghettoisierung und Deportation. Diese Schritte waren von ungarischen Zivilbeamten und der ungarischen Gendarmerie durchzuführen. Der neue Innenminister Andor Jaross ernannte László Endre und László Baky zu Staatssekretären, zu deren politischen und administrativen Zuständigkeiten die »Judenfrage« gehörte. Beide waren bekannte Antisemiten. Endre, ein altgedienter Polizeibeamter, hatte sich seit Anfang der dreißiger Jahre als nazifreundlicher Aktivist hervorgetan. Baky war Armeeoffizier gewesen, bevor er eine nationalsozialistische Partei gründete und als rechtsgerichteter Abgeordneter ins Parlament einzog.[14]

Nach den schmerzlichen Erfahrungen in Frankreich und jüngst in Dänemark wollte sich Eichmann unbedingt die Kooperation seiner ungarischen Gegenüber sichern. Sie mussten nicht erst überredet werden. Eichmann erzählte später, bei einer »zwanglosen Zusammenkunft am Abend« habe er seinen Kollegen bei einem Glas ungarischen Wein mitgeteilt, »dass Himmler einen Befehl für die deutsche Polizei gegeben habe und es gerne sehen würde, wenn die Juden in Budapest ghettoisiert würden und dann die Juden von Ungarn vom Osten nach dem Westen evakuiert und nach Auschwitz verbracht würden«. Über

Sechzigjährige und Arbeitsunfähige seien auszunehmen. Laut Eichmann konnten die Versammelten ungestört dem Wein zusprechen, denn der Innenminister hatte bereits eine ganze Reihe antijüdischer Erlasse vorbereitet, so dass kaum noch etwas zu tun war.[15]

Das neue Regime beeilte sich, die nötigen Verordnungen zur Absonderung der Juden und zur Beschlagnahme ihres Vermögens zu erlassen. Vermögenswerte von Juden wurden eingefroren; sie mussten ihr gesamtes Vermögen anmelden; ihnen wurde verboten, Fahrzeuge zu besitzen oder zu fahren und öffentliche Verkehrsmittel zu benutzen; ihre Telephone und Radioapparate wurden beschlagnahmt. Außerdem wurden sie aus der gesamten Wirtschaft sowie dem akademischen und öffentlichen Leben ausgeschlossen. Unter der deutschen Besatzungsherrschaft erfüllten sich lange gehegte Wünsche ungarischer Nationalisten und Antisemiten. Männer wie Jaross und Endre glaubten, durch die Beschlagnahme und Umverteilung jüdischer Vermögen eine utopische Gesellschaft der Magyaren schaffen zu können. In Wirklichkeit löste die Entfernung von Juden aus der Wirtschaft einen Goldrausch aus, in dem die allgemeine wilde Habgier sich auf Arbeitsplätze, Unternehmen und Grundbesitz richtete.[16]

Auch aus den Ereignissen in Warschau zog Eichmann seine Lehren; jüdischen Widerstand wollte er unbedingt verhindern. Die Hauptelemente seiner Strategie waren Geschwindigkeit und Täuschung. Kaum in Budapest angekommen, bestellten Krumey und Wisliceny die jüdische Führung für den nächsten Vormittag zu sich. Als sich die verängstigten Vertreter der jüdischen Gemeinde im Hotel Majestic einfanden, taten sie es in dem Wissen, dass in der vorangegangenen Nacht bereits 200 Juden verhaftet und ins Internierungslager Kistarcsa gesperrt worden waren; binnen weniger Tage sollten es 2000 sein. Die beiden Eichmann-Gehilfen teilten den Versammelten mit, dass die ungarischen Juden jetzt der Sicherheitspolizei unterstünden und einen Judenrat zu bilden hätten. Es sei ihnen verboten, mit Juden in den Provinzen Verbindung aufzunehmen, und wenn sie nicht für Ruhe und Ordnung in der jüdischen Gemeinde sorgten, hätten sie mit schweren Strafen zu rechnen. Bei Wohlverhalten würde niemand zu Schaden kommen. Am 21. März wurde unter Vorsitz von Samuel Stern, einem hochgeachteten Mann mit viel Erfahrung im Gemeindeleben, ein Judenrat gegründet.[17]

Zehn Tage später trat Eichmann persönlich dem Judenrat gegenüber. Er teilte ihm mit, dass die Juden ab dem 4. April den gelben Stern zu tragen hätten. Sie würden jetzt für die deutsche Kriegswirtschaft arbeiten, und wenn sie sich fügten und hart arbeiteten, würde man sie gerecht behandeln. Wie ein Ratsmitglied später aussagte, erklärte Eichmann weiter: »Wenn jedoch die Juden Untergrund- und Partisanenschritte ergreifen werden, würde er sie alle ausrotten. Die Juden müssten einmal verstehen, dass von ihnen nichts verlangt werde als Ordnung und Disziplin. Falls Ordnung und Disziplin herrschte, dann brauchten die Juden keine Angst zu haben, im Gegenteil, er würde der Beschützer der Juden sein, und es würde gute Bedingungen geben, was Bezahlung, was Entlohnung usw. betrifft.« Er werde »jede Plünderung jüdischen Vermögens vereiteln und ahnden«. Diese Botschaft solle der Rat an die jüdische Gemeinde weiterleiten.[18]

Einige Tage darauf, am 4. April, nahm Eichmann im ungarischen Innenministerium an einer Sitzung zur Planung der Deportationen teil. Neben Baky, der sie leitete, waren führende Angehörige des Eichmann-Kommandos sowie Endre und Oberstleutnant László Ferenczy, dem die 20 000 Mann zählende ungarische Gendarmerie unterstand, anwesend. Sie kamen überein, Ungarn in sechs Zonen aufzuteilen, die jeweils ein bis zwei Gendarmeriedistrikte umfassten. Die Juden sollten zuerst in ihren Zonen registriert und dann konzentriert, das heißt von den ländlichen Gebieten in die Städte umgesiedelt werden. Nachdem man sie ihres Eigentums beraubt und in Ghettos untergebracht hatte, sollten sie schließlich ins Reich deportiert werden. Beginnen wollte man in den annektierten östlichen Provinzen, die der näherrückenden russischen Front am nächsten lagen, so dass man die Deportation als Sicherheitsmaßnahme ausgeben konnte. Außerdem würden sich die Juden in der Hauptstadt mit dem Gedanken beruhigen, dass die Aktion nur »Fremde« beträfe. Die Ausführung der Maßnahmen übertrug man Gendarmerie und Polizei sowie sonstigen Kommunalbeamten vom Bürgermeister bis zum Lehrer.[19]

Die Razzien begannen mit charakteristischer Bosheit, die sowohl Hass auf das Judentum als auch auf die Juden verriet, am ersten Tag des jüdischen Passahfests, dem 16. April 1944. Innerhalb von zwölf Tagen wurden in Zone I, welche die Karpato-Ukraine und Nordostungarn umfasste, 194 000 Juden in hastig eingerichtete temporäre Ghettos gebracht, die sich häufig in aufgegebenen Ziegeleien, Fabriken, Gehöften oder Stallungen befanden. Vom 3. bis 10. Mai wurden die rund 98 000 Juden festgesetzt, die in Zone II lebten, zu der Kolozsvár (Cluj, Klausenburg) und Nordsiebenbürgen gehörten. Die 53 000 Juden in Zone III in Nordungarn ereilte dieses Schicksal zwischen dem 5. und dem 10. Juni. Zone IV in Südungarn mit rund 40 000 Juden, einschließlich der Gemeinden von Debrecen und Szeged, folgte vom 16. bis 26. Juni. Schließlich wurden vom 30. Juni bis 3. Juli in Zone V in Südwestungarn 29 000 Juden ghettoisiert. Außerdem wurden rund 24 000 Juden in der Umgebung von Budapest verhaftet.[20]

Hauptsächlich auf Initiativen aus der Stadtverwaltung hin begann man damit, die 200 000 Juden in der Hauptstadt vom Rest der Bevölkerung zu trennen und in bestimmten Wohnblöcken, »Gelbsternhäuser« genannt, zusammenzupferchen. Gleichzeitig wurde ihnen der Zugang zu den meisten Badeanstalten, Restaurants, Hotels und Unterhaltungsstätten verboten. Sowohl die Wohnhäuser als auch die öffentlichen Einrichtungen, die ihnen zugeteilt wurden, waren minderwertig. Die Stadtplaner und Kommunalbeamten verfolgten also nicht nur eine antijüdische Diskriminierungspolitik, sondern betrieben auch eine Umverteilung urbaner Annehmlichkeiten. Die Umgestaltung der Stadt war ebenso von Neid und Habgier motiviert wie von tiefsitzendem Vorurteil. Dass Endre Oberbürgermeister Tibor Keledy Mitte Mai drängte, die Konzentration der Juden zu beschleunigen, verhieß nichts Gutes. Offenbar fand er Keledys Dreimonatsplan für die demographische Reorganisation der Stadt zu großzügig: So lange wollte er die Anwesenheit der Juden nicht mehr dulden.[21]

Die über ganz Ungarn verstreuten Ghettos unterschieden sich stark voneinander, aber die Erfahrung von Enteignung und Misshandlung war allen in ihnen eingesperrten Juden gemeinsam. In Sighet, einer Stadt mit 10 000 jüdischen Einwohnern, bestand das Ghetto laut Hedi Fried »aus mehreren Blöcken, die von einem Zaun umgeben waren. Die Fenster zur Hauptstraße waren zugenagelt und überstrichen. Die einzige Straße war überfüllt mit Menschen, die sich mit Blicken grüßten.« Hedi Fried, die kurz zuvor ihre Ausbildung zur Grundschullehrerin abgeschlossen hatte, musste mit ihren Eltern und ihrer Schwester aus einer hellen, sauberen und ordentlichen Wohnung in ein schmutziges, überfülltes Zimmer umziehen. Beim Auszug verlangte man von ihnen eine Aufstellung ihrer Habseligkeiten sowie die Übergabe sämtlicher Wertsachen. Auch der Schriftsteller Béla Zsolt aus Nagyvárad (Oradea), ein Mann mittleren Alters, musste in ein improvisiertes

Ghetto umziehen. In Nagyvárad lebte mit 21 000 Mitgliedern eine der größten jüdischen Gemeinden außerhalb Budapests, die jetzt in einige mit Stacheldraht umzäunte Gebäude gepfercht wurde. Die Überbelegung war extrem, und es dauerte nicht lange, bis die ersten Bewohner starben. Als Zsolt krank wurde, verlegte man ihn in die Synagoge, das größte Gebäude im Ghetto, das als Behelfsspital genutzt wurde. Dort lag er inmitten von Verstorbenen. »Neben dem grauenhaften Klo«, beschrieb er die Bedingungen dort später, »gab es zwar eine Leichenkammer, ehemals eine Waschküche, doch schon gestern hing ein halbes Dutzend nackter Wachsbeine aus der halboffenen Tür.«[22]

Zu erbärmlichen sanitären Einrichtungen, Überfüllung und Hunger kam hinzu, dass die Juden von der einheimischen Bevölkerung und den Behörden gleichermaßen ausgeraubt und drangsaliert wurden. Bauern und Händler verkauften ihnen durch die Ghettozäune zu maßlos überhöhten Preisen Lebensmittel. Beamte und Gendarmen setzten brutalere Mittel ein, um sich zu bereichern. Zsolt beobachtete, wie wohlhabende Juden in eine nahegelegene Brauerei geführt wurden, die als Folter- und Erpressungszentrum diente. Später brachte man sie als »blutige Bündel« zurück, »den einst dünkelhaften Bankdirektor, den Federgroßhändler …, den patrizischen Hausbesitzer sowie Juweliere und Goldschmiede … Ihr Köpfe gleichen ungleichmäßig aufgeschnittenen Wassermelonen …« Viele hatten Verletzungen an den Genitalien. Nach Zsolts Ansicht hatte nicht Antisemitismus, sondern Habgier die Gendarmen in reißende Bestien verwandelt: »Sie haben sich den Hass auf uns ausgedacht, um einen Vorwand für die Entwendung unserer Dinge zu haben … Sie bringen uns für die Gegenstände um.«[23]

Frauen wurden regelmäßig missbraucht. Hedi Fried berichtete später, wie ihre Familie am Vorabend der Deportation in die Synagoge gebracht wurde, wo »die Familien getrennt [wurden], die Männer in die Haupthalle gestopft, die Frauen und Kinder in die Galerie … Die Hahnenfedern [Gendarmen, die Federn am Hut trugen] begannen unsere Habseligkeiten zu durchwühlen, auf der Suche nach Wertgegenständen. Eine Frau nach der anderen wurde aufgerufen. Wächterinnen tasteten uns ab, für den Fall, dass wir etwas in unseren Körperöffnungen versteckt hielten.«[24]

Wie auch bei früheren Gelegenheiten scheinen sich die Deutschen und ihre Kollaborateure, während die Juden bereits entwurzelt und in elende Quartiere gepfercht wurden, noch darüber gestritten zu haben, was mit ihnen geschehen sollte. Horthy und Sztójay hatten der Entsendung von 100 000 arbeitsfähigen Juden ins Reich zugestimmt, aber die radikaler eingestellten Baky, Endre und Ferenczy wollten alle ungarischen Juden loswerden. Kaltenbrunner und das RSHA strebten die Vernichtung aller ungarischen Juden an, während Veesenmayer und das Auswärtige Amt an der ursprünglichen Vereinbarung über einen Arbeitseinsatz festhielten. Am 14. April teilte Veesenmayer dem Auswärtigen Amt mit, dass Sztójay der Deportation von 50 000 Juden zur Arbeit im Reich zugestimmt habe. Im nächsten Monat könne man mit der Einwilligung zum Abtransport von weiteren 50 000 Juden rechnen. Doch drei Tage später wies Ferenczy in einer Besprechung im ungarischen Innenministerium darauf hin, dass die Situation in den Lagern in Nordostungarn sich rasch verschlechtere. Man könne die Juden unter diesen Umständen nicht einfach weiter dort festhalten. Eichmann bot an, sie alle zu übernehmen, unabhängig davon, ob sie arbeitsfähig seien oder nicht. Ungarische Maximalisten und deutsche Radikale hatten sich zusammengetan und das Schicksal der ungarischen Juden besiegelt.[25]

Eichmanns Logistikexperten in Berlin und Budapest begannen die technischen Arrangements zu treffen. Günther setzte sich mit dem WVHA in Verbindung, um zu bestätigen, dass man die ungarischen Juden vorerst allesamt nach Auschwitz bringen würde. Vertreter des Arbeitsministeriums, der Sipo und der Wehrmacht einigten sich darauf, dass die Organisation Todt als Vermittlungsstelle für Anforderungen von ungarisch-jüdischen Zwangsarbeitern fungieren sollte. Da rund die Hälfte der aus Ungarn Eintreffenden Frauen sein würden, ließ sich WVHA-Chef Pohl von Himmler genehmigen, sie ebenfalls für Schwerarbeit einzusetzen. Am 4. Mai vereinbarten Novak und Reichsbahnvertreter in einer Besprechung in Wien, täglich vier Züge mit zusammen etwa 12 000 Juden über Košice und Tarnów nach Auschwitz zu schicken. Militärische Transporte sollten jedoch nicht beeinträchtigt werden. Schließlich bereiteten Veesenmayer und sein diplomatischer Stab alles dafür vor, Juden nichtungarischer Nationalität auszusieben.[26]

Letztlich hing die gesamte Operation von den Ungarn ab. Ohne ihre rückhaltlose Kooperation wäre es dem Eichmann-Kommando, selbst mit Hilfe anderer NS-Stellen, unmöglich gewesen, eine derart große und weitverstreute jüdische Bevölkerung zu deportieren. Doch Eichmann war voll des Lobes für den Eifer und die Effektivität, mit denen sich Ungarn aus allen Schichten an die Arbeit machten, allen voran Ferenczy. In seinem Hauptquartier in Munkacs hielt er regelmäßige Einsatzbesprechungen leitender Gendarmerie-, Polizei- und Kommunalbeamter ab. Jedem Ghetto wurden ein Abfahrtsbahnhof und ein Deportationsdatum zugewiesen. Gendarmen wurden an die Marschrouten und zur Bewachung der Züge bis zur ungarischen Grenze beordert, wo deutsche Wachen sie ablösen würden. Polizeichefs, Bürgermeister, Kommunalbeamte, Steuerbeamte, Lehrer und Feuerwehrmänner: Sie alle sollten eine aktive Rolle bei der Festnahme, Ausplünderung und Deportation ihrer jüdischen Nachbarn spielen.[27]

Die ersten Deportationen fanden früher als geplant statt; sie brachten Juden aus dem Internierungslager im Budapester Vorort Kistarcsa nach Auschwitz-Birkenau. Am 15. Mai begannen dann die Deportationen aus den Zonen I und II. Bis zum 7. Juni fuhren 92 Züge mit rund 289 000 Juden aus der Karpato-Ukraine und Nordsiebenbürgen nach Polen. Vom 11. bis 16. Juni wurden mit 23 Zügen rund 59 000 Juden aus der Zone III deportiert. Aus Zone IV wurden ab dem 25. Juni in nur drei Tagen mit 14 Zügen 41 500 Juden abtransportiert. Vom 4. bis 8. Juli schließlich fuhren aus Zone V und der Umgebung von Budapest 18 Züge mit 55 000 Juden ab. Zu diesem Zeitpunkt waren, wie Veesenmayer dem Auswärtigen Amt meldete, insgesamt 437 403 Juden nach Auschwitz-Birkenau gebracht worden. Nur 25 bis 30 Prozent von ihnen wurden zum Arbeitseinsatz ausgewählt; die übrigen ermordete die SS sofort nach ihrer Ankunft. In Tempo, Ausmaß und Gründlichkeit übertraf die Vernichtung der ungarischen Juden sogar die Räumung des Warschauer Ghettos von Juli bis September 1942.[28]

Nach einer Nacht in der Sammelstelle wurde Hedi Frieds Familie zusammen mit 3000 anderen Juden zum Bahnhof von Sighet geführt. »Viehwaggons standen vor uns, ihre Fenster vernagelt. Diese waren für uns. Etwa hundert von uns wurden in jeden Waggon gestoßen, der normalerweise acht Pferde fasste. Wir waren müde, hungrig, durstig und ziemlich apathisch. Wir ließen uns hineinscheuchen …« Zunächst wurde noch eine gewisse Ordnung aufrechterhalten, doch am dritten Tag brach die Disziplin zusammen. »Der Eimer in der Ecke begann überzulaufen, und der Gestank von Schweiß, Urin und Exkrementen war Übelkeit erregend. Unser Vorrat an Wasser ging zur

Neige, und der Durst wurde unerträglich. Die Menschen begannen zu betteln und zu beten, zu wimmern und zu schreien.« Transporte aus entlegeneren Gebieten Ungarns dauerten bis zu einer Woche, selbst wenn sie nicht durch Unterbrechungen oder vorrangige Militärzüge aufgehalten wurden. Die Reise wurde zur Höllenqual.[29]

Kaum einer der Deportierten hatte eine Vorstellung davon, wohin die Reise ging. Nach dem Krieg warfen Überlebende der jüdischen Führung in Budapest vor, die Juden in den Provinzen nicht gewarnt und darüber informiert zu haben, was die Deportation wirklich bedeutete und was in Auschwitz vor sich ging. Doch es mangelte nicht an Nachrichten über deutsche Gräuel und das Schicksal von Juden in anderen Ländern. Es fiel den ungarischen Juden nur schwer zu glauben, dass auch ihnen so etwas passieren könnte, zumal ihre Regierung sie jahrelang vor solchen Schrecken abgeschirmt hatte und der Krieg augenscheinlich bald zu Ende gehen würde. Hedi Fried:

> Wussten wir von Konzentrationslagern? Ich erinnere mich nicht. Ich erinnere mich nur an einen jüdischen Flüchtling aus Polen, der in unsere kleine Stadt kam und von Tante Lotti versteckt wurde … Meine Eltern beantworteten meine Fragen ausweichend, flüsterten miteinander über grauenhafte Dinge, denen er entkommen war. Aber ich denke nicht, dass irgendjemand glaubte, solche Dinge könnten auch uns treffen. Was geschehen war, war in Deutschland, Österreich, in der Tschechoslowakei, in Polen geschehen – nicht in Ungarn. Wir waren ungarische Bürger; unsere Väter hatten in der ungarischen Armee im Ersten Weltkrieg gekämpft … Nichts konnte uns geschehen.

Béla Zsolt, der in der Sowjetunion Augenzeuge von Massakern an Juden geworden war, wusste es besser. Er floh mit seiner Frau aus dem Ghetto von Nagyvárad nach Budapest, wo das Paar sich mit Hilfe von Freunden versteckte.[30]

Das War Refugee Board und die Rettungsverhandlungen

Im März 1944 in Ungarn waren die Alliierten zum ersten Mal während des Krieges in der Lage, den Verlauf einer deutschen Operation gegen Juden zu beobachten. Und zum ersten Mal besaßen die Amerikaner im War Refugee Board ein Instrument, das eigens den Zweck hatte, auf eine solche Krise zu reagieren. Darüber hinaus besaßen sie für den Fall, dass sie den bedrohten Juden helfen wollten, aufgrund der militärischen Entwicklung ein größeres Verhandlungsgewicht und mehr Optionen als jemals zuvor. Was folgte, war eine der dramatischsten, tragischsten und umstrittensten Episoden in der Geschichte der »Endlösung« und des Zweiten Weltkriegs.

Am 5. April 1944 sicherte Himmlers persönlicher Vertreter in Budapest, Kurt Becher, der SS die Mehrheit am Mánfred-Weiss-Konzern. Damit hatte Himmler mit einem Streich ein Industrieimperium erworben. Im Gegenzug für den Verkauf ihres Unternehmens ermöglichte Becher etwa fünfzig Angehörigen der Familien Weiss und Chorin, denen die Aktienmehrheit des Konzerns gehört hatte, Ungarn in Richtung Schweiz und Portugal zu verlassen. Dieser Handel versetzte Eichmann aus zwei Gründen in Rage: Erstens erhöhte er das Ansehen seines Rivalen Becher, und zweitens stellte er eine Einmischung auf einem Gebiet dar, das seit 1938 seine Domäne war – die jüdische Auswanderung. Um Becher in den Schatten zu stellen, musste er seinerseits einen spektakulären Coup landen.[31]

Die Gelegenheit dazu erhielt er durch die verwickelten Beziehungen jüdischer Rettungsaktivisten in der Slowakei und Ungarn zum WRB, dem OSS und der deutschen Abwehr. 1943 hatten Zionisten in Budapest das Komitee für Hilfe und Rettung gegründet, um Juden aus der Slowakei und Polen über Ungarn in Sicherheit zu bringen. Das Komitee stand in Verbindung zu Rabbi Michael Dov Weissmandl in Bratislava, der neben der Frauenrechtlerin Gisi Fleischmann eine der führenden Figuren einer schlicht »Arbeitsgruppe« genannten Untergrundorganisation war. Mitte 1942, als die Deportationen aus der Slowakei im Gang waren, hatte die Arbeitsgruppe Kontakt zu Wisliceny aufgenommen und ihm eine riesige Bestechungssumme angeboten, wenn er die Transporte aussetzte. Wisliceny nahm das Geld, und als die Deportationen, wie von den Deutschen von vornherein geplant, im Oktober aufhörten, nahm er das Verdinest daran für sich in Anspruch. Nach diesem vermeintlichen Erfolg waren Weissmandl und Fleischmann überzeugt, die Vernichtungsmaschinerie mit Hilfe ausreichender Bestechungssummen stoppen zu können. Zu diesem Zweck entwarfen sie im Lauf des Jahres 1943 den phantastischen Europaplan, wonach die Juden im deutschen Einflussgebiet mit Mitteln der Jewish Agency in Palästina freigekauft werden sollten. Die Umsetzung dieses Plans hing also von den Beziehungen zur Jewish Agency und von der Fähigkeit, Geld und Menschen über Grenzen zu schleusen, ab.[32]

Seit Anfang 1943 hatte die Jewish Agency ihre Hilfsbemühungen zugunsten der Juden im deutsch besetzten Europa intensiviert und Außenstellen in der Schweiz und Istanbul eingerichtet, von wo aus ihre Abgesandten mit zionistischen Gruppen in den von der Achse kontrollierten Ländern Kontakt aufzunehmen versuchten. Palästinensische Juden begaben sich als Kuriere illegal in deutsch beherrschte Gebiete, während Mitglieder zionistischer Untergrundgruppen in der Slowakei, Polen, Ungarn und Rumänien in die entgegengesetzte Richtung reisten. Bis zum Frühjahr 1943 hatte die Jewish Agency von Istanbul aus auf dem gesamten Balkan ein Netz von Agenten und Kurieren aufgebaut. Geleitet wurde es von Teddy Kollek, einem von Ben-Gurions engsten Vertrauten. Kollek teilte seine europäischen Agenten und seine Informationen mit dem britischen Geheimdienst und nahm auch Verbindung zum OSS auf. Die Amerikaner wollten die ungarische Führung zum Austritt aus dem Achsenbündnis bewegen und waren deshalb besonders wegen der in Ungarn aktiven Agenten an Kolleks Organisation interessiert. Diese Kuriere, unter ihnen einige gemischter Herkunft, waren vom Budapester Rettungskomitee rekrutiert worden. Dass die meisten von ihnen gleichzeitig für die deutsche Abwehr arbeiteten und auch für die ungarische Gegenspionage keine Unbekannten waren, konnte Kollek nicht wissen. Die Ungarn versuchten mit Hilfe der jüdischen Kuriere Friedensfühler zu den Alliierten auszustrecken, und die Abwehr hatte sie in erster Linie aus demselben Grund angeworben.[33]

Nach der deutschen Besetzung hatten die führenden Figuren des Rettungskomitees, Ottó Komoly, Rezső (Rudolf) Kasztner und Joel Brand, nach dem Vorbild der slowakischen Arbeitsgruppe begonnen, auf jedem erdenklichen Weg Kontakte zu Vertretern des ungarischen Regimes und der deutschen Besatzer anzuknüpfen, die für eine Einflussnahme oder Bestechung empfänglich sein könnten. Am 24. März 1944 arrangierten Kuriere des Komitees ein Treffen von Brand und Kasztner mit Wisliceny. Die beiden Zionisten boten ihm zwei Millionen Dollar an, wenn er die Umsetzung der antijüdischen Politik mäßigte. Wisliceny nahm eine »Anzahlung« von zweihunderttausend Dollar an und sagte, er werde sehen, was er tun könne. Diese Kontakte wurden über Wochen fortgeführt, wobei noch mehr Geld den Besitzer wechselte. Unterdessen berichtete Wisliceny Eichmann über die Gespräche, der eine Gelegenheit für einen eigenen Coup sah. Um den 25. April herum wurde er mit Brand bekannt gemacht, dem er vorschlug, einer Million Juden die Ausreise zu gestatten, wenn das Reich dafür Waren und Rohstoffe bekäme. Insbesondere verlangte er 10 000 Lastkraftwagen sowie verschiedene Lebensmittel und zwei Millionen Stück Seife. Verblüfft vernahm Brand, dass Eichmann ihm die Reise nach Istanbul ermöglichen wollte, damit er der dortigen zionistischen Vertretung das Angebot »Ware gegen Blut« übermitteln könne. Eichmann, der seinen Vorschlag von seinen Vorgesetzten hatte absegnen lassen, wollte einen wirklich großen Coup landen, der alles, was Becher erreicht hatte, in den Schatten stellen würde. Allerdings wurde sein Projekt von den Machenschaften anderer SS-Offiziere in Budapest durchkreuzt.[34]

Früher in jenem Jahr war die Abwehr, ein Hort der Opposition gegen den Nationalsozialismus, gesäubert und vom Auslandsnachrichtendienst des SD unter Walter Schellenberg übernommen worden, so dass die jüdischen Abwehragenten, die gleichzeitig als zionistische Kuriere tätig waren, jetzt für den SD arbeiteten. Dies fügte dem sich herausbildenden Komplott eine weitere Facette hinzu. Gerhard Clages, der Chef des SD-Auslandsnachrichtendiensts in Budapest, dem die Kuriere jetzt unterstanden, sah in ihnen potentielle Verbindungsleute zu den Westmächten. Dies war insofern ein Geschenk, als sein Chef Himmler den Westen wissen lassen wollte, dass Deutschland zu Verhandlungen über einen Separatfrieden, der beiden Seiten freie Hand für ein Vorgehen gegen die Sowjetunion geben würde, bereit sei. Es ist nicht klar, ob Himmler das Verhandlungsangebot und das Versprechen, im Gegenzug für eine Übereinkunft mit den Alliierten eine große Zahl von Juden freizulassen, ernst meinte. Aber Schellenberg erkannte die Gelegenheit, schon durch den Versuch eines solchen Schachzugs Misstrauen und Zwietracht in der gegnerischen Koalition zu säen.[35]

Als Brand am 14. Mai, dem Tag des Beginns der täglichen Deportationen, erneut mit Eichmann zusammentraf, sah er sich einer Phalanx von SS-Offizieren gegenüber, zu der auch Clages und Becher gehörten. Zu seiner Überraschung verlangte man von ihm, zusammen mit Bandi Grosz, einem Halbjuden mit undurchsichtiger Vergangenheit, der zu verschiedenen Zeiten den Zionisten, den Deutschen, den Ungarn und dem OSS gedient hatte, nach Istanbul zu reisen. Brands Mission, ungarische Juden zu retten, war damit zu einem vom SD-Auslandsnachrichtendienst ersonnenen machiavellistischen Komplott umgemünzt worden. Dank ihrer eigenen Spione waren die Alliierten im Bilde, doch Brand ahnte nicht, wie sehr sein Vorhaben kompromittiert und deshalb zum Scheitern verurteilt war. Sofort nach seiner Ankunft in Istanbul übermittelte er der dortigen zionistischen Vertretung Eichmanns grotesken Vorschlag. Einige Tage später traf er mit einem hohen Funktionär der Jewish Agency zusammen, der die Information an deren Exekutive in Jerusalem weiterleitete. Diese setzte sicherheitshalber die Briten in Kenntnis und bat sie zugleich, Brand zur Fortsetzung der Verhandlungen nach Palästina einreisen zu lassen. Sie willigten ein, verhafteten Brand dann aber am 5. Juni während der Fahrt durch Syrien. Er wurde nach Kairo gebracht, wo man ihn wochenlang festhielt und intensiv verhörte. Brand war außer sich, glaubte er doch, ihm würde die Chance genommen, eine Million Juden vor dem Tod zu retten; er konnte nicht fassen, dass die Briten diese Gelegenheit nicht ergriffen. Tatsächlich hatte das britische Kriegskabinett am 30. Mai über den bizarren Vorschlag diskutiert und jeden Kontakt mit den Deutschen ausgeschlossen. Um keinen Argwohn aufkommen zu lassen, man betreibe ein Doppelspiel, unterrichtete das britische Außenministerium die Sowjetunion über das vermutliche Täuschungsmanöver, und Moskau stimmte der britischen Ablehnung zu. Die Jewish Agency blieb hartnäckig und sandte in Gestalt von Moshe Shertok einen hohen Funktionär nach London, der darum bat, die Verhandlungskanäle offenzuhalten, und sei es nur zum Schein, um die Deportationen zu verzögern. Doch die Alliierten waren unnachgiebig. Weizmann und Shertok wurden am 6. Juli von Eden empfangen, dem sie erneut vor Augen hielten, wie wichtig es sei, den Deutschen die Chance auf einen

Handel vorzugaukeln. Aber sie wurden abgewiesen. Am 19. Juli ließen die Briten die Geschichte mit Hilfe des Journalisten und Labour-Intellektuellen Michael Foot an die Presse durchsickern. Niemand war überraschter darüber als der deutsche Außenminister Ribbentrop, der von den Vorgängen offenbar keine Ahnung gehabt hatte.[36]

Brands Mission hatte mit ihrer Offenlegung jeden Wert für die Deutschen verloren. Doch Kasztner und Brands Frau Hansi hatten weitergemacht, wo der unglückliche Abgesandte aufgehört hatte, und versucht, Eichmann mit Geld und guten Worten dazu zu bewegen, einige Juden von den Transporten auszunehmen. Geschickt interpretierten sie das Ausbleiben von Nachrichten aus Istanbul Eichmann gegenüber so, dass ohne ein Zeichen des guten Willens niemand glauben würde, die Deutschen dächten ernsthaft daran, Juden gehen zu lassen. Von diesem Argument beeindruckt, gestand Eichmann ihnen Anfang Juni zu, 388 Juden aus Kasztners Heimatstadt Kolozsvár nach Budapest zu holen, denen sich weitere Juden aus den östlichen Provinzstädten anschließen durften. Nach weiteren zähen Verhandlungen erlangte Kasztner von Eichmann die Zustimmung dazu, dass Juden per Eisenbahn in die sichere Schweiz gebracht würden. Der Zug, der bald Gegenstand von heftigem Streit war, wurde mit Mitgliedern der zionistischen Parteien, Intellektuellen, bekannten Rabbinern und Wohlhabenden gefüllt, die es sich leisten konnten, 1000 Dollar für einen Platz zu zahlen. Da Kasztners Familie und zahlreiche Einwohner seiner Heimatstadt unter den Passagieren waren, warfen weniger Glückliche ihm Begünstigung und Korruption vor. Am 30. Juni fuhr der Zug mit 1684 Juden in Budapest ab, doch fuhr er nicht in die Schweiz, da Eichmann ihn ins »Austauschlager« Bergen-Belsen umleitete. Die meisten Passagiere trafen aber am 6. Dezember 1944 schließlich doch noch in der Schweiz ein.[37]

Eichmann teilte Kasztner mit, dass er 30 000 Juden in das bei Wien gelegene Durchgangslager Strasshof umleiten werde, wo sie bis zum Abschluss der erhofften Übereinkunft mit den Alliierten »in Eis gehalten« würden. Zwischen dem 25. und 28. Juni wurden mit sechs oder sieben Zügen etwa 18 000 bis 20 000 Juden über Wien nach Strasshof gebracht. Diesen Gefallen ließ sich Eichmann mit einer weiteren Zahlung in Höhe von fünf Millionen Francs vergüten. Wenige Tage später wurde ihm jedoch der Boden unter den Füßen weggezogen, denn die ungarische Regierung reagierte auf internationale Proteste und die alliierte Landung in der Normandie mit einer politischen Kehrtwende.[38]

Am 25. März rief Präsident Roosevelt das deutsche Volk auf einer Pressekonferenz aus Anlass der Bildung des WRB auf, die Absichten seiner Regierung zu vereiteln, und wiederholte die Ankündigung der Alliierten, dass man Beweise für Kriegsverbrechen sammle und die Schuldigen vor Gericht bringen werde. Die neutralen Länder forderte er auf, fliehenden Verfolgten ihre Grenzen zu öffnen, und gab bekannt, dass die Vereinigten Staaten mit gutem Beispiel vorangehen würden. Tatsächlich wurden in den folgenden Monaten 300 in Süditalien befreite Juden in ein Flüchtlingslager in Oswego im Staat New York evakuiert. Außerdem warnte Roosevelt das ungarische Regime nachdrücklich, dass man es zur Rechenschaft ziehen werde. Acht Wochen später richtete er eine persönliche Botschaft an Horthy, in der er die Einstellung der Deportationen verlangte und ihm mit Vergeltung drohte.[39]

Das WRB setzte sich an die Spitze einer internationalen Protestkampagne und forderte den Vatikan, das Internationale Komitee vom Roten Kreuz (IKRK) und eine Reihe neutraler Länder auf, ihre Besorgnis über das ungarische Regime zum Ausdruck zu bringen und alles in ihrer Macht Stehende zu tun, um bedrohten Juden zu helfen. Daraufhin beendete der Vatikan sein langes Schweigen und seine Untätigkeit. Papst Pius XII. appellierte persönlich an Horthy, den »Krieg gegen die Juden einzustellen«. Angelo Rotta, der päpstliche Nuntius in Budapest, überbrachte das Schreiben persönlich, grenzte den Schutz des Vatikans aber auf getaufte Juden ein. Das IKRK entsandte den Schweizer Friedrich Born als Delegierten nach Budapest, wo er damit begann, an Juden Schutzpapiere mit dem Stempel des Roten Kreuzes auszugeben. Später half er, sichere Häuser für Juden unter dem Schutz der Rotkreuzfahne einzurichten. Zum Leiter dieses Programms ernannte Born Ottó Komoly. Die Idee, Häuser unter diplomatischen Schutz zu stellen und gefährdete Juden in ihnen unterzubringen, stammte von Carl Lutz von der Schweizer Botschaft. Das Glashaus, wie die erste dieser Zufluchtsstätten genannt wurde, entwickelte sich zu einem Unterschlupf für junge Zionisten, die dort ungestört Dokumente fälschen und die Rettungsarbeit organisieren konnten. Ende Juni schloss sich der schwedische König Gustav V. den internationalen Protesten an. Carl-Ivan Danielsson, Per Anger und Valdemar Langlet von der schwedischen Botschaft in Budapest stellten jeweils Dutzende von Juden als Mitarbeiter ein und gaben ihnen damit diplomatischen Schutz. Außerdem verteilten sie Hunderte von Dokumenten, welche die Besitzer unter den Schutz Schwedens stellten. Im Juli gesellte sich Raoul Wallenberg als Repräsentant des WRB zu dem schwedischen Helfertrio.[40]

Während diese beispiellos vielfältigen Rettungsbemühungen Tausenden von Juden in Budapest vorläufig Schutz boten, wurde über ihr längerfristiges Schicksal in der Landezone der Alliierten in der Normandie entschieden. Die Operation Overlord begann am frühen Morgen des 6. Juni 1944, und am Abend war klar, dass die Alliierten im deutsch besetzten Frankreich einen Fuß in der Tür hatten. Im folgenden Monat dehnten sie ihren Brückenkopf gegen hartnäckigen deutschen Widerstand unter großen Verlusten langsam aus. Anfang Juli war offensichtlich, dass die Deutschen ihn nicht würden zerschlagen können. Hitlers Glücksspiel im Westen war danebengegangen. Die strategische Lage des Dritten Reichs verdüsterte sich weiter, als die Rote Armee am 22. Juni 1944 eine Großoffensive begann, in deren Verlauf die Heeresgruppe Mitte überrannt, rund 400 000 deutsche Soldaten ausgeschaltet und von der sowjetischen Vorhut die östlichen Warschauer Vororte erreicht wurden. Die Deutschen waren gezwungen, das Baltikum zum größten Teil zu räumen, und wurden aus Rumänien vertrieben, das im August geschmeidig die Seiten wechselte. Admiral Horthy stand das Menetekel unübersehbar vor Augen. Schwere Bombenangriffe auf Budapest, die viele Ungarn als Reaktion auf die Deportation der Juden missverstanden, brachten ihn endgültig zu der Erkenntnis, dass ein Festhalten an der Vasallentreue zu Hitler Ungarn ins Verderben führen würde.[41]

Ende Juni entzog Horthy Endre und Baky die Zuständigkeit für jüdische Angelegenheiten. Baky nahm seine Herabstufung nicht hin und konspirierte mit der Gendarmerie, um durch einen Staatsstreich ein nazistisches Regime an die Macht zu bringen und die antijüdische Politik fortzusetzen. Horthy, der damit gerechnet hatte, zog loyale Armeeeinheiten in der Hauptstadt zusammen, ließ Baky und Endre verhaften, befahl der Gendarmerie, sich aus Budapest zurückzuziehen, sagte Veesenmayer, dass die Deportationen aufhören müssten, und verlangte den Abzug der Gestapo. General Géza Lakatos, der Horthy ergeben war und die Deutschen nicht mochte, wurde zum neuen Ministerpräsidenten ernannt. Am 9. Juli wurden auf Horthys Befehl die Deportationen gestoppt. Davon unbeirrt, schickte Eichmann einige seiner Männer ins Lager Kistarcsa, in dem 1500 Juden festgehalten wurden.

Sie zwangen die Internierten, einen Zug nach Auschwitz zu besteigen, aber ein jüdischer Funktionär alarmierte den Judenrat, der wiederum Horthys Gefolge informierte. Der Zug wurde zurückgerufen. Wütend bestellte Eichmann einige Tage später den Judenrat ein und setzte ihn fest, während sein Stellvertreter Franz Novak mit einer Sipo-Einheit nach Kistarcsa fuhr und die Lagerinsassen in einen bereitstehenden Zug trieb. Die Häftlinge des Internierungslagers in Sárvár ereilte das gleiche Schicksal. Bei diesen letzten mit manischer Energie durchgesetzten Aktionen wurden unter Missachtung der souveränen Regierung in Budapest 3000 Juden nach Auschwitz deportiert.[42]

Über das weitere Schicksal der 150 000 bis 200 000 in der Hauptstadt verbliebenen Juden hatte Horthy noch keine Entscheidung getroffen. Er spielte mit dem Gedanken, sie in Lager auf dem Land zu evakuieren. Ende Juli gab er bekannt, dass er bereit sei, 40 000 Juden nach Palästina ausreisen zu lassen. Die Deutschen ließ er wissen, dass sie die Deportationen wieder aufnehmen könnten, wenn sie gleichzeitig Juden gestatteten, das Land zu verlassen. Die Deutschen und die Briten trugen gleichermaßen dazu bei, dass sich der Emigrationsplan zerschlug. Eichmann warnte Berlin davor, dass die Juden die Gesündesten und Kräftigsten ins Ausland schicken würden, um in ihrem Heimatland das jüdische Volk wiedererstehen zu lassen, was selbstverständlich nicht wünschenswert sei. Die Briten, die vor der Aussicht auf die Einwanderung Tausender von Juden nach Palästina zurückschreckten, lehnten jede Kooperation mit den Ungarn ab. Dennoch wurden die Deportationen nicht wieder aufgenommen. Himmler bestätigte am 25. Juli ihre Beendigung, Eichmann fuhr in Urlaub, und sein Einsatzkommando wurde einige Wochen später aufgelöst.[43]

Das Sterben in Birkenau und die Zwangsarbeit in den Konzentrationslagern

Nur wenige der annähernd 440 000 Juden, die aus Ungarn nach Birkenau deportiert wurden, verbrachten dort mehr als einige Stunden. Bei den Selektionen auf der Rampe wurden zwischen 25 und 30 Prozent der im Durchschnitt 3000 Deportierten pro Transport als Arbeitskräfte ausgewählt und nach der Aufnahme in der »Sauna« ins »Quarantänelager« gesteckt, wo sie bis zur Verlegung in ein Arbeitslager in Deutschland blieben. Die Mehrheit wurde in die Gaskammern geführt und innerhalb einer Stunde nach der Ankunft ermordet. Bei großem Andrang konnte es auch etwas länger dauern. Die Geschwindigkeit und die uhrwerkhafte Routine erwecken den Eindruck einer präzise geplanten und glatt ausgeführten Operation, doch sie war um keinen Deut raffinierter, wissenschaftlicher oder klinischer als die Mordkampagnen mittels der simpel konstruierten und brutal geführten Lager der Aktion Reinhardt.[44]

Die Besetzung Ungarns war eine Überraschung; niemand im KZ-System oder in Auschwitz war auf ihre Folgen vorbereitet. Kurzfristig wurde Rudolf Höß, inzwischen zum Inspekteur der Konzentrationslager ernannt, nach Auschwitz zurückbeordert, um den erwarteten Zustrom bewältigen zu helfen. Wie üblich wurde improvisiert. Filip Müller erinnerte sich, dass die Krematoriumsöfen überholt und die Schornsteine gereinigt wurden. In großer Eile wurde Ende April begonnen, die Bahngleise von der alten Rampe am Bahnhof ins Lager Birkenau zu verlängern. Der noch vorhandene Bunker II wurde wieder in Betrieb genommen, und auf den Wiesen der Umgebung wurden Verbrennungsgruben ausgehoben. Müller beobachtete, wie sich das ländliche Gebiet hinter dem Krematorium V in eine »eigenartige Baustelle« verwandelte, auf der vierzig mal fünfzig Meter große und zwei Meter tiefe Gruben gegraben wurden. Otto Moll, ein SS-Offizier mit viel Erfahrung in Judenmord und Leichenentsorgung, ergänzte das Lagerpersonal. Zu Müllers Verzweiflung wurde die Größe des Sonderkommandos auf 900 Mann verdoppelt. 140 Mann wurden zu den Gruben abgestellt und dort in kleinere Gruppen eingeteilt, die Zähne herausbrechen und Haare scheren, Leichen zu den Scheiterhaufen tragen, das Feuer schüren und das in eigens angelegten Gräben aufgefangene Fett über die Leichen gießen mussten, damit sie besser brannten. 35 Männer waren dafür zuständig, die Asche zusammenzukehren, Knochen herauszusieben und mit einem Spezialgerät zu zermahlen. Die so bearbeiteten Überreste wurden in nahegelegene Flüsse gestreut. Andere Gruppen sammelten die Kleidung und das Gepäck ein. Das Kanadakommando wurde auf 2000 Sortierer und Verpacker aufgestockt.[45]

Hedi Frieds Erlebnisse in Birkenau mögen stellvertretend für das stehen, was Zehntausende durchgemacht haben. Kaum war die Tür ihres Waggons zur Seite geglitten, sprangen Männer in gestreiften Uniformen herein und trieben die erschöpften, dehydrierten Deportierten hinaus. Hedi Frieds Vater fragte einen der Männer, wo sie seien. »Vernichtungslager«, lautete die knappe Antwort, aber sie genügte. Unter Schreien und Schlägen drängten sich 3000 Menschen auf der Rampe, bis eine Lautsprecherstimme den Befehl erteilte, Männer sollten rechts und Frauen links Aufstellung nehmen. Hedi gab ihrem Vater einen Kuss und verlor ihn dann für immer aus den Augen. »Die lange Schlange von Frauen bewegte sich langsam auf einen Tisch zu, wo der SS-Mann mit dem Bluthund seinen Stock schwang wie ein Herrscher auf seinem Thron: ›Du rechts, du links, rechts, links, links, links.‹« Hedi hörte, wie eine Familie darum bat, zusammenbleiben zu dürfen, worauf der SS-Mann erwiderte, sie würden sich später wiedertreffen. »Mütter ließen widerstrebend ihre Töchter gehen; Schwestern trennten sich von Schwestern.« Als Hedi den Tisch erreichte, wurde sie mit ihrer Schwester nach links geschickt, während ihre Mutter nach rechts ging. Sie würde ihre Töchter »morgen« wiedersehen, wurde ihr gesagt. Nach einer kurzen Umarmung trennten sie sich.[46]

Aufgrund der Verlängerung der Eisenbahnstrecke hatten erfahrene Gefangene in den Abschnitten B I und B II einen guten Blick auf die Selektionen und die langen Schlangen, die zu den Krematorien trotteten. Offenbar hatten die Neuankömmlinge keine Ahnung, was ihnen bevorstand. Es gab so gut wie keinen Widerstand; die Prozedur schien reibungslos zu funktionieren. Lucie Adelsberger wunderte sich über das Unwissen der Deportierten und war betrübt über ihre Fügsamkeit. »Wir sahen, wie die Menschen mitten auf der Straße durch Birkenau standen, wo die Bahnlinie endete, neben ihrem abgelegten Sack und Pack, vom Regen durchweicht, oder häufiger in der Sonne dörrend, mit ihren Kindern, die ungeduldig hin und her hüpften oder am Rasenabhang hinunterkletterten, mit ihren Kinderwagen, die wir zählten …« Einige Gruppen gingen zu den Krematorien II und III, wo sie anstanden »wie die Menschen in Hungerländern vor einem Lebensmittelgeschäft«. Andere nahmen den Weg um die Zentralsauna herum zu den Krematorien IV und V. Eine knappe Stunde, nachdem sie hinter den Birken der Umgebung verschwunden waren, »stiegen Flammen empor hinter dem Wald von Brescinke [Birkenau] … Die Luft war verpestet von dem süßlichen Hauch der Leichen und dem Geruch der brennenden Menschenleiber und der sengenden Haare und drückte mit Schwaden von Asche schwer und rauchig auf das Lager.« Albert Menasche steht beispielhaft für die Häftlinge, die gegenüber dem Schicksal anderer unempfindlich geworden waren: »Unser einziges Trachten war, Stockschläge zu vermeiden und vor allem Essen zu bekommen … Diejenigen, die in den Tod gingen, interessierten uns nicht mehr.«[47]

Filip Müller und die anderen Mitglieder des Sonderkommandos sahen mit an, was weiter geschah: »Diejenigen, die man bei der Selektion für den Gang in die Gaskammer ausgewählt hatte, schleppten sich in langen Kolonnen auf den staubigen Straßen und Wegen zu den Vernichtungsstätten. Sie machten einen völlig erschöpften, niedergeschlagenen Eindruck, so als ob sie ahnten, dass sie ihren letzten Gang angetreten hatten. Mütter schoben Kinderwagen vor sich her, andere führten größere Kinder, die schon laufen konnten, an der Hand. Jüngere Menschen waren den Alten und Kranken behilflich und stützten sie beim Gehen.« Konnten sie nicht direkt in die Auskleideräume der Krematorien IV und V gehen, wurden sie in das Birkenwäldchen geführt, wo Moll sie mit der Ankündigung beruhigte, dass sie bald duschen und sich erfrischen könnten. Ein eigens zur Wachmannschaft abgeordneter ungarischsprachiger SS-Mann hielt die Illusion des Gewohnten aufrecht, bis die Deportierten in die Auskleideräume geführt wurden. Von diesem Zeitpunkt an war eine Täuschung nicht mehr nötig, und jeder Anschein von Höflichkeit wurde aufgegeben. Die SS-Männer, die in den Gaskammern und Krematorien Dienst taten, waren meistens betrunken und schienen alle Hemmungen, die sie einmal besessen haben mochten, verloren zu haben. Laut Müller suchte sich Moll, der »einen krankhaft scheinenden Hang zu perversen, wollüstigen Quälereien« hatte, regelmäßig im Auskleideraum »ein paar junge, nackte Frauen aus, die er anschließend auf den hinteren Hof des Krematoriums zu einer der Gruben trieb, wo gerade Leichen verbrannt wurden«. Moll weidete sich »an ihren Ängsten und Schrecken …, bis er sie nach einiger Zeit von hinten erschoss, so dass sie vornüber in die brennende Grube fielen«.[48]

Trotz aller Vorkehrungen stellte sich heraus, dass Birkenau dem Ansturm nicht gewachsen war. Dem ersten Transport aus Ungarn, der am 29. April eintraf, folgten weitere; ab Mitte Mai kamen sie oft mehrmals täglich und mit bis zu 12 000 Deportierten an, von denen 70 bis 80 Prozent in die Gaskammern geschickt wurden. Binnen weniger Tage überhitzten die Öfen und Schornsteine der Krematorien IV und V, so dass die Gruben permanent genutzt wurden statt nur, wie gedacht, bei großem Andrang. Anblick und Geruch der bei Tagesanbruch entzündeten Scheiterhaufen waren widerlich. »Unter der immer stärker werdenden Hitze«, berichtete Müller, krümmten sich die Leichen, »als litten sie unerträgliche Schmerzen. Arme und Beine bewegten sich wie in Zeitlupe, sogar Rümpfe richteten sich zögernd und mühsam ein wenig auf … Fast alle waren von schwarzen Brandblasen übersät und glänzten, als wären sie eingefettet worden. Bei den meisten war unter der sengenden Hitze die Bauchdecke aufgeplatzt. Heftiges Zischeln und Brutzeln waren der Beweis dafür, dass ihr Fleisch richtiggehend geröstet wurde.« Das Aschekommando musste Wasser auf die Überreste sprühen, um sie abzukühlen und die Knochen heraussuchen zu können. Traf das kalte Wasser auf die rotglühenden Schädel, ließ es sie explodieren. Die an den Gruben arbeitenden Männer trugen von der heißen Asche, die ihnen ins Gesicht wehte, Verbrennungen und Augenverletzungen davon. Einige erblindeten sogar.[49]

Dieser makabre Anblick blieb den Juden, die ins Lager eingewiesen wurden, verborgen. Während ihre Mutter in die Gaskammer ging, wurde Hedi Fried mit anderen Frauen in die »Zentralsauna« geführt. Im Innern mussten sie sich entkleiden und ihre Wertsachen abgeben.

> Wir entkleideten uns nackt und reihten uns vor einem Mann auf, der all unsere Haare abschnitt. Wir versuchten, unsere Nacktheit mit unseren Händen zu verstecken, aber die SS-Wachen gingen herum und schlugen jede, die nicht aufrecht stand. Die Reihe kam an mich. Ich schluckte, versuchte zu vergessen, wo ich war, und stand stramm vor dem »Barbier«. Er stand auf einem Stuhl, schwang seine Schere und riss meine ganzen Haare weg, alles. Zuerst mit der Schere und dann mit einer Maschine. Zuerst meinen Kopf, dann unter den Armen und schließlich zwischen meinen Schenkeln.

Nachdem man sie geschoren hatte, gab man ihnen ein winziges Stück Seife, und nach dem Duschen erhielten sie die Häftlingskleidung. Zu ihrem Glück durften sie ihre eigenen Schuhe behalten, und Hedi fand ihre festen Stiefel wieder. Frauen mit modischen Pumps gerieten bald in Schwierigkeiten. Als der Abend dämmerte, mussten die Frauen zu ihrem ersten Appell antreten und wurden gezählt. Anschließend führte man sie zu einer Baracke, wo sie zu verarbeiten versuchten, was ihnen geschehen war, und um ihre Lieben trauerten, die sie verloren hatten. Hedi Fried verbrachte einige Tage in der Baracke, bis sie wieder in die »Sauna« gebracht wurde, um tätowiert zu werden. Dann setzte man sie zusammen mit einigen Hundert anderen in einen Eisenbahnzug, der sie nach Hamburg fuhr, wo sie bei der Beseitigung von Bombenschäden eingesetzt wurden.[50]

Fast 25 000 der nach Auschwitz-Birkenau deportierten 440 000 ungarischen Juden wurden registriert und ins Lager aufgenommen, und rund 80 000 wurden für einige Wochen festgehalten, ehe man sie zur Arbeit ins Reich schickte. Der Zustrom von Juden in die Konzentrationslager im Reich verkehrte den seit 1942/43 bestehenden Zustand in sein Gegenteil. Damals waren auf Himmlers Befehl die Juden derart gründlich aus dem Lagersystem entfernt worden, dass nur 350 Überlebende bekannt sind. Jetzt war der Arbeitskräftebedarf jedoch so groß, dass Hitler den Erlass, demzufolge kein Jude auf deutschem Boden geduldet werden sollte, zurücknahm. Der nachfolgende Zustrom ungarischer Juden, zuzüglich 19 000 polnischer Juden aus Lodz, verlieh der letzten Metamorphose des Lagersystems eine besonderen ethnischen Zug.[51]

Im September 1942 wurden in den sechs größten Konzentrationslagern in Deutschland rund 110 000 Menschen gefangen gehalten. Bis Juli 1943 verdoppelte sich diese Zahl, da das WVHA im Zuge seiner Strategie der Ausbeutung von Zwangsarbeitern und des Aufbaus eines SS-Wirtschaftsimperiums neue Lager errichtete. Überall in Europa verhaftete Menschen wurden ins Reich deportiert, um den Arbeitskräftebedarf der deutschen Wirtschaft zu decken. Die älteren Konzentrationslager wurden beträchtlich erweitert. So hatte Buchenwald Mitte 1943 weniger als 20 000 Insassen, ein Jahr später aber über 82 000. Im August 1944 zählten die Lager insgesamt 524 286 Häftlinge, die stärkste Belegung erreichten sie im Januar 1945 mit 714 211 Insassen. Dieses rasante Wachstum war eine direkte Folge von Albert Speers Anstrengungen, die deutsche Rüstungsproduktion zu steigern, und des Arbeitskräftemangels in der Industrie infolge der Einziehung zahlreicher Fachkräfte. Überall im Reich schossen Nebenlager aus dem Boden, die Industriebetriebe, Bauernhöfe, Transportzentren und Werften mit Arbeitskräften versorgten und Kommandos zur Beseitigung von Bombenschäden abstellten. Fabrikleiter meldeten ihren Bedarf an Arbeitskräften an, ohne sich weiter darum scheren zu müssen, wie die SS sie verpflegte, kleidete und bewachte, während die Unternehmen ihrerseits die Unterkünfte bereitzustellen und zu unterhalten hatten; für Facharbeiter zahlten sie dem WVHA 6 Reichsmark, für Hilfsarbeiter 4 Reichsmark am Tag. Das Lagersystem wucherte regelrecht; Hauptlager wie Buchenwald und Mauthausen errichteten zahlreiche Außenlager, die ihrerseits Ableger gründeten. Im Jahr 1944 entstanden mehr als 580 neue Lager, und bis zum Ende der Geschichte der Konzentrationslager bildeten Juden einen beträchtlichen Teil ihrer Insassen.[52]

Jüdische Sklavenarbeiter wurden vor allem in zwei Bereichen eingesetzt. Himmler sagte dem Jägerstab, der im März 1944 geschaffen worden war, um die Produktion von Jagdflugzeugen zu steigern und an unterirdische Standorte zu verlegen, die Bereitstellung von 100 000 Arbeitern zu. Außerdem bot die SS an, die für den Bau unterirdischer Fabriken zur Herstellung der Vergeltungswaffen V1 und V2 benötigte Muskelkraft zur Verfügung zu stellen. Errichtet wurden diese Produktionsstätten im Harz. Das dortige Hauptlager war das KZ Mittelbau-Dora, das bis Oktober 1944 den Status eines Nebenlagers des KZ Buchenwald hatte. Hier waren rund 60 000 Häftlinge damit beschäftigt, bestehende Stollen in den Bergen zu vergrößern und neue in sie hineinzutreiben. Die ersten Häftlingskolonnen, die zwischen Mitte 1943 und Anfang 1944 eintrafen, lebten sogar unter unsäglichen Umständen in den Stollen. Ihnen dienten Ölfässer als Latrinen, sie schliefen in feuchten Etagenbetten, die an den Wänden grob herausgehauener Seitengänge aufgereiht waren, und atmeten stickige Luft voller Gesteinsstaub und giftiger Motorabgase ein. Die Todesrate war astronomisch; mit schätzungsweise 20 000 Todesopfern forderte der Bau der Produktionsstätten weit mehr Menschenleben als die in ihnen hergestellten Marschflugkörper und Raketen. Es gab Häftlinge, die nur die Aufgabe hatten, jeden Tag durch die Tunnel zu gehen und die Leichen hinauszutragen. Als im März 1944 ein Barackenlager für 12 000 überwiegend ungarisch- und polnisch-jüdische Sklavenarbeiter in Betrieb genommen wurde, verbesserten sich die Lebensumstände etwas. Aus deutscher Sicht war das Projekt indes ein Erfolg; in der Fabrik wurden bis zur Schließung des Lagers im März/April 1945 insgesamt 6000 V1 und monatlich bis zu 700 V2 hergestellt.[53]

Die zweite Region, in der eine große Zahl jüdischer Sklavenarbeiter eingesetzt wurde, war das Eulengebirge in Oberschlesien. Die dort verstreuten Lager waren Ableger des KZ Groß-Rosen, das im August 1940 als Arbeitslager für einen von der SS betriebenen Steinbruch errichtet worden war. Es wuchs von zunächst sieben Baracken für 1500 Häftlinge bis Anfang 1943 auf 22 Baracken mit 16 000 Insassen. Bevor Himmler ab September 1943 die Organisation Schmelt auflösen ließ, gab es in dem KZ keine Juden. Fortan wurden wertvolle Arbeitskräfte aus den Schmelt-Lagern von der Deportation in die Auschwitzer Gaskammern ausgenommen und dorthin verlegt. Durch den Zustrom von Juden aus Ungarn und Lodz Mitte 1944 erhöhte sich der jüdische Anteil auf rund ein Drittel der schließlich 98 000 Insassen des Hauptlagers und Dutzender Außenlager, in denen Arbeiter für Unternehmen wie die I. G. Farben, Krupp, Telefunken und Flick untergebracht waren. Rund 13 000 Juden wurden auch hier dafür eingesetzt, Stollen in die Berge zu treiben, in denen Produktionsanlagen für Jagdflugzeuge sowie ein unterirdisches Hauptquartier für Hitler entstehen sollten. Es herrschte ein gnadenloses Arbeitsregime, und die Lebensbedingungen in den Baracken waren erbärmlich. Hygiene und Gesundheit verschlechterten sich noch einmal erheblich, als Anfang 1945 aus Auschwitz evakuierte Gefangene eintrafen. Tatsächlich war Groß-Rosen als Ersatz für Auschwitz gedacht, aber eine geordnete Verlegung erwies sich als unmöglich, und das »neue Auschwitz« blieb eine Wunschvorstellung der SS.[54]

Die letzten Judenjagden und Deportationen

Parallel zur Vernichtung der ungarischen Juden fanden im gesamten deutschen Machtbereich fieberhafte Judenjagden statt, ausgeführt von fanatischen Antisemiten sowie von Opportunisten und Kollaborateuren, die derart tief in das Besatzungsregime verstrickt waren, dass sie nichts zu verlieren, durch die Plünderung der verbliebenen Juden in ihren Ländern aber viel zu gewinnen hatten. Anstatt sie zur Vorsicht zu bewegen, verstärkte der Vormarsch der alliierten Armeen die Entschlossenheit der Nazigläubigen, den Feind im Innern auszulöschen. Sie verfolgten ihre jüdische Beute, um Rache zu nehmen für die Niederlagen auf dem Schlachtfeld und die unablässigen Luftangriffe, als Präventivmaßnahme gegen jüdische Vergeltung und in der Überzeugung, dass Deutschland überleben könne, wenn sein politischer Körper von schädlichen Zellen gesäubert wäre.

In Frankreich gewannen die in Bedrängnis geratenen Judenjäger in Gestalt von Joseph Darnand, der Ende 1943 Bousquet als Polizeichef ablöste, einen wertvollen Verbündeten. Neben Loyalität zur SS und ideologischem Eifer brachte er die expandierenden Truppen der Milice française mit. Etwa zur gleichen Zeit wurde der bis ins Mark korrupte Darquier de Pellepoix als CGQJ-Direktor durch seinen tödlich effizienten Stellvertreter Joseph Antignac ersetzt. In dem Wissen, dass eine alliierte Landung bevorstand und die Vertreter des Vichy-Regimes bald ums Überleben würden kämpfen müssen, hetzte Laval den Sicherheitsapparat auf die Résistance und die Juden. Von Januar bis August 1944 war Frankreich im Grunde ein antisemitischer Polizeistaat, wobei sich das Vichy-Regime wegen der vielen Toten und der Verwüstungen durch die alliierten Luftangriffe einer leicht gestiegenen Popularität erfreute.[55]

Helmut Knochen und Alois Brunner ließen jetzt jede Rücksichtnahme auf Empfindlichkeiten Vichys wegen der Verfolgung von Juden mit französischer Staatsbürgerschaft fallen. Zwischen Januar und Mai führten Sipo-SD-Teams zusammen mit lokalen Kollaborateuren in einer Provinzstadt nach der anderen Razzien durch, unter anderem in Laon, Saint-Quentin, Bordeaux, Reims, Poitiers, Troyes, Dijon, Nancy und Limoges. Sogar die Ardennen wurden durchkämmt, wobei 450 Juden aufgespürt wurden, die geglaubt hatten, auf entlegenen Gehöften und in abgeschiedenen Dörfern eine sichere Zuflucht gefunden zu haben. Auch wenn es den Suchtrupps in der Regel nicht gelang, bei einer Razzia mehr als 50 bis 75 Prozent der jeweils anwesenden Juden aufzugreifen, kam doch eine beachtliche Zahl von Verhafteten zusammen. Im Januar schickten sie 1520 Juden nach Drancy, im Februar knapp über 2000, im März etwas mehr als 1000, im April 2000 und im Mai 1400. Bei nächtlichen Razzien in Paris wurden im Januar 730 nichtfranzösische Juden aufgespürt, im Februar 850 und in den Folgemonaten bis Juli jeweils zwischen 200 und 425. Auch die Zahl der in Büros und Einrichtungen der UGIF, insbesondere Kinderheimen, Festgenommenen stieg. Klaus Barbie verhaftete in einem vom OSE betriebenen Heim in Izieu bei Lyon 45 Kinder und acht Mitarbeiter. Aus acht Kinderheimen der UGIF wurden insgesamt 258 Kinder und dreißig Betreuer nach Drancy und von dort nach Birkenau verschleppt. Tragischerweise hatten UGIF und OSE ihr Vorhaben, die Kinder dezentral unterzubringen, was sie möglicherweise gerettet hätte, hinausgeschoben.[56]

Hélène Berr weigerte sich hartnäckig, auf den Rat von Freunden zu hören, sie solle in den Untergrund gehen oder aus Paris fliehen. Dann müssten »sich aber alle verstecken«, Mutter, Vater, Schwester, und das wäre nicht einfach gewesen. Gleichwohl taten die Berrs einiges, um den Häschern zu entgehen, indem sie getrennt und jede Nacht an einem anderen Ort schliefen. Angesichts von Berichten über Razzien und Verhaftungen rief Hélène aus: »Wenn man sich vorstellt, dass die eine Hälfte der Menschheit Böses *treibt* und ein ganz kleiner Teil versucht, es wiedergutzumachen!« Im Januar warnte sie ein Concierge der Sorbonne vor der Gefahr, in der sie schwebte. Am Abend des 7. März 1944 beschlossen die Berrs, in ihrer Wohnung zu übernachten. Am nächsten Morgen wurden sie verhaftet und am 27. März, Hélènes 23. Geburtstag, nach Auschwitz-Birkenau deportiert. Ihre Mutter, Antoinette Berr, starb einen Monat später in der Gaskammer. Ihr Vater, Raymond Berr, wurde im September in Auschwitz-Monowitz ermordet. Hélène wurde im November nach Bergen-Belsen verlegt, wo sie immer schwächer und kränker wurde. Am 14. April 1945 war sie vom Fleckfieber derart geschwächt, dass sie nicht aufstehen konnte, um an einem Appell teilzunehmen. Von einer Wache brutal zusammengeschlagen, verstarb sie noch am selben Tag.[57]

Neue Opfer für die Transporte nach Osten fanden Brunners Männer in dem Kurort Vittel in den Vogesen, wo sich eines der merkwürdigsten deutschen Internierungslager befand. Als Kurort besaß Vittel eine ganze Reihe guter Hotels, und nach der Niederlage Frankreichs requirierten die Deutschen einige von ihnen und zäunten sie mit Stacheldraht ein, um dort Bürger alliierter Länder festzuhalten. Anfang 1943 waren im Hôtel des Sources rund 2000 Engländer untergebracht, Hunderte von Amerikanern (einschließlich einiger Nonnen) bewohnten das Hôtel Central, und im Hôtel Continental hatte man ältere Internierte einquartiert. In dieser Zeit begannen die Deutschen, das Lager zur Verwahrung von Juden mit ausländischer Staatsbürgerschaft zu nutzen, von denen sie glaubten, sie gegen in alliierten Staaten internierte Deutsche austauschen zu können. Davon profitierten Mary Berg und ihre Familie, die im Januar 1943 aus dem Warschauer Pawiak-Gefängnis mit dem Zug über Posen und Metz nach Vittel gebracht wurden. Dort lebten sie »im Vergleich zu den drei Jahren im Ghetto … wie im Paradies«. Sie hatten ein anständiges Zimmer, es gab Geschäfte und ein Kino, und sie konnten in einem Park auf dem Gelände spazieren gehen.[58]

Nach dem Warschauer Ghettoaufstand diente dieser reizende Kurort weit böseren Zwecken. Die Deutschen wussten, dass sich in Warschau Tausende von Juden auf der »arischen« Seite versteckt hielten. Um sie aus der Deckung zu locken, setzte die Gestapo jüdische Agenten ein, die das Angebot verbreiteten, sie hätten von südamerikanischen Ländern ausgestellte Pässe und Reisepapiere zu verkaufen. Die Geschichte, wie sie an die Dokumente gelangt waren, klang überzeugend, und sie verlangten einen deftigen Preis. Danach gab die Gestapo bekannt, dass Besitzer solcher Papiere, wenn sie sich im Hotel Polski meldeten, geschützt seien. Das Ganze wirkte derart plausibel, dass mehrere Untergrundveteranen darauf hereinfielen, so auch der Dichter und Lehrer Jizchak Katzenelson, der zusammen mit seinem ältesten Sohn Zwi im April 1943 aus dem Ghetto geflohen war. (Seine Frau und die beiden jüngeren Söhne waren im vorherigen August nach Treblinka deportiert worden.) Beide gehörten zu den Passinhabern, die in zwei Transporten nach Vittel gebracht wurden. Am 22. Mai 1943 begann Katzenelson ein Tagebuch zu schreiben: »Ich und mein Sohn Zwi sind jetzt in Vittel. Wir kamen mit einer kleinen Gruppe von Juden, die alle Staatsangehörige verschiedener Länder im nördlichen Südamerika sind. Zwi und ich haben Papiere von Honduras.« Ein Jahr später traf eine SD-Kommission im Lager ein, um die Dokumente potentieller Austauschjuden zu prüfen. Jizchak und Zwi Katzenelson gehörten zu den 250 Juden, deren Pässe für gefälscht erklärt wurden. Am 18. April 1944 wurden beide nach Drancy verlegt und zehn Tage später nach Auschwitz geschickt, wo sie ermordet wurden. Hunderte anderer, die sich im Hotel Polski eingefunden hatten, wurden im Pawiak-Gefängnis erschossen oder nach Bergen-Belsen und von dort in die Gaskammern gebracht. Mary Berg und ihre Familie durften dank der unanfechtbaren amerikanischen Papiere ihrer Mutter am 1. März 1944 über Lissabon in die Vereinigten Staaten reisen. Bald nach der Ankunft in New York begann Mary Berg sich um die Veröffentlichung ihres Tagebuchs zu bemühen.[59]

In der letzten, hektischen Phase der Judenjagd in Frankreich nahmen das Vichy-Regime und die Deutschen auch die Dienste von Kopfgeldjägern in Anspruch. Im Süden wurden 200 Informanten für die Denunziation von Flüchtlingen bezahlt. 17 französische Agenten halfen der Sipo beim Aufspüren versteckter Juden. Es kam öfter vor, dass Kollaborateure von ihnen entdeckte Juden erpressten, sie so lange am Leben ließen, bis ihre Mittel erschöpft waren, und sie dann umbrachten, um ihre eigene Bestechlichkeit zu verbergen. In den letzten Wochen vor der Befreiung wurden in Südfrankreich mindestens tausend Juden ermordet. Viele deutsche und ausländische Juden, die unter falscher Identität gelebt oder sich an entlegenen Orten versteckt hatten, verschwanden einfach. Noch Wochen nach der Befreiung wurden in Wäldern, Flüssen und Straßengräben Leichen von Unbekannten gefunden, die vermutlich Juden waren. Außerdem verübten die Deutschen und ihre Helfer mehrere Massaker. In Bourges in Zentralfrankreich ermordeten Sipo-SD-Männer zusammen mit Milice-Angehörigen 36 Juden und warfen ihre Leichen in einen Brunnen. Am 17. August wurden 73 jüdische Zwangsarbeiter aus dem Gefängnis Montluc in Lyon, die einen Flugplatz bei Bron ausbesserten, niedergemäht, und als die Deutschen vor ihrem Abzug das Gefängnis räumten, waren unter den Hunderten von Résistancekämpfern, die sie erschossen, Dutzende von Juden.[60]

Zwischen dem 20. Januar und dem 17. August 1944 wurden in 17 Transporten 14 833 französische Juden nach Birkenau gebracht, nur 2200 weniger als im gesamten vorangegangenen Jahr, jedoch nicht annähernd so viele wie im zweiten Halbjahr 1942. Trotz Knochens Ankündigung, alle Juden, ungeachtet ihrer Nationalität, verhaften zu wollen, lebten noch 30 000 französische Juden, die den gelben Stern trugen, offen in Paris. Eine weit größere Zahl von Juden hatte sich dafür entschieden, den Deutschen mit oder ohne Hilfe anderer auszuweichen. Am Ende hatten die nationalsozialistischen Fanatiker weder die Ressourcen noch das Personal, noch die Zeit, ihr selbstgesetztes Ziel in Frankreich zu erreichen. Als sich die Alliierten Paris näherten, übergab Brunner dem schwedischen Generalkonsul die Lager und stieg, zusammen mit 51 »Sonderhäftlingen«, in den letzten abfahrenden Zug. Er ließ 1518 Überlebende zurück.[61]

In den Niederlanden stellten Rauter und Fünten weiterhin Transporte zusammen, auch wenn das Reservoir der zur Deportation vorgesehenen Kategorien zur Neige ging. Von Januar bis Anfang September 1944 verließen acht Transporte mit insgesamt 5500 Juden die Lager

Westerbork und Vught. Kleinere Transporte mit privilegierten Juden gingen nach Bergen-Belsen, das allerdings häufig nur eine Zwischenstation auf dem Weg in die Gaskammern darstellte. Dass Vught so lange bestand, war Ausdruck des andauernden Tauziehens zwischen den WVHA-Ökonomen, die vom Einsatz jüdischer Arbeitskräfte zu profitieren suchten, und den RSHA-Puristen, die keinen einzigen Juden davonkommen lassen wollten. Im Februar 1944 besuchte Himmler Vught, um sich selbst ein Bild von dem Lager zu machen. David Koker sah ihn während der Inspektion: »Eine schlanke, unbedeutend aussehende kleine Gestalt mit einem recht gutmütigen Gesicht ...« Der Reichsführer-SS wirkte nervös, unkonzentriert und fahrig. Nach Kokers Beobachtung schienen jetzt alle Deutschen von den unablässigen Luftangriffen und dem Gerede über die bevorstehende Invasion zermürbt zu sein. Einige Wochen später traf ein neuer Kommandant ein, dessen Aufgabe es war, das Lager aufzulösen. Koker gehörte zu den 285 Juden, die nach Westerbork verlegt wurden. Auf Intervention von Philips kehrten neunzig Arbeiter, unter ihnen Koker, sein Vater und sein Bruder, nach Vught zurück. Vier Tage vor der alliierten Landung in der Normandie schloss Philips jedoch seine Werkstätten in dem Lager, und die Kokers wurden, obwohl vom WVHA als wertvolle Arbeiter eingestuft, in einen Zug nach Birkenau gesteckt. Sieben Wochen später wurden sie einer Telefunken-Fabrik im schlesischen Langenbielau zugeteilt, die Funkgeräte herstellte, und in einem Außenlager von Groß-Rosen untergebracht. Die Lebensbedingungen im Lager waren hart. Kokers Vater starb Anfang Februar 1945, und er selbst und sein Bruder erkrankten und entgingen nur knapp der Verlegung in ein »Siechenlager«, in dem die SS kranke und ausgepumpte Sklavenarbeiter ablud. Stattdessen wurde Koker mit einem Transport nach Dachau geschickt. Dort traf er nach einer sich furchtbar in die Länge ziehenden Fahrt am 28. Februar ein. Als man die Waggons öffnete, waren 80 Prozent der Häftlinge tot, unter ihnen David Koker.[62]

Als sich Koker vorübergehend in Westerbork aufhielt, war das Lager nur noch ein Schatten seiner selbst. Aus Amsterdam trafen so wenige Juden ein, dass die Deutschen Ende November 1943 sogar einen Deportationszug ausfallen ließen. Mitte Februar 1944 befanden sich nur noch 4700 zumeist geschützte Häftlinge in Westerbork. Heinz Hesdörffer führte weiterhin ein gutes Leben und wurde Ende des Monats mit einem Transport nach Theresienstadt geschickt. Wenn Philip

Mechanicus an den verlassenen Hütten vorbeiging und die alliierten Flugzeuge am Himmel beobachtete, fragte er sich, wie lange der Krieg noch dauern und ob er so rasch zu Ende gehen würde, dass er dann noch am Leben wäre. Anfang März 1944 wurde er zusammen mit anderen bevorzugten Häftlingen nach Bergen-Belsen verlegt, wo er sieben Monate blieb. Am 9. Oktober wurde er zusammen mit 120 »Sonderhäftlingen« nach Birkenau gebracht, wo er drei Tage später erschossen wurde. Gertrude van Tijn hatte mehr Glück: Ihr Schicksal illustriert, wie unterschiedlich sich die inkonsistente antijüdische Politik auf das Schicksal Einzelner auswirken konnte. Sie wurde am 15. März 1944 zusammen mit 209 privilegierten Juden ebenfalls nach Bergen-Belsen verschleppt, wo sie sechs Wochen im Quarantäneblock des Austauschlagers verbrachte. Ende Mai begannen die Deutschen, Juden für den Austausch vorzubereiten, und Ende Juni wurde sie zusammen mit 99 ebenfalls niederländischen, 77 deutschen und vier Juden mit palästinensischen Papieren auf die Reise geschickt. Bei einem Zwischenstopp in Wien (wo man sie in demselben Wohnheim unterbrachte, in dem einst der junge Hitler gewohnt hatte) stießen 61 Juden aus Vittel zu ihnen. Dann fuhren sie mit dem Zug weiter über Budapest und Belgrad nach Istanbul. Dort gingen sie an Bord eines Schiffes nach Haifa, wo sie am 10. Juli 1944 eintrafen. Die britischen Behörden internierten sie umgehend im für illegale Einwanderer bestimmten Lager Atlit. Es bestand aus Holzbaracken und hatte einen Stacheldrahtzaun, Wachtürme und bewaffnete Wachen, doch damit endete die Ähnlichkeit zu Bergen-Belsen auch schon.[63]

Theresienstadt hatte nach den großen Deportationen, welche die ersten Häftlinge des Familienlagers nach Birkenau gebracht hatten, erneut eine Phase relativer Ruhe erlebt, bis Mitte Mai mit drei Transporten weitere 7500 Bewohner fortgebracht wurden, um das Familienlager aufzufüllen. Unter den Verlegten war Heinz Hesdörffer, und als das Familienlager schließlich aufgelöst wurde, gehörte er zu denjenigen, die fortan Sklavenarbeit verrichten sollten. Er kam ins KZ Schwarzheide, wo Arbeiter einer Fabrik, die synthetischen Treibstoff herstellte, untergebracht waren. Drei Monate vergingen, bevor zwei weitere Züge mit je 2000 Menschen von Theresienstadt nach Auschwitz fuhren. Der Oktober 1944 war grauenhaft: Innerhalb von neun Tagen passierten 14400 Juden die »Schleuse« und stiegen in Deportationszüge. Zu ihnen gehörten Helga Weiss' Vater und ihr Freund Ota, und als sie selbst und ihre Mutter wenige Tage später ebenfalls deportiert wurden, beruhigte sie sich mit dem Gedanken: »Wir fahren ja unseren Männern hinterher.« Nach der Ankunft in Birkenau erkannte sie, welch schrecklichem Irrtum sie angehangen hatten. Glücklicherweise wurden Helga und ihre Mutter auf der Rampe zur Arbeit ausgewählt und nur eine Woche später einer Flugzeugfabrik in Freiberg zugeteilt. Helga verließ Birkenau krank, geschwächt und verletzt von der demütigenden Erfahrung, kahlgeschoren zu werden und unter den Augen von SS-Männern, »ziemlich jungen Rotzlöffeln …, die sich sichtlich blendend amüsierten«, nackt duschen zu müssen. Aber sie und ihre Mutter waren am Leben, während die meisten anderen Deportierten aus Theresienstadt direkt in die Gaskammern gekommen waren. Tatsächlich lässt sich kaum eine Begründung für diesen späten Blutrausch finden, während gleichzeitig anderswo Juden als Arbeitskräfte oder für den Austausch gegen Gefangene der Alliierten am Leben erhalten wurden. Die Vernichtungswellen könnten mit der wechselnden Rolle zusammenhängen, die Theresienstadt in den deutschen Bemühungen spielte, die Welt über das, was dort und in Auschwitz vorging, zu täuschen. An diesem Punkt überschneiden sich die Geschichte Theresienstadts und die Anstrengungen des IKRK zur Unterstützung von Verfolgten.[64]

Im Oktober 1943 hatte Werner Best den dänischen Behörden versprochen, Vertretern des Dänischen Roten Kreuzes einen Besuch in Theresienstadt zu ermöglichen, so dass sie sich selbst ein Bild von den Lebensbedingungen der 400 dorthin deportierten dänischen Juden machen konnten. Als das Rote Kreuz ihn beim Wort nahm und in aller Form einen Besuch beantragte, stimmten das Auswärtige Amt und das RSHA zu. Es war das erste Mal, dass Rotkreuzvertretern die Inspektion eines Ghettos oder Konzentrationslagers gestattet wurde. Das Deutsche Rote Kreuz hatte sich zu solch einer Intervention in keiner Weise bemüßigt gefühlt, was kaum verwunderlich war, da an seiner Spitze der oberste SS-Mediziner stand. Seit 1940 hatte die deutsche Regierung Anträge des IKRK in Genf, Delegierte in die Konzentrationslager entsenden zu dürfen, stets abgelehnt. Anfragen nach dem Verbleib der jüdischen Deportierten aus verschiedenen europäischen Ländern hatte sie nichtssagend beantwortet. Aber das IKRK hatte auch nicht gerade Druck ausgeübt. Es wollte seine sakrosankte Rolle bei der Hilfe für Kriegsgefangene nicht gefährden, indem es Berlin verärgerte. Außerdem war es mit Interventionen zugunsten politisch oder »rassisch« Verfolgter sehr zurückhaltend. Die vielen Informationen über den Massenmord in Polen, die 1942 bei ihm eingegangen waren, hatte es mit Vorsicht und Skepsis aufgenommen. Solange man sich über die Fakten nicht absolut sicher war, erschien eine öffentliche Äußerung dazu nicht opportun, da sie eine deutsche Gegenreaktion hätte hervorrufen können, und solange Berlin IKRK-Vertretern den Zugang zu Ghettos und Lagern nicht gestattete, ließen sich die vorliegenden Berichte nicht unabhängig prüfen. Daher blieb die führende humanitäre Organisation der Welt stumm, während das Morden auf Hochtouren weiterging. Und als sie schließlich die Gelegenheit erhielt, Delegierte nach Theresienstadt zu entsenden, wurde sie schlecht genutzt.[65]

Am 23. Juni 1944 wurden der Schweizer Maurice Rossel von der IKRK-Delegation in Berlin und zwei Vertreter des Dänischen Roten Kreuzes von Eberhard von Thadden, dem Judenreferenten des Auswärtigen Amts, und Lagerkommandant Karl Rahm in Theresienstadt herumgeführt. Sie sahen das Ergebnis der seit einem Jahr betriebenen »Verschönerung«: hellgestrichene Häuser, Geschäfte voller Waren, ein Spielfeld, auf dem Jungen Fußball spielten, einen Schulchor, auf einem Platz einen Konzertpavillon und Bänke, auf denen alte Leute sich sonnten. Helga Weiss erinnerte sich, dass ausgewählte Kinder Aufstellung genommen hatten, um »Onkel Rahm« zu begrüßen und sich darüber zu beschweren, dass es »[s]chon wieder Sardinen« zu essen gab. Philipp Manes war zu Recht skeptisch in Bezug auf den Zweck des Ganzen: »Macht man die Stadtverschönerung für uns …?« Aber zumindest verbesserte sich die Verpflegung für einige Tage. Die Rotkreuzabordnung führte ein kurzes Gespräch mit Paul Eppstein, dem Ghettoältesten, stellte ihm aber keine Fragen nach den Deportationen oder dem Verbleib früherer Einwohner von Theresienstadt. Tatsächlich waren, wie erwähnt, im vorangegangenen Monat 7500 Menschen abtransportiert worden, um den Eindruck der Überfüllung zu vermeiden. Rossel bescheinigte dem Ghetto in seinem Bericht einen gesunden Zustand und akzeptierte die deutsche Lüge, es handle sich um ein »Endlager«. Unnötig zu sagen, dass die SS-Führung und Eichmanns Referat mit dem Ergebnis der Täuschungsaktion zufrieden waren.[66]

Kaum war die Rotkreuzdelegation abgereist, begann Rahm das Ghetto zu verkleinern. Eppstein wurde verhaftet und erschossen; seinen Platz nahm Benjamin Murmelstein ein, auf dessen Gefügigkeit Verlass war. Möglicherweise um einem Aufstand vorzubeugen, ordnete Rahm die Verlegung von 5000 arbeitsfähigen Männern an, vorgeblich zur Arbeit im Reich. »Bewundernswert«, schrieb Philipp Manes nach den Deportationen im Mai 1944, »wie alle Stellen in diesen Tagen arbeiteten, nur wenige Stunden Schlaf kannten. Alles wurde getan, um den Evakuierten die Reise zur Umsiedlung leicht zu machen. Auch die deutschen Behörden zeigten sich durchaus human und griffen nur fördernd ein – auch ihr Chef gönnte sich keine Nachtruhe, um alles überwachen zu können und den reibungslosen Ablauf der Transporte zu gewährleisten.« Diese Mischung aus Ignoranz und Naivität war einer der Gründe, warum es keinen Widerstand gab. Manes und seine Frau wurden am 28. Oktober mit dem letzten Transport nach Birkenau deportiert, wo sie drei Tage, bevor die Gaskammern den Betrieb einstellten, ermordet wurden.[67]

Die Liquidation der letzten Ghettos

Während die ungarischen Juden im Schlund von Birkenau verschwanden und man in Westeuropa auf Judenjagd ging, läutete die Entwicklung an der Ostfront im Sommer 1944 das Ende für die letzten verbliebenen jüdischen Gemeinden ein. Infolge des vernichtenden Erfolgs der sowjetischen Sommeroffensive gegen die Heeresgruppe Mitte war die Südflanke der Heeresgruppe Nord entblößt. Nach militärischer Logik hätten die Verbände, die das Baltikum abschirmten, zum Schutz der Reichsgrenze abgezogen werden müssen, aber für Hitler kam ein Rückzug nicht in Frage. Im August erreichte die Vorhut der Roten Armee das Baltikum und schnitt die nördlichen deutschen Armeen kurzzeitig ab. Jetzt endlich sah Hitler die Notwendigkeit ein, Estland zu evakuieren, lehnte es aber weiterhin halsstarrig ab, deutsche Verbände aus Lettland abzuziehen. Dieser sowjetische Vormarsch löste die Räumung und Auflösung der noch bestehenden Ghettos und Lager im Reichskommissariat Ostland aus.[68]

Im Juli 1944 befanden sich in den Arbeitslagern Klooga und Lagedi (Estland), Riga-Kaiserwald (Lettland) sowie Wilna, Kaunas und Schaulen (Litauen) 31 000 bis 34 000 Juden. Da sie als wertvolle Arbeitskräfte galten, traf man Vorbereitungen für ihren Abtransport. Trotz mehrerer grauenhafter Massaker wurden 20 000 bis 23 000 tatsächlich verlegt. Die Evakuierung begann in Estland, von wo ungefähr die Hälfte der 8000 bis 9000 Sklavenarbeiter ins KZ Stutthof gebracht wurde, rund 35 Kilometer östlich von Danzig. Das im September 1939 eingerichtete Lager, in dessen Nähe sich eine Reihe von Rüstungsfabriken angesiedelt hatte, wurde zur Hauptauffangstation für Juden aus dem Baltikum, und anfangs erfüllte es diese Aufgabe auch gut. In Klooga wurden jedoch 2500 Juden, die sich während des Heranrückens der Roten Armee noch dort befanden, erschossen, ebenso wie 500 Insassen des Lagers Lagedi an der estnischen Küste. Aus dem Lager in Wilna, wo jüdische Mechaniker Wehrmachtfahrzeuge gewartet und repariert hatten, wurden etwa 2000 Juden westwärts evakuiert. Drei Viertel der Insassen des Lagers in Kaunas wurden mit Schiffen und Eisenbahnzügen nach Westen gebracht. Rund 1500, die es vorgezogen hatten, sich zu verstecken, wurden allesamt schließlich entdeckt und exekutiert. Anfang August, zum Zeitpunkt des ersten sowjetischen Vorstoßes, wurde ein Teil der Arbeiter aus dem Lager Kaiserwald per Schiff nach Stutthof gebracht; der Rest folgte Ende September, als die Rote Armee ihren Vormarsch fortsetzte. Im Gegensatz zu diesen relativ gut organisierten Räumungen, bei denen nur ein geringer Teil der Häftlinge ums Leben kam, waren die nur wenige Monate später durchgeführten Evakuierungen chaotisch und mörderisch.[69]

Josef Katz, der im November 1943 ins KZ Kaiserwald verlegt worden war, musste nach wie vor verschiedenste Arten von Zwangsarbeit leisten. Er beobachtete den Zustrom ungarischer Juden, aber auch den Aufbruch deutscher Siedler und die Demontage von Fabriken. Trotz Gerüchten darüber, dass sie durch den Vormarsch der Roten Armee bald abgeschnitten sein würden, und wiederholter Selektionen behielt er seine humorvolle, positive Einstellung zum Leben. Tatsächlich besserten sich die Verhältnisse. Er begann eine Liebesbeziehung zu einer ungarischen Jüdin, und da die Deutschen nun größere Lebensmittelvorräte einfach aufgaben, gab es gut zu essen. Im September bekam er frische Kleidung und wurde zur Evakuierung in den Rigaer Hafen gebracht. Er konnte kaum fassen, was vor sich ging: »Man sollte es einfach nicht glauben, was man hier sieht. Juden, deren Leben bis jetzt keinen Pfifferling wert war, transportiert man nun nach Deutschland.« Um den jüdischen Neujahrstag herum ging er in Danzig von Bord und wurde auf einem Lastkahn nach Stutthof gefahren. Damit war er drei Jahre nach seiner Deportation aus Deutschland beinahe wieder dort angekommen, wo sein Weg durch die Lager begonnen hatte.[70]

Zu den Juden, die nicht evakuiert wurden, gehörten die Arbeitskommandos, die unter dem Befehl des vormaligen Einsatzgruppenoffiziers Paul Blobel Himmlers Auftrag ausführten, die Beweise für die Massenerschießungen von 1941/42 zu beseitigen. Seit Juli 1943 suchte Blobels Sonderkommando 1005 die Mordstätten in Osteuropa auf und grub halbverweste Leichen aus, um sie zu verbrennen. Im September 1943 begann eine Einheit des Sonderkommandos im Fort IX in Kaunas, wo 45 000 Juden ermordet worden waren, mit dieser grausigen Arbeit. Untergebracht wurde die 64-köpfige Gruppe jüdischer Arbeiter im Keller des Forts. Während die Wochen vergingen, wuchs die Gruppe zusammen und begann an Flucht zu denken. Im Oktober stieß ein gefangener sowjetisch-jüdischer Offizier zu ihnen, der den Widerstand neu organisierte und einen kühnen Ausbruchsplan ausarbeitete. An Heiligabend 1943 führten die Häftlinge ihn aus und konnten tatsächlich alle fliehen. Doch in den Tagen danach spürte die Sipo viele von ihnen auf. Denjenigen, die es bis ins Ghetto-Arbeitslager von Kaunas schafften, erging es am besten. Mehrere von ihnen flohen später in die Wälder und kämpften als Partisanen. Die Einheit des Sonderkommandos 1005, die von Januar bis September 1944 im Rigaer Gebiet tätig war, hatte nicht so viel Glück. Die Männer litten furchtbar unter Unterernährung und Krankheiten; die SS-Wachen führten mehrere Selektionen durch und töteten die nach ihrer Ansicht Arbeitsunfähigen. Als die Rote Armee nur noch etwa 15 Kilometer entfernt war, brach die SS die Aktion ab. Der Bequemlichkeit halber wurden die 400 bis 500 Mann der Zwangsarbeitergruppe gezwungen, auf Scheiterhaufen zu steigen, und dann mit Maschinengewehren erschossen. Anschließend wurden die Scheiterhaufen entzündet, und die SS zog ab. Bald darauf verließen die Deutschen das Gebiet für immer.[71]

Im Lodzer Ghetto lebten Anfang 1944 fast 80 000 Juden. Dass es überhaupt noch bestand, lag an der Inkohärenz der antijüdischen Politik und am dysfunktionalen Charakter des NS-Regimes. Auch dass der Krieg sich in die Länge gezogen hatte, spielte eine Rolle. Aber die Zukunft des Ghettos unterlag einer ständigen Neubewertung, und seine verelendeten Bewohner wussten, dass ihr Überleben vom Ausgang zweier grundverschiedener Auseinandersetzungen abhing: zum einen zwischen deutschen politischen Entscheidungsträgern und zum anderen zwischen den deutschen und alliierten Armeen. Im Februar

1944 einigten sich Greiser und Biebow mit Himmler und Pohl darauf, das Ghetto langsam zu verkleinern. Es würde das »Gaughetto« des Warthelands unter Greisers Kontrolle bleiben, aber Biebow würde die nichtarbeitenden Bewohner eliminieren. Im Grunde würde Greiser also die Immobilie bekommen, während das WVHA die beweglichen Besitztümer, einschließlich der Juden, erhielt.[72]

Die Neuigkeit, dass die Deutschen den Abtransport von 1500 männlichen Arbeitern verlangten, angeblich zur Linderung des Arbeitskräftemangels in Deutschland, löste eine Panik aus. »Es zeigt sich«, vermerkten die Ghettochronisten, »dass selbst der furchtbare Hunger, der im Getto herrscht, den Schrecken einer Aussiedlung auf Arbeit a. G. [außerhalb des Ghettos] nicht mindert. Wiewohl sich viele sagen, dass sie bei einem Arbeitsverhältnisse irgendwo im Reich bessere Ernährung erhoffen können, will doch niemand in diesen kritischesten Zeiten dieses Krieges von seiner Familie getrennt werden.« Nur wenige meldeten sich freiwillig, während Hunderte sich in vorbereiteten Verstecken verbargen. Rumkowski, dem die Deutschen angedroht hatten, die Männer selbst auszuheben, wenn er sie nicht bereitstellte, schickte pflichtschuldig den Ordnungsdienst aus und wandte eine Hungertaktik an: Wer sich nicht meldete, dessen Lebensmittelkarte wurde eingezogen. Daraufhin sparten Familien etwas von ihren ohnehin schon dürftigen Rationen auf, um versteckte Väter, Söhne und Brüder mehr schlecht als recht mit zu ernähren. Die Jagd dauerte mehrere Tage. Unverblümt kommentierten die Ghettochronisten: »Es ist kaum anzunehmen, dass es dem Ordnungsdienst selbst unter Zuhilfenahme anderer uniformierter Gruppen wie Wirtschaftspolizei und Feuerwehr gelingen könnte, in einem Tage das ganze Getto zu durchsuchen und alle Schlupfwinkel dieser verwahrlosten Stadt zu durchstöbern. Andererseits ist die Polizei selbst müde und durch ihre persönliche Beziehung zu vielen Gesuchten gehemmt und schließlich so korrumpiert, dass man dem Resultat nur mit Skepsis entgegensehen muss.« Dennoch war es ein einseitiger Kampf, und im März wurden 1710 Männer aus dem Ghetto abtransportiert. Zur Freude der zurückgebliebenen Ghettobewohner traf bald die Nachricht ein, dass man sie tatsächlich zur Arbeit eingesetzt hatte und es ihnen gutging. Ob diese Deportation zur Arbeit im Reich nur der Täuschung diente, ist nicht klar, aber sie schwächte den Widerstand gegen die weit größeren Aussiedlungen, die im Juni und Juli 1944 folgten.[73]

Gemäß der Vereinbarung mit Himmler und Pohl, die jüdische Bevölkerung so weit wie möglich zu verringern, wurden Bothmann und sein Sonderkommando zurückbeordert, um das Vernichtungszentrum in Chełmno wieder in Betrieb zu nehmen. Speer unternahm einen letzten Versuch, die Arbeitskräfte zu retten, aber Greiser machte eine abrupte Kehrtwende und nahm seinen Einspruch bei Himmler zurück. Mitte Juni teilte der Lodzer Polizeichef Otto Bradfisch Rumkowski mit, dass er 500 Mann pro Woche zur Verfügung zu stellen habe, die in Deutschland Trümmer beseitigen sollten; das Kontingent sollte bald auf 3000 Männer pro Woche erhöht werden. Rumkowski rief dazu auf, sich freiwillig zu melden, und lockte mit Lebensmittelrationen. Aber die Zweifel an dem Aufruf waren groß, und die Skepsis verstärkte sich noch, als Biebow bei einem Treffen mit dem Ghettoältesten die Fassung verlor und ihn schlug. Ungeachtet dessen stellten Fabrikleiter Listen derjenigen auf, die sie zur Deportation freigeben konnten. Da die Stellen in den Werkstätten, wie es in der Ghettochronik heißt, »fast ausnahmslos auf ›mischpochaler‹ [familiärer] Grundlage« vergeben wurden, »werden die Leiter naturgemäß in erster Linie das Element preisgeben, an dem sie persönlich nicht interessiert sind«. Folglich waren die überlebenden deutschen und tschechischen Juden die Ersten, die gehen mussten. Die Reichsjuden freuten sich sogar darüber, da sie naiverweise glaubten, sie würden zurück nach Hause reisen; sie würden »das Gettomilieu noch immer als das größere Übel betrachten als ein kollektives Lagerleben auf deutschem Boden«. Manche hofften, dass sie wegen des nahen Kriegsendes in Deutschland eher Gelegenheit bekämen, zu fliehen und unterzutauchen. Im Gegensatz dazu belagerten die tschechischen Juden Oskar Singer, einen der wenigen Prager Juden im Beirat, um eine Ausnahmeregelung für sie zu erlangen. Singer tat alles in seiner Macht Stehende, um so viele tschechisch-jüdische Intellektuelle zu retten wie möglich, unter anderem Josef Zelkowicz. Die meisten westlichen Juden besaßen solche Beziehungen nicht; sie griffen daher auf das »altgewohnte Kampfmittel« zurück: »Sie verstecken sich in der Nacht in fremden Wohnungen und hoffen, sich so dem Ordnungsdienst entziehen zu können.« Der erste Transport fuhr am 23. Juni aus Radegast ab. Als die Menschen sahen, dass dieselben Waggons am nächsten Tag leer zurückkamen, ließ sich die Wahrheit nicht mehr verleugnen, und die zur Vernichtung Vorgesehenen versuchten mit immer extremeren Mitteln zu entkommen: »Hinter den Kulissen spielt sich ein Kuhhandel mit Menschen zwischen den Leitern der Ressorts ab … Auch diesmal handeln die Menschen mit sich selbst, d. h. Leute, die entweder nichts mehr zu verlieren haben oder leichtsinnig oder verzweifelt sind oder glauben, aus der allgemeinen Lage weise Schlüsse ziehen zu müssen, melden sich freiwillig als Ersatzmann. Sie verkaufen sich.« Als die Zahl der Selbstmorde steil anstieg, ging der OD dazu über, die Transporte durch nächtliche Razzien aufzufüllen. Oskar Rosenfeld war entsetzt über den Anblick: »Ein beschämendes, erschütterndes Bild der Straße. Juden hetzen Juden wie Treibwild. Eine richtige Judenhatz, von Juden organisiert. Aber was ist zu tun, man hat keinen Rat.« OD-Kommandos warteten, bis sich die Arbeiter zur mittäglichen Suppenausgabe versammelt hatten, umringten sie dann und griffen wahllos Männer heraus. »Wir haben doch etwas von unseren Hütern gelernt … die Jagd auf Menschen«, zitierte Rosenfeld einen »Philosophen des Gettos«. Am 15. Juli, nachdem zwölf Transporte 7196 Männer nach Chełmno gebracht hatten, wurden die Deportationen unterbrochen.[74]

Die Ghettobevölkerung war auf 68 561 Menschen zurückgegangen, und für einige Wochen sah es so aus, als würde sich das vertraute Muster wiederholen. Die Fabriken erhielten neue Aufträge, und die Arbeit wurde wieder aufgenommen. Laut Ghettochronik war die »Stimmung im Getto … rosig. Alles ist voller Hoffnung auf ein baldiges Ende des Krieges.« Tragischerweise löste gerade die Nähe der Roten Armee, die nur noch rund 110 Kilometer entfernt war, die endgültige Vernichtung aus. Auf die Ghettobewohner wirkten die Bilder und Geräusche, welche die bevorstehende deutsche Niederlage ankündigten, paradoxerweise narkotisierend. Jeden Tag donnerten Flugzeuge mit dem roten Stern über ihre Köpfe hinweg. Die Juden sahen verwundete deutsche Soldaten und Volksdeutsche westwärts fliehen. Sie hörten, dass die Deportationen aus Ungarn gestoppt worden waren. Von früheren Ghettobewohnern trafen Postkarten ein, auf denen sie mitteilten, dass sie in Rüstungsfabriken arbeiteten. Diejenigen, die zur Vorsicht mahnten und erklärten, dass es an der Zeit sei, den Widerstand vorzubereiten, bildeten eine winzige Minderheit. Das Kriegsende schien nah zu sein, wenn auch nur wenige vor Spannung den Atem anhielten. Am 28. Juli 1944 beendete Oskar Rosenfeld seinen letzten Tagebucheintrag mit den Sätzen:

> Nach so viel Leiden und Schrecken, nach so vielen Enttäuschungen sich nicht der Vorfreude hingeben können, darf schließlich nicht verwunderlich sein. Das Herz ist voller Narben, das Hirn mit einer Kruste von fehlgeschlagenen Hoffnungen überzogen. Und wenn schließlich der Tag der »Auslösung« vor der Tür steht, will man sich lieber überraschen lassen, als wieder einmal eine Enttäuschung erleben. Das ist Menschenart, das ist die Psychologie des Menschen von Litzmannstadt-Getto Ende Juli 1944.[75]

Die letzte Deportationswelle wurde am 2. August von Rumkowski durch die Bekanntmachung eingeläutet, dass sich täglich 5000 Ghettobewohner zur Umsiedlung zu melden hätten. Biebow, Bradfisch und Rumkowski appellierten in den Fabriken an die Arbeiter, dem Aufruf freiwillig Folge zu leisten. Als die erhoffte Reaktion ausblieb, begann die deutsche Polizei damit, Häuserblöcke abzuriegeln, sie zu räumen und anschließend die Ghettogrenze neu zu ziehen. Es dauerte einen Monat, bis sie die gesamte Ghettobevölkerung in bereitstehende Viehwaggons getrieben hatte. Biebow nahm, mordend und vergewaltigend, persönlich an den brutalen Räumungen teil. Am 30. August 1944 wurden Rumkowski und seine Familie in den letzten Deportationszug gesetzt. Oskar Rosenfeld, Josef Zelkowicz und die anderen Chronisten seiner Herrschaft starben allesamt in den Gaskammern. Von den 67 000 nach Birkenau deportierten Bewohnern des Lodzer Ghettos wurden rund 20 000 in Arbeitslager in Deutschland gebracht. Die übrigen wurden ermordet. Zwei Gruppen von 500 Juden hatte man für Aufräumarbeiten in Lodz zurückbehalten, darunter mehrere Werkstattleiter, denen es gelungen war, sich selbst und ihre Familien zu retten. In den verlassenen Wohnungen, die sie nach brauchbaren Dingen durchsuchten, stießen sie häufig auf die verdorrten Leichen von Männern und Frauen, die in ihren Verstecken verhungert waren.[76]

In einer merkwürdigen Fügung überdauerte das in Chełmno eingesetzte jüdische Arbeitskommando das Ghetto, an dessen Vernichtung es beteiligt gewesen war. Eine Gruppe von vierzig Mann war damit beschäftigt, die Habseligkeiten der 7000 dort ermordeten Lodzer Juden zu sortieren. Eine weitere Gruppe beseitigte in dem Wald, in dem die Leichen entsorgt wurden, die Beweise des Massenmords. Die Waldarbeiter wurden im Oktober bis auf den letzten Mann erschossen, während die SS die Dienste der Sortiergruppe, zu der Schneider und

Schuhmacher gehörten, schätzen gelernt hatten. Dennoch war klar, dass die Tage auch dieser Männer bald gezählt sein würden, und sie begannen einen Aufstand zu planen. Am 17. Januar 1945 erfuhren die Deutschen, dass die Rote Armee im Osten durchgebrochen war, und begannen das Arbeitskommando in Fünfergruppen zu erschießen. Im Verlauf des Massakers gelang es einem der Häftlinge, einen SS-Mann zu töten und dessen Waffe zu ergreifen. Während der anschließenden Schießerei konnten zwei Juden fliehen, die auch die anschließende Menschenjagd überlebten.[77]

Trügerische Hoffnung – der Krieg und das Morden gehen weiter

Die Deutschen konnten ihre mörderische Judenpolitik bis in den Herbst 1944 fortsetzen, weil die Alliierten weder den Krieg noch die Vernichtung der Juden rasch zu beenden vermochten. Entscheidend für den Kriegsverlauf und daher auch für die Überlebenschancen der Juden war, dass Hitler stur weitermachte, während es den Alliierten weder im Osten noch im Westen gelang, die im Sommer errungenen gewaltigen Erfolge für einen vollständigen Sieg zu nutzen. Hatte in der ersten Kriegshälfte das militärische Scheitern der Deutschen die Juden zum Untergang verurteilt, so litten sie jetzt unter den Folgen des militärischen Scheiterns der Alliierten.

Das NS-Regime hielt sich trotz einer Reihe verheerender Niederlagen im zweiten Halbjahr 1944 an der Macht, weil Hitlers Wille und Energie weiterhin durch die Maschinerie seiner Partei und die beeinträchtigten, aber noch funktionstüchtigen Blutbahnen des Staatsapparats pulsierten. Tatsächlich nahm die Beliebtheit Hitlers und der NSDAP nach dem fehlgeschlagenen Staatsstreich desillusionierter Wehrmachtoffiziere vom 20. Juli 1944 wieder zu. Die Verschwörung war ein lockerer Zusammenschluss eines Kreises ziviler Regimegegner, die seit langem danach strebten, Hitlers Herrschaft zu beenden, vorzugsweise mit gewaltlosen Mitteln, und hochrangiger Offiziere von Ersatzheer und Fronttruppen, die im Frühjahr 1943 erstmals versucht hatten, ihn zu töten. Während die zivilen Verschwörer, unter ihnen Ulrich von Hassell, die Verfolgung der Juden auf die Liste der Anklagen gegen das Regime gesetzt hatten, waren die Militärs daran weniger interessiert. Den Offizieren war das Schicksal der europäischen Juden bekannt, nicht zuletzt, weil sich einige von ihnen mitten im Geschehen an der Ostfront befunden hatten. Der verbrecherische Charakter des Regimes mag bei ihrem Entschluss, den »Führer« zu töten, eine Rolle gespielt haben, aber es war nicht der ausschlaggebende Faktor. In dem Programm, das die Verschwörer für die Zeit nach dem NS Regime entwarfen, fehlte jedenfalls die Forderung nach der vollen Wiedereinsetzung der deutschen Juden in ihre hergebrachten Rechte. Nach dem gescheiterten Attentat vermerkte Reck-Malleczewen in seinem Tagebuch maliziös: »Ah, wirklich also? Ein wenig spät, ihr Herren, die ihr diesen Erzzerstörer Deutschlands gemacht habt, die ihr ihm nachliefet, so lange alles gut zu gehen schien, die ihr ... unbedenklich jeden von euch gerade verlangten Treueid schworet ...«[78]

Statt ihn zu stürzen, bestärkte das Attentat Hitler in seinem messianischen Glauben, er allein könne das deutsche Volk vor der Niederlage, dem Bolschewismus und den Juden bewahren. Zugleich fühlte er sich in seinem paranoiden Antisemitismus bestätigt, der wiederum den Verfolgungs- und Mordapparat des NS-Regimes antrieb. Laut seiner Sekretärin Traudl Junge erklärte Hitler, nachdem er sich von der Bombenexplosion in seinem Hauptquartier erholt hatte, mit schwankender Stimme: »Diese Verbrecher, die mich beseitigen wollten, ahnen nicht, was dem deutschen Volk passiert wäre. Sie kennen nicht die Pläne unserer Feinde, die Deutschland so vernichten wollen, dass es niemals mehr auferstehen kann. Wenn erst das Judentum mit seinem ganzen Hass Macht über uns bekommt, dann ist es endgültig mit der deutschen und europäischen Kultur vorbei.«[79]

Hitlers Warnung, eine Niederlage würde eine Zeit jüdischer Vergeltung einläuten, stieß sowohl an der Heimatfront als auch in der Wehrmacht auf Widerhall. Im August 1944 schrieb der Gefreite K. Buthut, der im Baltikum diente, an seine Mutter in Magdeburg, der Krieg stehe »auf der Messerspitze«, und fuhr fort: »Du weißt doch, der Jude wird seine Blutrache nehmen, hauptsächlich an den Parteileuten. Ich war ja leider auch einer, der die Parteiuniform getragen hat.« Sicherheitshalber bat Buthut seine Mutter, das verräterische Beweisstück zu verbrennen. Die apokalyptischen Klagelieder des Regimes schienen sich zu bewahrheiten, als die Rote Armee im Oktober 1944 kurzzeitig das ostpreußische Nemmersdorf besetzte und die Bewohner, die nicht rechtzeitig geflohen waren, vergewaltigte, misshandelte und massakrierte. Goebbels nutzte die Berichte aus Nemmersdorf wirkungsvoll für die Propaganda, um den Widerstandswillen der Deutschen zu stärken. Aber nicht bei allen kam die Botschaft so an wie beabsichtigt. Nach Ansicht der SD-Außenstelle in Stuttgart war es keine gute Idee gewesen, die sowjetischen Gräuel an die große Glocke zu hängen, denn man hätte doch voraussehen können, »dass jeder denkende Mensch, wenn er diese Blutopfer sieht, sofort an die Gräueltaten denkt, die wir im Feindesland, ja sogar in Deutschland begangen haben. Haben wir nicht die Juden zu Tausenden hingeschlachtet?« Dessen ungeachtet lief die antijüdische Propaganda des Regimes weiterhin auf Hochtouren, als könnte sie dem Krieg und den sprichwörtlichen Widrigkeiten des Lebens einen Sinn geben. Victor Klemperer sah darin einen Beweis dafür, dass »die Judenfrage für den Nationalsozialismus das Zentrum der ›Wesensmitte‹ und seine Quintessenz« bedeutete.[80]

Dass Hitler den 20. Juli überlebte, wäre nicht von Bedeutung gewesen, wenn die Alliierten vor Jahresende bis ins Reich vorgestoßen wären. Doch dies geschah nicht. Obwohl sich die deutschen Truppen von Juli bis September 1944 an allen Fronten zurückzogen, brach das Kommando- und Kontrollsystem nicht zusammen, und die einfachen Soldaten bewiesen eine außerordentliche Zähigkeit. Als die Wehrmacht an den Reichsgrenzen stand, kam der Patriotismus hinzu und befeuerte sogar jene, die dem Nationalsozialismus nicht ergeben waren. Darüber hinaus war Albert Speer dank der Maßnahmen, die er früher im Jahr zur Steigerung der Produktion ergriffen hatte, in der Lage, die enormen Materialverluste zu ersetzen. Im Herbst erreichte die Waffen- und Panzerproduktion ihren Höhepunkt, ehe sie mangels Treib- und Rohstoffen sowie wegen der ständigen Luftangriffe auf die Verkehrsanlagen zusammenbrach.[81]

Auf der anderen Seite ließen die Alliierten Deutschland Zeit, sich neu zu sammmeln. Als Briten und Amerikaner aus dem Brückenkopf in der Normandie ausgebrochen waren und ins Landesinnere von Frankreich vorstießen, standen sie vor der Frage, in welche Richtung sie vorstoßen sollten. Um den Angriffsschwung zu erhalten, überzeugte Feldmarschall Bernard Montgomery, der Kommandeur der alliierten Bodentruppen, den alliierten Oberbefehlshaber Dwight D. Eisenhower, einen blitzartigen Vorstoß aus Belgien in die Niederlande zu wagen, wobei Luftlandetruppen Brücken über Maas, Waal und Rhein einnehmen sollten. Leider wurde die Operation Market Garden, die am 17. September begann, zu einem katastrophalen Fehlschlag. Die Wehrmacht errang einen letzten Sieg im Westen, und auf der gesamten Länge des »Westwalls«, der Verteidigungslinie an der deutschen Grenze, trat ein Stillstand ein. Es sollte Monate dauern, bis der alliierte Vormarsch fortgesetzt wurde, und ein halbes Jahr, bis amerikanische und britische Truppen den Rhein überquert hatten.[82]

Auch im Osten war den Deutschen eine Atempause vergönnt. Im August 1944 stand die Rote Armee kurz vor Warschau an den Flüssen Weichsel und Narew, aber ihre Nachschublinien waren überdehnt, und sie stieß auf härteren Widerstand. Für die Juden, die sich in Warschau versteckt hielten, hatte die Stabilisierung der Front furchtbare Folgen. Am 2. August löste die polnische Heimatarmee einen Aufstand aus, um vor der Ankunft der Roten Armee die Kontrolle über die Hauptstadt zu gewinnen. Die Deutschen wurden von dem Aufstand überrascht, aber sie fingen sich schnell, und da Warschau als Nachschubknotenpunkt von Bedeutung war, wurden eilig Truppen herangeführt, um den Aufstand niederzuschlagen. Obwohl die Rote Armee nur wenige Kilometer jenseits der Weichsel stand, war sie zu erschöpft, um mehr als eine symbolische Entsatzaktion durchzuführen. Acht Wochen lang kämpfte die Heimatarmee in einem entsetzlichen Häuserkampf, dann musste sie die Waffen strecken. Hunderte von Juden, unter ihnen Yitzhak Zuckerman und Samuel Willenberg, hatten ihre Verstecke verlassen, um mit den Polen zu kämpfen. Zu ihnen gehörten die Insassen eines Lagers in der Gesiastraße, die in den ersten Stunden des Aufstands von den Kämpfern befreit worden waren, und Juden, die in Bunkern ausgeharrt hatten und jetzt aufgetaucht waren, nur um festzustellen, dass sie erneut einer Belagerung ausgesetzt waren. Mehrere Dutzend wurden von extremistischen Elementen der Heimatarmee massakriert, und viele weitere starben im Chaos der Kämpfe. Die Überlebenden mussten noch einmal drei Monate einer nervenaufreibenden Untergrundexistenz überstehen. In anderen Teilen Polens kam die Front in Gebieten zum Stehen, wo Juden ebenfalls in Verstecken untergetaucht waren oder mit falschen Papieren lebten. Der tödlichen Gefahr, die ihnen aus der plötzlichen Anwesenheit deutscher Truppen und den regelmäßigen Aktionen gegen Partisanen im Hinterland erwuchs, entkamen nur wenige.[83]

Dass sich der Feldzug zur Eroberung Budapests immer länger hinzog, verschlechterte die Überlebenschancen der ungarischen Juden. Gerade als es so aussah, als sei Ruhe eingekehrt, erfuhr der Nachrichtendienst der SS, dass Horthy erneut Friedensfühler zu den Westalliierten ausgestreckt hatte. Obwohl sie ihm nicht zugesichert hatten, ihn zu unterstützen, wenn er mit dem Dritten Reich brach, gab er am 15. Oktober im Radio bekannt, dass Ungarn das Bündnis mit Deutschland beende. Er hatte erwartet, dass loyale Einheiten der ungarischen Armee die Deutschen in Schach halten würden, sich damit aber verrechnet. Während die Armee zauderte, nahmen die Deutschen seinen Sohn als Geisel und stellten sich hinter einen Gegenputsch von Ferenc Szálasi, dem Anführer der fanatisch antisemitischen Pfeilkreuzler. Einige Tage später war Eichmann zurück in Budapest. Szálasi sagte ihm 50 000 Juden für den Bau unterirdischer Fabriken im Reich zu. Da die Verkehrsverbindungen zerstört waren, hatte Eichmann vor, die Juden zu Fuß nach Wien marschieren zu lassen – eine Strecke von 220 Kilometern.[84]

Unterdessen begann das Szálasi-Regime mit der Errichtung eines eingezäunten Ghettos rund um die Große Synagoge in der Dohánystraße im siebten Bezirk, dem jüdischen Viertel Budapests. Als sowjetische Truppen bereits die Vororte beschossen, holten die Pfeilkreuzler zwischen dem 20. und dem 26. Oktober 35 000 jüdische Männer zwischen 16 und 60 und Frauen zwischen 16 und 40 Jahren aus den »Gelbsternhäusern«, teilten sie in Arbeitskolonnen auf und schickten sie zu Schanzarbeiten an die Front im Norden und Süden der Stadt. Anfang November ordnete das Regime die Aushebung weiterer 25 000 Juden zum Arbeitseinsatz in Deutschland an. Erneut durchkämmten Polizei und Miliz die jüdischen Wohnhäuser und brachten jeden, der einen arbeitsfähigen Eindruck machte, zur Sammelstelle in der Ziegelei in Obuda außerhalb der Stadt. Am 13. November begann für 27 000 Juden unter der Bewachung ungarischer Gendarmen der Fußmarsch ins Reich. Für die Verpflegung oder Unterbringung der Marschkolonnen waren keinerlei Vorkehrungen getroffen worden. Die vielen alten Menschen litten furchtbar unter den Strapazen, und bald begannen sie am Wegesrand zusammenzubrechen. Ungeduldige Wachmänner erschossen jeden Tag Dutzende von ihnen. Diese Gewaltmärsche brachten Eichmann in direkten Konflikt mit internationalen Rettungsaktivitäten, namentlich mit jenen Raoul Wallenbergs, der wiederholt Juden aus den Kolonnen herausholte. Eichmann verließ Budapest schließlich wenige Stunden, bevor die Rote Armee am 26. Dezember 1944 die Stadt einschloss. Aber auch nach seiner Abreise zog sich die Qual für die Juden noch sechs entsetzliche Wochen hin, in denen Tausende von den Pfeilkreuzlern abgeschlachtet wurden.[85]

Das Budapester Ghetto war dreißig Hektar groß. Da es keinen Platz für die Beerdigung von Verstorbenen gab, sammelten sich, zwischen Müllbergen und obdachlosen Flüchtlingen, 3000 Leichen an. Ein von den Pfeilkreuzlern eingesetzter Judenrat bemühte sich, für Ordnung und Verpflegung zu sorgen, aber die Juden mussten mit der Hälfte dessen auskommen, was zum Überleben nötig gewesen wäre. Angesichts der Einkreisung der Stadt richteten die Pfeilkreuzler ihre Wut gegen die Juden und unternahmen mörderische Ausflüge ins Ghetto und in Judenhäuser. Gruppen jüdischer Männer wurden zur Donau geführt und dort zusammengebunden. Dann wurde Einzelne erschossen, so dass alle ins eiskalte Wasser stürzten und diejenigen, die noch am Leben waren, von den Toten in die Tiefe gezogen wurden. Schätzungsweise 17 000 Juden starben in der belagerten Stadt, einschließlich mehrerer Mitglieder des Judenrats. Eines der letzten Opfer war Ottó Komoly, der aus dem Hotel Ritz ins Hauptquartier der Pfeilkreuzler gezerrt und dort ermordet wurde. Am 17./18. Januar durchbrach die Rote Armee den Verteidigungsring um Budapest und befreite Pest, wo sich das Ghetto befand und die meisten der überlebenden Juden untergebracht waren. Im Ghetto lebten zu diesem Zeitpunkt 70 000 und in der übrigen Stadt unter ausländischem Schutz oder in Verstecken weitere 50 000 Juden.[86]

Zur letzten großen Deportationsaktion des Krieges kehrten die Deutschen dorthin zurück, wo sie drei Jahre zuvor begonnen hatten: in die Slowakei. Nach dem Abbruch der Deportationen im Oktober 1942 lebten noch rund 20 000 Juden in dem Satellitenstaat. Die genaue Zahl ist schwer festzustellen, da Tausende Juden 1942 nach Ungarn geflohen und zurückgekehrt waren, nachdem dieses Land der deutschen Raubgier zum Opfer gefallen war. Die meisten derjenigen, welche die erste Angriffswelle vor Ort überlebt hatten, standen unter dem Schutz der Obrigkeit, weil sie als ökonomisch nützlich galten oder über Beziehungen verfügten. Im Lauf des Jahres 1943 fühlte das deutsche Auswärtige Amt wiederholt bei der slowakischen Regierung vor, ob sie eine Wiederaufnahme der Deportationen zuließe. Doch das Tiso-Regime war mehr daran interessiert zu erfahren, was mit den bereits abtransportierten Juden geschehen war. Es ahnte Schlimmes. Die jüdische Gemeinde erhielt im April 1944 Gewissheit über die Vorgänge in Auschwitz-Birkenau, als zwei Flüchtlinge in ihrer Mitte auftauchten. Aufgrund der zu dieser Zeit stabilen Lage in der Slowakei konnte die Arbeitsgruppe die Informationen in den Westen übermitteln und so einen wesentlichen, wenn auch späten Beitrag zum Wissen über den Massenmord leisten. Im August lösten Partisanen einen lange geplanten Aufstand aus, der die Ostslowakei ins Chaos stürzte und einen grausamen Angriff auf die jüdische Bevölkerung, der man die Schuld an den Unruhen gab, nach sich zog. Natürlich hatten die Juden mit dem Aufstand nichts zu tun. Vielmehr war er von Dissidenten innerhalb des slowakischen Regimes, die mit der tschechischen Exilregierung in London in Verbindung standen, angezettelt worden. Sie wollten die Karpatenpässe einnehmen, um der Roten Armee den Vormarsch zu erleichtern. Aber unglücklicherweise lösten sie den Aufstand zu früh aus, und die sowjetische Vorhut konnte die Pässe nicht besetzen. Stattdessen gelang es den Deutschen, genügend Einheiten, überwiegend solche der Waffen-SS, zusammenzukratzen und den Aufstand niederzuschlagen.[87]

Die slowakischen Juden zahlten einen hohen Preis für diese Fehlschläge. Himmler betraute Gottlob Berger, den Stabschef der Waffen-SS und einen seiner engsten Vertrauten, mit den Gegenmaßnahmen. Berger zog eine Truppe von 40 000 Mann zusammen, um die befreiten Gebiete zurückzuerobern. Sein Nachfolger, SS-Obergruppenführer und General der Waffen-SS Hermann Höfle (nicht zu verwechseln mit dem an der Aktion Reinhardt beteiligten SS-Sturmbannführer gleichen Namens), brachte ein in der Judenjagd erfahrenes Einsatzkommando mit. Nach der Niederschlagung des Aufstands führten Sipo- und SD-Einheiten, von der Hlinka-Garde und slowakischen Milizionären unterstützt, in jeder Stadt und jedem Dorf mit jüdischen Einwohnern Razzien durch. Alois Brunner wurde nach Bratislava entsandt, wo er die Mitglieder der Judenzentrale verhaftete und eine Kartei mit Angaben über die slowakischen Juden beschlagnahmte. Anschließend unternahm die Sipo mit Hilfe slowakischer SS-Männer und Hlinka-Gardisten eine Reihe nächtlicher Razzien. Ende September wurden 1800 Juden aus Bratislava in das Lager in Sered gebracht, wo das slowakische Regime bereits 5000 Juden interniert hatte. Brunner wandte regelmäßig Folter an, um Verstecke von Juden ausfindig zu machen. Zu seinen Opfern gehörte Gisi Fleischmann, die schließlich nach Birkenau deportiert wurde, wo sie am 17. Oktober 1944 starb. Zwischen September 1944 und März 1945 gingen elf Transporte aus der Slowakei ab, überwiegend aus Sered. Rund 8000 Juden wurden nach Auschwitz, 2700 nach Sachsenhausen und 1600 nach Theresienstadt deportiert. Aufgrund ihrer relativ späten Deportation überlebten viele von ihnen. Aber bis die Rote Armee Anfang April 1945 schließlich Bratislava erreichte, wurden noch Tausende von Juden bei Judenjagden und der Partisanenbekämpfung getötet.[88]

Der Aufstand des Sonderkommandos in Birkenau

Das hartnäckige internationale Schweigen zu Auschwitz-Birkenau und den dort unablässig eintreffenden Transporten zunächst aus Ungarn, dann aus Lodz und Theresienstadt und schließlich aus der Slowakei veranlasste die jüdischen Häftlinge des Sonderkommandos, über einen Aufstand und die Sabotage der Mordanlagen nachzudenken. Andere jüdische Häftlinge planten zu fliehen, um die Alliierten über Birkenau ins Bild zu setzen und womöglich irgendeine Maßnahme in Gang zu setzen, welche die Mordroutine hemmen würde.

Die erste erfolgreiche Flucht zu diesem Zweck gelang Alfred Wetzler und Rudolf Vrba, zwei slowakischen Juden, die im Frühjahr 1942 in Birkenau eingetroffen waren. Am 7. April 1944 begaben sie sich in den noch im Bau befindlichen Lagerabschnitt »Mexiko« und versteckten sich in einer vorher ausgehobenen Erdhöhle, die sie mit Holzbalken getarnt hatten. Nach ihrem sorgfältig ausgeklügelten Plan wollten sie drei Tage in dem Versteck ausharren, bis die Deutschen die Abriegelung rund um das Lager aufgehoben haben würden, die Entflohenen für gewöhnlich zum Verhängnis wurde. Als sich die Aufregung über ihr Verschwinden gelegt hatte, machten sich die beiden auf den Weg. Wetzler hatte das Etikett eines Zyklon-B-Behälters bei sich, das Filip Müller unter großem Risiko beschafft hatte, und Vrba, der mehr als ein Jahr im Kanadakommando und danach in der Registratur des Quarantänelagers eingesetzt gewesen war, hatte sich erstaunlich genau die Transporte und die Opferzahlen eingeprägt. Nach einem elftägigen Fußmarsch erreichten sie die Slowakei, wo sie Kontakt mit der jüdischen Gemeinde aufnahmen. Sie teilten deren Führung alles mit, was sie wussten, und drängten sie, die Welt darüber zu informieren.[89]

Da Vrba und Wetzler unter anderem vor dem Schicksal gewarnt hatten, das dem Theresienstädter Familienlager bevorstand, sandten Rabbi Weissmandl und Gisi Fleischmann von der Arbeitsgruppe eine Zusammenfassung ihres Berichts zunächst an die tschechische Gesandtschaft in der Schweiz, welche sie Mitte Juni ans britische Außenministerium und ans WRB weiterleitete. Die Arbeitsgruppe ließ auch Rudolf Kasztner ein Exemplar zukommen, der die ungarischen Juden jedoch nicht über Auschwitz informierte. Er befand sich mitten in den Verhandlungen mit Eichmann, von denen er hoffte, sie würden den Deportationen ein Ende setzen, und scheint es deshalb vorgezogen zu haben, das explosive Dokument unter Verschluss zu halten. Miklós Krausz, ebenfalls Mitglied des Rettungskomitees, schickte den Bericht jedoch einem Bekannten in der rumänischen Botschaft, der ihn an George Mantello, einen Geschäftsmann, der in der Schweiz rumänische Interessen vertrat, weitergab. Mantello entfachte eine Pressekampagne, die zur Folge hatte, dass Schweizer Zeitungen wochenlang über Birkenau berichteten. Am 27. Juni erhielt Churchill ein Exemplar des Berichts, das Richard Lichtheim, der Repräsentant der Jewish Agency in der Schweiz, Chaim Weizmann nach London geschickt hatte. Churchill gab das Dokument mit der handschriftlichen Notiz weiter: »Was kann man tun? Was kann man sagen?« Zu diesem Zeitpunkt räumten sowohl der britische als auch die fremdsprachigen Dienste der BBC der Vernichtung der jüdischen Gemeinden, insbesondere der ungarischen, ungewöhnlich viel Sendezeit ein. Das britische Außenministerium war nicht mehr in der Lage, die Berichterstattung zu steuern.[90]

Infolge der Informationen über die Deportationen aus Ungarn und des ausführlichen Berichts von Vrba und Wetzler (der einige Tage später durch zwei andere Flüchtlinge, die in die Slowakei gelangten, Arnošt Rosin und Czesław Mordowicz, bestätigt wurde) erlangte Auschwitz bei Organisationen, die Juden vor dem Tod zu retten versuchten, plötzlich höchste Priorität. Mitte Mai erhielt der britische Militärattaché in Bern eine von Rabbi Weissmandl aufgesetzte Bitte, die zu dem Lager führenden Eisenbahnlinien zu bombardieren. Unabhängig von Weissmandl kam Jitzchak Gruenbaum in Jerusalem auf dieselbe Idee, und Jaromir Kopecky von der tschechischen Gesandtschaft in der Schweiz forderte die tschechoslowakische Exilregierung auf, sich bei der britischen Regierung für die Bombardierung einzusetzen. Richard Lichtheim richtete eine ähnliche Bitte an London. Roswell McClelland, der WRB-Vertreter in der Schweiz, regte in einem Telegramm an John Pehle in Washington ebenfalls ein solches Vorgehen an. Pehle leitete den Vorschlag Ende Juni an Unterstaatssekretär John Jay McCloy im Kriegsministerium weiter. Weizmann und Shertok unterbreiteten die Idee am 30. Juni dem britischen Außenministerium und übergaben Eden eine Woche später eine Denkschrift mit Vorschlägen zur Abmilderung der Katastrophe in Ungarn. Verfasst hatten sie Arthur Koestler und Michael Foot, die sich auf Weizmanns Einladung einer informellen Gruppe angeschlossen hatten, die sich als Reaktion auf die Krise gebildet hatte. Zu den vorgeschlagenen Schritten gehörten eine Warnung vor Vergeltung an die Adresse der Ungarn, die Unterbrechung der Eisenbahnverbindungen und die Bombardierung der Gaskammern. Die jüdischen Appelle trafen auf dem Höhepunkt der Kämpfe in der Normandie ein, und es ist bemerkenswert, dass politische Führer, die in einem entscheidenden, nervenaufreibenden Moment vollauf von der Kriegführung in Anspruch genommen wurden, ihnen überhaupt Aufmerksamkeit schenkten. Aber weder die britische noch die amerikanische Luftwaffe war bereit, Ressourcen für solch eine Mission abzuzweigen, und die Politiker auf beiden Seiten des Atlantiks verspürten wenig Antrieb, Druck auf die Militärs auszuüben, es doch zu tun.[91]

Churchill stellte sich zunächst hinter die Bitte an das Luftfahrtministerium, die Durchführbarkeit eines Luftangriffs auf Auschwitz zu prüfen. Auf Edens Vorschlag, Weizmanns Anregung dem Kabinett vorzulegen, entgegnete er, eine solch breite Beratung sei nicht erforderlich, fügte jedoch hinzu: »Holen Sie alles aus der Luftwaffe heraus, was Sie können, und berufen Sie sich nötigenfalls auf mich.« Der Außenminister tat wie ihm geheißen und erhielt zwei Wochen später von Luftfahrtminister Archibald Sinclair eine abschlägige Antwort. Sinclair erläuterte, man habe ihm »mitgeteilt«, dass eine Unterbrechung der Eisenbahnlinien »nicht in unserer Macht« stehe. Abriegelungsmissionen in der Normandie hätten eine »enorme Bomberkonzentration« erfordert. Die Gaskammern lägen »außerhalb der Reichweite des Bomberkommandos«. Für Nachtoperationen seien sie zu weit entfernt, während Angriffe bei Tageslicht zu gefährlich und verlustreich seien. Außerdem würden bei solchen Angriffen auch Häftlinge ums Leben kommen. Möglicherweise sähen die Amerikaner dies ja anders. Doch McCloy hatte die Anfrage des WRB bereits negativ beschieden, weil solche Angriffe den »Einsatz beträchtlicher Luftstreitkräfte« erforderten, die für »entscheidende Operationen« gebraucht würden. Beide Luftwaffen hielten die Bombardierung von Auschwitz also für möglich, verweigerten aber aufgrund der zu erwartenden Verluste und der erforderlichen Kräfte, die den vorrangigen Kampfeinsätzen entzogen worden wären, ihre Zustimmung. Darüber hinaus bezweifelten sie die Erfolgsaussichten einer solchen Mission. Hätte man der Rettung von Juden dieselbe Priorität wie der Kriegführung gewährt, hätte es für solche Einwände keine Grundlage gegeben. Tatsächlich bombardierte die 15. US-Luftflotte im August 1944 das Hydrierwerk der I. G. Farben in Monowitz (Auschwitz III), nur 18 Kilometer von Birkenau entfernt. Im selben Monat flog die britische Luftwaffe von Stützpunkten in Italien aus 19 Einsätze, um die Heimatarmee in Warschau mit Nachschub zu versorgen. Nach Ansicht des Historikers Richard Overy »besteht kein Zweifel, dass der Lagerkomplex hätte bombardiert werden können, wenn er ein vorrangiges Ziel der Alliierten gewesen wäre«. Doch Priorität wurde stets nur militärischen Zielen eingeräumt, und selbst was diese betraf, herrschte zwischen den Teilstreitkräften Uneinigkeit. Die Befehlshaber der Bodentruppen in Frankreich mussten erst lange auf das britische Bomberkommando einreden, bis sie dessen Unterstützung für ihre Operationen erhielten. Overy resümiert: »Appelle, zivilen Opfern zur Seite zu stehen – egal ob Flüchtlingen oder potentiellen Opfern des Völkermords –, blieben ungeachtet ihres moralischen Gewichts unberücksichtigt, da entsprechende Einsätze nicht zum Aufgabenbereich der alliierten Streitkräfte gezählt wurden.«[92]

Da nach wie vor nichts auf ein bevorstehendes Eingreifen von außen hindeutete, trieben die Männer des Sonderkommandos ihren Plan, die Mordmaschinerie zu sabotieren, voran. Ihre größte Chance sahen sie in der Zusammenarbeit mit dem Untergrund im Lager und in einem allgemeinen Aufstand, mit einem Angriff auf die Gaskammern als einem Element. Aber der Untergrund wich aus. Die nichtjüdischen Häftlinge wussten, dass die Rote Armee mit großen Schritten nach Westen vorrückte, und wollten mit einem solch riskanten Unterfangen abwarten, bis sie noch näher gekommen sein würde. Sie glaubten, ihre Erfolgsaussichten seien größer, wenn die Deutschen an der Front beschäftigt und durch Angriffe der Roten Armee auf ihre Verbindungslinien desorganisiert wären. Außerdem hätten Ausbrecher dann größere Chancen, bis zum Eintreffen der sowjetischen Truppen zu überleben. Deshalb wurde der Aufstand ein ums andere Mal hinausgeschoben. Im Juli wurden die Transporte weniger, und das Sonderkommando stand vor einem neuen Dilemma. War es bisher nicht in der Lage gewesen, den Massenmord an den ungarischen Juden aufzuhalten, schwebte es jetzt selbst in Todesgefahr.[93]

Im September begann die SS, die Kommandos in den Krematorien auszudünnen, und erschoss 200 Häftlinge, welche sie dazu verleitet hatte, sich freiwillig für andere Tätigkeiten zu melden. Am 7. Oktober 1944 verweigerten sich die Männer im Krematorium IV, nachdem die SS von ihnen die Meldung weiterer 300 Mann zur Verlegung nach Lublin verlangt hatte. Als ein Wachtrupp anrückte, um die Männer mit Gewalt fortzubringen, »zeigten sie einen riesigen Mut, indem sie sich nicht [vom Platz] rühren wollten«, berichtete Salmen Lewental, ein Mitglied des Sonderkommandos, dessen Aufzeichnungen vor der Räumung von Auschwitz in einem Glas vergraben wurden. »Sie erhoben einen lauten Schrei, warfen sich mit Hämmern und Äxten auf die Wächter, verwundeten einige von ihnen und schlugen die Übrigen womit sie nur konnten und bewarfen sie einfach mit Steinen.« Binnen weniger Minuten trafen schwer bewaffnete SS-Männer ein und begannen mit Maschinengewehren in die Menge zu schießen. Bevor sie hingemetzelt wurden, gelang es den Häftlingen noch, das Krematorium außer Betrieb zu setzen, indem sie es in Brand steckten. Als die Arbeiter in den Krematorien II und III die Flammen sahen, wussten sie, dass ihre Kameraden einen Aufstand ausgelöst hatten, und schlossen sich ihnen spontan an. »Sie warfen sich auf den Oberkapo, einen Reichsdeutschen, und warfen ihn blitzschnell lebendig in den flammenden Ofen.« Filip Müller hat berichtet, was weiter geschah:

> In großer Eile holten einige Häftlinge die drei Handgranaten und die Waffen aus den Verstecken. Dann wurde der Stacheldraht an verschiedenen Stellen … mit isolierten Zangen durchschnitten. Dorthin drängte die große Masse, um nach draußen zu gelangen. Unterdessen hatten sich von allen Seiten SS-Posten genähert. Plötzlich wurde eine der Handgranaten auf sie geworfen. Als sie detonierte, entstand große

> Verwirrung unter ihnen. Darauf waren sie wohl nicht gefasst gewesen. Dieses Moment der Überraschung benutzten zahlreiche Häftlinge dazu, durch die Lücken im Stacheldraht ins Freie zu laufen.

Rund 200 Männer konnten mehrere Kilometer weit fliehen, ehe die SS sie in einer Scheune umzingelte und massakrierte. Müller überlebte, indem er sich während des Kampfs in einem Abzugskanal des Krematoriums IV versteckte und, als er tags darauf wieder hervorkroch, in das Arbeitskommando einreihte, das unverändert das Krematorium V betrieb und die Unordnung aufräumte.[94]

Der Sonderkommandoaufstand hielt das Massenmorden nicht auf. Aus Theresienstadt und der Slowakei trafen weiterhin Transporte in Birkenau ein, und die letzte verbliebene Gaskammer blieb noch bis Anfang November 1944 in Betrieb. Dann befahl Himmler der SS aus politischen Gründen, die Tötung von Juden einzustellen. Er war jetzt mehr daran interessiert, jüdische Häftlinge in den Lagern am Leben zu erhalten und ihre Rettung als Vorwand für Fühlungnahmen mit den Westalliierten zu nutzen, mit denen er über einen Waffenstillstand verhandeln wollte. Die Gefangenen wurden jetzt dafür eingesetzt, die ausgebrannte Ruine des Krematoriums IV abzutragen und die Installationen der Krematorien II und III zum Abtransport ins Reich zu demontieren. Ohne neue Transporte trocknete der schwarze Markt im Lager aus, die Lebensmittelversorgung verschlechterte sich. Müller fand es merkwürdig still. Ein SS-Mann hatte begonnen, im Krematorium V Kaninchen zu halten.[95]

Der Zustrom ungarischer Juden und die umfangreichen Transporte aus Lodz, Theresienstadt und der Slowakei hatten zur Folge, dass die Zahl der jüdischen Opfer in Birkenau weit über jenen in den anderen Vernichtungszentren lag. Zwischen Januar und April 1944 hatte sich der Zustrom auf rund 6000 Deportierte pro Monat verringert, aber von Mitte Mai bis Mitte Juli wurden in Birkenau mindesten 300 000 ungarische Juden ermordet, und in den nächsten drei Monaten steigerten die Transporte aus Lodz, Theresienstadt und Sered die Gesamtzahl der 1944 Ermordeten auf nahezu 600 000. In seiner Zeit als Vernichtungszentrum, die zwei Jahre und acht Monate gedauert hatte, waren in Birkenau insgesamt rund 900 000 Juden ermordet worden, etwa 28 000 im Monat.[96]

Lagerräumungen, Todesmärsche und Massaker

Obwohl die Gaskammern in Birkenau ihren Betrieb eingestellt hatten, fand im schrumpfenden deutschen Machtbereich während der letzten Wochen der NS-Herrschaft eine gigantische Zahl von Juden den Tod. Tatsächlich kehrte sich die Judenpolitik in dieser letzten Phase um. Waren die Juden einst gnadenlos aus dem Reich vertrieben worden, wurden sie jetzt auf seinem Territorium versammelt. Himmler, der seine Untergebenen dazu angetrieben hatte, die Juden zu vernichten, befahl der SS, sie am Leben zu erhalten. Antijüdische Gewalt, die aus dem Reich verbannt gewesen war, trat wieder allerorten in Erscheinung, und es kam zu spontanen Ausbrüchen von Brutalität und Bosheit, die bisher in Schach gehalten oder sorgfältig kanalisiert worden waren. Die Judenpolitik war an ihren Ausgangspunkt zurückgekehrt und offenbarte ein weiteres Mal die Inkohärenz, die sie von Anfang an geprägt hatte. Nahezu das einzige konstante Element in dieser letzten wahnwitzigen Periode war Hitlers beständiger, unnachgiebiger, mörderischer Judenhass.

Jede Wendung in der Judenpolitik dieser letzten, chaotischen Monate lässt sich auf den Krieg zurückführen. Hitler verurteilte durch die Weigerung, zu kapitulieren oder über einen Waffenstillstand zu verhandeln, die Juden zu längerer Gefangenschaft, und noch dazu waren sie der Grund für seine Halsstarrigkeit. In seiner letzten Neujahrsansprache an das deutsche Volk machte er sich über die alliierte Ankündigung der baldigen Niederlage des Dritten Reichs lustig und schloss eine Wiederholung der Ereignisse vom November 1918 aus. Darauf habe die »jüdisch-internationale Weltverschwörung« von Anfang an gehofft, erklärte er, um anschließend auszumalen, welch schreckliches Schicksal Deutschland im Fall der Niederlage zu erwarten habe: »Wir kennen … die Ziele unserer Feinde. Was die britisch-amerikanischen Staatsmänner mit dem Deutschen Reich vorhaben, was die bolschewistischen Machthaber und letzten Endes die hinter allem stehenden internationalen Juden als Maßnahmen gegen das deutsche Volk beabsichtigen, ist uns bekannt.« Die Niederlage würde die Deportation von 15 bis 20 Millionen Deutschen, Versklavung und Hunger bedeuten.

Victor Klemperer sah sich durch die Ansprache in seiner Einschätzung des Krieges und des Dritten Reichs bestätigt: »Jeder Tag predigt aufs Neue, dass dieser Krieg für das 3. Reich wirklich der *jüdische Krieg* ist, dass ihn niemand zentraler und tragischer erleben kann als der in Deutschland festgehaltene und seiner Erziehung, Bildung und Empfindung nach wirklich deutsche Sternjude ...«[97]

Hitler verlor jedoch mit der Herrschaft über sein rasch kleiner werdendes Reich auch die Kontrolle über die Judenpolitik. Am 12. Januar 1945 begann die Rote Armee ihren Vorstoß auf deutsches Gebiet und rückte innerhalb von drei Wochen von der Weichsel an die Oder vor, von der es nur noch achtzig Kilometer nach Berlin waren. Im Westen durchbrachen die Briten und Amerikaner den »Westwall« und kämpften sich durch das Rheinland bis an den Fluss vor, der die letzte deutsche Verteidigungslinie bildete. Am 7. März überquerten die Amerikaner den Rhein; die Briten folgten zwei Wochen später. Da kein noch so strenger Zwang seine Truppen dazu hätte bringen können, den anstürmenden Feind aufzuhalten, setzte Hitler seine Hoffnungen auf ein Wunder. Als am 12. April Präsident Roosevelt starb, glaubte er, die Koalition seiner Gegner stünde vor dem Zerfall, aber nichts dergleichen geschah. Vizepräsident Harry S. Truman übernahm im Weißen Haus das Ruder, und die Alliierten rückten weiterhin vor. Fünf Tage später ergaben sich 325 000 eingekesselte deutsche Soldaten, die das Ruhrgebiet hatten verteidigen sollen; die Westfront befand sich in Auflösung. Fast zeitgleich unternahm die Rote Armee einen Zangenangriff auf Berlin, durch den die Reichshauptstadt am 24. April abgeschnitten wurde.[98]

Der Vormarsch der Alliierten löste eine zweite und dritte Welle von KZ-Räumungen aus. Grundlage dieser Aktionen war eine allgemeine Anordnung Himmlers an die Höheren SS- und Polizeiführer für den Fall einer Noträumung bei näherrückenden feindlichen Truppen vom Juni 1944. Es ging darum, die Insassen als eine wertvolle Ressource für die Kriegsanstrengung nicht in die Hände des Feindes fallen zu lassen und die Gefahr von Häftlingsaufständen auszuschließen. Aber Himmler formulierte keine Richtlinien darüber, wohin sie gebracht, wie sie transportiert, von wem sie verpflegt werden und wo sie unterwegs nächtigen sollten. Diese Unklarheit sollte verheerende Folgen haben. Himmlers Polizeiführer befahlen Lagerkommandanten einfach, die gefangenen Männer und Frauen zu evakuieren, und überließen alles Weitere ihnen. Unter den Bedingungen, die Anfang 1945 herrschten, konnte dies nur Unheil bedeuten. Transport- und Kommunikationsverbindungen wurden regelmäßig durch Luftangriffe oder Vorstöße feindlicher Truppen unterbrochen. Rollendes Material war kaum vorhanden und oftmals nicht zum Transport von Menschen geeignet. Lebensmittel waren knapp, erst recht für die verachteten KZ-Häftlinge. In den Lagern, in welche evakuierte Gefangene gebracht wurden, bestanden die Verwaltung und die Kapos darauf, zunächst einmal die »eigenen« Leute zu verpflegen und unterzubringen. Niemand scherte sich um die Juden.[99]

Der wichtigste Grund für den chaotischen und mörderischen Verlauf dieser späten Evakuierungen liegt jedoch in der grundlegenden Veränderung von Zusammensetzung und Verhalten der Wachmannschaften. Bis Anfang 1945 waren kräftige junge Männer in den SS-Totenkopfeinheiten für den Fronteinsatz ausgesiebt und durch kranke, verwundete und alte Männer ersetzt worden, darunter viele Volksdeutsche. Ergänzt wurden sie von kampfuntauglichen Soldaten und alten Volkssturmmännern, Goebbels' letztem Aufgebot für die Verteidigung des Reichs. Diese Männer waren schlecht ausgebildet, undiszipliniert und neigten zur Panik. Auch Funktionäre der NSDAP, Garnisonstruppen, Polizei und Hitlerjugend beteiligten sich an der Bewachung von Häftlingskolonnen, insbesondere wenn sie über Nacht in einer Ortschaft rasteten. Keiner dieser Leute hatte irgendein Interesse am Überleben von KZ-Häftlingen; ihre Loyalität galt in erster Linie dem Schutz ihrer Gemeinden. Jedes Anzeichen von Ärger konnte sie zur Waffe greifen lassen. Wenn das Herannahen der Roten Armee bekannt wurde, kam es häufig vor, dass nervöse Wachen einzelne Häftlinge töteten, die angeblich den Marsch verlangsamten, oder einfach Massenerschießungen durchführten, um sich leichter absetzen zu können.[100]

Die ins Reich transportierten oder geführten Häftlingskolonnen trafen dort auf eine Gesellschaft, die ein Jahrzehnt lang systematisch mit rassistischen Lehren indoktriniert, außerdem militarisiert und in jüngster Zeit durch verheerende Luftangriffe brutalisiert worden war. Der Anblick von verdreckten, übelriechenden, verlausten, verwahrlosten KZ-Insassen, die in einer Vielzahl fremder Sprachen redeten, löste Angst aus: vor der Ansteckung mit Krankheiten und davor, dass sie sich befreien und auf die deutsche Bevölkerung losgehen würden. Obwohl Juden nur einen Teil der Kolonnen ausmachten, sahen Deutsche für gewöhnlich in allen Häftlingen jüdische Feinde. Dennoch hat der israelische Historiker Daniel Blatman zwingende Beweise dafür vorgelegt, dass die Massaker nicht antisemitisch motiviert waren, und daraus geschlossen: »Das Morden war jetzt zu einem nihilistischen, lokal begrenzten Akt geworden, der nicht mehr von höheren Stellen befohlen und angeleitet wurde. Den bekannten Konsens gab es zwar noch immer, aber das Spezifische und die Identität der Opfer verwischten sich zunehmend, abgesehen von ihrer kollektiven und weitgehend imaginierten Identität als gefährlicher, minderwertiger und nicht lebenswerter Gruppe.« Das dezentralisierte, unorganisierte Morden in den letzten Kriegswochen glich insofern der Gewalt des Novemberpogroms von 1938, da es wie dieses nicht angeordnet oder gesteuert war. Es war ein spontaner Ausbruch des Hasses in einer Bevölkerung, die darauf geeicht war, auf soziale Probleme und vermeintliche Bedrohungen von außen mit tödlicher Gewalt zu reagieren.[101]

Obwohl nicht als solche geplant, fielen den Evakuierungen und Fußmärschen zwischen Januar und April 1945 derart viele Gefangene zum Opfer, dass sie bald als »Todesmärsche« bezeichnet wurden und unter diesem Begriff auch in die Geschichtsschreibung eingegangen sind. Ironischerweise war dieses Ergebnis das Gegenteil dessen, was Himmler beabsichtigt hatte, so vage und manchmal widersprüchlich seine Befehle auch gewesen waren. Während Juden in den Mahlstrom hineingezogen wurden, schlüpfte der Chef der SS in die Rolle ihres Beschützers.[102]

Bei der letzten Zählung im Januar 1945 gab es 714 000 Lagerinsassen. 30 bis 40 Prozent waren Juden, die zumeist seit Mai 1944 in Auschwitz-Birkenau in das Lagersystem aufgenommen worden waren. Während Juden in vielen Lagern einsaßen und in kleinen Gruppen über ganz Deutschland verstreut waren, fanden sie sich in größerer Zahl vor allem in den Einrichtungen, die erst im späteren Verlauf des Krieges als Unterkünfte für die Arbeitskräfte der unterirdischen Produktionsstätten errichtet worden waren, namentlich im Lager Mittelbau-Dora und dem Arbeitslagersystem von Groß-Rosen.[103]

Die erste große Evakuierung begann in Auschwitz am 18. Januar 1945. Durch Verlegungen im zweiten Halbjahr 1944 war die Zahl der Insassen von Auschwitz I-III bereits auf 67 000 zurückgegangen. Im Zusammenhang mit Plänen für die Evakuierung von Einrichtungen sowie der Bevölkerung aus ganz Oberschlesien hatte man auch die vollständige Auflösung von Auschwitz ins Auge gefasst. Doch es lief nicht nach Plan. Aufgrund des Durcheinanders in der Lagerführung wurde die Räumung erst spät und kaum vorbereitet in Gang gesetzt. Man hatte weder für die Verpflegung noch für den Transport Vorkehrungen getroffen. Häftlinge wie Filip Müller »organisierten« sich Decken und Lebensmittel. An einem verschneiten Morgen marschierten die ersten Kolonnen von Birkenau zunächst zum Hauptlager und dann zum Bahnhof von Auschwitz. Dort konnte ein Teil der Häftlinge in Züge steigen, die Übrigen mussten bis nach Gleiwitz laufen, wo die SS endlich eine Transportmöglichkeit für sie bereitstellte. Lucie Adelsberger arbeitete im Krankenbau und geriet in Panik, als sie den Marschbefehl erhielt. Sie glaubte, die SS wolle die siechen Häftlinge im Krankenbau töten, und verbrachte ihre letzten Stunden im Lager damit, ihnen Trost zu spenden. Ihre Kolonne machte sich in der Nacht auf den Weg; schwer bepackt mit Decken, Kleidung und Lebensmitteln stapften die Gefangenen durch den Schnee; sie hatten die Sachen in dem Glauben zusammengerafft, sie müssten nur den kurzen Weg zum Bahnhof bewältigen. Stattdessen wurden sie weiter die Landstraße entlanggeführt. Anfangs überwogen noch die Freude darüber, Birkenau hinter sich zu lassen, und die Erleichterung, nicht getötet worden zu sein, aber bei Tagesanbruch, als ihre Kräfte nachließen und die Kälte ihnen zuzusetzen begann, erkannten sie, in welcher Gefahr sie schwebten. Wer nicht Schritt halten konnte oder zusammenbrach, wurde erschossen, und es war nichts zu sehen »als Schneelandschaft und – dazwischen Tote. Sie lagen am Straßenrand, an der Böschung des Grabens und an den Hügeln, die der Schnee getürmt hatte, mit blutenden Kopfwunden, Männer und Frauen … Schon fingen unsere eigenen Reihen an sich zu lichten, und da und dort knallte der verhängnisvolle Schuss.«[104]

Müllers Gruppe schleppte sich durch den Schnee nach Loslau, wo die Häftlinge in einen Zug nach Mauthausen gesetzt wurden. Von dort ging es weiter ins Außenlager Melk, dessen 8000 Insassen damit beschäftigt waren, Stollen in einen Berg zu treiben. Nach einigen Wochen wurde Müller ins KZ Gusen verlegt, ein weiteres Außenlager von Mauthausen, wo er als Elektriker in einer Flugzeugfabrik arbeiten sollte. Müller war zwar kein Elektriker, wusste aber, dass er, wenn er nicht sterben wollte, von der Schwerarbeit in Melk fortkommen musste. Zu seinem Glück war die Produktion in Gusen zum Stillstand gekommen, und er hatte nichts zu tun, bis eine weitere Evakuierung ihn in einen Wald bei Gunskirchen verschlug, wo ein paar Baracken als vorübergehender Abladeplatz für Häftlinge dienten. Hunderte von ausgemergelten Männern lagen »kraftlos und apathisch wie in Agonie auf dem Boden und dösten teilnahmslos«, bis sie an Hunger und Krankheiten starben. Müller rettete sich, indem er in den Dachstuhl kletterte, um den Lebensmittelvorrat zu schützen, den er sich auf dem Marsch zugelegt hatte und der ihn bis zum Eintreffen der Amerikaner am Leben erhalten sollte.[105]

Adelsbergers Kolonne legte auf zahlreichen Umwegen hundert Kilometer zurück, bis sie Loslau erreichte, von wo sie in offenen Güterwaggons zum Frauenlager Ravensbrück gebracht wurde. Von 18 672 Frauen, die in Birkenau abmarschiert waren, trafen dort nur 10 000 ein. Aber ihre Qualen waren noch nicht vorüber. Die Jüdinnen mussten nicht nur die Brutalität der Wachen ertragen, sondern auch die schlechte Behandlung durch die lange vor ihnen eingetroffenen Häftlinge. Am schlimmsten war laut Adelsberger die Essensausgabe: »Zuerst wurden die ›Reichsdeutschen‹ abgefertigt und auf unsere Kosten gesättigt. Dann bekamen wir unsere Suppe, aus denselben ungewaschenen Schüsseln, aus denen Typhuskranke und verlodderte, verdreckte und infizierte Häftlinge gegessen hatten …«[106]

Marco Nahon wurde aus Auschwitz nach Stutthof, von dort nach Ohrdruf und schließlich nach Klavinkel verlegt, ein kleines, in einem Wald gelegenes Außenlager. Er arbeitete im Krankenrevier, wo die Bedingungen erträglich waren, bis auch dieses Lager geräumt wurde und seine Insassen auf einen dreitägigen Marsch nach Buchenwald geschickt wurden. Dort stahlen russische Gefangene Nahon die letzten sorgsam gehüteten Lebensmittel. Als er drei Wochen später nach Dachau verlegt wurde, befand er sich kurz vor dem Zusammenbruch.[107]

Anfang 1945 stand die Werft in Danzig, auf der Josef Katz jetzt arbeitete, nahezu still, doch ihm war keine Atempause vergönnt. Als er trotz Krankheit vor den vorrückenden Russen fliehen musste, war sogar sein eiserner Wille erschüttert. »Jetzt ist es zum zweiten Male, dass wir vor unseren Befreiern flüchten müssen«, schrieb er später. »Was will man eigentlich von mir«, fragte er sich. »Warum lassen sie mich nicht sterben?« Doch der Anblick von Männern, die wie beiläufig neben der Marschkolonne ermordet wurden, rüttelte ihn auf.

Schließlich erreichte er das halbverlassene Arbeitslager Rieben in Ostpommern. Dessen Insassen weigerten sich, ihre Verpflegung mit den Neuankömmlingen zu teilen, und zwangen sie, obwohl sie kaum stehen konnten, für Wehrmachtoffiziere zu arbeiten, die Arbeitskräfte für den Bau von Befestigungsanlagen verlangten. So starben einer nach dem anderen sowohl die letzten Überlebenden der Transporte nach Riga als auch lettische Juden. Von den 500 Männern, die mit Katz zusammen angekommen waren, waren zwei Wochen später nur noch 400 am Leben. Katz selbst lag im Krankenrevier des Lagers, als es am 7. März von der Roten Armee befreit wurde.[108]

Heinz Hesdörffer wurde am 19. April mit dem Autobus aus dem Arbeitslager Schwarzheide nach Sachsenhausen evakuiert. Dort waren bereits 40 000 Menschen in ein Areal gepfercht, das für ein Viertel an Insassen vorgesehen war. Juden gab es nur wenige. Nach einer Atempause von zwei Tagen befand Hesdörffer sich wieder auf der Straße, diesmal inmitten einer chaotischen Menge, welche die SS kaum unter Kontrolle hatte. Glücklicherweise waren Rotkreuzpakete im Lager eingetroffen, und er hatte Verpflegung für den Marsch ergattert. Nicht einmal die Wachen schienen zu wissen, wohin es ging – Hauptsache, weg von den Russen. Jeden Morgen wurden an der Ruhr leidende Gefangene, die zu schwach zum Aufstehen waren, dort, wo sie lagen, erschossen. In Grabow übernahm schließlich die Rote Armee die Kolonne. Hesdörffer hatte überlebt.[109]

Neben der eiskalten Hinrichtung einzelner Häftlinge, die nicht weitergehen oder morgens nicht aufstehen konnten, begingen die Deutschen zahlreiche große Massaker. Diese Gräueltaten geschahen in der Nähe von Städten und Dörfern, und häufig waren auch Zivilisten beteiligt. Sie richteten sich nicht speziell gegen Juden, aber Juden bildeten einen erheblichen Teil der Opfer. Eines der schrecklichsten Massaker fand bei Palmnicken (Jantarny) an der ostpreußischen Ostseeküste statt. Die Katastrophe begann, als am 26. Januar 1945 mehrere Tausend jüdische Gefangene aus Nebenlagern des KZ Stutthof in der Umgebung von Königsberg evakuiert wurden. Während eines Fünfzig-Kilometer-Marschs bei scharfem Frost von der Sammelstelle zu einer Fabrik in Palmnicken wurden rund 1500 Häftlinge erschossen. Als die Gefangenen dort für die Nacht untergebracht wurden, traf die Nachricht ein, dass die Rote Armee sich nähere und die Rückzugsverbindung nach Danzig abzuschneiden drohe. Die Straßen waren voller Flüchtlinge, und Panik lag in der Luft. Drei Tage lang stritten sich Wachmänner und örtliche Beamte darüber, was mit den rund 3000 Gefangenen in der Fabrik geschehen sollte. Am letzten Januartag trieben Angehörige von SS, Volkssturm, Hitlerjugend, Organisation Todt und ukrainischer Hilfspolizei Gefangene aus dem Gebäude in die Dünen und mähten sie in Fünfzigergruppen mit Maschinengewehren nieder. Den ganzen Strand entlang lagen Haufen von halbbekleideten, ausgemergelten Leichen. Diejenigen, die ins eisige Wasser geflohen waren, starben an Schusswunden oder langsamer an Unterkühlung. Bei dem Massaker kamen die meisten der 3000 Häftlinge ums Leben.[110]

Die Räumung von Mittelbau-Dora und dessen Außenlagern begann Anfang April. Viele der Juden, die jetzt hinausgetrieben wurden, waren erst wenige Wochen zuvor aus Auschwitz in den Lagern eingetroffen und bereits stark geschwächt. Am 9. April erreichten 2000 Häftlinge den Stadtrand von Gardelegen, wo sie in einer Kavalleriekaserne untergebracht wurden. Drei Tage später, während die Amerikaner, wie man wusste, immer näher rückten, versammelte die örtliche NSDAP-Gruppe Volkssturmmänner, Mitglieder der Hitlerjugend, Polizisten und Soldaten der örtlichen Garnison, um die Gefahr zu beseitigen, die angeblich von den Gefangenen für die Gemeinde ausging. Etwa tausend Häftlinge wurden in eine mit Stroh ausgelegte Scheune getrieben. Das Stroh wurde mit Benzin getränkt und angezündet; wer herauszukommen versuchte, wurde erschossen. Deutsche Häftlinge, die als Kapos gedient hatten, durften sich den Mördern anschließen und an dem Massaker beteiligen. Es gab nur wenige Überlebende.[111]

Die letzte Evakuierungswelle im April und Mai war die chaotischste und verheerendste. Von den 28 000 Häftlingen, die sich am 6. April aus Buchenwald nach Flossenbürg auf den Weg gemacht hatten, trafen eine Woche später nur 20 000 dort ein. Nachdem der Befehl ergangen war, das Außenlager in Ohrdruf zu räumen, ermordete die örtliche SS 1500 als »gefährlich« eingestufte politische Gefangene. Die Zahl der Lagerinsassen war bis März 1945 von 1000 auf über 13 000 gestiegen, und die meisten Neuankömmlinge befanden sich in einem erbärmlichen Zustand. Als die Kolonnen aus Ohrdruf in Buchenwald eintrafen, wurden 3000 Häftlinge ermordet. In Ravensbrück und Mauthausen setzte man in improvisierten Gaskammern auch Zyklon-B für den Massenmord an KZ-Häftlingen ein. In manchen Fällen wurden die Opfer ausgewählt, weil sie krank und zu schwach waren, um auf einen Räumungsmarsch zu gehen, oder weil sie als Sicherheitsrisiko betrachtet wurden. Weit mehr starben jedoch aufgrund von gezielter Vernachlässigung, Hunger und Epidemien. In einem improvisierten Durchgangslager im KZ Buchenwald kamen zwischen Januar und April 13000 der 17000 dort untergebrachten Gefangenen zu Tode. Man schätzt, dass zwischen Anfang Januar und Ende April 1945 250000 der 718000 Insassen des angeschwollenen Lagersystems ihr Leben verloren. Die Hälfte von ihnen waren Juden.[112]

Bergen-Belsen

Die höchste Todesrate hatte Bergen-Belsen. Die Katastrophe, die sich dort ereignete, illustriert die Inkonsistenz, Planlosigkeit, Inkompetenz und schiere Unmenschlichkeit der deutschen Politik gegenüber den Juden. Das KZ Bergen-Belsen war 1940 ursprünglich für Kriegsgefangene errichtet worden. Im folgenden Jahr erlangte Stalag XI C (311) einen düsteren Ruf, als bis zu 14000 sowjetische Kriegsgefangene in ihm starben. Im April 1943 errichtete die SS ein neues Lager für Juden, die für den Austausch gegen in alliierter Hand befindliche deutsche Staatsbürger in Frage kamen. Dieses Vorhaben beruhte auf der Annahme, dass Juden für Verhandlungen mit Briten und Amerikanern wertvolle Geiseln darstellten, ein Gedanke, der die Nationalsozialisten seit 1933 umgetrieben hatte. Es fanden tatsächlich zwei wechselseitige Überstellungen statt. Im November 1942 wurden Juden mit palästinensischem Pass gegen Mitglieder der Tempelgesellschaft – deutsche Christen, die sich in Palästina angesiedelt hatten – ausgetauscht, und im Juli 1943 konnten einige Dutzend Juden, die in Vittel interniert waren, nach Palästina ausreisen. Aber Bergen-Belsen stand beispielhaft für die Vision, Juden in großem Maßstab zum Vorteil des Reichs zu verwenden. Im Dezember 1942 billigte Hitler Himmlers Vorhaben, für Juden Lösegeld zu verlangen. Gestapochef Müller übernahm die Aufgabe, prominente Gefangene und Bürger neutraler Länder für diesen Zweck auszusuchen. Im Frühjahr 1943 brachte das Auswärtige Amt eine ähnliche Idee auf; seine Experten dachten an einen Pool von 30000 jüdischen Austauschkandidaten. Bergen-Belsen wurde als Ort für ihre Internierung ausgewählt und dem WVHA unterstellt. Im April 1943 wurden 2400 polnische Juden mit südamerikanischen Papieren, einschließlich einiger Bewohner des Warschauer Hotels Polski, ins »Aufenthaltslager« Bergen-Belsen eingeliefert. Ihnen folgten 350 sephardische Juden mit türkischer, spanischer oder portugiesischer Staatsangehörigkeit, die in einem separaten Lagerabschnitt für Bürger neutraler Länder untergebracht wurden. Anfang 1944 wurden 3670 Juden mit Verbindungen nach Palästina aus den Niederlanden ins »Sternlager« gebracht, das so hieß, weil die Neuankömmlinge den gelben Stern trugen. Inzwischen hatte sich eine geradezu kosmopolitische Lagerbevölkerung herausgebildet, sogar Albaner und Nordafrikaner waren vertreten. Die Bedingungen waren einigermaßen erträglich. Unter dem ersten Lagerkommandanten Adolf Haas durften Familien zusammenbleiben, die Insassen trugen ihre eigene Kleidung, und das Arbeitsregime war leicht.[113]

Der Rechtsanwalt Abel Herzberg, Herausgeber einer zionistischen Amsterdamer Zeitung, gehörte zu den im »Sternlager« internierten niederländischen Juden. Er war bald nach dem deutschen Einmarsch untergetaucht, im März 1943 aber zusammen mit seiner Frau verhaftet und zuerst im Prominentenlager in Barneveld und dann in Westerbork interniert worden. Da sie auf einer Palästinaliste standen, wurden sie im Januar 1944 nach Bergen-Belsen verlegt. Herzberg beschrieb das Lager in seinem Tagebuch als »traurigen, trostlosen fahlen Ort …, irgendwo in der Heide, wo alles, was lebt oder Leben trägt oder bringt, abgehackt ist, ausgerissen und versengt. Überall nur Sand, Kieselstein oder Staub; nichts, nichts anderes. Darauf stehen in graugrünen Reihen die Baracken. Da wächst kein Baum, keine Blume, nicht einmal Gras …« Das Gelände erstreckte sich entlang einer Straße, an der im Norden das »Gefangenenlager« und im Süden die verschiedenen Abschnitte für Austauschgefangene lagen. Es war von einem doppelten Stacheldrahtzaun umgeben und durch Wachtürme gesichert. Im Sommer war es dort »sengend heiß. Nirgends im Lager gibt es Pflaster oder Abflüsse. Bei Regen steht der Appellplatz unter Wasser oder schwimmt in Schlamm und Morast. Mit ihren kaputten, halb verrotteten Schuhen an den Füßen steht das Volk Israels stundenlang und wartet. Im Winter steif vor Kälte oder vom Regen durchnässt. Männer, Frauen und Kinder.«[114]

Ab März 1944 nutzten die Deutschen einen Teil des Lagers als »Erholungslager«, in das KZ-Häftlinge, die nicht mehr arbeiten konnten, geschickt wurden, unter ihnen viele Juden – allerdings nicht zur Erholung. Es gab keine medizinischen Einrichtungen, fast keine Verpflegung und keine Unterkunft außer ohnehin schon überfüllten Baracken oder Zelte. Sie wurden dorthin gebracht, um zu sterben. Von tausend erschöpften Häftlingen, die aus Mittelbau-Dora verlegt worden waren, weil sie keine Spitzhacke mehr anheben und keinen Zementsack mehr schleppen konnten, überlebten gerade einmal sechzig. Nach dem Beginn der Deportationen aus Ungarn trafen gemäß der Vereinbarung zwischen Kasztner und Eichmann 1684 Juden in Bergen-Belsen ein, die bis zum Abschluss der Verhandlungen in einem eigenen Sektor untergebracht wurden. Bald darauf folgten 4000 Ungarinnen, die ein »Frauenlager« bezogen, das aus kaum mehr als Zelten bestand. Selbst in den besten Zeiten hätte die Infrastruktur des Lagers einen solchen Zustrom kaum bewältigen können, aber die sporadischen Lebensmittellieferungen, die häufig unterbrochene Wasserversorgung und die furchtbaren sanitären Bedingungen verwandelten es in ein einziges Leichenhaus. Im Sternlager mussten 4000 Insassen mit einem einzigen Waschhaus mit ganzen zwölf Wasserhähnen auskommen – wenn es Wasser gab. Im Lager für evakuierte Häftlinge, in dem 8000 Menschen hausten, gab es weder fließendes Wasser noch Latrinen. Im Sommer brach Typhus aus und erreichte rasch epidemische Ausmaße.[115]

Herzberg vermerkte die Folgen des Zustroms der 4000 Frauen: »Es wimmelt nun von Flöhen. Auch Läuse haben ihren Einzug gehalten. Doch wir? Wir denken an die polnischen Frauen und sind zutiefst zufrieden. Wir wohnen in Palästen.« Trotz der enormen Sterblichkeit versuchten die Insassen des Sternlagers eine gewisse Normalität zu erhalten, indem sie Hunderte von Kindern unterrichteten und die jüdischen Feste begingen. Aber der Anblick der Neuankömmlinge aus dem Osten erschütterte sie. Herzberg fand, die Juden aus Lodz seien »wie Tiere. Vollkommen verwildert und heruntergekommen. Wenn das Essen kommt, verhalten sie sich wie Tiere.« Nachdem 3000 Frauen einschließlich einiger Niederländerinnen – unter ihnen Anne Frank und ihre Schwester –, im Frauenlager untergebracht worden waren, hörte er voller Entsetzen und offenbar zum ersten Mal von Gaskammern: »Wir hören die schrecklichsten Geschichten. Die Kinder und alle, die als ›arbeitsunfähig‹ betrachtet wurden, sollen vergast worden sein. Man kann solch ein Gräuel nicht glauben.« Als ein Sturm den Lagerabschnitt beschädigte, wurden die Frauen in einige der Baracken im Sternlager gepfercht.[116]

Im Verlauf des Winters verschlechterten sich die Bedingungen rasch. Die Überfüllung verschärfte sich im Dezember 1944 durch den Zustrom von 15 000 aus Auschwitz evakuierten Juden drastisch. Tatsächlich ersetzte Bergen-Belsen Groß-Rosen als »neues Auschwitz«. Josef Kramer, der zuvor Birkenau geleitet hatte, wurde zum neuen Kommandanten ernannt. Er brachte sowohl Kapos als auch das ganze drakonische Konzentrationslagersystem aus Auschwitz mit. Er kürzte die Rationen, unternahm nichts gegen den Typhus und machte trotz des sprunghaften Anstiegs der Insassenzahl keinerlei Anstalten, sich um eine ausreichende Wasserversorgung für das »Häftlingslager« zu kümmern. »Jeden Tag«, notierte Herzberg, »kommen nun aus anderen Konzentrationslagern Transporte mit Tausenden von Menschen an.« Es gebe »ein Feld voller Leichen. Und tagtäglich fahren die Wagen, vollgeladen mit Leichen, Leichen … Das Krematorium kann die Menge nicht mehr verarbeiten.« Der Typhus hatte das Sternlager erfasst und grassierte nun auch unter den einstmals Privilegierten. Bis März wuchs die Lagerbevölkerung auf 42 000 und bis April trotz der Verlegung von 7000 Insassen nach Theresienstadt auf fast 60 000 Häftlinge. Die Sterblichkeitsrate war astronomisch: Im März starben 18 000 und in den ersten beiden Aprilwochen 9000 Insassen. Da die Leichen nicht schnell genug beseitigt werden konnten, stapelten sie sich vor den Baracken. Die Lebenden lagen neben Toten in von Exkrementen starrenden Baracken. Häftlinge durchstreiften auf der Suche nach Essbarem das Lager, brachen tot zusammen und blieben liegen, wo sie zu Boden gesunken waren. Als Juden im Sternlager das Passahfest begingen, bemerkte Herzberg: »Wir brauchten kein bitteres Kraut« (das an das Leid der Juden unter den Ägyptern erinnern soll).[117]

Hedi Fried traf eine Woche später mit einem der letzten Transporte, die Bergen-Belsen erreichten, ein. Nach einer dreitägigen Fahrt in einem verriegelten Viehwaggon wurde sie in eine Baracke eingewiesen, die derjenigen ähnelte, in der sie in Hamburg untergebracht gewesen war. Aber niemand gab irgendwelche Anweisungen, und als Verpflegung erhielt sie nur eine dünne Gemüsesuppe. Abgesehen von den Zählappellen morgens und abends überließ man die Häftlinge sich selbst. In den nächsten Tagen erhielten sie eine einzige Brotration; ansonsten mussten sie sich mit »Suppe« und »Kaffee« begnügen. Ihr Durst war so groß, dass viele Frauen aus den schmutzigen Pfützen im Hof tranken. Hedi ergriff die Gelegenheit, sich eine Extraration zu verdienen, indem sie sich einem Trupp anschloss, der Leichen beseitigte: »Wir wurden hinter die Baracken geführt, wo große Berge von Leichen verstreut lagen, bekamen Spaten in die Hände gedrückt und den Befehl, tiefe Gräber zu schaufeln, um die Toten darin zu beerdigen. Ich sah die Körper an und machte mich an die Arbeit, ohne jedes Gefühl. Es hätten ebenso gut Holzklötze sein können.«[118]

Am 15. April lag sie ausgezehrt und apathisch auf ihrer Pritsche, als sie jemanden sagen hörte, britische Soldaten seien im Lager. Es war eine Vorauseinheit, die gemäß einem für die Region geschlossenen Waffenstillstand die Übernahme des Lagers vorbereiten sollte. Zu diesem einzigartigen Arrangement war es gekommen, weil Himmlers Sonderbeauftragter Kurt Becher einige Tage zuvor das Lager besucht und Kramer angewiesen hatte, es nicht zu räumen, sondern bei laufendem Betrieb zu übergeben. Dies hielt Kramer indes nicht davon ab, einen Befehl des RSHA auszuführen und 7000 »Austauschjuden« zu verlegen. Die drei Transporte sollten nach Theresienstadt gehen, doch die Eisenbahnstrecken waren derart zerstört, dass nur einer ankam und die anderen beiden so lange umherfuhren, bis sie von alliierten Truppen befreit wurden. Die im Lager verbliebenen über 42 000 Menschen wurden zum Gegenstand von Verhandlungen zwischen hohen Wehrmachtoffizieren, die am 12. April unter einer weißen Fahne die britischen Linien überquerten, und Stabsoffizieren im Hauptquartier des britischen VIII. Korps. Die Deutschen eröffneten ihren Verhandlungspartnern, auf ihrem Vormarschweg liege ein großes Konzentrationslager, und schlugen vor, es zur neutralen Zone zu erklären, anstatt zu riskieren, dass Soldaten mit den kranken Insassen in Berührung kamen oder die Häftlinge ausbrachen und die Bevölkerung infizierten. Ohne eine Ahnung davon zu haben, worauf sie sich einließen, stimmten die Briten einer geordneten Übergabe zu. Es dauerte 48 Stunden, bis die Kämpfe so weit abgeflaut waren, dass die Vorauseinheit zum Lager vorrücken konnte. Was sie dort vorfand, schockierte sie und die Welt.[119]

Als Erste trafen die Soldaten des 63. Panzerabwehrregiments unter Oberstleutnant R. I. G. Taylor ein, unter dem Jubel der am Straßenrand stehenden Gefangenen. »Viele von ihnen«, berichtete er, »waren kaum mehr als lebende Skelette mit ausgemergelten, gelblichen Gesichtern. Die meisten Männer trugen eine Art gestreiften Pyjama, andere Lumpen, während die Frauen gestreifte Flanellkittel oder irgendwelche anderen Kleider, die sie ergattert hatten, trugen. Viele hatten keine Schuhe, sondern nur Socken und Strümpfe an den Füßen. Beiderseits des Weges lagen Haufen von Männern und Frauen. Andere gingen mit abwesendem Ausdruck auf den abgehärmten Gesichtern langsam und ziellos herum.« Laut Oberstleutnant M. W. Gonin, dem Kommandeur der 11. Leichten Feldambulanz, die am 17. April ins Lager kam, war es

> eine öde Wildnis … Überall lagen Leichen … manche auf großen Haufen, auf die andere Insassen sie geworfen hatten, andere einzeln oder in Paaren, wo sie hingestürzt waren, während sie entlang der Trampelpfade geschlurft waren. Kranke waren für gewöhnlich in den Baracken gestorben. Wenn der Hunger die Hauptursache war, starben sie im Freien, denn es ist ein merkwürdiges Kennzeichen des Verhungerns, dass die Opfer herumgehen müssen, bis sie zu Boden sinken und sterben … Man sah Frauen, die im eigenen Erbrochenen erstickt waren, weil sie zu schwach waren, um sich umzudrehen, und Männer, die, während sie einen halben Brotlaib umklammerten, Würmer aßen, weil sie es bisher getan hatten, um zu überleben, und jetzt kaum einen Unterschied zwischen Würmern und Brot bemerkten.

Oberstleutnant J. A. D. Johnson, der das 32. Feldlazarett befehligte, das einige Tage später eintraf, beschrieb die Zustände in den Hütten: »Die Gefangenen waren eine dichte Menge von ausgezehrten, apathischen Vogelscheuchen, die in Holzbaracken zusammenhockten, häufig ohne Betten und Decken und manchmal auch völlig ohne Kleidung … Tausende von nackten, ausgemergelten Leichen in verschiedenen Stadien der Verwesung lagen unbeerdigt herum. Sanitäre Einrichtungen gab es nicht.« Es dauerte zwei Wochen, bis die Briten, welche gefangene SS-Wachen für die Bestattung der Toten einsetzten, in der Lage waren, Verstorbene sofort zu begraben.[120]

Das Endspiel der Judenpolitik

Die Übernahme von Bergen-Belsen durch britische Truppen war ein Nebenprodukt von Himmlers verzweifelten Bemühungen, Juden als Bauern in seinem Endspiel mit den Westalliierten einzusetzen, und der vom WRB und Schweden angeregten späten Rettungsbemühungen. Mit den Verhandlungen über das Schicksal der ungarischen Juden im Sommer und Herbst 1944 war ein Gesprächskanal Himmlers zu den Westmächten entstanden. Im November führte sein Abgesandter Kurt Becher tatsächlich Gespräche mit Roswell McClelland, der als WRB-Delegierter in der Schweiz für sich beanspruchen konnte, die US-Regierung zu vertreten. Die Gespräche hatten zwar kein konkretes Ergebnis, trugen aber zu Himmlers Einsicht bei, dass es Zeit war, die Ermordung von Juden einzustellen. Der vormalige Schweizer Bundespräsident Jean-Marie Musy, der im Oktober 1944 und im Januar 1945 mit Himmler zusammentraf, griff dann die Idee auf, die Juden unter den Schutz des Roten Kreuzes zu stellen. Musy, in der Frühphase des Krieges ein strammer Anhänger des Dritten Reichs, versuchte seine Fehleinschätzung wiedergutzumachen, während Himmler ihn als Verbindungsmann zu den westlichen Führern einspannen wollte. Als ein Ergebnis dieser Gespräche konnten 1210 Juden aus Theresienstadt in die Schweiz fahren. Unglücklicherweise wurde Hitler auf die Berichterstattung über ihre Ankunft aufmerksam, was Himmler unter Druck setzte und Hardlinern im RSHA wie Kaltenbrunner und Müller, die weitere Treffen verhinderten, in die Hände spielte.[121]

Himmler hatte jedoch noch andere Eisen im Feuer. So nahm er über seinen Leibarzt Felix Kersten, der in Stockholm eine Praxis betrieb, Verbindung zu jüdischen Helfern, dem Schwedischen Roten Kreuz und schließlich zur schwedischen Regierung auf. Kersten stand in Kontakt mit Hillel Storch, einem nach Schweden emigrierten litauischen Juden, der dort sowohl als Vertreter des Jüdischen Weltkongresses agierte als auch eigene Hilfsanstrengungen für die Juden in Polen vorantrieb. Noch wichtiger war, dass Kersten seit 1943 dem schwedischen Außenministerium und dem Schwedischen Roten Kreuz als Mittelsmann Nachrichten über Kriegsgefangene überbracht hatte. Im Februar 1945 ließ Himmler durch ihn ein Treffen mit dem ehemaligen Geschäftsmann und Armeeoffizier Graf Folke Bernadotte arrangieren, der jetzt als dessen Vizepräsident das Schwedische Rote Kreuz faktisch leitete. Himmler schlug ihm vor, Schweden solle aus humanitären Gründen etwa 8000 Skandinavier aus den Konzentrationslagern evakuieren. Anschließend richtete er einen Brief ans schwedische Außenministerium, in dem er behauptete, bereits 2700 Juden in die Schweiz entlassen zu haben, und dies als Bestandteil einer seit langem verfolgten Politik der Auswanderungsförderung darstellte. Ungefähr zur gleichen Zeit machte Himmler, wiederum über Kersten, Storch auf die katastrophale Situation in Bergen-Belsen aufmerksam. Obwohl sich die Briten in dieser Zeit gegen weitere Kontakte mit Himmler aussprachen, organisierte Bernadotte eine Rettungsoperation, um skandinavische Häftlinge aus dem Lagersystem herauszuholen. Unter der Schirmherrschaft des Schwedischen Roten Kreuzes stellte er eine Flotte von 36 weiß angestrichenen Autobussen, einem Dutzend Lastwagen und einem Versorgungsfahrzeug zusammen, die über Dänemark zum KZ Neuengamme bei Hamburg fahren sollte, wo die Deutschen die skandinavischen Gefangenen zu konzentrieren versprochen hatten. An der Operation sollten 308 Personen, einschließlich Ärzten und Krankenschwestern, beteiligt sein, die überwiegend Angehörige der schwedischen Streitkräfte waren. Sie hatten kein ausdrückliches Mandat, Juden als Juden zu retten; Juden sollten nur einbezogen werden, wenn sie Dänen oder Norweger waren. Tatsächlich überlebten von den 763 deportierten Norwegern nur drei. Doch befanden sich in Theresienstadt noch fast 500 dänische Juden. Die Kolonne machte sich am 8. März auf den Weg und fuhr, ständig in Gefahr, von schießwütigen alliierten Piloten angegriffen zu werden, durch Norddeutschland. Bis Anfang April wurden 4700 Gefangene aus Neuengamme evakuiert, unter ihnen aber kein einziger Jude.[122]

Nun traten Himmlers wahre Absichten zum Vorschein. Bei einer Begegnung mit Bernadotte am 2. April behauptete er, solange Hitler am Leben sei, könne er es nicht wagen, Friedensverhandlungen aufzunehmen. Am nächsten Tag ließ er ihm über Walter Schellenberg seinen Wunsch übermitteln, auf ihn als Vermittler zurückzugreifen, falls sich eine Gelegenheit ergeben sollte. Unterdessen hatte sich Storch beim schwedischen Außenministerium nachdrücklich dafür eingesetzt, in Bernadottes Mission auch Juden einzubeziehen. Als Emigrant fehlte ihm allerdings der notwendige Hintergrund, und so trat Norbert Masur, ein schwedischer Jude und gleichfalls Mitglied des

Jüdischen Weltkongresses, an seine Stelle und wurde zum Unterhändler bestimmt. In der Nacht vom 20. auf den 21. April traf Masur mit Himmler und Schellenberg zusammen. Himmler behauptete, er habe nie die Absicht gehabt, Juden, die keine Gegner des Dritten Reichs waren, auszuschalten, und wies darauf hin, dass er dafür gesorgt habe, dass Bergen-Belsen dem Roten Kreuz übergeben wurde. Er bot an, als weiteres Zeichen des guten Willens tausend Jüdinnen aus Ravensbrück freizulassen. Auf dieses Gespräch hin wurde Ravensbrück dem Fahrplan von Bernadottes Fahrzeugflotte hinzugefügt. Zwischen dem 12. und 17. April stieß sie tief auf deutsch kontrolliertes Territorium vor, um 423 dänische Juden aus Theresienstadt und mehrere Hundert Gefangene aus dem Frauenlager Ravensbrück herauszuholen. Bei dieser letzten Fahrt wurden ein Fahrer und ein Dutzend befreiter Häftlinge bei einem alliierten Luftangriff auf die Fahrzeugkolonne getötet.[123]

Am 29. April erfuhr Hitler von Himmlers Bemühungen, hinter seinem Rücken Friedensverhandlungen aufzunehmen. Daraufhin wurde der Reichsführer-SS seiner Ämter enthoben und fiel damit als Gesprächspartner bezüglich der Übergabe von Juden aus. Dass er in Ungnade fiel, war bedeutungslos, denn die Alliierten hatten seine in letzter Minute unternommenen Schachzüge durchschaut und nicht die Absicht, sich übertölpeln zu lassen. Auf jeden Fall brach Himmler, wie Peter Longerich anmerkt, sein Wort, denn eine seiner letzten Amtshandlungen war der Befehl, die noch unter SS-Kontrolle stehenden Lager zu räumen, womit er die letzte Welle blutiger Massaker auslöste. Es ist unbekannt, wie viele Juden im April aus den Lagern gerettet wurden, aber mindesten 2031 trafen in Schweden ein, unter ihnen 1615 Staatenlose, 413 Dänen und 3 Norweger. Diese machten zu einem Zeitpunkt, als Juden 30 bis 40 Prozent der Lagerinsassen stellten, bestenfalls zehn Prozent der von den weißen Bussen Geretteten aus.[124]

Die deutsche Judenverfolgung endete mit der alliierten Besetzung Deutschlands. Diese Phase wird üblicherweise mit der »Befreiung« der Lager verknüpft, aber weit mehr Juden wurden in den Ländern, in denen sie seit je gelebt hatten, von der Furcht vor Plünderung, Deportation und Tod befreit. Außerdem ist das Wort »Befreiung« irreführend, denn es beschwört das Bild einer freudvollen Erlösung herauf, das den Gefühlen der Überlebenden kaum gerecht wird. In Rumänien, Frankreich und Belgien wurden die Juden schon sieben oder acht

Monate *vor* Kriegsende von der deutschen Herrschaft befreit, und viele von ihnen traten in die alliierten Streitkräfte ein, um sich dem Kampf gegen den Nationalsozialismus anzuschließen. Für sie trat der Krieg also lediglich in eine neue Phase ein. Viele Familien hatten Verwandte, die noch unter deutscher Herrschaft lebten, und waren daher kaum in Feierlaune, solange sie keine Nachricht von ihren Lieben erreicht hatte. Alle standen vor der großen Aufgabe, ihre Rechte, ihr Eigentum, ihren Lebensunterhalt und in einigen Fällen auch ihre Kinder zurückzuerlangen. Für Juden in Polen war der Wechsel von deutscher zu sowjetischer Besatzung noch belastender. Für Yitzhak Zuckerman war »der 17. Januar, der Tag, an dem die sowjetischen Truppen in Warschau einmarschierten, einer der traurigsten Tage meines Lebens. Ich hätte weinen können, und zwar keine Freudentränen … Als ich die Freudenschreie der Massen hörte …, traf mich plötzlich wie ein Messer die Erkenntnis, dass es kein jüdisches Volk mehr gab.« Die polnischen Juden, »die verwaisten, die letzten – welche Freude sollten wir empfinden?« Nachdem er seine Gefühle jahrelang unterdrückt hatte, wurde er jetzt von ihnen übermannt. »Es hatte immer eine Aufgabe gegeben, die uns stark gemacht hat, aber jetzt war es vorüber …«[125]

Es gab bei Kriegsende kein einheitliches Gefühl von »Befreiung«, und viele Juden starben wenig später. Von den rund 90 000 jüdischen KZ-Insassen überlebte bis zu einem Drittel die Befreiung nur für kurze Zeit. Tausende befanden sich in Lagern, die von Vorauseinheiten eingenommen wurden. Andere Lager wurden an Vertreter der Alliierten übergeben; Theresienstadt wurde wenige Tage vor dem Eintreffen der Roten Armee vom Roten Kreuz übernommen. Hunderte Juden wurden aus Eisenbahnzügen gerettet, die auf freier Strecke steckengeblieben waren, so etwa die evakuierten Insassen von Bergen-Belsen, die nördlich von Dresden bei Tröbitz zwölf Tage nach ihrer Abfahrt aus dem Zug stiegen. Hunderte Juden, die sich auf einem Evakuierungsmarsch befanden, stellten morgens beim Aufwachen fest, dass ihre SS-Wachen verschwunden waren. In Berlin tauchten rund 1500 deutsche Juden aus dem Untergrund auf; zehnmal so viele hatten aufgrund ihres »privilegierten« Status als Partner in einer Mischehe überlebt. Während die deutschen Juden zumeist in den mittleren Jahren standen, waren die Lager- und Ghettoüberlebenden überwiegend junge Leute.[126]

Einige wenige Beispiele sollen die ganz unterschiedlichen bittersüßen Übergänge vom Sklaventum zur Freiheit illustrieren. Kitty Hart war im November 1944 von Auschwitz über Groß-Rosen nach Langenbielau (wo David Koker arbeitete) verlegt worden. Vier Monate später musste sie ins Eulengebirge nach Trautenau marschieren, wo sie einer unterirdischen Rüstungsfabrik zugeteilt wurde. Als die Alliierten näherrückten, wurde sie erneut evakuiert und hielt sich kurz in Bergen-Belsen auf, bis sie schließlich in das Frauenlager Salzwedel gebracht wurde. Die Amerikaner stürmten am 13./14. April an dem Lager vorüber, und die SS-Wachen flohen, aber das Lager wurde nicht übergeben. Stattdessen brachen die Insassen aus und plünderten die nahegelegene Stadt. Kitty Hart erinnerte sich an dieses anarchische Zwischenstadium als die »glücklichsten Augenblicke« ihres Lebens.[127]

Marco Nahon erreichte taumelnd, von Ohrdruf kommend, nach einem grauenhaften zehntägigen Marsch, fast ohne Verpflegung und wiederholt durch alliierte Flugzeuge beschossen, am 27. April das KZ Dachau. Zwei Tage später hörte er jemanden sagen, die Amerikaner würden anrücken. Er schleppte sich aus der Baracke und wurde von einer jubelnden Menge zum Zaun getragen. »Gleichzeitig erfüllte sich einer meiner sehnlichsten Wünsche während der Gefangenschaft. In den zwei Jahren als Gefangener hatte ich inbrünstig davon geträumt zu sehen, wie diese so stolzen und arroganten SS-Offiziere mit erhobenen Händen von Amerikanern mit vorgehaltenem Bajonett abgeführt werden.« Es rief aus: »Gott hat dafür gesorgt, dass ich sehe, wie diese SS-Männer ihre Freiheit verloren! Jetzt kann ich in Frieden sterben!« Zum Glück blieb er am Leben.[128]

Lucie Adelsberger wurde Anfang April von Ravensbrück in ein kleines, an einem Flugfeld gelegenes Lager bei Neustadt-Glewe verlegt. Hier erlebte sie zusammen mit anderen Frauen das »unbestimmte Warten« auf das Kriegsende. Am 2. Mai traf die Rote Armee schließlich ein: »In der Stunde, da dieses unbegreifliche, unfassbare Glück über uns hereinbrach, konnten wir es kaum begreifen. Es war übermächtig und zerschmetterte uns. Ebenso wenig wie unser ausgehungerter Körper das Essen sofort verdauen wollte, vermochten wir die Freiheit im ersten Moment voll in uns aufzunehmen.«[129]

Helga Weiss und ihre Mutter wurden im Januar aus der Flugzeugfabrik in Freiburg evakuiert. An einem Morgen wurden sie zusammen mit den anderen Häftlingen zum Bahnhof geführt und in einen Zug in Richtung Flossenbürg gesetzt. Fünf Tage fuhren sie in offenen

Kohlewaggons, ein ums andere Mal zu Zwischenstopps auf Abstellgleisen gezwungen. Lange stand der Zug bei einem kleinen Lager in Triebschitz im Sudetenland. Helga waren inzwischen mehrere Zehen erfroren. Als es weiterging, fuhr der Zug, quälend nah vorbei am heimatlichen Prag, kreuz und quer durch die Tschechoslowakei. Schließlich wurden die Frauen ins KZ Mauthausen eingewiesen. Helga Weiss und ihre Mutter waren gefährlich schwach, aber die größte Bedrohung ging von den anderen Häftlingen aus: »Die Zigeunerinnen sind schlimmer als die Deutschen. Sie dreschen auf uns ein, und von dem wenigen Essen, das wir bekommen, stehlen sie uns die Hälfte, wenn nicht alles weg.« Anfang Mai beobachtete Helga, wie Wachen Zivilkleider anzogen und verschwanden. Am 5. Mai bemerkte sie eine weiße Fahne auf dem Hauptwachturm. Neue Kraft und ungeheure Freude erfüllten sie: »[I]ch spüre das Bedürfnis zu tanzen, zu jubeln. Wir haben es geschafft. Wir haben den Krieg überlebt.« Zwei Wochen später kamen sie und ihre Mutter mit dem Zug in Prag an.[130]

Victor Klemperer und seine Frau nutzten das Chaos nach den alliierten Luftangriffen auf Dresden am 13. Februar, um eine andere Identität anzunehmen. Sie entfernten den gelben Stern von ihren Kleidern und gaben sich als »arische« Überlebende aus. Mit Hilfe der NS-Volkswohlfahrt fuhren sie nach Bayern, wo sie in einem kleinen Ort bei Aichach unterkamen. Ende April stürzte die NS-Ordnung, und die Dorfoberen setzten sich ab. Die Klemperers hörten, dass die Amerikaner Ortschaften in der Nähe besetzt hatten, aber in ihrem Dorf ließen sie sich nicht blicken, denn sie überrollten ihr Dorf nicht, sie »*um*rollten« es. Für Victor und Eva Klemperer stellte sich die Befreiung so dar: »Kein Bürgermeister, kein Amerikaner …« Im Juni kehrten sie in ihr altes Haus am Stadtrand von Dresden zurück.[131]

Epilog

Als Berlin abgeschnitten war, zerfielen schließlich auch die Kommando- und Kontrollstrukturen des Dritten Reichs. Am 30. April, als sich nicht mehr leugnen ließ, dass eine militärische Rettung ausgeschlossen war und es nur noch Stunden dauern konnte, bis die Rote Armee in die Reichskanzlei eindringen würde, beging Hitler Selbstmord. Zuvor diktierte er seiner Sekretärin Traudl Junge noch sein politisches Testament. Darin gab er den Juden die Schuld am Kriegsausbruch im Jahr 1939 und sagte voraus, die Menschheit würde sich in den kommenden Jahrhunderten gegen das »internationale Judentum und seine Helfer« wenden. Wenn die Europäer in der Zwischenzeit Massaker und Sklaverei erdulden müssten, trügen die »eigentlich Schuldigen an dem mörderischen Ringen: das Judentum« die Verantwortung. Nachdem er Volk und Wehrmacht aufgerufen hatte, eher den Tod als die Unterwerfung zu wählen, ernannte er seine Nachfolger: als Reichspräsident Dönitz und als Reichskanzler Goebbels. Außerdem beglich er einige letzte Rechnungen, indem er Göring und Himmler als Verräter verurteilte. Mit dem Schlusssatz seines letzten Willens unterstrich Hitler noch einmal die zentrale Rolle der Juden in seinem Weltbild und damit die einzigartige Bedeutung, welche die antijüdische Politik für ihn hatte: »Vor allem verpflichte ich die Führung der Nation und die Gefolgschaft zur peinlichen Einhaltung der Rassengesetze und zum unbarmherzigen Widerstand gegen den Weltvergifter aller Völker, das internationale Judentum.«[1]

Das Dritte Reich überdauerte Hitler um eine Woche. Im Westen brach der militärische Widerstand zusammen, aber die Kämpfe zwischen deutschen Verbänden und der Roten Armee gingen weiter, da Dönitz einen Separatfrieden mit Briten und Amerikanern zu erreichen suchte. Doch die Alliierten wichen keinen Fußbreit von ihrer Forderung nach bedingungsloser Kapitulation ab, und so unterzeichnete Alfred Jodl, der Chef des Wehrmachtführungsstabs, am 7. Mai im alliierten Hauptquartier in Reims die Kapitulationsurkunde. Am nächsten Tag fand in Berlin, wo die Kämpfe fünf Tage zuvor zu Ende gegangen waren, unter sowjetischer Aufsicht eine separate Unterzeichnung durch OKW-Chef Keitel statt. Der Krieg war aus. Aber das

Ende der Feindseligkeiten bedeutete nicht das Ende der jüdischen Leiden; für Tausende von Juden war der Übergang zum Frieden kaum mehr als eine abstrakte Vorstellung.[2]

Die jüdischen Überlebenden waren in schrecklicher Not, ganz gleich, in welcher Situation sie sich beim Eintreffen der Alliierten befanden. Doch Soldaten sind kaum darauf vorbereitet und dafür ausgerüstet, Rettungs- und Wiederaufbauarbeit zu leisten. Das soll nicht heißen, dass die Alliierten das Flüchtlingsproblem nicht vorausgesehen hätten: Den Militäreinheiten gehörten auch Offiziere für zivile Angelegenheiten an, und die Militärregierungen hatten Dienststellen für Displaced Persons. Die wichtigste Organisation, die sich in Absprache mit dem Militär um DPs kümmern sollte, war die Nothilfe- und Wiederaufbauverwaltung der Vereinten Nationen (UNRRA). Ihre – gewaltige – Hauptaufgabe bestand allerdings darin, vom Krieg entwurzelte Menschen so schnell wie möglich in ihre Heimat zurückzubringen. Immerhin stieß die UNRRA auf 20 Millionen notleidende Menschen, zu denen nichtjüdische Überlebende von Konzentrationslagern, Zwangsarbeiter, Ausländer, die freiwillig in Deutschland gearbeitet hatten, und Massen von Flüchtlingen gehörten, darunter Menschen, die mit den Deutschen kollaboriert hatten, und Deutsche, die aus ihrer Heimat geflohen oder vertrieben worden waren. Allein festzustellen, wer Hilfe verdiente (wovon alle ausgeschlossen waren, die ihre Heimat freiwillig verlassen oder den Deutschen gedient hatten), war schon ein enormes Unterfangen.[3]

Es gab auch einige jüdische Hilfsorganisationen, vor allem den Joint und die von britischen Juden gegründete und finanzierte Jewish Relief Unit (JRU), die mit Helfern vor Ort waren. Briten und Amerikaner scheuten sich anfangs jedoch, ihnen den Zugang zu den Überlebenden zu gestatten. Infolgedessen war die Begegnung mit britischen und amerikanischen jüdischen Militärgeistlichen der erste Kontakt der Geretteten mit Juden aus der freien Welt. Wochen vergingen, bis die erste organisierte Hilfsanstrengung von jüdischer Seite die Bedürftigen erreichte, die dann noch dazu häufig unzureichend war.[4]

Die alliierte Politik gegenüber den DPs, insbesondere den jüdischen, war höchst widersprüchlich. Auf der Konferenz von Jalta im Februar 1945 hatten sich Stalin, Roosevelt und Churchill grundsätzlich darauf geeinigt, die von den Deutschen oder dem Krieg entwurzelten Menschen in ihre Heimatländer zurückzuführen. Die Militärregierungen der britischen, amerikanischen und französischen Besatzungszonen in Westdeutschland repatriierten in Zusammenarbeit mit der UNRRA mit beeindruckendem Tempo nicht weniger als sechs Millionen Menschen. Aber sie weigerten sich, Menschen, die aus von der Sowjetunion annektierten Gebieten stammten (oder die behaupteten), insbesondere aus den baltischen Staaten und Ostpolen, zwangsweise zurückzuführen. Infolgedessen musste die UNRRA Ende 1945 eine Dreiviertelmillion »nicht Repatriierbarer« in den DP-Lagern versorgen. Die Juden bildeten anfangs einen winzigen Aspekt dieses Problems, allerdings einen besonders komplizierten. Nur wenige wollten in Länder zurückkehren, wo sich ihre Nachbarn gegen sie gewandt hatten und sie weder Heim noch Erwerbsquellen mehr besaßen. Doch die Vereinigten Staaten waren nicht bereit, ihre Einwanderungsbestimmungen zu lockern, so dass sie Europa dorthin hätten verlassen können. Auch Großbritannien war entschlossen, keine jüdischen Flüchtlinge aufzunehmen, und erwog bis Juli 1947 sogar, vor dem Krieg eingewanderte deutsche Juden zu repatriieren. Genauso wenig wollten die Briten die jüdische Einwanderung nach Palästina ausweiten. Stattdessen bekräftigte die im August 1945 an die Macht gelangte Labour-Regierung die im Weißbuch von 1939 enthaltenen Restriktionen. Die jüdischen Überlebenden waren zu einem Leben im Schwebezustand verurteilt.[5]

Zu ihrem Leidwesen wurden 45 000 Juden auf Befehl der alliierten Militärbehörden in den westlichen Besatzungszonen in mit Stacheldraht eingezäunte Einrichtungen eingewiesen, viele davon dieselben Lager, in denen sie zuvor festgehalten worden waren. Die Baracken waren überfüllt und die sanitären Einrichtungen rudimentär. Darüber hinaus wurden die Juden weder von den Militärbehörden noch von der UNRRA als eigene Gruppe mit besonderen, vordringlichen Bedürfnissen angesehen. Die Amerikaner lehnten Kriterien ab, die unter den Nationalsozialisten als Grundlage der Diskriminierung gedient hatten, während die Briten fürchteten, es würde der zionistischen Bewegung, die für die Überlebenden das Recht auf Einwanderung nach Palästina forderte, in die Hände spielen, wenn sie die Juden als Volksgruppe behandelten. Infolgedessen wurden Juden zusammen mit aus der Zwangsarbeit befreiten Russen, Polen und Balten oder sogar mit vertriebenen Deutschen, die willige Werkzeuge der Nationalsozialisten gewesen waren, interniert. Daraus mussten Spannungen erwachsen, und es kam in den DP-Sammelstellen denn auch regelmäßig zu

Auseinandersetzungen zwischen Juden und Nichtjuden. Als jüdische Militärgeistliche in Amerika über die Behandlung der jüdischen Überlebenden berichteten, waren die jüdischen Repräsentanten empört. Aufgrund der zahlreichen Proteste und der negativen Presse, die sie zur Folge hatten, forderte Präsident Truman am 22. Juni 1945 Earl G. Harrison, den US-Vertreter im Intergovernmental Committee on Refugees, auf, die Angelegenheit zu untersuchen und ihm Bericht zu erstatten.[6]

Harrison reiste in Begleitung von Joseph Schwartz vom Joint nach Europa und sammelte in den DP-Lagern Eindrücke und Informationen. Der Bericht, den er Truman zehn Tage später vorlegte, veränderte die amerikanische Politik und unterminierte die britische Haltung gegenüber den jüdischen Überlebenden. Harrison begann mit der Feststellung: »Bisher sind sie eher im militärischen Sinn als tatsächlich ›befreit‹ worden.« Drei Monate nach dem Sieg in Europa lebten schätzungsweise 100 000 jüdische DPs immer noch hinter Stacheldraht in überfüllten, unhygienischen Unterkünften. Trotz verbreiteter physischer und psychischer Leiden bekämen sie keine spezielle medizinische Behandlung und Versorgung. Es würde kaum etwas unternommen, um ihnen den Wiedereinstieg in den Alltag zu ermöglichen, und nicht einmal bei der Suche nach Verwandten würde man ihnen helfen. Obwohl sich ihre Lage verbessern ließe, indem man die Deutschen zwänge, einen Beitrag zu leisten, geschehe auch in dieser Hinsicht wenig. »Wie die Dinge stehen, behandeln wir die Juden ebenso, wie es die Nationalsozialisten getan haben, außer, dass wir sie nicht vernichten. Sie befinden sich in großer Zahl in Konzentrationslagern, die statt von der SS von unserem Militär bewacht werden. Man fragt sich, ob die Deutschen, wenn sie dies sehen, nicht den Schluss ziehen, dass wir die nationalsozialistische Politik fortführen oder dies zumindest stillschweigend dulden.« Als unerlässliche Voraussetzung jeder Verbesserung müsse man anerkennen, dass die Juden mehr gelitten hätten als jede andere von den Deutschen verfolgte Gruppe und dass sie sich daher jetzt selbst wohl oder übel als Kollektiv verstünden. Harrison empfahl, den Juden in Deutschland und Österreich den »ersten Anspruch auf das Gewissen des Volks der Vereinigten Staaten und Großbritanniens« einzuräumen. In der Praxis bedeutet dies, ihnen nach der unmittelbaren Hilfe die Emigration nach Palästina zu ermöglichen. Die große Mehrheit wolle nicht in Europa bleiben, und da unter den geltenden Einreisebeschränkungen die Auswanderung in die Vereinigten Staaten ausgeschlossen sei, wollten sie ihr neues Leben an dem einzigen Ort beginnen, an dem sie offensichtlich willkommen seien und die Unterstützung erhalten würden, die sie bräuchten.[7]

Truman billigte Harrisons Bericht schon nach wenigen Tagen und beauftragte General Eisenhower, den alliierten Oberbefehlshaber in Europa, mit entsprechenden Maßnahmen. Die amerikanische Militärregierung stellte jüdische Berater ein, und jüdische Überlebende wurden in ausschließlich für Juden bestimmte Einrichtungen verlegt. Jetzt kamen auch die Hilfsaktivitäten in Gang. 1945 gab der Joint 317 000 Dollar für seine Arbeit in Europa aus. Im folgenden Jahr erhöhte sich die Summe auf mehr als das Zehnfache, und 1947 waren es neun Millionen Dollar, wobei die Zahl der Bedürftigen inzwischen erheblich gestiegen war.[8]

Die DP-Lager in den amerikanischen Besatzungszonen in Deutschland und Österreich sowie in Italien wurden wie aus dem Nichts zu Orten eines blühenden jüdischen Lebens. Binnen weniger Wochen nach der Befreiung nahmen Juden ihr Schicksal selbst in die Hand und meldeten sich zu Wort. In jedem Lager bildete sich eine Vertretung, und im Juli 1945 trafen sich deren Delegierte im DP-Lager in St. Ottilien, um eine gemeinsame Repräsentanz jüdischer DPs in der amerikanischen Besatzungszone zu gründen. Die örtlichen Leitungen begannen mit Vertretern von Joint und ORT Hilfsaktivitäten wie etwa Unterricht und Berufsausbildung zu organisieren. In den Lagern abgehaltene Rituale halfen den Juden, sich ihrer wiedergewonnenen Handlungsfreiheit bewusst zu werden. Wo dies möglich war, beteiligten sie sich an der würdevollen Beisetzung beziehungsweise Wiederbestattung der Toten, die man in den Lagern oder an den Tatorten von Massakern in Massengräber geworfen oder entlang der Routen der Todesmärsche liegen gelassen hatte. Ein unzweideutig positives Zeichen waren Hochzeiten. Rund 80 Prozent der Überlebenden waren zwischen 18 und 44 Jahre alt, und die meisten von ihnen waren entweder unverheiratet oder verwitwet. Unter normalen Umständen muss der überlebende Partner, wenn er wieder heiraten will, nach dem jüdischen Recht den Tod seines Partners nachweisen, aber die religiösen Autoritäten, die sich der Umstände nur zu bewusst waren, lockerten die Nachweispflicht, um Liebespaaren ein neues Leben als Eheleute zu ermöglichen. Die Folge war ein Babyboom, begleitet von den Ritualen der Beschneidung und Namensgebung. Auch dies wurde als »Form der Vergeltung« an jenen betrachtet, die dem jüdischen Volk jegliche Zukunft zu rauben versucht hatten.[9]

In merkwürdiger Ähnlichkeit zu den Ghettos gestatteten die Amerikaner den jüdischen DPs, eine Lagerpolizei zu bilden. Zum einen wollten sie die Ordnung aufrechterhalten und den aufblühenden schwarzen Markt im Zaum halten, ohne auf eigene Soldaten (oder deutsche Polizisten) zurückgreifen zu müssen. Zum anderen wollten sie Selbstjustiz verhindern, wenn Überlebende gelegentlich Männer oder Frauen erkannten, die als Kapos gedient oder ihre Machtstellung im Ghetto missbraucht hatten. Über solche Fälle wurde vor improvisierten Ehrengerichten unter dem Vorsitz von juristisch ausgebildeten Überlebenden verhandelt. Diese Gerichte wurden zwar spontan zusammengestellt, konnten sich bei der Urteilsfindung aber auf gemeinsame Erfahrungen stützen und äußerten regelmäßig Verständnis für das Verhalten der Angeklagten. Nur in den ungeheuerlichsten Fällen wurden die Schuldigen aus der DP-Gemeinschaft und vom Zugang zu Fürsorgeleistungen ausgeschlossen. Auch die wieder entstehenden jüdischen Gemeinden in Polen, Frankreich und Österreich bildeten Ehrengerichte. Sie kanalisierten die Wut und trugen dazu bei, eine Lynchjustiz zu verhindern, waren aber auch wichtige Symbole wiedergewonnener Autonomie sowie für die Herrschaft des Rechts und altehrwürdiger moralischer Werte.[10]

Die großangelegte Strafverfolgung veranlasste Juden innerhalb und außerhalb der Lager, Dokumente und Zeugenaussagen über die Jahre der Verfolgung zu sammeln. Die Dokumentationsarbeit begann mit dem Augenblick der Befreiung von Juden in Ostpolen. Im Juni 1944, kurz nach dem sowjetischen Einmarsch in Lublin, machten sich Überlebende daran, eine Chronik des Schicksals der Juden in der Stadt zu verfassen. Leiter des Projekts wurde bald der Historiker Philip Friedman, der die Katastrophe in Lemberg überlebt hatte. Bis zum folgenden März entstand eine historische Kommission mit fünf Abteilungen, deren Mitglieder einen umfangreichen Beitrag zu den amtlichen Ermittlungen gegen Kriegsverbrecher und ihrer Aburteilung in Polen leisteten. Friedman und Rachel Auerbach, eine Überlebende aus der Oneg-Schabbat-Gruppe, saßen in der im März 1945 von der provisorischen polnischen Regierung gegründeten Hauptkommission für die Untersuchung deutscher Verbrechen. Friedman begleitete die Ermittlungen in Chełmno, und Auerbach begab sich nach Treblinka. Beide trugen zu den Berichten über die Vernichtungslager bei, die der polnischen Delegation beim Internationalen Militärgerichtshof in Nürnberg, vor dem im September 1945 der Prozess gegen die gefangenen NS-Führer beginnen sollte, übergeben wurden. Friedman schrieb außerdem eine 45-seitige Überblicksdarstellung der Vernichtung der polnischen Juden. Arthur Eisenbach sagte in Lodz im Prozess gegen Hans Biebow aus, und Nachman Blumental trat in Warschau als Experte im Verfahren gegen Rudolf Höß auf. Blumental und Josef Kermisz waren auch an der Dokumentation über die deutschen Verbrechen in Chełmno beteiligt. Im Oktober 1947 gründeten diese Männer und Frauen das Jüdische Historische Institut in Warschau. Ein Hauptbestandteil seiner schon damals umfangreichen Sammlung waren zehn aus den Ruinen des Ghettos geborgene Metallbehälter, die einen großen Teil des Oneg-Schabbat-Archivs enthielten.[11]

Auch in den meisten großen DP-Lagern in Deutschland entstand eine historische Kommission. Ihre Tätigkeit wurde schließlich von einer in München angesiedelten jüdischen historischen Kommission koordiniert, die 5000 statistische Berichte und tausend Augenzeugenaussagen sammelte. In ihrer Zeitschrift *Fun Letsten Hurban* veröffentlichte sie Dutzende von ihnen, wodurch sie einerseits zum Verständnis der Katastrophe beitrug und andererseits zu weiteren Zeugnissen anregte. In Frankreich belebte Isaac Schneersohn das von ihm unter dem Vichy-Regime in Grenoble gegründete Zentrum zur Aufzeichnung deutscher und französischer Verbrechen neu. Schneersohn war ein in Russland geborener Geschäftsmann und ein ebenso tatkräftiges wie visionäres Gemeindemitglied aus einer berühmten Rabbinerfamilie. Sein Centre de Documentation Juive Contemporaine (CDJC) zog Talente wie Léon Poliakov und Joseph Billig an, die Sammlungen deutscher Dokumente zum Schicksal der Juden in Frankreich herauszugeben begannen und dabei einen schwierigen Mittelweg zwischen Anklagen gegen das Vichy-Regime und einer Entfremdung der französischen Öffentlichkeit beschritten. Schneersohn verfolgte langfristige Ziele und veranstaltete 1947 eine Konferenz jüdischer historischer Kommissionen aus ganz Europa, einschließlich der im Aufbau befindlichen Londoner Wiener Library (damals noch »Jewish Central Information Office« genannt), um die weltweiten Forschungen in Paris zu koordinieren. Die Yad Vashem Foundation in Palästina konnte aufgrund der Krise in der Region keinen Vertreter entsenden, stellte aber klar, dass Jerusalem und nicht Paris bedeutendstes Archiv- und Forschungszentrum zur Geschichte der Katastrophe sein müsse.[12]

Viele Juden fühlten sich von Jerusalem angezogen. Aufgrund ihres gemeinsamen Schicksals und gemeinsamer Interessen, insbesondere der Emigrationsbemühungen, entwickelten die Überlebenden in den Lagern in Deutschland und Österreich eine gemeinsame Identität. Auf Palästina orientierte Aktivisten nannten sie *Sche'erith Hapletah* – der überlebende Rest –, und so bezeichneten sie sich auch selbst, wenn sie mit der Außenwelt in Kontakt traten. Unter der Oberfläche einer scheinbar homogenen Schicksalsgemeinschaft verbargen sich jedoch Spaltungen und Konflikte.

Von den 20 000 jüdischen Überlebenden in der britischen Besatzungszone befanden sich etwa 12 000 im DP-Lager Hohne, einer ehemaligen Wehrmachtskaserne, rund dreieinhalb Kilometer von Bergen-Belsen entfernt, in die im Mai 1945 die Überlebenden des Lagers evakuiert worden waren. Im folgenden Jahr wurden DPs verschiedener Nationalitäten dort untergebracht, was zu vielen Spannungen führte. Die Juden wurden von einem Komitee, das sich großspurig »Zentralkomitee der befreiten Juden« nannte, unter dem tatkräftigen Vorsitz von Josef Rosensaft, einem Überlebenden des Massakers von Będzin, vertreten. Das Komitee verärgerte die britischen Behörden, indem es lautstark für die Anerkennung der Juden als eigene Gruppe und das Einwanderungsrecht für Palästina kämpfte. Auch zwischen den verschiedenen jüdischen Fraktionen gab es Spannungen. Die Überlebenden verübelten der JRU ihr spätes Eingreifen und fanden die geleistete Hilfe lächerlich. Umgekehrt rieb sich die JRU an den besser ausgestatteten Teams des Joint. Nichtzionisten und orthodoxe Juden fühlten sich von der überwiegend säkularen politischen Führung an den Rand gedrängt. Trotz dieser inneren Differenzen engagierten sich die DPs im Lager Hohne in vielfältigen Initiativen. Das Lager besaß einen Kindergarten, eine Schule und eine ORT-Berufsschule. Es gab ein Theater, das »Kazet«, das sowohl Dramatisierungen des Ghetto- und Lagerlebens als auch leichtere Kost auf die Bühne brachte. Die Insassen konnten zwei jiddischsprachige Zeitungen lesen, und es gab sogar einen Verlag. Ein Ehrengericht bildete sich, doch wurden seine Kompetenzen von der Lagerpolizei angefochten, so dass es sich im Streit auflöste.[13]

Zwischen den Juden im DP-Lager und den noch in den Städten

lebenden deutschen Juden gab es kaum Kontakte. Anfangs fiel es den jüdischen Deutschen schwer, sich auszuweisen und zu verhindern, dass sie als Angehörige des besiegten Volks behandelt wurden. Die jüdischen Helfer, die nicht verstehen konnten, warum sie sich ausgerechnet in Deutschland eine neue Existenz aufbauen wollten, brachten ihnen wenig Sympathie entgegen. Rund 90 Prozent der jüdischen DPs waren Polen, die für deutsche Juden, die in Mischehen überlebt hatten, wenig Sympathie empfanden. Die Missstimmung zwischen den Gruppen wurde noch dadurch verschärft, dass der größte Teil der ausländischen Hilfsleistungen den jüdischen DP-Lagern zugutekam. Umgekehrt überließen es die deutschen Juden der UNRRA, sich um ihre osteuropäischen Glaubensgenossen zu kümmern. Außerdem hatten beide Seiten jeweils ihre ganz eigenen praktischen Sorgen. Während die deutschen Juden mit der Rückerstattung ihres Eigentums als Grundlage für den Wiederaufbau eines Gemeindelebens beschäftigt waren, ging es den meisten osteuropäischen Juden vor allem darum wegzukommen. Selbst die polnischen Juden, die sich in Städten ansiedelten, blieben unter sich; sie waren jünger als die deutschen Überlebenden und hatten andere Prioritäten, wie die Gründung einer Familie, die Wohnungssuche und ihren (nicht immer auf legale Weise verdienten) Lebensunterhalt. In Frankfurt am Main gründeten sie eine eigene Gemeinde und Synagoge. In anderen Städten versuchten deutsche Juden, sie auszuschließen. Die alte Abneigung zwischen deutschen Juden, und Ostjuden verstärkte sich, als den DPs Schwarzmarktgeschäfte vorgeworfen wurden, sie antisemitische Kommentare auf sich zogen und sogar Polizeirazzien in den Lagern stattfanden.[14]

Bemühungen, eine gemeinsame Organisation aller Juden in der amerikanischen und britischen Besatzungszone zu schaffen, zerschellten am Ego und Ehrgeiz der die einzelnen Vertretungen dominierenden Männer. Da keine Seite bereit war, sich der anderen unterzuordnen, herrschte Rosensaft in Hohne und der britischen Zone, während die Juden in den bayerischen Lagern ein eigenes Zentralkomitee unter Leitung von Samuel Gringauz gründeten. Orthodoxe Juden fühlten sich besser vertreten durch das von orthodoxen amerikanischen Juden unterstützte Va'ad Hatzalah (Rettungskomitee), das ihre religiösen Bedürfnisse erfüllte. Aber alle mussten mit dem Weiterleben des antisemitischen Denkens in der deutschen Bevölkerung zu Rande kommen.[15]

Die Lage in den westlichen Besatzungszonen veränderte sich 1946 durch Umbrüche in Polen. Zwischen 30 000 und 60 000 Juden tauchten aus ihren Verstecken in polnischen Städten und Wäldern auf. Rund 20 000 kamen aus Ghettos und Lagern frei, hauptsächlich in Częstochowa und Ostoberschlesien. Hinzu kamen mehrere Tausend, die aus Lagern in Deutschland zurückkehrten, und 13 000 bis 20 000, die aus der Roten Armee oder der prosowjetischen Polnischen Volksarmee entlassen worden waren. Zur Wiederbelebung der jüdischen Präsenz in Polen trug aber vor allem die Rückkehr der 1939 bis 1941 von den Sowjets nach Zentralasien deportierten Juden bei, die sowohl ursprünglich in den sowjetisch besetzten Gebieten gelebt hatten als auch aus der deutschen Zone dorthin geflohen waren. 1945 gelangten rund 30 000 nach Polen und in den nächsten beiden Jahren 136 000. Die meisten von ihnen wurden von den neuen polnischen Behörden in die von Deutschland annektierten Gebiete geschickt – nach Nieder- und Oberschlesien sowie nach Szczecin (Stettin). Sie kamen in ein von der Roten Armee besetztes und von Unruhen erschüttertes Land. Polnische Nationalisten und Teile der Heimatarmee, die beim Eintreffen der Roten Armee in den Untergrund gegangen waren, warfen den Juden in alter Gewohnheit Kollaboration mit den Sowjets vor. In einem Untergrundflugblatt vom Juni 1945 war zu lesen: »Die Macht ist von einer Bande korrupter jüdischer Kommunisten usurpiert worden, die den Befehlen des roten Zaren Stalin folgen …« Gewalttätigkeiten gegen Juden waren an der Tagesordnung, doch war nur ein geringer Teil politisch motiviert. Schätzungsweise 200 Juden wurden auf der Zugfahrt durch Polen ermordet oder von Nationalisten abgeführt und erschossen. Hunderte andere wurden bei der Rückkehr in ihre Häuser von Polen ermordet, die den Verlust von Grundstücken oder sonstigem Besitz fürchteten, den sie unter der deutschen Besatzung erworben hatten. Die Lage war so gefährlich, dass polnische Juden sich häufig als Nichtjuden ausgaben oder entlegene Häuser verließen und in die relative Sicherheit der Städte flohen. Insgesamt dürften, Schätzungen zufolge, nach Kriegsende 600 bis 750 Juden von Polen zu Tode gebracht worden sein.[16]

Während einer kurzen, euphorischen Phase glaubte das Zentralkomitee der polnischen Juden, es gebe, ungeachtet des herrschenden Aufruhrs, eine Chance für den Wiederaufbau des jüdischen Lebens in einem neuen Polen unter einer fortschrittlichen Regierung. Kraft und Ressourcen, hauptsächlich vom Joint, wurden in Schulen, Gesundheits- und Fürsorgeeinrichtungen sowie kulturelle Aktivitäten investiert. Doch stets ergaben sich Widerstände. Beispielhaft dafür stehen die Bemühungen um die Rückholung von Kindern, die in der Deportationsperiode in christlichen Familien oder in Klöstern untergebracht worden waren. Nach dem Krieg ging das Zentralkomitee daran, die rund 2500 Kinder, deren Identität und Aufenthaltsort bekannt waren, zurückzuholen. Waren Eltern oder nahe Verwandte vorhanden (wie in ungefähr zehn Prozent der Fälle), war es relativ einfach, obwohl fast immer eine »finanzielle Entschädigung« verlangt wurde. Traten jüdische Organisationen in Erscheinung, lief es fast immer auf einen Vergleich hinaus. Jedenfalls stieg der Preis für die Rückholung eines Kindes von 15 000 Złoty im Jahr 1945 im folgenden Jahr auf 50 000 Złoty. Bis 1946 wurden 239 Waisen zurückgeholt und dafür 4,5 Millionen Złoty gezahlt. Rabbi David Kahane, der in Lemberg überlebt hatte, und der palästinensische Oberrabbiner Yitzhak Halevi Herzog, der Polen besuchte, forderten katholische Kirchenführer auf, dass sie ihre Schäfchen anwiesen, jüdische Kinder zurückzugeben, aber die Appelle wurden oftmals ignoriert. Zusätzlich behindert wurden die Bemühungen durch die Konkurrenz zwischen säkularen zionistischen Organisationen und religiösen Helfern wie dem britischen Rabbiner Solomon Schonfeld. Doch letzten Endes war jeglicher Einsatz für den Wiederaufbau eines jüdischen Lebens von einem Tag auf den nächsten hinfällig, als auf polnischem Territorium erneut Pogrome ausbrachen.[17]

Im Juni 1945 war es in Rzeszów zu kollektiven antijüdischen Gewalttätigkeiten gekommen, woraufhin 200 Juden die Stadt verließen. Ausgelöst worden waren sie von einem Ritualmordvorwurf. Zwei Monate später griff in Krakau eine Menschenmenge die Kupa-Synagoge an, nachdem sie das Gerücht aufgepeitscht hatte, Juden hätten ein christliches Kind ermordet. Zu dem Mob gehörten auch polnische Milizionäre. Eine Frau verlor bei diesem Vorfall ihr Leben, und fünf Menschen wurden verletzt. Doch diese Angriffe fanden kein so deutliches Echo wie der Gewaltausbruch, der am 4. Juli 1947 in Kielce 42 Juden das Leben kostete. Das Ziel war ein jüdisches Gemeindehaus, in dem angeblich ein christlicher Jugendlicher verborgen und geschlachtet worden war. Tatsächlich befanden sich allein jüdische Flüchtlinge in dem Gebäude, über hundert an der Zahl. Aber trotz der Absurdität des Vorwurfs unternahmen die Ordnungshüter nichts, um wiederholte Übergriffe, Morde und Plünderungen zu verhindern. Unter den Tätern waren sowohl Polizeibeamte als auch bewaffnete Arbeiter. Die Miliz beschlagnahmte zudem Waffen der in dem Haus untergebrachten Juden, obwohl sie entsprechende Waffenscheine besaßen. Als Yitzhak Zuckerman in Warschau von dem Pogrom erfuhr, bewaffnete er sich und begab sich nach Kielce, um sich selbst ein Bild zu machen. Als er eintraf, »wurden Leichen von auf den Straßen getöteten Juden hereingebracht«; er sah »Schwangere, deren Bauch aufgerissen worden war«. Für ihn wie für viele andere, die bisher unschlüssig gewesen waren, ob sie fortgehen sollten oder nicht, war damit die Entscheidung gefallen. Das Wort »men geyt« (wir gehen) war in aller Munde. Zuckerman kümmerte sich um die Evakuierung der Überlebenden aus Kielce und widmete sich dann der Aufgabe, die Emigration aus Polen zu organisieren. Ein mindestens ebenso großer Anreiz für die Auswanderung wie das Pogrom selbst waren die halbherzige Reaktion der Behörden und die Haltung der Kirche, die jüdischen Kommunisten die Schuld an der Tragödie gab. In den nächsten vier Monaten strömten 100 000 polnische Juden über die Grenzen nach Ungarn und in die Tschechoslowakei, von dort ging es weiter nach Süddeutschland in die DP-Lager der amerikanischen Besatzungszone. Weitere 60 000 folgten in den nächsten drei Jahren. Dieser Exodus setzte dem Wiederaufbau des jüdischen Lebens in Polen faktisch ein Ende, noch bevor die Kommunistische Partei sich entschloss, autonome jüdische Aktivitäten zu unterbinden. Außerdem veränderte der Zustrom nach Deutschland die Lager und ließ die Notlage der jüdischen DPs noch deutlicher zutage treten.[18]

Hatte es im Dezember 1945 in den jüdischen DP-Lagern in Deutschland und Österreich nur rund 1800 Kinder gegeben, lag ihre Zahl einen Monat nach dem Pogrom von Kielce bei 16 000, und am Jahresende gab es allein in der amerikanischen Zone 26 500 jüdische Kinder. Die in die Sowjetunion emigrierten polnischen Juden waren als Familien zurückgekehrt. Trotz der unwirtlichen Umstände in Gegenden wie Kasachstan hatten sie ihr Familienleben aufrechterhalten, heiraten und Kinder bekommen können. Jetzt kamen diese polnisch-jüdischen Familien nach Deutschland, was die Hilfsorganisationen vor neue Herausforderungen stellte, aber auch neue Chancen eröffnete. 1946 wuchs die jüdische Bevölkerung in Deutschland in der amerikanischen Besatzungszone auf 141 000 und in der britischen Besatzungszone auf 50 000 Menschen; etwa 60 000 waren es außerhalb Deutschlands. Obwohl die große Mehrheit der jüdischen DPs jetzt Polen waren, hatte nur eine kleine Minderheit von ihnen in deutschen Lagern und Ghettos gelitten. Gleichwohl wollten sie Europa verlassen, vorzugsweise nach Amerika oder Palästina. Da sie weder arbeiten konnten noch sich in die deutsche Gesellschaft integrieren wollten – willkommen waren sie ohnehin nicht –, langweilten sie sich in den Lagern, was die Gefahr einer »Demoralisierung« heraufbeschwor. »Das Leben in den Lagern war degeneriert«, bemerkte Zuckerman ätzend, »ein müßiges, auf Wohlfahrtsleistungen gegründetes Leben.« Am Jahresende schrieb der Rechtsanwalt und zionistische Politiker Zorach Warhaftig: »Es fällt leicht festzustellen, dass für die europäischen Juden der Krieg 18 Monate nach der Befreiung noch nicht vorüber ist.«[19]

Angesichts der erheblich angewachsenen Lagerbevölkerung wurden die Forderungen an die britische Regierung lauter, den jüdischen DPs die Ansiedlung in Palästina zu gestatten. Nach der Vorlage des Harrison-Berichts hatte sie den Amerikanern vorgeschlagen, eine gemeinsame Kommission zum Problem der jüdischen DPs zu bilden. Auf diese Weise hoffte man, die Amerikaner in das palästinensische Chaos hineinzuziehen und sich von dem Druck zu befreien, das Problem alleine lösen zu müssen. Zwischen November 1945 und Mai 1946 besichtigte die anglo-amerikanische Untersuchungskommission DP-Lager und jüdische Gemeinden in ganz Europa und sammelte Aussagen. Das Ergebnis war eine Enttäuschung für Whitehall. Eine Mehrheit der Kommissionsmitglieder bestätigte Harrisons Erkenntnisse und empfahl die Einwanderung von 100 000 Juden nach Palästina. Da immer mehr polnische Juden in Westdeutschland eintrafen, erhöhte sich der Druck weiter. Aktivisten des Mossad Lealiah Bet, der Organisation für die klandestine Einwanderung der Jewish Agency, und Mitglieder der unter britischem Oberbefehl stehenden Jüdischen Brigade, die sich aus in Palästina ansässigen Juden zusammensetzte, verstärkten ihre Anstrengungen und schleusten Neuankömmlinge in italienische und südfranzösische Häfen, von wo sie mit schrottreifen Schiffen zur nationalen Heimstätte der Juden gebracht wurden. Die britische Marine verschärfte daraufhin die Blockade Palästinas, und die Regierung in London verkündete, illegale Einwanderer würden in Lagern auf Zypern interniert. Der neue harte Kurs erwies sich jedoch als PR-Katastrophe. Die Weltmeinung war empört über das Schicksal von 4000 Juden auf der vom Mossad Lealiah Bet gecharterten und von der britischen Marine am 18. Juli 1947 aufgebrachten *Exodus*. In Wochenschauen war zu sehen, wie erst kurz zuvor aus Hitlers Griff befreite Juden unter Zwang auf ein anderes Schiff geführt wurden, das sie nach Europa zurückbrachte, und wie sie, wiederum unter Zwang, ausgerechnet in Hamburg von Bord geholt wurden.[20]

Die Lager auf Zypern boten der Welt ein nicht weniger erschreckendes Bild. Mit knapp vierzig Schiffstransporten wurden insgesamt 50 000 Migranten nach Zypern gebracht und dort in zwei Lager gesteckt, eines in Karaolos bei Famagusta und eines in Dekelia bei Larnaka. Sie lebten in Nissenhütten oder Zelten, in denen sie im Sommer schwitzten und im Winter froren. Um die Umstände zu mildern, gab der Joint jeden Monat 30 000 Dollar für Helfer, Lebensmittel und Versorgungsgüter aus. Im April 1947 nahmen rund 10 000 Internierte an einer Passahfeier unter freiem Himmel teil. Die britischen Offiziere und Wachen verhielten sich insgesamt freundlich, waren aber bemüht, Fluchten zu verhindern, und bestanden darauf, Kindergruppen, die an einem nahegelegenen Strand baden gehen wollten, mit gepanzerten Fahrzeugen zu begleiten. Trotz des wohlwollenden Regimes wurden 400 Juden auf der Insel beerdigt, nur gut 250 Kilometer vom gelobten Land entfernt. Obwohl jeden Monat 750 Juden die kurze Überfahrt von Zypern nach Palästina gestattet wurde, ließ sich die Tatsache nicht verbergen, dass die Briten jetzt mehr Juden hinter Stacheldraht festhielten als zehn Jahre zuvor die Deutschen.[21]

Mit ihren Bemühungen, Juden von Palästina fernzuhalten, rückten die Briten sich selbst in ein schlechtes Licht und erreichten zudem am Ende gar nichts. Die jüdischen Einwohner Palästinas befanden sich inzwischen im offenen Aufstand, und die Sicherheitskräfte waren nicht in der Lage, die Ordnung aufrechtzuerhalten. Nach einem letzten Versuch Anfang 1947, den Widerstand mit militärischer Gewalt zu ersticken, verzichtete Großbritannien auf sein Mandat und bereitete die Übergabe Palästinas an die Vereinten Nationen vor. Eine UN-Sonderkommission, die Vorschläge für die Zukunft des Landes ausarbeiten sollte, empfahl die Teilung, und im folgenden November nahm die UN-Vollversammlung diese Lösung an. Im Mai 1948 zogen die britischen Truppen ab, und die jüdische Führung unter David Ben-Gurion proklamierte den Staat Israel. Da jetzt keine Einwanderungsbeschränkungen mehr bestanden, strömten die Insassen der DP-Lager in den neuen Staat. Zwischen Juni und Dezember 1948 trafen rund 100 000 Juden aus Europa ein. 250 000 weitere folgten im nächsten Jahr, unter ihnen Zehntausende aus Ungarn, Jugoslawien, Bulgarien und Rumänien. Rund 30 000 Juden, die zu alt oder krank für eine neuerliche Migration waren oder sich ein Leben in dem neuen Staat nicht vorstellen konnten, blieben zwar in DP-Zentren in Westdeutschland, doch hatte der Schwebezustand, für den die Lager standen, ein Ende gefunden.[22]

Unterdessen hatte die öffentliche Meinung in Amerika eine Kehrtwende vollzogen, wenn auch nicht aus Mitgefühl für die entwurzelten Juden in Europa, die nicht wussten, wohin. Dahinter standen vielmehr der Antikommunismus und die Sympathie für DPs, dic angaben, aus Angst vor Verfolgung durch die Sowjets nicht in ihre Heimat zurückkehren zu können. Im Juni 1948 verabschiedete der Kongress das erste Displaced-Persons-Gesetz, das im Lauf von zwei Jahren 200 000 heimatlosen Europäern die Ansiedlung in den Vereinigten Staaten ermöglichte. Ein Drittel von ihnen sollte allerdings Bauern sein, und fast die Hälfte sollte aus dem Baltikum stammen. Trotz dieser eklatanten Diskriminierung markierte das Gesetz einen grundsätzlichen Bruch mit der bisherigen Einwanderungspolitik. Am 23. Oktober 1948 traf das Passagierschiff *General Black* mit 813 Juden an Bord, den ersten Einwanderern im Rahmen der neuen Regelung, in New York ein. Insgesamt sollten fast 140 000 jüdische DPs nach Amerika gelangen.[23]

Für die Juden, die sich dafür entschieden, in Europa zu bleiben, waren die Nachkriegsjahre fast ebenso schwierig und enttäuschend wie für diejenigen, die sich um Auswanderung bemühten. Sie hatten lediglich andere Schwierigkeiten zu bewältigen. Obwohl ihr Leben nicht mehr vom deutschen Militarismus und von offenem Krieg bestimmt wurde, war es von gesellschaftlicher Unruhe und dem sich rasch entwickelnden Kalten Krieg zwischen den Westalliierten und der Sowjetunion geprägt.

Die Jahre der Verfolgung und des staatlich getragenen Judenhasses hatten die Haltung gegenüber den Juden in den siegreichen und befreiten Ländern nicht gemäßigt. Im Gegenteil, die von der NS Propaganda verbreitete rassistische und antisemitische Weltanschauung hielt sich hartnäckig, während die nationalen Gefühle neue Höhen erreichten. Die Sieger und die befreiten Völker Europas konstruierten als notwendige Grundlage für den friedlichen Wiederaufbau mythische Narrative über den Krieg. Demnach hätten die Sieger einen »guten Krieg« geführt: Sie hätten die Juden gerettet und schuldeten ihnen daher nichts. In Frankreich, Belgien und den Niederlanden kultivierten die Nachkriegsregierungen den Eindruck, alles Schlechte, das zwischen 1940 und 1945 geschehen war, sei von den Deutschen verursacht worden. Mit Ausnahme einiger weniger Kollaborateure sei sich das Volk im Widerstand gegen die Besatzer einig gewesen und habe für diese Standhaftigkeit einen furchtbaren Preis gezahlt: Tausende seien hingerichtet, inhaftiert und deportiert worden. In Paris, Brüssel und Amsterdam wurde die Rückkehr von Zwangsarbeitern, Kriegsgefangenen und in Konzentrationslager gesperrten Widerstandskämpfern als Feier des kollektiven Durchhaltevermögens und Heroismus in Szene gesetzt. Die Konzentrationslager wurden, wie der Historiker Pieter Lagrou feststellt, zu »kulturellen Symbolen dieses Narrativs des nationalen Märtyrertums«. Das Schicksal der Juden passte nicht in diese Perspektive und bildete stattdessen ein dissonantes Element, das unangenehme Fragen darüber aufwarf, wie sich die Menschen unter der Besatzung wirklich verhalten hatten. Noch dazu wusste man Mitte 1945 – anders als über die Konzentrationslager, in denen westeuropäische Widerstandskämpfer inhaftiert gewesen waren – über die Vernichtungszentren noch recht wenig. Die langsam nach Frankreich, Belgien und Holland zurückkehrenden jüdischen Überlebenden mochten den Unterschied eindrücklich darlegen, aber im Vergleich zu der Masse von Kriegsgefangenen, Zwangsarbeitern und »politischen Deportierten« war ihre Zahl gering. Auf jeden Fall trug das Schicksal der Juden, da sie als Juden deportiert worden waren, und nicht, weil sie sich den Besatzern widersetzt hatten, nichts zu dem Mythos von Widerstand und nationalem Leid bei. Deshalb präsentierten sich viele Juden als Opfer des Faschismus und spielten in ihren Nachkriegsaussagen und Erinnerungen ihr Judentum und den besonderen Grund ihrer Verfolgung herunter. Laut Lagrou zogen es die Opfer rassischer Verfolgung »häufig vor, sich so zu sehen, als wären sie wegen ihrer Ansichten zu Opfern geworden, und nicht aufgrund dessen, was die Verfolger als ihre Rasse definierten … Die Verfolgung schien akzeptabler zu sein, wenn sie durch eine Entscheidung, Handlung oder Meinung des Opfers ausgelöst wurde.« Infolgedessen wurde in den entscheidenden Monaten, in denen sich die Kriegsnarrative der einzelnen

Nationen herauskristallisierten, das besondere Schicksal der Juden verwischt, überdeckt oder ganz unterdrückt. Diese Verzerrung sollte die zeitgenössischen Bemühungen um Gerechtigkeit und Wiedergutmachung für die jüdischen Opfer ernsthaft behindern.[24]

In Frankreich war die jüdische Gemeinde, als sie nach der Befreiung im Sommer 1944 wiedererstand, bei Reintegration und Restitution sofort mit großen Hindernissen konfrontiert. Die provisorische Regierung hob zwar alle von den Deutschen und vom Vichy-Regime erlassenen Verordnungen auf, aber ausländische und staatenlose Juden wurden weiterhin diskriminiert. Franzosen, die enteigneten jüdischen Besitz erworben hatten, schlossen sich zusammen, um zu verteidigen, was sie aus ihrer Sicht in gutem Glauben erworben hatten. Die Vereinigung von Besitzern arisierten Eigentums vertrat vor den Behörden ihren Standpunkt und organisierte Demonstrationen, bei denen antisemitische Parolen zu hören waren. Juden, die Betriebe oder Häuser wieder in Besitz zu nehmen versuchten, mussten mit gewalttätigen Reaktionen rechnen. Bei einem Vorfall in Paris wurden im April 1945 sechs Juden verletzt und mehrere von der Polizei, die sich auf die Seite des Mobs schlug, verhaftet. Dennoch schreckten die Führung des Freien Frankreich und später die provisorische Regierung unter Charles de Gaulle aus Furcht, in einem heiklen politischen Moment ihre Unterstützer zu verprellen, davor zurück, sich hinter die Ansprüche der enteigneten Juden zu stellen. Stattdessen rieten sie den Juden zu Besonnenheit und Geduld.[25]

Nicht alle Opfer wollten sich an diesen Rat halten. Um sich Gehör zu verschaffen, überwanden die Juden in Frankreich ihre alten Differenzen und gründeten eine vereinigte Vertretung, den Conseil Représentatif des Institutions juives de France (CRIF). Die neue Körperschaft setzte sich für die Entschädigung derjenigen ein, die ihr Eigentum und ihre Existenzgrundlage verloren hatten, und forderte die Einbürgerung ausländischer Juden wie auch all jener, die für Frankreich gekämpft hatten. Außerdem widmete sich der CRIF der Aufgabe, jüdische Kinder aus Klöstern und christlichen Familien zurückzuholen. Wie in Polen erforderte dies oft rechtliche Schritte. Keine dieser Aktivitäten wäre ohne Hilfe des Joint möglich gewesen, denn die jüdische Bevölkerung war überwiegend verarmt, und ihre Institutionen lagen in Trümmern. Deshalb spielten Joint-Vertreter beim Wiederaufbau eine wichtige Rolle.[26]

Trotz seiner beschränkten Mittel sammelte das CDJC weiter Material über das Vichy-Regime und die deutsche Besatzung. Wie in Polen war die Dokumentationsarbeit in das Streben nach Gerechtigkeit eingebettet. Billig und Poliakov gingen zeitweise nach Nürnberg, um der französischen Delegation am Internationalen Militärgerichtshof bei der Verfolgung von Verbrechen gegen die Menschlichkeit zu helfen. Dabei häuften sie bergeweise Akten an, die zur Grundlage einer ganzen Reihe von 1946 bis 1949 veröffentlichen Arbeiten wurden. Außerdem gab das CDJC eine Monatszeitschrift heraus, *Le Monde Juif*, die sowohl erste Ergebnisse der historischen Forschung als auch Berichte von Überlebenden veröffentlichte. Aber nur 2500 der 76 000 aus Frankreich deportierten Juden kehrten zurück, und ihre Geschichte wurde durch den offiziell propagierten Widerstandsmythos in den Hintergrund gedrängt. Während in Lager eingesperrte Résistancekämpfer sofort eine finanzielle Entschädigung erhielten, mussten Juden jahrelang auf eine Unterstützung durch den Staat warten.[27]

Die erste Nachkriegsregierung in Belgien schien keine Ahnung davon zu haben, was während der deutschen Besatzung mit den Juden geschehen war, und lehnte es ab, sie anders zu behandeln als nichtjüdische Bürger. Im Ausland geborene Juden, insbesondere deutsche, die aus ihren Verstecken auftauchten, wurden als feindliche Ausländer interniert, und illegale jüdische Einwanderer wurden sogar ausgewiesen. Sowohl staatenlose Juden als auch Ausländer, die immer noch die Mehrheit der jüdischen Einwohner des Landes bildeten, waren von Entschädigungszahlungen für Kriegsschäden ausgenommen. Aber dank der wohlwollenden Haltung des kommunistischen Innenministers erhielten anfangs alle 5900 zurückgekehrten jüdischen Deportierten staatliche Leistungen. Auch 2791 verwaiste jüdische Kinder wurden vom Staat unterstützt. Unglücklicherweise kämpften die katholische Kirche und viele Pflegeeltern gegen die Anstrengungen der jüdischen Gemeinde, sie zurückzuholen. Belgische Juden, die daraufhin die Justiz einschalteten, mussten feststellen, dass die Gerichte Ansprüche aus rassischen oder religiösen Gründen für gewöhnlich abwiesen. Orthodoxe Juden legten weniger Geduld an den Tag; das Va'ad Hatzalah holte Waisen mittels Bestechungen und sogar Entführungen aus christlichen Familien. Der 1948 veröffentlichte Bericht des staatlichen Ausschusses für die Erfassung von Kriegsverbrechen stellte die Geschehnisse in Belgien zwar zutreffend dar, kam aber zu spät, um die administrative und juristische Praxis zu beeinflussen. Im Frühjahr 1946 bewirkten der Antikommunismus und der sich entwickelnde Kalte Krieg einen Rechtsruck. Fremdenfeindliche und rechtsgerichtete katholische Politiker warfen den Juden »Unverschämtheit« vor, und Teile der Presse charakterisierten ausländische Juden als fremde Elemente, die hinter dem Schwarzmarkt stünden. Die im Ausland geborenen Deportierten und Waisenkindern gewährten staatlichen Beihilfen wurden gestrichen. Jüdische Opfer wurden vom Staat nur noch anerkannt, wenn sie im Widerstand aktiv gewesen waren. »Das Vermächtnis des Genozids machte sich in der Politik kaum bemerkbar«, resümiert der Historiker Frank Caestecker.[28]

In den Niederlanden hatten etwas mehr als 16 000 Juden die Besatzung in Verstecken überlebt. Hinzu kamen 5450 zurückgekehrte Deportierte sowie fast tausend Juden, die Westerbork nie verlassen hatten. Die jüdische Bevölkerung hatte katastrophale Verluste erlitten, und die Grundlagen für ein Gemeindeleben waren buchstäblich vernichtet. Dennoch hielt die Exilregierung spezielle Hilfen für die niederländischen Juden nicht für geboten. Ironischerweise bestanden diejenigen, die ihr Leben aufs Spiel gesetzt hatten, um ihre jüdischen Nachbarn zu schützen, besonders nachdrücklich darauf, rassische und religiöse Kategorien aus der Politik der Nachkriegszeit zu verbannen. Diese Ablehnung hatte aber auch noch andere, weniger hochherzige Gründe. Viele Niederländer vermuteten, dass die Juden, die Deportation und Todesgefahr überlebt hatten, sich ihr Glück erkauft hatten und immer noch versteckte Reichtümer besaßen. Diejenigen, die aus Osteuropa zurückkehrten, wurden aufgrund ihrer schlechten physischen und psychischen Verfassung verachtet. Man hatte kaum Verständnis für das, was sie durchgemacht hatten, und besonders die Niederländer im Norden, die selbst einen extrem entbehrungsreichen Winter hinter sich hatten, brachten ihnen wenig Sympathie entgegen. Zurückkehrende Lagerüberlebende wurden an der Grenze routinemäßig festgehalten, zusammen mit Niederländern, die freiwillig zur Arbeit nach Deutschland gegangen waren, und manchmal sogar an der Seite von Mitgliedern der niederländischen NS-Bewegung. Als die Regierung den Beschluss fasste, Opfer von deutscher Verfolgung zu entschädigen, erschienen in den Zeitungen Artikel, in denen die Juden gewarnt wurden, die Geduld derjenigen, denen sie Dank schuldeten, nicht zu überfordern. Die antijüdische Stimmung war in den Nachkriegsjahren derart virulent, dass Niederländer, die Juden versteckt hatten, ihr tapferes Verhalten lieber für sich behielten.[29]

Besonders in zwei Bereichen stießen niederländisch-jüdische Überlebende auf Schwierigkeiten. Die jüdische Gemeinde war nahezu vollständig ausgeplündert. Die Überlebenden mussten sich um die Rückgewinnung ihres persönlichen Eigentums kümmern und zugleich versuchen, Vermögen ohne Erben der Gemeinde zu sichern, die im Wortsinne mittellos war. Doch Tausende von enteigneten Häusern, Firmen und Grundstücken sowie Millionen Wertpapiere, die der Pseudobank Lippmann, Rosenthal überschrieben worden waren, hatten Käufer erworben, die guten Gewissens oder aber aus taktischen Gründen vorbrachten, sie hätten die Transaktionen in gutem Glauben getätigt. Es sollte Jahre dauern, bis niederländische Juden nach langwierigem Kampf mit staatlichen Restitutionsstellen und Gerichten gerade einmal einen Bruchteil dessen zurückerhielten, was man ihnen systematisch geraubt hatte. Sogar noch heikler und emotionaler war das Schicksal der gut 2000 jüdischen Waisen, die sich in der Obhut christlicher Pflegeeltern oder Institutionen befanden. Die Regierung bildete eine Kommission, die in diesen Fällen entscheiden sollte, aber die jüdischen Mitglieder waren in der Minderheit und mussten ohnmächtig mit anhören, wie die Vorsitzende, Gesina H. J. van der Molens, in Zweifel zog, dass die verstorbenen Eltern, die womöglich nicht besonders religiös gewesen seien, ihre Nachkommen aus einer christlichen Umgebung hätten herausholen wollen. »Nach Ansicht mancher müssen sie der jüdischen Gemeinde zurückgegeben werden«, erklärte sie. »In den meisten Fällen haben die Eltern dieser Kinder sie Widerstandskämpfern anvertraut, und in anderen Fällen haben sie sie selbst vor den Deutschen versteckt. Hat die jüdische Gemeinde das Recht, diese Kinder zurückzuverlangen? Gehörten diese Kinder wirklich allein der jüdischen Gemeinde?« Die jüdischen Kommissionsmitglieder waren derart enttäuscht über die Entscheidungen des Gremiums, dass sie Mitte 1946 aus ihm austraten. Ein Appell von Oberrabbiner Herzog war ebenfalls wirkungslos, und im Juni 1949 sah sich die Gemeinde zu einem öffentlichen Protest genötigt. Noch lange nach dem Krieg blieb das Schicksal der jüdischen Waisen eine schwärende Wunde.[30]

Ungewöhnlich für Westeuropa war, dass die niederländischen Juden ein Ehrengericht bildeten, um den Vorwurf jüdischer Kollaboration mit den Deutschen zu untersuchen. Beschuldigt wurden David

Cohen und Abraham Asscher sowie zwei Dutzend weitere ehemalige Judenratsmitglieder. Asscher erkannte das Verfahren nicht an, während Cohen (der von Seiten der Universität, an der er seine Lehrtätigkeit wieder aufgenommen hatte, unter Druck stand) sein Handeln zu rechtfertigen suchte. Im November 1947 befand das Gericht, dass beide Männer sich verwerflich verhalten hätten, und schloss sie aus der Gemeinde aus. Danach drohte ihnen eine Anklage vor der Kammer, welche die Regierung für die Aburteilung von Kollaborateuren eingerichtet hatte. Die anschließende peinliche öffentliche Debatte und der Eifer, mit dem einige niederländische Kommentatoren die Verantwortung für die Vernichtung der Gemeinde auf die Juden selbst abwälzten, veranlassten das Ehrengericht, seinen Spruch zu revidieren. Damit war die Debatte allerdings nicht beendet. Das moralische Dilemma des Judenrats sollte noch auf Jahre hinaus in der Arbeit von überlebenden Historikern wie Jacob Presser einen Nachhall finden.[31]

Ein glühendes Verlangen nach Gerechtigkeit und Vergeltung erfüllte Juden überall auf dem geschundenen Kontinent. In der chaotischen Übergangszeit zwischen Befreiung und Wiedererrichtung der Ordnung übten manche Überlebende ihre persönliche Rache an Deutschen. Jurek Kestenberg gestand dem amerikanischen Ermittler David Boder, der 1946 in den DP-Lagern Überlebende interviewte, dass er SS-Männer gejagt und Deutsche in der Nähe von Buchenwald misshandelt habe. Ein anderer Interviewpartner, Benjamin Piskorz, berichtete: »Ich habe ein wenig Rache an den Deutschen genommen.« Er habe Männer und Kinder getötet. »Außerdem habe ich mit Kindern von Deutschen Dinge getan, die SS-Männer in Majdanek mit … jüdischen Kindern getan haben.« Der Hass in ihm sei so groß gewesen, deshalb habe er es getan. Viele Jahre später erklärte Yitzhak Zuckerman in seinen Erinnerungen, er sei überzeugt gewesen, »dass Racheoperationen ausgeführt werden sollten«. Aber anstelle wahlloser Aktionen gegen irgendwelche erwachsene Deutsche zog er die Exekution einzelner Kriegsverbrecher vor. Anfang 1945 jedoch milderte sich seine Einstellung: »Ich würde keine Todesurteile mehr verhängen.« Auch Mitglieder der Jüdischen Brigade in Österreich und Süddeutschland jagten bekannte SS Männer, doch ist das Ausmaß ihrer außergerichtlichen Aktivitäten unklar. Abba Kovner, der Anführer einer jüdischen Partisanengruppe, die sich Anfang 1942 in Wilna zusammengefunden hatte, setzte eine große Racheoperation in Gang. Gemeinsam mit anderen Mitgliedern seiner Einheit bildete er eine Gruppe mit dem Namen Nakam (hebräisch für »Rache«) und hoffte genügend Gift zu beschaffen, um das Trinkwassernetz einer deutschen Großstadt damit zu versetzen und so Tausende zu töten. Das Vorhaben scheiterte, doch gelang es Mitgliedern der Gruppe, für ein deutsches Kriegsgefangenenlager bestimmtes Brot zu vergiften, was aber keine Todesfälle zur Folge hatte. Typischer als solche Aktionen war es allerdings, dass jüdische DPs die deutsche Bevölkerung (und insbesondere Frauen) als legitime Opfer von Misshandlungen, Diebstahl und Übervorteilung auf dem schwarzen Markt betrachteten.[32]

Die Ergebnisse der alliierten Kriegsverbrecherprozesse vermochten den Rachedurst kaum zu stillen. Das erste dieser Verfahren, den Bergen-Belsen-Prozess, führten die Briten auf der Grundlage eines Königlichen Auftrags (Royal Warrant) durch. Im September und November 1945 mussten sich der frühere Birkenaukommandant Josef Kramer und über vierzig weitere Mitglieder der Lager-SS sowie einige Kapos, die in Bergen-Belsen festgenommen worden waren, vor einem Militärgericht verantworten. Dieser Prozess schuf in vieler Hinsicht das Muster für alle nachfolgenden Verfahren. Die Anklagen waren vielfältig, und die Verfolgung der Juden und der Massenmord an ihnen standen nicht im Mittelpunkt. Die Ankläger waren vor allem an Vergehen gegen alliierte Soldaten und Bürger alliierter Staaten interessiert. Was etwa die Deutschen den deutschen Juden angetan hatten, fiel nicht in ihre Zuständigkeit. Jüdische Überlebende machten Aussagen, aber sie bildeten nur eine kleine Gruppe unter den Zeugen, und der besondere Charakter der Judenpolitik ging in der Flut von Ausbeutungs- und Misshandlungsvorwürfen gegen das deutsche Regime in den besetzten Ländern unter. Dieses Dilemma sollte auch die Verfahren vor dem Internationalen Militärgerichtshof in Nürnberg kennzeichnen.[33]

Die erste Versammlung von Delegierten der jüdischen DPs im Juli 1945 in St. Ottilien appellierte an die Alliierten, Juden in die juristische Aufarbeitung der deutschen Verbrechen einzubeziehen. Dazu kam es jedoch nie. Den Alliierten fiel es schon ohne die Beteiligung jüdischer Juristen schwer genug, ihre divergierenden Auffassungen darüber, wie mit dem NS-Regime abzurechnen sei, unter einen Hut zu bringen. Anfangs wollten die Briten überhaupt keine Gerichtsverhandlungen abhalten, sondern hohe NS-Vertreter und SS-Männer, die ihnen in die Hände fielen, nach einer oberflächlichen Ermittlung summarisch hinrichten. Die Amerikaner zeigten ebenfalls kaum Interesse an einer juristischen Aufarbeitung, bis die Sowjets sie Ende 1944 davon überzeugten, die Führung des NS-Regimes zur Rechenschaft zu ziehen. Auch die Exilregierungen, die seit 1943 über deutsche Verbrechen Buch führten, sprachen sich für Gerichtsverfahren aus. Auf ihr Drängen wurde die UN-Kommission zur Ahndung von Kriegsverbrechen geschaffen, die Verfahren gegen die Täter einleiten sollte, dann jedoch von Briten und Amerikanern kaltgestellt wurde. Im Sommer 1945 trafen sich alliierte Rechtsexperten in London, um die unterschiedlichen Forderungen miteinander in Einklang zu bringen. Sie entwarfen das Statut für ein Tribunal unter Vorsitz amerikanischer, britischer, sowjetischer und französischer Richter, mit Teams von Juristen aus den verschiedenen Ländern, die jeweils für bestimmte Anklagepunkte zuständig sein sollten. Man einigte sich auf vier Hauptanklagepunkte: Verschwörung gegen den Frieden, die Führung eines Angriffskrieges, Kriegsverbrechen und Verbrechen gegen die Menschlichkeit. Im ersten Verfahren, dem Prozess gegen die Hauptkriegsverbrecher, sollten die Spitzen der staatlichen und militärischen Hierarchien, die noch am Leben und in Gefangenschaft waren, auf der Anklagebank sitzen: Göring, Frick, Ley, Frank, Ribbentrop, Rosenberg, Sauckel, Seyß-Inquart, Baldur von Schirach, Funk, Speer, Kaltenbrunner und Streicher. Neben ihnen sollten Papen, Neurath, Schacht und Heß, die seit den späten 1930er Jahren von der Bühne verschwunden waren, sowie Keitel und Jodl vom OKW, Dönitz und Raeder als Marinechefs sowie Hans Fritzsche, ein hoher Beamter im Propagandaministerium, Platz nehmen. Diese Männer hatten zu verschiedenen Zeiten über die meisten Aspekte der Judenpolitik entschieden oder zu ihnen beigetragen – dennoch gab es keinen eigenen Anklagepunkt für Verbrechen gegen die Juden.[34]

Vertreter des Jüdischen Weltkongresses versuchten den amerikanischen Hauptankläger Robert Jackson, der die Vorbereitung der Nürnberger Prozesse leitete, davon zu überzeugen, dass die Vernichtung des jüdischen Volks als eigener Punkt zu behandeln sei. Ihnen wurde versichert, sie würde unter der neugeschaffenen und bereits umstrittenen Anklage auf Verbrechen gegen die Menschlichkeit zur Sprache kommen. Ein Element derselben war der Völkermord, den der polnisch-jüdische Jurist Raphael Lemkin neu definiert und bei den Amerikanern durchgesetzt hatte. Aber Jackson gestattete Chaim

Weizmann nicht, in einem Vortrag vor dem Gerichtshof das Ausmaß der deutschen Verbrechen an den Juden zusammenhängend darzustellen. Infolgedessen kamen die Verfolgung der Juden im Dritten Reich und die Durchführung des Völkermords während des gesamten Verfahrens von November 1945 bis Oktober 1946 lediglich sporadisch zur Sprache.[35]

Dies lag nicht an mangelndem Wissen. In seinem Eröffnungsplädoyer erwähnte Jackson die »Verschwörung oder den gemeinsamen Plan, die Juden auszurotten«, der »so überlegt und gründlich betrieben [wurde], dass dieses Ziel … weitgehend erreicht worden« sei. Otto Ohlendorf wurde über die Operationen der Einsatzgruppen vernommen. Dieter Wisliceny sagte über Eichmann und die Tätigkeit des RSHA-Referats IV B 4 aus, dabei fasste er im Grunde die »Endlösung« zusammen. Bach-Zelewski wurde über die »Partisanenbekämpfung« befragt. Die Anklage verlas Jürgen Stroops Bericht über die Niederschlagung des Warschauer Ghettoaufstands und zeigte Photos, die ihn veranschaulichten. Rudolf Höß wurde als Entlastungszeuge für Kaltenbrunner in den Zeugenstand gerufen, beschrieb dann aber den Massenmord in Auschwitz-Birkenau. Ein französischer Häftling, Marie-Claude Vaillant-Couturier (der schon im Bergen-Belsen-Prozess ausgesagt hatte), fügte dem die Erfahrungen der Insassen hinzu. Der deutsche Ingenieur Hermann Friedrich Gräbe schilderte auf anschauliche Weise eine Massenerschießung in der Ukraine und erzielte als Nichtjude eine umso größere Wirkung. Eine Reihe jüdischer Zeugen beschrieb Treblinka, Majdanek und das Schicksal des Ghettos von Wilna. Der Rechtsanwalt Jacob Robinson, der inoffiziell den Jüdischen Weltkongress vertrat, stellte umfangreiche Statistiken des Instituts für jüdische Angelegenheiten zur Verfügung, das der Jüdische Weltkongress zur Erfassung antijüdischen Unrechts gegründet hatte. Die polnische Delegation legte die Untersuchungsergebnisse zu den Vernichtungslagern und dem Massenmord an den polnischen Juden vor. Léon Poliakov und Joseph Billig steuerten deutsche Dokumente über die Deportation von Juden aus Frankreich bei. Rudolf Kasztner legte den (ursprünglich für die Zionistische Weltorganisation verfassten) Bericht des Budapester jüdischen Rettungskomitees vor, der Einzelheiten über Eichmanns Tätigkeit in Ungarn und die Katastrophe der ungarischen Juden enthielt. Zahlreiche jüdische Rechtsanwälte, Vernehmer, Psychologen, Ermittler und Übersetzer arbeiteten für das Tribunal, einschließlich des Hollywood-Produzenten Budd Schulberg, der für die Aufbereitung der filmischen Beweise für die NS-Verbrechen verantwortlich war. Doch die Tag um Tag aufgetürmte Masse an Informationen zu allen möglichen Gegenständen und die Fokussierung auf die deutsche Kriegsverschwörung verhinderten, dass sich ein klares Bild der deutschen Politik gegenüber den Juden ergab und eine nuancierte Würdigung ihres Schicksals möglich wurde.[36]

Die europäischen Juden, die den Prozess aufmerksam verfolgt hatten, nahmen sein Ergebnis zwiespältig auf. Die Lodzer Zeitung *Dos Naye Leben* erklärte am 4. Oktober 1946: »Als wir von den Todesurteilen für die zwölf Hauptmörder lasen, waren wir überwältigt von Freude über die Gerechtigkeit und von hochgestimmter, heiliger Rache ...« Im Gegensatz dazu wunderte sich *Le Monde Juif* im November 1946 über die spärliche Beachtung des Schicksals der Juden in der Urteilsbegründung. Moyshe Feigenbaum, ein führender Vertreter der historischen Kommissionen der DPs, sagte voraus, dass es Aufgabe der Juden sein würde, den Prozess durch ihre eigenen Erfahrungen zu ergänzen: »Die Nürnberger Dokumente zeigen nur, wie die Mörder sich uns gegenüber verhielten, wie sie uns behandelten und was sie uns angetan haben. Bestand unser Leben in jenen alptraumhaften Tagen nur aus solchen Fragmenten? Auf welcher Grundlage werden die Historiker ein Bild dessen, was in den Ghettos geschah, zeichnen können? ... Deshalb ist jedes Zeugnis eines überlebenden Juden, jedes Lied aus der Nazizeit, jedes Sprichwort, jede Anekdote und jeder Witz, jede Photographie für uns von enormem Wert.«[37]

Das nur bruchstückhafte Verständnis der deutschen antijüdischen Politik und ihres beispiellosen Wesens waren auch für die Schwierigkeiten verantwortlich, mit denen Juden in den gleichzeitigen Gerichtsverfahren zu Restitution und Reparation zu kämpfen hatten. 1945 gab es einfach keinen rechtlichen Rahmen für den Umgang mit staatlich sanktioniertem Raub in Zusammenhang mit einem Völkermord, der einen ganzen Kontinent erfasst hatte: Es musste zunächst ein gänzlich neues Vokabular erfunden werden, und für die Beurteilung der Ansprüche der Lebenden und der Toten mussten neue Gesetze verfasst werden. Jüdische Organisationen in der freien Welt hatten begonnen, das Ausmaß der materiellen Verluste von Juden während des Krieges zu erfassen. Der Jüdische Weltkongress gründete das Institut für jüdische Angelegenheiten und hielt im November 1944 eigens eine Konferenz ab, um die jüdischen Ansprüche gegenüber Deutschland und seinen Mittätern festzustellen. Ein Jahr später präsentierte Weizmann der Pariser Reparationskonferenz eine Denkschrift zu diesen Forderungen. Um ihnen Nachdruck zu verleihen, baute Jacob Robinsons Bruder Nehemia ein Büro des Jüdischen Weltkongresses in Europa auf. Die Reparationskonferenz beschloss, einen Fonds für die Entschädigung der Opfer nationalsozialistischer Verfolgung zu schaffen, und billigte den Juden eine vorrangige Berücksichtigung zu. Im Juni 1946 einigte man sich zudem darauf, über 50 Millionen Dollar für die Neuansiedlung nicht repatriierbarer DPs bereitzustellen, zu denen auch Juden zählten. Die Mittel sollten in Form von »nichtmonetärem Gold« aufgebracht werden, das die Alliierten am Ende des Krieges in unterirdischen deutschen Beutelagern gefunden hatten. Der Begriff »nichtmonetäres Gold« diente zur Unterscheidung von den Barren in den Tresoren der Notenbanken, die zum größten Teil zurückverfolgt werden konnten und zurückgegeben wurden. Er war ein Euphemismus für hinterlassene Gegenstände und persönliche Habseligkeiten wie Eheringe, welche die Deutschen eingeschmolzen hatten; auch Zahngold gehörte dazu. Weitere Gelder sollten durch die Veräußerung von herrenlosem jüdischen Eigentum und in neutralen Ländern beschlagnahmten deutschen Vermögenswerten gewonnen werden. Obwohl 90 Prozent der Mittel dem Joint und der Jewish Agency zuflossen, deckten sie nur einen Bruchteil der Kosten für die Neuansiedlung von vor 1939 aus dem Deutschen Reich ausgewanderten Juden, und auch zum Unterhalt der DP-Lager leisteten sie nur einen geringen Beitrag.[38]

In die Restitutionsangelegenheiten einzelner Länder oder individuelle Reparationsfragen wollten sich die Großmächte nicht einmischen. In der amerikanischen und der französischen Besatzungszone in Deutschland erließen die Militärregierungen Verordnungen, die Juden in die Lage versetzten, ihr Eigentum zurückzuerlangen oder eine Entschädigung zu erhalten. Die konkrete Ausgestaltung und Durchführung wurde lokalen Stellen überlassen. Die Briten fürchteten, die zionistische Bewegung könnte durch rückerstattetes Vermögen Auftrieb erhalten, und lehnten es deshalb bis 1949 ab, überhaupt etwas zu unternehmen. Infolgedessen verlief die Entwicklung äußerst ungleichmäßig und konfliktreich. Überlebende in Westdeutschland erhoben zu Tausenden Ansprüche, auch wenn ihr Eigentum häufig durch Luftangriffe oder Bodenkämpfe in Trümmer gelegt worden war.

Im Mai 1947 bildeten amerikanische, britische und französische jüdische Organisationen die Jüdische Restitutionsnachfolger-Organisation (JRSO), die herrenloses jüdisches Eigentum aufspüren und bewerten sollte. Die Aufgabe war allerdings gewaltig, und die Dokumentation bereitete enorme Schwierigkeiten. Die JRSO gab jeden Gedanken daran auf, eine Entschädigung für Haushaltsgegenstände und persönliche Dinge zu erhalten, und erhob stattdessen allgemeine Forderungen auf der Grundlage von groben Schätzungen dessen, was den Deportierten aus dem Reich abgenommen worden war. Während die Alliierten Fachleute aussandten, aus staatlichen Sammlungen stammendes Raubgut zurückzuholen, überließ man es einem Ad-hoc-Gremium, dem Jüdischen Kulturellen Wiederaufbau, aus jüdischen Institutionen entwendete Kunstwerke, Kultgegenstände und seltene Bücher aufzuspüren. Dem Team gehörten unter anderen der Historiker Salo Baron und Hannah Arendt an. Es erreichte viel, aber Tausende Gemälde und Antiquitäten, die einst jüdischen Händlern und Sammlern gehört oder jüdische Wohnungen und Häuser in ganz Europa geschmückt hatten, blieben außerhalb seiner Reichweite. Wenn es keine Überlebenden gab, die die mühselige Aufgabe der Restitution auf sich nahmen, blieben diese Beutestücke in den Händen der Räuber und ihrer Erben.[39]

In Italien, das während des Krieges die Seite gewechselt hatte, wurden die jüdischen Restitutionsbemühungen durch den Mythos behindert, das Land hätte sich nie an der rassischen Verfolgung der Juden beteiligt. Stattdessen wurde jegliches Übel der deutschen Besatzung von 1943 bis 1945 zugeschrieben. Kein einziger Italiener kam wegen der Plünderung, Deportation oder Ermordung von Juden vor Gericht. Überlebende mussten einen komplizierten Rechtsweg beschreiten, um zu beweisen, dass ein Grundstück oder eine Firma einst ihnen gehört hatte und enteignet worden war. Die Behörde, die solche Fälle bearbeitete, war dieselbe, die einst die Enteignung jüdischen Besitzes durchgeführt hatte. Selbst ein Erfolg war für die Antragsteller keine reine Freude, denn den neuen alten Besitzern wurden Steuern und Verwaltungskosten für ihr Unternehmen oder Haus rückwirkend auch für die Zeit der Konfiskation auferlegt. Forderten Juden, die Mitglieder der faschistischen Partei gewesen waren, ihre Arbeitsstelle zurück, wurde ihnen mitgeteilt, dass sie als Faschisten keinerlei Anspruch auf Entschädigung hätten.[40]

Sogar in Großbritannien überschattete der Krieg in bizarrer Weise die Bemühungen von Juden um ihr rechtmäßiges Eigentum. Hunderte von Juden aus Achsenländern mussten feststellen, dass ihre Vermögen als Feindbesitz eingefroren worden waren. In der Folgezeit erhielten diejenigen, die noch am Leben waren, für gewöhnlich ihr Eigentum zurück, aber weit mehr Juden, die einen Teil ihres Geldes und ihrer Wertpapiere britischen Finanzinstituten anvertraut hatten, waren verstorben. Anstatt nach Erben zu suchen oder die Vermögenswerte repräsentativen jüdischen Organisationen zu übergeben, zog der britische Staat Eigentum ohne Erben ein und gab sie im Rahmen von bilateralen Entschädigungsvereinbarungen an andere Länder weiter. Schweizer Banken sollten – in noch viel größerem Maßstab – ein ähnliches Täuschungsmanöver ausführen.[41]

Dass die Westmächte Vergeltung, Restitution und Reparation so wenig Beachtung schenkten, war Ausdruck des raschen Wandels in den internationalen Beziehungen während der Nachkriegsjahre. Schon auf der Potsdamer Konferenz im Sommer 1945 machten sich Spannungen zwischen den Westalliierten und der UdSSR bemerkbar. In Voraussicht auf die Zeit, in der sie Deutschland als Partner in ihrer antisowjetischen Allianz brauchen würden, waren Briten und Amerikaner 1946 mehr darauf bedacht, den Wiederaufbau in ihren Besatzungszonen voranzubringen und die Stimmung der deutschen Bevölkerung zu heben, als sie zu bestrafen und an die Untaten der Vergangenheit zu erinnern. Aus demselben Grund schraubten die Amerikaner ihre Anstrengungen zurück, neutrale Länder, vor allem die Schweiz, Schweden und Spanien, dazu zu bewegen, herrenlose jüdische Vermögenswerte oder bei Arisierungen zu Spottpreisen erworbene Immobilien herauszugeben. Die Sowjets strebten gleichzeitig danach, die Deutschen für sich und die Herrschaft der deutschen Kommunisten in ihrer Zone zu gewinnen. Dass eine gemäßigte Politik dabei effektiver war als fortgesetzte Anschuldigungen und Zerstörungen, lag auf der Hand. Die großen Verlierer dieser strategischen Neuaufstellung waren die Juden. Sogar auf die jüdische Auswanderung von Europa nach Palästina wirkte sie sich negativ aus. Als die Westalliierten ihre Ressourcen für die Abwehr der von ihnen befürchteten sowjetischen Expansion musterten, begannen die Briten Palästina als strategischen Stützpunkt im Nahen Osten zu schätzen und waren deshalb umso weniger geneigt, arabische Gefühle zu verletzen, indem sie eine jüdische Masseneinwanderung erlaubten.[42]

Die Juden im sich zügig herausbildenden Ostblock gerieten zunehmend in Isolation. 1946 lebten in der sowjetischen Besatzungszone in Deutschland nur noch 6000 Juden, darunter 2500 Kinder aus Mischehen. Sie wurden der Kategorie »Opfer des Faschismus« zugeordnet, erhielten aber keine besondere Unterstützung. Die offizielle Vereinigung der Verfolgten des Naziregimes leistete Hilfe beim Wiederaufbau jüdischer Gemeinden, und für einige Jahre tröpfelten auch Gelder des Joint nach Ostdeutschland, aber Privat- oder Gemeindevermögen wurde nicht zurückerstattet. Im Vergleich zu den anderen Zonen war es bemerkenswert, dass in Ost-Berlin ein Ehrengericht mit Sitz in der teilweise erhalten gebliebenen Synagoge in der Oranienburger Straße gebildet wurde. Es konzentrierte sich auf jene, die ihr Leben damit erkauft hatten, dass sie in Berlin untergetauchte Juden verrieten. Nicht weniger als 56 von ihnen wurden angeklagt, doch wurde jeder Zweite freigesprochen. Die für schuldig Befundenen wurden aus der jüdischen Gemeinde und von Fürsorgeleistungen ausgeschlossen.[43]

In der Tschechoslowakei duldete Stalin nach der Befreiung Prags durch die Rote Armee für drei Jahre eine demokratische Ordnung. In dieser Zeit kehrten fast 30000 Juden aus Lagern, Zwangsarbeit und Verstecken in die Slowakei zurück. Die Zahl der Rückkehrer in den tschechischen Landesteil war geringer. Dabei war der Status der Überlebenden unklar. In Theresienstadt befreite deutsche Juden wurden als feindliche Ausländer ausgewiesen. Die Juden wie vor dem Krieg als nationale Minderheit anzuerkennen, lehnte die Regierung ab, weshalb sie, wenn sie Entschädigungen erhalten wollten, gegen allgemeingültige Gesetze ankämpfen mussten, welche die allein den Juden beschiedene vollständige Auslöschung ignorierten. Häufig hatten die Beamten, die jüdische Ansprüche bearbeiteten, unter den Deutschen oder dem slowakischen Regime in Enteignungsstellen gearbeitet. Versuche, Eigentum zurückzuerlangen, lösten regelmäßig gewalttätige Reaktionen aus. Nach der Bekanntgabe eines Restitutionsgesetzes kam es im September 1945 in Topalcany und im August 1946 in Bratislava zu antijüdischen Unruhen. Paradoxerweise nahm die Regierung in Prag eine prozionistische Haltung ein. Dies entsprach Moskaus Überzeugung, dass ein jüdischer Staat von Sozialisten beherrscht werden würde. Daher wurde die Tschechoslowakei zu einem Fluchtkorridor für Juden aus Polen, und der Joint durfte sie auf ihrem Weg unterstützen. 1948 änderte Moskau jedoch seinen Kurs, und die Atmosphäre wurde auch in dieser Hinsicht eisig. Insgesamt 18 000 tschechische Juden schlossen sich dem Exodus nach Israel an.[44]

In Ungarn überlebten rund 100 000 Juden das Ghetto und die Belagerung Budapests. Allerdings waren sie mittellos und hingen von der Unterstützung durch den Joint ab. Schließlich kehrten Zehntausende von Juden aus Lagern zurück, so dass die Zahl der registrierten Gemeindemitglieder auf 180 000 anstieg. Der Jüdische Weltkongress stellte sich an die Spitze ihres Kampfs um die Wiederherstellung ihrer Rechte und die Rückerlangung ihres Eigentums – vergeblich. Nachdem die Kommunisten die Macht monopolisiert hatten, kam die Restitution zum Erliegen, und die jüdische Gemeinde wurde mit hohen Steuern belegt. Gleichzeitig machte sich die linke Regierung energisch daran, Kollaborateure vor Gericht zu stellen. Baky, Endre und Jaross wurden verurteilt und hingerichtet, und auch Hunderte kleinerer Lichter wurden angeklagt und zu unterschiedlich harten Strafen verurteilt.[45]

Auch in Rumänien verblieb eine große jüdische Bevölkerung. Rund 50 000 nach Transnistrien deportierte Juden waren am Leben geblieben. Hinzu kamen 65 000, die in den übrigen Landesteilen entwurzelt worden waren. Das auf Antonescu folgende Regime wollte allerdings nur Juden ins Land lassen, die nachweisen konnten, dass sie in Rumänien geboren waren. Zehntausende saßen in dem Landstreifen zwischen Dnjestr und sowjetischer Ukraine fest und forderten die Ausreise. Schließlich durften rund 30 000 nach Israel emigrieren. Wie in Ungarn kam es den Kommunisten gelegen, führende Figuren der Kriegsregierung, namentlich Ion Antonescu, sowie eine ganze Reihe höherer Beamter vor Gericht zu stellen. Zu den Anklagepunkten gehörten auch Verbrechen gegen Juden, aber die Dimension und die Planmäßigkeit der antijüdischen Maßnahmen wurden nie klar ausgesprochen. Gegenüber dem Vergehen, ein Faschist gewesen zu sein, trat der Vorwurf des Antisemitismus in den Hintergrund.[46]

Ursprung der Politik gegenüber den überlebenden Juden in den Ostblockländern war selbstverständlich Moskau. 1945 hatte Stalin keine Verwendung mehr für das Jüdische Antifaschistische Komitee, und die Behörden kehrten zu der Sichtweise zurück, es gebe keinen Unterschied zwischen dem Schicksal der Juden und dem der übrigen Bevölkerung. Die offiziellen Medien sprachen in Berichten über deutsche Gräuel und die Befreiung der Lager stets von faschistischen

Verbrechen gegen Sowjetbürger, auch wenn diese allein als Juden zu Opfern geworden waren. Überlebende in den befreiten westlichen Gebieten der Sowjetunion mussten ihre Existenz ohne jede staatliche Unterstützung wiederaufbauen und durften kollektiv lediglich als Religionsgemeinschaft in Erscheinung treten. Eine Zeitlang dienten Synagogen als Verteilungszentren für Hilfen des Joint und von Juden im Westen. Zu den ersten Aktivitäten der neu konstituierten Gemeinden gehörten die Umbettung der Toten und die Errichtung von Denkmälern auf Massengräbern. So etwas wie eine historische Kommission gab es in der Sowjetunion nicht, aber seit 1944 nahmen Ilja Ehrenburg und Wassili Grossmann hinter der vorrückenden Roten Armee Zeugenaussagen auf und sammelten Darstellungen von Überlebenden. Sie wollten diese Augenzeugenberichte und andere Belege für die Katastrophe in einem »Schwarzbuch« veröffentlichen, doch 1948 wurden nahezu alle Aktivitäten der jüdischen Gemeinden unterbunden. Die führenden jiddischen Schriftsteller des Jüdischen Antifaschistischen Komitees wurden erschossen, das Erscheinen des »Schwarzbuchs« wurde unterbunden. Erst nach dem Ende des Kalten Krieges und der Öffnung der ehemals sowjetischen Archive konnte das ganze Ausmaß jüdischer Leiden und Verluste in der Sowjetunion erforscht werden – mit weitreichenden Auswirkungen auf das Bild vom Schicksal der europäischen Juden während des Zweiten Weltkriegs.[47]

Schlussbetrachtung

Das Schicksal der europäischen Juden zwischen 1933 und 1948 wurzelte im Antisemitismus, wurde aber vom Krieg geformt. Abneigung gegen Juden und Judenhass waren vor 1914 in Europa weitverbreitet, doch der Erste Weltkrieg schuf die Bedingungen, unter denen diese Feindseligkeit überhitzen konnte. Der Krieg hatte Hitler geprägt und viele Deutsche empfänglich gemacht für seine Botschaft, dass die Juden an der Niederlage schuld und eine permanente Quelle der Subversion seien, ein Feind, der bezwungen werden müsse. Die inneren Unruhen nach 1918, die den Schrecken des Grabenkrieges und den Auswirkungen der Blockade auf die Heimatfront eine weitere erschütternde Erfahrung hinzufügten, verrohten die deutsche Gesellschaft und schwächten die Hemmungen gegenüber Gesetzesverstößen und Gewalt. Entschlossene Gruppen junger Männer betraten die Bühne, die sozialen Problemen und politischen Fragen mit militärischen Lösungen begegnen wollten, an die entscheidende Tat glaubten und den Einsatz von Gewalt befürworteten. Die NS-Bewegung war durchtränkt vom Geist der Schützengräben, und in Hitlers Führungsstil spiegelte sich die Auftragstaktik des deutschen Militärs wider. Vor allem trieb Hitler und die Männer in seiner Umgebung der Gedanke an die Niederlage vom November 1918 um – die sie den Juden anlasteten. Im Falle eines neuerlichen Krieges wollten sie um jeden Preis verhindern, dass die Juden noch einmal einen solchen Verrat begingen. Sie würden als Erste losschlagen und den jüdischen Feind vernichten.

Hitler glaubte, dass Deutschland sich im Krieg mit dem internationalen Judentum befände und von dessen Ausgang das Schicksal der Menschheit abhinge. Doch zwischen der Sprache der Nationalsozialisten und ihrer konkreten Politik lag eine bemerkenswerte Kluft. In den ersten Jahren des Dritten Reichs war die Judenpolitik sprunghaft: Ihr mangelte es an Konsistenz und zentraler Führung. Gleichwohl wurden die Juden zum Gegenstand unablässiger Verleumdungen; die deutsche Bevölkerung wurde zum Hass erzogen. Auf lokaler Ebene initiierte Boykotte, sporadische Gewalttätigkeiten und immer neue Verordnungen regionaler und zentralstaatlicher Behörden vermittelten die Botschaft, dass die Juden Freiwild seien. Umgekehrt stärkte die

Praxis, den Juden den Schutz des Gesetzes und den Zugang zu staatlichen Leistungen zu verweigern, die kollektive Identität der übrigen Bevölkerung als einer rassisch definierten »Volksgemeinschaft«.

Das NS-Regime nahm an, das Weltjudentum würde sich um die deutschen Juden sorgen und sei derart einflussreich, dass es den Kurs der Regierungen in London und Washington bestimmen könne. Die ersten Reaktionen der jüdischen Diaspora und der Weltgemeinschaft schienen diese Annahme zu bestätigen; die Proteste machten die deutschen Juden zu Geiseln, die das Wohlverhalten beider garantieren sollten. Zwar wurde im Lauf der Zeit immer deutlicher, dass die Juden in Deutschland keineswegs wertvolle Geiseln waren, doch hatte diese Wahrheit keinerlei Einfluss auf das nationalsozialistische Denken.

1936/37 belebten die Kriegsvorbereitungen die Judenpolitik und gaben ihr eine Richtung. Die deutsche Wirtschaft lief auf Hochtouren, um Hitlers Rüstungsziele zu erreichen – ein Rahmen, in dem die Plünderung der jüdischen Bevölkerung eine attraktive Einnahmequelle darstellte. So entwickelte sich ein Muster für künftige Maßnahmen: Wann immer harte ökonomische Entscheidungen getroffen werden mussten, wurden die Juden am härtesten ausgepresst. Und ein weiteres Muster sollte sich bald darauf herausbilden: Jede Expansion des Dritten Reichs, angefangen mit der Besetzung Österreichs, wurde von ritualisierter Gewalt gegen Juden eingeleitet, und die Gewalttätigkeiten und Plünderungen in den besetzten Territorien radikalisierten umgekehrt die Einstellungen und Praktiken in Deutschland.

Hitlers und Goebbels' persönliche Vorlieben trugen fraglos wesentlich zum Ausbruch der Gewalttätigkeiten in der sogenannten Kristallnacht vom 9. auf den 10. November 1938 bei, aber sie waren auch ein Nebenprodukt der in der Sudetenkrise entstandenen kriegerischen Stimmung. Hitler meinte, dass sein Volk sich nicht genug für den Krieg begeisterte; das Erlebnis massiver Gewalt würde es abhärten. Viele der Männer und Frauen, die über Juden herfielen, ließen nach einer Zeit extremer Anspannung Dampf ab. Doch dies erklärt nicht die gezielte und ausgeklügelte Erniedrigung des Judentums – der Novemberpogrom war auch ungezügelter Ausdruck des traditionellen Judenhasses. Paradoxerweise lieferte er zugleich den Vorwand für die Einführung von stärker gelenkten und erkenntnisbasierten Methoden der Verfolgung, wie sie der SD unter Heydrich vertrat. Möglicherweise hatte Goebbels' Affäre mit einer tschechischen Schauspielerin zur

Folge, dass die SS eine beherrschende Rolle bei der Formulierung und Ausführung der Judenpolitik erlangte.

Mit dem Kriegsbeginn verschlechterte sich die Lage der Juden drastisch. Die Misshandlungen und Massenerschießungen in Polen stellten eine erhebliche Eskalation der Gewalt beziehungsweise eine weitere Enthemmung dar. Insofern war das Unternehmen Tannenberg für die Entwicklung der antijüdischen Politik weit wichtiger als das geheime Euthanasieprogramm. Ersteres geschah offen und unverhohlen – die Demütigung und Ermordung von Juden wurden öffentlich zelebriert –, während Letzteres unter Geheimhaltung durchgeführt wurde, da es als schändlich galt. Aber trotz der extremen Gewalt war das deutsche Denken nach wie vor auf eine Kombination aus freiwilliger Emigration und gewaltsamer Entfernung von Juden aus deutschen Siedlungsgebieten ausgerichtet. Die Ghettos in Polen entstanden, als sich die Vertreibung als undurchführbar herausstellte, und wie die gesamte vorherige Judenpolitik verlief auch die Ghettoisierung konfus und uneinheitlich. Außerdem schuf sie neue Dilemmas für die Deutschen – aus denen sie die Niederlage Frankreichs im Sommer 1940 auf wundersame Weise zu befreien schien. Doch wieder erwies sich die Aussicht auf das Entfernen der Juden als Illusion. Die Folge war, dass sich die Bedingungen in den Ghettos verschlechterten und die Sterblichkeit stieg, allerdings nicht durch planvolle Vernichtung. Schlüsselfiguren der deutschen Besatzungsbehörden in Polen hatten im Gegenteil die Idee aufgegriffen, die polnischen Juden der Kriegsanstrengung dienstbar zu machen. Diese Politik schuf einen Zusammenhang, der schwer aufzubrechen war, nachdem sich Berlin für die physische Vernichtung der Juden entschieden hatte.

Die Euphorie nach dem Sieg über Frankreich verlor sich im zweiten Halbjahr 1940. Großbritannien behauptete sich, und es gelang Hitler nicht, seine Verbündeten und Vasallen von einer Strategie zu überzeugen, die es den Briten vielleicht unmöglich gemacht hätte, weiter standzuhalten. Stattdessen entschied sich Hitler für die Invasion der Sowjetunion, um dem jüdisch-bolschewistischen Feind einen vernichtenden Schlag beizubringen, um die Ressourcen zu erobern, welche die deutsche Kriegswirtschaft benötigte, und um über einen Ort zu verfügen, wohin die europäischen Juden abgeschoben werden konnten. Mit der Invasion einhergehen sollte eine Massenmordkampagne, ein Unternehmen Tannenberg in größerem Maßstab. Die Militärlogistiker hatten außerdem einen Massentod durch Verhungern eingeplant: Damit die knappen deutschen Ressourcen ausreichten, sollten Juden und Russen Hungers sterben. Dies war ein unverhohlen genozidales Vorhaben, doch betraf es nicht die Juden im übrigen Europa, tatsächlich hatte das Unternehmen Barbarossa eine leichte Verbesserung der Bedingungen in den polnischen Ghettos zur Folge. Unglücklicherweise löste der Überfall auf die Sowjetunion überall im deutsch besetzten Europa den Widerstand von Kommunisten aus, den die Deutschen als Beweis jüdischer Subversion interpretierten, als Machenschaften des jüdischen Feindes. Wehrmacht und Zivilbehörden in Frankreich und Serbien ergriffen Vergeltungsmaßnahmen gegen Juden, noch bevor die SS ein solches Vorgehen in Erwägung zog.

Das militärische Scheitern des Russlandfeldzugs im Jahr 1941 bewirkte eine weitere Radikalisierung der antijüdischen Politik. Binnen weniger Wochen nach dem Angriff bekam es die Wehrmacht in ihrem Rückraum mit Operationen irregulärer Kräfte zu tun, die sie dogmatisch jüdischen Aufwieglern zuschrieb. Die Störung ihres Nachschubs durch Partisanen verschärfte zusätzlich die Probleme, die sich aus dem Verfehlen eines schnellen Sieges ergaben. Zur Fortsetzung des Krieges bis ins Jahr 1942 genötigt, stand die deutsche Führung vor einer Ernährungs- und Ressourcenkrise. Auch die Stimmung an der Heimatfront verdüsterte sich. Infolgedessen gab Hitler der Forderung nach, deutsche Juden in die besetzten Gebiete im Osten zu deportieren, und gegen Jahresende scheint er einer umfassenden Lösung der »Judenfrage« in ganz Europa zugestimmt zu haben. Auslöser war wahrscheinlich seine Entscheidung, den Vereinigten Staaten den Krieg zu erklären, wodurch aus seiner Sicht die Feindseligkeiten zwischen beiden Mächten lediglich formalisiert wurden und der globale Krieg, den Deutschland kämpfte, als solcher zutage trat. In dem festen Willen, eine Wiederholung des Novembers 1918 zu verhindern, und entschlossen, die Juden in Amerika zu bestrafen, indem er an ihren Brüdern in Europa schreckliche Rache nahm, stimmte Hitler der physischen Vernichtung der Juden zu.

Dennoch nahm der europaweite Völkermord, der im Frühjahr 1942 in Gang gesetzt wurde, einen ebenso planlosen Verlauf wie die vorangegangenen Phasen der antijüdischen Politik. Es handelte sich um ein kostengünstiges Unternehmen ohne großen technischen Aufwand. Die Errichtung von Vernichtungslagern und die Organisation von Deportationen besaßen nie die höchste Priorität; militärische Erfordernisse hatten stets Vorrang. Obwohl die Vernichtungslager relativ kleine, einfach gebaute Einrichtungen waren, dauerte es Monate, sie fertigzustellen, und selbst die eigentlichen Mordanlagen waren schlecht konstruiert und mussten nachgebessert werden. Zudem bestand das Personal überwiegend aus Nichtdeutschen. Heydrich vertraute die Planung Eichmann an, der seine Fähigkeiten bei der Forcierung der Zwangsauswanderung und der logistischen Bewältigung von Massendeportationen bewiesen hatte. Aber Eichmann musste die Ziele auf ein realistisches Niveau herunterschrauben. Mitte 1942 konnten die Deutschen mehrere Zehntausend Juden aus Westeuropa deportieren, wobei sie allerdings eine erhebliche einheimische Unterstützung erfuhren – womit sie nicht überall rechnen durften. Tatsächlich sollten sie nie wieder in einer vergleichbaren Zeitspanne solche Zahlen erreichen und so viel Hilfe erhalten. Abgesehen von Fällen wie Saloniki im Jahr 1943 und Ungarn im Jahr darauf, jagten die Deutschen immer öfter und mit immer geringeren Kräften Juden, die sich ihrem Zugriff zu entziehen verstanden. Ihren größten »Gesamterfolg« erzielten sie in Polen, aber dort waren die Juden bereits gefangen, und die Logistik war unkompliziert. So konnten innerhalb von acht Wochen eine Viertelmillion Juden mit wenigen Güterzügen, die eine einzige Bahnstrecke benutzten, aus dem gefängnisähnlichen Warschauer Ghetto nach Treblinka gebracht werden. Als die Deutschen die Deportationen Anfang 1943 fortsetzten, entzogen sich viele Juden oder leisteten sogar Widerstand.

Letztlich war der genozidale Angriff verheerend, aber dieses Ergebnis war nicht auf eine wissenschaftlich-effiziente Mordmaschinerie oder ausgeklügelte Täuschungstechniken der Deutschen zurückzuführen. Auschwitz-Birkenau gilt als Höhepunkt genozidaler Technologie, obwohl sich das gesamte Lager in mehreren Phasen und ohne klaren Plan entwickelte. Vielmehr war die katastrophale Dimension des Mordens eine Folge deutscher Hartnäckigkeit sowie der aktiven oder passiven Mithilfe der Bevölkerungen, unter denen die Juden lebten, und der Dauer der Mordkampagne, die wiederum zum großen Teil eine Folge des militärischen Versagens der Alliierten war.

Trotz aller Hoffnungen auf den Zusammenbruch Deutschlands im Winter 1941/42, im Frühjahr und Sommer 1943 sowie im Herbst 1944 waren die Alliierten nicht in der Lage, den deutschen Streitkräften einen vernichtenden Schlag beizubringen, während das NS-Regime sich durch eine Mischung aus Durchhaltevermögen und Repression im Sattel hielt. Aber am wichtigsten war, dass Hitler auf seinem Posten blieb – und die Kriegsanstrengung und den Feldzug gegen die Juden vorantrieb. Er ließ sich jedoch zu einer erstaunlichen Kehrtwende in der Judenpolitik überreden, indem er darin einwilligte, Juden als KZ-Häftlinge zur Arbeit heranzuziehen, und das auch im Reich selbst. Damit schloss sich der Kreis der Judenpolitik, und einige Juden genossen einen gewissen Schutz, weil sie von Nutzen waren. Im öffentlichen Raum brach indes erneut antijüdische Gewalt aus, und einfache Deutsche stellten ihre rassische Überlegenheit unter Beweis, indem sie willkürlich Juden in der Umgebung ihrer Wohnorte ermordeten. Wie im November 1938 war der Aufruhr dezentral und chaotisch und missachtete Anordnungen von oben.

In den letzten Stunden seines Lebens und inmitten des Todeskampfs seines Reichs bekräftigte Hitler seine Überzeugung, dass die Juden die Ursache von Deutschlands Unglück seien, und er rief seine verbliebenen Anhänger auf, keine Wiederholung der demütigenden Ereignisse von 1918 zuzulassen. Zumindest in dieser Hinsicht war seine Judenpolitik konsequent. Sein Selbstmord und die Zerstörung Deutschlands bedeuteten jedoch nicht das Ende des jüdischen Leids. Das Schicksal der Juden prägten weiterhin kriegerische Konflikte, jetzt freilich der Kalte Krieg und Großbritanniens Krieg gegen die Juden in Palästina. Die unmittelbaren Sorgen der Westalliierten und ihre ideologische Fixierung auf die Kommunisten bedingten, dass den jüdischen Überlebenden nicht die Vergeltung, Restitution und Reparation zuteilwurden, nach denen sie sich gesehnt hatten. Vieles blieb unvollendet oder wurde erst gar nicht in Angriff genommen.

Anhang

Danksagung

Zuerst und vor allem möchte ich meinem Agenten Peter Robinson danken, ohne dessen uneingeschränkte Unterstützung und Freundschaft dieses Buch weder begonnen noch fertiggestellt worden wäre. Georgina Morley war eine geduldige und verständnisvolle Lektorin, durch deren Vorschläge es kürzer und besser wurde. Ferner danke ich Nicole Foster für das Korrekturlesen, Nicholas Blake für die Aufsicht über die Herstellung und Martin Lubikowski für die Karten.

Bei meiner Arbeit an dem Buch habe ich von der Mithilfe und den Ressourcen dreier großer Bibliotheken und Archive profitiert, die seinem Thema gewidmet sind. Beim United States Holocaust Memorial Museum in Washington danke ich dem Direktor des Centre for Advanced Holocaust Studies, Paul Shapiro, sowie Suzanne Brown-Fleming, Jürgen Matthäus und Martin Dean. Bei meinen häufig unangekündigten, informellen Besuchen im Centre haben Jürgen und Martin auf großzügige Weise Zeit gefunden, um mit mir über meine Arbeit zu diskutieren, Fragen zu beantworten und Vorschläge zu machen. Jürgen gilt ein besonderer Dank dafür, dass er mir einen bedeutenden Archivfund des USHMM, das Tagebuch von Alfred Rosenberg, vor dessen Publikation zugänglich gemacht hat. Während eines Forschungssemesters am USHMM lernte ich Jeffrey Herf kennen, der gerade sein Buch über die Rolle der Juden und des Antisemitismus in der nationalsozialistischen Kriegspropaganda fertigstellte. Er ist sowohl ein Verbündeter als auch ein anregender Kollege. In Yad Vashem in Jerusalem hatte ich das Glück, vor seinem zu frühen Tod einige Zeit mit David Bankier zu verbringen, dem Direktor des International Institute for Holocaust Research. Dan Michman, der gegenwärtige Direktor des Instituts, war eine unerschöpfliche Informationsquelle und ein anspruchsvoller Kritiker meiner Ideen. Rob Rozett, der Direktor der Bibliothek, las eine frühe Fassung des Manuskripts, machte viele kluge Anmerkungen und wies mich auf einschlägige neue Veröffentlichungen hin. David Silberklang, der Herausgeber der *Yad Vashem Studies,* gab eine Reihe von Rezensionen und andere Artikel bei mir in Auftrag, die mir zu einem klareren Verständnis der Geschichtsschreibung verhalfen; seine editorischen Anmerkungen erwiesen sich stets als wertvoll. Außerdem sind Rob und David gute Freunde, die meine Familie und mich viele Male bei sich zu Hause empfangen haben. Ein Ausgleich für die lange Arbeit an einem derart grausigen Material ist es, dass unsere Familien sich kennengelernt haben und einander nähergekommen sind. Dank meiner Besuche im Yad Vashem sowie meiner Beteiligung an der International Holocaust Remembrance Alliance (der früheren Task Force for International Cooperation on Holocaust Remembrance, Education and Research) hatte ich ferner die Gelegenheit, einige Aspekte meiner Arbeit mit Yehuda Bauer zu besprechen, dessen Fundus an Wissen und Erkenntnissen unvergleichlich ist. Die Wiener Library in London war eine unverzichtbare örtliche Ressource. Danken möchte ich ihrem Direktor Ben Barkow und der Chefbibliothekarin Kat Hübschmann für die freundliche Aufnahme und ihre unermüdliche Unterstützung. Unnötig zu betonen, dass alle drei Institutionen nicht funktionieren würden ohne ihre vielen Mitarbeiter, deren Zahl zu groß ist, um sie hier einzeln anzuführen; ihnen allen ein großes Dankeschön.

Teile meiner Forschungen habe ich in Vorträgen präsentiert, und ich möchte den Organisatoren dieser Veranstaltungen danken. Ich weiß das Feedback, das sie ermöglichten, zu schätzen. 2011 profitierte ich als Wilkenfield Family Lecturer in Holocaust Education am Sidney Jewish Museum von den Ratschlägen und Erkenntnissen meines Gastgebers Konrad Kwiet. Im Jahr darauf lud mich Milton Shain, der Direktor des Kaplan Centre for Jewish Studies an der Universität von Kapstadt, zu einer ungewöhnlichen Zusammenkunft im großartigen Jewish Museum der Stadt ein, bei der »Holocausthistoriker« aufgefordert waren, sich über die autobiographische Dimension ihrer Arbeit auszutauschen. Über mehrere Tage hatte ich so das Vergnügen der Gesellschaft und des Gesprächs mit Steven Aschheim, Doris Bergen, Christopher Browning, Robert Erikson, Richard J. Evans, Steven T. Katz, Michael Marrus, Antony Polonsky und Karl Schleunes. Obwohl wir alle uns schon bei verschiedenen Anlässen begegnet waren, war dies ein besonders fruchtbares und zum Nachdenken anregendes Treffen. 2014 wurde ich eingeladen, an der Universität von Burlington, Vermont, die Raul-Hilberg-Gedächtnisvorlesung zu halten. Francis Nicosia und Jonathan Heuner waren nicht nur vollkommene Gastgeber, sondern machten auch wertvolle Anmerkungen zu meinem Vortrag über den Zusammenhang zwischen der Kriegsgeschichte und dem Schicksal der Juden. Jerold D. Jacobson, der die Vorlesungsreihe großzügig unterstützt, erwies sich sowohl als scharfsichtiger Kritiker wie auch als vergnüglicher Essensbegleiter. Jacques Fredj, der Direktor des Mémorial de la Shoah in Paris, hat mich zu mehreren Anlässen eingeladen, Vorträge zu halten, was mir auch die Gelegenheit gegeben hat, die Bibliothek und das Archiv seiner Institution zu nutzen. Die Gespräche, die wir nach den Vorträgen in einem Restaurant um die Ecke führen, sind jedes Mal ein Höhepunkt meines Aufenthalts dort. 2015 bat Guri Schwarz mich zu einer Konferenz zum Gedächtnis an den Holocaust im neuen Memoriale della Shoah in Mailand. Dadurch erhielt ich die Gelegenheit, den düsteren unterirdischen Frachthof zu besichtigen, von dem über tausend italienische Juden deportiert worden waren. Zu den Konferenzteilnehmern gehörte Tal Bruttmann, dessen bahnbrechende Forschungen mich veranlasst hatten, das Leid der Juden in der letzten Phase der deutschen Besetzung von Frankreich neu zu untersuchen. Einige Monate später nahm ich auf Einladung Antony Polonskys an der dreitägigen Konferenz zur Eröffnung der Dauerausstellung des POLIN teil, des neuen polnischen Museums für die Geschichte der polnischen Juden in Warschau. Auf der Konferenz sprach eine Reihe polnischer Historiker, die seit 1990 die Betrachtung des Schicksals der polnischen Juden grundlegend verändert hatten. Die Früchte ihrer Forschungen sind in den Anmerkungen dieses Buchs an vielen Stellen zu finden. In diesem Zusammenhang möchte ich den Einfluss der Publikationen und Vorträge von Jan T. Gross und Jan Grabowski hervorheben, mit denen ich bei ihren Besuchen in London und anderswo zusammentraf. Schließlich gilt mein Dank dem vor kurzem aus dem USHMM ausgeschiedenen Stephen Feinberg, der mich zur Teilnahme an Bildungsveranstaltungen in Washington, Kaunas und Budapest bewegt hat. Er ist seit vielen Jahren ein großartiger Sparringspartner, und wiederum wird die Düsternis des Themas durch das Wissen gemildert, dass die Beschäftigung mit ihm es mir ermöglichte, mich mit Steve und seinem nicht weniger kämpferischen Partner Patt Moser anzufreunden.

Während ich an dem vorliegenden Buch arbeitete, nahm ich an zahlreichen Konferenzen teil, auf denen ich Gelegenheit hatte, die neuesten Erkenntnisse sowohl von Doktoranden als auch von Veteranen auf diesem Gebiet kennenzulernen. Besonders hervorheben möchte ich die Konferenzreihe *Beyond Camps and Forced Labour*, die gemeinsam von Suzanne Bardgett vom Imperial War Museum in London, Johannes-Dieter Steinert von der Wolverhampton University, Jessica Reinisch von der University of London und dem Centre for Holocaust Research dieser Universität am Royal Holloway veranstaltet wird. Die Zusammenkünfte, die seit 2003 alle drei Jahre im Imperial War Museum stattfinden, bilden ein Forum für die neuesten Forschungsergebnisse über die Erlebnisse von Juden und anderen Opfern nationalsozialistischer Verfolgung während des Krieges und nach seinem Ende. Ein großer Teil von ihnen ist inzwischen veröffentlicht worden und wird in den Anmerkungen und der Bibliographie in diesem Buch erwähnt. Ich hatte außerdem das Glück, an mehreren aufeinanderfolgenden *Lessons and Legacies*-Konferenzen teilnehmen zu können, die von der Chicagoer Holocaust Education Foundation ausgerichtet werden. Theodore Zev Weiss, der dieses einzigartige, alle zwei Jahre stattfindende Treffen von Wissenschaftlern angeregt hat, danke ich dafür, dass er mich zur Teilnahme gedrängt hat. Er hat mir damit den Zugang zu einer außergewöhnlichen Gemeinschaft von Forschern eröffnet, die ebenso hilfsbereit wie anspruchsvoll sind. Hier können unmöglich alle erwähnt werden, die an den Konferenzen und Veranstaltungen teilgenommen haben. Genannt seien hier nur Wendy Lower, Mark Roseman, Omer Bartov und Gershon Greenberg, mit denen ich denkwürdige Gespräche führte, die mir zu mehr Klarheit verhalfen. Die Saul Kagan Claims Conference Fellowship in Advanced Shoah Studies der Conference on Jewish Material Claims Against Germany (Claims Conference) – benannt nach Saul Kagan, dem beherzten Kämpfer für die Rechte der Überlebenden, dem zu begegnen ich bei mehreren Anlässen das Vergnügen hatte – unterstützte die Dissertationsforschungen Dutzender junger Wissenschaftler aus aller Welt. Als Mitglied des Fellowship-Komitees war ich eingeladen, an den in Washington oder Jerusalem veranstalteten jährlichen Workshops für die Stipendiaten teilzunehmen und sie zu beraten, aber ich lernte regelmäßig mehr von ihnen, als ich ihnen hätte vermitteln können. Es sind zu viele Fellows, um sie einzeln anführen zu können, doch das Programm hat bereits zu vielen ausgezeichneten Dissertationen und einem kleinen Regal voller Bücher geführt, von denen einige in der vorliegenden Arbeit zitiert werden.

An dieser Stelle möchte ich hervorheben, wie viel ich von den Doktoranden gelernt habe, die ich am Royal Holloway der University of

London betreuen durfte: Salvatore Garau, der über den frühen Faschismus forschte; Daniel Tilles, der sich mit dem faschistischen Antisemitismus und den jüdischen Reaktionen in 1930er Jahren in Großbritannien beschäftigte; Katarzyna Person, die das Schicksal assimilierter polonisierter Juden und Konvertiten im Warschauer Ghetto untersuchte; Russell Wallis, der die Reaktionen der britischen Öffentlichkeit und Regierung auf die Verfolgung der deutschen Juden unter die Lupe nahm; Yoav Heller, der das Schicksal jüdischer Zwillinge in Birkenau und die Rolle ihres Beschützers, Zvi Spiegel, erkundete; Rachel Century, die die Überzeugungen und die Rolle von Frauen beleuchtete, die als Sekretärinnen in Wehrmacht, SS und Besatzungsbehörden tätig waren; Dorota Mas, die sich gegenwärtig mit NS-Eliteschulen befasst; und Rachel Pistol, die die Internierung »feindlicher Ausländer« in den USA und Großbritannien erforscht. Es erfüllt mich mit Freude und Stolz, dass Salvatore Garau, Daniel Tilles, Katarzyna Person und Russell Wallis bereits Monographien auf der Grundlage ihrer Dissertationen veröffentlicht haben, und weitere Bücher werden folgen. Katarzyna hat eine frühe Fassung des Manuskripts des vorliegenden Buchs gelesen und mich vor zahlreichen Schnitzern in Bezug auf die polnischen Juden bewahrt. Während eines Besuchs in Warschau im Mai 2015 fuhr sie mit mir nach Treblinka, so dass ich den Ort des Todeslagers selbst besichtigen konnte. Während Katarzyna mich als Reiseführerin betreute, stellte sich ihre Mutter freundlicherweise als Chauffeurin zur Verfügung. Begleitet wurden wir von Suzanne Bardgett, und es war ein bedrückendes, lehrreiches und tief bewegendes Erlebnis.

Die genannten Doktoranden waren zum Teil wegen des herausragenden Masterstudiums in Holocauststudien und der Aktivitäten des Centre for Holocaust Research ans Royal Holloway gekommen. Das Centre hat eine einzigartige Konzentration von Fachwissen über das Thema zu bieten, und seit ich ihm 2004 beigetreten bin, habe ich viel von meinen ehemaligen und jetzigen Kollegen gelernt. Danken möchte ich Peter Longerich, Dan Stone, Bob Eaglestone und Barry Langford, die akademische Brillanz mit einem Maß an Kollegialität paaren, das an heutigen Universitäten zu selten zu finden ist. Außerdem bin ich den Abteilungsleitern Justin Champion, Sara Ansari und Jonathan Phillips zu Dank verpflichtet; sie haben meine Arbeit unterstützt (sowohl akademisch als auch außeruniversitär) und hartnäckig die hohen Werte einer forschungsorientierten historischen Fakultät verteidigt. Mein Kollege Rudolf Muhs las Teile des Manuskripts, half mir, schwierige Fragen in Bezug auf Titel und Ränge im nationalsozialistischen Deutschland zu klären, und gab mir kluge Ratschläge darüber, wie die Krise der deutschen Juden nach 1933 dargestellt werden könnte. Im Lauf der Jahre haben Rudolf Muhs und Daniel Beer die langen Autofahrten vom Royal Holloway in den Nordwesten Londons zu einer ebenso erhellenden wie vergnüglich Unternehmung gemacht.

Von 1999 bis 2001 war ich an der Einführung eines Holocaust-Gedenktages in Großbritannien beteiligt, und insgesamt sechs Jahre war ich als Treuhänder des Holocaust Memorial Day Trust tätig. In dieser Zeit nahm ich, ebenso wie danach in verschiedenen Eigenschaften, an zahlreichen Diskussionen sowohl über die Vergangenheit als auch über die Art des Gedenkens teil. Ich kann nicht alle aufzählen, die in diesen Debatten mein Denken bereichert haben, möchte aber Ben Helfgott hervorheben, einen Überlebenden des Ghettos von Piotrków Trybunalski und mehrerer Lager, der heute Ehrenpräsident des HMD Trust sowie langjähriger Vorsitzender der '45 Aid Society ist. Dank der Tätigkeit des Trusts kam ich seit 2001 jedes Jahr gemeinsam mit Ben mit Überlebenden und Flüchtlingen zusammen, hörte mir ihre Geschichten an und lernte aus ihren Erfahrungen. Ben ist eine ständige Anregung und fungiert zugleich als »Realitätsprüfer«. Nicht weniger wichtig ist für mich, dass seine Kinder Freunde meiner Familie und seine Enkel Freunde meiner Kinder geworden sind. Seit vielen Jahren bin ich außerdem historischer Berater des Holocaust Educational Trust, der meinen ersten Versuch einer kurzen Geschichte des Holocaust veröffentlicht hat. Der HET gab mir die Gelegenheit, meine Gedanken in der Begegnung mit zahllosen jungen Leuten zu testen, die an seinem Botschafterprogramm teilnahmen, und es ermöglichte mir einen Besuch in Bergen-Belsen am siebzigsten Jahrestag der Befreiung des Lagers. Ich danke HET-Direktorin Karen Pollock dafür, dass sie mich in die Arbeit des Trusts einbezogen hat, und Andy Pearce, Alex Maws und Martin Winstone dafür, dass sie mich dazu brachten, intensiver über Geschichte und Erinnerung nachzudenken.

Ich war an vielen Dokumentationen für Rundfunk, Fernsehen und Kino beteiligt, von denen einige als besonders informativ, geistig anspruchsvoll und lohnend herausgehoben werden müssen. Dank Adam Kemp von Aeon Productions, der 2012 für die BBC den Film *Death*

Camp Treblinka: Survivors' Stories produzierte, bekam ich Gelegenheit, Kalman Taigman und Samuel Willenberg, die letzten Überlebenden des Aufstands in Treblinka, sowie Samuels ebenso respekteinflößende Frau Ada zu interviewen. Es war eine Ehre für mich, an der Restauration von Sidney Bernsteins unvollendetem Film *German Concentration Camps Factual Survey* von 1945 mitzuwirken, die ein Team des Imperial War Museum unter der sorgfältigen Leitung von Toby Haggith durchführte, wobei ich ebenso viel über die Befreiung von Bergen-Belsen lernte wie über den Film, den britische Kameramänner davon gedreht hatten. Die Geschichte dieses Films bildet den Kern von *Night Will Fall – Hitchcocks Lehrfilm für die Deutschen,* einer Produktion von Spring Films/BFI, für welche André Singer mich an einem kalten, windigen Vormittag auf dem Gelände von Buchenwald interviewte – was an sich schon ein Bildungserlebnis war. Als historischer Berater der Dokumentarserie *Die Wahrheit über den Holocaust,* die William Karel, Blanche Finger und Florian Derio unter der zurückhaltenden Oberaufsicht von Paul Rozenberg für Zadig Production drehten, konnte ich einige der Ideen, die ich in diesem Buch ausgeführt habe, einbringen, auch wenn in der Dokumentation selbst verschiedene Perspektiven führender Experten vorgestellt werden. 2011 war ich an einer französischen Fernsehdokumentation über Adolf Eichmann beteiligt. Die Dreharbeiten fanden in der Wohnung von Annette Wieviorka statt, mit der ich bei verschiedenen Konferenzen zusammengearbeitet hatte und von der stets anregende Gedanken sowohl über das Schicksal von Juden in Frankreich als auch über allgemeinere Fragen der Geschichte der jüdischen Katastrophe und des Gedenkens an sie zu erwarten waren. Schließlich muss ich Richard Overy danken, der in den späten 1970er Jahren am Queen's College mein Lehrer in moderner europäischer Geschichte war. Richard vermittelte mir eine solide Grundlage im Handwerk des Historikers, und wir haben uns seither ständig über Themen aus Geschichte und Politik ausgetauscht und gestritten. Richard mag zum Teil dafür verantwortlich sein, dass ich Historiker geworden bin, aber weder er noch eine der anderen erwähnten Personen ist für den Inhalt dieses Buchs verantwortlich; eventuelle Fehler und die vertretenen Ansichten sind allein mir anzurechnen.

Als das Buch fast fertiggestellt war, unternahm ich zusammen mit Rabbi Jonathan Wittenberg, dem Rabbi der New North London Synagogue und Oberrabbi der Masorti-Bewegung, eine Forschungsreise nach Lublin, Ostrów Lubelski, Lubartów und Bełżec. Jonathan, ein alter Freund aus der Studienzeit, der die Trauung mit meiner Frau Dawn Waterman vornahm und meine Kinder Daniel und Hannah taufte, teilt meine Leidenschaft, die tragische Geschichte der europäischen Juden verstehen und aufzeichnen zu wollen, und half mir mit zahllosen Einsichten und Orientierungen zu jedem Aspekt des Lebens. Freitagabends und bei Sabbatessen hat mich seine Frau, Nicola Solomons, die Geschäftsführerin der Society of Authors, nicht nur mit köstlichen Suppen verwöhnt, sondern auch mit Ratschlägen zur Buchbranche versorgt. Sie alle wissen gut, wie sehr einen ein Buch vereinnahmen kann, und das vorliegende hat denen, die ich am meisten liebe, Dawn, Daniel und Hannah, viel zu viel Zeit genommen. Es ist dennoch für sie.

Im Lauf der Jahre habe ich viele frühere Flüchtlinge aus dem nationalsozialistischen Deutschland und Überlebende der »Endlösung« kennengelernt, manche von ihnen nah genug, um über längere Zeit mit ihnen in Verbindung zu bleiben. Zum jeweiligen Zeitpunkt habe ich nicht immer die volle Bedeutung dessen, was sie mir erzählten, erkannt, aber beim Schreiben dieses Buchs wurden meine Gedanken regelmäßig von der Erinnerung an ihre Berichte unterbrochen. Ich kann nicht wissen, ob sie dem hier Dargelegten in jeder Hinsicht zustimmen würden, aber es hat von ihren Erlebnissen und Anschauungen profitiert und ist ihrem Gedenken gewidmet: Joseph »Joey« Burmanis, Ernst Fraenkel, Hugo Grynn, Yisrael Gutman, Roman Halter, Hans Jackson, Trudi Levi, Yogi Maier, Stephen Roth und Kalman Taigman.

David Cesarani, 2015

Abkürzungen

ADAP Akten zur deutschen auswärtigen Politik
AFL American Federation of Labor
AJA Anglo-Jewish Association
AJB Association des Juifs en Belgique
AJC American Jewish Committee
AK Armia Krajowa (Heimatarmee)
AL Armia Ludowa (Volksarmee)
BCh Bataliony Chłopskie (Bauernbataillone)
BDM Bund Deutscher Mädel
BdS Befehlshaber der Sicherheitspolizei und des SD
CDJC Centre de Documentation Juive Contemporaine
CENTOS Centralne Towarzystwo Opieki nad Sierotami i Dziećmi Opuszczonymi (Zentralverband der jüdischen Waisen- und Kinderfürsorgevereine)
CGJ Council for German Jewry
CGQJ Commissariat général aux questions juives
CRIF Conseil Représentatif des Institutions juives de France
CV Centralverein deutscher Staatsbürger jüdischen Glaubens
DAF Deutsche Arbeitsfront
DAP Deutsche Arbeiterpartei
DAW Deutsche Ausrüstungswerke
DBFP Documents on British Foreign Policy
DDP Deutsche Demokratische Partei
Delasem Delegazione per l'assistenza degli emigranti ebrei (Delegation zur Unterstützung jüdischer Emigranten)
DNB Deutsches Nachrichtenbüro
DNVP Deutschnationale Volkspartei
DP Displaced Person
EG Einsatzgruppe
EK Einsatzkommando
EM Ereignismeldung
FPA Foreign Policy Association (Außenpolitische Vereinigung)
FPO Fareinikte Partisaner Organizatzije (Vereinigte Partisanen-Organisation)
FTP-MOI Francs-tireurs et partisans – Main-d'œuvre immigrée
Gestapa Geheimes Staatspolizeiamt
Gestapo Geheime Staatspolizei
GFP Geheime Feldpolizei
GG Generalgouvernement
GNR Guardia Nazionale Repubblicana (Nationalrepublikanische Garde)
HJ Hitlerjugend
HSSPF Höherer SS- und Polizeiführer
HTO Haupttreuhandstelle Ost
IGCR Intergovernmental Committee on Refugees
IKG Israelitische Kultusgemeinde
IKRK Internationales Komitee vom Roten Kreuz
IMG Der Prozess gegen die Hauptkriegsverbrecher vor dem Internationalen Militärgerichtshof, Nürnberg, 14. November 1945–1. Oktober 1946
JCA Jewish Colonization Agency
JCIO Jewish Central Information Office
JEC Jewish Joint Emergency Committee on European Jewish Affairs (Vereinigtes Jüdisches Notkomitee für Angelegenheiten des europäischen Judentums)
JKB Jüdischer Kulturbund
Joint American Jewish Joint Distribution Committee
JRC Jewish Refugees Committee
JRSO Jewish Restitution Successor Organoization (Jüdische Restitutionsnachfolger-Organisation)

JRU Jewish Relief Unit
JTA Jewish Telegraphic Agency
KdF Kraft durch Freude
KdS Kommandeur der Sicherheitspolizei und des SD
KPF Kommunistische Partei Frankreichs
Kripo Kriminalpolizei
MBF Militärbefehlshaber Frankreich
NSBO Nationalsozialistische Betriebszellenorganisation
NSDAP Nationalsozialistische Deutsche Arbeiterpartei
NS-Hago Nationalsozialistische Handwerks-, Handels- und Gewerbeorganisation
NSV Nationalsozialistische Volkswohlfahrt
NSZ Narodowe Siły Zbrojne (Nationale Streitkräfte)
OD Ordnungsdienst
OKH Oberkommando des Heeres
OKW Oberkommando der Wehrmacht
Orpo Ordnungspolizei
ORT Obschtschestwo Rasprostranenja Truda (Gesellschaft zur Förderung des Handwerks)
OSE Œuvre de secours aux enfants (Kinderhilfswerk)
OSTI Ostindustrie GmbH
OUN Organisation Ukrainischer Nationalisten
PPR Polska Partia Robotnicza (Polnische Arbeiterpartei)
RAD Reichsarbeitsdienst
RCM Refugee Children's Movement
RGBl. Reichsgesetzblatt
RjF Reichsbund jüdischer Frontsoldaten
RSHA Reichssicherheitshauptamt
RuSHA Rasse- und Siedlungshauptamt der SS
RV Reichsvertretung der deutschen Juden
SA Sturmabteilung
SCAP Service de Controle des Administrateurs Provisoires
SD Sicherheitsdienst
SEC Section d'Enquête et de Contrôle
Sipo Sicherheitspolizei
SK Sonderkommando
SOE Special Operations Executicve (Sondereinsatztruppe)
SPD Sozialdemokratische Partei Deutschlands
SS Schutzstaffel
SSPF SS- und Polizeiführer
Stapo Staatspolizei
STO Service du travail obligatoire
Toporol Towarzystwo Popierania Rolnictwa (Gesellschaft zur Unterstützung der Landwirtschaft)
TOZ Towarzystwo Ochrony Zdrowia (Gesellschaft zum Schutz der Gesundheit)
UGIF Union général des israélites de France
UNRRA United Nations Relief and Rehabilitation Administration (Nothilfe- und Wiederaufbauverwaltung der Vereinten Nationen)
UPA Ukrajinska Powstanska Armija (Ukrainische Aufstandsarmee)
USHMM United States Holocaust Memorial Museum
VndJ Verband nationaldeutscher Juden
VVN Vereinigung der Verfolgten des Naziregimes
WJC World Jewish Congress
WRB War Refugee Board (Kriegsflüchtlingsamt)
WVHA Wirtschafts- und Verwaltungshauptamt der SS
ZAHA Zentralausschuss der deutschen Juden für Hilfe und Aufbau
ŻKN Żydowski Komitet Narodowy (Jüdisches Nationalkomitee)
ŻOB Żydowska Organizacja Bojowa (Jüdische Kampforganisation)
ZStL Zentrale Stelle der Landesjustizverwaltungen zur Aufklärung nationalsozialistischer Verbrechen

ŻTOS Żydowski Towarzystwo Opieki Społecznej (Jüdische Gesellschaft für öffentliche Wohlfahrt)
ZVfD Zionistische Vereinigung für Deutschland
ŻZW Żydowski Związek Wojskowy (Jüdischer Militärverband)

Bibliographie

Handbücher und Nachschlagewerke

Hayes, Peter/Roth, Kohn K. (Hg.): *The Oxford Handbook of Holocaust Studies*, Oxford 2010

Laqueur, Walter (Hg.): *The Holocaust Encyclopedia*, New Haven, Connecticut, 2001

Megargee, Geoffrey (Hg.): *Encyclopedia of Camps and Ghettos, 1933–1945*, 2 Bde., Bloomington, Indiana, 2009

Miron, Guy (Hg.): *Die Yad-Vashem-Enzyklopädie der Ghettos während des Holocaust*, 2 Bde., Göttingen 2014

Niewyk, Donald L./Nicosia, Francis (Hg.): *The Columbia Guide to the Holocaust*, New York 2000

Patterson, David u. a. (Hg.): *Encyclopedia of Holocaust Literature*, Westport, Connecticut, 2002

Rozett, Robert/Spector, Shmuel (Hg.): *Encyclopedia of the Holocaust*, New York 2000

Stone, Dan (Hg.): *The Historiography of the Holocaust*, Houndmills 2004

Snyder, Louis L. (Hg.): *Encyclopedia of the Third Reich*, New York 1976

United States Holocaust Memorial Museum: *Historical Atlas of the Holocaust*, New York 1996

Wistrich, Robert: *Wer war wer im Dritten Reich. Anhänger, Mitläufer, Gegner aus Politik, Wirtschaft, Militär, Kunst und Wissenschaft*, München 1983

Wyman, David S. (Hg.): *The World Reacts to the Holocaust*, Baltimore, Maryland, 1996

Quellen

Adelsberger, Lucie: *Auschwitz. Ein Tatsachenbericht. Das Vermächtnis der Opfer für uns Juden und für alle Menschen*, hg. von Eduard Seidler, Bonn [2]2005

Adler, Stanislaw: *In the Warsaw Ghetto 1940–1943. An Account of a Witness*, Jerusalem 1982

Akten zur deutschen auswärtigen Politik [ADAP], Serie D: *1937–1945*, 13 Bde., 1950–1970: Bd. 10, Frankfurt am Main 1963

Andreas-Friedrich, Ruth: *Der Schattenmann. Tagebuchaufzeichnungen, 1938–1945*, Frankfurt am Main [2]1983

Arad, Yitzhak/Gutman, Yisrael/Margaliot, Abraham (Hg.): *Documents on the Holocaust*, Jerusalem, 1981

Avriel, Ehud: *Open the Gates! A Personal Story of »Illegal« Immigration to Israel*, New York 1975

Bajohr, Frank/Meyer, Beate/Szodrzynski, Joachim (Hg.): *Bedrohung, Hoffnung, Skepsis. Vier Tagebücher des Jahres 1933*, Göttingen 2013

Bajohr, Frank/Strupp, Christoph (Hg.): *Fremde Blicke auf das »Dritte Reich«. Berichte ausländischer Diplomaten über Herrschaft und Gesellschaft in Deutschland 1933–1945*, Hamburg 2011

Ben-Sasson, Havi/Preiss, Lea: »Twilight Days. Missing Pages from Avraham Lewin's Warsaw Ghetto Diary, May–July 1942«, in: *Yad Vashem Studies*, 33 (2005), S. 7–60

Benz, Wolfgang/Kwiet, Konrad/Matthäus, Jürgen (Hg.): *Einsatz im »Reichskommissariat Ostland«. Dokumente zum Völkermord im Baltikum und in Weißrussland 1941–1944*, Berlin 1998

Berg, Mary: *The Diary of Mary Berg*, hg. von S. L. Shneiderman, Oxford 2006 [dt.: »Tagebuch aus dem Warschauer Ghetto« (ab 15. November 1940), bearbeitet von S. L. Schneiderman, in: *Aufbau*, Bd. 10, 38–52 (1944), Bd. 11, 2–3 (1945), https://archive.org/details/aufbau]

Bernard, Jean-Jacques: *The Camp of Slow Death*, London 1945

Berr, Hèléne: *Pariser Tagebuch 1942–1944*, München 2011

Bezwínská, Jadwiga/Czech, Danuta (Hg.): *»Inmitten des grauenvollen Verbrechens«. Handschriften von Mitgliedern des Sonderkommandos*, Oświęcim 1972

Blatt, Thomas Toivi: *Nur die Schatten bleiben. Der Aufstand im Vernichtungslager Sobibór*, Berlin 2001

Centre de Documentation Juive Contemporaine: *Les Juifs en Europe (1939–1945). Rapports présentés à la première Conférence Européenne des Commissions Historiques et des Centres de Documentation Juifs*, Paris 1949

The Chronicle of the Lodz Ghetto, hg. von Lucjan Dobroszycki, New Haven 1984 [dt.: *Die Chronik des Gettos Lodz/Litzmannstadt*, hg. von Sascha Feuchert, Erwin Leibfried und Jörg Rieke, 5 Bde., Göttingen 2007]

Ciano, Graf Galeazzo: *Tagebücher. 1937/38*, Hamburg 1949

– *Tagebücher. 1939–1943*, Bern 1946

Cymlich, Israel/Strawczynski, Oskar: *Escaping Hell in Treblinka*, hg. von Daniella Zaidman-Mauer, New York/Jerusalem 2007

Cytryn, Avraham: *Youth Writing behind the Walls*, Jerusalem 2005

Czech, Danuta: *Kalendarium der Ereignisse im Konzentrationslager Auschwitz-Birkenau 1939–1945*, Reinbek 1989

Czerniaków, Adam: *Im Warschauer Getto. Das Tagebuch des Adam Czerniaków, 1939–1942*, München 1986

Diment, Michael: *The Lone Survivor. A Diary of the Lukacze Ghetto and Sryniukhy, Ukraine*, New York 1992

Dodd, Martha: *Meine Jahre in Deutschland 1933–1937. Nice to meet you, Mr. Hitler!*, Frankfurt am Main 2005

Dodd, William E.: *Ambassador Dodd's Diary*, London 1939 [dt.: *Diplomat auf heißem Boden. Tagebuch des USA-Botschafters in Berlin 1933–1938*, Berlin 1982]

Doerry, Martin: *»Mein verwundetes Herz«. Das Leben der Lilli Jahn, 1900–1944*, Stuttgart/München 2002

Dokumente der Einsatzgruppen in der Sowjetunion, hg. von Klaus-Michael Mallmann, Andrej Angrick, Jürgen Matthäus und Martin Cüppers, Bd. 1: *Die »Ereignismeldungen UdSSR« 1941*, Darmstadt 2011; Bd. 2: *Deutsche Besatzungsherrschaft in der UdSSR 1941–1945*, Darmstadt 2013; Bd. 3: *Deutsche Berichte aus dem Osten 1942–1943*, Darmstadt 2014

Dorian, Emil: *The Quality of Witness. A Romanian Diary 1937–1944*, hg. von Marguerite Dorian, Philadelphia, Pennsylvania, 1992

Eberle, Henrik: *Briefe an Hitler. Ein Volk schreibt seinem Führer. Unbekannte Dokumente aus Moskauer Archiven, zum ersten Mal veröffentlicht*, Bergisch Gladbach 2009

Edelman, Marek: *Das Ghetto kämpft*, Berlin 1993

Ehrenburg, Ilja/Grossman, Wassili (Hg.): *Das Schwarzbuch. Der Genozid an den sowjetischen Juden*, hg. von Arno Lustiger, Reinbek 1994

Eichengreen, Lucille: *Von Asche zum Leben. Erinnerungen*, Hamburg 1992

Eichmann, Adolf: *Ich, Adolf Eichmann. Ein historischer Zeugenbericht*, hg. von Rudolf Aschenauer, Leoni 1980

Eisenbach, Artur (Hg.): *Dokumenty i Materialy Do Dziejow Okupacji Niemieckiej w Polsce*, Bd. 3: *Getto Łódzkie*, Warschau/ Lodz/Krakau 1946

Farbstein, Esther: »A Close-up View of a Judenrat. The Memoirs of Pnina Weiss – Wife of a Member of the First Judenrat in Warsaw«, in: *Yad Vashem Studies*, 33 (2005), S. 61–99

Faschismus – Getto – Massenmord. Dokumentation über Ausrottung und Widerstand der Juden in Polen während des Zweiten Weltkrieges, hg. vom Jüdischen Historischen Institut Warschau, Berlin 1960

Fest, Joachim: *Ich nicht. Erinnerungen an eine Kindheit und Jugend*, Reinbek 2006

Flannery, Harry: *Assignment to Berlin*, New York 1942

Fleischmann, Luigi: *From Fiume to Navelli. A Sixteen-Year-Old's Narrative of the Fleischmann Family and Other Free Internees in Fascist Italy September 1943–June 1944*, Jerusalem 2007

Flinker, Moshe: *Young Moshe's Diary. The Spiritual Torment of a Jewish Boy in Nazi Europe*, hg. von Shaul Esh und Geoffrey Wigoder, Jerusalem 1965

François-Poncet, André: *Als Botschafter in Berlin. 1931–1938*, Mainz 1949

Fried, Hedi: *Nachschlag für eine Gestorbene. Ein Leben bis Auschwitz + ein Leben danach*, Hamburg 1995

Fromm, Bella: *Blood and Banquets. A Berlin Social Diary*, London 1942 [dt.: *Als Hitler mir die Hand küsste*, Reinbek 1994]

Fuchs, Karl: *Your Loyal and Loving Son. The Letters of Tank Gunner Karl Fuchs, 1937–1941*, hg. von Horst Fuchs Richardson, Washington, D.C., 2003

Gedye, George Eric R.: *Die Bastionen fielen. Wie der Faschismus Wien und Prag überrannte*, Wien o. J.

Geiger-Kullmann, Rosy: *Lebenserinnerungen*, unveröffentlichtes Manuskript, 1961, http://access.cjh.org/home.php?type=extid&term=375073#1

Gerhardt, Uta/Karlauf, Thomas (Hg.): *Nie mehr zurück in dieses Land. Augenzeugen berichten über die Novemberpogrome 1938*, Berlin 2009

Gissing, Vera: *Heimkehr in die Fremde. Die Geschichte der Rettung jüdischer Kinder aus der besetzten Tschechoslowakei, erzählt von einer Überlebenden*, Hamburg 1999

Glaser-Heled, Galia/Bar-On, Dan: »Displaced. The Memoir of Eliezer Gruenbaum at Birkenau – Translation and Commentary«, in: *Shofar*, 27,2 (2009), S. 1–23

Glazar, Richard: *Die Falle mit dem grünen Zaun. Überleben in Treblinka*, Frankfurt am Main 1992

Goebbels, Joseph: *Die Tagebücher von Joseph Goebbels. Sämtliche Fragmente*, hg. von Elke Fröhlich, Teil 1: *Aufzeichnungen 1924–1941*, 9 Bde., Teil 2: *Diktate 1941–1945*, 15 Bde., München/New York/London/Paris 1987–2001/1993–1996

– *Die Zeit ohne Beispiel. Reden und Aufsätze aus den Jahren 1939/40/41*, München 1941

Goldstein, Bernard: *»Die Sterne sind Zeugen«. Der bewaffnete Aufstand im*

Warschauer Ghetto. Bericht eines der Anführer, Freiburg 1992

Golfard, Samuel: *The Diary of Samuel Golfard and the Holocaust in Galicia,* hg. von Wendy Lower, Lanham, Maryland, 2011

Greif, Gideon: *We Wept Without Tears. Testimonies of the Jewish Sonderkommando from Auschwitz,* New Haven, Connecticut, 2005

Grynberg, Henryk: *Kinder Zions. Dokumentarische Erzählung,* Leipzig 1995

Halder, Franz: *Kriegstagebuch. Tägliche Aufzeichnungen des Chefs des Generalstabes des Heeres 1939–1942,* 3 Bde., hg. von Hans-Adolf Jabosen und Alfred Philippi, Stuttgart 1962–1964

Harris, Mark Jonathan/Oppenheimer, Deborah (Hg.): *Kindertransport in eine fremde Welt,* München 2000

Hart, Kitty: *Aber ich lebe,* Hamburg 1961

Hassell, Ulrich von: *Die Hassell-Tagebücher 1938–1944. Aufzeichnungen vom Andern Deutschland,* hg. von Friedrich von Hiller Gaertringen, Berlin 1988

Heberer, Patricia (Hg.): *Children during the Holocaust,* Lanham, Maryland, 2011

Heppner, Ernest: *Fluchtort Shanghai. Erinnerungen 1938–1948,* Bonn 1998

Herzberg, Abel J.: *Zweistromland. Tagebuch aus Bergen-Belsen,* Wittingen 1997

Hesdörffer, Heinz: *Bekannte traf man viele … Aufzeichnungen eines deutschen Juden aus dem Winter 1945/46,* Zürich 1998

Hitler, Adolf: »Denkschrift Hitlers über die Aufgaben eines Vierjahresplans«, in Wilhelm Treue, »Hitlers Denkschrift zum Vierjahresplan 1936«, in: *Vierteljahrshefte für Zeitgeschichte,* 5,3 (1955), S. 184–210

– *Hitlers Weisungen für die Kriegführung 1939–1945. Dokumente des Oberkommandos der Wehrmacht,* hg. von Walther Hubatsch, München 1965

– *Mein Kampf. Zwei Bände in einem Band,* München 1943

– *Reden und Proklamationen 1932 bis 1945. Kommentiert von einem deutschen Zeitgenossen,* hg. von Max Domarus, Wiesbaden 1973, 2 Bde. in 4 Teilen

Hubatsch, Walter: *Hindenburg und der Staat. Aus den Papieren des Generalfeldmarschalls und Reichspräsidenten von 1878 bis 1934,* Göttingen/Berlin/Frankfurt am Main/Zürich 1966

Huberband, Shimon: *Kiddush Hashem. Jewish Religious and Cultural Life in Poland during the Holocaust,* hg. von Jeffrey Gurock und Robert Hirt, Jersey City, New Jersey, 1987

Isherwood, Christopher: *Leb' wohl Berlin. Ein Roman in Episoden,* Frankfurt am Main/Berlin/Wien 1975

Jarausch, Konrad: *»Das stille Sterben …«. Feldpostbriefe von Konrad Jarausch aus Polen und Russland 1939–1942,* hg. von Konrad H. Jarausch und Klaus-Jochen Arnold, Paderborn/München/Wien/Zürich 2008

Jewish Responses to Persecution, Bd. 1: *1933–1938,* hg. von Jürgen Matthäus und Mark Roseman, Lanham, Massachusetts, 2011; Bd. 2: *1938–1940,* hg. von Alexandra Garbarini, Emil Kerenji, Jan Lambertz und Avinoam Patt, Lanham, Massachusetts, 2012; Bd. 3: *1941–1942,* hg. von Jürgen Matthäus, Emil Kerenji, Jan Lambertz und Leah Wolfson, Lanham, Massachusetts, 2013; Bd. 4: *1942–1943,* hg. von Emil Kerenji, Lanham, Massachusetts, 2015

Junge, Traudl: *Bis zur letzten Stunde. Hitlers Sekretärin erzählt ihr Leben,* Berlin 2004

Kaden, Helma u .a.: *Dokumente des Verbrechens. Akten des Dritten Reiches,* Berlin 1993

Kahane, David: *Lvov Ghetto Diary*, Amhurst, Massachusetts, 1990

Kaplan, Chaim A.: *Buch der Agonie. Das Warschauer Tagebuch des Chaim A. Kaplan*, hg. von Abraham I. Katsh, Frankfurt am Main 1967

Karski, Jan: *Mein Bericht an die Welt. Geschichte eines Staates im Untergrund*, hg. von Céline Gervais-Francelle, München 2011

Katz, Josef: *Erinnerungen eines Überlebenden*, Kiel 1988

Katzenelson, Jizchak: *Oh mein Volk! Mein Volk ... Aufzeichnungen aus dem Internierungslager Vittel*, Berlin 1999

Kaufmann, Max: *Churbn Lettland. Die Vernichtung der Juden Lettlands*, München 1947

Kemp, Paul (Hg.): *The Relief of Belsen, April 1945. Eyewitness Accounts*, London 1991

Kessler, Edmund: *The Wartime Diary of Edmund Kessler, Lwow, Poland, 1942–1944*, hg. von Renata Kessler, Boston, Massachusetts, 2010

Klein, Gerda W.: *Nichts als das nackte Leben*, Gerlingen 1999

Klemperer, Victor: *Ich will Zeugnis ablegen bis zum letzten. Tagebücher 1933–1945*, hg. von Walter Nowojski, 2 Bde., Berlin 1995

Klukowski, Zygmunt: *Tagebuch aus den Jahren der Okkupation der Region Zamość (1939–1944)*, Berlin 2015

Koestler, Arthur: *Abschaum der Erde*, Wien 1971 (*Gesammelte autobiographische Schriften*, Bd. 2)

Koker, David: *At the Edge of the Abyss. A Concentration Camp Diary, 1943–1944*, Evanston, Illinois, 2012

Krauss, Ota/Kulka, Erich: *The Death Factory. Document on Auschwitz*, Oxford 1966

Kruk, Herman: *The Last Days of the Jerusalem of Lithuania. Chronicles from the Vilna Ghetto and the Camps 1939–1944*, hg. von Benjamin Harshav, New Haven, Connecticut, 2002

Kulka, Otto Dov: *Landschaften der Metropole des Todes. Auschwitz und die Grenzen der Erinnerung und der Vorstellungskraft*, München 2013

– /Jäckel, Eberhard (Hg.): *Die Juden in den geheimen NS-Stimmungsberichten 1933–1945*, Düsseldorf 2004

Kulkielko, Renya: *Escape from the Pit*, New York 1947

Lafitte, François: *The Internment of Aliens*, London 1988

Lambert, Raymond-Raoul: *Diary of a Witness 1940–1943*, hg. von Richard I. Cohen, Chicago, Illinois, 2007

Lanzmann, Claude: *Der patagonische Hase. Erinnerungen*, Reinbek 2010

Lederer, Zdeněk: *Ghetto Theresienstadt*, London 1953

Lengyel, Olga: *Five Chimneys*, New York 1947

Lewin, Abraham: *A Cup of Tears. A Diary of the Warsaw Ghetto*, hg. von Antony Polonsky, Oxford 1988

Limberg, Margarete/Rübsaat, Hubert (Hg.): *Sie durften nicht mehr Deutsche sein. Jüdischer Alltag in Selbstzeugnissen 1933–1938*, Berlin 2003

Longerich, Peter (Hg.): *Die Ermordung der europäischen Juden. Eine umfassende Dokumentation des Holocaust 1941–1945*, München/Zürich 1989

Lösener, Bernhard: »Als Rassenreferent im Reichsministerium des Innern«, in: *Vierteljahrshefte für Zeitgeschichte*, 9,3 (1961), S. 264–313

Lubrich, Oliver (Hg.): *Reisen ins Reich, 1933 bis 1945. Ausländische Autoren berichten aus Deutschland*, Frankfurt am Main 2004 (erweiterte englische Ausgabe: *Travels in the Reich 1933–1945. Foreign Authors Report from Germany*, Chicago, Illinois, 2010)

Maier, Ruth: *»Das Leben könnte gut sein«. Tagebücher 1933–1942,* hg. von Jan Erik Vold, München 2008 [engl.: *Ruth Maier's Diary. A Jewish Girl's Life in Nazi Europe,* hg. von Jan Erik Vold, London 2010]

Manes, Philipp: *Als ob's ein Leben wär. Tatsachenbericht Theresienstadt 1942–1944,* hg. von Ben Barkow und Klaus Leist, Berlin 2005

Marx, Karl: *Dokumente über die Behandlung der Juden durch das Dritte Reich,* Düsseldorf 1958

Maschmann, Melita: *Fazit. Kein Rechtfertigungsversuch,* München 1979

Mazor, Michel: *The Vanished City,* New York 1993

McDonald, James G.: *The Diaries and Papers of James G. McDonald,* 2 Bde., hg. von Richard Breitman, Barbara McDonald Stewart und Severin Hochberg, Bloomington, Indiana, 2007/2009

Mechanicus, Philip: *Im Depot. Tagebuch aus Westerbork,* Berlin 1993

Menasche, Albert: *Birkenau (Auschwitz II). Memoirs of an Eye-Witness. How 72,000 Greek Jews Perished,* New York 1947

Monneray, Henri (Hg.): *La Persécution des Juifs dans les Pays de l'Est,* Paris 1949

Müller, Filip: *Sonderbehandlung. Drei Jahre in den Krematorien und Gaskammern von Auschwitz,* München 1979

Nahon, Marco: *Birkenau. Camp of Death,* hg. von Steven Bowman, Tuscaloosa, Alabama, 1989

Neitzel, Sönke (Hg.): *Abgehört. Deutsche Generäle in britischer Kriegsgefangenschaft 1942–1945,* Berlin 2005

– /Welzer, Harald (Hg.): *Soldaten. Protokolle vom Kämpfen, Töten und Sterben,* Frankfurt am Main 2011

Neurath, Paul Martin: *Die Gesellschaft des Terrors. Innenansichten der Konzentrationslager Dachau und Buchenwald,* hg. von Christian Fleck und Nico Stehr, Frankfurt am Main 2004

Noakes, Jeremy/Pridham, Geoffrey (Hg.): *Nazism 1919–1945. A Documentary Reader,* Bd. 2: *State, Economy and Society 1933–1939,* Exeter 1997

Petzovsky, A. [Alexander Peshersky]: »The Outbreak in Sobibor«, in Zuckerman (Hg.), *The Fighting Ghettos,* S. 205–226

Phipps, Eric: *Our Man in Berlin. The Diary of Sir Eric Phipps, 1933–1937,* hg. von Gaynor Johnson, London 2008

Poliakov, Léon: *L'auberge des musiciens,* Paris 1981

Der Prozess gegen die Hauptkriegsverbrecher vor dem Internationalen Militärgerichtshof, Nürnberg, 14. November 1945–1. Oktober 1946 [*IMG*], 42 Bde., Nürnberg 1947–1949

Quietus (Walther Karsch): »Die Zukunft des Nationalsozialismus«, in: *Die Weltbühne,* 26, 39 (23. September 1930), S. 477–480

Rajchman, Chil: *Ich bin der letzte Jude. Treblinka 1942/43. Aufzeichnungen für die Nachwelt,* München/Zürich 2009

Reck-Malleczewen, Friedrich Percyval: *Tagebuch eines Verzweifelten,* Stuttgart 1966

Reder, Rudolf: »Belzec«, in: *Polin,* 13 (2000), S. 268–289

Reicher, Edward: *Country of Ash. A Jewish Doctor in Poland, 1939–1945,* New York 2013

Reichmann, Hans: *Deutscher Bürger und verfolgter Jude. Novemberpogrom und KZ Sachsenhausen 1937 bis 1939,* hg. von Michael Wildt, München 1998

Reich-Ranicki, Marcel: *Mein Leben,* Stuttgart 1999

Revelli, Nuto (Hg.): *Mussolini's Death March. Eyewitness Accounts of Italian Soldiers on the Eastern Front,* Lawrence, Kansas, 2013

Ringelblum, Emanuel: *Ghetto Warschau. Tagebücher aus dem Chaos,* Stuttgart 1967
- *Notes from the Warsaw Ghetto. The Journal of Emmanuel Ringelblum,* hg. von Jacob Sloan, New York 1958
- *Polish-Jewish Relations during the Second World War,* hg. von Joseph Kermish und Shmuel Krakowski, Evanston, Illinois, 1992

Roosevelt, Franklin D.: *Roosevelt spricht. Die Kriegsreden des Präsidenten,* Stockholm 1945

Rosenberg, Alfred: *Die Tagebücher von 1934 bis 1944,* hg. von Jürgen Matthäus und Frank Bajohr, Frankfurt am Main 2015

Rosenberg, Kurt F.: *»Einer, der nicht mehr dazugehört«. Tagebücher 1933–1937,* hg. von Beate Meyer und Björn Siegel, Göttingen 2012

Rosenfeld, Oskar: *Wozu noch Welt. Aufzeichnungen aus dem Getto Lodz,* Frankfurt am Main 1994

Rotem, Simha: *Kazik. Erinnerungen eines Ghettokämpfers,* Berlin 1996

Roth, Joseph: *Briefe. 1911–1939,* hg. von Hermann Kesten, Köln/Berlin 1970

Rubinowicz, Dawid: *Das Tagebuch des Dawid Rubinowicz,* Berlin 1985

Rubinstein, Joshua/Altman, Ilya (Hg.): *The Unknown Black Book. The Holocaust in the German-Occupied Soviet Territories,* Bloomington, Indiana, 2008

Rückerl, Adalbert (Hg.): *NS-Vernichtungslager im Spiegel deutscher Strafprozesse. Belzec, Sobibor, Treblinka, Chelmno,* München 1977

Sakowicz, Kazimierz: *Die geheimen Notizen des K. Sakowicz. Dokumente zur Judenvernichtung in Ponary 1941–1943,* hg. von Rachel Margolis und Jim G. Tobias, Frankfurt am Main 2005 [engl.: *Ponary Diary 1941–1943,* hg. von Yitzhak Arad, New Haven, Connecticut, 2005]

Schleunes, Karl A. (Hg.): *Legislating the Holocaust. The Bernhard Loesener Memoirs and Supporting Documents,* Boulder, Colorado, 2001

Schmidt, Paul: *Statist auf diplomatischer Bühne 1923–1945. Erlebnisse des Chefdolmetschers im Auswärtigen Amt mit den Staatsmännern Europas,* Bonn 1950

Schroeder, Christa: *Er war mein Chef. Aus dem Nachlass der Sekretärin von Adolf Hitler,* hg. von Anton Joachimsthaler, Wien 2002

Das Schwarzbuch – Tatsachen und Dokumente. Die Lage der Juden in Deutschland 1933 [1935], hg. vom Comité des Délégations Juives, Frankfurt am Main/Berlin/Wien 1983

Schwarzschild, Leopold: *Chronik eines Untergangs. Deutschland 1924–1939. Die Beiträge Leopold Schwarzschilds in den Zeitschriften »Das Tage-Buch« und »Das Neue Tage-Buch«,* hg. von Andreas P. Wesemann, Wien 2005

Seidman, Hillel: *The Warsaw Ghetto Diaries,* Jerusalem 1997

Shirer, William L.: *Berliner Tagebuch. Aufzeichnungen 1934–1941,* Leipzig/Weimar 1991

Sierakowiak, Dawid: *The Diary of Dawid Sierakowiak,* hg. von Alan Edelson, London 1996 (dt.: *Das Ghettotagebuch des Dawid Sierakowiak. Aufzeichnungen eines Siebzehnjährigen 1941/1942,* Leipzig 1993)

Smith, Howard K.: *Feind schreibt mit. Ein amerikanischer Korrespondent erlebt Nazi-Deutschland,* Berlin 1982

Somerhausen, Anne: *Written in Darkness. A Belgian Woman's Record of the Occupation 1940–1945,* New York 1946

Spuren aus dem Getto Łódź. Dokumente der Sammlung Wolfgang Haney, Ber-

lin. Eine Ausstellung in der Gedenk- und Bildungsstätte Haus der Wannsee-Konferenz vom 28. März 1999 bis zum 30. Dezember 2000, Berlin 1999

Stabholz, Thaddeus: *Seven Hells,* New York 1990

Stalin, Josef: *Über den Großen Vaterländischen Krieg der Sowjetunion,* Moskau 1946

Strawczynski, Oskar: »Ten Months in Treblinka (October 5, 1942–August 2, 1943«, in Cymlich/Strawczynski: *Escaping Hell in Treblinka,* S. 117–185

Stromer, Moty: *Memoirs of an Unfortunate Person. The Diary of Moty Stromer,* Jerusalem 2008

Szereszewska, Helena: *Memoirs from Occupied Warsaw, 1940–1945,* London 1997

Szpilman, Wladyslaw: *Der Pianist. Mein wunderbares Überleben,* Berlin 2011

Tory [Golub], Avraham: *Surviving the Holocaust. The Kovno Ghetto Diary,* hg. von Martin Gilbert und Dina Porat, Cambridge, Massachusetts/London 1990

The Trial of Adolf Eichmann. Record of Proceedings in the District Court of Jerusalem, 9 Bde., Jerusalem 1992–1995

Troller, Norbert: *Theresienstadt. Hitler's Gift To The Jews,* Chapel Hill, North Carolina, 1991

Ullmann, Viktor: »Goethe und Ghetto«, http://collections.jewishmuseum.cz/index.php/Detail/Object/Show/object_id/2322

Vági, Zoltán/Csösz, Lászlo/Kádár, Gábor (Hg.): *The Holocaust in Hungary. Evolution of a Genocide,* Lanham, Maryland, 2013

Die Verfolgung und Ermordung der europäischen Juden durch das nationalsozialistische Deutschland 1933–1945, hg. von Götz Aly [Bde. 1 und 2], Susanne Heim, Ulrich Herbert, Hans-Dieter Kreikamp, Horst Möller, Gertrud Pickhahn, Dieter Pohl, Hartmut Weber und Andreas Wirsching [Bd. 3], Bd. 1: *Deutsches Reich 1933–1937,* bearb. von Wolf Gruner, München 2008; Bd. 2: *Deutsches Reich 1938–August 1939,* bearb. von Susanne Heim, München 2009; Bd. 3: *Deutsches Reich und Protektorat Böhmen und Mähren, September 1939–September 1941,* bearb. von Andrea Löw, München 2012; Bd. 4: *Polen, September 1939–Juli 1941,* bearbeitet von Klaus-Peter Friedrich, München 2011; Bd. 7: *Sowjetunion mit annektierten Gebieten I,* bearb. von Bernd Hoppe und Hildrun Glass, München 2011; Bd. 12: *West- und Nordeuropa Juni 1942–1945,* bearb. von Katja Happe, Barbara Lambauer und Clemenms Maier-Wolthausen, Berlin/München/Boston 2015

»Voices of the Holocaust«, http://voices.iit.edu/

Warhaftig, Zorach: *Uprooted. Jewish Refugees and Displaced Persons after Liberation,* New York 1946

Wdowinski, David: *And We Are Not Saved,* London 1964

Weinstein, Eddie: *17 Days in Treblinka. Daring to Resist, and Refusing to Die,* Jerusalem 2008

Weiss, Helga: *Und doch ein ganzes Leben. Ein Mädchen, das Auschwitz überlebt hat,* Köln 2013

Wetzler, Alfred: *Escape from Hell. The True Story of the Auschwitz Protocol,* New York 2007

Wiernik, Yankiel: *A Year in Treblinka,* New York 1944

Wildt, Michael (Hg.): *Die Judenpolitik des SD 1935–1938. Eine Dokumentation,* München 1995

Willenberg, Samuel: *Treblinka. Lager, Revolte, Flucht, Warschauer Aufstand,* Münster 2009

Zelkowicz, Josef: *In diesen albtraumhaften Tagen. Tagebuchaufzeichnungen aus dem Getto Lodz/Litzmannstadt, September 1942*, Göttingen 2015
– *In Those Terrible Days. Writings from the Lodz Ghetto*, hg. von Michael Unger, Jerusalem 2002
Zsolt, Bela: *Neun Koffer*, Frankfurt am Main 1999
Zuckerman, Isaac (Hg.): *The Fighting Ghettos*, hg. von Meyer Barkai, Philadelphia 1962
Zuckerman, Yitzhak: *Surplus of Memory. Chronicle of the Warsaw Ghetto Uprising*, Berkeley, Kalifornien, 1993
Zuckmayer, Carl: *Als wär's ein Stück von mir. Horen der Freundschaft*, Frankfurt am Main 2013
Zylberberg, Michael: *A Warsaw Diary, 1939–1945*, London 1969
Żywulska, Krystyna: *Wo vorher Birken waren. Überlebensbericht einer jungen Frau aus Auschwitz-Birkenau*, Darmstadt 1980

Forschungsliteratur

Bücher

Aalders, Gerard: *Nazi Looting. The Plunder of Dutch Jewry During the Second World War*, Oxford 2004
Abitbol, Michel: *The Jews of North Africa in World War II*, Detroit, Michigan, 1989
Adam, Uwe Dietrich: *Judenpolitik im Dritten Reich*, Düsseldorf 2003
Adamczyk-Garbowska, Monika: *Patterns of Return. Survivors' Postwar Journeys to Poland*, Washington, D.C., 2007
Adler, Jacques: *The Jews of Paris and the Final Solution. Communal Response and Internal Conflicts, 1940–1944*, New York 1987
Allen, Michael Thad: *The Business of Genocide. The SS, Slave Labour, and the Concentration Camps*, Chapel Hill, North Carolina, 2002
Allwork, Larissa: *Holocaust Remembrance between the National and the Transnational. The Stockholm International Forum and the First Decade of the International Task Force*, London 2015
Alpert, Nachum: *The Destruction of Slonim Jewry*, New York 1989
Aly, Götz: *»Endlösung«. Völkerverschiebung und der Mord an den europäischen Juden*, Frankfurt am Main 1995
– *Hitlers Volksstaat. Raub, Rassenkrieg und nationaler Sozialismus*, Frankfurt am Main 2005
– /Heim, Susanne: *Vordenker der Vernichtung. Auschwitz und die deutschen Pläne für eine neue europäische Ordnung*, Frankfurt am Main 1997
Ancel, Jean: *The Economic Destruction of Romanian Jewry*, Jerusalem 2007
– *The History of the Holocaust in Romania*, Lincoln, Nebraska, 2010
Angress, Werner T.: *Generation zwischen Furcht und Hoffnung. Jüdische Jugend im Dritten Reich*, Hamburg 1985
Angrick, Andrej/Klein, Peter: *Die »Endlösung« in Riga. Ausbeutung und Vernichtung 1941–1944*, Darmstadt 2006
Arad, Yitzhak: *Belzec, Sobibor, Treblinka. The Operation Reinhard Death Camps*, Bloomington, Indiana, 1987
– *The Holocaust in the Soviet Union*, Lincoln, Nebraska, 2009

Aronson, Shlomo: *Hitler, the Allies and the Jews,* Cambridge 2004
Ascher, Abraham: *A Community under Siege. The Jews of Breslau under Nazism,* Stanford, Kalifornien, 2007
Aschheim, Steven: *Brothers and Strangers. The East European Jew in German and German Jewish Consciousness, 1800–1923,* Madison, Wisconsin, 1999
Auschwitz 1940–1945. Studien zur Geschichte des Konzentrations- und Vernichtungslagers Auschwitz, hg. von Wacław Długoborski und Franciszek Piper, 5 Bde., Oświęcim 1999
Bajohr, Frank: *»Arisierung« in Hamburg. Die Verdrängung der jüdischen Unternehmer 1933–1945,* Hamburg 1997
Ball, Simon: *The Bitter Sea. The Struggle for Mastery in the Mediterranean, 1935–1949,* London 2009
Bankier, David (Hg.): *Probing the Depths of German Antisemitism. German Society and the Persecution of the Jews, 1933–1941,* New York 2001
– (Hg.): *The Jews Are Coming Back. The Return oft he Jews to Their Countries after WWII,* New York 2004
– (Hg.): *Secret Intelligence and the Holocaust,* New York 2006
– /Michman, Dan (Hg.): *Holocaust and Justice. Representation and Historiography of the Holocaust in Post-War Trials,* Jerusalem 2010
Bardgett, Suzanne/Cesarani, David (Hg.): *Belsen 1945. New Historical Perspectives,* London 2006
Barkai, Avraham: *Vom Boykott zur »Entjudung«. Der wirtschaftliche Existenzkampf der Juden im Dritten Reich 1933–1943,* Frankfurt am Main 1988
Barkow, Ben: *Alfred Wiener and the Making of the Holocaust Library,* London 1997
Bartov, Omer: *Hitlers Wehrmacht. Soldaten, Fanatismus und die Brutalisierung des Krieges,* Reinbek 1999
– *Murder in Our Midst. The Holocaust, Industrial Killing and Representation,* New York 1996
Bastholm Jensen, Mette/Jensen, Steven L. B. (Hg.): *Denmark and the Holocaust,* Kopenhagen 2003
Bauer, Yehuda: *Der Tod des Schtetls,* Berlin 2013
– *Freikauf von Juden? Verhandlungen zwischen dem nationalsozialistischen Deutschland und jüdischen Repräsentanten von 1933 bis 1945,* Frankfurt am Main 1996
– *Die dunkle Seite der Geschichte. Die Shoah in historischer Sicht. Interpretationen und Re-Interpretationen,* Frankfurt am Main 2001
Beevor, Anthony: *Der Zweite Weltkrieg,* München 2014
Beker, Avi (Hg.): *The Plunder of Jewish Property during the Holocaust,* New York 2001
Bellamy, Chris: *Absolute War. Soviet Russia in the Second World War,* London 2007
Bender, Sarah: *The Jews of Bialystok during World War II and the Holocaust,* Waltham, Massachusetts, 2008
Bentwich, Norman: *They Found Refuge,* London 1956
Benz, Wolfgang: *Der Holocaust,* München 1995
– (Hg.): *Dimension des Völkermords. Die Zahl der jüdischen Opfer des Nationalsozialismus,* München 1991
Beorn, Waitman Wade: *Marching into Darkness. The Wehrmacht and the Holocaust in Belarus,* Cambridge, Massachusetts, 2014
Berenbaum, Michael/Peck, Abraham (Hg.): *The Holocaust and History. The Known, the Unknown, the Disputed, and the Reexamined,* Bloomington, Indiana, 1998

Bergen, Doris: *Twisted Cross. The German Christian Movement in the Third Reich,* Chapel Hill, North Carolina, 1996
– *War & Genocide. A Concise History of the Holocaust,* Lanham, Maryland, [2]2009
Bergerson, Andrew Stuart: *Ordinary Germans in Extraordinary Times. The Nazi Revolution in Hildesheim,* Bloomington, Indiana, 2004
Bernstein, Michael André: *Foregone Conclusions. Against Apocalyptic History,* Berkeley, Kalifornien, 1994
Bessel, Richard: *Germany 1945. From War to Peace,* London 2009
Black, Jeremy: *The Holocaust,* London 2008
Blatman, Daniel: *Die Todesmärsche 1944/45. Das letzte Kapitel des nationalsozialistischen Massenmords,* Reinbek 2011
– *For Our Freedom and Yours. The Jewish Labour Bund in Poland 1939–1949,* London 2003
Blood, Philip: *Hitler's Bandit Hunters. The SS and the Nazi Occupation of Europe,* Washington, D.C., 2008
Bloxham, Donald: *The Final Solution. A Genocide,* Oxford 2009
– *Genocide on Trial. War Crimes Trials and the Formation of Holocaust History and Memory,* Oxford 2001
Blumenson, Martin: *The Duel for France, 1944,* New York 1963
Boder, David P.: *Die Toten habe ich nicht befragt,* hg. von Julia Faisst, Alan Rosen und Werner Sollors, Heidelberg 2011
Bogner, Nahum: *At the Mercy of Strangers. The Rescue of Jewish Children with Assumed Identities in Poland,* Jerusalem 2009
Bolchover, Richard: *British Jewry and the Holocaust,* Cambridge 1993
Bondy, Ruth: *Trapped. Essays on the History of the Czech Jews, 1939–1943,* Jerusalem 2008
Bowman, Steven M.: *The Agony of Greek Jews 1940–1945,* Stanford, Kalifornien, 2009
Braham, Randolph L.: *The Politics of Genocide. The Holocaust in Hungary,* 2 Bde., New York 1994; Detroit, Michigan, 2000
– (Hg.): *Jewish Leadership during the Nazi Era. Patterns of Behaviour in the Free World,* New York 1985
– /Miller, Scott (Hg.): *The Nazis' Last Victims. The Holocaust in Hungary,* Detroit 1998
Branche, Raphaelle/Virgili, Fabrice (Hg.): *Rape in Wartime,* London 2012
Brandon, Ray/Lower, Wendy (Hg.): *The Shoah in Ukraine. History, Testimony, Memorialization,* Bloomington, Indiana, 2010
Breitman, Richard/Goda, Norman J. W./Naftali, Timothy/Wolfe, Robert: *U. S. Intelligence and the Nazis,* New York 2005
Breitman, Richard/Lichtman, Alan J.: *FDR and the Jews,* Cambridge, Massachusetts, 2013
Brenner, Michael: *Jüdische Kultur in der Weimarer Republik,* München 2000
– *Nach dem Holocaust. Juden in Deutschland 1945–1950,* München 1995
Bridgman, Jon: *The End of the Holocaust. The Liberation of the Camps,* London 1990
Browder, George C.: *Hitler's Enforcers. The Gestapo and the SS Security Service in the Nazi Revolution,* New York 1996
Browning, Christopher: *Die Entfesselung der »Endlösung«. Nationalsozialistische Judenpolitik 1939–1942,* München 2003

– *Ganz normale Männer. Das Reserve-Polizeibataillon 101 und die »Endlösung« in Polen,* Reinbek 1993
Bruttmann, Tal: *La logique des bourreaux 1943–1944,* Paris 2006
Bryant, Chad: *Prague in Black. Nazi Rule and Czech Nationalism,* Cambridge, Massachusetts, 2007
Buggeln, Marc: *Arbeit und Gewalt. Das Außenlagersystem des KZ Neuengamme,* Göttingen 2009
Burleigh, Michael: *Die Zeit des Nationalsozialismus. Eine Gesamtdarstellung,* Frankfurt am Main 2000
– *Tod und Erlösung. Euthanasie in Deutschland 1900–1945,* Zürich/München 2002
– /Wippermann, Wolfgang: *The Racial State. Germany 1933–1945,* Cambridge 1991
Burrin, Philippe: *Hitler und die Juden. Die Entscheidung für den Völkermord,* Frankfurt am Main 1993
Callil, Carmen: *Bad Faith. A Forgotten History of Family and Fatherland,* London 2006
Caplan, Jane/Wachsmann, Nikolaus (Hg.): *Concentration Camps in Nazi Germany. The New Histories,* London 2010
Caron, Vicki: *Uneasy Asylum. France and the Jewish Refugee Crisis 1933–1942,* Stanford, Kalifornien, 1999
Carpi, Daniel: *Between Mussolini and Hitler. The Jews and the Italian Authorities in France and Tunisia,* Hanover, New Hampshire, 1994
Caune, Andris/Klavina, Daina/Feldmanis, Inesis (Hg.): *Latvia in World War II. Materials of an International Conference 14–15 June 1999,* Riga 2000
Cesarani, David: *Adolf Eichmann. Bürokrat und Massenmörder,* Berlin 2004
– *Arthur Koestler. The Homeless Mind,* London 1998
– *The Holocaust. A Teacher's Guide,* London 1998
– *The Jewish Chronicle and Anglo-Jewry, 1841–1991,* Cambridge 1994
– *Major Farran's Hat. Murder, Scandal and Britain's War against Jewish Terrorism, 1945–1948,* London 2009
– (Hg.): *The Final Solution. Origins and Implementation,* London 1994
– (Hg.): *Genocide and Rescue. The Holocaust in Hungary 1944,* Oxford 1997
– (Hg.): *Holocaust. Critical Concepts in Historical Studies,* 6 Bde., London 2004
– (Hg.): *The Making of Modern Anglo-Jewry,* Oxford 1990
– /Kushner, Tony (Hg.): *The Internment of Aliens in Twentieth Century Britain,* London 1993
– /Levine, Paul: *»Bystanders« to the Holocaust. A Re-evaluation,* London 2002
Chadwick, William R.: *The Rescue of the Prague Refugees 1938/39,* Padstow 2010
Chary, Frederick B.: *The Bulgarian Jews and the Final Solution 1940–44,* Pittsburgh, Pennsylvania, 1972
Chrostowski, Witold: *The Extermination Camp Treblinka,* London 2003
Citino, Robert M.: *Death of the Wehrmacht. The German Campaigns of 1942,* Lawrence, Kansas, 2007
– *The German Way of War. From the Thirty Years War to the Third Reich,* Lawrence, Kansas, 2008
– *The Wehrmacht Retreats. Fighting a Lost War, 1943,* Lawrence, Kansas, 2012
Clark, Lloyd: *Crossing the Rhine. Breaking into Nazi Germany 1944 and 1945 – The Greaterst Airborne Battles in History,* New York 2008
Clifford, Rebecca: *Commemorating the Holocaust. The Dilemmas of Remembrance in France and Italy,* Oxford 2013

Cohen, Asher/Cochavi, Yehoyakim/Gelber, Yoav (Hg.): *The Shoah and the War,* New York 1992

Cohen, Richard I.: *The Burden of Conscience. French Jewry's Response to the Holocaust,* Bloomington, Indiana, 1987

Cohen, Susan: *Rescue the Perishing. Eleanor Rathbone and the Refugees,* London 2010

Cohn, Willy: *Kein Recht, nirgends. Tagebuch vom Untergang des Breslauer Judentums 1933–1941,* hg. von Norbert Conrads, 2 Bde., Köln/Weimar/Wien 2007

Cole, Tim: *Holocaust City. The Making of a Jewish Ghetto,* London 2002

Collingham, Lizzie: *The Taste of War. World War Two and the Battle for Food,* London 2011

Confino, Alon: *A World without Jews. The Nazi Imagination from Persecution to Genocide,* New Haven, Connecticut, 2014

Conradi, Peter: *Hitlers Klavierspieler. Ernst Hanfstaengl: Vertrauter Hitlers, Verbündeter Roosevelts,* Frankfurt am Main 2007

Dallas, Gregor: *Poisoned Peace. 1945 – The War That Never Ended,* London 2005

Davies, Norman: *Aufstand der Verlorenen. Der Kampf um Warschau 1944,* München 2004

Dawidowicz, Lucy S.: *Der Krieg gegen die Juden. 1933–1945,* Wiesbaden o. J.

Dean, Martin: *Collaboration in the Holocaust. Crimes oft he Local Police in Belorussia and Ukraine, 1941–44,* Houndmills/Basingstoke 2000

– *Robbing the Jews. The Confiscation of Jewish Property in the Holocaust, 1933–1945,* New York 2008

Deletant, Dennis: *Hitler's Forgotten Ally. Ion Antonescu and His Regime, Romania 1940–1944,* Houndmills 2006

Dembowski, Peter: *Christians in the Warsaw Ghetto. An Epitaph for the Unremembered,* Chicago, Illinois, 2005

Deutsch-jüdische Geschichte in der Neuzeit, hg. von Michael A. Meyer, München 1997, Bd. 3: Steven M. Lowenstein, Paul Mendes-Flohr, Peter Pulzer und Monika Richarz, *Umstrittene Integration, 1871–1918;* Bd. 4: Avraham Barkai, Paul Mendes-Flohr und Steven M. Lowenstein, *Aufbruch und Zerstörung, 1918–1945*

Dinnerstein, Leonard: *America and the Survivors of the Holocaust,* New York 1982

Dobroszycki, Lucjan/Gurock, Jeffrey S. (Hg.): *The Holocaust in the Soviet Union. Studies and Sources on the Destruction of the Jews in the Nazi-Occupied Territories of the USSR, 1942–1945,* Armonk, New York/London 1993

Dreisziger, Nándor (Hg.): *Hungary in an Age of Total War (1938–1948),* New York 1998

Dwork, Debórah/Pelt, Robert Jan van: *Auschwitz. Von 1270 bis heute,* Zürich/München 1998

– *Holocaust. A History,* London 2002

Edgerton, David: *Britain's War Machine,* London 2011

Engel, David: *Facing a Holocaust. The Polish Government-In-Exile and the Jews, 1943–1945,* Chapel Hill, North California, 1993

– *The Holocaust. The Third Reich and the Jews,* London 1999

– *In the Shadow of Auschwitz. The Polish Government-in-Exile and the Jews, 1939–1942,* Chapel Hill, North Carolina, 1987

Engelking, Barbara/Leociak, Jacek: *The Warsaw Ghetto. A Guide to the Perished City,* New Haven, Connecticut, 2009

Epstein, Barbara: *The Minsk Ghetto 1941–1943. Jewish Resistance and Soviet Internationalism*, Berkeley, Kalifornien, 2008

Epstein, Catherine: *Model Nazi. Arthur Greiser and the Occupation of Western Poland*, Oxford 2010

Este, Carlo d': *Warlord. A Life of Churchill at War, 1874–1945*, London 2009

Evans, Richard: *Das Dritte Reich*, Bd. 1: *Aufstieg*, München 2004; Bd. 2: *Diktatur*, München 2006; Bd. 3: *Krieg*, München 2009

Ezergailis, Andrew: *The Holocaust in Latvia 1941–1944*, Riga 1996

Farbstein, Esther: *Hidden Thunder. Perspectives on Faith, Halacha, and Leadership during the Holocaust*, Jerusalem 2007

Favez, Jean-Claude: *Das Internationale Rote Kreuz und das Dritte Reich. War der Holocaust aufzuhalten?*, Zürich 1989

Feldman, Gerald: *Die Allianz und die deutsche Versicherungswirtschaft, 1933–1945*, München 2001

Feldman, Jackie: *Above the Death Pits, beneath the Flag. Youth Voyages to Poland and the Performance of Israeli National Identity*, New York 2008

Ferguson, Niall: *Der Bankier Siegmund Warburg. Sein Leben und seine Zeit*, München 2011

Fest, Joachim: *Staatsstreich. Der lange Weg zum 20. Juli*, Berlin 1994

Finder, Gabriel/Jockusch, Laura (Hg.): *Jewish Honor Courts. Revenge, Retribution, and Reconciliation in Europe and Israel after the Holocaust*, Detroit, Michigan, 2014

Fink, Carole: *Defending the Rights of Others. The Great Powers, the Jews and International Minority Protection*, Cambridge 2004

Fleming, Michael: *Auschwitz, the Allies and Censorship of the Holocaust*, Cambridge 2014

Friedla, Katharina: *Juden in Breslau/Wroclaw 1933–1949. Überlebensstrategien, Selbstbehauptung und Verfolgungserfahrungen*, Köln/Weimar 2015

Friedlander, Henry: *Der Weg zum NS-Genozid. Von der Euthanasie zur Endlösung*, Berlin 1997

Friedländer, Saul: *Das Dritte Reich und die Juden*, Bd. 1: *Die Jahre der Verfolgung 1933–1939*, München 1998; Bd. 2: *Die Jahre der Vernichtung 1939–1945*, München 2006

Friedman, Philip: *Roads to Extinction. Essays on the Holocaust*, hg. von Ada June Friedman, Philadelphia, Pennsylvania, 1980

Friedrich, Thomas: *Die missbrauchte Hauptstadt. Hitler und Berlin*, Berlin 2007

Frieser, Karl-Heinz: *Blitzkrieg-Legende. Der Westfeldzug 1940*, München 1995

Friling, Tuvia/Ioanid, Radu/Ionescu, Mihail E. (Hg.): *Final Report of the International Commission on the Holocaust in Romania*, Iasi 2005

Fritz, Stephen G.: *Hitlers Frontsoldaten. Der erzählte Krieg*, Berlin 1998

– *Ostkrieg. Hitler's War of Extermination in the East*, Lexington, Kentucky, 2011

Fritzsche, Peter: *Life and Death in the Third Reich*, Cambridge, Massachusetts, 2008

– *Wie aus Deutschen Nazis wurden*, München 2002

Gafny, Emunah Nachmany: *Dividing Hearts. The Removal of Jewish Children from Gentile Families in Poland in the Immediate Post-Holocaust Years*, Jerusalem 2009

Garrard, John/Garrard, Carol: *The Bones of Berdichev. The Life and Fate of Vasily Grossman,* New York 1996

Gellately, Robert: *Die Gestapo und die deutsche Gesellschaft. Die Durchsetzung der Rassenpolitik 1933–1945,* Paderborn/München/Wien/Zürich 1993

– *Hingeschaut und weggesehen. Hitler und sein Volk,* Stuttgart/München 2002

– /Stoltzfus, Nathan (Hg.): *Social Outsiders in Nazi Germany,* Princeton, New Jersey, 2001

Geller, Jay: *Jews in Post-Holocaust Germany, 1945–1953,* New York 2005

Gerlach, Christian: *Krieg, Ernährung, Völkermord. Forschungen zur deutschen Vernichtungspolitik im Zweiten Weltkrieg,* Hamburg 1998

– /Aly, Götz: *Das letze Kapitel. Realpolitik, Ideologie und der Mord an den ungarischen Juden 1944/45,* Stuttgart 2002

Gerwarth, Robert: *Reinhard Heydrich. Biographie,* München 2011

Gigliotti, Simone: *The Train Journey. Transit, Captivity and Witnessing the Holocaust,* London 2009

Gilbert, Martin: *Auschwitz und die Alliierten,* München 1982

– *The Holocaust. The Jewish Tragedy,* London 1986

– *Sir Horace Rumbold. Portrait of a Diplomat 1869–1941,* London 1973

Gildea, Robert: *Marianne in Chains. In Search of the German Occupation, 1940–1945,* London 2002

Gillman, Leni/Gillman, Peter: *»Collar the Lot!« How Britain Interned and Expelled its Wartime Refugees,* London 1980

Gitelman, Zvi (Hg.): *Bitter Legacy. Confronting the Holocaust in the USSR,* Bloomington, Indiana, 1997

Goldhagen, Daniel Jonah: *Hitlers willige Vollstrecker. Ganz gewöhnliche Deutsche und der Holocaust,* Berlin 1996

Goltz, Anna von der: *Hindenburg. Power, Myth and the Rise of the Nazis,* Oxford 2009

Goschler, Constantin/Ther, Philipp (Hg.): *Raub und Restitution. »Arisierung« und Rückerstattung des jüdischen Eigentums in Europa,* Frankfurt am Main 2003

Grabowski, Jan: *Hunt for the Jews. Betrayal and Murder in German-Occupied Poland,* Bloomington, Indiana, 2014

Graml, Hermann: *Reichskristallnacht. Antisemitismus und Judenverfolgung im Dritten Reich,* München 1988

Gregor, Neil: *How to Read Hitler,* London 2005

Grenville, John A. S.: *The Jews and Germans of Hamburg,* London 2012

Grinberg, Daniel (Hg.): *Fifty Years After. Papers from the Conference organized by Jewish Historical Institute of Warsaw, 29–31 March 1993,* Warschau 1994

Grobman, Alex: *Battling for Souls. The Vaad Hatzala Rescue Committee in Post-War Europe,* Jersey City, New Jersey, 2004

– *Rekindling the Flame. American Chaplains and the Survivors of European Jewry, 1944–1945,* Detroit, Michigan, 1993

Gross, Jan Tomasz: *Fear. Anti-Semitism in Poland after Auschwitz. An Essay in Historical Interpretation,* Princeton, New Jersey, 2006

– *Neighbours. The Destruction of the Jewish Community in Jedwabne, Poland,* Princeton, New Jersey, 2001

– /Grudzinska Gross, Irena: *Golden Harvest. Events at the Periphery of the Holocaust,* New York 2012

Gruber, Ruth: *Haven. The Dramatic Story of 1,000 World War II Refugees and How They Came to America,* New York 2000

Gruner, Wolf: *Jewish Forced Labour under the Nazis. Economic Needs and Racial Aims, 1938–1944,* New York 2006

Guenther, Irene: *Nazi Chic? Fashioning Women in the Third Reich,* Oxford 2004

Gutman, Yisrael: *The Jews of Warsaw 1939–1943. Ghetto, Underground, Revolt,* Bloomington, Indiana, 1982

– /Berenbaum, Michael (Hg.): *Anatomy of the Auschwitz Death Camp,* Bloomington, Indiana, 1994

– /Haft, Cynthia (Hg.): *Patterns of Jewish Leadership in Nazi Europe 1933–1945,* Jerusalem 1979

Gutterman, Bella: *A Narrow Bridge to Life. Jewish Forced Labour and Survival in the Gross-Rosen Camp System, 1940–1945,* New York 2008

Hallie, Philip P.: *… Dass nicht unschuldig Blut vergossen werde. Die Geschichte des Dorfes Le Chambon und wie dort Gutes geschah,* Neukirchen-Vluyn 1983

Hamann, Brigitte: *Hitlers Wien. Lehrjahre eines Diktators,* München/Zürich [4]1996

Hastings, Max: *Finest Years. Churchill as Warlord 1940–45,* London 2009

Have, Wichert ten (Hg.): *The Persecution of the Jews in the Netherlands, 1940–1945. New Perspectives,* Amsterdam 2012

Hayes, Peter: *Die Degussa im Dritten Reich. Von der Zusammenarbeit zur Mittäterschaft,* München 2004

Hayward, Joel: *Stopped at Stalingrad. The Luftwaffe and Hitler's Defeat in the East, 1942–1943,* Lawrence, Kansas, 2001

Headland, Ronald: *Messages of Murder. A Study of the Reports of the Security Police and the Security Service, 1941–1945,* Toronto 1992

Heberer, Patricia/Matthäus, Jürgen: *Atrocities on Trial. Historical Perspectives on the Politics of Prosecuting War Crimes,* Lincoln, Nebraska, 2008

Hedgepeth, Sonja M./Saidel, Rochelle G. (Hg.): *Sexual Violence against Jewish Women during the Holocaust,* Waltham, Massachusetts, 2010

Heer, Hannes/Naumann, Klaus (Hg.): *Vernichtungskrieg. Verbrechen der Wehrmacht 1941–1945,* Hamburg 1995

Heller, Celia: *On the Edge of Destruction. The Jews of Poland between the Two World Wars,* Detroit, Michigan, 1994

Herbert, Ulrich (Hg.): *Nationalsozialistische Vernichtungspolitik 1939–1945. Neue Forschungen und Kontroversen,* Frankfurt am Main 1998

Herczl, Moshe: *Christianity and the Holocaust of Hungarian Jewry,* New York 1991

Herf, Jeffrey: *Zweierlei Erinnerung. Die NS-Vergangenheit im geteilten Deutschland,* Berlin 1998

– *The Jewish Enemy. Nazi Propaganda During World War II and the Holocaust,* Cambridge, Massachusetts, 2009

Herzog, Dagmar (Hg.): *Lessons and Legacies,* Bd. 7: *The Holocaust in International Perspective,* Evanston, Illinois, 2006

Heschel, Susannah: *The Aryan Jesus. Christian Theology and the Bible in Nazi Germany,* Princeton, New Jersey, 2008

Hett, Benjamin C.: *Crossing Hitler. The Man Who Put the Nazis on the Witness Stand,* New York 2008

Hilberg, Raul: *Die Vernichtung der europäischen Juden,* 3 Bde., Frankfurt am Main 1990

Hitchcock, William I.: *Liberation. The Bitter Road to Freedom, Europe 1944–1945,* London 2009

Höhne, Heinz: *Der Orden unter dem Totenkopf. Die Geschichte der SS,* Gütersloh o. J.

Holocaust Education and Development Programme: *Teaching About the Holocaust in English Secondary Schools,* London 2009

Hondius, Dienke: *Return. Holocaust Survivors and Dutch Anti-Semitism,* Westport, Connecticut, 2003

Horwitz, Gordon J.: *Ghettostadt. Lodz and the Making of a Nazi City,* Cambridge, Massachusetts, 2008

Hull, Isabel V.: *Absolute Destruction. Military Culture and the Practices of War in Imperial Germany,* Ithaca, New York, 2005

Imlay, Talbot/Horn, Martin: *The Politics of Industrial Collaboration during World War II. Ford France, Vichy and Nazi Germany,* Cambridge 2014

Ingrao, Christian: *Hitlers Elite. Die Wegbereiter des nationalsozialistischen Massenmords,* Berlin 2012

Ioanid, Radu: *The Holocaust in Romania. The Destruction of Jews and Gypsies under the Antonescu Regime, 1940–1944,* Chicago, Illinois, 2000

Jäckel, Eberhard: *Hitlers Weltanschauung. Entwurf einer Herrschaft,* Stuttgart [3]1986

Jackson, Julian: *France 1940–1944. The Dark Years,* Oxford 2001

Jockusch, Laura: *Collect and Record! Jewish Holocaust Documentation in Early Postwar Europe,* New York 2012

Johnson, Eric A.: *Der nationalsozialistische Terror. Gestapo, Juden und gewöhnliche Deutsche,* Berlin 2001

Jones, Michael: *The Retreat. Hitler's First Defeat,* London 2009

Judt, Tony: *Die Geschichte Europas seit dem Zweiten Weltkrieg,* München/Wien 2006

Kallis, Aristotle: *Genocide and Fascism. The Eliminationist Drive in Fascist Europe,* London 2009

Kaplan, Marion: *Der Mut zum Überleben. Jüdische Frauen und ihre Familien in Nazideutschland,* Berlin 2001

Karas, Joza: *Music in Terezin 1941–1945,* New York 1988

Karlsson, Klas-Göran/Zander, Ulf (Hg.): *The Holocaust – Post-War Battlefields. Genocide as Historical Culture,* Malmö 2006

Karsai, László/Molnár, Judit (Hg.): *The Kasztner Report. The Report of the Budapest Jewish Rescue Committee, 1943–1945,* Jerusalem 2013

Kassow, Samuel D.: *Ringelblums Vermächtnis. Das geheime Archiv des Warschauer Ghettos,* Reinbek 2010

Kasztner, Rezsö Rudolf: *Der Kastner-Bericht über Eichmanns Menschenhandel in Ungarn,* hg. von Ernst Landau, München 1961

Katzburg, Nathaniel: *Hungary and the Jews 1920–1943,* Ramat Gan 1981

Kay, Alex J.: *Exploitation, Resettlement, Mass Murder. Political and Economic Planning for German Occupation in the Soviet Union, 1940–41,* New York 2006

– /Rutherford, Jeff/Stahel, David (Hg.): *Nazi Policy on the Eastern Front, 1941. Total War, Genocide, and Radicalization,* Woodbridge 2012

Kershaw, Ian: *Das Ende. Kampf bis in den Untergang. NS-Deutschland 1944/45,* München 2011

– *Hitler,* Bd. 1: *1889–1936,* Stuttgart 1998; Bd. 2: *1936–1945,* Stuttgart 2000

– *Der NS-Staat. Geschichtsinterpretationen und Kontroversen im Überblick,* Reinbek 1988

– *Wendepunkte. Schlüsselentscheidungen im Zweiten Weltkrieg,* München 2008

Kertzer, David I.: *Die Päpste gegen die Juden. Der Vatikan und die Entstehung des modernen Antisemitismus,* Berlin/München 2001

Klarsfeld, Serge: *Vichy – Auschwitz. Die »Endlösung der Judenfrage« in Frankreich,* Darmstadt 2007

Knoch, Habbo (Hg.): *Bergen-Belsen. Kriegsgefangenenlager 1940–1945, Konzentrationslager 1943–1945, Displaced Persons Camp 1945–1950,* Göttingen 2009

Kochan, Lionel: *Pogrom. November 10, 1938,* London 1957

Kochan, Miriam: *Britain's Internees in the Second World War,* London 1983

Kochavi, Arieh: *Post-Holocaust Politics. Britain, the United States, and Jewish Refugees, 1945–1948,* Chapel Hill, North Carolina/London 2002

– *Prelude to Nuremberg. Allied War Crimes Policy and the Question of Punishment,* Chapel Hill, North Carolina/London 1998

Kolb, Eberhard/Schumann, Dirk: *Die Weimarer Republik,* München/Wien/Oldenburg 2013

Kolinsky, Eva: *After the Holocaust. Jewish Survivors in Germany after 1945,* London 2004

Königseder, Angelika/Wetzel, Juliane: *Lebensmut im Wartesaal. Die jüdischen DPs (Displaced Persons) im Nachkriegsdeutschland,* Frankfurt am Main 2004

Koonz, Claudia: *The Nazi Conscience,* Cambridge, Massachusetts, 2003

Kosmala, Beate/Tych, Feliks (Hg.): *Facing the Nazi Genocide. Non-Jews and Jews in Europe,* Berlin 2004

Krakowski, Shmuel: *Das Todeslager Chełmno/Kulmhof. Der Beginn der »Endlösung«,* Göttingen 2007

– *The War of the Doomed. Jewish Armed Resistance in Poland, 1942–1944,* New York 1984

Kranzler, David: *Holocaust Hero. Solomon Schonfeld,* Jersey City, New Jersey, 2004

Krausnick, Helmut/Wilhelm, Hans-Heinrich: *Die Truppe des Weltanschauungskrieges. Die Einsatzgruppen der Sicherheitspolizei und des SD 1938–1942,* Stuttgart 1981

Kühne, Thomas: *Belonging and Genocide. Hitler's Community, 1918–1945,* New Haven, Connecticut, 2010

– /Lawson, Tom (Hg.): *The Holocaust and Local History,* London 2011

Kurlander, Eric: *Living with Hitler. Liberal Democrats in the Third Reich,* London 2009

Kushner, Tony: *The Holocaust and the Liberal Imagination. A Social and Cultural History,* Oxford 1994

– *The Persistence of Prejudice. Antisemitism in British Society during the Second World War,* Manchester 1989

Lagrou, Pieter: *The Legacy of Nazi Occupation. Patriotic Memory and National Recovery in Western Europe, 1945–1965,* Cambridge 1999

Lamberti, Marjorie: *Jewish Activism in Imperial Germany. The Struggle for Civic Equality,* New Haven, Connecticut, 1978

Langbein, Hermann: *… nicht wie die Schafe zur Schlachtbank. Widerstand in den nationalsozialistischen Konzentrationslagern 1938–1945,* Frankfurt am Main 1980

Lange, Anders: *A Survey of Teachers' Experiences and Perceptions in Relation to Teaching about the Holocaust,* Stockholm 2008

Langer, Lawrence: *Holocaust Testimonies. The Ruins of Memory,* New Haven, Connecticut, 1991

Langerbein, Helmut: *Hitler's Death Squads. The Logic of Mass Murder,* College Station, Texas, 2004
Laqueur, Walter: *Was niemand wissen wollte. Die Unterdrückung der Nachrichten über Hitlers »Endlösung«,* Frankfurt am Main/Berlin/Wien 1982
– /Breitman, Richard: *Der Mann, der das Schweigen brach. Wie die Welt vom Holocaust erfuhr,* Frankfurt am Main/Berlin 1986
Laub, Morris: *Last Barrier to Freedom. Internment of Jewish Holocaust Survivors on Cyprus, 1946–1949,* Berkeley, Kalifornien, 1985
Laub, Thomas J.: *After the Fall. German Policy in Occupied France 1940–1944,* Oxford 2010
Lavsky, Hagit: *New Beginnings. Holocaust Survivors in Bergen-Belsen and the British Zone in Germany, 1945–1950,* Detroit, Michigan, 2002
Lee, Carol Ann: *Anne Frank. Die Biographie,* München/Zürich 2000
Leff, Laurel: *Buried by The Times. The Holocaust and America's Most Important Newspaper,* New York 2005
Leitz, Christian: *Nazi Germany and Neutral Europe during the Second World War,* Manchester 2000
Levine, Paul A.: *From Indifference to Activism. Swedish Diplomacy and the Holocaust 1938–44,* Uppsala 1996
– *Raoul Wallenberg in Budapest. Myth, History and Holocaust,* London 2010
Levy, Daniel/Sznaider, Natan: *Erinnerung im globalen Zeitalter. Der Holocaust,* Frankfurt am Main 2007
Levy, Isaac: *Witness to Evil. Bergen-Belsen 1945,* London 1995
Levy, Richard S.: *The Downfall of the Anti-Semitic Political Parties in Imperial Germany,* New Haven, Connecticut, 1975
Lewy, Guenter: *Die katholische Kirche und das Dritte Reich,* München 1965
– *»Rückkehr nicht erwünscht«. Die Verfolgung der Zigeuner im Dritten Reich,* München/Berlin 2001
Lidegaard, Bo: *Die Ausnahme. Oktober 1943: Wie die dänischen Juden mithilfe ihrer Mitbürger der Vernichtung entkamen,* München 2013
Lifton, Robert Jay: *Ärzte im Dritten Reich,* Berlin 1998
Lipstadt, Deborah E.: *Beyond Belief. The American Press and the Coming of the Holocaust 1933–1945,* New York 1986
Löb, Ladislaus: *Geschäfte mit dem Teufel. Die Tragödie des Judenretters Rezsö Kasztner. Bericht eines Überlebenden,* Köln/Weimar/Wien 2010
London, Louise: *Whitehall and the Jews,* Cambridge 2000
Longerich, Peter: *Holocaust. The Nazi Persecution and Murder of the Jews,* Oxford 2010 (überarbeitete Übersetzung von *Politik der Vernichtung*)
– *Joseph Goebbels. Biographie,* München 2010
– *Heinrich Himmler. Biographie,* München 2008
– *Politik der Vernichtung. Eine Gesamtdarstellung der nationalsozialistischen Judenverfolgung,* München/Zürich 1998
Loose, Ingo: *Kredite für NS-Verbrechen. Die Kreditinstitute in Polen und die Ausraubung der polnischen und jüdischen Bevölkerung 1939–1945,* München 2007
Lower, Wendy: *Nazi Empire Building and the Holocaust in the Ukraine,* Chapel Hill, North Carolina, 2005
Ludi, Regula: *Reparations for Nazi Victims in Postwar Europe,* New York 2010
Lukas, John: *The Hitler of History. Hitler's Biographers on Trial,* London 2000

Lusane, Clarence: *Hitler's Black Victims. The Historical Experience of Afro-Germans, European Blacks, Africans, and African Americans in the Nazi Era,* London 2003

Mallmann, Klaus-Michael/Cüppers, Martin: *Halbmond und Hakenkreuz. Das Dritte Reich, die Araber und Palästina,* Darmstadt ²2007

Mankowitz, Zeev W.: *Life between Memory and Hope. The Survivors of the Holocaust in Occupied Germany,* Cambridge 2002

Marrus, Michael: *The Nuremberg War Crimes Trial 1945–1946. A Documentary History,* New York 1997

– *Die Unerwünschten. Europäische Flüchtlinge im 20. Jahrhundert,* Berlin/Göttingen/Hamburg 1999

– /Paxton, Robert: *Vichy France and the Jews,* New York 1983

Matthäus, Jürgen (Hg.): *Approaching an Auschwitz Survivor. Holocaust Testimony and Its Transformations,* New York 2009

Mawdsley, Evan: *Thunder in the East. The Nazi-Soviet War 1941–1945,* London 2007

Mazower, Mark: *Griechenland unter Hitler. Das Leben während der deutschen Besatzung 1941–1944,* Frankfurt am Main 2016

– *Hitlers Imperium. Europa unter der Herrschaft des Nationalsozialismus,* München 2009

– *Salonica. City of Ghosts. Christians, Muslims and Jews 1430–1950,* London 2004

Megargee, Geoffrey: *Hitler und die Generäle. Das Ringen um die Führung der Wehrmacht 1933–1945,* Paderborn/München/Wien/Zürich 2006

– *War of Annihilation. Combat and Genocide on the Eastern Front, 1941,* Lanham, Maryland, 2006

Melvin, Mungo: *Manstein. Hitler's Greatest General,* London 2010

Merridale, Catherine: *Iwans Krieg. Die Rote Armee 1939–1945,* Frankfurt am Main 2006

Michaelis, Meir: *Mussolini and the Jews. German-Italian Relations and the Jewish Question in Italy 1922–1945,* Oxford 1971

Michman, Dan: *Angst vor den »Ostjuden«. Die Entstehung der Ghettos während des Holocaust,* Frankfurt am Main 2011

– (Hg.): *Belgium and the Holocaust,* Jerusalem 1998

Moeller, Robert G. (Hg.): *West Germany under Construction. Politics, Society, and Culture in the Adenauer Era,* Ann Arbor, Michigan, 1997

Molnár, Judit (Hg.): *The Holocaust in Hungary in a European Perspective,* Budapest 2005

Mommsen, Hans (Hg.): *The Third Reich between Vision and Reality. New Perspectives on German History, 1918–1945,* Oxford/New York 2001

Montague, Patrick: *Chelmno and the Holocaust. The Story of Hitler's First Death Camp,* London 2012

Moore, Bob: *Survivors. Jewish Self-Help and Rescue in Nazi-Occupied Western Europe,* Oxford 2010

– *Victims and Survivors. The Nazi Persecution of the Jews in the Netherlands 1940–1945,* London 1997

Moorehead, Caroline: *Village of Secrets. Defying the Nazis in Vichy France,* London 2014

Mosse, Werner E. (Hg.): *Second Chance. Two centuries of German-speaking Jews in the United Kingdom,* Tübingen 1992

Motadel, David: *Islam and Nazi Germany's War,* Cambridge, Massachusetts, 2014

Myers Feinstein, Margarete: *Holocaust Survivors in Postwar Germany,* New York 2010

Ne'eman Arad, Gulie: *America, Its Jews and the Rise of Nazism,* Bloomington, Indiana, 2007

Neillands, Robin: *The Battle for the Rhine 1944,* London 2005

Neufeld, Michael J./Berenbaum, Michael (Hg.): *The Bombing of Auschwitz. Should the Allies Have Attempted It?,* New York 1999

Nicholas, Lynn H.: *Der Raub der Europa. Das Schicksal europäischer Kunstschätze im Dritten Reich,* München 1995

Nicosia, Francis: *Zionismus und Antisemitismus im Dritten Reich,* Göttingen 2012

– /Scrase, David (Hg.): *Jewish Life in Nazi Germany. Dilemmas and Responses,* New York 2012

Niewyk, Donald L.: *The Jews in Weimar Germany,* New Brunswick, New Jersey, 2001

Ofer, Dalia: *Escaping the Holocaust. Illegal Immigration to the Land of Israel, 1939–1944,* New York 1990

Overy, Richard J.: *Der Bombenkrieg. Europa 1939 bis 1945,* Berlin 2014

Passelecq, Georges/Suchecky, Bernard: *Die unterschlagene Enzyklika. Der Vatikan und die Judenverfolgung,* München 1997

Patt, Avinoam J./Berkowitz, Michael (Hg.): *»We Are Here«. New Approaches to Jewish Displaced Persons in Postwar Germany,* Detroit, Michigan, 2010

Paulsson, Gunnar S.: *Secret City. The Hidden Jews of Warsaw 1940–1945,* New Haven, Connecticut, 2002

Pearce, Andy: *Holocaust Consciousness in Contemporary Britain,* London 2014

Pehle, Walter H. (Hg.): *Der Judenpogrom 1938. Von der »Reichskristallnacht« zum Völkermord,* Frankfurt am Main 1988

Penkower, Monty Noam: *The Swastika's Darkening Shadow. Voices Before the Holocaust,* New York 2013

Person, Katarzyna: *Assimilated Jews in the Warsaw Ghetto, 1940–1943,* Syracuse, New York, 2014

Persson, Sune/Svenson, Åke: *Rettung im letzten Augenblick. Folke Bernadotte und die Befreiung Tausender KZ-Häftlinge durch die Aktion »Weiße Busse«/* Åke Svenson, *Die weißen Busse. Ein Augenzeugenbericht (1945),* Berlin 2011

Petropoulos, Jonathan/Roth, John K. (Hg.): *Gray Zones. Ambiguity and Compromise in the Holocaust and Its Aftermath,* New York 2005

Philipponnat, Olivier/Lienhardt, Patrick: *Irène Némirovsky. Die Biographie,* München 2010

Pine, Lisa: *Nazi Family Policy, 1933–1945,* Oxford 1997

Piper, Franciszek: *Vernichtung,* in: *Auschwitz 1940–1945,* Bd. 3

Pohl, Dieter: *Von der »Judenpolitik« zum Judenmord. Der Distrikt Lublin des Generalgouvernements 1939–1944,* Frankfurt am Main 1993

Polonsky, Antony: *The Jews in Poland and Russia,* Bd. 2: *1881–1914,* Oxford 2010; Bd. 3: *1914–2008,* Oxford 2012

– /Michlic, Joanna B. (Hg.): *The Neighbours Respond. The Controversy over the Jewdwabne Massacre in Poland,* Princeton, New Jeresey, 2004

Porat, Dina: *The Blue and the Yellow Stars of David. The Zionist Leadership in Palestine and the Holocaust, 1939–1945,* Cambridge, Massachusetts, 1990

Porch, Douglas: *Hitler's Mediterranean Gamble. The North African Campaign and the Mediterranean in Campaigns in World War II,* London 2004

Poznanski, Renée: *Jews in France during World War II,* Hanover, New Hampshire/London 2001

Press, Bernhard: *Judenmord in Lettland 1941–1945,* Berlin 1992

Presser, Jacob: *Ashes in the Wind. The Destruction of Dutch Jewry*, London 2010

Pulzer, Peter: *Die Entstehung des politischen Antisemitismus in Deutschland und Österreich 1867 bis 1914*, Gütersloh 1966

Rabinovici, Doron: *Instanzen der Ohnmacht. Wien 1938–1945. Der Weg zum Judenrat*, Frankfurt am Main 2000

Rayski, Adam: *The Choice of the Jews under Vichy. Between Submission and Resistance*, Notre Dame, Indiana, 2005

Rees, Lawrence: *Auschwitz. The Nazis and the »Final Solution«*, London 2005

– *The Nazis. A Warning from History*, London 1997

Reginbogin, Herbert R./Safferling, Christoph J. M. (Hg.): *The Nuremberg Trials. International Criminal Law since 1945/Die Nürnberger Prozesse. Völkerstrafrecht seit 1945. Internationale Konferenz zum 60. Jahrfestag*, München 2006

Reilly, Jo/Cesarani, David/Kushner, Tony/Richmond, Colin (Hg.): *Belsen in History and Memory*, London 1997

Reinharz, Jehuda: *Fatherland or Promised Land. The Dilemma of the German Jew, 1893–1914*, Ann Arbor, Michigan, 1975

Rigg, Bryan Mark: *Hitlers jüdische Soldaten*, Paderborn/München/Wien/Zürich 2003

Roberts, Mary Louise: *What Soldiers Do. Sex and the American GI in World War II France*, Chicago, Illinois, 2013

Roseman, Mark: *Die Wannsee-Konferenz. Wie die NS-Bürokratie den Holocaust organisierte*, München/Berlin 2002

Rosenbaum, Ron: *Die Hitler-Debatte. Auf der Suche nach dem Ursprung des Bösen*, München/Wien 1999

Rossino, Alexander: *Hitler Strikes Poland. Blitzkrieg, Ideology, and Atrocity*, Lawrence, Kansas, 2003

Roth, Markus/Löw, Andrea: *Das Warschauer Getto. Alltag und Widerstand im Angesicht der Vernichtung*, München 2013

Rothkirchen, Livia: *The Jews of Bohemia and Moravia. Facing the Holocaust*, Lincoln, Nebraska, 2005

Rozett, Robert: *Conscripted Slaves. Hungarian Jewish Forced Labourers on the Eastern Front during the Second World War*, Jerusalem 2014

Rubenstein, Richard L./Roth, John K.: *Approaches to Auschwitz*, Louisville, Kentucky, 2003

Rutherford, Jeff: *Combat and Genocide on the Eastern Front. The German Infantry's War, 1941–1944*, Cambridge 2014

Rutherford, Phillip T.: *Prelude to the Final Solution. The Nazi Programme for Deporting Ethnic Poles, 1939–1941*, Lawrence, Kansas, 2007

Ryan, Donna F.: *The Holocaust and the Jews of Marseille. The Enforcement of Anti-Semitic Policies in Vichy France*, Urbana, Illinois, 1996

– /Schuchman, John S. (Hg.): *Deaf People in Hitler's Europe*, Washington, D.C., 2002

Safrian, Hans: *Eichmann und seine Gehilfen*, Frankfurt am Main 1995

Sagi, Nana: *Wiedergutmachung für Israel. Die deutschen Zahlungen und Leistungen*, Stuttgart 1981

Saidel, Rochelle G.: *Mielec, Poland. The Shtetl that Became a Nazi Concentration Camp*, Jerusalem 2012

Sammartino, Annemarie: *The Impossible Border. Germany and the East, 1914–1922*, Ithaca, New York, 2010

Sarfatti, Michele: *Die Juden im faschistischen Italien. Geschichte, Identität, Verfolgung*, Berlin 2014

Satloff, Robert: *Among the Righteous. Lost Stories from the Holocaust's Long Reach into Arab Lands*, New York 2006

Schafft, Gretchen/Zeidler, Gerhard: *Commemorating Hell. The Public Memory of Mittelbau-Dora,* Urbana, Illinois, 2011

Scheck, Raffael: *Hitlers afrikanische Opfer. Die Massaker der Wehrmacht an schwarzen französischen Soldaten,* Berlin/Hamburg 2009

Schelvis, Jules: *Vernichtungslager Sobibor,* Berlin 1998

Schleunes, Karl A.: *The Twisted Road to Auschwitz. Nazi Policy Towards German Jews 1933–1939,* Urbana, Illinois, 1990

Schmidt, Ulf: *Hitlers Arzt Karl Brandt. Medizin und Macht im Dritten Reich,* Berlin 2009

Schorsch, Ismar: *Jewish Reactions to German Anti-Semitism, 1870–1914,* New York 1972

Schreiber, Marion: *Stille Rebellen. Der Überfall auf den 20. Deportationszug nach Auschwitz,* Berlin 2000

Sebag-Montefiore, Hugh: *Dunkirk. Fight to the Last Man,* London 2007

Segev, Tom: *Die ersten Israelis. Die Anfänge des jüdischen Staates,* München 2008

– *Simon Wiesenthal. Die Biographie,* München 2010

Shapiro, Robert Moses (Hg.): *Why Didn't the Press Shout. American and International Journalism during the Holocaust,* New York 2003

Sharples, Caroline/Jensen, Olaf (Hg.): *Britain and the Holocaust. Remembering and Representing War and Genocide,* London 2013

Shatzkes, Pamela: *Holocaust and Rescue. Impotent or Indifferent? Anglo-Jewry 1938–1945,* Basingstoke 2002

Shephard, Ben: *After Daybreak. The Liberation of Belsen, 1945,* London 2005

Shepherd, Naomi: *Wilfrid Israel,* Berlin 1985

Sherman, Ari J.: *Island Refuge. Britain and Refugees from the Third Reich 1933–1939,* Ilford 1994

Silberklang, David: *Gates of Tears. The Holocaust in the Lublin District,* Jerusalem 2013

Slany, William Z.: *US and Allied Efforts to Recover and Restore Gold and Other Assets Stolen or Hidden by Germany during World War II. Preliminary Study,* Washington, D.C., 1997

Snyder, Timothy: *Bloodlands. Europa zwischen Hitler und Stalin,* München 2010

Sompolinsky, Meier: *Britain and the Holocaust. The Failure of Anglo-Jewish Leadership,* Brighton 1999

Spector, Shmuel: *The Holocaust of Volhynian Jews 1941–1944,* Jerusalem 1990

Spitzer, Leo: *Hotel Bolivia. Auf den Spuren der Erinnerung an eine Zuflucht vor dem Nationalsozialismus,* Wien 2003

Stafford, David: *Endgame 1945. Victory, Retribution, Liberation,* London 2007

Stahel, David: *Kiev 1941. Hitler's Battle for Supremacy in the East,* Cambridge 2012

– *Operation Barbarossa and Germany's Defeat in the East,* Cambridge 2009

Stave, Bruce M./Palmer, Michele/Present, Leslie Frank: *Witnesses to Nuremberg. An Oral History of American Participants at the War Crimes Trials,* New York 1998

Steinbacher, Sybille: *Auschwitz. Geschichte und Nachgeschichte,* München 2004

Steinberg, Jonathan: *Deutsche, Italiener und Juden. Der italienische Widerstand gegen den Holocaust,* Göttingen 1992

Steinhart, Eric: *The Holocaust and the Germanization of Ukraine,* New York 2015

Steinweis, Alan: *Art, Ideology and Economics in Nazi Germany. The Reich Chambers of Music, Theater and the*

Visual Arts, Chapel Hill, North Carolina, 1993
– *Kristallnacht 1938. Ein deutscher Pogrom,* Stuttgart 2011
Stockings, Craig/Hancock, Eleanor: *Swastika over the Acropolis. Reinterpreting the Nazi Invasion of Greece in World War II,* Leiden 2013
Stoltzfus, Nathan: *Widerstand des Herzens. Der Aufstand der Berliner Frauen in der Rosenstraße 1943,* München/Wien 1999
Stone, Dan: *The Liberation of the Camps. The End of the Holocaust and Its Aftermath,* London 2015
Suhl, Yuri (Hg.): *They Fought Back. The Story of the Jewish Resistance in Nazi Europe,* New York 1967
Świebocka, Teresa (Hg.): *Architektur des Verbrechens. Das Gebäude der »Zentralen Sauna« im Konzentrationslager Auschwitz II-Birkenau,* Oświęcim 2001
Świebocki, Henryk: *Widerstand,* in: *Auschwitz 1940–1945,* Bd. 4
– (Hg.): *London wurde informiert ... Berichte von Auschwitz-Flüchtlingen,* Oświęcim 1997
Tabaksblat, Israel: *Churbn Lodz,* Buenos Aires 1946
Tal, Uriel: *Christians and Jews in Germany. Religion, Politics and Ideology in the Second Reich, 1870–1914,* London 1975
Tec, Nechama: *Bewaffneter Widerstand. Jüdische Partisanen im Zweiten Weltkrieg,* Gießen 2009
Teveth, Shabtai: *Ben-Gurion and the Holocaust,* New York 1995
Thacker, Toby: *Joseph Goebbels. Life and Death,* London 2009
Todorov, Tzvetan: *The Fragility of Goodness. Why Bulgaria's Jews Survived the Holocaust,* London 1999
Tooze, Adam: *Ökonomie der Zerstörung. Die Geschichte der Wirtschaft im Nationalsozialismus,* München 2007
Trunk, Isaiah: *Judenrat. The Jewish Councils in Eastern Europe under Nazi Occupation,* Lincoln, Nebraska, 1996
– *Lodz Ghetto. A History,* Bloomington, Indiana, 2006
Turner, Henry A.: *Hitlers Weg zur Macht. Der Januar 1933,* Berlin 1999
Tych, Feliks/Adamczyk-Garbowska, Monika (Hg.): *Jewish Presence and Absence. The Aftermath of the Holocaust in Poland, 1944–2010,* Jerusalem 2014
Ueberschär, Gerd R./Wette, Wolfram (Hg.): *Der deutsche Überfall auf die Sowjetunion. »Unternehmen Barababrossa« 1941,* Frankfurt am Main 1991
Unger, Michal: *The Last Ghetto. Life in the Lodz Ghetto 1940–1944,* Jerusalem 1995
Ungváry, Krisztián: *The Battle for Budapest. 100 Days in World War II,* London 2003
Vat, Dan van der: *Der gute Nazi. Albert Speers Leben und Lügen,* Berlin 1997
Vernant, Jacques: *The Refugee in the Post-War World,* London 1953
Volkov, Shulamit: *Germans, Jews, and Antisemites. Trials in Emancipation,* Cambridge 2006
Wachsmann, Nikolaus: *Gefangen unter Hitler. Justizterror und Strafvollzug im NS-Staat,* München 2006
– *KL. Die Geschichte der nationalsozialistischen Konzentrationslager,* München 2016
Wallis, Russell: *Britain, Germany and the Road to the Holocaust. British Attitudes towards Nazi Atrocities,* London 2014
Wasserstein, Bernard: *The Ambiguity of Virtue. Gertrude van Tijn and the Fate of the Dutch Jews,* London 2014
– *Britain and the Jews of Europe, 1939–1945,* London 1999
Watt, Richard M.: *Der Kaiser geht. Deutschland zwischen Revolution und Versailles,* Frankfurt am Main 1971

Weber, Thomas: *Hitlers erster Krieg. Der Gefreite Hitler im Weltkrieg – Mythos und Wahrheit,* Berlin 2010

Weinberg, Gerhard L.: *Eine Welt in Waffen. Die globale Geschichte des Zweiten Weltkriegs,* Stuttgart 1995

– *Germany, Hitler and World War II,* Cambridge 1994

Weindling, Paul: *Health, Race and German Politics between National Unification and Nazism 1870–1945,* Cambridge 1989

Welch, David: *The Third Reich. Politics and Propaganda,* London 1994

Westermann, Edward B.: *Hitler's Police Battalions. Enforcing Racial War in the East,* Lawrence, Kansas, 2005

Wette, Wolfram: *Die Wehrmacht. Feindbilder, Vernichtungskrieg, Legenden,* Frankfurt am Main 2002

Wiese, Christian/Betts, Paul (Hg.): *The Years of Persecution, The Years of Extermination. Saul Friedländer and the Future of Holocaust Studies,* London 2010

Wiesen, S. Jonathan: *Creating the Nazi Marketplace. Commerce and Consumption in the Third Reich,* New York 2011

Wildt, Michael: *Generation des Unbedingten. Das Führungskorps des Reichssicherheitshauptamtes,* Hamburg 2002

– *Volksgemeinschaft als Selbstermächtigung. Gewalt gegen Juden in der deutschen Provinz 1919 bis 1939,* Hamburg 2007

Wolf, Diane L.: *Beyond Anne Frank. Hidden Children and Postwar Families in Holland,* Berkeley, Kalifornien, 2007

Wood, E. Thomas/Jankowski, Stanisław: *Jan Karski. Einer gegen den Holocaust. Als Kurier in geheimer Mission,* Gerlingen 1997

Wünschmann, Kim: *Before Auschwitz. Jewish Prisoners in the Prewar Nazi Concentration Camps,* Cambridge, Massachusetts, 2015

Wyden, Peter: *Stella,* Göttingen 1993

Wylie, Neville (Hg.): *European Neutrals and Non-Belligerents during the Second World War,* Cambridge 2002

Wyman, David S.: *Das unerwünschte Volk. Amerika und die Vernichtung der europäischen Juden,* Frankfurt am Main 1989

– *Paper Walls. America and the Refugee Crisis 1938–1941,* New York 1995

– /Medoff, Rafael: *A Race against Death. Peter Bergson, America, and the Holocaust,* New York 2002

Wyman, Mark: *Europe's Displaced Persons, 1945–1951,* Toronto 1986

Yahil, Leni: *Die Shoah. Überlebenskampf und Vernichtung der europäischen Juden,* München 1998

Zimmerman, Joshua D. (Hg.): *Contested Memories. Poles and Jews during the Holocaust and Its Aftermath,* New Brunswick, New Jersey, 2003

– (Hg.): *Jews in Italy under Fascist and Nazi Rule, 1922–1945,* New York 2005

Zuccotti, Susan: *The Holocaust, the French, and the Jews,* New York 1993

– *The Italians and the Holocaust. Persecution, Rescue and Survival,* London 1987

– *Under His Very Windows, The Vatican and the Holocaust in Italy,* New Haven, Connecticut, 2000

Zucker, Bat-Ami: *In Search of Refuge. Jews and US Consuls in Nazi Germany 1933–1941,* London 2001

Zweig, Ronald: *Britain and Palestine during the Second World War,* London 1986

– *The Gold Train. The Destruction of the Jews and the Second World War's Most Terrible Robbery,* London 2000

Aufsätze

Adam, Uwe Dietrich: »Wie spontan war der Pogrom?«, in: Pehle (Hg.), *Der Judenpogrom 1938*, S. 74–93

Aleksiun, Natalia: »The Central Jewish Historical Commission in Poland, 1944–1947«, in: *Polin*, 20 (2007), S. 74–97

– »The Polish Catholic Church and the Jewish Question in Poland, 1944–48«, in: *Yad Vashem Studies*, 33 (2005), S. 143–170

Altman, Ilya: »The History and Fate of *The Black Book* and *The Unknown Black Book*«, in: Rubenstein/Altman (Hg.), *The Unknown Black Book*, S. XIX–XXXIX

Altshuler, Mordechai: »Escape and Evacuation of Soviet Jews at the time of the Nazi Invasion. Policies and Realities«, in: Dobroszycki/Gurock (Hg.), *The Holocaust in the Soviet Union*, S. 77–105

Aly, Götz: »Medizin gegen die Unbrauchbaren«, in: ders., Angelika Ebbinghaus, Matthias Hamann und Friedemann Pfäffin, *Aussonderung und Tod. Die klinische Hinrichtung der Unbrauchbaren*, Berlin 1985, S. 9–74

Ancel, Jean: »›The New Jewish Invasion‹. The Return of Survivors from Transnistria«, in: Bankier (Hg.), *The Jews Are Coming Back*, S. 231–256

Angrick, Andrej: »Annihilation and Labour. Jews and Thoroughfare IV in Central Ukraine«, in: Brandon/Lower (Hg.), *The Shoah in Ukraine*, S. 190–223

Apostolou, Andrew: »›The Exception of Salonika‹. Bystanders and Collaborators in Northern Greece«, in: *Holocaust and Genocide Studies*, 14,2 (2000), S. 165–196

Arendt, Hannah: »Wir Flüchtlinge«, in: dies., *Zur Zeit. Politische Essays*, hg. von Marie Luise Knott, Berlin 1986, S. 7–21

Arens, Moshe: »The Warsaw Ghetto Uprising. A Reappraisal«, in: *Yad Vashem Studies*, 33 (2005), S. 101–142

Arnold, Klaus Jochen/Lübbers, Gert C.: »The Meeting of the Staatssekretäre on 2 May 1941 and the Wehrmacht. A Document Up for Discussion«, in: *Journal of Contemporary History*, 42,4 (2007), S. 613–626

Aronson, Shlomo: »OSS X-2 and Rescue Efforts during the Holocaust«, in: Bankier (Hg.), *Secret Intelligence and the Holocaust*, S. 65–105

Bánkowska, Aleksandra: »Polish Partisan Formations during 1942–1944 in Jewish Testimonies«, in: *Holocaust. Studies and Materials*, 1 (2008), S. 103–122

Barkai, Avraham: »Das letzte Kapitel«, in: *Deutsch-jüdische Geschichte in der Neuzeit*, Bd. 4, S. 343–368

– »Jüdisches Leben unter der Verfolgung«, in: ebd., S. 225–248

– »Organisationen und Zusammenschluss«, in: ebd., S. 249–271

– »Selbsthilfe im Dilemma ›Gehen oder bleiben?‹«, in: ebd., S. 301–318

Ben-Sefer, Ellen: »Forced Sterilization and Abortion as Sexual Abuse«, in: Hedgepeth/Saidel (Hg.), *Sexual Violence against Jewish Women during the Holocaust*, S. 156–173

Black, Peter R.: »Police Auxiliaries for Operation Reinhard. Shedding Light on the Trawniki Training Camp Through Documents from Behind the Iron Curtain«, in: Bankier (Hg.), *Secret Intelligence and the Holocaust*, S. 327–367

Blatman, Daniel: »The Death Marches, January–May 1945. Who Was Responsible for What?«, in: *Yad Vashem Studies,* 28 (2000), S. 155–202

Boog, Horst: »The Luftwaffe Assault«, in Paul Addison und Jeremy A. Crang (Hg.), *The Burning Blue. A New History of the Battle of Britain,* London 2000, S. 39–54.

Boom, Bart van der: »Ordinary Dutchmen and the Holocaust. A Summary of Findings«, in: ten Have (Hg.), *The Persecution of the Jews in the Netherlands,* S. 29–52

Borut, Jacob: »Antisemitism in Tourist Facilities in Weimar Germany«, in: *Yad Vashem Studies,* 28 (2000), S. 7–50

Braham, Randolph: »Hungarian Jews«, in: Gutman/Berenbaum (Hg.), *Anatomy of the Auschwitz Death Camp,* S. 456–468

Breitman, Richard: »Conclusion«, in: McDonald, *Advocate for the Doomed,* Bd. 1, S. 790–806

– »Himmler and Bergen-Belsen«, in: Reilly/Cesarani/Kushner/Richmond (Hg.), *Belsen in History and Memory,* S. 72–84

– »Nazi Espionage. The Abwehr and SD Foreign Intelligence«, in: ders./Goda/Naftali/Wolfe, *U.S. Intelligence and the Nazis,* S. 93–120

– »New Sources on the Holocaust in Italy«, in: *Holocaust and Genocide Studies,* 16, 3 (2002), S. 402–414

– »Other Responses to the Holocaust«, in: ders./Goda/Naftali/Wolfe, *U. S. Intelligence and the Nazis,* S. 45–72

Brügel, Johann Wolfgang: »The Bernheim Petition. A Challenge to Nazi Germany in 1933«, in: *Patterns of Prejudice,* 17, 3 (1983), S. 17–25

Büchler, Yehoshua: »Reconstruction Efforts in Hostile Surroundings. Slovaks and Jews after World War II«, in: Bankier (Hg.), *The Jews Are Coming Back,* S. 257–276

– /Bauer, Yehuda: »Document: A Preparatory Document for the Wannsee ›Conference‹«, *in: Holocaust and Genocide Studies,* 9, 1 (1995), S. 121–129

Burletson, Louise: »The State, Internment and Public Criticism in the Second World War«, in: Cesarani/Kushner (Hg.), *The Internment of Aliens in Twentieth Century Britain,* S. 101–124

Büttner, Ursula: »The ›Jewish Problem Becomes a Christian Problem‹. German Protestants and the Persecution of the Jews in the Third Reich«, in: Bankier (Hg.), *Probing the Depths of German Antisemitism,* S. 431–459

Caestecker, Frank: »The Reintegration of Jewish Survivors into Belgian Society, 1943–1947«, in: Bankier (Hg.), *The Jews are Coming Back,* S. 72–107

Cesarani, David: »A Brief History of Bergen-Belsen«, in: Bardgett/Cesarani (Hg.), *Belsen 1945,* S. 13–21

– »British Reactions to the Warsaw Ghetto Uprising«, in: Grinberg (Hg.), *Fifty Years After,* S. 133–144

– »Einführung«, in: Harris/Oppenheimer (Hg.), *Kindertransport in eine fremde Welt,* S. 15–43

– »Great Britain«, in: Wyman (Hg.), *The World Reacts to the Holocaust,* S. 599–641

– »The International Military Tribunal at Nuremberg. British Perspectives«, in: Reginbogin/Safferling (Hg.), *Die Nürnburger Prozesse,* S. 31–38

– »Jewish Victims of the Holocaust and Swiss Banks«, in: *Dimensions,* 191 (1997), S. 3–6

– »The London *Jewish Chronicle* and the Holocaust«, in: Shapiro (Hg.), *Why Didn't the Press Shout,* S. 175–195

– »Striped Pyjamas«, in: *Literary Review*, Mai 2011, http://www.literaryreview.co.uk/cesarani_10_08.html
– »The Transformation of Jewish Communal Authority in Anglo-Jewry, 1914–1940«, in: ders. (Hg.), *The Making of Modern Anglo-Jewry*, Oxford 1990, S. 115–140

Cohen, Boaz: »Dr Jacob Robinson, the Insitute of Jewish Affairs and the Elusive Jewish Voice in Nuremberg«, in: Bankier/Michman (Hg.), *Holocaust and Justice*, S. 81–100

Cohen, Richard I.: »Introduction«, in: Lambert, *Diary of a Witness 1940–1943*, S. XV–LXVI

Csösz, László: »Agrarian Reform and Race Protection. The Implementation of the Fourth Jewish Law«, in: Molnár (Hg.), *The Holocaust in Hungary in a European Perspective*, S. 180–197

Czech, Danuta: »The Auschwitz Prisoner Administration«, in: Gutman/Berenbaum (Hg.), *Anatomy of the Auschwitz Death Camp*, S. 363–378
– »Kalendarium der wichtigsten Ereignisse aus der Geschichte des KL Auschwitz«, in: *Auschwitz 1940–1945*, Bd. 5, S. 109–240

Dean, Martin: »The Development and Implementation of Nazi Denaturalization and Confiscation Policy up to the Eleventh Decree to the Reich Citizenship Law«, in: *Holocaust and Genocide Studies*, 16,2 (2002), S. 217–242
– »Seizure, Registration, Rental and Sale. The Strange Case of the German Administration of Jewish Moveable Property in Latvia (1941–1944)«, in: Caune u. a. (Hg.), *Latvia in World War II*, S. 372–381
– »Soviet Ethnic Germans and the Holocaust in the Reich Commissariat Ukraine, 1941–1944«, in: Brandon/Lower (Hg.), *The Shoah in Ukraine*, S. 248–271

Delage, Christian: »The Judicial Construction of the Genocide of the Jews at Nuremberg. Witnesses on the Stand and the Screen«, in: Bankier/Michman (Hg.), *Holocaust and Justice*, S. 101–113

Deletant, Dennis: »Transnistria and the Romanian Solution of the ›Jewish Problem‹«, in: Brandon/Lower (Hg.), *The Shoah in Ukraine*, S. 156–189

Dieckmann, Christoph: »The Role of the Lithuanians in the Holocaust«, in: Kosmola/Tych (Hg.), *Facing the Nazi Genocide*, S. 149–168

Dirks, Christian: »Snatchers. The Berlin Gestapo's Jewish Informants«, in: Beate Meyer, Hermann Simon und Chana Schütz (Hg.), *Jews in Nazi Berlin. From Kristallnacht to Liberation*, Chicago, Illinois, 2009, S. 249–273

Don, Yehuda: »Economic Implications of the Anti-Jewish Legislation«, in: Cesarani (Hg.), *Genocide and Rescue*, S. 47–76

Doorslaer, Rudi van: »The Expropriation of Jewish Property and Restitution in Belgium«, in: Goschler/Ther (Hg.), *Raub und Restitution*, S. 134–153

Embacher, Helga: »Viennese Jewish Functionaries on Trial. Accusations, Defense Strategies and Hidden Agendas«, in: Finder/Jockusch (Hg.), *Jewish Honor Courts*, S. 165–196

Engel, David: »Why Punish Collaborators?«, in: Finder/Jockusch (Hg.), *Jewish Honor Courts*, S. 29–48

Esh, Shaul: »Introduction«, in: ders. (Hg.), *Young Moshe's Diary*, S. 5–10

Felstiner, Mary: »Alois Brunner. ›Eichmann's Best Tool‹«, in: *Simon Wiesenthal Centre Annual*, 3 (1986), S. 1–46

Finder, Gabriel: »Judenrat on Trial. Postwar Polish Jewry Sits in Judgment its Wartime Leadership«, in: ders./Jockusch (Hg.), *Jewish Honor Courts,* S. 83–106

– /Cohen, Judith: »Memento Mori. Photographs from the Grave«, in: *Polin,* 20 (2007), S. 3–54

– /Jockusch, Laura: »Introduction«, in: dies. (Hg.), *Jewish Honor Courts,* S. 1–27

Fischer, Albert: »The Minister of Economics and the Expulsion of the Jews from the German Economy«, in: Bankier (Hg.), *Probing the Depths of German Antisemitism,* S. 213–225

Fishman, Joel S.: »The Reconstruction of the Dutch Jewish Community and its Implications for the Writing of Contemporary Jewish History«, in: *Proceedings of the American Academy for Jewish Research,* 45 (1978), S. 67–101

Fox, John P.: »Great Britain and the German Jews, 1933«, in: *Wiener Library Bulletin,* 26, 1/2, neue Serie 26/27 (1972), S. 40–46

Foxman, Abraham H.: »The Resistance Movement in the Vilna Ghetto«, in: Suhl (Hg.), *They Fought Back,* S. 148–159

Fraenkel, Daniel: »Jewish Self-Defence under the Constraints of National Socialism. The Final Years of the Centralverein«, in: Bankier (Hg.), *Probing the Depths of German Antisemitism,* S. 339–359

Friling, Tuvia: »Istanbul 1942–1945. The Kollek-Avriel and Berman-Ofner Networks«, in: Bankier (Hg.), *Secret Intelligence and the Holocaust,* S. 105–156

Fromjimovics, Kinga: »Different Interpretations of Reconstruction. The AJDC and the WJC in Hungary after the Holocaust«, in: Bankier (Hg.), *The Jews Are Coming Back,* S. 277–292

Geissbühler, Simon: »The Rape of Jewish Women and Girls during the First Phase of the Romanian Offensive in the East, July 1941. A Research Agenda and Preliminary Findings«, in: *Holocaust Studies,* 19,1 (2013), S. 59–80

Gerlach, Christian: »Die Ausweitung der deutschen Massenmorde in den besetzten sowjetischen Gebieten im Herbst 1941. Überlegungen zur Vernichtungspolitik gegen Juden und sowjetische Kriegsgefangene«, in: ders., *Krieg, Ernährung, Völkermord,* S. 10–84

– »The Decision Making Process for the Deportation of Hungarian Jews«, in: Molnár (Hg.), *The Holocaust in Hungary in a European Perspective,* S. 473–481

– »Deutsche Wirtschaftsinteressen. Besatzungspolitik und der Mord an den Juden in Weißrussland, 1941–1943«, in: Herbert (Hg.), *Nationalsozialistische Vernichtungspolitik,* S. 263–291

– »Die Wannsee-Konferenz, das Schicksal der deutschen Juden und Hitlers politische Grundsatzentscheidung, alle Juden Europas zu ermorden«, in: ders., *Krieg, Ernährung, Völkermord,* S. 85–166

Gewirtz, Sharon: »Anglo-Jewish Responses to Nazi Germany, 1933–1939. The Anti-Nazi Boycott and the Board of Deputies of British Jews«, in: *Journal of Contemporary History,* 26,2 (1991), S. 255–276

Gies, Horst: »NSDAP und landwirtschaftliche Organisationen in der Endphase der Weimarer Republik«, in: *Vierteljahrshefte für Zeitgeschichte,* 15,4 (1967), S. 341–376

Gilbert, Martin: »Introduction«, in: Tory, *Surviving the Holocaust,* S. VII–XXIV

Gilbert, Shirli: »›We Long for a Home‹. Songs and Survival among Jewish

Displaced Persons«, in: Patt/Berkowitz (Hg.), »*We Are Here*«, S. 289–307

Giles, Geoffrey J.: »The Institutionalisation of Homosexual Panic in the Third Reich«, in: Gellately/Stoltzfus (Hg.), *Social Outsiders in Nazi Germany*, S. 233–255

Gitelman, Zvi: »Soviet Reactions to the Holocaust, 1945–1991«, in: Dobroszycki/Gurock (Hg.), *The Holocaust in the Soviet Union*, S. 3–27

Goeschel, Christian: »Suicides of German Jews in the Third Reich«, in: *German History*, 25, 1 (2007), S. 22–45

Golczewski, Frank: »Shades of Grey. Reflections on Jewish-Ukrainian and German-Ukrainian Relations in Galicia«, in: Brandon/Lower (Hg.), *The Shoah in Ukraine*, S. 114–155

Goschler, Constantin: »The Attitude Towards Jews in Bavaria after the Second World War«, in: Moeller (Hg.), *West Germany under Construction*, S. 231–250

Grabowski, Jan: »Rural Society and the Jews in Hiding. Elders, Night Watchers, Firefighters, Hostages and Manhunts«, in: *Yad Vashem Studies*, 40 (2012), S. 49–74

Griffioen, Pim/Zeller, Ron: »Comparing the Persecution of the Jews in the Netherlands, France and Belgium«, in: ten Have (Hg.), *The Persecution of the Jews in the Netherlands*, S. 55–91

Gross, Jan T.: »The Jewish Community in the Soviet-Annexed Territories on the Eve of the Holocaust. A Social Scientist's View«, in: Dobroszycki/Gurock (Hg.), *The Holocaust in the Soviet Union*, S. 155–171

Gruner, Wolf: »Public Welfare and the German Jews. On Anti-Jewish Policies of Municipalities and the Reich Ministry of the Interior (1933–1942)«, in: Bankier (Hg.), *Probing the Depths of German Antisemitism*, S. 78–105

Gutman, Yisrael: »Introduction. The Distinctiveness of the Lodz Ghetto«, in: Trunk, *Lodz Ghetto*, S. XXIX–LVII

Haan, Ido de: »An Unresolved Controversy. The Jewish Honour Court in the Netherlands, 1946–50«, unveröffentlichter Aufsatz, Lessons and Legacies Conference on the Holocaust XIII (2014)

Hadley, Kathryn: »Lessons from Auschwitz«, in: *History Today*, 60, 9 (September 2010), S. 4 f.

Halbmayr, Brigitte: »Sexualized Violence against Women during Nazi ›Racial‹ Persecution«, in: Hedgepeth/Saidel (Hg.), *Sexual Violence against Jewish Women during the Holocaust*, S. 29–44

Hamann, Brigitte: »Hitler and Vienna. The Truth about His Formative Years«, in: Mommsen (Hg.), *The Third Reich between Vision and Reality*, S. 23–37

Harris, Jeremy D.: »Broadcasting the Massacres. An Analysis of the BBC's Contemporary Coverage of the Holocaust«, in: *Yad Vashem Studies*, 25 (1999), S. 65–98

Heer, Hannes: »Die Logik des Vernichtungskrieges. Wehrmacht und Partisanenkampf«, in: Heer/Naumann (Hg.), *Vernichtungskrieg*, S. 104–138

Herbert, Ulrich: »Die deutsche Militärverwaltung in Paris und die Deportation der französischen Juden«, in: ders. (Hg.), *Nationalsozialistische Vernichtigungspolitik*, S. 170–208

Hilberg, Raul/Staron, Stanislaw: »Introduction«, in: Adam Czerniakow, *The Warsaw Diary of Adam Czerniakow*, hg. von Raul Hilberg, Stanislaw Staron und Josef Kermisz, Chicago, Illinois, 1979

Himka, John-Paul: »Metropolitan Andrey Sheptytsky and the Holocaust«, in: *Polin*, 26 (2014), S. 337–360

Hinrichsen, Klaus: »Visual Art Behind the Wire«, in: Cesarani/Kushner (Hg.), *The Internment of Aliens in Twentieth Century Britain*, S. 188–241

Hondius, Dienke: »Bitter Homecoming. The Return and Reception of Dutch and Stateless Jews in the Netherlands«, in: Bankier (Hg.), *The Jews are Coming Back*, S. 108–136

Ioanid, Radu: »The Holocaust in Romania. The Iasi Pogrom of June 1941«, in: *Contemporary European History*, 2,2 (1993), S. 119–148

Iwaszko, Tadeusz: »Die Unterbringung, die Bekleidung und die Ernährung der Häftlinge«, in: *Auschwitz 1940–1945*, Bd. 2, S. 57–73

Jacobsen, Hans-Adolf: »Kommissarbefehl und Massenexekutionen sowjetischer Kriegsgefangener«, in: Hans Buchheim, Martin Broszat, Hans-Adolf Jacobson und Helmut Krausnick, *Anatomie des SS-Staates*, Bd. 2, München 1967, S. 135–232

Job, Mariette: »Nachwort«, in: Berr, *Pariser Tagebuch 1942–1944*, S. 300–310

Jockusch, Laura: »Rehabilitating the Past? Jewish Honor Courts in Allied-Occupied Germany«, in: Finder/Jockusch (Hg.), *Jewish Honor Courts*, S. 49–82

Kaplan, Marion: »Changing Roles in Jewish Families«, in: Nicosia/Scrase (Hg.), *Jewish Life in Nazi Germany*, S. 15–46

Karlauf, Thomas: »›So endete mein Leben in Deutschland‹. Der 9. November 1938«, in: Gerhardt/Karlauf (Hg.), *Nie mehr zurück in dieses Land*, S. 11–33

Karny, Miroslav: »The Vrba and Wetzler Report«, in: Gutman/Berenbaum (Hg.), *Anatomy of the Auschwitz Death Camp*, S. 553–568

Karsai, László: »Anti-Jewish Laws and Decrees in Hungary, 1920–1944«, in: Molnár (Hg.), *The Holocaust in Hungary in a European Perspective*, S. 143–166

– »The Last Phase of the Hungarian Holocaust. The Szálasi Regime and the Jews«, in: Braham/Miller (Hg.), *The Nazis' Last Victims*, S. 103–116

Keren, Nili: »The Family Camp«, in: Gutman/Berenbaum (Hg.), *Anatomy of the Auschwitz Death Camp*, S. 428–440

Kershaw, Ian: »Improvised Genocide? The Emergence of ›the Final Solution‹ in the Warthegau«, in: *Transactions of the Royal Historical Society*, 6. Serie, Bd. 2 (1992), S. 51–78

– »›Working Towards the Führer‹. Reflections on the Nature of the Hitler Dictatorship«, in: *Contemporary European History*, 2, 2 (1993), S. 103–118

Klarsfeld, Serge: »The Influence of the War on the Final Solution in France«, in: Cohen/Cochavi/Gelber (Hg.), *The Shoah and the War*, S. 271–281

Kochavi, Arieh: »The Role of Genocide in the Preparations for the Nuremberg Trials«, in: Bankier/Michman (Hg.), *Holocaust and Justice*, S. 59–80

Koonz, Claudia: »On Reading a Document. SS-Man Katzmann's ›Solution of the Jewish Question in the District of Galicia‹«, The Raul Hilberg Lecture, University of Vermont, 2. November 2005, https://www.uvm.edu/~uvmchs/documents/KoonzHilbergLecture_001.pdf

Köszeg, Ferenc: »Nachwort«, in Zsolt, *Neun Koffer*, S. 377–387

Kulka, Otto Dov/Jäckel, Eberhard: »Einleitung«, in: dies. (Hg.), *Die Juden in den geheimen NS-Stimmungsberichten 1933–1945*, S. 15–21

Kushner, Tony: »Clubland, Cricket Tests and Alien Internment, 1939–40«, in:

Cesarani/Kushner (Hg.), *The Internment of Aliens in Twentieth Century Britain*, S. 79–101

Kwiet, Konrad: »Rehearsing for Murder. The Beginning of the Final Solution in Lithuania in June 1941«, in: *Holocaust and Genocide Studies*, 12,1 (1998), S. 3–26

– »Without Neighbours. Daily Living in *Judenhäuser*«, in: Nicosia/Scrase (Hg.), *Jewish Life in Nazi Germany*, S. 117–148

Lagrou, Pieter: »Return to a Vanished World. European Societies and the Remnants of their Jewish Communities, 1945–1947«, in: Bankier (Hg.), *The Jews are Coming Back*, S. 1–24

Lattek, Christine: »Bergen-Belsen. From ›Privileged‹ Camp to Death Camp«, in: Reilly/Cesarani/Kushner/Richmond (Hg.), *Belsen in History and Memory*, S. 37–71

Laub, Thomas J.: »The Development of German Policy in Occupied France, 1941, against the Background of the War in the East«, in: Kay/Rutherford/Stahel (Hg.), *Nazi Policy on the Eastern Front, 1941*, S. 289–313

Levine, Paul A.: »Swedish Neutrality during the Second World War. Tactical Success or Moral Compromise«, in: Wylie (Hg.), *European Neutrals and Non-Belligerents during the Second World War*, S. 304–330

Lifton, Robert Jay/Hackett, Amy: »Nazi Doctors«, in: Gutman/Berenbaum (Hg.), *Anatomy of the Auschwitz Death Camp*, S. 301–316

Lipman, Vivian D.: »Anglo-Jewish Attitudes to the Refugees from Central Europe 1933–1939«, in: Mosse (Hg.), *Second Chance*, S. 519–531

Litvak, Josef: »Jewish Refugees from Poland in the USSR, 1939–1946«, in: Gitelman (Hg.), *Bitter Legacy*, S. 123–150

Lohalm, Uwe: »Local Administration and Nazi Anti-Jewish Policy«, in: Bankier (Hg.), *Probing the Depths of German Antisemitism*, S. 109–146

London, Louise: »British Government Policy and Jewish Refugees 1933–45«, in: *Patterns of Prejudice*, 23,4 (1989), S. 26–43

Lower, Wendy: »Axis Collaboration, Operation Barbarossa and the Holocaust in the Ukraine«, in: Kay/Rutherford/Stahel (Hg.), *Nazi Policy on the Eastern Front, 1941*, S. 186–219

– »Introduction«, in: Golfard, *The Diary of Samuel Golfard and the Holocaust in Galicia*, S. 28–47

Ludi, Regula: »›Why Switzerland?‹ Remarks on a Neutral's Role in the Nazi Program of Robbery and Allied Postwar Restitution Policy«, in: Martin Dean, Constantin Goschler und Philipp Ther (Hg.), *Robbery and Restitution. The Conflict over Jewish Property in Europe*, Oxford/New York 2007, S. 182–210

Manoschek, Walter: »Gehst du mit Juden erschießen? Die Vernichtung der Juden in Serbien«, in: Heer/Naumann (Hg.), *Vernichtungskrieg*, S. 39–56

Marrus, Michael: »The Holocaust at Nuremberg«, in: *Yad Vashem Studies*, 26 (1998), S. 5–42

– »The *Shoah* and the Second World War. Some Comments on Recent Historiography«, in: Cohen/Cochavi/Gelber (Hg.), *The Shoah and the War*, S. 1–24

Matthäus, Jürgen: »Controlled Escalation. Himmler's Men in the Summer of 1941 and the Holocaust in the Occupied Soviet Territories«, in: *Holocaust and Genocide Studies*, 21,2 (2007), S. 218–242

– »Evading Persecution. German Jewish Behaviour Patterns after 1933«, in:

Nicosia/Scrase (Hg.), *Jewish Life in Nazi Germany*, S. 47–70
– »Das ›Unternehmen Barbarossa‹ und der Beginn der Judenvernichtung, Juni–Dezember 1941«, in: Browning, *Die Entfesselung der »Endlösung«*, S. 360–448
– /Garbarini, Alexandra/Roseman, Mark: »Introduction to the Jewish Responses to Persecution Series«, in: *Jewish Responses to Persecution*, Bd. 1, S. XIII–XXI
– /Kerenji, Emil/Lambertz, Jan/Wolfson, Leah: »Volume Introduction: From Persecution to Annihilation«, in: *Jewish Responses to Persecution*, Bd. 2, S. XXIII–XXXV
Mazurek, Jerzy: »›Józek, what are you doing?‹ The Massacre of Jews Committed by the AK in the Village of Kosowice«, in: *Holocaust. Studies and Materials*, 3 (2013), S. 405–432
McQueen, Michael: »Nazi Policy Towards the Jews in the Reichskommissariat Ostland, June–December 1941«, in: Gitelman (Hg.), *Bitter Legacy*, S. 91–103
Meershoek, Guus: »The Amsterdam Police and the Persecution of the Jews«, in: Michael Berenbaum und Abraham Peck (Hg.), *The Holocaust in History, the Known, the Unknown, the Disputed, and the Reexamined*, Bloomington, Indiana, 1998, S. 284–301
Meeuwenoord, Marieke: »The Holocaust in the Netherlands. New Research of Camp Vught«, in: ten Have (Hg.), *The Persecution of the Jews in the Netherlands*, S. 93–103
Mendes-Flohr, Paul: »Jüdisches Kulturleben unter dem Nationalsozialismus«, in: *Deutsch-jüdische Geschichte in der Neuzeit*, Bd. 4, S. 272–300
Meyer, Beate: »Between Self-Assertion and Forced Collaboration. The Reich Association of Jews in Germany, 1939–1945«, in: Nicosia/Scrase (Hg.), *Jewish Life in Nazi Germany*, S. 149–169
– »Mixed Marriage. A Guarantee of Survival or a Reflection of German Society During the Nazi Regime?«, in: Bankier (Hg.), *Probing the Depths of German Antisemitism*, S. 54–77
Michaelis, Meir: »Italian Policy up to the Armistice«, in: Cohen/Cochavi/Gelber (Hg.), *The Shoah and the War*, S. 283–300
Mogenson, Michael: »October 1943 – the Rescue of the Danish Jews«, in: Bastholm Jensen/Jensen (Hg.), *Denmark and the Holocaust*, S. 33–61
Molnár, Judit: »Gendarmes Before the People's Court«, in: dies. (Hg.), *The Holocaust in Hungary*, S. 677–684
Mommsen, Hans: »Hitler's Reichstag Speech, 30 January 1939«, in: *History & Memory*, 9,1/2 (1997), S. 147–161
Mócsy, István: »Hungary's Failed Strategic Surrender. Secret Wartime Negotiations with Britain«, in: Dreisziger (Hg.), *Hungary in an Age of Total War (1938–1948)*, S. 85–106
Moser, Jonny: »Die Entrechtung der Juden im Dritten Reich«, in: Pehle (Hg.), *Der Judenpogrom 1938*, S. 118–131
– »Nisko. The First Experiment in Deportation«, in: *Simon Wiesenthal Centre Annual*, 2 (1985), S. 1–30
Müller, Rolf-Dieter: »Von der Wirtschaftsallianz zum kolonialen Ausbeutungskrieg«, in: *Das Deutsche Reich und der Zweite Weltkrieg*, hg. vom Militärgeschichtlichen Forschungsamt, Bd. 4: *Der Angriff auf die Sowjetunion*, Stuttgart 1983, S. 98–189
Musial, Bogdan: »Ursprünge der ›Aktion Reinhardt‹. Planung des Massenmords an den Juden im Generalgouvernement«, in: ders. (Hg.), *»Aktion*

Reinhardt«. Der Völkermord an den Juden im Generalgouvernement 1941–1944, Osnabrück 2004, S. 49–85

Myers Feinstein, Margarete: »Jewish Observance in Amalek's Shadow. Mourning, Marriage, and Birth Rituals among Displaced Persons in Germany«, in: Patt/Berkowitz (Hg.), *»We Are Here«,* S. 257–288

Nicosia, Francis: »German Zionism and Jewish Life in Nazi Berlin«, in: ders./Scrase (Hg.), *Jewish Life in Nazi Germany,* S. 89–116

Nidam-Orvieto, Iael: »The Impact of the Anti-Jewish Legislation on Everyday Life and the Response of Italian Jews, 1938–1943«, in: Zimmerman (Hg.), *Jews in Italy under Fascist and Nazi Rule,* S. 158–181

Niewyk, Donald L.: »Solving the ›Jewish Problem‹. Continuity and Change in German Antisemitism, 1871–1945«, in: Cesarani, *Holocaust,* Bd. 1, S. 50–90

Niznansky, Eduard: »Expropriation and Deportation of Jews in Slovakia«, in: Kosmola/Tych (Hg.), *Facing the Nazi Genocide,* S. 205–230

Nordlund, Sven: »›The War is Over – Now You Can Go Home!‹ Jewish Refugees and the Swedish Labour Market in the Shadow of the Holocaust«, in: Cesarani/Levine (Hg.), *»Bystanders« to the Holocaust,* S. 171–198

Obenhaus, Herbert: »The Germans: An Antisemitic People. The Press Campaign after 9 November 1938«, in: Bankier (Hg.), *Probing the Depths of German Antisemitism,* S. 147–180

O'Neill, Robin: »Belzec – The Forgotten Death Camp«, in: *East European Jewish Affairs,* 28,2 (1998/99), S. 49–62

Paucker, Arnold/Kwiet, Konrad: »Jewish Leadership and Jewish Resistance«, in: Bankier (Hg.), *Probing the Depths of German Antisemitism,* S. 371–394

Pavan, Ilaria: »Indifferenz und Vergessen. Juden in Italien in der Kriegs- und Nachkriegszeit (1938–1970)«, in: Goschler/Ther (Hg.), *Raub und Restitution,* S. 154–168

Peck, Jeffrey M.: »Germany«, in: Wyman (Hg.), *The World Reacts to the Holocaust,* S. 447–472

Pelt, Robert Jan van: »A Site in Search of a Mission«, in: Gutman/Berenbaum (Hg.), *Anatomy of the Auschwitz Death Camp,* S. 93–155

– »Epilogue. The Final Year«, in: Koker, *At the Edge of the Abyss,* S. 336–350

– »Introduction«, in: ebd., S. 3–71

– »The Machinery of Mass Murder at Auschwitz«, in: Gutman/Berenbaum (Hg.), *Anatomy of the Auschwitz Death Camp,* S. 183–245

Perego, Simon: »Jurys d'honneur. The Stakes and Limits of Purges among Jews in France after the Liberation«, in: Finder/Jockusch (Hg.), *Jewish Honor Courts,* S. 137–164

Peresztegi, Agnes: »Reparation and Compensation in Hungary, 1945–2003«, in: Molnár (Hg.), *The Holocaust in Hungary,* S. 648–664

Person, Katarzyna: »Jews Accusing Jews. Denunciations of Alleged Collaborators in Jewish Honor Courts«, in: Finder/Jockusch (Hg.), *Jewish Honor Courts,* S. 225–246

Picciotto, Liliana: »The Shoah in Italy. Its History and Characteristics«, in: Zimmerman (Hg.), *Jews in Italy under Fascist and Nazi Rule, 1922–1945,* S. 209–223

– »Statistical Tables on the Holocaust in Italy with an Insight into the Mechanics of the Deportations«, in: *Yad Vashem Studies,* 33 (2005), S. 307–346

Pinchuk, Ben Cion: »Facing Hitler and Stalin. On the Subject of Jewish ›Collaboration‹ in Soviet Occupied Eastern Poland, 1939–1941«, in: Zimmerman (Hg.), *Contested Memories,* S. 61–68

Piper, Franciszek: »Die Ausbeutung der Arbeit der Häftlinge«, in: *Auschwitz 1940–1945*, Bd. 2, S. 83–167

– »Die Entstehungsgeschichte des KL Auschwitz«, in: ebd., Bd. 1, S. 43–71

– »Die Rolle des KL Auschwitz bei der Durchführung der nationalsozialistischen Unterdrückungs- und Genozid-Politik«, in: ebd., Bd. 3, S. 7–70

– »Die Vernichtungsmethoden«, in: ebd., S. 71–244

– »Die Zahl der Opfer«, in: ebd., S. 245–257

Podolsky, Anatoly: »The Tragic Fate of Ukrainian Jewish Women under Nazi Occupation, 1941–1944«, in: Hedgepath/Saidel (Hg.), *Sexual Violence against Jewish Women during the Holocaust*, S. 93–107

Pohl, Dieter: »Die Ermordung der Juden im Generalgouvernement«, in: Herbert (Hg.), *Nationalsozialistische Vernichtungspolitik*, S. 98–121

– »Hans Krüger and the Murder of the Jews in the Stanislawow Region«, in: *Yad Vashem Studies*, 26 (1998), S. 239–264

– »The Holocaust and the Concentration Camps«, in: Caplan/Wachsmann (Hg.), *Concentration Camps in Nazi Germany*, S. 149–166

– »The Murder of Ukraine's Jews under German Military Administration and in the Reich Commissariat Ukraine«, in: Brandon/Lower (Hg.), *The Shoah in Ukraine*, S. 23–76

Porat, Dina: »The Holocaust in Lithuania. Some Unique Aspects«, in: Cesarani (Hg.), *The Final Solution,* S. 159–174

Poznanski, Renée: »French Apprehensions, Jewish Expectations. From a Social Imaginary to a Political Practice«, in: Bankier (Hg.), *The Jews Are Coming Back*, S. 25–57

– »French Public Opinion and the Jews during World War II. Assumptions of the Clandestine Press«, in: Kosmola/Tych (Hg.), *Facing the Nazi Genocide*, S. 117–135

Pressac, Jean-Claude/Pelt, Robert Jan van: »The Machinery of Mass Murder at Auschwitz«, in: Gutman/Berenbaum (Hg.), *Anatomy of the Auschwitz Death Camp*, S. 183–245

Presser, Jacob: »Introduction«, in: Philip Mechanicus, *Waiting for Death. A Diary*, London 1968, S. 5–12

Pulzer, Peter: »Der Erste Weltkrieg«, in: *Deutsch-jüdische Geschichte in der Neuzeit,* Bd. 3, S. 356–380

Redlich, Simon: »Metropolitan Andrii Sheptytskyi and the Complexities of Ukrainian Jewish Relations«, in: Gitelman (Hg.), *Bitter Legacy*, S. 61–76

Ro'i, Yaacov: »The Reconstruction of Jewish Communities in the USSR, 1944–1947«, in: Bankier (Hg.), *The Jews Are Coming Back*, S. 186–205

Römer, Felix: »The Wehrmacht in the War of Ideologies. The Army and Hitler's Criminal Orders on the Eastern Front«, in: Alex J. Kay, Jeff Rutherford und David Stahel (Hg.), *Nazi Policy on the Eastern Front, 1941. Total War, Genocide and Radicalisation,* Rochester, New York, 2012, S. 73–100

Romijn, Peter: »The ›Lesser Evil‹ – the Case of the Dutch Local Authorities and the Holocaust«, in: ten Have (Hg.), *The Persecution of the Jews in the Netherlands, 1940–1945,* S. 13–26

Rothkirchen, Livia: »Czechoslovakia«, in: Wyman (Hg.), *The World Reacts to the Holocaust*, S. 156–200

Rozett, Robert: »International Interventions. The Role of Diplomats in

Attempts to Rescue Jews in Hungary«, in: Braham/Miller (Hg.), *The Nazis' Last Victims*, S. 137–152

Rünits, Lone: »The Politics of Asylum in Denmark in the Wake of Kristallnacht. A Case Study«, in: Bastholm Jensen/Jensen (Hg.), *Denmark and the Holocaust*, S. 14–32

Saerens, Lieven: »Antwerp's Attitude towards the Jews from 1918 to 1940 and Its Implications for the Period of the Occupation«, in: Michman (Hg.), *Belgium and the Holocaust*, S. 159–194

Safrian, Hans: »Beschleunigung der Beraubung und Vertreibung. Zur Bedeutung des ›Wiener Modells‹ für die antijüdische Politik des ›Dritten Reiches‹ im Jahr 1938«, in: Constantin Goschler/Jürgen Lillteicher (Hg.), *»Arisierung« und Restitution. Die Rückerstattung jüdischen Eigentums in Deutschland und Österreich nach 1945 und 1989*, Göttingen 2002, S. 61–89

Sandkühler, Thomas: »Judenpolitik und Judenmord im Distrikt Galizien, 1941–1942«, in: Herbert (Hg.), *Nationalsozialistische Vernichtungspolitik*, S. 122–147

Sarfatti, Michele: »Characteristics and Objectives of the Anti-Jewish Racial Laws in Fascist Italy, 1938–1943«, in: Zimmerman (Hg.), *Jews in Italy under Fascist and Nazi Rule*, S. 71–80

Scheren, Jos: »Aryanization, Market Vendors, and Peddlers in Amsterdam«, in: *Holocaust and Genocide Studies*, 14,3 (2000), S. 415–429

Schneider, Gertrude: »The Two Ghettos in Riga, Latvia, 1941–43«, in: Dobroszycki/Gurock (Hg.), *The Holocaust in the Soviet Union*, S. 181–193

Seul, Stephanie: »The Representation of the Holocaust in the British Propaganda Campaign directed at the German Public, 1938–1945«, in: *Leo Baeck Year Book*, 52 (2007), S. 267–306

Shelach, Menachem: »The Murder of the Jews in Serbia and the Serbian Uprising in July 1941«, in: Cohen/Cochavi/Gelber (Hg.), *The Shoah and the War*, S. 161–175

Skibinska, Alina: »The Return of Jewish Holocaust Survivors and the Reaction of the Polish Population«, in: Tych/Adamczyk-Garbowska (Hg.), *Jewish Presence and Absence*, S. 25–66

– /Mazurek, Jerzy: »›Barwy Białe‹ on Their Way to Aid Fighting Warsaw. The Crimes of the Home Army against the Jews«, in: *Holocaust. Studies and Materials* 3 (2013), S. 433–480

– /Tokarska-Bakir, Joanna: »›Barabasz‹ and the Jews. From the History of the ›Wybraniecki‹ Home Army Partisan Detachment«, in: *Holocaust. Studies and Materials*, 3 (2013), S. 13–78

Snyder, Timothy: »The Holocaust: The Ignored Reality«, in: *New York Review of Books*, 16. Juli 2009, http://www.nybooks.com/articles/archives/2009/jul/16/holocaust-the-ignored-reality/

Spector, Shmuel: »The Holocaust of the Ukrainian Jews«, in: Gitelman (Hg.), *Bitter Legacy*, S. 43–50

Stahel, David: »Radicalizing Warfare. The German Command and the Failure of Operation Barbarossa«, in: Kay/Rutherford/Stahel (Hg.), *Nazi Policy on the Eastern Front, 1941*, S. 19–44

Stargardt, Nicholas: »Speaking in Public about the Murder of the Jews. What Did the Holocaust Mean to the Germans?«, in: Wiese/Betts (Hg.), *Years of Persecution, Years of Extermination*, S. 133–155

Steinbacher, Sybille: »In the Shadow of Auschwitz. The Murder of the Jews of East Upper Silesia«, in: Ulrich Herbert (Hg.), *National Socialist Exter-*

mination Policies. Contemporary German Perspectives and Controversies, New York/Oxford 2000, S. 276–305

Steinberg, Maxime: »The Jews in the Years 1940–1944. Three Strategies for Coping with a Tragedy«, in: Michman (Hg.), *Belgium and the Holocaust*, S. 360–372

– »The Judenpolitik in Belgium within the West European Context. Comparative Observations«, in: ebd., S. 199–221

– »The Trap of Legality. The Association of the Jews in Belgium«, in: Yisrael Gutman und Cynthia Haft (Hg.), *Patterns of Jewish Leadership in Nazi Europe 1933–1945,* Jerusalem 1979, S. 353–376

Stern, Frank: »The Historic Triangle. Occupiers, Germans and Jews in Postwar Germany«, in: Moeller (Hg.), *West Germany under Construction*, S. 199–230

Strauss, Herbert: »Jewish Emigration from Germany. Nazi Policies and Jewish Responses«, Teil 1, in: *Leo Baeck Institute Year Book*, 25 (1980), S. 312–359; Teil 2, in: *Leo Baeck Institute Year Book*, 26 (1981), S. 343–409

Strzelecka, Irena: »Die Experimente«, in: *Auschwitz 1940–1945*, Bd. 2, S. 423–449

– »Frauen im KL Auschwitz«, in: ebd., S. 213–250

– »Die Häftlingsspitäler (›Häftlingskrankenbau‹) im KL Auschwitz«, in: ebd., S. 353–421

– »Quarantäne – die ersten Wochen im KL Auschwitz«, in: ebd., S. 49–56

– »Die ›Sauna‹ in Berichten und Erinnerungen von Augenzeugen«, in: Świebocka (Hg.), *Architektur des Verbrechens,* S. 99–172

– »Der Tagesablauf der als Arbeitskräfte einegesetzten Häftlinge«, in: *Auschwitz 1940–1945*, Bd. 2, S. 75–82

– /Setkiewicz, Piotr: »Bau, Ausbau und Entwicklung des KL Auschwitz und seiner Nebenlager«, in: ebd., Bd. 1, S. 73–155

Strzelecki, Andrzej: »Geschichte, Rolle und Betrieb der großen Entwesungs- und Desinfektionsanlage im Konzentrationslager Auschwitz II-Birkenau«, in: Świebocka (Hg.), *Architektur des Verbrechens,* S. 11–97

– »Die Liquidation des KL Auschwitz«, in: *Auschwitz 1940–1945*, Bd. 5, S. 7–69

– »Der Raub der Habe der Opfer«, in: ebd., Bd. 2, S. 169–211

Sturdy Colls, Caroline: »Gone but Not Forgotten. Archaeological Approaches to the Site of the Former Treblinka Extermination Camp in Poland«, in: *Holocaust. Studies and Materials,* 3 (2013), S. 253–289

Turner, Henry A.: »Two Dubious Third Reich Diaries«, in: *Central European History,* 33,3 (2000), S. 415–422

Unger, Michal: »The Lodz Ghetto«, in: Josef Zelkowicz, *In Those Terrible Days. Writings from the Lodz Ghetto*, hg. von Michal Unger, Jerusalem 2002, S. 19–29

Vilhjálmsson, Vilhjálmur Örn: »The King and the Star. Myths Created during the Occupation of Denmark«, in: Bastholm Jensen/Jensen (Hg.), *Denmark and the Holocaust,* S. 102–117

Wachsmann, Nikolaus: »The Dynamics of Destruction. The Development of the Concentration Camps, 1933–1945«, in: Caplan/Wachsmann (Hg.), *Concentration Camps in Nazi Germany,* S. 17–43

Wagner, Jens-Christian: »Work and Extermination in the Concentration Camps«, in: Caplan/Wachsmann (Hg.), *Concentration Camps in Nazi Germany,* S. 127–148

Waite, Robert G.: »›Reliable Local Residents‹. Collaboration in Latvia, 1941–1945«, in: Caune u. a. (Hg.), *Latvia in World War II,* S. 115–144

Wasserstein, Bernard: »Patterns of Jewish Leadership in Great Britain«, in: Randolph L. Braham (Hg.), *Jewish Leadership During the Nazi Era. Patterns of Behaviour in the Free World,* New York 1985, S. 29–43

Weil, Patrick: »The Return of the Jews in the Nationality or in the Territory of France (1943–1973)«, in: Bankier (Hg.), *The Jews Are Coming Back,* S. 57–71

Weiss, Yfaat: »The ›Emigration Effort‹ or ›Repatriation‹. The Relationship between Jewish Polish Emigrants and the Jewish German Establishment«, in: Bankier (Hg.), *Probing the Depths of German Antisemitism*, S. 360–370

Welch, David: »Manufacturing a Consensus. Nazi Propaganda and the Building of a ›National Community‹ (Volksgemeinschaft)«, in: *Central European History,* 2,1 (1993), S. 1–15

Wildt, Michael: »Before the ›Final Solution‹. The *Judenpolitik* of the SD, 1935–1938«, in: *Leo Baeck Institute Year Book*, 43 (1998), S. 241–269

– »Einleitung«, in: ders. (Hg.), *Die Judenpolitik des SD 1935–1938,* S. 9–64

Witte, Peter: »Two Decisions Concerning the ›Final Solution of the Jewish Question‹. Deportations to Lodz and Mass Murder in Chelmno«, in: *Holocaust and Genocide Studies*, 9,3 (1995), S. 318–345

– /Tyas, Stephen: »A New Document on the Deportation and Murder of Jews during ›Einsatz Reinhardt‹ 1942«, *in: Holocaust and Genoiude Studies*, 15:3 (2001), S. 468–486

Wood, Stephen/Locke, Ian: »›Ex-Enemy Jews‹. The Fate of the Assets of Holocaust Victims and Survivors in Britain«, in: Beker (Hg.), *The Plunder of Jewish Property during the Holocaust*, S. 209–226

Zariz, Ruth: »Exchange of Populations as a Means of Jewish Salvation«, in: Cohen/Cochavi/Gelber (Hg.), *The Shoah and the War*, S. 405–416

Zbikowski, Andrzej: »The Post-War Wave of Pogroms and Killings«, in: Tych/Adamczyk-Garbowska (Hg.), *Jewish Presence and Absence,* S. 67–94

Zweig, Ronald W.: »The War Refugee Board and American Intelligence«, in: Cohen/Cochavi/Gelber (Hg.), *The Shoah and the War*, S. 393–404

Anmerkungen

Einleitung

1 Vgl. Levy/Sznaider, *Erinnerung im globalen Zeitalter*; Karlsson/Zander (Hg.), *The Holocaust – Post-War Battlefields;* Clifford, *Commemorating the Holocaust;* Sharples/Jensen (Hg.), *Britain and the Holocaust;* Pearce, *Holocaust Consciousness in Contemporary Britain*; Allwork, *Holocaust Remembrance between the National and the Transnational.*

2 Zur wichtigen, aber nur selten vorgenommenen empirischen Untersuchung dessen, was Lehrer wissen und Schüler lernen, siehe für zwei Länder, die in der »Holocaustbildung« eine Vorreiterrolle gespielt haben: Holocaust Education and Development Programme, *Teaching About the Holocaust in English Secondary Schools;* A. Lange, *A Survey of Teachers' Experiences and Perceptions in Relation to Teaching about the Holocaust.* Jüngere, noch unveröffentlichte Forschungen des Holocaust Education and Development Programme (jetzt Centre for Holocaust Education) zeigen, dass das Wissen von Schülern trotz des Unterrichts zum Thema weiterhin lückenhaft ist. Zu den möglichen negativen Auswirkungen von fiktiven Darstellungen auf junge Erwachsene siehe Cesarani, »Striped Pyjamas«; zur Arbeit des britischen Holocaust Educational Trust siehe J. Feldman, *Above the Death Pits, beneath the Flag;* Hadley, »Lessons from Auschwitz«.

3 Timothy Snyder hat dieses Missverhältnis in seinem Artikel »The Holocaust. The Ignored Reality« überzeugend beschrieben. Umstritten ist dagegen die umfangreiche Analyse, mit der er in seinem Buch *Bloodlands* zu erklären versucht, warum so viele Juden der Region, die er »Bloodlands« nennt, starben.

4 Zu einer Interpretation von Überlebendenaussagen, die kaum Erleichterung bringt, siehe Langer, *Holocaust Testimonies.* Bedeutsam ist, dass sich Langer auf das Material des Yale Fortunoff Video Archive for Holocaust Testimonies stützt, für das in den späten 1970er und den 1980er Jahren Überlebendenaussagen auf Video aufgezeichnet worden sind. Dank dieses frühen Zeitpunkts des Projekts konnte das Schicksal von älteren Zeitzeugen erfasst werden wie »Magda F., deren Ehemann, Eltern, Brüder, drei Schwestern und sämtliche Kinder von der Flut des nationalsozialistischen Massenmords verschlungen wurden«.

5 Siehe beispielsweise Petropoulos/Roth (Hg.), *Gray Zones;* Hedgepeth/Saidel (Hg.), *Sexual Violence Against Jewish Women During the Holocaust.*

6 Siehe beispielsweise Kühne/Lawson (Hg.), *The Holocaust and Local History;* Bloxham, *The Final Solution,* S. 1–10.

7 Burleigh, *Die Zeit des Nationalsozialismus*; Longerich, *Politik der Vernichtung*; Kershaw, *Hitler;* Evans,

Das Dritte Reich, Bd. 3, Friedländer, *Das Dritte Reich und die Juden;* Browning, *Die Entfesselung der »Endlösung«.*

8 Bücher zu zwei mit Preisen ausgezeichneten Dokumentarserien der BBC sind Rees, *The Nazis,* und ders., *Auschwitz.* Vgl. Benz, *Der Holocaust;* Engel, *The Holocaust;* Black, *The Holocaust;* Bergen, *War & Genocide;* Bloxham, *The Final Solution;* Dwork/van Pelt, *Holocaust.*

9 Zu einer Analyse und Einschätzung von Saul Friedländers Darstellung siehe Wiese/Betts (Hg.), *The Years of Persecution.*

10 Vgl. Bauer, *Die dunkle Seite der Geschichte,* S. 18–32, 62–94; Niewyk/Nicosia, *The Columbia Guide to the Holocaust,* S. 45–52; Bartov, *Murder in Our Midst,* S. 53–70. Im Deutschen, Französischen und Italienischen entsprechen die sprachlichen Bedeutungszusammenhänge durch die Übernahme der Begriffe »Holocaust« und »Schoah« den englischen.

11 Cesarani, *The Holocaust*; zum Holocaust Memorial Day Trust siehe: http://hmd.org.uk/genocides/holocaust; Bernstein, *Foregone Conclusions.*

12 Jäckel, *Hitlers Weltanschauung,* S. 59–72; Burrin, *Hitler und die Juden,* S. 19–37; Herf, *The Jewish Enemy,* S. 3–13.

13 Cesarani, *The Final Solution,* S. 4–14; Kershaw, *Der NS-Staat,* S. 140–259; Longerich, *Holocaust,* S. 1–8, 40–61, 70 ff., 423–427. Die klassische Darstellung einer sich willkürlich verschärfenden antijüdischen Politik bleibt Karl A. Schleunes' 1970 erschienenes Buch *The Twisted Road to Auschwitz.*

14 Frieser, *Blitzkrieg-Legende;* Citino, *Death of the Wehrmacht,* S. 3–34; Megargee, *Hitler und die Generäle,* S. 287 f.

15 Gilbert, *The Holocaust,* S. 154; Marrus, »The *Shoah* and the Second World War«. Gerhard L. Weinberg war mit seinem Buch *Eine Welt in Waffen* der erste Militärhistoriker des Zweiten Weltkriegs, der das Schicksal der Juden in seine Darstellung einbezog (vgl. auch seinen Aufsatz »The ›Final Solution‹ and the War in 1943«). Stephen G. Fritz verknüpft in seinem Buch *Ostkrieg* auf exemplarische Weise das Schicksal der Juden mit allen Aspekten des sowjetisch-deutschen Krieges.

16 Siehe unten unter V. und VI.

17 Weber, *Hitlers erster Krieg,* S. 302 f., 452 f. und passim; Megargee, *Hitler und die Generäle,* S. 78 f.

18 Vgl. Herf, *The Jewish Enemy.*

19 Citino, *The German Way of War;* Hull, *Absolute Destruction.*

20 Stahel, *Operation Barbarossa and Germany's Defeat in the East,* S. 33–138; Megargee, *Hitler und die Generäle,* S. 103–170.

21 Tooze, *Ökonomie der Zerstörung,* S. 591–633; Collingham, *The Taste of War,* S. 30–37, 157–164.

22 Kershaw, *Wendepunkte,* S. 382–470.

23 Kershaw, »›Working Towards the Führer.‹«.

24 Citino, *The German Way of War,* S. 16 f.; Wildt, *Generation des Unbedingten,* S. 41–46, 67–71.

25 Aly, *Hitlers Volksstaat.*

26 Gross/Gross, *Golden Harvest.*

27 Hedgepeth/Saidel (Hg.), *Sexual Violence Against Jewish Women during the Holocaust,* S. 1–5; Merridale, *Iwans Krieg,* S. 328–363; Herzog (Hg.), *Lessons and Legacies,* Bd. 7,

S. 159–215; Roberts, *What Soldiers Do,* S. 195–236; Branche/Virgili (Hg.), *Rape in Wartime.*

28 Zu den anderen Opfergruppen siehe Burleigh, *Tod und Erlösung;* Lewy, *»Rückkehr nicht erwünscht«;* Gellately/Stolzfus (Hg.), *Social Outsiders in Nazi Germany;* Ryan/Schuchman (Hg.), *Deaf People in Hitler's Europe;* Lusane, *Hitler's Black Victims.*

29 Patt/Berkowitz (Hg.), *»We Are Here«;* Nachmany Gafny, *Dividing Hearts;* Bogner, *At the Mercy of Strangers,* S. 183–295; Ludi, *Reparations for Nazi Victims in Postwar Europe;* Heberer/Matthäus, *Atrocities on Trial.*

Prolog

1 Diese Darstellung stützt sich auf die ausgezeichnete Analyse und Schilderung in Henry Ashby Turners *Hitlers Weg zur Macht.*

2 François-Poncet, *Als Botschafter in Berlin,* S. 70.

3 Turner, *Hitlers Weg zur Macht,* S. 150 f.

4 François-Poncet, *Als Botschafter in Berlin,* S. 72 f.

5 Evans, *Das Dritte Reich,* Bd. 1, S. 411 ff.

6 Schwarzschild, »Kanzler Hitler«, 4. Februar 1933, in: ders., *Chronik eines Untergangs,* S. 243.

7 Rumbold an das britische Außenministerium, 18. August 1931, 21. August 1932, 27. Januar 1933, 3. Oktober 1938 (über Juden), zit. in: Gilbert, *Sir Horace Rumbold,* S. 319, 360 f., 366, 368.

8 Georges Simenon, »Hitler im Fahrstuhl«, in: Lubrich (Hg.), *Reisen ins Reich,* S. 47.

9 *CV-Zeitung,* 2. Februar 1933, S. 33.

10 »Die neue Lage«, in: *Der Israelit,* 2. Februar 1933, S. 1 f.

11 »Innere Sicherheit«, in: *Jüdische Rundschau,* 3. Februar 1933.

12 Joseph Roth an Stefan Zweig, Februar 1933, in: Roth, *Briefe 1911–1939,* S. 249.

13 Ernst Marcus: *Mein Leben in Deutschland vor und nach dem 30. Januar 1933* (unveröffentlichtes Manuskript, verfasst 1940), Leo Baeck Institute New York, MM7 Box 47, ME 1204, MM52, S. 28, zit. in: Friedla, *Juden in Breslau,* S. 116; Ascher, *A Community under Siege,* S. 65 f.; Grenville, *The Jews and Germans of Hamburg,* S. 52 f., 58 f.

14 Friedländer, *Das Dritte Reich und die Juden,* Bd. 1, S. 26–29; Matthäus/Roseman, »Introduction«, S. XIV ff., XXX–XXXVI.

15 M. Kaplan, *Der Mut zum Überleben,* S. 13 ff.

16 Ebd.; Niewyk, *The Jews in Weimar Germany,* S. 16–20.

17 Ebd., S. 13–16.

18 Ebd., S. 18–21; Aschheim, *Brothers and Strangers,* S. 215–245; Sammartino, *The Impossible Border;* Brenner, *Jüdische Kultur in der Weimarer Republik,* S. 44, 61–78.

19 Pulzer, *Die Entstehung des politischen Antisemitismus in Deutschland und Österreich 1867 bis 1914.*

20 Levy, *The Downfall of the Anti-Semitic Political Parties in Imperial Germany;* »Das Tivoli-Programm der Deutsch-Konservativen Partei

(1892)«, http://germanhistorydocs.ghi-dc.org/pdf/deu/508_Konservativen_Antisemitismus_89.pdf.

21 Volkov, *Germans, Jews, and Antisemites,* S. 100–128; Tal, *Christians and Germans in Germany;* Niewyk, »Solving the ›Jewish Problem‹«.

22 Schorsch, *Jewish Reactions to German Anti-Semitism, 1870–1914;* Reinharz, *Fatherland or Promised Land;* Lamberti, *Jewish Activism in Imperial Germany.*

23 Pulzer, »Der Erste Weltkrieg«.

24 Kolb, *Die Weimarer Republik,* S. 1–23.

25 Ebd., S. 7 ff.; Sammartino, *The Impossible Border,* S. 46–65.

26 Kolb, *Die Weimarer Republik,* S. 23–37.

27 Fritzsche, *Wie aus Deutschen Nazis wurden,* S. 91–144; Evans, *Das Dritte Reich,* Bd. 1, S. 180–196.

28 Wildt, *Volksgemeinschaft als Selbstermächtigung,* S. 20–96. Daniel L. Niewyk schätzt das Ausmaß und die Wirkung antisemitischer Politik als gering ein (*The Jews in Weimar,* S. 49–53).

29 Watt, *Der Kaiser geht,* S. 217 f., 234 ff., 265 f.; Evans, *Das Dritte Reich,* Bd. 1, S. 230–236; Wildt, *Volksgemeinschaft als Selbstermächtigung,* S. 69; Aschheim, *Brothers and Strangers,* S. 243–245.

30 Kolb, *Die Weimarer Republik,* S. 53, 65–69.

31 P. Nathan, Nachschrift zu Max Naumann: »Vom nationaldeutschen Juden, in: *Im deutschen Reich. Zeitschrift des Centralvereins deutscher Staatsbürger jüdischen Glaubens* 1 (1921), S. 30 ff.; Niewyk, *The Jews in Weimar,* S. 84–95; Aschheim, *Brothers and Strangers,* S. 220–223.

32 Barkow, *Alfred Wiener and the Making of the Holocaust Library;* zu einem Beispiel jüdischer Verteidigungsarbeit siehe Borut, »Antisemitism in Tourist Facilities in Weimar Germany«.

33 Kershaw, *Hitler,* Bd. 1, S. 417–421.

34 Hitler, *Mein Kampf;* Gregor, *How to Read Hitler.*

35 Evans, *Das Dritte Reich,* Bd. 1, S. 285–288; Gilbert, *Sir Horace Rumbold,* S. 339; Phipps, *Our Man in Berlin,* S. 31; zu unterschiedlichen historischen Interpretationen siehe Rosenbaum, *Die Hitler-Debatte,* und Lukas, *The Hitler of History.*

36 Kershaw, *Hitler,* Bd. 1, S. 31–58, 61–104; Hamann, »Hitler and Vienna«; dies., *Hitlers Wien.*

37 Weber, *Hitlers erster Krieg.*

38 Kershaw, *Hitler,* Bd. 1, S. 159–172, 175–213.

39 Ebd., S. 221, 228–236, 242.

40 Ebd., S. 257–266, 269–273.

41 Ebd., S. 279 ff., 298 f., 327–330, 333.

42 Ebd., S. 333–337, 348–359; Fritzsche, *Wie aus Deutschen Nazis wurden,* S. 149–170, 191–221; Evans, *Das Dritte Reich,* Bd. 1, S. 284–307.

43 Wildt, *Volksgemeinschaft als Selbstermächtigung,* S. 74–87.

44 Kershaw, *Hitler,* Bd. 1, S. 386 f.; 395 ff.; Fritzsche, *Wie aus Deutschen Nazis wurden,* S. 170–181, 199 f.

45 Schwarzschild, »10 Jahre Verfassung«, 10. August 1929, in: ders., *Chronik eines Untergangs,* S. 64, 66.

46 Evans, *Das Dritte Reich,* Bd. 1, S. 328–332.

47 Kershaw, *Hitler,* Bd. 1, S. 410 ff., 422–425.

48 Fromm, *Als Hitler mir die Hand küsste,* S. 35–38. Zu Vorbehalten gegenüber Fromms Zeitzeugenschaft siehe Turner, »Two Dubious Third Reich Diaries«.

49 Fritzsche, *Wie aus Deutschen Nazis wurden,* S. 206–209.

50 Friedrich, *Die missbrauchte Hauptstadt,* S. 254–260, 263, 319–325; Wildt, *Volksgemeinschaft als Selbstermächtigung,* S. 90–94.
51 Friedrich, *Die missbrauchte Hauptstadt,* S. 327.
52 Erwin Topf, *Die grüne Front,* 1933, zit. in Gies, »NSDAP und landwirtschaftliche Organisationen in der Endphase der Weimarer Republik«, S. 341.
53 Fromm, *Als Hitler mir die Hand küsste,* S. 51.
54 Kershaw, *Hitler,* Bd. 1, S. 437–447.
55 Ebd., S. 453–458.
56 Thacker, *Joseph Goebbels,* S. 13–28, 36–54, 56–74, 78–98; Longerich, *Joseph Goebbels,* S. 21–122, 177–183.
57 Von der Goltz, *Hindenburg,* S. 153–157; Friedrich, *Die missbrauchte Hauptstadt,* S. 358–365.
58 Schwarzschild, »Lasst ihn heran«, 30. April 1932, in: ders., *Chronik eines Untergangs,* S. 192 f., 196.
59 Friedrich, *Die missbrauchte Hauptstadt,* S. 367–375; Evans, *Das Dritte Reich,* Bd. 1, S. 375 f., 383.
60 Kershaw, *Hitler,* Bd. 1, S. 459 ff.
61 Ebd., S. 462 ff.
62 Ebd., S. 464–469, 478–487; Turner, *Hitlers Weg zur Macht,* S. 20–23.
63 Ebd., S. 24–36.
64 Schwarzschild, »Dämmerung«, 31. Dezember 1932, in: ders., *Chronik eines Untergangs,* S. 232.
65 Turner, *Hitlers Weg zur Macht,* S. 43–53, 57–69, 74–77.
66 Ebd., S. 72 f., 108–122.
67 Ebd., S. 125–130.
68 Ebd., S. 131–143.
69 *Jüdische Rundschau,* 31. Januar 1933, zit. in: Penkower, *The Swastika's Darkening Shadow,* S. 120 f.
70 Siegmund Warburg an Mauritz Philipson, 15. September und 21. Oktober 1930, zit. in Ferguson, *Der Bankier Siegmund Warburg,* S. 124.
71 Turner, *Hitlers Weg zur Macht,* S. 36 f., 260; Weiss und Hoser (Hg.), *Die Deutschnationalen und die Zerstörung der Weimarer Republik,* S. 211; Turner, *German Big Business and the Rise of Hitler,* S. 227. Zu Wassermann siehe dessen Aussagen gegenüber dem britischen Botschafter im April 1932, *DBFP 1919–1932, Series 2, Vol. 3, London 1948,* S. 128.
72 Quietus, »Die Zukunft des Nationalsozialismus«, S. 480.
73 Fest, *Ich nicht,* S. 58.
74 Zit. in Turner, *Hitlers Weg zur Macht,* S. 153 f.
75 Horace Rumbold an John Simon, 27. Januar, 4. und 10. Februar 1933, zit. in Gilbert, *Sir Horace Rumbold,* S. 366, 368.
76 McDonald, *The Diaries and Papers of James G. McDonald,* Bd. 1, S. 13 ff.; zu Hanfstaengl siehe Conradi, *Hitlers Klavierspieler.*
77 Luise Solmitz, Tagebucheintrag vom 30. Januar 1933, in: Bajohr/Meyer/Szodrzynski (Hg.), *Bedrohung, Hoffnung, Skepsis,* S. 152.
78 Maschmann, *Fazit,* S. 8 f.

I.

1 Tooze, *Ökonomie der Zerstörung*, S. 59 f.

2 Evans, *Das Dritte Reich*, Bd. 1, S. 425–437; François-Poncet, *Als Botschafter in Berlin*, S. 94.

3 Evans, *Das Dritte Reich*, Bd. 1, S. 438–444.

4 Wachsmann, »The Dynamics of destruction«, S. 18 ff.

5 Isherwood, *Leb' wohl Berlin*, S. 184.

6 Evans, *Das Dritte Reich*, Bd. 1, S. 444–452, 463 f.

7 Schwarzschild, »Fait accompli«, 11. März 1933, in: ders., *Chronik eines Untergangs*, S. 253.

8 Barkai, *Vom Boykott zur »Entjudung«*, S. 23–26; Wildt, *Volksgemeinschaft als Selbstermächtigung*, S. 102–137; *Jewish Responses*, Bd. 1, S. 11 f.

9 Wildt, *Hitlers Volksgemeinschaft als Selbstermächtigung*, S. 108; Bericht des Bürgermeisters von Gollnow, 14. März 1933, in: Kulka/Jäckel (Hg.), *Die Juden in den geheimen NS-Stimmungsberichten 1933–1945*, S. 46 f.

10 Bericht der Politischen Polizei, 11. März 1933, in: Kulka/Jäckel (Hg.), *Die Juden in den geheimen NS-Stimmungsberichten*, S. 45 f.; *Das Schwarzbuch – Tatsachen und Dokumente*, S. 94–97.

11 Bericht des Höheren Polizeiführers im Westen, 29. März 1933, in: Kulka/Jäckel (Hg.), *Die Juden in den geheimen NS-Stimmungsberichten*, S. 47 f.

12 *Jewish Responses*, Bd. 1, S. 27 ff.; Hett, *Crossing Hitler*, S. 159–163; Wünschmann, *Before Auschwitz*, S. 19–57; zum Hass auf das Judentum siehe Confino, *A World without Jews*, S. 27–39.

13 Gilbert, *Sir Horace Rumbold*, S. 370–373; Breitman/Lichtman, *FDR and the Jews*, S. 55 f.

14 McDonald, *The Diaries and Papers of James G. McDonald*, Bd. 1, S. 24 f.; zu ähnlichen Protesten in Frankreich siehe Caron, *Uneasy Asylum*, S. 96 f.

15 Breitman/Lichtman, *FDR and the Jews*, S. 52 f.

16 Ebd., S. 54.

17 Ebd., S. 56–59.

18 Zit. in Cesarani, *The Jewish Chronicle and Anglo-Jewry, 1841–1991*, S. 145 f.

19 Fox, »Great Britain and the German Jews, 1933«; Gewirtz, »Anglo-Jewish Responses to Nazi Germany, 1933–1939«.

20 *The Jewish Chronicle*, 2. April, 21. und 28. Juli 1933; Cesarani, »The Transformation of Jewish Communal Authority in Anglo-Jewry, 1914–1940«, S. 126 f.

21 Jay P. Moffat, Tagebucheintrag vom 22. Februar 1933, zit. in: McDonald, *The Diaries and Papers of James G. McDonald*, Bd. 1, S. 25.

22 Gilbert, *Sir Horace Rumbold*, S. 373 ff.

23 François-Poncet, *Als Botschafter in Berlin*, S. 124.

24 Friedländer, *Das Dritte Reich und die Juden*, Bd. 1, S. 33; Ne'eman Arad, *America, its Jews and the rise of Nazism*, S. 145.

25 Goebbels, *Die Tagebücher*, Bd. 2/III, S. 156 f.; Fromm, *Als Hitler mir die Hand küsste*, S. 109; Ne'eman Arad,

America, Its Jews and the Rise of Nazism, S. 144 f.; Friedländer, *Das Dritte Reich und die Juden*, Bd. 1, S. 33 f.

26 Fromm, *Als Hitler mir die Hand küsste*, S. 107.

27 Breitman/Lichtman, *FDR and the Jews*, S. 56; Fox, »Great Britain and the German Jews, 1933«.

28 Bericht von George S. Messersmith, 31. März 1933, in: Bajohr/Strupp (Hg.), *Fremde Blicke auf das »Dritte Reich«*, S. 363.

29 Dawidowicz, *Der Krieg gegen die Juden*, S. 60 f., 90 ff. Martin Gilbert (*The Holocaust*, S. 86) dreht sogar die Abfolge der Ereignisse um. Hermann Graml (*Reichskristallnacht*, S. 111–119) sieht in dem Boykott auch ein Mittel, Widerstand gegen den Antisemitismus zu überwinden. Laut Leni Yahil (*Die Shoah*, S. 101–105) hatte er den Zweck, den Einfluss der Nationalsozialisten auszuweiten und die Gegner in Bedrängnis zu bringen. Wolfgang Benz (*Der Holocaust*, S. 17 f.) betrachtet den offiziellen Grund des Boykotts als Vorwand für eine Maßnahme, die der Bevölkerung klarmachen sollte, wohin die Politik tendierte. Deborah Dwork und Robert Jan van Pelt (*Holocaust*, S. 69 f.) interpretieren ihn als »Präventivschlag«.

30 Klemperer, *Ich will Zeugnis ablegen bis zum letzten*, Bd. 1, S. 14 f.

31 McDonald, *The Diaries and Papers of James G. McDonald*, Bd. 1, S. 28, 33.

32 Fromm, *Als Hitler mir die Hand küsste*, S. 88 f.

33 Bericht des Regierungspräsidenten Niederbayern und Oberpfalz, 30. März 1933; Bericht des Stadtrats Bad Kissingen, 31. März 1931; Bericht des Höheren Polizeiführers im Westen für den 30. März und 1. April 1933, in: Kulka/Jäckel (Hg.), *Die Juden in den geheimen NS-Stimmungsberichten*, S. 48 f.

34 Messersmith an Cordell Hull, 31. März 1933, zit. in: Zucker, *In Search of Refuge*, S. 67.

35 *Jewish Responses*, Bad. 1, S. 15; McDonald, *The Diaries and Papers of James G. McDonald*, Bd. 1, S. 27, Eintrag vom 3. April 1933; Klemperer, *Ich will Zeugnis ablegen*, Bd. 1, S. 16, Tagebucheintrag vom 31. März 1933.

36 Ebd., Bd. 1, S. 17 f.; Cohn, *Kein Recht – nirgends*, S. 25; *Jewish Responses*, Bd. 1, S. 19 f.; Ascher, *A Community under Siege*, S. 82; Barkai, *Vom Boykott zur »Entjudung«*, S. 26–35.

37 Ralph C. Busser, Bericht vom 5. April 1933, in: Bajohr/Strupp (Hg.), *Fremde Blicke auf das »Dritte Reich«*, S. 364 f.

38 Edwin Landau, »Für die standen wir in den Schützengräben«, in: Limberg/Rübsaat (Hg.), *Sie durften nicht mehr Deutsche sein*, S. 20 ff.

39 Henriette Necheles-Magnus, »Anhängliche Patienten – opportunistische Kollegen«, in: ebd., S. 36 f.

40 Luise Solmitz, Tagebucheintrag vom 1. April 1933, in: Bajohr/Meyer/Szodrzynski (Hg.), *Bedrohung, Hoffnung, Skepsis*, S. 185.

41 McDonald, *The Diaries and Papers of James G. McDonald*, Bd. 1, S. 33; Gilbert, *Sir Horace Rumbold*, S. 375.

42 Bericht von George S. Messersmith, 3. April 1933, in: Bajohr/Strupp (Hg.), *Fremde Blicke*, S. 363 f.

43 Wildt, *Volksgemeinschaft als Selbstermächtigung,* S. 101–137; Evans, *Das Dritte Reich,* Bd. 1, S. 560–567.

44 Bericht von George S. Messersmith, 9. Mai 1933; Charles M. Hathaway, 13. Mai 1933, in: Bajohr/Strupp (Hg.), *Fremde Blicke,* S. 372–375.

45 Evans, *Das Dritte Reich,* Bd. 1, S. 568–591; Friedländer, *Das Dritte Reich und die Juden,* Bd. 1, S. 40–46, 49–52.

46 Evans, *Das Dritte Reich,* Bd. 1, S. 456–462.

47 Ebd., Bd. 2.1, S. 27 ff., 101 ff.; Zucker, *In Search of Refuge,* S. 73 f.; Wachsmann, *Gefangen unter Hitler,* S. 105–111; ders., *KL,* S. 59–71.

48 Evans, *Das Dritte Reich,* Bd. 2.1, S. 67 ff., 94, 119–130; Gellately, *Hingeschaut und weggesehen.*

49 Evans, *Das Dritte Reich,* Bd. 2.1, S. 149–173, 320–325; Longerich, *Joseph Goebbels,* S. 218–222, 243 ff.; Steinweis, *Art, Ideology and Economics in Nazi Germany,* S. 32–48; Welch, *The Third Reich,* S. 17–47.

50 Joseph Roth an Stefan Zweig, 6. und 28. April 1933, in: Roth, *Briefe 1911–1939,* S. 261 f.; Confino, *A World Without Jews,* S. 39–45.

51 »Fanal und Besinnung«, in: Jüdische Rundschau, 12. Mai 1933.

52 Evans, *Das Dritte Reich,* Bd. 2.2, S. 511–536, 564–577, 587–593.

53 Ebd., Bd. 2.2, S. 614–617, 620 ff., 624–630, 642–649; Burleigh/Wipperman, *The Racial State;* Pine, *Nazi Family Policy,* S. 8–46; Ryan/Schuchman (Hg.), *Deaf People in Hitler's Europe,* S. 11–97, 121–163; Giles, »The Institutionalisation of Homosexual Panic in the Third Reich«.

54 Bergerson, *Ordinary Germans In Extraordinary Times,* S. 131–164.

55 Fritzsche, *Wie aus Deutschen Nazis wurden,* S. 227–245; ders., *Life and Death in the Third Reich,* S. 20–24, 35–52, 56–65, 76–91; Wiesen, *Creating the Nazi Marketplace,* S. 39–49, 53–60; Guenther, *Nazi Chic?.*

56 Fritzsche, *Life and Death in the Third Reich,* S. 96–108; Kühne, *Belonging and Genocide,* S. 42–46; Koonz, *The Nazi Conscience,* S. 144 f.; Maschmann, *Fazit,* S. 8, 25.

57 Schwarzschild, »Im Strom der Nationalen Revolution«, 1. Juli 1933, in: ders., *Chronik eines Untergangs,* S. 264.

58 Fritzsche, *Life and Death in the Third Reich,* S. 5–8, 50–54; Koonz, *The Nazi Conscience,* S. 131–139, 201–214; Welch, *The Third Reich;* ders., »Manufacturing a Consensus«.

59 Fritzsche, *Life and Death in the Third Reich,* S. 96–108, 123 f.; Koonz, *The Nazi Conscience.*

60 Longerich, *Holocaust,* S. 31 f.; ders., *Politik der Vernichtung,* S. 32 ff.

61 Nicosia/Scrase (Hg.), *Jewish Life in Nazi Germany,* S. 4 f.; Longerich, *Politik der Vernichtung,* S. 41–50; Friedländer, *Das Dritte Reich und die Juden,* Bd. 1, S. 38–43.

62 Annemarie Schwarzenbach, »Warum konnten die Nazis kommen?«, in: Lubrich (Hg.), *Reisen ins Reich,* S. 50.

63 Kulka/Jäckel (Hg.), *Die Juden in den geheimen NS-Stimmungsberichten,* S. 591; Wildt, *Hitlers Volksgemeinschaft als Selbstermächtigung,* S. 269.

64 Bericht des Bezirksamts Neustdt/Aisch, 15. Juli 1933; Bericht des Regierungspräsidenten Unterfranken und Aschaffenburg, 6. September und 7. Oktober 1933; Bericht des Regierungspräsidenten Ober- und Mittelfranken, 20. September 1933,

in: Kulka/Jäckel (Hg.), *Die Juden in den geheimen NS-Stimmungsberichten 1933–1945,* S. 51 f., 55 f.

65 Martha Dodd, »Hitler braucht eine Frau«, in: Lubrich (Hg.), *Reisen ins Reich,* S. 60–63.

66 Bericht der Stapostelle Regierungsbezirk Kassel, 29. August 1933, in: Kulka/Jäckel (Hg.), *Die Juden in den geheimen NS-Stimmungsberichten,* S. 54.

67 Rosenberg, *»Einer, der nicht mehr dazugehört«,* S. 129.

68 Doerry, *»Mein verwundetes Herz«,* S. 19–86, 88 f., Briefe an Leo und Hanne Barth, 5. Februar und 2. April 1933.

69 Raymond H. Geist an das US-Außenministerium, 15. December 1933, in: Bajohr/Strupp (Hg.), *Fremde Blicke,* S. 395; Kulka/Jäckel (Hg.), *Die Juden in den geheimen NS-Stimmungsberichten 1933–1945,* S. 594.

70 *Jewish Responses,* Bd. 1, S. 33 f.

71 Siegmund Warburg, Tagebucheintrag vom 27. Februar 1933, zit. in Ferguson, *Der Bankier Siegmund Warburg,* S. 125.

72 Siegmund Warburg, Tagebucheinträge vom 2. und 6. März 1933, zit. in ebd., S. 125 ff.

73 Siegmund Warburg, Tagebucheintrag vom 21. März 1933, zit. in ebd., S. 128.

74 »Tragt ihn mit Stolz, den gelben Fleck!«, in: *Jüdische Rundschau,* 4. April 1933.

75 *Jewish Responses,* Bd. 1, S. 21 f., 48–52, 56 f. (»Bericht über die Gründungsversammlung der ›Neuen Front deutscher Juden‹ in der Gesellschaft der Freunde am 13.6.1933, 7.30 Uhr«, freundlicherweise zur Verfügung gestellt vom USHMM).

76 Ebd., S. 5 f.; Klemperer, *Ich will Zeugnis ablegen,* Bd. 1, S. 18; Edwin Landau, »Für die standen wir in den Schützengräben«, in: Limberg/Rübsaat (Hg.), *Sie durften nicht mehr Deutsche sein,* S. 23.

77 Hubatsch, *Hindenburg und der Staat,* Brief Hindenburg an Hitler vom 4. April 1933, S. 375 f.; Antwort von Hitler an Hindenburg vom 5. April 1933, S. 376 ff.

78 Klemperer, *Ich will Zeugnis ablegen,* Bd. 1, S. 25.

79 McDonald, *The Diaries and Papers of James G. McDonald,* Bd. 1, S. 43, 47 f., 59; Gilbert, *Sir Horace Rumbold,* S. 379 f.

80 Breitman/Lichtman, *FDR and the Jews,* S. 61; Gewirtz, »Anglo-Jewish Responses to Nazi Germany, 1933–1939«, S. 259, 265 f.; Cesarani, »The Transformation of Jewish Communal Authority in Anglo-Jewry, 1914–1940«, S. 127 f.

81 W. E. Dodd, *Diplomat auf heißem Boden,* S. 29 ff., 34 ff., 38. Zu einer kritischen Einschätzung von Dodds Tagebuch siehe Breitman, »Conclusion«, S. 793 ff.

82 W. E. Dodd, *Diplomat auf heißem Boden,* S. 50 f., 61, 71 ff.; ders., *Ambassador Dodd's Diary,* S. 50, 61 ff., übers. d. Verlag.

83 Phipps, *Our Man in Berlin,* S. 31.

84 McDonald, *The Diaries and Papers of James G. McDonald,* Bd. 1, S. 68 f., 82 f., 229.

85 »Der Wille der Reichsregierung einzige Quelle des Wirtschaftsrechts«, in: *CV-Zeitung,* 11. Oktober 1933.

86 Kurt Sabatzky, »Arisierung in allen Bereichen«, in: Limberg/Rübsaat (Hg.), *Sie durften nicht mehr Deutsche sein,* S. 81 f.

87 *Jewish Responses,* Bd. 1, S. 3.

88 Barkai, »Organisationen und Zusammenschluss«, S. 250 f.; *Jewish Responses, to Persecution*, Bd. 1, S. 45 ff.; Grenville, *The Jews and Germans of Hamburg*, S. 111 ff.

89 Barkai, »Selbsthilfe im Dilemma ›Bleiben oder gehen?‹«, S. 302–305; Alexander Szanto, »Die jüdische Wirtschaftshilfe im Kampf gegen Existenzvernichtung«, in: Limberg/Rübsaat (Hg.), *Sie durften nicht mehr Deutsche sein*, S. 224–231; Ascher, *A Community under Siege*, S. 89–110.

90 Mendes-Flohr, »Jüdisches Kulturleben unter dem Nationalsozialismus«, S. 290 f.

91 Nicosia, *Zionismus und Antisemitismus im Dritten Reich*, S. 110–125, 195–202, 274–286; ders., »German Zionism and Jewish Life in Nazi Berlin«, S. 96–102.

92 Nicosia, *Zionismus und Antisemitismus im Dritten Reich*, S. 125–145.

93 Kurt Baumann, »Der Kulturbund – Ghetto und Heimat«, in: Limberg/Rübsaat (Hg.), *Sie durften nicht mehr Deutsche sein*, S. 204–220; Mendes-Flohr, »Jüdisches Kulturleben unter dem Nationalsozialismus«, S. 273–281; Steinweis, *Art, Ideology and Economics in: Nazi Germany*, S. 121 ff.

94 Joseph Roth an Stefan Zweig, 29. November 1933, in: Roth, *Briefe 1911–1939*, S. 294.

95 Klemperer, *Ich will Zeugnis ablegen*, Bd. 1, S. 58.

96 Rudolf Löwenstein an den CV-Vorstand, 20. Oktober 1933, und Willy Rosenfeld an den CV, 6. November 1933, in: *Jewish Responses*, Bd. 1, S. 80 f. (deutsche Dokumete freundlicherweise zur Verfügung gestellt vom USHMM).

97 Klemperer, *Ich will Zeugnis ablegen*, Bd. 1, S. 68.

98 Stapostelle Regierungsbezirk Kassel, Bericht über die Betätigung jüdischer Vereinigungen, 9. November 1933; Polizeidirektion Nürnberg-Fürth, Politische Nachrichten, 4. Dezember 1933, in: Kulka/Jäckel (Hg.), *Die Juden in den geheimen NS-Stimmungsberichten*, S. 57 ff.

99 Marrus, *Die Unerwünschten*, S. 146–149; Strauss, »Jewish Emigration from Germany«, Teil 1.

100 London, *Whitehall and the Jews*, S. 25–33; Caron, *Uneasy Asylum*, S. 14–17.

101 Ebd., S. 43–59. Der Bevölkerung des Saargebiets, die von 1919 bis 1934 unter französischer Verwaltung gelebt hatte, fühlte sich Frankreich allerdings verpflichtet. Nach der Saarabstimmung im Januar 1934 nahm es, wenn auch widerstrebend, Flüchtlinge von der Saar auf, Juden wie Nichtjuden, und wandte die sonst geltenden Arbeitsbeschränkungen für Emigranten nicht an.

102 *Jewish Responses*, Bd. 1, S. 72 ff.

103 Caron, *Uneasy Asylum*, S. 99–115; McDonald, *The Diaries and Papers of James G. McDonald*, Bd. 1, S. 218.

104 Caron, *Uneasy Asylum*, S. 97 f.; McDonald, *The Diaries and Papers of James G. McDonald*, Bd. 1, S. 218.

105 Joseph Roth an Stefan Zweig, 7. November 1935, in: Roth, *Briefe 1911–1933*, S. 433.

106 London, *Whitehall and the Jews*, S. 25–33; Lipman, »Anglo-Jewish Attitudes to the Refugees from Central Europe 1933–1939«.

107 Breitman/Lichtman, *FDR and the Jews*, S. 59 f.; Zucker, *In Search of Refuge*, S. 50.

108 McDonald, *The Diaries and Papers of James G. McDonald*, Bd. 1, S. 99 f., 152, 161, 172.

109 Ebd., S. 108 ff., 133–147, 176, 180 ff., 187, 205 f., 223 f.; zu Palästina siehe auch ebd., S. 345 f., 515 ff.

110 Jay P. Moffat, Tagebucheinträge vom 5. Januar und 3. März 1934, zit. in ebd., Bd. 1, S. 258, 311; zu den Begegnungen zwischen McDonald und Roosevelt siehe ebd., S. 261–264, 383 f., 575; zur Tätigkeit des Hochkommissariats siehe ebd., S. 276 f., 553 f., 575, 585.

II.

1 Klemperer, *Ich will Zeugnis ablegen,* Bd. 1, S. 85; Joseph Roth an Stefan Zweig, 18. Februar 1934, in: Roth, *Briefe 1911–1933,* S. 314; Schwarzschild, »Severing regiert Europa«, 3. Februar 1934, in: ders., *Chronik eines Untergangs,* S. 281.

2 Phipps, *Our Man in Berlin,* S. 38 f.

3 Tooze, *Ökonomie der Zerstörung,* S. 92–126.

4 Bericht von William E. Dodd, 20. April 1934, in: Bajohr/Strupp (Hg.), *Fremde Blicke,* S. 405 f.; Fromm, *Als Hitler mir die Hand küsste,* S. 182 f.; Klemperer, *Ich will Zeugnis ablegen,* Bd. 1, S. 105, 114 ff.

5 W. E. Dodd, *Diplomat auf heißem Boden,* S. 137; Evans, *Das Dritte Reich,* Bd. 2.1, S. 36–40.

6 Ebd., Bd. 2.1, S. 41–51.

7 Phipps, *Our Man in Berlin,* S. 63, 65 f.; W. E. Dodd, *Diplomat auf heißem Boden,* S. 141, 146 f., 149–152; Joseph Roth an Stefan Zweig, 24. Juli 1934, in: Roth, *Briefe 1911–1939.* S. 345.

8 Longerich, *Heinrich Himmler,* S. 18–76, 88–108, 117–138, 171–186; Gerwarth, *Reinhard Heydrich,* S. 71–75, 100–103.

9 Klemperer, *Ich will Zeugnis ablegen,* Bd. 1, S. 133, 138; Phipps, *Our Man in Berlin,* S. 70 f., Tagebucheintrag vom 12. September 1934; Bericht von William E. Dodd, 14. November 1934, in: Bajohr/Strupp (Hg.), *Fremde Blicke,* S. 422.

10 *Jewish Responses,* Bd. 1, S. 97 f., 127 f.; Wildt, *Volksgemeinschaft als Selbstermächtigung,* S. 152–172.

11 Dawidowicz, *Der Krieg gegen die Juden,* S. 68 f.; Gilbert, *The Holocaust,* S. 42 f.; Graml, *Reichskristallnacht,* S. 133–140; Yahil, *Die Shoah,* S. 112 f.; vgl. Longerich, *Politik der Vernichtung,* S. 53–56; *Jewish Responses,* Bd. 1, S. 95–98.

12 Kulka/Jäckel (Hg.), *Die Juden in den geheimen NS-Stimmungsberichten,* S. 598, 600.

13 Kurlander, *Living with Hitler,* S. 8 f., 14 f., 60–65, 155; Barkai, *Vom Boykott zur »Entjudung«,* S. 69–73; vgl. auch Fischer, »The Minister of Economics and the Expulsion of the Jews from the German Economy«.

14 McDonald, *The Diaries and Papers of James G. McDonald,* Bd. 1, S. 279, 290–293, 366 f.

15 W. E. Dodd, *Diplomat auf heißem Boden,* S. 107–114, 142 f., 148 f.; Breitman/Lichtman, *FDR and the Jews,* S. 107.

16 W. E. Dodd, *Diplomat auf heißem Boden,* S. 121–128, 131 f.

17 Ebd., S. 180; Phipps, *Our Man in Berlin,* S. 58 ff.; Bericht von Raymond Geist, 28. Juli 1934, in: Ba-

johr/Strupp (Hg.), *Fremde Blicke*, S. 416 f.

18 Hans Reichmann an den CV-Landesverband Ostpreußen, 10. April 1934, in: *Jewish Responses*, Bd. 1, S. 107 f. (deutsches Dokument freundlicherweise zur Verfügung gestellt vom USHMM); Fraenkel, »Jewish Self-Defence under the Constraints of National Socialism«, S. 348–351.

19 *Jewish Responses*, Bd. 1, S. 108.

20 Heinrich Herz an Hitler, 27. April 1934, in: Eberle (Hg.), *Briefe an Hitler*, S. 200–203; Grenville, *The Jews and Germans of Hamburg*, S. 110 f.

21 *Jewish Responses*, Bd. 1, S. 95–98, 104 f., 112, 117–120; Fraenkel, »Jewish Self-Defence under the Constraints of National Socialism«.

22 Barkai, »Jüdisches Leben unter der Verfolgung«, S. 228–234; ders., »Selbsthilfe im Dilemma ›Gehen oder bleiben?‹«, S. 302–310; ders., *Vom Boykott zur »Entjudung«*, S. 88–103.

23 Phipps, *Our Man in Berlin*, S. 60 f.; Ascher, *A Community under Siege*, S. 122 f.; Barkai, *Vom Boykott zur »Entjudung«*, S. 65, 88, 103–111.

24 Bentwich, *They Found Refuge*, S. 26 f.; Jay P. Moffat, Tagebucheintrag vom 29. Mai 1934, zit. in McDonald, *The Diaries and Papers of James G. McDonald*, Bd. 1, S. 398; ebd., Bd. 1, S. 398, 439, 458.

25 Ebd., Bd. 1, S. 269, 447.

26 Ebd., S. 376; Robert Smallbones an Eric Phipps, 24. Februar 1934, in: Bajohr/Strupp (Hg.), *Fremde Blicke*, S. 400 f.; Bericht von Raymond Geist, 28. Juli 1934, in: ebd., S. 416 f.; Shepherd, *Wilfrid Israel*, S. 81–91.

27 W. E. Dodd, *Diplomat auf heißem Boden*, S. 211.

28 Gestapa Berlin, Bericht für 1. November 1933–10. Januar 1934, 10. Januar 1934; Zentralbüro des Politischen Polizeikommandeurs, Bericht für Februar und März, 14. April 1934; Regierungspräsident Schwaben und Neuburg, Bericht für August, 6. September 1934; Stapostelle Landesbezirk Berlin, Bericht für September, 4. Oktober 1934; Gendarmerie Bad Neustadt, Bericht für Oktober, 24. Oktober 1934; Polizeipräsident Dresden, Bericht für 6.–12. Dezember 1934, 13. Dezember 1934; Polizeipräsident Berlin, Bericht für November und Dezember 1934, 18. Januar 1935, in: Kulka/Jäckel (Hg.), *Die Juden in den geheimen NS-Stimmungsberichten*, S. 63–66, 85 f., 90, 95–98.

29 Richard Fichte an Hitler, 2. Februar 1934; Jakob Falkenstein an Hitler, 5. Februar 1934; Elisabeth Barth an Hitler, 4. März 1934, in: Eberle (Hg.), *Briefe an Hitler*, S. 178–186.

30 Gestapa Berlin, II 1 B 2, Bericht, November 1934, in: Kulka/Jäckel (Hg.), *Die Juden in den geheimen NS-Stimmungsberichten*, S. 91 f.

31 Stapostelle Regierungsbezirk Kassel, Bericht für Oktober, 5. November 1934, in: ebd., S. 89.

32 Stapostelle Regierungsbezirk Kassel, Bericht für November, 5. Dezember 1934; Innenminister Braunschweig, Bericht, 14. Dezember 1934; Bezirksamt Alzenau i. Ufr., Bericht für November, 27. November 1934; Feldjägerbereitschaft 1/V Frankfurt/M., Bericht für 23. Dezember 1934, 25. Dezember 1934, in: ebd., S. 92–95, 109 ff.

33 Stapostelle Regierungsbezirk Köln, Bericht für September, 1. Oktober 1934, in: ebd., S. 87.

34 Klemperer, *Ich will Zeugnis ablegen,* Bd. 1, S. 110.

35 Stapostelle Regierungsbezirk Koblenz, Bericht für Oktober, o. D. 1934, in: Kulka/Jäckel (Hg.), *Die Juden in den geheimen NS-Stimmungsberichten,* S. 90.

36 Raymond Geist, Bericht vom 28. Juli 1934, in: Bajohr/Strupp (Hg.), *Fremde Blicke auf das »Dritte Reich«,* S. 416.

37 *Jewish Responses,* Bd. 1, S. 130 ff.; Bericht des Regierungspräsidenten Kassel für November und Dezember 1934, 2. Januar 1935, in: Kulka/Jäckel (Hg.), *Die Juden in den geheimen NS-Stimmungsberichten,* S. 104; Bericht des Staatsministers Land Hessen, 11. Januar 1935, in: ebd., S. 103.

38 *CV-Zeitung,* 20. Dezember 1934; Klemperer, *Ich will Zeugnis ablegen,* Bd. 1, S. 168, 177.

39 Ebd., Bd. 1, S. 206.

40 *Jewish Responses,* Bd. 1, S. 152.

41 Luise Solmitz, Tagebucheintrag vom 13. August 1935, Schreibmaschinenfassung freundlicherweise zur Verfügung gestellt vom USHMM.

42 Longerich, *Heinrich Himmler,* S. 196–199, 219–222, 224–227; Gerwarth, *Reinhard Heydrich,* S. 95 ff., 111–127.

43 Gestapa Berlin, »Die Juden in Deutschland«, April 1934, in: Kulka/Jäckel (Hg.), *Die Juden in den geheimen NS-Stimmungsberichten,* S. 69; *Jewish Responses,* Bd. 1, S. 108–111.

44 Gestapa Berlin II 1 B 2, Bericht, November 1934, in: ebd., S. 90 f.; Gerwarth, *Reinhard Heydrich,* S. 118–123.

45 SD-Hauptamt, Lagebericht, Mai/Juni 1934, in: Kulka/Jäckel (Hg.), *Die Juden in den geheimen NS-Stimmungsberichten,* S. 72 ff.; SD-Hauptamt J I/6, Lagebericht, o. D. (Januar 1936), in: ebd., S. 183–186; Browder, *Hitler's Enforcers,* S. 78–82; vgl. Wildt, »Before the ›Final Solution‹«; Nicosia, *Zionismus und Antisemitismus im Dritten Reich,* S. 153–164, 297–319.

46 *Jewish Responses,* Bd. 1, S. 108, 153; Wildt, »Before the ›Final Solution‹«, S. 241–248; Cesarani, *Adolf Eichmann,* S. 64–70.

47 Cesarani, *Adolf Eichmann,* S. 29–88.

48 Nicosia, *Zionismus und Antisemitismus im Dritten Reich,* S. 155 ff.; Wildt, »Before the ›Final Solution‹«, S. 248 ff.

49 Regierungspräsident Koblenz, Bericht für Dezember 1934 und Januar 1935, 3. Februar 1935; Stapostelle Landespolizeibezirk Berlin, Bericht für Februar 1935, o. D.; Regierungspräsident Unterfranken und Aschaffenburg, Bericht über politische und wirtschaftliche Lage, 8. Februar 1935; Landrat Fritzlar-Homberg, Bericht für Januar und Februar 1935, 19. Februar 1935, in: Kulka/Jäckel (Hg.), *Die Juden in den geheimen NS-Stimmungsberichten,* S. 118–121, 123 f.

50 Ebd., S. 603.

51 Shirer, *Berliner Tagebuch,* S. 41.

52 Virginia Woolf, »Mit Mitzi am Rhein«, Tagebucheinträge vom 9. und 12 Mai 1935, in: Lubrich (Hg.), *Reisen ins Reich,* S. 95, 97.

53 W. E. Dodd, *Diplomat auf heißem Boden,* S. 264 f.

54 Stapostelle Regierungsbezirk Lüneburg, Tagesbericht, 20. Dezember 1934; Gendarmerie Bad Neustadt/Saale, Bericht für 18./19. Dezember 1934, 21. Dezember 1934; Oberpräsident Provinz Schlesien, Bericht für

April und Mai 1935, 6. Juni 1935; Stapostelle Landespolizeibezirk Berlin, Bericht für Juni 1935, o. D.; Stapostelle Regierungsbezirk Breslau, Übersicht, 5. Juli 1935; Stapostelle Regierungsbezirk Königsberg, Bericht für Juni 1935, o. D.; Stapostelle Landespolizeibezirk Berlin, Bericht für Juli 1935, o. D., in: Kulka/Jäckel (Hg.), *Die Juden in den geheimen NS-Stimmungsberichten,* S. 101, 109, 138 f., 141 f., 144, 146.

55 Stapostelle Landespolizeibezirk Berlin, Bericht für Juli 1935, o. D., in: ebd., S. 148.

56 Stapostelle Regierungsbezirk Breslau, 3. August 1935; Stapostelle Regierungsbezirk Minden, Bericht für August 1935, 4. September 1935, in: ebd., S. 149, 154 f.

57 Regierungspräsident Wiesbaden, Politischer Lagebericht, 30. April 1935; Stapostelle Landespolizeibezirk Berlin, Allgemeine Übersicht, 13. Juni 1935, und Bericht für Juni 1935, o. D.; Stapostelle Regierungsbezirk Münster, Bericht für Mai 1935, 6. Juni 1935, in: ebd., S. 134 ff., 138, 141.

58 Bericht von Samuel W. Honaker, 23. August 1935, in: Bajohr/Strupp (Hg.), *Fremde Blicke auf das »Dritte Reich«*, S. 429 f.

59 Regierungspräsident Wiesbaden, Bericht für Mai und Juni 1935, 1. Juli 1935; Stapostelle Regierungsbezirk Köln, Bericht für Juni 1935, 7. Juli 1935; Landrat Hünfeld, Bericht für Mai und Juni 1935, 1. Juli 1935, in: Kulka/Jäckel (Hg.), *Die Juden in den geheimen NS-Stimmungsberichten*, S. 143, 145 f. (Hervorhebungen im Original).

60 Stapostelle Landespolizeibezirk Berlin, Bericht für Juli 1935, o. D., in: ebd., S. 146 ff., 604.

61 Martin Gumpert, »Menschenhatz unter Polizeiaufsicht«, in: Limberg/Rübsaat (Hg.), *Sie durften nicht mehr Deutsche sein,* S. 124 f.

62 Klemperer, *Ich will Zeugnis ablegen,* Bd. 1, S. 192 f., 209, 212.

63 McDonald, *The Diaries and Papers of James G. McDonald,* Bd. 2, S. 8 f.; *Jewish Responses*, Bd. 1, S. 162 f.

64 Regierungspräsident Ober- und Unterfranken, Bericht für die zweite Hälfte September, 6. Oktober 1933; NSDAP-Kreisamt für Kommunalpolitik Kempten, Stimmungsbericht, 3. January 1935, in: Kulka/Jäckel (Hg.), *Die Juden in den geheimen NS-Stimmungsberichten,* S. 56, 112; Longerich, *Politik der Vernichtung*, S. 50, 75, 95.

65 *Jüdische Rundschau*, 10. Mai 1935; Ortsgruppenrundbrief des CV vom 15. April 1935, Brief des CV-Vorstands vom 31. Mai 1935 und Reisebericht von Hilde Meyerowitz und Curt Bondy vom 19. August 1935, in: *Jewish Responses,* Bd. 1, S. 157–160, 173 (deutsche Dokumente freundlicherweise zur Verfügung gestellt vom USHMM).

66 Wildt, *Volksgemeinschaft als Selbstermächtigung,* S. 175–213, 260; Grenville, *The Jews and Germans of Hamburg*, S. 126; Confino, *World Without Jews*, S. 56–61.

67 Stapostelle Regierungsbezirk Frankfurt/Oder, Tagesbericht, 5. August 1935, in: Kulka/Jäckel (Hg.), *Die Juden in den geheimen NS-Stimmungsberichten 1933–1945,* S. 149 f.

68 Longerich, *Politik der Vernichtung,* S. 98 f.; Wildt, *Volksgemeinschaft als Selbstermächtigung*, S. 261 ff.; Noakes/Pridham (Hg.), *Nazism 1919–1945,* Bd. 2, S. 531 ff.; Arad/Gutman/Margaliot (Hg.), *Documents on the Ho-*

locaust, S. 73 ff.; Grenville, *The Jews and Germans of Hamburg*, S. 130 f.

69 Longerich, *Politik der Vernichtung*, S. 100 f.; Evans, *Das Dritte Reich*, Bd. 2.2, S. 657 f.

70 McDonald, *The Diaries and Papers of James G. McDonald*, Bd. 2, S. 10, 20; B. C. Newton an Samuel Hoare, 9. September 1935, in: Bajohr/Strupp (Hg.), *Fremde Blicke auf das »Dritte Reich«*, S. 431.

71 Kershaw, *Hitler*, Bd. 1, S. 716, 916 f., Anm. 214; Longerich, *Politik der Vernichtung*, S. 658.

72 Zu einem frühen Vorschlag für die Segregation der Juden und ihre Verwandlung in eine »völkische Minderheit« als Alternative zur »physischen Ausrottung« siehe: Innenministerium Württemberg, Lagebericht, 30. November 1933, in: Kulka/Jäckel (Hg.), *Die Juden in den geheimen NS-Stimmungsberichten*, S. 59 f.; Schleunes (Hg.), *Legislating The Holocaust*.

73 Hitler, *Reden und Proklamationen*, Bd. 1.2, S. 535–539; »Reichsflaggengesetz«, »Reichsbürgergesetz«, »Gesetz zum Schutze des deutschen Blutes und der deutschen Ehre«, in: *RGBl.*, Teil I, 1935, S. 1145 ff.; Evans, *Das Dritte Reich*, Bd. 2.2, S. 658 ff.

74 »Erste Verordnung zum Reichsbürgergesetz«, 14. November 1935, in: *RGBl.*, Teil I, 1935, S. 1333 f.

75 »Erste Verordnung zum Gesetz zum Schutze des deutschen Blutes und der deutschen Ehre«, 14. November 1935, in: *RGBl.*, Teil I, 1935, S. 1334 ff.; Grenville, *The Jews and Germans of Hamburg*, S. 131 ff.; Friedländer, *Das Dritte Reich und die Juden*, Bd. 1, S. 162–191; vgl. Longerich, *Politik der Vernichtung*, S. 112–115.

76 Phipps, *Our Man in Berlin*, S. 122.

77 W. E. B. Du Bois, Artikel aus dem *Pittsburgh Courier*, in: Lubrich (Hg.), *Travels in the Reich 1933–1945*, S. 135–149.

78 *Jewish Responses*, Bd. 1, S. 179 ff.; Friedländer, *Das Dritte Reich und die Juden*, Bd. 1, S. 185 ff.; Grenville, *The Jews and Germans of Hamburg*, S. 139 f.

79 »Erklärung der Reichsvertretung«, in: *Jüdische Rundschau*, 24. September 1935, S. 1; »Das Programm der Reichsvertretung«, in: *CV-Zeitung*, 26. September 1935, S. 1; *Jewish Responses*, Bd. 1, S. 190 f.

80 Cohn, *Kein Recht, nirgends*, Bd. 1, S. 276 f.

81 Luise Solmitz, Tagebucheinträge vom 15. September und 15. November 1935, Staatsarchiv Hamburg, 622–1/140.

82 Matthäus, »Evading Persecution«, zitiert nach Thomas Pegelow: »Determining ›People of German Blood'‹ ›Jews‹ and ›Mischlinge‹: The Reich Kinship Office and the Competing Discourses and Powers of Nazism, 1941–1943«, Contemporary European History 15 (2006), S. 43–65, S. 64.

83 Doerry, *»Mein verwundetes Herz«*, S. 104, Elsa Jahn an Grete Jahn de Rodriguez Mateo, 29. August 1935.

84 Klemperer, *Ich will Zeugnis ablegen*, Bd. 1, S. 220.

85 Leo Baeck, »Ansprache zum Kol Nidre des Versöhnungstages«, 6. Oktober 1935, https://sites.google.com/site/rabbisaar//leo-baeck-kol-nidrei-1935; *Documents on the Holocaust*, S. 87 f.

86 Klemperer, *Ich will Zeugnis ablegen*, Bd. 1, S. 228.

87 Bernard Kahn an den European Executive Council des Joint, 29. No-

vember 1935; Karl Rosenthal an den CV, 26. September 1935; Jom-Kippur-Vorsichtsmaßnahmen, 7. Oktober 1935, in: *Jewish Responses*, Bd. 1, S. 199 ff., 217 f.

88 Angress, *Generation zwischen Furcht und Hoffnung*, S. 51–68.

89 McDonald, *The Diaries and Papers of James G. McDonald*, Bd. 2, S. 29, 45, McDonald an James Rosenberg, 18. September 1935, und an Felix Warburg, 10. Oktober 1935; *Jewish Responses*, Bd. 1, S. 217 f., Bernard Kahn an den European Executive Council des Joint, 29. November 1935; Geist, Bericht vom 12. November 1935, in: Bajohr/Strupp (Hg.), *Fremde Blicke auf das »Dritte Reich«*, S. 442.

90 McDonald, *The Diaries and Papers of James G. McDonald*, Bd. 1, S. 617 f., 622.

91 Ebd., S. 102 f.

92 Ebd., S. 788 f., Eintrag vom 31. Juli 1935; Bentwich, *They Found Refuge*, S. 28 f.

93 McDonald, *The Diaries and Papers of James G. McDonald*, Bd. 2, S. 110; Bentwich, *They Found Refuge*, S. 30–33.

94 Stapostelle Regierungsbezirk Arnsberg, Bericht für September 1935, o. D.; Stapostelle Regierungsbezirk Köln, Bericht für September 1935, 18. Oktober 1935; Landrat Melsungen, Bericht für September und Oktober 1935, 24. Oktober 1935; Stapostelle Regierungsbezirk Breslau, Übersicht, 2. Januar 1936, in: Kulka/Jäckel (Hg.), *Die Juden in den geheimen NS-Stimmungsberichten*, S. 159 f., 172, 177 f.; CV-Aktennotiz, 6. November 1935, in: *Jewish Responses*, Bd. 1, S. 201 f. (deutsches Dokument freundlicherweise zur Verfügung gestellt vom USHMM).

95 Regierungspräsident Trier, Bericht für April und Mai 1935, 6. Juni 1935; Stapostelle Landespolizeibezirk Berlin, Bericht für September 1935; o. D.; Stapostelle Regierungsbezirk Magdeburg, Bericht für September 1935, 5. Oktober 1935; Stapostelle Regierungsbezirk Minden, Bericht für September, 3. Oktober 1935; Regierungsbezirk Minden, Land Lippe und Kreis Hameln-Pyrmont, Bericht für September 1935, o. D., Bericht für die Zeit vom 8. November bis 7. Dezember 1935, o. D., und Bericht für die Zeit vom 7. Januar bis 7. Februar 1936, in: Kulka/Jäckel (Hg.), *Die Juden in den geheimen NS-Stimmungsberichten*, S. 139, 158 f., 161 f., 164, 176 f., 188.

96 Evans, *Das Dritte Reich*, Bd. 2.1, S. 271–319; Lewy, *Die katholische Kirche und das Dritte Reich*, S. 171–176, 189–196; Büttner, »The ›Jewish Problem Becomes a Christian Problem‹«.

97 NSDAP-Kreisleitung Eichstätt, Bericht für Mai 1935, o. D.; Stapostelle Regierungsbezirk Aachen, Bericht für August 1935, 5. September 1935; Stapostelle Königsberg, Bericht für Oktober 1935, o. D., in: Kulka/Jäckel (Hg.), *Die Juden in den geheimen NS-Stimmungsberichten*, S. 140, 152, 170.

98 Regierungspräsident Ober- und Unterfranken, Bericht für August 1935, 9. September 1935; Landrat Gelnhausen, Bericht für Juli und August 1935, 31. Juli 1935, in: ebd., S. 156 f.; Robert Smallbones an B. C. Newton, 4. September 1935, in: Bajohr/Strupp (Hg.), *Fremde Blicke auf das »Dritte Reich«*, S. 431 f.;

Evans, *Das Dritte Reich,* Bd. 2.1, S. 277–283; Heschel, *The Aryan Jesus,* S. 26–66; Bergen, *Twisted Cross.*

99 Stapostelle Regierungsbezirk Trier, Bericht für September 1935, 5. Oktober 1935; Reichsleitung der NSDAP, Hauptamt für Kommunalpolitik, Vertrauliche Berichtsauszüge, 25. Oktober 1935; Stapostelle Regierungsbezirk Magdeburg, Bericht für November 1935, 5. Dezember 1935; Stapostelle Regierungsbezirk Breslau, Übersicht, 2. Januar 1936; Stapostelle Landepolizeibezirk Berlin, Bericht für Januar 1936, o. D.; Stapostelle Regierungsbezirk Arnsberg, Bericht für Februar 1936, o. D.; Gestapa Land Baden, Bericht für Februar 1936, o. D., in: Kulka/Jäckel (Hg.), *Die Juden in den geheimen NS-Stimmungsberichten,* S. 162 f., 174 f., 177 f., 186 f., 190 ff.

100 Bezirksamt Bad Kissingen, Bericht für September 1935, 27. September 1935; SD-Hauptamt II 112, Die augenblickliche Lage des Judentums in Deutschland, 13. September 1936, in: ebd., S. 163, 204; vgl. Bajohr, *»Arisierung« in Hamburg,* S. 59–82, 133–136.

101 Adam, *Judenpolitik im Dritten Reich,* S. 109; Yahil, *Die Shoah,* S. 115; Schleunes, *The Twisted Road to Auschwitz,* S. 126; Evans, *Das Dritte Reich,* Bd. 2.2, S. 691 ff.

102 *Jewish Responses,* Bd. 1, S. 177 ff.; Wildt, *Volksgemeinschaft als Selbstermächtigung,* S. 291–296; Longerich, *Politik der Vernichtung,* S. 116 f.

103 Shirer, *Berliner Tagebuch,* S. 49 f.; Fromm, *Als Hitler mir die Hand küsste,* S. 248.

104 Klemperer, *Ich will Zeugnis ablegen,* Bd. 1, S. 245; Hitler, *Reden und Proklamationen,* Bd. 1.2, S. 573 f.; Grenville, *The Jews and Germans of Hamburg,* S. 140; Stapostelle Regierungsbezirk Aachen, Bericht für Februar 1936, 5. März 1936; Stapostelle Landespolizeibezirk Berlin, Bericht für Februar 1936, 6. März 1936, in: Kulka/Jäckel (Hg.), *Die Juden in den geheimen NS-Stimmungsberichten,* S. 189 f., 192 f.

105 McDonald, *The Diaries and Papers of James G. McDonald,* Bd. 2, S. 62 ff.; Robert Smallbones an B. C. Newton, 4. September 1935, in: Bajohr/Strupp (Hg.), *Fremde Blicke auf das »Dritte Reich«,* S. 431 f.; Bericht an das Pariser Büro des Jüdischen Weltkongresses, »Die Lage der Juden in Deutschland (Januar 1936). Ein Tatsachenbericht«, in: *Jewish Responses,* Bd. 1, S. 197 ff. (deutsches Dokument freundlicherweise zur Verfügung gestellt vom USHMM).

106 *Jewish Responses,* Bd. 1, S. 216; Regierungsbezirk Koblenz, Bericht für November, 5. Dezember 1935; Stapostelle Regierungsbezirk Hannover, Bericht für Dezember 1935, 6. Januar 1936; Stapostelle Regierungsbezirk Wiesbaden, Bericht für Dezember 1935, 4. Januar 1936; Gendarmerie Butzbach, Bericht für Januar und Februar 1936, 18. Februar 1936, in: Kulka/Jäckel (Hg.), *Die Juden in den geheimen NS-Stimmungsberichten,* S. 175, 178–180, 195.

107 Regierungspräsident Kassel, Bericht für Januar und Februar, 4. März 1936; Landrat Mayen, Bericht für März 1936, 28. März 1936; Gendarmerie Gunzenhausen, Bericht für März 1936, 31. März 1936; SD-Hauptamt, Lagebericht, Mai/Juni 1934; Regierungspräsident Niederbayern und

Oberpfalz, Bericht für Juni 1936, 7. Juli 1936; Regierungspräsident Pfalz, Bericht für Juni, 8. Juli 1936; Bürgermeister Haigerloch, Jüdische Beerdigung, 29. Oktober 1937, in: ebd., S. 75, 194 f., 198 f., 201, 245.

108 CV-Vorstand, Eingabe ans Reichswirtschaftsministerium, 26. Oktober 1935, in: *Jewish Responses*, Bd. 1, S. 203 ff. (deutsches Dokument freundlicherweise zur Verfügung gestellt vom USHMM).

109 McDonald, *The Diaries and Papers of James G. McDonald*, Bd. 2, S. 48; Shepherd, *Wilfrid Israel*, S. 106, 131 ff.

110 Stapostelle Regierungsbezirk Köln, Bericht für August 1935, 3. September 1935, in: Kulka/Jäckel (Hg.), *Die Juden in den geheimen NS-Stimmungsberichten*, S. 152 f.; Barkai, *Vom Boykott zur »Entjudung«*, S. 69–73.

111 François-Poncet, *Als Botschafter in Berlin*, S. 286; Kurlander, *Living with Hitler*, S. 8 f., 14 f., 60–65, 155; vgl. Fischer, »The Minister of Economics and the Expulsion of the Jews from the German Economy«.

112 McDonald, *The Diaries and Papers of James G. McDonald*, Bd. 2, S. 20 f., 24 f.; W. E. Dodd, *Diplomat auf heißem Boden*, S. 317.

113 Phipps, *Our Man in Berlin*, S. 131 ff. Bella Fromm teilte dieses Urteil über Schacht: »Schacht ist Pragmatiker. Er hat großes Interesse am deutschen Überseehandel, aber nicht an Menschlichkeit« (*Als Hitler mir die Hand küsste*, S. 219).

114 Evans, *Das Dritte Reich*, Bd. 2.2, S. 766–771; Klemperer, *Ich will Zeugnis ablegen*, Bd. 1, S. 250, 253 f.

115 Der Vierjahresplan wird weder in Martin Gilberts *The Holocaust* noch in Deborah Dworks und Robert Jan van Pelts *Holocaust* erwähnt. Leni Yahil hingegen konstatiert seine Bedeutung für die »Behandlung der Juden auf wirtschaftlichem Gebiet« (*Die Shoah*, S. 141, 157). Lucy S. Dawidowicz behandelt ihn als Vorläufer der Enteignung der Juden (*Der Krieg gegen die Juden*, S. 91).

116 Evans, *Das Dritte Reich*, Bd. 2.1, S. 427–434; Tooze, *Ökonomie der Zerstörung*, S. 98–113, 248–273; Wiesen, *Creating the Nazi Marketplace*, S. 12–16.

117 Hitler, »Denkschrift Hitlers über die Aufgaben eines Vierjahresplans«, S. 204–210 (Hervorhebungen im Original).

118 Longerich, *Politik der Vernichtung*, S. 112–121; Friedländer, *Das Dritte Reich und die Juden*, Bd. 1, S. 197–208.

119 Grenville, *The Jews and Germans of Hamburg*, S. 141–147; W. E. Dodd, *Diplomat auf heißem Boden*, S. 393; Phipps, *Our Man in Berlin*, S. 184–187.

120 Longerich, *Politik der Vernichtung*, S. 147–152; Friedländer, *Das Dritte Reich und die Juden*, Bd. 1, S. 213–230; Evans, *Das Dritte Reich*, Bd. 2.2, S. 635–641; Lewy, *»Rückkehr nicht erwünscht«*, S. 37–43, 49–68.

121 Zit. in Longerich, *Heinrich Himmler*, S. 213.

122 SD-Hauptamt II 112, Vorschlag für die Rücksprache von C [Chef] beim Reichsinnenminister, 20. November 1936, in Kulka/Jäckel (Hg.), *Die Juden in den geheimen NS-Stimmungsberichten*, S. 208; Longerich, *Politik der Vernichtung*, S. 147–152; Friedländer, *Das Dritte Reich und die Juden*, Bd. 1, S. 213–230.

123 Longerich, *Politik der Vernichtung*, S. 119 f.

124 Rosenberg, »*Einer, der nicht mehr dazugehört*«, S. 343; Klemperer, *Ich will Zeugnis ablegen*, Bd. 1, S. 291 f.

125 Mally Dienemann, Tagebucheintrag vom 14. September 1936, in: *Jewish Responses*, Bd. 1, S. 263 f. (deutsches Dokument freundlicherweise zur Verfügung gestellt vom USHMM).

126 Klemperer, *Ich will Zeugnis ablegen*, Bd. 1, S. 305, 311, 324.

127 Grenville, *The Jews and Germans of Hamburg*, S. 148 f.; *Jewish Responses*, Bd. 1, S. 259 f.

128 Bericht über eine Sitzung des Rats der Reichsvertretung am 15. Juni 1937, 6. Juli 1937; David Glick an Paul Baerwald (AJJDC), Mitte 1937, in: ebd., Bd. 1, S. 264–268; Nicosia, *Zionismus und Antisemitismus im Dritten Reich*, S. 240–273.

129 SD-Hauptamt II 112, »Zum Judenproblem«, Januar 1937, in: Kulka/Jäckel (Hg.), *Die Juden in den geheimen NS-Stimmungsberichten*, S. 214–219; Wildt, »Before the ›Final Solution‹«, S. 258 f.; ders., »Einleitung«, S. 32–35.

130 »Richtlinien und Forderungen an die Oberabschnitte«, 21. April 1937, in: Wildt (Hg.), *Die Judenpolitik des SD 1935–1938*, S. 110, 112.

131 SD-Hauptamt II 112, Bericht für 1. Januar–31. März 1937, 8. April 1937, in: Kulka/Jäckel (Hg.), *Die Juden in den geheimen NS-Stimmungsberichten*, S. 226 f.

132 SD-Hauptamt II 112, Bericht für 1.–15. April 1937, 19. April 1937, und für 15.–30. April, 4. Mai 1937, in: ebd., S. 230–233.

133 W. E. Dodd, *Diplomat auf heißem Boden*, S. 485.

134 SD-Hauptamt II 112, »Zum Judenproblem«, Januar 1937, Berichte für 1.–15. Juli 1937, 16. Juli 1937 und 1.–15. September 1937, 17. September 1937, in: Kulka/Jäckel (Hg.), *Die Juden in den geheimen NS-Stimmungsberichten*, S. 214 f., 238, 242; Wildt, »Before the ›Final Solution‹«, S. 255; ders. (Hg.), »Einleitung«, S. 34 f.; Fink, *Defending the Rights of Others;* S. 278 f., 331, 334; Brügel, »The Bernheim petition«.

135 SD-Hauptamt II 112, Berichte für 1.–15. Juli 1937, 16. Juli 1937, 1.–15. August 1937, 17. August 1937 und 16.–30. November 1937, 18. November 1937, in: Kulka/Jäckel (Hg.), *Die Juden in den geheimen NS-Stimmungsberichten*, S. 237–241, 248 f.

136 Strauss, »Jewish Emigration from Germany«, Teil 2, S. 343–348.

137 Nicosia, *Zionismus und Antisemitismus im Dritten Reich*, S. 177–182.

138 SD-Hauptamt II 112, Berichte für 1.–15. Juli 1937, 16. Juli 1937, 1.–15. August 1937, 17. August 1937 und 16.–30. November 1937, 18. November 1937, in: Kulka/Jäckel (Hg.), *Die Juden in den geheimen NS-Stimmungsberichten*, S. 237–241, 248 f.; Cesarani, *Adolf Eichmann*, S. 78–83.

139 Cohn, *Kein Recht – nirgends*, Bd. 1, S. 56.

140 Bayerische Politische Polizei, Bericht für Oktober 1935, 1. November 1935; Stapostelle Regierungsbezirk Düsseldorf, Bericht für Oktober 1935, 6. November 1935; SD-Hauptamt II 112, Bericht für April und Mai 1936, 25. Juni 1936, in: Kulka/Jäckel (Hg.), *Die Juden in den geheimen NS-Stimmungsberichten*, S. 164 f., 167 f., 199 f.; Erich Sonnemann an Heinz Kellermann, 12. Mai 1936, in: *Jewish Responses*, Bd. 1, S. 228 (deutsches Dokument freundlicherweise zur Verfügung gestellt vom USHMM).

141 Cohn, *Kein Recht – nirgends,* Bd. 1, S. 391–430; McDonald, *The Diaries and Papers of James G. McDonald,* Bd. 1, S. 270; Nicosia, *Zionismus und Antisemitismus im Dritten Reich,* S. 274 f.; Barkai, »Selbsthilfe im Dilemma ›Gehen oder bleiben?‹«, S. 305–309.

142 *Jewish Responses,* Bd. 1, S. 222 ff.; Grenville, *The Jews and Germans of Hamburg,* S. 115; M. Kaplan, *Der Mut zum Überleben,* S. 96–111 (zu den familiären und finanziellen Dilemmas bei der Auswanderung).

143 Caron, *Uneasy Asylum,* S. 142–157.

144 Breitman/Lichtman, *FDR and the Jews,* S. 94 f.; Zucker, *In Search of Refuge,* S. 87–90.

145 SD-Hauptamt II 112, Bericht für 1.–15. November 1937, 18. November 1937, in: Kulka/Jäckel (Hg.), *Die Juden in den geheimen NS-Stimmungsberichten,* S. 246 f.; *Jewish Responses,* Bd. 1, S. 234 f., 307–310.

146 Regierungspräsident Ober- und Mittelfranken, Bericht für April 1937, 5. Mai 1937; SD-Hauptamt II 112, Bericht für 1.–15. September 1937, 17. September 1937, in: Kulka/Jäckel (Hg.), *Die Juden in den geheimen NS-Stimmungsberichten,* S. 233 f., 242; Barkai, *Vom Boykott zur »Entjudung«,* S. 80–88.

147 Bürgermeister Bad Nauheim, Bericht für August 1937, 27. August 1937; Landrat Gelnhausen, Bericht über die Lage auf dem Gebiete des Judentums, 30. November 1937; Gendarmerie Cham, Bericht für November 1937, 28. November 1937; Stapoleitstelle München II 2 A, Bericht für Oktober 1937, 1. November 1937; SD-Oberabschnitt Ost II 112, Jahresbericht für 1937, 8. Januar 1938; SD-Oberabschnitt Süd-Ost II 112, Jahresbericht für 1937, 14. Januar 1938; SD-Oberabschnitt Nord-West II 112, Jahreslagebericht für 1937, 14. Januar 1938; SD-Oberabschnitt Süd, Jahresbericht 1937, o. D., in: Kulka/Jäckel (Hg.), *Die Juden in den geheimen NS-Stimmungsberichten,* S. 241, 243 f., 249–255.

148 SD-Hauptamt, Lagebericht der Zentralabteilung II 1 für die Zeit vom 1. bis 31. Januar 1938, o. D., in: ebd., S. 258 ff.; François-Poncet, *Als Botschafter in Berlin,* S. 287; Evans, *Das Dritte Reich,* Bd. 2.1, S. 435–438; Bajohr, *»Arisierung« in Hamburg,* S. 174, 217–221.

149 SD-Hauptamt II 112, Kurzbericht für C[hef] über das Judentum, 12. November 1937, in: Kulka/Jäckel (Hg.), *Die Juden in den geheimen NS-Stimmungsberichten,* S. 245 f.

150 SD-Hauptamt, Lagebericht der Zentralabteilung II 1 für die Zeit vom 1. bis 31. Januar 1938, o. D.; SD-Oberabschnitt Nord-West II 112, Jahreslagebericht für 1937, 14. Januar 1938; SD-Hauptamt II 112, Bericht für Februar 1938, 4. März 1938, in: ebd., S. 250 ff.; 258–263.

151 US-Konsul J. Webb Benton, Bericht vom 14. April 1937, in: Bajohr/Strupp (Hg.), *Fremde Blicke auf das »Dritte Reich«,* S. 469 f.; Lewy, *Die katholische Kirche und das Dritte Reich,* S. 176–179; Passelecq/Suchecky, *Die unterschlagene Enzyklika,* S. 127–136.

152 W. E. Dodd, *Diplomat auf heißem Boden,* S. 446, 449, 469 f., 495.

153 SD-Hauptamt II 112, »Juden in Danzig«, 16. Juni 1937, in: Kulka/Jäckel (Hg.), *Die Juden in den geheimen NS-Stimmungsberichten,* S. 235 f.

154 Klemperer, *Ich will Zeugnis ablegen,* Bd. 1, S. 319, 366 f.
155 Ebd., S. 372 f., 383, 398.
156 Heinemann Stern, »Einsam in vertrauter Umwelt«, in: Limberg/Rübsaat (Hg.), *Sie durften nicht mehr Deutsche sein,* S. 133 f.
157 Hans Winterfeld, »Ein Kind erlebt die Ausgrenzung«, in: ebd., S. 170–177.
158 Bürgermeister Amt Altenrüthen, Wirtschaftlicher Lagebericht, 22. Mai 1937, in: Kulka/Jäckel (Hg.), *Die Juden in den geheimen NS-Stimmungsberichten,* S. 234.
159 Kaplan, »Changing Roles in Jewish Familes«, S. 15–25.
160 Gerta Pfeffer, »Ich hätte gerne mitgetanzt«, in: Limberg/Rübsaat (Hg.), *Sie durften nicht mehr Deutsche sein,* S. 114–118.
161 Geiger-Kullmann, *Lebenserinnerungen,* S. 72.
162 Kaplan, »Changing Roles in Jewish Families«, S. 20, 39.
163 Hans Kosterlitz, »Das Ende einer Beziehung«, in: Limberg/Rübsaat (Hg.), *Sie durften nicht mehr Deutsche sein,* S. 128–132.
164 Stapostelle Regierungsbezirk Breslau, Übersicht, 2. Januar 1936; Bezirksamt Bad Brückenau, Überwachung der Juden in Bad Brückenau, 9. Oktober 1936; Oberstaatsanwalt Mannheim, Bericht für November und Dezember 1936, 21. Januar 1937; Generalstaatsanwalt Karlsruhe, Zweimonatlicher Lagebericht, 30. Oktober 1939, in: Kulka/Jäckel (Hg.), *Die Juden in den geheimen NS-Stimmungsberichten,* S. 177 f., 206 f., 213, 295.

III.

1 Klemperer, *Ich will Zeugnis ablegen,* Bd. 1, S. 394–397.
2 Evans, *Das Dritte Reich,* Bd. 2.1, S. 436 ff.
3 »Die Hoßbach-Niederschrift«, 5. November 1937, http://www.ns-archiv.de/krieg/1937/hossbach/.
4 François-Poncet, *Als Botschafter in Berlin,* S. 289–298; Evans, *Das Dritte Reich,* Bd. 2.2, S. 776–781.
5 Gedye, *Als die Bastionen fielen,* S. 216–264, 268–286; Evans, *Das Dritte Reich,* Bd. 2.2, S. 781–789.
6 Zuckmayer, *Als wär's ein Stück von mir,* S. 84.
7 Rabinovici, *Instanzen der Ohnmacht,* S. 37–56.
8 Gedye, *Als die Bastionen fielen,* S. 287–300; Shirer, *Berliner Tagebuch,* S. 94–102.
9 Maier, »*Das Leben könnte gut sein*«.
10 Gedye, *Als die Bastionen fielen,* S. 294 f.
11 Ebd., S. 295 f.; Friedländer, *Das Dritte Reich und die Juden,* Bd. 1, S. 262–269.
12 Hermann Graml beschreibt den Gewaltausbruch beim Anschluss Österreichs und die verschärfte Judenverfolgung im Altreich Anfang 1938 als »parallele« Vorgänge (*Reichskristallnacht,* S. 169 ff.). Vgl. Safrian, »Expediting Expropriation and Expulsion«.
13 Mazower, *Hitlers Imperium,* S. 56 f.; Evans, *Das Dritte Reich,* Bd. 2.2, S. 789–793.
14 Longerich, *Heinrich Himmler,* S. 416 ff.; Safrian, *Eichmann und seine Gehilfen,* S. 31 f.

15 Shirer, *Berliner Tagebuch*, S. 107, 109; Gedye, *Als die Bastionen fielen*, S. 290, 294, 296 f.

16 SD-Hauptamt II 112, Bericht für Januar, Februar und März 1938, o. D., in: Kulka/Jäckel (Hg.), *Die Juden in den geheimen NS-Stimmungsberichten*, S. 265 f.; Wildt, »Before the ›Final Solution‹«, S. 263 f.; ders. (Hg.), »Einleitung«, S. 52 ff.; Leo Lauterbach, Bericht an den Vorstand der Zionistischen Weltorganisation, 29. April 1938, in: *Documents on the Holocaust*, S. 92; Rabinovici, *Instanzen der Ohnmacht*, S. 69–81.

17 Ebd., S. 69–75, 82–92; Cesarani, *Adolf Eichmann*, S. 91–94.

18 Evans, *Das Dritte Reich*, Bd. 2.2, S. 783; Safrian, »Beschleunigung der Beraubung und Vertreibung«, S. 65–71.

19 »Gesetz über die Bestellung von kommissarischen Verwaltern und kommissarischen Überwachungspersonen«, 13. April 1938, in: *Gesetzblatt für das Land Österreich*, 1938, S. 141; »Verordnung über die Anmeldung des Vermögens von Juden«, 26. April 1938, in: *RGBl.*, Teil I, 1938, S. 414 f.; Safrian, »Beschleunigung der Beraubung und Vertreibung«, S. 71–75.

20 Dean, *Robbing the Jews*, S. 108–111.

21 Safrian, »Beschleunigung der Beraubung und Vertreibung«, S. 73–77; vgl. Aly/Heim, *Vordenker der Vernichtung*, S. 33–43.

22 Rabinovici, *Instanzen der Ohnmacht*, S. 60–64, 92 f.

23 Ebd., S. 64–68; Safrian, *Eichmann und seine Gehilfen*, S. 39.

24 Rabinovici, *Instanzen der Ohnmacht*, S. 79 ff., 102–114; vgl. Safrian, *Eichmann und seine Gehilfen*, S. 41 f.

25 Ebd., S. 41–49.

26 Erinnerungen von Margarete Neff-Jerome und Philipp Flesch; Zuckerman an Goldmann, 5. April 1938; »Übersicht über die Verfolgungen gegen die Juden in zentraleuropäischen Ländern (7. Juni–14. Juni 1938)«, in: *Jewish Responses*, Bd. 1, S. 278–286; Maier, *»Das Leben könnte gut sein«*, S. 129.

27 Gedye, *Als die Bastionen fielen*, S. 293; Erinnerungen von Philipp Flesch und anonymer Bericht über die Verfolgung von Juden in Mitteleuropa, Juni 1938 (mit einer Schätzung der Zahl der Selbstmorde [mehr als 6800]), in: *Jewish Responses*, Bd. 1, S. 280, 285.

28 Shirer, *Berliner Tagebuch*, S. 102 f.

29 London, *Whitehall and the Jews*, S. 58–68, 72–78.

30 Caron, *Uneasy Asylum*, S. 117–147, 171 ff.

31 Breitman/Lichtman, *FDR and the Jews*, S. 101 f.; Zucker, *In Search of Refuge*, S. 173 ff.

32 McDonald, *The Diaries and Papers of James G. McDonald*, Bd. 2, S. 122 ff.; Ne'eman Arad, *America, its Jews and the Rise of Nazism*, S. 195 ff.

33 McDonald, *The Diaries and Papers of James G. McDonald*, Bd. 2, S. 121; D. S. Wyman, *Paper Walls*, S. 47 ff.

34 Fest, *Ich nicht*, S. 114.

35 Cohn, *Kein Recht – nirgends*, Bd. 1, S. 524; Klemperer, *Ich will Zeugnis ablegen*, Bd. 1, S. 399 ff.

36 Schleunes, *The Twisted Road to Auschwitz*, SY. 218.

37 Luise Solmitz, Tagebucheintrag vom 27. April 1938, in: *Die Verfolgung und Ermordung der europäischen Juden durch das nationalsozialistische Deutschland 1933–1945*, Bd. 2, S. 141; Klemperer, *Ich will Zeug-*

nis ablegen, Bd. 1, S. 412; Ascher, *A Community under Siege,* S. 128–134.

38 SD-Hauptamt II 112, Bericht für Juli 1938, o. D., in: Kulka/Jäckel (Hg.), *Die Juden in den geheimen NS-Stimmungsberichten,* S. 288 ff.; Bajohr, *»Arisierung« in Hamburg,* S. 227–256.

39 Barkai, *Vom Boykott zur »Entjudung«,* S. 132–142; Guenther, *Nazi Chic?,* S. 158–165.

40 SDHA, Dept. II/112, March 1938 report, *Secret Nazi Reports,* 291 ff.; Barkai, *Vom Boykott zur »Entjudung«,* S. 132 ff.; Friedländer, *Das Dritte Reich und die Juden,* Bd. 1, S. 279–282.

41 Barkai, *Vom Boykott zur »Entjudung«,* S. 128 f.; *Jewish Responses,* Bd. 1, S. 292.

42 Regierungspräsident von Ober- und Mittelfranken, Bericht für Februar 1938, 9. März 1938; NSDAP Kreisleitung Königshofen-Hofheim, Stimmungsberichte, 2. und 30. Mai 1938, in: Kulka/Jäckel (Hg.), *Die Juden in den geheimen NS-Stimmungsberichten,* S. 263, 272, 277.

43 CV-Regionalbüro Württemberg an CV-Zentrale, 1. Juni 1938, in: *Jewish Responses,* Bd. 1, S. 295 f. (deutsches Dokument freundlicherweise zur Verfügung gestellt vom USHMM); Regierungspräsident Unterfranken und Aschaffenburg, Bericht für März 1938, 9. April 1938; Regierungspräsident Pfalz, Bericht für April 1938, 10. Mai 1938; Gendarmerie Hösbach, Vorkommnisse in Goldbach, Sonderaktionen gegen Juden, 19. April 1938; Regierungspräsident von Niederbayern und Oberpfalz, Bericht für Juli 1938, 8. August 1938, in: Kulka/Jäckel (Hg.), *Die Juden in den geheimen NS-Stimmungsberichten,* S. 268–272, 292.

44 SD-Hauptamt II 112, Bericht für April und Mai 1938, o. D., in: ebd., S. 273 f.

45 Evans, *Das Dritte Reich,* Bd. 2.2, S. 698; Wachsmann, *KL,* S. 176–181, 205–212.

46 Wünschmann, *Before Auschwitz,* S. 184–196.

47 Ebd., S. 168–184.

48 Bericht von Hugh R. Wilson, 22, Juni 1938, in: Bajohr/Strupp (Hg.), *Fremde Blicke auf das »Dritte Reich«,* S. 484; SD-Hauptamt II 112, Bericht, 1. Juli 1938, in: Kulka/Jäckel (Hg.), *Die Juden in den geheimen NS-Stimmungsberichten,* S. 278.

49 Fromm, *Als Hitler mir die Hand küsste,* S. 294.

50 Longerich, *Politik der Vernichtung,* S. 172–185.

51 Breitman/Lichtman, *FDR and the Jews,* S. 102–109; Caron, *Uneasy Asylum,* S. 182–186.

52 London, *Whitehall and the Jews,* S. 82–92; McDonald, *The Diaries and Papers of James G. McDonald,* Bd. 2, S. 136, 139 f.; Shirer, *Berliner Tagebuch,* S. 117 f.

53 Marrus, *Die Unerwünschten,* S. 194 ff.

54 SD-Hauptamt II 112, Bericht für 1. bis 31. August 1930, 8. September 1938, in: Kulka/Jäckel (Hg.), *Die Juden in den geheimen NS-Stimmungsberichten,* S. 292 f.

55 Joseph Goebbels, Tagebucheintrag vom 24. Juli 1938, zit. in Friedländer, *Das Dritte Reich und die Juden,* Bd. 1, S. 284.

56 Kallis, *Genocide and Fascism,* S. 87–138.

57 Ioanid, *The Holocaust in Romania,* S. xix f., 5–19; Ancel, *The Economic Destruction of Romanian Jewry,* S. 9–12.

58 Ancel, *The Economic Destruction of Romanian Jewry*, S. 33–50.

59 Dorian, *The Quality of Witness*, S. 13–19.

60 Katzburg, *Hungary and the Jews 1920–1943*, S. 25–31.

61 Ebd., S. 32–43; Vági/Csösz/Kádár (Hg.), *The Holocaust in Hungary*, S. xxx–xxxviii, 1 f.

62 Katzburg, *Hungary and the Jews*, S. 80–93.

63 Vági/Csösz/Kádár (Hg.), *The Holocaust in Hungary*, S. 3–6.

64 Ebd., S. 6–9; Katzburg, *Hungary and the Jews*, S. 114–138; Herczl, *Christianity and the Holocaust of Hungarian Jewry*, S. 11–127; Don, »Economic Implications of the Anti-Jewish Legislation«.

65 Sarfatti, *Die Juden im faschistischen Italien*, S. 1–48, 105–108, S. 146 f.

66 Kertzer, *Die Päpste gegen die Juden*, S. 179–223, 284–314; Sarfatti, *Die Juden im faschistischen Italien*, S. 49–67; Michaelis, *Mussolini and the Jews*, S. 10–52; McDonald, *The Diaries and Papers of James G. McDonald*, Bd. 1, S. 393 f.

67 Sarfatti, *Die Juden im faschistischen Italien*, S. 142–225. Meir Michaelis sieht in der Koordinierung mit dem Dritten Reich den Grund für die offizielle Annahme des Antisemitismus (*Mussolini and the Jews*, S. 80–103, 107–152).

68 Ciano, *Tagebücher. 1937/38*, S. 10, 56.

69 Ebd., S. 196 f., Einträge vom 15. und 17. Juli 1938; Sarfatti, *Die Juden im faschistischen Italien*, S. 152–167.

70 Ciano, *Tagebücher. 1937/38*, S. 150, Eintrag vom 20. April 1938; Sarfatti, »Characteristics and Objectives of the Anti-Jewish Racial Laws in Fascist Italy, 1938–1943«.

71 Ciano, *Tagebücher. 1937/38*, S. 249, 273 f., 287 f.; Sarfatti, *Die Juden im faschistischen Italien*, S. 152–167.

72 Breitman/Lichtman, *FDR and the Jews*, S. 143 f.; Nidam-Orvieto, »The Impact of the Anti-Jewish Legislation on Everyday Life and the Response of Italian Jews, 1938–1943«.

73 Evans, *Das Dritte Reich*, Bd. 2.2, S. 805–821.

74 Fromm, *Blood and Banquets*, S. 237, übers. d. Verlag; Maier, *»Das Leben könnte gut sein«*, S. 140.

75 »Dritte Bekanntmachung über den Kennkartenzwang«, 23. Juli 1938, in *RGBl.*, Teil I, 1938, S. 922; »Zweite Verordnung zur Durchführung des Gesetzes über die Änderung von Familiennamen und Vornamen«, 17. August 1938, in: ebd., S. 1044; *Jewish Responses on Persecution*, Bd. 1, S. 328.

76 Fromm, *Als Hitler mir die Hand küsste*, S. 295, 297.

77 Klemperer, *Ich will Zeugnis ablegen*, Bd. 1, S. 421; Luise Solmitz, Tagebucheintrag vom 25. August 1938, Staatsarchiv Hamburg, 622–1/140.

78 André François-Poncet, Bericht vom 9. August 1938, in: Bajohr/Strupp (Hg.), *Fremde Blicke auf das »Dritte Reich«*, S. 486 f.

79 SD-Unterabschnitt Wiesbaden, V-Mann, Bericht für den 27. September 1938, 30. September 1938; SD-Hauptamt II 112, Bericht für September 1938, 8. Oktober 1938, in: Kulka/Jäckel (Hg.), *Die Juden in den geheimen NS-Stimmungsberichten*, S. 293 ff.

80 SD-Außenstelle Hanau II 112, »Aktion gegen Juden«, 15., 23. und 27. Mai 1938; SD-Hauptamt II 1, Auszüge aus den täglichen Informationen von I 12 vom 4. August 1938, 5.

August 1938; Regierungspräsident für Ober- und Mittelfranken, Bericht für August 1938, 7. September 1938; Regierungspräsident Pfalz, Bericht für August 1938, 12. September 1938; Regierungspräsident Mainfranken, Bericht für September 1938, 10. Oktober 1938; Regierungspräsident Pfalz, Bericht für Oktober 1938, 9. November 1938, in: ebd., S. 275 f., 291 f., 296, 301 ff.

81 Evans, *Das Dritte Reich*, Bd. 2.2, S. 812–821.

82 Schwarzschild, »Bilanz nach München«, 8. Oktober 1938; ders., »Curriculum«, 29. Oktober 1938, in: ders., *Chronik eines Untergangs*, S. 400–405, 410 f.

83 Kershaw, *Hitler*, Bd. 2, S. 179–182.

84 Klemperer, *Ich will Zeugnis ablegen*, Bd. 1, S. 425 f.

85 Raymond Geist an George Messersmith, 28. Oktober 1938, in: McDonald, *The Diaries and Papers of James G. McDonald*, Bd. 2, S. 143 f.

86 Klemperer, *Ich will Zeugnis ablegen*, Bd. 1, S. 414.

87 Maier, *»Das Leben könnte gut sein«*, S. 140.

88 Ebd., S. 142; Longerich, *Politik der Vernichtung*, S. 193.

89 Hitler, »Geheimrede vor der deutschen Presse«, München, 10. November 1938, in ders., *Reden und Proklamationen*, Bd. 1.2, S. 973–977.

90 Fritzsche, *Life and Death in the Third Reich*; Kühne, *Belonging and Genocide*.

91 SD-Hauptamt II 112, Bericht für Oktober 1938, o. D.; SD-Hauptamt II 1, Jahresübersicht der Zentralabteilung II 1, 1. November 1938, in: Kulka/Jäckel (Hg.), *Die Juden in den geheimen NS-Stimmungsberichten*, S. 298, 301, 623; Longerich, *Politik der Vernichtung*, S. 195 ff.; Steinweis, *Kristallnacht 1938*, S. 23.

92 *Jewish Responses*, Bd. 1, S. 345 ff. Broniatowski konnte schließlich zu seinen Söhnen in die Vereinigten Staaten auswandern.

93 Mally Dienemann, Tagebucheintrag vom 1. November 1938, in: *Jewish Responses*, Bd. 1, S. 343 f.; Weiss, »The ›Emigration Effort‹ or ›Repatriation‹«.

94 Polnische Konsuln in Deutschland unterrichteten das Außenministerium in Warschau umgehend über die Deportationen. Feliks Chiczewski betonte, die deutsche Politik verfolge das Ziel der »völligen Zerstörung und Aussiedlung des jüdischen Elements« (Chiczewiski an das polnische Außenministerium, 26. Oktober 1938, in: Bajohr/Strupp [Hg.], *Fremde Blicke auf das »Dritte Reich«*, S. 495); Joint-Bericht vom 18. November 1938, in: *Jewish Responses*, Bd. 1, S. 348 f.

95 Steinweis, *Kristallnacht 1938*, S. 23 f. Möglicherweise hatte es Grynszpan tatsächlich auf Rath abgesehen, mit dem er vielleicht eine homosexuelle Beziehung hatte.

96 Ebd., S. 25–28, 34 f.; Longerich, *Joseph Goebbels*, S. 389–394.

97 Friedländer, *Das Dritte Reich und die Juden*, Bd. 1, S. 292 ff.

98 Steinweis, *Kristallnacht 1938*, S. 45–49.

99 Friedländer, *Das Dritte Reich und die Juden*, Bd. 1, S. 294 ff, 299 f.; Steinweis, *Kristallnacht 1938*, S. 61–68, 72 f.; Adam, »Wie spontan war der Pogrom?«; vgl. Longerich, *Politik der Vernichtung*, S. 198–207 (der die Ereignisse als stärker zielgerichtete Fortsetzung der bisheri-

gen Judenpolitik darstellt); Graml, *Reichskristallnacht*, S. 9–37.

100 Adam, »Wie spontan war der Pogrom?«, S. 76–80; Steinweis, *Kristallnacht 1938*, S. 54–59; Grenville, *The Jews and Germans of Hamburg*, S. 172 ff.

101 Dawidowicz, *Der Krieg gegen die Juden*, S. 98 f.; Gilbert, *The Holocaust*, S. 69–73 (ohne eine Erklärung für den Ausbruch des Pogroms); vgl. die immer noch nützlichen Darstellungen von Lionel Kochan (*Pogrom)* und Hermann Graml (*Reichskristallnacht*, S. 9–37).

102 Steinweis, *Kristallnacht 1938*, S. 81 f. (gestützt auf Zeugenaussagen beim Central Information Office, Wiener Library); Aussage von Siegfried Merecki, in: Gerhardt/Karlauf (Hg.), *Nie mehr zurück in dieses Land*, S. 60–85; zum Angriff auf das Judentum siehe Confino, *A World without Jews*, S. 114–127.

103 Steinweis, *Kristallnacht 1938*, S. 79, 83; Regierungspräsident Niederbayern und Oberpfalz, Bericht für November 1938, 8. Dezember 1938, in: Kulka/Jäckel (Hg.), *Die Juden in den geheimen NS-Stimmungsberichten*, S. 329.

104 Steinweis, *Kristallnacht 1938*, S. 81, 86; Stapostelle Bielefeld II B 2, »Protestaktion gegen am 10.11.1938«, 26. November 1938; Bezirksamt Garmisch-Partenkirchen, »Vorgehen gegen die Juden«, 10. November 1938, in: Kulka/Jäckel (Hg.), *Die Juden in den geheimen NS-Stimmungsberichten*, S. 322 ff., 335 f.

105 Stapostelle Bielefeld II B 2, »Protestaktion gegen am 10.11.1938«, 26. November 1938; Oberstaatsanwalt Mosbach, Zweimonatlicher Lagebericht, 24. November 1938, in: ebd., S. 322 ff., 338; M. Kaplan, *Der Mut zum Überleben*, S. 178 ff. Dieses Eindringen in die Privatsphäre der Opfer ist ein Grund dafür, den Begriff »Kristallnacht«, der für gewöhnlich für die Ereignisse am 9. und 10. November 1938 benutzt wird, aufzugeben.

106 Steinweis, *Kristallnacht 1938*, S. 75, 121; Rabinovici, *Instanzen der Ohnmacht*, S. 126.

107 Friedländer, *Das Dritte Reich und die Juden*, Bd. 1, S. 301; Steinweis, *Kristallnacht 1938*, S. 118–122.

108 Ebd., S. 69–72.

109 Ebd., S. 76 f.

110 Karlauf, »›So endete mein Leben in Deutschland‹«, S. 24–30; Aussage von Hugo Moses, in: Gerhardt/Karlauf (Hg.), *Nie mehr zurück in dieses Land*, S. 37; *Jewish Responses*, Bd. 1, S. 331–336.

111 Aussage von Rudolf Bing, in: Gerhardt/Karlauf (Hg.), *Nie mehr zurück in dieses Land*, S. 86–90.

112 Aussage von Hugo Moses, in: ebd., S. 40–57.

113 Luise Solmitz, Tagebucheinträge vom 10. bis 12. November 1938, in: *Die Verfolgung und Ermordung der europäischen Juden durch das nationalsozialistische Deutschland 1933–1945*, Bd. 2, S. 438 ff.

114 Toni Lessler, Erinnerungen, November/Dezember 1938, in: *Jewish Responses*, Bd. 1, S. 354 f. (deutsches Dokument freundlicherweise zur Verfügung gestellt vom USHMM).

115 Rabinovici, *Instanzen der Ohnmacht*, S. 123–130; Aussage von Siegfried Merecki, in: Gerhardt/Karlauf (Hg.), *Nie mehr zurück in dieses Land*, S. 60–85.

116 Maier, »*Das Leben könnte gut sein*«, S. 147 ff. (Hervorhebung im Original).

117 Cesarani, *Adolf Eichmann*, S. 102 f.; Eichmann, *Ich, Adolf Eichmann*, S. 92.

118 SD-Hauptamt II 1, Bericht für 1938, o. D., in: Kulka/Jäckel (Hg.), *Die Juden in den geheimen NS-Stimmungsberichten*, S. 371.

119 Steinweis, *Kristallnacht 1938*, S. 103 f.

120 Ebd., S. 106, 131 ff.; Obenhaus, »The Germans: An Antisemitic People«.

121 Stapostelle Bielefeld II B 2, Rundverfügung, 14. November 1938, in: Kulka/Jäckel (Hg.), *Die Juden in den geheimen NS-Stimmungsberichten*, S. 313 f.

122 Stadt Minden, Bericht für den 10. November 1938, 18. November 1938; Regierungspräsident Minden, Geheimanordnung vom 28. November 1938, 5. Dezember 1938; Bürgermeister Lemgo, »Bericht über die Judenaktion«, 17. November 1938; Bürgermeister Amt Borgentreich, »Aktion gegen die Juden am 10.11.1938«, 17. November 1938; Bürgermeister Atteln, »Aktion gegen Juden am 10.11.1938«, 17. November 1938, in: ebd., S. 319, 321 f., 328.

123 Landrat Halle/Westfalen, »Aktion gegen Juden«, 18. November 1938; Oberbürgermeister Bielefeld, »Aktion gegen Juden am 9./10.11.1938«, 22. November 1938, in: ebd., S. 314–318.

124 Oberbürgermeister Bielefeld, »Aktion gegen Juden am 9./10.11.1938«, 22. November 1938; Stapostelle Bielefeld II B 2, »Protestaktion gegen Juden am 10.11.1938«, 26. November 1938, in: ebd., S. 315 f., 323.

125 SD-Außenstelle Kochem, Bericht für November 1938, 25. November 1938; Gendarmerie Muggendorf, Lagebericht, 26. November 1938, in: ebd., S. 325 f., 338.

126 Edwin C. Kemp, Bericht vom 10. November 1938; Samuel W. Honaker, Bericht vom 12. November 1938; Hugh R. Wilson, Bericht vom 16. November 1938, in: Bajohr/Strupp (Hg.), *Fremde Blicke auf das »Dritte Reich«*, S. 498, 504 f., 515.

127 Bericht von Robert Smallbones, 16. November 1938; ders. an George Ogilvie-Forbes, 24. Dezember 1938, in: ebd., S. 515 f., 523 f.

128 Landrat Bielefeld, »Aktion gegen Juden am 10. November 1938«, 18. November 1938; Bürgermeister Amt Neuhaus, »Aktion gegen Juden am 10.11.1938«, 17. November 1938; Landrat Höxter, »Aktion gegen die Juden«, 18. November 1938; Bürgermeister Bad Lippspringe, »Aktion gegen Juden«, 17. November 1938; Landrat Paderborn, »Aktion gegen die Juden am 10.11.1938«, 23. November 1938, in: Kulka/Jäckel (Hg.), *Die Juden in den geheimen NS-Stimmungsberichten*, S. 318–321, 333; vgl. auch SD-Außenstelle Kochem, Bericht für November 1938, 25. November 1938; SD-Oberabschnitt West II 112, Jahresbericht für 1938, o. D.; zur Verhaftung von Geistlichen siehe Regierungspräsident Ober- und Mittelfranken, Bericht für November 1938, 8. Dezember 1938, und Gendarmerie Muggendorf, Monatsbericht, 26. Dezember 1938, in: ebd., S. 325 f., 329 f., 347, 356 ff.

129 Gotha, Bericht für Oktober bis Dezember 1938, o. D.; Bezirksamt Ebermannstadt, Bericht für November 1938, 2. Dezember 1938; Landgerichtspräsident Trier, Bericht für Oktober, November und Dezember 1938, 22. Dezember 1938, in: ebd., S. 334 f., 339 f.

130 Landrat Halle/Westfalen, »Aktion gegen Juden«, 18. November 1938, in: ebd., S. 318; Steinweis, *Kristallnacht 1938*, S. 87–90; zu Baden-Baden siehe auch http://www.yadvashem.org/yv/en/exhibitions/kristallnacht/baden.asp.

131 SD-Hauptamt II 112, Bericht für November 1938, 7. Dezember 1938; siehe auch NSDAP-Hauptschulungsamt, Auszüge aus den Berichten zur weltanschaulichen Lage, 18. Januar 1939; SD-Oberabschnitt Nord II 112, Jahresbericht für 1938, 20. Januar 1939, in: Kulka/Jäckel (Hg.), *Die Juden in den geheimen NS-Stimmungsberichten,* S. 305 ff., 331, 364–366.

132 Von Hassell, *Die Hassell-Tagebücher 1938–1944,* S. 62, 67.

133 Karl Fuchs an seine Eltern, 23. November 1938; der Originalbrief wurde freundlicherweise von Horst Fuchs Richardson zur Verfügung gestellt.

134 Maschmann, *Fazit,* S. 57 f.

135 Steinweis, *Kristallnacht 1938*, S. 96 f.; Grenville, *The Jews and Germans of Hamburg*, S. 378 f.; Erinnerungen von Philipp Flesch, in: *Jewish Responses*, Bd. 1, S. 355 f.

136 Neurath, *Die Gesellschaft des Terrors,* S. 197 ff., 359–372.

137 Wünschmann, *Before Auschwitz*, S. 196–208.

138 Steinweis, *Kristallnacht 1938*, S. 111–117.

139 Aussage von Karl Schwabe, in: Gerhardt/Karlauf (Hg.), *Nie mehr zurück in dieses Land,* S. 137–156.

140 Reichmann, *Deutscher Bürger und verfolgter Jude*, S. 131, 173.

141 Tagebuch von Hertha Nathorff, in: Gerhardt/Karlauf (Hg.), *Nie mehr zurück in dieses Land,* S. 206–225.

142 Tagebuch von Mally Dienemann, in *Jewish Responses*, Bd. 1, S. 363–366; M. Kaplan, *Der Mut zum Überleben,* S. 189 f.

143 SD-Hauptamt II 1, Bericht für 1938, in: Kulka/Jäckel (Hg.), *Die Juden in den geheimen NS-Stimmungsberichten,* S. 366–377.

144 Steinweis, *Kristallnacht 1938*, S. 107–110.

145 Zitiert wird hier und in den folgenden Absätzen aus dem nur teilweise überlieferten Konferenzprotokoll: »Stenographische Niederschrift (Teilübertragung) der interministeriellen Konferenz im Reichsluftfahrtministerium (12. November 1938)«, http://germanhistorydocs.ghi-dc.org/pdf/deu/German34.pdf.

146 Zu den Feinheiten und Konsequenzen der Versicherungsfrage siehe G. Feldman, *Die Allianz und die deutsche Versicherungswirtschaft, 1933–1945*, S. 233–250.

147 Ebd., S. 250–277.

148 Zum Madagaskar-Vorschlag siehe Caron, *Uneasy Asylum*, S. 146–157, 220 ff.

149 »Verordnung über die Fürsorge für Juden«, 19. November 1938, in: *RGBl.*, Teil I, 1938, S. 1649; Moser, »Die Entrechtung der Juden im Dritten Reich«; Gruner, »Public Welfare and the German Jews«; Lohalm, »Local Administration and Nazi Anti-Jewish Policy«.

150 »Verordnung über den Einsatz jüdischen Vermögens«, 3. Dezember 1938, in: *RGBl.*, Teil I, 1938, S. 1709–1712; Dean, *Robbing the Jews*, S. 116, 119 f.; Safrian, »Expediting Expropriation and Expulsion«.

151 Stadtpräsident Reichshauptstadt Berlin, »Sonderbericht über die Entjudung des Einzelhandels in Ber-

lin«, 5. Januar 1939, in: Kulka/Jäckel (Hg.), *Die Juden in den geheimen NS-Stimmungsberichten*, S. 352 ff.

152 »Dritte Anordnung auf Grund der Verordnung über die Anmeldung des Vermögens von Juden«, 21. Februar 1939, in: *RGBl.*, Teil I, 1939, S. 282; Evans, *Das Dritte Reich*, Bd. 2, S. 595 ff.; Dean, *Robbing the Jews*, S. 126 f., 135 f.; Ascher, *A Community under Siege*, S. 178 f.

153 Gruner, *Jewish Forced Labour under the Nazis*, S. 5–8.

154 NSDAP Reichsleitung, Hauptamt für Kommunalpolitik, Berichtsauszüge, 15. Januar 1939, in: Kulka/Jäckel (Hg.), *Die Juden in den geheimen NS-Stimmungsberichten*, S. 330; Moser, »Die Entrechtung der Juden im Dritten Reich«, S. 125.

155 Dean, *Robbing the Jews*, S. 135 f.

156 Friedländer, *Das Dritte Reich und die Juden*, Bd. 1, S. 312 f.; Longerich, *Politik der Vernichtung*, S. 211 f.; Grenville, *The Jews and Germans of Hamburg*, S. 182 f.

157 Safrian, *Eichmann und seine Gehilfen*, S. 46–49; Meyer, »Between Self-Assertion and Forced Collaboration«.

158 Kushner, *The Holocaust and the Liberal Imagination*, S. 48–56; London, *Whitehall and the Jews*, S. 105 f.

159 S. Cohen, *Rescue the Perishing*, S. 101–119; Sherman, *Island Refuge*, S. 170–183.

160 London, *Whitehall and the Jews*, S. 99 ff.

161 Sherman, *Island Refuge*, S. 183 ff; London, *Whitehall and the Jews*, S. 108–111, 114 ff; Shepherd, *Wilfrid Israel*, S. 125–131, 145–149.

162 Lipstadt, *Beyond Belief*, S. 98–109; Breitman/Lichtman, *FDR and the Jews*, S. 113 ff.

163 Zucker, *In Search of Refuge*, S. 71, 125–128; Jay P. Moffat, Tagebucheinträge vom 29. und 30. Oktober 1938, zit. in: McDonald, *The Diaries and Papers of James G. McDonald*, Bd. 2, S. 145 ff.

164 D. S. Wyman, *Paper Walls*, S. 75–98.

165 Caron, *Uneasy Asylum*, S. 195–200, 202 f.

166 Schwarzschild, »Paradigma«, 19. und 26. November 1938, in: ders., *Chronik eines Untergangs*, S. 422 f.

167 Klemperer, *Ich will Zeugnis ablegen*, Bd. 1, S. 431–437, 443.

168 Hesdörffer, *Bekannte traf man viele …*, S. 7–12, 18–23.

169 Caron, *Uneasy Asylum*, S. 164 f., 174–177.

170 Heppner, *Fluchtort Shanghai*, S. 53 f., 66 f., 75–92.

171 Rabinovici, *Instanzen der Ohnmacht*, S. 102–114, 118 ff.; Avriel, *Open the Gates!*, S. 39–100.

172 Maier, »*Das Leben könnte gut sein*«, S. 144 f., 151 f., 155–160, 171, 173 ff.

173 Bentwich, *They Found Refuge*, S. 65–72.

174 London, *Whitehall and the Jews*, S. 111–128.

175 Cesarani, »Einführung«.

176 Shepherd, *Wilfrid Israel*, S. 146–149; Harris/Oppenheimer (Hg.), *Kindertransport*, S. 129 ff., 161 f., 180 f., 189–195; Gissing, *Heimkehr in die Fremde*, S. 6–9; Chadwick, *The Rescue of the Prague Refugees 1938/39*, S. 44 f.; Kranzler, *Holocaust Hero*, S. 50–61.

177 Hitler, Reichstagsrede am 30. Januar 1939, in: ders., *Reden und Proklamationen*, Bd. 2.1, S. 1047–1067; online: http://www.worldfuturefund.org/wffmaster/Reading/Hitler%20Speeches/Hitler%20rede%201939.01.30.htm.

178 Klemperer, *Ich will Zeugnis ablegen,* Bd. 1, S. 460 ff. Saul Friedländer sieht in Hitlers Rede eine Vorhersage der Vernichtung (*Das Dritte Reich und die Juden,* Bd. 1, S. 331–338).

179 Laut Richard Evans gab es im Dezember 1938 269 000 Juden in Deutschland; bis Mai 1939 fiel diese Zahl auf 188 000 und bis September 1939 auf 164 000 (*Das Dritte Reich,* Bd. 2.2, S. 725). Unterschiede in den Angaben ergeben sich daraus, dass die deutschen Behörden »Mischlinge«, die rund 25 000 ausländischen Juden und 20 000 »nichtarische« Christen mitzählten (vgl. Barkai, »Jüdisches Leben unter der Verfolgung«, S. 243–248). SD-Oberabschnitt Elbe II 112, Jahresbericht für 1938, 18. Januar 1939; zu Geistlichen, die auf Beziehungen zu Juden oder deren Schutz beharrten, siehe: SD-Außenstelle Kochem, Bericht für Januar 1939, 24. Januar 1939; Regierungspräsident Ober- und Mittelfranken, Bericht für Februar 1939, 7. März 1939, in: Kulka/Jäckel (Hg.), *Die Juden in den geheimen NS-Stimmungsberichten,* S. 358–364, 385, 388 f.; Friedländer, *Das Dritte Reich und die Juden,* Bd. 1, S. 340.

180 NSDAP-Zelle Herne, Stimmungsbericht, 13. März 1939; SD-Hauptamt II 112, Bericht für Juni 1939, 8. Juli 1939; vgl. auch Regierungspräsident Pfalz, Bericht für Juli 1939, 10. August 1939, in: Kulka/Jäckel (Hg.), *Die Juden in den geheimen NS-Stimmungsberichten,* S. 390 f., 398, 403.

181 SD-Hauptamt II 112, Bericht, 15. Juni 1939, und Bericht für Juni 1939, 8. Juli 1939, in: ebd., S. 395, 398.

182 »Anordnung Nr. 1/39 g«, in: *IMG,* Bd. 25, S. 131–134, Dokument 069-PS; »Gesetz zur Vereinheitlichung des Rechts der Eheschließung und der Ehescheidung im Lande Österreich und im übrigen Reichsgebiet«, 6. Juli 1938, in: *RGBl.*, Teil I, 1938, S. 807–822; Evans, *Das Dritte Reich,* Bd. 2.2, S. 684–690; Meyer, »Mixed Marriage«.

183 Ascher, *A Community under Siege,* S. 208; NSDAP-Ortsgruppe Castrop-Rauxel, Stimmungsbericht, 20. Dezember 1938; SD-Oberabschnitt Ost II 112, Jahresbericht für 1938, 13. Januar 1939, in: Kulka/Jäckel (Hg.), *Die Juden in den geheimen NS-Stimmungsberichten,* S. 346, 351.

184 Hedwig Jastrow, Abschiedsbrief, 29. November 1938, in: *Die Verfolgung und Ermordung der europäischen Juden durch das nationalsozialistische Deutschland 1933–1945,* Bd. 2, S. 512.

185 Gendarmerie Bad Reichenhall, Bericht vom 15. Dezember 1938; SD-Unterabschnitt Württemberg-Hohenzollern, Bericht für Januar, Februar und März 1939, 1. April 1939, in: Kulka/Jäckel (Hg.), *Die Juden in den geheimen NS-Stimmungsberichten,* S. 345, 384 f.

186 Kershaw, *Hitler,* Bd. 2, S. 231–234.

187 Weiss, *Und doch ein ganzes Leben,* S. 18.

188 Evans, *Das Dritte Reich,* Bd. 2.2, S. 827–833; Mazower, *Hitlers Imperium,* S. 65 ff.; Chad Bryant, *Prague in Black,* S. 28–36, 76–80.

189 Schwarzschild, »Die Iden des März«, 25. März 1939, in: ders., *Chronik eines Untergangs,* S. 436–443.

190 Breitman/Lichtman, *FDR and the Jews,* S. 142 f.; Klemperer, *Ich will Zeugnis ablegen,* Bd. 1, S. 465 f., 469.

191 SD-Hauptamt II 1, Bericht für Januar, Februar und März 1939, in: Kulka/Jäckel (Hg.), *Die Juden in den*

geheimen NS-Stimmungsberichten, S. 380; Bryant, *Prague in Black,* S. 50 ff., 58, 82–84; Weiss, *Und doch ein ganzes Leben,* S. 18 ff.

192 Cesarani, *Adolf Eichmann,* S. 108.

193 London, *Whitehall and the Jews,* S. 142–166; Shatzkes, *Holocaust and Rescue,* S. 57–63.

194 Breitman/Lichtman, *FDR and the Jews,* S. 151–156; D. S. Wyman, *Paper Walls,* S. 52–56.

195 McDonald, *The Diaries and Papers of James G. McDonald,* Bd. 2, S. 164–177.

196 Breitman/Lichtman, *FDR and the Jews,* S. 136 ff.

197 SD-Hauptamt II 112, Bericht, 15. Juni 1939; Bericht für Juni 1939, 8. Juli 1939, in: Kulka/Jäckel (Hg.), *Die Juden in den geheimen NS-Stimmungsberichten,* S. 394–400.

198 Maier, *»Das Leben könnte gut sein«,* S. 176–186, 189 ff., 196, 204–208, 221 f.; dies., *Ruth Maier's Diary,* S. 139.

199 Evans, *Das Dritte Reich,* Bd. 2.2, S. 834–848; Kershaw, *Hitler,* Bd. 2, S. 227–230, 240–244, 254–280.

200 Klemperer, *Ich will Zeugnis ablegen,* Bd. 1, S. 479; Maier, *»Das Leben könnte gut sein«,* S. 242.

201 Evans, *Das Dritte Reich,* Bd. 2.2, S. 849–852.

202 Hitler, »Aufruf an die Nationalsozialistische Deutsche Arbeiterpartei«, 3. September 1939, in: ders., *Reden und Proklamationen,* Bd. 2.1, S. 1342; Kershaw, *Hitler,* Bd. 2, S. 299–314.

203 Weiss, *Und doch ein ganzes Leben,* S. 20; Klemperer, *Ich will Zeugnis ablegen,* Bd. 1, S. 481–484; Kershaw, *Hitler,* Bd. 2, S. 315 ff.; Evans, *Das Dritte Reich,* Bd. 2.2, S. 851 f.

IV.

1 Schmidt, *Statist auf diplomatischer Bühne 1923–1945,* S. 464; Kershaw, *Hitler 1936–1945,* S. 256–275, 291–295, 313 f.; Beevor, *Der Zweite Weltkrieg,* S. 40.

2 Herf, *The Jewish Enemy,* S. 5–9, 13, 61 f., 72 f.; Shirer, *Berliner Tagebuch,* S. 219, 231 f., 257 f., 262.

3 Longerich, *Holocaust,* S. 132–135.

4 Matthäus/Kerenji/Lambertz/Wolfson, »Volume Introduction: From Persecution to Annihilation«, S. XXIX f.

5 Tooze, *Ökonomie der Zerstörung,* S. 338–357; Edgerton, *Britain's War Machine,* S. 11–85.

6 Collingham, *The Taste of War,* S. 20–30, 155–164; Götz Aly ist der extremste Vertreter dieser These (siehe *Hitlers Volksstaat*).

7 Bartov, *Hitlers Wehrmacht,* S. 166–180; Wette, *Die Wehrmacht,* S. 74–78, 81–84, 90–94.

8 Rossino, *Hitler Strikes Poland,* S. 221 f.; Neitzel/Welzer (Hg.), *Soldaten,* S. 55–60, 83 f.

9 Hitler, Reden vor den Oberbefehlshabern auf dem Obersalzberg, 22. August 1939, in: ders., *Reden und Proklamationen,* Bd. 2.1, S. 1234–1238; Franz Halder, Tagebucheintrag vom 22. August 1939, in: ebd., S. 1238 f.; Rossino, *Hitler Strikes Poland,* S. 2–11.

10 Aussage von Werner Best, in: Bundesarchiv B 162/5449, Bl. 61, ZSt.

AR 1.310/63, Bd. 2a; Rossino, *Hitler Strikes Poland*, S. 11–18, 36–57; Gerwarth, *Reinhard Heydrich*, S. 169–172.

11 Nach Ansicht von Lucy S. Dawidowicz bewiesen die ersten Kriegswochen, »dass ein Gesamtplan für die Vernichtung der Juden bereits gefasst worden war« (*Der Krieg gegen die Juden*, S. 110). Vgl. Gilbert, *Holocaust*, S. 88 f.

12 Rossino, *Hitler Strikes Poland*, S. XIV.

13 Beevor, *Der Zweite Weltkrieg*, S. 35–49.

14 Rossino, *Hitler Strikes Poland*, S. 60–87; Wildt, *Generation des Unbedingten*, S. 432–446.

15 Rossino, *Hitler Strikes Poland*, S. 121 f., 158–161, 171 f., 191–208, 217 ff.; Neitzel/Welzer (Hg.), *Soldaten*, S. 115–130.

16 Rossino, *Hitler Strikes Poland*, S. 90–115.

17 Ebd., S. 99 ff., 103–107, 109 f.

18 Halder, *Kriegstagebuch*, Bd. 1, S. 67, 71, 82 (Hervorhebung im Original).

19 Rossino, *Hitler Strikes Poland*, S. 116 f.; Halder, *Kriegstagebuch*, Bd. 1, S. 79.

20 Rossino, *Hitler Strikes Poland*, S. 116 ff.; Gerwarth, *Reinhard Heydrich*, S. 184 ff.

21 Browning, *Die Entfesselung der »Endlösung«*, S. 50 f., 116–129; Rossino, *Hitler Strikes Poland*, 153–185.

22 Polonsky, *The Jews in Poland and Russia*, Bd. 3, S. 59–66, 69–149, 184–192.

23 Ebd., S. 43–54, 66–97, 167–183; vgl. auch Heller, *On the Edge of Destruction*.

24 Rossino, *Hitler Strikes Poland*, S. 210; Gefreiter Grömmer, »Erinnerungen an den Polenfeldzug«, Bundesarchiv RH 53-18/17, S. 7.

25 Jarausch, *»Das stille Sterben …«*, S. 109, 147 f.

26 C. Kaplan, *Buch der Agonie*; Szpilman, *Der Pianist*, S. 27 f.; Sierakowiak, *The Diary of Dawid Sierakowiak*, S. 29.

27 Huberband, *Kiddush Hashem*, S. 7–35, 37.

28 Sierakowiak, *The Diary of Dawid Sierakowiak*, S. 36 ff.

29 Huberband, *Kiddush Hashem*, S. 39–54, 188–192.

30 C. Kaplan, *Buch der Agonie*, S. 35, 47–56.

31 Szereszewska, *Memoirs from Occupied Warsaw, 1940–1945*, S. 1–5.

32 Sierakowiak, *The Diary of Dawid Sierakowiak*, S. 47, 54 ff.

33 Klukowski, *Diary from the Years of Occupation 1939–1944*, S. 28 f., 40 f.

34 C. Kaplan, *Buch der Agonie*, S. 57; Klukowski, *Diary from the Years of Occupation 1939–1944*, S. 33.

35 Kershaw, *Hitler*, Bd. 2, S. 330 ff.; Mazower, *Hitlers Imperium*, S. 81–84; P. T. Rutherford, *Prelude to the Final Solution*, S. 40–51.

36 Longerich, *Heinrich Himmler*, S. 449 ff.; Gerwarth, *Reinhard Heydrich*, S. 186–189; P. T. Rutherford, *Prelude to the Final Solution*, S. 53, 60 ff.

37 Hitler, Reichstagsrede, 6. Oktober 1939, in: ders., *Reden und Proklamationen*, Bd. 2.1, S. 1377–1393; Rutherford, *Prelude to the Final Solution*, S. 54 f.

38 Ebd., S. 52–57; Evans, *Das Dritte Reich*, Bd. 3, S. 47–55.

39 C. Epstein, *Model Nazi*, S. 125–135; Rutherford, *Prelude to the Final Solution*, S. 58 ff. 1940 wurde Schlesien in Niederschlesien unter Karl Hanke und Oberschlesien unter Fritz Bracht aufgeteilt.

40 Longerich, *Heinrich Himmler*, S. 449–455, 485–488; Wildt, *Generation des Unbedingten,* S. 276–282; Evans, *Das Dritte Reich,* Bd. 3, S. 32–42; Pohl, *Von der »Judenpolitik« zum Judenmord,* S. 37 ff.

41 Rossino, *Hitler Strikes Poland,* S. 92 ff; Longerich, *Heinrich Himmler,* S. 455 ff.

42 Halder, *Kriegstagebuch,* Bd. 1, S. 82 (Hervorhebung im Original).

43 Reinhard Heydrich, Schnellbrief an die Einsatzgruppenleiter, 21. September 1939, in: *Faschismus – Getto – Massenmord,* S. 37–41 (Hervorhebungen im Original).

44 Rossino, *Hitler Strikes Poland,* S. 95 f.; Gerwarth, *Reinhard Heydrich,* S. 193 ff.

45 Ebd., S. 194 ff; Longerich, *Heinrich Himmler,* S. 455; Rutherford, *Prelude to the Final Solution,* S. 48; Browning, *Die Entfesselung der »Endlösung«,* S. 50 ff; Michman, *Angst vor den »Ostjuden«,* S. 74–99.

46 Moser, »Nisko«; vgl. auch Safrian, *Eichmann und seine Gehilfen,* S. 73–76; Rabinovici, *Instanzen der Ohnmacht,* S. 197 ff.

47 Moser, »Nisko«, S. 10–30; Safrian, *Eichmann und seine Gehilfen,* S. 75–79.

48 Cesarani, *Adolf Eichmann,* S. 115 ff.; *Jewish Responses,* Bd. 2, S. 316 ff.

49 Nach Ansicht von Leni Yahil diente die »Anfangszeit der Deportationen ... als Vorbereitungs- oder Experimentierphase für die Massendeportationen von Juden aus Polen und ganz Europa« (*Die Shoah,* S. 219). Martin Gilbert beschreibt die Deportation als »neue Politik« (*Holocaust*, S. 93 f.). Vgl. Browning, *Die Entfesselung der »Endlösung«,* S. 65–74; Longerich, *Heinrich Himmler,* S. 456 f.; Gerwarth, *Reinhard Heydrich,* S. 196 f.

50 C. Epstein, *Model Nazi,* S. 135–155.

51 Rutherford, *Prelude to the Final Solution,* S. 63–85.

52 Ebd., S. 86–104.

53 C. Epstein, *Model Nazi,* S. 166–169; Browning, *Die Entfesselung der »Endlösung«,* S. 79–88.

54 Ebd., S. 88 ff.; Safrian, *Eichmann und seine Gehilfen,* S. 80 f. Zur Entstehung des Judenreferats des SD, seinem Aufbau, seinem Personal und seiner Tätigkeit siehe Lozowick, *Hitlers Bürokraten,* insbesondere S. 24–89.

55 Rutherford, *Prelude to the Final Solution,* S. 110 f., 113–125; Browning, *Die Entfesselung der »Endlösung«,* S. 88–102.

56 Rutherford, *Prelude to the Final Solution,* S. 130 ff.; Browning, *Die Entfesselung der »Endlösung«,* S. 100–107.

57 Rutherford, *Prelude to the Final Solution,* S. 170 ff.; Longerich, *Heinrich Himmler,* S. 471 f.; Gerwarth, *Reinhard Heydrich,* S. 199 f.

58 Longerich, *Politik der Vernichtung,* S. 256–272; Gutman, *The Jews of Warsaw 1939–1943,* S. 1–15; C. Kaplan, *Buch der Agonie,* S. 95.

59 *Jewish Responses,* Bd. 2, S. 146; Michman, *Angst vor den »Ostjuden«,* S. 87 f.

60 Ebd., S. 89 f.

61 Czerniaków, *Im Warschauer Getto,* S. 13 f., 16; Gutman, *The Jews of Warsaw 1939–1943,* S. 48 ff.; Michman, *Angst vor den »Ostjuden«,* S. 85 f., 93; *Jewish Responses,* Bd. 2, S. 388 f.; vgl. auch Farbstein, »A Close-up view of a Judenrat«.

62 C. Kaplan, *Buch der Agonie,* S. 69; Zylberberg, *A Warsaw Diary, 1939–*

1945, S. 20 ff.; Berg, *The Diary of Mary Berg*, S. 1–11; Sierakowiak, *The Diary of Dawid Sierakowiak*, S. 62 f.

63 C. Epstein, *Model Nazi*, S. 231 ff.; Aly, *Hitlers Volksstaat*, S. 210 f.

64 C. Kaplan, *Buch der Agonie*, S. 64; Engelking/Leociak, *The Warsaw Ghetto*, S. 381 ff.

65 Sierakowiak, *The Diary of Dawid Sierakowiak*, S. 64; Engelking/Leociak, *The Warsaw Ghetto*, 143 f.

66 C. Kaplan, *Buch der Agonie*, S. 103; Berg, *The Diary of Mary Berg*, S. 13 f.

67 Trunk, *Judenrat*, S. 1–13, 21–25.

68 Ebd., S. 14–17, 29–35.

69 Czerniaków, *Im Warschauer Ghetto*, S. 6; Goldstein, *»Die Sterne sind Zeugen«*, S. 15–18; Gutman, *The Jews of Warsaw 1939–1943*, S. 36 ff.

70 Czerniaków, *Im Warschauer Ghetto*, S. 10 f., 13, 32 f., 40 f.; zu Finanzfragen siehe ebd., S. 27, 32 f., 45, 52 f.; Gutman, *The Jews of Warsaw 1939–1943*, S. 21–27, 36–42; *Jewish Responses*, Bd. 2, S. 375–382.

71 Trunk, *Judenrat*, S. 43–48.

72 *Jewish Responses*, Bd. 2, S. 189–213; Engelking/Leociak, *The Warsaw Ghetto*, S. 292–301.

73 Sierakowiak, *Das Ghettotagebuch des Dawid Sierakowiak*, S. 63.

74 Czerniaków, *Im Warschauer Ghetto*, S. 20, 24, 27, 30 f.; Szpilman, *Der Pianist*, S. 47; C. Kaplan, *Buch der Agonie*, S. 92 f.; Klukowski, *Diary from the Years of Occupation 1939–1944*, S. 62.

75 *Jewish Responses*, Bd. 2, S. 154 f.; C. Kaplan, *Buch der Agonie*, S. 91; Klukowski, *Diary from the Years of Occupation 1939–1944*, S. 47; Sierakowiak, *The Diary of Dawid Sierakowiak*, S. 65 f.; Szereszewska, *Memoirs from Occupied Warsaw, 1940–1945*, S. 6, 10 f.; Y. Zuckerman, *A Surplus of Memory*, S. 19–29.

76 Friedrich Uebelhoer, Rundschreiben, 10. Dezember 1939, in: *Faschismus – Getto – Massenmord*, S. 78–81; Trunk, *Lodz Ghetto*, S. 9 f.; Horwitz, *Ghettostadt*, S. 26–29; C. Epstein, *Model Nazi*, S. 169 f.

77 Trunk, *Lodz Ghetto*, S. 12–15; Horwitz, *Ghettostadt*, S. 42–52.

78 Trunk, *Lodz Ghetto*, S. 15 f.; Horwitz, *Ghettostadt*, S. 34–42.

79 Ausweis des Stadtkommissars von Lodz, Albert Leister, für Chaim Rumkowski, 13. Oktober 1939, Abb. in Unger, *The Last Ghetto*, S. 47; Schreiben des kommissarischen Oberbürgermeisters von Lodz, Franz Schiffer, an Chaim Rumkowski, 30. April 1940, in: *Faschismus – Getto – Massenmord*, S. 83; Horwitz, *Ghettostadt*, S. 16–20; Unger, »The Lodz Ghetto«, S. 20 f.

80 Trunk, *Lodz Ghetto*, S. 34–53; Horwitz, *Ghettostadt*, S. 56–59.

81 Chaim Rumkowski an den Oberbürgermeister von Lodz, 5. April 1940, in: *Spuren aus dem Getto Łódź*, Abb. S. 25; Trunk, *Lodz Ghetto*, S. 84; Horwitz, *Ghettostadt*, S. 64–67; Gutman, »Introduction«, S. XLI f.

82 Michman, *Angst vor den »Ostjuden«*, S. 91–99; Longerich, *Holocaust*, S. 166 f.; Rutherford, *Prelude to the Final Solution*, S. 171 f.

83 Rubinowicz, *Das Tagebuch des Dawid Rubinowicz*, S. 9 f., Einträge vom 4. und 20. April sowie 28. Mai 1940; vgl. auch Kulkielko, *Escape from the Pit*, S. 7–24.

84 Klein, *Nichts als das nackte Leben*, S. 23–38; Steinbacher, »In the Shadow of Auschwitz«, S. 291 f.; Gruner, *Jewish Forced Labour under the Nazis*, S. 214–222.

85 Ringelblum, *Notes from the Warsaw Ghetto,* S. 7–13; Czerniaków, *Im Warschauer Ghetto,* S. 52, 54, 61–64; Engelking/Leociak, *The Warsaw Ghetto,* S. 145 ff., 311–316.

86 Ebd., S. 412 f., 416 ff.

87 Ebd., S. 459–477.

88 Goldstein, *»Die Sterne sind Zeugen«,* S. 20–24, C. Kaplan, *Buch der Agonie,* S. 97 f., 102, 105, 111, 114 f., 117 f., 145–148, 154 f.

89 Berg, *The Diary of Mary Berg,* S. 14, 19 f.

90 Y. Zuckerman, *A Surplus of Memory,* S. 40–57, 62–66, 74 f.; Engelking/Leociak, *The Warsaw Ghetto,* S. 343–351; Huberband, *Kiddush Hashem,* S. 55–59; C. Kaplan, *Buch der Agonie,* S. 166.

91 Gutman, *The Jews of Warsaw 1939–1943,* S. 23 f.; C. Kaplan, *Buch der Agonie,* S. 121 ff.

92 Ringelblum, *Notes from the Warsaw Ghetto,* S. 17, 20 f., 24, 34; Berg, *The Diary of Mary Berg,* S. 17 f.; dies., »Tagebuch aus dem Warschauer Ghetto«, in: *Aufbau,* Bd. 10, 38, S. 8.

93 Berg, *The Diary of Mary Berg,* S. 15 f., S. 54 ff.; C. Kaplan, *Buch der Agonie,* S. 160 f.; Goldstein, *»Die Sterne sind Zeugen«,* S. 28–31; Ringelblum, *Ghetto Warschau,* S. 54–59.

94 Czerniaków, *Im Warschauer Ghetto,* S. 41, 53, 56 ff., 60 ff., 69; Engelking/Leociak, *The Warsaw Ghetto,* S. 56–60; Gutman, *The Jews of Warsaw 1939–1943,* S. 50 ff.; Michman, *Angst vor den »Ostjuden«,* S. 83 f.

95 Grenville, *The Jews and Germans of Hamburg,* S. 202, 207–212; Luise Solmitz, Tagebucheintrag vom 6. August 1939, Staatsarchiv Hamburg, 622-1/140; Friedländer, *Das Dritte Reich und die Juden,* Bd. 2, S. 76 ff.; vgl. Rigg, *Hitlers jüdische Soldaten.*

96 Smith, *Feind schreibt mit,* S. 47 ff.; US-Vizekonsul Ralph C. Getsinger, »Hamburg after Two Months of War«, 10. November 1939, in: Bajohr/Strupp (Hg.), *Fremde Blicke auf das »Dritte Reich«,* S. 543 f., SD-Außenstelle Worms, »Politischer Stimmungsbericht«, 14. September 1939, in: Kulka/Jäckel (Hg.), *Die Juden in den geheimen NS-Stimmungsberichten,* S. 407 f.; Klemperer, *Ich will Zeugnis ablegen,* Bd. 1, S. 486 ff.

97 Stapostelle Köln, »Zuweisung von besonderen Lebensmittelgeschäften für Juden«, 29. September 1939; Regierungspräsident Ober- und Mittelfranken, Bericht für September 1939, 6. Oktober 1939; Regierungspräsident Niederbayern und Oberpfalz, Bericht für September 1939, 9. Oktober 1939, in: Kulka/Jäckel (Hg.), *Die Juden in den geheimen NS-Stimmungsberichten,* S. 408 ff.; Kwiet, »Without Neighbours«; Ascher, *A Community under Siege,* S. 209; Klemperer, *Ich will Zeugnis ablegen,* Bd. 1, S. 502 ff.

98 NSDAP-Kreisleitung Kitzingen-Gerolzhofen, Stimmungsbericht, 11. September 1939; Gendarmerie Sandberg, Bericht für September 1939, 28. September 1939; SD-Außenstelle Bad Kissingen, Bericht, 27. November 1939; Regierungspräsident Ober- und Mittelfranken, Bericht für November 1939, 7. Dezember 1939; RSHA, Amt III (SD), »Meldungen aus dem Reich«, 10. April 1940, in: Kulka/Jackel (Hg.), *Die Juden in den geheimen NS-Stimmungsberichten,* S. 411 f., 416 f., 426; Klemperer, *Ich will Zeugnis ablegen,*

Bd. 1, S. 514; Grenville, *The Jews and Germans of Hamburg*, S. 212.

99 Klemperer, *Ich will Zeugnis ablegen*, Bd. 1, S. 515–520, 527–533.

100 NSDAP Kreis München, Rassenpolitisches Amt, »Tätigkeitsbericht«, 23. April 1940; Bürgermeister Bad Nauheim, »Die politische Lage«, 22. Mai 1940; Bürgermeister Schwandorf, Bericht für Mai 1940, 31. Mai 1940, in: Kulka/Jäckel (Hg.), *Die Juden in den geheimen NS-Stimmungsberichten*, S. 427 ff.; Grenville, *The Jews and Germans of Hamburg*, S. 202.

101 SD-Abschnitt Leipzig, »Inlandslagebericht«, 13. Oktober 1939; Auswanderungsberatungsstelle Köln, Bericht für Oktober, November und Dezember 1939; Regierungspräsident Ober- und Mittelfranken, Bericht für März 1940, 7. April 1940, in: Kulka/Jäckel (Hg.), *Die Juden in den geheimen NS-Stimmungsberichten*, S. 413 f., 420 ff., 424; Shirer, *Berliner Tagebuch*, S. 278, Eintrag vom 27. Februar 1940; Grenville, *The Jews and Germans of Hamburg*, S. 198 f.; Rabinovici, *Instanzen der Ohnmacht*, S. 184–191; Friedländer, *Das Dritte Reich und die Juden*, Bd. 2, S. 83–89.

102 Zum Hintergrund der Euthanasiepolitik siehe Weindling, *Health, Race and German Politics between National Unification and Nazism 1870–1945*; Aly, »Medizin gegen die Unbrauchbaren«.

103 Evans, *Das Dritte Reich*, Bd. 3, S. 104–123; Longerich, *Politik der Vernichtung*, S. 234–242; Kershaw, *Hitler*, Bd. 2, S. 349–359; Burleigh, *Tod und Erlösung*, S. 14 f., 117–147; Schmidt, *Hitlers Arzt Karl Brandt*, S. 177–201.

104 Burleigh, *Tod und Erlösung*, S. 145–186; vgl. auch Friedlander, *Der Weg zum NS-Genozid*.

105 Schmidt, *Hitlers Arzt Karl Brandt*, S. 224–236; Burleigh, *Tod und Erlösung*, S. 187–209; Evans, *Das Dritte Reich*, Bd. 3, S. 123–137.

106 Shirer, *Berliner Tagebuch*, S. 482, 534–539; Paul M. Dutko, Bericht vom 16. Oktober 1940, in: Bajohr/Strupp (Hg.), *Fremde Blicke auf das »Dritte Reich«*, S. 552 f.

107 Grenville, *The Jews and Germans of Hamburg*, S. 214 f.; *Jewish Responses*, Bd. 2, S. 11; Klemperer, *Ich will Zeugnis ablegen*, Bd. 1, S. 594, 683.

108 Anthony Beevor bezeichnet die T4-Aktion als »Probelauf« für den Genozid (*Der Zweite Weltkrieg*, S. 51). Henry Friedlander sieht in ihr das »Modell der Endlösung« (*Der Weg zum NS-Genozid*, S. 450); vgl. Schmidt, *Hitlers Arzt Karl Brandt*, S. 251–261; Wachsmann, *KL*, S. 283–304.

109 Lifton, *Ärzte im Dritten Reich*, S. 62–101, 168–177; Friedlander, *Der Weg zum NS-Genozid*, S. 60. Nach Nikolaus Wachsmanns Ansicht waren das 14f13-Programm und der Massenmord an sowjetischen Kriegsgefangenen in Konzentrationslagern im Jahr 1941 auf jeden Fall entscheidende Schritte bei der Entwicklung der Methoden und der Auswahl des erfahrenen Personals für die Ausführung des Genozids (*KL*, S. 283–338).

110 Jarausch, *»Das stille Sterben …«*, S. 131–136., 146 ff.

111 Ebd., S. 197 ff

112 Maschmann, *Fazit*, S. 6, 63, 84, 87, 89.

113 Von Hassell, *Die Hassell-Tagebücher 1938–1944*, S. 130, 152, 177.

114 Shirer, *Berliner Tagebuch,* S. 238, 271.
115 Wallis, *Britain, Germany and the Road to the Holocaust,* S. 204 ff.; Cesarani, »The London *Jewish Chronicle* and the Holocaust«, S. 180 f.
116 Engel, *In the Shadow of Auschwitz,* S. 8, 52 f., 60–78; vgl. Wood/Jankowski, *Jan Karski,* S. 63–77. Jan Karski ging in seiner 1944 verfassten und veröffentlichten Darstellung der Mission nicht sehr ins Detail *(Mein Bericht an die Welt,* S. 169–189).
117 Zweig, *Britain and Palestine during the Second World War,* S. 1–5.
118 Wasserstein, *Britain and the Jews of Europe, 1939–1945,* S. 43–54; Ofer, *Escaping the Holocaust,* S. 4–7, 128–144.
119 London, *Whitehall and the Jews,* S. 169–186; Gillman/Gillman, »*Collar the Lot!* «, S. 23–68.
120 Fleming, *Auschwitz, the Allies and Censorship of the Holocaust,* S. 47 f., 50 f.; Wallis, *Britain, Germany and the Road to the Holocaust,* S. 203 f.; Kushner, *The Holocaust and the Liberal Imagination,* S. 123–126, 128–134. In Bezug auf den deutschen Dienst der BBC war die Zensur sogar noch extremer: Ihm wurde in dieser Zeit vom Außenministerium buchstäblich verboten, Juden auch nur zu erwähnen (Seul, »The Representation of the Holocaust in the British Propaganda Campaign directed at the German Public, 1938–1945«).
121 Breitman/Lichtman, *FDR and the Jews,* S. 162–175; Zucker, *In Search of Refuge,* S. 99–102, 130 f., 151–155, 165 f.
122 Leff, *Buried by The Times,* S. 59–74; Lipstadt, *Beyond Belief,* S. 136–149.
123 Wasserstein, »Patterns of Jewish Leadership in Great Britain«.
124 *Jewish Responses,* Bd. 2, S. 190 ff., 200.
125 Porat, *The Blue and the Yellow Stars of David,* S. 5–22.
126 Tooze, *Ökonomie der Zerstörung,* S. 380–427; Shirer, *Berliner Tagebuch,* S. 229, 236 f., 258, 266 f., 277, 279; Reck-Malleczewen, *Tagebuch eines Verzweifelten,* S. 133.
127 Shirer, *Berliner Tagebuch,* S. 314; Kershaw, *Hitler,* Bd. 2, S. 385–399.
128 Melvin, *Manstein,* S. 132–155; Frieser, *Blitzkrieg-Legende,* S. 71–116.
129 Ebd., S. 117–361.
130 Longerich, *Heinrich Himmler,* S. 512–515; Gerwarth, *Reinhard Heydrich,* S. 215 f.; Sebag-Montefiore, *Dunkirk,* S. 293–315, 345–361.
131 Scheck, *Hitlers afrikanische Opfer;* vgl. Lusane, *Hitler's Black Victims;* Burleigh/Wipperman, *The Racial State,* S. 128 ff.; Halder, *Kriegstagebuch,* Bd. 1, S. 369.
132 Frieser, *Blitzkrieg-Legende,* S. 15–70, 401–432.
133 Mazower, *Hitlers Imperium,* S. 102–112; Evans, *Das Dritte Reich,* Bd. 3, S. 471–496.
134 Jackson, *France 1940–1944,* S. 126–136; Gildea, *Marianne in Chains,* S. 43–64.
135 Jackson, *France 1940–1944,* S. 142–154; Friedländer, *Das Dritte Reich und die Juden,* Bd. 2, S. 93–97; *Jewish Responses,* Bd. 2, S. XXXI ff.
136 Himmler, »Behandlung der Fremdvölkischen im Osten«, http://www.ns-archiv.de/krieg/untermenschen/himmler-fremdvolk.php; Rutherford, *Prelude to the Final Solution,* S. 139 f.; Longerich, *Heinrich Himmler,* S. 525.
137 Franz Rademacher, »Gedanken über die Arbeit und Aufgaben des Ref. D III«, in: Politisches Archiv

des Auswärtigen Amts, Inland, II A/B 347/3; ders., »Die Judenfrage im Friedensvertrage«, 3. Juli 1940, in: *Die Verfolgung und Ermordung der europäischen Juden durch das nationalsozialistische Deutschland 1933–1945*, Bd. 3, S. 251 ff.; Longerich, *Politik der Vernichtung*, S. 274; Browning, *Die Entfesselung der »Endlösung«*, S. 132.

138 Ausarbeitung des RSHA, 15. August 1940, in: *Die Verfolgung und Ermordung der europäischen Juden durch das nationalsozialistische Deutschland 1933–1945*, Bd. 3, S. 266–273; Cesarani, *Adolf Eichmann*, S. 123 ff.; Gerwarth, *Reinhard Heydrich*, S. 223 f.

139 Browning, *Die Entfesselung der »Endlösung«*, S. 138; Grenville, *The Jews and Germans of Hamburg*, S. 213; Friedländer, *Das Dritte Reich und die Juden*, Bd. 2, S. 103, 107; Meyer, »Between Self-Assurance and Forced Collaboration«, S. 154 f.; Klemperer, *Ich will Zeugnis ablegen*, Bd. 1, S. 538; Shirer, *Berliner Tagebuch*, S. 425.

140 Aly, *»Endlösung«*, S. 146 f.; Czerniaków, *Im Warschauer Ghetto*, S. 88.

141 Longerich, *Politik der Vernichtung*, S. 282–285; Gerwarth, *Reinhard Heydrich*, S. 225 f.; Grenville, *The Jews and Germans of Hamburg*, S. 213 f.; Meyer, »Between Self-Assurance and Forced Collaboration«, S. 154 f.; *Jewish Responses*, Bd. 2, S. 333–343.

142 Kershaw, *Wendepunkte*, S. 25–75.

143 Boog, »The Luftwaffe Assault«, S. 39–45; Megargee, *Hitler und die Generäle*, S. 103–110.

144 Gillman/Gillman, *»Collar the Lot!«*, S. 69–89.

145 Ebd., S. 91–114, 131–145, 147–159, 161–167; Wasserstein, *Britain and the Jews of Europe, 1939–1945*, S. 77–83; Kushner, »Clubland, Cricket Tests and Alien Internment, 1939–40«.

146 Burletson, »The State, Internment and Public Criticism in the Second World War«; vgl. Lafitte, *The Internment of Aliens*.

147 M. Kochan, *Britain's Internees in the Second World War*; Cesarani/Kushner (Hg.), *The Internment of Aliens*, S. 147–166, 188–241.

148 Cesarani, *Arthur Koestler*, S. 156–160; Koestler, *Abschaum der Erde*, S. 323, 332.

149 Caron, *Uneasy Asylum*, S. 240–259, 316.

150 Ebd., S. 259–263; Cesarani, *Arthur Koestler*, S. 159–163; Poznanski, *Jews in France during World War II*, S. 56–59; Marrus/Paxton, *Vichy France and the Jews*, S. 112 ff., 161–164.

151 Poliakov, *L'Auberge des musiciens*, S. 79; Poznanski, *Jews in France during World War II*, S. 26.

152 Lambert, *Diary of a Witness 1940–1943*, S. 3–10, Einträge vom 2. und 15. Juli 1940. Lamberts Tagebuch enthält auch eine lebendige Schilderung der Kämpfe im Süden von Paris.

153 Marrus/Paxton, *Vichy France and the Jews*, S. 3 f.; Caron, *Uneasy Asylum*, S. 323–338.

154 Marrus/Paxton, *Vichy France and the Jews*, S. 3–21, 34–54; Adler, *The Jews of Paris and the Final Solution*, S. 16.

155 Lambert, *Diary of a Witness 1940–1943*, S. 21 ff., Einträge vom 2. und 19. Oktober 1940.

156 Adler, *The Jews of Paris and the Final Solution*, S. 35 ff.; Poznanski, *Jews in France during World War II*, S. 42–46.

157 Zuccotti, *The Holocaust, the French, and the Jews,* S. 38–50; Poznanski, *Jews in France during World War II,* S. 66 ff.; Némirovsky, *Suite Française,* S. 6–156.
158 Zuccotti, *The Holocaust, the French, and the Jews,* S. 65–75; Poznanski, *Jews in France during World War II,* S. 50 ff., 66–68; Caron, *Uneasy Asylum,* S. 331–339, 342–345; Marrus/Paxton, *Vichy France and the Jews,* S. 165–173.
159 Ebd., S. 78–83; Jackson, *France 1940–1944,* S. 170 f.; Imlay/Horn, *The Politics of Industrial Collaboration during World War II,* S. 53–58; Nicholas, *Der Raub der Europa,* S. 170–190.
160 Caron, *Uneasy Asylum,* S. 331–339.
161 Zuccotti, *The Holocaust, the French, and the Jews,* S. 51–57, 60 f.; Poznanski, *Jews in France during World War II,* S. 31–42; Marrus/Paxton, *Vichy France and the Jews,* S. 101 f.; Browning, *Die Entfesselung der »Endlösung«,* S. 294.
162 Aufzeichnung von Martin Luther, 15. August 1940, in: *ADAP,* Serie D, Bd. 10, S. 399; Klarsfeld, »The Influence of the War on the Final Solution in France«.
163 Marrus/Paxton, *Vichy France and the Jews,* S. 96–100; Poznanski, *Jews in France during World War II,* S. 68–74.
164 Adler, *The Jews of Paris and the Final Solution,* S. 17–26; Poznanski, *Jews in France during World War II,* S. 105–118; Lambert, *Diary of a Witness 1940–1943,* S. 28 f., Eintrag vom 24. Februar 1941.
165 Saerens, »Antwerp's Attitude towards the Jews from 1918 to 1940 and Its Implications for the Period of Occupation«, S. 159–167; Steinberg, »The Judenpolitik in Belgium within the West European Context«, S. 200–208.
166 Ebd., S. 200 f.
167 Moore, *Victims and Survivors,* S. 20–28.
168 Presser, *Ashes in the Wind,* S. 4 ff.
169 Romijn, »The ›Lesser Evil‹ – the Case of the Dutch Local Authorities and the Holocaust«.
170 Presser, *Ashes in the Wind,* S. 7–32.
171 Ebd., S. 33–45.
172 Scheren, »Aryanization, Market Vendors, and Peddlers in Amsterdam«; Michman, *Angst vor den »Ostjuden«,* S. 105–112; Presser, *Ashes in the Wind,* S. 47–50.
173 Ebd., S. 50–57; Moore, *Victims and Survivors,* S. 63–73.
174 Van der Boom, »Ordinary Dutchmen and the Holocaust«, S. 36–39.
175 Czerniaków, *Im Warschauer Ghetto,* S. 60, 69, 71, 75, 81, 84; Ringelblum, *Notes from the Warsaw Ghetto,* S. 37, 40; C. Kaplan, *Buch der Agonie,* S. 164 f., 178 ff., 192 f., 201 f.; Berg, *The Diary of Mary Berg,* S. 20.
176 Megargee, *Hitler und die Generäle,* S. 105.
177 Ebd., S. 103–110; Kershaw, *Wendepunkte,* S. 77–108; Weinberg, *Eine Welt in Waffen,* S. 193–210.
178 Kershaw, *Wendepunkte,* S. 77–119, 328–333; Kay, *Exploitation, Resettlement, Mass Murder,* S. 26–38.
179 »Weisung Nr. 21: Fall Barbarossa«, 18. Dezember 1940, in: Hitler, *Hitlers Weisungen für die Kriegführung,* S. 96 (Hervorhebung im Original); Fritz, *Ostkrieg,* S. 35–52.
180 Longerich, *Politik der Vernichtung,* S. 285–290; Browning, *Die Entfesselung der »Endlösung«,* S. 160–163; Cesarani, *Adolf Eichmann,* S. 128 ff. Die neu aufgefundenen Tagebücher

von Alfred Rosenberg stützen die Annahme, dass die Madagaskar-Lösung durch die Aussicht auf Eroberungen im Osten obsolet wurde (A. Rosenberg, *Die Tagebücher von 1934 bis 1944*, S. 364–367).

181 Browning, *Die Entfesselung der »Endlösung«*, S. 156 ff.; Wildt, *Generation des Unbedingten*, S. 488–499.

182 Trunk, *Lodz Ghetto*, S. 49, 148–159, 168 f.; Browning, *Die Entfesselung der »Endlösung«*, S. 135 f., 179–183; Horwitz, *Ghettostadt*, S. 92–102; Unger, »The Lodz Ghetto«, S. 23 f.; *Die Chronik des Gettos Lodz/Litzmannstadt*, Bd. 1, S. 227; Zelkowicz, *In Those Terrible Days*, S. 33; Epstein, *Model Nazi*, S. 178 ff.

183 Trunk, *Lodz Ghetto*, S. 70 f., 323 f.; Horwitz, *Ghettostadt*, S. 70–74; Unger, »The Lodz Ghetto«, S. 23 f.; Zelkowicz, *In Those Terrible Days*, S. 33.

184 Trunk, *Lodz Ghetto*, 202; Bundesarchiv, NS 19/2655, fol. 4, zit nach: Kaden, *Dokumente*, S. 38.

185 Ebd., S. 65 ff., 172 ff.

186 Ebd., S. 104–107.

187 Ebd., S. 107–117.

188 Ebd., S. 198–223.

189 Trunk, *Lodz Ghetto*, S. 58 ff.

190 Ebd., S. 298 ff.

191 Ebd., S. 109, 326 f.; Unger, »The Lodz Ghetto«, S. 24 f.; Gutman, »Introduction«, S. XLIV–LI; Tabaksblat, S. 53; Bekanntmachung 104 vom 12.8.1940, in: Archiwum Państwowe w Łodzi (Staatsarchiv Lodz), 39/278/0/14/1066, Bl. 92; Yidisher Visnshaftlekher Institut New York, Nachman Zonabend Collection, 1939-1944 RG 241, Folder 920.

192 Trunk, *Lodz Ghetto*, S. 54–58, 84–87; Sierakowiak, *Das Ghettotagebuch des Dawid Sierakowiak*, S. 24 f.

193 Trunk, *Lodz Ghetto*, S. 334–342.

194 Ebd., S. 342–349.

195 Ebd., S. 348 f.; Zelkowicz, *In Those Terrible Days*, S. 80.

196 Trunk, *Lodz Ghetto*, S. 303 ff., 349–355; Zelkowicz, *In Those Terrible Days*, S. 131.

197 Trunk, *Lodz Ghetto*, S. 303 ff., 355 ff.; Zelkowicz, *In Those Terrible Days*, S. 135.

198 *Die Chronik des Gettos Lodz/Litzmannstadt*, Bd. 1, S. 19–33.

199 Ebd., S. 37–41, 47–50, 81, 84 ff.; Zelkowicz, *In Those Terrible Days*, S. 205–232.

200 *Die Chronik des Gettos Lodz/Litzmannstadt*, Bd. 1, S. 119 f., 160 ff.; Sierakowiak, *Das Ghettotagebuch des Dawid Sierakowiak*, S. 20, 28; Gutman, »Introduction«, S. XLIV f.; Horwitz, *Ghettostadt*, S. 129 ff.; Eisenbach, *Dokumenty*, S. 178; *Die Verfolgung und Ermordung der europäischen Juden durch das nationalsozialistische Deutschland 1933–1945*, Bd. 4, S. 681.

201 *Die Chronik des Gettos Lodz/Litzmannstadt*, Bd. 1, S. 69 f., 99, 185 f.; Sierakowiak, *Das Ghettotagebuch des Dawid Sierakowiak*, S. 16, 18, 34 f., 42 f., 82; Zelkowicz, *In Those Terrible Days*, S. 140, 191 ff.

202 *Die Chronik des Gettos Lodz/Litzmannstadt*, Bd. 1, S. 80, 87–94; Sierakowiak, *Das Ghettotagebuch des Dawid Sierakowiak*, S. 24–27, 31, 50.

203 Ebd., S. 46; *Die Chronik des Gettos Lodz/Litzmannstadt*, Bd. 1, S. 80, 87–94; Horwitz, *Ghettostadt*, S. 131 f.

204 Czerniaków, *Im Warschauer Ghetto*, S. 88, 93, 99 f., 104 f., 109 f., 113, 118 f. (Hervorhebung im Original); Gutman, *The Jews of Warsaw 1939–1943*, S. 48–55, 57–61.

205 Tatsächlich wurde Czerniaków der Beschluss über das Ghetto an Jom

Kippur, dem höchsten jüdischen Feiertag, verkündet. Czerniaków, *Im Warschauer Ghetto,* S. 119–122; Engelking/Leociak, *The Warsaw Ghetto*, S. 39 f., 62–75.

206 Czerniaków, *Im Warschauer Ghetto,* S. 121–124; Szereszewska, *Memoirs from Occupied Warsaw, 1940–1945,* S. 14, 18 f., 27, 32; Berg, *The Diary of Mary Berg,* S. 21 ff.

207 Goldstein, »*Die Sterne sind Zeugen*«, S. 39 f.; Berg, »Tagebuch aus dem Warschauer Ghetto«, in: *Aufbau,* Bd. 10, 38, S. 7.

208 Adler, *In the Warsaw Ghetto 1940–1943,* S. 31–36; Berg, *The Diary of Mary Berg,* S. 27; C. Kaplan, *Buch der Agonie,* S. 227, 231 f., 244 f., 247–252, 266 f.; vgl. Ringelblum, *Notes from the Warsaw Ghetto,* S. 86 f.

209 Gutman, *The Jews of Warsaw 1939–1943*, S. 66–72, 113; Engelking/Leociak, *The Warsaw Ghetto*, S. 33–36.

210 Engelking/Leociak, *The Warsaw Ghetto*, S. 380–406; Loose, *Kredite für NS-Verbrechen,* S. 354, 359.

211 Czerniaków, *Im Warschauer Ghetto,* S. 122, 133 ff.; Engelking/Leociak, *The Warsaw Ghetto*, S. 33–36, 149–159, 367 ff.

212 Gutman, *The Jews of Warsaw 1939–1943*, S. 80–83; Engelking/Leociak, *The Warsaw Ghetto*, S. 159 ff.; C. Kaplan, *Buch der Agonie,* S. 255; Adler, *In the Warsaw Ghetto 1940–1943*, S. 14, 69 f.; Ringelblum, *Notes from the Warsaw Ghetto,* S. 164 f.; Czerniaków, *Im Warschauer Ghetto,* S. 41, 43 f., 127 f.

213 Ebd., S. 109 f.; C. Kaplan, *Buch der Agonie,* S. 226, 230 f.; Engelking/Leociak, *The Warsaw Ghetto*, S. 143–147, 149–159.

214 Gutman, *The Jews of Warsaw 1939–1943*, S. 86–94; Engelking/Leociak, *The Warsaw Ghetto*, S. 190–213, 445.

215 Berg, »Tagebuch aus dem Warschauer Ghetto«, in: *Aufbau,* Bd. 10, 38, S. 7 f.; C. Kaplan, *Buch der Agonie,* S. 277 f.; Adler, *In the Warsaw Ghetto 1940–1943*, S. 7 f., 23–28, 44–48, 50–53.

216 Engelking/Leociak, *The Warsaw Ghetto*, S. 218–228; Huberband, *Kiddush Hashem*, S. 136–140.

217 Engelking/Leociak, *The Warsaw Ghetto*, S. 407–431.

218 Ebd., S. 446–459.

219 C. Kaplan, *Buch der Agonie,* S. 272 f., 276 f.; Adler, *In the Warsaw Ghetto 1940–1943*, S. 94; vgl. Berg, »Tagebuch aus dem Warschauer Ghetto«, in: *Aufbau,* Bd. 10, 38, S. 7 f., 41.

220 Gutman, *The Jews of Warsaw 1939–1943*, S. 62–65, 109 f.; Engelking/Leociak, *The Warsaw Ghetto*, S. 233–242, 280–292.

221 Berg, *The Diary of Mary Berg*, S. 23–27; Goldstein, »*Die Sterne sind Zeugen*«, S. 40, 46 f.; Mazor, *The Vanished City*, S. 157–165; Gutman, *The Jews of Warsaw 1939–1943*, S. 102–106; Kassow, *Ringelblums Vermächtnis,* S. 147–166, 179–204; Engelking/Leociak, *The Warsaw Ghetto*, S. 258–276, 292–300.

222 Zylberberg, *A Warsaw Diary, 1939–1945*, S. 23 ff.; Berg, »Tagebuch aus dem Warschauer Ghetto«, in: *Aufbau,* Bd. 10, 39, S. 7 f.; C. Kaplan, *Buch der Agonie,* S. 231 f., 234–237, 242, 287 f.; Engelking/Leociak, *The Warsaw Ghetto*, S. 243–250, 317–329, 343–359, 440 f.

223 Goldstein, »*Die Sterne sind Zeugen*«, S. 56 ff.; C. Kaplan, *Buch der Agonie,* S. 290 (Hervorhebung im Original); Berg, »Tagebuch aus dem Warschauer Ghetto«, in: *Aufbau,* Bd.

10, 38, S. 7 f., 40; Adler, *In the Warsaw Ghetto 1940–1943*, S. 263–266; Ringelblum, *Notes from the Warsaw Ghetto,* S. 132; Engelking/Leociak, *The Warsaw Ghetto*, S. 530–539; Person, *Assimilated Jews in the Warsaw Ghetto, 1940–1943*, S. 100–133.

224 C. Kaplan, *Buch der Agonie,* S. 240, 253 f., 278 f., 304; Ringelblum, *Notes from the Warsaw Ghetto,* S. 154 f.; Engelking/Leociak, *The Warsaw Ghetto*, S. 641–646.

225 Huberband, *Kiddush Hashem*, S. 193–198, 207–210; Kassow, *Ringelblums Vermächtnis*, S. 269–274.

226 Berg, »Tagebuch aus dem Warschauer Ghetto«, in: *Aufbau,* Bd. 10, 38, S. 7 f., 43; C. Kaplan, *Buch der Agonie,* S. 281; Czerniaków, *Im Warschauer Ghetto,* S. 174; Ringelblum, *Notes from the Warsaw Ghetto,* S. 215 f.; Zylberberg, *A Warsaw Diary, 1939–1945*, S. 48 f.; Person, *Assimilated Jews in the Warsaw Ghetto, 1940–1943*, S. 38–48; Dembowski, *Christians in the Warsaw Ghetto.*

227 Ringelblum, *Notes from the Warsaw Ghetto,* S. 215 f.; Reicher, *Country of Ash,* S. 63 f.; C. Kaplan, *Buch der Agonie,* S. 260 f.; Goldstein, *»Die Sterne sind Zeugen«*, S. 40 f.

228 Czerniaków, *Im Warschauer Ghetto,* S. 88, 96; Ringelblum, *Notes from the Warsaw Ghetto,* S. 135 f.; Gutman, *The Jews of Warsaw 1939–1943*, S. 107–110, 114.

229 Berg, »Tagebuch aus dem Warschauer Ghetto«, in: *Aufbau,* Bd. 10, 40, S. 8; Szpilman, *Der Pianist*, S. 70 f., 73.

230 Berg, »Tagebuch aus dem Warschauer Ghetto«, in: *Aufbau,* Bd. 10, 42, S. 7; Adler, *In the Warsaw Ghetto 1940–1943*, S. 68, 256 f.; Ringelblum, *Notes from the Warsaw Ghetto,* S. 121; Reicher, *Country of Ash*, S. 69–78; Kassow, *Ringelblums Vermächtnis,* S. 378–407.

231 Adler, *In the Warsaw Ghetto 1940–1943*, S. 253, 257 f.; Ringelblum, *Notes from the Warsaw Ghetto,* S. 141, 159 ff.

232 Berg, *The Diary of Mary Berg,* S. 59, Eintrag vom 12. Juni 1941; Mazor, *The Vanished City,* S. 15; Engelking/Leociak, *The Warsaw Ghetto*, S. 311–316.

233 Ringelblum, *Notes from the Warsaw Ghetto,* S. 129, 174, 197, 205 f.; Goldstein, *»Die Sterne sind Zeugen«*, S. 53.

V.

1 Gilbert, *Holocaust*, S. 154. Lucy S. Dawidowicz ist der Auffassung, dass »der Krieg gegen Russland … in Hitlers Gedanken immer gegenwärtig« gewesen sei. Sie kehrt die strategische Ausgangslage um, indem sie behauptet, Hitler habe Großbritannien und Frankreich angegriffen, um freie Bahn für einen Angriff auf die Sowjetunion zu haben (*Der Krieg gegen die Juden*, S. 112 f.).

2 Shirer, *Berliner Tagebuch*, S. 433, 440, Einträge vom 25. Juli und 8. August 1940; Sydney B. Redecker, Bericht vom 16. Januar 1941, in: Bajohr/Strupp (Hg.), *Fremde Blicke auf das »Dritte Reich«*, S. 554 ff.; Tooze, *Ökonomie der Zerstörung*, S. 448–456; Collingham, *The Taste of War*, S. 35.

3 Halder, *Kriegstagebuch*, Bd. 2, S. 19 ff., 30–34, 46–50, Einträge vom

13., 22. und 31. Juli 1940 (Hervorhebung im Original); Kay, *Exploitation, Resettlement, Mass Murder*, S. 26–42; Tooze, *Ökonomie der Zerstörung*, S. 486–492; Kershaw, *Hitler*, Bd. 2, S. 416; Mazower, *Hitlers Imperium*, S. 126–133.

4 Müller, »Von der Wirtschaftsallianz zum kolonialen Ausbeutungskrieg«; Kay, *Exploitation, Resettlement, Mass Murder*, S. 47–50; Mazower, *Hitlers Imperium*, S. 141; Collingham, *The Taste of War*, S. 36 f.

5 »Aktennotiz über Ergebnis der heutigen Besprechung mit den Staatssekretären über Barbarossa«, 2. Mai 1941, in: *IMG*, Bd. 31, S. 84; »Wirtschaftspolitische Richtlinie für Wirtschaftsorganisation Ost, Gruppe Landwirtschaft«, in: ebd., Bd. 36, S. 135–157; Halder, *Kriegstagebuch*, Bd. 2, S. 240 f., Eintrag vom 23. Dezember 1940; Fritz, *Ostkrieg*, S. 57 ff.; Kay, *Exploitation, Resettlement, Mass Murder*, S. 56–63, 123–139; vgl. Arnold/Lübbers, »The Meeting of the Staatssekretäre on 2 May 1941 and the Wehrmacht«.

6 Halder, *Kriegstagebuch*, Bd. 2, S. 311 f., 318 ff., 335 ff., Einträge vom 14., 17. und 30. März 1941; Stahel, *Operation Barbarossa and Germany's Defeat in the East*, S. 33–95.

7 »Richtlinien auf Sondergebieten zur Weisung Nr. 21 (Fall Barbarossa«, 13. März 1941, in: Jacobsen, »Kommissarbefehl und Massenexekutionen sowjetischer Kriegsgefangener«, S. 166–169; Vermerk des OKH, 26. März 1941, in: ebd., S. 170 f.; »Regelung des Einsatzes der Sicherheitspolizei und des SD im Verbande des Heeres«, 28. April 1941, in: ebd., S. 171 ff.; Fritz, *Ostkrieg*, S. 65–70; Megargee, *War of Annihilation*, S. 33–41; Mawdsley, *Thunder in the East*.

8 »Erlass über die Kriegsgerichtsbarkeit im Gebiet ›Barbarossa‹ und über besondere Maßnahmen der Truppe«, 13. Mai 1941, in: Jacobsen, »Kommissarbefehl und Massenexekutionen sowjetischer Kriegsgefangener«, S. 182 ff.; »Richtlinien für die Behandlung politischer Kommissare«, 6. Juni 1941, in: ebd., S. 188–191; »Richtlinien für das Verhalten der Truppe in Russland«, 19. Mai 1941, in: Longerich (Hg.), *Die Ermordung der europäischen Juden*, S. 136; Römer, »The Wehrmacht in the War of Ideologies«; Wette, *Die Wehrmacht*, S. 95–102.

9 Aronson, *Hitler, the Allies and the Jews*, S. 58–61; Beevor, *Der Zweite Weltkrieg*, S. 188; Friedländer, *Das Dritte Reich und die Juden*, Bd. 2, S. 156 f., 213 ff.; Hitler, »Proklamation an das deutsche Volk«, 22. Juni 1941, in: ders., *Reden und Proklamationen 1932–1945*, Bd. 2.2, S. 1731.

10 Kay, *Exploitation, Resettlement, Mass Murder*, S. 96–114; Browning, *Die Entfesselung der »Endlösung«*, S. 316 ff.; Longerich, *Holocaust*, S. 179 ff.; ders., *Heinrich Himmler*, S. 533–546; Gerwarth, *Reinhard Heydrich*, S. 228–236.

11 Ingrao, *Hitlers Elite*, S. 241–245; Langerbein, *Hitler's Death Squads*, S. 27–30.

12 Browning, *Die Entfesselung der »Endlösung«*, S. 332–347; Longerich, *Politik der Vernichtung*, S. 310–320.

13 Wildt, *Generation des Unbedingten*, S. 538–553; Krausnick/Wilhelm, *Die Truppe des Weltanschauungskrieges*, S. 145–150; Höhne, *Der Orden unter dem Totenkopf*, S. 326–329.

14 Headland, *Messages of Murder,* S. 27–47; Longerich, *Heinrich Himmler*, S. 538; Matthäus, »Controlled Escalation«.

15 »Rundschreiben Chef der Sicherheitspolizei und des SD an die Höheren SS- und Polizeiführer im Osten«, 2. Juli 1941, in: *Dokumente der Einsatzgruppen in der Sowjetunion,* Bd. 2, S. 44–47; Browning, *Die Entfesselung der »Endlösung«*, S. 337 ff.; Longerich, *Heinrich Himmler*, S. 538–545; Gerwarth, *Reinhard Heydrich*, S. 232–236. Der Anstoß zu lokalen Pogromen könnte von Alfred Rosenberg gekommen sein.

16 Polonsky, *The Jews in Poland and Russia*, Bd. 2, S. 3–86.

17 Ebd., Bd. 3, S. 240–296.

18 Spector, *The Holocaust of Volhynian Jews 1941–1944*, S. 7–22; Polonsky, *The Jews in Poland and Russia*, Bd. 3, S. 376–394; zu Białystok siehe Bender, *The Jews of Bialystok during World War II and the Holocaust*, S. 18–88.

19 Polonsky, *The Jews in Poland and Russia*, Bd. 3, S. 205–238.

20 Ezergailis, *The Holocaust in Latvia 1941–1944*, S. 58–69; Press, *Judenmord in Lettland 1941–1945,* S. 9–29.

21 Spector, *The Holocaust of Volhynian Jews 1941–1944*, S. 22–34; Alpert, *The Destruction of Slonim Jewry*, S. 9 f.; Stromer, *Memoirs of an Unfortunate Person,* S. 30; Segev, *Simon Wiesenthal,* S. 57–60; Grynberg, *Kinder Zions*, S. 61–118.

22 Polonsky, *The Jews in Poland and Russia*, Bd. 3, S. 384–394, 399–411; Pinchuk, »Facing Hitler and Stalin«; Litvak, »Jewish Refugees from Poland in the USSR, 1939–1946«; Gross, »The Jewish Community in the Soviet-Annexed Territories on the Eve of the Holocaust«.

23 Fritz, *Ostkrieg*, S. 77–91; Stahel, *Operation Barbarossa and Germany's Defeat in the East*, S. 153–186; zu den Operationen der Einsatzgruppen siehe Longerich, *Politik der Vernichtung*, S. 321–410.

24 Bellamy, *Absolute War*, S. 179–198.

25 *Dokumente der Einsatzgruppen in der Sowjetunion,* Bd. 1, S. 55–59, 85–89, 139–143, EM vom 30. Juni sowie 6. und 18. Juli 1941; Kwiet, »Rehearsing for Murder«. Die »Ereignismeldungen« der Einsatzgruppen waren datiert und durchnummeriert und fassten jeweils Meldungen mehrerer EG oder EK zusammen; zudem betrafen sie in der Regel die Ereignisse mehrerer Tage, wenn nicht sogar eines längeren Zeitraums. Um Verwirrung zu vermeiden, wird hier nur das Datum der Ereignismeldung angegeben, und sie wird für gewöhnlich nur einer bestimmten Einheit zugeordnet, wenn nur eine genannt ist.

26 *Dokumente der Einsatzgruppen in der Sowjetunion,* Bd. 1, S. 55–59, EM vom 30. Juni 1941; M. Gilbert, »Introduction«; Tory, *Surviving the Holocaust,* S. 3 ff., 7 f., 23–28; »An appeal to the nations of the world. From the diary of Dr Victor Kutorga« (1941), in: Rubinstein/Altman (Hg.), *The Unknown Black Book,* S. 278–282.

27 McQueen, »Nazi Policy Towards the Jews in the Reichskommissariat Ostland, June–December 1941«; Dieckmann, »The Role of the Lithuanians in the Holocaust«.

28 Tory, *Surviving the Holocaust,* S. 15–18.

29 Arad, *The Holocaust in the Soviet Union*, S. 141–147.

30 *Dokumente der Einsatzgruppen in der Sowjetunion,* Bd. 1, S. 114 f., EM vom 13. Juli 1941; Kruk, *The Last Days of the Jerusalem of Lithuania,* S. 46 f., 50 f., 56 f., 60 f., 66, 70 ff.; Sakowicz, *Die geheimen Notizen des K. Sakowicz,* S. 51 f.

31 Ebd.

32 »Accounts of local Inhabitants Nesta Miselevich, Veksler, and Yazhgura«, in: Rubinstein/Altman (Hg.), *The Unknown Black Book,* S. 301 ff.

33 *Dokumente der Einsatzgruppen in der Sowjetunion,* Bd. 1, S. 76, 128, EM vom 4. und 16. Juli 1941; Ezergailis, *The Holocaust in Latvia,* S. 145–162, 173–186, 208–211.

34 *Dokumente der Einsatzgruppen in der Sowjetunion,* Bd. 1, S. 129 f., EM vom 16. Juli 1941; Angrick/Klein, *Die »Endlösung« in Riga,* S. 79, 81, 86–91; Ezergailis, *The Holocaust in Latvia,* S. 217 f. Max Kaufmann überlebte und schrieb in einem Lager für Displaced Persons in Deutschland einen der ersten Berichte über die Vernichtung der lettischen Juden nieder, *Churbn Lettland,* S. 52 f.

35 Zu den Routen der Einsatzgruppen siehe Arad, *The Holocaust in the Soviet Union,* S. 126–129.

36 Arad, *The Holocaust in the Soviet Union,* S. 150 ff., 163–167; Bender, *The Jews of Bialystok,* S. 90–98; Westerman, *Hitler's Police Battalions,* S. 171–177.

37 Polonsky, *The Jews in Poland and Russia,* Bd. 3, S. 421–424.

38 Gross, *Neighbours,* S. 22–101; Spector, *The Holocaust of Volhynian Jews 1941–1944,* S. 64–67; vgl. Longerich, *Politik der Vernichtung,* S. 321–351; zur Diskussion über die Methodologie der Untersuchung und Interpretation dieser Ereignisse siehe Polonsky/Michlic (Hg.), *The Neighbours Respond,* insbesondere S. 209–385.

39 *Dokumente der Einsatzgruppen in der Sowjetunion,* Bd. 1, S. 233, EM vom 5. August 1941; Arad, *The Holocaust in the Soviet Union,* S. 151 f.; Wassili Grossman, »Das Minsker Ghetto«, in: Ehrenburg/Grossman (Hg.), *Das Schwarzbuch,* S. 227; B. Epstein, *The Minsk Ghetto 1941–1943,* S. 77–87.

40 *Dokumente der Einsatzgruppen in der Sowjetunion,* Bd. 1, S. 165 ff., 171 ff., EM vom 23. und 24. Juli 1941. Ein am 24. Juli 1941 nach Berlin übermittelter langer Bericht über »Die Judenfrage im weißruthenischen Siedlungsraum« liest sich, als hätten sich Sipo und SD zum ersten Mal ernsthaft mit dieser Frage beschäftigt (ebd., S. 175–178).

41 *Dokumente der Einsatzgruppen in der Sowjetunion,* Bd. 1, S. 70, 82 f., 85 ff., 131, EM vom 3., 5., 6. und 16. Juli 1941; Golczewski, »Shades of Grey«; Redlich, »Metropolitan Andreii Sheptyts'kyi and the Complexities of Ukrainian Jewish Relations«.

42 Arad, *The Holocaust in the Soviet Union,* S. 89 ff.; I. Herz/Naphtali Nacht, »Die Ausrottung der Juden von Lwow«, in: Ehrenburg/Grossman (Hg.), *Das Schwarzbuch,* S. 172; Kessler (Hg.), *The Wartime Diary of Edmund Kessler, Lwow, Poland, 1942–1944,* S. 33–37; Kahane, *Lvov Ghetto Diary,* S. 6 f.; *Dokumente der Einsatzgruppen in der Sowjetunion,* Bd. 1, S. 132, EM vom 16. Juli 1941.

43 Ebd., Bd. 1, S. 87, 132 f., EM vom 6. und 11. Juli 1941.

44 Spector, *The Holocaust of Volhynian Jews 1941–1944*, S. 64–100.

45 *Dokumente der Einsatzgruppen in der Sowjetunion*, Bd. 1, S. 145, 200 f., 208, EM vom 19., 29. und 30. Juli 1941.

46 Arad, *The Holocaust in the Soviet Union*, S. 126–129; Deletant, *Hitler's Forgotten Ally*, S. 83–87.

47 Ebd., S. 12–25; Ancel, *The History of the Holocaust in Romania*, S. 71–82; ders., *The Economic Destruction of Romanian Jewry*, S. 48–63.

48 Ioanid, *The Holocaust in Romania*, S. 38–43; Ancel, *The History of the Holocaust in Romania*, S. 71–82; Dorian, *The Quality of Witness*, S. 112 f.

49 Ioanid, *The Holocaust in Romania*, S. 45–51; Ancel, *The Economic Destruction of Romanian Jewry*, S. 69–124; Dorian, *The Quality of Witness*, S. 99 f., 135 f.

50 Deletant, *Hitler's Forgotten Ally*, S. 52–67; Ancel, *The Economic Destruction of Romanian Jewry*, S. 127–132; Dorian, *The Quality of Witness*, S. 137–144, 148 f.

51 Ancel, *The Economic Destruction of Romanian Jewry*, S. 148–170; Ioanid, *The Holocaust in Romania*, S. 111.

52 Ancel, *The Economic Destruction of Romanian Jewry*, S. 307–322; ders., *The History of the Holocaust in Romania*, S. 445–456; Ioanid, *The Holocaust in Romania*, S. 63–90; ders., »The Holocaust in Romania«; Dorian, *The Quality of Witness*, S. 166 f.

53 *Dokumente der Einsatzgruppen in der Sowjetunion*, Bd. 1, S. 104, 137, EM vom 11. und 17. Juli 1941; Bericht Nr. 9 des Leiters der Sicherheitspolizei und des Sicherheitsdienstes des Reichsführers SS vom 31. Juli 1941, zitiert nach Monneray, *La Persécution des Juifs*, S. 291, übers. durch Verlag; Ioanid, *The Holocaust in Romania*, S. 90–108; Ancel, *The History of the Holocaust in Romania*, S. 171–175. Wie Saul Friedländer anmerkt, »übertrafen die Armee und die Gendarmerie der Rumänen sogar noch Otto Ohlendorfs Einsatzgruppe D« (*Das Dritte Reich und die Juden*, Bd. 2, S. 253).

54 Ancel, *The History of the Holocaust in Romania*, S. 176–191; Deletant, »Transnistria and the Romanian Solution of the ›Jewish Problem‹«.

55 Rakhil Fradis-Milner an Rakhil Kovnator, 25. September 1944, in: Rubinstein/Altman (Hg.), *The Unknown Black Book*, S. 157–161; *Dokumente der Einsatzgruppen in der Sowjetunion*, Bd. 1, S. 344, 356, EM vom 23. und 26. August 1941.

56 E. Grosberg, »Czernowitz während der deutsch-rumänischen Besatzung«, in: Ehrenburg/Grossman (Hg.), *Das Schwarzbuch*, S. 153 f.; Ioanid, *The Holocaust in Romania*, S. 111–142; Geissbühler, »The Rape of Jewish Women and Girls During the First Phase of the Romanian Offensive in the East, July 1941«.

57 Schroeder, *Er war mein Chef*, S. 114; Halder, *Kriegstagebuch*, Bd. 2, S. 9–12, 28 ff., 36–40, 51–55; Fritz, *Ostkrieg*, S. 82–111.

58 Matthäus, »Das ›Unternehmen Barbarossa‹ und der Beginn der Judenvernichtung, Juni–Dezember 1941«, S. 388–391; Kay, *Exploitation, Resettlement, Mass Murder*, S. 180–185.

59 Aktenvermerk über eine Besprechung Hitlers mit Rosenberg, Lammers, Keitel und Göring, 16. Juli 1941, in: *IMG*, Bd. 38, S. 86 ff.; Kay, *Exploitation, Resettlement, Mass Murder*, S. 99 ff.; Matthäus, »Das ›Unternehmen Barbarossa‹ und der Beginn der Judenvernichtung, Juni–

Dezember 1941«, S. 355 f., 399 f., 407 ff.; Arad, *The Holocaust in the Soviet Union*, S. 96–101; Longerich, *Politik der Vernichtung*, S. 363–369.

60 Halder, *Kriegstagebuch*, Bd. 2, S. 23, Eintrag vom 28. Juni 1941; Stahel, *Operation Barbarossa and Germany's Defeat in the East*, S. 160, 199, 254–257; Bartov, *Hitlers Wehrmacht*, S. 139 ff.; Stalin, Rundfunkrede, 3. Juli 1941, in: ders., *Über den Großen Vaterländischen Krieg der Sowjetunion*, S. 9.

61 Halder, *Kriegstagebuch*, Bd. 2, S. 60–63, 110–120; Megargee, *Hitler und die Generäle*, S. 159 f.; Stahel, *Operation Barbarossa and Germany's Defeat in the East*, S. 228–245.

62 Megargee, *Hitler und die Generäle*, S. 134–148; Fritz, *Ostkrieg*, S. 81–91, 116–134, 148–162, 182–193; Stahel, *Operation Barbarossa and Germany's Defeat in the East*, S. 209–300.

63 Halder, *Kriegstagebuch*, Bd. 2, S. 108 f., 192 ff.; Megargee, *Hitler und die Generäle*, S. 157–164; Stahel, *Operation Barbarossa and Germany's Defeat in the East*, S. 423–438.

64 Stahel, *Kiev 1941;* vgl. Mawdsley, *Thunder in the East*, S. 69–74.

65 Halder, *Kriegstagebuch*, Bd. 2, S. 170, 226–230; Stahel, »Radicalizing Warfare«; Kershaw, *Hitler*, Bd. 2, S. 551–566; Megargee, *War of Annihilation*, S. 57–71, 89–96, 108–115. Yitzhak Arad hält die Lebensmittelkrise und die Sicherheitslage nicht für Ursachen der Eskalation der Mordaktionen; nach seiner Auffassung dienten sie lediglich als Vorwand (*The Holocaust in the Soviet Union*, S. 129–133).

66 OKW, »Kommunistische Aufstandsbewegung in den besetzten Gebieten«, 16. September 1941, in: Jacobsen, »Kommissarbefehl und Massenexekutionen sowjetischer Kriegsgefangener«, S. 215 ff.; Reichsführer-SS, Kommandobefehl Nr. 42, in: *Dokumente der Einsatzgruppen in der Sowjetunion*, Bd. 2, S. 235 ff.; Halder, *Kriegstagebuch*, Bd. 2, S. 265, Eintrag vom 3. Oktober 1941; Blood, *Hitler's Bandit Hunters*, S. 63.

67 OKW, »Juden in den neu besetzten Ostgebieten«, 12. September 1941, in Jacobsen, »Kommissarbefehl und Massenexekutionen sowjetischer Kriegsgefangener«, S. 207; Walter von Reichenau, »Verhalten der Truppe im Ostraum«, 10. Oktober 1941, in: Longerich (Hg.), *Die Ermordung der europäischen Juden*, S. 137; Fritz, *Hitlers Frontsoldaten*, S. 242.

68 Longerich, *Politik der Vernichtung*, 414–418, 421–425; ders., *Heinrich Himmler*, S. 546 ff., 559 f.; Gerwarth, *Reinhard Heydrich*, S. 244–258. Peter Longerich ist der Auffassung, dass der Einsatz der Tötungseinheiten nach Himmlers Vorstellung in drei Phasen verlaufen sollte, in denen sie in Übereinstimmung mit den operativen Möglichkeiten immer größere Räume abdecken würden, zuerst das rückwärtige Gebiet von Armeen, dann dasjenige der Heeresgruppen und schließlich die zivil verwalteten Zonen *(Politik der Vernichtung*, S. 302 ff.). Christian Gerlach spricht von sowohl geplanten als auch panischen Maßnahmen zur Ausschaltung »nutzloser Esser« (»Die Ausweitung der deutschen Massenmorde in den besetzten sowjetischen Gebieten im Herbst 1941«).

69 Longerich, *Politik der Vernichtung*, S. 352–369; ders., *Heinrich Himmler*,

S. 549 f.; Matthäus, »Das ›Unternehmen Barbarossa‹ und der Beginn der Judenvernichtung, Juni–Dezember 1941«, S. 371–405. Laut Jürgen Matthäus gingen die Massentötungen von einer »utopischen« in eine pragmatische Phase über, doch seine eigenen Belege für das streng technische Herangehen an die Vernichtung ganzer Bevölkerungsgruppen deuten darauf hin, dass sich sowohl das Denken als auch die Praxis in die umgekehrte Richtung entwickelte (S. 381 f.).

70 Longerich, *Politik der Vernichtung*, S. 310; Dieckmann, »The Role of the Lithuanians in the Holocaust«, S. 157–161; Waite, »›Reliable Local Residents‹«.

71 Westerman, *Hitler's Police Battalions*, S. 15 f., 68–87, 100–114, 185–191.

72 Zu gegensätzlichen Erklärungen dafür, wie es möglich war, dass Deutsche kaltblütig derart viele Juden ermorden konnten siehe Goldhagen, *Hitlers willige Vollstrecker*, S. 219–331; Browning, *Ganz normale Männer;* Westerman, *Hitler's Police Battalions*. Zur Rolle der Wehrmacht siehe Heer/Naumann (Hg.), *Vernichtungskrieg*.

73 *Dokumente der Einsatzgruppen in der Sowjetunion*, Bd. 1, S. 272 f., 279 f., 293, 333–336, 342, 366 ff., 374–379, 537–548, 656–662, 779, 781, 785–791, EM vom 10., 12., 15., 22. und 29. August sowie 23. September, 9. Oktober und 14. November 1941; Halder, *Kriegstagebuch*, Bd. 3, S. 265; siehe auch J. Rutherford, *Combat and Genocide on the Eastern Front*, S. 128–145.

74 Longerich, *Politik der Vernichtung*, S. 405–410; Beorn, *Marching into Darkness*, S. 92–118; vgl. Browning, *Die Entfesselung der Endlösung*, S. 419 f.

75 Fritz, *Hitlers Frontsoldaten*, S. 74–79, 237–240; Bartov, *Hitlers Wehrmacht*, S. 229 ff., 240 f., 243. Die von Omer Bartov zitierten Beispiele stammen überwiegend aus einer von den Deutschen 1941 unter dem Titel *Deutsche Soldaten sehen die Sowjetunion* veröffentlichten Textsammlung, aber seine Schlussfolgerungen werden von Stephen G. Fritz bestätigt, der zahlreiche Feldbriefsammlungen und Privatarchive gesichtet hat. Vgl. auch Neitzel/Welzer, *Soldaten*, S. 55–60, 143, 173.

76 Karl Fuchs an seine Frau, 3. Juni 1941, und seinen Vater, 4. August 1941; die Originalbriefe wurden freundlicherweise von Horst Fuchs Richardson zur Verfügung gestellt. Karl Fuchs fiel in der Schlacht um Moskau.

77 Erich von Manstein, Befehl vom 20. November 1941, in: Ueberschär/Wette (Hg.), *Der deutsche Überfall auf die Sowjetunion*, S. 289 f.; Hermann Hoth, Befehl vom 17. November 1941, in: ebd., S. 287; Bartov, *Hitlers Wehrmacht*, S. 197 f.; Heer, »Die Logik des Vernichtungskrieges«.

78 Rubenstein/Roth, *Approaches to Auschwitz*, S. 179; Matthäus, »Das ›Unternehmen Barbarossa‹ und der Beginn der Judenvernichtung, Juni–Dezember 1941«, S. 412 ff.; Ingrao, *Hitlers Elite*, S. 231 f., 241–314; Longerich, *Heinrich Himmler*, S. 551 f. Eichmann berichtete dies 1955/56 in Buenos Aires einem Journalisten und Ex-Nazi und wiederholte es 1960 nach seiner Gefangennahme im Verhör in Israel (*The Trial of Adolf Eichmann*, Bd. 7, S.

214 f.; Cesarani, *Adolf Eichmann,* S. 145 f.).

79 *Dokumente der Einsatzgruppen in der Sowjetunion,* Bd. 1, S. 272 f., 493–496, EM vom 10. August und 19. September 1941; »An appeal to the nations of the world. From the diary of Dr Victor Kutorga« (1941), in: Rubinstein/Altman (Hg.), *The Unknown Black Book,* S. 286.

80 Tory, *Surviving the Holocaust,* S. 26–39, Tagebucheinträge vom 4. August–1. Oktober 1941.

81 *Dokumente der Einsatzgruppen in der Sowjetunion,* Bd. 1, S. 306 f., EM vom 16. August 1941; Tory, *Surviving the Holocaust,* S. 15–18, 23–28, Tagebucheinträge vom 8. und 10. Juli sowie 4. August 1941; Dieckmann, »The Role of the Lithuanians«, S. 162–165; Porat, »The Holocaust in Lithuania«.

82 Tory, *Surviving the Holocaust,* S. 43–59, Tagebucheintrag vom 28. Oktober 1941.

83 Kruk, *The Last Days of the Jerusalem of Lithuania,* S. 94 ff., 122 f., Einträge für 5. und 6. September sowie 1. Oktober 1941; Anmerkungen von Yitzhak Arad in Sakowicz, *Ponary Diary 1941–1943,* S. 22–27, 30–34, 43 ff.

84 Sakowicz, *Die geheimen Notizen des K. Sakowicz,* S. 57–60, 66.

85 Ebd., S. 53 f., 59 ff., 66.

86 Kruk, *The Last Days of the Jerusalem of Lithuania,* S. 91 f.

87 Ebd., S. 94 ff., 113 ff., 122, 133–136, 149, 160.

88 Angrick/Klein, *Die »Endlösung« in Riga,* S. 111–125; Schneider, »The Two Ghettos in Riga, Latvia, 1941–43«, S. 183 ff.; Dean, »Seizure, Registration and Sale«, S. 372–378.

89 Arad, *The Holocaust in the Soviet Union,* S. 148 f.; »The story of Syoma Shpungin«, in: Rubenstein/Altman (Hg.), *The Unknown Black Book,* S. 347 f., übers. d. Verlag.

90 Neitzel (Hg.), *Abgehört,* S. 274 f.

91 Bender, *The Jews of Bialystok during World War II and the Holocaust,* S. 98–108.

92 Heinrich Carl an Wilhelm Kube, 30. Oktober 1941, http://www.forum-der-wehrmacht.de/index.php/Thread/20890-11-Polizei-Batallion/; Arad, *The Holocaust in the Soviet Union,* S. 155 f.

93 Alpert, *The Destruction of Slonim Jewry,* S. 50–102; Gerlach, *Krieg, Ernährung, Völkermord,* S. 294 f.

94 »Bericht über den Verlauf der Pripjet-Aktion vom 27.7.–11.8.1941«, in: *Die Verfolgung und Ermordung der europäischen Juden durch das nationalsozialistische Deutschland 1933–1945,* Bd. 7, S. 246 f.

95 Gerlach, »Deutsche Wirtschaftsinteressen«.

96 Ingrao, *Hitlers Elite,* S. 238; »Liquidation of the Jews in Mstislavl«, in: Rubinstein/Altman (Hg.), *The Unknown Black Book,* S. 274 f.

97 Spector, *The Holocaust of Volhynian Jews 1941–1944,* S. 101–106.

98 Sandkühler, »Judenpolitik und Judenmord im Distrikt Galizien, 1941–1942«; Angrick, »Annihilation and Labour«.

99 Arad, *The Holocaust in the Soviet Union,* S. 223–228.

100 Ebd., S. 225 f.; Kahane, *Lvov Ghetto Diary,* S. 34; Stromer, *Memoirs of an Unfortunate Person,* S. 67; Kessler, *The Wartime Diary of Edmund Kessler, Lwow, Poland, 1942–1944,* S. 45, 50 ff.

101 Ebd., S. 61 f.; Stromer, *Memoirs of an Unfortunate Person,* S. 79, 83 f.; Kahane, *Lvov Ghetto Diary,* S. 36 f.

102 *Dokumente der Einsatzgruppen in der Sowjetunion,* Bd. 1, S. 147 (Anm. 6), 485 (Anm. 4), 642 f., EM vom 7. Oktober 1941.

103 Wassili Grossman, »Die Ermordung der Juden in Berditschew«, in: Ehrenburg/Grossman (Hg.), *Das Schwarzbuch,* S. 62–71; A. I. Bekker/R. A. Kownator, »In der Stadt Chmelnik. Gebiet Winniza«, in: ebd., S. 81.

104 *Dokumente der Einsatzgruppen in der Sowjetunion,* Bd. 1, S. 598, 600 (Anm. 4), 615, EM vom 28. September und 2. Oktober 1941; Lew Oserow, »Kiew; Babi Jar«, in: Ehrenburg/Grossman (Hg.), *Das Schwarzbuch,* S. 43–58; Emilia B. Kotlova, »How I was saved from Hitler«, in: Rubinstein/Altman (Hg.), *The Unknown Black Book,* S. 73; Podolsky, »The Tragic Fate of Ukrainian Jewish Women Under Nazi Occupation, 1941–1944«, S. 98 ff.

105 *Dokumente der Einsatzgruppen in der Sowjetunion,* Bd. 1, S. 262 ff., EM vom 9. August 1941; Lower, »Axis Collaboration, Operation Barbarossa and the Holocaust in the Ukraine«; ders., *Nazi Empire Building and the Holocaust in the Ukraine,* S. 69–86; Spector, »The Holocaust of the Ukrainian Jews«.

106 Arad, *The Holocaust in the Soviet Union,* S. 181–184.

107 »Briefe aus Dnepropetrowsk. Briefe des Ehepaars Indikt«, in: Ehrenburg/Grossman (Hg.), *Das Schwarzbuch,* S. 112–118.

108 *Dokumente der Einsatzgruppen in der Sowjetunion,* Bd. 2, S. 96 ff., 136, EM vom 16. Januar und 4. Februar 1942; S. »The Recollections of Engineer S. S. Krivoruchko«, in: Rubinstein/Altman (Hg.), *The Unknown Black Book,* S. 99–103.

109 »Die Aufzeichnungen der Sara Gleich. Mariupol«, in: Ehrenburg/Grossman (Hg.), *Das Schwarzbuch,* S. 127–134.

110 Arad, *The Holocaust in the Soviet Union,* S. 201–211.

111 *Dokumente der Einsatzgruppen in der Sowjetunion,* Bd. 1, S. 255, 378 f., 446 (Anm. 4), EM vom 7. und 29. August sowie 11. September 1941; Braham, *The Politics of Genocide,* Bd. 1, S. 207–214.

112 Ancel, *The Economic Destruction of Romanian Jewry,* S. 252–256; Deletant, »Transnistria and the Romanian Solution of the ›Jewish Problem‹«, S. 167–172.

113 Ancel, *The Economic Destruction of Romanian Jewry,* S. 186–191; Ioanid, *The Holocaust in Romania,* S. 142–175; Podolsky, »The Tragic Fate of Ukrainian Jewish Women under Nazi Occupation, 1941–1944«, S. 102 f.

114 Ancel, *The Economic Destruction of Romanian Jewry,* S. 201–224.

115 Rakhil Fradis-Milner in: Rubinstein/Altman (Hg.), *The Unknown Black Book,* S. 158 f.; Ioanid, *The Holocaust in Romania,* S. 195–212; Ancel, *The Economic Destruction of Romanian Jewry,* S. 256–271.

116 *Dokumente der Einsatzgruppen in der Sowjetunion,* Bd. 1, S. 736, EM vom 26. Oktober 1941; Vera Inber, »Odessa«, in: Ehrenburg/Grossman (Hg.), *Das Schwarzbuch,* S. 135–152; »The Story of Anna Margulis from Odessa«, in: Rubinstein/Altman (Hg.), *The Unknown Black Book,* S. 115–118; Ancel, *The Economic Destruction of Romanian Jewry,* S. 280 ff.; Ioanid, *The Holocaust in Romania,* S. 177–182.

117 Vera Inber, »Odessa«, in: Ehren-

burg/Grossman (Hg.), *Das Schwarzbuch,* S. 135 f., 142 ff.; »Recollections and Verses of the Schoolboy Lev Rozhetksy, April 4–August 16, 1944«, in: Rubinstein/Altman (Hg.), *The Unknown Black Book*, S. 121–132; Aussagen von Überlebenden des Lagers in Bogdanowka in: ebd., S. 138–141; Ancel, *The Economic Destruction of Romanian Jewry*, S. 282–288; Ioanid, *The Holocaust in Romania*, S. 182–193, 195–210.

118 Ancel, *The Economic Destruction of Romanian Jewry*, S. 290–306; Ioanid, *The Holocaust in Romania*, S. 187–192; Steinhart, *The Holocaust and the Germanization of Ukraine*, S. 113–156.

119 Karl Jäger, »Gesamtaufstellung der im Bereich des EK 3 bis zum 1. Dez. 1941 durchgeführten Exekutionen«, 1. Dezember 1941, in: *Dokumente der Einsatzgruppen in der Sowjetunion,* Bd. 2, S. 241–247; Arad, *The Holocaust in the Soviet Union*, S. 261, 274.

120 *Dokumente der Einsatzgruppen in der Sowjetunion,* Bd. 3, S. 77, EM vom 14. Januar 1942; Gerlach, »Deutsche Wirtschaftsinteressen«, S. 283 f.; Pohl, »The Murder of Ukraine's Jews under German Military Administration and in the Reich Commissariat Ukraine«, S. 43.

121 Hinrich Lohse, »Vorläufige Richtlinien für die Behandlung der Juden im Gebiet des Reichskommissariats Ostland«. 2. August 1941, in: Benz/Kwiet/Matthäus (Hg.), *Einsatz im »Reichskommissariat Ostland«*, S. 38–42; Stellungnahme Stahleckers, 6. August 1941, in: ebd., S. 42–46; überarbeitete Fassung der Richtlinien, 18. August 1941, in: ebd., S. 46 f.; Matthäus, »Das ›Unternehmen Barbarossa‹ und der Beginn der Judenvernichtung, Juni–Dezember 1941«, S. 414–419; Angrick/Klein, *Die »Endlösung« in Riga,* S. 107–110; Arad, *The Holocaust in the Soviet Union*, S. 110 f.

122 Lohse an Rosenberg, 15. November 1941, und Otto Bräutigam an Lohse, 18. Dezember 1941, in: *IMG,* Bd. 32, S. 436 f.; Rüstungsinspektion Ukraine an den Chef des Wirtschafts- und Rüstungsamts des OKW, General Thomas, 2. Dezember 1941, in: ebd., S. 71–75; Bericht des Gebietskommissars Libau an den Generalkommissar Lettland, 11. Oktober 1941, in: ebd., S. 93; Arad, *The Holocaust in the Soviet Union*, S. 155 f., 158–162; Longerich, *Holocaust*, S. 394–397.

123 Michman, *Angst vor den »Ostjuden«*, S. 113–135.

124 *Dokumente der Einsatzgruppen in der Sowjetunion,* Bd. 1, S. 452, EM vom 12. September 1941; Ioanid, *The Holocaust in Romania*, S. 142.

125 Arad, *The Holocaust in the Soviet Union*, S. 75 ff.; Altshuler, »Escape and Evacuation of Soviet Jews at the time of the Nazi Invasion«.

126 Halder, *Kriegstagebuch,* Bd. 2, S. 263–271, 287 f., 301 ff., 305–308, 318 ff., 325 ff.; Fritz, *Ostkrieg*, S. 135–165, 182–193.

127 Klemperer, *Ich will Zeugnis ablegen,* Bd. 1, S. 545, 558; Browning, *Die Entfesselung der »Endlösung«*, S. 255 ff., 261–264; Grenville, *The Jews and Germans of Hamburg*, S. 216 f.

128 Kwiet, »Without Neighbours«; Ascher, *A Community under Siege*, S. 209 f., 219–226, 228–238.

129 Grenville, *The Jews and Germans of Hamburg*, S. 250 f.; Ascher, *A Community under Siege*, S. 216–219.

130 Browning, *Die Entfesselung der »Endlösung«*, S. 288–292; Meyer,

»Between Self-Assurance and Forced Collaboration«, S. 150–154; Regierungspräsident Ober- und Mittelfranken, Bericht für Juni 1940, 8. Juli 1940; Bericht für Juli 1940, 7. August 1940; Bericht für September 1940, 6. Oktober 1940; Auswanderungsberatungsstelle Köln, Tätigkeitsbericht für das erste Quartal 1942, o. D., in: Kulka/Jäckel (Hg.), *Die Juden in den geheimen NS-Stimmungsberichten,* S. 429 ff., 433, 488; Klemperer, *Ich will Zeugnis ablegen,* Bd. 1, S. 655; Spitzer, *Hotel Bolivia,* S. 167 ff.; Heppner, *Fluchtort Shanghai,* S. 139–144.

131 Klemperer, *Ich will Zeugnis ablegen,* Bd. 1, S. 655, 661 f.; von Hassell, *Die Hassell-Tagebücher 1938–1944,* S. 262–267, 283–286; Reck-Malleczewen, *Tagebuch eines Verzweifelten,* S. 140 f., 155–159.

132 Smith, *Feind schreibt mit,* S. 69, 103, 107 f., 112, 116, 120, 122.

133 Goebbels, *Die Tagebücher,* Bd. 2/I, S. 66–73, 114–120, 148–153; Smith, *Feind schreibt mit,* S. 69–80, 90 f.

134 SD-Außenstelle Bielefeld, Lageberichte, 8. und 15. Oktober 1940; RSHA, Amt III (SD), »Meldungen aus dem Reich«, 28. November 1940 und 20. Januar 1941; SD-Außenstelle Höxter, »Filmprogramme«, 7. Februar 1941, in: Kulka/Jäckel (Hg.), *Die Juden in den geheimen NS-Stimmungsberichten,* S. 434 f., 437 f., 440 f.; Klemperer, *Ich will Zeugnis ablegen,* Bd. 1, S. 564; Thacker, *Joseph Goebbels,* S. 221 ff., 225 f.

135 Joseph Goebbels, »Der Schleier fällt«, 6. Juli 1941, in: ders., *Die Zeit ohne Beispiel,* S. 522; RSHA, Amt III (SD), »Meldungen aus dem Reich«, 31. Juli 1941, in: Kulka/Jäckel (Hg.), *Die Juden in den geheimen NS-Stimmungsberichten,* S. 451; Smith, *Feind schreibt mit,* S. 157–160; Herf, *The Jewish Enemy,* S. 103–116; Breitman/Lichtman, *FDR and the Jews,* S. 184 f.

136 NSDAP Gau München-Oberbayern, Rassenpolitisches Amt, Bericht, 14. Oktober 1940; SD-Außen- und Hauptaußenstelle Raum Bielefeld, Bericht, 30. November 1940; SD-Hauptaußenstelle Bielefeld, »Stimmung gegen Juden«, 5. August 1941, in: Kulka/Jäckel (Hg.), *Die Juden in den geheimen NS-Stimmungsberichten,* S. 436 f., 452 f. (Hervorhebung im Original).

137 Thacker, *Joseph Goebbels,* S. 233–236; Longerich, *Joseph Goebbels,* S. 479–485; Zitat Goebbels aus dem Völkischen Beobachter vom 13. September 1941, Kershaw, *Hitler 1936–1945,* S. 631 f.; Browning, *Die Entfesselung der »Endlösung«,* S. 460 ff.; Friedländer, *Das Dritte Reich und die Juden,* Bd. 2, S. 267 f., 279 f.

138 SD-Außenstelle Bielefeld, Bericht, 13. September 1941; SD-Außenstelle Minden, »Kennzeichnung der Juden«, 26. September 1941; Regierungspräsident Augsberg, Bericht für September, 8. Oktober 1941; Gendarmerie Urspringen, »Verhalten der Juden in Urspringen«, 19. September 1941; RSHA, Amt III (SD), »Meldungen aus dem Reich«, 9. Oktober 1941, in Kulka/Jäckel (Hg.), *Die Juden in den geheimen NS-Stimmungsberichten,* S. 456 ff., 460, 464 f.; Leland B. Morris an das US-Außenministerium, 30. September 1941, in: Bajohr/Strupp (Hg.), *Fremde Blicke,* S. 561 f.

139 Klemperer, *Ich will Zeugnis ablegen,* Bd. 2, S. 11; RSHA, Amt III (SD), »Meldungen aus dem Reich«,

9. Oktober; SD-Außenstelle Paderborn, Bericht, 11. Oktober 1941, in: Kulka/Jäckel (Hg.), *Die Juden in den geheimen NS-Stimmungsberichten,* S. 465; Smith, *Feind schreibt mit,* S. 169; Flannery, *Assignment to Berlin,* S. 295 ff.; Friedländer, *Das Dritte Reich und die Juden,* Bd. 2, S. 281 ff.

140 Flannery, *Assignment to Berlin,* S. 143; Klemperer, *Ich will Zeugnis ablegen,* Bd. 1, S. 663, Tagebucheintrag vom 15. September 1941; Andreas-Friedrich, *Der Schattenmann,* S. 82, Tagebucheintrag vom 19. September 1941.

141 Auftrag Görings an Heydrich, Juli 1941, in: *IMG,* Bd. 26, S. 266 f.; Kershaw, *Hitler,* Bd. 2, 629, 635–640; Witte, »Two Decisions Concerning the ›Final Solution of the Jewish Question‹«; Browning, *Die Entfesselung der »Endlösung«,* S. 456–472; van der Vat, *Der gute Nazi,* S. 149 f.; Smith, *Feind schreibt mit,* S. 115 f.; Bürgermeister Siegburg, »Zusammenlegung von Juden in der Stadt Siegburg«, 4. Juni 1941; Bürgermeister Forchheim, Bericht, 30. September 1941 (mit der Forderung, Juden an den Stadtrand umzusiedeln); NSDAP-Kreisleitung Lübeck, »Stimmungsbericht«, 10. November 1941; SD-Hauptaußenstelle Bielefeld, 4. November 1941; in: Kulka/Jäckel (Hg.), *Die Juden in den geheimen NS-Stimmungsberichten,* S. 448, 462 f., 467, 470 f.; Aly, *Hitlers Volksstaat,* S. 139 f.; Collingham, *The Taste of War,* S. 157–164.

142 Heinrich Himmler an Arthur Greiser, 18. September 1941, in: Longerich (Hg.), Die Ermordung der europäischen Juden, S. 157; Witte, »Two Decisions Concerning the ›Final Solution of the Jewish Question‹«; Browning, *Die Entfesselung der »Endlösung«,* S. 467–475; Cesarani, *Adolf Eichmann,* S. 138 ff.; Epstein, *Model Nazi,* S. 184 ff.; Gerwarth, *Reinhard Heydrich,* S. 253 f.

143 B. Epstein, *The Minsk Ghetto,* S. 77 ff.; Arad, *The Holocaust in the Soviet Union,* S. 152–155; »Das Minsker Ghetto«, in: Ehrenburg/Grossman (Hg.), *Das Schwarzbuch,* S. 241–246; Hersch Smolar, »Das illegale Kampfzentrum im Minsker Ghetto«, in: ebd., S. 283 f.

144 Heydrich, Presseerklärung, 10. Oktober 1941, in: Benz (Hg.), *Dimension des Völkermords,* S. 361, Anm. 28; Rothkirchen, *The Jews of Bohemia and Moravia,* S. 123–128; Lederer, *Ghetto Theresienstadt,* S. 13 f.; vgl. Gerwarth, *Reinhard Heydrich,* S. 252 f.

145 Angrick/Klein, *Die »Endlösung« in Riga,* S. 138–159, 165 f.

146 Generalmajor Walter Bruns, 25. April 1945, in: Neitzel (Hg.), *Abgehört,* S. 304 ff.

147 Angrick/Klein, *Die »Endlösung« in Riga,* S. 160–179.

148 Browning, *Die Entfesselung der »Endlösung«,* S. 479 f.; Angrick/Klein, *Die »Endlösung« in Riga,* S. 201 f., 246–251; *Jewish Responses,* Bd. 3, S. 156–159; Ascher, *A Community under Siege,* S. 246–253.

149 Browning, *Die Entfesselung der »Endlösung«,* S. 525, 593–597; Epstein, *Model Nazi,* S. 186 f.; Trunk, *Lodz Ghetto,* S. 228; Gutman, »The Distinctiveness of the Lodz Ghetto«, S. XLVIII; Kershaw, »Improvised Genocide?«; Montague, *Chelmno and the Holocaust,* S. 14–27, 50–65; *Die Chronik des Gettos Lodz/Litzmannstadt,* Bd. 1, S. 310–316.

150 Browning, *Die Entfesselung der »Endlösung«*, S. 537–555; Grenville, *The Jews and Germans of Hamburg*, S. 217 f.; Cesarani, *Adolf Eichmann*, 141 f.

151 »Elfte Verordnung zum Reichsbürgergesetz«, 25. November 1941, in: *RGBl.*, Teil I, 1941, S. 722 ff.; Grenville, *The Jews and Germans of Hamburg*, S. 241; Dean, »The Development and Implementation of Nazi Denaturalization and Confiscation Policy up to the Eleventh decree to the Reich Citizenship Law«; ders., *Robbing the Jews*, S. 161–171, 222–243.

152 M. Kaplan, *Der Mut zum Überleben*, S. 255–275; Rabinovici, *Instanzen der Ohnmacht*, S. 225–231, 234 ff.; Smith, *Feind schreibt mit*, S. 165; Regierungspräsident Ober- und Mittelfranken, Bericht für März 1942, 7. April 1942, in: Kulka/Jäckel (Hg.), *Die Juden in den geheimen NS-Stimmungsberichten*, S. 490; Goeschel, »Suicides of German Jews in the Third Reich«, S. 44.

153 Smith, *Feind schreibt mit*, S. 165 f.; SD-Außenstelle Minden, Bericht, 19. Dezember 1941; NSDAP-Kreisleiter Göttingen, »Bericht an Gestapo Göttingen«, 19. Dezember 1941, in: Kulka/Jäckel (Hg.), *Die Juden in den geheimen NS-Stimmungsberichten*, S. 479, 481 f.; Klemperer, *Ich will Zeugnis ablegen*, Bd. 2, S. 9 (Hervorhebung im Original); von Hassell, *Die Hassell-Tagebücher 1938–1944*, S. 280.

154 Grenville, *The Jews and Germans of Hamburg*, S. 222 ff., übers. d. Verlag.

155 Angrick/Klein, *Die »Endlösung« in Riga*, S. 218–232; Katz, *Erinnerungen eines Überlebenden*, S. 28–32.

156 Rosenfeld, *Wozu noch Welt*, S. 46.

157 Horwitz, *Ghettostadt*, S. 132–142; *Die Chronik des Gettos Lodz/Litzmannstadt*, Bd. 1, S. 254–279, 285–288, 299f.; Bd. 2, S. 15–28.

158 *Die Chronik des Gettos Lodz/Litzmannstadt*, Bd. 1, S. 230 ff., 254–283, 285 f., 299 f., 316; Bd. 2, S. 15–28; Sierakowiak, *Das Ghettotagebuch des Dawid Sierakowiak*, S. 108 ff.; Trunk, *Lodz Ghetto*, S. 308–311.

159 Gerlach, »Die Wannseekonferenz, das Schicksal der deutschen Juden und Hitlers politische Grundsatzentscheidung, alle Juden Europas zu ermorden«.

160 Sierakowiak, *Das Ghettotagebuch des Dawid Sierakowiak*, S. 111; Berg, *The Diary of Mary Berg*, S. 67; dies., »Tagebuch aus dem Warschauer Ghetto«, in: *Aufbau*, Bd. 10, 43, S. 7; Ringelblum, *Notes from the Warsaw Ghetto*, S. 197–202, 251 f., 254; *Die Chronik des Gettos Lodz/Litzmannstadt*, Bd. 1, S. 327 ff.

161 Sierakowiak, *Das Ghettotagebuch des Dawid Sierakowiak*, S. 82 f.; *Die Chronik des Gettos Lodz/Litzmannstadt*, Bd. 1, S. 164f., 327 ff.; Bd. 2, S. 28–35.

162 Gruner, *Jewish Forced Labour under the Nazis*, S. 220 ff.; Klein, *Nichts als das nackte Leben*, S. 56–106; Rubinowicz, *Das Tagebuch des Dawid Rubinowicz*, S. 18 f., 21 f., 24 ff.

163 Adler, *In the Warsaw Ghetto 1940–1943*, S. 82–85, 221 ff., 225–228, 238 f.; Czerniaków, *Im Warschauer Ghetto*, S. 141, 146 f., 152 f., 162, 165.

164 Ebd., S. 151 f., 155–158, 178, 205 f.; Ringelblum, *Notes from the Warsaw Ghetto*, S. 216 f.; vgl. Hilberg/Staron, »Introduction«, S. 55 f.

165 Czerniaków, *Im Warschauer Ghetto*, S. 178; Berg, *The Diary of Mary Berg*, S. 80–83.

166 Mazor, *The Vanished City*, S. 120 f.; Berg, »Tagebuch aus dem War-

schauer Ghetto«, in: *Aufbau,* Bd. 10, S. 7 f., 41 f.; Czerniaków, *Im Warschauer Ghetto,* S. 194.

167 Ringelblum, *Notes from the Warsaw Ghetto,* S. 222 f.; Berg, *The Diary of Mary Berg,* S. 69, 74; dies., »Tagebuch aus dem Warschauer Ghetto«, in: *Aufbau,* Bd. 10, S. 8, 42.

168 Ringelblum, *Notes from the Warsaw Ghetto,* S. 233 f.; Berg, *The Diary of Mary Berg,* S. 107–110; dies., »Tagebuch aus dem Warschauer Ghetto«, in: *Aufbau,* Bd. 10, S. 7, 43.

169 Weiss, *Und doch ein ganzes Leben,* S. 26–46.

170 Ebd., S. 42–48.

171 Ebd., S. 52–62.

172 Poznanski, *Jews in France during World War II,* S. 172–199.

173 Lambert, *Diary of a Witness 1940–1943,* S. 43–50, 54 f., 61–65.

174 Ebd., S. 54 f., Eintrag vom 8. Juli 1941; Klarsfeld, »The Influence of the War on the Final Solution in France«; Carltheo Zeitschel an Otto Abetz, 22. August 1941, in: dies., *Vichy - Auschwitz,* S. 367.

175 Laub, »The Development of German Policy in Occupied France, 1941, against the Background of the War in the East«; Adler, *The Jews of Paris and the Final Solution,* S. 37–41; Poznanski, *Jews in France during World War II,* S. 56 f., 207 ff.

176 »Die deutsche Militärverwaltung in Paris und die Deportation der französischen Juden«; Poznanski, *Jews in France during World War II,* S. 209 f.

177 Ebd., S. 131–135; Adler, *The Jews of Paris and the Final Solution,* S. 81–102.

178 Lambert, *Diary of a Witness 1940–1943,* S. 71 f., 76–83, Einträge vom 3. Oktober, 30. November sowie 2. und 11. Dezember 1941.

179 Bernard, *The Camp of Slow Death,* S. 23, 41 f.

180 Moore, *Victims and Survivors,* S. 81–88; Presser, *Ashes in the Wind,* S. 76–97; Dean, *Robbing the Jews,* S. 264–276.

181 Wasserstein, *The Ambiguity of Virtue,* S. 102–110.

182 Mazower, *Griechenland unter Hitler,* S. 281–284; zum Feldzug siehe Stockings/Hancock, *Swastika over the Acropolis.*

183 Yahil, *Die Shoah,* S. 481–484.

184 Telegramm von Felix Benzler an das Auswärtige Amt, Nr. 508 vom 14. August 1941, in: Telegramme aus den Akten des Büros des Staatssekretärs (Politisches Archiv des Auswärtigen Amts, R 29663); Shelach, »The Murder of the Jews in Serbia and the Serbian Uprising in July 1941«; Manoschek, »Gehst du mit Juden erschießen?«; Cesarani, *Adolf Eichmann,* S. 156.

185 Matthäus, »Das ›Unternehmen Barbarossa‹ und der Beginn der Judenvernichtung, Juni–Dezember 1941«, S. 428–448.

186 Collingham, *The Taste of War,* S. 164–170, 180–205, 353–379; vgl. Tooze, *Ökonomie der Zerstörung,* S. 619–632.

187 Longerich, *Heinrich Himmler,* S. 559–571; ders., *Politik der Vernichtung,* S. 421–434; Gerwarth, *Reinhard Heydrich,* S. 272–277; Evans, *Das Dritte Reich,* Bd. 3, S. 313.

188 Breitman/Lichtman, *FDR and the Jews,* S. 185–190; Franklin D. Roosevelt, »Ansprache in Washington, am 27. Oktober 1941«, in: ders., *Roosevelt spricht,* S. 197.

189 Kershaw, *Wendepunkte,* S. 375–415, 481–539; Hitler, Reichstagsrede am 11. Dezember 1941, in: ders., *Reden und Proklamationen,* Bd. 2.2, S. 1810.

190 Thacker, *Joseph Goebbels*, S. 236–243; Longerich, *Joseph Goebbels*, S. 499 f.; Browning, *Die Entfesselung der »Endlösung«*, S. 582.

191 Ebd., S. 583 f.; Kershaw, *Hitler*, Bd. 2, S. 651 f.

192 Browning, *Die Entfesselung der »Endlösung«*, S. 447; »Vermerk über Unterredung beim Führer am 14.12.1941«, in: *IMG*, Bd. 27, S. 270; Longerich, *Politik der Vernichtung*, S. 462 f.; ders., *Heinrich Himmler*, S. 570 f.

VI.

1 Fritz, *Ostkrieg*, S. 199–215; Jones, *The Retreat*.

2 Fritz, *Ostkrieg*, S. 224–230; Collingham, *The Taste of War*, S. 199–205.

3 Weinberg, *Eine Welt in Waffen*, S. 443 ff.; Fritz, *Ostkrieg*, S. 230–236; Hayward, *Stopped at Stalingrad*, S. 1–13, 18 ff.

4 Roseman, *Die Wannsee-Konferenz*, S. 82–87, 95–98, 166 f.

5 Ebd., S. 85 f. Yehoshua Büchler und Yehuda Bauer haben enthüllt, dass durch die Einladung von Vertretern des Generalgouvernements versucht wurde, dessen Verwaltung unter Kontrolle zu bekommen (»Document«). Christian Gerlach vertritt die Ansicht, dass die Besprechung ursprünglich nur das Schicksal der Juden aus dem Reich und dem Protektorat zum Thema haben sollte. Zwischen 29. November 1941 und 8. Januar 1942 habe es sich jedoch auf alle europäischen Juden ausgeweitet (»Die Wannsee-Konferenz, das Schicksal der deutschen Juden und Hitlers politische Grundsatzentscheidung, alle Juden Europas zu ermorden«).

6 »Besprechungsprotokoll«, in: Roseman, *Die Wannsee-Konferenz*, S. 172 ff.; vgl. Cesarani, *Eichmann*, S. 162 f.

7 Vgl. Gerlach, »Die Wannseekonferenz, das Schicksal der deutschen Juden und Hitlers politische Grundsatzentscheidung, alle Juden Europas zu ermorden«; Longerich, *Politik der Vernichtung*, S. 466–472.

8 »Besprechungsprotokoll«, in: Roseman, *Die Wannsee-Konferenz*, S. 175–177.

9 Ebd., S. 177–184.

10 Ebd., S. 183 f.

11 Cesarani, *Adolf Eichmann*, S. 164, 173 f., 178 ff.; Gerlach, »Die Wannsee-Konferenz, das Schicksal der deutschen Juden und Hitlers politische Grundsatzentscheidung, alle Juden Europas zu ermorden«.

12 Friedländer, *Das Dritte Reich und die Juden*, Bd. 2, S. 367–373; Wachsmann, *KL*, S. 342–345.

13 *Die Chronik des Gettos Lodz/Litzmannstadt*, Bd. 2, S. 15–28.

14 Gutman, »Introduction«, XLVIII–LIII; Horwitz, *Ghettostadt*, S. 145–155; Trunk, *Lodz Ghetto*, S. 228 f.

15 *Die Chronik des Gettos Lodz/Litzmannstadt*, Bd. 2, S. 42 f., 80 f.; Krakowski, *Das Todeslager Chełmno, Kulmhof*, S. 51–58.

16 Tagebuch von Shlomo Frank, 17. Januar 1942, zit. in: Trunk, *Lodz Ghetto*, S. 230 f.

17 Montague, *Chelmno and the Holocaust*, S. 66–72.

18 Aussage von Walter Burmeister, Bundesarchiv, B 162/3248, Bl. 974,

ZSt. AR-Z 69/59, Bd. 6.; Montague, *Chelmno and the Holocaust*, S. 51–59, 76–85, 91–96.

19 Krakowski, *Das Todeslager Chełmno, Kulmhof*, S. 61–69.

20 Montague, *Chelmno and the Holocaust*, S. 96–113.

21 Ebd., S. 128–136.

22 Ebd., S. 76–82, 85–90; Krakowski, *Das Todeslager Chełmno, Kulmhof*, S. 153–160.

23 *The Chronicle of the Lodz Ghetto*, S. 127 ff., übers. d. Verlag; Rosenfeld, *Wozu noch Welt*, S. 64.

24 Sierakowiak, *The Diary of Dawid Sierakowiak*, S. 149 f., Einträge vom 21.–30. März 1942; Rosenfeld, *Wozu noch Welt*, S. 65; *Die Chronik des Gettos Lodz/Litzmannstadt*, Bd. 2, S. 73–98.

25 Rosenfeld, *Wozu noch Welt*, S. 53, 55 ff., 61 f.; *Die Chronik des Gettos Lodz/Litzmannstadt*, Bd. 2, S.51 ff., 56 ff.

26 Horwitz, *Ghettostadt*, S. 161–166; Longerich, *Heinrich Himmler*, S. 580–586; ders., *Politik der Vernichtung*, S. 489 f.

27 Horwitz, *Ghettostadt*, S. 166 f.; Trunk, *Lodz Ghetto*, S. 222–238.

28 *Die Chronik des Gettos Lodz/Litzmannstadt*, Bd. 2, S. 112–115, 119–127; Sierakowiak, *The Diary of Dawid Sierakowiak*, S. 155–158, Rosenfeld, *Wozu noch Welt*, S. 66 f.; Trunk, *Lodz Ghetto*, S. 38 f.

29 *Die Chronik des Gettos Lodz/Litzmannstadt*, Bd. 2, S. 134–145; Sierakowiak, *The Diary of Dawid Sierakowiak*, S. 161, 163; Rosenfeld, *Wozu noch Welt*, S. 72, Tagebucheintrag vom 4. Mai 1942.

30 *Die Chronik des Gettos Lodz/Litzmannstadt*, Bd. 2, S.145–148, 150–162; Rosenfeld, *Wozu noch Welt*, S. 130–133.

31 *Die Chronik des Gettos Lodz/Litzmannstadt*, Bd. 2, S. 157–165, 176–181, 198–201.

32 Rosenfeld, *Wozu noch Welt*, S. 86–92; zur widersprüchlichen deutschen Politik siehe Gruner, *Jewish Forced Labour under the Nazis*, S. 189 ff.

33 *Die Chronik des Gettos Lodz/Litzmannstadt*, Bd. 2, S. 202–209.

34 Montague, *Chelmno and the Holocaust*, S. 183–188.

35 Nach Ansicht von Dieter Pohl (»Die Ermordung der Juden im Generalgouvernement«, S. 102 ff.) und David Silberklang (*Gates of Tears*, S. 221–228) haben Himmler und Odilo Globocnik im Oktober 1941 den Entschluss gefasst, Massen von Juden zu töten.

36 Silberklang, *Gates of Tears*, S. 46, 52, 228–251; Sandkühler, »Judenpolitik und Judenmord im Distrikt Galizien, 1941–1942«; vgl. Musial, »Ursprünge der ›Aktion Reinhardt‹«; Pohl, »Hans Krüger and the Murder of the Jews in the Stanislawow Region«; Black, »Police Auxiliaries for Operation Reinhard«, S. 327–336 (zur begrenzten Zahl der am Beginn der Aktion Reinhardt tatsächlich verfügbaren Männer).

37 Silberklang, *Gates of Tears*, S. 230 f., 260–279, 281–289.

38 Ebd., S. 286 f., 289 f.

39 Arad, *Belzec, Sobibor, Treblinka*, S. 23–29.

40 Ebd., S. 68–74.

41 Ebd., S. 73; O'Neill, »Belzec – The Forgotten Death Camp«.

42 Silberklang, *Gates of Tears*, S. 290–306; Arad, *Belzec, Sobibor, Treblinka*, S. 383–389.

43 Silberklang, *Gates of Tears*, S. 307–335; Longerich, *Heinrich Himmler*,

S. 580–586; Pohl, »Die Ermordung der Juden im Generalgouvernement«, S. 105 f.

44 Reder, »Belzec«. Reder hat seine Erinnerungen mit Hilfe von Nella Rost, einer Mitarbeiterin der Jüdischen Historischen Kommission, die nach der Befreiung Polens Beweise für an Juden begangene Verbrechen sammelte, verfasst. Sie wurden 1946 von der Kommission in Lemberg veröffentlicht.

45 Kahane, *Lvov Ghetto Diary*, S. 43–49; zur typischen Weigerung von Rabbinern, Juden an die Deutschen zu übergeben, selbst wenn damit das Leben anderer Juden gerettet werden konnte, siehe Farbstein, *Hidden Thunder*, S. 187–200.

46 Stromer, *Memoirs of an Unfortunate Person*, S. 85; Kahane, *Lvov Ghetto Diary*, S. 50–56; Farbstein, *Hidden Thunder*, S. 327–341.

47 Stromer, *Memoirs of an Unfortunate Person*, S. 113.

48 Kahane, *Lvov Ghetto Diary*, S. 57–72; Himka, »Metropolitan Andrey Sheptytsky and the Holocaust«.

49 Citino, *Death of the Wehrmacht*, S. 50–114, 116–148; Hayward, *Stopped at Stalingrad*, S. 65–119; Fritz, *Ostkrieg*, S. 236–266.

50 Citino, *Death of the Wehrmacht*, S. 152–182, 223–258; Hayward, *Stopped at Stalingrad*, S. 133–172; Fritz, *Ostkrieg*, S. 266–297.

51 Longerich, *Heinrich Himmler*, S. 576–580; Allen, *The Business of Genocide*, S. 154–164; Wagner, »Work and extermination in the concentration camps«; Wachsmann, *KL*, S. 339–348, 454–466.

52 Longerich, *Politik der Vernichtung*, S. 476–482; Gruner, *Jewish Forced Labour under the Nazis*, S. 257 ff.; Wachsmann, *KL*, S. 348–351, 359–379.

53 Friedländer, *Das Dritte Reich und die Juden*, Bd. 2, S. 375–378; Longerich, *Politik der Vernichtung*, S. 506; ders., *Heinrich Himmler*, S. 587 ff.

54 »Befehl Himmlers an den HSSPF im Generalgouvernement, Krüger«, 19. Juli 1942, in: Longerich (Hg.), *Die Ermordung der europäischen Juden*, S. 201 f.; ders., *Heinrich Himmler*, S. 591 f., 603; Silberklang, *Gates of Tears*, S. 312 f.; Gruner, *Jewish Forced Labour under the Nazis*, S. 259 ff. Verwirrenderweise wurde der Name der Operation wahrscheinlich schon vor Heydrichs Tod geprägt, und selbst die Nationalsozialisten benutzten unterschiedliche Schreibweisen – »Reinhard« oder »Reinhardt« (Witte/Tyas, »A New Document on the Deportation and Murder of Jews during ›Einsatz Reinhardt‹ 1942«, S. 474 f.).

55 Citino, *Death of the Wehrmacht*, S. 168–176, 221–225; Longerich, *Holocaust*, S. 341–344; Aly, *Hitlers Volksstaat*, S. 199 f.; Fritz, *Ostkrieg*, S. 220–224.

56 Longerich, *Heinrich Himmler*, S. 592 f.; Gruner, *Jewish Forced Labour under the Nazis*, S. 261–268.

57 Arad, *Belzec, Sobibor, Treblinka*, S. 30–36; Schelvis, *Vernichtungslager Sobibor*, S. 33–54.

58 Zeugenaussage von Yaacov Freidberg, 4. Juni 1961, in: *The Trial of Adolf Eichmann*, Bd. 3, S. 1167–1171; Arad, *Belzec, Sobibor, Treblinka*, S. 75–80.

59 Ebd., S. 114 f.; Saidel, *Mielec, Poland*, S. 88 f.

60 Arad, *Belzec, Sobibor, Treblinka*, S. 123 f.; Schelvis, *Vernichtungslager Sobibor*, S. 122–135; Zeugenaussage

von Yaacov Freidberg, 4. Juni 1961, in: *The Trial of Adolf Eichmann*, Bd. 3, S. 1167.

61 Arad, *Belzec, Sobibor, Treblinka*, S. 123 f., 390 f.

62 Engelking/Leociak, *The Warsaw Ghetto*, S. 47–51.

63 Czerniaków, *Im Warschauer Ghetto*, S. 222, 227 f., 235 f., 240, Tagebucheinträge vom 31. Januar, 16. Februar, 13. und 18. März sowie 1. April 1942; Ringelblum, *Notes from the Warsaw Ghetto*, S. 256 f., 261–264, Einträge vom 10. April und 8. Mai 1942; Berg, »Tagebuch aus dem Warschauer Ghetto«, in: *Aufbau*, Bd. 10, S. 8, 43; dies., *The Diary of Mary Berg*, S. 145; Lewin, *A Cup of Tears*, S. 96 f., 106 ff., 118; ders., Tagebucheintrag vom 14. Juni 1942, in: Ben-Sasson/Preiss, »Twilight Days«, S. 26; Kaplan, *Buch der Agonie*, S. 340 f., 352; Hitler, Reden am 30. Januar und 26. April 1942, in: ders., *Reden und Proklamationen 1932–1945*, Bd. 2.2, S. 1828 f., 1866–1869.

64 Ringelblum, *Notes from the Warsaw Ghetto*, S. 260 f.; Lewin, *A Cup of Tears*, S. 73–77; Czerniaków, *Im Warschauer Ghetto*, S. 368; Kaplan, *Buch der Agonie*, S. 358 ff., 362 ff., Tagebucheinträge vom 27. Juni und 2. Juli 1942.

65 Ringelblum, *Notes from the Warsaw Ghetto*, S. 301; Lewin, *A Cup of Tears*, S. 95 f., 114; Kaplan, *Buch der Agonie*, S. 365 f., 371 f.

66 Ringelblum, *Notes from the Warsaw Ghetto*, S. 245 f.; Kaplan, *Buch der Agonie*, S. 329 ff., 334 ff.; siehe auch Lewin, *A Cup of Tears*, S. 106 ff.

67 Czerniaków, *Im Warschauer Ghetto*, S. 223; Lewin, *A Cup of Tears*, S. 77 f., 89, 125–128; Kaplan, *Buch der Agonie*, S. 317 ff.; Ringelblum, *Notes from the Warsaw Ghetto*, S. 282.

68 Ebd., S. 288 f.; Mazor, *The Vanished City*, S. 41 ff.

69 Ringelblum, *Notes from the Warsaw Ghetto*, S. 288; Mazor, *The Vanished City*, S. 114 f.; Berg, »Tagebuch aus dem Warschauer Ghetto«, in: *Aufbau*, Bd. 10, 43, S. 8; dies., *The Diary of Mary Berg*, S. 131; Czerniaków, *Im Warschauer Ghetto*, S. 240–243, 248.

70 Ebd., S. 229 ff.; Lewin, *A Cup of Tears*, S. 84.

71 Zeitzeugeninterviews mit Bartolomeo Fruterro und Michaelangelo Pattoglio in: Revelli (Hg.), *Mussolini's Death March*, S. 220, 242 f.

72 Czerniaków, *Im Warschauer Ghetto*, S. 250 f., 253 ff.; Berg, »Tagebuch aus dem Warschauer Ghetto«, in: *Aufbau*, Bd. 10, 43, S. 8; Lewin, *A Cup of Tears*, S. 71 f., 80, 90; siehe auch Kaplan, *Buch der Agonie*, S. 321–328.

73 Gutman, *The Jews of Warsaw 1939–1943*, S. 122–154; Blatman, *For Our Freedom and Yours*, S. 44–55; Engelking/Leociak, *The Warsaw Ghetto*, S. 659–685.

74 Ebd., S. 680 f.; Gutman, *The Jews of Warsaw 1939–1943*, S. 162–167.

75 Engelking/Leociak, *The Warsaw Ghetto*, S. 681 ff.; Blatman, *For Our Freedom and Yours*, S. 90–96; Gutman, *The Jews of Warsaw 1939–1943*, S. 170–176; Y. Zuckerman, *A Surplus of Memory*, S. 170–175, 181–184.

76 Czerniaków, *Im Warschauer Ghetto*, S. 243 f.; Engelking/Leociak, *The Warsaw Ghetto*, S. 683 ff.; Blatman, *For Our Freedom and Yours*, S. 97–101; Gutman, *The Jews of Warsaw 1939–1943*, S. 176–180.

77 Ringelblum, *Notes from the Warsaw Ghetto*, S. 295 f.; Kassow, *Ringel-*

blums Vermächtnis, S. 476 f.; Engelking/Leociak, *The Warsaw Ghetto,* S. 657–672.

78 Czerniaków, *Im Warschauer Ghetto,* S. 262, 266 ff., 277 f., 281 f.; Berg, *The Diary of Mary Berg,* S. 152 f.; dies., »Tagebuch aus dem Warschauer Ghetto«, in: *Aufbau,* Bd. 10, 44, S. 8; Seidman, *The Warsaw Ghetto Diaries,* S. 33–40, 44–48.

79 Czerniaków, *Im Warschauer Ghetto,* S. 283 f.; Seidman, *The Warsaw Ghetto Diaries,* S. 48–51.

80 »Eröffnungen und Auflagen für den Judenrat«, 22. Juli 1942, in: *Faschismus – Getto – Massenmord,* S. 305 ff.; Czerniaków, *Im Warschauer Ghetto,* S. 284; Seidman, *The Warsaw Ghetto Diaries,* S. 52 f.; Engelking/Leociak, *The Warsaw Ghetto,* S. 212 f., 704 f.

81 Czerniaków, *Im Warschauer Ghetto,* S. 284 f., Tagebucheintrag vom 23. Juli 1942; Ringelblum, *Notes from the Warsaw Ghetto,* S. 316; Kaplan, *Buch der Agonie,* S. 386 f.; Seidman, *The Warsaw Ghetto Diaries,* S. 57–60; Reich-Ranicki, *Mein Leben,* S. 243–251.

82 Engelking/Leociak, *The Warsaw Ghetto,* S. 698 ff.; Seidman, *The Warsaw Ghetto Diaries,* S. 60 ff.

83 Engelking/Leociak, *The Warsaw Ghetto,* S. 703–715; Adler, *In the Warsaw Ghetto 1940–1943,* S. 268–275; »Aufruf. An die Einwohner des jüdischen Wohnbezirks«, in: *Faschismus – Getto – Massenmord,* S. 309. Stanislaw Adler, der als Verwaltungsbeamter beim Ordnungsdienst arbeitete, ist, was seine eigene Tätigkeit in dieser Zeit betrifft, verdächtig vage geblieben.

84 Kaplan, *Buch der Agonie,* S. 384–393; Lewin, *A Cup of Tears,* S. 136–139, 163 f.; Seidman, *The Warsaw Ghetto Diaries,* S. 57 f.

85 Kaplan, *Buch der Agonie,* S. 380, 385; Lewin, *A Cup of Tears,* S. 153 f., 163 f., 170.

86 Kaplan, *Buch der Agonie,* S. 387; Lewin, *A Cup of Tears,* S. 140, 144 f., 150 f.; Seidman, *The Warsaw Ghetto Diaries,* S. 66 ff., 84 ff.

87 Gutman, *The Jews of Warsaw 1939–1943,* S. 228–236; Y. Zuckerman, *A Surplus of Memory,* S. 193 f.; Goldstein, *»Die Sterne sind Zeugen«,* S. 80 f.; Edelman, *Das Ghetto kämpft,* S. 47 f.

88 Gutman, *The Jews of Warsaw 1939–1943,* S. 236–249; Y. Zuckerman, *A Surplus of Memory,* S. 202 ff., 218–222; Goldstein, *»Die Sterne sind Zeugen«,* S. 86 f.; Lewin, *A Cup of Tears,* S. 161 f.; Edelman, *Das Ghetto kämpft,* S. 49.

89 Lewin, *A Cup of Tears,* S. 76–79; Seidman, *The Warsaw Ghetto Diaries,* S. 75–78; Kaplan, *Buch der Agonie,* S. 398, 403.

90 Engelking/Leociak, *The Warsaw Ghetto,* S. 718 f.; Seidman, *The Warsaw Ghetto Diaries,* S. 72 f.; Szereszewska, *Memoirs from Occupied Warsaw, 1940–1945,* S. 60 f., 96 f., 105.

91 Lewin, *A Cup of Tears,* S. 159 f.; Zylberberg, *A Warsaw Diary, 1939–1945,* S. 67–75.

92 Die folgende Darstellung stützt sich auf Szpilman, *Der Pianist,* S. 90–110.

93 Lewin, *A Cup of Tears,* S. 157 f., 160 f., 176–179.

94 Seidman, *The Warsaw Ghetto Diaries,* S. 113–117; Engelking/Leociak, *The Warsaw Ghetto,* S. 727–730; Gutman, *The Jews of Warsaw 1939–1943,* S. 221.

95 Lewin, *A Cup of Tears*, S. 148, 150–153, 170 f.; Seidman, *The Warsaw Ghetto Diaries*, S. 100–107.

96 Zum Folgenden siehe Arad, *Belzec, Sobibor, Treblinka*, S. 37–43; Chrostowski, *The Extermination Camp Treblinka*, S. 24–54.

97 Arad, *Belzec, Sobibor, Treblinka*, S. 89–99; Longerich, *Holocaust*, S. 339.

98 Wiernik, *A Year in Treblinka*, S. 6 ff.; Weinstein, *17 Days in Treblinka*, S. 36 f.

99 Wiernik, *A Year in Treblinka*, S. 9 f.; Weinstein, *17 Days in Treblinka*, S. 39–62.

100 Wiernik, *A Year in Treblinka*, S. 11–55.

101 Arad, *Belzec, Sobibor, Treblinka*, S. 89–92, 119 f.; Wiernik, *A Year in Treblinka*, S. 18; Vernehmung von Josef Oberhauser, zit. in: Landgericht Düsseldorf, Strafverfahren gegen Kurt Franz und andere, Urteilsbegründung, 3. September 1965, in: Rückerl (Hg.), *NS-Vernichtungslager*, S. 209.

102 Arad, *Belzec, Sobibor, Treblinka*, S. 127 f., 392–397. Höfles Telegramm wurde von der britischen Funkaufklärung in Bletchley Park abgefangen und entschlüsselt (Witte/Tyas, »A New Document on the Deportation and Murder of Jews during ›Einsatz Reinhardt‹ 1942«, S. 469 f.).

103 Arad, *Belzec, Sobibor, Treblinka*, S. 109–113; Chrostowski, *The Extermination Camp Treblinka*, S. 45–52.

104 Wiernik, *A Year in Treblinka*, S. 18–22; siehe auch Strawczynski, »Ten Months in Treblinka (October 5, 1942 - August 2, 1943)«, S. 140.

105 Arad, *Belzec, Sobibor, Treblinka*, S. 162 ff.; Wiernik, *A Year in Treblinka*, S. 22.

106 Rajchman, *Ich bin der letzte Jude*, S. 43–46, 91.

107 Arad, *Belzec, Sobibor, Treblinka*, S. 254 ff.; Rajchman, *Ich bin der letzte Jude*, S. 63 f.; Wiernik, *A Year in Treblinka*, S. 22. Richard Glazar, der Mitte Oktober 1942 aus der Tschechoslowakei nach Treblinka deportiert worden war, schrieb in seinen kurz nach dem Krieg verfassten Erinnerungen, die »Stabilisierung« habe es den Gefangenen ermöglicht, gemeinsam zu handeln (*Die Falle mit dem grünen Zaun*, S. 59, 72–85).

108 Arad, *The Holocaust in the Soviet Union*, S. 251–273, 287–297.

109 Ebd., S. 251 f., 255 f.; B. Epstein, *The Minsk Ghetto*, S. 104 ff., 133–147; *Dokumente der Einsatzgruppen in der Sowjetunion*, Bd. 2, S. 197 ff., EM vom 9. März 1942; »From the Notes of the Partisan Mikhail Grichanik«, in Rubinstein/Altman (Hg.), *The Unknown Black Book*, S. 240; »Accounts of Perla Aginskaya and Others«, in: ebd., S. 245 f.

110 Arad, *The Holocaust in the Soviet Union*, S. 256 ff.; Alpert, *The Destruction of Slonim Jewry*, S. 125–142, 156–170, 195–221, 244–254.

111 Wilhelm Kube an Hinrich Lohse, Bericht vom 31. Juli 1942, in: *IMG*, Bd. 32, S. 280 f.; Arad, *The Holocaust in the Soviet Union*, S. 491 ff., 505–510; Tec, *Bewaffneter Widerstand*, S. 62–107.

112 Arad, *The Holocaust in the Soviet Union*, S. 266–271; Francesco Rossi in: Revelli (Hg.), *Mussolini's Death March*, S. 315 f.

113 Spector, *The Holocaust of Volhynian Jews 1941–1944*, S. 172–187; Dean, *Collaboration in the Holocaust*, S. 78–104; ders., »Soviet Ethnic Germans and the Holocaust in the

Reich Commissariat Ukraine, 1941–1944«.

114 Spector, *The Holocaust of Volhynian Jews 1941–1944*, S. 189–206; Arad, *The Holocaust in the Soviet Union*, S. 263–273.

115 Spector, *The Holocaust of Volhynian Jews 1941–1944*, S. 227–231; Arad, *The Holocaust in the Soviet Union*, S. 493 ff.; Bauer, *Der Tod des Schtetls*, S. 179–287.

116 Arad, *The Holocaust in the Soviet Union*, S. 271 f.

117 Ebd., S. 283–297; Mallman/Cüppers, *Halbmond und Hakenkreuz*, S. 221–224; zur Kollaboration von Moslems in der Sowjetunion und anderswo siehe Motadel, *Islam and Nazi Germany's War*, insbesondere S. 133–177.

118 Arad, *The Holocaust in the Soviet Union*, S. 274–283, 590; ders., *Belzec, Sobibor, Treblinka*, S. 249–252.

119 Denkschrift des Wehrkreisbefehlshabers im Generalgouvernement ans OKW, 18. September 1941, in: *Faschismus – Getto – Massenmord*, S. 445; Himmler, Befehl vom 9. Oktober 1942, in: ebd., S. 446 f.; Katzmann an Krüger, »Lösung der Judenfrage«, 30. Juni 1943, in: ebd., S. 361; Arad, *The Holocaust in the Soviet Union*, S. 283 ff.

120 Van Pelt, »A Site in Search of a Mission«; Wachsmann, *KL*, S. 339–368.

121 Steinbacher, *Auschwitz*, S. 21–37; Strzelecka/Setkiewicz, »Bau, Ausbau und Entwicklung des KL Auschwitz und seiner Nebenlager«; Dwork/van Pelt, *Auschwitz*, S. 179–215; Świebocki, *Widerstand*, S. 71 ff.; Piper, »Die Entstehungsgeschichte des KL Auschwitz«, S. 64.

122 Dwork/van Pelt, *Auschwitz*, S. 182 f., 195; Piper, »Die Vernichtungsmethoden«, S. 144.

123 Steinbacher, *Auschwitz*, S. 37–49, 71–76; Dwork/van Pelt, *Auschwitz*, S. 184 ff. 217–237, 279 ff., 290–304, 330; Wachsmann, *KL*, S. 346.

124 Pohl, »The Holocaust and the Concentration Camps«, S. 151–154; Wachsmann, *KL*, S. 351 ff.

125 Wachsmann, »The dynamics of destruction«, S. 29 ff.; Wagner, »Work and Extermination in the Concentration Camps«, S. 132 ff.; Wachsmann, *KL*, S. 417–428, 454–473.

126 Pohl, »The Holocaust and the Concentration Camps«, S. 151 f.; Wagner, »Work and Extermination in the Concentration Camps«, S. 136–141; Wachsmann, *KL*, S. 399–402, 546–551.

127 Niznansky, »Expropriation and Deportation of Jews in Slovakia«; Hilberg, *Die Vernichtung der europäischen Juden*, Bd. 2, S. 766–775.

128 Dwork/van Pelt, *Auschwitz*, S. 331 ff.; Hilberg, *Die Vernichtung der europäischen Juden*, Bd. 2, S. 776–779; Wachsmann, *KL*, S. 347–351; Czech, *Kalendarium der Ereignisse im Konzentrationslager Auschwitz-Birkenau 1939–1945*, S. 189 ff., Eintrag für den 26. März 1942.

129 Piper, »Die Rolle des KL Auschwitz bei der Durchführung der nationalsozialistischen Unterdrückungs- und Genozid-Politik«, S. 29 ff.; Longerich, *Politik der Vernichtung*, S. 491 ff.

130 Czech, *Kalendarium der Ereignisse im Konzentrationslager Auschwitz-Birkenau 1939–1945*, S. 746, 794 f., 805, 807; Herbert, »Die deutsche Militärverwaltung in Paris und die Deportation der französischen Juden«, S. 185–193.

131 Zuccotti, *The Holocaust, the French, and the Jews*, S. 88 ff.; Strzelecka, »Quarantäne – die ersten Wochen

im KL Auschwitz«; dies., »Der Tagesablauf der als Arbeitskräfte eingesetzten Häftlinge«; Iwaszko, »Die Unterbringung, die Bekleidung und die Ernährung der Häftlinge«; Steinbacher, *Auschwitz*, S. 27–30, 49 f.

132 Piper, »Die Ausbeutung der Arbeit der Häftlinge«; Steinbacher, *Auschwitz*, S. 30, 42–49; Wachsmann, *KL*, S. 399–402.

133 Strzelecka, »Die Häftlingsspitäler (›Häftlingskrankenbau‹) im KL Auschwitz«.

134 Dies., »Frauen im KL Auschwitz«, S. 232.

135 Dies., »Die Experimente«; dies., »Frauen im KL Auschwitz«; Lifton/Hackett, »Nazi Doctors«; Wachsmann, *KL*, S. 493–512.

136 Piper, »Die Rolle des KL Auschwitz bei der Durchführung der nationalsozialistischen Unterdrückungs- und Genozid-Politik«, S. 31; Longerich, *Holocaust*, S. 493–499.

137 Piper, »Die Vernichtungsmethoden«, S. 144–158; Wachsmann, *KL*, S. 348–368, 406–409.

138 Müller, *Sonderbehandlung*, S. 19–38.

139 Ebd., S. 49–63, 74, 79.

140 Piper, »Die Vernichtungsmethoden«, S. 158–164.

141 Ebd., S. 164 ff.; Müller, *Sonderbehandlung*, S. 79–82.

142 Eichmann, Schnellbrief an die Stapostellen im Reich, 31. Januar 1942, in: Longerich (Hg.), *Die Ermordung der europäischen Juden*, S. 165 f.; Bericht über eine Besprechung im RSHA am 6. März 1942, 9. März 1942, in: ebd., S. 167 f.; Longerich, *Politik der Vernichtung*, S. 483 f.

143 SD-Außenstelle Höxter, »Geschäftsverkaufszeiten für Juden«, 19. Januar 1942; RSHA, Amt III (SD), »Meldungen aus dem Reich«, 29. Januar und 2. Februar 1942, in: Kulka/Jäckel (Hg.), *Die Juden in den geheimen NS-Stimmungsberichten*, S. 482–486.

144 Klemperer, *Ich will Zeugnis ablegen*, Bd. 2, S. 107 f., 111 f., 212 ff. (Hervorhebungen im Original).

145 SD-Außenstelle Minden, Bericht vom 21. Februar 1942, in: Kulka/Jäckel (Hg.), *Die Juden in den geheimen NS-Stimmungsberichten*, S. 486 f.; Grenville, *The Jews and Germans of Hamburg*, S. 225, 254 f.; Meyer, »Between Self-Assurance and Forced Collaboration«, S. 168 f.; Klemperer, *Ich will Zeugnis ablegen*, Bd. 2, S. 93; Doerry, *»Mein verwundetes Herz«*, S. 135–140, 147; vgl. auch Meyer, »The Mixed Marriage«.

146 Meyer, »Between Self-Assurance and Forced Collaboration«, S. 155–162; Grenville, *The Jews and Germans of Hamburg*, S. 239 f., 244; Klemperer, *Ich will Zeugnis ablegen*, Bd. 2, S. 179, 183–186.

147 Paucker/Kwiet, »Jewish Leadership and Jewish Resistance«, S. 381 f.; Andreas-Friedrich, *Der Schattenmann*, S. 87, 89, 91; RSHA, Amt III (SD), »Meldungen aus dem Reich«, 10. August 1942, in: Kulka/Jäckel (Hg.), *Die Juden in den geheimen NS-Stimmungsberichten*, S. 505.

148 Lederer, *Ghetto Theresienstadt*, S. 35–44, 247–250; Rothkirchen, *The Jews of Bohemia and Moravia*, S. 233–247.

149 Lederer, *Ghetto Theresienstadt*, S. 20–23; Weiss, *Und doch ein ganzes Leben*, S. 63, 66 f., 71.

150 Lederer, *Ghetto Theresienstadt*, S. 17–24, 59–73.

151 Ebd., S. 24–28.

152 Troller, *Theresienstadt*, S. 8–17, 30 f., 34 f.

153 Ebd., S. 34, 39 f., 44.

154 Weiss, *Und doch ein ganzes Leben*, S. 69 f., 73 ff.; Troller, *Theresienstadt*, S. 77 f., 89–98, 118–124.
155 Manes, *Als ob's ein Leben wär*, S. 10 f., 24–30.
156 Ebd., S. 35–38, 45 f., 61–65, 80.
157 Ebd., S. 55 f., 64, 81 f., 87–93, 112.
158 Ebd., S. 103, 108 f.; Lederer, *Ghetto Theresienstadt*, S. 48 ff.
159 Ebd., S. 50 f.; Weiss, *Und doch ein ganzes Leben*, S. 77 f.
160 Lederer, *Ghetto Theresienstadt*, S. 39–51.
161 Marrus/Paxton, *Vichy France and the Jews*, S. 116 ff., 222–226; Poznanski, *Jews in France during World War II*, S. 251 ff.; zu Darquier de Pellepoix siehe Callil, *Bad Faith*.
162 Laub, *After the Fall*, S. 181–188; Marrus/Paxton, *Vichy France and the Jews*, S. 222–227.
163 Laub, *After the Fall*, S. 228 f.
164 Theodor Dannecker, Vermerk über die Besprechung am 11. Juni 1942 »betr. Juden in Westeuropa«, 15. Juni 1942, in: Longerich (Hg.), *Die Ermordung der europäischen Juden*, S. 240 f.; Marrus/Paxton, *Vichy France and the Jews*, S. 228 f.
165 Ebd., S. 241 f.
166 Klarsfeld, »The Influence of the War on the Final Solution in France«; Zuccotti, *The Holocaust, the French, and the Jews*, S. 97–102; Cesarani, *Adolf Eichmann*, S. 203 f.
167 Berr, *Pariser Tagebuch 1942–1944*, S. 15–19.
168 Lambert, *Diary of a Witness 1940–1943*, S. 89–95, 100–105, 111 ff.; Adler, *The Jews of Paris and the Final Solution*, S. 81–102; Hilberg, *Die Vernichtung der europäischen Juden*, Bd. 2, S. 666.
169 Berr, *Pariser Tagebuch 1942–1944*, S. 70–80, 88–91, 98.
170 Ebd., S. 102, Eintrag vom 15. Juli 1942.
171 Marrus/Paxton, *Vichy France and the Jews*, S. 248 f.
172 Rayski, *The Choice of the Jews Under Vichy*, S. 88–95; Zuccotti, *The Holocaust, the French, and the Jews*, S. 104–108.
173 Rayski, *The Choice of the Jews Under Vichy*, S. 90; Zuccotti, *The Holocaust, the French, and the Jews*, S. 111–116.
174 Ebd., S. 112 f.
175 *The Trial of Adolf Eichmann*, Bd. 2, S. 583 ff.
176 Poznanski, *Jews in France during World War II*, S. 260 ff.; Adler, *The Jews of Paris and the Final Solution*, S. 109–129.
177 Berr, *Pariser Tagebuch 1942–1944*, S. 103–115.
178 Marrus/Paxton, *Vichy France and the Jews*, S. 181–186, 246–249; Poznanski, *Jews in France during World War II*, S. 270 ff.; Adler, *The Jews of Paris and the Final Solution*, S. 43–46; Ryan, *The Holocaust and the Jews of Marseille*, S. 79–107, 163–166; Philipponnat/Lienhardt, *Irène Némirovsky*, S. 13–19, 469–495.
179 Zuccotti, *The Holocaust, the French, and the Jews*, S. 118–134.
180 Lambert, *Diary of a Witness 1940–1943*, S. 127 f., 132–137; Poznanski, *Jews in France during World War II*, S. 288–291.
181 Lambert, *Diary of a Witness 1940–1943*, S. 137–140; Adler, *The Jews of Paris and the Final Solution*, S. 109–129.
182 Lambert, *Diary of a Witness 1940–1943*, S. 142 ff.
183 Herbert Knochen ans RSHA, 25. September 1942, in: *Die Verfolgung und Ermordung der europäischen Ju-*

den durch das nationalsozialistische Deutschland 1933–1945, Bd. 12, S. 707; Laub, *After the Fall,* S. 234 ff.; Klarsfeld, »The Influence of the War on the Final Solution in France«, S. 277 f.; Zuccotti, *The Holocaust, the French, and the Jews,* S. 157–162; Marrus/Paxton, *Vichy France and the Jews,* S. 260 ff.

184 Ebd., S. 270–282; Poznanski, *Jews in France during World War II,* S. 292–302; Ryan, *The Holocaust and the Jews of Marseille,* S. 169 ff.; »Hirtenbrief des Erzbischofs von Toulouse, Mgr. Saliège«, 23. August 1942, in: Klarsfeld, *Vichy – Auschwitz,* S. 462; Friedländer, *Das Dritte Reich und die Juden,* Bd. 2, S. 448 f.

185 Poznanski, »French Public Opinion and the Jews during World War II«, S. 123–133; dies., »The French Resistance«.

186 Klarsfeld, »The Influence of the War on the Final Solution in France«, S. 277 f.

187 Steinberg, »The Jews in the Years 1940–1944«; dies., »The Judenpolitik in Belgium within the West European Context«; Somerhausen, *Written in Darkness,* S. 144–148.

188 Flinker, *Young Moshe's Diary,* S. 19–26, 30 f.

189 Griffioen/Zeller, »Comparing the Persecution of the Jews in the Netherlands, France and Belgium«.

190 Steinberg, »The Trap of Legality«, S. 353–368; Moore, *Survivors,* S. 171–177; Somerhausen, *Written in Darkness,* S. 144–148; siehe auch Michman, »Problematic National Identity, Outsiders and Persecution«; Schreiber, »Belgium and the Jews under Nazi Rule«.

191 Steinberg, »The Jews in the Years 1940–1944«, S. 347–350; Yahil, *Die Shoah,* S. 537 ff.; Longerich, *Politik der Vernichtung,* S. 502 f.

192 Wasserstein, *The Ambiguity of Virtue,* S. 128–133; Hesdörffer, *Bekannte traf man viele …,* S. 23; Presser, *Ashes in the Wind,* S. 118–137.

193 Ebd., S. 135–143; Wasserstein, *The Ambiguity of Virtue,* S. 138 ff.

194 Presser, *Ashes in the Wind,* S. 141; Hesdörffer, *Bekannte traf man viele …,* S. 27 f.

195 Presser, *Ashes in the Wind,* S. 143–153, 158–164, 170–173; Meershoek, »The Amsterdam Police and the persecution of the Jews«.

196 Presser, *Ashes in the Wind,* S. 407 ff., 415–428; ders., »Introduction«.

197 Ders., *Ashes in the Wind,* S. 164–169.

198 Ebd., S. 246–254, 264–277, 348–356; Wasserstein, *The Ambiguity of Virtue,* S. 141 f., 146 ff.

199 Presser, *Ashes in the Wind,* S. 378–400; van der Boom, »Ordinary Dutchmen and the Holocaust«, S. 38–48.

200 Griffioen/Zeller, »Comparing the Persecution of the Jews in the Netherlands, France and Belgium«; Presser, *Ashes in the Wind,* S. 68–73, 357–374.

201 Aalders, *Nazi Looting,* S. 11–83, 104–163, 175–209.

202 Longerich, *Politik der Vernichtung,* S. 531 f.

203 Maier, *»Das Leben könnte gut sein«,* S. 420 f., 439, 480, 504.

204 Ebd., S. 518 ff. (Hervorhebungen im Original).

205 Ebd., S. 525 f.

206 *Die Chronik des Gettos Lodz/Litzmannstadt,* Bd. 2, S. 254–258, 265–272, 282–286, 336–340, 369–372, 374–377, 406 f.; Sierakowiak, *Das Ghettotagebuch des Dawid Sierako-*

wiak, S. 126 f., 141, 164, 168; Horwitz, *Ghettostadt*, S. 196, 199 ff.

207 *Die Chronik des Gettos Lodz/Litzmannstadt*, Bd. 2, S. 318–321, 325–329, 336–340, 391–397, 438 ff.; Sierakowiak, *Das Ghettotagebuch des Dawid Sierakowiak*, S. 153 f.

208 Ders., *The Diary of Dawid Sierakowiak*, S. 174, 176 f.; Rosenfeld, *Wozu noch Welt*, S. 99, 142 f.

209 *Die Chronik des Gettos Lodz/Litzmannstadt*, Bd. 2, S. 213–220, 383–386, 438 ff., 442 ff.; Sierakowiak, *Das Ghettotagebuch des Dawid Sierakowiak*, S. 145, 154, 164 f.

210 *Die Chronik des Gettos Lodz/Litzmannstadt*, Bd. 2, S. 452–456; Sierakowiak, *Das Ghettotagebuch des Dawid Sierakowiak*, S. 167–172; Rosenfeld, *Wozu noch Welt*, S. 145–148; Horwitz, *Ghettostadt*, S. 203–213.

211 Eichengreen, *Von Asche zum Leben*, S. 70; Cytryn, *Youth Writing Behind the Walls*, S. 247–250.

212 Trunk, *Lodz Ghetto*, S. 272–275; Zelkowicz, *In diesen albtraumhaften Tagen*, S. 36–39.

213 Ebd., *In diesen albtraumhaften Tagen*. S. 28–31, 59, 65 f., 95–100; ders., *In Those Terrible Days*, S. 251–349.

214 *Die Chronik des Gettos Lodz/Litzmannstadt*, Bd. 2, S. 471 ff., 538 f., 585 ff.; Rosenfeld, *Wozu noch Welt*, S. 161, 163; Sierakowiak, *The Diary of Dawid Sierakowiak*, S. 234.

215 Longerich, *Politik der Vernichtung*, S. 517 ff.

216 Dorian, *The Quality of Witness*, S. 195, 199 f., 211 f.; Ioanid, *The Holocaust in Romania*, S. 238–248; vgl. Ancel, *The History of the Holocaust in Romania*, S. 470–484.

217 Ebd., S. 486–499; Longerich, *Politik der Vernichtung*, S. 518, 528.

218 Vagi/Csoz/Kadar (Hg.), *The Holocaust in Hungary*, S. 61–65; Longerich, *Politik der Vernichtung*, S. 518, 523 ff., 529 f.

219 Ebd., S. 518, 525, 529; Charny, *The Bulgarian Jews and the Final Solution 1940–44*, S. 35–84.

220 Longerich, Politik der Vernichtung, S. 525 ff., 530 f.; Zuccotti, *The Italians and the Holocaust*, S. 75–78.

221 Hastings, *Finest Years*, S. 234–253, 295–298.

222 Cesarani, *The Jewish Chronicle and Anglo-Jewry 1841–1991*, S. 176–179; Bolchover, *British Jewry and the Holocaust*, S. 8 ff.; Laqueur, *Was niemand wissen wollte*, S. 94–99.

223 Breitman/Lichtman, *FDR and the Jews*, S. 194–198; Leff, *Buried by The Times*, S. 140–158; Lipstadt, *Beyond Belief*, S. 159–173, 180–187.

224 Laqueur, *Was niemand wissen wollte*, S. 99 f.; ders./Breitman, *Der Mann, der das Schweigen brach*, S. 94–148.

225 Arad, *Belzec, Sobibor, Treblinka*, S. 349–359; Fleming, *Auschwitz, the Allies and Censorship of the Holocaust*, S. 148–157.

226 Wasserstein, »Patterns of Jewish Leadership in Great Britain during the Nazi Era«; Breitman/Lichtman, *FDR and the Jews*, S. 199 ff.; zu gegensätzlichen Interpretationen der britisch-jüdischen Reaktion siehe Sompolinsky, *Britain and the Holocaust*, S. 55–75; Shatzkes, *Holocaust and Rescue*, S. 110–116; Bolchover, *British Jewry and the Holocaust*, S. 54–73; zu den USA siehe Ne'eman Arad, *America, its Jews and the rise of Nazism*, S. 213–220.

227 Breitman/Lichtman, *FDR and the Jews*, S. 202 ff.; vgl. D. S. Wyman, *Das unerwünschte Volk*, S. 23–72.

228 Breitman/Lichtman, *FDR and the Jews*, S. 204 ff.; vgl. D. S. Wyman, *Das unerwünschte Volk*, S. 73–94.

229 *Hansard*, Serie 5, Bd. 385, Spalten 2082–2087, Sitzung am 17. Dezember 1942; Heinze/Schilling, *Die Rechtsprechung der Nürnberger Militärtribunale*, S. 310; Wasserstein, *Britain and the Jews of Europe, 1939–1945*, S. 151–163.

VII.

1 Dorian, *The Quality of Witness*, S. 249; Klemperer, *Ich will Zeugnis ablegen*, Bd. 2, S. 274, 283, 289, 294, 316 (Hervorhebung im Original); Seidman, *The Warsaw Ghetto Diaries*, S. 409; Kruk, *The Last Days of the Jerusalem of Lithuania*, S. 409, 445; Lambert, *Diary of a Witness 1940–1943*, S. 152, 155, 158.

2 Citino, *Death of the Wehrmacht*, S. 267–288; ders., *The Wehrmacht Retreats*, S. 4–40; Ball, *The Bitter Sea*, S. 158–211; Porch, *Hitler's Mediterranean Gamble*, S. 348–414.

3 Fritz, *Ostkrieg*, S. 303–326; Citino, *Death of the Wehrmacht*, S. 289–302; ders., *The Wehrmacht Retreats*, S. 31–74; Hayward, *Stopped at Stalingrad*, S. 227–310.

4 Kershaw, *Hitler*, Bd. 2, S. 722–739; Evans, *Das Dritte Reich*, Bd. 3, S. 529–544; Fritz, *Ostkrieg*, S. 326–336.

5 Mallman/Cüppers, *Halbmond und Hakenkreuz*, S. 137–147, 199–219; Longerich, *Politik der Vernichtung*, S. 545–554; ders., *Heinrich Himmler*, S. 667–672, 683–688.

6 Ders., S. 535.

7 Joseph Goebbels, Rede im Berliner Sportpalast, 18. Februar 1943, http://www.1000dokumente.de/index.html?c=dokument_de&dokument=0200_goe&object=translation&st=&l=de; Herf, *The Jewish Enemy*, S. 190–196.

8 Andreas-Friedrich, *Der Schattenmann*, S. 102 ff.; Longerich, *Politik der Vernichtung*, S. 537. Nathan Stoltzfus sieht den Protest in idealistischerem Licht (*Widerstand des Herzens*).

9 Klemperer, *Ich will Zeugnis ablegen*, Bd. 2, S. 313, 337, 353–360, 620 ff.; SD-Außenstelle Höxter, »Jude Hartwig Israel Stein«, 27. Februar 1943, in: Kulka/Jäckel (Hg.), *Die Juden in den geheimen NS-Stimmungsberichten*, S. 513; Grenville, *The Jews and Germans of Hamburg*, S. 251 f.

10 Doerry, *»Mein verwundetes Herz«*, S. 151–165, 178, 197, 202 f., 321–333.

11 Adelsberger, *Auschwitz*, S. 20–23, 27–30.

12 Meyer, »Between Self-Assurance and Forced Collaboration«, S. 159 ff.; Barkai, »Das letzte Kapitel«, S. 359–368; Andreas-Friedrich, *Der Schattenmann*, S. 96 f., 2. Dezember 1942; siehe auch Dirks, »Snatchers«; Wyden, *Stella*.

13 Von Hassell, *Die Hassell-Tagebücher 1938–1944*, S. 338 ff., Eintrag vom 20. Dezember 1942; SD-Außenstelle Schwabach, Bericht für Dezember 1942, 23. Dezember 1942, in: Kulka/Jäckel (Hg.), *Die Juden in den geheimen NS-Stimmungsberichten*, S. 510; Harris, »Broadcasting the Massacres«; Johnson, *Der nationalsozialistische Terror*, S. 472–481.

14 Regierungspräsident Schwaben, Bericht für Mai 1943, 10. Juni 1943, in: Kulka/Jäckel (Hg.), *Die Juden in den geheimen NS-Stimmungsberichten,* S. 522; Herf, *The Jewish Enemy,* S. 201–209. Später wurden noch andere Massengräber entdeckt, was die Gesamtzahl der Ermordeten auf 22 000 erhöhte.

15 RSHA, Amt III (SD), »Meldungen aus dem Reich«, 19. April 1943; SD-Außenstelle Friedberg III A 4, »Stimmung und Lage«, 23. April 1943; RSHA Dept. III (SD), »SD-Berichte zu Inlandsfragen«, 26. Juli 1943; SD-Außenstelle Bad Neustadt, »Allgemeine Stimmung und Lage«, 15. Oktober 1943, in: Kulka/Jäckel (Hg.), *Die Juden in den geheimen NS-Stimmungsberichten,* S. 516, 518 f., 527, 531 f. (Hervorhebung im Original); Von Hassell, *Die Hassell-Tagebücher 1938–1944,* S. 365.

16 Stargardt, »Speaking in public about the murder of the Jews«, S. 140–149; vgl. Overy, *Der Bombenkrieg,* S. 415–431, 464–488, 651–655.

17 NSDAP-Ortsgruppe Nürnberg-Maxfeld, »Weltanschaulicher Lagebericht«, 9. April 1943; SD-Außenstelle Friedberg III A 4, »Stimmung und Lage«, 14. Mai 1943; Gendarmerie Sandberg, »Allgemeiner Bericht«, 28. Juni 1943; RSHA Amt III (SD), »SD-Berichte zu Inlandsfragen«, 8. Juli 1943; SD-Außenstelle Würzburg III A 4, »Allgemeine Stimmung und Lage«, 3. August 1943; SD-Außenstelle Schweinfurt, »Allgemeine Stimmung und Lage«, 6. September 1943, in: Kulka/Jäckel (Hg.), *Die Juden in den geheimen NS-Stimmungsberichten,* S. 515, 521, 526 ff., 531.

18 SD-Abschnitt Halle/S. III C 4, »Allgemeine Presselenkung«, 22. Mai 1943; NSDAP-Parteikanzlei II B 4, »Auszüge aus Berichten der Gauleitungen u. a. Dienststellen«, 29. Mai 1943, in: ebd., S. 521–524, 647.

19 Mallman/Cüppers, *Halbmond und Hakenkreuz,* S. 137–147, 186 f., 199–219.

20 Satloff, *Among the Righteous,* S. 30–37, 57–61; vgl. Abitbol, *The Jews of North Africa in World War II.*

21 Carpi, *Between Mussolini and Hitler,* S. 195–227.

22 Mallman/Cüppers, *Halbmond und Hakenkreuz,* S. 202–208, 218; Carpi, *Between Mussolini and Hitler,* S. 228–240.

23 Weinberg, *Eine Welt in Waffen,* S. 467–484; Citino, *The Wehrmacht Retreats,* S. 165–170; Marrus/Paxton, *Vichy France and the Jews,* S. 302–306; Poznanski, *Jews in France during World War II,* S. 356–365.

24 Lambert, *Diary of a Witness 1940–1943,* S. 163–169; Ryan, *The Holocaust and the Jews of Marseille,* S. 1–9, 180–193; Zuccotti, *The Holocaust, the French, and the Jews,* S. 172 f.

25 Lambert, *Diary of a Witness 1940–1943,* S. 180–188, Eintrag vom 18. Mai 1943; Poznanski, *Jews in France during World War II,* S. 394–421.

26 Adler, *The Jews of Paris and the Final Solution,* S. IX–XIII, 202; siehe auch R. I. Cohen, *The Burden of Conscience,* S. 94–98, 173–178; Rayski, *The Choice of the Jews under Vichy,* S. 151 ff., 230 f.

27 Himmler an Ribbentrop, 29. Januar 1943, in: Klarsfeld, *Vichy – Auschwitz,* S. 510; Cesarani, *Adolf Eichmann,* S. 208; Carpi, *Between Mussolini and Hitler,* S. 102–132,

136–163, 183 f.; vgl. Sarfatti, *Die Juden im faschistischen Italien*, S. 202 ff.

28 Heinrich Müller an Helmut Knochen, 2. Juli 1943; Heinz Röthke, »Besprechung mit Laval und Bousquet am 14.8.1943 in Vichy«, 15. August 1943, in: Klarsfeld, *Vichy – Auschwitz*, S. 547, 558; ders., »The Influence of the War on the Final Solution in France«, S. 278 ff.; Zuccotti, *The Holocaust, the French, and the Jews*, S. 178.

29 Safrian, *Eichmann und seine Gehilfen*, S. 261 ff.; Felstiner, »Alois Brunner«.

30 Lambert, *Diary of a Witness 1940–1943*, S. 95, 197 ff., Einträge vom 11. Februar 1942 sowie 18. und 20. August 1943; R. I. Cohen, »Introduction«, S. LXI–LXIV; ders., *The Burden of Conscience*, S. 89–92, 128 ff.; Adler, *The Jews of Paris and the Final Solution*, S. 149–157.

31 Mazower, *Griechenland unter Hitler*, S. 38–46.

32 Bowman, *The Agony of Greek Jews 1940–1945*, S. 2, 28 f., 50–53; Apostolou, »›The Exception of Salonika‹«, S. 165 f.; Mazower, *Salonica*, S. 421–424.

33 Safrian, *Eichmann und seine Gehilfen*, S. 229.

34 Ebd., S. 229–233; Mazower, *Salonica*, S. 421–424; Bowman, *The Agony of Greek Jews 1940–1945*, S. 59–62.

35 Mazower, *Salonica*, S. 424–433; Bowman, *The Agony of Greek Jews 1940–1945*, S. 62–66; Safrian, *Eichmann und seine Gehilfen*, S. 233–238; Menasche, *Birkenau (Auschwitz II)*, S. 9–17.

36 Mazower, *Salonica*, S. 431–434; Bowman, *The Agony of Greek Jews 1940–1945*, S. 80–93; Hilberg, *Die Vernichtung der europäischen Juden*, Bd. 2, S. 740–745; Menasche, *Birkenau (Auschwitz II)*, S. 17; Nahon, *Birkenau*, S. 21–29.

37 Mazower, *Salonica*, S. 434–442; Bowman, *The Agony of Greek Jews 1940–1945*, S. 138–154, 162–172.

38 Mazower, *Salonica*, S. 443–449; Safrian, *Eichmann und seine Gehilfen*, S. 238–243.

39 Chary, *The Bulgarian Jews and the Final Solution 1940–44*, S. 69–114, 122–128; vgl. Todorov, *The Fragility of Goodness*, S. 7 ff.

40 Chary, *The Bulgarian Jews and the Final Solution 1940–44*, S. 90–100, 142–157; Todorov, *The Fragility of Goodness*, S. 19–40, 137–183.

41 Engelking/Leociak, *The Warsaw Ghetto*, S. 763; Longerich, *Heinrich Himmler*, S. 684; Gutman, *The Jews of Warsaw 1939–1943*, S. 277 ff.

42 Engelking/Leociak, *The Warsaw Ghetto*, S. 93–98, 396–399, 477–481, 749–753.

43 Gutman, *The Jews of Warsaw 1939–1943*, S. 268 ff., 273 f.; Adler, *In the Warsaw Ghetto 1940–1943*, S. 275, 281 f.

44 Lewin, *A Cup of Tears*, S. 187 f.; Seidman, *The Warsaw Ghetto Diaries*, S. 164–167, 209 f.; Ringelblum, *Notes from the Warsaw Ghetto*, S. 320 f.

45 Lewin, *A Cup of Tears*, S. 189 f., 195 ff., 232; Ringelblum, *Notes from the Warsaw Ghetto*, S. 310–314, 329–332; Seidman, *The Warsaw Ghetto Diaries*, S. 152–157.

46 Ebd., S. 128 ff.; Adler, *In the Warsaw Ghetto 1940–1943*, S. 282; Ringelblum, *Notes from the Warsaw Ghetto*, S. 325; Gutman, *The Jews of Warsaw 1939–1943*, S. 283 ff., 301 f.

47 Ebd., S. 285–297; Blatman, *For Our Freedom and Yours*, S. 104 f.; Engelking/Leociak, *The Warsaw Ghetto*, S. 757–762; Y. Zuckerman, *A Surplus of Memory*, S. 244–255; Seidman, *The Warsaw Ghetto Diaries*, S. 165–168, 175–179; Wdowinski, *And We Are Not Saved*, S. 81 f.; Engelking/Leociak, *The Warsaw Ghetto*, S. 762 f.

48 Gutman, *The Jews of Warsaw 1939–1943*, S. 297–301; Y. Zuckerman, *A Surplus of Memory*, S. 248–255; Seidman, *The Warsaw Ghetto Diaries*, S. 165–168, 175–179.

49 Ebd., S. 197–204, 210–214, 230–234; Ringelblum, *Notes from the Warsaw Ghetto*, S. 338–344.

50 Seidman, *The Warsaw Ghetto Diaries*, S. 210–214; Gutman, *The Jews of Warsaw 1939–1943*, S. 278 ff.

51 Ebd., S. 307–312; Y. Zuckerman, *A Surplus of Memory*, S. 283 ff., 288.

52 Engelking/Leociak, *The Warsaw Ghetto*, S. 763–736; Y. Zuckerman, *A Surplus of Memory*, S. 285.

53 Adler, *In the Warsaw Ghetto 1940–1943*, S. 297–301, 305–317.

54 Reicher, *Country of Ash*, S. 117–122.

55 Engelking/Leociak, *The Warsaw Ghetto*, S. 766–775; Gutman, *The Jews of Warsaw 1939–1943*, S. 317–323, 350–354; Reicher, *Country of Ash*, S. 114 f.; Y. Zuckerman, *A Surplus of Memory*, S. 317; Rotem, *Kazik*, S. 42 f.

56 Gutman, *The Jews of Warsaw 1939–1943*, S. 336–346; Engelking/Leociak, *The Warsaw Ghetto*, S. 773; Y. Zuckerman, *A Surplus of Memory*, S. 288, 292–295, 307 f.

57 Paulsson, *Secret City*, S. 28–35, 78–90, 98–137; Y. Zuckerman, *A Surplus of Memory*, S. 276 f.

58 Paulsson, *Secret City*, S. 147–159; Y. Zuckerman, *A Surplus of Memory*, S. 276 f.

59 Engelking/Leociak, *The Warsaw Ghetto*, S. 740–745; Paulsson, *Secret City*, S. 20 f., 147–159; Blatman, *For Our Freedom and Yours*, S. 155–159; Szpilman, *Der Pianist*, S. 131–134; Zylberberg, *A Warsaw Diary, 1939–1945*, S. 82 ff.; Adler, *In the Warsaw Ghetto 1940–1943*, S. 315–330. Auch Hillel Seidman verließ in dieser Zeit das Ghetto.

60 Engelking/Leociak, *The Warsaw Ghetto*, S. 775–782; Y. Zuckerman, *A Surplus of Memory*, S. 344, 350 f.; Rotem, *Kazik*, S. 48; Edelman, *Das Ghetto kämpft*, S. 67.

61 Engelking/Leociak, *The Warsaw Ghetto*, S. 775–782; Rotem, *Kazik*, S. 49; Arens, »The Warsaw Ghetto Uprising«.

62 Y. Zuckerman, *A Surplus of Memory*, S. 357.

63 Engelking/Leociak, *The Warsaw Ghetto*, S. 779; Goebbels, *Tagebücher*, Bd.2/VIII, S. 161–165, 203–207.

64 Rotem, *Kazik*, S. 53, 55 f.

65 Engelking/Leociak, *The Warsaw Ghetto*, S. 779–789.

66 Y. Zuckerman, *A Surplus of Memory*, S. 263 ff., 382–384; Rotem, *Kazik*, S. 71; Edelman, *Das Ghetto kämpft*, S. 75 f.; Gutman, *The Jews of Warsaw 1939–1943*, S. 420–425.

67 Krakowski, *The War of the Doomed*, S. 161–216; Gutman, *The Jews of Warsaw 1939–1943*, S. 365–392; Y. Zuckerman, *A Surplus of Memory*, S. 382–403, 789–796.

68 Gutman, *The Jews of Warsaw 1939–1943*, S. 401–415.

69 Engelking/Leociak, *The Warsaw Ghetto*, S. 801–806.

70 Cesarani, »British Reactions to the Warsaw Ghetto Uprising«; zur Reaktion in Amerika siehe Lipstadt, *Beyond Belief*, S. 216 f.

71 S. Cohen, *Rescue the Perishing*, S. 173 f., 181–194; London, »British Government Policy and Jewish Refugees 1933–45«.

72 S. Cohen, *Rescue the Perishing*, S. 188 f.; Wasserstein, *Britain and the Jews of Europe, 1939–1945*, S. 164–169.

73 Breitman/Lichtman, *FDR and the Jews*, S. 217 f.; vgl. D. S. Wyman, *Das unerwünschte Volk*, S. 95–112.

74 Breitman/Lichtman, *FDR and the Jews*, S. 218–225; vgl. D. S. Wyman/Medoff, *A Race against Death*, S. 13–46.

75 Breitman/Lichtman, *FDR and the Jews*, S. 220; McDonald, *The Diaries and Papers of James G. McDonald*, Bd. 2, S. 310.

76 Wasserstein, *Britain and the Jews of Europe, 1939–1945*, S. 169–180; D. S. Wyman, *Das unerwünschte Volk*, S. 123–147; Kushner, *The Holocaust and the Liberal Imagination*, S. 182–190; Breitman/Lichtman, *FDR and the Jews*, S. 224 f.; McDonald, *The Diaries and Papers of James G. McDonald*, Bd. 2, S. 305, 308 f.

77 Wasserstein, *Britain and the Jews of Europe, 1939–1945*, S. 180 f.

78 Ebd., S. 181 ff.; Breitman/Lichtman, *FDR and the Jews*, S. 226 f.; S. Cohen, *Rescue the Perishing*, S. 194–198.

79 D. S. Wyman, *Das unerwünschte Volk*, S. 146; Blatman, *For Our Freedom and Yours*, S. 145–150; Engel, *Facing a Holocaust*, S. 70–76.

80 Ebd., S. 76 f., 81–94. Michael Fleming vertritt in *Auschwitz, the Allies and Censorship of the Holocaust* die Auffassung, die polnische Exilregierung sei durch die britische Ablehnung von Veröffentlichungen über die Notlage der polnischen Juden gebunden gewesen und habe die Informationen denjenigen, die sie nutzen wollten, durch eigene Kanäle zukommen lassen.

81 Porat, *The Blue and the Yellow Stars of David*, S. 49–62, 64–69, 80–89, 110–136, 144–149; zur umstrittenen Frage von Ben-Gurions Haltung zur Rettung siehe Teveth, *Ben-Gurion and the Holocaust*; zu den Problemen und Erfolgen eines wichtigen zionistischen Abgesandten siehe Avriel, *Open the Gates!*, S. 123–273.

82 Goebbels, *Tagebücher*, Bd. 2/VIII, S. 189–193; Gutman, *The Jews of Warsaw 1939–1943*, S. 427 f.; Longerich, *Politik der Vernichtung*, S. 338 ff.; ders., *Heinrich Himmler*, S. 678, 685.

83 Ders., *Politik der Vernichtung*, S. 540; Bender, *The Jews of Bialystok during World War II and the Holocaust*, S. 221–224; Gruner, *Jewish Forced Labour under the Nazis*, S. 266–272; Silberklang, *Gates of Tears*, S. 390–393.

84 Ebd., S. 309–402.

85 Ebd., S. 250 f.; Stabholz, *Seven Hells*, S. 29–89.

86 Arad, *The Holocaust in the Soviet Union*, S. 334–340; Longerich, *Politik der Vernichtung*, S. 538 f.

87 Fritz Katzmann, »Lösung der Judenfrage in Galizien«, 30. Juni 1943, in: *IMG*, Bd. 37, S. 391–410.

88 Ebd., S. 402, 410; Koonz, »On Reading a Document«.

89 Golfard, *The Diary of Samuel Golfard and the Holocaust in Galicia*, S. 55, 72.

90 Ebd., S. 89, 93, 123–135, »Related Documents«; Lower, »Introduction«.

91 Arad, *The Holocaust in the Soviet Union*, S. 258 ff.; Bender, *The Jews of Bialystok during World War II and the Holocaust*, S. 169–172, 185–192, 194.

92 Ebd., S. 155–169, 177–184, 193–211.

93 Ebd., S. 252–273.

94 Klein, *Nichts als das nackte Leben*, S. 143 ff., 164–173, 208–225; Silberklang, *Gates of Tears*, S. 431–434; Gutterman, *A Narrow Bridge to Life*, S. 51 f.; Buggeln, *Arbeit und Gewalt*, S. 199–335.

95 *Die Chronik des Gettos Lodz/Litzmannstadt*, Bd. 3, S. 74 f., 138 ff.; Gutman, »Introduction«, S. XLV; Trunk, *Lodz Ghetto*, S, 172 ff.; Epstein, *Model Nazi*, S. 257–267; Horwitz, *Ghettostadt*, S. 234–237, 267–271.

96 Epstein, *Model Nazi*, S. 257–267; Gutman, »Introduction«, S. XL–XLIII; Trunk, *Lodz Ghetto*, S. 159–164; Horwitz, *Ghettostadt*, S. 237–241.

97 *Die Chronik des Gettos Lodz/Litzmannstadt*, Bd. 3, S. 95 ff., 106 ff., 163 f., 345–348, 358 ff.

98 Sierakowiak, *The Diary of Dawid Sierakowiak*, S. 250, 252 f., 256 f., 263.

99 Rosenfeld, *Wozu noch Welt*, S. 181, 187, 208–212, 215.

100 Ebd., S. 206, 223, 258 ff. (Hervorhebung im Original); *Die Chronik des Gettos Lodz/Litzmannstadt*, Bd. 3, S. 142 f., 491–494, 646 ff.

101 Gutman, »Introduction«, S. XLV f.; Trunk, *Lodz Ghetto*, S. 248–254.

102 Arad, *The Holocaust in the Soviet Union*, S. 312 ff.; Angrick/Klein, *Die »Endlösung« in Riga*, S. 378–388.

103 Katz, *Erinnerungen eines Überlebenden*, S. 56–59, 68 f., 76–79, 87–100, 105–110; Arad, *The Holocaust in the Soviet Union*, S. 314 f.; Angrick/Klein, *Die »Endlösung« in Riga*, S. 346–355, 386–389.

104 Arad, *The Holocaust in the Soviet Union*, S. 321 f.; Longerich, *Holocaust*, S. 383 f.; Angrick/Klein, *Die »Endlösung« in Riga*, S. 391–401.

105 Kruk, *The Last Days of the Jerusalem of Lithuania*, S. 26 ff., 356 f., 360, 387 ff., 439, 464, Einträge vom 8. März, 12., 15. und 17. September, 28. Oktober und 28. Dezember 1942 sowie 25. Februar 1943.

106 Ebd., S. 500 f., 507 f., Einträge vom 5. und 9. April 1943; Sakowicz, *Die geheimen Notizen des K. Sakowicz*, S. 85–96, Einträge vom April 1943; Arad, *The Holocaust in the Soviet Union*, S. 315 ff.

107 Friedman, *Roads to Extinction*, S. 372–377; Foxman, »The Resistance Movement in the Vilna Ghetto«.

108 Kruk, *The Last Days of the Jerusalem of Lithuania*, S. 580, Eintrag vom 1. Juli 1943; Sakowicz, *Die geheimen Notizen des K. Sakowicz*, S. 119, Eintrag vom 24. September 1943; Arad, *The Holocaust in the Soviet Union*, S. 318 f.

109 Sakowicz, *Die geheimen Notizen des K. Sakowicz*, S. 123 ff., 127, Einträge vom 6. und 11. Oktober 1943.

110 Tory, *Surviving the Holocaust*, S. 65–89, 248–251, 299–304, 324 ff., 355 f.; Arad, *The Holocaust in the Soviet Union*, S. 319.

111 Tory, *Surviving the Holocaust*, S. 481–486, 507.

112 Wilhelm Kube, Rede auf einer Arbeitstagung des Generalkommissariats Weißruthenien, April 1943, in: Benz/Kwiet/Matthäus (Hg.), *Einsatz*

im »*Reichskommissariat Ostland*«, S. 243; Longerich, *Holocaust*, S. 382–385; Arad, *The Holocaust in the Soviet Union*, S. 326–329.

113 Arad, *Belzec, Sobibor, Treblinka*, S. 165–169.

114 Chrostowski, *The Extermination Camp Treblinka*, S. 100; Arad, *Belzec, Sobibor, Treblinka*, S. 219–222; Wiernik, *A Year in Treblinka*, S. 30 ff.; Willenberg, *Treblinka*, S. 82–88, 101–114, 123–131; Glazar, *Die Falle mit dem grünen Zaun*, S. 72–85, 90–100.

115 Arad, *Belzec, Sobibor, Treblinka*, S. 171 f., 173–177; Wiernik, *A Year in Treblinka*, S. 26 ff., 40 f.; Rajchman, *Ich bin der letzte Jude*, S. 113–120, 125–129.

116 Wiernik, *A Year in Treblinka*, S. 35–38; Rajchman, *Ich bin der letzte Jude*, S. 134–137, 140 f.; Willenberg, *Treblinka*, S. 139 ff.; Glazar, *Die Falle mit dem grünen Zaun*, S. 102 ff., 112 f.

117 Wiernik, *A Year in Treblinka*, S. 44 ff.; Rajchman, *Ich bin der letzte Jude*, S. 143–147; Willenberg, *Treblinka*, S. 143–149; Glazar, *Die Falle mit dem grünen Zaun*, S. 135–143.

118 Wiernik, *A Year in Treblinka*, S. 44; Willenberg, *Treblinka*, S. 143.

119 Rajchman, *Ich bin der letzte Jude*, S. 147–155; Glazar, *Die Falle mit dem grünen Zaun*, S. 144–182; Willenberg, *Treblinka*, S. 119–141, 186–215.

120 Arad, *Belzec, Sobibor, Treblinka*, S. 147 ff.; Schelvis, *Vernichtungslager Sobibor*, S. 241–261, 271–276.

121 Arad, *Belzec, Sobibor, Treblinka*, S. 299–314.

122 Ebd., S. 315–321; Blatt, *Nur die Schatten bleiben*, S. 186–193.

123 Arad, *Belzec, Sobibor, Treblinka*, S. 322–342; Blatt, *Nur die Schatten bleiben*, S. 194–205, 322 f.

124 Ebd., S. 206–231; Petzovsky, »The Outbreak in Sobibor«; zum Überleben von Flüchtlingen aus Vernichtungslagern allgemein siehe Arad, *Belzec, Sobibor, Treblinka*, S. 342–348.

125 Grabowski, *Hunt for the Jews*, S. 1–4, 59–65, 134–148; ders., »Rural Society and the Jews in Hiding«.

126 Ders., *Hunt for the Jews*, S. 63–86, 101–120, 137–148.

127 Gross/Grudzinska Gross, *Golden Harvest*, S. 50–54, 91–114; Grabowski, *Hunt for the Jews*, S. 101–120; Bánkowska, »Polish Partisan Formations during 1942–1944 in Jewish Testimonies«; Mazurek, »›Józek, what are you doing?‹«; Skibinska/Mazurek, »›Barwy Biale‹ on Their Way to Aid Fighting Warsaw«.

128 Klukowski, *Diary from the Years of Occupation 1939–1944*, S. 195 f., 209, 221, 225 ff., 256.

129 Spector, *The Holocaust of Volhynian Jews 1941–1944*, S. 257–332, 356–361.

130 Hans Frank, *Das Diensttagebuch des deutschen Generalgouverneurs in Polen 1939–1945*, S. 738–742; Longerich, *Heinrich Himmler*, S. 687; ders., *Politik der Vernichtung*, S. 540; Arad, *Belzec, Sobibor, Treblinka*, S. 365–369; Pohl, *Von der »Judenpolitik« zum Judenmord*, S. 166–171.

131 Silberklang, *Gates of Tears*, S. 403–409.

132 Ebd., S. 409–430, 432 f.

133 Arad, *Belzec, Sobibor, Treblinka*, S. 370–376; Sturdy-Colls, »Gone but Not Forgotten«.

134 Dwork/van Pelt, *Auschwitz*, S. 354–359 sowie »Zeichnungen des Völkermords« zwischen S. 200 und 201; Pressac/van Pelt, »The Machinery of Mass Murder at Auschwitz«. Nach Auffassung von Michael Thad Al-

len lassen einige Dokumente darauf schließen, dass die SS-Planer die Nutzung des unterirdischen Raums für die Einleitung von Giftgas schon früher in Erwägung gezogen haben könnten (»The Devil in the Details«).

135 Piper, *Vernichtung,* S. 170–197; ders., »Gas Chambers and Crematoria«.

136 Ders., *Vernichtung,* S. 174–197.

137 Strzelecki, »Der Raub der Habe der Opfer«; Slany, *US and Allied Efforts to Recover and Restore Gold and Other Assets Stolen or Hidden by Germany During World War II,* S. 162–165; Hayes, *Die Degussa im Dritten Reich,* S. 192, 197–203, 283–314; Wachsmann, *KL,* S. 376–381.

138 Hart, *Aber ich lebe,* S. 102 f.

139 Strzelecki, »Geschichte, Rolle und Betrieb der großen Entwesungs- und Desinfektionsanlage im Konzentrationslager Auschwitz II-Birkenau«, S. 11–17; Hart, *Aber ich lebe,* S. 59.

140 Strzelecki, »Geschichte, Rolle und Betrieb der großen Entwesungs- und Desinfektionsanlage im Konzentrationslager Auschwitz II-Birkenau«, S. 26–32.

141 Nahon, *Birkenau,* S. 21–41.

142 Adelsberger, *Auschwitz,* S. 32 f.; Nahon, *Birkenau,* S. 45 f.

143 Piper, »Die Ausbeutung der Arbeit der Häftlinge«; Glaser-Heled/Bar-On, »Displaced«, S. 6.

144 Czech, »The Auschwitz Prisoner Administration«; Menasche, *Birkenau (Auschwitz II),* S. 17–58; Adelsberger, *Auschwitz,* S. 68–71; Nahon, *Birkenau,* S. 68–72; Wachsmann, *KL,* S. 575–600.

145 Adelsberger, *Auschwitz,* S. 36; Nahon, *Birkenau,* S. 46 f.; Dwork/van Pelt, *Auschwitz,* S. 292–296.

146 Adelsberger, *Auschwitz,* S. 45 f.

147 Ebd., S. 44, 48–51; Nahon, *Birkenau,* S. 42 f., 61–66; Strzelecka, »Die Häftlingsspitäler (›Häftlingskrankenbau‹) im KL Auschwitz«, S. 362 ff., 381–393.

148 Ebd., S. 399 f.; Adelsberger, *Auschwitz,* S. 59–62; Nahon, *Birkenau,* S. 95.

149 Strzelecka, »Frauen im KL Auschwitz«, S. 213–218, 220–226; Żywulska, *Wo vorher Birken waren,* S. 21 f., 54, 74; Matthäus (Hg.), *Approaching an Auschwitz Survivor,* S. 124–128, 138, 145 f., 149 f.

150 Adelsberger, *Auschwitz,* S. 87 f.; Żywulska, *Wo vorher Birken waren,* S. 102 f.; Ben-Sefer, »Forced Sterilization and Abortion as Sexual Abuse«, S. 160–164.

151 Adelsberger, *Auschwitz,* S. 75; Żywulska, *Wo vorher Birken waren,* S. 67 f.; Halbmayr, »Sexualized Violence against Women during Nazi ›Racial‹ Persecution«, S. 33–38.

152 Żywulska, *Wo vorher Birken waren,* S. 66, 118; Halbmayr, »Sexualized Violence against Women during Nazi ›Racial‹ Persecution«, S. 35.

153 Porch, *Hitler's Mediterranean Gamble,* S. 415–451; Citino, *The Wehrmacht Retreats,* S. 165–197.

154 Porch, *Hitler's Mediterranean Gamble,* S. 452–462.

155 Ebd., S. 462–474; Citino, *The Wehrmacht Retreats,* S. 241–254.

156 Porch, *Hitler's Mediterranean Gamble,* S. 485–503, 507–512; Citino, *The Wehrmacht Retreats,* S. 255–265.

157 Sarfatti, *Die Juden im faschistischen Italien,* S. 282–302.

158 Longerich, *Heinrich Himmler,* S. 701–705; Kershaw, *Hitler,* Bd. 2, S. 779.

159 Tooze, *Ökonomie der Zerstörung,* S. 534–676; Fritz, *Ostkrieg,* S. 329

f., 336–353, 364–384; Citino, *The Wehrmacht Retreats*, S. 116–144, 212–237.

160 Friedländer, *Das Dritte Reich und die Juden*, Bd. 2, S. 502ff., 567; Kershaw, *Hitler*, Bd. 2, S. 753–760, 765 f.; Herf, *The Jewish Enemy*, S. 211ff.; Fritz, *Ostkrieg*, S. 360 f.; Anweisung der Reichsregierung vom 29. April 1943, in: Marx, Dokumente, S. 15 f.

161 Heinrich Himmler, Rede bei der SS-Gruppenführertagung in Posen am 4. Oktober 1943, in: *IMG*, Bd. 29, S. 145 f.; Longerich, *Heinrich Himmler*, S. 709 f., 715; Kershaw, *Hitler*, Bd. 2, S. 784–788, 840ff.; Friedländer, *Das Dritte Reich und die Juden*, Bd. 2, S. 570ff.; van der Vat, *Der gute Nazi*, S. 247–256.

162 Longerich, *Politik der Vernichtung*, S. 560–563.

163 Michaelis, »Italian Policy up to the Armistice«; Picciotto, »Statistical Tables on the Holocaust in Italy with an Insight into the Mechanics of the Deportations«; Sarfatti, *Die Juden im faschistischen Italien*, S. 198–216.

164 Fleischmann, *From Fiume to Navelli*, S. 14ff., 19 f.

165 Picciotto, »The Shoah in Italy«, S. 210–214; Breitman, »New Sources on the Holocaust in Italy«; Friedländer, *Das Dritte Reich und die Juden*, Bd. 2, S. 590.

166 Zuccotti, *The Italians and the Holocaust*, S. 101–137.

167 Ebd., S. 144ff., 154–165, 210–217; Zuccotti, *Under His Very Windows*, S. 150–170, 202–299; Friedländer, *Das Dritte Reich und die Juden*, Bd. 2, S. 591–603.

168 Picciotto, »The Shoah in Italy«, S. 214–221; Sarfatti, *Die Juden im faschistischen Italien*, S. 303–315; Zuccotti, *The Italians and the Holocaust*, S. 166–199.

169 Fleischmann, *From Fiume to Navelli*, S. 58 f., 78ff., 115 f., Tagebucheinträge vom 8. und 24. Dezember 1943 sowie 6. März 1944; Sarfatti, *Die Juden im faschistischen Italien*, S. 303–315.

170 Heinz Röthke, »Gegenwärtiger Stand der Judenfrage in Frankreich«, 21. Juli 1943, in Klarsfeld, *Vichy – Auschwitz*, S. 552; Zuccotti, *The Holocaust, the French, and the Jews*, S. 82–89, 167, 181 f.

171 Jackson, *France 1940–1944*, S. 230 f.

172 Zuccotti, *The Holocaust, the French, and the Jews*, 181 f.

173 Ebd., S. 164ff.

174 Ebd., S. 76ff.; Steinberg, *Deutsche, Italiener und Juden*, S. 174–178.

175 Mazower, *Griechenland unter Hitler*, S. 297–300; Safrian, *Eichmann und seine Gehilfen*, S. 270–275; Czech, *Kalendarium der Ereignisse im Konzentrationslager Auschwitz-Birkenau 1939–1945*, S. 754.

176 Longerich, *Heinrich Himmler*, S. 712; Zuccotti, *The Italians and the Holocaust*, S. 80ff.; Mazower, *Griechenland unter Hitler*, S. 300–304; Safrian, *Eichmann und seine Gehilfen*, S. 275–284.

177 Poznanski, *Jews in France during World War II*, S. 321–332, 336–351; Friedländer, *Das Dritte Reich und die Juden*, Bd. 2, S. 579–585; Zuccotti, *The Holocaust, the French, and the Jews*, S. 157–165, 187ff.; Safrian, *Eichmann und seine Gehilfen*, S. 263–267.

178 Berr, *Pariser Tagebuch 1942–1944*, S. 167–172, 199ff., 208–213.

179 Poznanski, *Jews in France during World War II*, S. 238–246; Marrus/Paxton, *Vichy France and the Jews*, S. 152–156.

180 Zuccotti, *The Holocaust, the French, and the Jews*, S. 227–231; Hallie, … *Dass nicht unschuldig Blut vergossen werde*, S. 175–193; Moorhead, *Village of Secrets*, S. 141–150, 190–205, 218–221, 224–234.

181 Poznanski, *Jews in France during World War II*, S. 351–355; Zuccotti, *The Holocaust, the French, and the Jews*, S. 260–278; Lanzmann, *Der patagonische Hase*, S. 133–159.

182 Longerich, *Politik der Vernichtung*, S. 541 f.; Flinker, *Young Moshe's Diary*, S. 60 ff., Einträge vom 13. und 15. Januar 1943; Schreiber, *Stille Rebellen*, S. 188, 197 f.

183 Schreiber, *Stille Rebellen*, S. 245–279; Somerhausen, *Written in Darkness*, S. 261 f. (Somerhausen verwechselt wiederholt Daten, so dass ihr »Tagebuch« keine allzu zuverlässige Quelle darstellt).

184 Longerich, *Politik der Vernichtung*, S. 541 f.; Esh, »Introduction«, S. 6 ff. Moshes Schwester und ein jüngerer Bruder überlebten.

185 Presser, *Ashes in the Wind*, S. 482 ff.; Moore, *Victims and Survivors*, S. 103 ff.; Griffioen/Zeller, »Comparing the Persecution of the Jews in the Netherlands, France and Belgium«, S. 72 ff., 77 f.

186 Romijn, »The ›Lesser Evil‹«, S. 23 ff.; Presser, *Ashes in the Wind*, S. 178–194, 202–213; Moore, *Victims and Survivors*, S. 104 f.; Wasserstein, *The Ambiguity of Virtue*, S. 171–180.

187 Presser, *Ashes in the Wind*, S. 195–202.

188 Ebd., S. 464–478; Meeuwnwoord, »The Holocaust in the Netherlands«; van Pelt, »Introduction«, S. 58 f.; Moore, *Victims and Survivors*, S. 101.

189 Van Pelt, »Introduction«, S. 23–42; Koker, *At the Edge of the Abyss*, S. 77 f., 105, 109, 152.

190 Ebd., S. 190 ff.

191 Ebd., S. 198–202, 221 f., 243, 251 ff., 264, 281 f.

192 Ebd., S. 285 f., 289, 294 f.

193 Hesdörffer, *Bekannte traf man viele …*, S. 53–55, 60 f., 64, 68.

194 Mechanicus, *Im Depot*, S. 18 f.

195 Ebd., S. 27–30.

196 Ebd., S. 31–37, 82–85, 134 ff., 173 f.

197 Ebd., S. 212–216.

198 Presser, *Ashes in the Wind*, S. 235–238, 529–535.

199 Lederer, *Ghetto Theresienstadt*, S. 52 f., 88–95; Rothkirchen, *The Jews of Bohemia and Moravia*, S. 242 f.; Weiss, *Und doch ein ganzes Leben*, S. 82.

200 Ullmann, »Goethe und Ghetto«; Lederer, *Ghetto Theresienstadt*, S. 122–131; Rothkirchen, *The Jews of Bohemia and Moravia*, S. 265–283; Karas, *Music in Terezin 1941–1945*, S. 9–84, 93–161.

201 Bondy, *Trapped*, S. 11 f.

202 Ebd., S. 152 f., 156–159; Manes, *Als ob's ein Leben wär*, S. 226; Czech, *Kalendarium der Ereignisse im Konzentrationslager Auschwitz-Birkenau 1939–1945*, S. 600 f.

203 Bondy, *Trapped*, S. 159–169; Keren, »The Family Camp«; Kulka, *Landschaften der Metropole des Todes*, S. 35 f.

204 Ebd., S. 153–162; Bondy, *Trapped*, S. 152–155; Rothkirchen, *The Jews of Bohemia and Moravia*, S. 247–264; Cesarani, *Adolf Eichmann*, S. 192–198.

205 Kulka, *Landschaften der Metropole des Todes*, S. 50; Czech, *Kalendarium der Ereignisse im Konzentrationslager Auschwitz-Birkenau 1939–1945*, S. 679 f., 684, 734 f.

206 Bondy, *Trapped*, S. 175 f.; Kulka, *Landschaften der Metropole des Todes*, S. 50, 59 f.

207 Longerich, *Politik der Vernichtung*, S. 555–560; Vilhjálmsson, »The King and the Star«.

208 Rünits, »The Politics of Asylum in Denmark in the Wake of Kristallnacht«, S. 14–32; Lidegaard, *Die Ausnahme*, S. 42.

209 Ebd., S. 48 ff.; Collingham, *The Taste of War*, S. 175.

210 Lidegaard, *Die Ausnahme*, S. 51–54, 57 f., 60–75.

211 Longerich, *Politik der Vernichtung*, S. 555–560; Lidegaard, *Die Ausnahme*, S. 82–102; Mogenson, »October 1943 – the Rescue of the Danish Jews«, S. 35–38.

212 Lidegaard, *Die Ausnahme*, S. 94–99, 131 ff., 170 ff.

213 Leitz, *Nazi Germany and Neutral Europe during the Second World War*, S. 49–84; Levine, »Swedish Neutrality during the Second World War«; Nordlund, »›The War is Over – Now You Can Go Home!‹«.

214 Levine, *From Indifference to Activism*, S. 66–69, 92–95, 114–130, 134–143.

215 Mogenson, »October 1943 – the Rescue of the Danish Jews«, S. 39–43, 47 ff.; Lidegaard, *Die Ausnahme*, S. 183–197.

216 Mogenson, »October 1943 – the Rescue of the Danish Jews«, S. 52–57; Lidegaard, *Die Ausnahme*, S. 213 ff., 244–251, 310; Werner Best ans Auswärtige Amt, 5. Oktober 1943, in: Longerich (Hg.), *Die Ermordung der europäischen Juden*, S. 423.

217 Mogenson, »October 1943 – the Rescue of the Danish Jews«, S. 43–46; Lidegaard, *Die Ausnahme*, S. 221, 230–238, 336–339.

218 Mogenson, »October 1943 – the Rescue of the Danish Jews«, S. 50 f.

219 Longerich (Hg.), *Die Ermordung der europäischen Juden*, S. 423; ders., *Holocaust*, S. 399; vgl. ders., *Politik der Vernichtung*, S. 558 ff.

220 Fleming, *Auschwitz, the Allies and Censorship of the Holocaust*, S. 167–190; Gilbert, *Auschwitz und die Alliierten*, S. 83 f., 97–100, 121 f., 183 f., 190.

221 Harris, »Broadcasting the Massacres«; Fleming, *Auschwitz, the Allies and Censorship of the Holocaust*, S. 200–213; vgl. Engel, *Facing a Holocaust*, S. 31–43, 71–74, 76 f., 172–178.

222 Fleming, *Auschwitz, the Allies and Censorship of the Holocaust*, S. 43 ff.; Kushner, *The Persistence of Prejudice*, S. 62–65, 82–85, 155–160; vgl. Sompolinsky, *Britain and the Holocaust*, S. 119–141; Shatzkes, *Holocaust and Rescue*, S. 134–143; Bolchover, *British Jewry and the Holocaust*, S. 83–143.

223 D. S. Wyman, *Das unerwünschte Volk*, S. 172–187; ders./Medoff, *A Race against Death*, S. 42–46; Breitman/Lichtman, *FDR and the Jews*, S. 228–232.

224 D. S. Wyman, *Das unerwünschte Volk*, S. 209–233; ders./Medoff, *A Race against Death*, S. 46–49; Breitman/Lichtman, *FDR and the Jews*, S. 232–237.

225 Ebd., S. 237; London, *Whitehall and the Jews*, S. 231–234; Wasserstein, *Britain and the Jews of Europe*, S. 291–297.

226 McDonald, *The Diaries and Papers of James G. McDonald*, Bd. 2, S. 316 f.; Zweig, »The War Refugee Board and American Intelligence«; Breitman, »Other Responses to the Holocaust«, S. 58–64.

VIII.

1 Hitler, »Neujahrsaufruf«, 1. Januar 1944, in: ders., *Reden und Proklamationen 1932–1945*, Bd. 2.2, S. 2073; Kershaw, *Hitler*, Bd. 2, S. 791 ff., 826 f.

2 Weinberg, *Germany, Hitler and World War II*, S. 274–286; vgl. Kershaw, *Hitler*, Bd. 2, S. 791–794.

3 Hitler, Rundfunkansprache, 30. Januar 1944, in: ders., *Reden und Proklamationen 1932–1945*, Bd. 2.2, S. 2083–2086.

4 Weinberg, *Eine Welt in Waffen*, S. 558 ff., 709; Kershaw, *Hitler 1936–1945*, S. 758, 760, 826, 828 f.; Vági/Csösz/Kádár (Hg.), *The Holocaust in Hungary*, S. 61–69; Móscy, »Hungary's Failed Strategic Surrender«; Cesarani, *Adolf Eichmann*, S. 229 f.

5 Kershaw, *Hitler*, Bd. 2, S. 840 ff.

6 Ebd., S. 826–831; Braham, *The Politics of Genocide*, Bd. 1, S. 381–389, 396 f., 421–426.

7 Laut Lucy S. Dawidowicz hatte die »Endlösung … höchsten Vorrang, sogar zu Zeiten militärischer Zwangslagen« (*Der Krieg gegen die Juden*, S. 131). Vgl. Gerlach, »The Decision Making Process for the Deportation of Hungarian Jews«; ders./Aly, *Das letze Kapitel*.

8 Vági/Csösz/Kádár (Hg.), *The Holocaust in Hungary*, S. XLI f., 368 f.

9 Ebd., S. 1–22; Gerlach/Aly, *Das letzte Kapitel*, S. 48 ff., 68 f.; Karsai, »Anti-Jewish Laws and Decrees in Hungary, 1920–1944«; Csösz, »Agrarian Reform and Race Protection«; Don, »Economic Implications of the Anti-Jewish Laws in Hungary«.

10 Rozett, *Conscripted Slaves*, S. 44–49, 61 f., 72–88, 120–124, 143–150, 158–163.

11 Vági/Csösz/Kádár (Hg.), *The Holocaust in Hungary*, S. 36–46.

12 Cesarani, *Adolf Eichmann*, S. 232 f.

13 Braham, *The Politics of Genocide*, Bd. 1, S. 406–418, 421–426, 558 ff.

14 Ebd., S. 421–426.

15 Cesarani, *Adolf Eichmann*, S. 237 f.

16 Braham, *The Politics of Genocide*, Bd. 1, S. 510–528, 548–553; Vági/Csösz/Kádár (Hg.), *The Holocaust in Hungary*, S. 72 f.; Zweig, *The Gold Train*, S. 27–36, 51–61.

17 Cesarani, *Adolf Eichmann*, S. 237.

18 Ebd., S. 238 f.; Braham, *The Politics of Genocide*, Bd. 1, S. 527 f.

19 Ebd.,Bd. 1, S. 662–666; Safrian, *Eichmann und seine Gehilfen*, S. 296 ff.

20 Vági/Csösz/Kádár (Hg.), *The Holocaust in Hungary*, S. 76–79; Braham, *The Politics of Genocide*, Bd. 1, S. 583–652, 688–704, Bd. 2, S. 711–733, 755–780.

21 Cole, *Holocaust City*, S. 70–100.

22 Fried, *Nachschlag für eine Gestorbene*, S. 57; Zsolt, *Neun Koffer*, S. 7.

23 Ebd. S. 48, 57.

24 Fried, *Nachschlag für eine Gestorbene*, S. 73.

25 Braham, *The Politics of Genocide*, Bd. 1, S. 604 f., 664–668; Cesarani, *Adolf Eichmann*, S. 240 f.

26 Safrian, *Eichmann und seine Gehilfen*, S. 300 ff.; Cesarani, *Adolf Eichmann*, S. 244 f.

27 Vági/Csösz/Kádár (Hg.), *The Holocaust in Hungary*, S. 104–111; Cesarani, *Adolf Eichmann*, S. 245.

28 Braham, *The Politics of Genocide*, Bd. 1, S. 671 ff., Bd. 2, S. 773 f., 778 f.

29 Fried, *Nachschlag für eine Gestorbene*, S. 76, 81; Gigliotti, *The Train Journey*, S. 78–85, 97–116; siehe

auch Lengyel, *Five Chimneys,* S. 15–19.

30 Fried, *Nachschlag für eine Gestorbene,* S. 38; Zsolt, *Neun Koffer,* S. 367–374; Köszeg, »Nachwort«, S. 377–380; Vági/Csösz/Kádár (Hg.), *The Holocaust in Hungary,* S. 243–248; vgl. Friedländer, *Nazi Germany and the Jews,* Bd. 2, 643 f.

31 Bauer, *Freikauf von Juden?,* S. 317–321; Cesarani, *Adolf Eichmann,* S. 256 ff.

32 Bauer, *Freikauf von Juden?,* S. 110–165; Porat, *The Blue and the Yellow Stars of David,* S. 174–188.

33 Ebd., S. 49–71, 111–126; Friling, »Istanbul 1942–1945«; Bauer, *Freikauf von Juden?,* S. 194–230.

34 Ebd., S. 256–260; Cesarani, *Adolf Eichmann,* S. 249 f.

35 Longerich, *Heinrich Himmler,* S. 728–732; Aronson, *Hitler, the Allies, and the Jews,* S. 227–289.

36 Bauer, *Freikauf von Juden?,* S. 260–304; Porat, *The Blue and the Yellow Stars of David,* S. 188–211; Wasserstein, *Britain and the Jews of Europe,* S. 223–234; Aronson, »OSS X-2 and Rescue Efforts During the Holocaust«.

37 Löb, *Geschäfte mit dem Teufel,* S. 66–82, 85–103; Bauer, *Freikauf von Juden?,* S. 310–314.

38 Löb, *Geschäfte mit dem Teufel,* S. 82 ff.; Bauer, *Freikauf von Juden?,* S. 316.

39 Breitman/Lichtman, *FDR and the Jews,* S. 262–272; Gruber, *Haven.*

40 Breitman/Lichtman, *FDR and the Jews,* S. 272–275; Braham, *The Politics of Genocide,* Bd. 2, S. 861–882; Bauer, *Freikauf von Juden?,* S. 364–375; Cesarani, *Adolf Eichmann,* S. 260; Rozett, »International Interventions«; Levine, *Raoul Wallenberg in Budapest,* S. 101–249 und 133 f. (über die Doppelrolle des WRB-Repräsentanten in Stockholm als OSS-Agent, die letztlich zur Kompromittierung von Wallenbergs Position geführt haben könnte).

41 Weinberg, *Eine Welt in Waffen,* S. 724–735, 744–754; Blumenson, *The Duel for France, 1944,* S. 405–421.

42 Vági/Csösz/Kádár (Hg.), *The Holocaust in Hungary,* S. 134–145; Cesarani, *Adolf Eichmann,* S. 260 ff.

43 Wasserstein, *Britain and the Jews of Europe,* S. 234–241; Cesarani, *Adolf Eichmann,* S. 262 ff.

44 Braham, »Hungarian Jews«.

45 Müller, *Sonderbehandlung,* S. 196–212; van Pelt/Dwork, *Auschwitz,* S. 373–377; Vági/Csösz/Kádár (Hg.), *The Holocaust in Hungary,* S. 214 ff., 219 f.

46 Fried, *Nachschlag für eine Gestorbene,* S. 82 ff.

47 Adelsberger, *Auschwitz,* S. 72 f.; Menasche, *Birkenau (Auschwitz II),* S. 68–76.

48 Müller, *Sonderbehandlung,* S. 213–216, 225–229; Żywulska, *Wo vorher Birken waren,* S. 192–214; siehe auch Aussage von Alter Feinsilber in: Bezwínská/Czech (Hg.), *»Inmitten des grauenvollen Verbrechens«,* S. 58 f.

49 Müller, *Sonderbehandlung,* S. 220 ff.

50 Fried, *Nachschlag für eine Gestorbene,* S. 84–88, 107–115, 118 ff.

51 Pohl, »The Holocaust and the Concentration Camps«, S. 158 f.; Gutterman, *A Narrow Bridge to Life,* S. 29–37.

52 Wachsmann, *KL,* S. 513–546; ders., »The dynamics of Destruction«, S. 31–34; Fritz, *Ostkrieg,* S. 426; Tooze, *Ökonomie der Zerstörung,* S. 722 ff.

53 Allen, *The Business of Genocide*, S. 208–232; Wachsmann, *KL*, S. 513–528; Schaft/Zeidler, *Commemorating Hell*, S. 19–34.

54 Gutterman, *A Narrow Bridge to Life*, S. 77 f., 97 ff., 119–130.

55 Marrus/Paxton, *Vichy France and the Jews*, S. 332–335; Jackson, *France 1940–1944*, S. 403 f.

56 Longerich, *Heinrich Himmler*, S. 713; Zuccotti, *The Holocaust, the French, and the Jews*, S. 190–194, 199–202.

57 Berr, *Pariser Tagebuch 1942–1944*, S. 246–249, 260, 264, 269 ff., 291 f.; Job, »Nachwort«, S. 304 ff.

58 Berg, *The Diary of Mary Berg*, S. 212 f.; dies., »Tagebuch aus dem Warschauer Ghetto«, in: *Aufbau*, Bd. 10, 50, S. 17 f.; Bd. 10, 52, S. 16.

59 Engelking/Leociak, *The Warsaw Ghetto*, S. 745–748; Katzenelson, *Oh mein Volk! Mein Volk …*, S. 26–29, 51 f.; Berg, »Tagebuch aus dem Warschauer Ghetto«, in: *Aufbau*, Bd. 11, 3, S. 18. Zwei Transporte mit Passbesitzern aus dem Hotel Polski gingen ins Austauschlager Bergen-Belsen.

60 Poznanski, *Jews in France during World War II*, S. 443–446; Ryan, *The Holocaust and the Jews of Marseille*, S. 194–203; Zuccotti, *The Holocaust, the French, and the Jews*, S. 197 ff.; Safrian, *Eichmann und seine Gehilfen*, S. 268 f.; zur Analyse der letzten Mordwelle in Frankreich und zur führenden Rolle von Alois Brunner siehe Bruttmann, *La logique des bourreaux 1943–1944*.

61 Zuccotti, *The Holocaust, the French, and the Jews*, S. 201 f.

62 Koker, *At the Edge of the Abyss*, S. 331 f., Tagebucheintrag vom 3 Februar 1944; van Pelt, »Epilogue«; Gutterman, *A Narrow Bridge to Life*, S. 97–109.

63 Hesdörffer, *Bekannte traf man viele …*, S. 71–75; Mechanicus, *Im Depot*, S. 274 ff., 290 f., 363 ff., 377 ff.; Presser, »Introduction«, S. 12; Wasserstein, *The Ambiguity of Virtue*, S. 202–212.

64 Hesdörffer, *Bekannte traf man viele …*, S. 87–101, 135–210; Weiss, *Und doch ein ganzes Leben*, S. 111–136; Lederer, *Ghetto Theresienstadt*, S. 145–167.

65 Favez, *Das Internationale Rote Kreuz und das Dritte Reich*, S. 109–159, 169–197, 217–232.

66 Ebd., S. 146–149, 206 f.; Manes, *Als ob's ein Leben wär*, S. 217 f., 260 ff., 268, 286–297; Weiss, *Und doch ein ganzes Leben*, S. 92 f., 97 ff., 104 f.; Rothkirchen, *The Jews of Bohemia and Moravia*, S. 256 f.

67 Manes, *Als ob's ein Leben wär*, S. 272, 418–434.

68 Fritz, *Ostkrieg*, S. 429–433.

69 Arad, *The Holocaust in the Soviet Union*, S. 329–333; Blatman, *Die Todesmärsche 1944/45*, S. 101–108. Nikolaus Wachsmann vertritt die Auffassung, dass die Räumungen durchweg brutal waren (*KL*, S. 625–643).

70 Katz, *Erinnerungen eines Überlebenden*, S. 163–199.

71 Tory, *Surviving the Holocaust*, S. 509–519, Tagebucheintrag vom 9. Januar 1945; Angrick/Klein, *Die »Endlösung« in Riga*, S. 416–419.

72 Epstein, *Model Nazi*, S. 263 f.

73 *Die Chronik des Gettos Lodz/Litzmannstadt*, Bd. 4, S. 116–120, 126 f., 137–141, 145–148, 167–170; Trunk, *Lodz Ghetto*, S. 250–254; Horwitz, *Ghettostadt*, S. 268–276.

74 *Die Chronik des Gettos Lodz/Litzmannstadt*, Bd. 4, S. 363–373, 381–

387, 389 ff., 396 f., 400–413, 419–422; Montague, *Chelmno and the Holocaust*, S. 149 f.

75 *Die Chronik des Gettos Lodz/Litzmannstadt*, Bd. 4, S. 428 ff., 441 ff., 445 f., 454; Rosenfeld, *Wozu noch Welt*, S. 298; Trunk, *Lodz Ghetto*, S. 394–399; Horwitz, *Ghettostadt*, S. 282–296.

76 Trunk, *Lodz Ghetto*, S. 261–269; Horwitz, *Ghettostadt*, S. 296 ff.

77 Krakowski, *Das Todeslager Chełmno, Kulmhof*, S. 161–175.

78 Evans, *Das Dritte Reich*, Bd. 3, S. 787–799; Kershaw, *Hitler*, Bd. 2, S. 912–920; ders., *Das Ende*, S. 51–61, 51–87, 212 f.; Dipper, »20 July and the ›Jewish Question‹«; vgl. Fest, *Staatsstreich*, S. 234 ff., 327 f.; Reck-Malleczewen, *Tagebuch eines Verzweifelten*, S. 182. Ulrich von Hassell wurde am 28. Juli 1944 verhaftet und am 8. September 1944 hingerichtet (Hassell, *Die Hassell-Tagebücher 1938–1944*, S. 440–446).

79 Junge, *Bis zur letzten Stunde*, S. 150.

80 Feldpostprüfstelle Heeresgruppe Nord, Bericht für September 1944, 5. Oktober 1944; SD-Außenstelle III C 4, »Führungsbericht«, 6. November 1944, in: Kulka/Jäckel (Hg.), *Die Juden in den geheimen NS-Stimmungsberichten*, S. 544, 546; Klemperer, *Ich will Zeugnis ablegen*, Bd. 2, S. 565, 576.

81 Weinberg, *Eine Welt in Waffen*, S. 789–796; Fritz, *Ostkrieg*, S. 422–429; Evans, *Das Dritte Reich*, Bd. 3, S. 415; Kershaw, *Das Ende*, S. 91–109, 123 ff.; Tooze, *Ökonomie der Zerstörung*, S. 718–735.

82 Weinberg, *Eine Welt in Waffen*, S. 738–741, 799–802; Blumenson, *The Duel for France*, S. 367–408; Neillands, *The Battle for the Rhine 1944*; Clark, *Crossing the Rhine*, S. 1–235.

83 Davies, *Aufstand der Verlorenen*, S. 194–198; Weinberg, *Eine Welt in Waffen*, S. 747–760, 796–799; Y. Zuckerman, *A Surplus of Memory*, S. 528–544; Willenberg, *Treblinka*, S. 186–215; Paulsson, *Hidden City*, S. 165–183, 187–196; Grabowski, *Hunt for the Jews*, S. 130–134.

84 Braham, *Politics of Genocide*, Bd. 2, S. 947–956; Vági/Csösz/Kádár (Hg.), *The Holocaust in Hungary*, S. 147–160; Cesarani, *Adolf Eichmann*, S. 269.

85 Cole, *Holocaust City*, S. 201–204; Bauer, *Freikauf von Juden?*, S. 367–370; Cesarani, *Adolf Eichmann*, S. 270–276; Ungváry, *The Battle for Budapest*, S., 236–252.

86 Karsai, »The Last Phase of the Hungarian Holocaust«; zu den elenden Lebensbedingungen und den Rettungsanstrengungen von Diplomaten siehe Levine, *Raoul Wallenberg in Budapest*, S. 290–368.

87 Longerich, *Politik der Vernichtung*, S. 563 f.; Blood, *Hitler's Bandit Hunters*, S. 269 f.; Mawdsley, *Thunder in the East*, S. 352–355.

88 Yahil, *Die Shoah*, S. 668; Safrian, *Eichmann und seine Gehilfen*, S. 308–311.

89 Müller, *Sonderbehandlung*, S. 191–195; Wetzler, *Escape from Hell*, S. 99–190.

90 Ebd., S. 235–275; Fleming, *Auschwitz, the Allies and Censorship of the Holocaust*, S. 229–248; Karny, »The Vrba and Wetzler Report«; »Bericht von Rudolf Vrba und Alfred Wetzler«, in: Świebocki (Hg.), *London wurde informiert*, S. 181–293.

91 Fleming, *Auschwitz, the Allies and Censorship of the Holocaust*, S. 248–

251; Porat, *The Blue and the Yellow Stars of David*, S. 212–220; Cesarani, *Arthur Koestler*, S. 222–225; »Bericht von Czesław Mordowicz und Arnošt Rosin«, in: Świebocki (Hg.), *London wurde informiert*, S. 295–310.

92 Wasserstein, *Britain and the Jews of Europe, 1939–1945*, S. 279–289; Overy, *Der Bombenkrieg*, S. 528–532, 834–838; vgl. Neufeld/Berenbaum (Hg.), *The Bombing of Auschwitz*.

93 Langbein, *… nicht wie die Schafe zur Schlachtbank*, S. 301 f.; Swiebocki, *Widerstand*, S. 295–302.

94 Müller, *Sonderbehandlung*, S. 245–257; Aussagen von Alter Feinsilber und Salmen Lewental in: Bezwínská/Czech (Hg.), *»Inmitten des grauenvollen Verbrechens«*, S. 68–71, 166–181.

95 Müller, *Sonderbehandlung*, S. 261–265; Strzelecki, »Die Liquidation des KL Auschwitz«, S. 17–22; Wachsmann, *KL*, S. 617–623.

96 Dwork/van Pelt, *Auschwitz*, S. 372–377; Piper, »Die Zahl der Opfer«.

97 Hitler, »Neujahrsaufruf an das deutsche Volk«, 1. Januar 1945, in: ders., *Reden und Proklamationen*, Bd. 2.2, S. 2180 f.; Kershaw, *Hitler*, Bd. 2, S. 968 f.; Klemperer, *Ich will Zeugnis ablegen*, Bd. 2, S. 638 (Hervorhebung im Original).

98 Kershaw, *Hitler*, Bd. 2, S. 978–985, 1020 f.; Fritz, *Ostkrieg*, S. 439–449, 459–469; Bessel, *Germany 1945*, S. 15–47.

99 Blatman, *Die Todesmärsche 1944/45*, S. 88–97.

100 Ebd., S. 611–633.

101 Ebd., S. 405–428, 634–672, 689. Nikolaus Wachsmann vertritt die Auffassung, dass die Todesmärsche nicht annihilatorisch gedacht waren und dass weder Juden noch andere Häftlinge in solcher Zahl sterben sollten (*KL*, S. 673 ff.).

102 Gilbert, *The Holocaust*, S. 769–777; vgl. Yahil, *Die Shoah*, S. 712 f.; Blatman, *Die Todesmärsche 1944/45*, S. 221–224.

103 Pohl, »The Holocaust and the Concentration Camps«, S. 159 f.; Schaft/Zeidler, *Commemorating Hell*, S. 25–38; Gutterman, *A Narrow Bridge to Life*, S. 77 f., 97 ff., 119–130.

104 Müller, *Sonderbehandlung*, S. 269 ff.; Adelsberger, *Auschwitz*, S. 101–109; Blatman, »The Death Marches, January–May 1945«, S. 161–174.

105 Müller, *Sonderbehandlung*, S. 271–281.

106 Adelsberger, *Auschwitz*, S. 107–111.

107 Nahon, *Birkenau*, S. 109–116; Blatman, »The Death Marches, January–May 1945«, S. 174–179.

108 Katz, *Erinnerungen eines Überlebenden*, S. 234–242, 255 ff.

109 Hesdörffer, *Bekannte traf man viele …*, S. 210–225.

110 Blatman, *Die Todesmärsche 1944/45*, S. 192–205.

111 Ebd., S. 446–568.

112 Longerich, *Holocaust*, S. 414–418; Wachsmann, *KL*, S. 663–684.

113 Cesarani, »A Brief History of Bergen-Belsen«; Lattek, »Bergen-Belsen«, S. 43–52; Zariz, »Exchange of Populations as a Means of Jewish Salvation«.

114 Herzberg, *Zweistromland*, S. 17 f., Tagebucheintrag vom 14. August 1944; Knoch (Hg.), *Bergen-Belsen*.

115 Lattek, »Bergen-Belsen«, S. 52–55; Wachsmann, *KL*, S. 524.

116 Herzberg, *Zweistromland*, S. 27, 116 f., 126, 182; Lee, *Anne Frank*, S. 254–281.

117 Herzberg, *Zweistromland,* S. 227, 232; Lattek, »Bergen-Belsen«, S. 55–59; Wachsmann, *KL*, S. 650–653.
118 Fried, *Nachschlag für eine Gestorbene,* S. 165 f.
119 Ebd., S. 168 f.; Breitman, »Himmler and Bergen-Belsen«, S. 80 f.; Shephard, *After Daybreak,* S. 7 f.
120 Kemp (Hg.), *The Relief of Belsen, April 1945,* S. 10, 13 ff.
121 Bauer, *Freikauf von Juden?,* S. 353 ff., 362 ff.; Longerich, *Heinrich Himmler*, S. 728–732; Wachsmann, *KL*, S. 659–663.
122 Longerich, *Heinrich Himmler*, S. 745–752; Persson/Svenson, *Rettung im letzten Augenblick*, S. 55–59, 104–107, 125–144, 147–153, 179–199.
123 Bauer, *Freikauf von Juden?,* S. 380–391; Persson/Svenson, *Rettung im letzten Augenblick*, S. 229–242, 258–268, 284–291, 299–314.
124 Longerich, *Heinrich Himmler*, S. 751 f.; Kershaw, *Hitler,* Bd. 2, S. 1050–1053; Breitman, »Nazi Espionage«, S. 110 f.; Persson/Svenson, *Rettung im letzten Augenblick*, S. 358–362.
125 Poznanski, *Jews in France during World War II*, S. 462–473; Zuckerman, *A Surplus of Memory*, S. 550–557.
126 Stone, *The Liberation of the Camps*, S. 18–21; Bridgman, *The End of the Holocaust.*
127 Hart, *Aber ich lebe,* S. 141–185.
128 Nahon, *Birkenau*, S. 109–117.
129 Adelsberger, *Auschwitz,* S. 111 ff.
130 Weiss, *Und doch ein ganzes Leben,* S. 148–176, Tagebucheinträge vom Oktober 1944–Januar 1945, 1.–21. Mai 1944.
131 Klemperer, *Ich will Zeugnis ablegen,* Bd. 1, S. 675 ff., 686 ff., 714–744, 758, 764 f., 769, Tagebucheinträge vom 19., 22.–27. Februar, 2., 13., 15. und 28. April sowie 3. und 6. Mai 1945.

Epilog

1 Hitler, »Mein politisches Testament«, in: ders., *Reden und Proklamationen,* Bd. 2.2, S. 2236–2239; Kershaw, *Hitler,* Bd. 2, S. 1054–1064; Friedländer, *Das Dritte Reich und die Juden,* Bd. 2, S. 689 ff.
2 Kershaw, *Das Ende,* S. 477–511; zu den Todeszuckungen des Dritten Reichs siehe Stafford, *Endgame 1945,* und Bessell, *Germany 1945.*
3 Stone, *The Liberation of the Camps,* S. 105–127; Hitchcock, *Liberation,* S. 215–280.
4 Grobman, *Rekindling the Flame,* S. 55–61, 65–70, 89–110; I. Levy, *Witness to Evil,* S. 16–35, 44–63.
5 Vernant, *The Refugee in the Post-War World,* S. 30–33; Dinnerstein, *America and the Survivors of the Holocaust,* S. 5–8; London, *Whitehall and the Jews,* S. 255–263; Cesarani, »Great Britain«, S. 614–617; zu Displaced Persons im Allgemeinen siehe M. Wyman, *Europe's Displaced Persons, 1945–1951.*
6 Königseder/Wetzel, *Lebensmut im Wartesaal,* S. 18–34; Dinnerstein, *America and the Survivors of the Holocaust*, S. 9–38; Stone, *The Liberation of the Camps*, S. 127–136.
7 Dinnerstein, *America and the Survivors of the Holocaust*, S. 291–305.

8 Königseder/Wetzel, *Lebensmut im Wartesaal,* S. 64 f.

9 Myers Feinstein, »Jewish Observance in Amalek's Shadow«; Finder/Cohen, »Memento Mori«; siehe auch Myers Feinstein, *Holocaust Survivors in Postwar Germany.*

10 Königseder/Wetzel, *Lebensmut im Wartesaal,* S. 139–146; Feinstein, *Holocaust Survivors in Postwar Germany,* S. 238–248; Finder/Jockusch, »Introduction«, S. 2–7; Engel, »Why Punish Collaborators?«; Jockusch, »Rehabilitating the Past?«; Finder, »Judenrat on Trial«; Perego, »Jurys d'honneur«; Embacher, »Viennese Jewish Functionaries on Trial«; Person, »Jews Accusing Jews«.

11 Aleksiun, »The Central Jewish Historical Commission in Poland, 1944–1947«; Jockusch, *Collect and Record!,* S. 89–120.

12 Ebd., S. 50–74, 121–159, 160–184. Die frühe und häufig übersehene Forschungs- und Dokumentationstätigkeit ist dargestellt in CDJC, *Les Juifs en Europe (1939–1945). Rapports Présentés a la Première Conférence Européenne des Commissions Historiques et des Centres de Documentation Juifs.*

13 Lavsky, *New Beginnings,* S. 51–60, 66–77; Königseder/Wetzel, *Lebensmut im Wartesaal,* S. 175–208; Feinstein, *Holocaust Survivors in Postwar Germany, S.* 240 f.

14 Kolinsky, *After the Holocaust,* S. 151–169; Geller, *Jews in Post-Holocaust Germany, 1945–1953,* S. 18–49; Brenner, *Nach dem Holocaust,* S. 62–77, 99–116.

15 Königseder/Wetzel, *Lebensmut im Wartesaal,* S. 85–92; Grobman, *Battling for Souls,* S. 68–202; Stern, »The Historic Triangle«; Goschler, »The Attitude towards Jews in Bavaria after the Second World War«.

16 Polonsky, *The Jews in Poland and Russia,* Bd. 3, S. 603–608, 624–652; Adamczyk-Garbowska, *Patterns of Return*; Skibinska, »The Return of Jewish Holocaust Survivors and the Reaction of the Polish Population«; Zbikowski, »The Post-War Wave of Pogroms and Killings«; siehe auch Gross/Grudzinska Gross, *Golden Harvest.*

17 Bogner, *At the Mercy of Strangers,* S. 186–206, 216 ff., 227–286; Gafny, *Dividing Hearts,* S. 81–272.

18 Gross, *Fear,* S. 34–191; Zuckerman, *A Surplus of Memory,* S. 654–666; Aleksiun, »The Polish Catholic Church and the Jewish Question in Poland, 1944–48«.

19 Mankowitz, *Life Between Memory and Hope,* S. 139 ff.; Zuckerman, *A Surplus of Memory,* S. 650; Warhaftig, *Uprooted,* S. 39.

20 Stone, *The Liberation of the Camps,* S. 180–187; Kochavi, *Post-Holocaust Politics,* S. 60–72, 78 ff.

21 Zu einer persönlichen Darstellung der zypriotischen Lager durch einen führenden AJJDC-Helfer siehe Laub, *Last Barrier to Freedom.*

22 Zu dem Konflikt in Palästina siehe Cesarani, *Major Farran's Hat*; Segev, *Die ersten Israelis,* S. 133–154. 1949 war jeder dritte in Israel lebende Jude in Europa geboren.

23 Dinnerstein, *America and the Survivors of the Holocaust,* S. 119–253.

24 Lagrou, »Return to a Vanished World«; siehe auch ders., *The Legacy of Nazi Occupation,* S. 251–287.

25 Poznanski, *Jews in France during World War II,* S. 462–473.

26 Ders., »French Apprehensions, Jewish Expectations«; Weil, »The Re-

turn of the Jews in the Nationality or in the Territory of France (1943–1973)«.

27 Jockusch, *Collect and Record!*, S. 46–74; Poznanski, »French Apprehensions, Jewish Expectations«.

28 Caestecker, »The Reintegration of Jewish Survivors into Belgian Society, 1943–1947«; van Doorslaer, »The Expropriation of Jewish Property and Restitution in Belgium«.

29 Moore, *Victims and Survivors*, S. 238–244; Hondius, »Bitter Homecoming«; dies., *Return*, S. 45–112.

30 Fishman, »The Reconstruction of the Dutch Jewish Community and its Implications for the Writing of Contemporary Jewish History«; Wolf, *Beyond Anne Frank*, S. 111–121.

31 Moore, *Victims and Survivors*, S. 244–249; de Haan, »An Unresolved Controversy«; Presser, *Ashes in the Wind*, S. 264–277.

32 Rache spielt in den frühen Aufnahmen David Boders eine Rolle. Sie sind im Rahmen des Projekts »Voices of the Holocaust« zugänglich. Hier: http://voices.iit.edu/interviewee?doc=piskorzB. Zu Boder siehe Rosen, *The Wonder of Their Voices*; Zuckerman, *A Surplus of Memory*, S. 630–634; Mankowitz, *Life Between Memory and Hope*, S. 235–242.

33 Cesarani, »The International Military Tribunal at Nuremberg«; Bloxham, *Genocide on Trial*, S. 97–101.

34 Kochavi, *Prelude to Nuremberg*; ders., »The Role of Genocide in the Preparations for the Nuremberg Trials«.

35 B. Cohen, »Dr Jacob Robinson, the Insitute of Jewish Affairs and the Elusive Jewish Voice in Nuremberg«.

36 *Der Nürnberger Prozess*, Hauptverhandlung, Zweiter Tag, 21. November 1945, Nachmittagssitzung, 3. Verbrechen gegen die Juden (http://www.zeno.org); Marrus, *The Nuremberg War Crimes Trial 1945–1946*, S. 185–215; Karsai/Molnár (Hg.), *The Kastzner Report*, S. 55–322, Delage, »The Judicial Construction of the Genocide of the Jews at Nuremberg«; Stave/Palmer/Present, *Witnesses to Nuremberg*, S. 22.

37 Zur Berücksichtigung des Schicksals der Juden im Urteil von Nürnberg siehe *Der Nürnberger Prozess*, Materialien und Dokumente, Urteil, Kriegsverbrechen und Verbrechen gegen die Menschlichkeit, Die Judenverfolgung (http://www.zeno.org); S. Gilbert, »›We Long for a Home‹«. Zu gegensätzlichen Auffassungen über die Wirkung des Nürnberger Prozesses auf das Bild, das sich Öffentlichkeit und Historiker vom Schicksal der Juden machten, siehe Bloxham, *Genocide on Trial*; Marrus, »The Holocaust at Nuremberg«.

38 Ludi, *Reparations for Nazi Victims in Postwar Europe*, S. 1–31; Zweig, *German Reparations and the Jewish World*, S. 3 ff.; Sagi, *Wiedergutmachung für Israel*, S. 36–53.

39 Geller, *Jews in Post-Holocaust Germany*, S. 55–65.

40 Pavan, »Indifference and Forgetting«; Schwarz, *After Mussolini*, S. 3–13, 113–141.

41 Wood/Locke, »›Ex-Enemy Jews‹«; Cesarani, »Jewish Victims of the Holocaust and Swiss Banks«.

42 Stone, *The Liberation of the Camps*, S. 195–201; Ludi, »›Why Switzerland?‹«; Slany, *US and Allied Ef-*

forts to Recover and Restore Gold and Other Assets Stolen or Hidden by Germany During World War II; Judt, *Die Geschichte Europas seit dem Zweiten Weltkrieg,* S. 59–82, 124–195.

43 Herf, *Zweierlei Erinnerung,* S. 87–129; Peck, »Germany«; Geller, *Jews in Post-Holocaust Germany,* S. 91–122; Jockusch, »Rehabilitating the Past?«.

44 Rothkirchen, »Czechoslovakia«, S. 172–175; Büchler, »Reconstruction Efforts in Hostile Surroundings«.

45 Fromjimovics, »Different Interpretations of Reconstruction«; Braham, *The Politics of Genocide*, Bd. 2, S. 1301–1332; Molnár, »Gendarmes Before the People's Court«; Peresztegi, »Reparation and Compensation in Hungary, 1945–2003«.

46 Ancel, »›The New Jewish Invasion‹«; Friling/Ioanid/Ionescu (Hg.), *Final report of the International Commission on the Holocaust in Romania*, S. 313–332.

47 Ro'i, »The Reconstruction of Jewish Communities in the USSR, 1944–1947«; Garrard/Garrard, *The Bones of Berdichev,* S. 177–192, 195–200; Altman, »The History and Fate of *The Black Book* and *The Unknown Black Book*«; Gitelman, »Soviet Reactions to the Holocaust, 1945–1991«.

Personenregister

tsche Herrschaft in Europa
zember 1941
Konzentrations-, Durchgangs- und Internierungslager 1939-1945
Vernichtungslager 1941-1944
Grenzen des Deutschen Reichs 1941
Frontverlauf Anfang Dezember 1941
Grenzen 1937
Grenzen im Dezember 1941
Oslo
Stockholm
NORWEGEN
SCHWEDEN
DÄNEMARK
Kopenhagen
Ostsee
Nordsee
NIEDERLANDE
Westerbork
Amsterdam
Hamburg
Neuengamme
Ravensbrück
Sachsenhausen
Bergen-Belsen
Berlin
Posen
Vught
Malines
Brüssel
DEUTSCHES REICH
Dora-Mittelbau
Leipzig
Groß-Rosen
Breslau
Compiègne
Drancy
Frankfurt am Main
Buchenwald
Theresienstadt
Prag
Ostrau
Flossenbürg
PROTEKTORAT BÖHMEN UND MÄHREN
FRANKREICH (Besetzte Zone)
Straßburg
Natzweiler
Dachau
Mauthausen
München
Linz
Wien
Bratislava
Salzburg
Zürich
SCHWEIZ
Lyon
Mailand
San Sabba
Triest
Zagreb
Venedig
ITALIEN
Campo di Fossoli
Adriatisches Meer
Rab
KROATIEN
Les Milles
Marseille

Deutsche Herrschaft in Europa
Dezember 1941
Konzentrations-, Durchgangs- und Internierungslager 1939-1945
Vernichtungslager 1941-1944
Grenzen des Deutschen Reichs 1941
Frontverlauf Anfang Dezember 1941
Grenzen 1937
Grenzen im Dezember 1941
Oslo
Stockholm
NORWEGEN
SCHWEDEN
DÄNEMARK
Kopenhagen
Ostsee
Nordsee
GROSS-
BRITANNIEN
NIEDERLANDE
London
Westerbork
Amsterdam
Vught
Malines
Brüssel
Hamburg
Neuengamme
Ravensbrück
Sachsenhausen
Bergen-Belsen
Berlin
Posen
DEUTSCHES REICH
Dora-Mittelbau
Leipzig
Groß-Rosen
Breslau
Compiègne
Frankfurt am Main
Buchenwald
Theresienstadt
Drancy
Paris
Prag
Ostrau
Flossenbürg
Pithiviers
PROTEKTORAT
BÖHMEN UND MÄHREN
FRANKREICH
(Besetzte Zone)
Straßburg
Natzweiler
Dachau
Mauthausen
München
Linz
Wien
Bratislava
Salzburg
Zürich
SCHWEIZ
Lyon
FRANKREICH
(Unbesetzte Zone)
Mailand
San Sabba
Triest
Zagreb
Venedig
ITALIEN
Campo
di Fossoli
Rab
Le Vernet
Les Milles
Marseille
Adriatisches
Meer
KROATIEN